检察教育“十三五”规划教材

刑法学（第二版）

XINGFAXUE (DI'ERBAN)

主　编／韩锦霞　史玉琴

副主编／李秋莲　王金垒
刘伟丽　武化吉
吴林生

中国检察出版社

图书在版编目（CIP）数据

刑法学/韩锦霞，史玉琴主编．—北京：中国检察出版社，2016.1
ISBN 978－7－5102－1579－7

Ⅰ.①刑…　Ⅱ.①韩…　②史…　Ⅲ.①刑法－法的理论－研究－中国
Ⅳ.①D924.01

中国版本图书馆 CIP 数据核字（2016）第 009557 号

刑法学（第二版）

韩锦霞　史玉琴　主编

出版发行：中国检察出版社
社　　址：北京市石景山区香山南路 111 号（100144）
网　　址：中国检察出版社（www.zgjccbs.com）
编辑电话：（010）88685314
发行电话：（010）68650015　68650016　68650029
经　　销：新华书店
印　　刷：保定市中画美凯印刷有限公司
开　　本：720 mm×960 mm　16 开
印　　张：49.75 印张
字　　数：914 千字
版　　次：2016 年 1 月第一版　　2016 年 1 月第一次印刷
书　　号：ISBN 978－7－5102－1579－7
定　　价：86.00 元

《检察教育“十三五”规划教材》编审委员会

《刑法学（第二版）》
编 委 会

主　编　韩锦霞　史玉琴

副主编　李秋莲　王金垒　刘伟丽
　　　　武化吉　吴林生

编　委　高　林　李云飞　秦永锋
　　　　张胜英　曹绍锐　李敬华

作一套彰显时代、检察和高职特色的好教材

田　凯*

法学教育是高等教育的重要组成部分，是建设社会主义法治国家的重要基础。近年来，我国的法学教育事业取得了辉煌的成就，但也面临着诸多挑战。随着我国全面深化改革和依法治国方略的大力推进，如何培养出治理国家、管理社会和发展经济的高素质法律人才，成为当前法学教育的一项重要任务。完成法学教育的使命，探索、建设适应这种需要的教材体系，是其中一个关键环节。因为法学教材是实现法学教育功能的重要工具和媒介，它不仅是法学知识传承的载体，也是规范教学内容、提高教学质量的关键，对法学教育有着不可估量的重要作用。

作为全国检察机关唯一一所面向社会招生的全日制高等院校，河南检察职业学院始终高度重视教材建设，着重开发适合检察特色高职教育的系列教材。2006 年，承蒙中国检察出版社的大力支持，我院组织编写了《刑法教程》、《公诉教程》等高等检察教育系列教材。这些教材的出版对我院培养大批优秀法学人才起到了重要作用。随着形势的变化，法学理论在不断更新，我院专业建设在不断深入，经过认真思考，学院决定组织编写检察教育“十三五”规划教材，旨在适应我院高职高专法律教育的最新发展需要。这套教材的参编人员主要是来自学院教学科研第一线、具有深厚专业功底和丰富教学经验的老师，并邀请相关领域的专家审稿，以保证教材的质量。该规划教材首批出版 5 本，今后将分期分批陆续出版其他规划教材。

* 作者系河南检察职业学院院长、教授、博士后、硕士生导师，享受国务院特殊津贴专家。

总体来看，这套教材具有以下三个突出特点：

前瞻性强。本套教材着重吸收改革开放以来中国法学研究的最新成果和近年来颁布的法律法规，特别是吸收国家“十三五”规划的最新精神、全面依法治国和全面深化改革等最新的改革动态，力争使教材内容能够站在21世纪初的法治发展最前沿。在总体上既注重创新，又注重知识传承。

实用性强。在本套教材的开发上，既强调适应我院高职教育教学的现实需要，又突出检察教育特色；既重视法学基础理论，又注重吸收近年来检察教育理论研究的优秀成果，兼顾了法学通识教育和检察职业教育的要求。另外，本套教材针对高职生的特点，力求将深奥的法学专业术语及原理，通过生动的案例作简明的阐述，突出易学性和可读性，方便高职层次学生学习。

针对性强。本套教材的使用对象是我院法律专业的高职生，高职法律教育是高等法学教育不可或缺的重要组成部分，培养目标是社会需要的应用型、辅助型法律人才。高职法律教育不同于高等院校法律本科教育。前者在办学理念、办学模式、专业设置和课程设置方面与后者有较大差别。但从目前看，不少高职高专院校包括我院在内，在教材的选用上大多借用本科教材，教材建设滞后于高职法律教育的发展需要。为此，我们编写并出版这套适合高职教育需求的专门教材，结合高职学生的特点，注意在内容上有详有略，语言上简明流畅，能照顾到我院高职的教学层次，以便更好满足学院高职教育教学的需要。

“长风破浪会有时，直挂云帆济沧海”，早在十年前，中国检察出版社就出版了学院高等检察教育系列教材，并在教材的设计、编写和出版方面做了大量的开创性工作。十年后的今天，再次承蒙中国检察出版社的厚爱，学院得以出版检察教育“十三五”规划教材。我们期望并相信，经过组织者、编写者和出版者的共同努力，这套教材能够满足检院莘莘学子的求知渴望，为我国的法学教育和法治建设奉献微薄之力。

是为序。

2016年1月19日

修订说明

《刑法学》教材第一版于2007年编写出版。本教材内容科学、知识新颖，更打破了传统的刑法学体系，把刑法分则分为三大编，并按照犯罪侵犯的个人法益、社会法益和国家法益进行排序，循序见进，通俗易懂。出版以来，受到了广泛的欢迎和好评。鉴于近年来，我国刑事立法和司法实践进一步发展，《刑法修正案（八）》、《刑法修正案（九）》相续出台与实施，同时国家立法机关颁布的刑法立法解释和最高司法机关发布的刑法司法解释，对诸多刑法的理解与适用问题进行了规定，刑法理论研究也有了新的发展，为了及时反映最新的立法、司法和刑法理论研究成果，更好地适应刑法学教学的需要，我们对本教材进行了修订和完善。

本书由河南检察职业学院韩锦霞、史玉琴两位副教授任主编；由河南省焦作市人民检察院专委李秋莲、河南良达律师事务所主任律师王金垒、郑州大学副教授吴林生、河南检察职业学院刘伟丽、武化吉任副主编；由河南检察职业学院高林、李云飞、秦永锋、张胜英、曹绍锐、李敬华任编委，共同编写完成。

由于作者水平有限，书中错误在所难免，恳请同仁和读者批评指正，以便进一步完善。

编　者

2016年1月

编写说明

刑法学是高等法学教育和法律职业教育的核心专业基础课程。犯罪是孤立的个人对民众权益造成损害的最严重方式，刑罚是和平时代国家对抗损害民众权益的最剧烈方式。在这个意义上，刑法是公民权益的最后一道屏障，是一个国家民主和法治程度的试金石。而刑法学的职责在于，为保障人权、控制犯罪的刑事立法、司法的改进和完善尽可能提供科学、精准的理论基础，使刑法最忠实地反映和表现我们国家占统治地位的精神状态。本书以 1997 年修订的《中华人民共和国刑法》为研究对象，同时根据现行的一个单行刑法、九个刑法修正案以及相关立法、司法解释和通行的司法实践做法，并吸收近年来我国刑法理论研究的最新成果，在体系上，在把全书分为刑法总论（包括刑法论、犯罪论、刑罚论）和刑法各论两个部分，刑法各论部分，按照个人法益、社会法益、国家法益的顺序排列类罪，试图在传统刑法理论中融入更浓厚的人权保障及法益保护的色彩，凸显刑法学的人文精神。在内容上，坚持理论紧密联系实际，在注重刑法基本概念、基本原理论述深度的同时，关注司法实践的有效做法，力求突出本书新颖性、思辨性和实用性的独特风格。

本书以法律专业本、专科学生为主要对象，同时兼顾法律职业考试和法律实务人员的需要。

本书由韩锦霞、史玉琴主编，初稿完成后，由主编修改定稿。各位编著者虽竭尽所能，但由于学识和水平有限，书中难免存在缺点和错误，敬希读者赐教和批评指正。

编　者

2007 年 5 月

目　录

刑法总论

第一编　刑法论

第二编　犯　罪　论

第三编　刑罚论

刑法各论

第一编　侵犯个人法益的犯罪

第二编　侵害社会法益的犯罪

第三编　侵害国家法益的犯罪

绪　言

一、刑法学的概念、研究对象

刑法学是法学部门的一个重要学科。它是研究刑法及其所规定的犯罪、刑事责任和刑罚的科学。

作为研究刑法的科学，是随着刑法的产生而出现的。在漫长的历史发展过程中，随着人类对犯罪和刑罚的认识不断深入，积累了大量的刑法文化遗产，成为人类文明的重要组成部分。中国古代刑律十分发达，当时律学主体部分就是研究刑律的学问，也就是现在的刑法学。例如，中国春秋时期就有所谓“刑名之学”。但是，刑法学作为一门独立学科却是近代才出现的。一般认为，1764年意大利著名刑法学家贝卡利亚《论犯罪和刑罚》一书的出版，标志着现代刑法学的正式诞生。此后，经费尔巴哈、龙勃罗梭、菲利、李斯特等人的不断努力，先后出现了刑事古典学派与刑事实证学派（包括刑事人类学派和刑事社会学派），创立和发展了刑法理论体系。

刑法学就研究对象而言，与其他法学学科，特别是与犯罪学、犯罪心理学、监狱学、刑事诉讼法学、刑事证据学、犯罪侦查学等学科有着严格的区别。犯罪学是研究犯罪现象、犯罪原因和犯罪预防的科学；犯罪心理学是研究犯罪人的心理活动及其规律的科学；监狱法学是研究监狱立法和对罪犯的管理、教育和改造实践的科学；刑事诉讼法学是研究对犯罪如何侦查、起诉、审理、判决等整个刑事诉讼程序的科学；刑事证据学是研究有关刑事证据的基本理论、立法规定和司法实践的科学；犯罪侦查学是研究侦查的技术手段和策略方法的科学。而中国刑法学的研究对象是中国的刑法及其所规定的犯罪、刑事责任和刑罚。只有围绕这一对象开展理论研究、阐述概念、讲清原理、分析和解决刑事立法和刑事司法实践问题，才能形成有中国特色的社会主义刑法学。

二、刑法学的作用和研究方法

（一）刑法学的作用

刑法学来源于刑事立法和司法实践，反过来又为刑事立法和司法实践服务。概括我国刑法学的基本作用，主要有以下几点：

1. 指导刑事立法

刑事立法作为一项重要的法律行为，包括制定、修订刑法典和单行刑法、附属刑法等。刑法内在理论对于司法实践很重要，也体现了其在刑事立法方面的意义。在对刑事立法的研究过程中，难免会遇到一些关于立法技术方面的问题和有关方法的问题，如一些表达方法和原则方面的语言问题，对于罪状的表达，对于刑法的基本原则的确立，怎样确定犯罪的概念等。这些研究方面的成果都是对刑法的完善工作有一定影响的。立法如果脱离正确的理论指导，规定下来的内容就难免不妥当，就可能经不起检验和推敲。

2. 促进刑事司法

刑事法治的中心环节是刑事司法，良好的司法刑事运作，体现的是我国法治系统的完善。刑事司法工作就是要弄清事实，正确适用法律来认定罪名、确定责任和量定刑罚。当然，想要适用好司法，其前提是要对法律了解，只有正确地处理才能够得到正确的结果。执行刑事法律如果不懂刑法理论，那么执行起来就要打折扣，甚至适用错误。比如犯罪构成理论，它是刑法学中极为重要的理论，但从条文中无法看出来，如果不了解这一理论，就无法正确地分析、认定犯罪。在司法实践中，必然要影响办案的时间和质量。因此，只有对刑法学研究得更为透彻，才能够真正实现良性司法，保障公民的合法权益，保障社会的稳定。再者，刑事司法工作者如果不以正确的刑法理论为指导，就不能在司法实践中正确总结经验，并上升到理论高度，而且本身业务素质的提高也会受到很大限制。因此，刑法学作为一门理论性和应用性都很强的专业法律科学，对于刑事司法工作来说是须臾不可分离的。

3. 繁荣法学教育，丰富法学研究

刑法学作为一门学科，一向在法学教育中占据重要的地位。由于刑法是国家的基本法律，担负着惩罚犯罪、保护人民、维护社会秩序、保障社会主义建设事业顺利进行的重要任务。因此，对在校的学生和广大公民进行法制教育时，刑法教育是必不可少的重要组成部分。对于法学专业的本科生、大专生来说，刑法学是主干课程之一，必须认真学好。进行刑法学的教育，有助于健全和加强社会主义法治，有利于提高广大干警和公民的法律意识和法纪观念。刑法学的教学和研究，也关系到整个法学的繁荣和发展。

（二）刑法学的研究方法

辩证唯物主义和历史唯物主义是刑法学的根本研究方法。具体而言，要坚持辩证唯物主义和历史唯物主义的研究方法，就要特别注意运用分析的方法、比较的方法、历史的方法、理论联系实际的方法。

1. 分析的方法

分析的方法就是辩证的方法。分析就是分析事物的矛盾，矛盾无处不在，无时不有。刑法既是统治阶级意志的表现，也是阶级矛盾不可调和的产物。因此，我们在研究刑法时，就必须从阶级分析的方法入手，揭示刑法所代表的阶级的意志和利益。通过阶级分析，明确刑法的立法宗旨、政治方向和根本目的。除了阶级分析法外，一般的分析方法也是非常必要的。刑法条文无论规定得多么详细，与复杂多变的实际生活和犯罪现象相比，总还是概括性的，要把抽象的刑法规范运用到具体的定罪量刑活动中，就需要根据立法宗旨，对法律进行认真分析，阐明其真实含义。我国刑法学的研究在很大程度上是对现行刑事法律的规定进行阐述和解释。在运用分析方法时，要把定性分析与定量分析结合起来，使刑法学研究更加科学化。

2. 比较的方法

在刑法学中运用比较研究法就是要对不同的法系、不同的国家、不同地区的刑法体系、刑法原则、刑法制度、刑法思想、刑法学说进行对比，鉴别异同、分析利弊、评说优劣、剔除糟粕、吸收精华，促进我国刑法学的发展。在对刑法进行比较研究时，应联系立法背景，仅局限于法律条文的简单对比，则难免陷入形而上学的泥潭，得不出科学的结论。

3. 历史的方法

历史的方法是一种纵向研究方法。它通过对各个历史时期的刑法思想、刑法制度的系统考察，探索其产生、发展和演变的规律，指导现行立法、预测立法趋势。无论是对刑法学进行总体研究，还是进行专题研究，都应把研究的内容置于一定的历史链条中，总结前人的经验，评判其是非得失，以为今人借鉴。唯有如此，我国的刑事立法才更具前瞻性和科学性。

4. 理论联系实际的方法

刑法学是一门集理论性和实践性于一体的学科。刑法学的研究，首先要建立科学的理论体系；同时，科学的刑法理论亦能有针对性地指导刑事立法和刑事司法实践，在司法实践中不断发现、解决新问题，从而使刑法理论得到进一步发展和深化。这样，从实践到理论、从理论到实践，使刑法学科一步步走向完善和成熟，更好地为社会主义法制建设服务。

三、刑法学的体系

刑法学的体系是指依据一定的原则和方法，对刑法学的内容予以排列组合而形成的有机统一体。易言之，刑法学的体系是指研究犯罪、刑事责任和刑罚的理论体系。刑法学的体系应凸显本学科内在的理论联系和逻辑结构，应有助于从宏观层面认识和把握刑法学。

刑法学以现行刑法及其所规定的犯罪、刑事责任和刑罚为研究对象，所以刑法学体系与刑法的体系有着密切联系，可以说，刑法的体系对刑法学的体系影响巨大。刑法学分为刑法总论和刑法分则。其中，总论部分主要有刑法的基本原则、刑法的效力范围、犯罪的概念和构成、犯罪客体、犯罪客观方面、犯罪主体、犯罪主观方面、正当行为、故意犯罪的停止形态、共同犯罪、罪数形态、刑事责任、刑罚概说、刑罚的体系和种类、刑罚裁量、刑罚裁量制度、刑罚执行制度、刑罚的消灭。分则部分包括概述，分为三编，侵犯个人法益的犯罪、侵犯社会法益的犯罪和侵犯国家法益的犯罪。

本教材的特点是：比较科学地反映出犯罪、刑事责任和刑罚三者之间的关系；借鉴最新的刑事立法、司法和理论研究成果，使之更有时代感；语言通俗规范，理论深入浅出，既便于学习、理解刑法学理论，又便于在刑事司法实践中运用。

刑法总论

第一编　刑 法 论

第一章　刑法概说

第一节　刑法的概念和渊源

一、刑法的概念

刑法是规定犯罪、刑事责任和刑罚的法律。具体来说，刑法是指掌握政权的统治阶级为了维护本阶级政治上的统治和经济上的利益，根据自己的意志，规定哪些行为是犯罪和应负刑事责任，并给犯罪人以何种刑罚处罚的法律规范。刑法有广义和狭义之分。广义刑法是指一切规定犯罪、刑事责任和刑罚的法律规范的总和。它不仅仅指刑法，还包括单行刑法以及非刑事法律中的刑事责任条款（也称“附属刑法”）。狭义刑法即指系统规定犯罪、刑事责任和刑罚的刑法。在我国，指1997年3月14日第八届全国人民代表大会第五次会议修订，1997年10月1日起施行的《中华人民共和国刑法》和之后的刑法修正案。截至2015年8月，我国通过了9个刑法修正案。单行刑法，是指国家在刑法之外，以决定、规定、条例等名义颁布的，规定某一类犯罪及其法律后果的法律。新刑法颁布后，全国人民代表大会常务委员会于1998年12月29日颁布的《关于惩治骗购外汇、逃汇和非法买卖外汇犯罪的决定》是唯一有效的单行刑法。附属刑法是指立法机关颁布的其他法律中所规定的有关犯罪与刑罚的条款。我国目前没有典型意义上的附属刑法。

二、刑法的演变与渊源

（一）刑法的历史演变

在人类社会早期，对危害他人生命、身体、财产以及侵犯共同生活秩序的行为，采用私力救济的方式处理，惩罚表现为“以眼还眼、以牙还牙”的复仇，正式的刑罚规范并不存在。在国家出现以后，出于维持政权的需要，刑法出现并被广泛运用。在众多法律部门中，刑法的历史最为悠久，发挥的作用也最为显著。诸法合体、刑民不分，用刑罚方法处理民事纠纷，是世界各国法律发展过程中都经历过的阶段。

近代以来，经济交往频繁，财产关系复杂，个人权利关系兴起，民、商事法律的地位逐步提高，刑法、民法各自调整的领域也被进一步划定。人们一般认同这样的观念：在一定的国家，存在由国家权力所支配的政治领域，也应当存在个人可以在其中自由决定并自由行动的市民社会。社会二元化，要求刑法只能在政治国家范围内发挥作用，不能进入市民社会领域。凡是公民、法人根据其自己的意思可以处理的纠纷，刑法不能强行介入，所以，刑法和民事法律必须各守其界。这使得人们对刑法的认识进一步明确。

18 世纪以前的刑法，只有具体犯罪及其刑罚的规定，刑法缺乏体系性，表现为大量的散在性的个别法。此后，逐步总结出总则性规定。大陆法系国家第一部刑法即 1810 年法国刑法首开了总则与分则相分立的刑法立法模式，这一做法后来被其他国家所效仿。

上述分析表明，在漫长的历史进程中，刑法的独立性始终得到保持。这种独立性充分表现在：(1) 刑法调整犯罪与刑罚之间的关系，有特殊的规制对象。(2) 刑法对不法行为的判断、评价有不同于其他部门法的独立标准。(3) 刑法通过对犯罪的惩治而在社会中发挥独立的作用，刑法具有最后手段性，在其他法律手段明显不足时出面处理社会冲突。所以，其独立存在价值是不可否定的。

不过，由于刑法具有其他法律所不能比拟的严厉性、强行性，其一旦使用，就会涉及对个人生命、财产、资格的剥夺和对行动自由的限制，所以，刑法的运用应当受到适度限制。利用刑法处理社会关系，应当限于“不得已”的场合。有的启蒙思想家试图限制刑法的适用范围，强调刑法从属于民法。在适用民法无效时，才适用刑法，以补充民法的不足。虽然其否定刑法独立性的观点是我们今天所不能赞同的，但是，他们对刑法过度适用所隐伏的危险的担忧，则是我们必须要关注的。

我国在 1979 年制定了刑法。刑法制定的根据是宪法的精神和司法实践经验。1979 年刑法的特点是罪名较少、刑罚较为轻缓。1981 年以后随着社会转型的加快，犯罪现象日趋猖獗。为适应惩罚犯罪的需要，截至 1997 年 3 月，我国先后又通过了 20 余个单行刑法，并在 100 余部行政法规中规定有罪刑条款。这些刑法规范的颁布，对于稳定社会秩序、惩罚犯罪是极其必要的。但是，单行刑法、附属刑法规范过多，过于分散，难免有相互矛盾之处，既使司法适用上难度加大，也使法制的统一性受到影响。所以，我国在1997年对旧刑法进行了修订。刑法修订的基本思路是：制定有特色、统一和完备的刑法；保持刑法的连续性和稳定性，可改可不改的，尽量不改；尽量使新刑法明确与具体。

修订后的刑法共有452条，在犯罪与刑罚的立法规定上都有重大改动。但是，最为引人注目的变化主要表现在：一方面，适应依法治国、建设社会主义法治国家的需要，规定了罪刑法定、罪刑相适应、刑法面前人人平等的刑法基本原则，并在罪与刑关系设置的多个方面体现了保障人权的思想；另一方面，在刑法分则中，大量增设新罪名，严密法网。刑法分则共分10章，对400余个罪名作了规定，为准确认定犯罪提供了标准。

（二）刑法的渊源

刑法是关于犯罪及其刑事责任的法律规范的总和，其渊源有以下几种：

1. 刑法。刑法是指立法机关以刑法（典）名称颁布的系统规定犯罪、刑事责任以及刑法适用的一般原则、规则以及各种具体犯罪与刑罚的法律。我国1979年颁布的《中华人民共和国刑法》，以及1997年经过修订颁布实施的《中华人民共和国刑法》是我国的刑法。目前，已有9个刑法修正案，对刑法的部分条文进行了修改。

2. 单行刑法。单行刑法是立法机关以决定、规定、补充规定、条例等名称颁布的、规定某一类犯罪及其刑事责任或者刑法的某一事项的法律。1981年6月至1995年10月，全国人大常委会颁布了23个单行刑法，如《惩治军人违反职责罪暂行条例》、《关于惩治走私罪的补充规定》、《关于禁毒的决定》等。这些单行刑法要么是针对旧刑法的漏洞作了增加规定，要么是针对旧刑法的不完善作了补充规定，要么是针对旧刑法的缺陷作了修改规定。但随着新刑法的颁布与施行，其中《惩治军人违反职责罪暂行条例》等15个单行刑法被废止；《关于禁毒的决定》等8个单行刑法有关刑事责任的规定失去效力，有关行政处罚与行政措施的规定则继续有效。这是因为上述23个单行刑法的内容基本上都已纳入新刑法。新刑法颁布后，全国人大常委会于1998年12月29日颁布的《关于惩治骗购外汇、逃汇和非法买卖外汇犯罪的决定》。

3. 附属刑法，即附带规定于民法、经济法、行政法等非刑事法律中的罪刑规范。与国外的附属刑法不同，我国以往的附属刑法都没有直接规定犯罪的构成要件与法定刑。旧刑法公布后，出现了130余个附属刑法条文，对完善刑法起到了一定作用。但随着新刑法的颁布与施行，这些附属刑法规范基本上都失去了效力。新刑法颁布后，行政法、经济法等法律中的一些条款，只是形式上概括性地重申了刑法的相关内容，往往表述为“构成犯罪的，依照刑法追究刑事责任”，而没有对刑法做出解释、补充、修改等实质性规定。这些规定很难称得上附属刑法。

4. 国际刑法。国际条约在一国法律渊源中的地位，或是直接使用，或是转化为国内法适用。规定保障被告人合法权益的国际刑法规范，属于我国刑法的直接渊源，我国司法机关应当尊重并努力达到国际条约中保障人权的倡导性规则，遵守国际条约中保障人权的硬性规则以确保达到国际社会的基本标准。规定国际犯罪因而具有刑事责任意义的国际条约，由于并不直接包含刑罚制裁的规定，不能直接成为一国国内法渊源，需要通过刑事立法转化为国内刑法。

三、刑法的分类

对于刑法，可以从不同角度根据不同标准进行分类。根据不同的标准可分为以下几种：

（一）广义刑法与狭义刑法

根据刑法规定范围的大小，可以将刑法分为狭义刑法与广义刑法。狭义刑法又称刑法，是指条理化和系统化地规定犯罪与刑罚的一般原则和具体罪名及其法定刑的法律规范。对于狭义刑法，有些国家明确标明是刑法，如《法国刑法》，也有些国家未明确标明是刑法，而只是一般地称为刑法，如《日本刑法》，我国亦如此，这只是一个习惯问题。在没有标明是刑法的情况下，实际上仍然具有刑法的性质。当我们在一般意义上使用刑法这个概念时，指的就是狭义刑法。

广义刑法是指一切规定犯罪、刑事责任和刑罚的法律规范的总和，即包括刑法、单行刑法以及附属刑法。

（二）普通刑法与特别刑法

根据刑法适用范围的大小，可以将刑法分为普通刑法与特别刑法。普通刑法是指在一国范围内普遍适用的刑法规范的总称，其主要表现形式是刑法，还包括作为刑法补充的并具有相同效力范围的其他单行刑法。特别刑法是指适用于特别的人、特别时间、特别地或特别事项的刑法。如单行刑法与附属刑法。

（三）单一刑法与附属刑法

根据刑法规范的独立性和附属性，可以将刑法分为单一刑法与附属刑法。单一刑法是指内容全部是刑法或者基本上是刑法的法律规范。在这种情况下，刑法规范是这些法律规范的主体内容。单一规范又可以分为两种：一是刑法，其内容均为刑法规范；二是单行刑法，是为补充或者修改刑法而颁布的刑法规范。单行刑法的内容基本上是刑法规范，但也不排除在个别单行刑法中包含某些非刑法规范的内容，如行政处罚。由于单一刑法在外形或者名称上就具有刑法的性质，因而又称为形式刑法。

附属刑法是指规定在非刑事法律中关于犯罪及其刑罚的法律规范。在这些法律中，刑法规范不是其所依存的法律的主体部分，因而称为附属刑法。由于附属刑法在外形或者名称上不具有刑法的性质，因而又称为实质刑法。

（四）国内刑法与国际刑法

根据刑法规定是否涉及国际关系，还可以将刑法分为国内刑法与国际刑法。国内刑法是指由一定的主权国家制定、在其刑事管辖权范围内适用的刑法。一般意义上的刑法，都是国内刑法。国际刑法有狭义与广义之分，狭义的国际刑法是指国际公约中旨在制裁国际犯罪、维护各国共同利益的各种刑事法规范。广义上的国际刑法，除狭义的国际刑法以外，还包括刑法适用范围中的空间效力问题，即国内刑法中与国际相关的内容，以及各国为避免刑事管辖权的冲突而缔结的国际公约。

第二节　刑法的性质和任务

一、刑法的性质

（一）刑法的阶级性质

刑法是人类社会发展到一定阶段的产物，是统治阶级意志的表现，是建立在一定经济基础之上的上层建筑的一部分，这就是刑法的阶级性质。

马克思主义认为，刑法是一个历史的范畴，它不是自古以来就有的，而是人类社会发展到一定阶段的产物。在原始社会，由于生产资料公有制加之生产力极端低下，没有阶级和国家，没有剥削和犯罪，自然也没有刑法。后来，随着生产力的发展和私有制的出现，人类社会产生了阶级和阶级斗争。统治阶级为了镇压被统治阶级的反抗，不仅需要国家作为阶级专政的工具，同时还需要法律，使统治阶级对被统治阶级的压迫固定化、合法化，因而伴随着阶级和国家的产生，犯罪和刑法才应运而生。可见，刑法是适应经济发展和阶级斗争的需要而产生的，是阶级矛盾不可调和的产物。

（二）刑法的法律性质

相对于其他法律，刑法有其特有的属性，具体表现在以下几个方面：

1. 规制内容的特定性

刑法是规定犯罪及其刑事责任的法律规范，换言之，刑法禁止的是犯罪行为；而其他法律规定的是一般违法行为及其法律后果。这种特定性，是刑法得以成为特殊法律的重要原因。

2. 法益保护的广泛性

一般部门法都只是调整和保护某一方面的社会关系。如民法所调整的只能是一定范围内的财产关系和人身关系；婚姻法仅调整和保护婚姻家庭关系；经济法所调整的只能是一定的经济关系，等等。刑法所保护的是所有受到犯罪侵害的社会关系，这些社会关系涉及社会生活的各个方面，既涉及经济基础，也涉及上层建筑。比如，一般性的走私、假冒注册商标、偷税、滥伐林木，分别属于违反海关法、商标法、税收征收管理法、森林法的行为，由海关、工商行政管理部门、税务部门、林业部门来处理，但如果数量大、情节严重，则分别构成一定的走私罪、假冒注册商标罪、偷税罪、盗伐林木罪，应由司法机关依照刑法的有关规定论处。可见，这个意义上讲，刑法是其他部门法的保护法。如果把其他部门法比作“第一道防线”，刑法则是“第二道防线”，没有刑法作后盾、作保证，其他部门法往往难以得到彻底贯彻实施。

3. 制裁手段的严厉性

任何法律都有强制性，任何侵犯法律所保护的社会关系的行为人，都必须承担相应的法律后果，受到国家强制力的干预。例如，违反民法的，要承担民事责任；违反治安管理处罚法的，要受到治安管理处罚等。但是这些强制方法的严厉程度都不及刑罚这种强制方法严厉。因为刑罚不仅可以剥夺犯罪分子的财产，限制或剥夺犯罪分子的人身自由，剥夺犯罪分子的政治权利，而且在最严重的情况下还可以剥夺犯罪分子的生命；像这样严厉的强制性，是任何其他法律所没有，也不可能有的。正因为刑法具有这一特点，所以刑法的法律性质不同于其他法律，它是直接用来同犯罪作斗争的法律。

4. 部门法律的补充性

刑法的补充性是指只有当一般部门法不能充分保护某种法益时，才由刑法保护；只有当一般部门法还不足以抑制某种危害时，才由刑法禁止。法国著名启蒙思想家卢梭指出：“刑法在根本上与其说是一种特别的法律，还不如说是其他一切法律的制裁。”① 这一名言基本上正确地界定了刑法在法律体系中的地位，由此可见，刑法在法律体系中居于一种十分特殊的地位，它是其他一切法律的制裁力量。

二、刑法的任务

刑法第2条规定：“中华人民共和国刑法的任务，是用刑罚同一切犯罪行为作斗争，以保卫国家安全，保卫人民民主专政的政权和社会主义制度，保护

① 参见［法］卢梭：《社会契约论》，何兆武译，商务印书馆1980年版，第73页。

国有财产和劳动群众集体所有的财产，保护公民私人所有的财产，保护公民的人身权利、民主权利和其他权利，维护社会秩序、经济秩序，保障社会主义建设事业的顺利进行。”从这条规定可以看出，我国刑法的任务包括惩罚和保护两个方面：惩罚犯罪是手段，保护人民是目的。通过用刑罚同犯罪作斗争，来保护国家和人民的利益；而为了保护国家和人民的利益，又必须正确有效地同犯罪作斗争。

据此，我国刑法的任务主要表现在以下四个方面：

1. 保卫国家安全，人民民主专政的政权和社会主义制度。严厉打击直接危害我国人民民主专政的政权和社会主义制度这是我国刑法的首要任务。人民民主专政的政权和社会主义制度是我国人民在中国共产党领导下经过长期浴血奋战和艰苦卓绝斗争而取得的革命胜利成果，是国家和人民利益的根本保证。没有巩固的人民民主专政的政权和社会主义制度，国家和人民将丧失其他一切利益。为了保卫人民民主专政的政权和社会主义制度，刑法将危害国家安全罪列为各类犯罪的首位，置于分则第一章，对之规定了严厉的刑罚。刑法总则还规定：对于危害国家安全的犯罪分子判处主刑时，应当附加剥夺政治权利。这些规定体现了对危害国家安全罪从严惩办的精神。

2. 保护社会主义的经济基础。马克思主义认为，经济基础决定上层建筑，上层建筑为经济基础服务。我国刑法是社会主义上层建筑的一部分，它必然要担负起保护社会主义经济基础的任务。经济基础是与一定社会的历史阶段的生产力水平相适应的生产关系的总和，其主要内容是生产资料所有制形式以及与生产资料所有制形式相联系的生产、分配、流通的形式。我国现阶段的生产资料所有制形式是以生产资料公有制为主体，多种所有制并存。在此基础上我国实行社会主义市场经济。因此，我国刑法对经济基础的保护也就是对以公有制为主体的多种所有制和社会主义市场经济的保护。我国刑法专章规定了“破坏社会主义市场经济秩序罪”和“侵犯财产罪”，从而使社会主义经济基础获得了有力的保障。我国刑法既保护国有财产和劳动群众集体所有的财产（包括混合经济中的国有成分和集体成分），又包括公民私人所有的合法财产。它们是巩固人民民主专政和进行社会主义现代化建设的物质基础，是提高广大人民生活水平走向共同富裕的物质保证。因此，保护社会主义公共财产和私人合法财产不受侵犯，既巩固了社会主义经济基础，又贯彻了宪法的相关原则。

3. 保护公民的人身权利、民主权利和其他权利。切实保护广大人民的人身权利、民主权利和其他权利，是由我们国家的人民民主性质决定的。我国宪法第 2 条规定：“中华人民共和国的一切权力属于人民。……人民依照法律规定，通过各种途径和形式，管理国家事务，管理经济和文化事业，管理社会事务。”作为国家和社会的主人，我国公民所享受的人权范围是广泛的，不仅包括生存权、人身权和政治权利，而且包括经济、文化、社会等各方面的权利。我国刑法坚决保护公民所享受的人权。在刑法分则专章规定了“侵犯公民人身权利、民主权利罪”，用以制裁各种侵犯人权的犯罪行为。人身权利，是指与人身有关的各项权利，如生命权、健康权、人身自由权等。只有人身权利不受侵犯，才能行使民主权利和其他权利。所以，侵犯公民人身权利的犯罪是侵犯公民个人权利犯罪中最严重的犯罪。我国刑法对严重侵犯公民人身权利的犯罪如故意杀人、强奸妇女、拐卖妇女儿童等，都规定了严厉的刑罚，直至适用死刑。民主权利，是指依法参加国家管理和社会政治生活的权利，如选举权与被选举权、宗教信仰自由权、通信自由权等。在我国宪法第34条、第36条、第40条都有明确规定，我国刑法坚决维护宪法的这些规定，在分则第四章中明确规定了破坏选举罪，非法剥夺公民宗教信仰自由罪，侵犯少数民族风俗习惯罪，煽动民族仇恨、民族歧视罪，出版歧视、侮辱少数民族作品罪，侵犯通信自由罪等及其相应的刑事责任，从而体现了对公民民主权利的切实保护。其他权利，是指公民人身权利、民主权利以外的权利，如婚姻自主权，年老、年幼、患病的家庭成员有受扶养的权利等。对严重侵犯公民其他权利的行为，刑法也要予以追究。

4. 维护社会秩序和经济秩序。良好的社会秩序和经济秩序，是社会主义建设事业顺利进行的保障，要完成这项伟大的任务，需要有一个稳定的政治环境和良好的社会秩序。只有社会长期稳定，全国人民才能集中力量，同心同德搞好社会主义现代化建设。刑法是维护社会秩序、稳定社会环境的强有力的法律武器。刑法规定“危害公共安全罪”、“妨害社会管理秩序罪”、“渎职罪”等各类犯罪，就是为了维护社会秩序，净化社会环境，保障社会主义现代化建设事业的顺利进行。引发犯罪的各种社会矛盾不可能短期消除，社会还有许多潜在的不安定因素，这些都对社会秩序构成威胁，因此，我们必须树立长期作战的思想，对打击严重破坏社会秩序的犯罪一刻也不能放松。刑法的体系就是指刑法的组成和结构。刑法的体系可以作狭义与广义的区分，科学合理的刑法体系有利于更好地发挥刑法的整体功能。

第三节 刑法的体系、规范与解释

一、刑法体系

狭义的刑法体系是指刑法的体系。我国刑法由两编和附则组成，第一编为总则，第二编为分则，最后为附则。在编之下，再根据法律规范的性质和内容有次序地划分为章、节、条、款、项等层次。

刑法第一编总则分设五章，即刑法的任务、基本原则和适用范围；犯罪；刑罚；刑罚的具体运用；其他规定。第二编分则共十章，即危害国家安全罪；危害公共安全罪；破坏社会主义市场经济秩序罪；侵犯公民人身权利、民主权利罪；侵犯财产罪；妨害社会管理秩序罪；危害国防利益罪；贪污贿赂罪；渎职罪；军人违反职责罪。刑法总则除第一章和第五章外，其余章下均设若干节；刑法分则大多数章下不设节，但由于第三章破坏社会主义市场经济秩序罪和第六章妨害社会管理秩序罪涉及具体犯罪较多、内容庞杂，因而该两章下均又分设了若干节。刑法除总则编和分则编外，第三部分为附则。刑法附则部分仅一个条文，即刑法第 452 条。该条的内容一是规定修订后的刑法开始施行的日期；二是规定修订后的刑法与以往单行刑法的关系，宣布在修订刑法生效后某些单行刑法的废止以及某些单行刑法中有关刑事责任的内容的失效。

概括地说，刑法总则是关于犯罪、刑事责任和刑罚的一般原理原则的规范体系，这些规范是认定犯罪、确定责任和适用刑罚所必须遵守的共同的规则。刑法分则是关于具体犯罪和具体法定刑的规范体系，这些规范是解决具体定罪量刑问题的标准。刑法总则与刑法分则的关系是一般与特殊、抽象与具体的关系。

总则指导分则，分则是总则所确定的原理原则的具体体现，二者相辅相成。只有把总则和分则紧密地结合起来研究，才能正确地认定犯罪、确定责任和适用刑罚。刑法规范除附则外，按其内容属性，或者属于总则性规范，或者属于分则性规范。组成刑法的诸规范，都以条文的形式出现。配置在各编、章、节中的刑法条文，全部用统一的顺序号码进行编号。刑法条文采用统一编号，既可以达到系统化的目的，又可以保证查阅方便，引用准确。条文之下分款、项。有的条文只有 1 款，如刑法第 1 条、第 2 条、第 3 条、第 4 条、第 5 条，等等。如果条文包含数款，则第 2 款、第 3 款、第 4 款等均以另起一行来表示。例如，刑法第 6 条包含 3 款；第 7 条包含 2 款；第 347 条包含 7 款。在款的后面，如果用（一）、（二）、（三）、（四）等基数号码的，则为项。例如，刑法第 240 条第 1 款包含 8 项，引用时应写成第 × 条第 × 款第 × 项；第 293 条只有 1 款，包含 4 项，引用时应写成第 × 条第 × 项。刑法条文采用条、款、项这样的结构是非常严谨的，任何人都不能随便颠倒改动，引用条文时须绝对准确。

刑法条款表述立法意图，同一条（款）可能表达两个或两个以上意思的。如刑法第 29 条第 1 款规定：“教唆他人犯罪的，应当按照他在共同犯罪中所起的作用处罚。教唆不满十八周岁的人犯罪的，应当从重处罚。”这一款表达了两个意思，在学理上称之为前段、中段、后段，或者第一段、第二段……在具有这种结构的条款当中，如有用“但是”这个连接词来表示转折关系的，则从“但是”开始的这段文字，学理上称之为“但书”。

我国刑法条文中的“但书”，所表示的大致有以下几种情况：（1）“但书”是前段的补充。例如，刑法第 13 条在规定了什么是犯罪之后，接着“但书”指出：“情节显著轻微危害不大的，不认为是犯罪。”这是从什么情况下不认为是犯罪的角度，来补充说明什么是犯罪。这个“但书”对于划清罪与非罪的界限，具有重要的意义。（2）“但书”是前段的例外。例如，刑法第 65 条规定：“被判处有期徒刑以上刑罚的犯罪分子，刑罚执行完毕或者赦免以后，在五年以内再犯应当判处有期徒刑以上刑罚之罪的，是累犯，应当从重处罚，但是过失犯罪和不满十八周岁的人犯罪的除外。”从这个“但书”中可以明显看出，过失犯罪以及不满十八周岁的人犯罪的无所谓累犯问题。举一反三，凡是条款规定有“但是……除外”的，都属于这种情况。（3）“但书”是对前段的限制。例如，刑法第 21 条第 2 款规定：“紧急避险超过必要限度造成不应有的损害的，应当负刑事责任，但是应当减轻或者免除处罚。”在这里，“但书”对避险过当人负刑事责任作了限制性的规定。

广义的刑法体系是以刑法为核心的，由刑法、单行刑法、附属刑法以及国际刑法所组成的刑法规范体系。单行刑法和附属刑法以及国际刑法中有关刑法适用以及犯罪与刑罚的一般性规定，属于对刑法总则的补充、修改，成为总则体系的组成部分。在一定程度上导致刑法总则内容的变化。单行刑法和附属刑法补充、修改刑法总则的情况较少，多数情况下，单行刑法和附属刑法的内容属于对刑法分则罪刑式法条的补充或修改，这些补充、修改属于分则的范围，与刑法总则形成特殊与一般、具体与抽象的关系，它们的适用仍然要以刑法总则为指导。也就是说，刑法总则规定既适用于刑法分则，也适用于单行刑法、附属刑法中有关具体犯罪与刑罚的法律规定。对此，刑法第 101 条明确规定，刑法总则适用于其他有刑罚规定的法律。但是其他法律有特别规定的除外。有刑罚规定的其他法律，是指刑法之外的单行刑法、附属刑法等特别刑法。对于刑法分则规定具体犯罪与刑罚的条文（罪刑式法条）来说，当一个行为同时触犯普通刑法即刑法的罪刑式法条与特别刑法的罪刑式法条时，应当按照特别刑法优于普通刑法的原则，适用特别刑法。当一个行为同时触犯特别刑法的两个罪刑式法条时，应当按照新法优于旧法的原则，适用新法。

二、刑法规范

刑法规范是规定处罚犯罪行为的法律规范。刑法规范的内容主要表现为刑事禁令即禁止性规范和命令性规范，禁止性规范表现为刑法禁止公民实施一定的行为，命令性规范则表现为刑法命令公民实施一定的行为。刑法规范以禁止性规范为主，命令性规范为辅。刑法规范通过刑法条文表达，并存在于刑法体系之中。刑法条文是一种直观的文字存在，刑法规范则是法律文字背后的潜在。刑法条文一般不直接规定刑法规范的具体内容，而是通过刑法条文的文字规定抽象地表达刑法规范，即禁止公民实施什么行为、命令公民实施什么行为。刑法条文可以区分为总则条文与分则条文，刑法总则条文一般说来是原则性、一般性的规定，不直接规定刑法规范的具体内容，但在整个刑法体系中间接地影响刑法规范的内容；刑法规范的具体内容主要通过刑法分则中规定具体犯罪与刑罚的条文（罪刑式法条）表达，一个刑法分则条文可以表达若干个刑法规范，若干个刑法分则条文则可能表达同一个刑法规范。

刑法规范的意义主要在于两个基本方面：一方面，刑法规范是针对一般人的行为规范，具有一般性，它禁止或者命令公民实施特定的行为；另一方面，刑法规范是针对司法人员的裁判规范，它指示司法人员如何认定、判断公民的行为是否构成犯罪以及如何追究犯罪行为人的刑事责任。

三、刑法解释

（一）刑法解释的概念

刑法解释是指对刑法规定意义的说明。刑法规范之所以需要解释，主要因为：

1. 刑法条文具有一定的抽象性，而现实生活是千姿百态的，为了使抽象的法律条文适用复杂多样且不断发展变化的各种各样的案件，就需要对刑法规范进行解释。

2. 刑法具有相对稳定性，但同时又必须适应惩治犯罪、保护法益的需要。要使稳定的刑法适应不断发展变化的形势，就依赖解释。正如我国台湾地区学者林纪东所言："社会现象，不但在横的方面复杂多变，在纵的方面，又变化异常，白云苍驹，日新月异，今日法律所规定者，未必能适用于明日的社会现象，而法律又未便朝令夕改，时时变更，欲期固定法律，能够适应变动的事实，亦有待于法律的解释。"

3. 刑法不可避免存在缺陷，有的是文字表述的缺陷，有的是立法原意的缺陷，要克服刑法缺陷就必须进行解释。对法律文件的解释，有助于消除法律文件形式上的缺点。通过解释，可以消除对法律技术手段和方法使用错误或不当的情况，消除法律文件文体的缺点。

4. 刑法解释的必要性说明了刑法解释的重要意义：刑法解释有助于人们正确理解刑法规定的含义与精神；有利于刑法的正确实施；有利于克服刑法的某些缺陷；有利于刑法的发展和完善。

（二）刑法解释的种类

刑法解释的种类多种多样，一般可以分为立法解释、司法解释和学理解释。下面分别加以论述。

1. 立法解释

立法解释是由立法机关对刑法的含义所作的解释。依照宪法第 67 条第 4 项的规定，解释法律是属于全国人大常委会行使的职权之一。立法机关具有立法权，有权对法律加以解释，这种解释与法律具有同样的法律效力。刑事立法解释对于弥补刑法规范的漏洞，使刑法规范适应复杂多变的犯罪活动，维护刑法的稳定性，具有重要作用。

关于立法解释的种类，通说认为包括三种情况：一是在刑法或相关法律中所作的解释性规定；例如，刑法第 94 条规定："本法所称司法工作人员，是指有侦查、检察、审判、监管职责的工作人员。"二是立法机关制定刑法时在"法律的起草说明"中所作的解释；如 1997 年 3 月 6 日王汉斌在第八届全国人民代表大会第五次会议上关于《中华人民共和国刑法（修订草案）》的说明。三是在刑法施行过程中，立法机关对发生歧义的规定所作的解释。如 2000 年 4 月 29 日第九届全国人大常委会第十五次会议通过的《关于〈中华人民共和国刑法〉第九十三条第二款的解释》，是我国全国人大常委会第一次专门对刑法作出的立法解释。

2. 司法解释

司法解释是指最高司法机关对刑法的含义所作的解释。有权进行司法解释的是最高人民法院和最高人民检察院。在刑法适用中，经常出现一些疑难问题，需要通过司法解释加以明确。因此，司法解释对正确理解和执行刑法起到了重要作用。全国人大常委会《关于加强法律解释工作的决议》第 2 条规定："凡属法院审判工作中具体应用法律、法令的问题，由最高人民法院进行解释。凡属检察院检察工作中具体应用法律、法令的问题，由最高人民检察院进行解释。最高人民法院和最高人民检察院的解释如果有原则性的分歧，报请全国人民代表大会常务委员会解释或决定。"第 3 条规定："不属于审判和检察工作中的其他法律、法令如何具体应用的问题，由国务院及主管部门进行解释。"

3. 学理解释

学理解释，就是由国家宣传机构、社会组织、教学科研单位或者专家学者从学理上对刑法的含义作的解释。如刑法教科书、专著、论文、案例分析等，都属于学理解释。学理解释在法律上没有约束力。但是，正确的学理解释，有助于理解刑法规范的含义，对于司法实践和立法工作都具有参考价值，对于提高广大干部和群众的法律意识和法学水平，对于促进刑法的发展，具有重要作用。

（三）刑法解释的方法

刑法解释的方法多种多样，一般分为两大类：文理解释与论理解释。而论理解释又可分为扩张解释、限制解释、当然解释等。

1. 文理解释

文理解释，又称文义解释或者平义解释。是指根据刑法用语的文义及其通常使用方式阐释刑法意义的解释方法。主要是对法律条文的字义，包括单词、概念、术语的解释。如“两高”《关于办理组织和利用邪教组织犯罪案件具体应用法律若干问题的解释》第1条对刑法第300条中的“邪教组织”一词所作的解释，就属于文理解释。

2. 论理解释

论理解释是指参照刑法产生的原由、沿革及其他相关事项，按照立法精神，阐明刑法真实含义的解释方法。论理解释较为常见的主要有以下几种：

（1）扩张解释。即刑法条文的字面通常含义比刑法的真实含义窄，于是扩张字面含义，使其符合刑法的真实含义。如将刑法第341条中“出售”，解释为“包括出卖和以营利为目的的加工利用行为”。扩大解释是对用语通常含义的扩张，不能超出用语可能具有的含义；如果完全超出用语可能具有的含义，则是违反罪刑法定原则的类推解释。应否做出扩张解释，还必须考虑处罚的必要性；对于一个行为而言，其处罚的必要性越大，将其解释为犯罪的可能性越大，但如果行为离刑法用语核心含义的距离越远，则解释为犯罪的可能性越小。换言之，解释的实质的容许范围，与实质的正当性（处罚的必要性）成正比，与法文通常语义的距离成反比。因此，处罚的必要性越大，做出扩张解释的可能性就越大；处罚的必要性越大，扩张解释的扩张程度便越宽。

（2）限制解释。即刑法条文的字面通常含义比刑法的真实含义广，于是限制字面含义，使其符合刑法的真实含义。限制解释主要是基于合理性的考虑，如将刑法第111条规定的“情报”限定为“关系国家安全和利益、尚未公开或者依照有关规定不应公开的事项”，则是限制解释。

（3）当然解释。即刑法规定虽未明示某一事项，但依形式逻辑、规范目的及事物属性的当然道理，将该事项解释为包括在该规定的适用范围之内。如刑法第201条规定，“因偷税被税务机关给予二次行政处罚又偷税的”，构成逃税罪，认为因逃税被给予三次、四次行政处罚又逃税的构成逃税罪，则是当然解释。

第二章　刑法的基本原则

第一节　刑法的基本原则概述

刑法的基本原则，是刑法所特有的，贯穿于刑法始终，具有全局性和根本性的意义，体现刑法的根本精神，指导和制约刑事立法、刑事司法和刑事执法活动的准则。

一、刑法基本原则的概念

刑法的基本原则问题是刑事立法和刑事司法中一个带有全局性、根本性的问题。1979 年刑法没有规定刑法的基本原则，但是，在该部法典颁布之后，刑法基本原则作为一个重大问题，曾引起刑法理论界和实务界的高度重视与关注。特别是在 20 世纪八九十年代的刑法修订研拟中，关于刑法基本原则如何界定，刑法基本原则应否在刑法中增设，以及应当如何规定刑法基本原则等问题，在刑法理论界和实务界更是进行了广泛的争鸣。1997 年修订的刑法，在广泛听取和归纳各界意见的基础上，于第 3 条、第 4 条和第 5 条明确规定了三项刑法的基本原则：罪行法定原则、适用刑法人人平等原则、罪责刑相适应原则。

何谓刑法的基本原则？

所谓刑法的基本原则，是刑法所固有的、全局性的和根本性的准则，贯穿于全部刑法规范，具有指导和制约全部刑事立法和刑事司法活动，并体现我国刑事法治的基本精神的准则。

首先，刑法的基本原则是刑法所固有的、全局性的和根本性的准则，是刑法本身所特有的，而不是部门法所共有的，且必须贯穿于全部刑法，带有根本意义的准则，具有指导和制约全部刑事立法和刑事司法活动，具有法律的约束力和权威。违背这些基本原则的刑法立法、法律解释或者刑事判决都是违法的，必须予以纠正。刑法自身可以制定许多准则，这些准则都是必须严格遵守的。例如，量刑原则、从旧兼从轻原则、数罪并罚原则、未成年人犯罪不适用死刑及从宽处罚原则等，但这些原则仅仅分别在量刑、刑法溯及力、刑罚适用、未成年人特殊的刑事责任方面起作用。虽然都是刑法中不可缺少的重要原则，但是，这些原则不具有全局性的指导意义，只是刑法中局部性的原则，仅适用于某些问题或某些案件，因此，它们不能作为刑法的基本原则。

其次，刑法的基本原则必须体现我国刑事法治的基本精神，这就是坚持法治，摒弃人治；坚持平等，反对特权；讲求公正，反对徇私。只有符合刑事法治基本精神的原则，才能成为刑法的基本原则。

二、刑法基本原则的地位

如前所述，刑法的基本原则是刑法所固有的、全局性的、根本性的准则。这些原则在我国刑法上的确立，是从我国的实际情况出发，总结我国同犯罪作斗争的实际经验和吸收外国刑法有益的理论和经验的结果。刑法上明文规定这三个基本原则，是为了指导、规制国家刑罚权的行使，防止刑罚权的滥用和失衡，使我国刑法成为惩罚犯罪、保护人民、保障人权、伸张正义的法律武器。

1. 刑法基本原则对于刑事立法活动具有指导意义。从宏观上看，刑法基本原则是制定或者派生刑法、特别刑法、附属刑法规范的理论支点；从微观上看，具体刑法条文的设置要体现并遵循刑法基本原则。哪些危害社会的行为应当规定为犯罪，罪与刑的比例关系应当怎样设置、量刑的轻重情节等都应当在刑法的基本原则的指导下进行。

2. 刑法基本原则指导着刑事司法实践活动的开展。刑事司法活动具有多样性、复杂性，这要求我们在刑事司法活动中灵活运用刑法的基本原则，贯彻刑法基本原则的精神，科学地解决有关问题。

3. 刑法的基本任务必须通过刑法基本原则的保障来实现。我国刑法在整体上主要围绕控制犯罪和保障人权两个直接任务而运转。总体上讲，我国刑法所确立的基本原则正是保障人们在行使权利的同时，更加有效地实现刑法的任务。

我国刑法的三个基本原则不是彼此孤立的，而是相互联系、相互作用、相互制约的，它们共同构成一个有机整体，贯穿于整个刑法的制定和适用的过程中，是我国刑法的性质、特点和法的精神的集中表现。刑法的三个基本原则的法律化是我国刑法在民主和法制化道路上迈出的有决定性意义的一步。但是这三个基本原则在政治、社会生活中的具体实现和贯彻还要经历更为艰苦的历程。在这方面，人民的法官、检察官肩负着更为重大的、神圣的责任。捍卫着三个基本原则，就是捍卫民主、自由、平等和法律的公平与正义。

第二节　罪刑法定原则

一、罪刑法定原则的历史与现状

罪刑法定原则，又称为罪刑法定主义，是资产阶级革命时期反对封建司法制度非法专横的产物，是对罪刑擅断主义的彻底否定。明确提出罪刑法定原则，并赋予它明确含义的是被誉为近代刑法之父的德国著名古典刑法学派的学者冯·费尔巴哈（von feuerbach，1775－1833）。他在1801年出版的刑法教科书中第一次用拉丁文以法谚的形式对资产阶级的罪刑法定原则做出了经典的表述：无法律则无刑罚，无犯罪则无刑罚，无法律规定的刑罚则无犯罪（Nulla poena sine lege，Nulla poena sine crime，Nullum crime sine poena legali），或者说法无明文规定不为罪，法无明文规定不处罚。

罪刑法定主义起源于英国，展开于美国，最终形成于法国。

就现阶段而言，罪刑法定原则已经发展成为两种模式：一种是英美法系的模式，即以美国宪法为代表确立的以“正当法律程序”形式表现的英美法系的罪刑法定原则。这项原则最早被北美费城殖民地总会的1774年宣言和1776年《弗吉尼亚权利法案》所采纳，其中，《弗吉尼亚权利法案》第8条明确规定：“……除了国家法律或同等的公民的裁判外，任何人的自由不应受到剥夺。”这一规定被誉为美国法律中最初的罪刑法定原则的宣言，以后为许多州所效仿。同年7月4日，美利坚合众国正式宣布成立。1787年颁布的《美利坚合众国宪法》第5条修正案规定：“对任何人，不依正当的法律程序不得剥夺其生命、自由和财产。”1868年颁布的美国宪法修正案第14条又进一步伸展规定为“无论何州不经正当法律程序不得剥夺任何公民的生命、自由或财产”。从而在法律上确定了适当的法律程序原则，罪刑法定原则由此得到了进一步的发展。

另一种是大陆法系的模式，即首先在法国宪法和刑法中从实体方面明确规定的大陆法系的罪刑法定原则。1789年法国大革命之后的《人权与公民权利宣言》第8条规定：“法律只应当制定严格地、明显地必需的刑罚，而且除非根据在违法行为之前规定、公布并且合法地适用的法律，任何人都不受处罚。”这一规定为法国1791年宪法和刑法所采用。1810年的《法国刑法》第4条，以简明的方式，将罪刑法定原则规定为：“不论违警罪、轻罪或重罪，均不得以实施犯罪前未规定之刑罚处罚之。”《法国刑法》的这一规定为欧洲各国纷纷效仿，各国均在刑法开端即规定罪刑法定原则。例如，1871年的

《德国刑法》第 2 条、1889 年的《意大利刑法》第 1 条、1882 年《日本刑法》第 1 条等。

一般而言，英美法系国家大多采用第一种模式，而大陆法系国家大多采用第二种模式。这两种模式的具体含义侧重点虽稍有不同，但基本精神是一致的。按照刑法理论的通说，罪刑法定原则在大陆法系国家有以下含义：(1) 刑法应当以制定法为依据，排斥习惯法；(2) 刑法不得类推解释或者类推适用；(3) 刑法不得溯及既往；(4) 刑罚不得有绝对不定期刑。以上四点，除第一点英美法系国家因为自身法律的特点不能完全以制定法为依据，其余三点也是英美法系国家罪刑法定原则所包括的含义。

关于罪刑法定原则的具体含义，除了以上四点之外，有的学者认为还应当包括确定性原则，即要求在刑法上关于犯罪和刑罚及其相互之间的关系的一切规定，都应当力求明确具体。包括罪的确定性和刑的确定性两个方面。具体就我国而言，首先，罪的确定性表现为 1997 年刑法与 1979 年刑法相比，条文数量剧增，由 1979 年刑法的 192 条增至 452 条，分则条文数量的变化尤为显著，不仅章数上由原来的 8 章增至 10 章，而且条文数量由原来的 103 条增至 350 条，罪名数由 129 种增至 460 种，并且新刑法在罪状的设计上也下了不少功夫，如现行刑法关于证券犯罪的规定。证券犯罪有多种表现形式，不同的行为具有不同的内外部特征。从罪名设置角度讲，证券犯罪立法应当基本能穷尽个罪罪名并使之形成体系，而新刑法基本做到了这一点。从证券的发行到交易，从市场的管理者到被管理者，从证券主体到证券客体，证券犯罪都有所涉及，其调整的范围和规制的对象堪称完整、系统，较好地体现了罪刑法定原则的贯彻落实。① 其次，刑的确定性表现为刑法分则规定的每一种具体犯罪都有一定种类和幅度的法定刑与之相对应，例如，刑法第 318 条关于组织他人偷越国（边）境罪的加重处罚条件，明确列举了 7 种具体情况，尽管这些规定还不能包罗万象，但它毕竟为司法适用提供了一个比较具体的操作标准。当然，刑的确定性并不意味着法定刑的绝对化，还应当考虑刑罚个别化原则，保证刑罚适用的公正，才能真正体现罪刑法定原则的确定性要求。以上概括的这种观点，在刑法学界正在逐步形成为一种共识。

这两种模式的基本点都是以法律来限制国家刑罚权的滥用，保障人权，在刑事审判中，罪刑法定原则特别具有保障个人权利和自由的作用。因此，尽管经历了几百年的风风雨雨，许多国家都仍把罪刑法定原则作为保障人权的一个

① 参见邢怀柱：《证券犯罪及其立法评析》，载陈兴良主编：《刑事法评论》（第 3 卷），中国政法大学出版社 1999 年版。

基本原则在宪法或者刑法中加以规定，罪刑法定原则已成为世界各国尤其是大陆法系国家刑法所明文确认的基本原则之一。几个世纪以来，世界各国的政治、经济、文化和社会状况，都发生了深刻的变化，这些变化深深地影响着世界各国的法律和法治的发展变化，并对罪刑法定这一悠久的刑法基本原则提出了严峻的挑战，否定罪刑法定原则的立法和呼声不断出现。

二、罪刑法定原则的理论基础

罪刑法定原则沿革意义上的思想渊源，是三权分立和心理强制说。

1. 三权分立。立法权、司法权和行政权由不同的机构行使，是为了实现权力制衡，防止权力过分集中和膨胀。在刑法领域，为有效控制权力滥用现象，避免罪刑擅断，必须将刑罚权分散配置：立法者享有刑法制定权，司法人员享有罪刑裁判权。所以，罪刑法定原则与三权分立思想是合拍的，司法人员只能按照立法者确定的成文刑法处理犯罪，不得任意解释刑法，侵犯立法权。

2. 心理强制说。费尔巴哈的心理强制说也为罪刑法定原则提供了思想源泉。费氏认为，制定成文刑法，确立罪刑法定原则，是为了实现对个人的心理强制。

因为成文刑法所提供的罪刑关系列表，可以使个人比较犯罪所得到的好处与犯罪所可能受到的惩罚之间的差额。个人发现犯罪明显不“划算”时，会自动放弃犯罪的邪念，从而遵守规范，以趋利避害。所以，在费尔巴哈看来，规定罪刑法定原则，是为了利用刑法向普通人发出遵守法律的信号，使一般人对自己的行为能够预测并保持自我克制。

由于三权分立的学说过于僵化，与大陆法系各国法官解释权广泛行使的法制现实并不符合，心理强制说存在不尊重人，仅仅将人作为威吓对象看待的嫌疑，所以，在今天人们一般认为，罪刑法定原则的思想基础是民主主义（由国民自己选举的代表组成的立法机关才有权制定法律）和自由主义（法律应当具有预测可能性，以保障个人的行动自由）。

三、我国刑法中的罪刑法定原则

（一）我国罪刑法定原则的含义

我国刑法第3条规定：“法律明文规定为犯罪行为的，依照法律定罪处刑；法律没有规定为犯罪行为的，不得定罪处刑。”从刑法条文的规定来看，我国刑法的罪刑法定原则的含义是：什么行为是犯罪，有哪些犯罪，各犯罪构成要件是什么，对犯罪科处什么刑罚，具体包括哪些刑种，各刑种的适用，各具体罪的具体量刑幅度等均由刑法预先加以规定，刑法没有明文规定的犯罪，不得定罪处罚。这项原则主要是从两个方面来定义的：一方面是要求正确运用刑罚权，惩罚犯罪，保护人民，即“法律明文规定为犯罪的，遵照法律规定处刑”，这是从积极的方面提出的要求，因此有学者称其为积极的罪刑法定原则；另一方面是从消极的方面限制刑罚权的适用，防止国家滥用刑罚权从而侵犯人权，即“法律没有规定为犯罪的，不得定罪处刑”。它被称为消极的罪刑法定原则。

积极的罪刑法定原则的含义是指：

1. 法律明文规定为犯罪的，要依法追究其刑事责任，任何机关和个人都不得违反刑法的规定，任意确定为无罪，宽纵犯罪；

2. 对犯罪人的定罪和处刑，都必须严格按照刑法的规定，该定什么罪就定什么罪，该判处何种刑罚就判处何种刑罚，不得违反刑法的规定，轻罪定为重罪，重罪定为轻罪或者重罪轻判，轻罪重判。

消极的罪刑法定原则的具体含义和要求主要是指：

1. 制定法是定罪处刑的唯一依据。法律是国家最高权力机关制定的，任何党政机关都不能凌驾于法律之上，不得违反法律的规定，任意规定什么样的行为是犯罪和应当判处什么样的刑罚。并且，国家权力机关制定的刑事法律的内容也不能违背宪法和刑法的基本原则。

2. 刑法不得类推解释和类推适用。类推解释是超出刑法条文原来普通语言的界限，运用类推的方法做出的解释。类推解释是把刑法条文本身不含有的意义强加于该条文，使它能适用于刑法没有规定的犯罪的行为。类推解释的本质是假解释之名行创制新的刑法规范之实。这是从根本上违反刑法基本原则的，应当禁止。类推适用是旧法律没有规定的行为，比附援引与其性质最相近似的刑法条文，适用于该行为，将其定罪处刑。这也是违反罪刑法定原则的，应当予以禁止。

3. 刑法不得溯及既往。刑法第 12 条对刑法的效力规定了从旧兼从轻的原则，即刑法原则上没有溯及既往的效力，但是新法不认为是犯罪或者处罚较轻的，则具有溯及既往的效力。这是保障人权的要求。

4. 刑法禁止不定期刑。不定期刑是指宣告刑的不定期，而不是法定刑的不定期。罪刑法定原则要求严格按照法律的规定定罪处刑，不定期刑违背了这个要求，应当禁止。不定期刑包括绝对不定期刑和相对不定期刑，绝对不定期刑指在刑法中只规定该行为应受处罚，或者虽规定刑种但未规定刑度，将具体的刑度委任给法官进行裁量，法官在判决时不宣告应服刑的期间，根据行刑的具体表现决定。从罪刑法定主义的人权保障机能出发，一定的犯罪决定刑罚的种类和程度，刑期不确定的刑罚是必须加以禁止的。相对不定期刑指刑法在对刑罚种类作出明文规定的前提下，可以规定出包括最高刑和最低刑的量刑幅度，法官有权根据案件的具体情况，在法定的量刑幅度内选择适当的刑种和刑期。只规定上限与下限的相对的不定期刑，事实上只能由刑法规定。而刑法的条文要求必须清楚明确，使人能够确切了解违法行为的内容，准确地确定犯罪行为与非犯罪行为的范围，从而保障刑法规范没有明文规定的行为不会成为法官根据自己的判断最终决定应具体适用的刑法规范适用的对象。相对的不定期刑显然与刑法的明确性原则不符，从而受到了强烈的批判。当然，刑法不仅要禁止绝对不定期刑，也要禁止相对不定期刑。

5. 刑法关于犯罪、刑罚及其相互关系的规定应当力求明确具体，易于理解和执行。积极的罪刑法定原则和消极的罪刑法定原则是罪刑法定原则的两个方面，是密切联系、统一不可分割的。积极的罪刑法定原则和消极的罪刑法定原则的统一，即运用刑罚权，惩罚犯罪，保护人权和约束刑罚权，防止滥用，保障人权的同时，就是罪刑法定原则的全面的正确的含义。罪刑法定原则的这两个方面的含义集中到一点，就是对人权的维护，因为无论是对人权的保护或者对人权的保障，都是维护人权。

（二）我国罪刑法定原则的地位

我国罪刑法定原则的理论基础是人民民主专政的理论和依法治国的理论，这也就决定了我国刑法上的罪刑法定原则的地位和功能。

人民民主专政的国家性质，决定了我们国家的一切权力都属于人民，因此，国家的刑罚权应当是属于并且由人民掌握的。我国刑法的罪刑法定原则就可以保证国家的刑罚权掌握在人民手中，刑罚权不会指向人民，因此，罪刑法定原则是刑罚权掌握在人民手中的重要体现和根本保证。罪刑法定原则要求把犯罪和刑罚在刑法上明确规定，就是要把人民掌握的刑罚权加以具体化和法律化。罪刑法定原则的保障人权和保护人权的双重功能，体现了人民民主专政的本质。

依法治国就是人民制定法律并依照法律治理国家。因此，必然要求人民制定并且依照刑法来行使刑罚权，在刑法上实行罪刑法定原则，把刑法作为惩罚犯罪，定罪处刑的唯一法律依据。任何组织或个人不得违反刑法的规定，既不能违反刑法的规定滥用刑罚权惩罚无辜，也不能实施触犯刑法的犯罪行为，危害人民。任何组织或个人违反了刑法，都必须追究。罪刑法定原则，是实行和坚持依法治国的必然要求和必然体现。

此外，罪刑法定原则在司法实践中对于具体操作具有重要意义。司法机关在实践中必须以刑事法律为唯一依据，来正确认定犯罪和判处的刑罚，严格区分此罪与彼罪的界限，做到定性准确，不枉不纵，于法有据，名副其实。同时该原则有利于司法机关正确的理解和解释法律。

（三）罪刑法定原则在我国刑法中的体现

1. 罪刑法定原则在我国刑事立法中的体现

我国 1979 年刑法没有明确规定罪刑法定原则，相反却在其第 79 条规定了有罪类推制度。1997 年修订后的刑法从完善我国刑事法治、保障人权的需要出发，明文规定了罪刑法定原则并废止类推，成为刑法修订和我国刑法发展的一个重要标志。1997 年 3 月修订的刑法，从完善我国刑事法治、保障人权的需要出发，明文规定了罪刑法定原则。修订后的刑法第 3 条规定："法律明文规定为犯罪行为的，依照法律定罪处刑；法律没有明文规定为犯罪行为的，不得定罪处刑。"这一原则的价值内涵和内在要求，在整部法典中得到了较为全面、系统的体现：

（1）修订的刑法实现了犯罪的法定化、刑罚的法定化和明确化。犯罪的法定化具体表现为：明确规定了犯罪的概念和犯罪构成的共同要件；明确规定了各种具体犯罪的构成要件；刑罚的法定化具体表现为：明确规定了刑罚的种类、量刑的原则和各种刑罚制度；同时明确规定了各种具体犯罪的法定刑；刑罚的明确化是指刑法条文必须文字清晰，意思确切，不得含糊其辞或模棱两可。概言之，犯罪和刑罚事先必须由法律作出明文规定，不允许法官自由擅断。

（2）修订的刑法取消了 1979 年刑法第 79 条规定的类推制度，这是罪刑法定原则得以真正贯彻的重要前提。

（3）修订的刑法重申了 1979 年刑法第 9 条关于刑法在溯及力问题上从旧兼从轻的原则。

（4）在分则罪名的规定方面，修订的刑法已相当详备。并且自 1997 年刑法修订后，颁布了 9 个刑法修正案和一个决定，分则条文由 1979 年的 103 条增加到 350 条，罪名数由 1979 年的 129 个增加到 460 个。增强了罪刑规范在刑事司法实务中的可操作性。

（5）在具体犯罪的罪状以及各种犯罪的法定刑设置方面，修订的刑法增强了法条的可操作性。对于大量犯罪，尽量使用叙明罪状；在犯罪的处罚规定上，注重量刑情节的具体化。

2. 罪刑法定原则在我国刑事司法中的适用

我国刑法虽然在刑事立法上实现了罪刑法定原则，废除了类推制度，但罪刑法定原则的法定化，并不等同于罪刑法定原则的现实化。要展现罪刑法定的思想基础、实现罪刑法定原则的基本内容，还需要刑法理论工作者与司法工作人员付出巨大努力，从我国的司法实践来看，切实贯彻执行罪刑法定原则，必须注意以下几个问题：

（1）合理解释刑法。实现罪刑法定原则，要求合理解释刑法。立法解释对于弥补刑事立法的不足具有一定意义，但立法解释不等于立法，因此立法解释不能超出刑法规范可能具有的含义；具有法律效力的司法解释对于弥补立法的不足，统一规范和指导司法实务，具有重要的意义。但是，进行司法解释不能超越其应有的权限，无论是扩张解释，还是限制解释，都不能违反法律规定的真实意图，更不能以司法解释代替刑事立法。否则，就会背离罪刑法定原则；不具有法律效力的学理解释，对刑事司法具有重要指导作用，但学理解释一定要根据罪刑法定原则的思想基础选择正确解释。否则同样会背离罪刑法定原则。

（2）正确定罪量刑。实现罪刑法定原则，要求正确定罪量刑。对于刑法明文规定的各种犯罪，司法机关必须以事实为根据，以法律为准绳，认真把握犯罪的本质特征和犯罪构成的具体要件，严格区分罪与非罪、此罪与彼罪的界限，做到定性准确，不枉不纵，于法有据，名副其实。对各种犯罪的量刑，亦必须严格以法定刑及法定情节为依据。

第三节　适用刑法人人平等原则

法律面前人人平等，是我国宪法规定的公民的基本权利之一，即我国的一项宪法原则。同时，我国刑法又将该项原则作为刑法的一项基本原则进行了具体规定，可见，适用刑法人人平等原则是我国法律上极其重要的一项原则。

一、适用刑法人人平等原则是我国的宪法原则

我国宪法第 33 条规定：“中华人民共和国公民在法律面前一律平等。”宪法的这一规定包含的含义如下：（1）公民不分民族、种族、性别、职业、家庭出身、宗教信仰、教育程度、社会地位、政治历史、财产状况、居住期限等，一律平等地享受宪法和法律规定的权利和自由，平等地履行宪法和法律规定的义务；（2）司法机关对任何公民在适用法律时，一律平等对待，即对一切公民的合法权益依法保护，对任何公民的违法犯罪行为，都平等地予以追究和制裁；（3）国家不容许任何组织和个人有超越宪法和法律的特权，不管是什么人都要严格遵守宪法和法律。

关于我国宪法上规定的法律面前人人平等原则的含义，有不同的理解，最主要的分歧在于：公民在法律面前一律平等原则，是否包括立法上的平等？一种意见认为，公民在法律面前一律平等，是指法律实施上的平等，即适用法律

和遵守法律上的平等，不包括立法上的平等。因为法律是有阶级性的，我国法律只能体现和反映工人阶级和广大人民的意志和利益，不能反映被统治阶级的意见和利益。所以人民同敌对势力和敌对分子在立法上是不能讲平等的。[①] 另一种意见认为，适用刑法人人平等，不仅要体现在司法方面，还应当体现在立法上。因为法律的适用，是以法律的制定为前提的，离开法律本身的平等原则，这个法律适用的平等就成了无源之水，无本之木，是不能存在的。立法上的平等，不仅体现在立法活动中公民都有权直接或者间接参与立法，更重要的是经过立法程序制定的法律，充分体现出公民的民主权利和平等原则。适用刑法人人平等应当体现在社会主义法制的一切方面，即从立法到司法，从立法活动到立法内容，从法律的制定到法律的适用全面地、完整地体现这一原则。我们认为，适用刑法人人平等或者公民在法律面前一律平等，强调的是“法律面前”的平等，不应当包括立法上的平等。

二、适用刑法人人平等原则是我国刑法的基本原则

我国刑法第 4 条规定：“对任何人犯罪，适用法律上一律平等。不允许任何人有超越法律的特权。”这就使宪法上确立的法律面前人人平等原则，结合刑法的特殊内容，具体化为适用刑法人人平等这样一项刑法基本原则。这项基本原则表明：(1) 适用刑法人人平等，是指适用法律上的平等，即司法平等，并不包括立法上的平等。立法上是否平等，并不影响适用法律上的平等。(2) 所谓适用法律上一律平等，是指把刑事法律作为一个统一的尺度毫不例外地、一视同仁地适用于一切实施犯罪行为的人，不因其民族、种族、性别、身份、宗教信仰、文化教育、社会地位、财产状况等而有所区别。无论是定罪、量刑、执行刑罚以及解决刑法的适用范围等问题都要一视同仁，平等地适用法律。(3) 平等意味着既反对特权，又要反对歧视。

但是，我们应当注意，不应把刑事司法中贯彻区别对待原则与适用刑法人人平等原则对立起来。例如，自首立功从宽的区别对待原则，是一种严格执法的表现，不是对适用刑法人人平等原则的违反，恰恰相反，是对适用刑法人人平等原则的贯彻。

---

① 参见陆德山、徐卫东主编：《中国宪法学若干问题讨论综述》，吉林大学出版社 1992 年版，第 396～408 页。

三、适用刑法人人平等原则在刑法上的具体体现

（一）平等保护法益

在我国，任何法益只要是刑法所保护的，不管法益主体是谁，都应平等地得到刑法的保护，而不能只保护部分主体的法益。平等保护法益，严禁地方保护主义，因为它严重违反了平等适用的原则。

（二）平等认定犯罪

任何人犯罪，无论其身份、地位等如何，一律平等对待，适用相同的定罪标准。不能因为被告人地位高、功劳大而使其逍遥法外、不予定罪；也不能因为被告人是普通公民就妄加追究、任意定罪。

（三）平等裁量刑罚

犯相同的罪且有相同的犯罪情节的，应做到同罪同罚。虽然触犯相同的罪名，但犯罪情节不同，比如有的具有法定从重处罚的情节，有的具有法定从轻、减轻或者免除处罚的情节，从而同罪不同罚，这是合理的、正常的，并不违背量刑平等原则，因为对任何人犯罪来说，都有这样一个具体情况具体分析、针对不同情况实行区别对待的问题。但如考虑某人权势大、地位高或财大气粗而导致同罪异罚，则是违背量刑平等原则的，因为这等于承认某人享有超越法律的特权。

（四）平等执行刑罚

在执行刑罚时，对于所有的受刑人平等对待，凡罪行相同、主观恶性相同的，刑罚处遇也应相同，不能考虑权势地位、富裕程度使一部分人搞特殊，对另一部分人则加以歧视。掌握法律规定的减刑、假释的条件标准也应体现平等，谁符合条件，谁不够条件，都要严格以法律为准绳，不搞亲疏贵贱。当然，因罪行轻重不同、主观恶性不同、改造表现不同而给予差别处遇，这是行刑中的应有之义，比如教育改造工作中的评分制、累进制，都体现了相同情况相同对待、不同情况区别对待的司法公正精神，这不仅不违反行刑平等的原则，恰恰是行刑平等的实质体现。

第四节　罪责刑相适应原则

一、罪责刑相适应原则的历史与现状

罪刑相适应原则，又称为罪刑均衡、罪刑相称或者罪刑相当原则。明确提出罪刑相当原则并奠定其理论基础的是贝卡利亚、边沁、康德和黑格尔。1764

年贝卡利亚在《论犯罪与刑罚》一书中，首次提出并论证了“犯罪与刑罚相对称”原则。他指出，“犯罪对公共利益的危害越大，促使人们犯罪的力量就越强，制止人们犯罪的手段就应该越强有力。这就需要刑罚与犯罪相对称。”“如果对两种不同程度的侵犯社会的犯罪处以同等的刑罚，那么人们就找不到更有力的手段去制止实施能带来较大好处的较大的犯罪了。”① 因此，他提出应当建立一个由一系列犯罪行为构成的阶梯，它的最高一级就是那些直接毁灭社会的最严重的犯罪，它的最低一级是最轻微的犯罪，在这两级之间是一系列的犯罪行为，这些犯罪行为沿着这无形的阶梯，从高到低顺序排列。与这个由犯罪行为构成的阶梯相对应的是一个由最强到最弱的刑罚阶梯。贝卡利亚之后，边沁、康德、黑格尔对罪刑相适应原则的发展做出了巨大的贡献。资产阶级革命胜利后，罪刑相适应原则被写进了法律。传统的罪刑相适应原则，是以报应主义刑罚观为基础，机械地强调刑罚与已然之罪、犯罪客观行为或犯罪客观危害相适应。从19世纪末开始，随着人类学派和刑事社会学派的崛起，传统的罪刑相适应原则受到了有力的挑战。最为突出的是，行为人中心论和人身危险性论的出现，保安处分和不定期刑制度的推行，使传统的罪刑相适应原则在刑事立法上受到了削弱，但是实际上并未动摇其作为刑法基本原则的地位。从当今世界各国刑事立法来看，罪刑相适应原则已经得到修正：既注重刑罚与犯罪行为的相适应，又注重刑罚与犯罪人个人情况相适应。这样就把古典学派的传统罪刑相适应原则和新派主张的刑法个别化结合起来。这是罪刑相适应原则发展成为罪责刑相适应的历史趋势。我国新刑法规定的罪责刑相适应的原则就是从传统的罪刑相适应原则发展而来的，正好适应了这一修正的趋势，具有科学性和时代性。

二、我国罪责刑相适应原则的含义

我国刑法第5条规定：“刑罚的轻重，应当与犯罪分子所犯罪行和承担的刑事责任相适应。”这一规定包括两个方面的含义：

1. 刑罚的轻重，应当与犯罪分子所犯的罪刑相适应。“犯罪分子所犯罪行”的具体含义，是指犯罪分子实施的触犯刑律的犯罪行为。从犯罪构成理论来看，就是犯罪分子实施的符合刑法规定的犯罪构成的行为，即犯罪构成事实。犯罪构成事实是由主体、客体、主观方面、客观方面等要件组成的具有特定性质和特定社会危害性的有机整体。所谓刑罚轻重“应当与犯罪分子所犯罪行相适应”，就是指应当与犯罪分子实施的犯罪构成事实的性质和社会危害

① 贝卡利亚：《犯罪与刑罚》，中国大百科全书出版社1993年版，第65页。

性相适应。

2. 刑罚的轻重，应当与犯罪分子承担的刑事责任相适应。刑事责任的依据是行为人的犯罪行为，它对刑事责任的轻重起着决定性的作用。因此，犯罪构成事实这个有机整体的性质和危害性程度是确定刑事责任程度的关键因素。但是，刑事责任毕竟是犯罪分子要承担的责任，在决定刑事责任轻重时，还应当结合责任者的主观恶性和人身危险性，把握罪行和犯罪各方面因素的综合体现的社会危害性程度等其他因素，如犯罪人的年龄、精神状况等因素，来判断刑事责任的轻重。

犯罪的轻重并非直接决定刑罚的轻重，而是必须以刑事责任为中介，也就是说，犯罪的轻重决定刑事责任的轻重，刑事责任的轻重又决定刑罚的轻重。这就形成了罪—责—刑的关系。刑法第5条规定的，刑罚的轻重，应当与犯罪分子所犯罪行和承担的刑事责任相适应。这两个相适应是密切联系，不可分割的，罪责刑相适应原则内容相对于古典学派的罪刑相适应原则，其内容是丰富和具体了，但它总的原则还是没有变，保持了传统的含义，即重罪重刑，轻罪轻刑，罚当其罪，不能轻罪重刑，重罪轻刑。但是罪责刑相适应原则应当还有一个派生的含义，即无罪不罚。提出无罪不罚是为了防止刑罚权的滥用，有利于人权的保障。

另外，犯罪的性质及其社会危害性程度必然会随着社会的变化而不断变化，任何罪刑均衡关系都不是永恒不变的。

三、我国罪责刑相适应原则的立法体现

我国刑法明文规定的罪责刑相适应原则，贯穿于刑法内容之中，其具体表现是：

（一）确立了科学严密的刑罚体系

我国刑法总则确定了一个科学的刑罚体系，这一体系由不同的刑罚方法构成。从性质上区分，包括生命刑、自由刑、财产刑、资格刑；从程度上划定，有重刑也有轻刑；从种类上分，有主刑和附加刑。各种刑罚方法相互区别又互相衔接，能够根据犯罪的各种情况灵活地运用，从而为刑事司法实现罪责刑相适应奠定了基础。

（二）规定了区别对待的处罚原则

我国刑法总则根据各种行为的社会危害性程度和人身危险性的大小，规定了轻重有别的处罚原则。例如，对于防卫过当、避险过当而构成犯罪者，应当减轻或者免除处罚；对于预备犯，可以比照既遂犯从轻、减轻处罚或者免除处罚；对于未遂犯，可以比照既遂犯从轻或者减轻处罚；对于中止犯，没有造成

损害的，应当免除处罚；造成损害的，应当减轻处罚。在共同犯罪中，规定对组织、领导犯罪集团的首要分子，按照集团所犯的全部罪行处罚；对于其他主犯，应当按照其所参与的或者组织、指挥的全部犯罪处罚；对于从犯，应当从轻、减轻处罚或者免除处罚；对于胁从犯，应当按照他的犯罪情节减轻处罚或者免除处罚；对于教唆犯，应当按照他在共同犯罪中所起的作用处罚。凡此种种，都体现了罪责刑相适应原则。此外，刑法总则还侧重于刑罚个别化的要求，规定了一系列刑罚裁量与执行制度，如累犯制度、自首、坦白制度、立功制度、缓刑制度、减刑制度、假释制度等。在这些刑罚制度中，累犯因其人身危险性大而应从重处罚；自首、坦白、立功因其人身危险性小而可以从宽处罚；短期自由刑的缓刑的适用前提是根据犯罪分子的犯罪情节和悔罪表现认为适用缓刑确实不致再危害社会的；减刑和假释是因为罪犯在刑罚执行期间确有悔改或立功表现。

（三）设置了轻重不同的法定刑幅度

我国刑法分则不仅根据犯罪的性质和危害程度，建立了一个犯罪体系，而且还为各种具体犯罪规定了可以分割、能够伸缩、幅度较大的法定刑。这就使得司法机关可以根据犯罪的性质、罪行的轻重、犯罪人主观恶性的大小，依法判处适当的刑罚。

四、我国罪责刑相适应原则的司法适用

根据罪责刑相适应原则的基本要求，结合我国刑事司法实践的情况，司法机关在贯彻这一原则时，应当着重解决以下问题：

1. 纠正重定罪轻量刑的错误倾向，应当把定罪和量刑置于同等重要的地位。我国审判机关在刑事审判活动中，一贯重视对案件的定性，而对量刑工作的重要性，部分法官不够重视。针对这种情况，为了贯彻罪责刑相适应原则，必须提高审判机关和法官对量刑工作重要性的认识，把定性准确和量刑适当作为衡量审判工作质量好坏的不可分割的统一标准，以此来检查每一个具体案件的处理结果。

2. 纠正重刑主义的错误观点，强化量刑公正的执法观念。一些法官崇尚重刑，迷信重刑，认为刑罚越重越能有效地遏制犯罪。特别是在社会治安不好的时期，重刑主义的观念表现得尤为突出。重刑主义是一种粗暴落后的刑法思想，是与罪责刑相适应原则直接对立的。因此，我们必须清醒地认识到重刑主义的危害，促使每一位法官都树立起量刑公正的思想，切实做到罪责刑相适应，既不轻纵犯罪分子，也不能无端加重犯罪人的刑罚。

3. 纠正不同法院量刑轻重悬殊的现象，实现执法中的平衡和协调统一。

按照罪责刑相适应原则的要求，类似的案件在处理的轻重上也应当是基本相同的。但是在我国的实际情况是，不同法院对类似案件的处理轻重悬殊的情况相当普遍。造成这种现象的原因，既有立法上的粗疏，也有司法活动中缺乏统一的标准，还有法官个人业务素质和执法水平等各种复杂因素。为此，除继续及时完善刑事立法外，还需要进一步加强刑事司法解释工作，加强刑事司法判例的编纂工作，以便为量刑工作提供更加具体明确的判断标准；同时提高刑事审判人员的素质，不断改进量刑方法，从而逐步实现量刑的规范化、科学化和现代化。

第三章　刑法的效力

刑法的效力，即刑法的适用范围，是指刑法在什么地方、对什么人和在什么时间内有效，以及刑法是否具有溯及既往的效力。正确理解和掌握刑法的效力范围，对于维护国家主权，保护国家和人民利益，保证定罪量刑的准确性，具有重要意义。我国刑法第 6 条至第 12 条对刑法的效力范围作了明确的规定，根据这些规定，刑法的效力范围包括刑法的空间效力和时间效力两方面的内容。

第一节　刑法的空间效力

一、刑法的空间效力的概念

刑法的空间效力是指刑法在什么地方、对什么人有效，是刑法对地和对人的效力的总称。也就是要解决刑事管辖权的范围问题。一个主权国家无不在刑法中对刑法的空间效力即刑事管辖权范围的问题作出规定。不过，由于各国的社会政治情况和历史传统习惯的差异，在解决刑事管辖权范围问题所主张的原则不尽相同。概括起来有以下几种：

（一）属地原则

也称为属地主义，即以国家地域为标准，凡在本国领域内犯罪，不论犯罪人是本国人还是外国人，都适用本国的刑法。反之，即使本国人在本国领域范围之外犯罪，也不适用本法。这是由于属地最高权而产生的刑事管辖权，也称领土原则。这是刑事管辖权最古老的国际法原则，也是一切法系国家行使管辖权的基本原则。世界各国在其刑法中规定的属地原则又有不同，大致分为三种：主观的领土管辖原则（也即行为地主义）、客观的领土管辖原则（也即结果地主义）、行为结果择一原则。主观的领土管辖原则是指凡是发生在本国领域内的犯罪行为，不论其结果发生于何处，均适用本国刑法。客观的领土管辖权原则是指不论犯罪行为发生于何处，只要其结果发生在本国领域内，均适用本国刑法。行为和结果择一原则是指只要犯罪行为和结果有一项发生在其本国领域内，就适用本国刑法。属地原则的优点在于维护了国家的主权，不足之处在于放弃了国家对本国公民在本国领域外犯罪的刑事管辖权，也失去了对在本国领域范围之外实施危害本国国家和公民利益的外国人犯罪的刑事管辖权。因而单纯采用这一原则的国家甚少。

（二）属人原则

也称为属人主义，即以人的国籍为标准，凡是本国人犯罪，不论是在本国领域内，还是在本国领域外，都适用本国刑法。反之，外国人即使在本国领域内犯罪，也不适用本国刑法。这是由于属人最高权而产生的刑事管辖权，也称国籍原则。基于该原则，一个人如果在国外实施犯罪行为，其所在国基于属地最高权对其行使刑事管辖权，同时其国籍国基于属人最高权对其行使刑事管辖权。于是便出现双重刑事管辖权问题，当前世界各国刑法对此采取不同做法，有些国家如印度、荷兰规定其本国刑法对本国公民在国外实施的犯罪行为全部适用。有些国家如美国、日本规定其本国刑法对本国公民在国外实施的犯罪行为部分适用。该原则强调了国家对本国公民的属人优越权，但是与国家主权原则有所抵触，所以也极少有国家单纯采用该项原则。

（三）保护原则

也称为安全原则，即以保护本国利益为标准，凡是侵害本国国家或者公民利益的犯罪，不论犯罪人是本国人还是外国人，也不论犯罪发生在本国领域内还是发生在本国领域外，都适用本国刑法。该原则的管辖范围最广，包括在国外犯有危害这个国家的主权和安全罪行的外国人，当其进入该国境内时，可对其行使刑事管辖权。该原则对于保护国家利益是有利的，但是单纯的保护原则容易引起国与国之间的刑事冲突，影响国与国之间的关系，该原则已得到世界各国的普遍承认，但采用该原则的国家一般都会对此原则进行种种限制。我国刑法也采取了保护原则，但是有严格的限制。

（四）折衷原则

也称为折衷主义或混合原则，即以属地原则为基础，以有限的属人原则和保护原则为补充。根据该原则，凡在本国领域内犯罪的，不论是本国人还是外国人（包括无国籍人），都适用本国刑法；本国人或外国人在本国领域外犯罪，侵犯了本国国家或公民的利益，在一定条件下也适用本国刑法。该原则既体现了国家主权，又保持了一定范围内刑法对领域外犯罪的刑事管辖权，所以，世界上大多数国家采用该原则。

（五）普遍管辖原则（Principle of Universal Jurisdiction）

也称为世界性原则，是国际刑事管辖中最重要的原则。普遍管辖权是指世界上每个主权国家都有权对国际犯罪实行刑事管辖，而不论这种犯罪是否发生在本国领域内，也不管犯罪人是否是本国公民，也不论是否侵害本国国家或公民的利益，只要犯罪在其领土之内被发现，都可适用本国刑法。普遍管辖的对象是国际犯罪，即以国际公约的形式明确予以禁止的、危害国际社会共同利益的罪行。如1970年12月16日的《关于制止非法劫持航空器的公约》（即《海牙公约》）、1971年9月23日的《关于制止危害民用航空安全的非法行为的公约》（即《蒙特利尔公约》）、1973年12月14日的《关于防止和惩处侵害应受国际保护人员包括外交代表的罪行的公约》等公约所禁止的国际罪行，缔约国与参加国应将公约上所列举的非法行为规定为其国内法上的罪行，并应采取必要措施，对这些犯罪行使刑事管辖权，这便是普遍管辖原则。

上述各项原则，各有其优点，也不可避免地存在局限性，相比之下，折衷原则较为适合各国国家主权和管辖要求，因此在当今世界各国，大多数国家的刑法采用该原则。同时对国际犯罪，许多国家同时采用普遍管辖原则，作为对折衷原则的补充。我国新刑法为适应同国际犯罪作斗争的需要，在刑法的空间效力上采用折衷原则的同时，又补充规定了普遍管辖原则，从而确定了我国刑法的普遍管辖权。

二、我国刑法的空间效力

如前所述，我国刑法在空间效力上，采用的是折衷原则为主，普遍管辖为辅的规定。刑法分别在第6条规定了属地原则，第7条规定了属人原则，第8条规定了保护原则，第9条规定了普遍管辖原则。根据法律的规定，分述如下：

（一）我国刑法的属地管辖权

我国刑法第6条第1款规定："凡在中华人民共和国领域内犯罪的，除法律有特别规定的以外，都适用本法。"这是我国刑法在空间上的适用范围的基本原则。这里所说的"领域"，是指我国国境以内的全部区域，具体包括：（1）领陆，即中华人民共和国国境线内的陆地领土，包括地下的地层和岛屿，《中华人民共和国邻海及毗连区法》第2条第2款规定，中华人民共和国的陆地领土包括中华人民共和国大陆及其沿海岛屿，台湾及其包括钓鱼岛在内的附属各岛，澎湖列岛、东沙群岛、西沙群岛、中沙群岛、南沙群岛以及其他一切属于中华人民共和国的岛屿；（2）领水，即内水（包括湖、内海、河流连同其河口、港口、运河以及有些海湾和海峡内的水域）和领海（指与一国海岸或内水相连的在邻海基线以外的一定宽度的海域）及其以下的地层，根据《中华人民共和国领海及毗连区法》第3条第1款的规定，中华人民共和国领海宽度为领海基线起12海里；（3）领空，即领陆和领水之上一定高度的空间，它只及于空气空间，不包括外层空间。1959年世界上第一颗人造卫星发射成功以后，国家主权管辖下的空气空间的具体高度就成为一个亟待解决的法律问题。

该条所指的“法律有特别规定”的情形，主要是指：

1. 刑法第 11 条关于“享有外交特权和豁免权的外国人的刑事责任，通过外交途径解决”的特别规定。

2. 刑法第 90 条关于“民族自治地方不能全部使用本法规定的，可以由自治区或省的人民代表大会根据当地民族的政治、经济、文化的特点和本法规定的基本原则，制定变通或者补充的规定，报请全国人民代表大会常务委员会批准执行”的特别规定。

3. 香港、澳门特别行政区不适用大陆刑法。我国实行“一国两制”政策，香港和澳门特别行政区是享有高度自治权的地区，享有独立的立法权、司法权和终审权。全国人民代表大会及其常务委员会所制定的全国性的法律，除有关国防、外交和其他依据基本法规定不属于特别行政区自治范围的法律，一般不再特别行政区实施。

刑法第 6 条第 2 款规定：“凡在中华人民共和国船舶或者航空器内犯罪的，也适用本法。”这里的船舶和航空器是为了解决管辖权问题所做的假设，即所谓的拟制领土，并非真正的领土，它们既包括军用的也包括民用的；既包括航行途中的，也指处于停泊、停飞状态中的；既指在公海或公海上空的，也指停靠于外国港口、停飞于外国机场的悬挂我国国旗的船舶、航空器。根据国际惯例，航行于公海或者停泊于外国港口的我国军用船舶、军用飞机或者悬挂我国国旗的其他船舶和航空器，主权都属于我国。因此，凡在我国船舶或者航空器内犯罪，不论该船舶或者航空器是否在我国境内，我国均有刑事管辖权。

刑法第 6 条第 3 款规定：“犯罪的行为或者结果有一项发生在中华人民共和国领域内的，就认为是在中华人民共和国领域内犯罪。”此款规定确定了犯罪地标准，即犯罪行为或者犯罪结果只要有一项是发生在我国领域内的，就认为犯罪发生在我国领域内，适用我国刑法。因此，犯罪地包括犯罪行为地和犯罪结果地。

基于此标准，所谓在我国领域内实施的犯罪，应包括以下三种情况：(1) 犯罪行为和犯罪结果都发生在我国领域内的；(2) 犯罪行为发生在我国领域外，而结果发生在我国领域以内，例如，在国外伪造人民币后到我国境内进行贩卖；(3) 犯罪行为发生在我国领域内，而结果发生在领域之外的，例如，在我国国界线以内开枪射击国界线以外的他人致其死亡。以上三种情形均适用我国刑法。

此外，根据我国承认的 1961 年 4 月 18 日《维也纳外交关系公约》的规定，各国驻外大使馆、领事馆及其外交人员不受驻在国的司法管辖，因此，凡在我国驻外大使馆、领事馆内犯罪的，也应当适用我国刑法。

在中华人民共和国领域内犯罪的，可能是中国人，也可能是外国人。我国是主权独立的国家，对于外国人在我国领域内犯罪的，也适用我国刑法，但是，对于外国人适用我国刑法的规定有例外情况，即刑法第 11 条规定的："享有外交特权和豁免权的外国人的刑事责任，通过外交途径解决。"所谓外交特权和豁免权，是指依照国际惯例和国际公约，一个国家为保证驻在本国的派遣国的外交代表机构及其工作人员正常执行职务给与的一种特殊权利和优待。这种特权和优待是建交国家之间相互尊重和对等的原则给予的。《中华人民共和国外交特权与豁免条例》详尽地规定了外国使馆享有的外交特权与豁免的内容，其中一条重要内容就是享有外交特权和豁免权的外国人不受我国刑事管辖。当然，对享有外交特权和豁免权的外国人在我国实施犯罪，我们也不能坐视不管。不过，依照刑法第 11 条的规定不能运用司法程序对他们进行搜查、拘留或逮捕，而只能通过外交途径解决他的刑事责任问题，如可以建议派遣国依法处理，也可以宣布其为不受欢迎的人，令其限期出境；罪行严重的也可以由政府宣布驱逐出境，等等。刑法第 11 条的规定，既维护了我国的主权和法律的尊严，又尊重了别国的主权，有利于协调国与国之间正常的外交关系。

（二）我国刑法的属人管辖权

刑法第 7 条第 1 款规定："中华人民共和国公民在中华人民共和国领域外犯本法规定之罪的适用本法，但是按本法规定的最高刑为三年以下有期徒刑的，可以不予追究。"这一规定表明，中华人民共和国公民在我国领域外实施的行为，只要符合我国刑法的规定，就应当承担刑事责任，而不论该行为在其所在国的法律上是否规定为犯罪，也不论其所犯罪行侵犯的是何国或何国公民的利益，原则上都适用我国刑法。只是按照我国刑法的规定，该中国公民所犯之罪的法定最高刑为 3 年以下有期徒刑的，才可以不予追究。所谓"可以不予追究"有两方面的含义，包括可以追究和不予追究两种情况。

刑法第 7 条第 2 款规定："中华人民共和国国家工作人员和军人在中华人民共和国领域外犯本法规定之罪的，适用本法。"由此可见，国家工作人员和军人在国外实施符合我国刑法规定的犯罪行为的，不论罪行轻重、犯罪的种类，也不论其所犯罪行的法定刑如何，我国都要行使刑事管辖权。这样的规定，一方面是因为国家工作人员与军人均属有特定职责的人，基于身份和职权的特殊性，决定了他们在领域外犯罪会直接危害国家安全与利益，妨害国家的信用与声誉，应对他们有更严格的要求；另一方面是因为随着对外开放与市场经济的发展，我国公民因公、因私等出国数量剧增，在境外针对我国国家利益和公民犯罪案件大幅度增加，其中国家工作人员与军人在领域外的犯罪现象增多，而由于诸多原因在犯罪地往往得不到及时追究，这都需要采取属人管辖进行抑制。这里的“国家工作人员”是指刑法第 93 条规定的人员。“军人”是指中国人民解放军的现役军官、文职干部、士兵和具有军籍的学员和中国人民武装警察部队的现役警官、文职干部、士兵及具有军籍的学员。执行军事任务的预备役人员和其他人员以军人论。

综上所述，除国家工作人员与军人的犯罪以外，刑法原则上只对我国公民在领域外实施的严重犯罪行使管辖权，这表明我国刑法采取的是有限制的属人管辖原则。

刑法第 10 条规定：“凡在中华人民共和国领域外犯罪，依照本法应当承担刑事责任的，虽然经过外国审判，仍然可以依照本法追究，但是在外国已经受过刑罚处罚的，可以免除或者减轻处罚。”这是关于中国人在领域外犯罪的刑事责任以及刑罚的规定，这表明我国是一个独立的主权国家，有独立的刑事司法管辖权，不受外国审判效力的约束；但是也要照顾实际情况，如果犯罪分子在外国已经受过刑罚处罚，比如受过缓刑宣告，或者执行了刑期的一部或者全部的，可以考虑免除或者减轻处罚。这样的规定是合情合理的，体现了原则性与灵活性的统一。

（三）我国刑法的保护管辖权

保护管辖原则是指不论本国人还是外国人，在国外实施了犯罪行为，只要该行为侵犯了本国利益或本国公民的权益，就应适用本国刑法。这是以保护本国利益或本国公民的权益为标准的保护管辖权。

我国刑法第 8 条规定：“外国人在中华人民共和国领域外对中华人民共和国国家或者公民犯罪，而按本法规定的最低刑为三年以上有期徒刑的，可以适用本法，但是按照犯罪地的法律不受处罚的除外。”如果所犯的罪按照我国刑法规定的最低刑不满 3 年有期徒刑，或者按照犯罪地的法律不受处罚的，则不适用我国刑法。这条规定是我国刑法规定的保护管辖权的具体体现，是一种有限制的保护管辖原则。外国人在我国领域外对我国国家或者公民犯罪，我国有刑事管辖权，但这种管辖权是有限制的，必须具备以下三个条件：

1. 实施的犯罪必须是针对我国国家或者是公民的，而且必须是侵犯了我国国家或公民的利益，这是适用保护管辖原则的前提条件。

2. 必须是依照我国刑法规定的最低刑为 3 年以上有期徒刑的犯罪，这是对保护管辖原则适用范围的规定，限制在较严重的犯罪。

3. 按照犯罪地的法律规定也是应当受到刑罚处罚的犯罪行为。

当然，要实际行使这方面的管辖权会有困难，因为犯罪人是外国人，犯罪地点又是在国外，如果该犯罪人没有引渡过来或者没有在我国领域内被抓获，我们就无法对其进行刑事追究。但是，如果刑法对此不加规定，就等于放弃了自己的管辖权，那些犯罪的外国人就可以肆无忌惮地对我国国家或者公民的利益进行侵害。因此，我国作为一个主权国家，为维护国家安全、保障国家和公民的利益不受侵犯，刑法设立保护管辖权是完全必要的。

（四）我国刑法的普遍管辖权

我国1979年刑法在关于空间效力的规定中，并没有涉及普遍管辖权的内容。20世纪70年代以来，随着现代科学技术的发展和交通运输的极为便利，国际犯罪日益增多并且严重危害到国际社会的和平与人类的安宁，从而产生了世界各国在刑事管辖上的密切配合、共同对付国际犯罪的需要。这种需要，使以前仅仅适用于海盗犯罪和战争犯罪的普遍管辖原则通过国际公约的形式逐渐扩大适用于其他国际犯罪。例如，1970年12月6日订于海牙的《关于制止非法劫持航空器的公约》、1971年9月23日订于蒙特利尔的《关于制止危害民用航空安全的非法行为的公约》、1972年3月25日订于日内瓦的经修正的《一九六一年麻醉品单一公约》、1973年12月14日在纽约开放签字的《关于防止和惩处侵害应受国际保护人员包括外交代表的罪行的公约》、1988年12月19日的《联合国禁止非法贩运麻醉药品和精神药物公约》等。这些公约在确认了有关当事国的刑事管辖权的同时，都明确规定：每一缔约国于被指控的罪犯在本国领土内而不将此人引渡给有关当事国时，应采取必要措施确立其对此类犯罪的管辖权。这些规定进一步体现和发展了普遍管辖原则。

根据国际公约及各国刑法的规定，适用普遍管辖原则必须符合四个条件：（1）管辖的对象是危害全人类共同利益的国际犯罪；（2）主张管辖国是有关公约的缔约国或参加国；（3）有关公约所规定的犯罪行为在其国内刑法中也被确定为犯罪；（4）在管辖国的领土上发现罪犯。由此可见，普遍管辖意味着实施了国际犯罪的人，不论在世界上哪个国家出现，都应当受到刑事追究，每个国家都可以对国际犯罪实行刑事管辖，但并非任何国家对任何犯罪都有管辖权，普遍管辖原则的适用是受到严格限制的。

刑法第9条规定："对于中华人民共和国缔结或者参加的国际条约所规定的罪行，中华人民共和国在所承担条约义务的范围内行使刑事管辖权的，适用本法。"这是我国刑法规定的对国际犯罪行使普遍管辖权的规定。根据这一规定，我国行使刑事普遍管辖权应当具备以下条件：（1）适用的对象必须是中华人民共和国缔结或者参加的国际条约所规定的罪行，如战争罪、劫持航空器罪、劫持人质罪、反和平罪、反人道罪等；（2）适用的前提必须是在我国缔结或者参加的国际条约所承担的条约义务范围内。除我国在缔结或参加该国际公约时声明保留的条款外的一切根据条约所产生的义务。当符合这两个条件的外国人进入我国时，我国就可以根据我国刑法追究其刑事责任。此时根据普遍管辖原则所审理的犯罪，其实体法的适用根据是我国国内刑法，而非国际公约，因为国际公约并没有对国际罪行规定法定刑，而是要求缔约国或参加国将国际公约所列举的罪行规定为其国内刑法上的犯罪。

由此可见，我国刑法目前在空间效力问题上以属地原则为主，兼采属人原则和保护原则，同时也规定了对普遍管辖原则的有条件地适用。

第二节　刑法的时间效力

一、刑法的时间效力的概念

刑法的时间效力，是指刑法在时间上的适用范围，即刑法的生效时间、失效时间以及刑法对它生效之前的行为是否具有溯及力。因此，刑法的时间效力问题包括三个方面：生效时间、失效时间和溯及力。

（一）刑法的生效时间

通常有两种规定方式：一是从公布之日起生效。如《关于禁毒的决定》第16条规定："本决定自公布之日起施行。"二是在新法律公布后间隔一段时间才生效。例如，新刑法于1997年3月14日经第八届全国人民代表大会第五次会议修订并通过，同年3月18日公布，并按照新刑法第452条的规定，"本法自1997年10月1日起施行"。这两种生效情形均符合罪刑法定原则，但是相比较之下，后一种情形更为合适。因为法律既是裁判规范，又是行为规范，要使规范产生实效，就得使人们事先了解规范的存在及其内容。而新刑法本身是全国性的基本法律，调整的领域广泛、内容较新，无论对于广大群众还是执法机关，都需要有一定的时间来熟悉和准备，有利于法制宣传、教育，增强法制观念，为更好地实施刑法奠定良好的基础。

（二）刑法的失效时间

主要有两种情形：一是由立法机关明文宣布原有法律效力的终止或者废止。即新法公布后，在新法中或者其他法令中明确宣布，与新法规定相抵触的旧法即行废止或者失效。如1997年刑法第452条第2款明文规定，列于本法附件一的全国人民代表大会常务委员会制定的条例、补充规定和决定，已纳入本法或者已不适用，自本法施行之日起，予以废止。即《惩治军人违反职责罪暂行条例》、《关于严惩严重破坏经济的罪犯的决定》等15个单行刑法被新刑法明示宣布废止。二是新法的施行使原有法律自然失效。即由于新法代替旧法，旧法自动失效；或者由于立法时规定的特殊条件已经消失，该法律自然失效。但是应当注意；有的法律文件是因为新法的施行而全部失效，如有 15 个原单行刑法是因为新刑法的施行而全部失效；有的法律文件是因为新法的施行而局部的失效，如有 8 个单行刑法因为新刑法的施行而失去刑事责任方面规定的效力，但是其关于行政处罚和行政措施的规定仍然有效。如《关于禁毒的决定》、《关于惩治走私、制作、贩卖、传播淫秽物品的犯罪分子的决定》等法律规定只是局部失效。

（三）刑法的溯及力

刑法的溯及力，也称溯及既往的效力，是指刑法生效后，对它生效前未经审判或者判决尚未确定的行为是否具有追溯适用的效力。如果适用，则为有溯及力；如果不适用，就是没有溯及力。各国刑事立法关于刑法溯及力的规定，归纳起来主要有以下几种原则：

1. 从新原则，即新法具有溯及既往的效力，新法律生效以前发生的未经审判或者判决未确定的行为，一概适用裁判时的新法律。

2. 从旧原则，即新法一律不溯及既往的行为，对新法生效以前发生的未经审判或者判决未确定的行为，一概适用行为时的旧法律，新法只能适用于其生效以后的行为。

3. 从轻原则，即比较新法与旧法对该种犯罪的处刑的轻重，一概适用对行为人有利的法律，新法处罚轻就溯及既往，否则就不溯及既往。

4. 从新兼从轻原则，即新法律生效以前发生的未经审判或者判决未确定的行为，原则上适用裁判时的新法，新法有溯及既往的效力。但行为时的旧法对行为人规定更轻时，适用旧法，在这种情况下，新法没有溯及既往的效力。

5. 从旧兼从轻的原则，即新法律生效以前发生的未经审判或者判决未经确定的行为，原则上适用行为时的旧法，新法不具有溯及既往的效力。但是裁判时的新法对行为人处刑更轻时，适用新法，在这种情况下，新法有溯及既往的效力。综观世界各国的立法体例，多采取从旧兼从轻原则。

我国刑法第 12 条第 1 款规定："中华人民共和国成立以后本法施行之前的行为，如果当时的法律不认为是犯罪的，适用当时的法律；如果当时的法律认为是犯罪的，依照本法总则第四章第八节的规定应当追诉的，按照当时的法律追究刑事责任，但是如果本法不认为是犯罪或者处刑较轻的，适用本法。"该条第 2 款规定："本法施行以前，依照当时的法律已经作出的生效判决，继续有效。"依照这一规定，我国刑法采用的是从旧兼从轻的原则。对于从 1949 年 10 月 1 日至 1997 年 9 月 30 日这段时间内发生的行为，未经审判或者判决未经确定的，应当按照不同情况分别处理：

1. 行为时的法律不认为是犯罪，而新刑法认为是犯罪的，适用行为时的法律，不追究刑事责任，新刑法不具有溯及力；

2. 行为时的法律认为是犯罪，而新刑法不认为是犯罪的，适用新刑法，不以犯罪论，亦不追究刑事责任，新刑法具有溯及力；

3. 行为时的法律和新刑法都认为是犯罪，并且按照刑法总则第四章第八节的规定应当追诉的，按照行为时的法律追究刑事责任，即新刑法没有溯及力（另外刑法关于追诉时效的规定具有溯及力），但是如果新刑法规定的处刑比行为时的法律规定的处刑轻，则应当适用新刑法，即新刑法具有溯及力；

4. 刑法施行以前，依照当时的法律已经作出的判决继续有效。这种规定，强调维护法院判决的权威性和严肃性，在处理申诉案件时，不能因为新刑法不认为是犯罪或者处刑较轻等，而变更按照行为时的法律规定已经发生法律效力的判决、裁定和执行问题。

二、与刑法时间效力有关的若干问题的法律适用

刑法的时间效力问题，归根结底是解决新、旧刑法如何选择适用的问题，这个问题的核心是对行为人有利还是不利。从旧兼从轻原则的价值取向是有利于行为人，这与罪刑法定原则保障人权精神是一致的。我国 1997 年修订的刑法第 12 条体现的也是这个精神。但是，从司法实践来看，新、旧刑法的选择适用所涉及的不只是修订的刑法第 12 条明文规定的有罪无罪和处罚轻重的问题，而且还包括其他一些有关的问题，如是否不受追诉时效的限制、能否适用酌定减轻、是否构成累犯、是否以自首论等。对遇到的这些问题究竟是适用新法还是旧法，也应当本着实事求是的精神，有个明确的解释，以便各级司法机关有所遵循。正因如此，最高人民法院于 1997 年 9 月 25 日作出《关于适用刑法时间效力规定若干问题的解释》，该解释与修订的刑法同步施行。该解释对上述相关问题一一作了明确的回答，从而丰富了刑法时间效力内涵，有利于司法实务的进行。该司法解释的内容如下：

1. 对于行为人 1997 年 9 月 30 日以前实施的犯罪行为，在人民检察院、公安机关、国家安全机关立案侦查或者在人民法院受理案件以后，行为人逃避侦查或者审判，超过追诉期限或者被害人在追诉期限内提出控告，人民法院、人民检察院、公安机关应当立案而不予立案，超过追诉期限的，是否追究行为人的刑事责任，适用修订前的刑法第 77 条的规定。

2. 犯罪分子 1997 年 9 月 30 日以前犯罪，不具有法定减轻处罚情节，但是根据案件的具体情况需要在法定刑以下判处刑罚的，适用修订前的刑法第 59

条第2款的规定。

3. 前罪判处的刑罚已经执行完毕或者赦免，在1997年9月30日以前又犯应当判处有期徒刑以上刑罚之罪，是否构成累犯，适用修订前的刑法第61条的规定；1997年10月1日以后又犯应当判处有期徒刑以上刑罚之罪的，是否构成累犯，适用刑法第65条的规定。

4. 1997年9月30日以前被采取强制措施的犯罪嫌疑人、被告人或者1997年9月30日以前犯罪，1997年10月1日以后仍在服刑的罪犯，如实供述司法机关还未掌握的本人其他罪行的，适用刑法第67条第2款的规定。

5. 1997年9月30日以前犯罪的犯罪分子，有揭发他人犯罪行为，或者提供重要线索，从而得以侦破其他案件等立功表现的，适用刑法第68条的规定。

6. 1997年9月30日以前犯罪被宣告缓刑的犯罪分子，在1997年10月1日以后的缓刑考验期间又犯新罪、被发现漏罪或者违反法律、行政法规或者国务院公安部门有关缓刑的监督管理规定，情节严重的，适用刑法第77条的规定，撤销缓刑。

7. 1997年9月30日以前犯罪，1997年10月1日以后仍在服刑的犯罪分子，因特殊情况，需要不受执行刑期限制假释的，适用刑法第81条第1款的规定，报经最高人民法院核准。

8. 1997年9月30日以前犯罪，1997年10月1日以后仍在服刑的累犯以及因杀人、爆炸、抢劫、强奸、绑架等暴力性犯罪被判处10年以上有期徒刑、无期徒刑的犯罪分子，适用修订前的刑法第73条的规定，可以假释。

9. 1997年9月30日以前被假释的犯罪分子，在1997年10月1日以后的假释考验期内，又犯新罪、被发现漏罪或者违反法律、行政法规或者国务院公安部门有关假释的监督管理规定的，适用刑法第86条的规定，撤销假释。

10. 按照审判监督程序重新审判的案件，适用行为时的法律。

第二编　犯 罪 论

第四章　犯罪概说与犯罪构成

第一节　犯罪的概念

一、犯罪概念的类型

对于犯罪概念，可以从不同的视角进行阐述，如犯罪学、社会学、伦理学，在刑法学领域，对犯罪概念加以分析，就是对各种具体犯罪内在、外在特征的高度概括。

刑法领域内的犯罪概念是要解决“什么是犯罪”的问题，也就是指犯罪的一般概念，而不是指具体罪名如故意杀人罪、盗窃罪、放火罪等具体概念。虽然犯罪的一般概念不能脱离具体罪的概念，它是从各种各样具体罪的概念中抽象出来的，但是这种理论抽象不是一蹴而就的，而是经过了长期的历史过程形成的。

从世界各国刑法的规定来看，对于犯罪概念的表述多种多样，如大致地加以归纳，可以分为形式概念、实质概念和混合概念三类。

（一）犯罪的形式概念

犯罪的形式概念，仅从犯罪的法律特征上给犯罪下定义，而不揭示法律何以将该行为规定为犯罪。总的来说，就是把犯罪定义为违反刑事法律并且应当受到刑罚处罚的行为。如德国刑法学家宾丁认为，犯罪即违反刑事制裁法律的行为。多数大陆法系国家将犯罪视为该当构成要件、违法且有责的行为，这是对犯罪概念作形式的、限定的解释。犯罪的形式概念，是罪刑法定主义的重要体现，是反对封建刑罚擅断主义的产物，在历史上曾起过进步作用；其优点是通过对刑事法律解释，预防和制止人权随意遭受侵害，从而肯定了形式意义的罪刑法定原则，但是仅仅从犯罪的法律表现形式上而没有揭示犯罪的社会政治本质来给犯罪下定义，掩盖了资产阶级刑法镇压无产阶级和其他劳动人民的阶级实质，这对于广大人民来说是有一定欺骗性的。

（二）犯罪的实质概念

犯罪的实质概念是从犯罪的本质上给犯罪下定义，不强调犯罪的法律特征，或者说，是想说明犯罪行为之所以被刑法规定为犯罪的根据和理由。关于犯罪的概念存在多种观念的聚讼：

1. “权利侵害说”认为：犯罪实质是对权利的侵害；

2. “法益侵害说”认为：犯罪实质是对法益的侵害；

3. “义务违反说”认为：犯罪实质不是对法益的侵害，而是对义务的违反；

4. “折中说”认为：犯罪的本质首先是侵害法益，但仅仅认识到这一点还不够，犯罪还有义务违反的特征。

上述所引证的这些犯罪概念，表面上看似乎揭露了一点犯罪对社会的危害性，比起犯罪的形式概念来在认识上前进了一步、深化了一步，但是，仍具有一定的局限性。通说认为，犯罪的实质是对法益侵害或威胁的行为，法益的内容包括个人法益、社会法益、国家法益。按照实质的犯罪概念，犯罪首先违反了社会基本生活规范，实施了对法益侵害或威胁的行为，所以在形式上违反规范，从而受到司法机关的否定评价。

（三）犯罪的混合概念

犯罪的混合概念，是指犯罪的实质概念和形式概念合二为一，既指出犯罪的本质特征，又指出犯罪的法律特征的概念。这种混合概念首先出现于20世纪30年代末苏联法律科学研究所集体编写的、供法律高等院校使用的《刑法总则》教科书。在该书第3版中，除指出社会危害性这个特征外，还指出了像罪过、应受惩罚性这样一些特征。在1948年出版的苏维埃刑法总则教科书中，A. A. 皮昂特科夫斯基指出，犯罪特征除社会危害性之外，还有应受惩罚性和罪过；而在1952年的《刑法总则》教科书中，他进一步把违法性这样的特征列入了犯罪概念之中。他写道：“犯罪乃是对社会主义国家或社会主义法律秩序有危害的、违法的、有罪过的、应受惩罚的作为或不作为。”此后苏联学者研究犯罪概念，基本上都主张这种混合概念。1958年的《苏联和各加盟共和国刑事立法纲要》第7条规定：“凡是刑事法律规定的危害苏维埃社会制度或国家制度，破坏社会主义经济体系和侵犯社会主义所有制，侵犯公民的人身、政治权利、劳动权利、财产权利和其他权利的危害社会的行为（作为或不作为），以及刑事法律规定的违反社会主义法律秩序的其他危害社会的行为，都是犯罪。”1960年《苏俄刑法》第7条同此规定。应当说，苏联刑法理论与刑事立法所采纳的这种混合概念，成了其他社会主义国家的刑法理论和刑事立法研究犯罪概念的样板，包括中国在内的大多数社会主义国家，在犯罪概念问题上，混合概念是占主导地位的。不过，资本主义国家也存在犯罪混合概念的主张，例如，德国著名刑法学家、前国际刑法学协会主席耶赛克认为，犯罪是行为人实施的符合犯罪构成、危害社会因而应受刑罚处罚的不法行为，既指出了犯罪的形式特征——刑事违法性，又指出了犯罪的实质特征——社会危害性。只是在进一步论述何为社会危害性的问题上，不可避免地会出现理论分歧。社会主义刑法将社会危害性的实质归结为对阶级统治的危害，而资产阶级刑法学者则会否认这一点，多将社会危害性解释为对全社会法益的侵害。苏联解体以后，1997 年 1 月 1 日起施行的《俄罗斯联邦刑法》第 14 条规定了如下的犯罪概念："本法典以刑罚相威胁所禁止的有罪过地实施的危害社会的行为，被认为是犯罪。""行为（含不作为）虽然形式上含有本法典规定的某一行为的要件，但由于情节轻微而不具有社会危害性，即未对个人、社会或国家造成损害或构成损害威胁的，不是犯罪。"将这条规定的犯罪概念与 1960 年《苏俄刑法》第 7 条规定的犯罪概念加以比较，不难发现，二者皆属犯罪的混合概念，但从如何描述社会危害性方面来说，二者是大相径庭的。

二、我国刑法中的犯罪概念及特征

我国刑法从形式与实质的统一上，对犯罪概念作出了科学的界定，修订后的我国刑法第 13 条规定："一切危害国家主权、领土完整和安全，分裂国家、颠覆人民民主专政的政权和推翻社会主义制度，破坏社会秩序和经济秩序，侵犯国有财产或者劳动群众集体所有的财产，侵犯公民私人所有的财产，侵犯公民的人身权利、民主权利和其他权利，以及其他危害社会的行为，依照法律应当受刑罚处罚的，都是犯罪，但是情节显著轻微危害不大的，不认为是犯罪。"这个定义是对我国社会上形形色色犯罪所作的科学概括，不仅揭示了犯罪的法律特征（刑事违法性），而且阐明了犯罪的实质内容（社会危害性），从而为区分罪与非罪的界限提供了原则标准，是一个完整而科学的概念。是我们认定犯罪、划分罪与非罪界限的基本依据。这里的"情节显著轻微危害不大的，不认为是犯罪"的规定，属于"但书"规定，"不认为是犯罪"是指情节显著轻微危害不大的，本身就不是犯罪，而不能认为不以犯罪处理。

根据我国刑法第 13 条的规定，可以看出，犯罪这种行为有以下三个基本特征：

（一）犯罪是严重危害社会的行为

行为具有严重的社会危害性，是犯罪最基本的特征。所谓社会危害性，即指行为对刑法所保护的法益造成或可能造成这样或那样损害的特性。在社会主义社会，由于人民当家作主，国家和人民的利益是完全一致的，所以，犯罪的社会危害性，也就是指对国家和人民利益的危害性，犯罪的本质就在于它危害了国家和人民的利益，危害了社会主义社会。如果某种行为根本不可能给社会带来危害，法律就没有必要把它规定为犯罪，也不会对它进行惩罚。某种行为虽然具有社会危害性，但是情节显著轻微危害不大的，也不认为是犯罪。例如，小偷小摸，数额很小，不能当作盗窃罪；与邻居吵架，沉不住气，动手打了对方，但没有打伤，或者伤得很轻微，比如把对方的鼻子打青了，或者把牙打出血了，这种行为是错误的，应当批评教育，甚至给予必要的处分，但不能当作故意伤害罪。由此可见，没有社会危害性，就没有犯罪；社会危害性没有达到相当的程度，也不构成犯罪。

我国刑法第 13 条通过列举犯罪所侵犯的客体，揭示了犯罪的社会危害性的各个方面的表现。概括来说，它表现在以下几个方面：（1）危害社会主义的国体、政体和国家安全；（2）危害社会公共安全；（3）破坏社会主义市场经济秩序；（4）侵犯公民的人身权利、民主权利；（5）侵犯国有财产、集体财产和公民私有财产；（6）破坏社会秩序；（7）危害国防利益、军事利益；（8）危害国家行政、司法秩序及公务活动的廉洁性。这些方面概括地反映了在我国犯罪社会危害性的基本内容，危害其中的任何一个方面，都是对我国法益的侵害和威胁，都是在不同程度上具有社会危害性。

那么，社会危害性的轻重大小是由什么决定的呢？主要决定于以下几个方面：

一是决定于行为侵犯的客体，即行为侵犯了什么样的法益。例如，危害国家安全罪侵犯的是社会主义的国体、政体和国家安全，因此，危害国家安全罪比其他犯罪的社会危害性要大，是最危险的犯罪。放火罪、爆炸罪危害公共安全即广大人民生命财产的安全，社会危害性也很大。故意杀人罪危害人的生命，故意伤害罪危害人的健康，二者的社会危害性就有所不同。

二是决定于行为的手段、后果以及时间、地点。犯罪的手段是否凶狠，是否残酷，使用不使用暴力，在很大程度上决定着社会危害性。例如，抢劫公私财物就比抢夺公私财物危害严重；杀人后碎尸就比一般故意杀人更为恶劣。危害后果是衡量社会危害性程度的重要因素，例如，盗窃 500 元与盗窃 1 万元；杀死 1 人与杀死数人，其社会危害性程度显然是不同的。在战时犯罪还是平时犯罪，社会危害性也不一样。趁自然灾害（如火灾、水灾、震灾发生）的时候作案（趁火打劫），或者在社会治安不好的时候进行抢劫、强奸等犯罪活动，其社会危害性则更大。

三是决定于行为人的情况及其主观因素。例如，是成年人还是未成年人；故意还是过失，有预谋或没预谋；动机、目的的卑劣程度；偶尔犯罪还是累犯、惯犯。这些情况，在社会心理上的影响是不同的，对社会危害性程度也是起制约作用的。

总而言之，上述这几个方面都决定着社会危害性的轻重大小。如何考察社会危害性呢？

一是要用历史的观点看问题。社会危害性是一个历史的范畴。由于社会在不同发展变化，随着这种发展变化，在不同的社会历史条件下，国家对人们的行为也提出不同的要求，制定不同的行为规范，因而社会危害性也随之发生变化。同一种行为，置于不同的历史条件下，其社会危害性也是不同的。例如，解放初，正值国民经济恢复时期，允许私商开粮店、布店等，这对国家、对人民都有利。后来由于私商囤积居奇，操纵市场，加之抗美援朝，物资紧张，为了稳定市场，保障人民生活，国家就采取了统购统销政策，不再允许私人贩卖粮食、布匹、食用油等。又如，最近二十多年来国家实行改革、开放、搞活的政策，纠正了历史上一些“左”的做法，以前不允许的，现在允许了。如某些长途贩运；如科学技术人员利用业余时间向社会提供技术服务，收取适当报酬归己等。所以，考察一种行为是否具有社会危害性，要用历史的、发展的眼光来观察。

二是要有全面的观点。社会危害性是由多种因素决定的，衡量社会危害性是大是小，不能只看一种因素，而要全面综合各种主客观情况，不仅要看到有形的、物质性的危害，还要看到对社会政治、对人们的社会心理带来的危害。

三是要透过现象抓住事物的本质。比如，某人把另一人杀死了，就要问这是什么性质的杀人，有无社会危害性，危害性有多大等。也就是说，要透过杀死人这一现象，把握事件的实质。人命案件中有的是故意杀人，有的是过失致人死亡，也有的是正当防卫杀人，需要经过仔细调查予以判明。所以，要弄清行为有无社会危害性以及危害性的大小，就要透过事物的现象看到本质，这样才能把握行为的实质。

（二）犯罪是触犯刑律的行为，即具有刑事违法性

违法行为有各种各样的情况：有的是违反民事法律、法规，以及经济法律、法规的叫民事违法行为、经济违法行为；有的是违反行政法律、法规，叫行政违法行为。犯罪也是违法行为，但不是一般违法行为，而是违反刑法即触犯刑律的行为，是刑事违法行为。违法并不都是犯罪，只有违反刑法的才构成犯罪。例如，盗窃、诈骗少量财物，属于违反治安管理处罚法的行为；只有盗窃、诈骗公私财物数额较大的，才构成刑法中的盗窃罪、诈骗罪。一般的干涉

婚姻自由，属于违反婚姻法的行为，而暴力干涉婚姻自由，则是刑法所禁止的犯罪行为，如此等等。可见只有当危害社会的行为触犯了刑事法律时，才构成犯罪。行为的社会危害性是刑事违法性的基础；刑事违法性是社会危害性在刑法上的表现。只有当行为不仅具有社会危害性，而且违反了刑法，具有刑事违法性，才可能被认定为犯罪。

（三）犯罪是应受刑罚处罚的行为，即具有应受惩罚性

任何违法行为，都要承担相应的法律后果。民事违法行为要承担民事责任，如排除妨碍、赔偿损失、返还财产、支付违约金等。行政违法行为要受行政处罚，如罚款、行政拘留等，或者要受行政处分，如警告、记过、降职、撤职、留用察看、开除公职等。对于违反刑法的犯罪行为来说，则要承担刑罚处罚的法律后果。犯罪是适用刑罚的前提，刑罚是犯罪的法律后果。因此，应受刑罚处罚也是犯罪的一个基本特征。犯罪概念中包含应受惩罚性这个特征，这也是马克思的意见。

马克思有句很有名的话："如果犯罪的概念要有惩罚，那么实际的罪行就要有一定的惩罚尺度。"我国刑法第 13 条把"应当受刑罚处罚"这个特征写进犯罪概念中去，是符合马克思主义的。应受惩罚性这个特征将犯罪与刑罚这两种社会现象联系起来，也就是从一个现象与另一个现象的联系中来阐明这个现象的特性。这个特征表明，如果一个行为不应当受刑罚处罚，也就意味着它不是犯罪。不应受惩罚和不需要惩罚是两个意思。不应受惩罚，是指行为人的行为根本不构成犯罪。当然就不存在应受惩罚的问题；而不需要惩罚，是指行为人的行为已经构成了犯罪，本应惩罚，但考虑到具体情况，例如，犯罪情节轻微，或者有自首、立功等表现，从而免予刑事处罚。免予刑事处罚说明，行为还是犯罪的，只是不予刑罚处罚罢了，它与无罪不应当受惩罚是性质不同的两码事，不能混淆。

犯罪的以上三个基本特征是紧密结合的。严重的社会危害性是犯罪最基本的属性，是刑事违法性和应受惩罚性的基础。社会危害性如果没有达到违反刑法、应受刑罚处罚的程度，也就不构成犯罪。因此。这三个特征都是必要的，是任何犯罪都必然具有的。而其他违法行为则不具备这样三个基本特征。对其他违法行为来说，社会危害性虽然也有一些，但没有达到像犯罪这样严重的程度，它们并不触犯刑律，也不应受刑罚处罚。所以，这三个基本特征也就把犯罪与不犯罪、犯罪与其他违法行为从总体上区别开来了。

第二节　犯罪的分类

一般来说，犯罪分类是根据犯罪所具有的某些特殊属性，将犯罪划分为若干相互对应的类别。犯罪的复杂性，决定了犯罪类别的多样化。犯罪分类是为了诸如定罪、适用刑罚、确定管辖及诉讼程序、建立刑法体系便于条文检索等目的服务的。基于不同的目的，从不同的角度，可以对犯罪作出不同的分类。

一、犯罪在理论上的分类

刑法理论根据不同的标准对犯罪做出了各种不同的分类。

（一）自然犯与法定犯

自然犯是指明显违背人伦道德的传统型犯罪，如故意杀人、故意伤害、强奸、抢劫、盗窃等犯罪，自然犯的社会危害性稳定性相对较强，变动性相对较小，在不同的国家、地区和不同的历史时期一般都被规定为犯罪。法定犯是指基于公共管理的目的为适应社会形势的需要而规定的犯罪，其特点是没有侵害传统的伦理道德，因而社会危害性的变动性较强。由于伦理道德的内容实际上是不断发展变化的，所以自然犯与法定犯的界限是相对的，而不是绝对的。

（二）身份犯与非身份犯

以特殊身份作为犯罪构成主体要件或者加重、减轻刑罚处罚事由的犯罪，是身份犯。以特殊身份作为犯罪构成之主体要件的犯罪是真正身份犯。以特殊身份作为加重、减轻刑罚处罚事由的犯罪是不真正身份犯。与身份犯相对的是非身份犯。

由于身份犯与非身份犯的划分以刑法规定的特殊身份为标准，因此，依法认定行为人是否具备某些特殊的身份条件，便成为认定行为能否构成某种犯罪的关键。在法律有特别规定的情况下，甚至还会直接影响到对犯罪人处罚的轻重程度。

（三）行为犯与结果犯

行为犯，是指以侵害行为之实施为构成要件的犯罪，或者是以侵害行为之实施完毕而成立犯罪既遂状态的犯罪。如煽动分裂国家罪和脱逃罪。结果犯，是指以侵害行为产生相应的危害结果为构成要件的犯罪，或者以侵害结果的出现而成立犯罪既遂状态的犯罪。如故意伤害致人死亡罪和故意杀人罪。

行为犯与结果犯的区分，对于认定罪与非罪以及犯罪的完成和未完成形态有着重要意义。

（四）实害犯与危险犯

实害犯，是指以出现法定的危害结果为构成要件的犯罪，如过失致人死亡罪。危险犯，是指以实施危险行为并出现某种法定的危险状态为构成要件的犯罪，如破坏交通工具罪和非法买卖爆炸物罪，前者是具体危险犯，后者是抽象危险犯。

实害犯与危险犯的区分，对区分罪与非罪和正确量刑有着重要意义，因为实害犯的法定刑一般高于危险犯。

二、犯罪在立法上的分类

对犯罪进行立法上的分类，是建立科学的刑法分则体系的需要，也是指导刑事司法、掌握刑事立法原则的需要。

（一）国事犯罪与普通犯罪

前者是指危害国家政权、社会制度及国家安全的犯罪；后者是指除国事犯罪以外的其他各类普通刑事犯罪。对国事犯罪，各国立法的表述各不相同，有的称为“国事罪”、“危害国家安全罪”，1997 年修订后的刑法所规定的“危害国家安全罪”，属于国事罪的范畴；其余第二章至第十章规定的各类犯罪，相对于“危害国家安全罪”而言，都是普通犯罪。

（二）故意罪与过失罪

在我国，故意罪被规定在刑法第 14 条中，是指明知自己的行为会发生危害社会的结果，并且希望或者放任这种结果发生，从而构成的犯罪。过失罪则被规定在刑法第 15 条中，是指应当预见自己的行为可能发生危害社会的结果，因为疏忽大意没有预见，或者已经预见而轻信能够避免以致发生这种结果的犯罪。刑法通常都以处罚故意罪为原则，而以处罚过失罪为例外。

（三）亲告罪与非亲告罪

亲告罪即告诉才处理的犯罪。刑法第 98 条规定，告诉才处理，是指被害人告诉才处理。如果被害人因受强制、威吓无法告诉的，人民检察院和被害人的近亲属也可以告诉。亲告罪有侮辱罪、诽谤罪、虐待罪、暴力干涉婚姻自由罪、侵占罪五种犯罪。刑法规定的亲告罪之外的犯罪均为非亲告罪，非亲告罪只能由检察机关依法提起公诉，除刑事诉讼法有特别规定的以外，被害人本人不能自行提起刑事诉讼。

第三节　犯罪构成

一、犯罪构成的历史沿革

（一）大陆法系国家的构成要件理论

犯罪构成的观念，最早可以追溯到中世纪意大利纠问式程序中的“犯罪的确证”（Constare de delicto）概念。它是中世纪意大利纠问式诉讼程序中使用的一个概念。在这种纠问式诉讼过程中，法院首先必须调查是否有犯罪存在（一般审问），在得到存在犯罪的确证之后，才能对特定的嫌疑人进行审问（特别审问）。后来，从“犯罪的确证”一词又引申出“犯罪事实”（corpus delicti）一词，这是1581年意大利刑法学家法利斯（Farinaeius）首先采用的。这个概念用以说明是否有客观犯罪事实的存在，如果没有“犯罪事实”，就不能进行特别审问。因此，作为诉讼法上的概念，corpus delicti所表示的是与特定行为人没有联系的外部的客观实在，如果不能根据严格的证据法则对这种客观的犯罪事实的存在进行确证，就不能进行特别审问（包括拷问在内）。corpus delicti这一概念所包含的意义，为此后犯罪构成理论的产生奠定了基础。

1796年，德国刑法学家克莱因（E. F. Klein，1774－1810）将corpus delicti一词译成。Tatbestand即犯罪构成，但当时只有诉讼法上的意义。直到19世纪初，德国著刑法学家费尔巴哈（A. Feuerbach）才明确地把犯罪构成引入刑法，使之成为实体法的概念。费尔巴哈是心理强制说的创始人。也是罪刑法定主义的首创者。罪刑法定主义要求，任何行为被作为犯罪并对之科以任何刑罚，都必须根据法律的规定来确定。从这一原则出发，费尔巴哈把刑法分则上关于犯罪成立的条件称之为犯罪构成，指出：“犯罪构成就是违法行为中所包含的各个行为的或事实的诸要件的总和。”他还强调指出：“只有存在客观构成要件的场合，才可以被惩罚。”这个原则在他参与制定的1813年《巴伐利亚刑法》中得到了具体体现。该法典第27条规定：“当违法行为包括依法属于某罪概念的全部要件时，就认为它是犯罪。”费尔巴哈的同时代人斯鸠别尔（C. C. Stabel）也提出并论述了犯罪构成问题，他在1805年出版的《论犯罪构成》一书中指出：“犯罪构成就是那些应当判处法律所规定的刑罚的一切情况的总和。”20世纪后，经过德国刑法学家贝林格（E. Beling，1866－1932）、麦兹格（E. Mezger，1884－1962）和迈耶（M. E. Mayer，1875－1923）等人的不断努力，构成要件才从刑法各论的概念中抽象出来发展为刑法总论的理论体系的基干。

贝林格在其1905年著作的《刑法的纲要》和1906年著作的《犯罪论》中首先提出他的构成要件理论。他将刑法分则的特殊构成要件概念化、理论化并上升为刑法总则的犯罪概念中心，使构成要件与违法性、责任等联系起来，共同组成犯罪概念，通过构成要件使全部刑法分则与刑法总则有机统一起来，从而建立了一个统一的犯罪论体系。贝林格的构成要件理论奠定了现代资产阶级犯罪构成理论的基础。贝氏认为，任何犯罪成立都必须具备这样六个条件：(1) 行为；(2) 行为符合构成要件；(3) 行为是违法的；(4) 行为是有责的；(5) 行为有相应处罚的规定；(6) 行为具备处罚的条件。贝林格起初将构成要件视为"表明犯罪类型轮廓的全部要素"，但构成要件是纯客观的、记述性的，不包含主观的、规范性的内容，即不包含任何价值判断的东西。到了晚年，贝林格对自己的理论进行重大修正，他将原来称为"构成要件"的东西改为"犯罪类型"，认为构成要件与犯罪类型有别，指出构成要件是犯罪类型的观念上的指导形象，从而使构成要件与违法性、有责性相分离。贝林格的观点一方面旨在建立犯罪论体系，另一方面在于维护罪刑法定原则。

贝林格的犯罪构成理论问世以后，在德国刑法学界引起了争论，争论的中心是构成要件与违法性的关系问题以及构成要件是否包含规范的及主观的要素问题。1915年，迈耶发表了他的名著《刑法总论》，全面阐述了他的犯罪构成要件理论。他将贝林格提出的犯罪成立的六个条件简化为三个：构成要件符合性、违法性和归责性。他认为，法律上的构成要件是违法性的认识根据，所以必须由纯客观的、无价值的事由来构成，但是，实际上在法律上的构成要件当中可以发现有规范的要素和主观的要素。根据迈耶的构成要件理论。构成要件符合性（具体事实符合抽象的构成要件）是违法性认识的根据，行为符合构成要件就可以推定为违法，只有在具有违法阻却事由时，符合构成要件的行为才不具有违法性。麦兹格则进一步发展了迈耶的理论，指出构成要件符合性不仅是违法性的认识根据，而且是违法性的存在根据。不过，他认为构成要件符合性不是独立的犯罪成立要件，而是修饰各种成立要件的概念，例如，符合构成要件的行为，符合构成要件的违法。符合构成要件的责任。他将行为、违法、责任列为犯罪论的核心。所以这一理论被称为新构成要件论。目前，大陆法系国家刑法理论普遍认为，犯罪成立必须具备三个条件：构成要件符合性（或该当性）、违法性、有责性。

现在，大陆法系国家的构成要件理论形成了以下通说和特色：构成要件符合性、违法性、有责性是成立犯罪的三个条件，行为符合构成要件并不一定成立犯罪；构成要件以实行行为为中心，既包括记述的、客观的要素，也包括规范的、主观的要素；构成要件是抽象的、观念的概念，而不是具体的事实本身，具体事实与构成要件相一致时，便具有构成要件符合性；构成要件是违法类型，即符合构成要件的行为原则上具有违法性。

（二）苏联和我国目前的犯罪构成理论

与大陆法系刑法中犯罪构成理论不同，苏联社会主义刑法理论中的犯罪构成理论诞生较晚，但也经历了一个曲折的历史过程。早在20世纪20年代中期出版的一些刑法教科书中，犯罪构成理论就开始得到论述。著名刑法学家特拉伊宁（1883-1957）在1925年出版的《苏俄刑法教科书》中提出，必须把刑事责任的根据问题与具体的犯罪构成紧密联系起来加以研究，他指出："有一条基本原则始终是不可动摇的，即行为只有符合分则罪状规定的犯罪构成才能受刑事惩罚。"20世纪20年代后期，法律虚无主义在苏联开始泛滥，并直接影响到刑事立法和刑法理论，因此犯罪构成理论乃至整个刑法理论都受到严重的冲击。及至1936年苏联宪法颁行，犯罪构成理论研究才发生转机。1938年出版的、由苏联法学研究所集体编写、供法律高等院校使用的《刑法总则》教科书，全面地论述了犯罪构成的主体、主观方面、客体、客观方面这四个要件，认为所谓犯罪构成是"构成犯罪的诸要件的总和"并强调指出："为了要认定有责任能力的人应对其犯罪行为负担刑事责任，仅仅查明犯罪行为由该人实施是不够的，还需查明该人实施这种犯罪时有无罪过。"这里实际上已经明确提出犯罪必须是主客观因素的统一的观点。1946年特拉伊宁教授的《苏维埃刑法上的犯罪构成》一书出版（1957年修订改名为《犯罪构成的一般学说》），这是苏联关于犯罪构成理论的第一部专著，它全面、系统地论述了犯罪构成的概念、意义和犯罪构成理论的体系结构，研究了与犯罪构成有关的各种问题。书中指出："犯罪构成乃是苏维埃法律认为决定具体的、危害社会主义国家的行为（或不作为）为犯罪的一切客观要件和主观要件（因素）的总和"，并且认为犯罪构成是刑事责任的唯一根据。1958年以后，苏联的犯罪构成理论进入新的发展阶段。刑事责任理论的研究，定罪问题的提出，进一步深化了犯罪构成理论。

我国的犯罪构成理论是20世纪50年代初期从苏联引进的，经过多年研讨、修正和发展，形成了具有中国特色的犯罪构成理论。它在我国刑法理论中占有十分重要的地位。当然，我国犯罪构成理论方面的研究成果虽然不少，但其中一些问题还有争论，有待于深入研究与突破。

二、犯罪构成的概念及特征

犯罪构成与犯罪概念是两个既有密切联系又有区别的概念。犯罪概念是犯罪构成的基础。犯罪构成是犯罪概念的具体化。犯罪概念回答的问题是：什么是犯罪？犯罪有哪些基本属性？犯罪构成则进一步回答：犯罪是怎样成立的？它的成立需要具备哪些法定条件？也就是说，它所要解决的是成立犯罪的具体标准、规格问题。通过犯罪构成一系列主客观要件的综合，具体说明什么样的行为是危害社会的、触犯刑律的，因而是应受刑罚处罚的。也就是说，犯罪概念的各个基本属性是通过犯罪构成来具体说明的。犯罪概念是从总体上划清罪与非罪的界限，而犯罪构成则是分清罪与非罪、此罪与彼罪界限的具体标准。犯罪构成，就是依照我国刑法的规定，决定某一具体行为的社会危害性及其程度而为该行为构成犯罪所必需的一切客观和主观要件的有机统一。

从这个定义可以看出犯罪构成具有以下特征：

1. 犯罪构成是一系列主客观要件的有机统一。任何一个犯罪构成都是包括许多要件的，这些要件有表明犯罪客体、客观方面的，有表明犯罪主体、主观方面的，它们的有机统一就形成某种罪的犯罪构成。比如，依照刑法第263条的规定，构成抢劫罪必须是：（1）使用了暴力、胁迫或者其他方法；（2）抢劫了公私财物；（3）行为人是达到刑事责任年龄、具有刑事责任能力的人；（4）主观上有抢劫的故意。这几个要件综合在一起，就是抢劫罪的犯罪构成。我国刑法规定有四百多种具体犯罪，每一种具体犯罪都有自己的犯罪构成。而每一种具体犯罪的构成，都是一系列要件的有机统一。所谓有机统一，也就是说这些要件是有内在联系的、缺一不可的。

2. 任何一种犯罪都可以由许多事实特征来说明，但并非每一个事实特征都是犯罪构成的要件，只有对行为的社会危害性及其程度具有决定意义而为该行为成立犯罪所必需的那些事实特征，才是犯罪构成的要件。犯罪构成与案情这两个概念虽有联系，但不是同一个意思。犯罪构成是案情中最重要的部分，是基本的案情；然而，还有些案件情况不一定是犯罪构成的要件。例如，某青年某日晚上在一条僻静胡同里抢夺了一名妇女的黑色挎包，内有3000元人民币。在这一案件中，有很多案情事实，但真正对犯罪构成有意义的只是：实施了抢夺行为；抢夺的他人财物数额较大；行为人有不法占有他人财物的目的；行为人是达到刑事责任年龄，具有刑事责任能力的人。不是构成要件的案件情况对定罪无意义，但对量刑或者诉讼证据可能有一定的意义。

3. 行为成立犯罪所必须具备的诸要件，是由我国刑法加以规定或包含的。换言之，事实特征必须经由法律的选择，才能成为犯罪构成的要件。在立法者看来，正是这些要件的综合，对于说明该行为成立犯罪恰到好处，缺少其中一个要件不行，但再附加什么也不必要。行为是否构成犯罪与是否触犯刑律是一致的。说某种行为构成犯罪，就是因为它触犯了我国刑法的规定，具备了刑法所规定的和包含的构成要件，应当指出，刑法对犯罪构成的规定，由刑法总则与刑法分则共同实现。刑法分则规定的是各种具体犯罪的具体构成要件；总则规定了各种具体犯罪的共同要件。在根据分则条文认定具体犯罪时，绝不能忽视总则条文规定的犯罪构成共同要件。只有把总则和分则密切结合起来，才能全面把握犯罪构成要件，做到正确定罪。根据我国刑法，任何一种犯罪的成立都必须具备四个方面的构成要件，即犯罪客体、犯罪客观方面、犯罪主体、犯罪主观方面的构成要件。

犯罪客体，是指刑法所保护而为犯罪行为所侵犯的法益。

犯罪客观方面，是指犯罪活动的客观外在表现。包括危害行为、危害结果以及危害行为与危害结果之间的因果关系。有些罪的犯罪构成还要求发生在特定的时间、地点或者使用特定的方法。

犯罪主体，是指达到法定刑事责任年龄、具有刑事责任能力、实施危害行为的自然人。有的犯罪构成还要求特殊主体，即具备某种职务或者身份的人。少数犯罪，根据法律的特别规定，企业事业单位、机关、团体也可成为犯罪主体。

犯罪主观方面，是指行为人有罪过（包括故意和过失）。有些罪的犯罪构成还要求有特定的犯罪目的或动机。

形形色色的案件，构成犯罪的具体要件不一样，但所有具体要件都可归属于以上四个方面。

三、犯罪构成的分类及意义

（一）犯罪构成的分类

从不同的角度可对犯罪构成进行不同的分类，研究犯罪构成的分类有助于更准确地把握犯罪构成的特征，有利于正确地运用刑法。

1. 基本的犯罪构成与修正的犯罪构成

基本犯罪构成是指刑法分则罪刑式法条就单独的既遂犯所规定的犯罪构成。修正的犯罪构成是指刑法总则性条文以基本犯罪构成为基础加以修正而成的犯罪构成。修正的犯罪构成主要有预备犯、未遂犯、中止犯、教唆犯、帮助犯、组织犯等犯罪形态的犯罪构成。对于故意犯罪来说，同一犯罪（罪名）之下均存在基本犯罪构成与修正犯罪构成的区别。

2. 普通的犯罪构成与派生的犯罪构成

普通的犯罪构成，又称独立的犯罪构成，是指刑法条文对具有通常社会危害性程度的行为所规定的犯罪构成；派生的犯罪构成，是指以普通的犯罪构成为基础，因为具有较轻或较重社会危害性程度而从普通的犯罪构成中衍生出来的犯罪构成，它包括加重的犯罪构成和减轻的犯罪构成两种情况。普通的犯罪构成与派生犯罪构成是相对而言的，某些犯罪，既有普通的犯罪构成，又有加重的犯罪构成或减轻的犯罪构成；某些犯罪，则只有普通的犯罪减而没有派生的犯罪构成。

3. 简单的犯罪构成与复杂的犯罪构成

简单的犯罪构成或称单一的犯罪构成，是指刑法规定的各个犯罪构成要件均属于单一的犯罪构成。也就是说，刑法规定的犯罪构成只包含单一的客体、单一的行为、单一的主体、单一的罪过形式的犯罪构成。如故意杀人罪、非法拘禁罪的犯罪构成。复杂的犯罪构成，是指刑法规定的犯罪构成诸要件之间存在着选择或者重叠关系的犯罪构成。构成要件可供选择的犯罪构成是选择的犯罪构成。例如，刑法第 125 条第 1 款规定："非法制造、买卖、运输、邮寄、储存枪支、弹药、爆炸物的，处三年以上十年以下有期徒刑；情节严重的，处十年以上有期徒刑、无期徒刑或者死刑。"刑法规定的这一犯罪构成有五种可供选择的行为手段和三种可供选择的对象。构成要件具有重叠关系的犯罪构成是复合的犯罪构成。例如，第 236 条第 1 款规定："以暴力、胁迫或者其他手段强奸妇女的。处三年以上十年以下有期徒刑。"依据刑法这一规定，强奸罪客观方面的行为具有双重性，即由手段行为和目的行为复合而成。

4. 完结的犯罪构成与待补充的犯罪构成

完结的犯罪构成也称关闭的犯罪构成，指刑法完整地规定了所有要件的犯罪构成；待补充的犯罪构成，也称开放的犯罪构成，指刑法仅规定了部分要件，其他要件需要司法工作人员适用时进行补充的犯罪构成。当刑法规定了完结的犯罪构成时，司法工作人员应严格依法适用，不得附加或减少要件；当刑法规定了待补充的犯罪构成时，司法工作人员应依照法律的相关规定补充构成要件。至于刑法规定的犯罪构成究竟是完结的犯罪构成还是待补充的犯罪构成，则需要根据犯罪行为的性质、犯罪之间的关系等进行识别。

（二）犯罪构成的意义

研究犯罪构成的意义有三：第一，为追究犯罪人的刑事责任提供根据；第二，犯罪都可以由许多事实特征来说明，但并非每一个事实特征为划分罪与非罪、此罪与彼罪的界限提供标准；第三，为无罪的人不受非法追究提供法律保障。

犯罪构成的理论，是刑法科学中极其重要的理论，在整个社会主义刑法理论体系中占据中心的地位，是正确认定犯罪的理论基础。由于它是对一切犯罪的构成所作的科学抽象和概括，反映出犯罪构成的共同特征，因而对分析具体的犯罪构成，正确地定罪量刑，具有指导意义。它好比外科手术用的解剖刀，可以解剖任何一种犯罪构成；同时，它对于深刻地分析诸如共同犯罪、犯罪停止形态、一罪和数罪、刑法分则的体系等问题，都有重要的指导意义。严格按照我国刑法规定分析犯罪构成，体现了社会主义的法治原则。这一原则要求，为了认定某人实施犯罪，就必须确定在其行为中具有某种犯罪构成。这是追究刑事责任的基础。不依据犯罪构成就任意去追究行为人的刑事责任，是对公民权利和自由的侵犯。所以司法工作者必须研究、了解、掌握犯罪构成的理论，按照法律所规定的犯罪构成的原理、原则去分析、处理刑事案件，以保证刑事司法工作合乎规格。

第五章　犯罪客体

第一节　犯罪客体的概念及分类

一、犯罪客体的概念

犯罪客体是指我国刑法所保护而为犯罪行为所侵犯的法益。犯罪客体是犯罪成立的必要条件之一，其基本特征如下：

1. 犯罪客体是法益。法益，是一个含义十分广泛的社会范畴。凡是能够满足人的需要的有价值的东西都是法益，从不同的角度，法益可以划分为物质法益与精神法益、局部法益与整体法益。国家法益、社会法益与个人法益等。法益存在于基于人们的意志而形成的具体社会关系之中，是社会关系之主体即国家、社会、个人的法益。

2. 犯罪客体是刑法所保护的法益。尽管法益的含义十分广泛。但是法益作为单纯的客观存在并不是犯罪客体，只有为刑法所保护的法益才能够成为犯罪客体。如果某种法益是由道德规范或者其他社会规范调整、保护的，而不是由刑法或者根本不需要由刑法来保护，那么就不能成为犯罪客体。法益需要刑法保护，刑法广泛地保护各种法益，具有广泛性。但是，刑法并非保护所有的法益以及法益所有方面，而只保护极其重要的具体法益中具有公共性的重要法益，这些法益由立法者根据宪法在刑法当中加以确认。

3. 犯罪客体是犯罪所侵害的或者能够为犯罪所侵害的法益。犯罪客体应当在犯罪构成整体中理解，一方面，犯罪客体是犯罪构成的必要条件，没有犯罪客体即没有犯罪；另一方面，犯罪客体一定是为刑法所保护而为犯罪行为所侵犯的法益，所谓侵犯是指对刑法所保护的法益造成现实的侵害。如杀人行为致使被害人死亡，或者对刑法所保护的法益造成实际侵害的危险。如故意放火行为没有造成实际的损害结果但是具有危害公共安全的危险，《刑法修正案（八）》增设了危险驾驶罪、拒不支付劳动报酬罪等。

二、犯罪客体的分类

按照犯罪行为侵犯的法益的范围，刑法理论将犯罪客体划分为三个层次：

一般客体、同类客体和直接客体。三类客体是三个不同的层次，他们之间是一般与特殊、共性与个性、抽象与具体、整体与部分的关系。

对犯罪客体进行分类具有重要的意义。首先，通过分类可以进一步揭示各类犯罪客体的属性，正确认识犯罪客体在刑事司法中的作用，解决刑事司法中诸如定罪量刑中的各种难题。其次，通过分类可以揭示犯罪的共性和个性特征，从更深的层次上认识犯罪，总结其规律性，制定正确的刑事政策。

（一）一般客体

一般客体是指一切犯罪所共同侵犯的客体，即我国刑法所保护而为一切犯罪所侵害的法益整体。我国刑法第 2 条关于刑法任务的规定，刑法第 13 条关于犯罪概念的规定，从不同的角度说明了犯罪一般客体的基本内容。犯罪存在一般客体，说明任何犯罪行为都侵犯了刑法所保护的法益的整体，犯罪并不仅仅是犯罪人与被害人之间的矛盾，而且是犯罪人与国家、社会、人民利益的冲突。

（二）同类客体

同类客体是指某一类犯罪行为所共同侵犯的客体，即刑法所保护的而为某一类犯罪所共同侵害的法益的某一部分或某一方面。作为同一类客体的法益，往往具有相同或相近的性质。犯罪同类客体是刑法分则区分类罪的主要标准，刑法分则根据同类客体的不同将犯罪区分为十大类，每一类罪为一章，构成刑法分则的基本体系。刑法分则各章的标题大致上可以表述同类客体的基本内容，正确地认识同类客体有助于在司法实践中区分罪与非罪以及此罪与彼罪的界限。

（三）直接客体

直接客体是指我国刑法所保护而为某一种具体犯罪所直接侵犯的法益。如故意杀人罪侵犯的是他人的生命权、故意伤害罪侵犯的是他人的健康权。任何一个具体的犯罪都必然侵犯直接客体，正确地认识各种具体犯罪构成的直接客体，对于正确地区分罪与非罪以及此罪与彼罪的界限有着重要意义。

对于直接客体，一些刑法条文直接进行了规定。例如，刑法第 102 条规定的背叛国家罪的直接客体是中华人民共和国的主权、领土完整和安全，第 252 条规定的侵犯通信自由罪的直接客体是公民通信自由权利，等等。但是，大多数情况下，刑法分则条文没有直接规定具体犯罪的直接客体，这些具体犯罪的直接客体需要通过论理解释的方法揭示。确定某一具体犯罪的直接客体，即法益的具体内容，主要可以从以下三方面入手：(1)“根据刑法对具体犯罪的规定确定法益内容。”具体来说，需要在该具体犯罪的犯罪构成系统内并联系其他具体犯罪的犯罪构成进行综合分析。当然，不同的具体犯罪可能会通过某一具体犯罪构成要件，如行为对象、危害结果、危害行为、主体身份等更集中地反映出来。（2）“根据具体犯罪所属的类罪确定。”[①] 具体犯罪在刑法分则中所属章、节，有助于界定具体犯罪所侵犯之法益的大致范围。当犯罪客体是复杂客体时，该罪所属类罪的同类客体有助于确定直接客体的进一步分类及其在定罪量刑中的意义。（3）根据立法背景及其变化确定法益内容。立法背景主要是根据立法机关制定刑法时的“法律的起草说明”以及其他权威性公开资料来确定。所谓立法变化，主要是指根据1979年刑法和1997年刑法条文具体内容以及所属刑法分则章、节位置的变化等因素来具体寻找。

以直接客体的数量为标准，犯罪直接客体可以进一步地区分为简单客体与复杂客体。简单客体或称单一客体是指犯罪行为只侵犯了一种具体法益，如故意杀人罪、盗窃罪等犯罪侵犯的是单一客体。复杂客体是指犯罪行为侵犯了多种具体法益。如绑架罪、抢劫罪等犯罪侵犯的是多个客体。复杂客体存在于复杂犯罪构成之中。对于复杂客体来说，还可以根据刑法的规定将两个以上的犯罪直接客体进一步区分为主要客体、次要客体、选择客体。主要客体是刑法重点保护或者强调的客体，主要客体能够最大限度地反映行为的社会危害性的有无和大小，行为只有给主要客体造成实际侵害或者危险时才成立犯罪。次要客体也是犯罪构成的必要条件，也是区分罪与非罪的标准，影响定罪和量刑。选择客体不是具体犯罪构成的必要要件。选择客体可能遭受侵犯，也可能不遭受侵犯，因而选择客体常常存在于选择的犯罪构成和派生的犯罪构成之中。例如，受贿罪的主要客体是职务廉洁性，选择客体是公私财产权，在索贿的情况下，公私财产权也会遭到侵犯。再如，绑架罪的主要客体是他人的人身自由，次要客体是财产或者其他合法法益。而财产和其他合法法益这两个次要客体之间具有选择性，是选择客体。

严格地讲，犯罪一般客体、同类客体和直接客体并不是犯罪客体的分类，而是犯罪客体的内容从抽象到具体的三个基本层次。犯罪一般客体、同类客体和直接客体之间的关系是一般与特殊和个别的关系，它们之间有着密切的联系。犯罪一般客体是所有犯罪客体的共同本质，对于说明犯罪的社会危害性具有重要的意义；犯罪同类客体是某一类犯罪客体的共同特征，是犯罪进行类罪划分的基本标准；犯罪直接客体是某一具体犯罪的犯罪构成的重要组成部分，并与其他犯罪构成要素一道共同形成犯罪构成系统。

① 张明楷：《刑法学》，法律出版社2011年版，第113页。

三、研究犯罪客体的意义

（一）有助于认识犯罪的本质特征

把握犯罪客体有助于认识犯罪的本质特征，提高人们与犯罪作斗争的积极性。犯罪从本质上看，是对整个社会的危害。为了防止和消除这种危害，社会的每个成员都有同犯罪作斗争的义务。通过对犯罪客体的研究，可以揭示犯罪的这一危害本质，增强人们的社会责任感，自觉地与犯罪行为作斗争，以维护全社会的安全与稳定。

（二）有助于准确定罪

把握犯罪客体有助于正确认识和确定犯罪的性质，分清罪与非罪、此罪与彼罪的界限。侵犯客体的不同，决定了犯罪性质的不同，从而使此罪与彼罪得以区分。任何犯罪都必然侵犯刑法所保护的法益，犯罪客体作为犯罪构成的共同要件之一而存在。如果行为没有侵犯任何法益，就不可能成立犯罪。各种犯罪由于所危害的法益的种类不同，决定了其犯罪性质的不同，从而使此罪与彼罪得以区分。我国刑法分则将犯罪分为十大类，即依据犯罪侵犯客体的异质性。司法实践中区分相近易混罪名，也往往借助犯罪客体辨明是非，通过深入研究、分析犯罪所危害的法益的种类，来确定犯罪的性质。例如，行为人甲欲杀死其仇人乙，某日在乙经常饮用的公用水井中投入毒药，结果毒死乙，并致多人中毒或死亡。从表面上看，甲是以投毒的手段实施故意杀害乙的行为，但从客体上分析，甲的投毒行为已危害公共安全，对甲应以投放危险物质罪定罪量刑。

（三）有助于正确量刑

犯罪性质相同，但社会危害程度不可能完全一样。根据罪责刑相适应原则，犯罪社会危害性和犯罪人的人身危险性大小不同，则行为人应承担的刑事责任大小和应受刑罚的轻重亦有异。分析、评估具体犯罪社会危害程度的一个重要方面，就是研究、考察具体法益的受危害情况。

犯罪客体的内容影响犯罪的社会危害程度，因而影响到量刑。同种性质的犯罪，由于社会危害性程度的不同，对其所裁量的轻重也不同。而分析和评估某一具体犯罪的社会危害程度，其中的一个重要方面，就是从研究、了解具体刑法所保护利益（简称“法益”）的受危害情况入手。犯罪的社会危害程度与法益的受危害情况是成正比例关系的。对犯罪的社会危害程度的评估，可以为量刑提供科学的依据，使量刑的质量得到保证。顺便需要指出的是，犯罪行为侵犯的法益即使不属于犯罪客体的内容，也能说明行为的社会危害程度，从而影响到量刑。例如，妇女的性的不可侵犯权利并非拐卖妇女罪的犯罪客体内容，但如果行为人拐卖妇女具有奸淫被拐卖妇女的行为的，拐卖妇女罪的处刑就更为严重一些。刑法第 240 条对此作了明确规定。

第二节　犯罪客体与犯罪对象

一、犯罪对象的概念

犯罪对象是指刑法分则条文规定的犯罪行为所作用的客观存在的具体人或者具体物。大多数具体的犯罪行为，都直接作用于一定的标的，使之发生损毁灭失或归属、位置、状态、行为方式等的改变，使刑法保护的法益受到危害，进而阻碍、影响社会的正常运行，对社会造成危害。人们对行为是否构成犯罪的过程，往往开始于对犯罪对象的感知，进而认识到犯罪对象所代表的、受刑法保护的法益受危害的情况，确定该行为是否构成犯罪和构成犯罪的性质。

犯罪对象具有客观实在性和可知性的特征。犯罪对象的客观实在性表现为它一经犯罪行为作用，就成为客观的存在，不以人们的意志为转移。任何犯罪行为作用于犯罪对象，必然或多或少地在犯罪对象方面留下其作用的痕迹与影响，从而忠实、准确地反映了犯罪行为对其作用时的实际情况，这一特点，使犯罪对象在刑事诉讼中具有提供证据和检验证据的双重功能。犯罪对象的可知性，表现为尽管其纷繁复杂，但是可以被人们所认识。犯罪对象的基本含义是：

（一）犯罪对象是具体的人或物

传统刑法理论认为犯罪对象是具体的人或物。理论界有人提出质疑：部分论者认为，犯罪对象是一定的人及其行为、一定的物及其位置、状态；部分论者认为除人、物之外，犯罪对象还包括信息等。我们认为，认定犯罪对象应以刑法条文规定为依据，以利于司法实践中认定犯罪为宗旨。因此，传统观点较为妥当可行。例如，刑法第 232 条规定的故意杀人罪，犯罪对象即人；第 264 条规定的盗窃罪，犯罪对象即公私财物。这样认定简单明了，没有必要解释为“财物的位置”、“信息”等，把简单问题复杂化。

（二）犯罪对象是犯罪行为直接作用的人或物

作为犯罪对象的具体的人或物，具有客观实在性，但在人或物未受犯罪行为侵害时，仅是可能的犯罪对象。只有犯罪行为直接作用于某人或某物时，具体的人或物才成为现实的犯罪对象。因此，犯罪对象只能是犯罪行为直接作用的人或物，否则便不是犯罪对象。据此可以将犯罪对象与犯罪所得之物、犯罪所用之物区分开来。犯罪所得之物，指犯罪人通过犯罪所获得的财产或物品，犯罪所用之物指犯罪人进行犯罪活动所使用的工具或物品，这些都不能认定为犯罪对象。

（三）犯罪对象是刑法规定的人或物

刑法分则条文大多数并不明确规定犯罪客体，而往往通过规定犯罪对象的方式来表明犯罪客体的存在。因此刑法条文或者规定作为犯罪对象的人，或者规定作为犯罪对象的物，用以表明犯罪客体。前者如杀人罪、强奸罪等，后者如盗窃罪，抢夺罪等。

犯罪对象可以从不同角度作不同的分类。从物质表现形式上看，犯罪对象包括物体和人体两种。物体指货币、物品等一切具有价值、归属关系的东西，按其归属关系可分为国家所有物、集体所有物、混合所有物、个人所有物，按其作用可分为生产资料、生活资料，按其存在形态可分为动产、不动产。人体指人的身体，受犯罪行为作用主要表现在人的生命、健康、名誉受到损害或胁迫。从犯罪对象有无特殊限制来看，存在普遍犯罪对象与特定犯罪对象之分，前者是泛指人或物而不加任何限制，如“故意伤害罪”里的“人”。后者则指某种人或物，明确限制其范围，如盗窃、抢夺枪支、弹药、爆炸物罪，犯罪对象只能是枪支、弹药、爆炸物。

二、犯罪对象与犯罪客体的联系和区别

犯罪对象与犯罪客体是两个既有联系又有区别的概念。犯罪客体与犯罪对象的联系在于：作为犯罪对象的具体物是具体法益的物质表现；作为犯罪对象的具体人是具体法益的主体或参加者。犯罪分子的行为作用于犯罪对象，就是通过犯罪对象即具体物或者具体人来侵害一定的法益。

犯罪客体与犯罪对象的区别则主要表现在以下几个方面：

1. 犯罪客体决定犯罪性质，犯罪对象则未必。仅从犯罪对象分析某一案件，并不能辨明犯罪性质。只有通过犯罪对象体现的法益即犯罪客体，才能确定某种行为性质。例如，同样是盗窃汽车零部件，某甲盗窃的是修配厂里处于修理状态的汽车零部件，某乙盗窃的是使用中的汽车零部件，前者可能构成盗窃罪而后者可能构成破坏交通工具罪。二者的区别就在于犯罪对象体现的法益不同：一是侵害公私财产所有权，二是侵害公共安全。

2. 犯罪客体是任何犯罪的必要构成要件，而犯罪对象则仅仅是某些犯罪的必要构成要件。例如，刑法第 328 条第 1 款的“盗掘古文化遗址、古墓葬罪”，其犯罪对象只能是古文化遗址、古墓葬，否则便不可能构成此罪；又如，刑法第 152 条的走私淫秽物品罪，其犯罪对象只能是具体描绘性行为或者露骨宣扬色情的淫秽性的书刊、影片、录像带、录音带、图片及其他淫秽物

品，否则就不可能构成此罪。而像妨害传染病防治罪，脱逃罪，偷越国境罪，非法集会、游行、示威罪等，则很难说有什么犯罪对象，但无疑这些犯罪都具有犯罪客体。

3. 任何犯罪都会使犯罪客体受到危害，而犯罪对象则不一定受到损害。例如，诈骗犯将他人的计算机骗走，侵犯了主人的财产权利，但作为犯罪对象的计算机本身则未必受到损害。一般情况下，犯罪分子往往把诈骗所得之物好好保存，以便自用或销赃。

4. 犯罪客体是犯罪分类的基础，犯罪对象则不是。犯罪客体是犯罪的必要构成要件，其性质和范围是确定的，因而它可以成为犯罪分类的基础。我国刑法分则规定的十类犯罪，主要是以犯罪同类客体为标准划分的。如果按犯罪对象则无法分类。犯罪对象并非犯罪的必要构成要件，它在不同的犯罪中可以是相同的，在同一犯罪中也可以是不同的。

第六章　犯罪客观方面

第一节　犯罪客观方面概述

一、犯罪客观方面的概念和特征

犯罪客观方面，是指刑法所规定的，说明行为对刑法所保护的法益造成侵害的诸客观外在事实特征。犯罪客观要件是构成犯罪所必须具备的要素，它具有如下几个特征：

（一）法定性

我国刑法总则对于犯罪客观方面未作专门的规定，但在对犯罪的故意、过失等范畴作规定时，包含了犯罪客观方面的内容。我国刑法的分则性条文，则通常比较明确、具体地规定了各种犯罪的客观方面的内容。有些犯罪由于客观方面内容比较明显、众所周知，刑法便没有详细描述其客观方面，但我们可以从刑法对该罪名的规定中把握其客观方面的要件。例如，对故意杀人罪，刑法第 232 条只简单地规定了“故意杀人的……”但由于故意杀人罪是众所周知的一种自然犯罪，其客观方面包括非法剥夺他人生命的危害行为和致人死亡的危害结果，易于把握，由于犯罪客观方面是刑法规定的，因而必须严格依照刑法的规定确定其具体的内容，刑法规定了某一犯罪必要的客观事实特征，这些特征就是这种犯罪成立不可缺少的要素，刑法未规定的客观因素，则不是犯罪客观方面的内容。

（二）客观性

犯罪行为作为人的一种活动，可以分为主观和客观两个方面的事实。主观方面是人有意识有意志的思维活动。例如，一个人基于某种动机，产生实施某种犯罪的意图，设想通过具体的活动来实行和完成犯罪，并且做出该种犯罪的决定，这就是其犯意形成即主观方面的犯罪心理活动。与主观方面相对应的是客观方面。客观方面是主观方面的客观化及客观表现，即行为人在有意志和有意识的心理态度支配下表现在外的事实特征。从自然意义上讲，犯罪所侵犯的而为刑法所保护的法益，也属于一种客观事实特征，但由于我国刑法的犯罪构成理论已将犯罪客体作为犯罪构成的一个独立的共同要件，因而犯罪客观方面是犯罪客体之外的客观事实特征。

（三）犯罪客观要件是说明行为对刑法所保护的法益有所侵犯的客观事实特征

就具体犯罪来说，其客观事实特征是多方面的，但并非一切客观事实特征都可以成为犯罪客观方面的内容。犯罪客观方面的内容旨在说明在什么样的条件下，通过什么样的行为，对犯罪客体即刑法所保护的法益造成了何种程度的侵害，例如，强奸罪的客观要件，说明行为是通过暴力、胁迫等方法，强行与妇女发生性交行为，侵犯了妇女的性的不可侵犯的权利。不能说明侵犯刑法所保护的法益的客观事实特征，则不具有犯罪客观方面内容的资格。

（四）犯罪客观方面是成立犯罪所必须具备的条件

不具备客观方面，就说明不存在刑法所保护的法益受到侵害的客观事实，因而也不能构成犯罪。在犯罪构成的四个共同要件中，犯罪客观方面属于核心地位。因为犯罪毕竟是一种危害社会的行为，危害行为这个客观方面的要件，是犯罪其他要件所依附的本体性要件，犯罪客体是危害行为侵犯的而为刑法所保护的法益，犯罪主体和犯罪主观方面说明危害行为的性质及其程度。

二、犯罪客观方面的内容

犯罪客观方面的内容，是指犯罪成立在犯罪客观方面所必须具备的条件。具体来讲是指刑法分则中某种犯罪成立在客观方面应当具备的客观要素。犯罪客观要件的内容具体表现为危害行为、危害结果，以及行为的时间、地点、方法（手段）、对象。其中，危害行为是一切犯罪在客观方面都必须具备的要件要素，也是犯罪客观方面唯一的一个为一切犯罪所必须具备的要件，危害结果是大多数犯罪成立在客观方面必须具备的要件，特定的时间、地点、方法（手段）以及对象，则是某些犯罪成立而在犯罪客观方面必须具备的要件。传统的刑法理论通常将危害行为称为犯罪客观要件的必要要件，危害结果、特定的时间、地点、方法（手段）以及对象则称为犯罪客观要件的选择要件。

第二节　危害行为

我国刑法所惩处的犯罪，首先是人的一种危害社会的行为。特定的危害社会的行为，是我国刑法中犯罪客观方面首要的因素，是一切犯罪构成在客观方面都必须具备的要件。研究和把握我国刑法中的危害行为，应当了解这种危害行为的内涵及其基本表现形式。

一、危害行为的概念和特征

危害行为是刑法学上的一个非常重要的概念。在大陆法系国家的刑法理论中，围绕危害行为的概念曾存在激烈的争论，并形成了多种理论学说。在我国犯罪构成理论中，关于危害行为的研究也在逐步走向深入，但是，对于危害行为的概念，至今并未达成一致的意见。

（一）行为的含义

要弄清危害行为的概念，首先有必要明确我国刑法中“行为”一词的含义。在我国刑事立法中，行为的含义是多种多样的，可以归纳为以下三个层次：（1）最广义的行为。这种“行为”是在一般意义上使用的，泛指人的一切行为，不论是否为犯罪行为。例如，我国刑法第 12 条规定：“中华人民共和国成立以后本法施行以前的行为，如果当时的法律不认为是犯罪的，适用当时的法律……”（2）广义的行为。这种“行为”同犯罪行为含义相同，意指犯罪这种行为。例如，我国刑法第 13 条关于犯罪定义的规定中使用的“行为”一词，就是包括主观要件（故意和过失）和客观要件在内，有机统一而构成了犯罪的行为。（3）狭义的行为。这种“行为”专指作为犯罪客观方面的要件的行为，即危害行为。例如，我国刑法第 14 条规定：“明知自己的行为会发生危害社会的结果，并且希望或者放任这种结果发生，因而构成犯罪的，是故意犯罪。”这里的“行为”就是指作为客观要件而不包括犯罪主观方面在内的危害行为。上述三类行为虽然都称为“行为”，但意义不同，不能混淆。

（二）危害行为的含义和特征

我国刑法中的危害行为，是指在人的意志或者意识支配下实施的危害社会的身体的动和静。这一定义说明，作为犯罪客观方面的危害行为，具有以下三个基本特征：

1. 危害行为在客观上是人的身体活动或动作，其中既有积极活动也有消极活动。这是危害行为的外在特征，亦称危害行为的有体性特征。任何危害行为，都必然有一定的身体动静，否则，就不可能构成危害行为。人的思想不是危害行为，不可能构成犯罪。现代各国刑法比较普遍地反对“思想犯罪”，只以行为作为惩罚的对象。危害行为的身体动静，包括动和静两个方面：“动”是指身体的举动、外在的动作，如举手投足，使用工具；“静”是指身体的相对静止、消极的行为，如以目示意、默示等。但无论哪一种行为方式都必须能够影响和改变客观事物，必须对社会具有危害性。这是危害行为的法律特征。如果某些表达思想的言辞方式不可能对他人的思想、行为产生影响，则不能作为刑法意义上的危害行为。

2. 危害行为是人的内在意识和意志的外在表现。即行为人的身体的动静是由行为人的心理态度支配的。这是危害行为的主观内在特征。我国刑法中危害社会的行为，必须是受人的意志支配的。因为只有这样的人体外部动静即危害行为，才可能由刑法来调整并达到刑法调整所预期的目的。因此，人的无意识的举动，即使客观上造成损害，也不是刑法意义上的危害行为，不能认定这样的人构成犯罪并追究其刑事责任。这类无意志和无意识的身体的动静主要有：（1）身体的条件反射行为；（2）人在睡梦中或精神错乱状态下的举动；（3）人在不可抗力作用下的举动；（4）人在身体受强制情况下的行为。

3. 危害行为是刑法上明文予以禁止的行为。这是危害行为"法定性"的体现，它强调只有被我国刑法所明文禁止的行为，才具有严重危害社会的性质，才能作为刑法意义上的"行为"认定。

二、危害行为的表现形式

刑法所规定的危害社会行为，其表现形式多种多样。刑法理论上将形形色色的危害社会行为归纳为两种基本表现形式，即作为与不作为。

（一）作为

作为，是指行为人以积极的身体活动实施刑法禁止的危害行为。我国刑法中规定的绝大多数犯罪，都可以由作为实施，而且有许多只能以作为形式实施，如抢劫罪、抢夺罪、诈骗罪、贪污罪、强奸罪、诬告陷害罪、脱逃罪等都是如此。作为是危害行为的基本形式之一。即"不应为而为"，刑法意义上的作为是由人的一系列积极动作所构成的，而不是指某一个别的动作环节，如甲开枪杀害乙的行为，就包括甲接近乙、瞄准、扳动枪机等，即使是过失犯罪如交通肇事罪以作为的行为形式出现，也只有行为人通过一系列的积极动作，才能使刑法所保护的法益受到侵害。

作为不仅指行为人利用自己身体实施的行为。还包括行为人利用物质性工具；借助自然力（风势、水势）；借助动物（狗、蛇）；借助不具备犯罪主体条件的他人（精神病人、未满14周岁的儿童）或借助他人的过失行为或意外行为（甲推乙顶丙至楼下，致丙死亡）来实施犯罪行为，都应视为利用者或者借助者本人以作为的形式实施犯罪行为。

（二）不作为

1. 不作为的概念

不作为是与作为相对应的危害行为的另一种表现形式。不作为，就是指行为人负有实施某种行为的特定法律义务，能够履行而不履行的危害行为，即

“应为而不为”。

2. 不作为的条件

首先，行为人负有实施某种作为的特定法律义务，这是构成不作为的前提条件。没有特定法律义务，也就没有不作为的行为形式。

其次，行为人有能力履行特定法律义务，这是不作为成立的重要条件。如果行为人不具有履行特定法律义务的可能性，也不可能成立不作为。

最后，行为人没有履行作为的特定法律义务，这是不作为成立的关键条件。

3. 不作为的义务来源形式

行为人负有实施某种行为的特定法律义务即作为义务，是不作为成立的前提条件。在不作为犯罪中，作为义务反映了不作为犯罪的基本犯罪事实和构成要素的本质特征。如何理解不作为的特定法律义务即作为义务，是刑法理论中一个重要问题。之所以称其为特定的“法律义务”，在于强调不作为中的特定义务并不包括道德义务等一般社会意义上的义务。但是，不作为的特定法律义务，不仅仅是指法律明文规定的义务；作为义务的根据（来源或种类）包括以下几种：

（1）法律明文规定的义务。法律明文规定的义务，不仅仅是指刑法明文规定的义务，而是指由国家制定或认可并由国家强制力保证其实施的一切行为规范的总和，包括宪法、法律（狭义的）、行政法规、条例、规章，等等。例如，我国宪法和婚姻法规定了家庭成员之间有相互扶养的义务，并由我国刑法第 261 条予以认可，若行为人不履行该义务而遗弃家庭成员，就成立犯罪的不作为。需要说明的是，违反非刑事法律明文规定的义务，并非都构成不作为的义务根据，只有经过刑法认可或要求的，才能视其为作为义务的根据。换言之，在这种情况下，法律明文规定的义务，一方面要求其他法律、法规有规定，同时要求刑法的认可，若只有其他法律法规的规定而无刑法的认可或要求，行为人即使不履行这种义务，也不成立犯罪的不作为；另一方面应当注意，在司法实践中，对于行为人有无法律明文规定的义务，不能仅机械地着眼于法律条文上的直接规定，对于法律没有直接规定的，要根据案件的具体事实，运用法理，分析有关法律规范的内涵，以及行为人同所发生的法律事件的关系，加以确定。

（2）职务或业务上要求的义务。在我国，职务或业务要求的义务相当广泛。如值班医生有抢救危重病人的义务、值勤消防队员有消除火患的义务、扳道工有按时扳道岔的义务，等等。严格地讲，职务或业务要求上的义务亦属法律明文规定的义务，因为这类义务一般都表现于各种法规、条例、规章甚至某些司法解释中，而其效力的根据仍在于法律的规定。但是，职务或业务上要求的义务，以担任相应的职务或从事相应的业务为前提，因此，与一般法律明文规定的义务相比，又有其显著的不同特征。

认定职务或业务上要求的义务：一要注意义务的时限；二要注意义务的对象。如果并非行为人应执行职务或从事业务之时，便不可能产生义务。此外，作为义务的对象，必须仅限于职务或业务范围之内。

（3）法律行为引起的义务。法律行为是指在法律上能够产生一定权利义务的行为。若一定的法律行为产生某种特定的积极义务，行为人不履行该义务，致使刑法所保护的法益受到侵害或威胁，就可以成立不作为形式的危害行为。例如，受雇为他人照顾小孩的保姆，负有看护小孩使其免受意外伤害的义务。如果保姆不负责任，见危不救，致使小孩身受重伤，应当承担相应的责任。

在司法实践中，法律行为引起的义务，大多数情况下是指合同行为引起的义务。认定合同行为产生的特定法律义务，有几个问题值得研究：第一，合同行为是否以书面协定为限，合同无效、未生效或期限届满能否产生不作为的特定法律义务？我国《民法通则》明确规定："民事法律行为可以采用书面形式、口头形式或者其他形式。"因此，合同理应包括口头协定与书面协定，而不仅限于书面协定，口头协定仍可以引起不作为的特定法律义务。合同行为作为一种民事法律行为，其约束力应当以有效为条件；因而合同无效或合同期限既已届满的，合同一方当事人自然不负法律上的义务。第二，合同成立后，行为人事实上未承担义务开始工作的，是否产生作为义务？我们认为，合同行为产生的特定法律义务，自合同生效之时即为客观存在，不以人的意志为转移。至于行为人有作为义务，最终能否成立不作为犯罪，还需认定行为人有无履行义务的可能性及主观上有无罪过。第三，合同一方当事人不履行合同所规定的义务，是否都产生作为义务？我们认为，合同违约在一般情况下只存在民事上的责任，只有当不履行特定法律义务严重危害或威胁到刑法所保护的法益时，这一义务才能成为犯罪不作为的作为义务来源。

法律行为引起的义务，在刑法理论上和司法实践中都是一个非常复杂的问题，它涉及刑法与民法等非刑事法律调整界限的合理划分，甚至与法律制度以外的法律意识、人们生活观念也密切相关。比如房主久经租户催促，而仍不修缮其有倒塌危险的房屋，最终致房屋倒塌而使屋内租户被压死的；受托人对于寄托物不妥善保管，致使寄托人数额特别巨大的财物遭受损害的，等等情形，能否视行为人由法律行为引起的义务而追究不作为犯罪的罪责？从理论上讲是完全可以的，但实践中是否可行，值得进一步深入研究。

（4）先前行为引起的义务。这种义务是指由于行为人的行为而使刑法所保护的法益处于危险状态时，行为人负有以采取有效措施排除危险或防止结果发生的特定义务。若行为人不履行这种义务，就是以不作为的形式实施的危害行为。能够引起此类特定义务的先行行为很多，例如，成年人带小孩去游泳，负有保护小孩安全的义务等。

关于先前行为引起的作为义务，有这样几个问题值得研究：第一，先前行为是否限于违法行为？先前行为如并不违法，能否引起作为义务而成立不作为犯罪？例如，汽车司机照章驾驶、骑车人违章骑自行车，汽车司机因意外撞伤骑车人并致其失血严重有生命危险，司机有无送其到医院抢救的义务？若司机不予送治致其死亡能否成立不作为犯罪？对此理论上有不同的主张。有人认为，不论是违法行为还是合法行为，既然由于它而使某种合法权益处于遭受损害的危险状态，行为人就没有理由拒绝消除他能够消除的危险；先前的合法行为不能保证以后行为的合法性。但合法行为引起作为义务是否公正合理，的确值得推敲。第二，犯罪行为能否作为先前行为而引起作为的义务？理论上对此见解分歧较大，肯定态度与否定态度并存。我们认为，完全否定犯罪行为可以作为先前行为引起作为义务，是不恰当的。因为违法行为都能引起作为义务，如果犯罪行为反而不能引起作为义务，于情理不合，也不利于司法实践。例如，行为人交通肇事将他人撞成重伤并致被害人有生命危险，行为人负有将被害人送往医院救治的作为义务是无可置疑的。不过，肯定先前行为包括犯罪行为，在理论上的确存在一系列疑难问题而需要认真研究和科学解决。例如，上述案例中，若行为人不将被害人送往医院抢救而致被害人死亡的，如何定罪？是以不作为的故意杀人罪一罪对行为人定性，还是以交通肇事罪和故意杀人罪实行数罪并罚？又如，故意伤害的行为人发现被害人失血过多有死亡的危险，是否具有救治被害人的作为义务？如具有这种义务而不履行致使被害人死亡，能否成立不作为的故意杀人罪？第三，先前行为是否仅限于作为？不作为能否成为先前行为？我们认为，先前行为既可以是作为，也可以是不作为。例如，行为人拒不接受有关部门对枪支、弹药、爆炸物品的检查，丢失公务用枪不予及时报告，等等情形，都可以引发作为义务。

4. 不作为犯罪的理论分类

不作为与不作为犯罪是两个不同的概念，前者是指危害行为的一种基本表现形式，后者是指由这种行为形式实施的犯罪。在我国刑法中，由不作为的行为形式实现的犯罪有两种类型：一种是刑法规定的只能由不作为的形式实现的犯罪，这种情形叫纯正（真正）不作为犯，如我国刑法规定的遗弃罪即属此类；另一种是既可以由作为实现，也可以由不作为实现，行为人实际上以不作为形式实现的犯罪，这种情形叫不纯正（非真正）不作为犯。如以不作为形式实现的故意杀人罪即属此类。

需要强调指出的是，某一个犯罪是作为犯罪或不作为犯罪，均是就已经实现的、现实的（或已然的）犯罪而言的，即行为人实际上以作为形式实现的犯罪称为作为犯罪，实际上以不作为形式实现的犯罪称为不作为犯罪。对于法律规定的某种犯罪，在未实际实现时，如果就称其为作为犯罪或不作为犯罪，是不恰当的。对于那些只能由作为形式构成或只能由不作为形式构成的犯罪来说，我们仅从法律规定的角度而不必考察其实际实现形式，直接称之为作为犯罪抑或不作为犯罪，似无不当。这是因为只能由作为形式构成或只能由不作为形式构成的犯罪，其法律规定与实际实现的形式完全一致，即实现形式要么只是作为，要么只是不作为。但是，对于那些既可以由作为形式构成，又可以由不作为形式构成的犯罪来说，我们就只能从行为人实际实现犯罪的形式来判断。例如，对故意杀人罪，在没有实际实现犯罪的情况下，我们既不能说这种犯罪是作为犯罪，也不能说这种犯罪是不作为犯罪；而只有当行为人实际实现了犯罪的情况下，才能根据其危害行为的形式来确定其为作为犯罪还是不作为犯罪。

为正确理解犯罪的作为与不作为问题，还应明确以下几点：

（1）不能把作为与不作为的划分同故意与过失的划分相混淆。作为与不作为是危害行为在客观上的一种基本形式，故意与过失是行为人实施危害行为时主观心理态度的两种基本形式，绝不能认为作为都是故意，不作为都是过失。实际上，作为和不作为都是既有故意，也有过失。例如，故意杀人与过失致人死亡，都可以由作为方式构成，也都可以由不作为方式构成。

（2）应当正确认识作为犯罪与不作为犯罪的危害程度。实践中往往有人认为，凡不作为犯罪都比作为犯罪危害性小。这种看法不够妥当。固然，用作为形式构成的某些犯罪可以表现为非常残酷、恶劣的手段，因而往往具有较大的危害性，如故意杀人罪可以采取碎尸的残酷手段；而不作为的方式由于其本身特点的限制往往达不到这种程度，因而不作为的危害在某些犯罪、某些场合下可能相对要小些。但是并非在一切场合下不作为犯罪的危害程度都轻[①]于作为犯罪。例如，在颠覆列车案件中，采用不扳道岔的不作为方式与采用破坏铁轨、路基的作为方式相比，二者的危害程度就没有什么差别。

（3）要正确认识研究犯罪的作为与不作为形式的重要意义。作为和不作为行为方式的不同，并不影响犯罪的性质。但是，作为与不作为是犯罪行为客

① 参见陈兴良：《刑罚适用总论》（上卷），法律出版社1999年版，第290页。

观存在的两种形式，而且不作为犯罪在司法实践中的数量虽少，其情况却比较复杂，具有一些特点。因此，在理论上研究犯罪的作为与不作为，有助于我们认识犯罪行为的复杂情况，正确地认定以不作为方式构成的犯罪，并且提醒司法实践既要注意惩处以积极方式构成的作为犯罪，又要注意惩处以消极方式构成的不作为犯罪，同时也要防止对不负有特定作为义务或不具备履行特定义务实际可能性的人滥施刑罚，以有效地发挥刑法打击犯罪、保护公民的作用。

（三）持有

持有是指行为人对特定物品进行事实上或法律上的支配、控制。[①] 无论是英美法系刑法理论还是大陆法系刑法理论都对“持有”属于危害行为毫无异义，我国刑法也规定了一些持有型犯罪，如第128条非法持有枪支、弹药罪；第352非法携带、持有毒品原植物种子、幼苗罪；另外，某些个罪中包含了持有的行为表现，如《刑法修正案（五）》增设的妨害信用卡管理罪，该罪包含了持有伪造的信用卡、持有伪造的空白信用卡等持有行为。在对持有的表述中，除大部分明确采用“持有”一词外，在个别犯罪中表述为“携带”，这里的携带，是指随身持有，可以是随身持有，也可以是秘密携带。由此可见，携带具有持有的意蕴。[②] 以上规定的特点是，持有对象仅限于刑法规定的某些特殊物品，包括：（1）非法物品，如伪造的货币；（2）违禁物品，如毒品、未经灭活的原植物种子、幼苗；（3）管制物品，如枪支、弹药、管制刀具和爆炸性、易燃性、放射性、毒害性物品；（4）来源不明的物品，如国家绝密、机密文件、资料和巨额财产。

随着我国刑法广泛地规定持有型犯罪，对持有行为是属于作为还是不作为，抑或第三种独立的犯罪行为，理论上对此有不同的观点，概括来说主要有以下四种：一是作为说。该说认为持有行为违反了禁止行为人取得特定物品的禁止性规范，因而属于作为形式。二是不作为说。该说认为法律将持有本身规定为犯罪意味着法律禁止这种状态的存在，而这种禁止意味着当这种状态出现时，法律命令持有人将特定物品上缴给有权管理的部门以消灭这种持有的状态。持有者既然没有履行这种上缴的义务，就成立不作为的形式。三是择一说。该说认为，持有究竟是作为还是不作为需视情况而定，有时持有是作为，有时又是不作为。四是独立行为说。认为持有既不同于作为，也不同于不作为，作为有动的特征，不作为有静的特征，持有则动静兼具，而且将持有视为

① 高铭暄、马克昌主编：《刑法学》（第五版），北京大学出版社、高等教育出版社2011年版，第70页。

② 参见陈兴良：《刑罚适用总论》（上卷），法律出版社1999年版，第290页。

与作为、不作为相并列的第三种行为方式并不违反逻辑规则。[①] 目前，国内学者各执一词，还没有形成统一的观点。但是有一点是值得肯定的，就是持有的法治价值：通过对持有型犯罪的立法，可以刑事严密法网，减轻检察机关的证明责任，节省司法成本，提高司法效率，增加刑法的威慑效用。[②]

三、危害行为在犯罪构成中的地位和作用

（一）危害行为的地位

危害行为虽然只是犯罪构成客观要件的内容之一，但却是整个犯罪构成的核心。任何种类、任何形态犯罪的犯罪构成中，均有危害行为这一要素。当然，在不同的犯罪构成中，对危害行为有不同的要求。大多数犯罪构成中要求的构成行为，应该是实行行为，即刑法分则规定的具体犯罪的犯罪客观方面要件中的行为（如故意杀人罪中剥夺他人生命的行为），非实行行为不具有构成行为的意义。但在有些犯罪构成中，则以非实行行为作为构成行为，如预备形态犯罪的犯罪构成，在预备阶段中止的中止形态的犯罪构成，即以预备行为（如为杀人而准备刀、枪、毒药的行为）这种非实行行为作为构成行为。另外，在不同的犯罪构成中，有的要求以单一行为作为构成行为，如故意杀人罪；有的则要求以复合行为作为构成行为，如抢劫罪必须既有暴力、胁迫等方法行为又有劫取财物的目的行为；有的要求只能以作为形式构成行为，如盗窃罪；有的要求只能以不作为形式构成行为，如遗弃罪。虽然不同犯罪构成中要求的行为形式不同，但任何犯罪构成都要求以危害行为为必要条件，没有危害行为，任何犯罪构成都不存在，这说明了危害行为在犯罪构成中的核心地位。

（二）危害行为的作用

危害行为作为犯罪客观要件中的首要因素，对定罪量刑具有重要作用。同时，危害行为还具有限定犯罪的基本范围，将思想排除在犯罪之外的重要作用。我国刑法第 13 条明确规定犯罪是危害社会的行为，这就从立法上赋予了危害行为在限定犯罪的基本范围上的作用，同时在立法上否定了“思想犯”的存在余地。

---

① 参见高铭暄、马克昌主编：《刑法学》（第五版），北京大学出版社、高等教育出版社 2011 年版，第 71 页。

② 参见储槐植：《美国刑法》（第三版），北京大学出版社 2005 年版，第 38 页。

第三节 危害结果

一、危害结果的概念和特征

(一) 危害结果的概念

关于刑法中的危害结果，刑法理论上存在不尽一致的论述。有的认为，危害结果作为危害行为对客体的损害，是构成任何犯罪在客观方面的必备要件之一，它既包括客观上已经造成的危害结果，也包括可能造成的危害结果。有的则认为，危害结果仅仅是危害行为已经造成的实际损害。还有的认为，有些行为一经实施即构成完整犯罪（如传授犯罪方法罪等）的情况，没有危害结果或者说没有物质性危害结果；有些犯罪情况，如犯罪的预备、未遂和中止形态，也没有危害结果。这样就产生了一些问题，诸如到底结果是不是犯罪构成必备的要件，如果危害结果与犯罪客体密不可分，伴随犯罪行为同时产生，那么它作为犯罪构成要件在认定犯罪时还有无实际的和独立的意义？传授犯罪方法罪等到底有无危害结果？故意犯罪的预备、未遂和中止形态不具备的是什么危害结果？刑法因果关系里研究的是什么性质的结果？如此等等。我们认为：

1. 根据我国刑法的规定和有关的刑法原理，刑法意义上的危害结果，可以有广义与狭义之分。所谓广义的危害结果，是指由行为人的危害行为所引起的一切对社会的损害事实，它包括危害行为的直接结果和间接结果，属于犯罪构成要件的结果和不属于犯罪构成要件的结果。例如，甲诈骗了乙的大量钱财，乙因而愤然自杀身亡。这里甲的诈骗行为所引起的危害结果即广义的危害结果，就包括了财物损失这个结果和被害人自杀这个结果，这两种危害结果都与行为危害程度有关，因而在处理案件时都应加以考虑。所谓狭义的危害结果，是指作为犯罪构成要件的结果，通常也就是对直接客体所造成的损害事实。狭义的危害结果是定罪的主要根据之一。例如在上例中，行为人诈骗了钱财，造成了被害人自杀，认定其为诈骗罪的既遂，只能以所发生的狭义危害结果即财物损失为根据，而被害人的自杀后果只是在量刑时考虑的情节。

我们认为，首先要把作为犯罪构成要件的狭义的危害结果与广义的危害结果区别开来。

2. 从司法实践中定罪的实际需要出发，在狭义的危害结果中，应当进一步把有形的、可以具体测量确定的危害结果，同无形的、不能具体测量确定的危害结果加以区别。我国刑法上的任何犯罪行为，都能够给一定的直接客体造成某种损害。从这个意义上说，危害结果与犯罪客体密不可分。通过这种结果，可从客观方面反映犯罪行为与犯罪客体的联系，并且揭示不同犯罪行为所侵害的合法权益的特定性。但是，由犯罪客体的性质所决定，上述危害结果又可以分为有形的、可以具体测量确定的结果，以及无形的、不能具体测量确定的结果两类。后一类危害结果一般是非物质性的，往往是犯罪行为一经实施，这种危害结果就同时发生了（虽然人们一般不能凭直观感知它）。因此，对这种犯罪案件，一般只要查明被告人已经实施了行为，就可以认定为犯罪既遂，而不存在未遂问题，也无须去查明行为与结果间的因果关系，如刑法理论上称之为“举动犯”的煽动分裂国家罪、传授犯罪方法罪等。但是，给直接客体造成的有形的、可以具体测量确定的危害结果，则在具体案件中可能发生，也可能由于某种原因而没有发生，而且往往非行为一着手实施就立即发生。对这种犯罪来说，要认定是犯罪既遂还是未遂，就要在查明被告人实施了刑法分则规定的某种危害行为的同时，再查明是否发生了作为构成要件的危害结果。没有产生这种结果的，一般应以犯罪未遂论处。这类有形的、可以具体测量确定的危害结果，是所有过失犯罪的客观方面必备的要件，是区分过失犯罪与非犯罪的客观标志；这类结果也是相当数量的故意犯罪构成既遂所必备的要件，是区分这些犯罪的既遂与未遂、中止形态的重要客观标志。因此，虽然从总体上看，有形的、可以具体测量确定的危害结果并非是一切犯罪都必备的要件，但是这种危害结果的有无和大小，对认定有关的犯罪和量刑具有重要的实际意义，在办案中必须注意查明。

（二）危害结果的特征

危害结果具有如下几个特征：

1. 危害结果的客观性

从结果的哲学含义讲，结果是由一事物引起另一事物的现象。无论这种现象以什么形式出现它都具有客观现实性。刑法上的危害结果尽管有其特定内涵；但必须以哲学上结果的概念为其理论依据。刑法中的危害结果相对于哲学范畴的结果，属于特殊结果，但它必然具有结果的一切特征，因而危害结果也只能是一种事实，一种客观存在的现实。有的论著认为，危害结果也包括可能造成的损害，这是不正确的。

2. 危害结果的因果性

危害结果的客观性，要求危害结果在内容上只能是一种现实的、客观存在的事实。但是，并非一切客观存在的事实都可以成为危害结果，而只有危害行为引起的事实，才可以成为危害结果。因此，任何客观存在的事实，其成因只要不是危害行为，就不是危害结果；没有危害行为，就谈不上危害结果。

3. 危害结果的侵害性

危害结果由危害行为引起，作为一种事实，它表明刑法所保护的法益即犯罪客体受到侵害。任何一种危害结果，都必然是危害行为对社会造成的一定的损害。但是，危害行为对社会造成的结果或事实，并不都是具有侵害性的。如盗窃行为在给他人造成财产损失的同时，对行为人或其家属来说不是损害，而是不法的财产增收。这就使得危害结果和“危害行为所造成的结果”之间有别，只有危害行为引起的对刑法所保护的法益具有侵害性的那些事实，才有成为危害结果的资格。申言之，危害结果是危害行为引起的具有刑法意义的对社会的损害事实；当危害结果是犯罪构成要件之结果时，它对犯罪的社会危害性起决定性作用，是作为定罪依据或认定犯罪完成形态是否成立之依据的结果；当危害结果不是犯罪构成要件之结果时，它对犯罪的社会危害性程度大小起影响作用，主要是作为量刑依据的结果。

4. 危害结果的多样性

危害结果作为危害行为对刑法所保护的法益侵害的一种事实，必然具有多样性。这是因为刑法所保护的法益、危害行为、行为对象、手段等，均具有多样性的特征。无论其表现为何种具体形式，只要是事实，而且是危害行为侵犯刑法所保护的法益形成的事实，都可以成为危害结果。

二、危害结果的种类

危害结果具有多样性的特征，为深入理解危害结果的内涵和意义，有必要研究危害结果的种类，从不同角度对其分类把握。刑法理论上从不同的角度，对危害结果所作的分类有很多，如有形结果与无形结果、普通结果与加重结果、具体结果与抽象结果、目的结果与手段结果、主结果与次结果、单一结果与复杂结果、构成结果与非构成结果、物质性结果与非物质性结果、直接结果与间接结果、实害结果与危险结果，等等。上述分类，有的实践或理论意义不大，有的在一定程度上反映了理论上对危害结果的含义存在很大分歧，如对实害结果与危险结果的划分，并无一致的意见，因为多数学者认为危害结果只是现实的损害，并不包括所谓的危险结果。

下面主要对理论和实践意义较为重要的危害结果的三种分类作一阐述：

（一）构成结果与非构成结果

这是以危害结果是否是犯罪构成要件为标准而作的划分。构成结果，是指属于犯罪构成要件的危害结果。根据我国刑法总则第 15 条以及刑法分则条文的有关规定，过失犯罪均以发生特定的危害结果为构成要件；根据间接故意的基本特征，间接故意犯罪的成立也要求发生特定的危害结果。例如，行为人明知自己的行为可能致他人死亡、伤害，却漠不关心，结果发生了伤害结果，但未有死亡结果，行为人当然不可能构成间接故意杀人罪，但成立间接故意伤害罪。与过失犯罪和间接故意犯罪不同的是，许多直接故意犯罪虽以某种特定的危害结果为要件，但这种构成结果的有无，并不是区分犯罪成立与否的标准，而只是区分犯罪完成形态与未完成形态的标志。例如，直接故意杀人罪以被害人死亡为构成结果，如果行为人实施杀人行为，由于意志以外的原因并未致被害人死亡，而只是致其重伤，故意杀人罪仍然成立，但只构成故意杀人未遂。非构成结果，是指不属于构成要件的危害结果。这种危害结果发生与否以及轻重如何，并不影响犯罪的成立，而只是在行为构成犯罪的基础上影响行为的社会危害性程度大小，进而影响到量刑的轻重。非构成结果主要表现为以下几种情况：（1）存在于未遂犯或中止犯的中间结果，这是专指可以成立未遂和中止形态的直接故意犯罪中，行为人着手实行行为后，虽未产生构成结果，却可能产生构成结果之外的结果。如故意杀人未遂，致被害人重伤，在此致人死亡这一构成结果未发生，重伤结果为非构成结果。（2）存在于某些结果加重犯中的超出基本构成的构成结果之外的加重结果。如故意伤害致人死亡，因故意伤害罪的构成结果只是伤害；发生被害人死亡的结果，是构成要件结果以外的加重结果。（3）可以存在于任何性质、任何形态中的随意结果。这是指危害行为侵害犯罪客体以外的其他法益而形成的又不属于前两种结果的非构成结果。例如，行为人实施非法搜查行为，导致他人财物破损的结果。

将危害结果划分为构成结果与非构成结果，有利于正确认识危害结果在不同犯罪构成中的地位和作用，从而有利于正确地定罪量刑。

（二）物质性结果与非物质性结果

这是依据危害结果的现象形态所作的划分。物质性结果，是指现象形态表现为物质性变化的危害结果。物质性结果来说是有形的、可测量的，如致人死亡、重伤，将财物烧毁等，均是物质性结果。非物质性结果，是指现象形态表现为非物质性变化的危害结果。非物质性结果往往是无形的、不可测量的。对个人来说，主要是危害行为对个人的心理造成影响，留下痕迹，如对人格、名誉的损害；对于社会的组织来说，则是使其正常的状态、名誉、信用受到影响。物质性结果和非物质性结果都可能属于构成结果，也可能属于非构成结果。物质性结果与非物质性结果的划分，有助于全面认识危害结果，也有助于对非物物质性结果作深入研究。

（三）直接结果与间接结果

这是依据危害结果距离危害行为的远近或危害结果与危害行为的联系形式而对危害结果进行的划分。直接结果，是指由危害行为直接造成的侵害事实，它与危害行为之间不存在独立的另一现象作为中介，如甲用棍棒打死乙，乙的死亡就是甲打击行为的直接结果。间接结果，是指由危害行为间接造成的侵害事实，它与危害行为之间存在着独立的另一现象作为联系的中介。如甲侮辱乙后，乙因羞愤而自缢，乙的死亡就是甲侮辱行为的间接结果。直接结果与间接结果都可能是构成结果，也可能是非构成结果，直接结果与间接结果的划分具有重要意义。直接结果有助于正确定罪量刑，间接结果往往对量刑存在一定的影响。

三、危害结果的地位

危害结果在犯罪构成中的地位，主要应解决的问题是：危害结果在犯罪客观要件中是共同要件还是非共同要件，如果是非共同要件，那么危害结果是哪些犯罪构成客观要件的因素。对这一问题，在我国刑法理论界有两种截然对立的观点：有的认为危害结果是一切犯罪构成所必备的条件，这种观点实际上同时否定了危害结果有构成结果与非构成结果之分；另一种观点则认为并非所有的犯罪都以危害结果为构成要件，而只有部分犯罪其构成以危害结果为要件。我们认为，危害结果是否为一切犯罪构成的客观要件，即是否为犯罪客观要件中的共同要件，这一问题所争论的症结，关键在于从何种意义上去把握危害结果的含义。也就是说，对危害结果含义理解的角度不同，在上述问题上也就会有不同的结论。如果不正视这一点，上述问题是无法争辩清楚的。如本节前述，刑法意义上的危害结果，是具有广义与狭义两层意义的。从广义的意义上看，一切犯罪，无论是故意犯罪还是过失犯罪，行为犯还是结果犯，既遂犯还是预备犯、未遂犯、中止犯，都存在危害结果，因为任何犯罪（不论完成与未完成形态）都能够给社会带来一定的损害，只是大小程度不同而已。而从狭义的意义上看，只有刑法规定的以某种特定的危害结果为构成要件的犯罪（即结果犯），且只有这些犯罪的完成形态（过失犯罪当然并不存在完成形态与未完成形态问题）才存在危害结果，即构成结果。主张危害结果乃一切犯罪客观要件的观点，显然是站在广义的危害结果的角度上得出的结论。我们认为，对于危害结果是犯罪客观要件中的共同要件还是非共同要件的问题，应当立足于狭义的角度去理解危害结果。因为研究犯罪构成，论及危害结果是否为某一犯罪的构成要件，最终目的是满足司法实践中定罪的实际需要，即去考察某一犯罪构成要件究竟应该具备哪些内容，有这些内容就可以成立犯罪或成立犯罪的完成形态，无这些内容就不能成立犯罪或虽成立犯罪但未能达到完成形态，而不在于注重危害行为造成了多少、多大的社会损害，并将这些结果都纳入犯罪构成要件的内容。如果单纯从广义的角度去理解危害结果，认为危害结果是一切犯罪构成的要件，那么，危害结果作为犯罪客观方面在认定犯罪、界定罪与非罪、犯罪完成形态与未完成形态方面时还有什么存在的必要和实际意义呢？主张危害结果为犯罪客观方面共同要件观点的一些论者，甚至把犯罪未完成形态的几种结局也视为危害结果。依其观点，在像故意杀人罪、抢劫罪等许多犯罪中区分既遂与未遂的标志又是什么呢？如果是法定的死亡、财物为行为人劫走等结果，那么将未完成形态的结局也视为危害结果，就不无矛盾。总而言之，危害结果并非犯罪构成的共同要件，它只是某些犯罪即结果犯的构成要件。

第四节 刑法上的因果关系

一、因果关系的研究范围

因果关系是一种引起与被引起的关系。其中的“引起”者是原因，“被引起”者是结果，而因果“关系”本身不包括原因与结果，只包含二者之间的引起与被引起的关系。不过，讨论因果关系时，又不可能完全脱离原因与结果本身。

关于刑法上的因果关系，有不同的称谓，如犯罪因果关系、刑法中的因果关系等。不同的称谓，反映出人们对因果关系的不同看法。有人认为，刑法上的因果关系是研究犯罪行为与犯罪结果之间的因果关系；有人认为，刑法上的因果关系是研究危害行为与危害结果之间的因果关系；有人认为，刑法上的因果关系是研究违法行为与危害结果之间的因果关系；有人认为，刑法上的因果关系是研究行为与危害结果之间的因果关系。之所以出现上述不同观点，是由于有的人从认定的角度考察因果关系的研究范围，有的人从结局上考察因果关系的研究对象。

司法实践中，主要在两个方面需要解决因果关系问题：一是已发生某种危害结果（在此宜理解为一般意义的损害结果），但不知道由谁的行为所引起；二是已实施的危害行为，是否造成了危害结果以及造成了哪些危害结果。后一种情况比较容易解决，关键是前一方面的问题。某种危害结果已经发生时，必须先查明由谁的行为造成，考察一般意义上的因果关系。如果查明是甲的行为造成，然后便进一步考察甲是否达到法定年龄、是否具有辨认控制能力、是否具有法定的主观罪过。如果其中有否定结论，则司法机关不将此案件作为犯罪处理。在这里，虽说不存在刑法上的因果关系，但实际上确实已经考察了一般意义上的因果关系。如果都得出肯定结论，则认为甲的行为符合犯罪构成，只是因为原因是犯罪行为、结果是犯罪结果，连接二者的关系就具有了犯罪因果关系的性质。

由上可见，司法机关是先考察一般因果关系，确定谁的行为造成了危害结果，再判定该行为是否符合犯罪构成，最后得出是否成立犯罪的结论；如果行为成立犯罪，作为一种结局，上述一般因果关系就成为犯罪因果关系。据此，关于刑法上因果关系的研究范围，可以得出如下结论：从认定的角度考察是研究人的行为与危害结果之间的关系；从结局上考察是研究犯罪行为与犯罪结果之间的因果关系。

二、刑法上因果关系的特点

刑法上的因果关系与哲学上的因果关系是个性与共性、特殊与一般的关系。研究刑法上的因果关系，应掌握因果关系的以下特点：

（一）因果关系的客观性

因果关系是事物之间的一种引起与被引起的关系，这种关系本身是客观的，不以任何人的意志为转移。所以，因果关系的有无，只能根据事物之间的客观联系进行判断。例如，有这样一个案例，甲、乙两个青年在公共汽车上侮辱谩骂一位批评他们不遵守秩序的老人，致使老人心脏病突发当场死亡。这里，老人犯病死亡的结果是由甲、乙的侮辱行为引起的，即二者具有因果关系。绝不能以甲、乙不知道老人有心脏病或未预见到侮辱会有此严重后果为借口，来否认因果关系的存在。有人认为，哲学上的因果关系具有客观性，而刑法上的因果关系则是客观性与主观性的统一。因为只有在罪过支配下的行为与危害结果之间的因果关系，才是刑法上的因果关系。实际上，这种观点混淆了因果关系本身的客观性与作为原因的行为的主客观统一性。

（二）因果关系的顺序性

所谓顺序性就是在客观事物不断更替的运动中，原因必定在先，结果只能在后，二者的时间顺序不能颠倒。例如，甲把乙打倒在地致乙不省人事，后来丙路过，看到是仇人乙躺在地上，以为乙昏过去了，就用尖刀扎了要害部位，后经法医鉴定表明，丙扎乙的刀伤是死亡结果之后实施的，因而二者之间不可能有因果关系。因此，司法机关只能在危害结果发生之前的行为中寻找原因。如果查明某人的行为是在危害结果之后实施的，那就可以肯定这个行为与这个结果之间没有刑法上因果关系。当然，先于危害结果出现的危害行为，也不一定就是该结果的原因；在结果之前的行为只有起了引起与决定结果发生的作用，才能证明是结果发生的原因。

(三) 因果关系的相对性

在整个客观世界中，各种现象普遍联系，相互制约，形成了无数的因果链条。一种现象相对于被它引起的结果而言是原因，而它本身又是被某种现象引起的结果。所以，在认定因果关系时，必须把其中的一对现象从客观现象普遍联系的整个链条中抽出来研究。当然也要防止割断事物之间的联系。

(四) 因果关系的复杂性

因果关系的复杂性主要表现为一果多因和一因多果。

1. 一果多因。一果多因是指某一结果是由多个原因造成的。它最明显的表现为以下两种情况：一是在共同犯罪中。共同犯罪中各个共同犯罪人的共同犯罪行为导致了危害结果的发生，他们每个人的行为与结果之间都存在因果关系，只不过由于他们在共同犯罪中的作用大小不同，所以对结果认定时应分清主要原因和次要原因，以便确定各个共犯刑事责任的大小。二是在责任事故类过失犯罪中。事故的发生往往涉及多个人的过失，有时是主客观原因交织在一起。所以在确定此类案件的因果关系时，就必须分清主要原因、次要原因，主观原因、客观原因，以便正确地定罪量刑。

2. 一因多果，是指一个危害行为同时引起多种结果的情况。例如，行为人破坏公共汽车，致其倾覆，导致多人伤亡。又如，行为人抢劫被害人，并致其死亡。在一行为引起多种结果的情况下，要分析主要结果与次要结果、直接结果与间接结果，这对于定罪量刑是有意义的。

三、刑法上因果关系的认定

如何认定刑法上的因果关系，是中外刑法理论界长期争论的问题。

(一) 国外刑法理论上的学说

在国外主要存在条件说、原因说、相当因果关系说等学说，同一学说内也存在不同观点。

1. 条件说

条件说认为，行为与结果之间存在“没有前者就没有后者”的条件关系时，前者就是后者的原因。在有几个条件的场合，如果除去一个条件结果将发生、除去全部条件结果将不发生，则全部条件都是结果的原因。在条件关系的发展进程中，如果介入了第三者的行为或异常自然事实，前行为与结果之间的因果关系便中断。例如，甲为了毒死朋友乙，向装有红酒的酒杯中投放毒药后，将酒杯放在自己家里的书架上，但碰巧丙到甲家访问，发现书架上杯中的红酒后一饮而尽而死亡。由于甲没有故意杀人的实行行为，所以不成立故意杀人既遂，而是过失致人死亡与故意杀人预备的竞合。条件关系所说的结果，只限于现实产生的结果。例如，甲开车撞了乙，乙受伤的程度是将在5小时后死亡，但2小时后乙被丙开车撞死。在此，作为条件关系的结果，是2小时后的死亡结果，而不是5小时后的死亡结果。

2. 原因说

原因说是为批判条件说而出现的学说，它主张从导致结果发生的条件中，以某种规则为标准挑选出应当作为原因的条件，只有这种原因与结果之间才存在因果关系。如有人主张最后的一个条件是原因，有人认为异常的行为是原因，有人提出决定结果发生方向的条件是原因，有人提倡最有力的条件是原因，如此等等。但是，要从对结果起作用的诸多条件中挑选一个条件作为原因，不仅是极为困难和不现实的，而且会导致因果关系认定的随意性。况且，结果的发生，并非总是依赖于一个单纯的条件，在不少情况下，应当承认复数条件竞合为共同原因。所以，原因说在大陆法系国家刑法理论中已经没有地位。

3. 相当因果关系说

相当因果关系说也是基于条件说过于扩大因果关系的范围而产生的。该说认为，根据一般社会生活经验，在通常情况下，某种行为产生某种结果被认为是相当的场合，行为与结果之间就具有因果关系。“相当”是指该行为产生该结果在日常生活中是一般的、正常的，而不是特殊的、异常的。相当因果关系说具有两个特色：一是排除条件说中不相当的情况，从而限定刑法上的因果关系范围；因为相当因果关系的认定，是在行为与结果之间具有条件关系的前提下，附加了“相当性”的要求。二是以行为时一般人的认识为标准判断行为与结果之间是否具有相当性。关于相当性的判断基础，理论上有三种学说：客观说主张以行为时的一切客观事实作为基础进行判断；主观说主张以行为人认识到或可能认识到的事实为基础进行判断；折中说主张以一般人能认识到的以及行为人特别认识到的事实为基础进行判断。例如，甲轻伤乙，但乙是血友病患者，因流血不止而死亡。客观说认为，既然行为时乙患有血友病，不管甲是否知道这一事实，甲的行为与乙的死亡之间具有因果关系。主观说认为，如果甲知道或者应当知道乙是血友病患者，则甲的行为与乙的死亡之间具有因果关系；否则不具有因果关系。折中说认为，如果行为时一般人能知道乙是血友病患者或者甲特别知道乙是血友病患者，则甲的行为与乙的死亡之间具有因果关系，否则不存在因果关系。

相当因果关系说是日本刑法理论的通说，但日本的审判实践通常不采取此说。在日本，相当因果关系说中的折中说曾占支配地位。但是，折中说与主观说一样，使因果关系的有无取决于行为人与一般人认识的有无，这与因果关系的客观性相矛盾，正因如此，客观说成为有力的学说，有逐步取代折中说而占支配地位之势。

（二）我国刑法理论上的学说

在我国刑法理论中，主要存在必然因果关系说与偶然因果关系说的争论。

必然因果关系说认为，当危害行为中包含危害结果产生的根据，并合乎规律地产生了危害结果时，危害行为与危害结果之间就是必然因果关系；只有这种必然因果关系，才是刑法上的因果关系。据此，因果关系具有以下特点：（1）作为某种原因的行为必须具有危害结果发生的实在可能性，这是该行为与危害结果之间具有因果关系的必要前提。所谓某种行为具有危害结果发生的实在可能性，是指该行为中存在使危害结果发生的客观根据，如果该行为不具有使危害结果发生的客观根据，那它就不是结果发生的原因，只能是结果发生的条件。（2）具有上述实在可能性还不能说明具有因果关系，只有当具有结果发生的实在可能性的某一现象已经合乎规律地引起某一结果的发生时，才能确定某一现象与所发生的结果之间具有因果关系。如果某一现象虽然有发生结果的实在可能性，但在其发展过程中，偶然地与另一因果性的锁链联系在一起，以致由另一现象合乎规律地产生这一结果时，那么，前一现象和所发生的结果之间就没有因果关系。（3）因果关系只能是在一定条件下的因果关系。因此，在确定某种行为与某种结果之间是否具有因果关系时，不能脱离该行为实施时的具体条件孤立地进行考察，而应联系当时的具体条件进行判断。

可以肯定的是，危害行为与危害结果之间具有必然因果关系时，一定是刑法上的因果关系，持其他观点的人对这一点也没有异议。但是，我们又应当看到，必然因果关系说有两个缺陷：（1）这种学说提出的认定标准不具有可操作性。人们很难判断行为中是否包含结果产生的根据，很难断定行为导致结果是否合乎规律，因为许多规律还并没有被人们认识和掌握。（2）这种学说似乎缩小了刑事责任的范围。因为在科学发展的今天，一些人会通过制造条件的方式实现犯罪目的，但必然因果关系说却不自觉地将这种行为排除在原因之外。

偶然因果关系说的基本观点是，当危害行为本身并不包含产生危害结果的根据，但在其发展过程中，偶然介入其他因素，由介入因素合乎规律地引起危害结果时，危害行为与危害结果之间就是偶然因果关系，介入因素与危害结果之间是必然因果关系；必然因果关系与偶然因果关系都是刑法上的因果关系。

由此可见，偶然因果关系说有利于克服必然因果关系说的前述第二个缺陷。但是，上述情况能否称为“偶然因果关系”，它与条件说有无区别，还值得研究。原因与条件的区别是相对的。从哲学观点上看，事物的内部矛盾是事物存在和发展的根本原因；一事物和他事物的相互联系和影响，则是事物发展的第二位的原因。“外因是变化的条件，内因是变化的根据，外因通过内因而起作用。”一般来说，内因对结果起决定性作用，但在一定场合，外因也起决定作用。内因的作用表现为，没有它，事物的发展变化就不可能存在，因而是根据。外因的作用表现为，没有它，事物的发展变化就不可能实现，因而称为条件。内因与条件共同构成原因。例如，甲使用砂糖致糖尿病患者乙死亡，从哲学上说，甲的行为是外因、条件，乙的疾病状态则是其死亡的内因、根据。但在刑法学上，则没有争议地认为甲的行为是原因。由此看来，刑法学上所说的原因，至少包含了哲学上的外因、条件（当然它又是原因的一部分）。

必然联系与偶然联系是普通联系的一个侧面。必然性产生于事物内部的主要原因，因而它在发展过程中居于支配地位，代表一定要贯彻下去的趋势，决定着事物发展的前途和方向；偶然性则不同，它产生于事物次要的和外部的原因，因而在发展中只居于从属的地位，对发展的必然过程起着促进或者延缓的作用，使发展的确定趋势带有这样或那样的特点和偏差。可见，必然性是事物的内因决定的，偶然性是事物的外因决定的。易言之，必然性是由内因决定的发展趋势，偶然性是由外因决定的发展趋势；事物的发展趋势由内因与外因同时决定，或者说，事物的发展趋势是必然性与偶然性的统一，也是内因（根据）与外因（条件）的统一。既然如此，偶然因果关系就是条件与结果之间的关系。这从偶然因果关系说的基本观点中也能得到证明。

我们认为行为与结果之间存在着没有前者就没有后者的条件关系时，前者就是后者的原因。但并不认为所有的条件都具有等价性，而是承认条件对结果所起作用的差异性。

（三）刑法因果关系与刑事责任的联系和区别

我国刑法中的犯罪构成是主客观诸要件的统一，具备犯罪构成才能够追究刑事责任。解决了刑法上的因果关系，只是确立了行为人对特定危害结果负刑事责任的客观基础，但不等于解决了刑事责任问题。要使行为人对自己的行为造成的危害结果负刑事责任，行为人还必须具备主观上的故意或过失，即使具备因果关系，行为人缺乏主观上的故意或过失，仍不能构成犯罪和使其负刑事责任。那种把因果关系与刑事责任混为一谈，认为有因果关系就应负刑事责任的主张是错误的，是客观归罪。

第五节 犯罪的其他客观要件

犯罪的其他客观要件，是指犯罪特定的时间、地点和方法等因素。任何犯罪都是在一定的时间、地点并采取一定的方法实施的，在某些犯罪中，特定的时间、地点和方法对定罪和量刑都有影响。

一、特定的时间、地点和方法对定罪的影响

（一）犯罪的特定时间

对于绝大多数犯罪而言，在什么时间犯罪、什么地点、采用什么样的方法，对于犯罪构成没有影响，但有的可以作为量刑情节。一般认为，只有在刑法分则条文中明文规定的时间、地点和方法才能成为影响定罪的构成要件，也就是说，特定的时间、地点和特定的方法是构成犯罪的必备要件。例如，刑法第340条规定的非法捕捞水产品罪和第341条非法狩猎罪，把“禁渔期”、“禁渔区”、“禁猎期”、“禁猎区”以及“禁用的工具和方法”作为构成犯罪必备要件。又如，刑法第112条资敌罪；刑法第七章危害国防利益罪中部分犯罪如战时拒绝、逃避征召、军事训练罪，战时拒绝军事征用罪等；刑法第十章军人违反职责罪中战时违抗命令罪、战时临阵脱逃罪、战时造谣惑众罪、战时自伤罪等，要求犯罪的时间是“战时”，不是战时不构成犯罪。

（二）犯罪的特定地点

刑法有部分犯罪规定以特定地点作为其构成要件，如遗弃伤病军人罪是在“战场上”；非法捕捞水产品罪和非法狩猎罪是在“禁渔区”、“禁猎区”。在法律没有明文规定情况下，犯罪的地点对于犯罪没有决定性意义，但某些犯罪的地点可以作为量刑情节加以考虑。

（三）犯罪的特定方法

刑法对大部分犯罪并未将方法规定为构成要件，而只是量刑情节的考虑因素。但对于少数犯罪则必须是特定的方法才能构成相应的犯罪。例如，刑法第257条规定的暴力干涉婚姻自由罪，只有采用“暴力的方法”干涉婚姻自由才构成犯罪，否则不构成犯罪。

二、特定的时间、地点和方法对量刑的影响

对于大多数犯罪来说，特定的犯罪时间、地点和方法等因素并不是犯罪成立的必备要件，但某些因素的有无会影响到犯罪行为本身社会危害程度的大小，进而影响到行为人的刑事责任的大小。以故意杀人罪为例，虽然时间、地

点、方法的等因素并不影响犯罪的成立，但战时、社会治安状况不好时期与正常时期相比，公共场合、要害部门内、单位内与偏僻地区相比，肢解、碎尸、活埋、活活打死、采用技术手段杀人等方法与一刀杀死、一枪打死的方法相比，前者的社会危害性显然大于后者，因而量刑也会相对较重。如刑法第 237 条规定，聚众或者在公共场所当众强制猥亵、侮辱妇女的，应从重处罚，又如，刑法第 263 条抢劫罪规定，入户抢劫、在公共交通工具上抢劫的处 10 年以上有期徒刑、无期徒刑或者死刑，并处罚金或者没收财产。

第七章　犯罪主体

我国刑法中的犯罪主体，是指刑法规定的，实施了危害社会的行为、依法应当负刑事责任的自然人和单位。从犯罪主体的自然属性上划分，犯罪主体包括自然人主体和单位主体。我国刑法中具有普遍意义的是自然人主体。单位成为犯罪主体，以法律规定为限。

犯罪主体对定罪量刑具有重要意义。首先，犯罪主体是区分罪与非罪的标准之一，不符合犯罪主体一般条件的人，其行为不可能成立犯罪；不符合犯罪主体特殊条件的人，除成立共同犯罪外，不可能独立构成以特殊条件作为犯罪主体要件的犯罪。如强奸罪，女性只能在成立共同犯罪时，才可能构成强奸罪。其次，犯罪主体对于区分此罪与彼罪具有重要意义。在某些情况下，相同的客观行为由不同主体实施时，构成不同的犯罪。例如，一般公民购买伪造的货币与银行或者其他金融机构工作人员购买伪造的货币，虽然客观行为相同，但后者的罪质更为严重，于是刑法将它们规定为不同的犯罪（参见刑法第 171 条）。最后，犯罪主体影响量刑。例如，根据刑法总则的规定，已满 14 周岁，不满 18 周岁的人犯罪，应当从轻或者减轻处罚；尚未完全丧失辨认或者控制自己行为能力的精神病人犯罪的，可以从轻或者减轻处罚；又如，刑法第 307 条第 1 款、第 2 款分别规定了妨害作证罪与帮助毁灭、伪造证据罪，其第 3 款规定司法工作人员犯前两款罪的，从重处罚，如此等等。根据刑法的规定自然人犯罪主体是我国刑法中最基本的，具有普遍意义的犯罪主体。单位犯罪主体在我国刑法中不具有普遍意义但具有其特殊性。

第一节　自然人主体

一、刑事法定年龄

（一）刑事法定年龄的概念

刑事法定年龄（简称“法定年龄”），是指刑法所规定的，行为人对自己实施刑法所禁止的危害社会行为负刑事责任必须达到的年龄。如果没有达到刑事法定年龄，其实施的行为就不可能成立犯罪，故刑事法定年龄也可称为犯罪年龄。达到刑事法定年龄是自然人犯罪主体必须具备的条件之一。

犯罪是具备辨认和控制自己行为的能力者在其主观意志和意识支配下实施的危害社会的行为，而人的辨认控制能力必然受到行为人年龄的制约。所以，人的年龄与辨认控制能力是形式与内容的关系。

刑事法定年龄制度，就是从年龄上划定一个负刑事责任的范围。我国刑法关于法定年龄的规定，主要解决不同年龄人刑事责任的有无问题，同时也包含了对未成年的犯罪人从宽处罚的内容。司法实践中处理案件时，必须严格遵守这一规定；可见，研究刑事法定年龄问题，对于从理论上认识法定年龄与责任能力的关系，把握犯罪主体要件的本质，以及司法实践中正确定罪量刑，都有重要意义。

（二）刑事法定年龄阶段的划分

刑事法定年龄在古今中外的刑事立法中都有所规定。近现代世界各国刑事立法关于刑事法定年龄的规定虽各有不同，但一般都是根据本国少年儿童成长的实际情况和同犯罪作斗争的需要；根据一个人从完全不具备到部分具备、完全具备辨认和控制自己行为的能力的逐步发展过程，把刑事法定年龄划分为几个阶段。在划分的方法上不完全相同。有的实行绝对无责任年龄和完全负责任年龄两分制；有的实行绝对无责任年龄、相对无责任年龄、减轻责任年龄、完全负责任年龄的四分制等。目前多数国家刑法中责任年龄制度都采用三分制或四分制。

我国刑法根据我国的政治、经济、文化的发展状况、少年儿童接受教育的条件，依据我国对少年儿童的政策以及各类犯罪的情况等实际出发，并适当借鉴别国的立法经验，在刑法第 17 条中对责任年龄作了较为集中的规定，把刑事责任年龄划分为完全不负刑事责任年龄、相对负刑事责任年龄与完全负刑事责任年龄三个年龄阶段。

1. 完全不负刑事责任年龄阶段

按照我国刑法第 17 条的规定，不满 14 周岁，是完全不负刑事责任年龄的阶段。一般地说，不满 14 周岁的人尚处于幼年时期，身心发育不成熟，对自己行为的性质、后果和意义，还缺乏明确的认识，又很难控制自己的行为。另外是基于刑事政策的理由。因而法律规定，对不满 14 周岁的人所实施的危害社会的行为，概不追究刑事责任。刑法的这一规定具有严格性与绝对性，司法机关必须遵守。但对于因不满 14 周岁不予刑事处罚的实施了危害社会行为的人，应依法责令其家长或监护人加以管教，也可视需要对接近 14 周岁，如 12—13 周岁的人由政府收容教养。

2. 相对负刑事责任年龄阶段

我国刑法第 17 条第 2 款的规定："已满 14 周岁不满 16 周岁的人，犯故意杀人、故意伤害致人重伤或者死亡、强奸、抢劫、贩卖毒品、放火、爆炸、投毒的①，应当负刑事责任。"按照这款规定，刑法理论通常称这一时期为相对负刑事责任年龄阶段，也称相对无刑事责任年龄阶段。达到这个年龄阶段的人，已经具备了一定的辨别大是大非和控制自己重大行为的能力，即对某些严重危害社会的行为具备一定的辨认和控制能力。因此，法律要求他们对自己实施的严重危害社会的行为即"故意杀人、故意伤害致人重伤或者死亡、强奸、抢劫、贩卖毒品、放火、爆炸、投毒罪"负刑事责任。此年龄阶段的人如果实施的是上面八种犯罪以外的危害行为并不负刑事责任，不具备犯罪主体资格。同样，对因不满 16 周岁而不予刑事处罚的实施了危害社会行为的未成年人，应依法责令其家长或者监护人加以管教，在必要时也可以由政府收容教养。

刑法之所以这样规定，是基于以下理由：（1）已满 14 周岁不满 16 周岁的人，已经具有一定的辨认控制能力，对严重犯罪行为已具有辨认控制能力，所以其实施刑法所列举的上述犯罪行为的，应当负刑事责任，已满 14 周岁不满 16 周岁的人实施此外行为的，成立犯罪，也不负刑事责任，这一规定既有辨认控制能力程度的根据，也有刑事政策的理由。（2）刑法列举上述几种犯罪，除考虑犯罪的严重性外，还考虑了犯罪的常发性，即已满 14 周岁不满 16 周岁的人通常实施的严重行为的范围。事实上还有许多犯罪的严重性并不轻于上述几种犯罪，但由于已满 14 周岁不满 16 周岁的人往往难以甚至不能实施，故刑法未作规定。（3）刑法对已满 14 周岁不满 16 周岁的人负刑事责任的范围，不作概括性规定而予以明确具体规定，既是罪刑法定原则的明确性要求，也有利于更有效、更准确地处罚严重危害社会的犯罪，还充分体现了国家对有越轨行为的未成年重教育、轻处罚的刑事政策。

刑法的这一规定也是严格的、绝对的，不允许超出这一规定的范围，追究行为人的刑事责任。值得注意、需要研究的是以下几点：

（1）上述规定中的"故意杀人"与"故意伤害致人重伤或者死亡"，包括刑法分则所规定的以故意杀人罪、故意伤害罪（达到重伤程度）论处的情形。例如，已满 14 周岁不满 16 周岁的人非法拘禁他人的，并不构成犯罪；但是，如果他们在非法拘禁的过程中，使用暴力致人重伤或者死亡的，根据刑法

① 最高人民法院、最高人民检察院根据《中华人民共和国刑法修正案（三）》将原来的投毒罪的罪名修改为投放危险物质罪。

第238条的规定，应以故意杀人、故意伤害致人重伤追究刑事责任。

（2）上述规定中的“抢劫”是否应限于抢劫财物的犯罪（即抢劫罪）？一种观点认为，刑法第127条规定的抢劫枪支、弹药、爆炸物、危险物质，在性质上比第263条的抢劫财物更为严重，其违法性和社会危害性更为明显，更容易为青少年所认识，应将其包含在第17条第2款的“抢劫”中。[①] 这一观点具有一定的合理性，但也可能存在两方面的疑问：一方面，刑法第17条第2款并非仅考虑犯罪的严重性，还考虑犯罪的常发性，而已满14周岁不满16周岁的人一般难以实施抢劫枪支、弹药、爆炸物、危险物质的行为。另一方面，“抢劫”一词通常是指抢劫财物，而不包括抢劫枪支、弹药等。尽管如此，我们仍然认为，这里的“抢劫”宜包含抢劫枪支、弹药、爆炸物、危险物质。首先，枪支、弹药、爆炸物、危险物质事实上也属于财物，国外刑法一般将抢劫这类物品的行为认定为抢劫罪，我国刑法考虑到抢劫这类物品的行为更为严重，所以将其从普通抢劫罪中分离出来予以特别规定，这说明规定抢劫枪支、弹药、爆炸物、危险物质罪的法条与规定普通抢劫罪的法条是特别法条与普通法条的关系，易言之，抢劫枪支、弹药、爆炸物、危险物质的行为原本属于普通抢劫罪。其次，如后所述，刑法第17条第2款所规定的是具体犯罪行为，故将抢劫枪支、弹药、爆炸物、危险物质的行为包含在“抢劫”之中，在用语上不存在障碍。再次，将抢劫枪支、弹药、爆炸物、危险物质的行为包含在第17条第2款中，不会超出国民的预测可能性范围。最后，将抢劫枪支、弹药等行为包含在第17条第2款中，有利于处理事实认识错误，避免定罪处罚的不公正。

（3）上述规定中的“投毒”包括投放毒害性、放射性、传染病病原体等物质。已满14周岁不满16周岁的人故意实施放火、爆炸、投放危险物质的行为，符合刑法第114条的构成要件，即使没有致人重伤、死亡或者使公私财产遭受重大损失的，也应当负刑事责任。

（4）刑法第17条第2款所规定的八种犯罪，是指具体犯罪行为而不是具体罪名。因此，如果已满14周岁不满16周岁的人所实施的某种行为包含了上述八种犯罪行为，则应当根据刑法规定确定其罪名并追究刑事责任。例如，已满14周岁不满16周岁的人在绑架过程中故意杀人，对其以故意杀人罪论处而不定绑架罪。

3. 完全负刑事责任年龄阶段

按照我国刑法第17条的明文规定，已满16周岁的人进入完全负刑事责任

---

① 参见何秉松主编：《刑法教科书》（上卷），中国法制出版社2000年版，第264页。

年龄阶段。因此，我国刑法规定已满 16 周岁的人原则上可以构成刑法中所有犯罪，要求他们对自己实施的刑法所禁止的一切危害行为承担刑事责任。

此外，根据罪刑相适应原则与刑罚目的的要求，对未成年人犯罪应当从轻或者减轻处罚。刑法第 17 条第 3 款规定："已满 14 周岁不满 18 周岁的人犯罪，应当从轻或者减轻处罚。"刑法理论通常称为减轻刑事责任时期。我国一直关怀青少年的成长，重视对青少年的教育，这也是对未成年人犯罪从宽处罚的政策理由。

刑法第 17 条第 4 款还规定："因不满 16 周岁不予刑事处罚的，责令他的家长或者监护人加以管教；在必要的时候，也可以由政府收容教养。"这表明，未达到法定年龄的人，如果实施了有害于社会的行为，虽不追究刑事责任，但也不能姑息放纵，这也是预防他们将来走上犯罪道路的必要措施。

根据司法实践情况，切实贯彻刑事责任年龄制度，正确处理未成年人的违法犯罪案件，还应当明确以下三个问题：

第一，刑事责任年龄应当怎样计算？首先，刑事责任年龄应当是指实足年龄即周岁，这一点我国刑法第 17 条已明确作了规定。其次，周岁应当怎样计算？根据有关司法解释，可以明确：（1）周岁应当一律按照公历的年、月、日计算。（2）1 周岁以 12 个月计。每满 12 个月即为满 1 周岁。（3）每满 12 个月即满 1 周岁应以日计算，而且是过了几周岁生日，从第 2 天起，才认为已满几周岁。例如，行为人于 1985 年 12 月 1 日出生，至 1999 年 12 月 2 日为已满 14 周岁，至 2001 年 12 月 2 日为已满 16 周岁，至 2003 年 12 月 2 日为已满 18 周岁。因此，对 14 周岁生日当天实施危害行为的，应视为不满 14 周岁，不能追究刑事责任；对 16 周岁生日当天实施危害行为的，只能令其对法定的八种犯罪情形负刑事责任；对 18 周岁生日当天犯罪的，应视为不满 18 周岁。对其适用"从轻或者减轻处罚"的原则。

第二，关于未成年人犯罪和处罚的法定年龄界限能否突破？例如，对于即将满 18 周岁的人所犯罪行极其严重的，可否判处死刑？应当强调指出，法律在未成年人定罪和处罚问题上所规定的这种年龄界限，不能有任何伸缩性，这是我国罪刑法定原则的必然要求。如果允许突破这种界限，刑法关于责任年龄的规定就失去了其限制意义。

第三，关于跨年龄段的危害行为的刑事责任问题。其中主要问题有两点：（1）行为人已满 16 周岁后实施了某种犯罪，并在已满 14 周岁不满 16 周岁期间也实施过相同的行为，应否一并追究刑事责任？对此应当作具体分析。如果再犯罪，则应一并追究刑事责任；否则，就只能追究已满 16 周岁以后犯罪的刑事责任。已满 14 周岁不满 16 周岁期间所实施的行为，如果与已满 16 周岁后实施的犯罪行为具有密切联系，则说明行为人的人身危险性较大，可以作为量刑情节予以考虑。（2）行为人在已满14周岁不满16周岁期间，实施了刑法第17条第2款规定的特定严重犯罪，并在未满14周岁时也实施过相同行为，对此不能一并追究刑事责任，而只能追究已满14周岁后实施的特定严重犯罪的刑事责任。同样，如果未满14周岁时实施的行为与已满14周岁后实施的犯罪行为具有密切联系，则表明行为人的人身危险性严重，量刑时应予以考虑。

二、辨认控制能力

辨认控制能力，也就是刑事责任能力，指行为人对自己行为的辨认能力与控制能力。这是自然人犯罪主体的另一个一般要件。

刑法上的辨认控制能力，由辨认能力与控制能力组成。辨认能力，是指行为人具备对自己的行为在刑法上的性质、后果与意义的分辨认识能力，就是说，行为人有能力认识自己的行为是否为刑法所禁止、所谴责、所制裁；反之，则没有辨认能力。控制能力，是指行为人具备决定自己是否以行为触犯刑法的能力即支配自己实施或者不实施特定行为的能力。如达到一定年龄而精神正常的人，都有能力认识到自己若实施杀人、放为、强奸、抢劫等行为是要为刑法所禁止所制裁的，都有能力选择和决定自己是否这些触犯刑法的行为。

辨认能力与控制能力密切联系。一方面，辨认能力是控制能力的基础与前提，没有辨认能力就谈不上有控制能力，另一方面，控制能力则反映人的辨认能力，有控制能力就表明行为人具有辨认能力。但有辨认能力的人可能由于精神病而丧失控制能力，刑法认为这种情况不具有实施犯罪的能力。刑法要求行为人同时具备辨认能力与控制能力，只具有其中一种能力的，属于没有犯罪能力。

（一）精神障碍

我国刑法第18条专门规定了精神病人的刑事责任问题，这是我国现阶段司法实践中解决实施危害行为的精神病人和其他精神障碍人刑事责任的基本依据。

1. 完全无刑事责任的精神病人

我国刑法第18条第1款规定：“精神病人在不能辨认或者不能控制自己行为的时候造成危害结果的，经法定程序鉴定确认的，不负刑事责任；但是应当责令他的家属或者监护人严加看管和医疗；在必要的时候，由政府强制医疗。”根据这一规定，认定精神障碍者为无责任能力，必须同时具备两个标准：

（1）医学标准。亦称生物学标准，简言之即实施危害行为者是精神病人，确切地讲，是指从医学上看，行为人是基于精神病理的作用而实施特定危害社会行为的精神病人。它应当包含以下几层含义或者条件：首先，行为人必须是精神病人。精神病是由于人体内外原因引起的严重的精神障碍性疾病。精神病患者的精神功能障碍会导致其辨认或控制行为的能力完全丧失，而非精神病性精神障碍人一般都不会因精神障碍而丧失辨认或控制行为的能力。因此，只有精神病人，才有可能成为刑法第 18 条规定的无责任能力人；至于非精神病性精神障碍人，则不属于刑法第 18 条所称之“精神病人”，其中有些是限制（减轻、部分）责任能力人，另一些则是完全责任能力人。其次，精神病人必须实施了特定的危害社会的行为即实施了刑法所禁止的危害行为，如果这些危害行为是精神健全者实施的，就会构成犯罪和应负刑事责任。最后，精神病人实施刑法所禁止的危害行为须是基于精神病理的作用。这意味着，行为人行为时须正处于发病期，而不是缓解或间歇期。只有精神病人于行为时发病，才谈得上因精神病理的作用而致危害行为的实施。这意味着，行为人的精神病理与特定危害行为的实施之间具有直接的因果关系。

（2）心理学标准。亦称法学标准，是指从心理学、法学的角度看，患有精神病的行为人的危害行为，不但是由精神病理机制直接引起的，而且由于精神病理的作用，使其行为时丧失了辨认或者控制自己行为的能力。所谓丧失辨认行为的能力，是指行为人由于精神病理的作用，在行为时不能正确地了解自己行为危害社会的性质及其危害后果。例如，精神分裂症患者实施杀人时，由于其精神病理的作用，不知道自己实施的是杀人行为及该行为会造成剥夺对方生命的结果，或者坚信自己是在反击一个要杀害自己的凶手。所谓丧失控制行为的能力，是指行为人由于精神病理的作用，不能根据自己的意志自由地选择实施或不实施危害行为，也往往表现为不能根据自己的意志选择和控制危害行为实施的时间、地点、方式与程度。

由上可见，我国刑法第 18 条关于精神病障碍人无责任能力的认定标准，采取的是医学标准与心理学（法学）标准相结合的方式，在心理学标准内容上，采纳的是丧失辨认能力或者控制能力的择一说。实施刑法所禁止的危害行为的精神障碍人，只有同时符合上述医学标准和心理学（法学）标准的，才应确认为无责任能力人，并按刑法第 18 条第 1 款的规定对其危害行为不负刑事责任。需要指出的是，上述医学标准与心理学标准相结合的判断结论，必须是经过法定程序鉴定确认的。

2. 完全负刑事责任的精神障碍人

依据我国刑法第 18 条的规定和有关的司法精神病鉴定实践及司法实践经

验，责任能力完备而应完全负刑事责任的精神障碍人包括以下两类：

（1）精神正常时期的“间歇性精神病人”。我国刑法第 18 条第 2 款明文规定：“间歇性的精神病人在精神正常的时候犯罪，应当负刑事责任。”我国司法精神病学一般认为，刑法中所说的“间歇性精神病”是指具有间歇发作特点的精神病，包括精神分裂症、躁狂症、抑郁症、癫痫性精神病、周期精神病、分裂情感性精神病、癔症性精神病等。所谓“间歇性精神病人的精神正常时期”，包括上述某些精神病（如癫痫性精神病）的非发病期。需要指出，根据刑法第 18 条第 2 款的规定，间歇性精神病人的行为是否成立犯罪，应以其实施行为时是否精神正常，是否具有辨认与控制自己行为的能力为标准，而不是以侦查、起诉、审判时是否精神正常为标准。如果间歇性精神病人实施危害行为时精神正常，具有辨认与控制自己行为的能力，即使实施行为后精神不正常的也应承担刑事责任。当然，在承担刑事责任的具体方式上，司法机关应根据行为人的实际情况酌情妥善处理。

（2）大多数非精神病性精神障碍人。按照我国司法精神病学，非精神病性精神障碍的主要种类有：各种类型的神经症、各种变态人格、性变态、轻微精神发育不全、脑震荡后遗症以及其他未达到精神病程度的精神疾患，等等。非精神病性精神障碍人，大多数并不因精神障碍使其辨认或者控制自己行为的能力丧失或减弱，而是具有完备的责任能力，因而不能对其行为不负刑事责任，也不能对其行为负减轻的刑事责任，而应在原则上令行为人对其危害行为依法负完全的刑事责任。但在少数情况下，非精神病性精神障碍人也可成为限制责任能力人甚至无责任能力人，从而影响到减轻刑罚或者不负刑事责任。

3. 限制刑事责任的精神障碍人

限制刑事责任的精神障碍人，又称减轻（部分）刑事责任的精神障碍人，是介乎无刑事责任的精神病人与完全刑事责任的精神障碍人中间状态的精神障碍人。我国刑法第 18 条第 3 款规定：“尚未完全丧失辨认或者控制自己行为能力的精神病人犯罪的，应当负刑事责任，但是可以从轻或者减轻处罚。”这里的“精神病人”，从立法意图来说，应作广义的理解，一般包括以下两类：一是处于早期（发作前期）或部分缓解期的精神病（如精神分裂症等）患者，这种患者由于精神病理机制的作用使其辨认或控制行为的能力有所减弱；二是某些非精神病性精神障碍人，包括轻至中度的精神发育迟滞（不全）者，脑部器质性病变（如脑炎、强迫症和癔症患者）等。根据刑法第 18 条第 3 款的规定，限制刑事责任的精神病人犯罪的，只是“可以”从轻或者减轻处罚，而不是“应当”从轻或者减轻处罚。在司法实践中，是否对限制刑事责任的精神病人从轻或者减轻处罚、从轻或者减轻的幅度如何掌握，应以行为人所实施的犯罪是否与辨认与控制行为能力减弱有直接联系，有多大的影响为标准。如果没有联系，则可以不从轻或减轻处罚。

（二）生理功能丧失

中外刑事立法和司法实践，不同程度地注意到了人的生理功能丧失，尤其是听能和语能的丧失（即聋哑）对其刑事责任能力的影响问题，并在刑事责任上有所体现。我国刑法第 19 条规定：“又聋又哑的人或者盲人犯罪，可以从轻、减轻或者免除处罚。”这就是我国刑法中对生理功能缺陷者即聋哑人、盲人刑事责任的特殊规定。这一规定意味着，聋哑人、盲人实施刑法禁止的危害行为的，构成犯罪，应当负刑事责任，应受刑罚处罚，但又可以从轻、减轻或者免除处罚。

从理论与实践的结合上看，要正确适用我国刑法第 19 条关于聋哑人、盲人犯罪的刑事责任规定，应当注意以下几点：（1）本条的适用对象有两类：一是既聋又哑的人，即同时完全丧失听力和语言功能者，其中主要是先天聋哑和幼年聋哑者；二是盲人，即双目均丧失视力者；主要也是指先天和幼年丧失视力者。（2）对聋哑人、盲人犯罪坚持应当负刑事责任与可以适当从宽处罚相结合的原则。（3）正确适用对聋哑人、盲人犯罪“可以从轻、减轻或者免除处罚”的原则：对于聋哑人、盲人犯罪，原则上即大多数情况下要予以从宽处罚；只是对于极少数知识和智力水平不低于正常人、犯罪时具备完全能力的犯罪聋哑人、盲人（多为成年后的聋哑人和盲人），才可以考虑不予以从宽处罚；对于不但责任能力完备，而且犯罪性质恶劣，情节和后果非常严重的聋哑人、盲人犯罪分子；应坚决不从宽处罚。对应予从宽处罚的聋哑人、盲人犯罪案件，主要应当根据行为人犯罪时责任能力的减弱程度，并同时考察犯罪的性质和危害程度，来具体决定是从轻、减轻处罚还是免除处罚，以及从轻、减轻处罚的幅度。

（三）生理醉酒与原因自由行为

刑法第 18 条第 4 款规定：“醉酒的人犯罪，应当负刑事责任。”醉酒是酒精中毒的俗称，分为生理性醉酒与病理性醉酒两种情况。现代医学与司法精神病学认为，生理性醉酒即普通醉酒不是精神病，其引起的精神障碍属于非精神病性精神障碍。刑法理论一般认为，在生理性醉酒的情况下，还具有辨认控制能力，故对其实施的犯罪行为应当承担刑事责任；即使其辨认控制能力有所减弱，但由于醉酒由行为人自己造成，也不得从轻或者减轻处罚。故刑法规定，醉酒的人犯罪应当负刑事责任。我国刑法把生理醉酒人与精神病人明确加以区分，在刑法第 18 条第 4 款定：“醉酒的人犯罪，应负刑事责任。”这一规定对于防止和减少酒后犯罪，维护社会秩序，具有重要的意义。生理醉酒人实施危害行为应当负刑事责任的主要根据在于：（1）精神医学和司法精神病学证明，生理醉酒人的辨认和控制行为能力只是有所减弱，但并未完全丧失，不属于无刑事责任能力人。（2）生理醉酒人在醉酒前对自己醉酒后可能实施危害行为应当预见到，甚至已有所预见，在醉酒状态下实施危害行为时具备故意或过失的犯罪主观要件。（3）醉酒完全是人为的，是可以戒除的。因此，对生理醉酒者，除无过错醉酒外，犯罪应当追究其刑事责任。

病理性醉酒则属于精神病状态，多见于通常并不饮酒或对酒精无耐受性、或并存感染、过度疲劳、脑外伤、癫痫症者，在偶然一次饮酒后发生。病理性醉酒人的行为紊乱、记忆缺失、出现意识障碍，并伴有幻觉、错觉、妄想等精神病症状，且其行为通常具有攻击性。一般认为，病理性醉酒属于精神病，醉酒人完全丧失辨认控制能力。既然如此，在行为人没有意识到的首次病理性醉酒导致损害结果发生时，不能认定为犯罪。但行为人在得知了自己有病理性醉酒的历史，预见到自己饮酒后会实施攻击行为，造成危害结果的情况下，故意饮酒造成危害结果，或者由于饮酒过失导致危害结果发生的，则应当负刑事责任。这属于原因自由行为的一种情况。

原因自由行为（action libera in cause），是指具有辨认控制能力的行为人，故意或者过失使自己一时陷入丧失或者尚未完全丧失（刑法第 18 条第 3 款）辨认控制能力的状态，并在该状态下实施了符合犯罪构成的行为。使自己陷入丧失或者尚未完全丧失辨认控制能力状态的行为，称为原因行为；在该状态下实施的符合犯罪构成的行为，称为结果行为。由于行为人可以自由决定自己是否陷入上述状态，故称为原因自由行为。例如，明知自己有病理性醉酒史，饮酒后会实施暴力行为、造成危害结果，却故意饮酒，随即实施暴力行为造成危害结果的，即属原因自由行为。由上述定义可知，原因自由行为分为四种情况：故意陷入丧失辨认控制能力状态、过失陷入丧失辨认控制能力状态、故意陷入尚未完全丧失辨认控制能力的状态、过失陷入尚未完全丧失辨认控制能力的状态。

三、特殊身份

（一）犯罪主体特殊身份的概念

按照刑法理论中较为通行的主张，所谓犯罪主体的特殊身份，是指刑法所规定的影响行为人刑事责任的行为人人身方面特定的资格、地位或状态。如国家机关工作人员、军人、司法工作人员、辩护人、诉讼代理人、证人、依法被关押的罪犯、男女、亲属，等等。这些特殊身份不是自然人犯罪主体的一般要件，而只是某些犯罪的自然人主体必须具备的要件。

以主体是否要求必须具备特定身份为标准，自然人犯罪主体分为一般主体与特殊主体。刑法规定不要求以特殊身份作为要件的主体，称为一般主体；刑法规定以特殊身份作为要件的主体，称为特殊主体。在刑法理论上，通常还将以特殊身份作为主体构成要件或者刑罚加减根据的犯罪称为身份犯。身份犯可以分为真正身份犯与不真正身份犯。真正身份犯是指以特殊身份作为主体要件，无此特殊身份该行为则根本不可成立的犯罪。例如，刑法第109条叛逃罪的主体必须是国家机关工作人员，因此，如果行为人不是国家机关工作人员，其行为就不可能成立叛逃罪。不真正身份犯，是指特殊身份不影响定罪但影响量刑的犯罪。在这种情况下，如果行为人不具有特殊身份，犯罪也成立；如果行为人具有这种身份，则刑罚的科处就比不具有这种身份的人要重或轻一些。例如，刑法第243条诬告陷害罪的主体，不要求以特殊身份为要件，即任何年满16周岁、具备刑事责任能力的自然人，均可构成本罪；但是，如果主体具备国家机关工作人员身份，依照刑法第243条第2款的规定，则应从重处罚，换言之，国家机关工作人员身份虽然不是诬告陷害罪的主体要件，但这种特殊身份却是诬告陷害罪从重处罚的根据。本节论述的犯罪主体的特殊身份，既包括真正身份犯中的特殊身份，也包括非真正身份犯中的身份。

正确理解犯罪主体的特殊身份的含义，应当特别注意这样两个问题：(1）特殊身份必须是在行为人开始实施危害行为时就已经具有的特殊资格或已经形成的特殊地位或状态。行为人在实施行为后才形成的特殊地位，并不属于特殊身份。例如，刑法第291条的聚众扰乱公共场所秩序、交通秩序罪，法律规定只处罚首要分子，但我们并不能说该罪的主体为特殊主体，因为首要分子在此是指在聚众犯罪中起组织、策划、指挥作用的犯罪分子，这种地位或资格是在行为人实施犯罪后方形成的，并非特殊身份。事实上，任何达到刑事责任年龄、具备刑事责任能力的自然人，均可以聚集众人扰乱公共场所秩序、交通秩序而成为首要分子，该罪的主体当然是一般主体。(2）作为犯罪主体要件的特殊身份，仅仅是针对犯罪的实行犯而言的，至于教唆犯与帮助犯，并不受特殊身份的限制。例如强奸罪的主体必须是男性，但这只是就实行犯而言的，不具有男性身份的妇女教唆或帮助男性实施强奸妇女行为的，可以成立强奸罪的共犯。

（二）犯罪主体特殊身份的类型

犯罪主体的特殊身份，从不同角度可有不同的分类。主要有以下两种分类：

1. 自然身份与法定身份

从形成方式上加以区分，犯罪主体的特殊身份可以有自然身份与法定身份之别。自然身份和法定身份要成为犯罪主体的特殊身份，一般需要由刑法予以明确规定。

所谓自然身份，是指人因自然因素所赋予而形成的身份。例如，基于性别形成的事实可有男女之分，有的犯罪如强奸罪仅男子可以单独成为犯罪的主体；再如，基于血缘的事实可形成亲属身份，有些犯罪的主体只能由具有此种身份者构成，如遗弃罪、虐待罪。所谓法定身份，是指人基于法律所赋予而形成的身份。如军人、国家机关工作人员、司法工作人员、在押罪犯等。

2. 定罪身份与量刑身份

这是根据犯罪主体的特殊身份对行为人刑事责任影响性质和方式所作的划分。

所谓定罪身份，即决定刑事责任存在的身份，又称为犯罪构成要件的身份。此种身份是某些具体犯罪构成中犯罪主体要件必须具备的要素，缺此身份，犯罪主体要件就不具备，因而也就没有该具体犯罪构成，不构成该种犯罪，不存在行为人应负该罪之刑事责任的问题；有此身份，犯罪构成中的主体要件就可具备，此时如果犯罪构成的主客观要件都存在，就可认定行为人的行为构成该罪并应负刑事责任。所谓量刑身份，即影响刑事责任程度的身份，又称为影响刑罚轻重的身份；是指按照刑法的规定，此种身份的存在与否虽然不影响刑事责任的存否，但影响刑事责任的大小，其在量刑上，表现为是从重、从轻、减轻甚至免除处罚的根据。

（三）犯罪主体特殊身份对定罪量刑的意义

根据我国刑法规定和司法实践经验，犯罪主体的特殊身份对正确定罪量刑具有重要的意义。

1. 犯罪主体特殊身份对定罪的意义

影响行为的定罪是犯罪主体特殊身份的首要功能：（1）主体特殊身份的具备与否，是区分罪与非罪的标准之一。刑法规定某些犯罪的成立必须具备特殊身份的主体，就是要通过对犯罪主体特殊身份的要求和限定，来限制追究刑事责任的范围，以准确有效地打击那些达到犯罪程度的严重危害行为及行为人。（2）主体特殊身份具备与否，也是某些犯罪案件中区分和认定此罪与彼罪的一个重要标准。例如，同是隐匿、毁弃或者非法开拆他人信件的行为，具有邮政工作人员身份并利用其职务便利实施者构成刑法第253条规定的私自开拆、隐匿、毁弃邮件、电报罪，一般公民则构成第252条的侵犯通信自由罪；同是窃取或者骗取公共财物的行为，具有国家工作人员身份且利用其从事公务的便利实施者构成贪污罪，无此等身份的人则一般只能构成盗窃罪或诈骗罪。这类规定，主要是通过对犯罪主体特殊身份的要求与否，来作为区分性质和危害程度不同的犯罪之间的界限。（3）主体特殊身份影响无特殊身份者的定罪。这主要是无特定身份者与有特定身份者共同实施要求特殊主体之罪的情况。例如，一般公民可以与国家工作人员一起构成要求特殊主体的贪污罪的实行犯。

2. 犯罪主体特殊身份对量刑的意义

犯罪主体的特殊身份对量刑也有一定的影响，这主要表现在：（1）在我国刑法中，对行为类似的特殊主体的犯罪大都较一般主体的犯罪规定的刑罚相对重一些。例如，包含窃取、骗取行为的国家工作人员贪污罪的刑罚，重于一般主体的盗窃罪、诈骗罪的刑罚；军人战时造谣惑众罪的刑罚，重于非军人战时造谣扰乱军心罪的刑罚。这些要求特殊主体的犯罪之所以较一般主体的犯罪的刑罚重，当然不仅仅是基于主体特殊身份，但主体的特殊身份，无疑是影响行为社会危害程度并进而影响其刑罚轻重的重要原因之一。（2）在我国刑法总则规范中，设有一些因犯罪主体的身份而影响刑罚轻重的规定。因主体身份影响刑罚从严的，例如，按照刑法第65条关于普通累犯以及第66条关于危害国家安全罪累犯的规定，犯罪分子如果过去因犯罪被处以刑罚并符合一定条件的，即具有法定的累犯身份，对其新的犯罪就要从重处罚，而且按照刑法第74条，对构成累犯者不得适用缓刑；因主体身份影响刑罚从宽的，例如，刑法第49条关于“审判的时候怀孕的妇女，不适用死刑”的规定。（3）在我国刑法分则规范中，规定对某些犯罪若行为人具有特殊身份的就要从重处罚。例如，刑法第243条第2款规定，国家机关工作人员犯诬告陷害罪的，从重处罚。

四、特殊身份群体的刑事处遇

特殊身份群体是指主体方面具有某种特殊身份的人群。在国内外刑法理论与实务中，特殊身份群体通常是指未成年人、老年人、孕妇等生理原因具有某种特殊自然身份的群体，与一般主体相比，这类群体因其特殊生理原因而具有一定的可宽宥性，如未成年人因生理、心理发育尚未成熟而需要予以从宽评价等。虽然这类群体中的某些人也有可能因特殊生理原因而部分降低（或限制）了其刑事责任能力，但从立法的角度看，刑法对这类特殊身份群体犯罪予以宽宥主要是因为这些群体所具有的特殊生理原因而需要对其予以更人道的处遇。

（一）未成年犯罪人的刑事处遇

未成年人犯罪是指刑事责任年龄在实施犯罪时已满14周岁不满18周岁的行为人群。未成年人犯罪的刑法处遇是刑法适用中的一个永恒的主题。我国刑事立法对未成年人犯罪从总则和分则两方面加以规定，特别是2006年1月23

日起施行的最高人民法院《关于审理未成年人刑事案件具体应用法律若干问题的解释》，确立了以教育为主、以惩罚为辅的刑事政策原则，成为审视未成年人犯罪适用法律问题的指引器。我国刑法在刑事责任年龄制度之外，还对未成年人犯罪规定了以下特殊处遇原则和措施：

1. 从宽处理的原则

根据我国刑法第 17 条第 3 款“已满 14 周岁不满 18 周岁的人犯罪应当从轻或者减轻处罚”的规定。这里的“应当”，应该是“必须”、“一律”而不允许有例外。也就是说，对已满 14 周岁不满 18 周岁的人犯罪必须从轻或者减轻处罚，不满 18 周岁是一个法定从宽处罚的情节。至于是从轻还是减轻以及从轻的幅度，则根据具体案件确定。根据这一原则，对已满 14 周岁不满 18 周岁的人犯罪，原则上不应判处法定最高刑，在具体量刑时一般应将未成年人中已满 14 周岁不满 16 周岁的低龄犯罪者与已满 16 周岁不满 18 周岁的高龄犯罪者区别开来，在同一年龄段内的犯罪，在决定从轻或者减轻处罚时，一般也要体现不同行为人年龄上的差别。只有这样，才能完整地体现和实现我国刑法对未成年人犯罪从轻、减轻处罚的从宽原则。

2. 不适用死刑的原则

根据我国刑法第 49 条“犯罪的时候不满 18 周岁的人和审判时怀孕的妇女，不适用死刑”的规定，未成年人不论犯何罪均不应判处死刑。这是刚性要求，不允许有任何例外。所谓犯罪的时候是指实施犯罪行为的时候。如果犯罪的时候不满 18 周岁，即使审判的时候已满 18 周岁也应适用本条规定。我国刑法之所以规定对不满 18 周岁的人不适用死刑，主要原因在于：死刑是一种最严厉的刑罚，它关系到犯罪人的生死存亡。不满 18 周岁的人由于未成年，还处在生理与心理发育过程中，认识能力和控制能力都还比较弱，因此，尚未达到罪行极其严重、不堪改造的程度，故不宜适用死刑。

3. 不成立累犯

累犯是一种严厉的刑罚制度。根据刑法第 65 条、第 74 条和第 81 条的规定，对累犯应当从重处罚，并且不得适用缓刑和假释。不过，为了体现对未成年人宽宥，经《刑法修正案（八）》修订的刑法第 65 条第 1 款规定，被判处有期徒刑以上刑罚的犯罪分子，刑罚执行完毕或者赦免以后，在 5 年以内再犯应当判处有期徒刑以上刑罚之罪的，是累犯，应当从重处罚，但是过失犯罪和不满 18 周岁的人犯罪的除外。这里的“不满 18 周岁的人”，既可以是犯罪前后两个罪时都不满 18 周岁，也可以是犯前罪时不满 18 岁但犯后罪时已满 18 周岁。未成年人犯罪不成立累犯，既体现了对未成年人犯罪从宽处理的原则，也不至于限制对未成年犯罪人适用缓刑、假释，有利于促进未成年犯罪人改造。

4. 从宽适用缓刑的原则

缓刑是一种非监禁化的处遇措施。被适用缓刑的犯罪分子，不需要关押，可以放在社会上进行改造，因此缓刑也被视为一种宽缓的刑罚制度。经《刑法修正案（八）》修订的刑法第72条规定，对于被判处拘役、3年以下有期徒刑的犯罪分子，如果犯罪情节较轻、有悔罪表现、没有再犯罪的危险并且宣告缓刑对所居住社区没有重大不良影响，可以宣告缓刑，对其中不满18周岁的人、怀孕的妇女和已满75周岁的人，应当宣告缓刑。可见，在符合缓刑适用的条件的情况下，对不满18周岁的未成年人，是“应当”宣告缓刑而不是“可以”。当然，这里的“不满18周岁”应当是指宣告缓刑的时候不满18周岁而非犯罪的时候不满18周岁。对于犯罪的时候不满18周岁但宣告缓刑的时候已满18周岁的人，不能适用刑法第72条关于缓刑从宽的规定。

5. 免除前科报告义务

我国刑法第100条规定，依法受过刑事处罚的人，在入伍、就业时应当如实向有关单位报告自己曾受过刑事处罚，不得隐瞒。这就是通常所说的“前科报告义务”。受过刑事处罚的人一旦向有关单位报告自己曾受过刑事处罚，将使自己在入伍、就业时处于不利地位。因此，它也是一种从严的制度。不过，《刑法修正案（八）》增设的刑法第100条第2款规定，犯罪的时候不满18周岁被判处5年有期徒刑以下刑罚的人，免除前款规定的报告义务。这在一定范围内免除了未成年犯罪人的前科报告义务，体现了对未成年的人宽宥，有利于促使未成年犯罪人更好地融入社会。

（二）老年犯罪人的刑事处遇

人的身心发展是一个渐进的过程。人进入老年期之后，身心功能逐渐衰弱，体能和精力显著减退，辨认能力、控制能力会有不同程度的减弱，对此需要社会予以更多的关心和照顾。这也是人道主义的要求。也正因如此，经《刑法修正案（八）》修订的我国刑法基于老年人身心发育的特点，从刑罚适用的根本目的和人道主义出发，对老年人犯罪规定以下特殊处遇原则和措施：

1. 明确规定老年人犯罪从宽处罚原则

《刑法修正案（八）》在刑法第17条后增加一款，规定：“已经年满七十五周岁的人故意犯罪的，可以从轻或者减轻处罚；过失犯罪的，应当从轻或者减轻处罚。”这里的“故意犯罪”是指刑法第14条规定的故意犯罪，包括直接故意和间接故意犯罪。“可以从轻或者减轻处罚 ”，是指要根据老年人犯罪的具体情况，决定是否从轻或者减轻处罚，而不是一律必须从轻或者减轻处罚。“过失犯罪”是指刑法第15条规定的犯罪，包括疏忽大意过失犯罪和过于自信过失犯罪。“应当从轻或者减轻处罚”是指一律予以从轻或者减轻处罚，至于是从轻还是减轻处罚，则需要结合案件具体情况来定。

2. 对老年人犯罪附条件地不适用死刑

《刑法修正案（八）》在刑法第49条增加一款，规定：“审判的时候已满七十五周岁的人，不适用死刑，但以特别残忍的手段致人死亡的除外。”这里规定的“审判的时候已满七十五周岁的人”，是指按照刑事诉讼法的规定，在人民法院审判的时候，被告人年满75周岁的。“以特别残忍的手段致人死亡”，是指犯罪致人死亡的手段令人发指，如以肢解、残酷折磨、毁人容貌等特别残忍的手段致人死亡。刑法这一规定表明，我国对已满75周岁的老年人犯罪的原则上不适死刑，但对以特别残忍的手段致人死亡的，也可以适用死刑。

3. 放宽对老年人犯罪的缓刑适用条件

原刑法条文并无对老年人犯罪适用缓刑的特殊规定，《刑法修正案（八）》将刑法第72条第1款修改为：“对于判处拘役、三年以下有期徒刑的犯罪分子，同时符合下列条件的，可以宣告缓刑，对其中不满十八周岁的人，怀孕的妇女和已满七十五周岁的人，应当宣告缓刑：（一）犯罪情节较轻；（二）有悔罪表现；（三）没有再犯罪的危险；（四）宣告缓刑对所居住社区没有重大不良影响。”根据该规定，对于已满75周岁的人，只要符合缓刑条件的，应当对其宣告缓刑。这是对老年犯罪人的一种宽宥，体现了刑罚人道主义精神。

（三）女性、聋哑人和精神障碍人刑事处遇

我国刑事司法对女性犯罪的从宽处罚体现在，审判的时候怀孕的妇女不适用死刑。此外《刑法修正案（八）》也加大对孕妇的从宽力度，规定被判处拘役、3年以下有期徒刑的怀孕妇女若同时具有犯罪情节较轻、有悔罪表现、没有再犯罪的危险并且宣告缓刑对所居住社区没有重大不良影响的应当宣告缓刑，也没有例外。对于残疾人犯罪的从宽处罚体现在，又聋又哑的人或者盲人犯罪可以从轻、减轻或者免除处罚；精神病人在不能辨认或者控制自己行为的时候造成危害结果，经法定程序鉴定确认的，不负刑事责任；尚未完全丧失辨认或者控制自己行为能力的精神病人犯罪可以从轻或者减轻处罚。

总之，犯罪主体的特殊身份因其类型不同，刑法对其考虑的方面和程度会存在一定差异，其对定罪量刑的作用也就有一定的区别。

第二节 单位犯罪

一、单位犯罪的概念

单位犯罪，是指由公司、企业、事业单位、机关、团体为本单位或本单位全体成员谋取非法利益，由单位的决策机构按照单位的决策程序决定，由直接责任人员具体实施的犯罪。

单位犯罪具有以下两个基本特征：

1. 单位犯罪的主体包括公司、企业、事业单位、机关、团体。所谓“公司、企业、事业单位”，根据1999年6月25日最高人民法院《关于审理单位犯罪案件具体应用法律有关问题的解释》，既包括国有、集体所有的公司、企业、事业单位，也包括依法设立的合资经营、合作经营企业和具有法人资格的独资、私营等公司、企业、事业单位。若个人为进行违法犯罪活动而设立的公司、企业、事业单位实施犯罪的，或者公司、企业、事业单位设立后，以实施犯罪为主要活动的，不以单位犯罪论处。盗用单位名义实施犯罪，违法所得由实施犯罪的个人私分的，依照刑法有关自然人犯罪的规定定罪处罚。“机关”是指国家各级权力机关、行政机关、司法机关、军事机关。“团体”主要是指人民团体和社会团体。

2. 只有法律明文规定单位可以成为犯罪主体的犯罪，才存在单位犯罪及单位承担刑事责任的问题，而并非一切犯罪都可以由单位构成。规定单位犯罪的法律，指的是刑法分则性条文，包括1997年修订后的刑法分则及其颁行后国家最高立法机关又根据实际需要制定的单行刑法及有关附属刑法规范。从我国刑法分则的规定来看，单位犯罪广泛存在于危害公共安全罪、破坏社会主义市场经济秩序罪、侵犯公民人身权利、民主权利罪、妨害社会管理秩序罪、危害国防利益罪和贪污贿赂罪等章中，具体罪种约有120多种。这些单位犯罪多数是故意犯罪，但也有少数属于过失犯罪。

二、单位犯罪的处罚原则

对单位犯罪的处罚，世界各国刑事立法和刑法理论上主要有两种原则：一是双罚制，即单位犯罪的，对单位和单位直接责任人员（代表人、主管人员及其他有关人员）均予以刑罚处罚；二是单罚制，即单位犯罪的，只对单位予以刑罚处罚而对直接责任人员不予处罚，或只对直接责任人员予以刑罚处罚而不处罚单位。

我国刑法第31条规定："单位犯罪的，对单位判处罚金，并对其直接负责的主管人员和其他直接责任人员判处刑罚。本法分则和其他法律另有规定的，依照规定。"这是我国刑法关于对单位犯罪处罚原则的规定。根据这一规定，对单位犯罪，一般采取双罚制的原则，即单位犯罪的，对单位判处罚金，同时对单位直接负责的主管人员和其他直接责任人员判处刑罚；但是，当刑法分则和其他法律（特别刑法）另有规定不采取双罚制而采取单罚制的，则属例外情况。这是因为，单位犯罪的情况具有复杂性，其社会危害程度差别很大，一律采取双罚制的原则，并不能全面准确地体现罪责刑相适应原则和对单位犯罪起到足以警戒的作用。在我国刑法分则中，有少数采取的即是单罚制。如刑法第244条规定的强迫职工劳动罪，就只处罚用人单位的直接责任人员。

第八章　犯罪主观方面

第一节　犯罪主观方面概述

一、犯罪主观方面的概念

犯罪主观方面，是指刑法规定犯罪成立必须具备的，行为人对自己实施的危害行为及其危害结果所持的心理态度。

犯罪主观方面包括罪过（即犯罪的故意或者犯罪的过失）以及犯罪的目的和动机这几种因素。其中，行为人的罪过即其犯罪的故意或者过失，是一切犯罪构成都必须具备的主观要件；犯罪的目的只是某些犯罪构成所必备的主观要件，所以也称为选择性主观要件；犯罪动机不是犯罪构成必备的主观要件，它一般不影响定罪，而影响量刑。犯罪主观方面具有以下几个特点：

首先，犯罪主观方面是刑法规定的要素。刑法总则明文规定了故意与过失两种心理态度，刑法分则通过多种方式规定了具体犯罪的主观方面，如有的条文明确规定某种犯罪由故意或过失构成，有的条文通过规定“意图”、“以……为目的”标明某种犯罪只能由故意构成，有些条文通过对客观行为的描述间接表明了主观方面的内容。

其次，犯罪主观方面的内容是心理态度。罪过属于心理态度的范畴，具有心理学的内容：它由认识因素与意志因素构成，认识因素与意志因素直接反映行为人的情感态度。罪过又是一个法学概念，具有刑法学的意义：它是行为人对自己实施的危害行为及其危害结果所持的心理态度。罪过与犯罪客观要件密切联系：罪过是对危害行为和危害结果的故意与过失；罪过必须表现在一定的危害行为中，罪过只能是行为时的心理态度，罪过的有无以及罪过的形式与内容都应以行为时为基准进行判断。

再次，犯罪主观方面的内容说明行为人对法益的保护持背反态度。犯罪的故意表明行为人对法益持一种敌视或蔑视态度（积极侵犯态度）；犯罪的过失表明行为人对法益持一种漠视或忽视（消极不保护态度）。因此，故意与过失是一种应当受到谴责的心理态度。

最后，犯罪主观方面是一切犯罪都必须具备的要件。在我国，不具有罪过的行为所造成的客观损害，如同自然灾害、自然事故所造成的损害一样，不具有刑法意义。刑法明文规定，没有故意与过失的行为即使造成了损害结果，也不成立犯罪，这便肯定了故意与过失是一切犯罪的主观要件。

正确而深入地把握主观方面，应当着重明确以下几个问题：

（一）罪过是刑事责任的主观根据

刑法第14条和第15条规定，各种犯罪在主观方面都必须具备犯罪的故意或者犯罪的过失，第16条又从反面强调，行为虽然在客观上造成了损害结果，但不是出于故意或者过失心理态度的，就不构成犯罪。从而在法律上确认，犯罪的故意或过失，乃是认定行为人构成犯罪和应对犯罪负刑事责任的主观根据。那么，为什么构成犯罪和承担刑事责任者必须在主观上具备罪过？或者说，为什么一个实施危害行为在具备主观罪过时，要认定为犯罪并追究其刑事责任？我们认为，对于是否实施危害社会的犯罪行为，任何正常人都完全有选择的自由。实施或不实施犯罪行为，都是通过行为人的意志和意识的积极作用，通过相对自由的意志的选择和支配来实现的。行为人在自己处于一定条件下即具有相对自由的意志和意识的支配下，选择实施危害统治阶级利益的犯罪行为，他就不但在客观方面危害了社会，而且在主观方面也具有了犯罪的故意或过失的心理态度，这种心理态度使他在国家面前产生了罪责。国家认定行为人的行为构成犯罪并追究刑事责任，首先是合乎情理的，同时也是必要的和有效的。相反，如果一个人所实施的行为虽然在客观上危害了社会，但从主观上看，行为不是由其故意或过失心理活动支配的，而是由于其意志和意志以外的原因导致，这就不能说他主观上对社会有任何故意或者过失危害的心理态度，这样认定他的行为构成犯罪和追究其刑事责任就失去了合理性，定罪量刑也达不到预防犯罪的目的。因此可以说，行为人主观方面在相对自由意志基础上产生的危害社会的故意或过失的心理态度，是追究其刑事责任的主观根据。

（二）犯罪主观方面与犯罪客观方面在定罪中的关系

1. 确定一个人的行为构成犯罪，必须确认其同时具备犯罪的主观方面和客观方面。任何犯罪行为都是在一定的心理态度支配下实施的。根据我国刑法的规定，确认某人构成犯罪并追究其刑事责任，在客观方面要具备刑法所禁止的危害社会的行为，这是行为人构成犯罪并承担刑事责任的客观基础，我国刑法断然反对“主观归罪”，从主观方面看，行为人实施危害行为时必须具备主观罪过，即行为必须是在犯罪故意或者过失的心理态度下实施的，这是行为人构成犯罪并承担刑事责任的主观根据，我国刑法坚决摒弃“客观归罪”。

2. 对一个人定罪和追究刑事责任，不但要求犯罪客观要件和主观要件必须同时具备，而且还要求它们之间存在有机联系。这种有机联系表现在：一方面，人的客观上危害社会的活动，只有受到主观故意或者过失的心理态度支配和决定时，才是刑法中的犯罪行为；另一方面，人的危害社会的故意或过失的犯罪心理态度，永远表现在刑法所规定所禁止的危害社会的行为当中。

总之，在犯罪构成中，犯罪的客观要件与主观要件是有机地结合在一起的，离开任何一个方面，另一方面也就不复存在，这样也就没有了整个犯罪构成的存在，就不能定罪并追究刑事责任。

（三）犯罪的不同罪过形式及其意义

从罪过形式的角度看，我国刑法中的犯罪主要包括两种类型：一是只能由故意构成的犯罪，这样的犯罪很多，如危害国家安全罪，破坏社会主义市场经济秩序的绝大多数犯罪，侵犯财产的犯罪，侵犯公民民主权利的犯罪，以及一些侵犯公民人身权利的犯罪等，都属此类；二是只能由过失构成的犯罪，如交通肇事罪、重大责任事故罪等。当然，少数犯罪既可由故意构成，也可由过失构成。故意还是过失，反映了犯罪人主观恶性的不同并进而直接影响到犯罪社会危害性的大小和刑罚目的的实现的难易，因而一般来说，刑法对故意犯罪和过失犯罪规定了轻重大不相同的刑罚。

二、犯罪主观方面的意义

研究犯罪的主观要件，对于刑法理论和司法实践都具有重要的意义。

（一）对刑法理论的意义

深入地研究和阐明犯罪的主观方面，有助于正确而深刻地把握我国刑法学中与犯罪主观方面有关联的各种问题，从而能够深化与丰富我国刑法理论的研究。

（二）对司法实践的意义

深入研究和正确认定犯罪的主观方面，有助于正确定罪量刑。

1. 定罪方面。任何具体犯罪构成的罪过形式和罪过内容都是特定的。如有的犯罪只能是出于故意，有的犯罪只能是出于过失。同是故意或过失犯罪，此罪与彼罪间的故意内容或过失内容也有所不同。查明行为人行为时是否具备具体犯罪构成所要求的特定罪过形式与罪过内容，就有助于正确区分罪与非罪以及此罪与彼罪的界限。对某些具体犯罪构成，法律还要求其主观方面具有特定的目的，查明这些特定目的是否具备，也有助于区分罪与非罪以及此罪与彼罪的界限。

2. 量刑方面。既然法律对故意犯罪和过失犯罪规定了轻重不同的刑罚，那么，通过查明主观方面，正确地解决应定此罪还是彼罪的问题，首先就保证了正确适用轻重不同的法定刑。同时，属于犯罪主观方面的心理态度范畴的犯罪动机、犯罪故意的不同表现形式、犯罪过失的严重程度等因素，是行为人主观恶性和人身危险性大小的重要表现，对犯罪案件的危害程度有重要影响，也直接关系到刑罚目的实现的难易程度，因而我国刑法和司法实践都十分注意这些因素对量刑的影响。

第二节　犯罪故意

一、犯罪故意的概念和构成

（一）犯罪故意的概念

犯罪故意是罪过形式之一，是故意犯罪的主观心理态度。我国刑法第 14 条规定："明知自己的行为会发生危害社会的结果，并且希望或者放任这种结果发生，因而构成犯罪的，是故意犯罪。"这是关于故意犯罪的概念。故意犯罪与犯罪故意密切相关，无后者就无前者，但两者并非等同的概念，后者是一种罪过心理，前者是这种罪过心理支配下构成的犯罪行为。根据我国刑法第 14 条关于故意犯罪的规定，所谓犯罪故意，就是指行为人明知自己的行为会发生危害社会的结果，并且希望或者放任这种结果发生的一种主观心理态度。

（二）关于犯罪故意的学说

关于如何判断故意存在以下理论：

1. 认识主义。认为只要行为人对构成要件事实有认识或认识到可能发生危害结果时，就成立故意。强调"知"的因素在故意构成中的重要性，所以它有可能将有认识的过失作为故意看待，扩大故意的范围。

2. 希望主义。认为只有当行为人意欲实现构成要件的内容时或希望发生危害结果时，才成立故意。这种学说对意志因素的理解过于狭窄，将意志等同于希望，从而缩小了故意的范围。

3. 容认说。容认说立足于希望主义，认为行为人只有在有实现构成要件的意思时，才成立故意，而这里的故意，并不以意欲、目的、希望为必要，只要行为人容认或放任危害结果的发生，就成立故意。这是对希望主义的一种的修正，即在承认认识因素是故意的心理基础的前提下，认为故意的构成并不一定以希望结果发生为条件，只要行为人放任、容认危害结果的发生，就构成了故意。容认主义在对意志因素理解上，持一种更为宽泛的态度。容认不仅希望可以成为意志因素，容认亦可以成为意志因素，从而扩大了故意的范围。在中国刑法理论及司法实践中，容认说都是通说。根据刑法第 14 条第 1 款的规定，犯罪故意是指明知自己的行为会发生危害社会的结果，并且希望或者放任这种结果发生的一种心理态度。

4. 盖然性说。立足于认识主义，认为对于故意只能依据行为人对构成要件事实的认识来确定。即行为人认识到危害结果的发生具有盖然性（可能性很大），还实施该行为，就足以表明行为人是容认或放任危害结果发生的。行为人认识到危害结果发生的可能性时，就表明行为人没有容认或放任危害结果的发生。显然，盖然性说是想通过认识因素解决意志因素问题。

我国刑法采取的是容认说，即行为人认识到危害行为与危害结果，并希望或者放任危害结果发生的，就成立故意。这是科学合理的。首先，在行为人认识危害行为与危害结果时，还放任危害结果的发生，就表明行为人不只是消极地不保护法益，而是对法益持一种积极的否认态度，故与希望结果发生没有本质区别。其次，容认说将主观恶性明显小于间接故意的过于自信的过失，排除在故意之外，又将间接故意归入故意之中，因而做到了宽窄适度。最后，盖然性说存在缺陷。认识因素的有无可以左右意志因素的有无，这表现在没有前者就没有后者。但是，认识因素的内容并不能决定意志因素的内容，行为人认识到结果发生的可能性大小，并不能直接说明他是希望或放任结果发生还是希望结果不发生。况且，也难以判断行为人所认识的是结果发生的盖然性还是可能性。总之，故意与过失这两种罪过形式的界限，是结合两个方面的因素来区分的：一是行为人对自己的危害行为及其结果有无认识和认识的程度如何，此即认识因素；二是行为人对危害结果的态度怎样，此即意志因素。

（三）犯罪故意的构成

犯罪故意由两个因素构成：一是认识因素，即明知自己的行为会发生危害社会的结果；二是意志因素，即希望或放任危害结果的发生。这种“希望”或“放任”的心理属于心理学上意志方面的因素。这两个因素必须是现实的、确定的。也就是说，在没有认识的情况下，不管具有怎样的认识可能性，也不能认为存在认识因素，如果行为人还没有确定实现何种内容，就缺乏故意的意志因素。行为人在主观方面必须同时具备这两个方面的因素，才能认定它具有犯罪的故意而构成故意犯罪。

下面分别对犯罪故意的两种因素加以阐述：

1. 犯罪故意的认识因素

犯罪故意的认识因素是指行为人明知自己的行为会发生危害社会的结果，是一切故意犯罪在主观认识方面必须具备的特征。

（1）如何理解明知的内容？犯罪故意的认识因素是对犯罪构成客观事实特征的认识，具体包括认识以下几方面的内容：其一，行为的性质。对于行为性质的认识，是指对于行为的自然性质或者社会性质的认识，对于行为的法律性质的认识属于违法性认识而非事实性认识。其二，行为的对象。对于行为对象的认识是指对行为对象的自然性质或者社会属性的认识。如杀人，须认识是人。在犯罪对象作为构成要件之一的犯罪中，成立该种犯罪故意，还必须具备对该种对象的认识，如构成盗窃枪支、弹药罪，行为人必须知道其盗窃的是枪支、弹药，如果行为人以为是一般财物而盗窃，事后才知是枪支、弹药的，其只有一般盗窃罪的故意而没有盗窃枪支、弹药罪的故意，当然也就不构成盗窃枪支、弹药罪。此外，对一些特殊犯罪，如毒品犯罪、赃物犯罪、涉及淫秽物品的犯罪等，都要求行为人对对象的特殊性有认识，没有这种认识的，不构成犯罪故意。其三，危害结果。危害结果的认识是犯罪故意认识因素中最根本的内容。只有行为人对其行为会发生危害社会的结果有所认识，其对行为性质等其他客观事物的明知也才具有了刑法意义。而行为人对危害结果有所认识，也必然体现出其对行为性质等情况是清楚的。在一些行为性质相似，造成同样结果的案件中，行为人对结果的认识与否，直接决定了行为构成何种性质，如故意伤害致人死亡与故意杀人。当然对危害结果的认识并不排斥对行为性质和情况的认识，对后者的认识也是检验对前者认识与否的重要。其四，行为与结果之间的因果关系。对于因果关系的认识，是指行为人意识到某种结果是本人行为引起的，或者行为人是采取某种手段以达到预期的结果。在这种情况下，行为人都对行为与结果之间的因果关系具有事实上的认识。对因果关系的认识，不要求行为人对因果发展过程有准确、详尽的认识，而只要有大致的认识即可。其五，其他法定事实。如时间、地点，如果作为构成要件的特殊要素存在，亦应属于认识内容。此外，某些行为的前提条件，亦在认识限度之内。除上述情况以外，法律还规定某些特定事项作为认识对象，无此认识则无故意。例如，在刑法明文规定“明知”的场合，就是如此。

（2）犯罪故意的内容是否要求包含违法性认识？对此，理论见解不尽一致。我们认为，按照法律的规定，犯罪故意的认识因素表现为行为人“明知自己的行为会发生危害社会的结果”，这显然是只要求行为人明知其行为及行为结果的危害性，而没有再要求行为人明知行为及结果的刑事违法性。法律这一规定是正确的。因为，首先，我国刑法规范与我国社会主义的行为价值观、是非观是一致的，危害社会的行为及其结果达到一定严重程度就会被刑法所禁止、所制裁，具有正常理智的公民都会了解这一点。因此，对犯罪故意的认识因素要求行为人明知行为及其结果的危害社会性质就足够了，而不必再要求明知刑事违法性。其次，如果把认识因素要求为明知刑事违法性，要求行为人明确知道其行为和结果触犯刑法哪一条文，应怎样定罪判刑，这就不现实、不合理，使一般公民难以做到，甚至也难以确切地查明行为人是否真的具备或可能具备这种认识，而且也容易使有些人钻空子，借口不懂法律来实施犯罪并逃避罪责。当然也有例外情况。例如，某种行为一向不为刑法所禁止，后在某个特殊时期或某种特定情况下为刑法所禁止，如果行为人确实不知法律已禁止而仍实施该行为的，就不能讲他是故意违反刑法，而且此时他也往往同时缺乏对行为及其结果的社会危害性的认识，这种情况下难以认定行为人具有犯罪的故意。犯罪故意和违法性的认识问题下面还要详述。

（3）如何理解明知自己的行为“会发生”危害社会结果？所谓“会发生”，包括两种情况：一种是明知自己的行为必然要发生某种特定的危害结果，如行为人甲将公民乙从十几层的高楼猛力推下，甲明知自己的行为必定致乙死亡；另一种是明知自己的行为可能要发生某种特定的结果，如行为人甲欲枪杀公民乙，但枪法不准，又没办法接近乙，只好在远距离开枪射杀，甲明知开枪可能打死乙，也可能打不死乙。

2. 犯罪故意的意志因素

意志对人的行动起支配作用，并且决定着结果的发生。犯罪故意的意志因素是行为人在明知自己的行为会发生危害社会的结果的基础上，仍决意实施这种行为的主观心理态度。行为人对自己行为将致的危害结果的发生所抱的希望或者放任的心理态度，就是构成犯罪故意的意志因素。可见，犯罪故意的意志因素有希望和放任结果发生两种表现形式。

（1）希望。所谓希望危害结果的发生，是指行为人对危害结果抱着积极追求的心理态度，该危害结果的发生，正是行为人通过一系列犯罪活动所意欲达到的犯罪目的。例如，盗窃犯希望即积极追求非法占有他人财物这种危害结果的发生。

（2）放任。所谓放任危害结果的发生，是指行为人虽然不希望、不是积极追求危害结果的发生，但也不反对和不设法阻止这种结果的发生，而是对结果的是否发生采取听之任之的心理态度。放任是行为人对可能发生的结果持一种纵容的、听之任之的态度。即行为人为了追求一定目的而实施一定行为时，明知该行为可能发生某种危害结果；行为人既不希望危害结果发生，也不希望危害结果不发生，但仍然实施该行为，也不采取措施防止危害结果的发生，而是听任危害结果的发生；结果发生与否，都不违背行为人意志。在刑法理论上，由放任这一意志因素构成的故意，被称为间接故意。放任与希望之间的区别是明显的：希望是对结果积极追求的心理态度，放任则是对这种结果有意地纵容其发生。

3. 认识因素与意志因素的关系

犯罪故意内部的认识因素和意志因素之间具有密切的关系，并进而对犯罪故意的构成具有各自不同的重要作用。一方面，认识因素是意志因素存在的前提和基础，行为人对结果发生采取希望和放任的心理态度，是建立在对行为及其结果的危害性质明确认识的基础上的，唯有有了这种明确的认识，才谈得上对危害结果发生是持希望还是放任的心理态度，才会在持希望心理态度时确定行为的步骤和方法，并直接支配行为的实施，从而构成犯罪的故意。另一方面，意志因素又是认识因素的发展，如果仅有认识因素而没有意志因素，即主观上不是希望也不是放任危害结果的发生，也就不存在犯罪的故意，不会有故意犯罪的行为。总之，认识因素和意志因素是犯罪故意中的两项有机联系的因素，在认定构成犯罪的故意中缺一不可。其中，认识因素是意志因素的存在前提，也是犯罪故意成立的基础；意志因素则是认识因素基础上的发展，是犯罪故意中具有决定性作用的因素，它对于把犯罪故意客观化即把犯罪思想变为犯罪行为，具有重要的主导作用。

二、犯罪故意的分类

按照行为人对危害结果所持的心理态度即故意的意志因素的不同，刑法理论上把犯罪故意区分为直接故意与间接故意两种类型。

（一）直接故意

犯罪的直接故意，是指行为人明知自己的行为必然或者可能发生危害社会的结果，并且希望这种结果发生的心理态度。

按照认识因素的不同内容，可以把犯罪的直接故意区分为两种表现形式：

1. 行为人明知自己的行为必然发生危害社会的结果，并且希望这种结果发生的心理态度。用公式表示即为“必然发生 + 希望发生”。例如，某甲想杀死某乙，用枪顶在某乙的脑袋上射击，他明知这种行为必然导致某乙死亡而仍决意为之，追求某乙死亡结果的发生，某甲的心理态度即为此种直接故意。

2. 行为人明知自己的行为可能发生危害社会的结果，并且希望这种结果发生的心理态度。用公式表示即为“可能发生 + 希望发生”。例如，某丙想枪杀某丁，但只能于晚上趁某丁返家途中隔小河射击，由于光线不好，距离较远，某丙的射击技术又不甚好，因而他对能否射杀某丁没有把握，但他不愿放过这个机会，希望能打死某丁，并在这种心理的支配下实施了射杀行为。某丙的心理态度即属第二种直接故意。

可见，直接故意的意志因素，是以希望危害结果的发生为其必要特征的。

（二）间接故意

犯罪的间接故意，是指行为人明知自己的行为可能发生危害社会的结果，并且放任这种结果发生的心理态度。用公式表示即为“可能发生＋放任发生”。间接故意在认识特征和意志特征上具体表现为：

在认识特征上，间接故意表现为行为人认识到自己的行为“可能”发生危害社会结果的心理态度。即行为人根据对自身犯罪能力、犯罪对象情况、犯罪工具情况，或者犯罪的时间、地点、环境等情况的了解，认识到行为导致危害结果的发生只是具有或然性、可能性，而不是具有必然性。这种对危害结果可能发生的认识，为间接故意的意志因素即放任心理的存在提供了前提和基础。如果明知行为必然发生危害结果而决意为之，就超过了间接故意认识因素的范围，应属于直接故意。

在意志特征上，间接故意表现为行为人放任危害结果发生的心理态度。所谓“放任”，当然不是希望，不是积极地追求，而是行为人在明知自己的行为可能发生特定危害结果的情况下，为了达到自己的既定目的，仍然决意实施这种行为，对阻碍危害结果发生的障碍不去排除，也不设法阻止危害结果的发生，而是听之任之，自觉听任危害结果的发生。

在司法实践中，犯罪的间接故意大致有以下三种情况：

1. 行为人为了实现某种犯罪意图而放任另一个危害结果的发生。例如，甲欲毒杀妻子乙，就在妻子盛饭时往妻子碗内投下了剧毒药。甲同时还预见到其妻有可能喂饭给孩子吃而祸及孩子，但他因为杀妻心切，就抱着听任孩子也被毒死的心理态度。事实上妻子乙在吃饭时确实喂了孩子几口，结果母子均中毒死亡。此案中，甲明知投毒后其妻必然吃饭而中毒身亡并积极追求这种结果的发生，对其妻构成杀人罪的直接故意无疑；但甲对其孩子死亡发生的心理态度就不同，他预见到的是孩子中毒死亡的可能性而不是必然性，他对孩子死亡结果的发生并不是希望，而是为了达到杀妻的结果而予以有意识地放任，这完全符合间接故意的特征，应构成杀人罪的间接故意。

2. 行为人为了实现某种非犯罪意图而放任某种危害结果的发生。例如，某甲在林中打猎时，发现一只野兔，同时又发现猎物附近有一个孩子在摘果实，根据自己的枪法和离猎物的距离，甲明知若开枪不一定能打中猎物，而有可能打中小孩。但某甲打猎心切，不愿放过这一机会，又看到周围无其他人，遂放任可能打死小孩这种危害结果的发生，仍然向猎物开枪，结果子弹打偏，打死了附近的小孩。此例中，某甲明知自己的开枪打猎行为可能打中小孩使其毙命，但为追求打到猎物的目的，仍然开枪打猎，听任打死小孩这种危害结果的发生。具备了间接故意的认识因素和其特定的意志因素，因而构成犯罪的间接故意。

3. 突发性的犯罪，不计后果，放任严重结果的发生。例如，实践中，一些青少年临时起意，动辄行凶，不计后果，捅人一刀即扬长而去并致人死亡的案件就属于这种情况。这种案件里，行为人对用刀扎人必致人伤害是明知的和追求的，属于直接故意的范畴。对于其行为致人死亡的结果而言，他虽然预见到可能性，但持的却不是希望其发生的态度，而是放任其发生的态度，这样，对于其行为造成他人死亡的结果而言，其认识特征是明知可能性，其意志因素是放任结果的发生，这完全符合犯罪间接故意的构成。

（三）直接故意与间接故意的区别

由上可见，犯罪的直接故意与间接故意同属犯罪故意的范畴，从认识因素上看，二者都明确认识到自己的行为会发生危害社会的结果；从意志因素上看，二者都不排斥危害结果的发生。这些相同点，说明和决定了这两种故意形式的共同性质。但是，犯罪的直接故意与间接故意又有着重要的区别：

1. 从认识因素上看，二者对行为导致危害结果发生的认识程度上有所不同。犯罪的直接故意既可以是行为人明知自己的行为必然发生危害结果，也可以是明知其行为可能发生危害结果。而犯罪的间接故意只能是行为人明知自己的行为可能发生危害结果。

2. 从意志因素上看，二者对危害结果发生的心理态度显然不同。直接故意是希望即积极追求危害结果的发生。在这种心理支配下，行为人就会想方设法，克服困难，创造条件，排除障碍，积极地甚至顽强地实现犯罪目的，造成犯罪结果。间接故意对危害结果的发生则不是持希望的心理态度，而是持放任的心理态度。“放任”就是对结果的发生与否采取听之任之、满不在乎、无所谓的态度，不发生结果他不懊悔，发生结果也不违背他的本意。在放任心理支配下，行为人就不会想方设法，排除障碍，积极追求或是努力阻止特定危害结果的发生。意志因素的不同，是两种故意区别的关键所在。

3. 特定危害结果的发生与否，对这两种故意及其支配下的行为定罪的意义也不相同。对直接故意来说，其行为性质与结果性质是同一的，其结果也是特定的，根据主客观相统一的定罪原则，只要行为人主观上有犯罪的直接故意，客观上有相应的行为，即构成特定的故意犯罪，危害结果发生与否不影响定罪，而只是在那些以结果为既遂要件的犯罪里是区分既遂与未遂形态的标志。对间接故意而言，特定的危害结果可能发生，也可能不发生，结果发生与否都不违背其意志，都包含在其本意中，因而要根据主客观相统一的原则，仅有行为而无危害结果时，尚不能认定行为人构成此种犯罪（包括其未遂形态），只有发生了特定危害结果才能认定构成特定的犯罪。即特定危害结果的发生与否，决定了间接故意犯罪的成立与否。例如，在开枪打猎而放任杀伤附近小孩的情况下，未射中小孩不构成间接故意犯罪，打死小孩构成间接故意的杀人罪，打伤小孩构成间接故意的伤害罪。又如，在行为人动辄行凶，捅人一刀就走，放任死亡结果发生的案件中，被害人未死亡的，行为人只对伤害负责任而不构成杀人罪；被害人死亡的，行为人负间接故意杀人罪的刑事责任。

（四）对直接故意与间接故意分类研究的意义

从刑事立法上分析，绝大多数故意犯罪都只能由直接故意构成，少数犯罪如故意杀人罪、故意伤害罪等，则既可以由直接故意构成，也可以由间接故意构成。法定的罪过要件可以是直接故意也可以是间接故意的那些犯罪，从司法实践中看，也表现为直接故意常见多发，间接故意则相对较少。但刑法理论上把犯罪故意区分为直接故意与间接故意这两种类型进行研究，具有重要的意义。

首先，有助于我们认识故意犯罪在主观方面的复杂情况，从而正确地把握犯罪故意完整的内涵和外延。

其次，有助于司法实践正确定罪。阐明和把握了危害结果发生与否对两种故意尤其是间接故意定罪的意义，就有助于司法实践中正确地认定故意犯罪案件，做到定罪准确。

再次，有助于实践中对故意犯罪案件区分危害程度予以轻重不同的处罚，这是区分和研究犯罪故意两种类型的主要实践意义。两种故意形式由于认识因素尤其是意志因素的不同，影响和决定了行为人主观恶性以及行为的客观危害程度的不同。在绝大多数情况下，直接故意的社会危害性要大于间接故意。根据罪责刑相适应原则的要求，对直接故意犯罪的量刑一般应重于间接故意犯罪。

但要注意，因为犯罪的两种故意是刑法理论分析刑法的有关规定而作的理论概括，法律上并未载明直接故意和间接故意的概念术语，按照依法定罪的要求，司法文书中不宜将故意犯罪区分为直接故意犯罪与间接故意犯罪，而是统称为故意犯罪即可。为明确反映两种故意形式的不同危害程度以便在量刑时考虑，根据司法实践经验，可在司法文书中叙述事实的部分将行为人的希望或放任心理予以表述和认定。

犯罪故意是构成故意犯罪必备的主观要件。我国刑法分则规范中的绝大多数犯罪都是故意犯罪。鉴于许多犯罪（如抢劫罪、抢夺罪、盗窃罪、强奸罪等）从逻辑上分析能由故意构成，不能由过失构成，而且这也为人们的常识所了解，因而从立法简明扼要的要求来虑，刑法分则条文对这样的故意犯罪即未标明“故意”。对某些既可由故意构成，也可由过失构成的犯罪，如杀人、伤害等，为了区分此罪与彼罪的界限，则标明“故意”、“过失”，加以区别；对不能由过失构成而只能由故意构成的犯罪，如刑法第275条故意毁坏公私财物的犯罪，则标明“故意”以划清罪与非罪的界限。

最后还应指出，在刑法理论上，除直接参照刑法第14条、第15条的规定将犯罪故意区分为直接故意与间接故意以外，还有其他一些分类方法，主要是预谋故意与突发故意之分，以及确定故意与不确定故意之别。这些分类方法根据不同的标准，从不同角度对犯罪故意的复杂情况和不同类型故意犯罪案件的不同危害程度有所揭示，因而对司法实践都有一定的意义。

第三节 犯罪过失

一、犯罪过失的概念

犯罪的过失是过失犯罪的主观心理态度，它是与犯罪的故意并列的犯罪主观罪过形式之一，根据我国刑法第15条关于过失犯罪的规定，所谓犯罪的过失，就是指行为人应当预见自己的行为可能发生危害社会的结果，因为疏忽大意而没有预见，或者已经预见而轻信能够避免的一种心理态度。

过失与故意均统一于罪过的概念之下，二者具有相同之处：二者都是认识因素与意志因素的统一，都说明行为人对法益的保护所持的背反态度。但是，过失与故意又是两种不同的罪过形式，各自的认识因素与意志因素具体内容不同。犯罪过失与犯罪故意存在显著的区别。从认识因素上看，犯罪故意表现为行为人明知行为必然或者可能发生危害结果的心理态度，而犯罪过失表现为行为人对危害结果的发生虽然应当预见到但实际上并未预见到，或者只是预见到在他看来并非现实的可能性。从意志因素上看，犯罪故意的内容是希望或者放任危害结果发生的心理态度，而犯罪过失则对危害结果的发生既不是希望也不是放任，而是排斥、反对的心理态度，只是由于疏忽大意或者过于轻信能够避免结果发生的主观错误心理支配下的过失行为而导致了结果的发生。简言之，犯罪故意对行为会致危害社会的结果是明知故犯的心理态度；犯罪过失则是由于缺乏必要的谨慎导致危害社会结果的心理态度。因而犯罪故意所表明的行为人的主观恶性明显地大于犯罪过失。

基于犯罪故意与犯罪过失这两类罪过形式所表现的主观恶性的不同，并联系到这两类罪过形式支配下的客观危害行为的不同，我国刑法认为，故意犯罪的危害性显然大于过失犯罪，因而对故意犯罪的惩处要比对过失犯罪严厉。

在过失犯罪的情况下，行为人负刑事责任的客观基础是其行为对社会造成的严重危害结果；但是，行为人并非自觉自愿地去危害社会，让他对自己行为造成的危害结果负刑事责任的主观根据何在？这个主观根据就在于：行为人本来能够正确地认识一定的行为与危害社会结果之间的客观联系，并进而正确选择自己的行为，避免危害社会结果的发生，但他却在自己意志的支配下对社会利益和社会大众的安危采取了严重不负责任的态度，从而使自己的行为造成了严重危害社会的结果。总之，行为人的过失心理态度，就是他负刑事责任的主观根据。因此，国家就有充分的理由要求过失犯罪的行为人，对自己严重不负责任态度支配的行为所造成的严重后果负刑事责任。

二、犯罪过失的种类

按照犯罪过失心理态度的不同内容，刑法理论上把犯罪的过失区分为疏忽大意的过失和过于自信的过失两种类型。

（一）疏忽大意的过失

1. 疏忽大意的过失的概念

疏忽大意的过失，是指行为人应当预见到自己的行为可能发生危害社会的结果，因为疏忽大意而没有预见，以致发生这种结果的心理态度。

2. 疏忽大意的过失的特征

疏忽大意的过失作为一种无认识的过失，其特征是在具有预见可能性的情况下没有履行预见义务。疏忽大意的过失也有两个特点，或者说包含了两个构成要素：一是“应当预见”；二是因为疏忽大意而“没有预见”。应当预见是前提，没有预见是事实。

（1）行为人应当预见到自己的行为可能发生危害社会的结果。所谓“应当预见”，是指行为人在行为时负有预见到行为可能发生危害结果的义务。这也是疏忽大意的过失与意外事件的区别所在。这种预见的义务，来源于法律的规定，或者职务、业务的要求，或是公共生活准则的要求。预见的义务与预见的实际可能是有机地联系在一起的，法律不会要求公民去做他实际上无法做到的事情，而只是对有实际预见可能的人才赋予其预见的义务，行为人由于不可能预见而造成危害结果的，即使结果非常严重，也不能认定他对结果有过失而令其负刑事责任。

判断能否预见以什么为标准？刑法理论上见解不一。一为客观标准说，即主张以社会上一般人的水平来衡量；二为主观标准说，即在当时的具体条件下以行为人本身的能力和水平来衡量；三为以主观标准为根据、以客观标准作参考的观点，这是我国刑法理论中较为通行的主张。我们赞同第三种观点。据此，一般理智正常的人能够预见到的危害结果，理智正常的行为人在正常条件下也应当能够预见到。但是，判定行为能否预见的具有决定性意义的标准，只能是行为人的实际认识能力和行为时的具体条件。也就是说，要根据行为人本身的年龄状况、智力发育、文化知识水平、业务技术水平和工作、生活经验等因素决定其实际认识能力，以及行为当时的客观环境和条件，来具体分析他在当时的具体情况下，对行为发生这种危害结果能否预见。因此，既不应无视行为人的实际认识能力，而拿一般人的认识能力来衡量他能否预见，也不宜脱离行为当时的具体条件，而按普通情况来判断行为人能否预见，而只能按照行为人的实际认识能力和行为当时的具体客观条件，来分析和判定行为人能否预见。例如，某电影放映员与一赶车人拉着电影胶片到农村放映。时值隆冬，赶车人到达地点后，即进屋烤火，顺手将电影胶片搬放在炉火旁。电影放映员没把胶片放好，就做别的事情去了，结果胶片受热起火，酿成火灾。就赶车人来说，他不懂胶片方面的技术知识，所以难以预见到这一无意的行为会造成什么样的后果。但对放映员来说，情况就不同了。他作为专业技术人员有预见能力，应当预见而没有预见，存在疏忽大意的过失。

（2）行为人由于疏忽大意而没有预见到自己行为可能发生危害社会的结果。所谓没有预见到，是指行为人在行为当时没有想到自己的行为可能发生危害社会的结果。这种主观上对可能发生危害结果的无认识状态，是疏忽大意过失心理的基本特征和重要内容。行为人之所以实施危害行为，并且未采取避免危害结果发生的必要措施，以致发生了危害结果，是因为他根本没有预见到自己的行为可能发生这种危害结果。行为当时的疏忽大意，是其行为时没有预见的可能。正是这种疏忽大意的心理，导致行为人在应当预见也能够预见到自己行为发生危害结果的情况下，实际上并没有预见，并进而盲目地实施了危害社会的行为，而且未采取必要的预防危害结果发生的措施，终致发生了危害社会的结果。

（二）过于自信的过失

1. 过于自信的过失的概念

过于自信的过失是指行为人已经预见到自己的行为可能发生危害社会的结果而轻信能够避免的一种心理态度。

2. 过于自信的过失的特征

过于自信的过失在认识因素和意志因素上的特征是：（1）在认识因素上，行为人已经预见到自己的行为可能发生危害社会的结果。如果行为人行为时，根本没有预见到自己的行为会导致危害结果的发生，则不属于过于自信的过失，而有可能属于疏忽大意的过失或意外事件，如果行为人预见到自己的行为必然发生而不是可能发生危害社会的结果，则属于犯罪直接故意的心理态度，而不是过于自信的过失。（2）在意志因素上，行为人之所以实施行为，是轻信能够避免危害结果的发生。所谓“轻信”，就是说行为人过高地估计了可以避免危害结果发生的其自身的和客观的有利因素，而过低地估计了自己的行为导致危害结果发生的可能程度。正是这种“轻信”心理，支配着行为人实施了错误的行为而发生了危害结果；也正是这种“轻信”心理，使过于自信的过失得以成立并使之区别于其他罪过形式。

3. 过于自信的过失与间接故意的异同

犯罪的过于自信的过失心理与间接故意的心理，在认识因素上都预见到行为可能发生危害社会的结果，在意志因素上都不是希望危害结果的发生，因而二者容易混淆。但它们是性质截然不同的两种罪过形式，在认识因素和意志因素上都有着重要的区别：

（1）认识因素上有所不同。二者虽然都是预见到行为发生危害结果的可能性，但它们对这种可能性是否会转化为现实性，即实际上发生危害结果的主观估计是不同的。间接故意的心理对可能性转化为现实性，并未发生错误的认识和估计，不是认为这种可能性不会转化为现实性，因而在可能性转化为现实性即发生危害结果的情况下，行为人的主观认识与客观结果之间并未产生错误，主观与客观是一致的。而过于自信的过失心理则不同，具有这种心理者虽然也预见到危害结果发生的可能性，但在主观上认为，由于他的自身能力、技术、经验和某些外部条件，实施行为时，危害结果发生的可能性不会转化为现实性，即他对可能转化为现实的客观事实发生了错误认识。在危害结果发生的情况下，其主观与客观是不一致的。

（2）意志因素上有重要区别。过于自信的过失与间接故意虽然都不希望危害结果的发生，但深入考察，二者对危害结果的态度仍是不同的。间接故意的行为人虽不希望结果发生，但也并不反对不排斥危害结果的发生，因而也就不会凭借什么条件和采取什么措施，去防止危害结果的发生，而是听之任之，有意放任危害结果的发生。过于自信的过失的行为人不仅不希望危害结果发生，而且希望避免危害结果的发生，即排斥、反对危害结果的发生。在预见到自己的行为可能发生危害结果的情况下，行为人仍然相信能够避免危害结果发生，并因而实施该种行为，他必然是凭借了一定的自认为能够避免危害结果发生的因素，如行为人自身能力方面的技术、经验、知识、体力等因素，他人的行为预防措施，以及客观条件或自然力方面的有利因素等，结合以上两点尤其是认真考察行为人对危害结果的不同态度，就能够把过于自信的过失与间接故意这两种罪过形式正确区分开来。实践中有一种情况，表面上看起来似乎是行为人轻信能够避免危害结果的发生，但这种所谓“轻信”没有实际根据，行为人所指望的避免结果发生的那种情况根本不会存在，或者虽然存在，但对防止结果的发生毫无意义或意义极小，可以说，他对危害结果的不发生完全是抱着侥幸、碰运气的心理态度。在这种情况下，如果行为发生危害结果，不是过于自信的过失，而是间接故意犯罪。例如，司机某甲夜晚行车中因疏忽大意将乙撞成重伤，甲为了不让后面的来车很快发现肇事而得以争取时间顺利逃脱，就将伤口流血不止并处于昏迷中的乙拖入路边小树林中，乙因伤口出血过多死亡。甲在案发后交代说，他虽然当时已预见到这样乙可能会因出血过多死亡，但他想乙也可能醒来呼救而获救，或者恰巧有人从林中小路行走时发现乙而将之救护，因而不一定死亡。即使查明甲的上述心理情况是属实的，也不能认定他对乙的死亡是过失。因为在此案中，甲对乙的死亡，虽然似乎也是凭借某种条件来加以防止，但这种防止没有任何实际根据，他完全是抱着侥幸、碰运气的心理，实际上是有意听任乙死亡的发生，因而这种心理不是过于自信的过失，而是间接故意。

4. 过于自信的过失与疏忽大意的过失的区别

作为犯罪过失的两种类型，过于自信的过失与疏忽大意的过失，在认识因素和意志因素上都有所不同。在认识因素上，对危害结果的可能发生，过于自信的过失已经有所预见，而疏忽大意的过失根本没有预见；在意志因素上，对危害结果的可能发生，二者虽然都持排斥态度，但过于自信的过失是轻信能够避免，而疏忽大意的过失是疏忽。在刑法理论上把犯罪过失区分为过于自信的过失与疏忽大意的过失，有助于我们深入认识过失犯罪的复杂情况，从而完整地把握犯罪过失的内涵与外延，有助于我们具体而准确地把过失犯罪与间接故意犯罪以及无罪过的意外事件区别开来。

三、过失向故意的转化

认定过失犯罪时，还应注意过失转化为故意的情况。即行为人的过失行为导致对某种法益产生危险，但故意不消除危险，希望或放任结果的发生。例如，行为人不慎将烟头扔在仓库里，具有发生火灾的危险，行为人能够及时消除危险，但其想通过造成火灾陷害仓库保管员，故意不消除危险，导致火灾发生。这便由一般过失转化为犯罪故意，应认定为放火罪而不是失火罪。

第四节　刑法中的认识错误

刑法学上所说的认识错误，是指行为人对自己行为的刑法性质、后果和有关的事实情况不正确的认识。这种认识错误可能影响罪过的有无与罪过形式，也可能影响行为人实施犯罪的既遂与未遂，从而影响行为人的刑事责任。刑法学上的认识错误可以分为两类：一是行为人在法律上认识的错误；二是行为人在事实上认识的错误。

一、法律认识错误

法律认识错误，即行为人在法律上认识的错误，是指行为人对自己的行为在法律上是否构成犯罪、构成何种犯罪或者应当受到什么样的刑事处罚的不正确的理解。这类认识错误，通常表现为三种情况：

（一）假想的犯罪

即行为人的行为依照法律并不构成犯罪，行为人误认为构成了犯罪。例如，行为人把自己的通奸、小偷小摸等一般违法或不道德行为误认为是犯罪，而向司法机关"自首"，或者行为人把意外事件、正当防卫、紧急避险行为误认为是犯罪而向司法机关自首。这种情况下，判断和认定行为性质的依据是法律，而不是行为人对法律的错误认识，并不因为行为人的错误认识而使行为本来的非犯罪性质发生变化，因而不能构成犯罪。

（二）假想的不犯罪

即行为在法律上规定为犯罪而行为人却误认为不构成犯罪。例如，行为人以引诱手段与年仅13周岁的幼女发生性关系，误认为只要不实施暴力、胁迫手段就算是通奸，不构成犯罪，却不知道法律确认凡与未满14周岁的幼女发生性关系的，不论手段如何，均构成犯罪。处理所谓"假想的不犯罪"的情况，原则上不能因为行为人对自己行为的法律性质的误解而不追究其应负的刑事责任，以防止犯罪分子借口不知法律而实施犯罪并逃避罪责。但是，如本章第二节所述，在某些特殊情况下，如果行为人确实不了解国家法律的某种禁令，从而也不知道行为具有社会危害性的，就不能让其承担故意犯罪的刑事责任。

（三）处罚认识错误

行为人认识到自己的行为已经构成犯罪，但对其行为触犯了刑法规定的何种罪名，应当被处以什么样的刑罚，存在不正确的理解。例如，行为人偷割正在使用中的电话线，依照法律构成破坏通讯设备罪，行为人却误以为构成盗窃罪；行为人盗窃了数额巨大的公私财物，本应依照刑法第264条在有期徒刑3年以上10年以下处罚，行为人却误以为应在有期徒刑3年以下处罚。在这种情况下，行为人对法律的这种错误认识，并不影响其犯罪的性质和危害程度，应当按照他实际构成的犯罪及其危害程度定罪量刑。

二、事实认识错误

事实认识错误，即行为人在事实上认识的错误，是指行为人对自己行为的事实情况的不正确理解。这类错误是否影响行为人的刑事责任，要区分情况：如果属于对犯罪构成要件的事实情况的错误认识，就要影响行为人的刑事责任；如果属于对犯罪构成要件以外的事实情况的错误认识，则不影响行为人的刑事责任。事实认识错误，通常表现为以下几种情况：

（一）客体的错误

即行为人意图侵犯一种客体，而实际上侵犯了另一种客体。例如，两个着便衣的警察抓获了正在盗窃的甲，出示证件后将甲带往附近派出所。行至途中，被甲的朋友乙、丙、丁三人遇见。三人以为两个警察是与甲打架的公民，上前将两个警察打倒在地，造成轻伤，甲、乙、丙、丁四人逃走。在此案件中，乙、丙、丁三人意图侵犯的是他人的健康权利，却由于其认识错误，而实际上侵犯了国家机关工作人员正在执行的正常公务活动。对这种客体认识错误的案件，应当按照行为人意图侵犯的客体定罪，上述案件应认定为刑法第234条的故意伤害罪。

（二）对象错误

1. 同类对象错误，是指行为人误把甲对象当作乙对象加以侵害，而甲对象与乙对象处于同一犯罪构成内，行为人的认识内容与客观事实仍属同一犯罪构成的情况。例如，行为人本欲杀甲，黑夜里误将乙当作甲进行杀害。根据法定符合说，刑法规定故意杀人罪是为了保护人的生命，而不只是保护特定的甲或者特定乙的生命，因此，只要行为人主观上想杀人，而客观上又杀了人，那么就符合故意杀人罪的构成要件，成立故意杀人罪的既遂。

2. 异类对象错误，是指行为人侵犯的对象与行为人所误认为的对象属于不同的犯罪构成要件，即性质上不是同一类。如行为人误以人为兽而实施杀伤行为，误把非不法侵害人认为是不法侵害人而进行防卫，这类情况下显然不是故意犯罪，根据实际情况或是过失犯罪，或是意外事件。

3. 具体的犯罪对象不存在，行为人误以为存在而实施犯罪行为，因而致使犯罪未得逞的，应定为犯罪未遂。如行为人误以野兽、牲畜、物品、尸体为人而开枪射杀的，应令其负故意杀人罪未遂的刑事责任。

（三）打击错误

打击错误也称方法错误，是指由于行为本身的差误，导致行为人所欲攻击的对象与实际受害的对象不一致，但这种不一致仍然没有超出同一犯罪构成。例如，甲对准张三开枪，由于枪法不准，误将李四打死。在这种情况下，并非将李四误认为是张三而将其杀死（因而有别于对象错误），而是由于打击偏差，造成了与本欲侵害客体不相符的另一客体的侵害结果。又如，A 以砸毁 B 室内财物的意愿对准 B 家的玻璃窗扔石块却使石块击中 C 家的玻璃窗，毁坏了 C 的财物的，也是打击错误。

在打击错误，出现打击偏差的情况下，按照法定符合说，应成立犯罪既遂，所以，前例中的甲构成故意杀人罪既遂；A 成立故意毁坏财物罪的既遂。此外，如果甲试图杀害乙，子弹穿过乙的身体，击中丙，丙死亡，乙也死亡的，按法定符合说，也成立故意杀人罪既遂。如果甲试图杀乙，对准乙开了一枪，乙重伤，子弹又飞到丙的身上，丙死亡的，按法定符合说，对乙故意杀人罪未遂，对丙故意杀人罪既遂。

（四）行为实际性质的错误

即行为人对自己行为的实际性质发生了错误的理解。例如，假想防卫，行为人把不存在的侵害行为误认为正在进行的不法侵害行为实行防卫而致人伤、亡，由于行为人不存在犯罪的故意，因而不应以故意犯罪论处，而应根据具体情况，判定为过失犯罪或者意外事件。

（五）工具的错误

行为人误把白糖、碱面等当作砒霜等毒药去毒杀人，误用空枪、坏枪、臭弹去射杀人，从而未能发生致人死亡的结果。在这类情况下，行为人具备犯罪的主客观要件，只是由于对犯罪工具实际效能的误解而致使犯罪行为未发生犯罪既遂时的犯罪结果，应以犯罪未遂追究行为人的刑事责任。

（六）因果关系的错误

即行为人对自己所实施的行为和所造成的结果之间的因果关系的实际发展有错误认识。对此应按照主客观相统一的刑事责任原则的要求，分析和解决这种错误认识是否影响行为人的刑事责任。因果关系的认识错误主要包括以下四种情况：

1. 行为人误认为自己的行为已经达到了预期的犯罪结果，事实上并没有发生这种结果。例如，甲欲杀乙，便持棒将乙击昏，以为已致乙死亡而离去，后乙遇救未死。这种情况不影响甲构成故意杀人罪，但属于犯罪未遂。

2. 行为人所追求的结果事实上是由于其他原因造成的，行为人却误认为是自己的行为造成的。例如，甲蓄意杀人，某晚趁乙外出途中，潜在路边树林中开枪击中乙，乙当时倒地昏迷过去，甲看到乙不再动弹，以为已将乙杀死而潜逃。过了一段时间，乙苏醒过来，慢慢地往家里方向爬，爬到公路一拐弯处，一辆卡车高速驶来，司机因疏忽大意，发现爬行的乙时已来不及刹车躲避，汽车从乙身上轧过，致乙死亡。这里司机当然构成了交通肇事罪，甲虽然相信自己的枪杀行为已致乙死亡，却不能认定他构成故意杀人罪的既遂，因为乙死亡结果的发生并不是其枪击行为直接造成的，因而应当让甲负故意杀人未遂的刑事责任。

3. 行为人的行为没有按照他预想的方向发展及其预想的目的停止，而是发生了行为人所预见、所追求的目标以外的结果。例如，甲想伤害乙，持刀向乙大腿扎了一刀，随即逃走，不料扎中乙的动脉血管，又因当时无人到场抢救，乙因流血过多而死亡这种情况下，虽然甲的行为发生了致乙死亡的结果，但甲并无杀害乙的故意，因而不能认定甲构成故意杀人罪，而只能让甲负故意伤害致人死亡的刑事责任。

4. 行为人实施了甲、乙两个行为，伤害结果是由乙行为造成的，行为人却误认为是由甲行为造成的。例如，行为人意图扼杀被害人，将被害人扼昏后，误以为被害人已死亡。为逃避罪责，遂将被害人抛“尸”河中，或者用绳子套住被害人颈部吊起，制造被害人上吊自杀的假象。殊不知，后实施的抛“尸”河中的行为或吊起被害人的行为，却淹死或勒死了被害人。这种情况下，犯罪人主观上存在杀害被害人的故意，客观上也实施了杀害行为，被害人死亡结果的发生也确实是由他的行为直接造成的，因而其错误认识不应影响行为人的刑事责任，行为人仍应负故意杀人既遂的刑事责任。

第五节　犯罪目的和犯罪动机

一、犯罪目的和犯罪动机的概念

一般地讲，动机是指推动人以行为去追求某种目的的内在动力或内心起因。目的是在一定动机的推动下希望通过实施某种行为达到某种结果的心理态度。刑法学研究的动机和目的，不是人的一般故意行为的动机和目的，而是作为行为人故意犯罪活动主观因素的犯罪动机和目的。

（一）犯罪目的和犯罪动机的概念

所谓犯罪目的，是指犯罪人主观上通过犯罪行为所希望达到的结果，即希望通过实施犯罪行为达到某种危害社会结果的心理态度。例如，某人在实施盗窃行为时，就有非法占有公私财物的目的；实施故意杀人行为时，就有非法剥夺他人生命的目的；实施诬告陷害行为时，就有使受诬陷者受到错误的刑事追究的目的。直接故意犯罪的主观方面包含着犯罪目的的内容。犯罪直接故意的认识因素，表现为行为人决意实施犯罪行为并且希望通过犯罪行为达到某种危害结果的心理态度。其中，对发生危害结果的希望、追求的、心理态度，就是犯罪目的的内容。由于直接故意犯罪主观方面都包含犯罪目的的内容，因而法律对犯罪目的一般不作明文规定，分析这些犯罪的构成要件便可明确其要求的犯罪目的。但是对某些犯罪，刑法条文中又特别载明了犯罪目的。如刑法第152条规定的走私淫秽物品罪，法律特别规定应“以牟利或者传播为目的”；刑法第217条规定的侵犯著作权罪，法律特别规定须“以营利为目的”；刑法第363条规定的制造、复制、出版、贩卖、传播淫秽物品牟利罪，法律特别规定必须“以牟利为目的”。这种规定的意义在于说明，这些犯罪不仅是故意犯罪，而且另外还要求有特定目的。

所谓犯罪动机，是指刺激、促使犯罪人实施犯罪行为的内心起因或思想活动。产生犯罪动机需要具备两个条件：一是行为人内在的需要和愿望；二是外界的诱因与刺激。行为人某种犯罪目的的确定，绝不是无缘无故的，而是始终以一定的犯罪动机作指引的。例如，对直接故意杀人罪来讲，非法剥夺他人生命是其犯罪目的，而促使行为人确定这种犯罪目的的内心起因即犯罪动机，可以是贪财、奸情、仇恨、报复或者极端的嫉妒心理等。因此，如果不弄清犯罪的动机，就不能真正了解犯罪人为何去追求某种犯罪目的。

（二）犯罪目的与犯罪动机的联系与区别

犯罪目的与犯罪动机既密切联系，又互相区别。二者的密切联系表现在：（1）二者都是犯罪人实施犯罪行为过程中存在的主观心理活动，它们的形成和作用都反映行为人的主观恶性程度及行为的社会危害性程度。（2）犯罪目的以犯罪动机为前提和基础，犯罪目的来源于犯罪动机，犯罪动机促使犯罪目的的形成。（3）二者有时表现为直接的联系，即它们所反映的需要是一致的，如出于贪利动机实施以非法占有为目的的侵犯财产犯罪即是如此。

二者的区别主要表现为：（1）一种犯罪的犯罪目的相同，而且除复杂客体犯罪以外，一般是一罪一犯罪目的；同种犯罪的动机则往往因人、因具体情况而异，一罪可有不同的犯罪动机。例如，盗窃罪的目的都是希望非法占有公私财物结果的发生的心理态度；但从犯罪动机上看，有的犯罪人是出于想追求腐化的生活，有的是迫于一时的生活困难，有的是为了偿还赌债，有的甚至是出于报复的心理。（2）一种犯罪动机可以导致几个或者不同的犯罪目的，例如，出于报复的动机，可以导致行为人去追求伤害他人健康、剥夺他人生命或者毁坏他人财产等不同的犯罪目的。（3）一种犯罪目的也可以同时为多种犯罪动机所推动，例如，故意杀人而追求剥夺他人生命的目的，可以是基于仇恨与图财两种犯罪动机的混合作用。（4）一般地说，二者在定罪量刑中的作用有所不同，犯罪目的作用偏重于影响定罪，犯罪动机的作用偏重于影响量刑。

（三）间接故意犯罪中行为人不存在犯罪动机和犯罪目的

对此问题有不同看法，少数论则持肯定观点，通行的主张则予以否定。

我们认为间接故意犯罪中不存在犯罪目的和犯罪动机，但行为人可能具有其他犯罪目的。例如，山区村民甲与乙有仇而欲杀害乙，乙家门前有条小木桥，桥下是几十米深的山涧。某晚，甲探悉乙离家外出办事，即破坏了小桥，将一块横板做成活板，意欲让乙返家时跌下山涧身亡。甲当时也想到说不定在乙返家前有人会到乙家串门，或乙家其他人晚上再有人外出，因而会过桥而跌下山涧，但因其杀乙心切，不愿放弃这个机会，就放任这种危害结果发生的可能性。后来正巧在乙返家前另一村民丙有急事找乙，踩中活板，坠涧身亡。乙因而幸免死亡。此事中，甲对乙是直接故意杀人未遂，对丙则是间接故意杀人，这种间接故意犯罪本身不存在在犯罪目的，但是行为人存在另一犯罪目的，即对杀死乙这种结果的希望和追求。间接故意犯罪中，行为人对他所放任的那个危害结果的发生没有犯罪目的，即不具有对这种结果希望和追求的心理态度。这是由间接故意的放任心理与犯罪目的的希望心理不同所决定的。因此，应当说，间接故意犯罪的行为人，对其所放任的危害结果的发生，根本不可能存在以希望、追求一定的危害结果发生为特征的犯罪目的。

间接故意犯罪本身也不存在犯罪动机。因为犯罪动机与犯罪目的是密切联系而存在的，行为人基于某种需要而形成犯罪动机，在犯罪动机的指引和推动下，又确定犯罪目的，如果说间接故意犯罪具有犯罪动机而不具有犯罪目的，就违背了犯罪动机与犯罪目的的事实上的辩证联系。

二、犯罪目的和犯罪动机的意义

犯罪目的和犯罪动机，对于直接故意犯罪的定罪量刑，具有重要的意义。

（一）犯罪目的的意义

犯罪目的突出影响直接故意犯罪的定罪问题。这主要表现为两种情况：

1. 在法律标明犯罪目的的犯罪中，特定的犯罪目的是犯罪构成的必备条件。对法律标明犯罪目的的犯罪来说，特定的犯罪目的是这些犯罪构成主观方面的必备要件。其作用或是作为区分罪与非罪的标准，或是作为区分此罪与彼罪的标准。

2. 对法律未标明犯罪目的的直接故意犯罪来说，犯罪目的也是其犯罪直接故意中必然存在的一个重要内容，而且每种直接故意犯罪都有其特定的犯罪目的，因而在剖析具体犯罪构成的主观要件时，明确其犯罪目的的内涵并予以确切查明，无疑对定罪具有重大作用。例如，故意毁坏财物罪是以毁损破坏公私财物为目的，抢劫、盗窃、诈骗、抢夺、敲诈勒索犯罪是以非法占有公私财物为目的。行为人虽有客观上相应的行为，但如果不具有这些特定的目的，就不构成犯罪或者不构成此种犯罪。可见，查清这些直接故意犯罪的犯罪目的，有助于正确区分罪与非罪、此罪与彼罪的界限。此外，由于定罪正确是量刑适当的前提，因而犯罪目的影响定罪，也可以说它对正确适用刑罚也具有一定的作用。

（二）犯罪动机的意义

犯罪动机对直接故意犯罪的定罪量刑也具有一定的影响。

1. 犯罪动机侧重影响量刑。犯罪动机是犯罪的重要情节之一，根据立法规定和司法经验，量刑要考虑犯罪的各种情节，因此犯罪动机对于量刑具有重要意义。在法律对犯罪的不同情节规定了不同刑罚的情况下，它作为犯罪的一个重要情节可能影响到不同量刑幅度的选择；在直接故意犯罪的一切情况下，它作为犯罪的重要情节之一，可能影响到同一量刑幅度内轻重刑罚的选择确定。

2. 犯罪动机对直接故意犯罪的定罪也具有一定的意义。这主要表现在，刑法总则第 13 条规定“情节显着轻微危害不大的，不认为是犯罪”；刑法分则的某些条文，如刑法第 246 条的侮辱罪和诽谤罪，第 275 条的故意毁坏财物罪，第 322 条的偷越国（边）境罪，第 260 条的虐待罪，第 248 条的虐待被监管人罪等，明确规定以情节是否严重、是否恶劣作为划分罪与非罪的界限，刑法理论上有的称这类犯罪为“情节犯”。这样，作为重要犯罪情节之一的犯罪动机，自然在一定程度上，尤其是在这些“情节犯”的情况下，可以成为影响定罪即犯罪是否能够成立的一个因素。

第六节　无罪过事件

刑法第 16 条的规定，行为虽然在客观上造成了损害结果，但不是出于行为人的故意或者过失，而是由于不能抗拒或者不能预见的原因所引起的，不认为是犯罪，这就是无罪过事件。无罪过事件包括不可抗力与意外事件。

一、不可抗力

行为虽然在客观上造成了损害结果，但不是出于行为人的故意或者过失，而是由于不能抗拒的原因所引起的，不认为是犯罪，这就是不可抗力。所谓不能抗拒，是指行为人虽然预见到了危害结果的发生，但无法控制或抗拒这种结果的发生，行为人在这种情况下不具有罪过，因而不应承担刑事责任，例如，有个农民赶马车在公路上走，由于汽车鸣笛，马惊了（该马以前从未为此而受惊)，尽管他采取了很多措施，如刹车和勒马缰绳等都无济于事，马车还是压死了人。这位农民就不构成犯罪。

二、意外事件

所谓意外事件是指行为人的行为虽然在客观上造成了损害结果，但不是出于行为人的故意或者过失，而是由于不能预见的原因所引起的，不认为是犯罪。所谓不能预见的原因是指行为人对其行为发生损害结果不但未预见，而且根据其实际能力和当时的具体条件，行为时也根本不可能预见。对于意外事件之所以不认为是犯罪，这是由我国刑法所坚持的主客观相统一的定罪原则所规定的。在这种情况下，虽然行为人在客观上造成了损害结果，但其主观上既不存在犯罪的故意，也不存在犯罪的过失，因而缺乏构成犯罪和负刑事责任的主观根据，不能认定为犯罪和追究刑事责任。如果这时对行为人定罪和追究刑事责任，就是“客观归罪”，有悖于主客观相统一的刑事责任原则的要求。

三、意外事件与疏忽大意过失的异同

由于“不能预见的原因”所致的意外事件，与疏忽大意的过失有相似之处，二者都是行为人对危害结果的发生没有预见，并因此而发生了这种结果。但是，它们更有着原则的区别：根据行为人的实际认识能力和当时的情况，意外事件是行为人对损害结果的发生不可能预见，不应当预见而没有预见；疏忽大意的过失则是行为人对行为发生危害结果的可能性能够预见、应当预见，只是由于其疏忽大意的心理而导致了未能实际预见。因此，根据行为人的实际能力和当时的情况，结合法律、职业等的要求来认真考察其有没有预见的原因，对于区分意外事件与疏忽大意的过失犯罪至关重要，这是罪与非罪的原则区分。例如，某汽车司机在雨夜行车，从一塑料布上驶过，压死了塑料布下的一个精神病人，司机以为塑料布下是附近农民的稻谷，在当时的情况下他不可能预见到有人在雨夜躲在公路上的塑料布下，这就属于意外事件。

第九章　排除犯罪性事由

第一节　排除犯罪性事由概述

一、排除犯罪性事由的概念

排除犯罪性的事由，是指某种行为在客观上造成一定损害结果，外观上符合某些犯罪的客观要件，但由于具有特殊的理由、根据，并未被刑法禁止，因此并不符合刑法规定的犯罪构成，进而排除犯罪的成立。例如正当防卫、紧急避险、依法执行职务、正当冒险行为等。

对于排除犯罪性的事由，现代世界各国刑法基本上都规定不负刑事责任。基于对这类行为的性质理解不同，各国刑法及国内外的学者对其称谓各异。西方刑法理论一般称之为“阻却违法的行为”，认为这种行为虽然具备犯罪构成要件的该当性，但刑法经过实质性的价值判断，免除其原有违法性，因此不负刑事责任。排除犯罪性的事由具有如下特征：

1. 形式上具备某种犯罪的客观要件。但实质上对社会有益而无害。例如，正当防卫为了制止正在进行侵害而实施的正当损害行为和紧急避险为保全较大合法权益造成某种合法权益的损害行为，均对实施对象造成了一定的损害。

2. 主观上没有危害社会的故意或过失，而是为了保护国家、公共利益、本人或者他人的合法权益。

二、排除犯罪性事由的种类

关于排除犯罪性行为，我国刑法明文规定只有正当防卫和紧急避险两种。日本、韩国、意大利、西班牙、瑞士等国家的刑法中，还规定有依照法令的行为、正当业务行为、自救行为等。对于这些行为，我国刑法理论和司法实践中普遍认为它们不具备社会危险性和刑事违法性，属于正当行为。

除正当防卫和紧急避险外，理论上对排除犯罪性行为的外延范围并未达成一致。有学者认为排除犯罪性行为还包括执行命令的行为、正当业务行为、正当冒险行为、被害人承诺的行为、推定承诺的行为。另有学者认为排除犯罪性行为还包括法令行为、正当业务行为、经被害人承诺的行为、基于推定的承诺的行为、自救行为、自损行为、义务冲突。我们认为排除犯罪性行为主要包括：(1) 正当防卫。(2) 紧急避险。(3) 自救行为。(4) 正当业务行为，具体包括：其一，医疗行为；其二，竞技行为。(5) 履行职务的行为，具体包括：其一，直接依法实施的职务行为；其二，执行命令的职务行为。(6) 基于权利人承诺或自愿的损害，具体包括：其一，权利人明确承诺的损害；其二，推定权利人承诺的损害；其三，自损行为。(7) 法令行为。

三、研究排除犯罪性事由的意义

研究排除犯罪性行为，不仅要说明这些行为本身在具备一定条件下不成立犯罪，还要特别注重研究排除犯罪性事由与犯罪行为的区别。因此具有重要的理论价值和司法实务意义。

1. 有利于理解犯罪的本质特征，更好地区分罪与非罪的界限。我国刑法中的排除犯罪性行为，形式上符合某种犯罪构成的客观要件，但因欠缺社会危害性和刑事违法性，故都不认为是犯罪。认清这些行为的本质，无疑有利于犯罪构成理论的深化，有助于司法实践中区分排除犯罪性行为与相关犯罪行为的界限。

2. 有利于保障公民充分行使法定权利、履行法定义务，促进社会的进步和发展。例如，公务员依法履行职务、执行命令，公民实行自救、自损等行为，都是其依法行使权利或履行义务的行为，明确这些行为不具有社会危害性和刑事违法性，可以保障公民权利的充分行使和义务的有效履行。医疗、竞技等正当业务行为中造成的难以避免的损害，属于人类科学文化发展中付出的正常代价，明确其不具有社会危害性和刑事违法性并予以保护，有利于促进社会的进步和发展。

3. 有利于鼓舞人民群众积极地与各种违法犯罪行为作斗争，培养广大公民顾全大局的意识。例如，正当防卫是法律赋予公民的与正在进行的不法侵害作斗争的积极手段，公民可以运用正当防卫权有效而及时地打击各种违法犯罪行为；紧急避险是法律赋予公民在合法权益遭受危险时积极采取避险措施减少危害程度的权利，它有利于培养广大公民顾全大局的意识。

第二节　正当防卫

一、正当防卫的概念和意义

（一）正当防卫的概念

根据刑法第 20 条规定，正当防卫是指为了使国家、公共利益、本人或者他人的人身、财产和其他权利免受正在进行的不法侵害，而对不法侵害者实施的制止其不法侵害且未明显超过必要限度的损害行为。

作为一种最重要的正当行为，正当防卫在近现代世界各国刑法立法中大多都有专门规定。理解我国刑法中正当防卫的概念应注意把握以下几点：

1. 正当防卫是法律赋予公民的一项权利。任何公民在面对公共利益、公民本人或他人的人身和其他权利遭到正在进行的不法侵害时，均有权对不法侵害者予以必要的损害。正当防卫作为公民的权利，并非制止不法侵害的最后手段。即使在公民有条件躲避非法侵害或求助于司法机关的情况下，公民仍有权实施正当防卫。换言之，我国刑法上的正当防卫并不仅是一种“不得已”的应急措施，而是鼓励公民与违法犯罪行为作斗争的一种积极手段。

2. 正当防卫是针对不法侵害行为实施的正当、合法行为。它不仅不具有社会危害性，反而对社会有益，因而受国家法律的保护、支持和鼓励。

3. 正当防卫除在特定条件下可以对不法侵害人造成伤亡而不属超过必要限度外，一般情况下对不法侵害者的损害都不能明显超过必要限度。因此，公民在行使正当防卫权时，都必须符合法定的条件，不允许超越必要的限度，不允许滥用防卫权利。

（二）正当防卫的意义

我国刑法规定正当防卫，具有重要的意义：

1. 有利于及时有效地保障国家的、公共的、公民本人的或他人的合法权益免受正在进行的不法侵害。鼓励公民行使正当防卫权利，就可以在不法侵害行为正在进行的时候加以及时制止，因而正当防卫是各种合法权益的最直接、最有效的保障。

2. 有利于有效震慑犯罪分子，从而减少犯罪行为。法律提倡和保护公民为国家、公共利益及个人合法权益对正在进行不法侵害的人实施正当防卫，必要时可对不法侵害的人身、财产等利益造成一定的损害，甚至可以致伤或致死不法侵害人。这对潜在犯罪人和不法侵害者都是一种有效的威慑，使其不敢轻举妄动，从而有效地遏制其犯罪欲念，达到预防和减少犯罪的目的。

3. 有利于社会主义精神文明建设。我国刑法中的正当防卫制度不仅鼓励公民为本人的利益进行防卫，而且鼓励公民为国家、公共利益及他人合法权益进行防卫。这样可以培养广大公民互助互爱、见义勇为的良好社会道德风尚。

二、正当防卫的条件

我国刑法理论通说认为，正当防卫的条件是主观意图与客观行为的统一。具体而言，我们认为可以从防卫起因、防卫时间、防卫对象、防卫意图、防卫限度五个方面对正当防卫合法条件予以界定。

（一）正当防卫的起因条件

正当防卫的起因条件是不法侵害的发生和存在。只能针对不法侵害实施，这是正当防卫的本质所在。如果不存在不法侵害，正当防卫就无从谈起。认定正当防卫的起因条件应注意三个方面：

1. 必须有不法侵害存在。不法侵害必须是危害社会的行为，对于没有社会危害性的合法行为，即使从当事人的立场看具有某种侵害性也不允许当事人实行正当防卫。例如，公民依法扭送犯罪嫌疑人，不能借口防卫而对该公民施行暴力伤害或威胁；执法人员依法拘捕犯罪嫌疑人或依法搜查、扣押有关住宅物品，被拘捕者、被搜查者、物品所有者或第三者不得借口其人身或财产受到“侵害”而进行防卫；正当防卫、紧急避险都是合法行为，正当防卫中遭到反击的不法侵害者或紧急避险中受到损害的一方，也不能借口保护自身权益而对正当防卫者、紧急避险者再进行防卫。

2. 不法侵害必须是违法行为。目前通说认为，正当防卫要求的只是不法侵害存在，并没有将其起因条件局限于犯罪行为。不法侵害的外延要比犯罪宽泛得多。只要是不法侵害行为，并不要求它已经达到或将要达到犯罪程度，防卫人都可以依法对不法侵害人实行正当防卫。这是因为：不法侵害在刚刚着手进行时，往往很难断定它是否已达犯罪程度，而当不法侵害的性质能够明显地分为违法或犯罪时，不法侵害结果又大都已经出现，正当防卫已无意义。违法和犯罪之间并无不可逾越的鸿沟，如果不允许公民对尚未达到犯罪程度的不法侵害进行正当防卫，无异于是对不法侵害人的纵容，很可能使其得寸进尺，对受害人造成更大的损害。

3. 不法侵害的存在具有现实性。即不法侵害须客观真实地存在，而不是行为人所臆想或推测的。如果行为人反击了主观臆测的“正在进行的不法侵害”的人，那他的行为就是假想防卫。假想防卫具有三个基本特征：其一，行为人主观存在防卫意图，以为自己是对不法侵害人实行的正当防卫。这是假想防卫的前提条件。其二，假想防卫客观上损害了未实施不法侵害或未正在实施不法侵害人的人身权利和其他权利，具有社会危害性。这是假想防卫的本质特征。其三，行为人防卫认识产生了错误，使正当防卫意图造成了危害社会的结果。这是假想防卫的表现形式。假想防卫是由于行为人对事实认识的错误而发生的，因此在实践中应依事实认识错误的处理原则来解决，即如果行为人应当预见到对方可能不是不法侵害，那么他在主观上有过失，应对其假想防卫所造成的损害负过失犯罪的责任；如果行为人在当时情况下不应预见到对方不是不法侵害，那么他在主观上无罪过，其假想防卫造成的损害属于意外事件，不负刑事责任。

（二）正当防卫的时间条件

正当防卫的时间条件，是指可以实施正当防卫的时间。通说认为不法侵害正处于已经开始并且尚未结束的进行阶段。法律对正当防卫的时间做出这种限制，与规定正当防卫的立法目的有关。规定正当防卫是为了制止不法侵害，防止合法利益受到损害。当侵害行为尚未开始，尚未危及合法利益时，没有必要实施正当防卫；当侵害行为已经结束，危害结果已经发生时，正当防卫毫无意义。对侵害的事先预防和事后处罚，法律规定了其他措施。

什么是不法侵害已经开始？一般来说，可以理解为侵害人已经着手直接实行侵害行为。例如，杀人犯持刀向受害人砍去，强奸犯对妇女施以暴力或暴力威胁，殴打他人者对受害人举拳打击等，不法侵害就已经开始。但是，实践中的具体案件十分复杂，需要具体情况具体分析。某些情况下，虽然不法侵害尚未着手实行，但合法权益已直接面临侵害的危险，不实行正当防卫就可能丧失防卫的时机。在这种情况下，进行正当防卫也应当说是适宜的。

不法侵害尚未结束，是指不法侵害行为或其导致的危害状态尚在继续中，防卫人可以用防卫手段予以制止或排除。具体分析起来，不法侵害的尚未结束，可以是不法侵害行为本身正在进行中，如纵火犯正在向房屋泼汽油；也可以是行为已经结束而其导致的危险状态尚在继续中，如抢劫罪犯已打昏物主抢得某种财物，但他尚未离开现场。在上述两种情况下，防卫人的防卫行为均可有效地制止不法侵害行为，或排除不法侵害行为所导致的危险状态。有些情况下，虽然不法侵害所导致的危险状态尚在继续中，但正当防卫行为并不能将其排除，则应视为不法侵害已经结束。例如，纵火犯向目标物纵火后逃跑，已经造成了可能失火的危险状态，就无法通过杀死或伤害纵火犯的防卫手段来排除，对之采取正当防卫也就失去了适时性。

在不法侵害尚未开始或者已经结束时，进行所谓“防卫”的，称为防卫不适时。防卫不适时与正当防卫存在本质的区别，应分别不同的情况依法论处，根据防卫不适时发生的时间，我们将其分为两种形式：

1. 事先防卫。即在不法侵害尚处于预备阶段或犯意表示阶段，对于合法权益的威胁并未达到现实状态时，就对其采取某种损害权益的行为。在事先防卫的情况下，不法侵害人是否实施某种侵害还处于或然状态，因而事先防卫实际上是一种“先下手为强”的非法侵害。如果事先防卫的社会危害性达到犯罪程度，应当追究刑事责任。

2. 事后防卫。即在不法侵害已经结束的情况下，对侵害人的某种权益进行打击的行为。在事后防卫的情况下，不法侵害已经结束，侵害行为或其导致的危险状态已经不能通过防卫来制止或排除，已经不存在正当防卫的时机条件。从司法实践中看，不法侵害的结束一般有下列四种情况：（1）侵害者自动中止不法侵害行为；（2）不法侵害者已经被制服；（3）已经丧失侵害能力；（4）侵害行为已经实施完毕、危害结果已经发生，无法挽回。事后防卫实际上大多是报复性的侵害，但也不排除防卫人出于认识错误的可能性。例如，不法侵害人在杀人过程中突发恻隐中止犯罪，但受害人误以为对方暂时停顿了犯罪，趁其不备予以反击，致其重伤。对于报复性的事后防卫，构成犯罪的应以故意犯罪论处；对于认识错误的事后防卫，则应按处理认识错误的原则，根据防卫人主观上是否有过失，分别按照过失犯罪或意外事件处理。

（三）正当防卫的对象条件

正当防卫的对象是解决防卫人应当对什么人实施反击的问题。在具备正当防卫的前提条件下，只能针对不法侵害人本人进行防卫。正当防卫的对象只能是不法侵害人其理由如下：（1）正当防卫的目的是及时有效地制止正在进行的不法侵害，而达到这一目的的最直接途径，就是对不法侵害人的人身、财产等权益造成必要的损害；（2）不法侵害人行为的非法性，是法律上允许防卫人对其权益进行某种反击的根据。因此，即使在面对共同不法侵害的情况下，也只能对客观上正在进行的不法侵害的人进行防卫。

针对不法侵害人进行防卫通常包括两种情况：一是针对不法侵害人的人身进行防卫，如束缚不法侵害人的身体；二是针对不法侵害人的财产进行防卫，当不法侵害人使用自己的财产作为犯罪工具或手段时，如果能够起到制止不法侵害的作用，则可以通过损毁财产的方式进行正当防卫。

我国刑法规定，不满 14 周岁的人不负刑事责任，已满 14 周岁不满 16 周岁的人除实施少数几种特定犯罪外不负刑事责任；因患精神病不具备认识和控制能力的人不负刑事责任。对于实施侵害行为的未达到刑事责任年龄的未成年人或无责任能力人，能否进行正当防卫？刑法学界的意见不尽一致。我们认为：（1）从原则上讲，对无责任能力人的侵害行为是可以实行正当防卫的。因为，无责任能力的侵害行为，客观上也是危害社会的行为，广义上讲属于不法侵害，因此不能完全将其排除在正当防卫的对象之外。（2）对于无责任能力人的侵害行为实行正当防卫，需要加以一定的限制。从刑法精神来讲，无责任能力人的侵害行为明显不能等同于有责任能力人的故意侵害；从社会道义来讲，应当尽一切努力避免对精神病人、未成年人造成不应有的身体或精神的损害。因此，在遇到无责任能力人的侵害时，如果明知侵害者是无责任能力的人并有条件用逃跑等其他方法避免侵害时，则不得实行正当防卫；如果不知道侵害者是无责任能力人，或者不能用逃跑等其他方法避免侵害时，才可以实行正当防卫。

对动物的侵袭是否可以实施反击，反击动物侵袭的行为属于什么性质？对此问题。学界存在争议。我们认为，对动物的侵袭要做具体分析，不能一概而论。受到他人豢养的或野生的动物侵袭，自然可以进行打击，动物谈不上不法侵害，因而受害人的打击也谈不上正当防卫。但是，如果有人利用动物来达到侵害他人的目的，如驱使狂犬撕咬他人，则防卫人打击动物的行为属于正当防卫。

（四）正当防卫的主观条件

根据我国刑法的有关规定，正当防卫是“为了使国家、公共利益、本人或者他人的人身、财产和其他权利免受正在进行的不法侵害”，因而正当防卫的主观条件必须具有正当防卫意图。

1. 正当防卫意图的内容

正当防卫意图，是指防卫人对正在进行的不法侵害有明确认识，并希望以防卫手段制止不法侵害，保护合法权益的心理状态。它包括防卫认识和防卫目的两方面的内容。

（1）防卫认识。即防卫人对正在进行的不法侵害的认识，它包括对不法侵害的诸多事实因素的认识，其基本内容应当有：其一，明确认识侵害合法权益的不法行为的存在；其二，明确认识不法侵害正在进行；其三，明确认识不法侵害者；其四，明确认识不法侵害的紧迫性，且能够以防卫手段加以制止。此外，还应大体认识到防卫行为所需要的手段、强度及可能造成的必要损害后果。

（2）防卫目的。即防卫人以防卫手段制止不法侵害，以保护合法权益的心理愿望。凡正当的防卫意图都必须以保护合法权益、制止不法侵害为目的。防卫目的是确定防卫意图的关键。正当防卫意图包括两个层次：第一层次是制止不法侵害；第二层次是通过制止不法侵害，保护合法权益。

2. 不具备正当防卫意图的几种情况

正当防卫意图作为正当防卫的主观要件，对于正当防卫的成立具有十分重要的意义。某些行为，从形式上看似乎符合正当防卫的客观条件，但由于其主观上不具备正当的防卫意图，因而不能认定为正当防卫。这类行为有如下几种：

（1）防卫挑拨。防卫挑拨又称挑拨防卫，指行为人出于侵害目的，以故意挑衅、引诱等方法促使对方进行不法侵害，而后借口防卫加害对方的行为。从形式上看，这种“防卫”行为可能完全符合正当防卫的客观条件，但因不法侵害由挑拨者故意诱发，挑拨者主观上不仅不具备正当的防卫意图，反而是出于侵害意图，因此其所谓的防卫实质上是有预谋的不法侵害行为。严重的侵害结果、故意的罪过形式、预谋的非法意图、挑拨的语言行动是挑拨防卫的基本特征。对防卫挑拨要予以依法惩处，构成犯罪的要追究其刑事责任。

（2）相互的非法侵害行为。指双方都出于侵害对方的非法意图而发生的相互侵害行为，如相互殴斗行为。在相互的非法侵害行为中，双方都有侵害对方的非法意图，都在积极地追求非法损害对方利益的结果，因而根本上不存在正当防卫的前提条件。尽管侵害行为在时间上可能有先后之序，侵害结果在程度上可能有轻重之分，但双方行为都不存在构成正当防卫的前提，双方都应当就自己的非法侵害行为承担法律责任。需要指出的是，如果非法侵害的一方已经放弃侵害，例如，宣布不再斗殴或认输、求饶、逃跑，而非法侵害的另一方仍穷追不舍，继续加害，则已经放弃侵害的一方就具备了进行正当防卫的前提条件，他可以为制止对方的进一步加害而采取必要的反击措施。这种情形下的反击可以成立正当防卫。

（3）为保护非法利益而实施的防卫。这类行为明显缺乏防卫意图的正当性，不能成立正当防卫。例如，在抢劫赌场、盗窃赃款时，以防卫手段保护其赌资、走私货物和赃款。因为他们所保护的利益不属于公民的合法权益，他们不具备正当防卫的主观条件。认定为保护非法利益而实施的防卫行为时，对侵害者和防卫者要分别追究其法律责任，构成犯罪的分别定罪量刑。

（4）偶然防卫。它是指行为人故意实施某种犯罪时，该犯罪行为客观上制止了他人在进行的另一不法侵害的情形。如甲正欲用枪射杀乙，而乙在完全不知情的情形下开枪将甲射中身亡，客观上制止了甲射杀乙的犯罪行为。再如甲男正在家里用木棒殴打保姆乙女，丙男出于伤害甲男的意图破门而入，在不知甲男的行为是故意伤害乙女的情况下将甲男打成重伤，从而客观上制止了甲男的伤害他人的犯罪行为。在上述两个例子中，后一个行为人的行为针对的也是正在进行的不法侵害，并且是针对不法侵害人本人进行的，客观上也制止了正在进行的不法侵害，但是其行为由于是出于犯罪的故意而实施的，尽管客观上具有防卫效果，但由于主观上欠缺正当防卫所需要的防卫意识，因而不能认定为正当防卫，而应当认定为故意犯罪。

（五）防卫限度

正当防卫的限度条件，是指正当防卫不能明显超过必要限度且对不法侵害人造成重大损害。是否明显超过必要限度并造成重大损害，是区别防卫的合法与非法、正当与过当的标志。

如何理解正当防卫的必要限度？我国刑法并未规定具体的标准，正当防卫的必要限度是刑法理论应予解决的任务。在我国刑法学界主要存在三种观点：(1) 必需说。认为防卫强度是制止不法侵害所必需的，即使防卫在强度、后果等方面超过对方可能造成的损害，也不能认为是超过了必要限度。(2) 基本相适应说。认为正当防卫是否超过必要限度，应将防卫行为与不法侵害行为在方式、强度和后果等方面加以比较，看是否相适应。(3) 相当说。认为必要限度原则上应以制止不法侵害所必需为标准，同时要求防卫行为与不法侵害行为在手段、强度等方面，不存在过于悬殊的差异。

相当说，实际上是客观必需说和基本相适应说的折衷，既抓住了理解必要限度的本质、关键的特征，有利于鼓励公民实行正当防卫，又提出了对防卫人的必要约束，有利于保障正当防卫的正确行使。因而相当说是合理可行的。根据相当说，防卫行为只要为制止不法侵害所必需，防卫行为的性质、手段、强度及造成的损害又不是明显超过不法侵害的性质、手段、强度或造成的损害明显超过不法侵害，但实际造成的损害并不算重大的，均属于正当防卫的范围，而不能认为防卫过当。

需要指出，鉴于严重危及人身安全的暴力犯罪的严重社会危害性及其对被害人的潜在性严重危害后果，我国刑法第 20 条第 3 款规定："对正在进行行凶、杀人、抢劫、强奸、绑架以及其他严重危及人身安全的暴力犯罪，采取防卫行为，造成不法侵害人伤亡的，不属于防卫过当，不负刑事责任。"对此规定，有学者称之为无限度防卫，有学者称之为特殊防卫，还有学者称之为无过当防卫。我们认为，称之为特殊防卫较妥。这一规定是针对以往司法实践中将那些为制止正在进行行凶、杀人、抢劫、强奸、绑架以及其他严重危及人身安全的暴力犯罪而造成不法侵害人伤亡按防卫过当处理的情况做出的。据此规定，对正在进行的严重危及人身安全的暴力犯罪实行正当防卫，不存在过当情形。当然，这种防卫权的行使，实际上仍是有严格的法律限制的。

三、防卫过当及其刑事责任

（一）防卫过当的概念

根据刑法第 20 条的规定，防卫过当是指防卫明显超过必要限度造成重大损害应当负刑事责任的行为。防卫过当与正当防卫是两个既有本质区别又有密切联系的概念。首先，防卫过当在客观上有危害性、在主观上有罪过性。从总体上说是一种非法侵害行为，这是它区别于正当防卫的本质特征，也是刑法规定防卫过当应当负刑事责任的根据。其次，防卫过当与正当防卫一样，都具有行为的防卫性，这是它们的密切联系之所在。要成立防卫过当，也必须是在不法侵害正在进行，为了制止不法侵害保护合法权益，针对不法侵害人的前提下实施。只是因为防卫明显超过必要限度造成了重大的损害，才使防卫由正当变为过当，合法变为非法。正基于此，我国刑法规定对防卫过当行为应当减轻或者免除处罚。

（二）防卫过当的罪过形式

追究防卫过当的刑事责任，首先要确定防卫过当的罪过形式，即行为人对防卫过当结果的主观心理态度。关于防卫过当的罪过形式，刑法理论界众说纷纭，莫衷一是。主要存在以下不同观点：（1）全面过失说，认为防卫过当的罪过形式只能是过失（包括疏忽大意的过失与过于自信的过失）。（2）疏忽大意过失说，认为防卫过当的罪过形式只能是疏忽大意的过失。（3）排除直接故意说，认为防卫过当的罪过形式只能是间接故意或过失，而不可能是直接故意。（4）排除过失说，认为防卫过当的罪过形式都只能是故意，而不可能是过失。（5）故意与过失说，认为防卫过当的罪过形式既可以是故意（包括直接故意和间接故意），也可以是过失（包括疏忽大意的过失和过失自信的过失）。

我们支持排除直接故意说，认为在防卫过当的场合，行为人对于其过当行为及其结果，主观上不可能出于直接故意，因为正当防卫目的和犯罪目的，在一个人的头脑中不可能同时并存。疏忽大意的过失、过于自信的过失以及间接故意，都是没有犯罪目的的罪过形式，与防卫过当需要具备的目的正当性不矛盾，因而都可以成为防卫过当的罪过形式。

（三）防卫过当的刑事责任

防卫过当的刑事责任包括两方面的内容：一是防卫过当的定罪；二是防卫过当的量刑。

对于防卫过当确定什么罪名，我国刑法没有具体规定，理论界的主张和司法实践中的具体做法也不完全统一。学界一致认为：需要注意的是，防卫过当不是独立的罪名。对于防卫过当应当根据其符合的犯罪构成确定罪名，而不能定所谓“防卫过当罪”、“ 防卫过当致人重伤罪” 等罪名。对防卫过当应根据防卫人主观上的罪过形式及客观上造成的具体危害结果来确定罪名。如过失致死罪、过失重伤罪、故意杀人罪、故意伤害罪、故意毁坏财物罪等。对于防卫过当的量刑，我国刑法规定“应当减轻或者免除处罚”。这一刑罚减免事由是基于防卫过当的主客观因素决定了其社会危害性较通常犯罪的社会危害性要小。至于在何种情况下减轻、减轻多少，在何种情况下免除处罚，应当综合考虑如下因素：

1. 过当程度。防卫过当造成的重大危害后果与必要限度的差距。轻微过当，则罪行轻微，处罚亦应轻微；严重过当，则罪行严重，处罚相对较重。

2. 权益性质。为保护重大权益而防卫过当，比之为保护较小权益而防卫过当，前者的处罚应当更轻。

3. 防卫目的。为保护国家、公共利益、他人合法利益，见义勇为而防卫过当的，较之为保护自己合法利益而防卫过当的，对前者的处罚应更轻。

4. 罪过形式。疏忽大意的过失、过于自信的过失、间接故意，从前到后，减轻处罚的幅度与可能性应当是依次递减的。

第三节　紧急避险

一、紧急避险的概念和意义

（一）紧急避险的概念

根据刑法第 21 条的规定，紧急避险是指为了使国家、公共利益、本人或者他人的人身、财产和其他权利免受正在发生的危害，不得已而采取的损害另一较小合法权益的行为。

紧急避险与正当防卫一样，也是我国刑法明文规定的正当行为之一。在现代世界各国刑法中，普遍对紧急避险作出了明确的规定。紧急避险的本质在于，当两个合法权益相冲突，又只能保全其中之一的紧急状态时，法律允许为了保全较大的权益而牺牲较小的权益。虽然造成了较小的权益的报害，但从整体上说，它是有益于社会统治秩序的行为，不仅不应承担刑事责任，而且应当受到鼓励和支持。

（二）紧急避险的意义

刑法规定紧急避险不负刑事责任，赋予公民在合法权益遇到危险时有紧急避险权，具有重要的意义：

1. 有利于鼓励公民在必要的情况下，通过损害较小合法权益的手段，来保全较大的合法权益，尽一切可能减少自然灾害、不法侵害等危害带给社会的损害。

2. 有利于培养广大公民顾全大局、互助友爱的思想。它鼓励和支持公民树立公共利益、整体利益的观念，使人们在与自然灾害、不法侵害等危险的斗争中，培养集体主义精神，提高思想境界。

二、紧急避险的条件

由于紧急避险是以损害某种合法权益的方法来保护另一种合法权益，为避免滥用紧急避险，法律规定了紧急避险的合法条件。只有符合一定的条件，紧急避险才有益于社会。

（一）紧急避险的起因条件

必须发生了现实危险，即合法权益处于客观存在的危险的威胁之中，才可以实施紧急避险。所谓危险，是指某种有可能立即对合法权益造成危害的紧迫事实状态。危险的主要来源有四种：

1. 自然的力量。即由自然灾害造成的危险。如火灾、地震、山崩、海啸、水祸、风暴、塌方、泥石流等。凡是可以危及合法权益的自然灾害，都是可能引起紧急避险的危险。

2. 动物的侵袭。动物的侵袭也可能对人身、财产安全构成威胁。如恶狗咬人、野兽冲撞、毒蛇袭击等。如果打死的是一般的无主的动物，不构成紧急避险；只有打死、打伤属于特定人（国家、集体、个人）的动物时，才可能构成紧急避险。

3. 非法侵害行为。有责任能力的违法犯罪行为，无责任能力的危害社会行为，都会使某种合法权益处于危险状态，在不得已情况下，都可以采取紧急避险。

4. 人的生理、病理过程。即因生理、病理需要不能满足而威胁人的生命的危险。例如，饥渴难忍的旅行者，在物主不在的情况下私取路边房屋中的饮食；为了抢救重伤员，强行拦阻过往汽车送往医院。前者不能算偷窃，后者不能算抢劫，都属紧急避险。

危险是客观现实的存在，而不是假想的、推测的存在。如果实际上并不存在危险，行为人却由于对事实的认识错误，误认为危险存在，因而实行了所谓的紧急避险，刑法理论上称之为假想避险。假想避险不是紧急避险，因此对他人的合法权益造成损害的，应根据处理事实认识错误的原则，决定是否应负刑事责任。

（二）紧急避险的时间条件

紧急避险的时间条件，是指必须是正在发生的危险，即损害危险正在发生或迫在眉睫，对合法权益形成了紧迫的、直接的危险。危险正在发生，是指已经发生的危险将立即损害，或正在造成损害而尚未结束。紧急避险只能在危险已经出现而又尚未结束这一时间条件下进行，否则就不是紧急避险。危险的出现是这样一种状态，即由于某种事实的发生，合法权益直接面临迫在眉睫的危险。如果危险还处于潜在状态，其是否出现还有或然性，公民可以采取某些防范措施，则法律不允许其实施紧急避险。危险尚未结束，是指危险出现后即将或者正在造成危害，此时若不实行紧急避险，合法权益也必将遭受损害或遭受进一步的损害。危险一旦结束，紧急避险也就失去了其时间条件，此时损害已经造成，实行紧急避险已不能保全合法权益，不实行紧急避险也不会使合法权益再遭损害或遭受进一步的损害。

行为人在危险尚未出现或者已经结束的情况下实施所谓避险，刑法理论上称为避险不适时。避险不适时不是紧急避险，行为人因此而对合法权益造成损害，达到犯罪程度的，应当负相应的刑事责任。

（三）紧急避险的对象条件

紧急避险针对对象是第三者合法权益。紧急避险的本质特征，就是为保全一个较大的合法权益，而将其面临的危险转嫁给另一个较小的合法权益。因而，紧急避险行为所指向的对象，不是危险的来源，而是第三者的合法权益。如果行为人的行为是对危险的直接对抗，那么该行为就不是紧急避险。例如，行为人通过损害不法侵害者的人身权利或财产权利，来排除遭受不法侵害的危险，其行为就不是紧急避险而是正当防卫。

应该指出，并非任何第三者的合法权益，都可以作为紧急避险的对象。作为紧急避险的第三者的合法权益，必须比所保全的合法权益次要，而且它的牺牲确实可以换来较大权益的安全。否则，对第三者合法权益的损害便会成为毫无价值的牺牲，从而违背法律规定紧急避险制度的初衷。损害第三者的合法权益主要指财产权和住宅不可侵犯权等，不包括第三人的生命权和健康权。一般情况下，不允许用损害他人生命和健康的方法保护另一种合法权益。

（四）紧急避险的主观条件

紧急避险的主观条件即行为人必须有正当的避险意识，它决定着紧急避险的无罪过性，因而对紧急避险的成立有着重要意义。正当避险意识，是指避险人对正在发生的危险有明确的认识，并希望以避险手段保护较大合法权益的心理状态。避险意识中包含有避险认识和避险目的两部分内容。

1. 避险认识。主要是对正在发生的危险的认识，应当包括：（1）认识到正在发生的危险的存在；（2）认识到这种危险只能以紧急避险的方法来排除；（3）认识到损害另一较小的合法权益可以达到避险目的。另外，避险人对自己避险行为的手段、强度、可能造成的后果等亦应有大体性认识。

2. 避险目的。即行为人实施避险行为所希望达到的结果。根据刑法规定，行为人只能出于避免国家、公共利益、本人或他人的人身、财产或其他权利遭受正在发生的危险这一正当目的，才能进行紧急避险，不能为了保护某种非法利益而实施所谓的紧急避险。

（五）避险限度

紧急避险不能超过必要的限度，造成不必要的损害。这是紧急避险的限度条件。什么是紧急避险的必要限度？刑法对此没有明确的规定。但是，刑法理论界和司法实务界对紧急避险的必要限度的认识是一致的，那就是：紧急避险造成的损害必须小于所避免的损害。换言之，为了保护一个合法权益而损害的另一合法权益，既不能等于，更不能大于所保护的权益。例如，不能为了保护一个人的健康权利，而去损害第三者的健康甚至生命权利；也不能为了保护某人的财产利益，而去损害他人的或者国家的、公共的同等价值或者更大价值的财产利益。

如何衡量两个合法权益的大小？一般而言，权衡合法权益大小的基本标准是：人身权利大于财产权利；人身权利中生命权为最高权利；财产权利的大小可以用财产的价值大小来衡量。但这并非绝对性的准则。如为保护个人生命损害数以亿计的国家和人民的财产，或者使数以百计的人身受重伤，便很难认为还在避险的必要限度之内。在处理具体案件时，应具体情况具体分析，做出切合实际的判断。

（六）避险限制

紧急避险只能在不得已的情况下才能实施，这是紧急避险的客观限制条件。紧急避险从总体上来说是有益于社会的行为，因为它保全了较大的合法权益。但它从局部上来说也存在令人遗憾的消极方面，那就是它不可避免地要给无辜的第三者造成合法权益的损害。因此，刑法对紧急避险规定了特别的严格限制条件——只能在迫不得已的情况下实施。也就是说，只有在行为人找不到任何其他方法排除危险的情况下，才允许选择损害第三者合法权益的方法。如果当时尚有其他方法可以避险，例如，有条件逃跑、报警或者直接对抗危险、进行正当防卫等，行为人却不采取，而给无辜的第三者造成了不必要的损害，则其行为不能成立紧急避险，构成犯罪的还要追究其刑事责任。

刑法规定紧急避险“迫不得已”这一限制条件，是基于紧急避险的立法精神旨在牺牲较小的合法利益而保全更大的合法利益，在合法利益可以两全的情况下损害较小合法利益，对社会不但无益反而有害。当然，在考察行为人是否迫不得已时，一定要实事求是地分析危险发生时的客观情况（包括环境、时间、危险的紧急程度等），结合行为人的自身生理和心理状况（包括年龄、经验、体格、主观认识条件等），予以合理认定。

（七）避险禁止

根据刑法的规定，紧急避险中“关于避免本人危险的规定，不适用于职务上、业务上负有特定责任的人”。这是紧急避险的禁止条件。所谓在职务上、业务上负有特定的责任，是指某些人依法承担的职务或所从事的业务活动本身，就要求他们与一定的危险进行斗争。例如，军人就必须服从命令参加战斗，面对战死沙场的危险；消防队员就必须奋勇扑火，面对烧伤的危险；民航客机发生故障，机组人员必须始终与乘客一起，面对死亡的危险；医生、护士在治疗疾病时，必须面对病菌感染的危险，等等。法律不允许职务上、业务上负有特定责任的人对个人面临的危险实行紧急避险，是基于如下理由：其一，负有特定责任的人的工作具有排险性质，涉及国家和人民重大利益。如果允许他们避险，这与排险工作背道而驰。其二，负有特定责任的人一般经过专门培训，具有与职责有关的专门知识和技能。只要他们运用专门技能，一般可以在不损害自己的条件下排除损害危险。如果不去排险，则会给社会带来重大损失。这不符合紧急避险的条件。需要指出的是，法律的这一禁止性规定并不意味着负有特定职责的人员一概不能避险。在排险过程中，负有特定职责的人为避免本人危险也可以采取一定的避险措施。

上述七个条件，是紧急避险成立的必备要件，缺一不可。

三、避险过当及其刑事责任

避险行为超过必要限度造成不应有的损害的，成立避险过当。紧急避险的意义在于损害较小的合法利益以保护较大的合法利益。如果避险人实际损害了较大的或者价值相等的利益，造成了不必要的损害，避险便失去了意义。根据我国刑法的规定，避险过当应当负刑事责任。

避险过当具备避险性与过当性两重性。构成避险过当，必须具备主客观两方面的要件：其一，行为人在主观上对避险过当行为具有罪过。一般来说，避险过当的罪过形式通常是疏忽大意的过失，即行为人应当预见自己的避险行为所损害的权益可能等于或者大于所保全的权益，因为疏忽大意而没有预见，以致超过必要限度造成了不应有的损害。在少数情况下，也可能是间接故意或过于自信的过失。其二，行为人在客观上实施了超过必要限度的避险行为，造成了合法权益的不应有损害。避险行为所损害的合法权益大于或等于所保全的合法权益时，该行为就超过了必要限度，属于过当行为。例如，为了保全本人的某种财产利益而牺牲了他人或公共的更大的财产利益，为了保全自己的健康或生命而牺牲他人的生命，都属于避险过当的行为。

避险过当不是独立的罪名，刑法分则也没有对避险过当规定独立的法定刑。因此，在追究避险过当的刑事责任时，应当根据行为人的主观罪过形式及过当行为特征，按照刑法分则中的相应条款定罪量刑。例如，过失致死罪、过失重伤罪，等等。司法文书中应同时引用刑法总则关于避险过当的条款。

根据刑法第 21 条第 2 款的规定，对于避险过当行为，量刑时应当减轻或者免除处罚。在裁量何种情况下减轻、如何减轻，在何种情况下免除处罚时，要综合考虑避险目的、罪过形式、保护权益的性质、过当程度等诸种因素。

四、紧急避险与正当防卫的区别

紧急避险与正当防卫都是为了保护国家、公共利益、本人或者他人的人身、财产和其他权利，而给他人的某种权利或者利益造成一定的损害，都是正当行为。但是二者区别亦较为明显：紧急避险是两个合法权益之间的冲突，是“两害相权取其轻”的问题；而正当防卫则是合法权益与不法侵害之间的矛盾，是“正对不正”的问题。具体而言，二者区别表现在：

1. 危险来源不同。紧急避险的危险来源多种多样，除了人的不法侵害外，还包括自然的力量、动物的侵袭，以及人的生理、病理过程；而正当防卫的危险来源只限于人的不法侵害。

2. 损害对象不同。紧急避险是损害与造成危险无关第三者的合法权益；而正当防卫则只能损害不法侵害者的利益。

3. 实施条件不同。紧急避险只能在没有任何其他方法排除危险的迫不得已的情况下才能实施；而正当防卫则无此限制，公民只要面对正在进行的不法侵害就可以实施，而不论他是否有条件采取逃跑、报警、劝阻等方法制止不法侵害。

4. 限度标准不同。紧急避险造成的损害只能小于所避免的损害，不能等于甚至大于所避免的损害；而正当防卫的必要限度，则是制止不法侵害所必需，只要所造成的损害不明显超过不法侵害造成的损害即可。

第四节 其他排除犯罪性的事由

一、依照法令的行为

依照法令的行为，是指基于现行法律、法令、法规而实施的行为。依照法令的行为是公民依法所为，其目的是为了维护国家和人民的根本利益，因而是合法行为，不是犯罪行为。故将法令行为作为排除犯罪性的事由。

一般认为，法令行为包括四类行为：一是法律基于政策理由排除犯罪性的行为，即某类行为本来具有犯罪性，但法律基于政策上的考虑，将其中的某种行为规定为合法行为。如发行彩票本来可谓赌博行为，但基于财政政策等理由，有关法律允许特定机构以特定形式发行彩票。这种行为便不成立犯罪。二是法律有意明示了合法性条件的行为，即某类行为本来具有犯罪性，但法律特别规定，符合一定条件时属合法行为。三是职权（职务）行为，即公务人员根据法律行使职务或者履行职责的行为。既包括基于法律的直接规定实施的行为，也包括基于上级的职务命令实施的行为。如司法工作人员对犯罪嫌疑人实行逮捕。四是权利（义务）行为，即在法律规定上作为公民的权利（义务）的行为，如一般人扭送现行犯。

依照法令的行为必须具备的条件：（1）实施的行为必须是基于法律、法令、法规的规定所实施的行为，因此，如果行为人所实施的行为没有法律、法令、法规的根据，或者虽有一定根据但在实体上或程序上违反了法律、法令或法规的规定，则不属于法令行为，相反可能构成犯罪。（2）在主观上必须是出于依法行使权利或者履行义务的意图，即在行为时，行为人认识到自己所实施的是法律、法令赋予的权利行为或者义务行为，而且是为了国家、公共利益、本人或者他人的合法权益而为之，否则不排除其犯罪性。（3）依照法令的行为必须是在法定限度内实施，否则就会给社会造成不应有的损害。所谓法定限度，就是实施行为的方式、强度及其结果都是符合法律、法令规定的行使权利或者履行义务的要求，没有给社会造成不应有的损害。

二、正当业务行为

正当业务行为，是指虽然没有法律、法令、法规的直接规定，但在社会生活上被认为是正当的业务上的行为。正当业务行为是法律允许的保全某种合法权益或者发展某项社会事业所需要的行为，虽然有时从客观上看好像具有某种犯罪的构成要件，但在实际上是对国家和人民有益的行为。如医生为了医疗疾病的需要，切除患者带上病灶的人体器官或者肢体；运动员在拳击、摔跤、柔道等体育竞赛中击伤或摔伤了他人的身体。一般来说只有业务本身是正当的，而且没有超出业务的范围时，才排除犯罪，超出正当范围的行为并不排除犯罪的成立。例如，记者的采访报道活动属正当业务行为，但记者所捏造事实诽谤他人的，并不排除犯罪的成立。律师的辩护活动也是正当业务行为，但律师帮助当事人毁灭证据的，并不排除犯罪的成立。

正当业务行为在现实生活中到处可见，但要排除其犯罪性，应当具备以下的条件：（1）从事的业务必须是正当的，包括两方面的内容：一是从业者本身具有从事某种特定业务的实际能力；二是所从事的业务经过了有关主管部门的许可或者事实上已被社会公众认可，否则不能认为其业务行为是正当的，亦不排除其行为的犯罪性。（2）实施的行为必须在其业务范围以内，如果行为超出了所从业的许可界限，由此而产生严重危害结果的，应当负法律责任。（3）从业人员在主观上必须是出于从事正当业务的意图，即从业人在实施某种行为时，认识到自己的行为是在履行所担负的社会职责，并通过自己所为的行为达到保全某种合法的权益或者发展某项社会事业的目的，如果从业人员不是基于上述的意图不排除其犯罪性。（4）从事业务的行为不能超过必要限度。

三、被害人的承诺

被害人的承诺的行为，是指经过处分某种权益的人的同意而实施的损害其权益的行为。这种行为是否属于排除犯罪性的行为，应当根据损害的权益的性质、方法及其后果具体而论，不能一概而言。

根据刑法的规定和司法实践，经被害人同意的行为，只有符合一定条件，才可以排除犯罪性的行为。（1）有效的承诺以承诺者对被侵害的法益具有处分权限为前提。对于国家、公共利益与他人利益，不存在被害人承诺的问题，故只有被害人承诺侵害自己的法益时，才有可能排除行为的犯罪性。但即使是承诺侵害自己的法益时，也有一定限度。如经被害人承诺而杀害本人的行为，仍然成立故意杀人罪。因为根据我国法律的规定，个人属于国家、社会的一员，其生命是个人的权益，又是国家和社会的公共权益，因而经他人同意而剥夺其生命权利的行为，不能排除其行为的犯罪性。（2）承诺是被害人的真实意志，戏言性的承诺、基于强制或者威压做出的承诺，不影响行为的犯罪性。值得讨论的是基于错误的承诺的效力。如果因为受骗而对所放弃的法益的种类、范围或者危险性发生了错误认识（所谓法益关系的错误），其所做出的承诺则无效。行为人冒充妇女的丈夫实施奸淫行为时，黑夜中的妇女以为对方是自己的丈夫而同意发生性关系的，其承诺无效。（3）被害人的承诺出于有益于社会的意图。即被害人之所以同意他人损害自己的合法权益，只能是出于良好的动机和追求正当的目的。例如，同意损害自己的身体健康为了救助他人，同意毁坏自己的财产以资科学实验。如果同意行为是出于损害国家、公共或者他人的权益，则应依法追究刑事责任。（4）承诺至迟必须存在于结果发生时，被害人在结果发生前变更承诺的，则原来的承诺无效。事后承诺不影响行为成立犯罪；否则国家的追诉权就会受被害人意志的任意左右。（5）经承诺所实施的行为不得超出承诺的范围。例如，甲同意乙砍掉自己的一个小手指，而乙砍掉了甲的两个手指，这种行为仍然成立故意伤害罪。（6）经承诺所实施的行为本身必须不得违反法律规定，否则可能成立其他犯罪。例如，即使妇女同意数人同时对其实施淫乱行为，但如果数人以不特定或者多数人可能认识到的方式实施淫乱行为时，虽不构成强奸罪，但不排除聚众淫乱罪的成立。

四、基于推定的承诺的行为

现实上没有被害人的承诺，但如果被害人知道事实真相后，当然会承诺，在这种情况下，推定被害人的意志所实施的，保护被害人法益的行为，就是基于推定的承诺的行为。如发生火灾之际，为了避免烧毁被害人的贵重财产，闯入屋内搬出贵重物品的行为，就是基于推定的承诺的行为。

基于推定的承诺的行为，必须具备以下条件：（1）被害人没有现实的承诺。（2）推定被害人知道真相将承诺，这种推定以合理的一般人意志为标准，而不是以被害人的实际意志为标准。（3）必须是为了被害人的一部分法益牺牲其另一部分法益，但所牺牲的法益不得大于所保护的法益。（4）必须针对被害人有处分权限的个人法益实施行为。（5）必须不违反法律。

五、自救行为

自救行为，是指法益受到侵害的人，在通过法律程序、依靠国家机关不可能或者明显难以恢复的情况下，依靠自己的力量救济法益的行为。例如，盗窃罪的被害人，在盗窃犯即将毁损所盗物品或者逃往外地等场合，来不及通过司法机关挽回损失，使用暴力等手段迅速从盗窃犯手中夺回财物的，就是自救行为。自救行为是在危急的情况下，被害人为保全自己的合法权益或者为恢复被侵害权益的原状，而出于迫不得已所采取应急措施。它对保护公民个人的合法权益和挽回不法侵害所造成的损害，具有重要意义，因而不能认为是犯罪。自救行为必须具有以下条件：（1）只适用于保护自己的合法权益。（2）通过法律程序、依靠国家机关不可能或者明显难以恢复受侵害的法益。这表明，通过自救行为可以恢复受侵害的法益；如果不可能恢复受侵害的法益，则不能实施自救行为。（3）实行自救行为必须要有不法侵害的状态存在，对于合法行为或者其他正当行为不能实行自救行为。同时，自救行为只能是在不法侵害行为已经结束而不法状态尚存的过程中实施，如果不法侵害行为即将开始或者正在进行，则是进行正当防卫或者紧急避险的问题，而非自救行为。（4）自救行为的手段具有适当性，所造成的侵害与救济的法益具有相当性。

六、自损行为

自损行为，指自己损害自己法益的行为，如自杀、自伤、自己毁损自己所有的财物等，这些行为一般不成立犯罪。但是，当自损行为同时危害国家、社会或他人法益时，则可能成立犯罪。如军人战时自伤的，放火烧毁自己的财物但危害公共安全的，成立犯罪。需要注意的是，在未成年人实施自损行为时，负有保护义务的保证人不履行保护义务的，可能成立不作为犯罪。

七、义务冲突

义务冲突，是指存在两个以上不相容的义务，为了履行其中的某种义务，而不得已不履行其他义务的情况。例如，律师为了在法庭上维护被告人的法益，不得已泄露他人的隐私。再如，两个幼儿坠入急流中，父亲只能救助其中一个幼儿。义务冲突与紧急避险有相似之处，但紧急避险是一种作为的形式，义务冲突是一种不作为的形式；就紧急避险而言，本人法益面临危险时，如果愿意忍受危险，可以不实行紧急避险，就义务冲突而言，负有义务的人必须履行其中的某项义务。

义务冲突必须具备两个基本条件：首先，存在两个以上的义务。其次，必须权衡义务的轻重，即必须是为了履行重要义务，放弃非重要的义务；为了履行非重要义务而放弃重要义务的，可能成立犯罪。

第十章　故意犯罪过程中的形态

第一节　故意犯罪过程中的形态概述

一、故意犯罪过程中的形态的概念

故意犯罪在犯罪人产生和确立犯意以后，从其开始犯罪行为，到完成犯罪，有一个纵向的时间过程。受各种因素的影响与制约，这一过程在不同案件和不同犯罪情况下长短各异。对无预谋的突发性犯罪而言，在犯意产生后一般就着手实行犯罪，其间往往没有什么犯罪的预备活动。而对于预谋性犯罪来说，在产生犯意后，一个完整的犯罪过程通常表现为，犯罪人先行必要的甚至是充分的犯罪准备活动，继而着手实行犯罪，最后臻于完成预期的犯罪。但是，由于任何一个犯罪在其发展过程中都要受到不同的主观条件的影响，并非每一个犯罪人均能顺利地完成这个过程，实现其预期的犯罪目的。有的在犯罪准备或者实行过程中，因受到意志以外的阻力而被迫停止；有的在犯罪的准备或者实行过程中，因自动放弃犯罪而停止犯罪或者自动有效地防止犯罪结果的发生；有的完成了犯罪过程，实现了犯罪目的。这样，就在故意犯罪过程中，出现和形成了犯罪的预备、未遂、中止和既遂的不同犯罪形态。

所谓故意犯罪过程中的形态，是指故意犯罪在其产生、发展和完成犯罪的过程及阶段中，因主客观原因而停止的各种犯罪状态。

故意犯罪过程中的形态，按其停止时犯罪是否已经完成为标准，可以区分为两种基本类型：一是犯罪的完成形态，即犯罪的既遂形态，是指故意犯罪在其发展过程中未在中途停止而得以进行到终点，行为人完成了犯罪的情形。二是犯罪的未完成形态，即故意犯罪在其发展过程中居于中途停止，犯罪未进行到终点，行为人没有完成犯罪的情形。在犯罪的未完成形态这一类型中，又可以根据犯罪停止下来的原因或其距犯罪完成的距离等情况的不同，进一步再区分为犯罪的预备形态、未遂形态和中止形态。

二、故意犯罪过程中的形态的特征

故意犯罪的预备、未遂、中止和既遂形态，有一个至关重要的共同特征，即它们都是犯罪的停止状态，是故意犯罪过程中不再发展而固定下来的相对静止的不同结局，它们之间是一种彼此独立存在的关系，而不可能相互转化，犯罪预备形态不可能再前进为未遂形态，未完成形态不可能再转化为完成形态。明确故意犯罪的完成与未完成形态的这一重要属性，是准确把握其性质并正确理解和解决其定罪量刑问题的基础，同时也是正确阐明故意犯罪的停止形态与故意犯罪的发展过程和阶段之间关系的需要。

故意犯罪的过程，是指故意犯罪发生、发展和完成所要经过的程序、阶段的总和与整体，它是故意犯罪运动、发展和变化的连续性在时间和空间上的表现。故意犯罪的阶段，亦称故意犯罪的发展阶段，是故意犯罪发展过程中因主客观具体内容有所不同而划分的段落。故意犯罪发展过程中因主客观具体情况的不同。而划分为不同的故意犯罪阶段，这些具有不同特征的阶段处于故意犯罪发展的总过程中，呈现出前后相互连接、此伏彼起的递进和发展变化关系。运动、发展和变化是故意犯罪过程和阶段所共有的属性和特征。故意犯罪的过程和阶段，以行为人开始实施犯罪的预备行为为其起点，以行为人完成犯罪为其终点。故意犯罪过程中的犯罪发展阶段有二：一是犯罪的预备阶段，其时空范围从行为人开始实施犯罪预备行为之时为起点，至行为人完成犯罪预备行为而尚未着手犯罪实行行为之时为终点。二是犯罪的实行阶段，其时空范围从行为人着手犯罪实行行为之时为起点，至行为人完成犯罪即达到犯罪既遂为终点。如果把故意犯罪的发展过程比作一条线，则这条线上就应有犯罪预备和犯罪实行两个“线段”，有开始犯罪预备、着手犯罪实行行为和犯罪完成（达到既遂）三个“点”。

故意犯罪的形态与故意犯罪的过程和阶段之间，是一种既相互区别又密切关联的关系。其主要区别在于：故意犯罪的形态是故意犯罪已经停止下来的各种不同的结局和形态，属于相对静止范畴的概念；故意犯罪的过程与阶段是故意犯罪发生、发展和完成的进程与进程中划分的段落，属于相继运动发展的概念。由于这种区别，故意犯罪的预备、未遂、中止、既遂形态，作为已经停止的不同的犯罪形态，就不可能具有前后相互衔接、此伏彼起的递进和发展变化属性，因而不能将这些形态称为故意犯罪的阶段。同时，就一个人实施某种犯罪的案件而言，他也只能构成犯罪停止形态中的某一种犯罪形态，而不可能同时构成两种以上的犯罪停止形态；而一个人实施某种具体犯罪案件时，完全可能同时具有两个犯罪阶段及完整的犯罪过程。故意犯罪的形态与故意犯罪的过程和阶段的主要联系在于：故意犯罪的形态是在故意犯罪的过程和阶段中产生的，各种犯罪形态的产生及其界定，依赖犯罪过程和阶段的存在及其不同的发展程度。

综上所述，犯罪的预备、未遂、中止和既遂形态，都是在故意犯罪发展中，在犯罪的某个阶段，由于犯罪主客观原因的变化和作用，使犯罪停止下来不再发展变化的不同状态和结局，这就是犯罪停止形态与犯罪发展过程和阶段的一般关系。具体来说：（1）从犯罪人开始犯罪预备行为之时起，至着手犯罪实行行为前的整个犯罪预备阶段，可能出现犯罪的预备和中止这两种形态和结局，这一阶段中由于行为人意志以外的原因而被迫停止犯罪预备行为或者未能着手犯罪实行行为的，是犯罪的预备形态；行为人此时自动中止犯罪预备行为的继续进行或者放弃着手实行犯罪的，是犯罪的中止形态。（2）从犯罪人着手实行行为开始，至犯罪实行阶段终了前的整个犯罪实行阶段，可能出现犯罪的未遂和中止这两种形态与结局。这一阶段中由于行为人意志以外的原因，而使犯罪停止在未完成状态的，是犯罪的未遂形态；行为人此时自动中止犯罪实行行为的继续实施或者自动阻止犯罪的完成，因而使犯罪停止在未完成形态的，是犯罪的中止形态。（3）犯罪实行阶段终了（而不仅仅是犯罪实行行为终了）即犯罪完成之时，出现犯罪的既遂形态。

三、故意犯罪过程中的形态的意义

研究故意犯罪过程中形态问题，具有重要的实践与理论意义。

1. 是正确定罪量刑的需要。从定罪方面看：故意犯罪的各种停止形态具有不同的构成特征，在定罪时要求对犯罪形态予以明确的认定；同时，犯罪停止形态问题也往往涉及此罪与彼罪的区分，如故意杀人未遂与故意伤害罪的区分，从而需要明辨。犯罪停止形态问题对量刑的影响更为突出，因为不同停止形态的危害程度不同，理应处罚有别，刑法也在主客观相统一的基础上经过考察，对危害程度不同的犯罪停止形态设立了轻重不同的处罚原则，要正确理解和适用这些处罚原则，就需要认真研究犯罪形态的实践和理论问题。

2. 有助于深入地认识和科学地把握故意犯罪。故意犯罪现象的形形色色和错综复杂，在相当程度上表现在纵向发展过程中。因而通过对故意犯罪的纵向考察，分析研究其在纵向过程中的种种停止形态的共性与个性的问题，无疑会从一个重要的方面大大丰富和加深我们对故意犯罪的现象与本质的认识和正确把握。

四、犯罪停止形态存在的范围

（一）过失犯罪不存在犯罪的停止形态

过失犯罪由于行为人主观上具备的不是故意危害社会而是过失的心理，客观上我国刑法又限定只有发生危害结果且刑法分则条文有明文规定的才构成犯罪，因而过失犯罪不可能存在犯罪的预备、未遂和中止形态，这些未完成犯罪的形态不具备法定的危害结果，由于犯罪完成形态是与犯罪未完成形态相对而言的，过失犯罪既然无犯罪未完成形态的存在，因而也就无犯罪完成形态即犯罪既遂存在的余地和意义。因此，过失犯罪只有是否成立即是否构成犯罪的问题，而不存在犯罪的预备、未遂、中止和既遂形态。

（二）间接故意犯罪也不存在犯罪的停止形态

间接故意犯罪由其主客观特征所决定，不可能存在未完成犯罪的预备、未遂和中止这些犯罪停止形态。先从主观方面分析：间接故意犯罪主观要件的特点，是表现为对自己的行为可能造成的一定危害结果的发生与否持“放任”的心理态度，即听之任之、发生与否都可以的心理态度。这样，行为人所放任的危害结果未发生时，这种结局也就是行为人放任心理所包含的。放任心理由其所包含的客观结局的多样性和不固定性所决定，根本谈不上对完成特定犯罪的追求，也就谈不到这种追求的实现与否。而犯罪的预备、未遂和中止形态的行为人，原本都存在实施和完成特定犯罪的犯罪意志与追求心理。之所以在未完成犯罪时停止，对犯罪的预备形态和未遂形态而言是因为受到行为人意志以外原因的阻止，对犯罪的中止形态而言是因为行为人自动放弃了原先的完成特定犯罪的意图。可见，间接故意犯罪主观上的放任心理是不符合未完成形态的主观特征的，因而间接故意犯罪不可能存在犯罪的预备、未遂和中止形态。再从客观方面考察：犯罪未完成形态在客观方面表现为，行为人开始犯罪的预备行为或者着手犯罪实行行为之后，由于行为人完成犯罪的意志以外原因的阻止或者行为人自动放弃犯罪意志，而使犯罪停止在未完成的状态下。间接故意犯罪由其主观“放任”心理的支配，而在客观方面不可能存在未完成特定犯罪的状态，因为客观上出现的此种状态或彼种结局都是符合其放任心理的。因而对这种案件应以行为的实际结局决定定罪问题。这样间接故意犯罪也就没有了犯罪未完成形态存在的余地。

间接故意犯罪也不存在犯罪的既遂形态。这主要也是由于间接故意犯罪不存在犯罪的未完成形态，因而就失去了存在与未完成形态相对而言的完成形态即既遂的意义与可能。

因此，间接故意犯罪不存在犯罪的预备、未遂、中止和既遂形态与称谓问题，间接故意实施的危害行为也只有是否构成犯罪的问题。间接故意实施的危害行为只能是造成了为刑法所惩罚的实际危害结果时，才能构成犯罪，而且危害结果符合什么罪的构成要件就成立什么罪。这是符合犯罪构成的原理和间接故意犯罪的主客观特征的。

（三）直接故意犯罪并非都存在犯罪的停止形态

直接故意犯罪的主客观特征，决定了其可能存在犯罪的既遂、预备、未遂、中止形态。直接故意犯罪的行为人在希望、追求完成某种特定犯罪的主观罪过形式的支配下，客观上就会有一个进行犯罪预备行为、实施犯罪实行行为和完成犯罪的过程与阶段。在这一过程与阶段顺利完成的情况下，就形成了犯罪的既遂形态，若在此过程和阶段中因主客观因素而使犯罪停止下来，就形成了犯罪的预备、未遂或中止形态。

直接故意犯罪可以存在犯罪的完成和未完成形态，这是就其总体和大多数直接故意犯罪而言的，并不意味着一切直接故意犯罪的罪种与具体案件都可以存在这些犯罪的停止形态。首先，从罪种方面分析，有几类直接故意犯罪不存在某种或某几种犯罪的未完成形态：一是一旦着手实行即告完成犯罪的举动犯（如我国刑法中的煽动分裂国家罪、煽动颠覆国家政权罪、煽动暴力抗拒法律实施罪、传授犯罪方法罪等），不可能存在犯罪未遂；二是我国刑法中把“情节严重”、“情节恶劣”规定为构成犯罪限制性要件的情节犯，不可能存在犯罪未遂；三是结果加重犯和情节加重犯，由其构成特征所决定，不存在犯罪既遂与未遂之分，而只有构成一种状态，即只有是否成立加重构成犯之分。其次，再从具体案件方面考察，突发性的直接故意犯罪案件由于一般不存在犯罪的预备阶段而直接着手实施犯罪实行行为，因而往往也不可能存在犯罪的预备形态以及犯罪预备阶段的中止形态，而只有犯罪未遂、犯罪实行阶段的犯罪中止以及犯罪既遂形态存在的可能。

五、犯罪未完成形态负刑事责任的根据

故意犯罪的完成形态即既遂形态负刑事责任的根据，在于其完全具备主客观相统一的犯罪构成要件。那么，故意犯罪的未完成形态负刑事责任的根据何在？正确认识与把握这一问题，显然至关重要。

我们认为，行为符合主客观相统一的犯罪构成，是行为人负刑事责任的科学根据。这既适用于故意犯罪的完成形态，也适用于故意犯罪的未完成形态。但这并不意味着犯罪的未完成形态与完成形态的犯罪构成模式是完全划一、毫无差异的。恰恰相反，犯罪的未完成形态与完成形态的犯罪构成模式是不同的，各有其自己的特点。如果说故意犯罪完成形态的构成是基本的犯罪构成，那么，故意犯罪未完成形态的构成就是修正的犯罪构成。应当注意，修正的犯罪构成也是要件完整齐备的犯罪构成，因为犯罪构成只能是一个主客观诸要件有机统一和紧密结合的整体，无论是基本的犯罪构成还是修正的犯罪构成，都只能作为一个诸要件完备的统一体而存在，缺少任何要件，犯罪构成都是不可

能存在的。因此，犯罪的预备、未遂、中止这些未完成形态的犯罪构成，是法律对既遂这种完成形态的犯罪构成加以修正和变更而确定下来的，未完成形态的构成要件与完成形态的构成要件在具体要件的内容上有所不同。我们虽然也可以说未完成形态不具备完成形态犯罪构成的全部要件，但准确而言，应当说各种未完成形态都具备了法律规定与要求的各自犯罪构成的全部要件，未完成形态不可能也不需要具备完成形态犯罪构成的全部要件。我们不能拿完成形态的犯罪构成模式去要求和衡量未完成犯罪而停止下来的犯罪情况，而只能拿各种未完成形态的犯罪构成模式来衡量这些犯罪情况。进而分析，犯罪既遂形态的犯罪构成表现为，符合主体条件的行为人着手实行并完成了犯罪，实现了特定的犯罪意图，对特定的社会关系造成了实质性的严重侵害，其中相当一些还是造成了结果性侵害。这是基本的犯罪构成模式。犯罪的未完成形态如同完成形态一样，也需要同时具备主客观相统一的四个方面的犯罪构成要件，这是这两类形态在犯罪构成上的共性；另外，各种未完成形态又有着不同于完成形态且彼此间也有所不同的犯罪构成模式。这是与完成形态相比在犯罪构成上的个性或曰特殊性。我国刑法之所以对犯罪未完成形态追究刑事责任，是因为犯罪未完成形态完全具备了与既遂形态的基本犯罪构成有所不同的修正的犯罪构成的诸要件，完成了主观犯罪故意与客观危害行为的有机结合。此乃犯罪未完成形态负刑事责任最基本、最重要的主客观相统一的根据，这也正是我国刑法认定犯罪未完成形态具有应罚性的主要立法精神所在。

第二节　犯罪既遂

一、犯罪既遂的概念

犯罪既遂是故意犯罪的完成形态。是指行为人故意实施的犯罪行为已经具备了刑法分则所规定的某种犯罪的全部构成要件。

确认犯罪是否既遂，应当根据什么标准？法学只是主要存在三种观点：一是犯罪目的实现说。主张应当以犯罪目的的实现与否作为认定犯罪既遂的标准。实现了犯罪目的，为犯罪既遂，未实现犯罪目的的则为犯罪未遂。二是犯罪结果发生说。主张应当以犯罪结果的发生与否作为认定犯罪既遂的标准，发生了犯罪结果的，为犯罪既遂，未发生犯罪结果则为犯罪未遂。三是犯罪构成要件齐备说，主张应当以犯罪构成要件是否齐备作为认定犯罪既遂的标准，具备了犯罪构成的全部要件，就是犯罪既遂。否则就是犯罪未遂。我们认为，第一、二种观点，虽然有一定的道理，并可区分某些犯罪的既遂与未遂。例如，杀人犯把被害人杀死了，或者说是犯罪目的实现了，或者说是犯罪发生了。这就是故意杀人罪的既遂。但是，这两种观点却并非能够区分所有犯罪的既遂与未遂。因为有些犯罪的目的并没有实现，或者说根本就不可能实现其犯罪目的，但从刑法规定来看已经是既遂了。前者如走私淫秽物品罪、绑架罪、赌博罪、诬告陷害罪等目的犯，刑法规定这些犯罪都是以特定目的为必要条件的，行为人也都是为了营利或者其他目的而实施犯罪的，但这类犯罪既遂的成立，并不要求犯罪目的的事实实现，只要实施了刑法规定的犯罪行为，即构成犯罪既遂。后者如颠覆国家政权罪、煽动颠覆国家政权罪等，刑法规定行为人在主观上具有推翻社会主义制度的目的，显然这是不可能实现的，如若用犯罪目的的实现说衡量犯罪既遂与否，就会得出有些犯罪没有既遂的错误结论。同样，有一些犯罪也并不要求实际的犯罪结果发生，只要实施了刑法分则规定的犯罪行为，即使没有发生犯罪分子所追求的犯罪结果，也构成既遂。而犯罪构成的要件齐备作为既遂与未遂区分的标志，不但有明确统一的法律规定可供司法实践遵循贯彻，而且能够适用于一切存在既遂形态的犯罪并把其既遂与未遂区分开来。因为既遂在不同类型犯罪里的具体标志，无论是犯罪结果的发生，犯罪行为达到一定程度的完成，还是法律规定的危险状态的具备，尽管形形色色，各不相同，但是都可以概括为犯罪构成要件的全部具备，都分别是犯罪构成要件具备的具体表现形式。

二、犯罪既遂形态的类型

根据我国刑法分则对各种直接故意犯罪构成要件的不同规定，犯罪既遂主要有以下四种不同的类型：

1. 结果犯。指不仅要实施具体犯罪构成客观要件的行为，而且必须发生法定的犯罪结果才构成既遂的犯罪，即以法定的犯罪结果的发生与否作为犯罪既遂与未遂区别标志的犯罪。所谓法定的犯罪结果，是专指犯罪行为通过对犯罪对象的作用而给犯罪客体造成的物质性的、可以具体测量确定的、有形的损害结果。这类犯罪在我国刑法中为数很多，而且多是常见罪、多发罪，例如，故意杀人罪、故意伤害罪、抢劫罪、抢夺罪、盗窃罪、诈骗罪，等等。如故意杀人罪的犯罪结果就是他人的死亡，发生了死亡结果的为既遂，因行为人意志以外原因未发生死亡结果的为未遂。盗窃犯非法占有了公私财物，就是盗窃罪的既遂。如果没有发生非法占有公私财物的结果，就是盗窃罪的未遂。

2. 行为犯。指以法定的犯罪行为的完成作为既遂标志的犯罪。这类犯罪的既遂并不要求造成物质性的和有形的犯罪结果，而是以行为完成为标志，但是这些行为不是一着手即告完成的，按照法律的要求，这种行为要有一个实行过程，要达到一定程度，才能视为行为的完成。因此，在着手实行犯罪的情况下，如果达到了法律要求的程度就是完成了犯罪行为，就应视为犯罪的完成即既遂的构成；如果因犯罪人意志以外的原因未能达到法律要求的程度，未能完成犯罪行为，就应认定为未完成犯罪而构成犯罪未遂。这类犯罪在我国刑法中有相当的数量，如强奸罪、奸淫幼女罪、传播性病罪、脱逃罪、偷越国（边）境罪、投敌叛变罪等。脱逃罪以行为人达到逃脱了监禁羁押的状态和程度，作为犯罪行为完成和犯罪既遂成立的标志，未能达到这一程度的是犯罪行为未完成，应成立犯罪未遂。

3. 危险犯。指以造成某种犯罪结果发生的危险状态作为既遂标准。危险犯的既遂，要求行为人实施刑法分则规定的某种行为，只要造成足以发生严重后果的危险状态即为既遂。并不以严重后果的实际发生作为认定犯罪既遂的标准。如我国刑法第 114 条、第 116 条、第 117 条、第 118 条所规定的放火罪、决水罪、爆炸罪、投毒罪、以危险方法危害公共安全罪、破坏交通工具罪、破坏交通设施罪、破坏电力设备罪、破坏易燃易爆设备罪等。这类犯罪在刑法理论上称为危险犯。从主观方面看既可以是直接故意也可以是间接故意。对由直接故意构成的这类犯罪来说，其既遂也不是造成物质性和有形的犯罪结果，而是以法定的客观危险状态的具备为标志。

4. 举动犯。也称即时犯，是指按照法律规定，行为人一着手犯罪实行行为即告犯罪完成和完全符合构成要件，从而构成既遂的犯罪。从犯罪构成性质上分析，举动犯大致包括两种构成情况：一是原本为预备性质的犯罪构成。如我国刑法中的参加恐怖活动组织罪、参加黑社会性质组织罪等。这些犯罪中的实行行为从法理上讲原本是预备性质的行为，是为实行犯罪创造便利条件的预备行为，但由于这些预备性质的行为所涉及的犯罪性质严重，一旦进一步着手实行危害就很大，为有力地打击和防范这些犯罪，法律把这些预备性质的行为提升为这些犯罪构成中的实行行为，并且规定这些犯罪为举动犯，着手实行即构成既遂。二是教唆煽动性质的犯罪构成。如我国刑法中的煽动民族仇恨、民族歧视罪，传授犯罪方法罪等。这些犯罪的实行行为都是教唆性、煽动性的行为，针对多人实施，旨在激起多人产生和实行犯罪意图。因而这些犯罪的危害很大、危害范围也较广，而且即使实施完毕也不一定发生或不一定立即产生可以具体确定的有形的实际危害结果，考虑到这些犯罪严重的危害性及其犯罪行为的特殊性质，法律也把它们规定为举动犯，即只要行为人着手实行犯罪，就具备了犯罪构成的全部要件而构成既遂。由于举动犯是着手实行犯罪就构成既遂，因而其不存在犯罪未遂问题，也就没有既遂与未遂之分。但是，举动犯存在犯罪既遂形态与犯罪预备形态、预备阶段的中止形态之别。

三、既遂犯的刑事责任

从现代各国刑事立法和刑法理论来看，犯罪既遂的行为人即既遂犯构成的是故意犯罪的完成形态，符合的是基本的犯罪构成即刑法分则具体犯罪条文的构成，而分则条文的法定刑就是为犯罪的基本构成设置的。因此，各国刑法均未再专门规定既遂犯的特殊处罚原则，因此，对于既遂犯直接按照刑法分则有关条文的规定定罪判刑。

第三节　犯罪预备

一、犯罪预备的概念和特征

（一）犯罪预备的概念

我国刑法第 22 条第 1 款规定“为了犯罪，准备工具、制造条件的，是犯罪预备”，从其规定中可以看出所谓犯罪预备是故意犯罪过程中未完成犯罪的一种停止状态，是指行为人为实施犯罪而开始创造条件的行为，由于行为人意志以外的原因而未能着手犯罪实行行为的犯罪停止形态。

（二）犯罪预备的特征

1. 行为人在客观上已经开始实施犯罪的预备行为

犯罪预备是故意犯罪过程中的一种犯罪形态，而故意犯罪过程的起点就是预备行为。所以行为人开始实施犯罪的预备行为，表明故意犯罪过程已经开始，从而也表明了犯罪与非犯罪的界限。

所谓犯罪的预备行为，就是为犯罪的实行和完成创造便利条件的行为。为犯罪的实行和完成创造便利条件是预备行为的本质特征，它使犯罪预备在客观方面区别于犯罪未遂。从犯罪分子的主观方面看，预备行为一方面受着整个犯罪目的的支配，犯罪目的决定着预备行为的性质和方向；而另一方面，犯罪分子实施预备行为的直接目的就是为犯罪创造便利条件，使犯罪能顺利地着手实施并完成。具体而言，一些犯罪以进行预备为必要，没有预备行为，就无法着手实行犯罪。比如，投毒杀人，不事先准备毒药就无法实行投毒行为。在此情况下，预备行为的目的就是顺利地着手实施犯罪。另外还有一些，通过预备行为可以使之易于完成。即这些犯罪是否经过预备，其完成的难易程度不同。如盗窃罪，犯罪分子经过周密的调查，就要比不经过调查直接实施要易于完成。在这种情况下，预备行为的目的就是便于犯罪的完成。除此之外，有的犯罪通过预备行为可以使犯罪分子便于逃脱，这虽不直接为犯罪的着手实施与完成提供条件，但却在精神上为犯罪分子提供帮助，所以在这种情况下，预备行为的目的还是为了便于着手实施并完成犯罪。

作为便利犯罪着手实施和完成的行为，预备行为在现实中是多种多样的，根据刑法的规定，主要的以下两种：

（1）为实施犯罪准备犯罪工具的行为。这是预备行为最常见的一种形式，故也是法律特别加以规定的一种形式。所谓犯罪工具，是指犯罪分子进行犯罪活动所用的一切器械物品。如杀人用的刀、枪、投毒用的毒药等。任何物品，当它被犯罪分子所利用来方便犯罪实施的时候，都是犯罪工具。所谓准备工具，是指制造、加工、寻求犯罪工具。犯罪工具的范围相当广泛，可能是一般用具，也可能是特定物品，还可能是违禁品。犯罪工具的来源，有的是自己制造，也有的是购买，还有的是向他人借用，甚至是偷来的等，但是不论采取什么手段和准备何种物品，只要是为了犯罪而预先置办的，均不影响犯罪预备的成立。司法实践中主要包括以下几种：一是用以杀伤被害人或者排除被害人反抗的器械物品，如枪弹、刀棒、毒药、麻醉剂、捆绑他人用的绳索等；二是用以破坏、分离犯罪对象物品或者破坏、排除犯罪障碍物的器械物品，如钳剪、刀斧、锯挫、爆炸物等；三是专用为达到或逃离犯罪现场或进行犯罪活动的交通工具，如汽车、摩托车等；四是用以排除障碍、接近犯罪对象的物品，如翻墙用的梯子、攀越房屋或爬窗用的绳索等；五是用以掩护犯罪实施或者湮灭罪证的物品，如犯罪分子作案时戴的面罩、作案后灭迹用的化学药品等。犯罪工具本身可以反映出犯罪预备行为不同的危害程度，例如，同是准备杀人用的犯罪工具，准备枪支、手榴弹就比准备小刀的危险性大；再如，准备专为犯罪使用的复杂的犯罪工具，其危害性也大于把日常用品准备为犯罪工具的行为。

（2）其他为实施犯罪创造便利条件的行为。所谓制造犯罪条件，是指除准备犯罪工具以外，为实行犯罪所进行的其他的准备活动。司法实践和刑法理论把这类犯罪预备行为主要概括为以下几种：一是为实施犯罪事先调查犯罪的场所、时机和被害人的行踪；二是准备实施犯罪的手段，如为实施以技术手段杀人而事先进行练习，为实施扒窃而事先练习扒窃技术；三是排除实施犯罪的障碍；四是追踪被害人、守候被害人的到来或者进行其他接近被害人、接近犯罪对象物品的行为；五是前往犯罪场所守候或者诱骗被害人赶赴犯罪预定地点；六是勾引、集结共同犯罪人，进行犯罪预谋；七是拟订实施犯罪和犯罪后逃避侦查追踪的计划，等等。

2. 犯罪分子尚未着手犯罪的实行行为

所谓犯罪的实行行为，是指刑法分则中规定的构成某一具体犯罪所需的要件行为。尚未着手犯罪的实行行为，就是尚未开始实施犯罪的实行行为。犯罪的实行行为在法律规定上有两种情况：一类是单一行为，即法律规定犯罪构成要件的行为只能由一行为构成。它又分为单独一行为和选择一行为两种形式，单独一行为是指只能由单纯一个行为构成，如杀人罪，法律规定的实行行为只是一个杀人的行为；选择一行为是刑法规定某一犯罪可以由几个行为中的一种构成，只要具备了其中的一个行为，即构成该种犯罪。如生产、销售伪劣产品罪。另一类是主从行为，即刑法规定构成某一犯罪必须具备两个或两个以上的行为，而这些行为之间具有的手段和目的的关系，比如强奸罪，是以暴力、胁迫或其他方法奸淫妇女的行为，该行为中的“暴力、胁迫或其他方法”就是手段行为，是为奸淫妇女的目的行为服务的。只有手段行为与目的行为同时具备才能构成强奸罪。对于单一行为而言，未着手实行行为就是指尚未实施这一行为的最初动作。如持枪杀人中，犯罪分子拔枪进行瞄准直到扣动扳手等一系列动作是杀人行为，当其未拔出枪时，就是尚未着手实行行为。对于主从行为而言，未着手实行行为就是尚未实施手段行为。如暴力强奸中，犯罪分子正以言语调戏妇女尚未使用暴力时，即是未着手实行行为。

犯罪分子未着手实行行为是区分犯罪预备与犯罪未遂的显著特征。这一特征把犯罪预备严格限定在从开始实施犯罪预备行为到着手犯罪实行行为以前这一犯罪阶段之中。

3. 犯罪分子未能着手犯罪的实行行为，是由于意志以外的原因造成的

犯罪预备是一种静止的犯罪形态，而不是继续向前递进的动态犯罪行为。只有为犯罪准备工具、制造条件的行为，在预备阶段停止下来，才能构成犯罪预备。如果行为人在实施犯罪预备行为以后，已顺利地进入了着手实行阶段，那就不会出现犯罪预备。同时，犯罪预备行为的停止，还必须是由于行为人意志以外的原因所致，即由于违背行为人意志的各种主客观因素而被迫停止，如果是由于行为人自动放弃犯罪，则不构成犯罪预备，而属于犯罪中止。

所谓犯罪分子意志以外的原因，是指在犯罪过程中阻碍犯罪意志和犯罪活动，而且犯罪分子认为足以阻止其犯罪进一步发展的主客观因素。犯罪分子实施犯罪预备行为是为了便于着手实施和完成犯罪，所以犯罪预备行为的进一步发展就是着手实行行为。但是在着手实行行为以前出现某种不利因素，使犯罪分子认为不能着手实行行为而被迫放弃其进一步的犯罪。

阻碍犯罪分子着手实施犯罪的不利因素主要有：第一，行为人外的客观因素，比如欲盗窃的财物被严密保护，犯罪分子还未动手就被抓获，放火罪中还未点火突然天降大雨等；第二，行为人本身的客观因素，如突患疾病以至于未能着手；第三，行为人的认识错误，如误以为要盗窃的财物有人看守，或误认为财物已被转移而放弃了犯罪等。

以上不利因素是否足以阻止犯罪分子着手实施犯罪，要以犯罪分子的主观感受为基准加以衡量。如果不利因素很轻微，客观上并不能阻止犯罪分子着手实施犯罪，但犯罪分子误以为足以阻止，那么他因此而停止犯罪应认为是由于他意志以外的原因所导致的，仍应成立犯罪预备。比如，盗窃罪中，某甲预备盗窃仓库中的电视机，曾听说该仓库的存货已不多，某甲带了犯罪工具埋伏在该仓库附近等待时机时，见到一辆卡车从仓库中运出一车货物，又听见仓库保管员说“没有了”，便以为仓库内无电视机，遂准备离开，其时被抓获。但事实上卡车运出的并非电视机而是其他货物，这种情况，应认为甲是出于意志以外的原因而停止犯罪，是犯罪预备。另外，即使存在足以阻止犯罪分子着手实施的不利因素，但犯罪分子误认为不存在不利因素或认识到有不利因素但误认为并不足以阻止他实施犯罪，在这种情况下，出于害怕受到制裁或真诚悔悟等原因而停止了继续犯罪，就不能认为是犯罪预备，而应是犯罪中止。对这种情况应注意，必须要求犯罪分子有确切的证据证明其认为可以着手实施犯罪是其当时真实的想法，才能认定是犯罪预备，以避免犯罪分子借口未感受到不利因素而把犯罪预备说成是犯罪中止。

犯罪预备虽然还没有着手实行犯罪，但行为人主观上具有犯罪故意，客观上已为实现犯罪意图实施了一定的准备行动，如果不是意志以外的原因被迫停止，继续发展下去就会造成危害后果，因此犯罪预备是具有社会危害性，应当受到刑罚处罚的犯罪行为。

二、犯罪预备和犯意表示的区别

犯意表示是指行为人用口头或者文字的形式，将其犯罪意图表露出来的外部活动。例如，某甲想抢劫银行，便对他的朋友说：“我想抢银行，弄笔钱花花。”但是甲并未去为抢银行而进行任何具体的准备活动，仅是把自己的想法告诉了别人，这就是犯意表示。但如果甲接着说：“你帮我搞把枪。”这就不仅仅是犯意表示而是为犯罪准备工具了。由此，可以看出：犯意表示和犯罪预备有着共同之处，即行为人在主观上都具有犯罪意图，在客观上都有不同程度的表示。但是两者之间有着本质的区别：犯意表示仅仅是一种犯罪意思的流露，根本不会对未来的犯罪起任何作用，不具有犯罪构成的内容，不是犯罪行为；而犯罪预备则是为实行犯罪准备工具、创造条件的行为。它对社会有着现实的威胁，为犯罪结果的发生制造了可能性，具有社会危害性，属于犯罪行为。因此，正确地区分犯罪预备与犯意表示，对于划清罪与非罪的界限具有重要的意义。

三、预备犯的处罚原则

刑法第22条第2款规定："对于预备犯，可以比照既遂犯从轻、减轻处罚或者免除处罚。"要正确理解和适用预备犯的处罚原则，应注意以下几个问题：

1. 由于预备犯在主观上具备的主要是为犯罪实施创造条件的意图，在客观上实施的仅是犯罪的预备行为，从主客观统一上看，预备犯的危害性一般既大大轻于既遂犯，也显著轻于未遂犯，因而我国刑法对预备犯规定了比照既遂犯从宽处罚且轻于未遂犯的处罚原则，这体现了主客观相统一和罪刑相适应原则的要求。

2. 在对预备犯定罪量刑时，应同时引用刑法总则第22条和刑法分则具体犯罪的条文。根据有关刑法理论和司法实践经验，应在罪名后加括号标明预备形态问题，如"抢劫罪（预备）"。在追究预备犯的刑事责任和处罚原则的掌握上，对多数预备犯，应当比照既遂犯从轻、减轻处罚或者免除处罚，因为预备犯从主客观统一上看其危害性明显轻于既遂犯；同时，对实施了犯罪预备的行为人中符合刑法第13条但书规定的"情节显著轻微、危害不大"情况的，应依法不认定为犯罪；对极少数危害严重、情节特别恶劣的预备犯，如少数劫机、爆炸犯罪的预备犯，也可以不从宽处罚。

3. 在决定对实施犯罪预备行为者是否追究刑事责任，是否从宽处罚以及从宽处罚的幅度时，主要应当综合考虑如下情况：第一，行为人预备所犯罪行的性质和危害程度；第二，行为人预备犯罪行为的性质、危害程度及其进展程度；第三，行为人未能着手实施犯罪的具体原因；第四，行为人的人身危险程度。

第四节　犯罪未遂

一、犯罪未遂的概念和特征

（一）犯罪未遂的概念

刑法第23条第1款规定："已经着手实行犯罪，由于犯罪分子意志以外的原因而未得逞，是犯罪未遂。"犯罪未遂属于着手实行犯罪后被迫停止的一种未完成的犯罪形态。

（二）犯罪未遂的特征

根据刑法第23条第1款犯罪未遂的概念，我国刑法中的犯罪未遂形态具有以下三个特征：

1. 行为人已经着手实行犯罪

所谓已经着手实行犯罪，是指行为人已经开始实施刑法分则规范里具体犯罪构成要件中的犯罪行为。如故意杀人罪中的杀害行为，抢劫罪中侵犯人身的行为和劫取财物的行为等。已经着手实行犯罪体现了具体犯罪构成要件的统一，它具备主观和客观两个基本特征：主观上，行为人实行具体犯罪的意志已经直接支配客观实行行为并通过后者开始充分表现出来，而不同于在此之前实行犯罪的意志；客观上，行为人已开始直接实行具体犯罪构成客观方面的行为，这种行为已不再属于为犯罪的实行创造便利条件的预备犯罪的性质，而是实行犯罪的性质，这种行为已使刑法所保护的具体权益初步受到危害或面临实际存在的威胁。在有犯罪对象的场合，这种行为已直接指向犯罪对象，如果不出现行为人意志以外原因的阻碍或者行为人的自动中止犯罪。这种行为就会继续进行下去，直到完成犯罪即达到既遂。着手实行犯罪是客观的犯罪实行行为与主观的实行犯罪意图相结合的产物和标志。这两个主客观基本特征的结合，从犯罪构成的整体上反映了着手实行犯罪的危害性及其程度。

行为人已经着手实行犯罪，这是犯罪未遂形态必须具备的特征之一，也是犯罪未遂形态与犯罪预备形态相区别的主要标志，因为犯罪未遂形态和犯罪预备形态都是由于行为人意志以外的原因而被迫停止了继续实施犯罪，因而二者区别的关键就在于着手实行犯罪与否。

那么，如何正确地认定着手实行犯罪与否？所谓着手，是开始实施刑法分则所规定的某一犯罪客观方面的行为，是主观与客观的有机统一。着手是区分犯罪预备与犯罪未遂的标志。其中一个非常重要的有效的方法，就是借助犯罪预备行为，从犯罪预备行为与实行行为的区别来正确认定着手实行犯罪与否。因为犯罪的预备和实行是犯罪发展过程中前后相继、紧密相联而无任何中间环节的两个阶段，我国刑事立法、司法实践和刑法理论又对犯罪预备的本质和表现形式有所规定和总结。按照我国刑法的规定和揭示，犯罪预备行为的本质和作用，是为分则犯罪构成行为的实行和犯罪的完成创造便利条件，为其创造现实的可能性，而分则具体犯罪构成中实行行为的本质和作用，则是要直接完成犯罪，要变预备阶段实行和完成犯罪的现实可能性为现实性。二者本质和作用的这种区别与联系，既是犯罪活动发展的客观事实所揭示所证实的，同时也是行为人主观上有所认识的。这种主客观统一的原则，使我们正确地认定和区分预备行为成为可能，它为正确区分两种行为提供了一个原则标准，依此原则标准，并结合具体犯罪和案件情况分析界定预备行为与实行行为。就可以正确认定着手实行犯罪与否，从而准确地区分犯罪的预备形态与犯罪未遂形态。正确认识着手的含义，应当从主客观两方面来进行。

首先，从客观方面看，着手是实行行为的起点。犯罪的实行阶段是故意犯罪过程中的一个段落，它的起点是着手，终点是实行终了。着手作为实行行为的起点，它必然是实行行为的内容，而不能认为是犯罪预备阶段预备行为的终了。它已经不再具有为犯罪实行创造便利条件的预备犯罪的性质，而是具有实行行为的性质。犯罪一经着手，如果不出现犯罪分子意志以外的原因或者犯罪分子自动中止犯罪，行为就会不断继续，直到完成犯罪。

其次，从主观方面来看，着手作为实行行为的起点，行为人开始以直接实现犯罪为目的，在着手前，行为人在主观方面的直接目的是顺利地着手实施和完成犯罪，而不是直接实现犯罪。犯罪一经着手，行为人就开始希望并积极追求实行行为的完成，实现犯罪目的。因此，直接追求实行行为的完成、直接实现犯罪目的是着手时行为人意志所包含的全部内容。比如举刀杀人，其直接目的就是为剥夺他人的生命，而并非是为了便利杀人，所以举刀是着手实行行为，而不是预备行为。

2. 犯罪未完成而停止

按照我国刑法的规定和刑法理论，行为人在着手实行犯罪以后，犯罪“未得逞”，即犯罪未达既遂形态而停止，这是犯罪未遂形态的又一重要特征，是犯罪未遂形态区别于犯罪既遂形态的主要标志。犯罪没有完成这一未遂形态的特征，在存在既遂与未遂之分的三类直接故意犯罪里有着不同的具体含义和表现形式：第一类是以法定的犯罪结果没有发生作为犯罪未完成的标志，如盗窃罪未发生窃得财物的犯罪结果；第二类是以法定的犯罪行为未能完成作为犯罪未完成的标志，如实施脱逃罪的行为人在逃出监房后未能逃出监狱的警戒线；第三类是以法定的危险状态尚未具备作为犯罪未完成的标志，如行为人在油库放火，因火柴受潮而未能点着时被捕获。

犯罪完成与否即具体犯罪构成要件的完备与否，其显著标志是看刑法分则具体犯罪构成所规定、所要求的犯罪客观要件的完备与否。认定犯罪未完成这一特征时，有必要明确以下几点：（1）所谓犯罪未完成即具体犯罪构成要件不完备，是指具体犯罪构成所包含的作为犯罪完成标志的客观要件尚不完备，而不是说没能发生任何具体的危害结果。例如，故意杀人罪里的犯罪未完成即犯罪构成要件的不完备，是指未发生被害人死亡的结果，而不是指未给犯罪对象造成任何危害结果。（2）犯罪的完成即具体犯罪构成要件的完备，在时间上没有任何长短的要求，只要一完备构成要件就意味着犯罪完成，构成既遂，因此，不能因刚刚完备构成要件犯罪人就被抓回、犯罪对象就被抢回或者犯罪人事后的返还行为来否认犯罪既遂的成立而认定为犯罪未遂。（3）犯罪既遂是犯罪完成的标志，犯罪既遂后绝不可能再出现犯罪未完成的停止形态。这对于以法定犯罪结果的发生、以法定犯罪行为的完成以及以法定客观危险状态的具备作为既遂标志的犯罪，都应当是毫无例外地适用的。

3. 犯罪停止在未完成形态是犯罪分子意志以外的原因所致

犯罪活动在着手实行以后之所以停止在未完成形态，乃是由于犯罪分子意志以外的原因所致，这是犯罪未遂形态的又一重要特征，是犯罪未遂形态与着手犯罪后的犯罪中止区别的关键，后者是由于行为人意志以外的原因而未完成犯罪。

根据我国刑法的基本原理和犯罪未遂形态的立法思想，应以“足以阻止犯罪意志的原因”作为认定犯罪分子“意志以外的原因”的标准。这一标准体现了质与量的有机统一。首先，从性质上看，犯罪分子“意志以外的原因”应该是阻碍其实行和完成犯罪的意志与活动的因素。在司法实践中具有不同程度的阻碍犯罪意志和犯罪活动完成作用而有可能被认定为犯罪分子“意志以外的原因”的种种因素，大致可以分为三类：（1）犯罪人本人以外的原因，包括被害人、第三者、自然力、物质障碍、环境时机等方面对完成犯罪具有不利影响的因素；（2）行为人自身方面对完成犯罪有不利影响的因素，如其能力、力量、身体状况、常识技巧等的缺乏或不佳情况；（3）行为人主观上对犯罪对象情况、犯罪工具性能以及犯罪结果是否已发生或必然发生等的错误认识。其次，犯罪分子“意志以外的原因”还应该是足以阻止其犯罪意志的原因，这是对“意志以外的原因”“量”的要求的揭示。其量的要求就是必须达到足以阻止犯罪意志和犯罪活动完成的程度。前述的对犯罪完成有不利影响的因素，并非都能达到足以阻止犯罪意志和犯罪活动完成的程度，因而不能一概地认定为作为犯罪未遂特征的“意志以外的原因”。例如，在犯罪分子完全或主要是基于认识错误（如对犯罪对象、犯罪工具、犯罪客观环境、犯罪因果关系认识错误）而放弃犯罪的继续实施和完成的情况下，这种认识错误是足以阻止其犯罪意志和犯罪活动完成的因素，因而应认定犯罪未完成是由于犯罪分子意志以外的原因所致，构成犯罪未遂形态。但如果行为人明知自己遇到的是显然不足以阻止犯罪完成的不利因素，如强奸犯罪中遇到被害人怀孕或月经来潮，抢劫、强奸等暴力犯罪中发现被害人是熟人，或者在暴力犯罪中被害人有轻微的挣扎、反抗，犯罪人在此情况下放弃犯罪的完成，就不能将这种不利因素认定为作为犯罪未遂特征的犯罪分子“意志以外的原因”。

上述犯罪未遂的三个特征，前两个特征侧重于揭示犯罪未遂的客观特征，第三个特征侧重于揭示犯罪未遂的主观特征，犯罪未遂的三个特征表现为主客观的统一和齐备。在具备“着手实行犯罪”第一特征的情况下，“犯罪未完成”和“由于犯罪分子意志以外的原因”这两个特征又是现象和本质的统一。符合上述三个特征的行为人，即为未遂犯。

二、犯罪未遂形态的类型

我国刑法理论一般从两个角度，根据两个不同的标准，把犯罪未遂划分为两对类型：实行终了的未遂与未实行终了的未遂；能犯未遂与不能犯未遂。

（一）实行终了的未遂与未实行终了的未遂

刑法理论上以犯罪实行行为是否实行终了为标准，把犯罪未遂形态区分为实行终了的未遂与未实行终了的未遂两种类型。

犯罪实行行为是否实行终了以什么为标准？我们认为，在法定犯罪构成所要求、限定的客观行为范围内，行为是否实行终了，应以犯罪分子是否自认为实现犯罪意图所必要的全部行为都实行完毕为标准。按照这一标准，在法定犯罪构成所包含的实行行为的范围内，如果从主客观的统一上看犯罪行为未实行完毕，如犯罪分子在实行犯罪的过程中就因意志以外原因的阻止而未能实行下去，例如，盗窃犯正在室内盗窃时被当场抓获，这当然是未实行终了的未遂。而实行终了的未遂则可以有两种表现：其一是被犯罪分子误认为其实现犯罪意图所必要的行为都已实行终了，因而停止了犯罪行为，但是却由于其意志以外的原因而未能使犯罪达到既遂状态。如在故意杀人罪中致人重伤，犯罪人误认为被害人已死亡或必然死亡，因而放弃加害而离去，后被害人遇救幸存的情况，就是这种表现形式的典型。其二是犯罪分子对完成犯罪所必要的犯罪行为已实行终了这一点并未发生错误认识，但是犯罪行为实行终了距犯罪既遂还有一段距离，在犯罪行为实行终了以后，由于犯罪人意志以外的原因致使犯罪未能达到既遂状态。如在投毒杀人中犯罪人已将毒投下，因被害人发现而未食毒物，或者被害人食毒物后遇救未死，即属这种情况。

从主客观统一上看，一般来说，实行终了的未遂的社会危害性大于未实行终了的未遂。根据罪责刑相适应的原则和刑罚目的的要求，在量刑时，前者一般应比后者从重掌握。

（二）能犯未遂与不能犯未遂

刑法理论上以行为的实行能否构成犯罪既遂为标准，把犯罪未遂形态划分为能犯未遂与不能犯未遂两种类型。

能犯未遂，是指犯罪行为有实际可能达到既遂，但由于行为人意志以外的原因未能达到既遂而停止下来的情况。如犯罪分子用刀杀人且已将被害人砍伤，后被人当场夺走刀子并将其抓获，即为能犯未遂。如果犯罪人不被当场制止，完全有可能杀死被害人。

不能犯未遂，是指因犯罪人对有关犯罪事实认识错误而使犯罪行为不可能达到既遂的情况。不能犯未遂这种未遂类型，主要又可进一步区分为工具不能犯未遂与对象不能犯未遂两种。所谓工具不能犯的未遂，是指犯罪人由于认识错而使用了按其客观性质不能实现行为人犯罪意图、不能构成既遂的犯罪工具，以致犯罪未遂。例如，误把白糖等无毒物当作砒霜等毒药去杀人；误用空枪、坏枪、臭弹击射杀人等。所谓对象不能犯的未遂，是指由于行为人的错误认识，使犯罪行为所指向的犯罪对象在行为时不在犯罪行为的有效作用范围内，或者具有某种属性使得犯罪不能既遂而只能未遂。例如，误认为尸体为活人而开枪射杀、砍杀；误认空包内有钱而扒窃；误认为被害人在卧室而隔窗枪击；误认为男子为女子而着手实行强奸行为，等等。

从主客观统一上看，在一般情况下，能犯未遂往往比不能犯未遂有较大的社会危害性。因此，对能犯未遂一般应较不能犯未遂从重处罚。

三、未遂犯的处罚原则

刑法第23条的规定，对于未遂犯，可以比照既遂犯从轻或者减轻处罚。正确适用这一处罚原则，应当注意以下几个问题：

1. 对未遂犯定罪量刑，应当同时引用刑法总则第23条和刑法分则具体犯罪条文。在罪名后应加括号标明未遂形态问题，如“故意杀人罪（未遂）”。

2. 对未遂犯，要比照既遂犯处罚。所谓比照，是指不仅要比照既遂犯的罪名定罪，而且要以既遂犯的法定刑为参照进行量刑。比照既遂犯处罚的具体含义是：第一，未遂犯所比照既遂犯在犯罪的具体性质上应该是一致的，二者触犯的是同一罪名；第二，未遂犯只能比照与其相对应的既遂犯，即对某种犯罪只能比照该罪的基本构成的既遂犯，不能比照加重构成的既遂犯；第三，未遂犯与所比照的既遂犯在犯罪的具体情节上应基本相似。

3. 对未遂犯比照既遂犯从轻或减轻处罚。在对未遂犯裁量刑罚时，需要考虑以下情况：第一，犯罪分子所实行的犯罪的危险程度；第二，未遂犯本人的主观恶性；第三，未遂行为距离犯罪既遂的远近程度；第四，未遂行为是否造成一定的实际危害结果以及危害结果的程度；第五，犯罪未能完成的原因。对这些情况，结合每一个具体案件，综合加以评论，然后决定对未遂是从轻处罚还是减轻处罚。

4. 对未遂犯，可以从轻或减轻处罚。法律只规定对未遂犯可以从轻或减轻处罚，即意味着也可以不从轻或减轻处罚。一般情况下，对于累犯、严重危害国家安全和公共安全的犯罪，以及手段残酷、犯罪情节恶劣、危害后果严重的未遂犯就可以不从轻或减轻处罚。

第五节　犯罪中止

一、犯罪中止的概念和特征

（一）犯罪中止的概念

刑法第24条第1款规定："在犯罪过程中，自动放弃犯罪或者自动有效地防止犯罪结果发生的，是犯罪中止。"根据这一规定并结合我国刑法中关于故意犯罪停止形态的理论，我国刑法的犯罪中止，是指在犯罪过程中，行为人自动中止放弃或自动有效地防止犯罪结果的发生，而未完成犯罪的一种犯罪停止形态。

（二）犯罪中止的特征

根据我国刑法第24条第1款的规定和犯罪中止成立的实际情况，犯罪中止形态有两种类型：自动停止犯罪的犯罪中止，以及自动有效地防止犯罪结果发生的犯罪中止。这两种类型的犯罪中止的特征略有不同。

1. 自动停止犯罪的犯罪中止的特征

自动停止犯罪的犯罪中止，必须同时具备三个特征：

（1）时间性。按照法律的规定，必须是在犯罪故意过程中停止犯罪，即必须是在犯罪处于运动过程中而尚未形成任何停止状态的情况下放弃犯罪。这是犯罪中止成立的客观前提特征。可以从以下两个方面来理解：一是犯罪中止应当发生在犯罪既遂之前。如果犯罪已经达到既遂形态，犯罪人不可能再中止犯罪。二是犯罪中止可以发生于所有故意犯罪阶段中。因为犯罪中止发生在犯罪既遂以前，所以它可以存在于犯罪预备阶段，也可以存在于犯罪实行阶段以及实行后的阶段。如果犯罪已经既遂，行为人又自动恢复原状或者主动赔偿损失，例如，盗窃犯把盗得的财物又送回原处，贪污犯主动退赔以前贪污的公款，由于其犯罪已经完成，不存在中止犯罪的时空条件，因而不属于犯罪中止而是犯罪既遂对此可作为认定情节在处罚时酌情考虑。

（2）自动性。即行为人必须是自动停止犯罪。这是犯罪中止形态的本质特征，是犯罪中止形态与犯罪的未遂形态和预备形态的根本区别所在。犯罪中止的自动性，是指行为人出于自己的意志而放弃了自认为当时本可继续实施和完成的犯罪。即行为人在主观上自动放弃了犯罪意图，在客观上自动停止了犯罪的继续实施和完成。

犯罪中止的自动性应当有两层含义：

其一，行为人自认为当时可以继续实施与完成犯罪，这可以说是成立自动性的前提条件。犯罪中止的本质特征是"能为而不为"。判断是否"能为"的标准应当是犯罪分子在行为当时的感受。具体而言，在犯罪预备阶段，犯罪分子认为自己的预备行为能够实行完毕并能顺利地着手实行犯罪；在犯罪实行阶段，犯罪分子认为自己的实行行为必将产生危险状态或实际危害结果从而完成犯罪，可能与行为时客观情况一致也可能与行为时客观情况不一致。比如犯罪过程中出现了轻微不利因素，不足以阻止犯罪活动的完成，犯罪分子正确认识到这一点，就存在"自动性"的前提条件。如果出现的不利因素从客观上看足以阻止犯罪活动的完成，但犯罪分子对此发生错误，认为仍可以完成犯罪，在犯罪分子确有证据证明其感受是有根据的情况下，仍应认为犯罪能够完成。例如某甲拟盗窃仓库中的电视机，在他实施盗窃以前，电视机已被运走，甲对此并不知晓，在撬门过程中，由于害怕事后被发现，心生恐惧从而停止了犯罪。在此例中，从客观事实上看，某甲已经不可能完成犯罪，但甲并不知道电视机被运走，所以他认为自己是可以窃得电视机的。在此前提下放弃犯罪，应当认定为犯罪中止。另外，虽然犯罪在客观方面尚可以继续实施与完成，但行为人误认为犯罪已不可能进行，这种情况下就不能成立犯罪中止的自动性，犯罪分子由于错误认识而使其停止犯罪在主观上具有被迫性。

其二，行为人出于本人意志而停止犯罪。这是成立自动性的关键条件。也就是说，行为人不管受到什么因素的影响，基于什么考虑，最终都是在自认为可以继续实施和完成犯罪的情况下，在可以继续犯罪也可以停止与放弃犯罪这两条道路之间，出于其本人的主观意志，放弃了继续犯罪的意图，选择了停止与放弃犯罪的道路，并进而在此主观意志的支配下，在客观上停止和放弃了犯罪的继续实施与完成。

在犯罪中止自动性这一质的要求下，对行为人自动中止犯罪的动机即起因应作广义的辩证的理解，而不能只限于真诚彻底悔罪才行，也不宜一概排斥存有客观不利因素的情况。即引起行为人自动放弃犯罪的起因，可以包括主客观诸方面多种多样的因素，有的是行为人真诚悔悟，不愿继续犯罪；有的是由于他人的规劝、教育或者斥责，思想起了变化；有的是对被害人产生了同情和怜悯；有的是慑于法的威严和法网难逃，惧怕日后罪行暴露受到惩罚；有的是遇到了对完成犯罪有轻微不利的客观因素，同时又有上述某种因素的影响。这些不同的因素只是反映了行为人中止犯罪的不同悔悟程度，而不是悔悟与不悔悟的差别，不是是否具备自动性、是否成立犯罪中止的差别。因此，这些因素的不同，并不影响犯罪中止的成立，但在处理或量刑时，可作为影响案件危害程度和行为人主观恶性程度的情节予以适当考虑。

（3）彻底性。指的是停止犯罪的彻底性。这一特征意味着，行为人在主观上彻底打消了原来的犯罪意图，在客观上彻底放弃了自认为本可能继续进行的犯罪行为，而且从主客观的统一上行为人也不打算以后再继续实施此项犯罪。彻底放弃犯罪，是指犯罪分子在犯罪预备阶段或犯罪实行阶段彻底放弃了原来的犯罪，即犯罪分子在主观上彻底打消原来的犯罪意图，在客观上彻底放弃了自认为可以继续进行的犯罪行为。彻底放弃犯罪也表明犯罪分子主观上的主动性，是犯罪意志的消除，而不是犯罪未遂中犯罪意志的被阻止。在犯罪未遂中，由于犯罪未完成是违背犯罪分子的意志的，所以在由于犯罪分子意志以外的原因而使犯罪未得逞的情况下，犯罪意志并没有消除而是继续存在，只不过是暂时被阻止了。因而在这种被阻止的犯罪意志的支配下，犯罪分子不可能放弃犯罪，他停止犯罪只是暂时中断犯罪，待到时机成熟时再继续该项犯罪。它不具备中止犯罪彻底性的要求，因而不能认为是犯罪中止。当然，所谓彻底停止犯罪，是相对而言的，而不具有绝对的意思。这是指行为人必须彻底放弃正在进行的某个具体的犯罪，而不是指行为人在以后任何时候都不再犯同种犯罪；更不能理解为行为人在以后的任何时候都不再犯任何罪。

2. 自动有效地防止犯罪结果发生的犯罪中止的特征

所谓自动有效地防止犯罪结果发生的犯罪中止，是指犯罪在实行后的阶段中，在犯罪结果尚未发生的场合，必须采取积极的措施来防止作为既遂标志的犯罪结果的发生，而且这种防止的行为必须有效，即由于这种防止行为，危害结果没有实际发生。在这种情况下所成立的犯罪中止。这可以说是一种特殊类型或特殊情况下的犯罪中止。

这种特殊类型的犯罪中止，自然也需要具备上述普通类型的犯罪中止所必须具备的时空性、自动性、彻底性三个特征，这可以说是所有犯罪中止形态均应具备的共性。但是，由于这种特殊类型的犯罪中止所面对的犯罪已经实行到了相当的程度，已实施的行为有可能产生既遂形态的犯罪结果，从犯罪中止的形态的立法目的出发，就不能不对这种特殊犯罪情况下成立犯罪中止再提出特殊要求。因而这种特殊犯罪中止类型在上述三个特征以外，就还要求再具备“有效性”的特征，即行为人还必须有效地防止了他已实施的犯罪之法定犯罪结果的发生，使犯罪未达既遂形态而停止下来。这一“有效性”特征鲜明地贯彻和体现了犯罪中止制度尽力减少已经开始进行的犯罪之危害程度的立法旨意。

根据犯罪中止的有效性特征的要求，在已经实施的犯罪行为有可能产生既遂的犯罪结果的情况下，行为人要成立犯罪中止，仅以不作为的方式消极地停止犯罪的继续实施还是不够的，除此之外，他还必须采取积极的作为形式来预防和阻止既遂的犯罪结果的发生，而且这种防止行为必须奏效，实际上阻止住即避免了既遂犯罪结果的发生，这样才能成立犯罪中止。如果行为人虽然采取了防止既遂的犯罪结果发生的积极措施，但实际上未能阻止住既遂的犯罪结果的发生，或者该犯罪结果未发生是由于其他原因所致，则不能认定行为人成立犯罪中止，而应认定为犯罪既遂或犯罪未遂。此种情况下，对行为人防止犯罪结果发生的这种努力，可在处罚时作为从宽情节适当考虑。

除此之外，还必须要求是犯罪分子本人采取措施避免犯罪结果的发生。如果犯罪结果没有发生，不是由于犯罪分子所采取的防止结果发生的积极措施所致，而是由于第三人采取的行为所起的作用，这种情况就不能构成犯罪中止，而是犯罪未遂。例如，在杀人罪中，某甲用刀将某乙刺倒认为乙不久便会死亡，即逃离现场，在途中由于惧怕受到法律的惩罚，想把某乙送到医院以避免其死亡，待甲回到现场时，乙已被他人送往医院抢救脱险。此例中，甲只能成立犯罪未遂而不是犯罪中止。

（三）自动放弃可能重复的侵害行为的定性

自动放弃可能重复的侵害行为的定性，需要专门论述。所谓自动放弃可能重复的侵害行为，是行为人实施了足以造成既遂危害结果的第一次侵害行为，由于其意志以外的原因而未发生既遂的危害结果，在当时有继续重复实施侵害行为的实际可能时，行为人自动放弃了实施重复侵害行为，因而使既遂的危害结果没有发生的情况。对自动放弃可能重复的侵害行为的性质，过去传统的观点认为是犯罪未遂，近年来我国刑法学界展开争议，逐渐倾向于主张是犯罪中止。我们认为，自动放弃可能重复的侵害行为是犯罪中止而不是犯罪未遂，理由是：（1）行为人对可能重复的侵害行为的放弃，是发生在犯罪实行未了的过程中，而不是在犯罪行为已被迫停止的未遂形态。犯罪行为是否实行终了，不应是指犯罪活动中的某个具体行为或动作是否实行完毕，而应是指某种罪的犯罪构成完备要求的整个犯罪活动；行为是否实行终了的标准，不但要看行为人客观上是否实施了足以造成犯罪结果的犯罪行为，还要看犯罪人是否自认为完成犯罪所必要的行为是否都已实行完。在放弃可能重复的侵害行为的案件里；如行为人枪杀被害人，第一枪未击中而仍可能继续射杀，行为人主砚上也明确认识到了这种情况。这种主客观情况的结合完全可以证明，其犯罪行为和整个犯罪活动都尚未终了，存在中止犯罪所需要的时空条件。（2）行为人对可能重复的侵害行为的放弃是自动的而不是被迫的。仍以用枪杀人的案件为例，行为人意志以外的原因仅仅导致第一枪未能射中而不是阻止了整个犯罪活动的继续进行。行为人在整个犯罪行为尚未实施终了，客观上可以继续犯罪而且其主观上对继续犯罪有控制力亦有认识的情况下，出于其本意放弃了本来可以继续实施的犯罪，从而表现出他放弃犯罪的自动性。（3）由于行为人对可能重复的侵害行为自动而彻底的放弃，使犯罪结果没有发生，犯罪未达既遂形态。总之，自动放弃重复侵害行为一方面具备了犯罪中止的全部条件，另一方面不符合犯罪未遂的条件，因而它不是实行终了的犯罪未遂，而是未实行终了情况下的犯罪中止。同时，将自动放弃重复侵害行为定性为犯罪中止，也是切实贯彻罪责刑相适应原则及惩办与宽大相结合的刑事政策的需要。

二、犯罪中止的类型

犯罪中止形态的具体表现形式多种多样。从不同的角度，根据不同的标准，可以将犯罪中止划分为多种类型。正确地划分并研究犯罪中止的类型，有助于认识犯罪中止的复杂情况和深入把握犯罪中止形态的本质与特征，有助于从不同的侧面衡量不同的犯罪中止的不同危害程度，从而会有助于司法实践中对犯罪中止案件的正确定罪量刑。下面介绍犯罪中止的两种主要的分类：

（一）预备中止、未实行终了的中止与实行终了的中止

这是根据犯罪中止发生的时空范围而对犯罪中止所作的区分。

1. 预备中止。即发生在犯罪预备阶段的中止。其时空范围起始于犯罪预备活动的实施，终止于犯罪实行行为着手前。是指在犯罪的预备活动过程中，行为人在自认为可以继续实施犯罪活动的条件下，自动地将犯罪活动停止，不再继续实施犯罪预备行为或者没有着手实施犯罪实行行为的情况。如行为人预备爆炸杀人，但在制造爆炸物的过程中，惧怕发生严重的后果而自动停止了爆炸物的制作，未着手实施爆炸杀人的行为。

2. 未实行终了的中止。即发生在犯罪实行行为尚未终了时的中止。其时空范围始于犯罪实行行为的着手，止于犯罪实行行为终了前。是指行为人在实施犯罪实行行为的过程中，自动放弃了犯罪的继续实施和完成（多表现为自动停止了犯罪行为的实施，少数情况下还要进一步有效地防止了犯罪结果的发生），因使犯罪停止在未达既遂的状态。如强奸犯在着手对被害人实施暴力行为的过程中，基于被害妇女的劝说而放弃了对其进一步要实施的奸淫行为，即属于强奸罪未实行终了的犯罪中止。

3. 实行终了的中止。即发生在犯罪实行行为实施终了后的犯罪中止。其时空范围始于实行行为终了之时，止于既遂的犯罪结果发生之前。是指行为人在实行行为终了以后，出于本意而以积极的行为阻止了既遂之犯罪结果的发生。如投毒杀人者投下毒药后，又采取积极的措施未使被害人中毒，或者在被

害人中毒后将其积极抢救而未使其死亡，就是故意杀人罪实行终了的犯罪中止。

上述三种类型的犯罪中止相比，其社会危害性程度显然有所不同，预备中止最小，实行终了的中止一般最大，而未实行了的中止一般居中。

（二）消极中止和积极中止

这是根据对中止行为的不同要求而对犯罪中止的区分。

1. 消极中止。即犯罪人仅需自动停止犯罪行为便可成立的犯罪中止。其行为方式仅需不作为形式。此种犯罪也即前述的自动停止犯罪的犯罪中止在犯罪预备阶段和犯罪实行行为尚未终了的大多数情况下所成立的犯罪中止，均属此种类型。

2. 积极中止。指需要作为形式才能构成的中止。即犯罪人不但需要自动停止犯罪的继续实施，而且还需要以积极的作为行为去防止住既遂的犯罪结果发生才能成立的犯罪中止。此种类型也即前述的自动有效地防止犯罪结果发生的犯罪中止。它发生于实行行为尚未实施终了的少数情况下，以及实行行为实施终了的某些情况下。上述两种类型的犯罪中止相比，消极中止距离犯罪既遂较远；而积极中止距离犯罪既遂较近，尤其是其中有些还发生了一定的实际危害后果。因而一般来说，积极中止较消极中止的社会危害性大一些。

三、中止犯的处罚原则

对于中止犯的处罚，各国刑法采取的主要是必减主义和得减主义两种原则。我国刑法第 24 条第 2 款规定：“对于中止犯，没有造成损害的，应当免除处罚；造成损害的，应当减轻处罚。”由此看出，我国采取了必减主义。据此规定，是否造成损害，是对中止犯予以免除处罚或减轻处罚的依据。正确理解和适用这一原则，须注意以下几个问题：

1. 我国刑法对中止犯的处罚原则是“应当”即必须免除或者减轻处罚，而且对中止犯处理时要先考虑损害结果。对中止犯既不应与既遂犯同样处罚，也不允许比照既遂犯从轻处罚。这一处罚原则不但轻于未遂犯，也轻于预备犯，这体现了主客观相统一的刑事责任原则和罪刑相适应原则的要求，也在一定程度上有助于对已经开始的犯罪活动的积极制止。

2. 对中止犯的处罚，应同时引用刑法总则第 24 条和刑法分则有关具体犯罪的条文，在罪名上应对中止形态有所体现。

3. 对中止犯的从宽处罚根据不同情况分别掌握，对于造成损害结果的，应当减轻处罚，并应综合考察中止犯罪的各种主客观情况，如具体损害结果的大小、中止犯罪的原因等，来决定减轻处罚的幅度；对于未造成损害结果的，应当免除处罚。

4. 中止者所拟实施或刚着手实施的犯罪危害较轻，符合刑法第 13 条但书规定之“情节显著轻微危害不大”的，应依法不认为是犯罪。

第十一章 共同犯罪

第一节 共同犯罪概述

一、共同犯罪的概念

犯罪是一种复杂的社会现象，就实施的人数而言，有一人单独实施的犯罪，也有两人以上共同实施的犯罪。前者称为单独犯罪，后者称为共同犯罪。共同犯罪在西方刑法理论中通常称为共犯。共同犯罪较之于单个人犯罪，具有更为严重的社会危害性，它可以实施单个人无法实施的犯罪，使国家、社会和公民的利益遭受到更大的损害，它通过密谋、策划、互相分工使犯罪更容易得逞。我国刑法第 25 条第 1 款规定："共同犯罪是指二人以上共同故意犯罪。"这一定义特别强调了共同故意对共同犯罪构成的作用。第 2 款补充规定："二人以上共同过失犯罪，不以共同犯罪论处；应当负刑事责任的，按照他们所犯的罪分别处罚。"这是对共同犯罪定义的进一步补充。

刑法之所以对共同犯罪做出特别规定，是因为共同犯罪是一种特殊的、复杂的故意犯罪现象。具有单个人故意犯罪所不具有的特点，各个犯罪人在共同犯罪中的地位、分工和参与的程度不同，从而在犯罪中所起的作用也不同，其各自的社会危害性也不同，从而产生刑事责任的分担问题。因而就需要在立法中对其概念、范围、分类以及处罚加以规定，以便为刑事司法实践提供定罪量刑的依据。

二、共同犯罪的成立要件

构成共同犯罪，必须具备如下要件：

（一）行为人为二人以上

共同犯罪的主体，必须是两个以上达到刑事责任年龄、具有刑事责任能力的人或单位。

首先，共同犯罪必须是二人以上共同实施犯罪。一个人单独犯罪，不发生共同犯罪问题。其次，二人以上必须是达到刑事责任年龄、具有责任能力的人。一个达到刑事责任年龄的人和一个未达到刑事年龄的人，或者一个精神健全有刑事责任能力的人和一个由于精神障碍无刑事责任能力的人共同实施危害行为，不构成共同犯罪。一个有刑事责任能力的人，教唆或者帮助一个幼年人或者精神病人，实施危害行为，不构成共同犯罪；教唆者或帮助者作为实行犯罪处理，被教唆者或被帮助者不构成犯罪。这种情况在西方刑法理论上称为间接正犯，也就是间接实行犯。我国刑法理论上没有间接正犯的概念，但在我国社会生活中却存在这种现象。例如，教唆未满 14 周岁的儿童盗窃，帮助患有严重精神病的青年强奸妇女等案件，均有发生。在这种情况下，行为人不过是把儿童或精神病患者当作犯罪的工具实施自己的犯罪，审判实践中对行为人依该罪的实行犯定罪判刑，而没有作为共同犯罪处理是正确的。需要说明的是，刑法第 17 条对刑事责任年龄分为若干阶段规定，在认定行为人能否成为某一犯罪的共同犯罪主体时，应当根据该条的规定进行。

需要指出，二个以上具有不同身份的人可以构成共同犯罪。刑法中有些犯罪的主体是特殊主体，要求行为人必须具有特殊身份，如受贿罪的主体是国家工作人员。我们认为犯罪的特殊主体是对单个人犯罪而言的，就共同犯罪而言，不具有特殊身份的人可以成为特殊主体犯罪的共同犯罪主体，从而构成共同犯罪。如非国家工作人员教唆国家工作人员受贿，就与国家工作人员构成受贿罪的共同犯罪。

另外刑法还规定了单位犯罪，因而也可能出现单位共同犯罪，即两个以上的单位共同故意犯罪，如甲公司与乙公司共同故意走私，即构成单位走私罪的共同犯罪。同时也可能出现单位和个人共同犯罪，如某甲教唆乙公司生产、销售伪劣产品，即构成单位与个人生产、销售伪劣产品罪的共同犯罪。

（二）共同的犯罪行为

从犯罪的客观方面来看，构成共同犯罪必须二人以上具有共同的犯罪行为。所谓共同的犯罪行为，指各行为人的行为都指向同一犯罪，互相联系，互相配合，形成一个统一的犯罪活动整体。

1. 各行为人所实施的行为，必须是犯罪行为，否则不可能构成共同犯罪。例如，共同在不可抗力下实施的造成危害的行为，或者共同在正当防卫或紧急避险条件下实施的造成损害的行为，或者共同实施的情节显著轻微危害不大的行为等，都不成立共同犯罪。

2. 危害行为的基本形式有作为与不作为。据此，共同犯罪行为表现为三种形式：（1）共同的作为，如甲、乙共同动手抢劫丙的财物，这是共同犯罪行为的主要形式。（2）共同的不作为，如甲、乙夫妻二人共同遗弃年老有病的父亲丙，致丙走投无路而自杀。（3）作为与不作为的结合。如仓库值班员甲与意图盗窃人乙按照事前约定，乙夜间去仓库盗窃时，甲佯装睡觉，不加制止，致乙盗窃大量财物。

按照共同犯罪的分工，共同犯罪行为表现为四种方式：（1）实行行为，即实施符合犯罪构成客观方面要件的行为；（2）组织行为，即组织、领导、策划、指挥共同犯罪的行为；（3）教唆行为，即故意劝说、收买、威胁或者采用其他方法唆使他人故意实施犯罪的行为；（4）帮助行为，即故意提供信息、工具或者排除障碍协助他人故意实施犯罪的行为。共同犯罪的共同行为，可能是行为人共同实施实行行为，也可能是分担实施不同的行为，即有人实施实行行为，有人实施组织行为。教唆行为或帮助行为，这些都是共同犯罪。如果认为只有共同实施实行行为才是共同犯罪，那就错了。对仅参与共谋而未参与犯罪的实行行为的，是否构成共同犯罪，我国刑法学界曾有肯定说和否定说两种不同意见。根据上述观点，我们赞同肯定说。所谓共谋是指二人以上为了实施特定的犯罪而进行的谋议，可能是策划实施犯罪，也可能是商讨如何实施犯罪，或者二者兼而有之，可见共谋本身就是共同犯罪行为，所以参与犯罪谋议而未参与犯罪实行，应当认为构成共同犯罪。

3. 共同实施的犯罪是结果犯并发生危害结果时，每一共同犯罪人的行为与危害结果之间都存在因果关系。共同犯罪中的因果关系，是两个以上共同犯罪人的行为与危害结果之间的因果关系，与单独犯罪中一个人的行为与危害结果之间的因果关系相比有其特殊性。其特殊性在于：共同犯罪行为是围绕一个犯罪目标，互相配合，互为条件的犯罪活动整体，正是这个行为的整体导致了危害结果的发生，换言之，这个行为整体是危害结果发生的统一的原因，而每个共同犯罪人的行为都是危害结果发生的原因的一部分。所以对共同犯罪人的行为不应孤立地而应当统一地考察，不能只就某一共同犯罪人的行为是否现实地导致危害结果发生，来认定其行为与危害结果之间是否存在因果关系。这是考察共同犯罪中因果关系特点的共同性，不过，由于共同犯罪行为方式不同，共同犯罪行为与危害结果之间的因果关系也还有各自的特点。

（1）在共同实行犯罪的场合，各共同犯罪人的行为共同指向同一犯罪事实，共同作用于同一危害结果，因而应将他们的实行行为作为统一整体来看，以确定其对危害结果是否具有原因力。共同犯罪人的实行行为共同引起危害结果发生，固然他们的实行行为与危害结果之间均有因果关系。即使共同犯罪人中只有一人的实行行为引起危害结果发生，其他人的实行行为没有导致危害结果发生，也应认为他们的行为与危害结果之间存在因果关系。例如，甲、乙事前通谋开枪杀害丙，甲、乙开枪中丙头部，致丙死亡。甲、乙的行为与丙的死亡之间均有因果关系，均应依故意杀人罪负刑事责任。

（2）在共同犯罪人之间存在分工的场合，即在共同犯罪人之间有的组织犯罪，有的教唆犯罪，有的实行犯罪，有的帮助犯罪，组织犯、教唆犯与帮助犯（从犯）并未参与实施实行行为，共同犯罪行为与危害结果之间的因果关系表现为：组织行为、教唆行为引起实行犯的犯罪决意和实行行为，帮助行为加强实行犯的犯罪决意和利于实行犯的实行行为，实行行为直接导致危害结果的发生。组织行为、教唆行为、帮助行为和实行行为，作为共同犯罪行为的有机整体，都与危害结果之间存在因果关系。

（三）共同的犯罪故意

从犯罪的主观方面来看，共同犯罪的成立必须是二人以上具有共同的犯罪故意。所谓共同的犯罪故意，指各共同犯罪人通过意思联络而形成的，明知他们的共同犯罪行为会发生危害社会的结果，并希望或者放任这种结果发生的心理态度。共同犯罪的故意虽然与个人的犯罪故意有所不同，但其内容同样可以从认识因素与意志因素两个方面来分析：

1. 共同犯罪故意的认识因素，包括如下内容：（1）共同犯罪人认识自己与他人互相配合共同实施犯罪；（2）共同犯罪人认识自己的行为的性质，并且认识共同犯罪行为的性质；（3）共同犯罪人概括地预见到共同犯罪行为与共同危害结果之间的因果关系，即认识自己的行为引起的结果以及共同犯罪行为会引起的危害结果。

2. 共同犯罪的意志因素，即共同犯罪人希望或者放任自己的行为引起的结果和共同犯罪行为会发生的危害结果。例如，甲教唆乙伤害丙，甲希望自己的教唆行为引起乙产生伤害丙的意思，并且希望发生丙被伤害的结果。共同犯罪人一般是希望共同犯罪行为所引起的危害结果发生，但在个别情况下也可能是放任危害结果发生。

3. 在共同的犯罪故意要件上需要特别说明的是，为了成立共同犯罪，共同犯罪人之间必须存在意思联络（或称意思疏通）。意思联络是共同犯罪人双方在犯罪意思上互相沟通，它可能存在于组织犯与实行犯之间，教唆犯与实行犯之间或者帮助犯与实行犯之间，而不要求所有共同犯罪人之间都必须存在意思联络，如组织犯、教唆犯、帮助犯相互间即使没有意思联络，也不影响共同犯罪的成立。

三、共同犯罪的认定

（一）不构成共同犯罪的情况

1. 二人以上共同过失造成一个危害结果的，不构成共同犯罪。二人以上共同过失犯罪，双方缺乏意思联络，不符合共同犯罪的主观要件，不可能形成共同犯罪所要求的有机整体性。刑法第25条第2款规定："二人以上共同过失犯罪，不以共同犯罪论处；应当负刑事责任的，按照他们所犯的罪分别处罚。"如医生对工作严重不负责任，开错处方，药剂员不认真审查，照单发药，结果致病人服药后死亡。在此，虽然医生和药剂员的共同过失行为导致了病人的死亡，但不能构成共同犯罪，对他们应分别按医疗事故罪定罪处罚。

2. 二人以上实施危害行为，罪过形式不同的，不构成共同犯罪。它表现为两个方面：一是过失地引起或帮助他人实行故意犯罪；二是故意地教唆或帮助他人实施过失犯罪。这些情况在外国刑法理论中虽然存在争论，但在我国刑法学中认为不构成共同犯罪。在这种情况下，应当根据各自的罪过形式和行为形态，依照刑法规定分别处理。

3. 二人以上同时或者先后实施某种故意犯罪，但主观上缺乏联系的，不构成共同犯罪。所谓同时犯，是指二人以上没有共同的犯罪故意而同时在同一场所实行同一性质的犯罪。同时犯的特点是行为人各有故意，但缺乏共同的故意即缺乏意思联络，所以不是共同犯罪，而是同时实行的单独犯，各人只对自己的犯罪行为承担刑事责任。例如，甲、乙各以盗窃的故意偶然地同时潜入某仓库行窃，分别窃得价值2000元和3000元的财物。在此案例中，甲乙虽然同时同地实施了盗窃罪，但由于他们主观上没有联系，因而不能构成盗窃罪的共同犯罪，只能以单个人犯罪分别处罚。

4. 实施犯罪时故意内容不同的，不构成共同犯罪。例如，甲、乙共同用木棍打击丙，甲是伤害的故意，乙是杀人的故意，结果由于乙打击丙的要害部位致丙死亡，由于没有共同的犯罪故意，不能按共同犯罪处理，只能按照各人的主客观情况分别定罪，即对甲定故意伤害罪，对乙定故意杀人罪。

5. 超出共同故意之外的犯罪，不是共同犯罪。共同犯罪人超出共同犯罪故意又犯其他罪的，对其他罪只能由实行该种犯罪行为的人负刑事责任，对其余的人不能按共同犯罪论处。

6. 事后通谋的窝藏行为、包庇行为，不构成共同犯罪。因为这些行为与危害结果的发生没有因果关系。但事前通谋窝藏行为或包庇行为，支持和鼓励了实行犯的实行行为，通过实行行为引起危害结果的发生，因而与危害结果的发生之间存在因果关系，并且具有共同的犯罪故意，应成立共同犯罪。所以我国刑法第310条第2款就窝藏罪、包庇罪规定："犯前款罪，事前通谋的，以共同犯罪论处。"

（二）片面共犯问题

所谓片面共犯，指共同行为人的一方有与他人共同实施犯罪的意思，并暗中配合他人实行犯罪行为，而另一方不知其配合自己实施犯罪的情况。例如，甲明知乙正在追杀丙，因其与丙有仇，希望乙将丙杀死。甲遂在暗中向乙提供杀人的刀子，又在丙逃跑的过道上设置障碍物，为乙杀害丙制造有利条件，结果丙被乙杀死。乙的行为构成故意杀人罪，没有疑问。但甲能否构成乙故意杀人的共犯？这在一些国家的立法上有着不同的规定，我国刑法无此问题的规定。在刑法理论上也有肯定和否定之争。在承认片面共犯的观点中，对片面共犯成立的范围也存在分歧：有的承认片面帮助犯、片面教唆犯和片面实行犯，有的承认片面帮助犯和片面教唆犯，有的则仅承认片面帮助犯。我们认为，片面教唆犯和片面实行犯是不可能发生的，而单方面帮助他人犯罪，他人不知道的情况在社会生活中是客观存在的，至于如何处理，我们认为，由于是暗中帮助他人犯罪，还是以从犯处理为宜。

第二节　共同犯罪的形式

一、共同犯罪形式的概念及其划分的意义

共同犯罪的形式，是指二人以上共同犯罪的存在方式、结构状况或者共同犯罪之间结合的方式。在刑法理论上划分不同种类的共同犯罪形式，是为了从不同的角度、用不同的标准去认识各种不同形式的共同犯罪的性质及不同的社会危害性程度，以便在定罪量刑时正确地适用刑法，有区别地对待不同的共同犯罪人，有效地与共同犯罪作斗争。

二、共同犯罪形式的划分

共同犯罪的形式划分，从不同角度，用不同的标准，通常将共同犯罪的形式分为以下几种：

（一）任意的共同犯罪和必要的共同犯罪

这是根据共同犯罪是否能够任意形成为标准进行划分的共同犯罪形式。任意的共同犯罪，指刑法分则规定的一人单独实施的犯罪由二人以上共同实施而形成的共同犯罪。如故意杀人罪、强奸罪、抢劫罪、盗窃罪、放火罪等不以多数行为人实行犯罪为必要，既可以一个人单独实施，也可以二人以上共同实施。二人以上共同故意实施上述犯罪的，就是任意的共同犯罪。当数人共同实施时，就构成任意共同犯罪。对任意共同犯罪，应当根据刑法分则有关具体犯罪的有关规定并结合刑法总则关于共同犯罪的规定定罪量刑。必要的共同犯罪，指刑法分则规定的犯罪构成以二人以上的行为为要件的犯罪。根据我国刑法的规定，这种共同犯罪有以下三种：

1. 对行性共同犯罪，指基于二人以上的互相对向行为构成的犯罪。在这种犯罪中，缺少另一方的行为，该种犯罪就不能成立。这种共同犯罪的特点是：（1）触犯的罪名可能不同（如行贿罪、受贿罪），也可能相同（如重婚罪）；（2）各自实施自己的犯罪行为，如一个送，一个收；（3）双方的对向行为互相依存而成立，如受贿行为以存在行贿行为为条件始能发生；（4）一方构成犯罪，另一方可能不构成犯罪。如甲、乙、丙每人向丁行贿3000元，丁共受贿9000元。甲、乙、丙均不构成行贿罪，但丁构成受贿罪。这种情况虽然仍称为必要的共同犯罪，但用语确实值得研究。

2. 聚合性共同犯罪。指以向着同一目标的多数人的共同行为为犯罪构成要件的犯罪。如武装叛乱、暴乱罪，聚众扰乱社会秩序罪等属之。这种共同犯罪的特点是：（1）人数较多；（2）参与犯罪者的行为方向相同；（3）参与的程度和形态可能不同，有的参与组织、策划或指挥，有的只是参与实施犯罪活动。

3. 集团性共同犯罪，指以组织、领导或参加某种犯罪集团为犯罪构成要件的犯罪。例如，我国刑法第120条第1款规定的“组织、领导……积极参加恐怖活动组织的”，第294条第1款规定的“组织、领导……积极参加黑社会性质的组织的”等属之。对必要的共同犯罪，根据刑法分则规定的有关犯罪的条文处理，不必适用刑法总则规定的共同犯罪的条款。

（二）事前通谋的共同犯罪和事前无通谋的共同犯罪

这是根据共同犯罪故意形成的时间而划分的共同犯罪形式。

事前通谋的共同犯罪，指共同犯罪人着手实行犯罪以前形成共同犯罪故意的共同犯罪。通谋通常指共同犯罪人之间用语言或文字互相沟通犯罪意思，通谋的内容可能是拟定实施犯罪的性质、方法、地点、时间、分工，也可能是犯罪后湮灭罪迹，分配赃物等；通谋的形式可能表现为用语言进行谋议，或以文字交换意见，也可能表现为点头示意赞同或答应共同犯罪人的提议。只要共同犯罪故意是在着手实行之前形成的，不论采取什么形式通谋，都无碍于事前通谋的共同犯罪的成立。这种共同犯罪在实际生活中较多，与事前无通谋的共同犯罪相比，也是较为危险的共同犯罪形式。

事前无通谋的共同犯罪，指共同犯罪人在着手实行犯罪时或实行犯罪过程中临时形成共同犯罪故意的情况，这种共同犯罪形式，通常称为“事前无通谋”的共同犯罪。这种共同犯罪形式，由于共同犯罪人是在着手实行犯罪后临时形成的，往往缺乏周密的谋议，社会危害性相对较小一些。

（三）简单的共同犯罪和复杂的共同犯罪

这是以共同犯罪人之间有无分工为标准进行划分的。简单的共同犯罪，在西方刑法中称为共同正犯（即共同实行犯），是指二人以上共同故意实行某一具体犯罪客观要件的行为。在这种共同犯罪形式中每一共同犯罪人都是实行犯。各共同犯罪人之间没有分工，共同直接实施某一犯罪行为的情况。构成简单的共同犯罪，除犯罪主体是两个以上达到法定刑事责任年龄具有刑事责任能力的人以外，在客观方面上必须共同实行犯罪，主观方面上必须有共同实行犯罪的故意。如甲、乙、丙三人一齐动手，共同将丁打死。

复杂的共同犯罪，指各共同犯罪人之间存在一定分工的共同犯罪。这种分工表现为：有的教唆他人使他人产生实行犯罪的故意，有的帮助他人实行犯罪使他人的犯罪易于实行，有的直接实行犯罪即实行该种犯罪构成客观要件的行为。由于共同犯罪人的行为各不相同，因而叫复杂的共同犯罪。这种共同犯罪与简单的共同犯罪的区别在于：后者，各共同犯罪人都参与实行犯罪构成客观要件的行为，都是实行犯，而前者，各共同犯罪人中，有的实行犯罪构成客观要件的行为，有的则实施非犯罪构成客观要件的行为，从而有的是实行犯，有的是教唆犯，有的则是帮助犯。

我国刑法主要是按照共同犯罪人在共同犯罪中的作用规定犯罪人的种类的，没有规定复杂的共同犯罪。我们应当根据各共同犯罪人在共同犯罪中所起作用的大小和对社会的危害程度，依照刑法总则关于共同犯罪的规定，解决他们的刑事责任问题。

（四）一般的共同犯罪和特别的共同犯罪

这是以共同犯罪人之间结合的紧密程度为标准进行划分的。一般的共同犯罪，指各共同犯罪人之间不存在组织形式的共同犯罪。这种共同犯罪形式的特点在于：共同犯罪人之间没有组织，他们只是为了实施某一具体犯罪而临时结合在一起，该具体犯罪实行完毕，这种共同犯罪形式也就不复存在了。一般的共同犯罪可以是事前通谋的共同犯罪，也可以是事前无通谋的共同犯罪；可以是简单的共同犯罪，也可以是复杂的共同犯罪。属于什么形式的共同犯罪，就按照该种形式的共同犯罪处理。

特别的共同犯罪，指各共同犯罪人之间建立起组织形式的共同犯罪，或称有组织的共同犯罪，亦即犯罪集团。我国刑法第 26 条第 2 款规定："三人以上为共同实施犯罪而组成的较为固定的犯罪组织，是犯罪集团。"构成犯罪集团必须具备如下条件：（1）由三人以上组成。所谓三人以上包括三人在内，这是在人数上犯罪集团成立的条件。也就是说二人共同进行犯罪活动的，是一般的共同犯罪；只有三人或超过三人共同进行犯罪活动的，才可能是犯罪集团。在社会现实生活中，犯罪集团远远不止三个人参加，根据有关材料，犯罪集团的成员多达十几人或者几十人，少者也有六七人左右。只有三人的，是个别的情况。(2) 为共同实施犯罪而组成。犯罪集团总是以实施某一种或者几种犯罪为目的而组成的，否则便不成其为犯罪集团。例如，基于追求低级趣味或出于封建习俗而纠合在一起的，或者基于落后思想或共同对某一具体事项不满而纠合在一起的，则不能认为是犯罪集团。如果其中有个别人背着其他同伴进行犯罪活动，对进行犯罪活动的人应当依法处理，但不能据以将聚合在一起的人认定为犯罪集团。(3) 是较为固定的犯罪组织。所谓犯罪组织，指以犯罪为目的而建立起来的较为固定的集体。组织总是意味着成员之间存在领导与被领导的关系，亦即既有组织者、领导者、指挥者，又有普通成员，后者服从于前者的领导和指挥，前者领导、指挥后者进行犯罪活动。犯罪集团的性质不同，组织的严密程度大不一样。所谓较为固定，指以实施多次犯罪为目的而组织起来，组织准备长期存在，并非以实施一次具体犯罪为目的而纠集在一起。如果只是为了实行某一具体犯罪，或者偶尔结合，进行犯罪活动后即行散伙的，则不能认为是犯罪集团。所以，只要查明各共同犯罪人是以实施多次或不定次数犯罪为目的而组织起来，即使没有来得及实施犯罪，都不影响成立犯罪集团。当然，如果共同实施多次或不定次数犯罪的目的不是经过通谋确定的，而是通过共同实施犯罪行为形成的，那就要有两次以上的犯罪事实，才能认定该犯罪群体是犯罪集团。犯罪集团是最危险的共同犯罪形式，历来是我国刑法打击的重点。

认定犯罪集团，必须坚持其构成规格，严格区分罪与非罪、集团与非集团的界限。对犯罪集团，刑法分则有规定的，即属于必要的共同犯罪中的集团性共同犯罪，应当依照刑法分则的有关规定处理；刑法分则没有规定的，应当依照刑法总则关于共同犯罪的规定，区别首要分子、首要分子以外的主犯、从犯、胁从犯，然后分别予以相应的处罚。

需要注意的是，20 世纪 80 年代以来，在司法实践及日常生活中经常使用“犯罪团伙”一词，这个概念不是严格刑法意义上的概念。它通常用于概括地指称三人以上共同实施犯罪的情况。对于犯罪团伙，应根据具体情况具体认定，符合犯罪集团成立条件的，按犯罪集团处理；不符合犯罪集团成立条件的，按一般共同犯罪处理。处理此类案件时，在判决、裁定及其他法律文书中要避免使用犯罪团伙的提法。

第三节　共同犯罪人的刑事责任

一、共同犯罪人的分类标准

由于各共同犯罪人在共同犯罪中的地位和作用不同，对各共同犯罪人处理时需要区别对待，因而有必要对共同犯罪人进行分类。正因如此，在世界各国关于共同犯罪的立法中，除少数国家外，绝大多数国家刑法均对共同犯罪人的种类加以划分。

对共同犯罪人采用什么标准分类，从各国刑法关于共同犯罪的立法例来看，主要有以下两种：

1. 以共同犯罪人在共同犯罪活动中的分工为标准，对共同犯罪人进行分类采用这种标准分类的国家中，有的采用二分法，分为正犯与从犯，如1810年《法国刑法》采用这种分类，其所谓从犯包括教唆犯和帮助犯；1995年《澳门刑法》也采用这种分类，其所谓的正犯包括实行犯和教唆犯。有的采用三分法，分为实行犯、教唆犯和帮助犯，如1922年《苏俄刑法》采用这种分类；或者分为正犯、教唆犯和帮助犯，1975年《联邦德国刑法》采用这种分类，其所谓正犯即实行犯。有的采用四分法，分为实行犯、组织犯、教唆犯和帮助犯，1960年《苏俄刑法》、1996年《俄罗斯联邦刑法》等均采用这种分类。

2. 以共同犯罪人在共同犯罪活动中所起的作用为标准，对共同犯罪人进行的分类采用这种标准分类的国家中，有的采用二分法，分为主犯和从犯，如英国1967年《刑事法令》颁布实施以前采用这种分类。有的采用三分法，分为首要、从犯和胁从，如1945年我国《苏皖边区惩治叛国罪犯（汉奸）暂行条例》采用这种分类。

上述根据两种标准的分类各有利弊。以分工为标准的分类，比较客观地反映了共同犯罪人在共同犯罪中从事什么样的活动，便于对共同犯罪人的行为定罪；但它没有揭示他们在共同犯罪活动中起了什么样的作用，不利于正确解决各自的刑事责任。以作用为标准的分类，比较客观地反映了共同犯罪人在共同犯罪中所起作用的大小，从而反映了他们各自不同的社会危害程度，便于对他们量刑，解决其刑事责任；但它没有反映各共同犯罪人在共同犯罪活动中的分工，对共同犯罪人定罪的一些问题不好解决，如教唆他人犯罪他人未至于犯罪就是适例。

对共同犯罪人的分类，从根本上说，是为了解决各共同犯罪人的刑事责任问题，刑事审判的任务，最终也就是解决行为人的刑事责任。因而我国刑法历来重视以作用为标准对共同犯罪人进行分类，1979年制定刑法时，总结实践经验，将共同犯罪人分为主犯、从犯、胁从犯。同时考虑到以分工为标准分类的教唆犯，在上述分类中没有反映，如何处理难以解决，因而在胁从犯之后另外又规定了教唆犯，并揭示对教唆犯在不同情况下的处罚原则。可见我国刑法是以作用为主兼顾分工对共同犯罪人的分类。教唆犯与主犯、从犯、胁从犯不是并列关系，但不能据此认为教唆犯不是我国刑法中共同犯罪人的一种，因为我国刑法将教唆犯明文在“共同犯罪”一节加以规定。这样，我国刑法学上研究的是四种共同犯罪人，即主犯、从犯、胁从犯和教唆犯。

二、各共同犯罪人的特征及其刑事责任

（一）主犯的特征及其刑事责任

刑法第26条第1款规定：“组织、领导犯罪集团进行犯罪活动的或者在共同犯罪中起主要作用的，是主犯。”据此，主犯分为两种：

1. 组织、领导犯罪集团进行犯罪活动的犯罪分子，也就是犯罪集团的首要分子。这种主犯只有在犯罪集团这种特殊的共同犯罪中才存在，没有犯罪集团，也就没有这种主犯。是否构成犯罪集团，应根据前述犯罪集团成立的条件来认定。组织、领导犯罪集团进行犯罪活动，是这种主犯的特征。组织，指挥、纠集、串联他人建立犯罪集团。领导，指挥、率领犯罪集团成员进行犯罪活动，为犯罪集团的犯罪活动出谋划策、做出决定，指使、安排、调配犯罪集团成员的分工和活动等。由于这种主犯建立、领导犯罪集团，指挥集团成员进行犯罪活动，因而是犯罪集团的核心，没有这种主犯，也就没有犯罪集团，所以这种主犯具有更大的社会危害性，是我国刑法打击的重点中的重点。犯罪集团的首要分子，可能只有一人，也可能不止一人，究竟哪些人是首要分子，应以事实为根据，依照刑法规定来确定。

2. 在共同犯罪中起主要作用的犯罪分子，相对于犯罪集团的首要分子，又称其他主犯或首要分子以外的主犯。这种主犯有以下几种：（1）在犯罪集团中起主要作用的犯罪分子。组织、领导犯罪集团进行犯罪活动，自然是在共同犯罪中起主要作用，所以这里所说的起主要作用，应理解为除上述活动之外在共同犯罪中起主要作用。这主要表现为：积极参加犯罪集团，在犯罪集团中特别卖力地进行犯罪活动，或者在犯罪集团中直接实行犯罪、罪行重大等。具有上述情况之一的，即构成犯罪集团的主犯。（2）在一般共同犯罪中起主要作用的犯罪分子。这主要是在一般共同犯罪中起主要作用的实行犯，具体表现为：在共同犯罪中直接造成严重危害结果，积极献计献策在完成共同犯罪中起着关键作用，在共同犯罪中罪行重大或情节特别严重等，具有上述情况之一的，即构成一般共同犯罪的主犯。（3）在聚众犯罪中起主要作用的犯罪分子。这涉及刑法理论界常常议论的聚众犯罪的首要分子与主犯的关系问题，下面对此加以论述。

刑法第97条规定：“本法所称首要分子，是指在犯罪集团或者聚众犯罪中起组织、策划、指挥作用的犯罪分子。”这里规定的首要分子是就必要的共

同犯罪而言的，亦即是对刑法分则条文明文规定的“首要分子”所作的解释。从这一规定可以看出，首要分子有两种：一是在犯罪集团中起组织、策划、指挥作用的犯罪分子，即犯罪集团的首要分子，这种首要分子与刑法第26条规定的首要分子相当，但由于它是刑法分则所规定的，因而在处理有关犯罪的这种首要分子时，应当直接引用刑法分则的有关条文，不需要援引刑法总则第26条。例如，刑法第240条规定：“……有下列情形之一的，处10年以上有期徒刑或者无期徒刑……（一）拐卖妇女、儿童集团的首要分子……”对拐卖妇女、儿童集团的首要分子的处理，直接引用第240条就可以了。而如果处理任意的共同犯罪中犯罪集团的首要分子，则应当引用刑法第26条。二是在聚众犯罪中起组织、策划、指挥作用的犯罪分子，即聚众犯罪的首要分子。这种首要分子与主犯的关系如何，看法不一：其一是第一种主犯说，认为第一种主犯为首要分子，首要分子为两种即聚众犯罪的首要分子与犯罪集团的首要分子。其二是独立主犯说，认为主犯分为三种，聚众犯罪的首要分子是犯罪集团的首要分子和在犯罪集团或一般共同犯罪中起主要作用的犯罪分子之外的一种独立的主犯。其三是第二种主犯说，认为聚众犯罪的首要分子完全包括在第二种主犯即在共同犯罪中起主要作用的犯罪分子之中。我们认为，第一种和第二种主张均没有法律根据，第三种主张是有道理的，但缺乏深入的分析。在我们看来，应当说聚众犯罪中起主要作用的犯罪分子属于第H种主犯，它包括如下一些情况：(1）在以首要分子为重罪构成的要件的聚众犯罪中的首要分子，如刑法第290条第2款规定的聚众冲击国家机关罪中的首要分子属之；(2）在以首要分子为基本犯罪构成要件的聚众犯罪中，首要分子为二人以上时起主要作用的犯罪分子，如刑法第291条聚众扰乱公共场所秩序、交通秩序罪中的首要分子属之；(3）在以首要分子和其他积极参加者为基本犯罪构成要件的聚众犯罪中的首要分子，如刑法第292条聚众斗殴罪中的首要分子属之。

由于主犯有两种，刑法对主犯的刑事责任，按照两种不同的主犯，分别加以规定。

1. 首要分子的刑事责任。刑法第26条第3款规定：“对组织、领导犯罪集团的首要分子，按照集团所犯的全部罪行处罚。”据此，犯罪集团的首要分子，不仅对自己实施的犯罪负刑事责任，而且要对其他成员按照集团的预谋实施的犯罪负刑事责任。当然，其他成员超出集团的预谋实施的别的犯罪，由其他成员自己负责，首要分子不承担刑事责任。

2. 首要分子以外的主犯的刑事责任。刑法第26条第4款规定：“对于第三款规定以外的主犯，应当按照其所参与的或者组织、指挥的全部犯罪处罚。”据此，对在犯罪集团、一般共同犯罪和聚众犯罪中起主要作用的主犯，应分为两种情况处罚：一是组织、指挥共同犯罪的，如聚众犯罪中的首要分子，应按照其组织、指挥的全部犯罪负刑事责任；二是没有进行组织、指挥活动但参与实行犯罪的，应按照其所参与的全部犯罪负刑事责任。

需要指出的是，对必要共同犯罪中犯罪集团的首要分子和聚众犯罪的首要分子，刑法分则均规定有相应的法定刑，对这种主犯的惩罚，应根据刑法分则的有关规定进行。

（二）从犯的特征及其刑事责任

刑法第 27 条第 1 款规定：“在共同犯罪中起次要或者辅助作用的，是从犯。”据此，从犯也分为两种：

1. 在共同犯罪中起次要作用的犯罪分子。次要作用是相对于主要作用而言的，与主要作用相比，重要性较差的。所谓在共同犯罪中起次要作用，指虽然参与实行了某一犯罪构成客观要件的行为，但在共同犯罪活动中所起的作用比主犯小，主要表现为：在犯罪集团的首要分子领导下从事犯罪活动，罪恶不够重大或情节不够严重，或者在一般共同犯罪中虽然直接参加实行犯罪，所起作用不大，行为没有造成严重危害后果等。这种情况就是次要的实行犯。因此，不能笼统地认为从犯就是帮助犯，也不能把实行犯一律认为是主犯。

2. 在共同犯罪中起辅助作用的犯罪分子。辅助作用也是次要作用，之所以特别提出辅助作用，因为按照分工对共同犯罪的分类中存在帮助犯，如果说上述“次要作用”是指次要的实行犯，那么“辅助作用”即是指帮助犯。所以条文特别用“辅助作用”概括这种情况，以便全面理解“次要作用”的内涵。所谓辅助作用，指为共同犯罪人实行犯罪创造方便条件，帮助实行犯罪，而不直接参加实行犯罪构成客观要件的行为。辅助可能表现为有形的帮助，如提供犯罪工具，排除实施犯罪的障碍以及事前答应事后窝藏赃物，隐匿罪犯等；也可能表现为无形的帮助，如指点实施犯罪的时机、对象，协助拟制犯罪计划等。帮助通常是在实施犯罪之前进行的，也可能在实行犯罪之际进行，甚至事前通谋事后给予帮助。不论以什么形式或在什么时间内实施帮助，都对实行犯罪起辅助作用。

在处理共同犯罪案件时，要注意将从犯与主犯区别开来。在共同犯罪案件中，可能共同犯罪人都是主犯，但不可能都是从犯，一般来说总是有主有从。从犯与犯罪集团的首要分子不难区别，问题是从犯与其他主犯的区别，区别的根据是在共同犯罪中所起的作用是主要作用还是次要或辅助作用。这应综合考虑其在共同犯罪中所处的地位、参与程度、犯罪情节以及对造成危害结果产生所起作用的大小等各方面的因素来确定。

关于从犯的刑事责任，各国刑法规定不尽相同。我国刑法第27条第2款规定："对于从犯，应当从轻、减轻或者免除处罚。"这里不仅规定了"应当"从宽，而且规定从宽的幅度较大；既可以从轻、减轻，也可以免除处罚。在什么情况下从轻、减轻或者免除处罚，这需要考虑他所参加实施的犯罪性质、情节轻重、参与实施犯罪的程度以及他在犯罪中所起作用的次要程度等情况来确定。

（三）胁从犯的特征及其刑事责任

根据刑法第28条的规定，"对于被胁迫参加犯罪的"，是胁从犯。在刑法中规定胁从犯是我国革命法制的传统，也是我国刑事政策的体现。早在1945年《苏皖边区惩治叛国罪犯（汉奸）暂行条例》中就规定有胁从犯。该暂行条例第3条规定："前条罪犯，得按其罪恶轻重，分别首要、胁从，予以处理。"新中国成立初期，毛泽东主席提出"镇压与宽大相结合"的政策时，即明确指出其中包括"胁从者不问"的政策。这一政策在1979年刑法中被立法化。根据1979年刑法第25条规定，"被胁迫、被诱骗参加犯罪的"，是胁从犯。1997年修订的刑法删去了"被诱骗"一词，因为对"被诱骗"如何理解，常有歧见；如何认定，较难掌握。而且它与"被胁迫"是两个不同内容的概念，不能成为胁从犯的特征。立法机关采纳上述意见，在修订的刑法中只保留"被胁迫"的概念，使构成胁从犯的条件更趋科学和明确。所谓被胁迫参加犯罪活动，指受到暴力威胁或精神威胁、被迫参加犯罪活动。详言之，行为人知道自己参加的是犯罪行为，虽然他主观上不愿参与犯罪，但为了避免遭受现实的危害或不利而不得不参加犯罪。不过，这时被胁迫者还是有自由意志的，他参加犯罪仍然是他自行选择的结果。所以他对参加的犯罪活动应负刑事责任。如果他是在身体受到强制的情况下完全失掉了自由意志，他的身体动静就不是自己的行为，那就谈不上他参加犯罪，因而不构成胁从犯。

在现实生活中，有的共同犯罪人最初是被胁迫参加犯罪的，后来变为自愿或积极从事犯罪活动，甚至成为共同犯罪中的骨干分子。对这种人不能再以胁从犯论处，而应按照他在共同犯罪中所起的实际作用是主要作用或者次要或辅助作用，分别以主犯或者从犯论处。

关于胁从犯的刑事责任，刑法规定轻于从犯。因为胁从犯主观上不愿意或不大愿意参加犯罪活动，客观上在共同犯罪中所起的作用较小，罪行也较轻，所以刑法第28条规定：对胁从犯，"应当按照他的犯罪情节减轻处罚或者免除处罚"。是减轻处罚或者免除处罚，应当综合考虑他参加犯罪的性质，犯罪行为危害的大小，被胁迫程度的轻重以及在共同犯罪中所起的作用等情况，然后予以确定。

（四）教唆犯的特征及其刑事责任

根据刑法第29条第1款的规定，“教唆他人犯罪的”，是教唆犯。教唆犯是故意引起他人实行犯罪的意图，并进而实施犯罪，而自己不直接参加实施犯罪的人。构成教唆犯，需要具备如下条件：

1. 客观方面必须具有教唆他人产生犯罪意图的教唆行为。所谓教唆，就是唆使具有刑事责任能力没有犯罪故意的他人产生犯罪故意。教唆的对象必须是有刑事责任能力的人，如果教唆无刑事责任能力的人进行犯罪，那就不是教唆犯，而是利用无责任能力人犯罪的间接正犯。教唆的内容必须是犯罪行为，如果教唆他人实施违法行为或不道德行为，则不构成教唆犯。

教唆行为的具体方式是多种多样的，可能是口头的，也可能是书面的，甚至是诸如使眼色、做手势等示意性动作。实施教唆的方法不一而足，如收买、嘱托、劝说、请求、利诱、命令、威胁、强迫等，都是教唆犯所使用的教唆方法。教唆犯无论采用何种具体形式或方法，都不影响教唆犯的成立。上述教唆行为的具体方式或方法，都只能由作为构成。由不作为能否构成教唆，在外国刑法理论中有肯定说与否定说之争。我们认为否定说是正确的，因为不作为不可能使没有犯罪故意的他人产生实行犯罪的故意。

构成教唆犯，只要求实施唆使他人产生犯罪故意的教唆行为就够了，不要求传授犯罪的方法。如果不仅教唆他人犯罪，而且传授他人犯罪的方法，例如，不仅教唆他人诈骗，而且传授他人诈骗技术，应从一重罪论处。如果既教唆他人犯甲罪（如杀人），又传授他人犯乙罪的方法（如传授盗窃方法），那就应当按照甲罪的教唆犯与传授犯罪方法罪数罪并罚。

根据刑法第29条的规定，教唆犯存在两种情况：一是该条第1款规定的“教唆他人犯罪的”，必须被教唆人由于教唆犯的教唆而实施所教唆的犯罪，教唆犯才能成立。在这种情况下，教唆犯的教唆行为与被教唆人所实施的犯罪之间必须存在因果关系。二是该条第2款规定的“……被教唆的人没有犯被教唆的罪”，这相当于外国刑法理论中的教唆的未遂，只要行为人有教唆他人犯罪的行为，就能成立教唆犯。这表现了我国刑法关于教唆犯的规定的特点。

2. 主观方面必须有教唆他人产生犯罪意图的故意。过失不能构成教唆犯。教唆犯的故意内容，就是明知自己的教唆行为会引起他人产生犯罪的意图，进而实施犯罪，并且希望或者放任他人去犯罪。具体地说这种故意也包括意识因素与意志因素两方面。其意识因素是：教唆人认识到教唆什么人犯罪，知道教唆他人犯何种罪，预见到自己的教唆行为会引起对方产生犯罪的意图，而导致犯罪的发生。这是教唆犯应具备的明知内容，如果没有这些认识是不能构成教唆犯的。例如，由于言语不慎，无意间说的一些话，引起了他人的犯罪意图，导致了犯罪的发生，不能认为是教唆犯。教唆犯的意志因素是：希望或者放任他人产生犯罪意图去实施犯罪。从刑法对教唆犯的规定看，刑法第 29 条第 2 款的教唆犯只能由直接故意构成，即教唆人对其教唆行为会引起他人犯罪意图进而实施犯罪的结果只能持希望的态度。因为该款的教唆犯是在被教唆人没有犯所教唆的罪的情况下构成的，如果教唆人对被教唆人是否犯教唆的罪持放任态度，那么被教唆没有犯所教唆的罪就谈不上违背教唆人的意愿，也就不能构成教唆犯罪；刑法第 29 条第 1 款的教唆犯，通常是出于直接故意，但也可能出于间接故意。因为该款的教唆犯是在被教唆人犯了所教唆的罪的情况下成立的，即使教唆人对被教唆人是否犯所教唆的罪采取放任态度，亦构成教唆犯。但是，出于间接故意教唆他人犯罪的，只有在被教唆人实施了所教唆的罪的情况下，才能构成教唆犯。如果没有发生被教唆人实施犯罪的结果，则不能构成犯罪，自然也不存在教唆犯的问题。

以上是教唆犯的基本特征，也是构成教唆犯必备的主要条件。但是，教唆犯的情况颇为复杂，在认定教唆犯时应注意以下几个问题：

1. 教唆未达到刑事责任年龄，没有刑事责任能力的人去实施犯罪的，由于被教唆人没有辨认或控制自己行为的能力，实际上是教唆人利用来实施某种犯罪的工具，应当按教唆人自己单独实行犯罪论处。

2. 被教唆人实施了所教唆以外的罪，或者被教唆人在实施犯罪时超过了所教唆的范围，这称为“实行过限”。教唆人只按其所教唆的犯罪负刑事责任，而过限行为应由被教唆人个人负责。但是，如果被教唆人所实施的犯罪性质未变，只是造成的后果大小不同，则教唆人对此应负任。因为教唆人对教唆他人犯罪可能造成的各种后果都是有预见的，而且他也知道后果的大小不是由他来控制的，所以被教唆人实施所教唆的犯罪造成的不同后果都在其故意之中，理应让他承担刑事责任。

3. 被教唆人如果把教唆人犯罪意图领会错了，实施了其他的犯罪，教唆人只按他所教唆的犯罪承担刑事责任，而不负被教唆人实际实施的犯罪的刑事责任。

4. 教唆他人犯某种罪，如果刑法分则已把这种教唆行为规定为单独的犯罪，就不再是一般的教唆犯，应直接依照刑法分则的规定而定罪处罚。

关于教唆犯的刑事责任，刑法第 29 条分为如下三种情况加以规定：

1. “教唆他人犯罪的，应当按照他在共同犯罪中所起的作用处罚”（第 29 条第 1 款）与第 29 条第 2 款相对照，可知这里指的是被教唆人犯了被教唆的罪的情况。所谓被教唆人犯了被教唆的罪，指被教唆人已进行犯罪预备，或者已着手实行犯罪而未遂，或者已完成犯罪而既遂。在这种情况下，按照他在共同犯罪中所起的作用大小而进行处罚，教唆犯在共同犯罪中如果起主要作用，就作为主犯处罚；反之，如果起次要作用，就作为从犯处罚。实际上教唆犯是犯意的发起者，没有教唆犯的教唆，实行犯就没有犯罪故意，也就不会有该种犯罪发生。因而教唆犯在共同犯罪中通常起主要作用，特别是用命令、威胁、强迫等方法教唆的，教唆后又提供重要帮助的，更是如此。所以审判实践对教唆犯一般都作为主犯处罚。但在少数情况下，教唆犯在共同犯罪中起的作用也可能是次要的，如从犯的教唆即教唆他人帮助别人犯罪，这种情况就应当作为从犯处罚。正因为教唆犯在实际生活中存在比较复杂的情况，所以我国刑法没有规定教唆犯一律按照主犯处罚。

2. “教唆不满 18 周岁的人犯罪的，应当从重处罚。”这是因为未成年人思想还不成熟，具有很大可塑性，受到良好教育，可以培养成对社会有用之才；受到不良影响，则可能走上违法犯罪的歧途。为了防止教唆犯对青少年的侵蚀，保护他们健康成长，所以规定对教唆不满 18 周岁的人犯罪的，应当从重处罚。

3. “如果被教唆的人没有犯被教唆的罪，对于教唆犯，可以从轻或者减轻处罚。”所谓被教唆人没有犯被教唆的罪，包括以下几种情况：(1) 被教唆人拒绝了教唆犯的教唆，亦即根本没有接受教唆犯的教唆。(2) 被教唆人当时接受了教唆，但随后又打消犯意，没有进行任何犯罪活动。(3) 被教唆人当时接受了教唆犯关于犯某种罪的教唆，但实际上他所犯的不是教唆犯所教唆的罪。例如，教唆犯教唆他人实施盗窃，被教唆人接受了这一教唆，但实际上却犯的强奸罪。(4) 教唆犯对被教唆人进行教唆时，被教唆人已有实施该种犯罪的故意，即被教唆人实施犯罪不是教唆犯的教唆所引起。这些情况，或者根本没有引起被教唆者的犯意，或者实际上没有造成危害结果，或者虽然造成了危害结果，但与教唆犯的教唆行为不存在因果关系。所以刑法第 29 条第 2 款规定“可以从轻或者减轻处罚”。

第十二章　罪　　数

第一节　罪数概述

一、罪数的概念

罪数，是指犯罪的个数，是行为人的危害社会行为构成犯罪的单与复。罪数理论研究的主要问题是行为人的行为在什么情况下成立一罪，在什么情况下成立数罪。显然，行为的罪数直接关系到定罪。在司法实践中，行为人所实施的行为是构成一罪，还是构成数罪，通常容易认定。但是，实际上由于犯罪现象千姿百态，法律规定错综纷繁，以致什么是一罪，什么是数罪，成为复杂的理论问题，需要认真地加以研究。否则可能会导致定罪与量刑上的错误。因此研究罪数形态的任务主要在于：探讨确定罪数的科学标准，揭示一罪与数罪的区分，阐明各种罪数形态的构成要件和本质属性即实际罪数，进而确定适用于各种不同罪数形态的处理原则。

二、罪数的判断标准

要正确认定行为的性质，首先必须明确一罪和数罪的标准，对此，在中外刑法理论上有多种学说。主要有：

（一）行为标准说

持此说者认为，犯罪的本质是行为，没有行为就无所谓犯罪，所以判断罪是一罪还是数罪，自然应当以行为的个数为标准。行为人实施了一个行为的，为一罪，实施了数个行为的，为数罪。一人一次开枪打死两人，因为只有一个行为，所以是一罪。此说关于行为的观念又有自然行为说与法律行为说之分。前者主张，行为就是自然的一个行为，亦即人的一个动作或举动就是一个行为。后者主张，犯罪行为与自然行为不同，应当依照法律观念来认定。依照法律观念，数个举动可能只是法律上的一个行为。例如，装上子弹、举枪瞄准、开枪射击致人死亡，这一系列的举动法律上看，只是一个杀人行为。犯罪行为当然是根据法律评价的行为。上述二说中应以法律行为说为妥。不过，行为标准说并不足取。因为它只强调行为，结果不在考虑之列，犯罪主观方面的要件更丝毫没有涉及。而犯罪是符合刑法规定的犯罪构成要件的行为，所以片面地以行为一个要件为标准，不可能将一罪与数罪区别开来。

（二）法益标准说

又称结果标准说，持此说者认为，犯罪的本质是对法益的侵害，不侵害法益的行为就不可能构成犯罪，所以判断罪数是一罪还是数罪应以侵害法益或者犯罪结果的个数为标准。侵害一个法益或发生一个结果的，是一罪；侵害数个法益或发生数个结果的，是数罪。至于法益个数的计算，则因法益种类不同而不同：国家法益和社会法益为公法益，属概括的法益，为单数；个人法益为私法益，分为人身专属法益与非专属法益两类，前者指生命、健康、人格等与持有人不可分离的法益，其法益个数以法益持有人为准计算；后者指动产、不动产等财产法益，其法益个数以具有财产监督者的个数为准计算。法益标准说也为多数学者所否定。“根据犯罪的本质是法益侵害，由法益侵害的个数决定罪数的方法，虽然应当说基本上是妥当的，但因为在犯罪的成立上行为及构成要件是不可缺的，在完全无视这些而决定罪数这点上是不妥当的。”

（三）犯意标准说

又称意思标准说，持此说者认为，犯罪是行为人主观上犯罪意思的外部表现，行为只是行为人犯罪意思或主观恶性的表征，所以判断罪数是一罪还是数罪应以犯罪意思为标准。行为基于一个犯罪意思实施犯罪的，是一罪；基于数个犯罪意思实施犯罪的，是数罪。例如，以一次杀二人的意思同时杀害二人是一罪，相反地，杀害一人之后决意杀另一人的，是数罪。犯意标准说强调了犯罪的主观方面，纠正了行为标准说和法益标准说忽视犯罪的主观方面的失误，但又走向了另一个极端，完全忽现了犯罪的客观方面，如前所述，犯罪是符合刑法规定的犯罪构成的行为，而犯罪构成则是犯罪的客观要件与主观要件的统一，所以只以犯意——犯罪的主观方面的要件作为判断罪数的标准，显然不可能正确地区分一罪与数罪，因而犯意标准说也被学者认为不妥。

（四）构成要件标准说

持此说者认为，无论是行为、意思（即犯意）、结果，都只是一般犯罪概念上的一个重要要素，不能决定犯罪的个数。一罪与数罪的确定应以刑法本条以及其他刑法规范的构成要件为标准，即充足了一次构成要件事实的为一罪，充足了两次构成要件事实的为两罪，以此类推。此说为日本著名刑法学家小野清一郎所提倡，他说：“在罪数论中，我提倡以构成要件为标准，即有充分满足一次构成要件的事实是一罪，有充分满足两次构成要件的事实即为二罪，以此类推。”此说在日本刑法理论界已成为通说。在现代西方刑法理论中，构成要件包含行为、结果或法益侵害以及故意等要素，所以与行为说、法益说、犯意说等相比，构成要件标准说较为合理，因为它避免了上述诸说的片面性。但此说仍然存在严重缺陷。因为按照西方刑法理论，构成要件符合性，只是犯罪成立的条件之一，行为构成犯罪，除了具备构成要件符合性条件外，还必须具备违法性和有责性，否则犯罪就不能成立。所以，行为符合构成要件的次数不等于犯罪的个数，以充足了构成要件的次数来决定犯罪的个数是有条件的。这样，在符合构成要件的次数与犯罪的个数之间，在一定情况下就会产生“断裂带”。这是由他们的犯罪构成理论体系决定的，也是他们的构成要件标准说之欠缺所在。

（五）犯罪构成标准说

此说为我国刑法学界通行的主张。该说认为，我国刑法中的犯罪构成，是主客观要件的统一，是犯罪成立要件的整体，行为符合犯罪构成，犯罪即可成立，所以判断罪数是一罪还是数罪，应当以犯罪构成为标准，行为具备一个犯罪构成的，是一罪；行为具备数个犯罪构成的，是数罪。这里所说的犯罪构成，主要指刑法分则条文对各种具体犯罪所规定的具体的犯罪构成，包括独立的犯罪构成与派生的犯罪构成（加重或减轻的犯罪构成），基本的犯罪构成与修正的犯罪构成（共同犯罪或犯罪未完成形态的犯罪构成）等。所以，运用犯罪构成标准说判断罪数，仍然是一个比较复杂的问题。但与前述说相比，此说还是科学的，其科学性主要表现在以下方面：

1. 贯彻了我国刑法基本原则之一的罪刑法定原则

罪刑法定原则的首要要求是犯罪和刑罚必须由成文法明文加以规定。我国刑法总则和分则全面地规定了犯罪构成的要件，这是罪刑法定原则的体现。以犯罪构成作为判断罪数的标准，就是贯彻我国刑法基本原则之一的罪刑法定原则。它符合“有法必依，执法必严”的要求，有利于判定罪数的统一性和公正性，避免随意性和擅断性，是在判定罪数问题上严格执法的表现，处理公平的保障。

2. 贯彻了主客观相统一的原则

如前所述，我国刑法中的犯罪构成是依照我国刑法规定，决定某一具体行为的社会危害性及其程度而为该行为构成犯罪所必须具备的一切客观要件和主观要件的有机统一。在刑法分则规定的每一具体犯罪的构成中，都既有犯罪客体、对象、行为或危害结果等客观要件，又有犯罪主体、犯罪故意或过失、犯罪目的等主观要件。尽管具体的主客观要件不是每一犯罪都完全具备，但犯罪构成都是主客观要件的统一则是不容否定的。所以，以犯罪构成作为判断罪数的标准，既克服了行为标准说、法益标准说片面强调客观要件的弊端，又克服了犯意标准说片面强调主观要件的弊端，为区分一罪与数罪提供了主客观相统一的科学的依据。

3. 在罪数领域里贯彻了犯罪构成理论

犯罪构成理论是我国刑法学的核心理论，它贯穿于刑法学的各个领域，如在犯罪停止形态、共同犯罪以及刑法分则条文等，无不以犯罪构成理论为基石，在罪数形态领域当然也不例外。以犯罪构成为判断罪数的标准，不仅是犯罪构成理论作为刑法学核心理论的要求，也是发展和完善罪数形态论的需要。因为任何一种罪数形态，不论是一罪形态或是数罪形态，都具有客观要件和主观要件，是各自具有的独特类型的各种主客观要件的统一。所以，只有主客观相统一的犯罪构成标准说才能准确地区分一罪与数罪，才能阐明各种罪数形态的要件和特征，使罪数形态论形成日趋完善、科学的理论。除此之外，其他标准说包括构成要件标准说都是无能为力的。

需要提出的是，犯罪构成标准说是科学的，但在解决罪数问题上却不是万能的。这就是按照此说，有些通常按一罪处理的罪数形态如牵连犯，有时刑法明文规定实行数罪并罚。如刑法第 198 条规定的保险诈骗罪，如果故意造成财产损失或者故意造成被保险人死亡、伤残，“同时构成其他犯罪的，依照数罪并罚的规定处罚”。在这种情况下，应依法认定数罪，实行并罚。可见在区分一罪与数罪时，通常固然要以犯罪构成为标准，但应考虑刑法有无特别规定，刑法如有特别规定，必须依照刑法的规定处理。

三、罪数的类型

罪数的类型首先分为一罪与数罪。一罪指一个犯罪，数罪指数个犯罪，这种区分看似简单，实则十分复杂，以致在刑法理论上，对于罪数的分类提出各种不同的意见。经过学者研究，以下分类为一些著作所采用：

（一）一罪的类型

1. 实质的一罪，包括继续犯、想象竞合犯和结果加重犯。

2. 法定的一罪，包括结合犯和惯犯。

3. 处断的一罪，包括连续犯、牵连犯和吸收犯。

（二）数罪的类型

1. 实质数罪与想象数罪。

2. 异种数罪与同种数罪。

3. 并罚数罪与非并罚数罪。

4. 判决宣告以前的数罪与刑罚执行期间的数罪。

我们认为上述罪数类型的划分基本上是可取的，本书拟采取这种分类，个别地方将根据刑法规定的情况稍作变更。

第二节　一罪的类型

一、实质的一罪

实质的一罪，一般包括继续犯、想象竞合犯和结果加重犯。

（一）继续犯

1. 继续犯的概念

继续犯，也称持续犯。是指作用于同一对象的一个犯罪行为从着手实行到行为终了，犯罪行为与不法状态同时处于继续状态的犯罪。非法拘禁罪被认为是典型的继续犯。此外，窝藏罪、非法持有、私藏枪支、弹药罪、遗弃罪等也都是典型的继续犯。

2. 继续犯的特征

（1）必须是基于一个犯罪故意实施一个危害行为的犯罪。所谓一个危害行为，是指主观上出于一个犯罪故意（无论是单一的犯罪故意，还是概括的犯罪故意），为了完成统一犯罪意图所实施的一个犯罪行为。如果行为人并非实施一个危害行为，而是实施了数个危害行为，则不构成继续犯。例如行为人第一天将被害人拘禁于甲地，第二天转移拘禁于乙地，第三天再转移拘禁于丙地。尽管拘禁地一再转移，但非法拘禁行为并未间断，仍然是 1 个非法拘禁行为，而不是数个非法拘禁行为。继续犯只能是一个犯罪行为，如果不是一个行为，就不是继续犯。例如，10 天之内连续在夜间盗窃 8 户人家的大量财物，是连续数行为，应构成连续犯，而不是继续犯。继续犯通常由作为构成，如非法拘禁罪中的非法拘禁，就是作为；也可能由不作为构成，如遗弃罪的遗弃，即负有扶养义务而拒绝扶养，就是不作为。

（2）必须是持续地作用同一对象。继续犯持续作用的对象只能是同一对象。例如，非法拘禁罪，行为人非法拘禁某甲 1 月有余，在持续非法拘禁 1 个多月的时间里，非法拘禁的对象始终只是某甲。这是继续犯。如果前天非法拘禁张三，昨天非法拘禁李四，今天非法拘禁王五，非法拘禁的对象不同，如果不是出于一个非法拘禁的概括故意，则构成数个非法拘禁罪，而不可能是一个继续。

（3）必须是犯罪行为与不法状态同时继续。这是构成继续犯的重要条件，也是继续犯与有关形态相区别的显著特征。这一特征包括如下含义：首先是犯罪行为必须具有继续性，即犯罪行为从着手实行到行为终了在时间上有一个过程。在这个过程中实行行为一直处于不间断进行的状态中。其次是犯罪行为所引起的不法状态必须具有继续性。所谓不法状态，指由于犯罪的实行行为使客体遭受侵害的状态。这种不法状态不是很快即行消失，而是在时间上处于继续存在的状态中。最后是犯罪行为与不法状态同时处于持续的过程中，而不只是犯罪行为的继续或者不法状态的继续。如果只是犯罪行为所造成的不法状态处于持续之中，而犯罪行为一经实行即已完成，并不处于继续状态，就不是继续犯。例如，行为人实施盗窃罪之后占有赃物，是不法状态的继续，但盗窃罪不是继续犯。因为作为盗窃罪构成要件的盗窃行为已经结束，而不是处于继续状态。而非法拘禁罪在行为人将被害人非法拘禁期间，既是非法拘禁行为的继续，同时也是非法拘禁不法状态的继续，所以是继续犯。

（4）必须从着手实行到行为终了继续一定时间。这是继续犯最显著的特征之一，也是区别于其他犯罪形态的重要标志之一。因为没有一定的时间过程，就谈不上犯罪行为和不发状态的继续，从而也就谈不上继续犯。如行为人将被害人非法拘禁 3 分钟，就不构成非法拘禁罪。至于构成继续犯的时间继续需要多长时间，法律并没明确规定，应当根据犯罪的性质和情节，具体分析加以认定。

以上四个要件是互相密切联系的，只有同时具备，才可能构成继续犯。

由于继续犯是由于出于一个故意，持续性的犯罪行为是在一个故意心理的支配下实施的，也只是侵犯了一种社会关系，故只符合一个犯罪构成，因而只能认定为一罪。另外，根据刑法第 78 条的规定，继续犯的追诉时效，从行为终了之日起计算。

3. 继续犯的处断原则

刑法分则对属于继续犯的犯罪设专条加以规定，并置以相应的法定刑。所以对继续犯应依刑法规定以一罪论处，不实行数罪并罚，继续时间的长短在裁量刑罚时可以作为量刑情节加以考虑。

（二）想象竞合犯

1. 想象竞合犯的概念

想象竞合犯，也称想象的数罪、观念的竞合。通说认为，是指一个行为触犯数个罪名的犯罪形态。具体而言，想象竞合犯是指行为人基于数个不同的具体罪过，实施一个危害行为，而触犯两个以上异种罪名的犯罪形态。如甲开一枪，打死了乙，打伤了丙。对想象竞合犯，《日本刑法》第 54 条明文加以规定："一个行为同时触犯两个以上罪……按照其最重的刑罚处断。"我国刑法没有规定想象竞合犯，但在刑法理论上一直是承认的，并为司法实践所接受。

2. 想象竞合犯的要件

（1）行为人只实施了一个行为。这是构成想象竞合犯的前提条件，如果是实施了数个行为，则不可能构成想象竞合犯。所谓一个行为，是指行为人实施的危害行为是单数，不是复数。如上例所说开一枪，打死一人，打伤一人。所谓一行为触犯数罪名，即将死、伤的结果包括在行为之内。行为通常是作为，但也可能是不作为。

（2）一个行为触犯了数个罪名。这是想象竞合犯的法律特征。所谓一个行为触犯数个罪名，就是一个行为在形式上或外观上同时符合刑法规定的数个犯罪构成。至于数个罪名是否必须相同，在刑法理论上，意见还有分歧：一种意见认为，想象竞合犯分为异种类的想象竞合犯和同种类的想象竞合犯两种，前者指一个行为触犯不同种的数个罪名，如开一枪杀死一人，伤害一人，即一个行为触犯杀人罪和伤害罪两个罪名。后者指一行为触犯同种的数个罪名，如开一枪杀死二人，触犯两个杀人罪。另一种意见认为，想象竞合犯只能是一个行为触犯不同种的数个罪名，触犯数个同种罪名，不能构成想象竞合犯。我们赞同后一观点。因为只有数个不同的罪名，才是数个罪名；数个相同的罪名，例如，数个杀人罪，罪名仍然只是一个，也就谈不到想象的竞合犯。并且承认想象的竞合犯，目的在于行为触犯的数个罪名中，解决应按哪一个罪名定罪量刑的问题。同种类的想象竞合犯，在确定行为的罪名上不发生疑问，因而将它作为想象竞合犯，对审判工作没有实际意义。事实上在我国的审判实践中，对于一个行为触犯同种类的数个罪名，例如，行为人杀死被害人一家三人，只是作为一罪从重处罚，并未按照想象竞合犯处理。所以我们认为，还是以只承认异种类的想象竞合犯才是想象竞合犯为宜。

3. 想象竞合犯的处断原则

对想象竞合犯，我国刑法理论界通说主张按“从一重处断原则”处理，即依照行为触犯的数个罪名中法定刑较重的犯罪定罪处刑，而不实行数罪并罚。刑法第329条明文肯定了这一原则。该条第1款规定了抢夺、窃取国有档案罪，第2款规定了擅自出卖、转让国有档案罪，紧接着第3款规定“有前两款行为，同时又构成本法规定的其他犯罪的，依照处罚较量的规定定罪处罚”。我们认为，这一处断原则不仅适用于本条款规定的犯罪，对其他想象竞合犯同样适用；但刑法另有特别规定的，则应当依照特别规定论处。

（三）结果加重犯

1. 结果加重犯的概念

结果加重犯，也称加重结果犯，是指实施基本犯罪构成要件的行为，由于发生了刑法规定的基本犯罪构成要件以外的重结果，刑法对其规定加重法定刑的犯罪形态。例如，刑法第 260 条规定，虐待罪处 2 年以下有期徒刑、拘役或者管制；致被害人重伤、死亡的，处 2 年以上 7 年以下有期徒刑。虐待致人重伤或死亡，就是结果加重犯。

2. 结果加重犯的构成特征

（1）实施了基本犯罪构成要件的行为。基本犯罪构成是结果加重犯存在的前提，没有基本犯罪构成就没有结果加重犯。对此学者之间没有异议，但对基本犯罪是否必须是结果犯和是否只能出于故意，则存在不同认识。关于前一问题，有的学者认为，基本犯必须是结果犯，才能成立结果加重犯；有的学者认为，即使基本犯不是结果犯，也可以成立结果加重犯，例如，非法拘禁致人重伤或死亡的场合，就是适例。我们同意后一观点，因为只要行为符合刑法规定的基本犯罪构成要件，即具备结果加重犯的前提条件。关于后一问题，有的学者认为，基本犯的行为只能出于故意，不可能出于过失；有的学者认为，基本犯的行为通常是出于故意，但不排除出于过失，例如，《联邦德国刑法》第 309 条的失火致人死亡罪、第 314 条的过失决水致人死亡罪，都是过失犯的结果加重犯的立法例。我们赞同后一观点，因为这是立法例上客观存在的情况，不能不予以承认。

（2）产生了基本犯罪构成以外的重结果。构成结果加重犯，以发生重结果为不可缺少的条件，并且重结果必须由基本犯罪的犯罪行为所引起，即重结果与基本犯罪行为之间必须具有因果关系；否则，不构成结果加重犯。例如，甲殴打乙致伤，乙在治疗时，因建筑事故房屋倒塌而死亡。甲只构成伤害罪，而不构成伤害致人死亡的结果加重犯。对此，学者们的意见是一致的，但对重结果是否以过失为必要，则还存在不同看法：一种意见认为，重结果的罪过形式只能是过失，而不包括故意。另一种意见认为，重结果的罪过形式通常是过失，但不排除故意，即重结果出于故意，同样构成结果加重犯。如 1975 年《奥地利刑法》第 7 条第 2 款规定："犯罪行为有结果加重之规定者，以行为人至少对此结果有过失时，始予以加重处罚。"所谓至少有过失，即最小限度有过失，对重结果有故意当然包含在内。根据我国刑法规定的实际情况看，当以后说为妥。有的结果加重犯，重结果只能出于过失，不可能出于故意。如伤害致人死亡，致人死亡就只能出于过失，如果出于故意，那就成为故意杀人罪，而不可能是伤害致人死亡的结果加重犯了。但有的结果加重犯，重结果可能出于过失，也可能出于故意。如抢劫致人重伤、死亡，致人重伤、死亡，既可能出于过失，也可能出于故意，即使出于故意，亦无碍于抢劫罪的结果加重犯的成立。

（3）刑法规定了比基本犯罪较重的刑罚。对结果加重犯，各国刑法都规定了重于基本犯的刑罚，这也是构成结果加重犯不可或缺的条件，否则，如果对重结果没有较重刑罚的规定，也就谈不到结果加重犯了。对重结果的较重刑罚规定的方式，有两种立法例：一是规定比照某某罪从重处罚；二是规定比基本犯罪更重的法定刑。我们认为第二种方式是可取的，因为它符合结果加重犯的立法本意，且便于审判人员操作。我国刑法即采取这种立法例。前面所举我国刑法第 260 条第 2 款虐待致人重伤、死亡就是如此。虽然实施了基本犯罪构成要件的行为，并由此产生了重结果，但刑法不是对其单独规定较重刑罚。而是规定按照另一较重犯罪定罪处罚，那就不是结果加重犯。例如，刑法第 292 条第 2 款规定的“聚众斗殴，致人重伤、死亡的，依照本法第 234 条、第 232 条的规定定罪处罚”。即依照故意伤害罪、故意杀人罪定罪处罚，而不是聚众斗殴罪的结果加重犯。

3. 结果加重犯的处断原则

由于刑法对结果加重犯规定了比基本犯罪较重的法定刑，所以对结果加重犯只能依照刑法的规定，在较重的法定刑幅度内量刑，而不实行数罪并罚。

二、法定的一罪

（一）结合犯

1. 结合犯的概念

结合犯，是指数个各自独立的犯罪行为，根据刑法的明文规定，结合而成为另一个独立的新罪的犯罪形态。例如，《日本刑法》第 241 条规定的“犯强盗罪，而又强奸妇女者”，构成强盗强奸罪，就是强盗罪和强奸罪相结合的典型。我国刑法没有典型的结合犯。

2. 结合犯的构成特征

（1）被结合之罪，必须是刑法明文规定的具有独立构成要件且性质各异的数罪。即现行刑法明文规定的独立犯罪的整体，是构成结合犯的基本要素，这是结合犯构成的前提。结合犯的这一特征具有以下几层含义：第一，被结合之数罪，必须是现行刑法明文规定的；第二，被结合之数罪，必须具有独立的构成要件；第三，被结合之数罪，必须是刑法明文规定的性质各异的犯罪；第四，被结合之数罪，必须是刑法明文规定的具体犯罪。

（2）数个原罪必须基于一定程度的客观联系，并依据刑法的明文规定而被结合为一个新罪。这是由被结合之罪转化为结合之罪必须具备的条件，也是结合犯形成的必由途径和基本形式。结合犯的这一特征往往表现为关联性和法定性两个基本特征。

首先，决定结合犯形成的关联性特征表现为被结合的数罪之间存在一定程度的客观联系，这是原罪结合成新罪的必要前提。没有一定的客观联系的数个犯罪，不可能经由刑事法律的规定而转化成另一个新的犯罪即结合之罪。例如，日本刑法中的强盗罪是由暴行罪或胁迫罪和抢劫罪相结合而成，即暴行罪或胁迫罪＋抢劫罪＝强盗罪。暴行或胁迫行为和财物夺取行为之间存在手段行为和目的行为之间的关系。此外，也有的因为两种犯罪往往同时发生而结合成一罪。例如，前例所举的强盗强奸罪就是因为强盗罪与强奸罪往往同时发生而结合在一起，这种方式在结合犯中比较常见。结合犯的表现方式用公式表达有两种情况：其一，甲罪＋乙罪＝甲乙罪，如上例强盗罪＋故意杀人罪＝强盗故意杀人罪；其二，甲罪＋乙罪＝丙罪。如暴行罪（胁迫罪）＋抢劫罪＝强盗罪。

其次，制约结合犯形成的法定性特征，主要表现为数个原罪相结合为新罪必须有刑法明文规定。这是由被结合之罪转化为结合之罪的形式条件和必经的法律途径。如果刑法没有明文规定结合为新罪，而是作为基本犯罪的加重情节或加重结果，那就不是结合犯，而是情节加重犯或结果加重犯。例如我国刑法第263条规定，犯抢劫罪，“有下列情形之一的，处十年以上有期徒刑、无期徒刑或者死刑，并处罚金或者没收财产：……（五）抢劫致人重伤、死亡的；……”由于刑法规定抢劫致人重伤、死亡为抢劫罪的严重犯罪构成的要件，而没有规定与抢劫罪结合成为新罪，所以不是结合犯，而是抢劫罪的结果加重犯。

（3）必须是数个性质各异且足以单独构成犯罪的危害行为，触犯由原罪结合而成的新罪，此为结合犯动态的实际构成特征，也是结合犯成立不可缺少的重要条件之一。

3. 结合犯的处断原则

由于结合犯是刑法规定将原来的数罪结合成为一个新罪，并规定相应的法定刑，应当依照刑法规定以新罪一罪论处，不实行数罪并罚。

（二）集合犯

1. 集合犯的概念

集合犯，是指行为人以实施不定次数的同种犯罪行为为目的，虽然实施了数个同种犯罪行为，刑法规定还是作为一罪论处的犯罪形态。日本学者指出：“集合犯是构成要件本身预想有数个同种类的行为。例如常习犯的场合，常习赌博者即使实施数次赌博行为，只能构成常习赌博一罪。又如营业犯的场合，即使反复实施未经准许的医业行为，仍不过是成立未经准许医业罪一罪。”我国刑法理论过去只注意研究惯犯，而对集合犯则很少问津。考虑到修订的刑法取消了惯犯的概念，并认为有关营业犯的规定应当纳入研究的视野。因而这里借鉴海外的刑法理论，以对集合犯的论述取代对惯犯的论述。

2. 集合犯的构成特征

（1）集合犯是行为人以实施不定次数的同种犯罪行为为目的。即行为人不是意图实施一次犯罪行为即行结束，而是预计实施不定次数的同种犯罪行为。例如，我国刑法第 336 条规定的非法行医罪，行为人就是意图实施不定次数的非法行医行为。这是集合犯的主观方面的特征。

（2）集合犯通常实施了数个同种的犯罪行为。集合犯虽然是行为人意图实施不定次数的同种犯罪行为，并且通常也实施了数个同种的犯罪行为，如非法行医罪，虽多次非法行医，仍然只构成非法行医罪一罪，但行为人即使非法行医一次，情节严重的，如因非法行医造成就诊人身体健康受到严重损害，也构成非法行医罪。

（3）集合犯必须是刑法将可能实施的数个同种犯罪行为规定为一罪。这就是说，“所谓‘集合犯’，因为构成要件本身预定同种行为的反复，所以被反复的同种行为无例外地予以包括，被作为一罪评价。”正因为刑法将可能实施的数个同种行为规定为一罪，所以行为人实施了数个同种行为，仍然只能构成一罪。例如，前述的非法行医罪，虽然实施了数个非法行医行为，仍只构成一个非法行医罪。从数个同种行为构成一罪来看，集合犯与连续犯相近似，但两者存在根本区别：集合犯是刑法规定同种的数行为为一罪，所以是法定的一罪；而连续犯，连续实施的同种数行为均独立构成犯罪，是数罪而只是作为一罪处理，所以是处断的一罪。从犯罪在时间上可能存在一定的过程来看，集合犯又与继续犯相近似，但两者也存在明显区别：集合犯是由数个同种的犯罪行为组成，并且行为之间存在时间的间隔，简言之，它是数行为；而继续犯则是行为处于不间断的持续之中，简言之，它是一种行为。

3. 集合犯的种类

集合犯分为几种，当前在日本刑法理论中大体有两种意见：一是分为常习犯和营业犯两种；二是分为常习犯、营业犯和职业犯三种。我们参考前一分类，分为如下两种：

（1）常业犯，指以一定的行为为常业的犯罪。详言之，指行为人意图实施多次同种犯罪行为，法律规定以反复实施同种犯罪行为为构成要件的犯罪。对这种犯罪来说，实施一次行为，犯罪还不能成立，只有反复实施同种犯罪行为，才能构成该罪。例如，我国刑法第 303 条规定，“……以赌博为业的”构成赌博罪。如果偶尔赌博，不是以赌博为业的，则不构成犯罪；以赌博为业，数十次赌博，也只构成一罪。

（2）营业犯，指通常以营利为目的，意图反复实施一定的行为为业的犯罪。它与常业犯的区别在于：对常业犯来说，实施一次某种行为，不构成犯罪；必须反复实施同种行为，才构成犯罪。而对营业犯来说，实施一次某种犯罪行为，可能构成犯罪；反复实施同种犯罪行为，仍然构成该种犯罪。例如，我国刑法第 363 条第 1 款规定的制作、复制、出版、贩卖、传播淫秽物品牟利罪，以牟利为目的，虽然制作、复制、出版、贩卖、传播一次淫秽物品也可能构成犯罪，但即使多次制作、复制、出版、贩卖、传播淫秽物品，仍只构成一罪。

4. 集合犯的处断原则

集合犯是法定的一罪，刑法分则条文没有明文规定，对集合犯，不论行为人实施多少次行为，都只能根据刑法的规定以一罪论处，不实行数罪并罚。

三、处断的一罪

处断的一罪，包括连续犯、牵连犯和吸收犯。

（一）连续犯

1. 连续犯的概念

连续犯，是指行为人基于数个同一或者概括的犯罪故意，连续多次实施数个性质相同的犯罪行为，触犯同一罪名的犯罪形态。我国刑法第 89 条规定："……犯罪行为有连续……状态的，从犯罪行为终了之日起计算。"这是我们研究连续犯的法律依据。

2. 连续犯的构成特征

连续犯的构成特征可以归纳为以下几点：

（1）必须实施性质相同的独立成罪的数个行为。这是连续犯成立的前提条件，没有实施数个行为，只实施一个行为的，不可能成立连续犯。例如，行为人以数个举动完成犯罪，而数个举动仅形成一个行为，就不是连续犯，而是接续犯。同时数个行为必须是独立成罪的，即各个行为都独立具备犯罪构成的要件，连续犯才可能成立。如果数个行为刑法规定作为一罪论处的，则是集合犯，而不是连续犯。并且数个行为还必须是性质相同的，例如，实施数个行为，都是杀人行为，可能构成杀人罪的连续犯；如果实施的数个行为性质不同，例如一次实施盗窃行为，一次实施强奸行为，自不发生连续犯问题。

（2）数个行为必须基于同一的或概括的犯罪故意。这是构成连续犯的主观条件。连续犯实施的数个犯罪行为，必须是基于同一的或概括的犯罪故意。同一的犯罪故意，指行为人预计实施数次同一犯罪的故意，每次实施的具体犯罪都明确地包含在行为人的故意内容之中。概括的犯罪故意，指行为人概括地具有实施数次同一犯罪的故意，每次实施的具体犯罪并非都是明确地包含在行为人的故意内容之中。例如，某甲与某乙有仇，蓄意报复某乙，准备对某乙及其家人造成伤害，除了明确伤害某乙之外，对其家属什么人伤害并无明确的目标。随后，某甲伤害了某乙的儿子，不久又伤害了某乙。这同样构成伤害罪的连续犯。至于出于过失能否构成连续犯，虽然通说持否定态度，但仍有学者持肯定说，认为连续的过失犯罪行为可以成立连续犯。例如，公共汽车司机酒后开车，违章行驶十余公里，沿途先后三次将四人撞成重伤。这就是交通肇事罪的连续犯。我们认为，连续犯的主观要件之所以必须是故意，因为它是数个犯罪行为具有连续性的不可缺少的条件，而连续数次过失犯罪并没有犯意使它们具有连续性，不直接认定构成连续犯。

（3）性质相同、独立成罪的数个行为必须具有连续性。这是连续犯构成的客观条件之一；否则，独立成罪的数个行为之间，如果不具有连续性，则只能构成独立的数罪，而不构成连续犯。如何理解数个行为的连续性，在刑法理论上存在很大分歧。主要有主观说、客观说和折衷说三种观点。折衷说是我国刑法理论上的通说，该说认为连续犯的数个行为之间的连续性，应当坚持以行为人主客观条件的统一为标准，即基于连续意图支配下的数个同一犯罪故意，在一定时期之内连续实施了性质相同的数个足以单独构成犯罪的危害行为，数个犯罪之间就存在连续性。否则就无连续性可言。我们认为通说的观点是正确的，因为它符合我国的犯罪构成理论，并且与确定罪数的“犯罪构成标准说”相一致。据此，行为人虽然有同一的或概括的犯罪故意，但客观上并未实施数个犯罪行为或实施的数个犯罪行为不具有连续性，固然谈不到成立连续犯；同样地，行为人虽然在时间间隔较近的情况下，实施了性质相同的数个犯罪行为，但主观上缺乏实施数罪的同一的或概括的犯罪故意，也不能成立连续犯。主观上具有同一或概括的犯罪故意，前已论及，兹不复述。客观上数个犯罪行为具有连续性表现为，数个行为的性质相同、手段类似和时间上前后具有连贯性。例如，前后两次都是实施的抢劫行为，但一次是以暴力相威胁，另一次是实施暴力，这就是数个行为的性质相同、手段类似。如果一次实施盗窃，另一次实施抢劫，行为性质不同，就谈不到数个行为的连续性。时间上的连贯性，就是数个犯罪行为在时间上没有发生前后被隔断的情况。例如，某甲在道路上抢劫旅客，1月内接连作案四次，最后一次被抓获。这里数次抢劫行为就具有时间上的连贯性。如果前罪已被判决，服刑时间脱逃后再犯性质相同之罪，数个犯罪行为之间，由于前罪的判决被隔断，在时间上就不具有连贯性，从而就不能按连续犯处理。

（4）数个行为必须触犯同一罪名。这是连续犯的法律特征。所谓同一罪名，是指犯罪性质完全相同的罪名即同质之罪。而决定犯罪性质的唯一根据，是法律规定的犯罪构成。所以，判断行为人连续实施的数个犯罪行为是否触犯同一罪名，只能以其是否符合相同的特定犯罪构成要件为标准。

3. 连续犯的处断原则

连续犯按照一罪处断，不实行数罪并罚。对连续犯的处理，应当按照不同情况，依据刑法的有关规定分别从重处罚或者加重处罚：

（1）刑法规定只有一个量刑档次，或者虽有两个量刑档次但无加重构成的量刑档次的，按照一个罪名从重处罚。例如，刑法第262条规定的拐骗儿童罪就只有一个量刑档次，拐骗儿童罪的连续犯，只能在这个量刑档次内从重处罚。又如，刑法第232条规定的故意杀人罪，虽有两个量刑档次，但无加重构成的量刑档次，故意杀人罪的连续犯，只能在该罪的基本构成的量刑档次内从重处罚。

（2）刑法对多次实施某种犯罪明文规定重于基本构成的量刑档次的，符合这种情况的连续犯，依照该加重构成的量刑档次处罚。例如，刑法第263条"多次抢劫"明文规定远远重于抢劫基本构成的量刑档次，连续三次以上抢劫的，即应依照加重抢劫构成的量刑档次处罚。

（3）刑法对多次实施某种犯罪虽然没有明文规定，但对"情节严重"或"情节特别严重"分别规定了不同的加重刑罚的量刑档次，符合某种情况的连续犯，应依照有关的量刑档次处罚。例如，刑法第267条对抢夺罪按照基本犯罪、情节严重和情节特别严重分为三个量刑档次加以规定，抢夺罪的连续犯，应根据连续实施抢夺次数的多少，依据刑法的规定，按照相应的量刑档次处罚。

（二）牵连犯

1. 牵连犯的概念

牵连犯，是指以实施某一犯罪为目的，其方法行为或结果行为又触犯其他罪名的犯罪形态。

2. 牵连犯的构成特征

（1）牵连犯必须基于一个最终的犯罪目的。这是构成牵连犯的主观要件，而且是认定数个犯罪行为之间具有牵连关系的主要标准。即行为人是为了达到某一犯罪目的而实施犯罪行为（目的行为），在实施犯罪的过程中，其所采取的方法行为（或手段行为）或结果行为又构成另一个独立的犯罪；正是在这一犯罪目的的制约下形成了与牵连犯罪的目的行为、方法行为、结果行为相对应的数个犯罪故意，而在具体内容不同的数个犯罪故意支配之下的目的行为、方法行为、结果行为，都是围绕着这一犯罪目的实施的。行为人所实施的目的行为被称为牵连犯的本罪，其他方法行为或手段行为被称为牵连犯的他罪。例如，以伪造国家机关公文的方法骗取公私财物的行为之间就是方法行为和目的行为之间的牵连，分别触犯了伪造国家机关公文罪和诈骗罪，二者之间是牵连犯。

（2）牵连犯必须具有两个以上的、相对独立的行为。这是牵连犯的客观外部特征。即行为人只有实施了数个相对独立并完全具备犯罪构成要件的行为，才有可能构成牵连犯，这也是牵连犯与想象竞合犯相区别的重要标志之一。

牵连犯的数个行为表现为两种情况；一是目的行为与方法行为（或称手段行为）；二是原因行为与结果行为。目的行为、原因行为是就本罪而言的，当与方法行为相对应时，称目的行为，当与结果行为相对应时，称原因行为。需要指出：这里指的是方法行为，而不是方法；是结果行为，而不是结果。否则，就不是数行为，就不可能构成牵连犯。目的行为或原因行为都是指实施本罪的行为。方法行为，指为了便于本罪的实行而实施的行为。例如，为了骗取财物而伪造公文，骗取财物是目的行为，伪造公文就是方法行为。结果行为，指本罪行为实行后由于本罪而实施的行为。例如，出于盗窃的故意盗窃他人提包，得手后打开提包，里面却是 1 支手枪、10 发子弹，遂将手枪、子弹藏于家中。盗窃他人提包是原因行为，藏匿手枪、子弹就是结果行为。

（3）牵连犯的数个行为之间必须具有牵连关系。怎样才是有牵连关系，在刑法理论上有主观说、客观说和折衷说的分歧。主观说认为有无牵连关系应以行为人的主观意思为标准，即行为人主观意思上以手段或结果的关系使其与本罪发生牵连，即为有牵连关系。客观说认为有无牵连关系应以客观的事实是否具有牵连的性质为标准。折衷说认为本罪与方法行为或结果行为的牵连关系，应当从主客观两方面考察，即行为人在主观上具有牵连的意思，在客观上具有通常的方法或结果关系。我们认为主观说与客观说都只从一个方面考察牵连关系，都不免失之于片面性。折衷说既注意从主观意思上考察，又注意从客观事实上考察，克服了主观说和客观说的片面性，同时对牵连关系又作了适当限制，该说是可取的。

（4）牵连犯的数个行为必须触犯不同的罪名。这就是牵连犯的法律特征。

以实施某一犯罪为目的，其方法行为或结果行为又触犯了其他罪名。这里也存在两种情况：一是实施一种犯罪，其犯罪所采用的方法行为又触犯了其他罪名。例如，为了骗取财物伪造了信用卡，然后利用伪造的信用卡进行诈骗，目的行为是信用卡诈骗罪，其方法行为则触犯了伪造金融票证罪。二是实施一种犯罪，其犯罪的结果行为又触犯了其他罪名。例如，前述的盗窃他人提包，发现提包中是手枪和子弹然后加以隐藏。原因行为是盗窃罪，其结果行为则触犯了私藏枪支、弹药罪。如果实施一种犯罪，其犯罪的方法行为或结果行为不是触犯其他罪名，而是触犯相同的罪名，则不构成牵连犯。例如，入户抢劫的，抢劫是目的行为，入户是方法行为，但刑法把入户抢劫规定为加重抢劫罪构成的条件之一，在这里方法行为也是触犯的抢劫罪，因而只能按加重抢劫罪论处，不构成牵连犯。

3. 牵连犯的处断原则

对牵连犯如何处理，我国刑法总则没有规定。刑法理论上通说认为，对牵连犯的处理不实行数罪并罚，而应“从一重处罚”，即按照数罪中最重的一个罪所规定的刑罚处理，在该最重的罪所规定的法定刑范围内酌情确定执行的刑罚。随后有学者提出，对牵连犯，应当按照其中最重的一个罪从重处罚，即“从一重从重处罚”。我们认为，这一原则是正确的，因为牵连犯实际上是数罪，对社会具有较大的危害性，只按一罪处理，未免对犯罪有所轻纵，按照一重罪从重处罚，才真正体现罪刑相适应的刑法基本原则。这应当成为刑法未作特别规定的牵连犯处断的一般原则。

但是，刑法分则对某些具体犯罪的牵连犯的处理作了特别规定，规定的情况不一：有规定从一重处罚的，有规定从一重从重处罚的，有规定独立的法定刑的，也有规定实行数罪并罚的。对这些如何处理牵连犯刑法分则条款作了特别规定的，只能按照刑法分则有关条款的规定处理。如果刑法规定了实行数罪并罚，就应根据规定，依照数罪定罪，实行数罪并罚。例如，刑法第198条规定，投保人、被保险人故意造成财产损失的保险事故，骗取保险金，投保人、受益人故意造成被保险人死亡、伤残或者疾病，骗取保险金，“同时构成其他犯罪的，依照数罪并罚的规定处罚”。

（三）吸收犯

1. 吸收犯的概念

吸收犯，是指数个犯罪行为，其中一个犯罪行为吸收其他的犯罪行为，仅成立吸收的犯罪行为一个罪名的犯罪形态。例如，非法制造枪支、弹药，事后藏于家中。前一行为构成非法制造枪支、弹药罪，后一行为构成私藏枪支、弹药罪。前一犯罪行为吸收后一犯罪行为，仅仅成立非法制造枪支、弹药罪，私藏枪支、弹药罪被吸收不再论罪。这就是吸收犯。

2. 吸收犯的构成特征

（1）吸收犯必须具有数个犯罪行为。这是吸收犯成立的前提。因为吸收犯的特点是一个行为吸收其他行为，如果没有数个行为，就谈不到一个行为吸收另一个行为，从而也就无所谓吸收犯。同时吸收犯的数个行为还必须都是犯罪行为，即每个行为都符合刑法规定的犯罪构成。这里所说的犯罪构成，可能是基本的犯罪构成，或者是派生的犯罪构成，也可能是修正的犯罪构成。只要行为符合某种构成，即属于犯罪行为。如果数个行为中只有一个是犯罪行为，其余是违法行为，也不可能构成吸收犯。吸收犯是数个犯罪行为，这是吸收犯与想象竞合犯的重要区别之所在。如前所述，想象竞合犯是一行为触犯数罪名，而吸收犯则是数行为触犯数罪名。

（2）吸收犯的数个行为之间必须具有吸收关系。这是吸收犯成立的关键。如果数个犯罪行为之间不存在一个犯罪行为吸收其他犯罪行为的关系，也就不可能成立吸收犯。所谓吸收，即一个行为包容其他行为，只成立一个行为构成的犯罪，其他行为构成的犯罪失去存在的意义，不再予以定罪。一个犯罪行为之所以能够吸收其他犯罪行为，是因为这些犯罪行为通常属于实施某种犯罪的同一过程，彼此之间存在密切的联系：前一犯罪行为可能是后一犯罪行为发展的所经阶段，后一犯罪行为可能是前一犯罪行为发展的自然结果，或者在实施犯罪过程中具有其他密切关系。吸收关系有哪几种，在刑法理论上意见颇不一致，但大多认为有如下三种：第一，重行为吸收轻行为。这里所说的行为的轻重，主要是根据行为的性质来区分的，重行为在行为的性质上较轻行为严重，前后的行为有轻有重时，轻行为应为重行为所吸收。例如，前述的非法制造枪支弹药，事后藏于家中，私藏是非法制造的自然结果，非法制造行为在性质上重于私藏行为，所以非法制造枪支、弹药行为吸收私藏枪支、弹药行为，只成立非法制造枪支、弹药罪，私藏枪支、弹药罪不另行成立。第二，实行行为吸收预备行为。预备行为是实行行为的先行阶段，尽管并非每种具体犯罪都有预备行为，但是许多犯罪往往是经过预备然后转入实行行为的。在这种情况下，预备行为为实行行为所吸收，仅依实行行为所构成的犯罪定罪。例如，为了行使伪造的信用卡诈骗财物，自己先伪造信用卡，伪造之后使用伪造的信用卡诈骗大量财物。伪造信用卡是信用卡诈骗罪的预备行为，触犯了伪造金融票证罪，其后使用伪造的信用卡诈骗财物的行为是实行行为，触犯了信用卡诈骗罪，实行行为吸收预备行为，仅依信用卡诈骗罪定罪处刑。第三，主行为吸收从行为。所谓主行为和从行为，是根据共同犯罪人在共同犯罪中的分工和作用区分的。在将共犯分为共同正犯、教唆犯、从犯（帮助犯）的情况下，通常认为实行行为与教唆行为、帮助行为相比，实行行为是主行为，教唆行为、帮助行为是从行为。教唆行为与帮助行为相比，教唆行为是主行为，帮助行为是从行为。据此，先教唆或帮助他人犯罪，随后又参与共同实行犯罪，其教唆行为或帮助行为，应为共同实行行为所吸收。先教唆他人犯罪，随后又帮助他人犯罪，其帮助行为应为教唆行为所吸收。在我国对共同犯罪人分类的情况下，主犯或教唆犯的行为是主行为，从犯的行为是从行为。据此，先教唆他人犯罪，后又帮助他人犯罪，帮助行为为教唆行为所吸收，应以教唆犯罪处断，而依该罪的主犯量刑。

3. 吸收犯的处断原则

对吸收犯，应当依照吸收之罪处断，不实行数罪并罚。

第三编　刑 罚 论

第十三章　刑罚概说

第一节　刑罚的概念

一、刑罚的概念和特征

（一）刑罚的概念

刑罚是刑法规定的，由人民法院依法对犯罪人所适用的限制或剥夺其某种权益的最严厉的强制性法律制裁方法。

（二）刑罚的特征

刑罚具有下列特征：

1. 刑罚的属性

刑罚作为一种最严厉的法律制裁措施，表现在它是以限制和剥夺犯罪人的权利和利益为内容的，它的本质属性在于它的惩罚性，它不仅可以剥夺犯罪人的政治权利和财产权利，而且还可以限制或剥夺犯罪者的人身自由，甚至还可以剥夺犯罪人的生命。这种严厉性正是刑罚区别于其他法律制裁方法的本质特征。

2. 刑罚的对象

适用刑罚是以行为人的行为构成犯罪为前提的，刑罚是对犯罪行为所做出的否定评价，也是因犯罪所产生的当然的法律后果。刑罚的对象只能是犯罪人，即实施了犯罪行为的自然人或法人，对于无罪的人不能适用刑罚。刑法处罚对象的特定性还表明，刑事诉讼过程中采取的拘留、逮捕等剥夺人身自由的强制方法不是刑罚。因为被拘留、逮捕的人仅仅是犯罪嫌疑人，不一定都是犯罪人；对他们采取这类强制措施是为了保证诉讼程序的正常进行，而不是对犯罪人的惩罚。

3. 刑罚的目的

刑法的本质属性在于剥夺犯罪人享有的某些权益从而使之感受到一定的痛苦，但这并不是刑罚的目的。刑罚的目的在于预防犯罪。刑罚既具有惩罚的一面，也具有教育改造的一面，只有把二者有机地结合起来，才能准确把握刑罚预防犯罪的目的。

4. 刑罚适用的根据和主体

刑罚的根据在于刑法的明文规定，按照罪刑法定原则的要求，不仅犯罪需要由成文刑法事先做出明文规定，而且刑罚也必须由刑法明文载于法条。这就意味着，刑法总则要对刑罚的种类作出明文规定，刑法分则也要对各种具体犯罪所适用的刑罚作出明文规定。对刑法没有明文规定的制裁方法，不能以刑罚之名适用于犯罪人。在我国，刑罚适用的主体只能是人民法院。任何个人、任何其他的国家机关、企业、事业单位、人民团体等，都无权对犯罪人适用刑罚。

二、刑罚与犯罪的关系

刑罚与犯罪是一对矛盾体，二者既是互相对立的，又是彼此统一的。

（一）刑罚与犯罪的对立

刑罚与犯罪的对立表现在：犯罪是犯罪人为了满足其物质或精神上的需要，对现有的社会秩序、统治秩序的威胁和破坏。而刑罚是对付犯罪的重要工具，是社会对付违犯它的生存条件（不管这是些什么样的条件）的行为的一种自卫手段。这种破坏与反破坏、反抗与扼制的关系，使犯罪和刑罚处于一种对立的地位。因此，犯罪人总是希望犯罪后能逃脱刑罚制裁。而事实上，刑罚却成为犯罪后所遭受的不可避免的结局。从这个意义上讲，刑罚与犯罪永远是一对不可调和的矛盾。

（二）刑罚与犯罪的统一

刑罚与犯罪的统一表现在：二者都是阶级社会的特有现象，二者相互依存，犯罪现象的产生孕育了刑罚的诞生，刑罚正是犯罪的真正后果。犯罪是刑罚的前提，刑罚是犯罪的结局。无犯罪就无刑罚，无刑罚则使刑法对犯罪的规定毫无意义。

三、刑罚与其他法律制裁的关系

一个国家的法律制裁体系，通常是由刑事制裁、民事制裁、行政制裁、经济制裁等多种制裁措施构成的。刑罚属于整个法律制裁体系中的一种，与其他法律制裁具有一定联系。但它与其他法律制裁具有明显的区别。

（一）严厉程度不同

刑罚是一种最严厉的法律制裁，它不仅可以剥夺犯罪人的财产权与政治权利，还可以限制或者剥夺犯罪人有限期、无限期的人身自由，甚至可以剥夺犯罪人的生命。而其他法律制裁绝对排除对生命的剥夺，一般也不涉及剥夺人身自由的问题，例如，民事制裁方法仅限于停止侵害、排除妨碍、消除危险、返还财产、恢复原状、修理、重作、更换、赔偿损失、支付违约金、消除影响、恢复名誉；行政制裁只限于警告、记过、降级、撤职、留用察看、开除、罚款、拘留、没收、劳动教养等。这些制裁方法的严厉程度，都轻于刑罚处刑。尽管某些刑罚方法看起来比较轻微（如管制、拘役），但由于它是刑罚制裁，其给犯罪人带来的不利影响或痛苦，远比其他法律制裁要重。如许多法律规定，犯过罪或受过刑罚处罚的人，不能从事某种职业，不能担任某种职务。

（二）适用对象不同

刑罚只适用于触犯刑法构成犯罪的人，对其他违法者不得适用刑罚。而其他法律制裁方法则适用于仅有一般违法行为尚未构成犯罪的人。如果违法行为情节严重，依法应当定罪判刑，则不能处以其他的法律制裁措施。例如，同样是盗窃行为，如果盗窃数额不大，情节轻微，则属于一般的盗窃违法分子，应当给予治安行政处罚。如果盗窃数额较大，情节严重，则应当以盗窃罪对其定罪处罚。

（三）适用机关不同

刑罚只能由国家刑事审判机关适用，在我国只能由最高人民法院、地方各级人民法院和各专门人民法院的刑事审判部门适用。而民事制裁则由国家审判机关的民事审判部门适用，行政制裁则由国家行政机关适用。如罚金和罚款虽然都是要求行为人缴纳一定数量的金钱，但罚金作为一种刑罚，只能由人民法院判决，而罚款作为一种行政处罚，则只能由国家行政执法机关裁决。

（四）适用根据不同

对犯罪分子适用刑罚的根据是刑法和刑事诉讼法，而对一般违法分子适用民事制裁和行政制裁，则分别依据民事实体法和民事诉讼法、行政实体法和行政诉讼法。法律根据的不同，在一定程度上也决定了处罚性质的差别。例如，劳动教养和管制、拘役、有期徒刑相比，都有限制和剥夺人身自由的性质，而且就严厉程度而言，劳动教养要重于管制和拘役。但是，由于劳动教养是通过国务院制定的行政法规规定的，因而不具有刑罚的性质，而是一种最重的治安行政处罚方法。

第二节 刑罚的功能

刑罚的功能，是指国家创制、适用和执行刑罚所产生的社会效应。所谓社会效应，意味着刑罚不仅对犯罪人产生直接的影响，而且也会对其他社会成员产生直接或间接的影响。但是，由于犯罪人和其他社会成员与犯罪的关系不同，因而刑罚对其产生影响的方式和强度是不完全相同的。根据作用对象的不同，可以将刑罚的功能分为对犯罪人的功能、对被害人的功能、对一般社会成员的功能。根据功能的性质不同，可以将刑罚的功能区分为惩罚功能、教育改造功能、感化功能、教育功能、威慑功能、安抚功能、鼓励功能和保障功能。

一、惩罚功能

惩罚是刑罚的固有属性，也是刑罚的基本功能，是刑罚区别于其他强制性法律制裁方法的本质特征。惩罚意味着对犯罪人权益的剥夺，而剥夺罪犯的权益，必然对其造成生理上和精神上的痛苦。这种痛苦效应的产生，是通过适用和执行刑罚的过程表现出来的。死刑意味着生命的终结，自由刑意味着人身自由的剥夺，财产刑意味着金钱和物资的损失，资格刑意味着权利和资格的停止。所有这些无不表明，刑罚必然使犯罪人遭受一定的痛苦。惩罚作为刑罚的功能，从刑罚诞生之日起就客观存在，如果刑罚不能给犯罪者造成身体和精神上的痛苦，或者刑罚所造成的痛苦小于因犯罪所带来的利益和快乐，那么，刑罚就失去了遏制犯罪的威力，这样的刑罚就不成其为刑罚。

二、教育改造功能

刑罚的教育功能包括两个方面的内容：一是对犯罪人的教育功能；二是对其他社会成员的教育功能。

刑罚对犯罪人的教育功能，是通过两个途径来实现的：一是自我教育，这种教育是随着因遭受刑罚所带来的痛苦而产生的。犯罪人一旦被判决和执行刑罚，将会在心理上产生强烈的痛苦。有了痛苦，就会产生摆脱和解除痛苦的强烈愿望。然而，当这种愿望被执行刑罚的现实扼杀时，他们就会冷静地追溯造成痛苦的原因，从而以自我谴责、自我批判的情绪，对自己的犯罪行为做出否定评价，并痛感悔不当初。这是刑罚对犯罪人所产生的最初的教育作用。二是外部教育，即罪犯改造机关对犯罪分子所进行的教育。这种教育的特点是从外部对犯罪人施加影响。教育的内容包括政治思想教育、文化知识教育、劳动生产教育、职业技术教育等。教育的阶段可分为入监教育、监中教育、出监教育、追踪教育等。教育的方式可分为集中教育、个别教育、有形教育、无形教育等。在对犯罪人进行教育的过程中，要坚持“惩罚与教育相结合”的原则，即对犯罪人不能放弃惩罚的手段，但惩罚不是目的，要立足于教育，着眼于教育。要讲究改造艺术，重在以理服人，以情动人，以行感人，以实教人。

刑罚对其他社会成员的教育功能，也是通过制定、适用和执行刑罚的过程来实现的。首先，国家通过制定刑法，明文规定了什么行为是犯罪，以及犯罪所承担的刑事责任。这就使人们明确了合法行为与违法犯罪行为的界限，从而自觉地遵守法律。其次，国家对具体的犯罪人适用和执行刑罚，使广大公民从生动的案例中，进一步认识到犯罪的危害、刑罚的严肃，从而依法行事，不致坠入法网。如果说前一种教育是抽象的话，那么后一种教育则是生动而具体的。

刑罚的改造功能，是指刑罚具有改变犯罪人的价值观念和行为方式，使其成为对社会有用的新人的作用。惩罚和改造是刑罚的两大主要功能。但从产生的时间顺序来看，惩罚是刑罚与生俱来的功能，而改造则是近代刑法思想发展的产物。在西方刑法和监狱法中，与改造一词相近的用语是矫正和矫治。矫正罪犯的思想起源于英国法学家边沁，系统理论的形成则是由德国刑法学家李斯特完成的。这一思想的实质是强调刑罚的改造功能，把适用和执行刑罚的过程，当作重塑新人——使犯罪人健康地复归社会的过程。罪犯是可以改造的，但对罪犯的改造是有条件的，即这种改造必须以强制性为前提。这是改造罪犯与改造常人的根本区别。改造罪犯是一个复杂而艰巨的过程，需要付出艰苦的劳动。在我国，以生产劳动作为改造罪犯的基本手段，在劳动改造工作中要坚持“改造第一，生产第二”的方针，强迫劳动的目的仍然是要把罪犯改造成为新人。

三、感化功能

“感化”一词的基本含义是感动和教化。作为刑罚的功能之一，感化是指通过适用和执行刑罚，是犯罪人从中受到教育，包括审判过程的教育、执行过程的教育等，因此，感化侧重于对犯罪人心理的影响，从而使其恢复道德上的觉醒，铲除犯罪的思想根源。

我国刑罚的感化功能，是通过制定、适用和执行刑罚的过程表现出来的。首先，在刑罚的制定和适用上，我国刑法规定了一系列宽大措施，如自首、缓刑、减刑、假释、从轻、减轻处罚等刑罚制度和量刑情节，通过依法对犯罪人从宽处理，必然会对他们产生强烈的感召力和心理影响。其次，在执行刑罚过程中，我国法律规定了对犯罪人所实行的一系列人道主义待遇，其中包括伙食、住宿、衣服、医疗、卫生、教育等各项狱政管理制度，都体现了“把罪犯当人看当人待”的政策。通过贯彻执行这些政策和措施，使犯罪人切身感受到国家和社会对他们的关心和帮助，从而促使其自我反省，唤起人类共有的良知，悔罪自新，自觉地进行改造。

四、威慑功能

刑罚的威慑功能，亦称威吓、震慑功能。根据威慑对象的不同，可以区分为对犯罪人的个别威慑功能和对其他社会成员的一般威慑功能。

刑罚对犯罪人的威慑功能，是指刑罚对犯罪分子所产生的威吓遏制作用。通常分为行刑前的威慑、行刑时的威慑和行刑后的威慑。行刑前的威慑，是指犯罪分子在受到刑罚惩罚之前，基于对刑罚的畏惧，而放弃犯罪或者争取宽大处理。例如，犯罪人在犯罪预备或犯罪实行过程中，因害怕承担刑事责任而主动停止犯罪；犯罪后为减轻刑事责任而自动投案自首，这些都是行刑前的威慑效应。行刑时的威慑，是指犯罪分子在受到刑罚的实际执行时，通过亲身体验受刑的痛苦，而对刑罚产生畏惧心理，使他们感受到犯罪必须付出代价，而畏罪悔罪，重新做人。行刑后的威慑，是指刑罚执行完毕后对曾经受刑者所产生的威慑作用。这种事后的威慑意味着，执行刑罚所产生的威慑效果是持久的，它在犯罪人的心灵上留下了强烈而深刻的印象。受过行刑之苦的人，大都有“往事不堪回首”之感，一旦结束了监禁生活，他们会更加体会到自由的可贵，正常生活的美好，从而自觉地抑制自己的犯罪意念，以免再次走上犯罪之途。

刑罚对其他社会成员的威慑功能，是指刑罚对潜在犯罪人所产生的震慑作用。通常分为立法威慑和司法威慑。立法威慑是指国家以立法形式将罪刑关系确定下来，通过刑法规定犯罪是应受刑罚惩罚的行为，并具体列举各种犯罪所应当受到的刑罚处罚，使潜在的犯罪人望而生畏，不敢犯罪。立法威慑功能的产生，是以受威慑者知法、懂法为前提的，对于不知法、不懂法的“法盲”来说，刑法的存在对他们不会产生任何的恐惧，当然也就无威慑可言。司法威慑是指通过司法机关对犯罪人适用和执行刑罚，使意欲犯罪者因目睹他人受刑之苦，而从中得到警戒。立法威慑和司法威慑是互相联系、不可分割的。没有立法威慑，就没有后来的司法威慑；而没有司法威慑，也就难以使立法威慑产生应有的效应。

五、安抚功能

刑罚的安抚功能，是指通过对犯罪人适用和执行刑罚，慰藉被害人及其亲属因犯罪侵害而受到的精神创伤和引起的愤恨情绪，稳定群众情绪，平息公众义愤，使受到犯罪破坏的社会心态恢复平衡。刑罚的安抚功能是刑罚固有的功能之一。从刑罚产生和发展的历史来看，从同态复仇到国家统一行使刑罚权，经历了漫长的历史时期。在相当长的时期内，刑罚始终没有消除其原始的报复属性。而报应刑的存在，在很大程度上是为满足被害人复仇的愿望。于是，安抚被害人就成为刑罚所不可缺少的一大功能。

刑罚的安抚功能具有积极的社会效应。它一方面在被害人及其亲属中树立了刑罚公平正义的形象，使被害人及其亲属把通过国家惩罚犯罪人，作为对被害人进行补偿的唯一途径，以防止受害后的私力报复活动。另一方面它强化了其他公民对法律的信任感和对国家司法机关的支持，有效地保障了社会心理的稳定，从而可以避免出于社会义愤可能发生的私自报复性违法犯罪活动。

六、鼓励功能

刑罚的鼓励功能，是指通过对犯罪分子适用和执行刑罚，对广大公民所产生的鼓舞和激励作用。这种作用表现为，司法机关依法对犯罪人适用和执行刑罚的活动，惩罚了罪犯，伸张了正义，鼓舞了广大公民的斗志，增强了他们同犯罪活动作斗争的信心。它使广大公民认识到，犯罪分子并不可怕。只要人们团结起来，形成强大的社会力量，就能够打击犯罪、预防犯罪、消灭犯罪。

第三节　刑罚的目的

一、刑罚目的的概念

刑罚目的，是指国家制定、适用、执行刑罚的目的。什么是刑罚的目的？刑罚的目的包括哪些内容？这是中外刑法学者争论已久的问题。在西方刑法理论上，关于刑罚目的的论述，众说纷纭，莫衷一是。在我国刑法学界，对刑罚目的问题的认识，也是仁者见仁，智者见智，观点各异。概括起来，主要有下列各种学说：

1. 惩罚说，认为刑罚目的在于限制和剥夺犯罪人的自由与权利，使他们感受到压力与痛苦，从而制止犯罪的发生。

2. 改造说，认为刑罚的目的是通过惩罚手段，达到改造罪犯，使其重新做人的目的。

3. 预防说，认为刑罚的目的是预防犯罪，包括特殊预防与一般预防。

4. 双重目的说，认为刑罚的目的是惩罚犯罪人和教育改造犯罪人。

5. 三目的说，认为刑罚的目的是惩罚和改造犯罪人，预防他们重新犯罪，教育和警戒社会上的不稳定分子。

6. 预防和消灭犯罪说，认为刑罚的目的是预防犯罪以至最终消灭犯罪。

7. 根本目的与直接目的说，认为根本目的是预防犯罪、保卫社会，直接目的是惩罚犯罪以伸张正义，威慑犯罪分子与社会上不稳定分子，改造犯罪分子。

我们认为，刑罚的目的是指国家制定刑罚、适用刑罚和执行刑罚所希望达到的结果，其具体内容表现为特殊预防和一般预防。这是因为：第一，在一个国家中，创制、适用和执行刑罚的目的具有统一性，刑罚的目的应当贯穿于刑事立法、刑事审判和刑罚执行的各个环节。把刑罚的目的仅限于量刑阶段，或者仅限于量刑和行刑阶段，是没有根据的，而且也是十分有害的。第二，刑罚是作为犯罪的对立物而存在的。因此，创制、适用和执行刑罚的目的，只能是为了预防犯罪。这里所说的“犯罪”，既包括已然之罪，也包括未然之罪。而由于预防的对象不同，故把刑罚的目的区分为特殊预防和一般预防。

二、特殊预防

（一）特殊预防的概念和对象

特殊预防，是指预防犯罪人重新犯罪。可见，特殊预防的对象是已经实施了犯罪行为的人。任何犯罪行为都表明行为人具有敌视、蔑视、漠视或忽视社会利益或他人利益的危险意向，预示着犯罪人再次危害社会的现实可能性，故对犯罪人需要特殊预防。

（二）特殊预防的方式

防止已经犯罪的人重新犯罪，可以采取多种方式，而刑罚则是最重要的一种预防手段。刑罚在特殊预防中的具体作用主要通过四个途径实现：（1）通过对极少数罪行极其严重的犯罪人适用死刑，永远剥夺其重新犯罪的能力。这是一种最简单、最有效的特殊预防，但同时也是一种代价最为昂贵的特殊预防。在当今社会它不应当成为实现特殊预防的主要刑罚方法。（2）通过对绝大多数犯罪人适用自由刑，在一定期间内，使其与社会隔离。同时，在行刑期间对其进行教育改造，使他们成为对社会有用的新人。因此，自由刑在实现特殊预防中的作用表现在两个方面：一是消极的隔离排害作用，即对人身自由的剥夺；二是积极的教育改造作用，即对犯罪人进行教育改造。这两大作用是互相联系的，即剥夺人身自由是教育改造的必要条件，教育改造是执行自由刑的核心内容和最终目的，使犯罪人不能、不敢犯罪乃至不愿犯罪。（3）通过对经济犯罪、财产犯罪和其他贪财图利性犯罪的犯罪人适用和执行财产刑，剥夺其重新犯罪的物质条件，并对犯罪人起到一定的教育作用。值得注意的是，财产刑在特殊预防中的作用日益受到各国的重视。这是因为，财产刑的适用既经济又便利，它可以避免因执行自由刑所产生的各种弊端。因此，对罪行较轻、主观恶性较浅、人身危险性不大的犯罪人，单独科处财产刑，更有利于达到特殊预防的目的。此外，对犯罪的法人来说，财产刑是实现特殊预防的唯一刑罚方法。(4) 通过对某些犯罪人适用和执行资格刑，剥夺其某种权利或资格，防止他们利用这些权利或资格进行新的犯罪活动。例如，对于职务犯罪来说，剥夺犯罪人的被选举权，不准其担任一定的公职，无疑具有特殊预防的作用。

（三）特殊预防的实现

犯罪是一种由多种原因聚合而成的复杂社会现象，犯罪的滋生、蔓延和发展，是历史与现实、个人与社会、主观与客观、内部与外部各种因素相互影响相互作用的结果。因此，犯罪不是与生俱来的，根本不存在天生的犯罪人。犯罪作为一种病态的社会现象，只要方法得当，是可以得到治疗的。这就意味着，任何一个犯罪人都是可以改造并且能够改造成新人的。

也正是从这个意义上讲，特殊预防的目的是可以实现的。然而，在改造罪犯的实践中，我们却总是面对两种不同的现实：一是改造成新人的群体；二是重新犯罪的群体。这两种群体代表了两种不同的行刑效果，反映了罪犯改造工作的成功与失败。针对重新犯罪现象，有的把原因归咎于审判机关处罚不严（如刑期较短、刑种较轻），有的把责任归咎于行刑机关改造不力，还有的对刑罚在特殊预防中的作用产生怀疑。这里必须指出，凡是犯罪人，都是可以改造的。但对犯罪人的改造，是一项巨大的社会工程。就某个具体犯罪人而言，能否将其改造成为新人，取决于多种条件。犯罪现象本身的特点决定了对重新犯罪的预防必须采取多种防治手段，依靠社会各方面的通力配合。因此，不能把刑罚当作实现特殊预防的唯一手段，也不能把特殊预防的责任完全推给司法机关。

从刑法学的角度来看，要实现特殊预防，必须从刑法立法、刑事审判、刑罚执行的各个环节，贯彻特殊预防的思想。首先，在刑法立法上，要对犯罪人进行必要的分类，对于难以改造的累犯、惯犯等，应当在规定刑罚处罚的同时，规定保安处分措施。其次，在刑事审判中，要贯彻刑罚个别化原则，在定罪量刑上，要考虑人身危险性的大小，做到量刑上的针对性和适当性。最后，在刑罚执行中，罪犯改造机关要切实贯彻“改造第一，生产第二”和“惩罚与改造相结合”的方针，把提高改造质量、防止重新犯罪，作为其中心工作。要改变“重劳动生产、轻教育改造”的不正常局面。

三、一般预防

（一）一般预防的概念和对象

所谓一般预防，是指预防尚未犯罪的人实施犯罪。可见，一般预防的对象不是犯罪人，而是犯罪人以外的社会成员。具体包括：（1）危险分子，即具有犯罪危险的人。如尚未得到有效改造的刑满释放人员，多次实施违法行为的人。这些人主观恶性较深，人身危险性较大，无疑是一般预防的重点对象。（2）不稳定分子，即自我控制能力较差、免疫力较低，容易受犯罪诱惑或容易被犯罪分子教唆拉拢的人。这些人思想言行不稳，处在正义力量与邪恶势力争夺的夹缝中。一旦放松对他们的教育，就会使他们走上犯罪道路。这种不稳定分子主要存在于不良群体与失业者中，也是一般预防的重点。（3）刑事被害人，即直接或间接受犯罪行为侵害的人。这些人虽然是犯罪的受害者，同时也往往具有报复性倾向，也容易通过犯罪手段达到报复的目的；对犯罪人适用刑罚，有利于消除被害人的报复心理，增强他们的规范意识。（4）其他社会成员，即上述三种人以外的广大公民。在我国，广大公民都能遵纪守法，他们是同犯罪作斗争、维护社会治安的主力军。但是，在普通公民中也有落后与先进之分，有知法守法者与不知法不懂法的法盲之别。因此，也存在滋生违法犯罪的可能。正因为如此，所有公民都应接受法制教育。通过刑罚教育功能的发挥，可以防止广大公民走上违法犯罪道路。同时，通过发挥刑罚的鼓励功能，可以激励广大公民同犯罪作斗争。因此，广大公民不仅可以成为一般预防的对象，而且必须成为一般预防的对象。否则，一般预防就不具有完整的社会意义。

（二）一般预防的方式

一是通过对犯罪人适用和执行刑罚，威慑和教育社会上的危险分子和不稳定分子，抑制他们的犯罪意念，使他们不敢以身试法。二是通过制定、适用和执行刑罚，对广大公民进行法制教育，同时，鼓励广大公民同犯罪作斗争。三是通过适用和执行刑罚，表明国家对犯罪的不能容忍，安抚被害人及其亲属，防止报复性犯罪活动的发生。

（三）一般预防的实现

理论和实证研究的结果表明，一般预防并非人们的幻想，而是客观存在的现实。然而，实现一般预防的过程，比实现特殊预防更为复杂。从刑罚学的角度来看，要达到一般预防的目的，应当着重处理好下列几对关系：

1. 一般预防与刑罚的适当性

所谓刑罚的适当，是指刑罚的轻重应当与犯罪的轻重相适应。它包括两方面的内容：一是刑事立法上的罪刑相当；二是刑事审判中的罪刑相当。如何处理一般预防与刑罚轻重的关系，在理论和实践上，存在两种不同观点：一是把重刑化作为实现一般预防的手段，认为刑罚越重，其威慑效果越强，越有助于达到一般预防的目的。其具体表现是：在刑法立法上，提高犯罪的法定刑，大量增加死刑条款，强化立法威慑；在刑事审判中，一味从重从严，扩大死刑的适用，强化司法威慑。二是把轻刑化作为实现一般预防的手段，认为推行严刑峻罚的实践证明，重刑并不能有效地进行一般预防。从发展趋势来看，应当把轻刑化作为预防犯罪的手段。其具体表现是：在刑事立法上，降低犯罪的法定刑，控制、减少和废除死刑，少用短期自由刑，扩大财产刑和资格刑的适用范围；在刑事审判中，不用或少用死刑，慎用长期自由刑，多用财产刑和资格刑。把轻刑化或重刑化作为实现一般预防的手段，是错误的。如果刑罚过轻，很难产生应有的威慑和教育作用，不利于防止危险分子、不稳定分子、被害人或其他社会成员进行违法犯罪活动；如果刑罚过重，则会在公民中树立刑罚残酷不公的形象，使人们对犯罪人产生同情之心，这样也不利于一般预防。因此，只有坚持罪刑相适应的原则，重罪重判，轻罪轻判，罚当其罪，才有助于达到一般预防的目的。

2. 一般预防与刑罚的公开性

所谓刑罚的公开性，是指国家应当将刑罚公之于众，使全体社会成员知道刑罚、了解刑罚。它包括两方面的内容：一是刑事立法上的刑罚公开；二是刑事审判上的刑罚公开。如何处理一般预防与刑罚公开的关系，历史上曾经存在两种不同主张：一是认为刑罚越神秘，其威慑作用越大，即所谓的“刑不可知则威不可测”，认为这样有助于对犯罪的一般预防。二是认为只有刑罚公开，人们才能感受到刑罚的威力，不敢轻易触犯刑律。从世界各国刑法的发展史来看，从刑法的秘而不宣到将刑法公之于众，代表了一种法律文化的发展进程，是人类文明的进步在立法上的体现。我国古代的“铸刑书”、“铸刑鼎”，古罗马的“十二铜表法”，都是法律公开化的标志。

我们认为，刑罚的公开对实现一般预防有着重要意义。首先，在刑事立法上明文规定犯罪和刑罚，为人们提供了一个必要的行为规范，便于人们依法约束自己的言行，不致走上犯罪道路。其次，在刑事审判中，将审理过程和判决结果公开，一方面能够使广大公民对审判活动进行社会监督，另一方面也使广大公民受到了生动的法制教育，而这种教育作用正是一般预防所必需的。

3. 一般预防与刑罚的必然性

所谓刑罚的必然性，是指不论何人犯了何罪，都必然要受到刑罚处罚。也就是说，刑罚是犯罪的必然后果。它包括两方面的内容：一是刑事立法上不允许存在有罪无罚的条款；二是刑事审判中除依法免除刑罚处罚者以外，必须对犯罪者科处刑罚。有罪应罚和有罪必罚，表明了国家对犯罪决不容忍姑息的严厉态度。任何人犯罪都不能逍遥法外。这种刑罚的必然性，可以破除欲犯罪者企图逃避法律制裁的侥幸和投机心理，使他们心怀恐惧，不敢贸然实施犯罪。因此，刑罚的必然性对于一般预防十分重要。

4. 一般预防与刑罚的及时性

所谓刑罚的及时性，是指犯罪案件发生后，司法机关应当在尽可能短的时间内，将犯罪分子缉拿归案，交付审判，执行刑罚。它包括三个方面的内容：一是及时侦查、起诉；二是及时审查裁判；三是及时执行刑罚。刑罚及时与否，它所产生的效果大不相同。如果犯罪发生后，司法机关能迅速破案，及时起诉，尽快审判，就会使被害人的心理得以抚慰，广大公民的义愤得以平息。同时，还可以使人们在对罪案记忆犹新之时，受到震动和教育。相反，如果案件久拖不决，或者使犯罪人长期逍遥法外，则会失去公民对司法机关的信任和支持。即使犯罪人最终受到刑罚处罚，其威慑和教育作用也将大大降低。在某些场合，甚至会使刑罚毫无效果。因此，为了实现一般预防，必须及时侦查、起诉、审判和执行。

四、特殊预防与一般预防的关系

特殊预防和一般预防是刑罚目的的基本内容，是预防犯罪的两种手段。二者之间是一种既对立又统一的辩证关系。

（一）两个预防的对立

特殊预防与一般预防的对立，是以预防对象为前提展开的。由于预防对象的不同，决定了适用刑罚所追求的效果的差异。这种差异使特殊预防与一般预防处于矛盾的对立状态，似乎不能两全。首先，对于某些犯罪人来说，其再犯的可能性较大（如累犯、惯犯），因而需要判处较重的刑罚，以达到特殊预防的目的。但是，就一般人而言，由于缺乏该犯罪人的类似情况，不可能实施类似犯罪。因此，对犯罪人判处重刑，对预防一般人犯罪是不必要的。在这种情况下，特殊预防的需要压倒一般预防。其次，对于某些犯罪人来说，其再犯的可能性不大，甚至根本不可能再犯（如过失犯罪、基于义愤的犯罪、不知法而犯罪），但由于一般人具有实施类似犯罪的可能，就不得不依法重判，以达到一般预防的目的。在这种情况下，一般预防的需要压倒特殊预防。

（二）两个预防的统一

特殊预防和一般预防是因预防对象不同而作的区分，但二者的目的是完全一致的，即都是为了预防犯罪。同时，二者的方式和实现途径也是基本相同的，即都有赖于刑罚各种功能的充分发挥。因此，制定、适用和执行刑罚，既要考虑特殊预防，又要考虑一般预防，二者不可偏废。如果舍弃了其中任何一个方面，都将使刑罚的目的难以实现。

（三）两个预防的侧重

特殊预防与一般预防是相互依存、不可分割的，但这并不意味着不能根据具体情况的不同而对其中一个方面予以侧重：（1）因刑事法活动的阶段不同而有所侧重，即在刑法立法上侧重一般预防，在刑罚执行中侧重特殊预防，在刑事审判中两个预防并重。（2）因犯罪人不同而有所侧重，即对累犯、惯犯等人身危险性较大的犯罪分子，应侧重于特殊预防；对初犯、偶犯等再犯可能性不大的犯罪人，则侧重于一般预防。（3）因犯罪种类的不同而有所侧重，即对稀有犯罪适用刑罚，要侧重于特殊预防；对常见多发性犯罪，则应侧重于一般预防。（4）因社会治安形势的不同而有所侧重，即在社会治安形势稳定，犯罪率较低的时期，要侧重于特殊预防；在社会治安形势恶化，犯罪率较高的时期，则应侧重于一般预防。（5）因犯罪地区的不同而有所侧重，即对于犯罪发案率较低的地区，要侧重于特殊预防；对犯罪活动猖獗，发案率较高的地区，则应侧重于一般预防，以收“惩一儆百”之效。

第十四章　刑罚的体系

第一节　刑罚的体系

一、刑罚体系的概念

刑罚体系，是指由刑法所规定的并按照一定次序排列的各种刑罚方法的总和。

首先，刑罚体系以刑事立法规定的刑罚种类为内容，并且按照一定的次序排列而成，具有严谨的内部结构，形成一个有机的整体，从而能够有效地发挥刑罚的功能，实现刑罚的目的。

其次，刑罚体系由刑法明文规定。组成刑法体系的刑种，是由刑事立法确定的，因此，不是刑法明文规定的刑罚方法，就不能作为刑种。而且刑种的排列也是刑法明文规定的。我国刑罚体系中根据不同的标准，基本上有两种方法：一是以刑罚所剥夺或者限制犯罪分子的权利和利益的性质为标准，将刑罚方法分为生命刑、自由刑、财产刑、资格刑四类。生命刑，是剥夺犯罪分子生命的刑罚方法，是最重的一种刑罚。自由刑，是剥夺或限制犯罪分子人身自由的刑罚方法，如无期徒刑、有期徒刑、拘役等，是运用最广的一种刑罚。财产刑，是以剥夺犯罪分子财产（包括金钱和财物）为主要内容的刑罚方法。资格刑，是剥夺犯罪分子行使某些权利的资格的刑罚方法，如剥夺政治权利。二是以某种刑罚方法只能单独适用还是可以附加适用为标准，将刑罚分为主刑与附加刑两类。根据我国刑法第 33 条、第 34 条的规定，刑罚分为主刑和附加刑两大类。主刑有管制、拘役、有期徒刑、无期徒刑、死刑五种；附加刑有罚金、剥夺政治权利、没收财产三种。此外，刑法第 35 条还规定，对于犯罪的外国人可以独立适用或者附加适用驱逐出境。据此，驱逐出境，也是一种附加刑。

二、我国刑罚体系的特征

（一）体系完整、结构严谨

我国的刑罚由主刑与附加刑构成一个完整的体系，包括各种属性不同的刑罚方法，有生命刑、自由刑、财产刑、资格刑等，可以适应不同犯罪以及不同犯罪分子的状况，对各种犯罪都能给予有效、合适的制裁。我国刑罚体系中的刑罚方法全部都由轻至重排列，主次分明、轻重衔接。从主刑排列次序上看，管制属于限制自由的刑罚，拘役和有期徒刑、无期徒刑属于剥夺自由的刑罚，死刑属于剥夺生命的刑罚，逐步加重。从期限上看，拘役最高期限为 6 个月，与有期徒刑的最低期限相衔接；有期徒刑的最高期限为 15 年，数罪并罚时最高不超过 25 年，对更为严重的犯罪就适用无期徒刑和死刑。主刑只包括生命刑和自由刑，这就保持了主刑在性质上的严厉性，而附加刑包括财产刑和资格刑，可以单独适用或配合主刑使用，就使得主刑与附加刑互相补充、宽严相济，避免单一刑种的局限性，有利于和不同犯罪作斗争。

（二）内容合理、方法人道

首先，我国刑罚体系以自由刑为核心，没有残酷的肉体刑和侮辱人格的耻辱刑，虽然保留了死刑，但对死刑的适用作了严格的限制，保证了刑罚方法上的人道主义。其次，从刑罚执行方法上看也合理进步。死刑用枪决或注射的方法，废弃了斩首、腰斩等严酷的死刑方法；对被处剥夺自由刑的犯罪分子实行劳动改造，禁止对其体罚虐待、侮辱打骂；对判处管制的犯罪分子实行同工同酬；对判处拘役的犯罪分子允许他们每月回家 1—2 天，参加劳动的，可以酌情发给报酬。这些都是我国刑罚的社会主义人道主义精神的具体体现。

（三）宽严相济、目标统一

我国对罪犯适用刑罚，并非单纯为了惩办和报复，而是实行惩办与宽大相结合、惩罚与教育相结合的政策，把绝大多数的犯罪分子改造为新人。我国的刑罚体系就是依据这一政策而建立的。在我国的刑罚体系中，尽管保留了死刑这一严厉的刑罚方法，以便惩罚少数罪行极其严重的犯罪分子，但是法律对死刑的适用做出了严格的限制性规定。对于那些应当判处死刑，但不是必须立即执行的犯罪分子，可以缓期 2 年执行。对于不适用死刑的犯罪分子，根据其罪行严重程度和人身危险性程度，分别适用管制、拘役、有期徒刑、无期徒刑，对他们实行劳动改造。在刑罚的具体执行中，还实行减刑、假释等制度，鼓励犯罪分子弃恶从善，重新做人。这些都体现了我国刑罚体系宽严相济、惩教结合，改造罪犯成为新人的政策精神。

第二节　主　　刑

主刑就是只能独立使用的主要刑罚方法。其特点是只能独立适用，不能附加适用；对于一个犯罪，只能适用一个主刑，不能同时适用两个以上的主刑。

根据刑法第33条规定，主刑包括管制、拘役、有期徒刑、无期徒刑和死刑。

一、管制

（一）管制的概念

管制是我国主刑中最轻的一种刑罚方法，属于限制自由刑。它是指对犯罪人依法实行社区矫正的一种刑罚方法。

管制这一刑罚方法产生于民主革命时期，新中国成立之后继续采用。1979年刑法将其规定为主刑之一，成为我国独创的刑罚方法。管制的存在完善了刑罚体系的整体结构，作为一个中间环节将剥夺自由刑与非自由刑联结起来。而且，由于它对犯罪分子不予关押，从而可以避免监狱生活带来的交叉感染，并可以调动社会力量参与对犯罪分子的改造，同时它也不致影响犯罪分子的劳动、工作和家庭生活，这对于犯罪分子的改造和社会秩序的安定，都有积极的意义。因此，管制作为一种开放型的刑罚方法，是符合刑罚改革的国际趋势。

（二）管制的特征

根据刑法第38条至第41条的规定，管制具有以下特征：

1. 对犯罪分子不予关押。即不是将犯罪分子羁押在特定的场所或者设施内，从而剥夺其人身自由，而是实行社区矫正。这是管制与拘役、有期徒刑等剥夺自由刑的重要区别。

社区矫正是与监禁矫正相对的行刑方式，是指将符合法定条件的罪犯置于社区内，由司法行政机关（司法局）及其派出机构（司法所）在相关部门和社会力量的协助下，在判决、裁定或决定确定的期限内，矫正其犯罪心理和行为恶习，并促进其顺利回归社会的非监禁刑罚执行活动。社区矫正工作是积极利用各种社会资源、整合社会各方面力量，对罪行较轻、主观恶性较小、社会危害性不大的罪犯或者经过监管改造、确有悔改表现、不致再危害社会的罪犯在社区中进行有针对性管理、教育和改造的工作。社区矫正是西方国家首先推行的一种刑事执法模式，其理念正始于19世纪末近代学派的行刑社会化思想。近代学派的大师们认识到监狱刑罚的缺陷和不足，提出了非监禁刑罚措施和对罪犯人格的改造，社区矫正便由此发端。20世纪50年代兴起了罪犯再社会化思潮，以安塞尔为代表的新社会防卫学派提出对罪犯实行人道和再社会化，使社区矫正思想由孕育走向成熟，并逐渐由学说渗透到立法，再转化为各国的行刑实践。注重对犯罪人的改造、完善而不是报复，刑罚的目的是将社会人格不完善、不能正常进行社会生活的犯罪人再社会化，已成为现代社会的共识。社区矫正比监狱矫正有更大的优越性，目前已成为西方国家占主导地位的行刑方式，成为世界各国刑罚体制改革发展的趋势。

过去，中国没有使用社区矫正的名称。但是，中国的刑罚制度中，包含了社区矫正的有关内容。例如，管制、缓刑、假释等。不过，与其他一些国家相比，特别是与一些发达国家相比，中国的做法在制度上、力度上，都有需要改进的地方。20 世纪七八十年代以来，各国都在不断进行刑罚制度的创新，尝试用最有益的方式处理犯罪和犯罪人，社区矫正就是这样一种刑罚方式的探索和实践。从国际社会的发展趋势来看，刑罚制度已经从以监禁刑为主的阶段进入了以非监禁刑为主的阶段。在许多国家中，适用社区矫正的人数大大超过监禁人数。国外社区矫正的方式主要包括缓刑、假释、社区服务、暂时释放、工作释放、学习释放、电子监控等。与国外的情况相比，中国现行刑罚体制中还没有充分发挥社区矫正的积极效果。在现行法律框架内，扩大适用社区矫正措施，强化社区矫正的执行，包括依法加强对社区矫正对象的监督、管理，确保刑罚的有效实施；加强对社区矫正对象的教育矫正，通过多种形式，矫正其不良心理和行为，促使其弃恶从善；帮助社区矫正对象解决就业、生活、心理及维权等方面的问题和困难。对于提高罪犯的教育改造质量、维护社会稳定是有益的。

2. 限制罪犯一定的自由。管制虽然不剥夺犯罪分子的自由，但是作为一种刑罚方法，当然应具有惩罚的属性。根据刑法第 39 条的规定，判处管制的犯罪人，执行期间应当遵守的规定有：（1）遵守法律、行政法规，服从监督；（2）未经执行机关批准，不得行使言论、出版、集会、结社、游行、示威自由的权利；（3）按照执行机关规定报告自己的活动情况；（4）遵守执行机关关于会客的规定；（5）离开所居住的市、县或者迁居，应当报经执行机关批准。但对于被判处管制的犯罪分子，在劳动中应当同工同酬。

3. 具有一定期限。根据刑法第 38 条第 1 款的规定，判处管制的期限，为 3 个月以上 2 年以下，根据刑法第 69 条规定，数罪并罚时，管制刑的刑期最高不能超过 3 年。根据刑法第 78 条的规定，被判处管制的犯罪分子被减刑时，减刑以后实际执行的刑期，不能少于原判刑期的 1/2。

关于管制刑期的计算，刑法第 41 条规定：“管制的刑期，从判决执行之日起计算；判决执行以前先行羁押的，羁押一日折抵刑期二日。”所谓判决执行之日，应当指判决生效之日。根据刑事诉讼法第 208 条的规定，判决在发生法律效力后执行，生效的判决包括已过法定期限没有上诉、抗诉的判决以及终审的判决。所谓羁押，是指在判决以前对犯罪分子的暂时关押，完全限制其人身自由的一种措施。一般情况下，羁押是指刑事拘留和逮捕的情况。行政拘留、劳动教养因为是行政处罚方法，只适用一般行政违法行为，不适用于犯罪行为。所以，行政拘留、劳动教养原则上不是这里所说的羁押，不可以折抵管制刑期，但在司法实践中，如果犯罪分子被判处刑罚的犯罪行为和被行政拘留或劳动教养的行为系同一行为，该劳动教养或行政拘留的期间可以折抵刑期。

4. 被判处管制的犯罪人依法实行社区矫正。根据刑法第 38 条第 3 款的规定，对判处管制的犯罪分子，依法实行社区矫正，从而明确了管制的执行方式。社区矫正是一项综合性很强的工作，需要各有关部门分工配合，并充分动员社会各方面力量，共同做好工作。虽然《刑法修正案（八）》将刑法原来规定的“由公安机关执行”修改为“依法实行社区矫正”，但这并不意味着公安机关不再承担对被判处管制的犯罪分子的监管职责。在正在实行的社区矫正工作中，公安机关承担着重要的监管职责。

根据 2011 年 4 月 28 日最高人民法院、最高人民检察院、公安部、司法部《关于对判处管制、宣告缓刑的犯罪分子适用禁止令有关问题的规定（试行）》第 1 条的规定，对判处管制的犯罪分子，人民法院根据犯罪情况，认为从促进犯罪分子教育矫正、有效维护社会秩序的需要出发，确有必要禁止其在管制执行期间从事特定活动，进入特定区域、场所、接触特定的人，可以根据刑法第 38 条第 2 款、第 72 条第 2 款的规定，同时宣告禁止令。

根据该规定第 2 条规定，人民法院宣告禁止令，应当根据犯罪分子的犯罪原因、犯罪性质、犯罪手段、犯罪后的悔罪表现、个人一贯表现等情况，充分考虑与犯罪分子所犯罪行的关联程度，有针对性地决定禁止其在管制执行期间、缓刑考验期限内“从事特定活动，进入特定区域、场所，接触特定的人”的一项或者几项内容。

根据该规定第 3 条规定，人民法院可以根据犯罪情况，禁止判处管制、宣告缓刑的犯罪分子在管制执行期间、缓刑考验期限内从事以下一项或者几项活动：（1）个人为进行违法犯罪活动而设立公司、企业、事业单位或者在设立公司、企业、事业单位后以实施犯罪为主要活动的，禁止设立公司、企业、事业单位；（2）实施证券犯罪、贷款犯罪、票据犯罪、信用卡犯罪等金融犯罪的，禁止从事证券交易、申领贷款、使用票据或者申领、使用信用卡等金融活动；（3）利用从事特定生产经营活动实施犯罪的，禁止从事相关生产经营活动；（4）附带民事赔偿义务未履行完毕，违法所得未追缴、退赔到位，或者罚金尚未足额缴纳的，禁止从事高消费活动；（5）其他确有必要禁止从事的活动。

根据该规定第 4 条规定，人民法院可以根据犯罪情况，禁止判处管制、宣告缓刑的犯罪分子在管制执行期间、缓刑考验期限内进入以下一类或者几类区域、场所：（1）禁止进入夜总会、酒吧、迪厅、网吧等娱乐场所；（2）未经执行机关批准，禁止进入举办大型群众性活动的场所；（3）禁止进入中小学校区、幼儿园园区及周边地区，确因本人就学、居住等原因，经执行机关批准的除外；（4）其他确有必要禁止进入的区域、场所。

根据该规定第5条规定，人民法院可以根据犯罪情况，禁止判处管制、宣告缓刑的犯罪分子在管制执行期间、缓刑考验期限内接触以下一类或者几类人员：（1）未经对方同意，禁止接触被害人及其法定代理人、近亲属；（2）未经对方同意，禁止接触证人及其法定代理人、近亲属；（3）未经对方同意，禁止接触控告人、批评人、举报人及其法定代理人、近亲属；（4）禁止接触同案犯；（5）禁止接触其他可能遭受其侵害、滋扰的人或者可能诱发其再次危害社会的人。

根据该规定第6条规定，禁止令的期限，既可以与管制执行、缓刑考验的期限相同，也可以短于管制执行、缓刑考验的期限，但判处管制的，禁止令的期限不得少于3个月，宣告缓刑的，禁止令的期限不得少于2个月。判处管制的犯罪分子在判决执行以前先行羁押以致管制执行的期限少于3个月的，禁止令的期限不受前款规定的最短期限的限制。禁止令的执行期限，从管制、缓刑执行之日起计算。

根据该规定第7条规定，人民检察院在提起公诉时，对可能判处管制、宣告缓刑的被告人可以提出宣告禁止令的建议。当事人、辩护人、诉讼代理人可以就应否对被告人宣告禁止令提出意见，并说明理由。公安机关在移送审查起诉时，可以根据犯罪嫌疑人涉嫌犯罪的情况，就应否宣告禁止令及宣告何种禁止令，向人民检察院提出意见。

根据该规定第8条规定，人民法院对判处管制、宣告缓刑的被告人宣告禁止令的，应当在裁判文书主文部分单独作为一项予以宣告。

根据该规定第9条规定，禁止令由司法行政机关指导管理的社区矫正机构负责执行。

根据该规定第10条规定，人民检察院对社区矫正机构执行禁止令的活动实行监督。发现有违反法律规定的情况，应当通知社区矫正机构纠正。

二、拘役

（一）拘役的概念

拘役是短期剥夺犯罪分子的自由，就近执行并实行劳动改造的刑罚方法。它属于短期自由刑，是主刑中介于管制与有期徒刑之间的一种轻刑。

拘役与刑事拘留、民事拘留、行政拘留都是短期剥夺自由的强制方法，但它们之间存在明显的区别：

1. 性质不同，拘役是刑罚方法；刑事拘留是刑事诉讼中的一种强制措施；

民事拘留是属于司法行政性质的处理；行政拘留属于治安行政处罚。

2. 适用的对象不同。拘役适用于犯罪分子；刑事拘留适用于刑事诉讼法第61条规定的七种情形之一的现行犯或者重大嫌疑分子；民事拘留适用于具有民事诉讼法第102条规定的六种行为之一，但又不构成犯罪的民事诉讼参与人或其他人；行政拘留适用于违反治安管理法规，尚未达到犯罪程度的行为人。

3. 适用机关不同，拘役和民事拘留由人民法院适用；刑事拘留和行政拘留由公安机关适用。

（二）拘役的特征

根据刑法第42条至第44条的规定，拘役具有以下特征：

1. 剥夺罪犯的自由，即将罪犯羁押于特定的设施或者场所之中，剥夺其人身自由。

2. 期限较短。刑法第42条规定拘役的期限为1个月以上6个月以下。根据刑法第69条的规定，数罪并罚时，拘役刑期最高不能超过1年。根据刑法第78条的规定，减刑后实际执行的刑期，判处拘役的，不能少于原判刑期的1/2。关于拘役刑期的计算，刑法第44条规定："拘役的刑期，从判决执行之日起计算；判决执行以前先行羁押的，羁押一日折抵刑期一日。"

3. 有一定的待遇。根据刑法第43条的规定，在执行期间，被判处拘役的犯罪分子每月可以回家1—2天；参加劳动的，可以酌量发给报酬。

4. 由公安机关就近执行。刑法第43条第1款规定，被判处拘役的犯罪分子，由公安机关执行。拘役的执行机关是公安机关。所谓就近执行，是指把犯罪分子放在由执行机关建立的拘役所里执行。对于没有条件设立拘役所的地方，可以把被判处拘役的犯罪分子放在就近的监狱执行。对于远离监狱的，可把罪犯放在看守所里执行。根据有关规定，在监狱或看守所执行拘役的，要对犯罪分子分管分押以避免交叉感染。对在监狱执行拘役的犯罪分子，都要组织他们劳动。劳动是拘役刑的重要特点，正是通过劳动，才能发挥出拘役对于犯罪分子的惩罚与改造功能。对在看守所执行的拘役犯，应积极创造条件，使他们能够在看守所院内参加一些手工业、副业等生产劳动；也可以与看守所驻地附近的生产劳动单位联系，吸收拘役犯参加一些生产劳动，并委托生产劳动单位对他们进行监督。

三、有期徒刑

（一）有期徒刑的概念

有期徒刑是剥夺犯罪人一定期限的人身自由，强制其进行劳动并接受教育改造的刑罚方法。

有期徒刑与拘役虽然都是剥夺犯罪分子人身自由的刑罚，但二者还是有区别的：

1. 执行场所不同。拘役是就近执行，一般在拘役所、看守所中执行，有期徒刑主要在监狱中执行。

2. 执行机关不同。拘役的执行机关是公安机关，而有期徒刑的执行机关是监狱。

3. 执行期间犯罪分子的待遇不同。被判处拘役的犯罪分子在服刑期间每月可以回家 1—2 天，参加劳动的，可以酌量发给报酬，而有期徒刑则没有这样的规定。

4. 根据刑法第 65 条的规定，被判处有期徒刑的犯罪分子有构成累犯的可能性，而拘役则不存在构成累犯的问题。

（二）有期徒刑的特征

有期徒刑是自由刑的代表，是我国适用面最广的刑罚方法，可谓名副其实的主刑。根据刑法第 45 条至第 47 条的规定，有期徒刑具有以下特征：

1. 剥夺犯罪分子的自由。主要表现在将犯罪人羁押于特定的设施或者场所之中，包括监狱、少年犯管教所、看守所等。

2. 具有一定期限。根据刑法第 45 条的规定，有期徒刑的期限，为 6 个月以上 15 年以下；根据刑法第 69 条的规定，判决宣告以前一人犯数罪的，除判处死刑和无期徒刑的以外，应当在总和刑期以下、数刑中最高刑期以上，酌情决定执行的刑期，但是管制最高不能超过 3 年，拘役最高不能超过 1 年，有期徒刑总和刑期不满 35 年的，最高不能超过 20 年，总和刑期在 35 年以上的，最高不能超过 25 年，数罪中有判处附加刑的，附加刑仍须执行，其中附加刑种类相同的，合并执行，种类不同的，分别执行。根据刑法第 50 条第 1 款规定，判处死刑缓期执行的，在死刑缓期执行期间，如果没有故意犯罪，2 年期满以后，减为无期徒刑；如果确有重大立功表现，2 年期满以后，减为 25 年有期徒刑；如果故意犯罪，情节恶劣的，报请最高人民法院核准后执行死刑；对于故意犯罪未执行死刑的，死刑缓期执行的期间重新计算，并报最高人民法院备案。根据刑法第 50 条第 2 款规定对被判处死刑缓期执行的累犯以及因故意杀人、强奸、抢劫、绑架、放火、爆炸、投放危险物质或者有组织的暴力性犯罪被判处死刑缓期执行的犯罪分子，人民法院根据犯罪情节等情况可以同时决定对其限制减刑。刑法第 47 条规定："有期徒刑的刑期，从判决执行之日起计算；判决执行以前先行羁押的，羁押一日折抵刑期一日。"

根据刑法第 78 条的规定，减刑以后实际执行的刑期，判处有期徒刑的，不能少于原判刑期的1/2。

3. 执行机关为监狱或其他执行场所。被判处有期徒刑的犯罪分子，往往罪行较重或罪行严重，所以不能像拘役那样在看守所、拘役所执行，而且被判处有期徒刑的犯罪分子数量众多，也非公安机关有能力进行管理的，所以对这些罪犯应当专门为之设立执行机关。在我国，有期徒刑的执行场所有以下几种：（1）监狱。监狱是主要的执行有期徒刑的机关。根据监狱法第2条的规定，监狱是国家的刑罚执行机关，被判处死刑缓期2年执行、无期徒刑、有期徒刑的罪犯，在监狱内执行刑罚。监狱主要监管不适宜在监外劳动的严重刑事犯。被判处有期徒刑的外国人也在监狱内执行。（2）其他执行场所。其他执行场所是除监狱以外专门用来执行有期徒刑和无期徒刑的机关，它主要是少年犯管教所。少年犯管教所是以少年犯为监管对象的执行机关，关押14周岁以上不满18周岁的少年犯。另外，根据刑事诉讼法第213条的规定，对于被判处有期徒刑的罪犯，在被交付执行刑罚前，剩余刑期在1年以下的，由看守所代为执行。

4. 强制犯罪人参加劳动，接受教育和改造。根据刑法第46条的规定，被判处有期徒刑的犯罪人，无论在何种场所执行，凡有劳动能力的，都应当参加劳动，接受教育和改造。这说明我国对于判处有期徒刑的犯罪分子，不是消极地实行关押和监禁，也并非将执行机关当作专门从事生产的企业，而是通过劳动的方式，使犯罪分子接受教育和改造，以此来达到特殊预防的刑罚目的。犯罪分子应当参加劳动，是一种强制性规定。执行机关在强制犯罪分子参加劳动的同时，还要对其进行充分的法制、道德、政策、前途等方面的教育，以提高罪犯对劳动意义的认识，启迪其劳动的主动性与自觉性，最终使强制性劳动转化为自觉劳动，从而矫正犯罪分子的世界观和人生观，从而使其改造为自食其力、遵纪守法的公民。

四、无期徒刑

（一）无期徒刑的概念

无期徒刑是剥夺犯罪人终身自由，强制其参加劳动并接受教育改造的刑罚方法。它是仅次于死刑的一种严厉的刑罚。

无期徒刑虽然与有期徒刑都是剥夺自由的刑罚方法，但两者又有着严格的区别；（1）无期徒刑的剥夺犯罪分子终身自由，而有期徒刑则是有期限地剥夺犯罪分子的自由；（2）由于无期徒刑具有不可划分性，因此，它只适用于犯有严重罪行的犯罪分子，而有期徒刑具有可划分性，因此，它既可以适用犯有严重罪行的犯罪分子，也可适用于犯有较轻罪行的犯罪分子；（3）被判处无期徒刑的犯罪分子，必须附加剥夺政治权利终身，而被判处有期徒刑的犯罪分子不一定附加剥夺政治权利。

（二）无期徒刑的特征

1. 没有刑期限制，罪犯被剥夺终身自由。应当注意的是，无期徒刑固然是剥夺终身自由，关押没有期限，但在实际执行中，并不一定把犯罪分子关押到死，而是给其悔过自新，重新做人的机会。依照刑法规定，被判处无期徒刑的犯罪分子，在服刑期间如果符合法定条件，可予以减刑或假释。实际上不少被判处无期徒刑的犯罪分子受到了上述的宽大处理。实践表明，判处无期徒刑并不意味着断绝了犯罪人的自新之路。

2. 被判处无期徒刑的罪犯在判决执行以前的羁押时间不存在折抵刑期的问题。

3. 被判处无期徒刑的罪犯除了无劳动能力的以外，都要在监狱或其他执行场所中参加劳动，接受教育和改造。

4. 根据刑法第 57 条的规定，被判处无期徒刑的犯罪分子，必须剥夺政治权利终身。

五、死刑

（一）死刑的概念

死刑是剥夺犯罪人生命的刑罚方法，包括立即执行与缓期两年执行两种情况。由于死刑是剥夺犯罪人的生命，故也称生命刑；由于生命具有最宝贵的、剥夺后不可能恢复的价值，死刑成为刑法体系中最严厉的刑罚方法，因此也称为极刑。

死刑是一种古老的刑罚方法。在奴隶社会和封建社会，死刑的种类繁多，但从来没有人怀疑其存在的合理性。自 18 世纪开始，死刑存废问题是西方刑法学界争论的热点。限制或废除死刑已成为国际刑法发展的趋势。但在我国当前及今后相当一段时期内，废除死刑的社会物质生活条件尚不具备，运用死刑惩罚少数怙恶不悛、罪大恶极的犯罪分子，仍是切实保卫国家安全和人民利益、保障社会主义现代化建设顺利进行的必要手段。所以，我国目前还不能废除死刑。

（二）适用死刑的限制性规定

我国对于死刑的适用，历来采取少杀、慎杀政策，通过刑法总则规定与刑法分则规定相结合的方式来控制死刑数量，限制死刑适用。这些限制性规定主要表现在：

1. 从适用死刑的条件上加以限制

根据刑法第 48 条第 1 款前半段的规定，死刑只适用于罪行极其严重的犯罪分子。这是刑法总则对于适用死刑所作的条件性规定。所谓罪行极其严重，是指犯罪行为对国家和人民的利益危害特别严重，社会危害性极为巨大。死刑只适用于罪行极其严重的犯罪人，可以从两方面加以理解：第一，死刑的适用要与犯罪行为所造成的客观危害相适应。客观危害就是犯罪行为给社会造成的实际损害，这种实际损害如果特别严重，依照罪刑相适应的原则，就需要用死刑对犯罪人予以惩罚。第二，死刑的适用必须与犯罪分子的主观恶性相适应。主观恶性是犯罪人主观上所具有的某种属性，如果犯罪人的犯罪心理态度严重，背离社会公共生活准则和道德，其程度已达到难以教育和改造的地步，就需要通过对犯罪人的肉体予以剥夺使其不能再实施危害社会的行为，从而以这种特殊的方式达到预防犯罪的目的。所以，判断犯罪人是否属于“罪行极其严重”，应当坚持主观罪过和客观危害相统一的原则，全面衡量，慎重考虑。“罪行极其严重”是一个抽象的概念，它反映在刑法分则的具体条文中往往表现为：第一，在危害国家安全罪中，罪行极其严重表现为“对国家和人民危害特别严重，情节特别恶劣”。第二，在重大刑事犯罪可以适用死刑的条文中，罪行极其严重往往表现为“情节特别严重”、“危害特别严重”、“造成后果特别严重”或“致人重伤、死亡”、“致使公私财产遭受重大损失”等。可以看出，在刑法分则中，死刑适用的限制条件有的强调危害，有的强调情节，有的强调后果，它们都共同地反映出犯罪分子的罪行极其严重这一适用死刑的原则性条件。另外，在刑法分则中，除了极个别的例外，死刑都是作为选择刑来规定的，并不是绝对确定的法定刑，这就从死刑的规定方式上保证依法应当判处死刑的，只是极少数罪行极其严重、罪该处死的犯罪分子。

2. 从适用死刑的犯罪主体上加以限制

刑法第 49 条第 1 款规定：“犯罪的时候不满十八周岁的人和审判的时候怀孕的妇女，不适用死刑。”《刑法修正案（八）》在刑法第 49 条增加 1 款作为第 2 款：审判的时候已满 75 周岁的人，不适用死刑，但以特别残忍手段致人死亡的除外。刑事诉讼法第 211 条规定，执行死刑前，发现罪犯正在怀孕，应当停止执行，并报请核准死刑的上级人民法院依法改判。这些规定表明，并不是对罪行严重的犯罪人都适用死刑。死刑的适用在犯罪主体上有三点限制：一是犯罪的时候不满 18 周岁的人不适用死刑。二是审判的时候怀孕的妇女不适用死刑。审判的时候怀孕的妇女，是指人民法院审判的时候，被告人是怀孕的妇女，也包括审判前被羁押时已是怀孕的妇女。对审判时怀孕的妇女不适用死刑，是指不能判处死刑，而不是暂不执行死刑，待分娩后再执行。应当注意的是，对于怀孕的妇女无论是在羁押还是在受审期间，都不应当为了要判处死刑而给她进行人工流产；已经人工流产的，仍应视同审判时怀孕的妇女，不能适用死刑。三是审判的时候已满 75 周岁的人，不适用死刑，但以特别残忍手段致人死亡的除外。所谓“不适用死刑”，是指不能判处死刑，而不是暂不执行死刑，由于死刑缓期 2 年执行是死刑的执行制度，所以，不适用死刑，合乎逻辑的结论就是也不能判处死缓。

3. 从死刑适用犯罪性质上进行限制

根据我国现阶段经济发展实际，一些罪名较少适用甚至基本没有适用过死刑，可以适当减少。基于这种社会情势，《刑法修正案（八）》取消了近年来很少适用过的 13 个经济性非暴力犯罪的死刑。这些犯罪是走私文物罪、走私贵重金属罪、走私珍贵动物、珍贵动物制品罪、走私普通货物物品罪、票据诈骗罪、金融凭证诈骗罪、信用证诈骗罪、抵扣税款发票罪、伪造、出售伪造的增值税专用发票罪、盗掘古文化遗址、古墓葬罪、盗掘古人类化石、古脊椎动物化石罪、盗窃罪；《刑法修正案（九）》又取消了走私武器、弹药罪、走私核材料罪、走私假币罪、伪造货币罪、集资诈骗罪、组织卖淫罪、强迫卖淫罪、阻碍执行军事职务罪、战时造谣惑众罪 9 个死刑罪名，以上取消的 22 个死刑罪名，占我国现有死刑罪名总数的近 30%，表明我国废止死刑的进程又向前迈了一大步，为我国最终废除死刑奠定了良好的基础。

4. 从死刑的核准程序上加以限制

刑法第 48 条第 2 款规定：“死刑除依法由最高人民法院判决的以外，都应当报请最高人民法院核准。……”根据这一规定，死刑的核准权全部都由最高人民法院统一行使。但在我国的立法上又存在部分死刑核准权下放到各高级人民法院的规定，这种死刑核准权的下放是从 1981 年 6 月全国人大常委会《关于死刑案件核准问题的决定》开始的。该决定第 1 条规定，1981 年至 1983 年内，因杀人、抢劫、强奸、爆炸、放火等罪行被判处死刑的案件，可由省、自治区、直辖市高级人民法院核准，不必报请最高人民法院核准。为将这一限时特别法的规定延续下去，1983 年全国人大常委会修改《中华人民共和国人民法院组织法》，对死刑核准权作了重大修改，规定：“死刑案件除由最高人民法院判决的以外，应当报请最高人民法院核准。杀人、强奸、抢劫、爆炸以及其他严重危害公共安全和社会治安判处死刑的案件的核准权，最高人民法院在必要的时候，得授权省、自治区、直辖市高级人民法院行使。”最高人民法院根据这一规定，在 1983 年 9 月 9 日发出了《关于授权高级人民法院核准部分死刑案件的通知》，将杀人、强奸、抢劫、爆炸以及其他严重危害公共安全和社会治安判处死刑的案件的核准权，交由省、自治区、直辖市高级人民法院和解放军军事法院行使。1991 年 6 月 6 日和 1993 年 8 月 18 日，最高人民法院还分别发出通知，决定云南省和广东省的毒品犯罪死刑案件的核准权，依法授权分别由云南省高级人民法院和广东省高级人民法院行使。对于以上死刑核准权下放的规定，在其没有被修改或废除之前，应当从其规定，即某些案件的死刑核准权由高级人民法院行使。但为了统一死刑的适用标准，严格控制死刑的适用，确保死刑的公正适用，全国人大常委会于 2006 年 10 月 31 日通过了《关于修改〈中华人民共和国法院组织法〉的决定》，将《人民法院组织法》第 13 条“死刑案件除由最高人民法院判决的以处，应当报请最高人民法院核准。杀人、强奸、抢劫、爆炸以及其他严重危害公共安全和社会治安判处死刑案件的核准权，最高人民法院在必要的时候，得授权省、自治区、直辖市的高级人民法院行使 ”的规定，修改为“死刑案件除由最高人民法院判决的以外，应当报请最高人民法院核准”。该决定于 2007 年 1 月 1 日起施行。因此，自 2007 年 1 月 1 日，各高级人民法院不再行使死刑案件的核准权，全部死刑案件都必须由最高人民法院核准，从而更加严格了死刑的适用程序，在制度上为死刑正确、公正适用提供了有力的保障。

5. 从死刑的执行制度上加以限制

刑法第 48 条第 1 款规定：“……对于应当判处死刑的犯罪分子，如果不是必须立即执行的，可以判处死刑同时宣告缓期二年执行”。这是关于我国刑法中死刑缓期执行制度的规定。简称死缓。死缓不是独立的刑种，而是死刑的一种执行方式，是我国独创。这一制度的实行，大大缩小了判处死刑立即执行的适用范围。

（1）死刑缓期执行适用的条件

根据刑法第 48 条第 1 款的规定，适用死刑缓期执行必须具备以下两个条件：

其一，应当判处死刑，这是宣告死刑缓期执行的前提条件，它要求适用“死缓”、首先必须符合适用死刑的条件。凡是刑法分则条文没有设立死刑的，就不可能适用“死缓”；而刑法分则条文虽然设有死刑，但所犯罪行不该适用死刑的，也不可能适用“死缓”。总之，“死缓”是死刑的执行制度，而不是轻于死刑的一个刑种，所以它的适用必须以犯罪分子被判处死刑为前提。

其二，不是必须立即执行。这是宣告死刑缓期执行的实质条件。所谓“不是必须立即执行”，可以做出以下原则上的认识：第一，犯罪分子的行为客观危害十分严重，但其主观恶性并不大。第二，犯罪分子虽然主观恶性较大，但其行为的客观危害性并不是特别严重。第三，犯罪分子虽然主观恶性和行为的客观危害都比较大，但其具有从宽处罚情节。

（2）死刑缓期执行的判决及其核准

为了保证“死缓”制度的正确执行，刑法第48条第2款对死刑缓期执行的判决及其核准作了明确规定：死刑缓期执行的，可以由高级人民法院判决或者核准。

（3）死刑缓期执行期满后的处理

根据刑法第50条的规定，对于被判处“死缓”的犯罪分子，在死刑缓期执行期满后，有三种处理办法：

一是在死刑缓期执行期间，如果没有故意犯罪，2年期满以后减为无期徒刑；如果确有重大立功表现，2年期满以后，减为25年有期徒刑。至于哪些属于重大立功表现，应根据刑法第78条予以规定。

二是在死刑缓期执行期间的累犯以及因故意杀人、强奸、抢劫、绑架、放火、爆炸、投放危险物质或者有组织的暴力性犯罪被判处死刑缓期执行的犯罪分子，人民法院根据犯罪情节等情况可以同时决定对其限制减刑。

三是在死刑缓期执行期间，如果故意犯罪，情节恶劣的，报请最高人民法院核准后执行死刑；对于故意犯罪未执行死刑的，死刑缓期执行的期间重新计算，并报最高人民法院备案。

这表明，进一步提高了对死缓罪犯执行死刑的门槛。死缓核准执行死刑的条件是犯罪分子在缓刑执行的两年期间实施了故意犯罪，而且必须是情节恶劣的。

由最高人民法院核准后执行死刑。

（三）死刑缓期执行期间的计算

刑法第51条规定：“死刑缓期执行的期间，从判决确定之日起计算。死刑缓期执行减为有期徒刑的刑期，从死刑缓期执行期满之日起计算。”可以看出，“死缓”判决确定以前的羁押时间，不计算在死刑缓期执行的2年期限内。这是由于羁押与死刑缓期执行具有不同的性质。“死缓”不是一个刑罚方法，而是死刑的执行制度。“死缓”期间具有对犯罪分子进行考察的性质，并根据考察的结果决定对被判处“死缓”的犯罪分子的处理。如果允许判决确定以前的羁押时间折抵死刑缓期执行的期间，势必会缩短对犯罪分子的考察时间，这不利于做出符合犯罪分子实际情况的“死缓”处理决定。所以，“死缓”判决确定之日以前的羁押期限不计算在死刑缓期执行的2年期限内。

第三节 附加刑

附加刑也称从刑，是补充主刑适用的刑罚方法，它的特点是既能独立适用，又能附加适用。当附加适用时，附加于已适用的主刑，而且对于同一犯罪和同一犯罪人可以同时适用两个以上的附加刑。刑法第 34 条规定了罚金、剥夺政治权利、没收财产三种附加刑，第 35 条规定了适用犯罪的外国人的驱逐出境附加刑。

一、罚金

（一）罚金的概念

罚金是人民法院判处犯罪分子向国家缴纳一定数额金钱的刑罚方法，属于财产刑。在认识罚金刑时，要注意将罚金与行政罚款相区别。二者的区别在于：(1) 性质不同。罚金是刑罚方法，罚款是行政处罚。(2) 适用对象不同。罚金适用于触犯刑律的犯罪分子和犯罪的单位，罚款适用于一般违法分子和违法的单位。(3) 适用机关不同。罚金只能由人民法院依照刑法的规定适用，罚款则由公安机关和海关、税务、工商行政管理等有关部门，依照有关法规的规定适用。

（二）罚金的适用

罚金的适用在刑法分则中规定的较为广泛。罚金主要适用于贪财图利或与财产有关的犯罪，这些犯罪大都有非法牟利或非法占有的犯罪目的。适用对象主要是破坏社会主义市场秩序罪、侵犯财产罪、妨害社会管理秩序罪、贪污贿赂罪。

（三）罚金的适用方式

我国刑法分则中规定罚金的适用方式有四种：(1) 选处罚金，即罚金作为一种选择的法定刑，只能独立适用不能附加适用。(2) 单处罚金，即罚金只能单独判处。这种情况只对单位犯罪适用。(3) 并处罚金，即罚金只能附加适用，不能单独适用。(4) 并处或者单处罚金，即罚金即可以附加适用，也可以独立适用。

（四）罚金数额的确定

刑法第 52 条规定："判处罚金，应当根据犯罪情节决定罚金数额。"一般来说，非法获利的数额大，情节严重的，罚金数额应当多些；反之，则应当少些。总之，不让犯罪分子在经济上占到便宜。当然，也要考虑犯罪分子的实际经济负担能力。刑法分则中对一些犯罪明确规定了罚金的下限和上限数额。对于这种规定了罚金数额幅度的情况，在适用罚金时，要注意应在该幅度内根据犯罪情节来决定对犯罪分子判处罚金的数额，不能因为强调犯罪情节而任意突破分则规定的罚金数额幅度。

（五）罚金的缴纳

根据刑法第 53 条的规定，罚金在判决指定的期限内一次或者分期缴纳。

期满不缴纳的，强制缴纳。对于不能全部缴纳罚金的，人民法院在任何时候发现被执行人有可以执行的财产，应当随时追缴。

由于遭遇不能抗拒的灾祸等原因缴纳确实有困难的，经人民法院裁定，可以延期缴纳、酌情减少或者免除。

罚金的缴纳，主要有以下几种方式：

1. 一次缴纳

一次缴纳就是在判决所确定的期限内，强制犯罪分子一次性地将判决所确定的罚金额全部缴清。一次缴纳的执行方式主要适用于罚金数额不多，或者罚金数额虽然较多，但犯罪分子经济状况较好，缴纳并不困难的情况。

2. 分期缴纳

分期缴纳是在判决所确定的期限内，分多次强制犯罪分子把判决所确定的罚金额全部缴清。分期缴纳主要适用于罚金数额较多，犯罪分子无力一次缴纳，或者尽管罚金数额不多，但犯罪分子经济能力较差而无力一次缴纳的情况。

3. 强制缴纳

强制缴纳即强迫犯罪分子缴纳罚金。适用强制缴纳适用方式的条件是：（1）犯罪分子有能力缴纳罚金。这包括两种情况：一是犯罪分子拥有足以缴纳罚金的金钱，如银行存款等；二是犯罪分子虽然没有金钱，但拥有其他财产可以变卖以缴纳罚金。（2）犯罪分子拒不缴纳罚金。即犯罪分子有经济能力却拒绝向法院缴纳罚金。拒不缴纳的表现方式多种多样，有的是故意隐瞒自己的经济状况，借口无钱而拒不缴纳；有的则是积极地转移财产而拒不缴纳。（3）判决所确定的缴纳期限已过。

4. 随时追缴

随时追缴是指对于不能全部缴纳罚金的犯罪分子，人民法院在发现被执行人有可以执行的财产的任何时候，都可以强制要求犯罪分子缴纳罚金的执行方式。

随时追缴罚金应具备以下条件：（1）犯罪分子不能全部缴纳罚金。这是随时追缴罚金的前提条件。所谓不能全部缴纳，是指从财产上看，犯罪分子没有全部缴纳罚金的能力，也就是说，无论是通过分期缴纳的方式还是强制缴纳的方式，在缴纳期满之后都无法使犯罪分子全部缴纳罚金。（2）犯罪分子不能全部缴纳罚金的原因，并不是由于遭遇不可抗拒的灾祸而使缴纳出现困难。如果是由于遭遇不可抗拒的灾祸而不能全部缴纳罚金，对犯罪分子就可以适用减免罚金，而不是随时追缴罚金。在实践中，造成犯罪分子不能全部缴纳罚金的原因，往往是由于犯罪分子对其财产进行秘密而成功的转移、变卖、隐瞒，从而使犯罪分子表现出无力缴纳全部罚金，也使人民法院无法对其采取强制缴纳的执行方式。(3) 人民法院发现被执行人有可以执行的财产。这是对犯罪分子随时追缴罚金的实质条件。所谓可以执行的财产，一般是指犯罪分子的银行存款，或者犯罪分子隐藏或转移的可以变卖缴纳罚金的财物，或者是犯罪分子秘密隐藏的现金等。这些财产暴露出来，被人民法院发现，就可对其进行追缴。在判决所确定的缴纳期限以后，不受时间的限制，任何时候只要具备以上适用条件，就可对犯罪分子随时追缴罚金。

5. 延期缴纳、酌情减少或者免除缴纳

延期缴纳、酌情减少或者免除缴纳，是指延期缴纳、酌情减少或者免除犯罪分子应缴纳的罚金数额的一种罚金执行方式。应具备以下条件：(1) 犯罪分子遭遇不能抗拒的灾祸，这是延期缴纳、酌情减少或者免除缴纳罚金的前提条件。所谓不能抗拒的灾祸，是指犯罪分子本身的力量所无法避免的天灾人祸，如水灾、火灾、地震、家属死亡等。如果灾祸不是不能抗拒的，如犯罪分子故意毁灭自己的财产而抗拒缴纳罚金，就不能减免其应缴纳的罚金。(2) 由于不可抗拒的灾祸而使犯罪分子缴纳罚金有困难，这是延期缴纳、酌情减少或者免除缴纳的实质条件。所谓延期缴纳、酌情减少或者免除罚金有困难，是指犯罪分子无力缴纳或缴纳之后将严重影响其正常生活的情况。

罚金的延期缴纳、酌情减少或者免除缴纳，应当由人民法院根据实际情况决定是延期缴纳、酌情减少还是免除罚金缴纳，以及延期缴纳、酌情减少或者免除罚金数额的程度。对犯罪分子延期缴纳、酌情减少或者免除缴纳罚金时，应当认识到罚金的延、减免虽然体现了刑罚执行的人道主义原则，但这种延、减免并不是基于犯罪分子的悔过认罪而对其进行的刑罚减免，所以，在实际适用罚金的延、减免缴纳时，应严格执行罚金延、减免缴纳的条件，以有效地发挥罚金刑的刑罚功能，保证刑罚目的的实现。

二、剥夺政治权利

(一) 剥夺政治权利的概念

剥夺政治权利，是指剥夺犯罪人参加国家管理与政治活动权利的刑罚方法，属于资格刑。根据刑法第 54 条的规定，剥夺政治权利是剥夺下列权利：(1) 选举权和被选举权；(2) 言论、出版、集会、结社、游行、示威自由的权利；(3) 担任国家机关职务的权利；(4) 担任国有公司、企业、事业单位和人民团体领导职务的权利。

(二) 剥夺政治权利的适用对象

剥夺政治权利的适用对象比较广泛。既可以适用于严重的犯罪，也可以适用于较轻的犯罪，既可以用于危害国家安全的犯罪，也可以适用于普通刑事犯罪。

（三）剥夺政治权利的适用方式

根据刑法总则和分则的规定，剥夺政治权利的适用方式有以下几种：

1. 应当附加适用。即人民法院没有裁量选择的余地，只能严格依法在适用主刑的同时附加适用剥夺政治权利。根据刑法第 56 条、第 57 条规定，应当附加适用剥夺政治权利的情况有以下两种：第一种是对于危害国家安全的犯罪人应当附加剥夺政治权利。此种情况下，应当附加适用剥夺政治权利的根据是犯罪分子的犯罪性质，即只要是犯罪分子实施了危害国家安全的犯罪，不管对其适用的主刑是何种刑罚，都应当附加剥夺政治权利。但依照分则规定独立适用剥夺政治权利的除外。第二种是对于被判处死刑、无期徒刑的犯罪人，应当附加剥夺政治权利终身。之所以要对判处死刑、无期徒刑的犯罪人附加剥夺政治权利终身，是考虑到：一是对被判处死刑、无期徒刑的犯罪人应当给予政治上的否定评价。政治权利是宪法赋予公民的基本权利，国家既然剥夺了罪犯的生命或终身自由，理应同时剥夺这些犯罪人终身的政治权利，以表示政治上对其惩罚和否定。二是死刑判决，从宣告核准到实际执行之间存在一定的时间间隔，在此期间，死刑罪犯可能遇到赦免而不执行死刑。无期徒刑的罪犯，可能因为假释而不被关押。如果不对这些罪犯剥夺政治权利终身，这些罪犯被赦免或者被假释以后仍享有政治权利，就有可能利用政治权利对国家和社会进行危害。三是有些权利，即使罪犯的生命或终身自由被剥夺了，但却有可能被他人代为行使，比如罪犯被判刑以前的著作，他们的亲属还可以代其行使出版权，剥夺这些犯罪分子终身的政治权利，就避免了其亲属代行这些政治权利的情况。

2. 可以附加适用。即人民法院可以根据案件的具体情况确定是否适用附加剥夺政治权利。根据刑法第 56 条第 2 款的规定，对于故意杀人、强奸、放火、爆炸、投放危险物质、抢劫等严重破坏社会秩序的犯罪人，可以附加剥夺政治权利。此外，根据 1998 年 1 月 13 日最高人民法院《关于对故意伤害、盗窃（重大）等犯罪分子被判处有期徒刑的，能否附加剥夺政治权利的问题批复》，对故意伤害、盗窃等其他严重破坏社会秩序的犯罪，犯罪分子主观恶性较深、犯罪情节恶劣、罪行严重的，也可以依法附加剥夺政治权利。

3. 独立适用。由刑法分则加以规定，一旦选择适用剥夺政治权利，就不能再适用主刑。刑法分则中规定独立适用剥夺政治权利的，涉及第一章危害国家安全罪，第四章侵犯公民人身权利、民主权利罪，第六章妨害社会管理秩序罪以及第七章危害国防利益罪。刑法分则条文中没有规定独立适用剥夺政治权利的，不得独立适用剥夺政治权利。剥夺政治权利只对中国公民适用，对外国人不宜适用。

（四）剥夺政治权利的期限

根据刑法第55条、第57条的规定，剥夺政治权利的期限有以下四种情况：（1）独立适用剥夺政治权利或者主刑是有期徒刑、拘役，附加剥夺政治权利的，期限为1年以上5年以下。（2）判处管制附加剥夺政治权利的期限与管制的期限相等。（3）判处死刑、无期徒刑的，应当剥夺政治权利终身。（4）死刑缓期执行减为有期徒刑或者无期徒刑减为有期徒刑的时候，应当把附加剥夺政治权利的期限相应地改为3年以上10年以下。

剥夺政治权利刑期的计算，根据刑法第58条以及第55条第2款的规定，随主刑的不同而有以下几种情况：（1）判处管制附加剥夺政治权利的，剥夺政治权利的刑期与管制的刑期相等，同时起算。（2）判处拘役附加剥夺政治权利的，剥夺政治权利的刑期从拘役执行完毕之日起计算；在拘役执行期间，当然不享有政治权利。（3）判处有期徒刑附加剥夺政治权利的，剥夺政治权利的刑期从有期徒刑执行完毕之日或者从假释之日起计算；在有期徒刑执行期间，当然不享有政治权利。（4）死刑缓期执行减为有期徒刑或者无期徒刑减为有期徒刑时，附加的剥夺政治权利终身减为3年以上10年以下，该剥夺政治权利的刑期，应从减刑以后的有期徒刑执行完毕之日或者从假释之日起计算，在主刑执行期间，当然不享有政治权利。

（五）剥夺政治权利的执行

剥夺政治权利由公安机关执行。根据刑法第58条第2款的规定，被剥夺政治权利的犯罪人，在执行期间，应当遵守法律、行政法规和国务院公安部门有关监督管理的规定，服从监督，并且不得行使刑法第54条规定的各项权利。根据有关规定，剥夺政治权利执行期满，应当由执行机关通知本人，并向有关群众公开宣布恢复政治权利。罪犯在恢复了政治权利以后，就享有法律赋予公民的政治权利。但是，有的政治权利要受到一定的限制，如人民法院组织法规定，被剥夺过政治权利的人，不论是否再犯罪，或经过多少年，都不能选举为人民法院院长、人民陪审员，或者被任命为副院长、庭长、副庭长、审判员和助理审判员等职务。

三、没收财产

（一）没收财产的概念和特征

没收财产，是指将犯罪人个人所有财产的一部或全部强制无偿地收归国有的刑罚方法。

没收财产与没收犯罪物品具有本质区别。刑法第 64 条规定："犯罪分子违法所得的一切财物，应当予以追缴或者责令退赔；对被害人的合法财产，应当及时返还；违禁品和供犯罪所用的本人财物，应当予以没收。没收的财物和罚金，一律上缴国库，不得挪用和自行处理。"因此追缴了犯罪所得的财物，不属于没收财产；没收违禁品和供犯罪所用的本人财物，也不属于没收财产。没收财产事实上是没收犯罪人合法所有并且没有用于犯罪的财产；不能以追缴犯罪所得、没收违禁品与犯罪所用的本人财物来代替或折抵没收财产。

没收财产的特点可以从它与罚金刑的区别中来认识。没收财产与罚金的区别在于：第一，罚金刑是剥夺犯罪分子一定数额的金钱，没收财产除了可以没收金钱，还可以没收其他财物。第二，没收财产是剥夺犯罪分子现有的财产，而罚金要求犯罪分子缴纳的金钱并不一定是犯罪分子现实所有的。第三，罚金可以分期缴纳，特殊情况下可以减免，而没收财产则是根据犯罪分子所有财产的实际情况，一次没收其一部或全部，不存在减免或分期缴纳的问题。

（二）没收财产的适用对象

没收财产只能适用刑法分则明文规定可以判处没收财产的那些犯罪，在刑法分则中规定适用没收财产较多的是危害国家安全罪、破坏社会主义市场经济秩序罪、侵犯财产罪、贪污贿赂罪。从没收财产的适用范围可以看出，没收财产的适用对象主要是贪利性犯罪和财产性犯罪，如刑法第 240 条规定的拐卖妇女、儿童罪，第 264 条规定的盗窃罪，第 363 条规定的制作、贩卖、传播淫秽物品罪等。除此以外，没收财产还适用于危害国家安全罪这种非贪利性或财产性犯罪。

（三）没收财产的适用方式

在刑法分则中规定的没收财产的适用方式有以下三种：第一，并处没收财产，即应当附加适用没收财产。如刑法第 264 条规定的盗窃罪，数额特别巨大或者有其他特别严重情节的，处 10 年以上有期徒刑或者无期徒刑，并处没收财产。第二，可以并处没收财产，这是指量刑时既可以附加没收财产，也可以不附加没收财产，审判人员应按实际情况做出选择。如第 271 条规定的侵占罪，数额巨大的，处 5 年以上有期徒刑，可以并处没收财产。第三，并处罚金或者没收财产。在这种情况下，没收财产和罚金可以择一判处，而无论选择罚金还是没收财产，都只能附加适用，并且必须适用。如第 152 条规定的走私淫秽物品罪，情节严重的，处 10 年以上有期徒刑或者无期徒刑，并处罚金或者没收财产。

（四）没收财产的范围

刑法第 59 条规定："没收财产是没收犯罪分子个人所有财产的一部或者

全部。没收全部财产的，应当对犯罪分子个人及其扶养的家属保留必需的生活费用。在判处没收财产的时候不得没收属于犯罪分子家属所有或者应有的财产。”界定没收财产的范围，包括两个层次的内容：一是确定犯罪分子个人所有的财产；二是对犯罪分子的财产决定是全部没收还是部分没收。

1. 犯罪分子个人所有的财产

犯罪分子个人所有的财产，是指犯罪分子实际所有的一切财产及其在共有财产中应得的份额。它包括两部分：第一，所有权已明确归属犯罪人的财产，如犯罪分子在婚姻关系成立前的退伍转业费或者其他收入；第二，犯罪分子家庭成员共有财产中属于犯罪分子应得的财产。正确确定犯罪分子个人所有的财产，要注意将犯罪分子家属所有或者应有的财产与犯罪分子个人所有的财产区分开来。所谓家属所有的财产，是指所有权明确归属犯罪分子家属的财产，比如家属自己穿用的衣物。所谓家属应有的财产，是指在犯罪分子家庭成员的共有财产中，应当属于家属的那一部分财产。根据刑法第59条第2款的规定，在判处没收财产的时候，不得没收犯罪分子家属所有或者应有的财产。

2. 犯罪分子个人所有财产的没收范围

根据刑法第59条规定，没收财产可以是没收犯罪分子所有的全部财产，也可以是没收犯罪分子所有的部分财产。是没收全部还是部分，应由人民法院根据犯罪的性质、情节以及罪犯的个人情况决定。在决定没收犯罪分子的全部财产还是部分财产时，人民法院要考虑犯罪分子家庭的经济状况。如果犯罪分子的家庭经济状况不佳，负担较重，就不宜没收全部财产，否则会使犯罪分子的家庭其他成员的生活遭到严重的困难，这就不利于对犯罪分子的教育改造和对其家属的争取。另外，人民法院决定对犯罪分子没收全部财产的，应当为犯罪分子个人及其扶养的家属保留必需的生活费用。

（五）没收财产的执行

没收财产的判决，无论是附加适用或是独立适用，均由人民法院执行；在必要的时候，可以会同公安机关执行。

（六）以没收的财产偿还债务问题

刑法第60条规定：“没收财产以前犯罪分子所负的正当债务，需要以没收的财产偿还的，经债权人请求，应当偿还。”据此，在没收财产的执行中，以没收的财产偿还债务，应当具备以下条件：（1）必须是犯罪分子在没收财产以前所负的债务。（2）必须是正当的债务。所谓正当债务，就是由正常的买卖、借贷、租赁、雇佣等民事关系所产生的债，而不能是由于违法犯罪行为所造成的债务，如赌债。（3）该债务需要以没收的财产偿还。所谓需要以没收的财产偿还，往往是指犯罪分子个人所有的财产被全部没收，没有其他财产来偿还所负债务；或者犯罪分子尽管未被没收全部财产，但其家庭经济状况较差，如不以被没收的财产偿还所负债务，就会给其家庭其他成员带来严重的困难。在这些情况下，犯罪分子所负的正当债务应考虑以没收的财产偿还。是否需要以没收的财产偿还犯罪分子所负的正当债务，应由人民法院根据实际情况加以认定。（4）必须经债权人请求。

四、驱逐出境

（一）驱逐出境的概念

驱逐出境，是指强迫犯罪的外国人离开中国国（边）境的刑罚方法，它是一种专门适用于犯罪的外国人的特殊的附加刑，既可独立适用，又可附加适用。驱逐出境作为一种刑罚方法，是我国主权及司法自主权的体现。任何在我国境内的外国人都必须遵守我国的法律、法规，不得侵犯我国国家和人民的利益。外国人一旦在我国领域内犯罪，除享有外交特权和豁免权的通过外交途径解决以外，一律适用我国刑法。如果犯罪的外国人继续居留我国境内会损害国家和人民的利益，人民法院可以对其单处或附加判处驱逐出境，以消除其在我国境内的再犯可能性。正是具有上述意义和作用，驱逐出境作为专门对外国人适用的附加刑，具有其存在的根据。刑法中规定的驱逐出境与外国人入境出境管理法第 30 条规定的驱逐出境在处罚方式上具有相同的表现，都是强迫外国人离开中国国（边）境，但二者是不同性质的处罚，前者是一种刑事处罚，适用于在我国境内犯罪的外国人；后者是一种行政处罚，适用于违反外国人入境出境管理法的有关规定并且情节严重的外国人。由于性质的不同，这两种处罚还有两点区别：（1）适用的机关和程序不同。作为刑罚方法的驱逐出境，由人民法院依刑事诉讼法规定的程序进行判决；作为行政处罚的驱逐出境，由地方公安机关依照有关规定的程序报告公安部，由公安部做出决定。（2）执行的时间不同。作为刑罚方法的驱逐出境，独立适用时，从判决确定之日起执行，附加适用时，从主刑执行完毕之日起执行。作为行政处罚的驱逐出境，由公安部做出决定后立即执行。

（二）驱逐出境的适用对象

驱逐出境的适用对象是特定的，即犯罪的外国人。它具有两层含义：第一，驱逐出境只适用于外国人，不适用于中国公民。第二，驱逐出境只适用于犯罪的外国人，未构成犯罪的外国人不能成为驱逐出境的适用对象。另外，应当注意，根据刑法第 35 条的规定，对于犯罪的外国人，是可以独立适用或者附加适用驱逐出境，而不是必须适用驱逐出境。驱逐出境的执行日期，单独判处驱逐出境的，从判决生效后立即执行；附加判处驱逐出境的，从主刑执行完毕之日起执行。

第十五章　刑罚的裁量

第一节　刑罚裁量的概念和特征

刑罚的裁量，也就是量刑，是指人民法院在查明犯罪事实，认定犯罪性质的基础上，依法对犯罪人裁量刑罚的审判活动。从上述关于量刑的定义来看，可以看出，量刑具有以下特征：

1. 量刑的主体是审判机关，只有人民法院才拥有刑罚裁量的权限，其他任何单位、团体、个人都不得行使刑罚裁量权。

2. 量刑的对象是已被认定有罪的犯罪人，未经刑事审判确认有罪的人，不能成为量刑的对象。

3. 量刑的基础是查明犯罪事实，认定犯罪性质。人民法院只有在查明了犯罪事实，认定了犯罪的性质，确定了应当适用的刑法条文以后，才能量刑，即只能先定罪后量刑，而不能先量刑后定罪。但定罪本身不属于量刑的内容。

4. 量刑的内容是裁量刑罚。首先是决定是否对犯罪人判处刑罚；其次在决定判处刑罚的前提下，进一步决定判处何种刑罚（选择刑种）、判处多重的刑罚（确定刑度）和是否立即执行（是否缓期执行）；在一人犯数罪的情况下，如何并罚。

5. 量刑的性质是一种刑事审判活动。由于量刑的法律依据是刑法与刑事诉讼法，量刑的基础是犯罪事实与犯罪性质，量刑的对象是实施了犯罪行为的人，故量刑是人民法院的一种刑事审判活动。

第二节　刑罚裁量的原则

刑法第 61 条规定：“对于犯罪分子决定刑罚的时候，应当根据犯罪的事实、犯罪的性质、情节和对于社会的危害程度，依照本法的有关规定判处。”由此，我们可以推导出我国量刑的两项基本原则：量刑必须以犯罪事实为根据，以刑事法律为准绳。

一、量刑必须以犯罪事实为根据

以犯罪事实为根据，是指以犯罪的事实、犯罪的性质、情节和对社会的危害程度为根据。贯彻这一原则，就要求量刑必须做到以下几点：

1. 查清犯罪的基本事实。犯罪的基本事实，也就是刑法第 61 条所说的“犯罪的事实”，即构成犯罪的四个方面。这些基本的犯罪事实是定罪、量刑的客观根据。如果对犯罪构成的基本事实尚且查不清楚，那么我们既不能对某一行为定罪，更不能对其进行刑罚裁量。

2. 准确认定犯罪性质。查清犯罪基本事实之后，便是根据刑法分则规定的具体犯罪的构成要件，确定构成什么性质的犯罪。不同性质的犯罪在刑法中有不同的刑罚与之相对应，准确认定了犯罪性质，就为正确适用刑罚奠定了基础。如果定罪不当，势必出现量刑不当。

3. 全面掌握犯罪情节。这里的犯罪情节，是指不具有犯罪构成事实的意义，却与犯罪构成事实的主客观方面具有密切联系，反映主客观方面的情状，从而影响犯罪的社会危害程度与行为人的人身危险程度的各种事实情况。我国刑法中的不少条文含有影响定罪或者量刑的情节。其中，影响定罪的情节叫“定罪情节”，影响量刑的情节叫“量刑情节”。前者如刑法第 246 条的规定：“以暴力或者其他方法公然侮辱他人或者捏造事实诽谤他人，情节严重的……”后者如刑法第 232 条的规定：“故意杀人的，处死刑……情节较轻的，处 3 年以上 10 年以下有期徒刑。”由于刑罚裁量是在确定有罪的基础上进行的，所以在刑罚裁量中，全面掌握影响量刑的情节具有特别重要的意义。因为影响量刑的情节直接决定着刑罚的轻重。

4. 准确评价犯罪对于社会的危害程度。犯罪对于社会的危害程度，就是指犯罪行为对社会造成的危害的大小。不言而喻，危害程度越大，所应判处的刑罚也越重，即刑罚轻重与危害程度成正比。因此，客观、准确地评价某一犯罪行为的社会危害性，对于公正地量刑具有至关重要的意义。犯罪的社会危害性是由犯罪的基本事实与犯罪性质、犯罪情节、犯罪人的主观恶性等多种因素所决定的，在评价某一犯罪的社会危害性之时，我们必须全面考察前述各项因素，切忌主观片面。

二、量刑必须以刑事法律为准绳

对于这一原则的含义，我们可以从以下几方面来理解：

1. 对犯罪人判处什么刑种，应以刑法规定为准。例如，刑法第 251 条规定：“国家机关工作人员非法剥夺公民的宗教信仰自由和侵犯少数民族风俗习惯，情节严重的，处二年以下有期徒刑或者拘役。”本条只规定了两个可供选择的刑种——有期徒刑或者拘役，那么在司法实践中，对非法剥夺宗教信仰自由罪和侵犯少数民族风俗习惯罪的犯罪人，我们既不可选择较有期徒刑重的无期徒刑，也不可选择较有期徒刑或拘役轻的管制，而对其只能判处 2 年以下有期徒刑或者拘役。

2. 对犯罪人判处什么刑度，应以刑法规定为准。所谓刑度，是指量刑幅度所显示的刑罚轻重或严重程度。我国刑法中的有期徒刑，通常有较大的量刑幅度，这就给人民法院进行刑罚裁量留下了较大余地。但是刑法也要求，人民法院进行刑罚裁量，不得超越刑法所设定的界限。例如，刑法第 424 条规定，战时临阵脱逃的，处 3 年以下有期徒刑；情节严重的，处 3 年以上 10 年以下有期徒刑。在司法实践中，对于犯临阵脱逃罪，且情节严重的行为人，判处刑罚时，便只能在“3 年以上 10 年以下”这一幅度依法做出抉择，既不可对行为人处低于 3 年的有期徒刑，也不可对其处高于 10 年的有期徒刑。

3. 对犯罪人适用刑罚，决定从重、从轻、减轻和免除处罚，应严格以刑法规定为准。根据我国刑法的规定，无论是对犯罪人“从重”、“从轻”处罚，还是“减轻”、“免除”处罚，都必须以刑法规定为准。也就是说，“从重”、“从轻”、“减轻”和“免除”必须是针对法定的对象，并在法定的范围之内从重、从轻、减轻和免除处罚。例如，刑法第 386 条规定：“对犯受贿罪的，根据受贿所得数额及情节，依照本法第三百八十三条的规定处罚。索贿的从重处罚。”这里对“索贿的从重处罚”，只能根据其犯罪具体情况，在刑法第 383 条所规定的法定刑的限度以内从重处罚，而不能超出法定刑的限度从重处罚。

第三节　量刑情节

一、量刑情节的概念

量刑情节，是指在某种行为已经构成犯罪的前提下，人民法院对犯罪人裁量刑罚时应当考虑的，据以决定量刑轻重或者免除刑罚处罚的各种情况。它与定罪并无关系，而与犯罪人的人身危险性及其犯罪行为密切相关——它是以揭示犯罪行为的社会危害程度和行为人的人身危险性为特征的。所谓“对人民法院决定犯罪人的刑罚能够发生影响”，是指人民法院在刑罚裁量的过程中，依据这些情况，可以对犯罪人做出“从重”、“从轻”，或者“减轻”、“免除”处罚的决定。

量刑情节具有以下特征：

1. 量刑情节能够影响人民法院对犯罪人的刑事处分。人民法院的刑事审判活动主要有两大内容：一是查证被告人是否有罪，二是对有罪的被告人（犯罪人）裁量刑罚。在确定被告人有罪之后，就要根据犯罪人的一系列犯罪事实情况来决定对其处以公正的刑罚或免除刑罚。究竟对犯罪人作怎样的处分，完全取决于量刑情节。例如，我国刑法第 27 条规定："在共同犯罪中起次要或者辅助作用的，是从犯。对于从犯，应当从轻、减轻处罚或者免除处罚。"这里，"从犯"就是一种从轻、减轻、免除处罚的刑罚裁量情节，人民法院在确定某一共同犯罪案件中从犯的刑事责任时，必须考虑这一情节，从而对该从犯做出适当的刑事处分。

2. 量刑情节与定罪并无关系。一种行为是否构成犯罪，是由该行为是否符合犯罪构成的四个基本条件决定的。而量刑情节并不属于犯罪构成的范畴，因而，它对于说明某一行为是否构成犯罪并无关系。

3. 量刑情节足以说明行为人的人身危险性和犯罪的社会危害程度。无论是法定情节还是酌定情节，它们都从不同侧面反映了行为人的人身危险性和犯罪的社会危害程度。例如，刑法第 68 条规定："犯罪分子有揭发他人犯罪行为，查证属实的，或者提供重要线索，从而得以侦破其他案件等立功表现的，可以从轻或者减轻处罚……"这里，犯罪分子揭发他人犯罪行为或者提供重要破案线索，作为一种法定情节，它说明犯罪人具有积极接受改造、争取立功受奖的行动，因而具有较小的人身危害性，所以对其"可以从轻或者减轻处罚"。

二、量刑情节的分类

量刑情节有多种形式，依据不同标准，可将其分为不同类型。

（一）法定情节与酌定情节

以刑法有无明文规定为标准，可将刑罚裁量情节分为法定情节与酌定情节。

1. 法定情节

所谓法定情节，是指刑法明文规定的、刑罚裁量时必须予以考虑的各种犯罪事实情况。它既包括刑法总则规定的对各种犯罪共同适用的量刑情节，又包括刑法分则条文规定的对特定犯罪单独适用的量刑情节，甚至还包括某些单行刑法中规定的适用于特定犯罪的情节。

司法解释中的量刑情节，是指司法解释中明文规定的，量刑时必须要考虑的各种事实情况。如 2013 年 4 月 4 日最高人民法院、最高人民检察院《关于办理盗窃刑事案件适用法律若干问题的解释》第 11 条第 2 款规定“采用破坏性手段盗窃公私财物，造成其他财物损毁的，以盗窃罪从重处罚；同时构成盗窃罪和其他犯罪的，择一重罪从重处罚”。

2. 酌定情节

所谓酌定情节，是指刑法中虽然没有明文规定，但司法实践中可能影响人民法院对犯罪人适用刑罚的一些与犯罪事实和犯罪人有关的一些情况。虽然酌定情节并不必然影响刑罚的适用，但它们对公正地适用刑罚却具有重大价值，因而在刑罚裁量的过程中，必须对酌定情节给以关注。从我国刑事司法实践来看，人民法院在进行刑罚裁量时须考虑的酌定情节主要有以下几种：

（1）犯罪造成的实际危害结果。危害结果对于说明行为人犯罪的社会危害性具有关键意义，因此，具体犯罪的实际危害结果怎样，对于人民法院的刑罚裁量具有重要参考意义。

（2）犯罪的时间、地点。尽管对于绝大多数犯罪的成立来说，时间、地点并无决定意义，但是，犯罪的时间、地点却有助于我们认识行为人的主观恶性，以及犯罪的社会危害性，因而对刑罚裁量具有重要意义。

（3）犯罪手段。犯罪手段一般不是犯罪构成要件，但它却可以揭示出犯罪的社会危害性和行为人的主观恶性，因而犯罪手段常常成为刑罚裁量的重要酌定情节。如以普通方式杀人和以残忍手段杀人就分别显示了行为人不同的主观恶性和不同的社会危害性。

（4）犯罪对象。犯罪对象情况如何，也往往反映出犯罪人的主观恶性和犯罪的社会危害性。如盗窃一般财物和盗窃国家救险、救灾物资，就具有不同的社会危害性。

（5）犯罪动机。犯罪动机如何，往往直接显示出行为人的主观恶性。例如，基于家庭经济拮据而贪污公共财物和为了吃喝玩乐而贪污公共财物，前者表明行为人尚有可宽宥之处，而后者则说明行为人内心的卑鄙污浊。

（6）行为人犯罪前的一贯表现。一个人的品德操行是通过平日的一言一行表现出来的。例如一个人平时总是表现良好，因临时起意偷窃了他人数额较大的财物；另一个人一贯好逸恶劳，偷窃了他人同样数额的财物，这也说明后者较前者具有更大的人身危险性。

（7）行为人犯罪后的表现。行为人犯罪后的态度如何，对于了解犯罪人的主观恶性和改造难易程度具有重大意义，因而对刑罚裁量具有积极参考价值。如甲犯罪后坦白交代自己的犯罪事实，乙犯罪后矢口抵赖，拒不供认，只是在迫不得已情况下才承认自己的犯罪事实。甲、乙两人犯罪后的前述不同表现，就显示了他们轻重不同的主观恶性。

(8) 特殊情况。刑法第 63 条第 2 款规定，“犯罪分子虽然不具有本法规定的减轻处罚情节，但是根据案件的特殊情况，经最高人民法院核准，也可以在法定刑以下判处刑罚”。这里所说的“特殊情况”，是一种不确定的情况，主要是指某些可能影响我国政治、外交、民族、宗教、国际事务，以及其他具有特殊意义的案件情况。这是立法机关考虑到为了有利于我国的政治、外交、民族、宗教、国际事务等活动，而特许的酌情灵活裁量刑罚的情况。

(二) 从宽情节与从严情节

以是否对犯罪人处刑有利为标准，可将刑罚裁量情节分为从宽量刑情节与从严量刑情节。所谓从宽量刑情节，是指对犯罪人处刑较轻的情节；所谓从严量刑情节，是指对犯罪人处刑较重的情节。

1. 从宽量刑情节。根据我国刑法规定，依据其具体影响量刑的幅度，从宽量刑的情节可分为从轻、减轻和免除三个等级。我国刑法中，除了极个别条文规定的从宽量刑情节只有一个从宽等级外，大多数从宽量刑情节都包括了两个或三个从宽幅度。例如，刑法第 27 条规定，对于从犯，应当从轻、减轻处罚或者免除处罚。这里，从犯就既是从轻处罚的情节，又是减轻和免除处罚的情节。

2. 从严量刑情节。在我国刑法中，从严量刑情节只包括从重处罚的规定。在刑法中，从严量刑的情节有多处规定。例如，第 29 条第 1 款规定，教唆不满 18 周岁的人犯罪的从重处罚，等等。

三、量刑情节的适用

(一) 法定情节的适用

法定情节，在我国刑法中有四种表现形式，即从重、从轻、减轻和免除处罚情节。

1. 从重、从轻处罚情节的适用

刑法第 62 条规定：“犯罪分子具有本法规定的从重处罚、从轻处罚情节的，应当在法定刑的限度以内判处刑罚。”本条规定为刑罚裁量中正确适用法定从重处罚、从轻处罚情节确定了基调。它包括两层含义：其一，当一个罪在一个法条中规定了几个轻重不等的主刑刑种时，如果犯罪人具有法定从重或者从轻处罚的情节，则应对其选择适用轻重或较轻的主刑。例如，刑法第 301 条对聚众淫乱罪规定了“5 年以下有期徒刑、拘役或者管制”三个法定刑种，如果行为人引诱未成年人参加聚众淫乱活动，便具备了本条规定的从重处罚情节。按本条规定来看，对行为人就应选择“5 年以下有期徒刑”这一刑种。又如，刑法第 27 条规定对从犯“应当从轻……处罚”，如果某甲作为从犯参与了非法搜查他人身体、住宅的犯罪，即触犯了刑法第 245 条的规定，那么对甲就应在该条规定的“三年以下有期徒刑或者拘役”这两个刑种中选择适用“拘役”这一刑种。其二，当一个罪在一个法条中规定了长短不等的量刑幅度时，如果犯罪人具有法定从重或者从轻处罚的情节，则应对其选择适用较长或较短的刑期。例如，按刑法第 23 条的规定，未遂犯是一个法定从轻或者减轻处罚的情节，如果某乙触犯了刑法第 236 条第 1 款规定的强奸罪，但属于未遂，那么某乙就具备了法定从轻处罚的情节，司法机关对乙的量刑就应在 3 年至 10 年之间选择较短的刑期。

2. 减轻和免除处罚情节的适用

刑法第 63 条规定，“犯罪分子具有本法规定的减轻处罚情节的，应当在法定刑以下判处刑罚。犯罪分子虽然不具有本法规定的减轻处罚情节，但是根据案件的特殊情况，经最高人民法院核准，也可以在法定刑以下判处刑罚”。第 37 条又规定，“对于犯罪情节轻微不需要判处刑罚的，可以免予刑事处罚”。前述法条规定，分别包含了两层含义：其一，减轻处罚，是指在法定最低刑以下判处刑罚。那么如何理解法定最低刑？在我们看来，法定最低刑应理解为：(1) 如果一个法条对某一犯罪规定有轻重不同的几个刑种，那么其中最轻的刑种即为法定最低刑。如刑法第 335 条对重大医疗责任事故罪规定了“处 3 年以下有期徒刑或者拘役”，该条文中的“拘役”便是法定最低刑。(2) 如果一个条文中对某一犯罪只规定了从低到高的有期徒刑的量刑幅度，那么最低的量刑幅度便是法定最低刑。如刑法第 236 条第 1 款对强奸妇女罪规定了“3 年以上 10 年以下有期徒刑”，其法定最低刑即为 3 年有期徒刑。其二，免除处罚，亦即免予刑事处分，是指对犯罪人作有罪判决，却不给予刑事处分。但是，根据具体情况，对行为人可给予非刑罚处理方法的处罚。如予以训诫或者责令具结悔过、赔礼道歉、赔偿损失，等等。从我国刑法总则规定来看，免除刑事处罚的情况有如下几种：(1) 在国外犯罪且已受过外国刑事处罚的；(2) 又聋又哑的人或者盲人犯罪；(3) 防卫过当；(4) 避险过当；(5) 犯罪预备；(6) 犯罪中止；(7) 从犯；(8) 胁从犯；(9) 犯罪后自首、立功的，等等。

（二）酌定情节的适用

前面，我们把量刑酌定情节共分为 8 种，其实，酌定情节并非只有这些。由于酌定情节主要来自于刑事司法审判的经验和刑事政策，所以关于酌定情节在刑罚裁量中的适用往往找不到现存的明确法律依据。这就给酌定情节在刑罚裁量中的运用带来了一定困难。我们认为，正确适用酌定情节，应注意以下几个问题：

1. 分清酌定情节的性质。酌定情节也可分为从严处罚的酌定情节与从宽处罚的酌定情节。这两种不同性质的情节对于犯罪人来说，正好具有相反的意义——从严处罚的酌定情节将会使犯罪人承受更重的刑罚，从宽处罚的酌定情节将会使犯罪人承受较轻的刑罚。因此，人民法院在进行刑罚裁量时，准确认定某一具体案件的酌定情节及其性质，对于正确处刑具有重大意义。

2. 客观全面地认定酌定情节。虽然并非每一案件都存在酌定情节，但很多案件可能存在酌定情节。人民法院在进行刑罚裁量时，既要注意某一案件中不利于犯罪人的酌定情节，也要注意有利于犯罪人的酌定情节，从而客观、全面地认定酌定情节，为公正量刑提供基础。

3. 公正适用酌定情节。酌定量刑情节是法官自由裁量权的重要依据之一。因此，是否公正适用酌定量刑情节，是检测法官自由裁量权行使是否公正的依据之一。公正适用酌定情节，就是在客观、全面认定酌定情节的基础上，依据具体案件中的具体酌定情节——或者是从严或者是从宽处罚的酌定情节，对行为人做出从严或者从宽的公正处罚。

第十六章　刑罚裁量制度

第一节　自　　首

一、自首概述

根据刑法第67条的规定，自首，是指犯罪分子犯罪以后自动投案，如实供述自己的罪行的行为，或者被采取强制措施的犯罪嫌疑人、被告人和正在服刑的罪犯，如实供述司法机关还未掌握的本人其他罪行的行为。我国刑法规定的自首制度，是以惩办与宽大相结合的刑事政策为根据的一种刑罚裁量制度，表明我国刑法在报应的基础上追求刑罚的功利效果，即在惩罚犯罪的基础上，通过自首从宽原则的实施，获得有利于国家、社会的预防犯罪的结果。自首的本质，在于犯罪人出于自己的意志而将自己交付国家追诉。它与违背犯罪人意志的被动归案，以及犯罪人被动归案后的坦白行为，具有本质的差别。正是这种差别，表明自首犯的人身危险性相对较轻。由自首的本质及其所反映的自首犯人身危险性的特征出发，我国刑法根据惩办与宽大相结合的刑事政策和刑罚个别化的原则设置了自首制度，并确定了自首从宽的原则。

我国刑法设置的自首制度及其所确立的对自首犯从宽处罚的原则，具有重要的意义。首先，它对于分化瓦解犯罪势力，感召犯罪分子主动投案，激励犯罪分子悔过自新，减少因犯罪而造成的社会不安定因素，起着积极的作用。其次，它有利于迅速侦破刑事案件，及时惩治犯罪，提高刑事法律在打击和预防犯罪中的作用。最后，它是兼顾惩罚犯罪和教育改造罪犯的刑罚重要功能的刑罚裁量制度，使刑罚目的的实现过程在一定程度上，因犯罪人的自动归案而拓展到犯罪行为实施之后、定罪量刑之前的阶段，促使罪犯的自我改造更早开始。

二、自首的种类及其成立条件

根据我国刑法第67条的规定，自首分为一般自首和特别自首两种。其中，一般自首，是指犯罪以后自动投案，如实供述自己罪行的行为。特别自首，亦称准自首，是指被采取强制措施的犯罪嫌疑人、被告人和正在服刑的罪犯，如实供述司法机关还未掌握的本人其他罪行的行为。根据刑法的规定，一般自首与特别自首的成立条件有所不同。根据刑法第 67 条第 1 款的规定，成立一般自首必须具备以下条件：

（一）犯罪以后自动投案

自动投案，是指行为人在犯罪之后、归案之前，出于本人的意志而向有关机关或个人承认自己实施了犯罪，并自愿置于有关机关或个人的控制之下，等待进一步交代犯罪事实，并最终接受国家的审查和裁判的行为。对此，可从以下几个方面加以把握：

1. 投案行为必须发生在犯罪人尚未归案之前。这是对自动投案的时间限定。投案行为通常实行于犯罪之后，犯罪事实未被司法机关发觉以前，或者犯罪事实虽然已被司法机关发觉，但犯罪人尚未被发觉以前，或者犯罪事实和犯罪人都已被发觉，而司法机关尚未对犯罪人进行讯问或者采取强制措施以前。根据最高人民法院 1998 年 4 月 6 日发布的《关于处理自首和立功具体应用法律若干问题的解释》（以下简称《解释》），自动投案包括下列情形之一：(1) 犯罪事实或者犯罪嫌疑人未被司法机关发觉，或者虽被发觉，但犯罪嫌疑人尚未受到讯问、未被采取强制措施以前，主动、直接向公安机关、人民检察院或者人民法院投案。(2) 犯罪嫌疑人向其所在单位、城乡基层组织或者其他有关负责人员投案。(3) 犯罪嫌疑人因病、伤或者为了减轻犯罪后果，委托他人代为投案，或者先以信电投案的。(4) 罪犯尚未被司法机关发觉，仅因形迹可疑，被有关组织或者司法机关盘问、教育后，主动交代自己罪行的。(5) 犯罪后逃跑，在被通缉、追捕过程中，主动投案的。(6) 经查实确已准备去投案的，或者正在投案途中，被公安机关捕获的。

2010 年 12 月 22 日最高人民法院《关于处理自首和立功若干具体问题的意见》（以下简称《意见》）也指出：犯罪嫌疑人具有以下情形之一的，也应当视为自动投案：(1) 犯罪后主动报案，虽未表明自己是作案人，但没有逃离现场，在司法机关询问时交代自己罪行的；(2) 明知他人报案而在现场等待，抓捕时无拒捕行为，供认犯罪事实的；(3) 在司法机关未确定犯罪嫌疑人，尚在一般性排查询问时主动交代自己罪行的；(4) 因特定违法行为被采取劳动教养、行政拘留、司法拘留、强制隔离戒毒等行政、司法强制措施期间，主动向执行机关交代尚未被掌握的犯罪行为的；(5) 其他符合立法本意，应当视为自动投案的情形。

并非出于犯罪嫌疑人主动，而是经亲友规劝、陪同投案的；公安机关通过犯罪嫌疑人的亲友，或者亲友主动投案后，将犯罪嫌疑人送去投案的，也应视为投案。反之，犯罪后被群众扭送归案的，或被公安机关逮捕归案的，或在追捕过程中走投无路当场被抓捕的，或经司法机关传讯、采用强制措施后归案的，都不属于自动投案。前述《意见》也指出：罪行未被有关部门、司法机关发觉，仅因形迹可疑被盘问、教育后，主动交代了犯罪事实的，应当视为自动投案，但有关部门、司法机关在其身上、随身携带的物品、驾乘的交通工具等处发现与犯罪有关的物品的，不能认定为自动投案。犯罪嫌疑人被亲友采用捆绑等手段送到司法机关，或者在亲友带领侦查人员前来抓捕时无拒捕行为，并如实供认犯罪事实的，虽然不能认定为自动投案，但可以参照法律对自首的有关规定酌情从轻处罚。

2. 必须是基于犯罪人本人的意志而自动归案。这是认定自动投案是否成立的关键条件。也即犯罪人的归案，并不是违背犯罪人本意的原因所造成的。把握犯罪人归案行为的自动性，必须注意两方面的问题：（1）自动投案的动机是多种多样的，有的出于真诚悔罪，有的慑于法律的威严，有的为了争取宽大处理，有的潜逃在外生活无着，有的经亲友规劝而醒悟，等等。但不同的动机，并不影响归案行为的自动性。（2）司法实践中时常出现的送子女或亲友归案的情况，一般并非出于犯罪人的主动，而是经家长、亲友规劝、陪同投案的。无论是公安机关通知犯罪人的家长后，或者家长、监护人主动报案后，犯罪人被送去归案的，只要犯罪人的行为符合如实供述自己的罪行，并接受司法机关的审查和裁判等条件，都应按投案自首对待。

3. 必须向有关机关或者个人承认自己实施了特定犯罪。此为自动投案的对象和具体性的条件。对此须从两方面加以把握：（1）自动投案，一般要求犯罪人本人直接向公安机关、检察机关或者审判机关投案。对于犯罪人向其所在单位、城乡基层组织或者其他有关负责人投案的；犯罪人因病、伤，或者为了减轻犯罪后果，而委托他人先代为投案的，或者先以信函、电报投案的，也应视为投案。（2）投案之后必须向有关机关、单位、组织或个人承认自己所犯特定之罪。即不能仅空泛地承认犯罪，而是必须承认自己实施了特定犯罪或承认某一特定犯罪系自己所为。具体而言，在犯罪事实未被发觉的条件下，只要承认本人实施何种特定犯罪即可；在犯罪事实虽已被发觉，但犯罪人尚未被发觉的条件下，只要承认某一特定犯罪系自己所为即可；在犯罪事实和犯罪人均已被发觉，但犯罪人尚未归案的条件下，只要承认自己是某一特定犯罪的行为人即可。

4. 必须自愿置于有关机关或个人的控制之下，等待进一步交代犯罪事实。此为自动投案的基本构成要素，也是自首成立的其他条件的前提。

在认定自动投案的这一重要内容时，需要注意以下三方面的问题：

（1）犯罪人自动投案并供述罪行后又隐匿、脱逃的；或者自动投案并供述罪行后又推播供述，意图逃避制裁；或者委托他人代为自首而本人拒不到案的等，都属于拒不接受国家审查和裁判的行为。

（2）犯罪分子自动投案并如实供述罪行后，为自己进行辩护，或者提出上诉，或者补充或更正某些事实，这都是法律赋予被告人的权利，应当允许，不能视为拒不接受国家审查和裁判。

（3）在司法实践中，有的犯罪人匿名将赃物送回司法机关或原主处，或者用电话、书信等方式匿名向司法机关报案或指出赃物所在。此类行为并没有将自身置于司法机关的控制之下，没有接受国家审查和裁判的诚意，因而不能成立自首。但这种主动交出赃物的行为，是悔罪的表现之一，处理时可以考虑适当从宽。

（二）如实供述自己的罪行

犯罪人自动投案之后，只有如实供述自己的罪行，才足以证明其悔罪服法，为司法机关追诉其所犯罪行提供客观根据，使追究犯罪的刑事责任的诉讼活动得以顺利进行。因此，如实地供述自己的罪行，是自首成立的基本条件。所谓“如实供述自己的罪行”，根据《解释》是指犯罪嫌疑人自动投案以后，如实交代自己的主要犯罪事实。《意见》指出，如实供述自己的罪行，除供述自己的主要犯罪事实外，还应包括姓名、年龄、职业、住址、前科等情况。犯罪嫌疑人供述的身份等情况与真实情况虽有差别，但不影响定罪量刑的，应认定为如实供述自己的罪行。犯罪嫌疑人自动投案后隐瞒自己的真实身份等情况，影响对其定罪量刑的，不能认定为如实供述自己的罪行。犯罪嫌疑人多次实施同种罪行的，应当综合考虑已交代的犯罪事实与未交代的犯罪事实的危害程度，决定是否认定为如实供述主要犯罪事实。虽然投案后没有交代全部犯罪事实，但如实交代的犯罪情节重于未交代的犯罪情节，或者如实交代的犯罪数额多于未交代的犯罪数额，一般应认定为如实供述自己的主要犯罪事实。无法区分已交代的与未交代的犯罪情节的严重程度，或者已交代的犯罪数额与未交代的犯罪数额相当，一般不认定为如实供述自己的主要犯罪事实。犯罪嫌疑人自动投案时虽然没有交代自己的主要犯罪事实，但在司法机关掌握其主要犯罪事实之前主动交代的，应认定为如实供述自己的罪行。

把握这一条件，应注意，如果由于主客观因素，不能全部供述所有的犯罪事实，但已经如实地供述自己的主要或基本的犯罪事实，据此可以确定犯罪性质、犯罪情节的，就应视为如实供述自己的罪行。但如果在供述的过程中隐瞒主要的犯罪事实，或者推诿罪责、保全自己，意图逃避制裁；或者大包大揽庇护同伙；或者故意歪曲事实性质、隐瞒重要情节、避重就轻，企图蒙混过关，试图减轻罪责等，不属于如实供述自己的罪行，不能成立自首。此外，根据《解释》，犯罪嫌疑人自动投案并如实供述自己的罪行后又翻供的，不能认定为自首；但在一审判决前又能如实供述的，应当认定为自首。

根据刑法第 67 条第 2 款的规定，成立特别自首，除应符合成立一般自首的相应条件外，必须接受国家的审查和裁判等，还应具备以下条件：

1. 主体必须是被采取强制措施的犯罪嫌疑人、被告人和正在服刑的罪犯。其中，所谓强制措施，是指我国刑事诉讼法规定的拘传、拘留、取保候审、监视居住和逮捕。所谓正在服刑的罪犯，是指已经由人民法院判决、正在执行所判刑罚的罪犯。除上述法律规定的三种人以外的犯罪人，不能成立特别自首。

2. 必须如实供述司法机关还未掌握的本人其他罪行。这是成立特别自首的实质性条件，对此，应特别注意把握以下几点：（1）所供述的必须是本人的罪行，也即必须供述犯罪人本人实施的犯罪事实。（2）所供述的必须是司法机关还未掌握的罪行，也即司法机关不了解、不掌握的犯罪事实。

对于司法机关已掌握与还未掌握的判断，《意见》认为，应区分不同情形：如果该罪行已被通缉，一般应以该司法机关是否在通缉令发布范围内作出判断，不在通缉令发布范围内的，应认定为还未掌握，在通缉令发布范围内的，应视为已掌握；如果该罪行已录入全国公安信息网络在逃人员信息数据库，应视为已掌握。如果该罪行未被通缉、也未录入全国公安信息网络在逃人员信息数据库，应以该司法机关是否已实际掌握该罪行为标准。

所谓“其他罪行”，《意见》认为，犯罪嫌疑人、被告人在被采取强制措施期间如实供述本人其他罪行，该罪行与司法机关已掌握的罪行属同种罪行还是不同种罪行，一般应以罪名区分。虽然如实供述的其他罪行的罪名与司法机关已掌握犯罪的罪名不同，但如实供述的其他犯罪与司法机关已掌握的犯罪属选择性罪名或者在法律、事实上密切关联，如因受贿被采取强制措施后，又交代因受贿为他人谋取利益行为，构成滥用职权罪的，应认定为同种罪行。

三、自首的认定

（一）共同犯罪自首的认定

认定共同犯罪中犯罪嫌疑人的自首，一般地说，对自首的按自首处理，对未自首的按未自首处理。但由于共同犯罪的特性所决定，同时因各犯罪人在共同犯罪中的分工和所起的作用不同，成立的自首应当如实供述自己罪行的内容也有所不同。根据《解释》规定，共同犯罪的犯罪嫌疑人，除如实供述自己的罪行外，还应当供述所知的同案犯，主犯则应当供述所知其他同案犯的共同犯罪事实，才能成立自首。具体而言，理解上应注意：

1. 主犯应供述的罪行的范围。主犯可分为首要分子和其他主犯。其中，首要分子必须供述的罪行，包括其组织、策划、指挥作用所及或支配下的全部罪行；其他主犯必须供述的罪行，包括在首要分子的组织、策划、指挥作用的支配下单独实施的共同犯罪行为，以及与其他共同犯罪人共同实施的犯罪行为。

2. 从犯应供述的罪行的范围。从犯分为次要的实行犯和帮助犯。次要的实行犯应供述的罪行，包括犯罪分子自己实施的犯罪，以及与自己共同实施犯罪的主犯和胁从犯的犯罪行为；帮助犯应供述的罪行，包括自己实施的犯罪帮助行为，以及自己所帮助的实行犯的行为。

3. 胁从犯应供述的罪行的范围，包括自己在被胁迫情况下实施的犯罪，以及所知道的胁迫自己犯罪的胁迫人所实施的犯罪行为。

4. 教唆犯应供述的罪行的范围，包括自己的教唆行为，以及所了解的被教唆人产生犯罪意图之后实施的犯罪行为。

总之，共同犯罪人在自首时供述的罪行，包括自己实施的犯罪，以及自己确实了解的、与自己的罪行密切相关的其他共同犯罪人的罪行。这是由共同犯罪的特性和自首的本质所决定的。

（二）数罪自首的认定

《解释》规定，犯有数罪的犯罪嫌疑人仅如实供述所犯数罪中部分犯罪的，只对如实供述部分犯罪的行为认定为自首。据此，我们认为，正确认定数罪的自首，关键在于如何理解犯罪人是否如实地供述了所犯数罪，并分别不同情况予以处理。

首先，就一般自首而言，对于犯罪人自动投案后如实供述所犯全部数罪的，应认定为全案均成立自首。对于犯罪人自动投案后仅如实供述所犯全部数罪的一部分，而未供述其中另一部分犯罪的，应分别予以处理：若行为所犯数罪为异种数罪的，其所供述的犯罪成立自首，其未交代的犯罪不成立自首，即自首的效力仅及于如实供述之罪。若行为所犯数罪为同种数罪，则应根据犯罪人供述犯罪的程度，决定自首成立的范围。其中，犯罪人所供述的犯罪与未供述的犯罪在性质、情节、社会危害程度等方面大致相当的，只应认定所供述之罪成立自首，未供述之罪不成立自首，即自首的效力同样仅及于如实供述之罪。犯罪人确实由于主客观方面的原因，只如实供述了所犯数罪中的主要或基本罪行，应认定为全案成立自首，即自首的效力及于所犯全部罪行。

其次，就特别自首而言，《解释》规定：被采取强制措施的犯罪嫌疑人、被告人和已宣判的罪犯，如实供述司法机关尚未掌握的罪行，与司法机关已掌握的或者判决确定的罪行属不同种罪行的，以自首论。被采取强制措施的犯罪嫌疑人与司法机关已掌握的或者判决确定的罪行属同种罪行的，可从轻处罚；如实供述的同种罪行较重的，一般应当从轻处罚。

四、正确区分自首与坦白的界限

坦白，是指犯罪人被动归案后（如被司法人员当场抓获，被群众扭送至司法机关等不具备自动投案情节的情形），如实供述自己罪行的行为。自首与坦白存在相同之处：都以自己实施了犯罪行为为前提；都是在归案后如实供述自己的罪行；都是从宽处罚的情节。一般自首与坦白的关键区别在于是否自动投案：一般自首是犯罪人自动投案后如实供述自己的罪行；坦白是被动归案后如实供述自己的罪行。准自首与坦白的关键区别在于是否如实供述司法机关还未掌握的本人其他罪行：如实供述司法机关还未掌握的本人其他罪行的，是自首；如实供述司法机关已经掌握的本人其他罪行的，是坦白。因此，自首更能说明犯罪人的再犯罪可能性减小。坦白原为酌定量刑情节，《刑法修正案（八）》增设了第67条第3款，使坦白成为法定量刑情节。根据本款规定，如实供述自己罪行的，可以从轻处罚；因其如实供述自己罪行，避免特别严重后果发生的，可以减轻处罚。例如，归案后的绑架犯如实供述人质的所在地点，使人质获救的，归案后的爆炸犯如实供述爆炸物的安放地，避免了爆炸事故的，可以减轻处罚。

五、自首的法律后果

刑法第67条第1款规定："……对于自首的犯罪分子，可以从轻或者减轻处罚。其中，犯罪较轻的，可以免除处罚。"据此，对于自首犯应分别不同情况予以从宽处罚。

1. 对于自首的犯罪分子，可以从轻或者减轻处罚。具体是从轻处罚还是减轻处罚，首先，要分清犯罪分子主观恶性的大小；其次，要分析自首的具体情节，如投案早晚、投案动机、客观条件、交代罪行的程度等，判明犯罪分子的悔罪程度，对于犯罪分子主观恶性小、悔罪表现明显的，可以减轻处罚。

2. 对于犯罪较轻的自首的犯罪分子，可以免除处罚。其中，对于具有主观恶性小、有明显悔罪表现的，可以免除处罚；对于不具有上述表现的，可以减轻处罚。

3. 对于犯有数罪，投案后仅如实供述一罪的，只对这一罪按自首从轻或者减轻处罚。如果如实地供述主要罪行的，也可以对全案按自首处理。

4. 在共同犯罪案件中，对自首的，按自首处理；对未自首的，按未自首依法处理。

此外，根据刑法第 67 条第 2 款的规定，被司法机关依法采取强制措施的犯罪嫌疑人、被告人，如实供述司法机关还未掌握的本人的同种罪行的，人民法院可以酌情予以从轻处罚。

第二节　立　　功

一、立功的概念和意义

立功，是指犯罪人到案后揭发他人犯罪行为，查证属实，或者提供重要线索，从而得以侦破其他案件等具有协助司法机关工作的属性，或者对国家、社会有利的行为。我国刑法设置的立功制度及其所确立的对立功犯从宽处罚的原则，具有重要的意义。首先，它有利于犯罪分子以积极的态度协助司法机关工作，提高司法机关办理刑事案件的效率，其结果具有应予肯定的价值，有利于国家、有利于社会。其次，它对于瓦解犯罪势力，促使其他犯罪分子主动归案，减少因犯罪而造成的社会不安定因素，起着积极的作用。最后，它有助于通过对犯罪分子立功从宽的处罚结果，激励犯罪分子悔过自新、改过从善，进而较好地协调、发挥刑罚的惩罚犯罪和教育改造罪犯的重要功能。

二、立功的种类及其表现形式

依据刑法第 68 条的规定，我国刑法中的立功分为一般立功和重大立功两种。一般立功与重大立功的直接法律后果是，两者依法受到的从宽处罚程度有所不同。

一般立功的主要表现形式为：揭发他人犯罪行为，包括共同犯罪案件中的犯罪分子揭发同案犯所参与的共同犯罪以外的其他犯罪行为，查证属实的；提供重要线索，从而得以侦破其他案件的；协助司法机关抓捕其他罪犯（包括同案犯）的；在押期间制止他人犯罪活动的；等等。

重大立功的主要表现形式为：揭发他人重大犯罪行为，查证属实的；提供重要线索，从而得以侦破其他重大案件的；协助司法机关抓捕其他重要罪犯（包括同案犯）的；在押期间制止他人重大犯罪活动的；对国家和社会有其他重大贡献等。

三、立功的法律后果

根据我国刑法第 68 条的规定，对于立功犯应分别依照以下不同情况予以从宽处罚：

1. 犯罪分子有一般立功表现的，可以从轻或者减轻处罚。
2. 犯罪分子有重大立功表现的，可以减轻或者免除处罚。

第三节　累　　犯

一、累犯的概念和意义

累犯，是指因犯罪而受过一定的刑罚处罚，在刑罚执行完毕或者赦免以后，于法定期限内又犯一定之罪的罪犯。

累犯与惯犯不同。累犯与惯犯虽然具有共同点，即都是多次实施犯罪行为，且主观上都是故意犯罪，但累犯与惯犯却存在明显的差别，其主要表现为：第一，累犯一般只能由受过一定的刑罚处罚，并在刑罚执行完毕或者赦免以后的犯罪分子才能构成；而构成惯犯，并无此方面的限制性条件。第二，累犯一般必须是在前罪刑罚执行完毕或者赦免以后的法定期限内又犯一定之罪；而惯犯则是在一定时间内反复多次实施同种犯罪行为，且所犯之罪应是均未经过处理的。第三，累犯是法定的从重处罚情节，由于累犯所犯的前罪已受过一定的刑罚处罚，故对累犯的从重处罚是针对其所犯后罪而言的；对于惯犯应依照刑法分则有关条文规定的法定刑处罚，由于刑法分则有关条文根据惯犯的特征规定了相对较重的法定刑，故对惯犯无须在法定刑幅度内再予以从重处罚。

累犯与再犯不同。一般意义上的再犯，是指再次犯罪的人，也即两次或两次以上实施犯罪的人。再犯的后犯之罪实施的时间并无限制，既可以是在前罪刑罚执行期间实施的，也可以是在刑满释放之后实施的。累犯与再犯的相同之处主要表现为：他们都是两次或两次以上实施犯罪行为。累犯与再犯的差别，主要表现为：第一，累犯前后实施的犯罪必须是特定的犯罪，特定犯罪的性质是由法律明文规定的；而再犯前后实施的犯罪并无此方面的限制。第二，累犯一般必须以前后两罪被判处或应判处一定的刑罚为构成条件；而构成再犯，并不要求前后两罪必须被判处一定刑罚。第三，累犯所犯后罪，一般必须是在前罪刑罚执行完毕或赦免以后的法定期限内实施的；而再犯的前后两罪之间并无时间方面的限制。

在我国，受过刑罚处罚的大多数犯罪分子，能够改恶从善，重新做人，重返社会后成为守法公民。但是，也有少数受过刑罚处罚的犯罪分子，仍然不思悔改，在刑罚执行完毕或者赦免以后的一定时间内再次实施犯罪，从而构成累犯。累犯较之于初犯或者其他犯罪分子，其所实施的犯罪行为具有更为严重的社会危害性，并表明犯罪人具有更深的主观恶性和更大的人身危险性。故依据罪刑相适应的基本原则和刑罚个别化原则，应当对累犯从严惩处，即将累犯作为法定的从重处罚情节。只有如此，才能有效地保证刑罚的特殊预防和一般预防目的的实现，提高惩罚犯罪、改造犯罪人的实际效果。这正是累犯制度的基本意义所在。

二、累犯的分类和成立条件

根据刑法第 65 条和第 66 条的规定，累犯，分为一般累犯和特别累犯两种，其成立条件不同，但法律后果没有区别。

（一）一般累犯的成立条件

根据我国刑法第 65 条的规定，一般累犯，是指被判处有期徒刑以上刑罚并在刑罚执行完毕或者赦免以后，在 5 年内再犯应当判处有期徒刑以上刑罚之罪的犯罪分子。

一般累犯的成立条件为：

1. 前罪与后罪都是故意犯罪，此为构成累犯的主观条件。如果行为人实施的前罪与后罪均为过失犯罪，或者前罪与后罪之一是过失犯罪，都不能构成累犯。我国刑法将过失犯罪排除在累犯之外，对累犯的主观构成条件作了严格的限制规定，主要是因为：首先，故意犯罪与过失犯罪相比，表现出犯罪人具有更深的主观恶性和更大的人身危险性，从而决定了犯罪的社会危害性也更为严重。对于这种具有较大再犯可能性的犯罪人，理应予以相对严厉的刑罚处罚。其次，我国刑法分则所规定的犯罪，绝大多数只能由故意构成，而且，给国家、社会和公民造成重大危害的犯罪，也多是故意犯罪。故意犯罪，是刑事制裁的重点。以遏制犯罪人再次犯罪为目的的累犯制度，应当将构成累犯的主观条件限定为故意犯罪。

2. 行为主体实施前罪与后罪时，都必须已满 18 周岁。犯后罪时不满 18 周岁的，不得认定为累犯；同样，犯前罪时不满 18 周岁但犯后罪时已满 18 周岁的，也不构成累犯。一方面，未成年人容易接受教育改造，不以累犯从重处罚，也足以预防其再次犯罪。另一方面，对未成年人犯罪不以累犯论处，符合我国注重对未成年犯罪人进行保护性教育的刑事政策。

3. 前罪被判处有期徒刑以上刑罚，后罪应当被判处有期徒刑以上刑罚，此为构成累犯的刑度条件。也就是说，构成累犯的前罪被判处的刑罚和后罪应当判处的刑罚均须为有期徒刑以上的刑罚，如果前罪所判处的刑罚和后罪应当判处的刑罚均低于有期徒刑，或者其中之一低于有期徒刑，均不构成累犯。具体而言，若前罪被判处的刑罚是拘役、管制或者被单独判处某种附加刑，后罪虽然是应当判处有期徒刑以上刑罚，也不构成累犯；反之，虽然前罪被判处有期徒刑以上刑罚，而后罪却应当判处拘役、管制或者单独判处某种附加刑，同样也不能构成累犯。其中，所谓被判处有期徒刑以上刑罚，是指人民法院最后确定的宣告刑是有期徒刑以上刑罚，包括被判处有期徒刑、无期徒刑和死刑缓期执行。所谓应当判处有期徒刑以上刑罚，是指所犯后罪根据其事实和法律规定实际上应当判处有期徒刑以上刑罚，包括实际上应当判处有期徒刑、无期徒刑和死刑，而不是指该罪的法定刑包括有期徒刑。因为刑法分则所规定的每一罪刑单位的法定卅均包含有期徒刑，如果将应当判处有期徒刑以上刑罚之罪，理解为所犯之罪的法定刑中包括有期徒刑以上刑罚，则势必无限制地扩大累犯的范围，这显然不符合我国刑法中累犯制度的基本精神。总之，构成累犯的刑度条件表明，犯罪人实施的前罪和后罪必须是较为严重、严重或特别严重的刑事犯罪。

4. 后罪发生在前罪的刑罚执行完毕或者赦免以后 5 年之内。这是构成累犯的时间条件。其中，所谓刑罚执行完毕，是指主刑执行完毕，不包括附加刑在内。主刑执行完毕 5 年内又犯罪，即使附加刑未执行完毕，仍构成累犯。所谓赦免，是指特赦减免。我国刑法以刑满或赦免后 5 年内再犯罪，作为构成累犯的时间界限。若后罪发生在前罪的刑罚执行期间，则不构成累犯，而应适用数罪并罚；若后罪发生在前罪的刑罚执行完毕或者赦免 5 年以后，也不构成累犯。

被假释的犯罪分子，如果在假释考验期内又犯新罪，不构成累犯，而应在撤销假释之后，适用数罪并罚。被假释的犯罪分子，如果在假释考验期满 5 年之内又犯新罪，则构成累犯，因为假释考验期满就认为原判刑罚已经执行完毕。被假释的犯罪分子，如果在假释考验期满 5 年以后犯罪，同样不构成累犯。

被判处有期徒刑宣告缓刑的犯罪分子，如果在缓刑考验期满后又犯罪，不构成累犯，因为缓刑是附条件的不执行刑罚，考验期满原判的刑罚就不再执行了，而不是刑罚已经执行完毕，不符合累犯的构成条件。至于被判有期徒刑宣告缓刑的犯罪分子，如果在缓刑考验期内又犯新罪，同样不构成累犯，而应当在撤销缓刑之后，适用数罪并罚。

（二）特别累犯的构成条件

根据刑法第 66 条的规定，特别累犯，是指因犯危害国家安全犯罪、恐怖活动犯罪、黑社会性质的组织犯罪受过刑罚处罚，刑罚执行完毕或者赦免后，在任何时候再犯上述任一类罪的犯罪分子。我国刑法所规定的特别累犯，体现了对危害国家安全犯罪、恐怖活动犯罪、黑社会性质的组织犯罪的特别累犯较之于一般累犯更加从严惩处的精神。

特别累犯成立的条件为：

1. 前罪和后罪都必须是危害国家安全犯罪、恐怖活动犯罪、黑社会性质的组织犯罪的犯罪。只要前罪与后罪是这三类罪之一，如前罪是危害国家安全犯罪，后罪是恐怖活动犯罪的，或者前罪是恐怖活动犯罪，后罪是黑社会性质的组织犯罪的，均成立特殊累犯。如若前后两罪或者其中一罪不是这三类犯罪，则不成立特殊累犯，符合一般累犯条件的则可以成立一般累犯。

2. 前罪被判处的刑罚和后罪应判处的刑罚的种类及其轻重不受限制。即使前后两罪或者其中之一被判处或者应当判处管制、拘役或者单处某种附加刑，也不影响特别累犯的成立。

3. 前罪的刑罚执行完毕或者赦免以后，任何时候再犯上述任一类罪，都构成特别累犯，不受前后两罪相距时间长短的限制。

三、累犯的法律后果

古今中外各国的刑法，无不对累犯处以严厉的刑罚。其根本原因就在于，累犯不仅具有比初犯或其他犯罪人更深的主观恶性和更大的人身危险性，而且其所实施的犯罪行为具有更为严重的社会危害性。所以，依据罪刑相适应原则和刑罚个别化原则，对于累犯应当从严惩处。新中国刑法规定的累犯处罚原则，经历了从加重处罚原则到从重处罚原则的变化过程。新中国成立之初的一些单行刑事法规，对于累犯就采用了加重处罚原则。我国现行刑法第 65 条规定了对累犯应当从重处罚的原则。据此，对累犯裁量刑罚，确定其应承担的刑事责任，应注意把握以下几方面的问题：

1. 对于累犯必须从重处罚。即无论具备一般累犯的构成条件者，还是具备特别累犯的构成条件者，都必须对其在法定刑的限度以内，判处相对较重的刑罚即适用较重的刑种或较长的刑期。

2. 对于累犯应当比照不构成累犯的初犯或其他犯罪人从重处罚。也即对于累犯的从重处罚，并不是无原则的、无限制的从重处罚，而应以不构成累犯的初犯或其他犯罪人为从重处罚的参照标准。具体而言，就是当累犯所实施的犯罪行为与某一不构成累犯者实施的犯罪行为在性质、情节、社会危害程度等方面基本相似的条件下，应比照对不构成累犯者应判处的刑罚再予以从重处罚。虽然我国刑法并未明文规定对于累犯应当比照不构成累犯者从重处罚，但基于刑法设置累犯制度的宗旨和累犯制度的基本精神，这本应是对于累犯采用从重处罚原则，以解决其刑事责任所须遵循的基本立法精神。

3. 对于累犯从重处罚，必须根据其所实施的犯罪行为的性质、情节和社会危害程度，确定具体应判处的刑罚，应切忌毫无事实根据地对累犯一律判处法定最高刑的做法。

第四节　缓　　刑

一、缓刑的概念和意义

（一）缓刑的概念

我国刑法所规定的缓刑，属于刑罚暂缓执行，即对原判刑罚附条件不执行的一种刑罚制度。具体而言包括两类：一般缓刑和战时缓刑。

所谓一般缓刑，根据我国刑法第 72 条的规定，是指人民法院对于被判处拘役、3 年以下有期徒刑的犯罪人，在符合法律规定的前提下，暂缓其刑罚的执行，并规定一定的考验期，在考验期内依法实行社区矫正，如果被宣告缓刑者在考验期内没有发生法律规定的应当撤销缓刑的事由，原判刑罚就不再执行的制度。

所谓战时缓刑，根据我国刑法第 449 条的规定，是指在战时，对被判处 3 年以下有期徒刑没有现实危险的犯罪军人，暂缓其刑罚的执行，允许其戴罪立功，确有立功表现时，可以撤销原判刑罚，不以犯罪论处的制度。不难看出，战时缓刑是一种特殊缓刑，其与一般缓刑在适用的时间、对象、条件与考验的内容、法律后果等方面存在相当明显的区别。

缓刑不同于死刑缓期执行。二者虽然都是有条件地不执行原判刑罚，都不是独立的刑种，但在适用对象、执行方法、考验期限和法律后果等方面存在本质区别。

缓刑不同于暂予监外执行。根据刑事诉讼法的规定，对于被判处有期徒刑或者拘役的罪犯，有严重疾病需要保外就医的，或者怀孕或正在哺乳自己婴儿的妇女，适用保外就医不可能有社会危险性、不可能自伤自残的，可以暂予监外执行；对于被判处有期徒刑、拘役，生活不能自理，不致危害社会的罪犯，也可以暂予监外执行。缓刑与暂予监外执行具有严格区别：（1）缓刑适用于被判处拘役、3 年以下有期徒刑的犯罪人；暂予监外执行对有期徒刑没有期限限制。（2）宣告缓刑后，事实上没有执行刑罚；暂予监外执行时，仍然在执行刑罚。（3）缓刑是有条件地不执行所判刑罚，如果犯罪人遵守了法定条件，原判刑罚就不再执行；而暂予监外执行的情形消失后，犯罪人刑期未满的，应当及时收监执行。

缓刑不同于免除处罚。缓刑以判处一定刑罚为前提，而免除处罚时并没有判处刑罚；缓刑具有执行所判刑罚的可能性，免除处罚不存在这种可能性。

（二）缓刑的意义

关于缓刑制度的意义，我国刑法学界普遍认为，我国刑法中的缓刑制度，是惩办与宽大相结合、惩罚与教育改造相结合的政策的重要表现，也是依靠专门机关与人民群众相结合的同犯罪作斗争的方针在刑罚具体运用中的体现。对犯罪人适用缓刑的重要意义，主要表现为有利于教育改造犯罪分子、有利于贯彻少捕的政策、有利于社会安定团结。我们认为，除此之外，缓刑制度的意义还表现为以下几个方面：

1. 缓刑制度体现了刑罚目的：对暂不执行所判刑罚不致再危害社会的犯罪人宣告缓刑，正说明适用缓刑可以达到特殊预防的目的，没有执行刑罚的必要；缓刑也可以避免短期自由刑的弊害，不会导致犯罪人在狱中感染恶习，对预防其再犯罪能起到有效作用。

2. 缓刑制度体现了罪刑相适应原则：缓刑只适用于罪行轻微的人，而不适用于罪行严重的人。

3. 缓刑体现了宽严相济的刑事政策：犯罪情节轻微并有悔改表现的，才可能适用缓刑；在考验期内遵守法定条件的，原判刑罚就不再执行；但对没有悔改表现的不适用缓刑；在考验期内没有遵守法定条件的，就执行原判刑罚乃至数罪并罚。

4. 缓刑制度体现了专门机关与民众相结合的司法路线：缓刑由法院宣告，实行社区矫正。

二、缓刑的适用条件

缓刑是附条件暂缓刑罚执行的制度，故其适用必须符合一定的条件。我国刑法规定的一般缓刑和战时缓刑的适用条件不尽相同。

（一）一般缓刑的适用条件

根据我国刑法第 72 条、第 74 条的规定，适用一般缓刑必须具备下列条件：

1. 犯罪人被判处拘役或者 3 年以下有期徒刑的刑罚。缓刑的附条件不执行原判刑罚的特点，决定了缓刑的适用对象只能是罪行较轻的犯罪人。而罪行的轻重是与犯罪人被判处的刑罚轻重相适应的。我国刑法之所以将缓刑的适用对象规定为被判处拘役或 3 年以下有期徒刑的犯罪人，就是因为这些犯罪人的罪行较轻，社会危害性较小。相反，被判处 3 年以上有期徒刑的犯罪分子，因其罪行较重，社会危害性较大，而未被列为适用缓刑的对象。至于罪行相对更轻的被判处管制的犯罪人，由于管制刑的特点即对犯罪人不予关押，仅为限制其一定自由所决定，故无适用缓刑之必要。根据审判实践经验，缓刑一般适用于交通肇事、责任事故、重婚、虐待、伤害、妨害公务、一般盗窃、销赃等比较轻微的犯罪。对于强奸、抢劫等严重刑事犯罪，一般不宜适用。所谓“3 年以下有期徒刑”是指宣告刑而不是指法定刑。

犯罪分子所犯之罪的法定刑虽然是 3 年以上有期徒刑，但他具有减轻处罚的情节，宣告刑为 3 年以下有期徒刑，也可以适用缓刑。对于一人犯数罪，犯罪人被数罪并罚的条件下能否适用缓刑的问题，刑法学界存在不同的认识。我们认为，犯罪人实施数罪，被适用数罪并罚，决定执行的刑罚后，如果仍符合缓刑的条件，仍可宣告缓刑。但其中必须注意两方面的问题：一是必须针对数罪并罚后决定执行的刑罚宣告缓刑，而不能针对尚未合并的各个宣告刑适用缓刑，即不能一部分刑罚宣告缓刑，一部分刑罚不宣告缓刑。二是必须以数罪并罚后决定执行的刑罚为标准决定并宣告缓刑，而不能以数罪分别判处的刑罚，或数罪的总和刑期为标准，决定是否适用并宣告缓刑。

2. 适用缓刑不致再危害社会。具体而言，只有同时具备以下四个条件，才能适用缓刑：(1) 犯罪情节较轻；(2) 有悔罪表现；(3) 没有再犯罪的危险；(4) 宣告缓刑对所居住社区没有重大不良影响。前三个条件的设定是基于法律理由，其中，(3) 是实质条件，(1) 与 (2) 是判断没有再犯罪危险的资料。悔罪表现，是指犯罪后悔恨自己罪行的表现，如犯罪后积极退赃，真诚向被害人道歉，在羁押期间遵守监管法规等。据此，即使犯罪情节较轻，但没有悔罪表现的，法院也不得认为其没有再犯罪的危险。条件 (4) 的设定是基于政策理由。值得注意的是，宣告缓刑对所居住社区是否具有重大不良影响，需要根据社区环境（包括犯罪人家庭环境），联系犯罪人所犯之罪与社区环境的关系，进行客观判断。只要适合在所居住的社区实行社区矫正的，就应认为符合条件 (4)。不能以社区部分居民反对缓刑为由，认定宣告缓刑对所居住社区有重大不良影响。

3. 不是累犯和犯罪集团的首要分子。换言之，对于累犯和犯罪集团的首要分子，不适用缓刑。因为累犯在执行一定刑罚之后无视受刑的体验而再次犯罪，说明其再犯罪可能性大；如果不执行所判处的刑罚，他们再次犯罪的可能性更大，故对累犯不能适用缓刑。犯罪集团的首要分子，因为其罪行严重，如适用缓刑，依然可能组织、领导犯罪集团的犯罪活动，故不得适用缓刑。

具备上述条件的，就可以宣告缓刑。对其中不满 18 周岁的人、怀孕的妇女和已满 75 周岁的人，应当宣告缓刑。

同许多国家相比，我国缓刑的适用率相当低，原因是多方面的。由于缓刑确实具有许多优点，如不致在监狱中“交叉感染”，不影响犯罪人的家庭生活与工作劳动，不需要执行费用，故对于符合缓刑条件的，特别是对一些符合缓刑条件的过失犯罪人，应当尽量宣告缓刑。

（二）战时缓刑的适用条件

根据我国刑法第 449 条的规定，适用战时缓刑应当遵守以下条件：

1. 适用的时间必须是在战时。故在和平时期或非战时条件下，不能适用此种特殊缓刑。所谓战时，依据刑法第 451 条的规定，是指国家宣布进入战争状态、部队受领作战任务或者遭敌突然袭击时；部队执行戒严任务或者处置突发性暴力事件时，以战时论。

2. 适用的对象只能是被判处 3 年以下有期徒刑（依立法精神，应含被判处拘役）的犯罪军人。不是犯罪的军人，或者虽是犯罪的军人，但被判处的刑罚为 3 年以上有期徒刑，均不能适用战时缓刑。至于构成累犯的犯罪军人能否适用战时缓刑，法律未作明确规定。但是，根据刑法第 74 条的规定，“对于累犯，不适用缓刑”的立法意图，应当同样适用于战时缓刑。

3. 适用战时缓刑的基本根据，是在战争条件下宣告缓刑没有现实危险。这是战时缓刑最关键的适用条件。即使是被判处 3 年以下有期徒刑的犯罪军人，若被判断为适用缓刑具有现实危险，也不能宣告缓刑。因为，战时缓刑的适用，是将犯罪军人继续留在部队，并在战时状态下执行军事任务，若宣告缓刑具有现实的危险，则会在战时状态下危害国家的军事利益，其后果不堪设想。至于宣告缓刑是否有现实危险，则应根据犯罪军人所犯罪行的性质、情节、危害程度，以及犯罪军人的悔罪表现和一贯表现做出综合评判。

三、缓刑考验期

缓刑考验期，是指对被宣告缓刑的犯罪人进行考察的一定期间。缓刑考验期，是缓刑制度的重要组成部分，设立考验期的目的，在于考察被缓刑人是否接受改造，弃旧图新，以使缓刑制度发挥积极的效用。法院在宣告缓刑的同时，应当确定适当的考验期。

根据刑法第 73 条的规定，拘役的缓刑考验期限为原判刑期以上 1 年以下，但是不能少于 2 个月；有期徒刑的缓刑考验期限为原判刑期以上 5 年以下，但是不能少于 1 年。可见，缓刑考验期限不得短于原判刑期，可以等于或者长于原判刑罚。（1）拘役的考验期限最低不能少于 2 个月，最长不得超过 1 年，有期徒刑的缓刑考验期限最低不能少于 1 年，最高不能超过 5 年，在此范围内，缓刑考验期限等于或者长于原判刑罚。（2）必须注意原判刑罚与缓刑考验期限的比例关系，一般来说，考验期限应适当长于原判刑罚。在不具备特殊理由的情形下，对于被判处 1 年有期徒刑的犯罪人宣告缓刑考验期限为 5 年，对于被判处 3 年有期徒刑的犯罪人宣告缓刑考验期限为 3 年，就不具有合理性。

（3）缓刑的考验期限，从判决确定之日起计算。判决确定以前先行羁押的，不能折抵考验期限。因为缓刑考验期限不是刑罚执行期限，不应折抵；规定考验期限是为了考察犯罪人在此期限内是否遵守一定条件，如果将羁押日期折抵考验期限，就导致考验期限过短，丧失了规定考验期限的意义；先前的羁押期限实际上也是法院考察犯罪人有无悔罪表现的期限，不能折抵考验期限。给宣告缓刑的犯罪人规定一定的考验期限，是为了对其进行考察，从而使缓刑起到应有作用。

四、缓刑考验期限内的考察

缓刑考验期限内的考察，主要涉及以下内容：

（一）被宣告缓刑者应当遵守的规定

根据我国刑法第 75 条的规定，被宣告缓刑的犯罪分子应当遵守下列规定：（1）遵守法律、行政法规，服从监督；（2）按照考察机关的规定报告自己的活动情况；（3）遵守考察机关关于会客的规定；（4）离开所居住的市、县或者迁居，应当报经考察机关批准。

此外，根据有关司法解释，为严肃缓刑的考察执行，被判处有期徒刑宣告缓刑仍留原单位工作的犯罪人，在缓刑考验期内一般不得调动工作。对缓刑考验期已经过 1/2 以上，并有认罪、悔罪态度，工作表现良好，确因工作特殊需要调动的，应当由所在单位报经执行机关批准后办理调动手续。

根据刑法第 72 条第 2 款的规定，宣告缓刑的，可以根据犯罪情况，同时禁止犯罪分子在缓刑考验期限内从事特定活动，进入特定区域、场所，接触特定的人。在此情形下，犯罪人必须同时服从禁止令。根据刑法第 76 条的规定，对宣告缓刑的犯罪分子，在缓刑考验期限内，依法实行社区矫正。

（二）缓刑的监督执行机构

我国刑法第 76 条规定："对宣告缓刑的犯罪分子，在缓刑考验期限内，依法实行社区矫正……"据此，缓刑的监督执行机构，是被宣告缓刑者居住生活社区的矫正机构和组织。依据 2003 年 7 月 10 日最高人民法院、最高人民检察院、公安部、司法部《关于开展社区矫正试点工作的通知》的规定，社区矫正由司法行政机关牵头组织有关单位和社区基层组织开展，并会同公安机关对社区服刑人员进行监督考察，组织协调对社区服刑人员的教育改造和帮助工作。由街道、乡镇司法所具体承担社区矫正的日常管理工作。

（三）缓刑考察的内容

根据我国刑法第 72 条第 2 款、第 75 条的规定，缓刑考察的内容，就是考察被宣告缓刑的犯罪分子，在缓刑考验期限内，是否具有刑法第 77 条规定的情形，即是否再犯新罪或者发现漏罪，以及是否违反法律、行政法规或者国务院有关部门关于缓刑的监督管理规定，或者违反人民法院判决中的禁止令，且情节严重的情形。若没有发生第77条规定的情形，缓刑考验期满，原判的刑罚就不再执行，并公开予以宣告。

五、缓刑的法律后果

根据刑法第76条、第77条的规定，一般缓刑的法律后果有以下三种：

1. 被宣告缓刑的犯罪分子，在缓刑考验期限内，没有刑法第77条规定的情形，缓刑考验期满，原判的刑罚就不再执行。

2. 被宣告缓刑的犯罪分子，在缓刑考验期限内犯新罪或者发现判决宣告以前还有其他罪没有判决的，应当撤销缓刑，对新犯的罪或者新发现的罪作出判决，把前罪和后罪所判处的刑罚，依照刑法第69条的规定，决定执行的刑罚。

3. 被宣告缓刑的犯罪分子，在缓刑考验期限内，违反法律、行政法规或者国务院有关部门有关缓刑的监督管理规定，或者违反人民法院判决中的禁止令，情节严重的，应当撤销缓刑，收监执行原判刑罚。根据最高人民法院、最高人民检察院、公安部、司法部2011年4月28日《关于对判处管制、宣告缓刑的犯罪分子适用禁止令有关问题的规定（试行）》的规定，违反禁止令，具有下列情形之一的，应当认定为“情节严重”：（1）三次以上违反禁止令的；（2）因违反禁止令被治安管理处罚后，再次违反禁止令的；（3）违反禁止令，发生较为严重危害后果的；（4）其他情节严重的情形。

此外，根据刑法第72条第3款的规定，缓刑的效力不及于附加刑，即被宣告缓刑的犯罪分子，如果被判处附加刑，附加刑仍须执行。因而，无论缓刑是否撤销，所判处的附加刑均须执行。

第五节　数罪并罚

一、数罪并罚概述

（一）数罪并罚的概念

数罪并罚，是指人民法院对一人在法定时间内所犯数罪分别定罪量刑后，按照法定的并罚原则及刑期计算方法决定其应执行的刑罚的制度。这种制度的实质在于，依循一定准则，解决或协调行为人所犯数罪的各个宣告刑（包括同一判决中的数个宣告刑或两个以上不同判决中的数个宣告刑）与执行刑之间的关系。因为，与一行为人犯一罪时的刑罚裁量不同，在一行为人犯数罪的情形下，审判机关所要处理的不仅是罪与刑的关系即数种罪行或数个罪行与数个宣告刑的关系，而且必须正确处理刑与刑之间的关系，即数个宣告刑与一个执行刑（主刑）的关系，以及主刑与附加刑的关系。受我国刑法所规定的刑罚种类及其性质、特点、适用和执行规则等因素的制约，以数罪为前提的数个宣告刑与罪犯的执行刑之间绝非简单的对应关系，两者之间的关系必须依照特定规则予以确定，方能使各个宣告刑转化为具有实施可能性、合理性的执行刑。可见，一人犯数罪时的刑罚适用过程的复杂程度，是一人犯单纯一罪时的刑罚适用过程的复杂程度所远不可及的。

（二）数罪并罚制度的特点

根据我国刑法规定，我国刑法中数罪并罚的特点，可以概括为以下三点：

1. 必须一行为人犯有数罪

此为适用数罪并罚的事实前提。所为数罪，指实质上的数罪或独立的数罪，其必须均系一行为人所为。亦即一行为人犯有一罪或非实质数罪，或者非共犯数行为人犯有数罪（各个行为人分别犯有一罪），均不在并罚之列。就犯罪的罪过形式和故意犯罪的形态而言，一行为人所犯数罪，既可是故意犯罪，也可是过失犯罪；既可以单独犯形式为之，也可以共犯形式为之；既可表现为犯罪的完成形态（犯罪既遂），也可表现为犯罪的未完成形态（预备预备、犯罪未遂和犯罪中止）。至于何为应予并罚之数罪或实质数罪，我国刑法未作明确规定。目前我国刑法理论界借鉴古今中外刑事立法例和刑法学说，基本确定了以犯罪构成要件为标准确定罪数、划分一罪与数罪界限的理论地位。据此，一行为在刑法上规定为一罪或处理时作为一罪的情形，包括继续犯、想象竞合犯等；数行为在刑法上规定为一罪的情形，包括惯犯、结合犯等；数行为处理时作为一罪的情形，包括连续犯、牵连犯、吸收犯等；均不属于数罪的范畴。故一行为人所犯数罪，并不仅限于数个单纯一罪（实质一罪），也包括数个刑法上规定的和处断上的一罪。至于两者兼而有之的数罪，当然也在实行并罚之列。

2. 一行为人所犯的数罪必须发生于法定的时间界限之内

此为适用数罪并罚的时间条件。关于数罪并罚的范围，即适用并罚的数罪发生于何种期限之内，各国刑法的规定颇不相同。大致有三种规定：一是以判决宣告前所犯数罪为限；二是以判决确定前所犯数罪为限；三是以刑法执行完毕或赦免前所犯数罪为限。

我国刑法关于数罪并罚适用期限的规定，与上述三种规定有所区别。其特点在于，以刑罚执行完毕以前所犯数罪作为适用并罚的最后时间界限，同时对于在不同的刑事法律关系发展阶段内所实施或发现的数罪，采用不尽一致的并罚方法。这充分体现了，对于在不同阶段或法律条件下犯有数罪，并因此而表现出不同社会危害性和人身危险性的罪犯，国家法律对其予以谴责的程度有所差别，以贯彻罪刑相适应的刑法原则；在对犯有数罪者区别对待，使其承担不同刑事责任的政策前提下，实现惩罚与改造罪犯的刑罚目的。换言之，我国刑法对于刑罚执行完毕之前所犯数罪均实行并罚，但对其中不同阶段实施或被发现的数罪采用不同的并罚方法，这是我国刑法中罪刑相适应、惩罚与教育相结合原则和有关刑事政策，在刑罚适用制度中的具体体现。

我国刑法关于数罪并罚适用期限及不同并罚方法的规定的基本内容为：(1) 判决宣告以前一人犯数罪的，依据刑法第 69 条规定的原则进行并罚。此阶段并罚之数罪的性质，刑法虽未明确规定，但刑法学界和刑事审判机关通常理解为以异种数罪为限。(2) 判决宣告以后，刑罚还没有执行完毕以前，发现被判刑的犯罪分子在判决宣告以前还有其他罪没有判决的，依据刑法第 70 条规定的“先并后减”方法进行并罚。由于判决宣告后发现漏罪的并罚范围，依法应包括异种数罪和同种数罪在内，故其合并处罚（主要是在同种数罪并罚的条件下）的结果实际重于前者。(3) 判决宣告以后，刑罚还没有执行完毕以前，被判刑的犯罪分子又犯罪的，依据刑法第 71 条规定的“先减后并”方法进行并罚。此种情形下的合并处罚，由于采用了处罚结果可能重于“先并后减”的“先减后并”的方法，并且依法应以异种数罪和同种数罪为范围，故实际处罚程度重于判决宣告前一人犯数罪和判决宣告后发现漏罪的并罚结果。(4) 被宣告缓刑的犯罪分子，在缓刑考验期限内再犯新罪的或者发现判决宣告以前还有其他罪没有判决的，依据刑法第 77 条和第 69 条的规定进行并罚。此种情形下的数罪并罚，因并罚范围当然包括异种数罪和同种数罪在内，并且因实际适用相应的并罚方法，故实际处罚程度显然重于判决宣告前一人犯数罪的并罚结果，类似前述第二种或第三种条件下的数罪并罚结果。(5) 被假释的犯罪分子，在假释考验期内再犯新罪的，依据刑法第 86 条和第 71 条的规定进行并罚。该种条件下的数罪并罚，由于实际采用刑法第 71 条规定的“先减后并”方法，并且依法应将异种数罪和同种数罪纳入合并处罚之列，因而其结果与上述第三种条件下的数罪并罚结果相同。被假释的犯罪分子，在假释考验期限内发现判决宣告以前还有其他罪没有判决的，依据刑法第 86 条和第 70 条的规定进行并罚。该种条件下的数罪并罚，由于实际采用刑法第 70 条规定的“先并后减”方法，并且也应将异种数罪和同种数罪纳入合并处罚之列，所以其结果与上述第二种条件下的数罪并罚结果相同。

3. 必须在对数罪分别定罪量刑的基础上，依照法定的并罚原则、并罚范围和并罚方法（刑期计算方式），决定执行的刑罚，这是适用数罪并罚的程序规则和实际操作准则。倘若违反，轻者会给刑事诉讼造成困难，或者发生执行刑的计算错误等；重者会致使罪刑相适应等刑法基本原则遭受破坏，或者数罪并罚制度形同虚设。我国数罪并罚的这一特征的实现，由以下两个步骤或要素构成：(1) 必须对罪犯所犯数罪，依法逐一分别确定罪名并裁量、宣告其刑罚。在此过程中，须特别注意依法确定不同阶段或法律条件下应予以并罚的数罪属性，即所并罚之数罪是仅指异种数罪，还是也包括同种数罪在内。(2) 应根据适用于不同刑罚种类及其结构的法定并罚原则（即吸收原则、限制加重原则和并科原则），以及不同阶段或法律条件下合并处罚的方式（刑罚计算方法），将各数罪被判处的刑罚合并决定为应执行的刑罚。

二、数罪并罚的原则

数罪并罚的原则，是指对一人犯数罪合并处罚所依据的规则。其功能在于确定对于数罪如何实行并罚。数罪并罚的原则，是数罪并罚制度的核心和灵魂。它一方面体现着一国刑法所奉行的刑事政策的性质和特征，另一方面从根本上制约着该国数罪并罚制度的具体内容及其适用效果。

(一) 各国数罪并罚原则概述

各国所采用的数罪并罚原则，主要可归纳为如下四种：

1. 并科原则，亦称相加原则、累加原则或合并原则等。是指将一人所犯数罪分别宣告的各罪刑罚绝对相加、合并执行的合并处罚规则。该原则在某种程度上实为报应刑主义或报应论刑罚思想的产物，其形似公允且持之有故，但实际弊端甚多。如对有期自由刑而言，采用绝对相加的方法决定执行的刑罚期限，往往超过犯罪人的生命极限，与无期徒刑的效果并无二致，已丧失有期徒刑的意义。再如，数罪中若有被判处死刑或无期徒刑者，则受刑种性质的限制，根本无法采用绝对相加的并科规则并予以执行；并且，逐一执行所判数个无期徒刑或死刑，也是极端荒诞之举。所以，并科原则作为单纯适用的数罪并罚原则，实际上既难以执行，且无必要，亦过于严酷，有悖于当代刑罚制度的基本原则和精神。故目前单纯采用并科原则的国家较少。

2. 吸收原则。是指对一人所犯数罪采用重罪吸收轻罪或者重罪刑吸收轻罪刑的合并处罚规则。换言之，它是由一人所犯数罪中法定刑最重的罪吸收其他较轻的罪，或者由最重宣告刑吸收其他较轻的宣告刑，仅以最重罪的宣告刑或者已宣告的最重刑罚作为执行刑罚的合并处罚规则。吸收原则虽然对于死刑、无期徒刑等刑种的并罚较为适宜，且适用颇为便利，但若普遍采用即适用于其他刑种（如有期自由刑、财产刑等），则弊端明显。其表现为：一是违背罪刑相适应的刑法基本原则，有重罪轻罚之嫌。因为，在绝对采用该原则实行数罪并罚的条件下，犯数罪者和犯一重罪者被判处的刑罚相同。二是导致刑罚的个别威慑和一般威慑功能丧失，不利于刑罚的特殊预防和一般预防目的的实现。因为，在犯数罪和犯一重罪承担相同刑事责任的条件下，无疑等于鼓励犯罪人或潜在犯罪人实施一重罪之后，去实施更多同等或较轻的罪。所以，当今单纯采用吸收原则的国家较少。

3. 限制加重原则，亦称限制并科原则。是指以一人所犯数罪中法定（应当判处）或已判处的最重刑罚为基础，再在一定限度之内对其予以加重作为执行刑罚的合并处罚规则。采用该原则的具体限制加重方法主要有两种类型：(1) 依数罪中最重犯罪的法定刑加重处罚。即以法定刑为准确定数罪中的最重犯罪（法定刑最重的犯罪），再就法定刑最重刑罚加重处罚并作为执行的刑罚。(2) 依数罪中被判决宣告的最重刑罚加重处罚。即在对数罪分别定罪量刑的基础上，以宣告刑为准确定其中最重的刑罚，再就宣告的最高刑罚加重处罚作为执行的刑罚。此类限制加重的通常做法是，在数刑中最高刑期以上、总和刑期以下，决定执行的刑罚；同时规定应执行的刑罚不能超过的最高限度。

限度加重原则的特点是，克服了并科原则和吸收原则或失之于严酷且不便具体适用，或失之于宽纵而不足以惩罚犯罪的弊端，既使数罪并罚制度贯彻了有罪必罚和罪刑相适应的原则，又采取了较为灵活、合乎情理的合并处罚方式。故其确为数罪并罚原则的一大进步，但该原则并非完美无缺，仍具有一定局限性。它虽然可有效地适用于有期自由刑等刑种的合并处罚，却对于死刑、无期徒刑根本无法采用，因而当然不能作为普遍适用于各种刑罚的并罚原则，否则，便会产生以偏概全之弊。

4. 折衷原则，亦称混合原则。是指对一人犯数罪的合并处罚不单纯采用并科原则、吸收原则或限制加重原则，而是根据法定的刑罚性质及特点兼采并科原则、吸收原则或限制加重原则，以分别适用于不同刑种和宣告刑组成结构的合并处罚规则。换言之，它是指以上述一种原则为主、他种原则为辅，将其分别适用于不同刑种或刑罚结构的数罪合并处罚方法。鉴于上述三种原则各有得失、难以概全，目前除极少数国家单纯采用某一种原则外，世界上绝大多数国家采用折衷的原则。这种综合兼采用多种原则的做法，能够使上述各原则得以合理取舍、扬长避短、趋利除弊、互为补充、便于适用，在既合且分的体系内综合发挥统一的最优化功能。但各国法律规定的折衷原则所包含的具体原则种类及其主次地位不尽一致。

（二）我国刑法中数罪并罚原则的特征

我国刑法第 69 条的规定，确立了以限制加重原则为主，以吸收原则和并科原则为补充的折衷原则。我国刑法采用的数罪并罚原则，具有以下特征：

1. 全面兼采各种数罪并罚原则，包括吸收原则、限制加重原则、并科原则。

2. 所采用的各种原则均无普遍适用效力，每一原则仅适用于特定的刑种。即依据刑法的规定，吸收原则只适用于死刑和无期徒刑；限制加重原则只适用于有期徒刑、拘役和管制三种有期自由刑；并科原则只适用于附加刑。但数罪中判有附加刑时的实际合并处罚规则，另有其一定的特殊性。

3. 限制加重原则的适用居于主导地位，吸收原则和并科原则处于辅助或次要地位。我国数罪并罚原则的这一特点，是由我国刑罚体系的特点和各个刑种的实际适用状况或程度所决定的。

4. 吸收原则和限制加重原则的适用效力互相排斥；并科原则附加适用，其适用效力相对独立，不影响其他原则的适用。所谓吸收原则和限制加重原则适用效力的相互排斥，是指对一罪犯的各个宣告刑一次合并决定应执行的刑法时，只能根据宣告刑的实际状况或结构状况依法选择适用其中一种原则，即吸收原则和限制加重原则择一适用，而不得同时适用两种原则。具体而言，在判决宣告的数个刑罚中有死刑或无期徒刑的条件下，不论罪犯是否还被判处有期自由刑，只能适用吸收原则；而在判决宣告的数个刑罚均为有期自由刑的条件下，只能适用限制加重原则。所谓并科原则的适用效力相对独立，是指不论判决宣告的数个刑罚中的主刑种类如何以及所适用的并罚原则如何，只要数刑中有附加刑，就应适用并科原则。换言之，无论对主刑的合并处罚适用吸收原则还是限制加重原则，只要数刑中有附加刑，就应适用并科原则决定应执行的附加刑。附加刑的并罚原则即并科原则，不排斥对吸收原则或限制加重原则的适用。

总之，我国刑法确立的以限制加重为主、以吸收和并科为补充的折衷原则，是立足于我国实际国情和刑事法律状况的数罪并罚原则。它不仅有利于充分发挥刑法所规定的各种刑罚方法的作用，而且使各种具体的数罪并罚原则最大限度地趋利除弊、扬长避短，并形成最优化的统一功能。因而，以折衷原则为核心的我国数罪并罚制度是科学的，它对于确保我国刑罚目的的实现和各个刑种作用的发挥也是十分有效的。

（三）我国刑法中数罪并罚原则的基本适用规则

根据我国刑法第 69 条第 1 款规定："判决宣告以前一人犯数罪的，除判处死刑和无期徒刑的以外，应当在总和刑期以下、数刑中最高刑期以上，酌情决定执行的刑期，但是管制最高不能超过三年，拘役最高不能超过一年，有期徒刑总和刑期不满三十五年的，最高不能超过二十年，总和刑期在三十五年以上的，最高不能超过二十五年。”第69条第2款规定：“数罪中有判处有期徒刑和拘役的，执行有期徒刑。数罪中有判处有期徒刑和管制，或者拘役和管制的，有期徒刑、拘役执行完毕后，管制仍须执行。”《刑法修正案（九）》增加第3款规定：“数罪中有判处附加刑的，附加刑仍须执行，其中附加刑种类相同的，合并执行，种类不同的，分别执行。”据此，刑法对数罪并罚采取的是混合原则：

1. 对判处死刑和无期徒刑的，采取吸收原则。（1）数罪中判处几个死刑或者最重刑为死刑时，只执行一个死刑，不执行其他主刑。（2）数罪中判处几个无期徒刑或者最重刑为无期徒刑时，只执行一个无期徒刑，不执行其他主刑。在这种情况下，不能将两个以上的无期徒刑决定合并执行死刑。一方面，两个以上无期徒刑相加，也是无期徒刑。另一方面，无期徒刑与死刑是性质截然不同的两个刑种；刑法严格控制死刑的适用，将两个以上的无期徒刑合并为死刑，就扩大了死刑的适用范围；而且既然被告人所犯各罪都只应判处无期徒刑，就说明罪行并非极其严重，不能决定合并执行死刑。

2. 对于判处有期徒刑、拘役和管制的，采取区别对待。一是数罪中有期徒刑和拘役并存的，采取吸收原则，执行有期徒刑，拘役不执行，即确立了有期徒刑和拘役不并罚制度；二是数罪中有期徒刑和管制或拘役和管制并存的，有期徒刑、拘役执行完毕后，管制仍需执行，即确立了有期徒刑和管制并罚、拘役和管制并罚制度。

3. 数罪中有判处附加刑的，附加刑仍须执行（主刑与附加刑的并罚）。即对判处附加刑的，采取附加刑与主刑并科的原则。如一人犯数罪，其中一个罪被判处剥夺政治权利，那么，在执行主刑的同时，剥夺政治权利附加刑仍须执行。因为附加刑与主刑的性质不同，不得换算与吸收，却可以并科执行。

4. 数罪中判处数个附加刑，附加刑种类相同的，合并执行；种类不同的，分别执行（附加刑之间的并罚）。例如，一个罪判处罚金5万元，另一个罪判处罚金10万元的，要合并执行15万元。又如，一个罪判处罚金，另一个罪判处剥夺政治权利的，要分别执行。再如，数罪分别被判处罚金与没收全部财产时，也应分别执行。

三、适用数罪并罚的不同情况

前述我国刑法中数罪并罚原则的基本适用规则，是仅指在静态条件下或以判决宣告前一人犯数罪为标准，对于不同的数刑构成状况或结构应当如何适用刑法所规定的合并处罚原则的规则。之所以称其为适用数罪并罚原则的基本适用规则，主要是因为，无论在任何法律条件下或刑事法律关系的发展阶段中，适用数罪并罚原则对数罪合并处罚都必须严格遵循这些规则，不得有任何例外。如前所述，我国刑法以刑法执行完毕作为适用数罪并罚制度的时间条件。然而，实施于或被发现于刑罚执行完毕之前不同法律条件下或刑事法律关系发展阶段的数罪，所体现的社会危害性程度和犯罪人身危险性程度是不尽一致的。为了在对数罪适用统一的规则进行合并处罚的前提下，有区别地对待不同危害程度的数罪和危险程度各异的实施数罪者，以表明国家对其予以法律谴责的程度差别，从而完整地贯彻罪刑相适应的刑法基本原则，我国刑法在第69条、第70条、第71条中，明确规定了在不同法律条件下或刑事法律关系发展阶段中，适用数罪并罚原则对数刑予以合并执行所应遵守的方法。就某种意义而言，这些方法实际是数罪并罚原则的基本适用规则在不同法律条件下的具体运用办法，或者说是在不同法律条件下适用数罪并罚原则的具体规则。

根据刑法第69条、第70条、第71条的规定，不同法律条件下适用数罪并罚原则的具体规则分为以下三种：

（一）判决宣告以前一人犯数罪的合并处罚规则

刑法第69条的规定表明，我国刑法规定的数罪并罚原则及由此而决定的基本适用规则，是以判决宣告以前一人犯数罪的情形为标准确立的。因此，就基本内容而言，判决宣告以前一人犯数罪的合并处罚规则，与前述我国刑法中数罪并罚原则的基本适用规则完全一致，故不再赘述。

对于判决宣告以前一人所犯数罪按照数罪并罚原则进行合并处罚，首先必须正视和解决的难题之一是，应予合并处罚的数罪性质。数罪依其性质或所触犯的罪名状况可以划分为两类：一类是同种数罪，指触犯同一罪名的数罪，即性质相同的数罪；另一类是异种数罪，指触犯不同罪名的数罪，即性质不同的数罪。对于异种数罪，以及判决宣告以后、刑罚尚未执行完毕以前发现的同种漏罪和再犯的同种新罪应当进行并罚，刑法学界和刑事审判机构均无异议，但是，对于判决宣告以前一人所犯的同种数罪是否应当进行合并处罚，刑法学界和刑事审判部门中存在明显的分歧意见。概括而论，这些分歧意见基本分为三类：其一为一罚说。主张对一人所实施的同种数罪无须并罚，只须按一罪酌情从重处罚，即只须将同种数罪作为一罪的从重情节或者加重构成情节处罚。此为我国刑法理论的传统主张，也是刑事审判实践的一贯做法。其二为并罚说。作为与一罚说直接对立的观点，它主张，对于同种数罪应当毫无例外地实行并罚。其主要论据为，我国刑法关于数罪并罚的规定并未限定只适用于异种数罪，既然同种数罪也是数罪的表现形式，则当然不能被排斥在并罚之外。其三为折衷说。作为综合一罚说和并罚说而形成的观点，折衷说认为，对于同种数罪是否应当实行并罚不能一概而论，而应当以能否达到罪刑相适应为标准，决定对具体的同种数罪是否实行并罚，即当能够达到罪刑相适应时，对于同种数罪无须并罚，相反，则应实行并罚。具体而言，折衷说又分为两种：一是主张以刑法的规定为准决定是否进行并罚；二是主张以适用刑罚的效果为准决定是否进行并罚。我们认为，对于判决宣告以前一人所犯数罪，原则上无须并罚，只须在足以使实际处罚结果符合罪刑相适应原则的特定犯罪的法定刑范围内作为一罪从重处罚。但是，当特定犯罪的法定刑过轻且难以使实际处罚结果达到罪刑相适应标准时，在法律未明文禁止的条件下，可以有限制地对同种数罪适当进行并罚。

对于判决宣告以前一人所犯同种数罪原则上不实行并罚，主要有如下根据：

1. 我国刑事立法历来一般规定，应予并罚的数罪为异种数罪，对于同种数罪应按一罪的从重或加重构成情节判处刑罚。例如，1951 年《中华人民共和国惩治反革命条例》第 15 条、1952 年《中华人民共和国惩治贪污条例》第 4 条第 2 款，就有此类规定。

2. 在我国长期的刑事审判实践中，同种数罪均被作为一罪从重处罚，并未作为数罪实行并罚。能够集中体现审判实践这一传统作法及其普遍性的，是最高司法机关所做出的有关对属于同种数罪的犯罪行为应作为一罪从重处罚的司法解释。例如，最高人民法院、最高人民检察院、公安部《关于当前办理强奸案件中具体应用法律的若干问题的解答》第 4 条第 2 项，就是此类司法解释。在我国的刑事司法解释中，这种解释较为多见。由此可见，虽然我国现行刑事立法对应予并罚的数罪性质未作明确规定，但是，我国司法机关在刑事审判中实际默示并罚的数罪性质限于异种数罪，主张同种数罪应按一罪处罚。我国司法机关之所以坚持如此主张，其理由主要为：首先，如果对同种数罪一律实行并罚，在一定条件下有可能产生有罪不罚、重罪轻罚或者轻罪重罚的不良结果；其次，对于同种数罪按一罪从重处罚，简便易行，可避免不必要的烦琐，利于诉讼；最后，司法机关通过长期对同种数罪按一罪处罚的实践，积累了相应的经验，总结了许多切实可行的方法，且适用效果良好。

3. 我国刑法对绝大多数犯罪所规定的法定刑包含两个量刑幅度，从而为对同种数罪按一罪的从重或者加重构成情节处罚并达到罪刑相适应的标准，创造了必备的法律条件。此外，在刑法对某种犯罪只规定单一量刑幅度的条件下，对于同种数罪按一罪选择判处较重的刑罚，一般也能达到罪刑相适应的标准。

总之，根据以上理由，我们认为，对于绝大多数同种数罪原则上只须在法定刑幅度之内作为一罪的从重或者加重构成情节处罚，无须实行数罪并罚。但是，在个别情况下，对于同种数罪不实行并罚的原则性不应是绝对化的，而应当在法律许可的条件下有限制地对某些同种数罪实行并罚。主要理由为：

1. 我国刑法第69条规定的判决宣告以前一人所犯数罪，并未明确限定于异种数罪和排斥同种数罪。因此，刑法所规定的数罪并罚制度不仅适用于异种数罪，而且也适用于同种数罪。

2. 同种数罪既然无疑属于数罪的范畴，其社会危害性程度一般当然大于罪质相同的单纯一罪，而刑法针对各种具体犯罪所规定的法定刑，无论其量刑幅度的数量如何，在特定情况下，难免会发生无法容纳同种数罪的情形。在如此条件下，如果对不属于连续犯的情节十分严重的同种数罪一律不实行并罚，仅在极轻的法定刑幅度内按一罪论处，即便是判处最高法定刑，也显然会导致违背罪刑相适应原则的结果。因此，有限制地对某些同种数罪实行并罚，是将刑罚适用的原则性与灵活性相结合并体现对数罪从重处罚的立法精神的最佳选择方案。

综上所述，坚持对于同种数罪一般不实行并罚的原则性，并保留对于某些同种数罪进行并罚的可能性和灵活性，是完全必要和合理的，是与我国现行刑法规定的实际状况相符合的，两者的有机结合能够最大限度地体现对数罪较之一罪应从重处罚的立法精神，并且能够最有效地保障在数罪并罚的过程中避免罪刑轻重失当的错误，完整地贯彻罪刑相适应的刑法基本原则。

（二）刑罚未执行完毕以前发现漏罪的合并处罚规则

我国刑法第70条规定："判决宣告以后，刑法还没有执行完毕以前，发现被判刑的犯罪分子在判决宣告以前还有其他罪没有判决的，应当对新发现的罪做出判决，把前后各判决所判处的刑罚，依照本法第六十九条的规定，决定执行的刑罚。已经执行的刑期，应当计算在新判决决定的刑期以内。"根据该条规定，刑罚未执行完毕以前发现漏罪的合并处罚规则，具有如下特征：

1. 必须在判决宣告以后，刑罚还没有执行完毕以前发现漏罪，且漏罪是指被判刑的犯罪分子在判决宣告以前实施的并未判决的罪。其中，"判决宣告以后"，确切而言，应指判决业已宣告并发生法律效力之后，若漏罪被发现的时间不是在判决宣告以后至刑罚未执行完毕以前的期限内，而是在刑罚执行完毕之后；或者所发现的罪行并非在判决宣告之前实施的，而是在刑罚执行期间实施的，则均不得适用该条规定的合并处罚规则。

2. 对于新发现的漏罪，无论其罪数如何（数罪应为异种数罪），或者与前罪之性质是否相同，都应当单独做出判决。这是此种法律条件下的合并处罚结果，可能重于判决宣告以前一人犯数罪的合并处罚结果的原因。

3. 应当把前后两个判决所判处的刑罚，即前罪所判处的刑罚与漏罪所判处的刑罚，按照相应的数罪并罚原则，决定执行的刑罚。此种法律条件下的合并处罚与判决宣告以前一人犯数罪的合并处罚不同的是，后者是将同一判决中的数个宣告刑合并而决定执行的刑罚，前者是将两个判决所判处的刑罚合并而决定执行的刑罚。

4. 在计算刑期时，应当将已经执行的刑期，计算在新判决决定的刑期之内。换言之，前一判决已经执行的刑期，应当从前后两个判决所判处的刑罚合并而决定执行的刑期中扣除。故该种计算刑期的方法，依特点可概括为“先并后减”。

除以上特征之外，在刑事审判实践中，适用刑法第 70 条所规定的合并处罚规则，还有如下问题须特别注意：

1. 在原判决认定犯罪人犯有数罪且予以合并处罚的法律条件下，所发现的漏罪与原判之数罪合并处罚的方法。对此，有两种不同的处理意见：一种意见认为，应当将对漏罪所判处的刑罚与原判决决定执行的刑罚，依照相应原则决定执行的刑罚。另一种意见认为，应当将对漏罪所判处的刑罚与原判决所认定的数罪的刑罚即数个宣告刑，依照相应原则决定执行的刑罚。我们认为，刑法第 70 条并未明确规定漏判之罪与原判之数罪合并处罚所须遵守的规则，但为了维护法院前一判决的权威性与稳定性，前一种意见相对较为合理，可以采用。

2. 刑满释放后再犯罪并发现漏罪的合并处罚方法。有关司法解释指出，在处理被告人刑满释放后又犯罪的案件时，发现他在前罪判决宣告之前，或者在前罪判决的刑罚执行期间，犯有其他罪行，未经过处理，并且依照刑法总则第四章第八节的规定应当追诉的，如果漏罪与新罪分属于不同种罪，即应对漏罪与刑满释放后又犯的新罪分别定罪量刑，并依照刑法第 69 条的规定，实行数罪并罚；如果漏罪与新罪属于同一种罪，可以判处一罪从重处罚，不必实行数罪并罚。此种法律条件下发现漏罪的数罪并罚，与刑罚未执行完毕以前发现漏罪的数罪并罚有所区别，主要表现为：（1）前者是在刑满释放后发现有漏罪；后者是在判决宣告之后，刑罚未执行完毕以前发现有漏罪。（2）前者之漏罪包括前罪判决宣告以前和前罪判处的刑罚执行期间所犯罪行；后者之漏罪仅指判决宣告以前所犯罪行。（3）前者之漏罪与新罪性质各异时才实行数罪并罚，而若属于同种罪则可判处一罪从重处罚，不必实行数罪并罚；后者之漏罪无论与前罪是否属于同种罪，都应实行数罪并罚。（4）前者之数罪并罚，应当依照刑法第 69 条的规定进行；后者之数罪并罚则应当适用刑法第 70 条规定的方法进行。

3. 在缓刑考验期限内发现漏判之罪的并罚方法。根据刑法第 77 条的规定，被宣告缓刑的犯罪分子，在缓刑考验期限内发现判决宣告以前还有其他罪没有判决的，应当撤销缓刑，对新发现的罪做出判决，把前罪和后罪所判处的刑罚，依照刑法第69条的规定，决定执行的刑罚。

4. 在假释考验期限内发现漏判之罪的并罚方法。根据刑法第86条的规定，在假释考验期限内，发现被假释的犯罪分子在判决宣告以前还有其他罪没有判决的，应当撤销假释，依照刑法第70条的规定实行数罪并罚。

（三）刑罚执行期间又犯新罪的合并处罚规则

我国刑法第71条规定："判决宣告以后，刑罚还没有执行完毕以前，被判刑的犯罪分子又犯罪的，应当对新犯的罪做出判决，把前罪没有执行的刑罚和后罪所判处的刑罚，依照本法第六十九条的规定，决定执行的刑罚。"根据该条规定，刑法执行期间又犯新罪的合并处罚规则具有如下特点：

1. 必须在判决宣告以后，刑罚还没有执行完毕以前，被判刑的犯罪分子又犯新罪，即在刑罚执行期间犯罪分子又实施了新的犯罪。其中，从严格意义或法条含义的逻辑关系上理解，"判决宣告以后"应指判决已经宣告并发生法律效力之后。因为，此种法律条件下的合并处罚规则的基本特点，主要体现于"把前罪没有执行的刑罚和后罪所判处的刑罚"依照法定的数罪并罚原则决定执行的刑罚。若仅从文理上解释"判决宣告以后"，即将其理解为包括判决虽已宣告但尚未发生法律效力的情形，则无异于部分地否定刑法设置以"先减后并"为特点的并罚规则的根据及其严格的适用条件，并且可能导致法律适用的不统一和轻纵某些在判决生效前再犯新罪的罪犯。

2. 对于犯罪分子所实施的新罪，无论其罪数如何（数罪应为异种数罪），或者与前罪之性质是否相同，都应当单独作出判决。

3. 应当把前罪没有执行的刑罚和后罪所判处的刑罚，依照刑法规定的相应原则，决定执行的刑罚。即首先应从前罪判决决定执行的刑罚中减去已经执行的刑罚，然后将前罪未执行的刑罚与后罪所判处的刑罚并罚，故该种计算刑期的方法，依特点可概括为"先减后并"。我国刑法第71条规定的"先减后并"的刑期计算方法，较之刑法第70条规定的"先并后减"的刑期计算方法，在一定条件下，可能给予犯罪分子程度更重的惩罚。"先减后并"的刑期计算方法的这一特点，主要体现于有期自由刑（特别是有期徒刑）的并罚之中，并且主要表现为如下几方面：

（1）决定执行刑罚的最低限度可能提高，并因此而导致实际执行的刑期也随之相应提高。即在新罪所判处的刑期比前罪尚未执行的刑期长的条件下，决定执行刑罚的最低期限，较之依"先并后减"的方法决定执行刑罚的最低期限有所提高。例如，某罪犯前罪被判处有期徒刑10年，执行8年以后又犯新罪，被判处有期徒刑 6 年。若适用“先减后并”的方法并罚，应当在 6 年以上 8 年以下决定执行的刑罚，加上已执行的刑期 8 年，实际执行的刑期最低是 14 年最高为 16 年。而如采用“先并后减”的方法并罚，应当在 10 年以上 16 年以下决定执行的刑罚，实际执行的刑期最低只有 10 年最高为 16 年。前者实际执行的最低刑期比后者高 4 年，从而导致实际执行的刑期也随之相应提高。但是，在新罪所判处的刑期比前罪尚未执行的刑期短或者其相等的条件下，则按“先减后并”方法并罚的最低实际执行刑期，并不比按“先并后减”方法决定的最低实际执行刑期长。

（2）实际执行的刑罚可能超过数罪并罚法定最高刑期的限制。即在前罪与新罪都被判处较长刑期的情况下，确切地说是在前罪与新罪被判处的有期自由刑的总和刑期超过数罪并罚法定最高刑期的限制时，采用“先减后并”的方法并罚，犯罪分子实际执行的刑期就可能超过数罪并罚法定有期自由刑最高刑期的限制。例如，某罪犯前罪被判处有期徒刑 14 年，执行 10 年以后又犯新罪，被判处有期徒刑 10 年。若采用刑法第 71 条规定的“先减后并”方法并罚，应当在 10 年以上 14 年以下决定执行的刑罚，加上已执行的刑期 10 年，实际执行的刑期最低是 20 年最高为 24 年。如按照刑法第 70 条规定的“先并后减”方法并罚，则实际执行的刑期绝对不可能也不允许超过 20 年。

（3）犯罪分子在刑罚执行期间又犯新罪的时间早晚程度，与数罪并罚时决定执行刑罚的最低期限，以及实际执行的刑期的最低限度成反比关系。即犯罪分子在刑罚执行期间所犯新罪的时间距离前罪所判刑罚执行完毕的期限越近，或者犯罪分子再犯新罪时前罪所判刑罚的残余刑期越少，数罪并罚时决定执行刑罚的最低期限，以及实际执行的刑期的最低限度就越高。例如，某罪犯前罪被判处有期徒刑 7 年，假设其在刑罚分别执行 1 年、3 年、6 年后又犯新罪，新罪被判处有期徒刑 5 年。若依照刑法第 71 条规定的“先减后并”方法并罚，其实际执行的刑期的最低限度分别为 7 年、8 年、11 年，最高限度均为 12 年。如适用刑法第 70 条规定的“先并后减”方法并罚，则其实际执行的最低刑期都是 7 年，最高刑期均为 12 年。

综上所述，刑法第 71 条所规定的“先减后并”的刑期计算方法，具有两点明显的功能：（1）被判刑的犯罪分子在刑罚执行期间所实施的新罪，具有比在其他环境或条件下实施的犯罪更大的社会危害性，并且表明犯罪分子的主观恶性较深、人身危险性严重，前罪被判处刑罚的事实和刑罚执行过程中的各种惩罚、教育措施未能对其产生改过迁善、预防再犯的效用。因而采用与“先并后减”有所区别的并罚方法，能够通过给予再犯新罪者更为严厉的惩罚，为实现我国适用刑罚的基本目的创造新的法律条件，为贯彻我国刑法罪刑相适应的原则提供制度保障。（2）以惩罚和矫正罪犯为双重特征的我国行刑制度，最终目的在于教育罪犯改过迁善，培养其重新适应社会生活的基本能力，以便在由他律为主的监禁生活转为自律为主的自由生活的过程中不致重蹈旧途。然而，刑罚越是临近执行完毕，巩固各种改造教育成果的任务就越繁重、艰难；犯罪分子再犯新罪的时间越是临近刑罚执行完毕的期限，就表明其重新适应社会生活的能力的自律程度越差，在恢复自由的条件下重新犯罪的可能性就越高。因此，采用与“先并后减”相区别的并罚方法，可以随刑罚执行期限的推移而不断提高对再犯新罪者的制裁程度，从而对受刑人构成一种以再犯新罪为条件的相对逐渐强化的威慑力量，以利于维护监所秩序和巩固改造教育成果，提高行刑活动的效能。

除以上所述刑法第 71 条规定的要旨和特点外，在刑事审判实践中适用刑法第 71 条规定的方法进行数罪并罚，还有以下几方面的问题应予以重视：

1. 判决宣告以后，刑罚还没有执行完毕以前，被判刑的犯罪分子又犯数个新罪的合并处罚方法。刑法第 71 条所规定的数罪并罚规则，是以刑罚执行期间犯罪分子再犯一个新罪为标准而制定的。至于对在刑罚执行期间犯罪分子又犯数个新罪应如何并罚，刑法规定不甚明确，刑法界存在分歧意见。一种观点认为，应当首先对数个新罪分别定罪量刑，而后将判决所宣告的数个刑罚即数个宣告刑与前罪未执行的刑罚并罚。另一种观点认为，应当首先对数个新罪分别定罪量刑并实行并罚，然后将决定执行的刑罚与前罪未执行的刑罚再进行并罚。我们认为，该问题的合理解决，应以符合刑法第 71 条所确定的对再犯新罪者从严惩处的立法精神为标准。据此，把新犯数罪的各个宣告刑与前罪未执行的刑罚进行并罚的方法，不仅可以使总和刑期居于相对较高的水平，而且一般也不会使数刑中最高刑期因此而降至低于残余刑期的程度，从而保障前述“先减后并”方法的特征能够得以体现。相反，后种观点所主张的方法，则有可能因降低总和刑期和数刑中最高的刑期而导致实际执行的刑期也随之相应减少。

2. 判决宣告以后，刑罚还没有执行完毕以前，被判刑的犯罪分子不仅犯有新罪，而且被发现有漏判罪行的合并处罚方法。此为同时涉及“先并后减”和“先减后并”的数罪并罚的方法的问题。刑法界有人主张，应当首先对漏判之罪和新犯之罪分别定罪量刑，然后将其与前一判决或前罪未执行的刑罚进行并罚。这实际是采用刑法第 71 条规定的“先减后并”的数罪并罚方法，虽简单易行，但却明显违背法律规定。

我们认为，对于依法既应适用“先并后减”方法又应采用“先减后并”方法予以并罚的数罪，无论是只采用“先并后减”方法进行并罚，还是单纯适用“先减后并”方法进行并罚，都违背刑法规定，且有枉、纵犯罪之弊。对于此类数罪的合并处罚，应采取分别判决、顺应并罚的方法，即在对漏判之罪和新犯之罪分别定罪量刑的基础上，对漏罪和新罪分别适用“先并后减”和“先减后并”的方法做出判决，并按照漏罪在先、新罪在后的顺序进行两次数罪并罚，所得结果即为整个数罪并罚的结果。

3. 在缓刑考验期内又犯新罪的合并处罚方法。根据刑法第 77 条的规定，被宣告缓刑的犯罪分子，在缓刑考验期限内又犯新罪的，应当撤销缓刑，对新犯的罪做出判决，把前罪和后罪所判处的刑罚，依照刑法第 69 条的规定，决定执行的刑罚。

4. 在假释考验期限内再犯新罪的合并处罚方法。根据刑法第 86 条的规定，被假释的犯罪分子，在假释考验期内又犯新罪的，应当撤销假释，依照刑法第 71 条的规定实行数罪并罚。这实际是按照刑法第 71 条规定的“先减后并”方法并罚。其中，如果被判处无期徒刑的犯罪分子被假释后，在考验期限内又犯新罪并且新罪被判处有期自由刑，则应按吸收原则，将后罪所判处的刑罚吸收，仍决定执行原判的无期徒刑；但若新罪被判处死刑（包括死缓），原判无期徒刑就被后者所吸收，应执行死刑或死缓。

第十七章　刑罚的执行

第一节　刑罚执行概述

一、刑罚执行的概念

刑罚执行，简称行刑，是指法律规定的刑罚执行机关，依法将发生法律效力的刑事裁判所确定的刑罚付诸实施，并解决由此产生的法律问题所进行的各种刑事司法活动。刑罚执行具有以下特征：

1. 刑罚执行的主体是法律规定的刑罚执行机关。在我国，监狱、法院、公安机关都是特定刑罚的执行机关。死刑缓期二年执行、无期徒刑、有期徒刑由监狱执行。拘役和剥夺政治权利由公安机关执行。罚金、没收财产、死刑立即执行由人民法院执行。人民检察院对执行机关执行刑罚的活动是否合法实行监督，可见，人民检察院是刑罚执行的监督机关，而不是刑罚执行机关。

2. 刑罚执行的对象是受刑人。根据责任主义的要求，只能就行为人实施的个人的行为对行为人进行非难，因此，罪责自负、禁止株连是现代刑法的必然要求。所谓受刑人，只能是因实施犯罪行为受刑罚处罚的人，在此意义上，受刑人与犯罪人具有同一性，不能对没有犯罪的人执行刑罚。

3. 刑罚执行的内容是将刑事裁判所决定的刑罚内容付诸实施。刑罚执行是一种刑事司法活动，具有一般刑事司法活动的共性。刑事司法活动主要包括刑事审判和刑罚执行两个阶段。刑事审判阶段的主要内容是解决定罪与量刑的问题，而作为刑事审判结果的宣告刑，其法律效力还有待于通过刑罚执行活动得以实现。所以刑罚执行的内容是使人民法院的刑事判决所确定的刑罚付诸实施，这也是刑罚执行不同于其他刑事司法活动的主要特点。

4. 刑罚执行的依据是发生法律效力的刑事裁判。根据刑事诉讼法的规定，判决和裁定在发生法律效力后执行。发生法律效力的判决和裁定是指已过法定期限没有上诉、抗诉的判决和裁定、终审的判决和裁定以及最高人民法院（以及被授权的高级人民法院）核准的死刑判决和高级人民法院核准的死刑缓期二年执行的判决。只有上述判决和裁定所确定的刑罚才能执行。

刑法中的刑罚执行区别于监狱法中的刑罚执行。首先，监狱法涉及的刑罚执行范围小于刑法中刑罚执行的范围。监狱法中的刑罚执行仅指有期徒刑、无期徒刑和死刑缓期二年的执行，而刑法中的刑罚执行则指所有刑罚的执行，包括主刑和附加刑的执行。其次，从内容上看，刑法主要规定刑罚执行的方法，而监狱法则侧重于对罪犯的教育改造和狱政管理等具体内容。刑罚执行是定罪与量刑的自然延伸，它不是消极地执行刑罚，而是把罪犯改造成为新人，通过对犯罪分子执行其被判处的刑罚，消除其人身危险性，实现一般预防和特殊预防的目的。所以，刑罚执行关系到刑事司法活动最终目的的实现，具有非常重要的意义。

二、刑罚执行的原则

刑罚执行的原则，是指在刑罚执行过程中应当遵循的基本准则。刑罚执行原则是从刑法基本原则中派生出来的，并且受一定刑事政策的制约。刑罚执行是受一定的刑法理念指导的，在刑罚执行问题上同样也反映了报应主义与预防主义的对立。报应主义将监狱视为为实现报应的场所，因此对犯罪人实行消极的关押，由此导致监狱行刑的失败。可见，单纯地强调惩罚的报应主义行刑思想是难以奏效的。预防主义，尤其是以刑事实证学派为代表的个别预防主义，主张对监狱制度进行改革，通过对犯罪人矫正消除其人身危险性，把行刑视为实现社会防卫目的的重要手段。但是，脱离了报应性，过分地强调行刑的矫正性，也是不妥当的。因此，在行刑过程中，应当把报应与预防结合起来，坚持惩罚与改造相统一的原则。

刑罚执行过程首先体现了对犯罪人的惩罚。行刑既然是刑罚的付诸实施，当然包含着惩罚的意蕴。刑罚执行就是要将这种惩罚落实到犯罪人身上，使之切实感受到犯罪后所得到的法律的否定评价。刑罚方法不同，惩罚的内容与严厉程度也就有所差别。生命刑的内容表现为剥夺生命，这是一种最严厉的刑罚。剥夺自由刑，由监狱把犯罪人监管起来，剥夺其人身自由。通过惩罚使其认识到罪有应得，这也是一种较为严厉的刑罚。限制自由刑，主要是通过限制犯罪人的人身自由，使其受到惩罚，这是一种较为轻缓的刑罚。财产刑和资格刑，通过剥夺犯罪人的一定财产或者资格，使其受到惩罚。以上无论何种刑罚的执行所带来的惩罚，都会加诸犯罪人一定的刑罚痛苦，都表现为对犯罪人的一定权益的剥夺。在这个意义上，行刑就是惩罚的现实化。

刑罚执行过程不仅是一个对犯罪人的刑罚过程，而且是一个对犯罪人改造的过程。改造，也就是矫正，这是现代行刑制度的应有之义，它以行刑个别化为基础。行刑个别化，又称处遇个别化，是指在对犯罪人进行分类的基础上，实行教育改造，包括采取各种处遇措施。犯罪人分类，是按照一定的标准，将服刑罚犯分成若干种类，实行分别关押、分类处遇。基于犯罪人的分类，实行处遇的类型化，即根据不同类型的犯罪人特征，采取不同的处遇措施，由此促进犯罪人的改造。改造体现了预防的要求，犯罪人并不只是犯罪行为的实施者，而且是犯罪人格的承载者，犯罪行为只不过是犯罪人格的外化。因此，单纯的惩罚并不能改变犯罪人格，只有采取各种有效的矫正措施，才能消除犯罪人的人身危险性，从而实现刑罚预防。

在刑罚执行过程中，惩罚体现了对犯罪的报应，而改造则体现了对犯罪的预防。在此，惩罚与改造是结合在一起的。首先，惩罚对于改造具有一定的制约性，这主要体现在：惩罚是改造的前提与限度。犯罪人只有在实施了犯罪并受到刑罚惩罚的情况下，才存在需要改造的问题。因此，改造依附于惩罚而存在，不能离开惩罚这个前提。同时，惩罚构成改造的限制条件，改造贯穿在惩罚过程中，但不能脱离惩罚而存在。例如，一般刑罚惩罚都有一定的期限，改造只能在这一期限内进行。即使犯罪人表现恶劣，只要没有再犯新罪就不能加刑，并且刑期届满应当依法释放。犯罪人在行刑期间表现出色，可以依法减刑或者假释，但减刑和假释都受到原判刑期的限制。从上述情况可知，司法机关是在对犯罪人惩罚的基础之上和范围之内实行改造的。其次，改造使惩罚成为一种积极有效的行刑活动而不是消极的报应。报应是对犯罪的机械反应，因此把行刑视为对犯罪人的单纯的监禁。改造理念之引入行刑活动，赋予刑罚执行以积极的内容，这就是通过矫正改造犯罪人，因而使行刑制度发生了革命性转变。现代监狱行刑从康复模式到重新回归模式，到后来新古典主义的惩罚模式抬头，可谓历经曲折。尽管如此，矫正的思想已经渗透到整个行刑活动，问题只是如何正确地协调惩罚与改造的关系而已。

由于具体刑罚的执行方法，已在刑罚的体系和种类一章中加以阐述，所以，本章仅涉及我国刑法规定的刑罚执行制度，即减刑、假释两种具体的刑罚执行制度。

第二节　减　　刑

一、减刑的概念

减刑，是指对被判处管制、拘役、有期徒刑或者无期徒刑的犯罪分子，因其在刑罚执行期间认真遵守监规，接受教育改造，确有悔改或者立功表现，而适当减轻其原判刑罚的制度。所谓减轻原判刑罚，既可以是将较重的刑种减为较轻的刑种，也可以是将较长的刑期减为较短的刑期。

减刑是在我国长期改造罪犯的实践中建立并逐步完善的一种刑罚执行制度。将减刑作为一种刑罚执行制度规定于刑法之中，是我国刑事立法的创举。减刑制度充分体现了惩办与宽大相结合、惩罚与教育相结合的刑事政策，对于鼓励犯罪分子加速改造，化消极因素为积极因素，实现刑罚的目的，具有积极的作用。

减刑与改判不同。改判是原判决在认定事实或者适用法律上确有错误时，依照第二审程序或者审判监督程序，撤销原判决，重新判决。它主要是刑事诉讼程序问题，是对原判决错误的纠正。减刑则是在肯定原判决的基础上，根据犯罪分子在刑罚执行期间的表现，按照法定条件和程序，将原判刑罚予以适当减轻。它是一种刑罚执行制度。

减刑与减轻处罚不同。减轻处罚是人民法院根据犯罪分子所具有的法定或者酌定减轻处罚情节，依法在法定刑以下判处刑罚。它属于刑罚裁量情节及其适用规则问题，其适用对象为判决确定前的未决犯。减刑则是在判决确定以后的刑罚执行期间，对正在服刑的犯罪分子，依法对原判刑罚予以适当减轻。它是一种刑罚执行制度，其适用对象为判决确定以后的已决犯。

二、减刑的条件

根据刑法第 78 条的规定，减刑分为可以减刑和应当减刑两种。可以减刑与应当减刑的对象条件和限度条件相同，只是实质条件有所区别。对于犯罪分子适用减刑，必须符合下列条件：

（一）对象条件

减刑的对象条件，是指减刑只适用于被判处管制、拘役、有期徒刑、无期徒刑的犯罪分子。它表明减刑的范围，仅受刑罚种类的限制，而不受刑期长短和犯罪性质的限制。只要是被判处上述四种刑罚之一的犯罪分子，无论其犯罪行为是故意犯罪还是过失犯罪，是重罪还是轻罪，是危害国家安全罪还是其他刑事犯罪，如果具备了法定的减刑条件，都可以减刑。

需要注意的是，在其他刑罚执行中，也存在减轻的问题。例如，死缓减刑，是由于犯罪分子在死缓期间没有故意犯罪，因而刑种发生变更，将死刑改为无期徒刑或者有期徒刑。这种死缓减刑虽然也具有减刑的性质，但它是死缓制度的内容之一，不同于我国刑法中的减刑制度。当然，死缓犯减为无期徒刑或者有期徒刑以后，符合减刑条件而被减刑的，可以视为减刑。罚金刑在执行中也涉及减轻的问题？我国刑法第 53 条规定：如果由于遭遇不能抗拒的灾祸缴纳罚金确实有困难的，可以酌情减少或者免除。但这种罚金的减轻不是因为受刑人有悔改或立功表现，而是依据其实际的负担能力而采取的变通的执行措施。此外，剥夺政治权利在执行中也存在减轻的问题，我国刑法第 57 条第 2 款规定：在死刑缓期执行减为有期徒刑或者无期徒刑减为有期徒刑的时候，应当把附加剥夺政治权利的期限改为 3 年以上 10 年以下。但这只是随着主刑的减轻而对附加刑的一种调整，而非通常意义上的减刑。因此，死缓减刑、罚金刑的减免、剥夺政治权利的减轻，均不属于刑法第 78 条规定的减刑制度的范围。

（二）实质条件

减刑的实质条件，因减刑的种类不同而有所区别。

1. 可以减刑的实质条件，是犯罪分子在刑罚执行期间认真遵守监规，接受教育改造，确有悔改表现，或者有立功表现。具体地说，在下列两种情形下，可以减刑：

一是犯罪人在执行期间，认真遵守监管法规，接受教育改造，确有悔改表现。根据 2012 年 1 月 17 日公布的最高人民法院《关于办理减刑、假释案件具体应用法律若干问题的规定》（以下简称《减刑、假释规定》），“确有悔改表现”是指同时具备以下四个方面情形：（1）认罪悔罪；（2）认真遵守法律法规及监规，接受教育改造；（3）积极参加思想、文化、职业技术教育；（4）积极参加劳动，努力完成劳动任务。

对罪犯在刑罚执行期间提出申诉的，要依法保护其申诉权利，对罪犯申诉不应不加分析地认为是不认罪悔罪。罪犯积极执行财产刑和履行附带民事赔偿义务的，可视为有认罪悔罪表现，在减刑时可以从宽掌握；确有执行、履行能力而不执行、不履行的，在减刑时应当从严掌握。

二是有立功表现。根据《减刑、假释规定》第 3 条的规定，具有下列情形之一的，应当认定为有“立功表现”：（1）阻止他人实施犯罪活动的；（2）检举、揭发监狱内外犯罪活动，或者提供重要的破案线索，经查证属实的；（3）协助司法机关抓捕其他犯罪嫌疑人（包括同案犯）的；（4）在生产、科研中进行技术革新，成绩突出的；（5）在抢险救灾或者排除重大事故中表现突出的；（6）对国家和社会有其他贡献的。需要研究的问题是：立功表现是否以认真遵守监规、接受教育改造为前提？换言之，如果并未认真遵守监规、接受教育改造，但有立功表现的，可否减刑？我们认为，只要犯罪人在执行期间具有立功表现的，就可以减刑。有立功表现的人通常以认真遵守监规、接受教育改造为前提，但也不排除没有这种前提的立功表现。正因为如此，刑法规定“可以”减刑。另外，如果立功以具有悔改表现为前提，那么，对立功条件的规定就实属多余了。

2. 应当减刑的实质条件，是犯罪分子在刑罚执行期间有重大立功表现。根据刑法第78条的规定和《减刑、假释规定》第4条的规定，具有下列情形之一的，应当认定为有“重大立功表现”：（1）阻止他人实施重大犯罪活动的；（2）检举监狱内外重大犯罪活动，经查证属实的；（3）协助司法机关抓捕其他重大犯罪嫌疑人（包括同案犯）的；（4）有发明创造或者重大技术革新的；（5）在日常生产、生活中舍己救人的；（6）在抗御自然灾害或者排除重大事故中，有特别突出表现的；（7）对国家和社会有其他重大贡献的。

（二）限度条件

减刑的限度，是指犯罪分子经过减刑以后，应当实际执行的最低刑期。具备减刑的条件的，便可以或者应当减刑。但是，减刑得有一定限度。如果减得过多，则违背罪刑相适应原则，有损法院判决的严肃性；如果减得过少，就难以对犯罪人的改造起鼓励作用，也丧失了减刑制度的意义。根据我国刑法第78条的规定，减刑以后实际执行的刑期不能少于下列期限：

1. 判处管制、拘役、有期徒刑的，不能少于原判刑期的1/2；

2. 判处无期徒刑的，不能少于13年；

3. 人民法院依照本法第50条第2款规定限制减刑的死刑缓期执行的犯罪分子，缓期执行期满后依法减为无期徒刑的，不能少于25年，缓期执行期满后依法减为25年有期徒刑的，不能少于20年。

所谓实际执行的刑期，是指判决执行后犯罪分子实际服刑的时间。如果判决前先行羁押的，羁押期应当计入实际执行的刑期之内。但这一理解，能否适用于对无期徒刑实际执行的刑期确定，值得研究。由于无期徒刑不存在把先行羁押的时间折抵刑期的问题，而且减刑不是对原判决的改判，而只是根据罪犯在服刑期间的表现对原判决确定的刑罚进行局部调整，由此决定了法院在作出将无期徒刑减为有期徒刑的裁决时不能再考虑先行羁押的时间折抵刑期的问题，所以无期徒刑实际执行的刑期就不能包括判决前先行羁押的时间。

三、减刑的时间、幅度与刑期计算

（一）减刑的时间、幅度

减刑的时间包括减刑的起始时间、减刑的间隔。减刑的起始时间，是指犯罪分子可以被初次适用减刑的最低服刑刑期。减刑的间隔，是指犯罪分子前后两次适用减刑之间的间隔时间。减刑的幅度，是指犯罪分子每一次被适用减刑可以减轻的刑期。

我国刑法未对减刑的起始时间、间隔和幅度作出明确规定，但为了保障既能充分发挥减刑的积极作用，又不使减刑被滥用，《减刑、假释规定》对于减刑的起始时间、间隔和幅度等问题作出了具体规定：

1. 有期徒刑罪犯在刑罚执行期间，符合减刑条件的，减刑幅度为：确有悔改表现，或者有立功表现的，一次减刑一般不超过1年有期徒刑；确有悔改表现并有立功表现，或者有重大立功表现的，一次减刑一般不超过2年有期徒刑。有期徒刑罪犯的减刑起始时间和间隔时间为：被判处5年以上有期徒刑的罪犯，一般在执行1年6个月以上方可减刑，两次减刑之间一般应当间隔1年以上。被判处不满5年有期徒刑的罪犯，可以比照上述规定，适当缩短起始和间隔时间。确有重大立功表现的，可以不受上述减刑起始和间隔时间的限制。有期徒刑的减刑起始时间自判决执行之日起计算。有期徒刑罪犯减刑时，对附加剥夺政治权利的期限可以酌减。酌减后剥夺政治权利的期限，不能少于1年。

2. 无期徒刑罪犯在刑罚执行期间，确有悔改表现，或者有立功表现的，服刑2年以后，可以减刑。减刑幅度为：确有悔改表现，或者有立功表现的，一般可以减为20年以上22年以下有期徒刑；有重大立功表现的，可以减为15年以上20年以下有期徒刑。无期徒刑罪犯经过一次或几次减刑后，其实际执行的刑期不能少于13年，起始时间应当自无期徒刑判决确定之日起计算。

3. 死刑缓期执行罪犯减为无期徒刑后，确有悔改表现，或者有立功表现的，服刑2年以后可以减为25年有期徒刑；有重大立功表现的，服刑2年以后可以减为23年有期徒刑。死刑缓期执行罪犯经过一次或几次减刑后，其实际执行的刑期不能少于15年，死刑缓期执行期间不包括在内。死刑缓期执行罪犯在缓期执行期间抗拒改造，尚未构成犯罪的，此后减刑时可以适当从严。被限制减刑的死刑缓期执行罪犯，缓期执行期满后依法被减为无期徒刑的，或者因有重大立功表现被减为25年有期徒刑的，应当比照未被限制减刑的死刑缓期执行罪犯在减刑的起始时间、间隔时间和减刑幅度上从严掌握。

4. 判处管制、拘役的罪犯，以及判决生效后剩余刑期不满1年有期徒刑的罪犯，符合减刑条件的，可以酌情减刑，其实际执行的刑期不能少于原判刑期的1/2。

5. 判处拘役或者3年以下有期徒刑并宣告缓刑的罪犯，一般不适用减刑。但罪犯在缓刑考验期限内有重大立功表现的，可以参照刑法第78条的规定，予以减刑，同时应依法缩减其缓刑考验期限。拘役的缓刑考验期限不能少于2个月，有期徒刑的缓刑考验期限不能少于1年。

6. 未成年罪犯的减刑，可以比照成年罪犯依法适当从宽。未成年罪犯能认罪悔罪，遵守法律法规及监规，积极参加学习、劳动的，应视为确有悔改表现，减刑的幅度可以适当放宽，起始时间、间隔时间可以相应缩短。

老年、身体残疾（不含自伤致残）、患严重疾病罪犯的减刑，应当主要注重悔罪的实际表现。基本丧失劳动能力、生活难以自理的老年、身体残疾、患严重疾病的罪犯，能够认真遵守法律法规及监规，接受教育改造，应视为确有悔改表现，减刑的幅度可以适当放宽，起始时间、间隔时间可以相应缩短。

（二）减刑的刑期计算

减刑后刑期的计算方法，因原判刑罚的种类不同而有所区别：对于原判管制、拘役、有期徒刑的，减刑后的刑期自原判决执行之日起算；原判刑期已经执行的部分，应计入减刑以后的刑期之内。对于原判无期徒刑减为有期徒刑的，刑期自裁定减刑之日起算；已经执行的刑期，不计入减为有期徒刑以后的刑期之内。对于无期徒刑减为有期徒刑之后，再次减刑的，其刑期的计算，则应按照有期徒刑罪犯减刑的方法计算，即应当从前次裁定减为有期徒刑之日算起。对于曾被依法适用减刑，后因原判决有错误，经再审后改判为较轻刑罚的，原来的减刑仍然有效，所减刑期，应从改判的刑期中扣除。

四、减刑的程序

根据刑法第 79 条的规定，对于犯罪分子的减刑，由执行机关向中级以上人民法院提出减刑建议书。人民法院应当组成合议庭进行审理，对确有悔改或者立功事实的，裁定予以减刑。非经法定程序不得减刑。

第三节　假　　释

一、假释的概念

假释，是指对于被判处有期徒刑、无期徒刑的犯罪人，在执行一定刑期之后，因其认真遵守监规，接受教育改造，确有悔改表现，没有再犯罪的危险，而附条件地将其予以提前释放，在假释考验期内若不出现法定的情形，就认为原判刑罚已经执行完毕的制度。假释制度体现了惩办与宽大相结合、惩罚与教育相结合的刑事政策，对于实现我国刑法的任务和目的，促进犯罪分子改过自新，具有积极的作用。

假释与释放不同。虽然二者都在形式上解除监禁，恢复受押人的人身自由，但在性质上是有区别的。假释是有条件地提前释放，还存在收监执行余刑的可能；而释放，无论是宣告无罪释放、刑罚执行完毕释放，还是赦免释放，都是无条件释放，不存在再执行的问题。

假释与减刑不同。二者虽然都是刑罚执行制度，且适用前提有相同之处，但仍在许多方面不同：(1) 适用范围不同。假释只适用于被判处无期徒刑和有期徒刑的犯罪分子；减刑适用于被判处管制、拘役、有期徒刑、无期徒刑的犯罪分子。(2) 适用次数不同。假释只能宣告一次；而减刑不受次数的限制，可以减刑一次，也可减刑数次。(3) 适用的条件不同。假释附有考验期，如果发生法定情形，就撤销假释；减刑没有考验期，即使犯罪分子再犯新罪，已减的刑期也不恢复。(4) 结果不同。对被假释人当即解除监禁，予以附条件释放；对被减刑人则要视其减刑后是否有余刑，才能决定是否释放，有未执行完的刑期的，仍需在监继续执行。

假释与缓刑不同。二者虽有许多相同点，都是有条件地不执行原判刑罚，都有一定的考验期，都以发生法定情形为撤销条件。但仍有许多明显的区别：(1) 适用范围不同。假释适用于无期徒刑和有期徒刑；缓刑只适用于拘役和3年以下有期徒刑。(2) 适用时间不同。假释是在刑罚执行过程中，根据犯罪分子的表现，以裁定做出的；缓刑则是在判决的同时宣告的。(3) 适用根据不同。适用假释的根据，是犯罪分子在刑罚执行中的表现以及假释后不致再危害社会的可能性；适用缓刑的根据，是犯罪分子的犯罪情节和悔罪表现以及适用缓刑确实不致再危害社会的可能性。(4) 不执行的刑期不同。假释必须先执行原判刑期的一部分，而对尚未执行完的刑期，附条件不执行；缓刑是对原判决的全部刑期有条件地不执行。

假释与监外执行不同：(1) 适用对象不同。假释只适用于无期徒刑和有期徒刑；监外执行则适用于有期徒刑和拘役。(2) 适用条件不同。假释适用于执行了一定刑期，认真遵守监规，接受教育改造，确有悔改表现，已不致再危害社会的犯罪分子；监外执行适用于因法定特殊情况不宜在监内执行的犯罪分子。(3) 收监条件不同。假释犯只有在假释考验期内发生法定情形，才能撤销假释；监外执行则在监外执行的法定条件消失，且刑期未满的情况下收监执行。(4) 期间计算不同。假释犯若被撤销假释，其假释的期间，不能计入原判刑期。

二、假释的适用条件

根据刑法第81条的规定，对犯罪分子适用假释，必须符合下列条件：

(一) 对象条件

假释的对象只能是被判处有期徒刑和无期徒刑的犯罪分子。假释是对犯罪分子附条件地提前释放，并在一定时期内保持继续执行未执行的部分刑罚的可能性。正是基于假释的这一基本特点，决定了假释只能适用被判处有期徒刑、无期徒刑的犯罪分子。其他种类的刑罚，或因性质决定而不存在假释可能

(死刑立即执行)，或因执行方式决定而不能直接适用假释（死刑缓期执行），或因刑期较短决定而不具有适用假释的实际意义（拘役），或因仅在监外执行、限制部分自由决定而没有必要适用假释（管制）。根据有关司法解释的规定，对死缓犯减为无期徒刑或者有期徒刑后，符合假释条件的，可以适用假释。

（二）刑期条件

根据我国刑法第81条和有关司法解释的规定，被判处有期徒刑的犯罪分子，执行原判刑期1/2以上，被判处无期徒刑的犯罪分子，实际执行13年以上，才可以适用假释。只有执行一定的刑期，才能比较准确地考察、判断犯罪分子是否认真遵守监规，接受教育改造，确有悔改表现，没有再犯罪的危险，以保证假释的准确性并取得预期的效果；而且只有如此，才能在对犯罪分子通过假释实行特殊预防的前提下，确保刑罚具有足够的威慑力以兼顾一般预防之刑罚目的的实现；也只有如此，使刑罚执行时间不至于太短，从未有助于维护法院判决的权威性和严肃性。

为了使适用假释有必要的灵活性，我国刑法第81条规定“如果有特殊情况，经最高人民法院核准，可以不受上述执行刑期的限制”。根据有关司法解释，所谓特殊情况，是指与国家、社会利益有重要关系的情况。

（三）实质条件

根据刑法第81条的规定，假释的实质条件是：犯罪分子认真遵守监规，接受教育改造，确有悔改表现，没有再犯罪的危险，假释后对其居住的社区没有重大不良影响。应从以下三个方面理解假释的实质条件：

1. 确有悔改表现。根据有关司法解释，“确有悔改表现”是指同时具备以下四个方面的情形：（1）认罪悔罪；（2）认真遵守法律法规及监规，接受教育改造；（3）积极参加思想、文化、职业技术教育；（4）积极参加劳动，努力完成劳动任务。对罪犯在刑罚执行期间提出申诉的，要依法保护其申诉权利，对罪犯申诉不应不加分析地认为是不认罪悔罪。罪犯积极执行财产刑和履行附带民事赔偿义务的，可视为有认罪悔罪表现，在假释时可以从宽掌握；确有执行、履行能力而不执行、不履行的，假释时应当从严掌握。

2. 没有再犯罪的危险。判断“没有再犯罪的危险”除符合刑法第81条规定的情形外，还应根据犯罪的具体情节、原判刑罚情况，在刑罚执行中的一贯表现，罪犯的年龄、身体状况、性格特征，假释后生活来源以及监管条件等因素综合考虑。

3. 假释后对其所居住的社区没有重大不良影响。根据《刑法修正案（八）》修订后的刑法第81条第3款“对犯罪分子决定假释时，应当考虑其假释后对所居住社区的影响”的规定也应当成为决定是否对犯罪分子假释的条件。相关司法解释也规定：提请假释的，应当附有社区矫正机构关于罪犯假释后对所居住社区影响的调查评估报告。所谓“对所居住社区的影响”，主要是指所居住社区的居民对将该犯罪分子在该社区假释的主观愿望以及该社区原有的社会治安状况。

另外，根据有关司法解释，把握适用假释的实质条件，还须特别注意以下问题：一是为了贯彻对未成年犯教育、感化、挽救的方针，对未成年犯的假释在掌握标准上可以比照成年犯依法适度放宽。未成年罪犯能认罪悔罪，遵守法律法规及监规，积极参加学习、劳动的，应视为确有悔改表现，符合刑法第81条第1款规定的，可以假释。二是老年、身体残疾（不含自伤致残）、患严重疾病罪犯的假释，应当主要注重悔罪的实际表现。基本丧失劳动能力、生活难以自理的老年、身体残疾、患严重疾病的罪犯，能够认真遵守法律法规及监规，接受教育改造，应视为确有悔改表现，假释后生活确有着落的，除法律和本解释规定不得假释的情形外，可以依法假释。三是对罪行严重的危害国家安全的罪犯，犯罪集团的首要分子、主犯、惯犯的假释，主要是根据他们的改造表现，同时也要考虑原判的情况，应当特别慎重，严格掌握。

（四）消极条件

对累犯以及因故意杀人、强奸、抢劫、绑架、放火、爆炸、投放危险物质或者有组织的暴力性犯罪被判处10年以上有期徒刑、无期徒刑的犯罪分子，不得假释。首先，不管对累犯所判处的是什么刑种与刑期，都不得假释。这是因为累犯是已经执行过刑罚又犯罪的，从其人身危险性来看，适用假释难以预防其再次犯罪。其次，对实施了故意杀人、强奸、抢劫、绑架、放火、爆炸、投放危险物质或者有组织的暴力性犯罪，并且被判处10年以上有期徒刑、无期徒刑的犯罪人，不得假释。最后，对于被判处10年以上有期徒刑、无期徒刑的暴力性犯罪人，即使减刑后其刑期低于10年有期徒刑，也不得假释。因为刑法第81条第2款明文规定，只要是因犯暴力性犯罪“被判处”10年以上有期徒刑、无期徒刑的，就不得假释。减刑以后，这些犯罪人只是“被裁定”减轻了刑罚，仍然属于“被判处”10年以上有期徒刑、无期徒刑的犯罪人，故不得假释。

三、假释的考验期及其考察

假释是附条件地提前释放，因而需要设立一定的考验期限，以便对假释罪犯继续进行监督改造。我国刑法第83条规定：“有期徒刑的假释考验期限，为没有执行完毕的刑期；无期徒刑的假释考验期为十年。假释考验期，从假释之日起计算。”

根据刑法第 84 条的规定，被宣告假释的犯罪分子，应当遵守下列规定：(1) 遵守法律、行政法规，服从监督；(2) 按照监督机关的规定报告自己的活动情况；(3) 遵守监督机关关于会客的规定；(4) 离开所居住的市、县或者迁居，应当报经监督机关批准。

根据刑法第 85 条的规定，对假释的犯罪分子，在假释考验期限内，依法实行社区矫正。

四、假释的法律后果

根据刑法第 85 条、第 86 条的规定，假释可能会出现以下法律结果：

1. 被假释的犯罪分子，在假释考验期限内没有刑法第 86 条规定的情形，即没有再犯新罪或者发现漏罪，或者违反法律、行政法规或者国务院公安部门有关假释的监督管理规定，假释考验期满，就认为原判刑罚已经执行完毕。

2. 被假释的犯罪分子，在假释考验期限内再犯新罪或者发现其在判决宣告以前还有其他罪没有判决的，应当撤销假释，分别依照刑法第 71 条、第 70 条的规定实行数罪并罚。

3. 被假释的犯罪分子，在假释考验期限内，有违反法律、行政法规或者国务院有关部门关于假释的监督管理规定的行为，尚未构成新的犯罪的，应当依照法定程序撤销假释，收监执行未执行完毕的刑罚。

犯罪分子被假释后，原判有附加刑的，附加刑仍须继续执行。原判有附加剥夺政治权利的，附加剥夺政治权利的刑期从假释之日起计算。

五、假释的程序

根据刑法第 79 条、第 82 条的规定，对于犯罪分子的假释，由执行机关向中级以上人民法院提出假释建议书。人民法院应当组成合议庭进行审理，对符合法定假释条件的，裁定予以假释。非经法定程序不得假释。

第十八章　刑罚的免除和消灭

第一节　刑罚的免除

一、刑罚免除的概念

刑罚的免除，也称免除刑罚、免除刑事处罚、免除刑罚处罚，是指对行为人的行为作有罪宣告，但对行为人免除刑罚处罚，即不判处任何刑罚。刑罚免除主要有以下两种情况：一是对行为作有罪宣告，不判处刑罚，但给予一定的非刑罚处罚；二是对行为作有罪宣告，既不判处刑罚，也不给予其他非刑罚处罚，即单纯宣告有罪。

刑罚免除虽然免除了刑罚处罚，但仍然是实现刑事责任的方式；仍然追究了犯罪人的刑事责任；所以，免除刑罚不意味着免予追究行为人的刑事责任。

刑罚免除以行为构成犯罪为前提，换言之，免除刑罚以原则上应当给予刑罚处罚为前提。如果行为不构成犯罪，不应当受刑罚处罚，那么，就只能是不处罚。

刑罚免除以具备刑法规定的免除刑罚的情节为前提，这种情节表明行为人罪行轻微，人身危险性小，即使不判处刑罚，也符合罪刑相适应原则，也能实现预防犯罪尤其是特别预防的目的。刑罚免除虽然以犯罪情节轻微为前提，却与刑法第13条但书所规定的“情节显著轻微危害不大的，不认为是犯罪”的情况具有本质区别。后者不构成犯罪，不能给予刑罚处罚，而不是免除刑罚的问题。

二、非刑罚处罚

（一）非刑罚处罚的概念

非刑罚处罚，是指对免除刑罚处罚的犯罪人，给予刑罚以外的实体上的处罚。这种处罚方法，称为非刑罚处罚方法，或非刑罚处理方法，如训诫、责令赔偿损失等。

非刑罚处罚方法，是实现刑事责任的非基本的次要方法。刑罚虽然是实现刑事责任的基本方法，但不是唯一方法，将刑罚视为实现刑事责任的唯一方法的观点，是绝对报应刑论、威吓刑论的产物。当今刑法理论认为，实现刑事责任的方法，除刑罚之外还有其他强制方法。因为刑罚目的是预防犯罪，包括特殊预防与一般预防，但犯罪千姿百态，罪行轻重各不相同，人身危险性各不一样，其中必然出现不需要判处刑罚的情况，刑法对免除处罚的规定本身就肯定了这一点。但是，刑事责任不能免除，为了更好地体现国家对犯罪人刑事责任的追究，为了伸张正义，为了保护法益，为了教育犯罪人，对于不需要判处刑罚但又需要适用其他强制方法的犯罪人，确有必要适用其他非刑罚的处罚方法。非刑罚处罚方法，也能体现对犯罪行为的否定评价和对犯罪人的严厉谴责，具备刑事责任实现方法的本质特征。因此，非刑罚处罚方法，是刑事责任的一种实现方式。

有观点认为，实现刑事责任的方法只能是刑罚，或者叫刑事制裁方法，免除处罚是解除刑事责任的方法，非刑罚处罚方法不能成为实现刑事责任的方法。事实上，"解除"刑事责任的含义并不明确；免除处罚不是对刑事责任的免除，只是对刑罚的免除。在免除处罚的情况下仍然追究了犯罪人的刑事责任；如果认为非刑罚处罚方法不是刑事责任的实现方式，那么，人民法院宣告行为构成犯罪，在免除刑罚处罚的同时给予非刑罚处罚，就不是追究刑事责任的活动了；如果认为非刑罚处罚方法不是实现刑事责任的方式，实现刑事责任的方法只能是刑罚，那么，刑罚就与刑事责任等同起来了，刑事责任的概念本身也丧失了意义。

无可否认，非刑罚处罚方法中，包括行政处罚、行政处分、责令赔偿损失等处罚方法，但对这些方法的认识不能表面化、绝对化。不能认为，在任何场合，只要适用这些方法的，就是行政责任、民事责任的实现方法而应当认为，当它们被用作追究犯罪人刑事责任的方法时，就是实现刑事责任的一种方法，况且这种方法也是刑法明文规定的。如果不这样认识，要么就自相矛盾——对构成犯罪的只追究行政责任、民事责任；要么就以结果否认前提——既然给予的是行政处分、民事制裁，其行为就不是犯罪行为。应当认识到，即使某些非刑罚处罚方法轻于行政责任、民事责任的实现方式，但从实质上、根据上看，从追究刑事责任事实上给犯罪人在社会生活上所造成的不利影响来看，刑事责任的实现方式（包括给予非刑罚处罚），一般总是重于其他法律责任的实现方式。

随着社会的不断进步，刑罚总是由重变轻，实现刑事责任的方法总是由单一化向多元化发展；刑事制裁概念不再等同于刑罚概念，也将成为历史发展的必然，非刑罚处罚方法也将由适用较少而发展为适用较多。虽然应当肯定这将是一个漫长的过程，但在目前肯定非刑罚处罚方法是刑事责任的实现方式，也属理所当然。

司法机关应当正确认识非刑罚处罚方法的意义，并正确适用非刑罚处罚方法。一方面，对免除刑罚处罚但需要给予非刑罚处罚的，应当给予一定的非刑罚处罚；另一方面，对本应判处刑罚的，也不能仅适用非刑罚处罚方法。

（二）非刑罚处罚方法的种类

刑法第37条规定："对于犯罪情节轻微不需要判处刑罚的，可以免予刑事处罚，但是可以根据案件的不同情况，予以训诫或者责令具结悔过、赔礼道歉、赔偿损失，或者由主管部门予以行政处罚或者行政处分。"又据《刑法修正案（九）》规定的"职业禁止"，非刑罚处罚方法包括以下六种方法：

1. 训诫

训诫，是指人民法院对犯罪人当庭予以批评、谴责，责令其改正，不再犯罪的方法。许多国家的刑法规定了训诫，其中有的规定为刑罚的一种，有的规定为保安处分措施。1956年，最高人民法院通过总结，将各地使用过的刑罚整理为10种，其中包括公开训诫。这说明了训诫的惩罚性。旧刑法与新刑法均将训诫规定为非刑罚处罚方法的一种，其基本内容与重要意义在于，通过有罪判决，宣布训诫，表明国家对犯罪行为的否定评价和对犯罪人的谴责态度，促使犯罪人认识自己犯罪行为的危害性，并保证不再犯罪。

关于训诫的方式，最高人民法院1964年1月18日《关于训诫问题的批复》曾指出："人民法院对于情节轻微的犯罪分子，认为不需要判处刑罚，而应予以训诫的，应当用口头的方式进行训诫。在口头训诫时，应当根据案件的具体情况，一方面严肃地指出犯罪人的违法犯罪行为，分析其危害性，并责令他努力改正，今后不再重犯；另一方面也要讲明被告人的犯罪行为尚属轻微，可不给予刑事处分。"事实上，训诫不仅可以采取口头的方式，而且可以采取书面的方式，后者的效果更为明显。

2. 责令具结悔过

责令具结悔过，是指人民法院责令犯罪人用书面方式保证悔改，不再犯罪。这一方式，促使犯罪人认识到自己行为的违法性质，承认自己的主观罪过，反思犯罪的思想根源，从而按照自己的保证改恶从善，重新做人。

关于责令具结悔过的适用方式，刑法没有明文规定。根据司法实践，既可以在宣告有罪判决后，要求犯罪人在一定期限内写出不再犯罪的书面保证；也可以让犯罪人事先写好悔罪书，在宣告有罪判决时当庭宣读；还可以将悔罪书印成多份，交给有关单位或基层组织，以示悔罪。

3. 责令赔礼道歉

责令赔礼道歉，是指人民法院责令犯罪人公开向被害人当面承认罪错，表示歉意，并保证今后不再侵犯被害人的法益。责令赔礼道歉，不同于一般意义上的赔礼道歉，并不表明行为人向被害人承担刑事责任，由于赔礼道歉由人民法院责令犯罪人实行，故仍然反映了国家对犯罪行为的否定评价和对犯罪人的谴责。这种方式对于促使犯罪人悔过自新，平息被害人及周围群众的愤怒，促进犯罪人与被害人及周围群众的和解，都具有重要意义。

赔礼道歉应当公开进行，既可以在宣判时公开向被害人赔礼道歉，也可以专门召开有关人员参加的会议由犯罪人公开道歉；既可以通过口头方式公开赔礼道歉，也可通过书面方式公开赔礼道歉。采取这种方式时，应当作成笔录，记录在档。

4. 责令赔偿损失

责令赔偿损失，是指由于犯罪行为侵害了被害人的法益，人民法院责令被告人给予被害人一定经济赔偿的处理方法。这种方法以没有给予刑罚处罚为前提，是实现刑事责任的一种方式。

刑法第 36 条规定："由于犯罪行为而使被害人遭受经济损失的，对犯罪分子除依法给予刑事处罚外，并应根据情况判处赔偿经济损失。承担民事赔偿责任的犯罪分子，同时被判处罚金，其财产不足以全部支付的，或者被判处没收财产的，应当先承担对被害人的民事赔偿责任。"本条规定的判决赔偿经济损失，是刑事附带民事诉讼的结果，换言之，判处赔偿经济损失，以给予刑罚处罚为前提，它仅适用于犯罪行为给被害人造成了经济损失的情况，基于同样的理由，判处赔偿经济损失不是实现刑事责任的方式，而是实现民事赔偿责任的方式。作为实现刑事责任方式的非刑罚处罚，以免除刑罚为前提，故本节的非刑罚处罚方法不包括刑法第 36 条规定的判处赔偿经济损失。

刑法第 37 条规定的责令赔偿损失，以免除刑罚为前提。在做出责令赔偿损失的判决前，被害人也可能提起了民事诉讼，但由于没有判处刑罚，责令赔偿损失实际上就不只是民事责任的实现方式，同时也是刑事责任的实现方式。责令赔偿损失适用于犯罪行为给被害人法益造成了侵害的情况，除了给被害人直接造成经济损失外，对犯罪行为侵害了被害人其他法益的，也可能通过赔偿损失给予补偿。换言之，责令赔偿损失，包括责令赔偿物质损失与补偿精神损害。对于补偿精神损害的范围，可参考民法的规定予以决定。责令赔偿损失并不以被害人提起民事诉讼为前提，在免除刑罚的情况下，即使被害人没有提起民事诉讼，人民法院也可以根据案件的具体情况责令赔偿损失。

不难看出，刑法第 36 条规定的判决赔偿经济损失，与刑法第 37 条规定的责令赔偿损失，具有重要区别。将二者等同视之的观点，并不可取。

5. 行政处罚与行政处分

行政处罚与行政处分，是指人民法院根据案件情况，向主管部门提出对犯罪人予以一定行政处罚或者行政处分的司法建议，并由主管部门具体确定的处理方法。这种方法的特点在于，不是由人民法院直接给予行政处罚或者行政处分，而是人民法院提出建议，由有关主管部门给予行政处罚或者行政处分。行政处罚与行政处分的种类很多，各种行政处罚与行政处分的决定部门并不相同。因此，主管部门，应是指有权对犯罪人做出行政处罚或行政处分的部门，而不仅指犯罪人的所在单位。所以，人民法院应该根据案件的性质与特点，向特定的主管部门，提出具体的有针对性的司法建议，而不是单纯地向犯罪人的所在单位提出建议。如人民法院认为需要给予勒令停业处分的，应向工商管理机关提出司法建议，人民法院认为需要给予记过处分的，应向犯罪人的所在单位提出司法建议。

6. 职业禁止

《刑法修正案（九）》规定了“职业禁止”，即在刑法第 37 条后增加 1 条，作为第 37 条之一规定：“因利用职业便利实施犯罪，或者实施违背职业要求的特定义务的犯罪被判处刑罚的，人民法院可以根据犯罪情况和预防再犯罪的需要，禁止其自刑罚执行完毕之日或者假释之日起从事相关职业，期限为三年至五年”；“被禁止从事相关职业的人违反人民法院依照前款规定作出的决定的，由公安机关依法给予处罚；情节严重的，依照本法第三百一十三条的规定定罪处罚”；“其他法律、行政法规对其从事相关职业另有禁止或者限制性规定的，从其规定。”

（三）非刑罚处理方法的适用条件

判处赔偿经济损失的范围，必须具备以下两个条件：（1）被害人的经济损失必须是由犯罪分子的犯罪行为所造成的，即犯罪分子的犯罪行为与被害人的经济损失之间具有刑法上的因果关系；（2）适用的对象是依法被判处刑罚的犯罪分子。

训诫、责令具结悔过、赔礼道歉、赔偿损失，由主管部门予以行政处罚或者行政处分适用，必须具备以下两个条件：（1）适用的对象是由于犯罪情节轻微不需要判处刑罚而被免除刑事处罚的犯罪分子；（2）根据案件的具体情况需要对犯罪分子给予适当的处理。如果根据案件的具体情况只需对犯罪分子单纯作有罪宣告而不必给予适当的处理，则不能适用上述非刑罚处理方法。

在适用非刑罚处理方法时应注意两个方面的问题：一是要防止对应该适用非刑罚处理方法的而不适用。即有的犯罪分子虽然因为犯罪情节轻微而被免予刑事处罚，但根据具体情况需要给予一定的非刑罚处理，而人民法院不予以非刑罚处理。这样做，就会使犯罪分子得不到应有的教育，被害人的合法权益得不到有效的保护。二是要防止对不该适用非刑罚处理方法的却适用。即有的犯罪分子应该被判处刑罚而人民法院对其适用非刑罚处理方法，以非刑罚处理方法代替刑罚。这样做，就会放纵犯罪分子，对预防犯罪产生不利影响。

第二节　刑罚的消灭

一、刑罚消灭的概念

刑罚消灭，是指由于法定的或事实的原因，针对特定的犯罪人的刑罚权归于消灭。首先，刑罚消灭是以犯罪的成立为前提的，无犯罪即无刑罚，无刑罚也就不存在刑罚的消灭。其次，刑罚消灭是针对特定犯罪人的刑罚权归于消灭。刑罚权是国家对犯罪人适用刑罚，借以惩罚犯罪人的权力，它包括制刑权、求刑权、量刑权与行刑权四个方面的内容。制刑权是国家创制刑罚的权力，属于国家刑事立法权的一部分；求刑权也称起诉权，是请求对犯罪人予以刑罚惩罚的权力，它主要表现为公诉形式，在个别犯罪中也表现为自诉形式；量刑权是国家审判机关裁量并决定刑罚的权力；行刑权就是国家对犯罪人执行刑罚的权力。刑罚消灭，是指求刑权、量刑权和行刑权的消灭，至于刑罚权中的制刑权，作为立法权的组成部分，对特定的犯罪人而言，是在任何情况下都不可能消灭的。

二、刑罚消灭的法定原因

刑罚消灭，必须以一定的法定事由为前提。从各国立法例来看，导致刑罚消灭的法定原因大致有以下几种情况：

1. 刑罚执行完毕。刑罚执行完毕后，因再无执行的理由，其行刑权便归于消灭。

2. 缓刑考验期满。被宣告缓刑的犯罪人，在缓刑考验期限内没有法定撤销缓刑的情形，缓刑考验期满后，原判刑罚不再执行，行刑权便归于消灭。

3. 假释考验期满。被假释的犯罪人，在假释考验期限内没有法定撤销假释的情形，假释考验期满，即视为刑罚执行完毕，行刑权归于消灭。

4. 犯罪人死亡。如果犯罪人起诉前死亡，求刑权消灭；如果犯罪人在判决确定前死亡，量刑权消灭；如果犯罪人在刑罚执行过程中死亡，行刑权一般也归于消灭。

5. 超过时效期限。犯罪发生后，司法机关超过追诉时效而未追诉，求刑权归于消灭。刑罚宣告后，超过行刑时效而未执行，行刑权归于消灭。

6. 赦免。赦免包括大赦和特赦，实行赦免可以导致行刑权的消灭。

我国的刑罚消灭制度，是指法律所规定的各种导致刑罚消灭事由的制度。它的具体内容较为分散。由于刑罚执行完毕而导致的刑罚消灭，主要属于监狱学研究的问题；由于犯罪人死亡而导致的刑罚消灭，一般属于刑事诉讼法研究的范围；至于由于缓刑和假释考验期满而导致的刑罚消灭，尽管是属于刑法学研究的范围，但因为分别与缓刑制度和假释制度联系紧密，故而通常为缓刑制度和假释制度所包容。所以，本章刑罚消灭所要研究的内容，只是我国刑罚消灭制度中的一部分，即时效和赦免制度。

第三节　时　　效

一、时效的概述

（一）时效的概念

时效，是指经过一定的期限，对犯罪不得追诉或者对所判刑罚不得执行的一项制度。时效分为追诉时效和行刑时效两种。追诉时效，是指依法对犯罪分子追究刑事责任的有效期限。在法定的期限内，司法机关有权追究犯罪分子的刑事责任；超过这个期限，除法定最高刑为无期徒刑、死刑的，经最高人民检察院特别核准必须追诉的以外，都不得再追究犯罪分子的刑事责任；已经追究的，应当撤销案件，或者不起诉，或者终止审理。行刑时效，是指法律规定对被判处刑罚的犯罪分子执行刑罚的有效期限。判处刑罚而未执行，超过法定执行期限，刑罚就不得再执行。

各国刑法一般即规定追诉时效，也规定行刑时效，我国刑法只规定了追诉时效，而未规定行刑时效。

（二）时效的意义

我国刑法设立时效（即追诉时效）制度，具有以下主要意义：

1. 有利于实现刑罚的目的。对犯罪分子适用刑罚的目的在于预防犯罪。如果犯罪分子在犯罪后经过一定时期没有受到追诉并没有再犯罪，就说明他已经改恶从善，成为无害于社会的人。若这时再对他进行追诉，从特殊预防的角度来看，已无必要。从一般预防的角度来看，对犯罪惩办越快，警戒社会上不稳定分子的作用越大。如果在犯罪行为对社会的危害性已经消失的情况下，再对犯罪分子进行追诉，就很难收到适用刑罚的效果。

2. 有利于司法机关集中打击现行犯罪。现行犯罪直接危害着社会主义现代化建设和人民群众的生命、财产安全，因此，打击现行犯罪，历来是司法机关的头等重要任务。而历史上的案件随着时间的推移和环境的变迁，各种证据可能散失，某些反映案件事实情况的材料不易搜集，一些了解案情的人也因死亡或下落不明或记忆不清，不能准确地提供案件的有关情况。所有这些都给侦查、起诉和审判工作带来很大困难。刑法规定时效制度，就可以使司法机关摆脱难以查清而又现实意义不大的陈年老案的拖累，集中力量办理现行案件。

3. 有利于社会安定团结。在刑事案件中，有一部分是人民群众之间发生的轻微犯罪案件。其社会危害性较轻，而且经相当长时间没有提起诉讼，有的经过调解或因时过境迁，被害人和犯罪人之间的宿怨已经消释，重归于好，规定时效制度，就可以稳定这种社会关系。否则就可能使人民内部已经稳定的和睦关系再度陷于紧张，不利于人民内部的安定团结。

总之，我国刑法规定的时效制度，不仅不会放纵犯罪，而且可以更为有效地惩罚犯罪；不仅不会削弱法律的严肃性，而且能够增强法律的严肃性、所以，时效制度是从国家利益和人民利益出发，强化与犯罪有效斗争的制度。

二、追诉期限

追诉时效期限的长短，应当与犯罪的社会危害性程度、刑罚的轻重相适应。根据刑法第 87 条规定，犯罪经过下列期限不再追诉：

1. 法定最高刑为不满 5 年有期徒刑的，经过 5 年。

2. 法定最高刑为 5 年以上不满 10 年有期徒刑的，经过 10 年。

3. 法定最高刑为 10 年以上有期徒刑的，经过 15 年。

4. 法定最高刑为无期徒刑、死刑的，经过 20 年。如果 20 年以后认为必须追诉的，须报请最高人民检察院核准。

根据有关司法解释，刑法第 87 条按照罪与刑相适应的原则，将追诉期限分别规定为长短不同的四档，因此，根据所犯罪行的轻重，应当分别适用刑法规定的不同条款或相应的量刑幅度，按其法定最高刑来计算追诉期限。具体而言，应分别按以下三种情况，具体计算追诉期限：（1）如果所犯罪行的刑罚，分别规定有几条或几款时，即按其罪行应当适用的条或款的法定最高刑计算；（2）如果是同一条文中，有几个量刑幅度时，即按其罪行应当适用的量刑幅度的法定最高刑计算；（3）如果只有单一的量刑幅度时，即按此条的法定最高刑计算。虽然案件尚未开庭审判，但是，经过认真审查案卷材料和必要的核实案情，在基本事实查清的情况下，已可估量刑期，计算追诉期限。

根据最高人民法院、最高人民检察院《关于不再追诉去台人员在中华人民共和国成立前的犯罪行为的公告》和《关于不再追诉去台人员在中华人民共和国成立后当地人民政权建立前的犯罪行为的公告》，对去台人员过去所犯罪行是否追诉，应分别以下不同情况办理：（1）对去台人员在中华人民共和国成立前，或者在中华人民共和国成立后、犯罪地地方人民政权建立前所犯罪行，不再追诉。（2）去台人员在中华人民共和国成立后、犯罪地地方人民政权建立前犯有罪行，并连续或继续到当地人民政权建立后的，追诉期从犯罪行为终了之日起计算。凡符合刑法第87条规定的，不再追诉。其中法定最高刑为无期徒刑、死刑的，经过20年，也不再追诉。如果认为必须追诉的，由最高人民检察院核准。（3）对于去我国台湾地区以外其他地区和国家的人员在中华人民共和国成立前，或者在中华人民共和国成立后、犯罪地地方人民政权建立前所犯的罪行，分别按照上述两项的规定办理。

已过追诉期限的案件，不再追究犯罪分子的刑事责任，但是，对其非法所得或者因犯罪造成的经济损失，仍应按照刑法第64条和第37条规定的精神处理。

三、追诉期限的起算

关于追诉期限的起算，我国刑法第89条第1款规定：“追诉期限从犯罪之日起计算；犯罪行为有连续或者继续状态的，从犯罪行为终了之日起计算。”所谓“犯罪之日”，应理解为犯罪成立之日。具体而言，对行为犯应从犯罪行为实施之日起计算；对结果犯应从犯罪结果发生之日起计算；对结果加重犯应从严重后果发生之日起计算；对预备犯、未遂犯、中止犯，应分别从犯罪预备、犯罪未遂、犯罪中止成立之日起计算。所谓“犯罪行为有连续或者继续状态的”，是指连续犯和继续犯，其追诉期限从犯罪行为终了之日起计算。为了防止犯罪分子利用时效制度逃避法律制裁，我国刑法规定了时效中断和时效延长。

关于时效中断，刑法第89条第2款规定：“在追诉期限以内又犯罪的，前罪追诉的期限从犯后罪之日起计算。”即在追诉期限以内又犯罪的，前罪所经过的时效期间便归于无效，前罪的追诉期限从犯新罪之日起重新计算。这在刑法理论上称为时效中断。

关于时效延长，刑法第88条第1款规定：“在人民检察院、公安机关、国家安全机关立案侦查或者在人民法院受理案件以后，逃避侦查或者审判的，不受追诉期限的限制。”第88条第2款规定：“被害人在追诉期限内提出控告，人民法院、人民检察院、公安机关应当立案而不予立案的，不受追诉期限的限制。”也就是说，在司法机关立案侦查或者受理案件以后，犯罪分子逃避侦查或者审判的，或者被害人在追诉期限内提出控告，司法机关应当立案而不予立案的，不受追诉期限的限制，无论逃避状态持续多久，也无论应当立案而不予立案的状态持续多久，都可以对犯罪分子进行追诉。这在刑法理论上称为时效延长。

第四节　赦　　免

一、赦免的概念

赦免，是国家对于犯罪人宣告免予追诉或者免除执行刑罚的全部或者部分的法律制度。赦免分为大赦和特赦两种。大赦，是指国家对不特定的多数犯罪人的赦免。其效力及于罪与刑两个方面，即对宣布大赦的犯罪，不再认为是犯罪，对实施此类犯罪者，不再认为是犯罪人，因而也不再追究其刑事责任。已受罪刑宣告的，宣告归于无效；已受追诉而未受罪刑宣告的，追诉归于无效。特赦，是指国家对特定的犯罪人的赦免，即对于受罪刑宣告的特定犯罪人免除其刑罚的全部或部分的执行。这种赦免只赦其刑，不赦其罪。一般而言，大赦与特赦的主要区别是：（1）大赦是赦免一定种类或不特定种类的犯罪，特赦是赦免特定的犯罪人。（2）大赦既可实行于法院判决之后，也可实行于法院判决之前，特赦只能实行于法院判决之后。（3）大赦既可赦其罪，又可赦其刑，特赦只能赦其刑。（4）大赦后再犯罪不构成累犯；特赦后再犯罪的，如果符合累犯条件，则构成累犯。

大赦、特赦通常由国家元首或最高权力机关以命令的形式宣布。这种命令称为大赦令、特赦令，大赦、特赦完毕，命令便自然失效。

二、我国的特赦

我国 1954 年宪法规定了大赦和特赦，但在实践中并没有使用过大赦。以后的宪法都只规定特赦，没有规定大赦。因此，刑法第 65 条、第 66 条所说的赦免，都是指特赦减免。根据现行宪法第 67 条、第 80 条的规定，特赦由全国人民代表大会常务委员会决定，由国家主席发布特赦令。

新中国成立以来，我国共实行了八次特赦：前七次特赦分别于 1959 年、1960 年、1961 年、1963 年、1964 年和 1966 年对确认改恶从善的蒋介石集团、伪满洲国和伪蒙疆自治政府的战犯进行赦免，直至 1975 年赦免全部在押战犯，给予公民权。第八次是 2015 年 8 月 29 日，根据主席特赦令，对依据 2015 年 1 月 1 日前人民法院作出的生效判决正在服刑，释放后不具有现实社会危险性的四类罪犯实行特赦：一是参加过中国人民抗日战争、中国人民解放战争的；二是中华人民共和国成立以后，参加过保卫国家主权、安全和领土完整对外作战的，但犯贪污受贿犯罪，故意杀人、强奸、抢劫、绑架、放火、爆炸、投放危险物质或者有组织的暴力性犯罪，黑社会性质的组织犯罪，危害国家安全犯罪，恐怖活动犯罪的，有组织犯罪的主犯以及累犯除外；三是年满 75 周岁、身体严重残疾且生活不能自理的；四是犯罪的时候不满 18 周岁，被判处 3 年以下有期徒刑或者剩余刑期在 1 年以下的，但犯故意杀人、强奸等严重暴力性犯罪，恐怖活动犯罪，贩卖毒品犯罪的除外。

从这八次实行特赦的情况来看，我国的特赦具有以下特点：

1. 特赦的对象基本上只限于战争罪犯。除第一次特赦包括部分反革命罪犯与普通刑事犯外，其他几次特赦的对象大都是战争罪犯。第八次特赦限定为两类特殊类型罪犯：一类是正在服刑的在新中国成立前或新中国成立后参加过保家卫国和反侵略正义战争的人员；另一类是“一老一少”正在服刑的罪犯，

2. 特赦的范围是一类或几类犯罪人，而不是个别犯罪人。

3. 被特赦的不是刑罚尚未开始执行的犯罪人，而是服刑改造了一定期限、并且经过评估认定释放后不具有现实社会危险性的服刑罪犯：一是正在服刑的罪犯，即已经服刑改造了一段时间；二是释放后不具有现实社会危险性，有现实社会危险性的服刑罪犯不能特赦。这两个条件必须同时具备，缺一不可。

4. 特赦的效力只及于刑而不及于罪。即特赦的效力只是免除执行剩余刑罚或者减轻原判刑罚，不是免除执行全部刑罚，更不是使宣告刑与有罪宣告无效。

我国的特赦，是惩办与宽大相结合、惩罚与教育相结合政策的一种具体体现，符合刑罚的目的。实践证明，实行特赦，对于鼓励犯罪分子努力改造，分化瓦解犯罪分子，化消极因素为积极因素，具有重要的作用。

刑法各论

第十九章　刑法各论概说

刑法各论体系，是指刑法各论根据一定的标准和规则，对所规定的各类犯罪及其所包含的各种具体犯罪，按照一定次序排列而形成的有机体。把握刑法各论的体系，是研究各类犯罪和各种具体犯罪的基础。

第一节　刑法各论的研究对象及意义

一、刑法各论的研究对象

刑法各论，是以具体犯罪及其刑事责任为研究内容的理论，故也称罪刑分论。由此可以认为，刑法各论的研究对象是规定具体犯罪及其刑事责任的法律规范即主要是刑法分则（广义），其范围包括刑法典分则、单行刑法与附属刑法。

刑法分则即《中华人民共和国刑法》第二编，它与第一编总则的关系是具体与抽象、特殊与一般的关系。即分则具体体现总则，总则以分则为依托，同时又指导、补充分则，因此对于刑法分则规定的具体犯罪的构成要件以及法定刑的理解及适用，都必须以总则的规定为指导；分则条文没有明确规定具体犯罪的某一构成要件如主体要件时，应依照总则的规定予以补充。

单行刑法通常只是规定具体犯罪及其刑事责任，与刑法分则基本上可以说是并列平行关系，因而属于广义刑法分则的组成部分。刑法第 101 条规定："本法总则适用于其他有刑罚规定的法律，但是其他法律有特别规定的除外。"因此，对单行刑法的理解和适用，原则上也要以刑法总则规定为指导和补充。例如，理解与适用《关于惩治骗购外汇、逃汇和非法买卖外汇的决定》应以新刑法典总则规定为指导、补充。但是，由于单行刑法一般为特别法而刑法典属于普通法，故在行为同时触犯单行刑法与刑法分则时，或者单行刑法有总则性特别规定时，应根据特别法优于普通法的原则适用单行刑法。

附属刑法也都是关于具体犯罪及其刑事责任的规定，也属于特别刑法。根据刑法第 101 条的规定，对附属刑法的适用原则上也应以刑法典总则为指导和补充。当附属刑法起到补充、修改刑法典分则的作用时，同样应根据特别法优于普通法的原则来解决法律适用问题。

二、刑法各论的研究意义

刑法各论研究对于刑事司法、刑事立法与刑法理论，都具有十分重要的意义。

（一）对刑事司法上正确定罪量刑的意义

司法机关在办理刑事案件时，首先要做的是区分罪与非罪。刑法总则虽然对犯罪概念、犯罪构成作了一般规定，但仅仅根据总则的这些规定还不能完全解决罪与非罪的问题。因为案件总是具体的，因此要区分罪与非罪，必须把握各种具体犯罪的概念与特征，掌握具体犯罪与非犯罪的区分标准，而刑法分则的规定中就包含有区分罪与非罪的具体标准。例如，根据刑法第 257 条的规定，是否使用暴力，是区分暴力干涉婚姻自由罪与一般干涉婚姻自由行为界限的标准；按照刑法第 389 条的规定，是否为谋取不正当利益，是区分行贿罪与非犯罪行为的标准。可见，只有研究了刑法分则的规定，才能正确掌握区分罪与非罪的具体标准。

区分此罪与彼罪是定罪的重要内容之一。但刑法总则不可能规定区分此罪与彼罪的具体标准，只有研究了刑法分则，明确各种具体犯罪的概念与构成要件；并且比较有关犯罪的构成要件特征后，才能搞清楚此罪与彼罪的区别。例如，故意杀人罪与故意伤害罪、强奸罪与强制猥亵罪、职务侵占罪与贪污罪、玩忽职守罪与重大责任事故罪等等，其区别就在于构成要件不同，或者是主观方面不同，或者是客观方面不同，或者是主体不同，或者是客体不同。此外，刑法分则还对一些此罪与彼罪的区分作了特殊规定。例如根据刑法第 247 条的规定，司法工作人员对犯罪嫌疑人实行刑讯逼供，如果致人伤残、死亡的，就是故意伤害罪、故意杀人罪，没有造成这种结果的，就定刑讯逼供罪。因此，如果不研究刑法分则，就不可能正确区分此罪与彼罪，就不能正确定罪。

量刑是刑事司法工作的另一重要环节。而刑法总则只规定了刑罚的种类即量刑的一般原则，所以根据总则的规定还不能对具体犯罪正确裁量刑罚。只有研究刑法分则后，才能正确量刑；因为分则根据各种具体犯罪的社会危害性程度，规定了相应的法定刑，有的分则条文还就同一种犯罪规定了几个量刑幅度，并且指明了适用各个量刑幅度的基本条件。刑法各论的研究内容中包括分则对法定刑的规定、适用各个量刑幅度的基本条件以及各种具体情节对量刑的意义，故刑法各论研究有助于对罪犯判处适当的刑罚。

（二）对刑事立法的修改与完善的意义

刑法各论研究除了解释分则规范外，还包括说明各项刑法规范的立法理由与目的，并针对现行刑法的不当与疏漏之处，进行补正解释或提出修改与完善的建议。因此，刑法各论研究无疑有助于刑法本身的协调与完善。前些年，立法机关参考刑法各论的研究成果，颁布了不少单行刑法。其中大多是对旧刑法典分则的修改与补充，故 1997 年修订刑法典时将这些过去制定的单行刑法的大部分纳入新的刑法典分则。由此表明刑法各论研究对刑事立法的修改与完善所具有的重要意义。

（三）对理解和发展刑法原理的意义

如前所述，刑法总论所研究的是犯罪与刑事责任的一般原理。但从人类的认识过程看，开始总是认识具体的、个别的事物或现象，然后逐步扩大到认识抽象的、一般的事物或现象；再以这种一般认识为指导，进一步认识各种具体的、个别的事物或现象，这种具体、个别的认识又反过来丰富和发展一般认识。正如毛泽东同志所说的："这是两个认识过程：一个是从特殊到一般，一个是从一般到特殊。人类的认识总是这样循环往复地进行，而每十次的循环往复（只要是严格地按照科学的方法）都可以使人类的认识提高一步，使人类的认识不断深化。"刑法各论与总论研究关系，反映了人类认识的这种规律性。

研究刑法各论，是以总论的原理为指导，去认识具体犯罪的规律、特征及法律后果，这无疑有助于加深对总论或刑法原理的理解。例如，研究了具体犯罪的概念、构成要件及形态等问题，有助于加深对总论中的犯罪概念、犯罪构成、犯罪形态等原理的理解；研究了具体犯罪的法定刑与量刑原则，就可以加深对总论中的刑罚体系、种类、量刑原则等原理的理解。并且，刑法各论研究还有助于丰富和发展总论的原理。总论本身是在刑法各论研究的基础上形成的，在以总论为指导进行刑法各论研究时，可以使总论得到进一步丰富和发展。例如刑法总论中的罪数理论、定罪理论、单位犯罪等，就是在刑法各论研究的基础上形成和发展起来的。

三、刑法总则与分则的关系

我国刑法分为两编，第一编是总则，第二编是分则。刑法分则和刑法总则一样，都是我国刑法的有机组成部分。刑法总则规定的是刑法的任务、基本原则、适用范围、犯罪概念、刑事责任和刑罚的种类、刑罚的适用等问题，即犯罪与刑罚的一些普遍性的问题，而刑法分则规定的则是具体的罪名、犯罪行为及其处罚的问题，即是犯罪与刑罚的特殊性问题。没有刑法总则规定的犯罪与刑罚的一般原理、原则，刑法分则的规定就失去了根据，成了无本之木；没有刑法分则关于犯罪与刑罚的具体规定，刑法总则规定的犯罪与刑罚的一般原理、原则就不能实现。可见，刑法总则与刑法分则的关系，是一般与特殊、抽象与具体的关系。

正确定罪，必须以刑法总则的规定为指导。某行为是否构成犯罪，取决于其是否具备构成犯罪的条件。刑法总则规定了构成犯罪的一般条件，刑法分则规定了各具体犯罪的构成条件。虽然犯罪行为都是具体的，但认定某行为是否构成犯罪，仅仅根据刑法分则规定的具体犯罪构成要件还不能解决问题，还必须首先以刑法总则规定的一般犯罪构成要件为根据。例如某人杀害他人之后，仅仅根据刑法第 232 条还不能对其定罪。必须首先考察其行为时是否年满 14 周岁，精神是否正常。如果行为人未满 14 周岁，或者虽然已满 14 周岁，但因患精神病而不能辨认或控制自己的行为，则不能依照刑法第 232 条定故意杀人罪。又如某人的行为导致了国家财产的重大损坏，但依据当时的情况断定，行为人对于自己行为造成的结果，并不存在故意，那就不能依照刑法第 275 条定故意毁坏财物罪，而应视为刑法第 16 条规定的意外事件。如果认定犯罪不以刑法总则的规定为指导，必然会混淆罪与非罪、此罪与彼罪的界限。定罪有误，量刑必定失当。即使定罪正确，如果不以刑法总则关于刑罚的一般规定为指导，也难以做到量刑适当。例如，刑法总则第 61 条规定了量刑的一般原则。对任何犯罪裁量决定刑罚时，都必须以该原则为指导，根据犯罪的事实、犯罪的性质、犯罪的情节和对于社会的危害程度，依照刑法的有关规定，决定对犯罪人适用的刑罚。又如，刑法总则规定了数罪并罚的原则，在处理任何一个一人犯数罪的案件时，都必须以此原则为指导。再如，刑法总则有累犯从重，自首从轻等一系列从宽处罚、从严处罚的规定。在处理任何一种具体犯罪时，都必须根据刑法总则的这些规定，看其是否具备这些从宽处罚、从严处罚的情节，并且在量刑时予以充分考虑。如果处理具体犯罪案件时无视刑法总则的上述规定，要想正确量刑是不可想象的。总之，刑法总则和刑法分则是紧密联系，缺一不可的。在对任何具体案件定罪量刑时，都必须注意把总则和分则的有关规定有机地结合起来，统一考虑。

第二节　刑法分则的体系

刑法分则体系，是指刑法分则根据一定的标准和规则，对所规定的各类犯罪及其所包含的各种具体犯罪，按照一定次序排列而形成的有机体。把握刑法分则的体系，是研究各类犯罪和各种具体犯罪的基础。

一、犯罪的分类排列及其依据

各国刑法对于分则所规定的具体犯罪的分类，不但标准不同，而且繁简与多少也有所不同。有的国家分类比较简单，有的国家分类繁琐。我国刑法分则对犯罪采用的是简明的分类方法，将犯罪共分为10类，依次是：危害国家安全罪；危害公共安全罪；破坏社会主义市场经济秩序罪；侵犯公民人身权利、民主权利罪；侵犯财产罪；妨害社会管理秩序罪；危害国防利益罪；贪污贿赂罪；渎职罪；军人违反职责罪。

我国刑法分则对犯罪进行分类的标准是犯罪的同类客体，对各类犯罪以及各种具体犯罪的排列标准主要是犯罪的同类客体及其社会危害程度。

（一）以同类客体为标准对犯罪进行分类

犯罪的同类客体，是指某一类犯罪所共同侵犯的我国社会主义社会关系的某一方面。同类客体揭示的是同一类型犯罪在客体方面的共同本质，即一类犯罪不同于其他类型犯罪的危害性质，并在相当程度上反映出各类犯罪不同的危害程度。我国刑法分则所规定的10类犯罪，正是根据同类客体划分的结果。如背叛国家罪、分裂国家罪、煽动分裂国家罪等具体犯罪，共同侵犯的是国家安全这方面的社会关系，因而将它们归为危害国家安全罪。放火罪、决水罪、爆炸罪、投放危险物质罪等具体犯罪，共同侵犯的是社会的公共安全，因而将它们归为危害公共安全罪。生产、销售伪劣产品罪、生产、销售假药罪、生产、销售劣药罪等具体犯罪，共同侵犯的是我国社会主义市场经济秩序这方面的社会关系，因而将它们归为破坏社会主义市场经济秩序罪。故意杀人罪、过失致人死亡罪、故意伤害罪、过失致人重伤罪、强奸罪等具体犯罪，共同侵犯的是公民人身权利、民主权利这一方面的社会关系，因而将它们归为侵犯公民的人身权利、民主权利罪。抢劫罪、盗窃罪、诈骗罪、抢夺罪等具体犯罪，共同侵犯的是公私财产所有权这方面的社会关系，因而将它们归为侵犯财产罪。如此等等。其他各类犯罪分类的根据，也基于同样的道理。

我国刑法分则根据同类客体对犯罪进行分类，是一种科学的犯罪分类法，为构建我国刑法分则体系奠定了良好的基础。

（二）以犯罪的危害程度为标准对各类、各种犯罪进行排列

在对犯罪进行科学的分类基础上，恰当合理地依次排列各类以及各种犯罪，也是建立科学的刑法分则体系的另一个重要方面。我国刑法分则对各类、各种犯罪，一般主要是根据犯罪的危害程度，采取由重到轻的顺序排列，并使之与犯罪分类法相结合，建构分则体系。

首先，各类罪的排列一般主要是以社会危害程度的大小进行的，刑法分则

共包括10类犯罪，这10类犯罪就是主要根据各类犯罪的社会危害性的大小，由重到轻依次排列，危害国家安全罪侵犯的是国家安全，而国家安全是我国的根本利益，是最重要的社会关系，因此，这类犯罪的社会危害性最为严重，所以，将其排在各章之首。危害公共安全罪侵犯的是社会的公共安全，其社会危害程度仅次于危害国家安全罪，因此，这类犯罪紧随危害国家安全罪之后。刑法分则第三章至第十章的排列，基本上与上述原理相同。类罪的先后排列顺序所表明的社会危害程度的大小，是从总体上而言的，并不意味着排在前面的类罪中的每一种具体犯罪的社会危害性都大于排在后面的类罪中的所有具体罪的社会危害性。如危害公共安全罪的过失犯罪，就显然轻于侵犯人身权利、民主权利罪中的故意杀人、强奸等犯罪。

其次，各类罪中的具体犯罪也大体上是根据社会危害程度的大小，并适当考虑犯罪与犯罪之间性质是否具有近似性，基本上由重到轻依次进行排列的。例如，在危害公共安全这一类犯罪中，放火、决水、爆炸等罪，属于危害性最为严重的故意以危险方法危害公共安全的犯罪，因此，将它们排在该类犯罪的前面，而工程重大安全事故罪、教育设施重大安全事故罪、消防责任事故罪等罪，属于社会危害性相对较轻的过失危害公共安全的犯罪，因而将它们排在该类犯罪的后面。当然，各类犯罪中每一种具体犯罪，并非是绝对按照社会危害性的大小进行排列的，有的犯罪的排列，则是考虑犯罪与犯罪之间性质是否具有近似性，即兼顾罪与罪性质和相互间的逻辑联系。例如，故意杀人罪排在侵犯公民人身权利、民主权利罪之首，紧接其后的是过失致人死亡罪，而社会危害性显然大于过失致人死亡罪的强奸罪却在其后。这种排列是因为故意杀人罪和过失致人死亡罪都是侵犯公民生命权利的犯罪，因此将它们排在一起，这样既兼顾到犯罪的性质，也符合逻辑。

二、犯罪分类排列的意义

刑法分则按照一定的标准对犯罪进行分类排列，无论是从立法和司法实践，还是从刑法理论研究上讲，都具有重要的意义。

首先，从刑法立法上讲，对犯罪进行合理的分类和排列，既有助于建立科学的刑法分则体系，表明了立法者对各种犯罪的归纳、认识水平，并为立法实践奠定基础，同时犯罪的分类和排列，也表明立法者对各类和各种具体社会关系进行刑事保护的价值取向，体现了刑法打击犯罪的重点所在。

其次，从刑事司法上讲，对犯罪进行合理的分类排列，有利于司法审判人员较为准确地认识各类犯罪的一般特征和各种犯罪的具体特征，把握各类及各种犯罪的危害程度，正确区分具体罪之间的界限，从而对犯罪准确适用刑罚。

最后，从刑法理论研究上讲，对犯罪进行合理的分类，有助于从理论上阐释和探讨各类各种犯罪的立法意图、构成特征和社会危害程度，从而正确地解决各类、各种犯罪的定罪量刑问题，同时也有利于对类罪和个罪进行深入的专题研究，有助于提高刑法理论的研究水平，并能够发挥其引导立法完善、为司法实践正确地定罪量刑提供理论上的指导的作用。

第三节　具体犯罪条文的构成

刑法分则条文的基本内容，是具体规定什么样的行为构成什么罪，以及对每一种犯罪应当判处什么刑罚及刑罚幅度。可见，这种包含罪刑关系的条文，由两部分组成：一是罪状；二是法定刑。弄清罪状与法定刑的概念和种类，有助于正确适用刑法分则条文，依法定罪判刑。

一、罪状

罪状，是指刑法分则条文对具体犯罪及其构成特征（要件）的描述。例如，刑法第237条第1款规定的“以暴力、胁迫或者其他方法强制猥亵他人或者侮辱他人的”，就是强制猥亵、侮辱罪的罪状，它说明符合上述特征的行为，才能构成上述犯罪。罪状只存在于刑法分则之中，但是并非每个分则条文都有罪状。例如，刑法第357条只是解释毒品指什么，以及毒品数量如何计算，没有罪状。只有与法定刑相联系，具体描述犯罪行为的部分才是罪状。

罪状是犯罪构成的载体，或者说是犯罪构成规范表现形式。只有通过对各罪状的剖析，才能掌握种种犯罪的构成特征，明确如何区分罪与非罪、此罪与彼罪的界限。由此也就产生了对立法者的严格要求，即应当十分注意对罪状规定的科学性、明确性。在理论上和实践中，对不少罪状的规定产生不同理解，众说纷纭，与罪状表述的模糊性有直接关系。

罪状的主要作用，是说明什么样的行为构成什么罪，但是，任何一个罪状都不可能，也不必要对每一种罪的全部构成特征加以描述，以避免分则条文过分繁杂。例如，具体罪侵犯什么客体，主要由司法机关根据立法精神加以阐述。由于大多数犯罪的主体是一般主体，而一般主体具备的条件在刑法总则中已有规定，因此，在分则条文上只对某种罪的特殊主体作出规定，而无须写明一般主体。同样理由，由于刑法上的犯罪大多数是故意犯罪，而且，第15条规定“过失犯罪，法律有规定的才负刑事责任”，因此，分则条文除对过失犯罪以“过失”或其他词语表明其罪过形式为过失外，对一般故意犯罪的罪过形式则往往不特别说明。因此，要掌握每种罪的全部构成要件，必须把罪状的规定与刑法总则以及其他法律、法规的有关规定结合起来，才有可能。

刑法理论一般根据罪状的表述方式及繁简程度的不同，将罪状分为以下四种：

（一）叙明罪状

叙明罪状，是指对具体犯罪构成特征做出较为具体描述的罪状。例如，刑法第305条规定“在刑事诉讼中，证人、鉴定人、记录人、翻译人对与案件有重要关系的情节，故意作虚假证明、鉴定、记录、翻译，意图陷害他人或者隐匿罪证的”，就是最典型的叙明罪状，其中对伪证罪的主体、主观与客观要件都作了明确的规定。但是，由于犯罪的复杂性、多样性主要表现在犯罪客观方面的事实特征的复杂性和多样性上，因此，大多数叙明罪状只是着重对犯罪客观方面的描述，以便于区分罪与非罪、此罪与彼罪的界限。例如，刑法第307条第1款规定“以暴力、威胁、贿买等方法阻止证人作证或者指使他人作伪证的”，就是只对犯罪客观方面作具体描述的叙明罪状。叙明罪状的优点是便于理解，有助于分清罪与非罪、此罪与彼罪的界限。

（二）简单罪状

简单罪状，是指对犯罪构成的特征只作简单描述而没有超出罪名的概括的罪状。例如，刑法第232条规定“故意杀人的”，第266条规定“诈骗公私财物，数额较大的”，都是典型的简单罪状。在理论上有人认为，简单罪状是只规定罪名，没有具体描述犯罪特征。实际上，上述故意杀人罪和诈骗罪的罪状，并非对犯罪事实特征没有任何描述。例如，上述罪状表明，故意杀人罪的罪过形式是故意，客观行为是杀人；诈骗罪的客观行为是诈骗，犯罪对象是数额较大的公私财物。与叙明罪状不同，只是描述的犯罪特征没有超出罪名的范围。简单罪状的优点，是可以使分则条文简化，避免烦琐。

采用简单罪状，一般是因为立法者认为，有些罪的特征比较明确，且为人们所熟知，如故意杀人罪、故意伤害罪，无须在罪状中作更具体的描述。但是，也应当看到，有的条文采用简单罪状，造成简而不明，导致理解和执行该条规定的困难，则是立法的缺陷。例如，刑法第295条规定传授犯罪方法罪的罪状是“传授犯罪方法的”，但是，对于怎样传授、传授什么犯罪的方法等都没有任何描述，以致使人难以看出该罪与二人以上共同犯罪中的帮助犯有什么区别，难免混淆此罪与彼罪的界限。法律规定的明确性是立法的重要原则，也是罪行法定原则的必然要求。简单罪状最大的优点是简练，可以避免刑法条文庞杂。但是不适当地采用简单罪状，造成简而不明，则不利于依法正确定罪判刑，影响罪刑法定原则的实现。因此，简单罪状不可不用，但不宜多用。

（三）空白罪状

空白罪状，又称参见罪状，是指在罪状中只规定某种犯罪行为，但是具体特征要参照其他法律、法规的规定来确定。例如，刑法第133条规定“违反交通运输管理法规，因而发生重大事故，致人重伤、死亡或者使公私财产遭受重大损失的”，构成交通肇事罪。但是，交通肇事行为的客观表现是什么，条文没有写明，只能根据行为人违反了哪些交通运输管理法规来确定。不了解上述法律，就不可能确定某人的行为是否属于交通肇事行为。除此之外，刑法第131条、第132条、第134条等，都属于空白罪状。

空白罪状规定的犯罪，都是以行为违反有关经济、行政管理法规为前提。因此，认定这种犯罪，必须与上述法规相结合，这是空白罪状的突出特点。

（四）引证罪状

引证罪状，是指引用同一法律中的其他条款来说明或确定某一具体犯罪构成的特征。例如，刑法第124条第1款规定“破坏广播电视设施、公用电信设施，危害公共安全的”，构成破坏广播电视设施、公用电信设施罪。第2款规定“过失犯前款罪的”构成过失损坏广播电视设施、公用电信设施罪。此款只写明罪过形式是过失，其行为的客观表现、损坏的对象等，则要根据第1款的规定来确定。采用引证罪状，是为了避免条文文字的重复，保持条文的简明性。

二、法定刑

法定刑，是指包含罪刑关系的条文规定的适用于具体犯罪的刑罚种类和幅度。例如，刑法第232条规定：“故意杀人的，处死刑、无期徒刑或者十年以上有期徒刑；情节较轻的，处三年以上十年以下有期徒刑。”本条规定的处罚，就是故意杀人罪的法定刑。法定刑与罪状紧密联系，犯罪是刑罚的基础，没有罪状就没有法定刑。法定刑只能针对具体犯罪而规定。法定刑不同于宣告刑。法定刑是立法机关根据某种犯罪的社会危害性和可能达到的危害程度所规定的刑罚种类及幅度，宣告刑则是审判机关对具体案件中的犯罪人依法判处并宣告的应当执行的刑罚。

在理论上，通常将法定刑分为以下三种：

（一）绝对确定法定刑

即刑法对某种犯罪或者对具备某种情节的犯罪规定的单一、固定的刑种和刑度，审判机关没有自由裁量的余地。例如，我国1951年颁布的《中华人民共和国惩治反革命条例》第5条规定“持械聚众叛乱的主谋者、指挥者及其罪恶重大者处死刑”，就是绝对确定法定刑。规定这样的法定刑，审判机关容易操作，但其最大的弊端是缺乏灵活性，审判机关无法适应具体犯罪案件的不同情节判处轻重适当的刑罚，以体现区别对待的刑事政策和立法精神。因此，包括我国在内的现代各国刑法一般都不采用对一种罪只规定一种绝对确定法定刑的做法。但是，我国现行刑法仍保留了针对某犯罪的某种特定情节，规定绝对确定的单一的死刑。例如，刑法第121条规定，犯劫持航空器罪的，致人重伤、死亡或者使航空器遭受严重破坏的，处死刑。

（二）绝对不确定法定刑

即在法律上只规定对某种犯罪应予惩处，却不规定具体刑种和刑度。例如，笼统规定对某种犯罪行为“依法制裁”、“依法严惩”等。在法制不完备条件下，需采用这种方式。因其仅抽象地表现犯罪与刑罚的联系，对具体量刑起不到规制作用，不利于法制的统一，难以避免量刑畸重现象，因此，在刑法典上不能采用这种法定刑。既然法定刑是刑法条文规定的对具体犯罪应当判处的刑种和刑度，“依法制裁”、“依法惩处”之类的规定，既无刑种又无刑度，严格说来，是没有法定刑，因而把这叫做绝对不确定法定刑，是否适当值得研究。

（三）相对确定法定刑

即刑法分则条文针对不同犯罪的不同性质和不同社会危害性，分别规定一个或数个主刑、一个或数个刑罚幅度。审判机关可以根据具体情节，在法定的幅度内选择判处轻重适当的刑罚。这是当代各国刑法普遍采用的法定刑。其优点是既对审判机关量刑具有约束作用，又为其提供一定的灵活性，有利于贯彻区别对待的政策，实现罪责刑相适应原则。

我国刑法中的相对确定法定刑，有以下几种表现形式：

1. 分则条文只规定一种刑罚，并且只规定最高期限。例如，刑法第448条对虐待俘虏罪，处3年以下有期徒刑。其最低期限，依照刑法总则第45条的规定应为6个月。

2. 分则条文规定两种以上刑罚，其中有期徒刑只规定最高期限。例如，刑法第277条对妨害公务罪规定，处3年以下有期徒刑、拘役、管制或者罚金。其有期徒刑的最低期限以及拘役、管制的最低、最高期限，依照刑法总则的有关规定执行。

3. 分则条文规定两种以上主刑，两个以上刑罚幅度，或同时规定附加刑，其中有期徒刑只规定最低期限，其最高期限，依照刑法总则的有关规定执行。例如，刑法第239条规定，以勒索财物为目的绑架他人的，或者绑架他人作为人质的，处10年以上有期徒刑或者无期徒刑，并处罚金或者没收财产；情节较轻的，处5年以上10年以下有期徒刑，并处罚金。

第一编　侵犯个人法益的犯罪

第二十章　侵犯公民人身权利、民主权利罪

第一节　侵犯公民人身权利、民主权利罪概述

一、侵犯公民人身权利、民主权利罪的概念

侵犯公民人身权利、民主权利罪是指故意或过失地侵犯公民的人身权利、民主权利以及与人身有直接关系的其他权利的行为。包括三类犯罪：一是侵犯公民人身权利，即故意或者过失侵犯他人人身权利以及与人身直接有关的权利；二是侵犯公民民主权利，即非法剥夺或妨害公民行使依法享有的管理国家事务和参加政治活动及其他的民主权利；三是妨害婚姻家庭罪，即指违反婚姻法的规定，妨害国家的婚姻家庭制度，情节严重的行为。

二、侵犯公民人身权利、民主权利罪的特征

1. 这类犯罪侵害的法益是公民的人身权利、民主权利，以及与人身直接有关的其他权利。对这些权利的侵害是该类犯罪的实质所在，也是与其他类犯罪相区别的根本标志。所谓人身权利，是指公民依法享有的与其人身不可分离的权利，包括生命权、健康权、性自由权、人身自由权、人格权和名誉权、婚姻自由权等。所谓民主权利，是指公民依法所享有的管理国家和参加社会政治活动的权利，主要包括批评权、申诉权、控告权、检举权及选举权和被选举权、宗教信仰自由权等。与人身直接有关的其他权利，主要包括住宅不受侵犯权、劳动权、休息权、受扶养权等。

2. 这类犯罪客观方面，表现为以各种方法侵犯公民的人身权利、民主权利以及其他与人身直接有关的权利的行为。其中的绝大多数犯罪只能以作为的

行为方式实施，如强奸罪、侮辱罪、诬告陷害罪等；也有少数犯罪行为方式，既可以表现为作为，也可以表现为不作为，如故意杀人罪、故意伤害罪等。从刑法规定看，有的罪要求造成一定的结果才构成既遂，如故意杀人罪、故意伤害罪等；有的罪只要行为实施达到一定的程度，即构成既遂，而不问发生的具体是何种结果，如诬告陷害罪等。

3. 这类犯罪的主体，多为一般主体，达到法定责任年龄、具有刑事责任能力的自然人均可构成，也有少数犯罪主体为特殊主体，如强奸罪的主体只能是男性公民，刑讯逼供罪的主体只能是司法工作人员。不具有特殊身份的人虽然不能单独构成要求具有特殊身份主体的犯罪，但可以成为该罪的共犯，与特殊主体共同对该罪承担刑事责任。该类犯罪的刑事责任年龄一般为16周岁，但是，对于故意杀人、故意伤害致人重伤或者死亡、强奸等罪，已满14周岁不满16周岁的人也可构成。

4. 这类犯罪的主观方面，除过失致人死亡罪和过失重伤罪由过失构成外，其他犯罪均由故意构成。有个别罪还以法定的犯罪目的为必要要件。

三、侵犯公民人身权利、民主权利罪的种类

根据本章各具体犯罪所侵害时直接客体以及主要构成要件的特征，可以作如下归纳：

1. 侵犯公民生命权利的犯罪，共2个。包括故意杀人罪和过失致人死亡罪。

2. 侵犯公民身体健康权利的犯罪，共3个。包括故意伤害罪、过失重伤罪、组织出卖人体器官罪。

3. 侵犯公民性自由权利的犯罪，共3个。包括强奸罪、强制猥亵、侮辱罪、强制猥亵儿童罪。

4. 侵犯公民人身自由权利的犯罪，共7个。包括非法拘禁罪、绑架罪、拐卖妇女、儿童罪、收买被拐卖的妇女、儿童罪、聚众阻碍解救被收买的妇女、儿童罪、组织残疾人、儿童乞讨罪、组织未成年人进行违反治安管理活动罪。

5. 侵犯公民其他自由权利的犯罪，共7个。包括强迫劳动罪、雇用童工从事危重劳动罪、非法搜查罪、侵犯通信自由罪、私自开拆、隐匿、毁弃邮件、电报罪、侵犯公民个人信息罪、非法侵入住宅罪。

6. 侵犯公民人格权、名誉权的犯罪，共3个。包括诬告陷害罪、侮辱罪、诽谤罪。

7. 司法工作人员侵犯公民权利的犯罪，共3个。包括刑讯逼供罪、暴力

取证罪、虐待被监管人罪。

8. 侵犯宗教信仰、少数民族有关权利的犯罪，共 4 个。包括煽动民族仇恨、民族歧视罪、出版歧视、侮辱少数民族作品罪、非法剥夺宗教信仰自由罪、侵犯少数民族风俗习惯罪。

9. 侵犯公民民主权利的犯罪，共 3 个。包括报复陷害罪、打击报复会计、统计人员罪、破坏选举罪。

10. 侵犯婚姻家庭权利的犯罪，共 8 个。包括暴力干涉婚姻自由罪、重婚罪、破坏军婚罪、虐待罪、遗弃罪、拐骗儿童罪，虐待被监护、看护人罪。

第二节　侵犯公民生命、健康权的犯罪

一、故意杀人罪

（一）概念

故意杀人罪，是指故意非法剥夺他人生命的行为。

（二）故意杀人罪的特征

1. 本罪的客体，是他人的生命权利。人的生命权利始于出生，终于死亡。因此，本罪的对象只能是有生命的自然人。生命的起始标志，刑法理论上认识不一致，主要有“阵痛说”、“一部露出说”、“全部露出说”、“断带说”、“发声说”、“独立呼吸说”等。按照我国通说，人的生命，起始于胎儿脱离母体后，开始独立呼吸，即独立呼吸说。生命的终结，传统观点认为以心脏停止跳动为标志。但近年来随着医学科学发展提出：“脑死亡”概念，认为应以脑死亡为死亡标准。即只有包括大脑、小脑和脑干在内的脑的全部功能不可逆地完全消失，才是死亡的标志，即使心脏仍在跳动，也认为已经死亡。我国实践中仍以心脏停止跳动为生命终结的标志。任何人的生命权利在出生后和死亡前都受到刑法保护，不因对象的条件不同而有区别。因母体中的胎儿与人死亡后的尸体都没有生命权的存在，故侵犯其不能构成故意杀人罪，但非法堕胎伤害孕妇身体可构成刑法第 234 条故意伤害罪，毁坏尸体的行为可构成刑法第 302 条侮辱尸体罪。在行为人出于故意而误把尸体当活人加以杀害的情况下，属于主观上的事实认识错误，应以对象不能犯的故意杀人罪未遂来处罚。合法堕胎行为不能构成任何犯罪。

2. 本罪的客观方面，表现为非法剥夺他人生命的行为。首先，这种剥夺他人生命的行为须是非法的。如果实行正当防卫或执行公务而将他人杀死，不构成犯罪。其次，要有剥夺他人生命的行为。行为方式既可以表现为作为，如

枪击、刀砍、斧劈、拳打脚踢，也可以表现为不作为，如有救助义务的人见死不救，致人死亡。实践中常见的是前者，后者只有在负有防止被害人死亡的特定义务的前提下才能构成。剥夺他人生命的手段是多种多样的，可以是徒手，也可以是利用工具，或者利用他人，或者利用自然力。方式、方法、手段虽然法律没有限制，但如果行为人采用放火、爆炸、决水、投放危险物质等危险方法杀人而同时危害公共安全的，则应以相应的危害公共安全犯罪论处。最后，在死亡结果发生的情况下，杀害行为与死亡结果之间必须有因果关系，否则不成立本罪的既遂。

3. 本罪的主体，为一般主体。凡年满 14 周岁的具有刑事责任能力的自然人均可构成。

4. 本罪的主观方面，要求行为人具有非法剥夺他人生命的故意，包括直接故意和间接故意。在间接故意情况下，须有放任的死亡结果发生。故意杀人的动机是多种多样的，但动机不影响本罪的成立，只是量刑的情节。

（三）故意杀人罪的认定

1. 致人自杀行为。自杀是自己剥夺自己的生命，在我国自杀行为不为罪。但实践中自杀的情况颇为复杂，特别是因他人行为引起自杀，往往涉及是否构成故意杀人罪的问题，需认真分析。司法实践中的致人自杀主要有以下三种情况：

（1）行为人的合法正当行为，如履行职责对他人批评或处分，即使处分过重、态度生硬、粗暴或因一般违法行为而引起他人自杀的，自杀行为往往是由于自杀者的心胸狭隘所致，不应追究其刑事责任。

（2）行为人的犯罪行为，如强奸、暴力干涉他人婚姻自由等引起他人自杀。这种情况下，行为人主观上无杀人的故意，应以相应的罪论处，不能构成故意杀人罪，根据具体情况，第一，可将自杀作为强奸、暴力干涉婚姻自由等罪的从重处罚情节；第二，引起他人自杀这一事实可作为定罪与否的情节，如侮辱、诽谤他人引起自杀，引起自杀就成为判定情节严重与否的一个因素。

（3）行为人具有致他人死亡的故意，并凭借权势或以暴力、胁迫、诱骗等手段促使他人自杀，由于行为人主观上具有杀人故意，客观上又实施了与死亡有一定的因果关系的行为，实质上是一种借刀杀人的行为，应以故意杀人罪论处。

2. 帮助自杀行为。帮助自杀，是指他人已有自杀意图，行为人对其在精神上加以鼓励，使其坚定自杀的意图或者给予物质上帮助，使他人得以实现其自杀意图。在前一种情况下，行为人对自杀死亡结果的原因力较小，危害也不大，可以不追究其故意杀人的刑事责任；在后一种情况下，行为人多是应请求在物质上为自杀者提供了帮助，如将毒药递给自杀者，对于自杀者的死亡结果具有较大的原因力，原则上应构成故意杀人罪，但由于自杀是其本人的意思决定的，可对帮助者从轻或减轻处罚。对于虽然是应要求实行帮助，却直接动手将自杀者杀死，应当认定为故意杀人罪，但处罚可以考虑从轻。

3. 教唆自杀行为。所谓教唆自杀，是指行为人使没有自杀意图的人产生自杀决意，实施自杀行为，教唆自杀的行为人，在多数情况下都是为了帮助自杀者摆脱某种痛苦，由于教唆者是实施教唆自杀行为，是否自杀，自杀者仍具有意志选择自由，因此，社会危害性较小，虽应以故意杀人罪论处，但应按情节较轻的故意杀人罪从轻、减轻或者免除处罚。对于教唆无责任能力人自杀的，由于被教唆者缺乏辨认和控制能力，对教唆者应以故意杀人罪的间接实行犯对待，依法追究其故意杀人罪的刑事责任。

4. 相约自杀行为。在相约自杀中存在以下几种具体情况：

（1）双方相约共同自杀，一方未对他方实施教唆、帮助或诱使行为。在这种情况下，虽然相约的行为对各方起到精神支持作用，但由于客观上没有教唆、帮助或诱使行为，因此，自杀而没有死亡的一方不应对他方的死亡负故意杀人的刑事责任。

（2）双方相约共同自杀，一方要求对方先杀死自己，后者应对方请求先将对方杀死，然后自杀未成或又放弃自杀念头的。这在本质上是一种受托杀人，行为人主观上有明知，客观行为与死亡结果之间又有因果关系，应按故意杀人罪论处，量刑时可从轻考虑。

（3）双方相约共同自杀，一方为自杀提供条件，另一方利用此条件自杀身死，而提供条件的自杀未死。从性质上讲，这是一种帮助自杀的行为，可比照帮助自杀的原则处理。

（4）一方诱骗对方相约共同自杀，而行为人根本没有自杀的意图，对诱骗者应以故意杀人罪定性。但这种情况与相约共同并帮助自杀而自己自杀未成的情形有所区别，对后者在处罚上应从轻。

5. 受嘱托杀人行为及“安乐死”问题。受嘱托杀人，也称为“得承诺杀人”，是指受已有自杀意图者的嘱托而直接将他人杀死的行为。从广义上来讲，这也是一种帮助自杀行为，但与帮助自杀不同在于行为人是直接实施杀人行为，而不是对嘱托者本人的自杀行为给予帮助。这种受嘱托杀人行为构成故意杀人罪，但由于是应人所求，在处罚时可考虑从轻。

“安乐死”在本质上也是一种受嘱托杀人的行为。一般是指应身患绝症，精神、肉体处于极度痛苦的病人的请求，实施促使其提前、迅速无痛苦死亡的行为。已有个别国家承认“安乐死”合法化，我国也有学者认为应以专门立法允许通过实行“安乐死”来减轻病人的痛苦，使“安乐死”合法化，但应有严格的条件。我国学者提出的条件可归纳为以下几点：（1）病人只能是身患绝症，临近死亡，即因疾病死亡已经不可避免。所谓绝症，是指经现代医疗诊断证明，是当前医疗手段尚无法治愈的疾病。（2）病人须是处于无法忍受的精神、肉体的痛苦之中。（3）必须有病患者本人的真诚嘱托和承诺，其他人都不能代替患者提出“安乐死”的请求。但为了切实保障病患者的自主权，可以用遗嘱的方式记载病人的要求，并指定一个或多个代理人为其临终问题作决定。（4）须由医生按照法定程序，并以为解除病人的痛苦为目的和采用伦理上被认为是适当的方法进行。当然，我国能否实行“安乐死”，有待进一步讨论和研究，例如，对患有严重畸形或者严重先天性疾病的新生儿，如何确定其“痛苦”和本人的“真诚嘱托”？其生身父母是否有代替患儿提出请求的权利？这些问题应如何对待，并非仅从上述条件的限制中就可得到圆满的解释。所以，在目前立法上尚未承认“安乐死”的情况下，对实践中“安乐死”的案件，仍应按照故意杀人罪定性，但可根据具体情况免除或者减轻处罚。

6.“间接杀人”行为。间接杀人是指教唆未达到法定刑事责任年龄或不具有刑事责任能力的精神病人实施杀害他人的行为。该种情形，未达到法定刑事责任年龄或不具有刑事责任能力的精神病人，事实上是教唆者的杀人“工具”，教唆者在理论上称为；“间接正犯”，应视为是由他本人实行故意杀人行为，构成故意杀人罪。

（四）故意杀人罪的刑事责任

根据刑法第 232 条的规定，犯本罪的，处死刑、无期徒刑或者 10 年以上有期徒刑；情节较轻的，处 3 年以上 10 年以下有期徒刑。

二、过失致人死亡罪

（一）过失致人死亡罪的概念

过失致人死亡罪，是指因过失致使他人死亡的行为。

（二）过失致人死亡罪的特征

1. 本罪的客体为他人的生命权利。

2. 本罪的客观方面，表现为过失致人死亡的行为。这里的行为主要是指在日常生活中，对他人的生命安全缺乏应有的关注，因作为或者不作为才致使他人死亡。根据法律规定，构成本罪必须发生死亡结果，且过失行为必须对死亡结果的发生具有原因力，即两者之间必须具有因果关系，至于被害人或他人有无过错，不影响本罪的成立。

3. 本罪的主观方面，是出于过失，包括疏忽大意和过于自信。这里的过失是对死亡结果而言，至于行为是有意还是无意，不影响认定。具体是指，行为人应当预见自己的行为可能导致他人的死亡，由于疏忽大意没有预见，或者已经预见而轻信能够避免，导致死亡结果的发生。

4. 本罪的主体，是一般主体，为年满 16 周岁，具有刑事责任能力的自然人。

（三）过失致人死亡罪的认定

1. 过于自信的过失致人死亡与（间接）故意杀人罪的界限。两罪的相同之处在于都造成了死亡结果，行为人都认识到自己的行为可能导致他人死亡的结果发生，并且都不是希望这种结果发生。区别在于：过于自信的过失致人死亡罪，行为人对死亡结果的发生是持一种轻信能够避免的心理态度，并且这种心理状态以主客观条件为根据，如本人的能力、经验，当时的环境和其他客观条件为判断基础，在客观上通常会表现出一些积极避免死亡结果发生的行为；而间接故意杀人的行为人对死亡结果的发生是持一种放任的心理态度，既没有要依据某些条件避免结果发生的意图，也没有避免结果发生的行为，无论结果发生与否都不违背行为人的意志。

2. 疏忽大意的过失致人死亡与意外事件致人死亡的界限。二者相同之处，在于行为人对于死亡结果的发生都未预见，而且，对结果的发生都持有否定的态度。因此，在实践中常常发生认定上的困难。区分二者的关键在于行为人对于死亡结果的发生是否应当预见。这需要根据行为人当时的认识能力、所处环境、本人的一些具体情况等综合分析判断。如果行为人应当预见而没有预见的就是疏忽大意的过失致人死亡罪；如果行为人在当时情况下根本不可能预见，则应属意外事件，不负刑事责任。

（四）过失致人死亡罪的刑事责任

根据刑法第 233 条的规定，犯本罪的，处 3 年以上 7 年以下有期徒刑；情节较轻的，处 3 年以下有期徒刑。本法另有规定的，依照规定。

三、故意伤害罪

（一）故意伤害罪的概念

故意伤害罪，是指故意非法损害他人身体健康的行为。

（二）故意伤害罪的特征

1. 本罪的客体，是他人的身体健康权。这里所说的身体健康权，主要是指他人对于保持其肢体、器官、组织的完整和正常机能的权利。故意伤害罪区别于其他侵犯人身权利犯罪的本质特征，就在于损害他人肢体、器官、组织的完整和正常机能。如果虽以他人身体为侵害对象，但未造成损害他人肢体、器官、组织的完整和正常机能，而是造成一定程度的肉体疼痛（如一般殴打），则不应以故意伤害罪论处。如符合其他犯罪的要件，应构成相应的罪。对象必须是他人，行为人对自己身体健康造成损害的不构成本罪。但是，如果军人在作战时自伤身体逃避军事义务，可构成战时自伤罪。

2. 本罪的客观方面，表现为非法损害他人身体健康的行为。（1）损害他人身体健康的行为必须是非法的，合法实施的行为而损害他人身体健康的，不构成犯罪。如实施正当防卫行为而打伤不法侵害者。（2）必须具有损害他人身体健康的行为，即具有破坏他人人体的肢体、组织的完整或者损坏人体组织、肢体、器官的正常机能的行为。损害他人身体健康的行为，以作为的方式最为常见，但对故意伤害法律并未以作为为限。需要指出的是，在刑法中，针对他人身体而实施的犯罪有多种，而且，也多使用暴力并对被害人身体健康造成一定程度的损害，如绑架罪、拐卖妇女儿童罪、暴力取证罪、抢劫罪等。只要刑法对此另有规定，则不能以伤害罪论处。

本罪的损害结果包括轻伤害、重伤害和伤害致死三种情况。明确三者的界限，对于正确地量刑具有重要意义。由于伤害致死只要发生死亡结果即可认定，因此，有必要明确的是人体重伤害与非重伤害的标准。根据刑法第 95 条，有下列情形之一的均属于重伤害：（1）使人肢体残废或者毁人容貌的；（2）使人丧失听觉、视觉或其他器官机能的；（3）其他对于人身健康有重大伤害的。

实践中对于人体重伤害范围及程度的认定，应参照最高人民法院、最高人民检察院、公安部、司法部 1990 年《人体重伤鉴定标准》的规定。此外，确定伤害程度，一般应以伤害当时的情况结合审判时的治疗和恢复情况综合认定。如伤害当时伤情并不十分严重，虽经治疗，但最终呈现重伤的，应以重伤论处；伤害当时伤情比较严重，而后又基本上恢复正常或者只造成轻伤害的，不能以重伤论处，在确定为伤害并以此确定刑事责任时，应排除在诊治过程中有他人不当行为的介入，即要查明伤害行为必须对伤害结果的发生具有原因力，与伤害结果之间具有因果关系。如在诊治过程中有他人不当行为的介入最终呈现重伤害的，也不能以重伤害追究刑事责任。

3. 本罪的主体，是一般主体。其中，对于故意伤害致人重伤或死亡的，主体为年满 14 周岁，具有刑事责任能力的自然人。对于致人轻伤害的，主体是年满 16 周岁，具有刑事责任能力的自然人。

4. 本罪的主观方面，是非法伤害他人身体健康的故意。对造成伤害结果而言，可包括直接故意和间接故意，而故意伤害致死，行为人对伤害结果出于故意，而对死亡结果则是过失的心理态度，即属于复杂罪过的情况。需注意的是，在间接故意伤害的情况下，只能是放任对他人身体健康损害结果的发生，而不能是放任死亡结果发生，否则，应构成故意杀人罪。伤害的动机是多种多样的，但动机不影响本罪的成立，只是量刑情节。

（三）故意伤害罪的认定

1. 故意伤害与殴打行为的界限。伤害是指损害他人肢体、器官、组织完整和正常机能的行为。殴打，是指造成人体暂时性的疼痛，但不损害人体健康的行为。殴打也可能造成一定的人体损害，如脸肿、鼻腔出血、皮下出血等，但这里造成的损害，并不是伤害罪意义上的对人体健康的损害，不能构成伤害罪。如因殴打而造成身体健康损害结果，特别是在发生死亡结果的情况下，应认真分析，是采用殴打方式行伤害之实，还是因过失造成重伤或致人死亡，或者对结果的发生主观上无罪过。不能因殴打是有意实施的，就认为只能构成故意伤害罪。

2. 故意伤害致人死亡与过失致人死亡的界限。两者相同之处在于客观上都造成了他人死亡的结果，主观上都没有剥夺他人生命的故意。区别在于：故意伤害致人死亡的，行为人主观上具有伤害的故意，但对死亡的结果是过失，属于上述所说的复杂罪过；而过失致人死亡的行为人主观上只对死亡结果有过失，主观上并无伤害的故意。因此，区分两者的关键在于主观上有无伤害的故意。

3. 故意伤害与故意杀人未遂的界限。因为间接故意杀人不存在未遂，因此，这里的故意杀人未遂是指直接故意杀人未遂与故意伤害的界限。两者相同之处在于客观上都造成伤害的结果，区别的关键在于行为人的故意内容不同。故意伤害的故意内容，是非法损害他人身体健康，并无剥夺他人生命的故意内容，而故意杀人未遂故意的内容，是非法剥夺他人的生命，虽然在客观上出现的是损害他人健康的结果，但这是由于行为人意志以外的原因，而未造成死亡的结果，不能因此而改变行为人非法剥夺他人生命的故意内容。因此，两者区别的关键在于主观上有无剥夺他人生命的故意内容。

4. 故意伤害致死与故意杀人的界限。两者相同之处在于主观上都是出于故意，在客观上都发生了死亡的结果。区分的关键也是查清故意的内容。故意伤害致死只具有损害他人身体健康的故意，对死亡结果的发生主观上是过失；而故意杀人在主观上具有非法剥夺他人生命的故意内容。因此，有无剥夺他人生命的故意内容，是区别两者的关键。

5.《刑法修正案（八）》规定，未经本人同意摘取其器官，或者摘取不满18周岁的人的器官，或者强迫、欺骗他人捐献器官的，依照刑法第234条、第232条的规定定罪处罚。

未经本人同意摘取器官的，不存在被害人承诺这一违法排除事由。不满

18 周岁的人，没有足够的辨认控制能力，无法对承诺的事项的内容、范围、结果等有相应的理解能力和意思能力，故其承诺无效。对此，《人体器官移植条例》的相关规定，也要求捐献人体器官的公民要有完全民事行为能力，不得摘取未满 18 周岁公民的活体器官用于移植。对于强迫或欺骗而做出的承诺，并不是其真实的意思表示，所以承诺无效。

（四）故意伤害罪的刑事责任

根据刑法第 234 条的规定，犯本罪的，处 3 年以下有期徒刑、拘役或管制；致人重伤的，处 3 年以上 10 年以下有期徒刑；致人死亡或者以特别残忍手段致人重伤造成严重残疾的，处 10 年以上有期徒刑、无期徒刑或者死刑。

四、组织出卖人体器官罪

组织出卖人体器官罪，是指组织他人出卖人体器官的行为。

本罪的客体是公民的身体健康权、生命权以及国家对人体（活体）器官捐献管理秩序和人体器官移植规范的正常秩序。本罪的对象既可以是年满 18 周岁，具有完全民事行为能力，自愿出卖（捐献）自己体器官的人，也可以是不满 18 周岁的人以及被强迫、被欺骗的人以及未经本人生前同意或者去世后家属同意被摘取器官的已故者。本罪在客观方面表现为组织他人出卖人体器官的行为，“组织”，是指为让供体提供器官或者让受体接受器官，而寻找相应对象，筹划、安排和控制供体，使之出卖人体器官的行为。至于行为人以何种方式组织，不影响认定。“出卖”是指将人体器官作价出卖，至于是否是由其本人摘取的人体器官、人体器官的来源、是否有先行买入的行为等，法律并无限制。本罪的主体为一般主体。本罪的主观方面是直接故意。

根据刑法第 234 条之一的规定，犯本罪的，处 5 年以下有期徒刑，并处罚金；情节严重的，处 5 年以上有期徒刑，并处罚金或者没收财产。

五、过失重伤罪

过失重伤罪，是指由于过失致他人重伤的行为。

本罪的客体是他人的身体健康权。本罪的客观方面要求必须具备两个条件：其一，必须造成他人重伤的结果，如果仅造成轻伤害，不构成本罪；其二，过失行为与重伤结果之间必须具有因果关系。本罪的主体为一般主体，即年满 16 周岁，具有刑事责任能力的自然人均可构成。本罪的主观方面是出于过失，可以是疏忽大意或过于自信。

根据刑法第 235 条的规定，犯本罪的，处 3 年以下有期徒刑或拘役。本法另有规定的，依照规定。

第三节　侵犯公民性自由和身心健康权利的犯罪

一、强奸罪

（一）强奸罪的概念

强奸罪，是指以暴力、胁迫或者其他手段，违背妇女意志，强行与妇女性交的行为。

（二）强奸罪的特征

1. 本罪的客体，是妇女的性权益。妇女的性权益，是指妇女根据自己的意愿发生性行为的权利。这种权利只能是妇女生命存续时享有的权利。对实践中奸淫妇女尸体的行为，因客体、对象不存在，不能构成强奸罪，可构成刑法第 302 条规定的侮辱尸体罪。本罪的对象一般是妇女，即年满 14 周岁的女性，根据刑法的规定，奸淫不满 14 周岁的幼女的，以强奸论，因此，本罪的对象可以是未满 14 周岁的幼女。强奸幼女的，侵害了幼女的身心健康权。

2. 本罪的客观方面，表现为以暴力、胁迫或其他手段，违背妇女意志，强行与之性交的行为。犯罪对象为不满 14 周岁幼女的情况下，犯罪客观方面可以表现为不违背受害人意志的其他手段。违背妇女意志，强行与之性交，是强奸罪的本质特征。

所谓违背妇女意志，是指违背了妇女不愿与行为人性交的真实意思。既然性行为是在违背妇女意志，强制的情况下实施的，行为人必然要使用一定的手段来抑制妇女拒绝与行为人实行性交的意志，因此，考察行为人是否使用一定的手段行为，是确认性行为是否违背妇女意志的主要标志。

刑法规定的手段行为有：暴力、胁迫和其他手段。暴力，是指以殴打、伤害、捆绑、按倒、强拉硬拽等，使被害妇女不敢、不能反抗，对其人身实行强制的手段。胁迫，是指以杀害、伤害、职权、地位、揭发隐私等相威胁、恫吓使被害妇女不敢反抗，对其进行精神强制的手段。其他手段，是指暴力、胁迫手段以外，其他使被害妇女不知反抗或不能反抗的手段，如用药麻醉、用酒灌醉等。

此外，认定强奸罪，不能以被害妇女有无反抗以及生活作风为标准。违背妇女意志和暴力、胁迫等手段是强奸罪本质特征的两个不可分割的组成部分。违背妇女意志是强奸罪的实质，手段行为对被害妇女人身、精神的强制性，是其实质的外部表现。认定强奸罪必须将两者有机地结合起来。

3. 本罪的主体，是年满 14 周岁，具备刑事责任能力的男性。女性不能单独构成本罪，但可以成为本罪的教唆犯和帮助犯，对强奸行为承担共同犯罪的刑事责任。

4. 本罪的主观方面，是直接故意，并且具有违背妇女意志强行与之发生性交的故意内容。

对于与幼女发生性交构成强奸罪的，是否要求明知是幼女？根据 2013 年 10 月 23 日最高人民法院、最高人民检察院、公安部、司法部《关于依法惩治性侵害未成年人犯罪的意见》第 19 条规定："知道或者应当知道对方是不满十四周岁的幼女，而实施奸淫等性侵害行为的，应当认定行为人'明知'对方是幼女。对于不满十二周岁的被害人实施奸淫等性侵害行为的，应当认定行为人'明知'对方是幼女。对于已满十二周岁不满十四周岁的被害人，从其身体发育状况、言谈举止、衣着特征、生活作息规律等观察可能是幼女，而实施奸淫等性侵害行为的，应当认定行为人'明知'对方是幼女。"第 20 条规定："……知道或者应当知道幼女被他人强迫卖淫而仍与其发生性关系的，均以强奸罪论处"。

（三）强奸罪的认定

1. 强奸与通奸的界限。通奸，是指有配偶的男女之间以及有配偶的男女一方与他人之间，基于情感、生理需要自愿发生的婚外性行为。通奸虽然可妨害一方或者双方的婚姻家庭关系，但因为通奸并不违背妇女的意志，也不使用暴力等手段，不构成本罪。对有的妇女与人通奸，因某种变故，如为了保全家庭关系，维护名声，或者由于利益要求未得到满足而对男方提出控告，把通奸说成强奸的，在查清事实后，不能定强奸罪。如果男女双方先是通奸，女方不愿继续通奸后，男方仍纠缠强行实施性行为的，以强奸罪论处，即所谓的"先和奸后强奸"。对第一次性行为违背妇女意志，但女方并未告发并继续多次自愿与该男子发生性行为，一般不宜再定强奸罪，即所谓的"先强奸后和奸"。由于妇女的和奸行为表明其受伤害不大，从保护该妇女和稳定社会出发，没有必要再追究行为人强奸罪的刑事责任。但是，如果后来的多次性行为是妇女受到行为人的威胁、恫吓所致，则应对行为人以强奸罪论处。对男方霸占女方，迫使其忍辱从奸的，也应以强奸罪论处。

2. 采用胁迫手段强奸与双方基于互相利用发生性行为的界限。对于利用教养关系、从属关系或利用职权、封建迷信、治病为名迫使被害妇女就范从而实施奸淫行为的，应认定为违背妇女意志，属利用胁迫手段，如以断绝生活来源、解除工作、不发生性行为将有灭顶之灾、疾病等相威胁，应构成强奸罪。对行为人利用职权上的优越条件、以某种精神或物质利益引诱女方，女方为谋取私利，或者接受引诱，自愿或者基于互相利用与之发生性行为的，即使男方在此欺骗了女方，对男方也不能定强奸罪。

3. 已满14周岁不满16周岁的男性与幼女发生性行为的处理。前已述及，根据新的司法解释的规定，对于已满14周岁不满16周岁的人，与幼女发生性关系的，可以强奸罪论处。但这并不意味着上述案件一律要依强奸罪论处。该解释还同时规定，对于已满14周岁不满16周岁的人与幼女发生性关系，“情节轻微、尚未造成严重后果的”，不认为是犯罪。这里的“情节轻微、尚未造成严重后果”，主要应从行为人所采用的手段、被害幼女是否自愿、对被害幼女的身心伤害情况等方面把握。

4. 与精神病人或痴呆患者发生性行为的认定。首先，要查清精神病人或痴呆（精神发育不全）患者病情的轻重以及意识能力和控制能力。如果间歇性精神病人正处在精神正常期、精神发育不全轻度患者未完全丧失辨认和控制自己行为的能力，只要不是违背其意志，就不能定为强奸罪。其次，要查明是否明知妇女不能辨认和控制自己的行为而与之发生性行为。除了以暴力、胁迫等手段强行奸淫痴呆、精神病妇女的，应认定为强奸罪外，对得到患者同意而与之性交的，则必须明知是痴呆、精神病妇女丧失辨认和控制自己行为的能力而乘机奸淫，才能构成强奸罪。如果行为人确实不知是痴呆或精神病妇女，在得其同意，甚至受到病患者的性挑逗的情况下，与之发生了性行为，行为人主观上缺乏违背妇女意志强行与其性交的目的，不能认定强奸罪。

5. 强奸罪既遂与未遂的界限。（1）在被害人是已满14周岁的女性的情况下，通说认为，应以插入说，即两性生殖器官是否结合作为判断强奸罪既未遂的区分标准。（2）在被害人是未满14周岁的幼女的情况下，通说认为，为了更加充分有力地保护幼女的身心健康权利，同时基于幼女身心发育尚未成熟的客观事实，应当以接触说，即两生殖器官是否接触作为强奸罪既未遂的区分标准。

（四）强奸罪的刑事责任

根据刑法第236条第1款、第3款的规定，犯本罪的，处3年以上10年以下有期徒刑。强奸妇女，有下列情形之一的，处10年以上有期徒刑、无期徒刑或者死刑：（1）强奸妇女情节恶劣的。情节恶劣，应指强奸的手段残酷，在社会上造成很坏影响等等 。（2）强奸妇女多人的。多人，一般理解为3人以上。（3）在公共场所当众强奸妇女的。（4）二人以上轮奸的。轮奸，是指两人以上在一较短时间内先后轮流强奸同一妇女。（5）致使被害人重伤、死亡或者造成其他严重后果的。“致使被害人重伤、死亡”，是指强奸妇女导致被害人性器官严重损伤，或者造成其他严重伤害，甚至当场死亡或者经治疗无效死亡的。该种情况下，强奸是否既遂不影响认定。但对出于报复、灭口等动机，在实施强奸的过程中杀死或者伤害被害妇女的，应定故意杀人罪或者故意伤害罪，与强奸罪实行数罪并罚。“造成其他严重后果”，是指因强奸引起被害人自杀、精神失常以及其他严重后果。

二、强制猥亵、侮辱罪

（一）强制猥亵、侮辱罪的概念

强制猥亵、侮辱罪，是指以暴力、胁迫或者其他方法强制猥亵他人的行为。

（二）强制猥亵、侮辱罪的特征

1. 本罪的客体，是他人的人身权利。本罪的对象是他人，也就是说，被猥亵的对象将不仅限于女性，男性也可能成为该罪中的被害人。

2. 本罪的客观方面，表现为以暴力、胁迫或者其他手段，违背他人的意志，强制猥亵、侮辱的行为。所谓暴力，是指以殴打、捆绑、堵嘴等对他人人身实行强制，使他人不敢、不能抗拒的手段。所谓胁迫，是指以杀害、伤害、职权、地位、揭发隐私等相威胁、恫吓使他人不敢反抗，对其进行精神强制的手段。其他手段，是指暴力、胁迫手段以外，其他使他人不知反抗或不能反抗的手段，如用药麻醉，用酒灌醉等。这里的猥亵，是指除奸淫以外反自然的性接触，满足自己性欲或挑逗他人引起性兴奋和满足，有碍身心健康的性侵犯行为。通常表现为强逼他人对自己的性敏感区或者行为人在他人的性敏感区抠摸、舌舔、吸吮。所谓侮辱妇女，是指实施具有挑衅性有损妇女人格的行为，如公开追逐或者堵截妇女、强行亲吻、搂抱妇女等。在公共场所多次偷剪妇女的发辫、衣服，向妇女身上泼洒腐蚀物、涂抹污物，在公共场所向妇女显露生殖器或者用生殖器顶擦妇女身体等，实践中也认为是侮辱妇女的行为。猥亵、侮辱他人的行为，以违背他人意志为其本质特征。根据《刑法修正案（九）》的规定，即使非聚众也非在公共场所，但只要达到情节恶劣，也可构成本罪。

3. 本罪的主体，为一般主体，即年满16周岁，具有刑事责任能力自然人。

4. 本罪在主观方面，是故意。

（三）强制猥亵、侮辱罪的认定

强制猥亵、侮辱罪与强奸罪的界限。

强制猥亵、侮辱罪与强奸罪在采用的手段及对象上相同；在主观方面，都有满足性欲的目的。因而与伴随猥亵、侮辱妇女的强奸罪的未遂行为，从客观上看十分相似，容易混淆。两者从构成特征上看，主要区别有：（1）客体不同。本罪侵犯的是他人的人格尊严和人身自由权利，强奸罪侵犯的是妇女性的自由权利。(2) 行为实行的过程不同。前者满足性欲的行为中不包括要求性交行为，后者则是以实施性交行为来满足性欲。区分两者的关键，在于查明行为人主观上是否具有强行奸淫的故意。如果行为人主观上具有强行奸淫的目的，同时又有强制猥亵、侮辱行为，只是由于其意志以外的原因未能得逞的，应定为强奸罪（未遂）；如果没有奸淫的目的，只是实施猥亵、侮辱以满足自己非正常性欲需要，应定强制猥亵、侮辱罪。若无法查清其行为是否确实具有奸淫的目的，本着疑罪从轻原则，应按本罪论处。

（四）强制猥亵、侮辱罪的刑事责任

根据我国刑法第 237 条第 1 款、第 2 款的规定，犯本罪的，处 5 年以下有期徒刑或者拘役。聚众或者在公共场所当众犯前款罪的，或者有其他恶劣情节的，处 5 年以上有期徒刑。

三、猥亵儿童罪

猥亵儿童罪，是指猥亵不满 14 周岁儿童的行为。

本罪的客体是儿童的身心健康。对象必须是不满 14 周岁的儿童，包括男女儿童。本罪的客观方面表现为猥亵儿童的行为。猥亵行为在实践中，主要表现为对儿童鸡奸或者让儿童为其手淫等。猥亵既可以强制手段实施，如殴打、捆绑等，也可以非强制手段实施，如利用儿童的年幼无知或者好奇心理实施欺骗、引诱。本罪的主体是一般主体，为年满 16 周岁，具有刑事责任能力的自然人，性别不限于男性。本罪的主观方面是故意。

根据刑法第 237 条第 3 款的规定，犯本罪的，处 5 年以下有期徒刑或者拘役。聚众或者在公共场所当众犯本罪的，处 5 年以上有期徒刑。

第四节　侵犯公民人身自由的犯罪

一、非法拘禁罪

（一）非法拘禁罪的概念

非法拘禁罪，是指非法拘禁他人或者以其他方法非法剥夺他人人身自由的行为。

（二）非法拘禁罪的特征

1. 本罪的客体，是他人的人身自由权利，即他人根据自己的意愿自由支配自己身体活动的权利。人身自由权利，是法律赋予的参与社会活动、行使权利的基本保证。本罪的对象，是所有依法享有人身自由权利的他人。不论是成年的，还是未成年的，健康的还是有病的，也不论其民族和国籍，只要未被依法剥夺人身自由，对其实施非法剥夺人身自由的行为均可构成本罪。

2. 本罪的客观方面，行为人必须具有以拘禁或者其他强制方法，非法剥夺他人人身自由的行为。剥夺他人人身自由的具体方法，可以是多种多样的，既可以表现为作为，也可以表现为不作为。但不论是何种方法，都必须是非法的才能构成非法拘禁罪。所谓拘禁，是指以强制性方法使他人在一定时间内失去行动的自由。非法拘禁具有非法性和强制性。首先，拘禁行为必须是非法的。非法性，主要表现为：一是无权拘禁他人的一般公民以非法手段拘禁他人，使其失去人身自由（如绑架他人为人质讨债等）；二是有权拘禁的司法工作人员滥用职权，不遵守法律规定，或者违反法定程序和条件，非法剥夺他人人身自由，或者使他人无法恢复人身自由（如不释放已认定无罪的人）。其次，拘禁行为具有强制性。所谓强制性，是指违背他人意志，强行使他人处于被管束之中。主要表现为使用足以剥夺人身自由的强制性手段，如实施捆绑、关押、禁闭等。这里的其他方法，是指使用绑架等手段。但无论使用何种方法，以作为还是不作为方式非法剥夺他人人身自由的，不影响本罪的成立。非法拘禁无行为能力人的，也可以构成本罪，但无行为能力人没有行动能力的除外，如拘禁婴儿就不构成本罪。

非法拘禁罪属于继续犯，拘禁的不法行为和他人失去自由的状态在一定时间内处于持续地不间断状态。拘禁时间的长短，对犯罪的成立没有影响，是量刑的情节。

3. 本罪的主体，为一般主体。年满 16 周岁，具有刑事责任能力的人均可构成。

4. 本罪主观方面，出于故意，并且具有非法剥夺他人人身自由的目的，犯罪的动机可以是多种，如索债、挟嫌报复、耍特权、逞威风等，动机不同不影响本罪的成立。

（三）非法拘禁罪的认定

1. 非法拘禁罪与非罪的界限。本罪属继续犯，只要行为人以剥夺他人人身自由为目的，非法拘禁他人，不论时间长短，都是本罪既遂。时间的长短可作为一个量刑情节加以考虑，但如果非法拘禁时间过于短暂，情节显着轻微，没有造成多大危害的，不应以犯罪论处。

2. 非法拘禁罪的罪数。在司法实践中，非法剥夺他人身自由的行为往往同其他犯罪发生联系，应分清罪数，才能做到正确定罪量刑。如非法拘禁行为与其他犯罪存在牵连关系，除刑法有明文规定的外，应从一重罪处断，不实行并罚，反之，应实行并罚。例如，在拐卖妇女、儿童过程中，实施非法拘禁行为的，应根据牵连犯的原则，以拐卖妇女、儿童罪从重处罚。收买妇女、儿童后，为防止被收买的妇女、儿童逃走，而将其拘禁的，两者之间虽然存在牵连关系，但根据刑法第241条第4款规定，应实行数罪并罚。

（四）非法拘禁罪的刑事责任

根据刑法第238条规定，犯本罪的，处3年以下有期徒刑、拘役、管制或者剥夺政治权利。具有殴打、侮辱情节的，从重处罚。致人重伤的，处3年以上10年以下有期徒刑；致人死亡的，处10年以上有期徒刑。使用暴力致人伤残、死亡的，依照本法第234条、第232条的规定定罪处罚。

所谓“致人重伤”、“致人死亡的”，是指在非法剥夺他人人身自由的过程中因过失造成被害人重伤、死亡或者引起自杀致死亡、重伤的结果，如精神分裂等。所谓“使用暴力致人伤残、死亡的”是指行为人犯本罪过程中故意导致被害人伤残、死亡的结果发生，因此应以故意伤害罪、故意杀人罪论处。此外，根据本条第3款、第4款的规定，为索取债务非法扣押、拘禁他人的，依照非法拘禁罪论处。

国家机关工作人员利用职权犯本罪的，从重处罚。具体而言，2006年7月26日最高人民检察院《关于渎职侵权犯罪案件立案标准的规定》规定，对国家机关工作人员利用职权实施的非法拘禁案的立案标准作出了明确的规定。该解释指出：国家机关工作人员涉嫌利用职权非法拘禁，具有下列情形之一的，应予立案：（1）非法剥夺他人人身自由24小时以上的；（2）非法剥夺他人人身自由，并使用械具或者捆绑等恶劣手段，或者实施殴打、侮辱、虐待行为的；（3）非法拘禁，造成被拘禁人轻伤、重伤、死亡的；（4）非法拘禁，情节严重，导致被拘禁人自杀、自残造成重伤、死亡，或者精神失常的；（5）非法拘禁3人次以上的；（6）司法工作人员对明知是没有违法犯罪事实的人而非法拘禁的；（7）其他非法拘禁应予追究刑事责任的情形。这虽为立案标准，但有参考价值。

二、绑架罪

（一）绑架罪的概念

绑架罪，是指以勒索财物为目的绑架他人，或者绑架他人作为人质的行为。

（二）绑架罪的特征

1. 本罪的客体，是复杂客体，包括他人的人身自由权利、健康、生命权利及公私财产所有权利。以勒索财物为目的绑架他人的行为，由于使用暴力、胁迫等强制手段将他人掳为人质，又向人质的关系人勒索财物，所以，既侵犯他人的人身自由权利、健康、生命权利，也侵犯公私财产所有权利；而绑架他人作为人质的，虽然也是使用暴力、胁迫等强制手段将他人掳为人质，但并不是以勒索财物为目的而绑架他人，所以，只侵犯到他人的人身自由、健康、生命权利。至于在复杂客体中，立法将本罪规定在侵犯人身权利的犯罪中，说明人身权利是客体的主要方面。作为本罪对象的“他人”，是指任何人。

2. 本罪的客观方面，虽然立法对本罪的绑架的手段行为没有规定，但是，从绑架的含义来说，是使用暴力、胁迫或者其他手段劫持他人的行为。绑架，亦称劫持，是指违背被害人或其法定监护人的意志，使用强制手段或其他手段将被害人掳离其原处所，置于行为人控制之下，并剥夺或者限制其人身自由的行为。

所谓强制手段，是指违背被害人意志的暴力、胁迫。所谓暴力，是指对被绑架人实施殴打、伤害、捆绑等，使被害人不能、不敢反抗的人身强制行为。胁迫，是指对被绑架人以将要施以杀害、伤害进行威胁、恫吓，使其不敢反抗的精神强制行为。所谓其他手段，是指除暴力、胁迫外，使被绑架人不知反抗或不能反抗的违背被绑架人意志的行为，如诱骗、用药物麻醉、用酒灌醉等方法。以勒索财物为目的偷盗婴幼儿的，亦构成本罪。根据我国刑法的规定，绑架的具体行为可以有两种情况：一是以勒索财物为目的绑架他人为人质；二是出于非勒索财物目的绑架他人为人质（但是，不包括为索取债务绑架他人为人质的情况）。无论属于哪一种情况，绑架的本质在于绑架他人为人质。实践中，行为人在绑架人质以后，通常以一定的方式将绑架人质的事实通知被绑架人的亲属或者其他利害关系人，或者有关的机关、政府部门，并以继续扣押人质或加以杀、伤相要挟，勒令在一定时间内交付一定数额的金钱或财物，或者满足其某种要求，以换取人质。但根据刑法的规定，行为人是否实施该种行为，并不影响本罪的成立，只是量刑的情节。此外，本罪在实施过程中对人质的非法拘禁，是绑架的当然结果，不另行定罪实行并罚。

3. 本罪的主体，是一般主体。为已满 16 周岁，具有刑事责任能力的自然人。

4. 本罪的主观方面，是直接故意。根据刑法规定，本罪的故意内容有二：一是以勒索财物为目的；二是除勒索财物或者出卖为目的以外，获取其他利益的目的，可以是为了满足政治目的，也可能是为其他利益，但都不影响本罪的成立。

（三）绑架罪的认定

1. 绑架罪与非法拘禁罪的界限。在绑架行为实施过程中，对他人人身自由的非法剥夺，是绑架的当然结果；而非法拘禁也可以绑架的手段实施，两者易混淆。构成的主要区别在于：（1）主观方面，本罪是以勒索财物为目的，或者是除勒索财物或者出卖为目的以外，获取其他利益的目的；后者是以非法剥夺人身自由为目的。（2）客观方面，本罪一般既有绑架的行为，又有勒索财物或者要求其他利益的行为，剥夺人身自由是绑架的当然结果；而后者一般只具有非法剥夺人身自由的行为，除了因索取债务的情况外，既无勒索财物的行为，也无要求其他利益的行为。（3）客体不完全相同。本罪既存在复杂客体的情况，也存在单一客体的情况；而后者只是单一客体。

2. 绑架罪的既遂与未遂。关于绑架罪的既遂与未遂区分标准，理论上有不同主张：第一种观点认为，本罪虽然是由两个行为构成，但是否既遂，应以人质是否丧失行动自由为标准，至于是否开始索取财物或其他非法利益，不影响本罪的既遂。第二种观点则认为，不能将绑架与勒索相分离，绑架人质是手段，勒索财物和取得其他利益才是目的，不能将其与勒索财物等行为割裂开来，所以，应以是否实际勒索到财物或其他非法利益为既遂标准。

我国刑法理论通说认为，犯罪既遂是以行为符合刑法规定的具体犯罪构成要件为标准的。根据刑法第239条的规定，在绑架罪的客观要件中，并未规定本罪必须在客观上具备勒索财物或强取其他利益的行为，如“以勒索财物为目的”的规定，表明的是实施绑架的主观要件，如果将此只解释为必须是实行行为，就具有客观要件的意义，未实施则不能说完全符合犯罪构成。如第一种观点认为既是双重实行行为，又认为只实施前行为而未实施后行为时，就可以成立既遂，不符合刑法理论关于该种特征犯罪行为既遂的理论。所以，前两种观点主张是双重实行行为的见解，不够准确。即本罪的客观行为是单一行为而不是双重行为。基于上述认识，本罪的既遂与未遂，应以绑架行为是否达到实际控制人质，将其置于自己实际支配之下为标准。已经实际控制人质的，是既遂。虽实施暴力、胁迫、麻醉等行为，但未构成对人质人身实际控制的，是未遂。

（四）绑架罪的刑事责任

根据刑法第239条的规定，犯本罪的，处10年以上有期徒刑或者无期徒刑，并处罚金或者没收财产；情节较轻的，处5年以上10年以下有期徒刑（《刑法修正案（七）》第6条增加），并处罚金。犯前款罪，杀害被绑架人的，或者故意伤害被绑架人，致人重伤、死亡的，处无期徒刑或者死刑，并处没收财产。（《刑法修正案（九）》第14条修订）“以勒索财物为目的偷盗婴幼儿的，依照前款的规定处罚”。

三、组织残疾人、儿童乞讨罪

组织残疾人、儿童乞讨罪，是指以暴力、胁迫手段组织残疾人或者不满14周岁的未成年人乞讨的行为。

本罪的客体是复杂客体，包括残疾人、儿童的人身权利、经济权益和社会公共秩序。本罪的犯罪对象是残疾人或者不满 14 周岁的未成年人。残疾人是指在心理、生理、人体结构上，某种组织、功能丧失或者不正常，全部或者部分丧失以正常方式从事某种活动能力的人。残疾人包括视力残疾、听力残疾、言语残疾、肢体残疾、智力残疾、精神残疾、多重残疾和其他残疾的人。残疾标准由国务院规定。对是否是残疾人有异议的，有专门机构做出鉴定。本罪的客观方面为以暴力、胁迫手段组织残疾人或者不满 14 周岁的未成年人乞讨的行为。行为方式是以暴力、胁迫手段组织乞讨，如果仅仅是采取协商、诱使、容留、欺骗，教唆等非强迫方式组织乞讨的，不构成本罪。必须是强迫多人乞讨才是"组织"乞讨，强迫个别人乞讨的行为不构成本罪。组织盗窃、抢夺、诈骗等的，不构成本罪。本罪的主体是一般主体，即具备刑事责任能力的自然人。

根据《刑法修正案（六）》第 17 条和刑法第 262 条之一，犯本罪的，处 3 年以下有期徒刑或者拘役，并处罚金；情节严重的，处 3 年以上 7 年以下有期徒刑，并处罚金。

四、组织未成年人进行违反治安管理活动罪

组织未成年人进行违反治安管理活动罪，是指组织未成年人实施盗窃、诈骗、抢夺、敲诈勒索等违反治安管理活动的行为。

本罪的客体是复杂客体，既侵害了未成年人的人身自由及身心健康权利又违反治安管理秩序。本罪在客观方面表现为组织未成年人进行盗窃、诈骗、抢夺、敲诈勒索等违反治安管理活动的行为。这里的组织，是指采取引诱、欺骗、威胁或者说服等办法，以包吃包住或者发给一定的报酬等名义，纠集未成年人或将未成年人笼络、控制在自己手下，指令或要求未成年人实施盗窃、诈骗、抢夺、敲诈勒索等违法行为。包括三种情形：（1）组织已满 14 周岁不满 16 周岁的未成年盗窃、诈骗，且实行者获取的财物数额客观上达到定罪标准的，或者组织接近 14 周岁的未成年人抢劫的，被组织者已经具有规范意识，并不能被视作是他人可以完全利用的工具，只是因为无责任能力不成立犯罪，组织者作为"正犯背后的正犯"与未成年人构成共同正犯，成立本罪和相应的共同犯罪的竞合。（2）组织年龄很小、没有自我判断能力和规范意识的未成年人实施客观上达到定罪标准的危害行为的，成立本罪和相应犯罪的间接正犯的竞合。（3）组织未成年人实施明显未达到犯罪程度，但违反治安管理法律、法规的活动的，应当成立本罪。行为人只要实施了组织未成年人进行盗窃、诈骗、抢夺、敲诈勒索等违反治安管理活动的行为，就构成犯罪既遂，不

需要其他情节和要件；至于未成年人是否实施了盗窃、诈骗、抢夺、敲诈勒索等行为，并不影响本罪的既遂。

根据刑法第262条之二的规定，犯本罪的，处3年以下有期徒刑或者拘役，并处罚金；情节严重的，处3年以上7年以下有期徒刑，并处罚金。

五、拐卖妇女、儿童罪

（一）拐卖妇女、儿童罪的概念

拐卖妇女、儿童罪，是指以出卖为目的，拐骗、绑架、收买、贩卖、接送、中转妇女、儿童的行为。

（二）拐卖妇女、儿童罪的特征

1. 本罪的客体，是人身权利中的人身不受买卖的权利。至于在多数情况下可能侵害被害人的人身自由权利及家庭关系，并不是构成拐卖妇女、儿童罪必须侵犯的客体。所以，人身不受买卖的权利，是本罪的客体。本罪的对象，是妇女和儿童。妇女，是指已满14周岁的未成年妇女和成年妇女。儿童，是指不满14周岁的男、女儿童。

2. 本罪的客观方面，表现为实施拐骗、绑架、收买、贩卖、接送、中转妇女、儿童的行为。所谓拐骗，是指采用欺骗、利诱等非强制性手段，将妇女、儿童置于自己的控制之下的行为。所谓绑架，是指采用暴力、胁迫、麻醉或其他强制性手段劫持妇女、儿童的行为。所谓收买，是指以出卖为目的，用货币等从他人处买下妇女、儿童的行为。所谓贩卖，是指将妇女、儿童卖给第三者换取钱财的行为。所谓接送与中转，是指在拐卖妇女、儿童过程中，分工实施藏匿、移送、接转被拐卖的妇女，儿童的行为，只要实施上述行为之一的，即符合本罪客观方面的要件。至于拐卖行为是否“违背被害人意志”，不影响以本罪论处。即使实践中，妇女、儿童自愿被卖也不能免除拐卖者的刑事责任，但在量刑时可考虑从轻。

3. 本罪的主体，是一般主体。为年满16周岁，具备刑事责任能力的自然人。

4. 本罪的主观方面，是直接故意，并且必须具有出卖的目的。

（三）拐卖妇女、儿童罪的认定

1. 拐卖妇女、儿童罪与绑架罪的界限。两者在客观上有相同之处，如绑架罪可以表现为绑架妇女、儿童或偷盗婴幼儿；绑架罪中也具有为获取财物的行为。拐卖妇女、儿童罪也可以绑架为手段。区别主要表现在：（1）主观目的不同。本罪是以出卖为目的；而绑架罪是以勒索财物为目的或者除勒索财物目的以外，获取其他利益的目的。（2）对象不同。本罪的对象仅限于妇女和儿童；而绑架罪的对象可以是任何人。（3）客体不完全相同。本罪只是单一客体；而绑架罪是复杂客体。（4）获取的利益及方式不同。本罪是将妇女、儿童出卖获取钱财；而绑架罪是向人质的亲属或利害关系人或有关机关要挟，可为钱财，也可为其他利益。

2. 拐卖妇女、儿童罪与拐骗儿童罪的界限。两罪侵犯的都是人身权利，都可以儿童为对象，也都能采用欺骗手段。区别的关键在于：本罪是以出卖为目的，而拐骗儿童罪不以出卖为目的，一般是为了供自己或他人收养、奴役。

3. 拐卖妇女、儿童罪的罪数。对于本罪行为人在拐卖妇女、儿童的过程中同时实施了其他犯罪的，应根据刑法有关规定区别不同情况：（1）在拐卖过程中因殴打、捆绑等行为过失致伤害、死亡结果发生的，应以本罪论处。（2）因被害人反抗等原因而故意将被害人杀死或实施伤害的，应以故意杀人罪或故意伤害罪与本罪一起实行数罪并罚。（3）奸淫（包括强奸）被拐卖的妇女或诱骗、强迫其卖淫的，应以本罪论处。

（四）拐卖妇女、儿童罪的刑事责任

根据刑法第 240 条的规定，犯本罪的，处 5 年以上 10 年以下有期徒刑，并处罚金；有下列情形之一的，处 10 年以上有期徒刑或者无期徒刑，并处罚金或者没收财产；情节特别严重的，处死刑，并处没收财产：（1）拐卖妇女、儿童集团的首要分子；（2）拐卖妇女、儿童 3 人以上的；（3）奸淫被拐卖的妇女的；（4）诱骗、强迫被拐卖的妇女卖淫或者将被拐卖的妇女卖给他人迫使其卖淫的；（5）以出卖为目的，使用暴力、胁迫或者麻醉方法绑架妇女、儿童的；（6）以出卖为目的，偷盗婴幼儿的；（7）造成被拐卖妇女、儿童或者其亲属重伤、死亡或者其他严重后果的；（8）将妇女、儿童卖往境外的。

六、收买被拐卖的妇女、儿童罪

收买被拐卖的妇女、儿童罪，是指不以出卖为目的，收买被拐卖的妇女、儿童的行为。

本罪的客体是人身的不受买卖性。无论是否违背被收买人的意志，不影响犯罪成立。本罪的客观方面表现为，收买被拐卖的妇女、儿童的行为。收买，是指以金钱或其他有经济价值的物资，换取被拐卖的妇女和儿童的行为。本罪是结果犯，只有买到被拐卖的妇女、儿童才构成本罪，并为既遂。本罪的主体为一般主体。本罪的主观方面是直接故意，并要求明知收买的对象是被拐卖的妇女、儿童。收买被拐卖的妇女，强行与其发生性关系的，或者非法剥夺、限制被拐卖妇女、儿童的人身自由，或者有伤害、侮辱等犯罪行为的，应以本罪和相应的有关犯罪实行数罪并罚。收买被拐卖的妇女，儿童后又出卖的，依照刑法第 240 条规定以拐卖妇女、儿童罪论处。

根据刑法第 241 条的规定，犯本罪的，处 3 年以下有期徒刑、拘役或者管制。收买被拐卖的妇女、儿童，对被买儿童没有虐待行为，不阻碍对其进行解救的，可以从轻处罚；按照被买妇女的意愿，不阻碍其返回原居住地的，可以从轻或者减轻处罚（《刑法修正案（九）》修订）。

七、聚众阻碍解救被收买的妇女、儿童罪

聚众阻碍解救被收买的妇女、儿童罪，是指纠集众人，阻碍国家机关工作人员解救被收买的妇女、儿童的行为。

本罪的客体为被收买妇女、儿童的人身权利和国家机关的公务活动。本罪的对象必须是正在执行解救被收买的妇女、儿童任务的国家机关工作人员。本罪的主观方面是直接故意，并且应明知阻碍的对象是正在实行解救的国家机关工作人员。本罪的客观方面表现为纠集众人阻碍国家机关工作人员解救被收买的妇女、儿童的行为。所谓聚众，广义上包括纠集、策划、指挥、组织多人参与阻碍解救工作的行为。所谓阻碍，是指阻止、妨碍，其表现形式多种多样，但以何种方式阻碍解救，不影响行为的性质。本罪的主体为特殊主体，即聚众阻碍解救活动中的首要分子。是否亲自到场指挥，不影响认定。

根据刑法第 242 条的规定，犯本罪的，对其首要分子处 5 年以下有期徒刑或者拘役；其他参与者使用暴力、威胁方法的，依照刑法第 277 条妨害公务罪论处。

八、诬告陷害罪

（一）诬告陷害罪的概念

诬告陷害罪，是指捏造犯罪事实诬陷他人，意图使他人受刑事追究，情节严重的行为。

（二）诬告陷害罪的特征

1. 本罪的客体，为他人的人身权利和司法机关的正常活动。作为对象的“他人”，可以是任何人。

2. 本罪的客观方面，表现为捏造犯罪事实，进行告发，情节严重的行为。捏造犯罪事实和进行告发，是诬告陷害行为不可缺少的组成部分。首先，必须有捏造他人犯罪事实的行为。捏造，是指无中生有，虚构他人的犯罪事实。如果告发的是真实的事实，即使在情节上有所夸大，亦属检举失实，不能定罪。其次，捏造的必须是犯罪事实，如果捏造他人生活作风等事实，情节严重的，

可构成诽谤罪。再次，还须有告发的行为。告发既可向司法机关告发，也可向被诬告者所在单位及其他有可能向司法机关转送的机关告发。告发的方式不影响本罪的成立。复次，必须有特定的诬告对象。特定的对象并不要求明确指出被诬告者的姓名，只要从诬告的内容中能推断出是谁，即为特定对象。本罪是行为犯，只要行为人实施手捏造犯罪事实，进行告发的行为，就构成本罪的既遂。至于被害人是否被错误地追究刑事责任，应作为量刑的情节考虑。最后，必须是情节严重的，才能构成本罪。

3. 本罪的主体，是一般主体。为年满 16 周岁、具备刑事责任能力的自然人。

4. 本罪的主观方面，是直接故意，必须具有使他人受到刑事追究的目的。如果不是有意诬陷，而是错告或者检举失实的，不构成本罪。动机通常有栽赃、泄愤、嫁祸于人等，动机不同不影响本罪的成立。

（三）诬告陷害罪的认定

1. 诬告陷害罪与非罪的界限。（1）本罪与错告、检举失实的界限。刑法第 243 条第 3 款规定，不是有意诬陷，而是错告，或者检举失实的，不构成本罪。两者区别在于，后者主观上不具有陷害他人的目的，客观上不具有捏造犯罪事实的行为。（2）本罪与一般诬告陷害行为的界限。两者的界限，主要是情节是否严重。对一般诬告陷害行为，应给予必要的批评教育或行政处分，但不构成犯罪。所谓情节严重，一般是指使他人的名誉及司法机关的名誉受到严重的损害；被害人已被错误地追究刑事责任；严重干扰了司法机关的正常活动；手段恶劣；动机卑鄙，等等。

2. 诬告陷害罪与诽谤罪的界限。两者的相同处在于实施的都是捏造事实的行为其区别在于：（1）直接客体不同，前者是他人的人身权利和司法机关的正常活动，后者是他人的人格和名誉权。（2）捏造的内容和行为的方式不同；前者表现为捏造犯罪事实并向有关机关进行告发；后者是捏造并散布足以损害他人人格和名誉的虚假事实。（3）犯罪目的不同。前者是为了使他人受刑事处分；后者则是为了损害他人的人格和名誉。

3. 诬告陷害罪的罪数。实为诬告他人，实施其他犯罪，然后进行告发，诬陷他人的，应以数罪论处。如果只实施了其他犯罪，但还未进行告发，只能以所构成的犯罪论处，意图诬陷他人应作为量刑情节。

（四）诬告陷害罪的刑事责任

根据刑法第 243 条的规定：犯本罪的，处 3 年以下有期徒刑、拘役或者管制；造成严重后果的，处 3 年以上 10 年以下有期徒刑。国家机关工作人员犯本罪的，从重处罚。

九、强迫劳动罪

强迫劳动罪，是指以暴力、威胁或者限制人身自由的方法强迫他人劳动的行为。

本罪的客体是劳动者的休息权和人身自由权利。本罪的客观方面表现为以暴力、威胁或者限制人身自由的方法强迫他人劳动的行为，所谓“暴力”指的是直接对人实施伤害等危及其人身安全的行为，使其不能反抗、逃跑；“威胁”是指对被害人施以恫吓，进行精神强制，使其不能反抗、逃跑；“限制人身自由的方法”，主要是指以监视、禁止出入等使他人的人身自由受到若干限制的方法。上述手段是否达到其效果，在所不问。根据刑法第 244 条第 2 款的规定，明知他人实施前款行为，为其招募、运送人员或者有其他协助强迫他人劳动行为的，也构成本罪。本罪的主体为一般主体，单位也可构成本罪。本罪的主观方面表现为直接故意。

根据刑法第 244 条和《刑法修正案（八）》的规定，以暴力、威胁或者限制人身自由的方法强迫他人劳动的，处 3 年以下有期徒刑或者拘役，并处罚金；情节严重的，处 3 年以上 10 年以下有期徒刑，并处罚金。单位犯前两款罪的，对单位判处罚金，并对其直接负责的主管人员和其他直接责任人员，依照第 1 款的规定处罚。

十、雇用童工从事危重劳动罪

雇用童工从事危重劳动罪，是指违反劳动管理法规，雇用未满 16 周岁的未成年人从事超强体力劳动的，或者从事高空、井下作业的，或者在爆炸性、易燃性、放射性、毒害性等危险环境下从事劳动，情节严重的行为。

本罪的客体是未成年人的身体健康权利。本罪的客观方面，表现为违反劳动管理法规，雇用未满 16 周岁的未成年人从事超强体力劳动的，或者从事高空、井下作业的，或者在爆炸性、易燃性、放射性、毒害性等危险环境下从事劳动，情节严重的行为。未成年人由于处于正在发育身体的阶段，并且他们的自我保护意识不强，让他们强迫劳动或者危险的环境下劳动，极易发生危险事故。本罪的主体是一般主体，即年满 16 周岁的，具有刑事责任能力的人。单位也可构成本罪。本罪的主观方面是故意犯罪。

根据刑法第 244 条之一和《刑法修正案（四）》第 4 条的规定，犯雇用童工从事危重劳动罪的，对直接责任人员，处 3 年以下有期徒刑或者拘役，并处罚金；情节特别严重的，处 3 年以上 7 年以下有期徒刑，并处罚金。

十一、非法搜查罪

非法搜查罪，是指非法对他人的身体或住宅进行搜查的行为。

本罪的客体为他人的人身权利和住宅不受侵犯权。本罪的对象是他人的人身和住宅。人身，包括其身体和着装。本罪的客观方面表现为非法搜查他人身体或住宅的行为。首先，必须有搜查他人身体或住宅的行为。其次，搜查行为必须是非法的。即没有搜查权的人或者有搜查权的人滥用职权或违反法定程序进行的搜查。本罪的主体为一般主体。本罪的主观方面是直接故意。动机不影响本罪的成立。

根据刑法第 245 条的规定，犯本罪的，处 3 年以下有期徒刑或者拘役。司法工作人员滥用职权，犯本罪的，从重处罚。

十二、非法侵入住宅罪

非法侵入住宅罪，是指未经允许非法进入他人住宅或经要求退出无故拒不退出的行为。

本罪的客体为公民住宅不可侵犯的权利。本罪的对象必须是他人的住宅，供人居住和生活的场所都应视为住宅。其范围，有院墙的以院墙为界，没有院墙的或公寓楼群；应以居室为界。本罪的客观方面表现为非法侵入他人住宅的行为。首先，必须有侵入住宅的行为。其次，必须是非法的。其非法性表现为：(1) 没有合法根据未经允许进入他人住宅。(2) 虽经许可或者有正当理由进入他人住宅，但经要求退出无故拒不退出。司法实践中，非法侵入他人住宅的往往是其他犯罪的手段行为，如闯入他人住宅进行盗窃、抢劫、行凶等犯罪活动。这种情况下属于牵连犯，应择一重罪处罚。本罪的主体为一般主体。本罪的主观方面是直接故意。如是误入他人住宅，经要求后立即退出，不构成本罪。

根据刑法第 245 条的规定，犯本罪的，处 3 年以下有期徒刑或者拘役。司法工作人员滥用职权犯本罪的，从重处罚。

十三、刑讯逼供罪

（一）刑讯逼供罪的概念

刑讯逼供罪，是指司法工作人员对犯罪嫌疑人、被告人使用肉刑或者变相肉刑，逼取口供的行为。

（二）刑讯逼供罪的特征

1. 本罪的客体，是复杂客体，既包括公民的人身权利，也包括司法机关的正常活动。本罪的对象为犯罪嫌疑人和被告人。至于他们是否有罪，不影响本罪的成立。

2. 本罪的客观方面，表现为使用肉刑或变相肉刑逼取犯罪嫌疑人或被告人口供的行为。所谓肉刑，是指直接施加于犯罪嫌疑人或被告人人身，可使其身体健康遭到损害或肉体、精神遭受痛苦的摧残手段，如捆绑、吊打、使用戒具、刑具等。所谓变相肉刑，是指上述肉刑以外的其他使犯罪嫌疑人或被告人肉体、精神遭受痛苦折磨的各种手段和方法，如长时间冻饿、站立、罚跪、晒烤、使用强烈灯光照射不准睡眠、轮番不断审讯等。

3. 本罪的主体，为司法工作人员，即具有侦查、检察、审判、监管职责的工作人员。

4. 本罪的主观方面，是直接故意，且出于逼取口供的目的。如果出于其他目的，如泄愤报复等，对被告人或犯罪嫌疑人施以肉刑或变相肉刑，构成犯罪的，可以相应的罪论处，不构成本罪。动机不影响犯罪的成立。

（三）刑讯逼供罪的认定

1. 刑讯逼供罪与非罪的界限。对实际工作中由于业务素质低，政策观念不强，办案中采用一些轻微逼供，情节显着轻微，危害不大的，可不以犯罪论处。如仅仅采取诱供、指供方法而没有刑讯逼供的，不能构成刑讯逼供罪。根据最高人民检察院《关于人民检察院直接受理立案侦查案件立案标准的规定（试行）》的规定，有下列情形之一的，应予立案查处：（1）手段残忍、影响恶劣的；（2）致人自杀或者精神失常的；（3）造成冤假、错案的；（4）3 次以上或者对 3 人以上进行刑讯逼供的；（4）授意、指使、逼迫他人刑讯逼供的。

2. 刑讯逼供罪与暴力取证罪的界限。两罪的客体相同；主体都是司法工作人员，在客观方面都可实施暴力行为区别主要是：（1）对象不同。刑讯逼供罪的对象是犯罪嫌疑人或被告人，暴力取证罪的对象为证人。（2）主观目的不同。刑讯逼供罪的主观日的是逼取口供，暴力取证罪的主观目的是逼取证人证言。（3）行为方式不完全相同。刑讯逼供罪既可采取暴力方式，也可采取非暴力方式，暴力取证罪只能采取暴力方式。（4）行为的场合条件不同。刑讯逼供罪只能发生在刑事诉讼中，暴力取证罪既可发生在刑事诉讼中，也可发生在民事、行政诉讼中。

（四）刑讯逼供罪的刑事责任

根据刑法第 247 条的规定，犯本罪的，处 3 年以下有期徒刑或者拘役。致人伤残、死亡的，依照刑法第 234 条规定的故意伤害罪、第 232 条规定的故意杀人罪定罪，从重处罚。“致人伤残、死亡”，是指司法工作人员在刑讯逼供过程中，故意使用肉刑；变相肉刑或者其他暴力手段致使犯罪嫌疑人、被告人受到伤害或者死亡，这里不包括致人自杀的情况，对于致人自杀的，可作为本罪的一个酌定情节在量刑时加以考虑。

十四、暴力取证罪

暴力取证罪，是指司法工作人员使用暴力逼取证人证言的行为。

本罪的客体是公民的人身权利和司法机关的正常活动。本罪的对象是证人。这里的证人，一般是指在刑事诉讼中，有义务向司法机关作证，或者被要求提供所知案件情况的人。对不知案件情况的人使用暴力逼迫其作证的，也可成为本罪的对象。本罪的客观方面表现为，使用暴力逼取证人证言的行为。这里的暴力，是指直接施加于证人人身，可使其身体健康遭到损害或肉体、精神遭受痛苦的摧残手段，如捆绑、吊打，使用戒具、刑具等。本罪的主体为特殊主体，即司法工作人员。本罪的主观方面是直接故意，且必须具有逼取证言的目的。

根据刑法第 247 条的规定，犯本罪的，处 3 年以下有期徒刑或者拘役。致人伤残、死亡的，依照刑法第 234 条规定的故意伤害罪、第 232 条规定的故意杀人罪定罪，从重处罚。

十五、虐待被监管人罪

虐待被监管人罪，是指监狱、拘留所、看守所等监管机构的监管人员对被监管人进行殴打或者体罚虐待，情节严重的行为。

本罪的客体为被监管人的人身权利及监管活动的正常秩序。本罪的对象是被监管的人，是指一切已判决或未判决的在押人员以及因违反《治安管理处罚条例》而被拘留的人和其他依法被监管的人。本罪的客观方面表现为，对被监管人员进行殴打或者体罚虐待，摧残、折磨其身心的行为。监管人员指使被监管人殴打或者体罚虐待其他被监管人的，依法以本罪处罚。行为可以采用作为的方式，也可以是不作为的方式。所谓情节严重，是指殴打或者体罚虐待的手段残酷、造成被监管人伤残等严重后果的；多次进行体罚虐待的，或者由于殴打或者体罚虐待引起监所内人员骚乱的，等等。本罪的主体是特殊主体，即监狱、拘留所、看守所等监督机构的监管人员、劳教管理人员。本罪的主观方面是出于直接故意，过失不能构成本罪。根据最高人民检察院《关于人民检察院直接受理立案侦查案件立案标准的规定（试行)》的规定，有下列情形之一的，应予立案查处：(1) 造成被监管人轻伤的；(2) 致使被监管人自杀、精神失常或其他严重后果的；(3) 对被监管人 3 人以上或 3 次以上实施殴打、体罚虐待的；（4）手段残忍、影响恶劣的；（5）指使被监管人殴打、体罚虐待其他被监管人，具有上述情形之一的。

根据刑法第248条的规定，犯本罪的，处3年以下有期徒刑或者拘役；情节特别严重的，处3年以上10年以下有期徒刑。致人伤残、死亡的，依照刑法第234条规定的故意伤害罪，第232条规定的故意杀人罪的规定定罪从重处罚。

第五节　侵犯公民名誉的犯罪

一、侮辱罪

侮辱罪，是指以暴力或者其他方法公然贬低他人人格，破坏他人名誉，情节严重的行为。

本罪的客体为公民的人格尊严和名誉权。本罪的对象必须是特定的自然人，不包括国家机关、企业、事业单位和人民团体等组织。本罪的客观方面表现为，以暴力或其他方法公然贬低他人人格、破坏他人名誉的行为。首先，必须有侮辱他人的行为。方式主要有暴力侮辱、言词侮辱、文字侮辱。其次，侮辱他人必须是公然进行的。所谓“公然”是指在有第三者在场的情况下或者能够使第三人看到的、听到的方式进行侮辱。至于被害人是否在场，不影响本罪成立。构成本罪，必须达到情节严重的程度。本罪的主体为一般主体。本罪的主观方面是直接故意，并具有贬低他人人格，破坏他人名誉的目的。

根据刑法第246条的规定，犯本罪的，处3年以下有期徒刑、拘役、管制或者剥夺政治权利。同时，犯本罪，告诉的才处理，但是严重危害社会秩序和国家利益的除外。《刑法修正案（九）》第16条规定，在刑法第246条中增加1款作为第3款：“通过信息网络实施第一款规定的行为，被害人向人民法院告诉，但提供证据确有困难的，人民法院可以要求公安机关提供协助。”

二、诽谤罪

诽谤罪是指故意捏造并散布某种事实，损坏他人人格，破坏他人名誉，情节严重的行为。

本罪的客体是公民的人格尊严和名誉权。本罪的对象是特定的人。本罪的客观方面表现为；捏造并散布某种事实，损坏他人人格，破坏他人名誉的行为。所谓捏造，是指无中生有，凭空捏造虚假事实。如果传播的是客观存在的或者略有夸张的事实，不构成本罪，但可构成侮辱罪。所谓散布，是指用语言或文字的方式扩散捏造的内容，使众人知道。诽谤罪与侮辱罪的区别在于：其一，侮辱的方法可以用暴力方法，而诽谤不可能用暴力方法。其二，侮辱是以公然实施的损害人格尊严、名誉的行为，但并不捏造有损他人名誉的事实，而诽谤则必须是捏造并散布有损他人人格、名誉的事实，且法律没有以公然实施为条件。本罪的主体为一般主体。本罪的主观方面是出于直接故意，并具有贬低、损坏他人人格、名誉的目的。因过失误信谣言并加以散布或者批评失实而损坏他人人格、名誉的，不构成犯罪。

根据刑法第 246 条的规定，犯本罪的，处 3 年以下有期徒刑、拘役、管制或者剥夺政治权利。犯本罪，告诉的才处理，但是严重危害社会秩序和国家利益的除外。《刑法修正案（九）》第 16 条规定，在刑法第 246 条中增加 1 款作为第 3 款："通过信息网络实施第一款规定的行为，被害人向人民法院告诉，但提供证据确有困难的，人民法院可以要求公安机关提供协助。"

第六节　侵犯公民民主权利的犯罪

一、煽动民族仇恨、民族歧视罪

煽动民族仇恨、民族歧视罪，是指故意以语言、文字或者其他方式煽动民族仇恨、歧视，情节严重的行为。

本罪的客体为各民族的平等与民族和睦关系。本罪的客观方面表现为，煽动民族仇恨、民族歧视的行为。所谓"煽动民族仇恨"，是指对民族的历史及现实中某些现象进行渲染，或捏造并散布某种虚假事实，公然掀起民族之间的强烈憎恨。所谓"煽动民族歧视"，是指利用民族历史、文化、传统、风俗、习惯、种族、肤色等差异，公然煽动其他民族对之鄙视、排斥、限制，损害民族平等。具体形式可有：语言，如发表演讲、游说等；文字，如张贴大字报、小字报、讽刺漫画、写匿名书信等。煽动应当是对多数人公开进行。如只是暗中对少数人宣扬，则不构成本罪。煽动行为须情节严重。所谓"情节严重"，一般是指手段恶劣、多次煽动、引起民族公愤的；严重损害民族感情、尊严；致使民族成员大量逃往国外以及引起其他影响民族团结、平等后果等。如果是因思想落后，其言行损害到民族团结的，属于一般违法行为，可给予必要的批评教育或行政处分，但不构成本罪。本罪的主体为一般主体。本罪的主观方面是直接故意。

根据刑法第 249 条的规定，犯本罪的，处 3 年以下有期徒刑、拘役、管制或者剥夺政治权利；情节特别严重的，处 3 年以上 10 年以下有期徒刑。"情节特别严重”，一般是指手段特别恶劣，长期进行煽动，引起民族纠纷、械斗或流血冲突；导致民族地方治安严重混乱，或者骚乱等特别严重后果的等等。

二、出版歧视、侮辱少数民族作品罪

出版歧视、侮辱少数民族作品罪，是指在出版物中刊载歧视、侮辱少数民族的内容，情节恶劣，造成严重后果的行为。

本罪的客体为少数民族的尊严与民族和睦关系。本罪的客观方面表现为：(1) 在出版物中刊载歧视、侮辱少数民族内容，情节恶劣，造成严重后果的行为。所谓“出版物”（载体），是指报纸、期刊、图书、音像制品和电子出版物等。可包括公开与内部出版物，合法或非法的出版物。所谓“刊载”，是指在出版物中发表、制作、转载；刊载的表现形式可以是文字、漫画，也可以是录像带；录音带、光盘中的画面等。所谓“歧视、侮辱少数民族的内容”，是指针对少数民族的形成历史风俗、习惯等，对少数民族进行贬低；诬蔑；嘲讽、辱骂，以及其他歧视、侮辱。(2) 必须情节恶劣，造成严重后果。所谓情节恶劣，一般是指动机卑鄙，手段恶劣等。造成严重后果是指造成恶劣的政治影响，引发民族纠纷、冲突、矛盾甚至骚乱等，本罪系结果犯。本罪的主体是在出版物中刊载歧视、侮辱少数民族内容的直接责任人员，包括作者、责任编辑以及其他对刊载上述内容有直接责任的人员。本罪的主观方面是故意。动机有的是为牟利，有的是为追求轰动效应等，动机不影响本罪的成立。

根据刑法第 250 条的规定，犯本罪的，处 3 年以下有期徒刑、拘役或者管制。

三、非法剥夺公民宗教信仰自由罪

非法剥夺公民宗教信仰自由罪，是指国家机关工作人员非法剥夺公民的宗教信仰自由，情节严重的行为。

本罪的客体是公民的宗教信仰自由权利。宗教信仰自由权利，包括信仰宗教和不信仰宗教的自由，信仰此种宗教和信仰彼种宗教的自由，信仰同一宗教或信仰不同宗教的自由，改变宗教信仰和恢复宗教信仰的自由。本罪的客观方面表现为非法剥夺公民的宗教信仰自由，情节严重的行为。所谓非法剥夺公民宗教信仰自由，是指违反法律规定采用暴力、胁迫或其他强制方法，制止某人信仰宗教，加入宗教团体，或者强迫其放弃信仰，退出宗教团体；或者强制不信仰宗教的人信仰宗教或者强制他人信仰这种宗教而不信仰那种宗教；或者用上述方法破坏宗教活动等等。具体可表现为阻挠参加宗教活动，捣毁或封闭宗教活动场所等。所谓情节严重，是指非法剥夺宗教信仰自由的手段恶劣，造成被害人精神失常或自杀等严重后果的情况等。本罪的主体为特殊主体，即国家机关工作人员。本罪的主观上只能是直接故意，过失不构成本罪。

根据刑法第 251 条的规定，犯本罪的，处 2 年以下有期徒刑或者拘役。

四、侵犯少数民族风俗习惯罪

侵犯少数民族风俗习惯罪，是指国家机关工作人员侵犯少数民族风俗习惯，情节严重的行为。

本罪的客体为少数民族保持和改革本民族风俗习惯自由的权利。本罪的客观方面表现为，非法侵犯少数民族风俗习惯，情节严重的行为。非法侵犯，主要是指以暴力、胁迫或其他方法破坏少数民族风俗习惯或者强迫其改变以及阻止其改革本民族风俗习惯少数民族风俗习惯，是指各少数民族在历史发展中形成的在婚姻、饮食、丧葬、礼仪等方面的习惯。所谓情节严重，是指多次或多人侵犯、手段恶劣、引起民族纠纷、民族矛盾的，造成骚乱、示威游行或社会秩序严重混乱，产生恶劣的政治影响的，等等。本罪的主体为国家机关工作人员。既可以是汉族的国家机关工作人员，也可以是少数民族的国家机关工作人员。本罪的主观方面为直接故意。动机不影响本罪的成立。

根据刑法第 251 条的规定，犯本罪的，处 2 年以下有期徒刑或拘役。

五、侵犯通信自由罪

侵犯通信自由罪，是指隐匿、毁弃或者非法开拆他人信件，侵犯公民通信自由权利，情节严重的行为。

本罪的客体是公民的通信自由权利。对象是公民交付邮局递送的信件。但如明知信件是公文而毁灭的，可构成刑法第 280 条规定的毁灭国家机关公文、证件罪。本罪的客观方面表现为，隐匿、毁弃或者非法开拆他人信件侵犯他人通信自由的行为。所谓“他人”，是指自然人、法人及非法人组织。隐匿，是指将他人的信件秘密隐藏起来。毁弃，是指将他人的信件予以撕毁、烧毁或者丢弃。非法开拆，是指未经收、发件人同意，或者司法机关批准私自开启他人的信件。国家机关工作人员因依法执行公务而将他人信件予以扣押、开拆的，属合法行为。本罪的主体为一般主体。本罪在主观上是直接故意。动机，有的是出于好奇，有的是意图窃取钱财，动机如何，不影响本罪的成立。

根据刑法第 252 条的规定，犯本罪的，处 1 年以下有期徒刑或者拘役。

六、私自开拆、隐匿、毁弃邮件、电报罪

私自开拆、隐匿、毁弃邮件、电报罪，是指邮政工作人员私自开拆或者隐匿、毁弃邮件、电报的行为。

本罪的客体是公民的通信自由权利和邮电部门正常的活动。对象是邮件、电报，即各种信件、印刷品、包裹、汇票等。本罪的客观方面表现为，利用从事邮电业务工作的便利，非法开拆、隐匿、毁弃他人的邮件、电报的行为。须具备：（1）利用自己直接接触邮件、电报工作的便利条件。如果邮政人员不是利用自己本职工作的便利条件，实施隐匿、开拆等行为的，可构成侵犯通信自由罪。（2）有私自开拆、隐匿、毁弃的行为。所谓私自开拆，是指未经任何合法授权开拆他人邮件、电报。隐匿，是指将邮件、电报等予以截留、收藏。毁弃，是指将邮件、电报等予以撕毁、湮灭或丢弃。（3）须是非法的。如根据有关法律执行机关的命令或委托，实施以上行为的，不构成犯罪。本罪的主体为特殊主体，即邮政工作人员，包括邮电部门从事邮递业务的营业员、分拣员、发行员、投递员、接发员、押运员以及有关的主管干部等。本罪的主观方面是直接故意。动机如何不影响本罪的成立。如因过失而使邮件发生毁损、丢失、积压后果，情节严重，符合刑法第 397 条规定的玩忽职守罪主体的，可构成玩忽职守罪。

根据刑法第 253 条的规定，犯本罪的，处 2 年以下有期徒刑或者拘役。邮政人员犯本罪而窃取财物的，应依刑法第 264 条的规定，以盗窃罪从重处罚。

七、出售、非法提供公民个人信息罪

出售、非法提供公民个人信息罪是指国家机关或者金融、电信、交通、教育、医疗等单位的工作人员，违反国家规定，将本单位在履行职责或者提供服务过程中获得的公民个人信息，出售或者非法提供给他人，情节严重的行为。

本罪的客体是公民个人的信息自由、安全和私生活权利。本罪在客观方面表现为，将本单位在履行职责或者提供服务过程中获得的公民个人信息，出售或者非法提供给他人的行为。“公民个人信息”包括姓名、职业、职务、年龄、婚姻状况、学历、专业资格、工作经历、家庭住址、电话号码、信用卡号码、指纹、网上登录账号和密码等能够识别公民个人身份的信息。“出售”，是指将履行职责或提供服务过程中获得的，由自己掌握的公民信息出卖给他人从中牟利的行为。“非法提供”，是指虽无牟利事实，但不应将自己掌握的公民信息提供给他人，而予以提供的行为。将公民个人信息出售或者非法提供给他人的行为，必须情节严重的，才构成犯罪。情节严重，是指出售公民个人信

息获利较大；多次出售或者非法提供多人信息；以及公民个人信息被非法提供、出售给他人后，被用于违法犯罪活动，给公民财产造成重大损失，或者严重影响其个人正常生活等情形。本罪的主体是特殊主体，即享有社会管理职权，或者为公众提供公共服务，容易接触到大量公民个人信息的国家机关、金融、电信、交通、教育、医疗等单位的工作人员。本罪在主观方面是故意。行为人明知自己的行为违反国家规定，仍然出售或非法提供给他人信息。过失泄露公民过人信息的，不构成犯罪。

根据刑法第253条之一第1款、第3款的规定，犯本罪的，处3年以下有期徒刑或者拘役，并处或者单处罚金。单位犯本罪的，对单位判处罚金，并对其直接负责的主管人员和其他直接责任人员，依照自然人犯罪的规定处罚。

八、非法获取公民个人信息罪

非法获取公民个人信息罪是指以窃取或者其他方法非法获取公民个人信息，情节严重的行为。

本罪的客体是公民个人信息安全和保守个人信息的权利。本罪在客观方面表现为，窃取或者以其他方法非法获取公民个人信息，情节严重的行为。窃取，是指采用犯罪人自以为不为人知的方法获取他人信息的行为。其他方法，包括以欺骗、收买等方式非法获取公民个人信息的情形。主体为一般主体，本罪的主观是故意。

根据刑法第253条之一第2款、第3款的规定和《刑法修正案（九）》的规定，犯本罪的，处3年以下有期徒刑或者拘役，并处或者单处罚金；情节特别严重的，处3年以上7年以下有期徒刑，并处罚金。单位犯本罪的，对单位判处罚金，并对其直接负责的主管人员和其他直接责任人员，依照该款的规定处罚。

九、报复陷害罪

报复陷害罪，是指国家机关工作人员，滥用职权，假公济私，对控告人、申诉人、批评人、举报人实行报复陷害的行为。

本罪的客体为公民的控告权、申诉权、批评权、举报权等民主权利和国家机关的正常活动。对象包括：（1）控告人，即向国家机关或其他党政机关告发国家工作人员违法失职行为的人。（2）申诉人，即对于自己或他人的处分不服而向原处分部门或其上级部门提出申诉意见，请求改变原处分的人。（3）批评人，即对国家机关工作人员的缺点、错误或思想作风提出批评的人。（4）举报人，即对违法犯罪行为进行检举汇报的人。本罪的客观方面表现为，滥用职权、假公济私，对控告人、申诉人、批评人、检举人实行报复陷害的行为。具体包括两方面：（1）必须有报复陷害的行为；（2）必须是滥用职权、假公济私。滥用职权，即国家机关工作人员在自己职权范围内非法行使权力，以及超越自己的职务权限的越权行为。假公济私，即假借国家机关的名义或权力来实施，是以合法形式掩盖其非法目的。报复行为是与滥用职权、假公济私不可分离的。本罪的主体为特殊主体，限定为国家机关工作人员。本罪的主观方面是直接故意并具有报复陷害他人的目的。如果由于业务水平不高，工作方法简单或者由于过失给控告人、申诉人、批评人、举报人造成一定损害的，不能构成本罪。根据最高人民检察院《关于人民检察院直接受理立案侦查案件立案标准的规定（试行）》的规定，有下列情形之一的，应予立案查处：(1) 致使被害人的人身权利、民主权利或者其他合法权利受到严重损害的；(2) 致人精神失常或者自杀的；(3) 手段恶劣、后果严重的。

根据刑法第254条的规定，犯本罪的，处2年以下有期徒刑或者拘役；情节严重的，处2年以上7年以下有期徒刑。

十、报复会计、统计人员罪

打击报复会计、统计人员罪，是指公司、企业、事业单位、机关、团体的领导人对依法履行职责，抵制违反会计法、统计法行为的会计、统计人员实行打击报复，情节恶劣的行为。

本罪的对象是会计人员、统计人员。本罪的客观方面表现为，对依法履行职责，抵制违反会计法、统计法行为的会计人员、统计人员实行打击报复，情节恶劣的行为。打击报复行为必须情节恶劣。情节恶劣一般表现为手段恶劣、后果严重、影响较大等。本罪的主体为特殊主体，即公司、企业、事业单位机关、团体的领导人。本罪的主观方面为直接故意，动机不影响本罪的成立。

根据刑法第255条的规定，犯本罪的，处3年以下有期徒刑或者拘役。

十一、破坏选举罪

（一）破坏选举罪的概念

破坏选举罪，是指以暴力、威胁、欺骗、贿赂、伪造选举文件、虚报选举票数等手段破坏选举或者妨害选民和代表自由行使选举权和被选举权，情节严重的行为。

（二）破坏选举罪的特征

1. 本罪的客体，是公民的选举权、被选举权以及国家的选举制度。这里的选举权与被选举权，是指选举和被选举各级人民代表大会代表和国家机关领导人员的权利。国家选举制度是指各级国家权力机关代表和国家机关领导人员的选举制度。对象可以是选举工作人员或普通选民。

2. 本罪的客观方面，表现为以暴力、威胁、欺骗、贿赂、伪造选举文件、虚报选举票数等手段破坏选举或者妨害选民和代表自由行使选举权和被选举权的行为。

首先，行为必须是在选举各级人民代表大会代表和国家机关领导人期间实施。依照《全国人民代表大会和地方各级人民代表大会选举法》等有关法律的规定，选举各级人民代表大会代表和国家机关领导人员的选举活动，包括选民登记、提出候选人、投票选举、补选、罢免等整个过程。

其次，必须实施破坏选举的行为。破坏选举的行为。主要表现为两个方面：一是破坏选举工作的正常进行；二是妨害选民以及代表自由行使选举权和被选举权。具体说是以暴力、威胁、欺骗、贿赂、伪造选举文件、虚报选举票数等手段破坏选举或者妨害选民和代表自由行使选举权和被选举权。所谓暴力，是指对选民、各级人民代表大会代表、候选人、选举工作人员等进行殴打、捆绑等人身打击或强制。所谓威胁，是指以杀害、伤害、破坏名誉等手段进行要挟，迫使其不能正常履行组织管理职责或者选举权或被选举权。所谓欺骗，是指捏造事实，颠倒是非，以虚假的事实扰乱选举的正常进行。所谓贿赂，是指用金钱或者其他物质利益收买选民、各级人民代表大会代表、候选人、选举工作人员。所谓伪造选举文件，是指采用伪造选民证、选票、选民名单、候选人名单、代表资格报告等选举文件。所谓虚报选举票数，是指对统计出来的选票数；赞成和反对票数等进行虚假汇报。只要采用于上述手段之一的，就符合本罪的客观要件。

最后，破坏选举行为还必须是情节严重的。所谓“情节严重”，一般是指使多数选民或者代表不能行使选举权和被选举权的，致使选举结果严重违背民意的，破坏选举造成重大不良社会、政治影响等。

3. 本罪的主体，多数情况为一般主体，可以是一般公民，也可以是选举工作人员；既可以是有选举权的公民，也可以是无选举权的公民。少数情况下，某些破坏选举的行为，如虚报选举票数等，只能由选举工作人员构成。

4. 本罪的主观方面，是直接故意，并且具有破坏选举工作、妨害选民和代表自由行使选举权和被选举权的目的，如因工作上的过失而造成妨害选举的结果，如误计选举票数，误将被剥夺选举权的人列入选举名单等，不构成本罪。动机可以是多种，如出于个人不满或有政治上的野心。动机如何不影响本罪的成立。

(三) 破坏选举罪的认定

1. 破坏选举罪与非罪的界限。(1) 本罪与一般违反选举法行为的界限。由于构成本罪要具备“情节严重”的条件,因此,对于那些虽违反选举法,但情节轻微,危害不大的,可不以犯罪论处。这里的“情节严重”,一般是指破坏选举手段恶劣,后果严重或者造成恶劣影响等情况。(2) 本罪与工作失误的界限。对于实践中因疏忽大意或过于自信而错计选票、遗失选举文件等行为,属于一般的工作失误不能以本罪论处。

2. 破坏选举罪的罪数。以伪造选举文件等公文、证件为手段破坏选举活动的,其手段行为又同时触犯了伪造国家机关公文、证件、印章罪或伪造居民身份证罪等,属于牵连犯,应从一重罪处断。

(四) 破坏选举罪的刑事责任

依照我国刑法第256条的规定,犯本罪的,处3年以下有期徒刑、拘役或者剥夺政治权利。

第七节 妨害婚姻家庭权利的犯罪

一、暴力干涉婚姻自由罪

暴力干涉婚姻自由罪,是指以暴力方法干涉他人婚姻自由的行为。

本罪的客体为他人的婚姻自由权利及人身权利。婚姻自由权利,包括结婚自由权利和离婚自由权利。干涉他人婚姻自由,即是指强制他人与某人结婚或者离婚,禁止他人与某人结婚或者离婚。本罪的客观方面表现为,以暴力方法干涉他人婚姻自由的行为。首先,行为人必须实施了暴力行为。所谓暴力,是指用殴打、禁闭、捆绑、抢掠等方法对人身进行强制或打击。虽干涉婚姻自由,但未使用暴力方法的,不能成立本罪。如实施了暴力行为,但程度比较轻微的,不构成本罪。其次,暴力行为必须是为干涉婚姻自由而实施。但如在干涉他人婚姻自由的过程中实施了故意伤害、故意杀人行为的,应以故意伤害罪或故意杀人罪论处。如长期干涉他人婚姻自由的,但借故一次故意杀害或伤害被害人的,应按本罪与故意杀人罪或故意伤害罪实行数罪并罚。本罪的主体为一般主体,实践中多为被害人的家长或其他亲属。本罪的主观方面是直接故意,并具有干涉他人婚姻自由的目的。动机可能是多种多样的,如贪财、高攀权贵等,动机如何不影响本罪的成立。

根据刑法第257条的规定,犯本罪的,处2年以下有期徒刑或者拘役;致使被害人死亡的,处2年以上7年以下有期徒刑;“致使被害人死亡”,是指由于暴力干涉婚姻自由而直接引起被害人自杀身亡或者在实施暴力的过程中因过失导致被害人死亡。根据刑法第 257 条第 3 款的规定，除“致使被害人死亡的”以外，犯本罪，告诉的才处理。

二、重婚罪

（一）重婚罪的概念

重婚罪，是指有配偶而与他人结婚或者明知他人有配偶而与之结婚的行为。

（二）重婚罪的特征

1. 本罪的客体，是一夫一妻制的婚姻关系。

2. 本罪的客观方面，表现为有配偶而与他人结婚或者明知他人有配偶而与之结婚的行为。包括两种情况：（1）有配偶者又与他人登记结婚，结婚者明知他人有配偶而与之登记结婚；（2）有配偶者又与他人建立事实婚姻关系，结婚者明知他人有配偶而与之建立事实婚姻关系。

3. 本罪的主体：由于重婚罪具有对合（偶）性的特点，单个人不能构成，因此，本罪主体为两种人：一是重婚者。所谓“重婚者”是指有配偶而在其婚姻关系存续期间又与他人结婚的人；“有配偶”是指男有妻，女有夫。这种夫妻关系是既包括经依法登记而成立的夫妻关系，也包括事实婚姻。二是相婚者。指本人无配偶，但明知他人有配偶而与之结婚的人。无配偶的人原无婚姻关系的存在，与有配偶之人结婚也只有一个婚姻关系，从严格意义上来讲是无婚可重。但根据刑法规定，如果明知他人有配偶而与之结婚可能构成重婚。根据法律要求，此种情况必须以明知他人有配偶为要件，不明知者则不构成重婚罪。

4. 本罪在主观是故意，具体表现为：（1）有配偶的人明知自己有配偶而与他人结婚。如果行为人基于某些合理的依据，如认为自己的配偶已死亡而与第三人结婚的，不构成本罪。（2）无配偶的人明知他人有配偶而与其结婚。如果无配偶的人受到有配偶的人的欺骗，误认为对方没有配偶而与其结婚的，无配偶的人不构成本罪；而由有配偶的人单独构成重婚罪。

（三）重婚罪的认定

1. 重婚罪与非罪的界限。（1）重婚罪与重婚行为的界限。因遭受自然灾害外流谋生而重婚的；因配偶外出长期下落不明，造成家庭生活困难又与他人结婚的；被拐卖后再婚的，因强迫；包办婚姻或者婚后受虐待而逃跑又与他人结婚的等，由于受客观条件所迫，且主观恶性较轻不以重婚罪论。（2）重婚罪与非法同居行为的界限。非法同居既可以是有配偶的人与有配偶或无配偶的他人同居，也可以是双方都无配偶的人同居。前者，事实上是一种长期与他人的婚外性行为，如果不以夫妻名义，属于一般姘居行为，不构成重婚罪，如果是以夫妻名义长期同居，成立事实婚姻的可构成重婚罪。

2. 事实婚是否构成重婚罪？所谓事实婚姻，即以夫妻名义同居共同生活的关系。在婚姻法上，对事实婚姻是不予承认和保护的。在刑法上具有事实重婚是否构成犯罪呢？1994 年 2 月最高人民法院在有关司法解释中指出：有配偶的人与他人以夫妻名义同居生活的，仍应按重婚罪处罚。可见，在实践上对事实重婚是以重婚罪论处的。所以这里所说的“结婚”、“重婚”，我们认为既包括正式登记结婚，也包括未经结婚登记而以夫妻关系共同生活的事实婚姻。这并非是对事实婚姻的法律承认，而是为了更好地惩治犯罪，保护一夫一妻制的婚姻家庭关系。

（四）重婚罪的刑事责任

根据刑法第 258 条的规定，犯本罪的，处 2 年以下有期徒刑或者拘役。

三、破坏军婚罪

（一）破坏军婚罪的概念

破坏军婚罪，是指明知是现役军人的配偶而与之同居或者结婚的行为。

（二）破坏军婚罪的特征

1. 本罪的客体，为现役军人的婚姻关系。现役军人，是指具有军籍，并正在中国人民解放军或者中国人民武装警察部队服役的军人。复员退伍军人、转业军人、人民警察以及在部队、人民武装警察部队中工作，但无军籍的工作人员不属于现役军人。

2. 本罪的客观方面，表现为明知是现役军人的配偶而与之结婚或者同居的行为。所谓现役军人的配偶是指与现役军人登记结婚，建立合法婚姻关系的人。即现役军人的妻子或者丈夫，不包括未婚夫妻。客观行为包括两种情况：一是与现役军人的配偶结婚，既包括登记结婚，也包括成立事实婚姻关系；二是与现役军人的配偶同居。同居是以两性关系为基础，双方以夫妻名义自居，并具有共同的经济生活和其他生活方面的姘居关系。既包括公开的同居，也包括秘密的同居；可以是长期的，也可以是短期的。同居不同于事实婚姻，在于同居对外并不以夫妻关系相称。同居亦有别于与军人配偶通奸。通奸是指有配偶的一方或双方与他人之间的婚外性关系。对于与现役军人配偶通奸的行为，不构成本罪。只要有与现役军人的配偶结婚或者同居行为即符合本罪的客观要件。

3. 本罪的主体，为一般主体。可以是男性，也可以是女性；可以是现役军人，也可以是非现役军人，只要与现役军人的配偶结婚或者同居的就可构成本罪。

4. 本罪的主观方面，只能是故意构成，明知对方是现役军人酶配偶而与之同居或者结婚，如果不明知的，不构成本罪。

（三）破坏军婚罪的认定

破坏军婚罪与重婚罪的界限：在客观方面，破坏军婚罪的行为除同居之外，也是重婚行为。两罪的主要区别是：（1）客观要件不完全相同，破坏军婚表现为与现役军人的配偶同居或者结婚的行为；重婚罪表现为有配偶而与他人结婚或者明知他人有配偶而与之结婚的行为。（2）对象不同。前者的对象只限于现役军人的配偶；而重婚罪的对象是现役军人配偶之外的其他人。（3）主体范围不同。破坏军婚罪中，军人的配偶不构成犯罪；而重婚罪中双方都可构成犯罪。（4）客体不同。破坏军婚罪的客体是现役军人的婚姻关系；重婚罪的客体为一般的婚姻关系。

（四）破坏军婚罪的刑事责任

根据刑法第 259 条的规定，犯本罪的，处 2 年以下有期徒刑或者拘役。利用职权、从属关系，以胁迫手段奸淫现役军人妻子的，依照刑法第 236 条的规定，以强奸罪论处。

四、虐待罪

（一）虐待罪的概念

虐待罪，是指经常以打骂、冻饿，禁闭，有病不予治疗、强迫过度劳动或限制人身自由、凌辱人格等方法，对共同生活的家庭成员进行肉体上、精神上的摧残和折磨，情节恶劣的行为。

（二）虐待罪的特征

1. 本罪的客体，是复杂客体，既包括共同生活的家庭成员在家庭生活中的平等权利，又包括其人身权利。对象是共同生活的家庭成员。所谓家庭成员，是指基于血亲关系、婚姻关系、收养关系在同一个家庭中生活的成员。不具有亲属关系，即使在一起共同生活（如同居关系），也不能成为本罪的对象。

2. 本罪的客观方面，表现为经常对家庭成员进行虐待的行为。首先，虐待行为可概括为肉体上与精神上的摧残、折磨两个方面。虐待的手段可以是多种多样的，如殴打、捆绑、针扎、火烫、体罚等肉体虐待和侮辱人格、不让参加社会活动等精神上的虐待。这两种虐待手段可同时使用，也可分别实施或者交替使用。其次，虐待行为的方式既可表现为作为，也可表现为不作为；但只是纯粹不作为则不能构成虐待罪，如有病不给治疗、不给饭吃等行为，可能构成遗弃罪。最后，这种摧残、折磨必须具有经常性、持续性、一贯性的特点。如果仅是偶尔实施虐待行为，一般不构成本罪。虐待行为对家庭成员造成的身体损害是长期形成的。此外，本罪在客观方面要求虐待必须达到情节恶劣的程度。

3. 本罪的主体，为特殊主体，只能是与被虐待人共同生活在一个家庭之中，具有亲属关系的成员。一般来讲，虐待者都是在经济上或亲属关系上居于优势地位的人。

4. 本罪的主观方面，只能是直接故意。动机可以是多种多样，虽然动机不影响犯罪成立，但动机是影响情节是否恶劣的一个重要因素。

（三）虐待罪的认定

虐待罪与非罪的界限。（1）虐待行为与非虐待行为的界限。虐待行为在主观上是有意识地对被害人进行肉体上与精神上的摧残、折磨的，因此，如因教育方法简单粗暴或家庭矛盾而致的动辄打骂的行为，并非故意摧残家庭成员身心健康的行为，不能视同于虐待行为进而以犯罪论处。（2）虐待是否“情节恶劣”的界限。虐待罪必须是虐待行为达到“情节恶劣”才能构成，一般认定情节恶劣与否要从虐待的手段、持续的时间、对象、结果、社会影响、行为人的动机等方面进行综合评价。所谓情节恶劣，主要表现为：虐待手段残酷、持续时间长、动机卑鄙以及屡教不改、虐待老人、儿童、病人或残废而不能独立生活的人、先后虐待多人，引起公愤，等等。

（四）虐待罪的刑事责任

根据刑法第260条的规定，犯本罪的，处2年以下有期徒刑、拘役或者管制。致使被害人重伤、死亡的，处2年以7年以下有期徒刑。这里的“致使被害人重伤、死亡”，是指在进行虐待过程中，由于打骂、冻饿等行为过失地引起被害人的重伤、死亡。如果行为人故意致使被虐待人重伤、死亡的，应以故意伤害罪、故意杀人罪论处。除因虐待“致使被害人重伤、死亡”的以外，犯本罪，告诉的才处理。

《刑法修正案（九）》第18条修订为，犯第1款罪，告诉的才处理，但被害人没有能力告诉，或者因受到强制、威吓无法告诉的除外。

五、虐待被监护、看护人罪

虐待被监护、看护人罪，是指对未成年人、老年人、患病的人、残疾人等负有监护、看护职责的人虐待被监护、看护的人，情节恶劣的行为。

本罪的客体是他人的人身权利。本罪的客观方面表现为经常对被监护人、看护人进行虐待的行为，必须达到情节恶劣的程度。本罪的主体是负有监护职责的监护人或看护人。本罪的主观是故意。

根据刑法第260条之一规定：犯本罪，处3年以下有期徒刑或者拘役。单位犯本罪的，对单位判处罚金，并对其直接负责的主管人员和其他直接责任人员，依照前款的规定处罚。有第1款行为，同时构成其他犯罪的，依照处罚较重的规定定罪处罚。

六、遗弃罪

遗弃罪，是指对于年老、年幼、患病或者其他没有独立生活能力的人，负有扶养义务而拒绝扶养，情节恶劣的行为。

本罪的客体是被遗弃人受扶养的权利。对象是年老、年幼、患病或其他没有独立生活能力的家庭成员。本罪的客观方面表现为，对年老、年幼、患病或其他没有独立生活能力的家庭成员，应当扶养而拒绝扶养的行为。遗弃行为，必须情节恶劣的，才构成犯罪。所谓情节恶劣，应综合考察行为的手段、后果、动机等。主要如遗弃致被害人流离失所，在虐待后又遗弃的、动机极其卑鄙的、遗弃造成恶劣社会影响的、遗弃而致使被害人伤亡的、遗弃者经屡教不改的等。本罪的主体为特殊主体，对被遗弃人负有法律上的扶养义务，具有扶养能力的人。扶养义务是广义的，包括扶养义务、赡养义务和抚养义务。本罪的主观方面为故意直接。动机如何，不影响本罪的成立。

根据刑法第261条的规定，犯本罪的，处5年以下有期徒刑、拘役或者管制。

七、拐骗儿童罪

拐骗儿童罪，是指拐骗不满14周岁的儿童脱离家庭或者其监护人的行为。

本罪的客体为他人的家庭关系以及儿童的合法权益。对象是不满14周岁的男女儿童。本罪的客观方面表现为，拐骗不满14周岁的儿童，使其脱离家庭或者监护人的行为。本罪的主体为一般主体。本罪的主观方面是直接故意。动机多为收养或役使。如是为了出卖而拐骗，则应以拐卖儿童罪论处。刑法第262条与绑架罪、拐卖儿童罪的法条，是普通法与特别法的法规竞合关系。

根据刑法第262条的规定，犯本罪的，处5年以下有期徒刑或者拘役。

第二十一章　侵犯财产罪

第一节　侵犯财产罪概述

一、侵犯财产罪的概念

侵犯财产罪，是指以非法占有为目的，攫取公私财物，以及挪用、毁坏公私财物或者破坏生产经营的行为。

在我国，财产依所有制性质分为国有财产、集体财产，以及私人所有的财产。前二者统称为公共财产。我国宪法第 12 条规定："社会主义的公共财产神圣不可侵犯。国家保护社会主义公共财产。禁止任何组织或者个人用任何手段侵占或者破坏国家和集体的财产。"公民私人所有的财产，是公民的合法所得，又是个人从事生产、工作和生活的物质条件。我国宪法第 13 条规定："国家保护公民的合法的收入、储蓄、房屋和其他合法财产的所有权。"这对于保证广大人民群众安心投入国家现代化建设，维护社会的安定，具有重要意义。

二、侵犯财产罪的特征

1. 侵犯财产罪的客体是公私财产所有权。财产所有权是指所有人依法对自己的财产享有占有、使用、收益和处分的权利，包括占有、使用、收益、处分四项权能。一般来讲，对其中任何一种权能的侵犯，都是对所有权的侵犯。

侵犯财产罪的对象是公共财产和公民私人所有的财产。根据刑法第 91 条第 1 款的规定，公共财产是指：（1）国有财产；（2）劳动群众集体所有的财产；（3）用于扶贫和其他公益事业的社会援助或专项基金的财产。此外，根据刑法第 91 条第 2 款的规定，在国家机关、国有公司、企业、事业单位，人民团体管理、使用、运输中的私人财产，以公共财产论。根据刑法第 91 条的规定，公民私人所有财产是指：（1）公民的合法收入、储蓄、房屋和其他生活资料；（2）依法归个人家庭所有的生产资料；（3）个体户和私营企业的合法财产；（4）依法归个人所有的股份、股票、债券和其他财产。

侵犯财产罪以侵犯财产的所有权为基本特征，如果是无主物，所有权不明或已被所有权人自动放弃所有权的物品，无论在事实上是否具有一定经济价值，均不能成为本罪的对象。物主不明的地下埋藏物和隐藏物，以及地下的矿产资源，依照法律规定，应归国家所有，但是，也并非都可以构成侵犯财产罪的对象。例如，盗掘古墓葬应依照刑法第 328 条定盗掘古文化遗址、古墓葬罪。公民死后无人继承的遗产，归国家和集体所有。这种财产受法律保护，可以成为侵犯财产罪的对象。

违法所得的财物和违禁品，是否可以成为侵犯财产罪的对象呢？例如，抢劫或盗窃赃物、赌资等，是否构成抢劫罪？回答是肯定的。理由是：（1）行为人具有非法占有他人财物的意图；（2）违法所得的财物应当依法没收归公或者发还被害人，并非没有合法所有权人。上述行为本质上仍是对合法财产所有权的侵犯，符合侵犯财产罪的本质特征。违禁品，即法律禁止私人持有的物品，如果用枪支、弹药、伪造的货币、鸦片等。例如，盗窃他人持有的毒品，构成盗窃罪。除法律另有规定者外，违禁品可以成为侵犯财产罪的对象。

2. 侵犯财产罪的客观方面，表现为以各种手段侵害公私财产的行为。根据刑法规定，侵犯财产的行为主要有以下几种表现形式：一是非法占有公私财物的行为（包括强制占有行为和非强制占有行为），如抢劫罪、抢夺罪、盗窃罪、诈骗罪；二是非法挪用公私财物的行为，如挪用资金罪；三是非法毁损公私财物的行为，如故意毁坏财物罪、破坏生产经营罪。

大多数侵犯财产罪只能是以作为的方式实施，如抢劫罪、抢夺罪、盗窃罪、诈骗罪，不可能以不作为的方式实施。但是，少数侵犯财产罪属于不作为犯罪，如拒不支付劳动报酬罪。

3. 侵犯财产罪的主体，既有一般主体，也有特殊主体。本章多数犯罪，如盗窃、诈骗、侵占等，由一般主体构成。少数犯罪，要求由具备一定身份的人构成。如职务侵占罪必须是公司、企业或者其他单位中的人员。此外，根据刑法第 17 条的规定，已满 14 周岁不满 16 周岁的人犯抢劫罪的，应当负刑事责任。

4. 侵犯财产罪的主观方面必须出于故意。本章多数犯罪以非法占有公私财物为目的。所谓以非法占有为目的，是指明知是公共或者他人的财物而意图把它非法转归已有或第三者占有。本章的故意毁坏财物罪和破坏生产经营罪则是以损毁公私财物或者破坏生产经营为目的。至于行为人在侵犯财产时出于何种动机，一般不影响犯罪的成立，但在量刑时要予以考虑。

三、侵犯财产罪的种类

侵犯财产罪，包括 13 个具体罪名。依故意内容的不同，可以分为三种类型：

1. 占有型。即以非法占有为目的的侵犯财产罪。其中又可以按照犯罪的方式分为以下四种具体类型：（1）公然强取型犯罪，包括抢劫罪、抢夺罪、聚众哄抢罪、敲诈勒索罪。（2）秘密窃取型犯罪，即盗窃罪。（3）骗取型犯罪，即诈骗罪。（4）侵占型犯罪，包括侵占罪、职务侵占罪。

2. 挪用型。即以挪用为目的的侵犯财产罪。包括挪用资金罪、挪用特定款物罪。

3. 毁损型。即以毁损财物为故意内容的侵犯财产罪。包括故意毁坏财物罪、破坏生产经营罪。

第二节 占有型犯罪

一、抢劫罪

（一）抢劫罪的概念

抢劫罪，是指以非法占有为目的，以暴力、胁迫或其他方法，当场强行劫取公私财物的行为。

（二）抢劫罪的特征

1. 本罪的客体为复杂客体，即公私财产所有权和人身权。这是由本罪暴力、胁迫或其他人身强制方法决定的。抢劫罪的社会危害性，大大高于其他侵犯财产罪，因而，抢劫罪历来是严厉打击的重点。

我国刑法规定，抢劫罪以公私财物为对象。从司法实践看，抢劫对象多为有形动产，是否应包括不动产，理论上存在争议。

2. 本罪的客观方面，表现为以暴力、胁迫或其他方法，当场强行劫取公私财物的行为。抢劫行为实质上是一种双重行为，由方法行为和目的行为构成。方法行为，是指为了能劫取财物，而实施的暴力、胁迫或其他人身强制行为。目的行为，是指劫取公私财物的行为，即当场夺取财物，或者使他人当场交付财物的行为。二者紧密结合，不可或缺，方能构成完整的抢劫行为。正确理解抢劫行为，关键在于理解其方法行为。抢劫罪的方法行为包括：

（1）暴力方法。暴力，通常是指为达到某种目的，而采取的具有攻击性的强烈行动，包括对人身的暴力和对财物的暴力。就抢劫罪而言，暴力方法，主要是指对人身实施强烈的打击或强制，包括殴打、捆绑、伤害等。作为抢劫方法的暴力，是行为人为了排除或者压制被害人的抗拒，以便当场占有财物而来的，即必须存在主观与客观的联系性。因此，假如出于其他目的对被害人实施暴力之后临时起意当场占有被害人财物，即使该暴力行为在客观上为当场占有财物提供了方便条件，对后一行为也不应定抢劫罪。例如，甲为了强奸将妇女乙打昏，在强奸之后，见乙带有高档手表，遂起意将表摘下据为己有。甲打乙的目的是强奸乙，与占有乙的手表没有主观联系，故对甲应分别定强奸罪和盗窃罪，不能定抢劫罪。

抢劫罪的暴力方法，是否包括故意杀人，换言之，为占有他人财物而当场故意杀死被害人，是否应以抢劫罪论处？最高人民法院《关于抢劫过程中故意杀人案件如何定罪问题的批复》（2001 年 5 月 26 日施行）规定：行为人为劫取财物而预谋故意杀人，或者在劫取财物过程中，为制服被害人反抗而故意杀人的，以抢劫罪定罪处罚。行为人实施抢劫后，为灭口而故意杀人的，以抢劫罪和故意杀人罪定罪，实行数罪并罚。

（2）胁迫方法。抢劫罪的胁迫方法，是指行为人为了使被害人不敢反抗，以便当场占有其财物，以当场实施暴力相威胁。胁迫的内容是以立即实施暴力相威胁，如有必要，胁迫随即转为暴力。胁迫的方式，可以是语言，也可以是某种动作。认定以胁迫方法构成抢劫罪，必须注意两个条件：其一，必须是行为人以立即实施侵害行为相威胁，例如，殴打、伤害、当场杀害等。威胁的方式，可以是口头的、文字的或者是动作的，等等。如果没有任何胁迫的表现，只是被害人自己感到恐惧，眼见行为人盗窃其财物而不敢制止，不能认为是抢劫，只能是盗窃。其二，威胁的目的是当场夺取财物或者迫使被害人当场交付财物。如果采用胁迫方法，是要求被害人答应日后交付财物，也不能构成抢劫罪，只能构成敲诈勒索罪。

（3）其他方法。抢劫罪的其他方法是指为了当场占有财物，而采用的暴力、胁迫之外使被害人的身体处于不能反抗状态的方法，例如，用酒灌醉、用药物麻醉等。行为人的其他方法和被害人处于不能反抗的状态，必须有着直接因果关系。如果不是行为人以某种行为使被害人处于不能反抗或不知反抗的状态，而是行为人利用由被害人自己的原因（自己喝醉、正在熟睡、因病昏迷等）或其他原因（被他人打昏、撞伤等）所致不能反抗的状态乘机掠夺其财物的，只能构成盗窃罪或其他罪，不能构成抢劫罪。

3. 本罪的主体是一般主体。根据刑法第 17 条的规定，已满 14 周岁不满 16 周岁的人犯抢劫罪的，应当负刑事责任。

4. 本罪的主观方面是直接故意，且以非法占有公私财物为目的。出于何种动机，一般不影响定罪，但可以作为量刑情节考虑。

（三）抢劫罪的认定

1. 抢劫罪与非罪的界限

抢劫罪是一种性质严重的犯罪，侵犯双重客体，对于公民人身及公私财产安全具有极大危害性。因此，刑法第263条未对本罪规定数额的立案标准。但是，并非数额大小对处理本罪毫无意义。例如，2006年1月11日最高人民法院《关于审理未成年人刑事案件具体应用法律若干问题的解释》第7条第1款规定，已满14周岁不满16周岁的人使用轻微暴力或者威胁，强行索要其他未成年人随身携带的生活、学习用品或者钱财数量不大，且未造成被害人轻微伤以上或者不敢正常到校学习、生活等危害后果的，不认为是犯罪。该解释第7条第2款规定，已满16周岁不满18周岁的人具有前款规定情形的，一般也不认为是犯罪。该解释第8条规定，已满16周岁不满18周岁的人出于以大欺小、以强凌弱或者寻求精神刺激，随意殴打其他未成年人、多次对其他未成年人强拿硬要或者任意损毁公私财物，扰乱学校及其他公共场所秩序，情节严重的，以寻衅滋事罪定罪处罚。该解释第10条规定，已满14周岁不满16周岁的人盗窃、诈骗、抢夺他人财物，为窝藏赃物、抗拒抓捕或者毁灭罪证，当场使用暴力，故意伤害致人重伤或者死亡，或者故意杀人的，应当分别以故意伤害罪或者故意杀人罪定罪处罚。

抢劫罪是以非法占有公私财物为目的的犯罪。由于借贷或其他财产纠纷，而使用抢劫的方法夺取对方的财物，以抵债款或者作为抵押本人之财物的，是否构成本罪，主张不一。我们认为，既然行为人不具备非法占有他人财物的目的，只是维护自己的合法利益的方法不当，一般不宜定罪。

2. 抢劫罪既遂与未遂的界限

抢劫罪侵犯的是复杂客体，既侵犯财产权利又侵犯人身权利，具备劫取财物或者造成他人轻伤以上后果两者之一的，均属抢劫既遂；既未劫取财物，又未造成他人人身伤害后果的，属抢劫未遂。据此，刑法第263条规定的八种处罚情节中除“抢劫致人重伤、死亡的”这一结果加重情节之外，其余七种处罚情节同样存在既遂、未遂问题，其中属抢劫未遂的，应当根据刑法关于加重情节的法定刑规定，结合未遂犯的处理原则量刑。

3. 转化的抢劫罪

刑法第269条规定，犯盗窃、诈骗、抢夺罪，为窝藏赃物、抗拒抓捕或者毁灭罪证而当场使用暴力或者以暴力相威胁的，应依抢劫罪定罪处罚。在刑法理论上，通常称为准抢劫罪或转化型抢劫罪。

认定准抢劫罪，应当把握三个构成条件：其一，实施了盗窃、诈骗、抢夺的犯罪行为。这是准抢劫罪的前提条件。行为人实施盗窃、诈骗、抢夺行为，未达到“数额较大”，为窝藏赃物、抗拒抓捕或者毁灭罪证当场使用暴力或者以暴力相威胁，情节较轻、危害不大的，一般不以犯罪论处；但具有下列情节之一的，可依照刑法第269条的规定，以抢劫罪定罪处罚：（1）盗窃、诈骗、抢夺接近“数额较大”标准的；（2）入户或在公共交通工具上盗窃、诈骗、抢夺后在户外或交通工具外实施上述行为的；（3）使用暴力致人轻微伤以上后果的；（4）使用凶器或以凶器相威胁的；（5）具有其他严重情节的。其二，当场实施暴力或者以暴力相威胁。这是准抢劫罪的客观条件。“当场”是指实施盗窃、诈骗、抢夺罪的现场，或者刚一逃离现场即被人发现和追捕的过程中，可以视为现场的延伸。“暴力或者以暴力相威胁”，是指当场对被害人或其他抓捕人的身体实施打击或强制，或者以当场实施打击或强制相威胁。其三，当场实施暴力或者以暴力相威胁，目的是窝藏赃物、抗拒抓捕或者毁灭罪证。这是准抢劫罪的主观条件。窝藏赃物，是指为保护已经到手的赃物不被追回；抗拒抓捕，是指抗拒公安机关的逮捕和公民的扭送；毁灭罪证，是指销毁自己遗留在犯罪现场的痕迹、物品和其他证据。暴力、威胁的对象，可以是财物的所有人、公安人员或其他任何参与抓捕的人。但是，非出于上述目的而对他人实施暴力或以暴力相威胁的，不构成准抢劫罪。例如，盗窃财物得手后，为了灭口当场杀死被害人，应分别定盗窃罪和故意杀人罪，实行数罪并罚，不能定抢劫罪。

已满16周岁不满18周岁的人犯盗窃、诈骗、抢夺罪，为窝藏赃物、抗拒抓捕或者毁灭罪证而当场使用暴力或者以暴力相威胁的，应当依照刑法第269条的规定定罪处罚；情节轻微的，可不以抢劫罪定罪处罚。

4. 关于携带凶器抢夺的问题

刑法第267条第2款规定，“携带凶器抢夺的，依照本法第263条的规定定罪处罚”，即定抢劫罪。关于“携带凶器抢夺”，最高人民法院在《关于审理抢劫案件具体应用法律若干问题的解释》中对此进行了解释。“携带凶器抢夺”，是指行为人随身携带枪支、爆炸物、管制刀具等国家禁止个人携带的器械进行抢夺或者为了实施犯罪而携带其他器械进行抢夺的行为。行为人随身携带国家禁止个人携带的器械以外的其他器械抢夺，但有证据证明该器械确实不是为了实施犯罪准备的，不以抢劫罪定罪；行为人将随身携带凶器有意加以显示、能为被害人察觉到的，直接适用刑法第263条的规定定罪处罚；行为人携带凶器抢夺后，在逃跑过程中为窝藏赃物、抗拒抓捕或者毁灭罪证而当场使用暴力或者以暴力相威胁的，适用刑法第267条第2款的规定定罪处罚。

5. 关于抢劫特定财物行为的定性

以毒品、假币、淫秽物品等违禁品为对象，实施抢劫的，以抢劫罪定罪；抢劫的违禁品数量作为量刑情节予以考虑。抢劫违禁品后又以违禁品实施其他犯罪的，应以抢劫罪与具体实施的其他犯罪实行数罪并罚。

抢劫赌资、犯罪所得的赃款赃物的，以抢劫罪定罪，但行为人仅以其所输赌资或所赢赌债为抢劫对象，一般不以抢劫罪定罪处罚。构成其他犯罪的，依照刑法的相关规定处罚。

为个人使用，以暴力、胁迫等手段取得家庭成员或近亲属财产的，一般不以抢劫罪定罪处罚，构成其他犯罪的，依照刑法的相关规定处理；教唆或者伙同他人采取暴力、胁迫等手段劫取家庭成员或近亲属财产的，可以抢劫罪定罪处罚。

6. 关于抢劫罪数的认定

行为人实施伤害、强奸等犯罪行为，在被害人未失去知觉，利用被害人不能反抗、不敢反抗的处境，临时起意劫取他人财物的，应以此前所实施的具体犯罪与抢劫罪实行数罪并罚；在被害人失去知觉或者没有发觉的情形下，以及实施故意杀人犯罪行为之后，临时起意拿走他人财物的，应以此前所实施的具体犯罪与盗窃罪实行数罪并罚。

7. 关于抢劫罪与相似犯罪的界限

（1）冒充正在执行公务的人民警察、联防人员，以抓卖淫嫖娼、赌博等违法行为为名非法占有财物的行为定性。行为人冒充正在执行公务的人民警察“抓赌”、“抓嫖”，没收赌资或者罚款的行为，构成犯罪的，以招摇撞骗罪从重处罚；在实施上述行为中使用暴力或者暴力威胁的，以抢劫罪定罪处罚。行为人冒充治安联防队员“抓赌”、“抓嫖”、没收赌资或者罚款的行为，构成犯罪的，以敲诈勒索罪定罪处罚；在实施上述行为中使用暴力或者暴力威胁的，以抢劫罪定罪处罚。

（2）以暴力、胁迫手段索取超出正常交易价钱、费用的钱财的行为定性。从事正常商品买卖、交易或者劳动服务的人，以暴力、胁迫手段迫使他人交出与合理价钱、费用相差不大的钱物，情节严重的，以强迫交易罪定罪处罚；以非法占有为目的，以买卖、交易、服务为幌子采用暴力、胁迫手段迫使他人交出与合理价钱、费用相差悬殊的钱物的，以抢劫罪定罪处刑。在具体认定时，既要考虑超出合理价钱、费用的绝对数额，还要考虑超出合理价钱、费用的比例，加以综合判断。

（3）抢劫罪与绑架罪的界限。绑架罪是侵害他人人身自由权利的犯罪，其与抢劫罪的区别在于：第一，主观方面不尽相同。抢劫罪中，行为人一般出于非法占有他人财物的故意实施抢劫行为，绑架罪中，行为人既可能为勒索他人财物而实施绑架行为，也可能出于其他非经济目的实施绑架行为。第二，行为手段不尽相同。抢劫罪表现为行为人劫取财物一般应在同一时间、同一地点，具有“当场性”；绑架罪表现为行为人以杀害、伤害等方式向被绑架人的亲属或其他人或单位发出威胁，索取赎金或提出其他非法要求，劫取财物一般不具有“当场性”。绑架过程中又当场劫取被害人随身携带财物的，同时触犯绑架罪和抢劫罪两罪名，应择一重罪定罪处罚。

（4）抢劫罪与寻衅滋事罪的界限。寻衅滋事罪是严重扰乱社会秩序的犯罪，行为人实施寻衅滋事的行为时，客观上也可能表现为强拿硬要公私财物的特征。这种强拿硬要的行为与抢劫罪的区别在于：前者行为人主观上还具有争强好胜和通过强拿硬要来填补其精神空虚等目的，后者行为人一般只具有非法占有他人财物的目的；前者行为人客观上一般不以严重侵犯他人人身权利的方法强拿硬要财物，而后者行为人则以暴力、胁迫等方式作为劫取他人财物的手段。司法实践中，对于未成年人使用或威胁使用轻微暴力强抢少量财物的行为，一般不宜以抢劫罪定罪处罚。其行为符合寻衅滋事罪特征的，可以寻衅滋事罪定罪处罚。

已满16周岁不满18周岁的人出于以大欺小、以强凌弱或者寻求精神刺激，随意殴打其他未成年人、多次对其他未成年人强拿硬要或者任意损毁公私财物，扰乱学校及其他公共场所秩序，情节严重的，以寻衅滋事罪定罪处罚。

（5）抢劫罪与故意伤害罪的界限。行为人为索取债务，使用暴力、暴力威胁等手段的，一般不以抢劫罪定罪处罚。构成故意伤害等其他犯罪的，依照刑法第234条等规定处罚。

已满14周岁不满16周岁的人盗窃、诈骗、抢夺他人财物，为窝藏赃物、抗拒抓捕或者毁灭罪证，当场使用暴力，故意伤害致人重伤或者死亡，或者故意杀人的，应当分别以故意伤害罪或者故意杀人罪定罪处罚。

8. 驾驶机动车、非机动车夺取他人财物行为的定性

对于驾驶机动车、非机动车（以下简称“驾驶车辆”）夺取他人财物的，一般以抢夺罪从重处罚。但具有下列情形之一，应当以抢劫罪定罪处罚：（1）驾驶车辆，逼挤、撞击或强行逼倒他人以排除他人反抗，乘机夺取财物的；（2）驾驶车辆强抢财物时，因被害人不放手而采取强拉硬拽方法劫取财物的；（3）行为人明知其驾驶车辆强行夺取他人财物的手段会造成他人伤亡的后果，仍然强行夺取并放任造成财物持有人轻伤以上后果的。

9. 关于抢劫犯罪数额的计算

抢劫信用卡后使用、消费的，其实际使用、消费的数额为抢劫数额；抢劫

信用卡后未实际使用、消费的，不计数额，根据情节轻重量刑。所抢信用卡数额巨大，但未实际使用、消费或者实际使用、消费的数额未达到巨大标准的，不适用“抢劫数额巨大”的法定刑。

为抢劫其他财物，劫取机动车辆当作犯罪工具或者逃跑工具使用的，被劫取机动车辆的价值计入抢劫数额；为实施抢劫以外的其他犯罪劫取机动车辆的，以抢劫罪和实施的其他犯罪实行数罪并罚。

抢劫存折、机动车辆的数额计算，参照执行《关于审理盗窃案件具体应用法律若干问题的解释》的相关规定。

（四）抢劫罪的刑事责任

根据刑法第263条规定，犯抢劫罪的，处3年以上10年以下有期徒刑，并处罚金；具有加重情节的，处10年以上有期徒刑、无期徒刑或者死刑，并处罚金或者没收财产。法定的加重情节包括：（1）入户抢劫的；（2）在公共交通工具上抢劫的；（3）抢劫银行或者其他金融机构的；（4）多次抢劫或者抢劫数额巨大的；（5）抢劫致人重伤、死亡的；（6）冒充军警人员抢劫的；（7）持枪抢劫的；（8）抢劫军用物资或者抢险、救灾、救济物资的。

在司法实务中，准确认定抢劫罪的加重犯，是合理裁量刑罚的必要前提。

1. 入户抢劫的，是指非法闯入或潜入居民家中实施抢劫。进入宅院范围，即为“入户”。进入机关、团体、企业、事业单位的办公场所以及公共娱乐场所抢劫的，不属于“入户抢劫”。最高人民法院《关于抢劫、抢夺刑事案件适用法律若干问题的意见》（2005年6月8日实行）规定：认定“入户抢劫”时，应当注意以下三个问题：一是“户”的范围。“户”在这里是指住所，其特征表现为供他人家庭生活和与外界相对隔离两个方面，前者为功能特征，后者为场所特征。一般情况下，集体宿舍、旅店宾馆、临时搭建工棚等不应认定为“户”，但在特定情况下，如果确实具有上述两个特征的，也可以认定为“户”。实践中存在这样一种情形，即白天利用住所从事商品零售等经营活动，晚上做生活起居之用。根据解释的规定。如果犯罪分子在白天进入上述场所进行抢劫，由于在营业时间该场所是开放的，而不是私闭的生活空间，因此不能认定为“入户抢劫”。如果犯罪分子在夜晚或者其他停止营业的时间进入该住所行抢，则应当认定为“入户抢劫”。二是“入户”目的的非法性。进入他人住所须以实施抢劫等犯罪为目的。抢劫行为虽然发生在户内，但行为人不以实施抢劫等犯罪为目的进入他人住所，而是在户内临时起意实施抢劫的，不属于“入户抢劫”。三是暴力或者暴力胁迫行为必须发生在户内。入户实施盗窃被发现，行为人为窝藏赃物、抗拒抓捕或者毁灭罪证而当场使用暴力或者以暴力相威胁的，如果暴力或者暴力胁迫行为发生在户内，可以认定为“入户抢劫”；如果发生在户外，不能认定为“入户抢劫”。

2. 在公共交通工具上抢劫的，主要是指在从事旅客运输的各种公共汽车、大、中型出租车、火车、船只、飞机等正在运营中的机动公共交通工具上对旅客、司售、乘务人员实施的抢劫。公共交通工具承载的旅客具有不特定多数人的特点。在未运营中的大、中型公共交通工具上针对司售、乘务人员抢劫的，或者在小型出租车上抢劫的，不属于“在公共交通工具上抢劫”。对运行途中的机动公共交通工具加以拦截后，对公共交通工具上的人员实施的抢劫的，也是在公共交通工具上抢劫。

3. 抢劫银行或者其他金融机构的。这里的“银行”，包括国有银行、民营银行以及外国在我国设立的银行。“其他金融机构”，是指银行以外的从事货币资金的融通和信用业务的机构，包括证券公司、保险公司、信托投资公司、信用社等。抢劫银行或其他金融机构，不仅指进入银行或其他金融机构内部抢劫其所有的货币、金银等财物，也包括抢劫它们在运输途中的货币、金银等财物。但抢劫银行或者其他金融机构的一般办公用品、生活用品的，不属于本项情形。

4. 多次抢劫或者抢劫数额巨大的。“多次抢劫”是指抢劫三次以上。对于“多次”的认定，应以行为人实施的每一次抢劫行为均已构成犯罪为前提，综合考虑犯罪故意的产生、犯罪行为实施的时间、地点等因素，客观分析、认定。对于行为人基于一个犯意实施犯罪的，如在同一地点同时对在场的多人实施抢劫的；或基于同一犯意在同一地点实施连续抢劫犯罪的，如在同一地点连续地对途经此地的多人进行抢劫的；或在一次犯罪中对一栋居民楼房中的几户居民连续实施入户抢劫的，一般应认定为一次犯罪。抢劫公私财物价值人民币5000元至2万元以上的，为“数额巨大”。

5. 抢劫致人重伤、死亡的，是指为抢劫财物使用暴力或其他强制方法，因用力过度而过失造成重伤或者死亡或以杀人作为非法占有公私财物的手段实施抢劫造成致人重伤、死亡。

6. 冒充军警人员抢劫的。这里的“军警人员”，指现役军人、武装警察和公安民警，不包括一般执法人员和其他国家机关工作人员。

7. 持枪抢劫的，是指行为人手持枪支，并向被害人显示，利用其产生的威吓作用实施抢劫。这里所说的“枪”的范围，主要是指《中华人民共和国枪支管理办法》规定的军用的枪支、射击运动用的枪支、狩猎用的有膛线枪、散弹枪、火药枪等具有较大杀伤力的枪支。私人非法制造的能发射金属弹丸、具有杀伤力的枪支，也应包括在内。

8. 抢劫军用物资或者抢险、救灾、救济物资的。这里“军用物资”，不包括军用的枪支、弹药、爆炸物。抢劫这些军用物品的，应按刑法第 127 条第 2 款的规定定罪处罚。“抢险、救灾、救济物资”，是指已经确定将要用于或者正在用于抢险、救灾、救济的物资。

二、盗窃罪

（一）盗窃罪的概念

盗窃罪，是指以非法占有为目的，秘密窃取公私财物，数额较大，或者多次盗窃、入户盗窃、携带凶器盗窃、扒窃公私财物的行为。

（二）盗窃罪的特征

1. 本罪的客体是公私财物的所有权。本罪的对象为公私财物，即国家、集体和个人所有的各种财物。既可以是有形物品，也可以是无形物品（如电力、煤气、天然气等）。一般为动产，不动产不能成为本罪的对象。刑法另有规定的，应依规定处理。

2. 客观上表现为窃取公私财物数额较大或者多次窃取、入户盗窃、携带凶器盗窃、扒窃公私财物的行为。

（1）秘密窃取公私财物的行为。首先，必须是采取隐蔽的、自认为不被财物的所有人、保管人所知的方法将财物取走。这是盗窃罪与其他侵犯财产的犯罪行为相区别的主要标志。秘密窃取行为概况起来，主要包括三种表现形式：其一，将可移动的财物，秘密转移到行为人控制之下，并且脱离财物所有人或持有人控制范围；其二，通过传输系统加以使用和消耗，如盗窃电力、天然气等；其三，以牟利为目的，盗接他人通信线路、复制他人电信码号或明知是盗接、复制的电信设备、设施而使用。这是一种特殊形式的盗窃罪。其次，盗窃公私财物必须数额较大或多次盗窃的才构成犯罪。根据司法解释，个人盗窃公私财物价值人民币 1000 元至 3000 元以上的，为“数额较大”。

（2）多次盗窃，是指在 2 年内盗窃 3 次以上。

（3）入户盗窃。是指非法进入供他人家庭生活，与外界相对隔离的住所盗窃的。《刑法修正案（八）》规定，对入户盗窃，不论次数，不论盗窃价值的多少，一律追究刑事责任。入户盗窃不但侵犯了公民的财产权、住宅权，而且极易引发抢劫、杀人、强奸等恶性刑事案件，严重危及公民的人身和生命安全。基于入户盗窃的这一危害性，为了加强对人身、财产权的保护，刑法作此修改。

（4）携带凶器盗窃。是指携带枪支、爆炸物、管制刀具等国家禁止个人携带的器械盗窃，或者为了实施违法犯罪携带其他足以危害他人人身安全的器械盗窃的。携带凶器盗窃的“凶器”应为两类：一类是国家规定的管制器具，如枪支弹药、爆炸物、管制刀具等，这些在办案实践中应当由规定的部门进行鉴定；另一类是为盗窃而准备的凶器，不属于国家管制的器具，如棍棒等若在盗窃中，将携带的凶器向被害人加以显示或为窝藏赃物、抗拒抓捕、毁灭罪证而当场使用凶器、使用暴力或者暴力相威胁的，则以抢劫罪定罪处罚。

（5）扒窃。是指在公共场所或公共交通工具上秘密窃取他人随身携带的财物的行为。《刑法修正案（八）》明确将扒窃以列举的方式成为盗窃罪的罪状之一，是行为犯，只要实施了扒窃行为，就构成犯罪，不论窃得财物多少。认定扒窃行为，应重要把握两个特点： 是地点性特征，即发生的地点是车站、码头、广场、集贸市场等公共场所或公共汽车等公共交通工具；二是扒窃的对象是受害人随身携带的财物，既包括带在当事人身上的财物，如口袋中的钱包、手机等，也包括随身带在身边，伸手可及的地方的财物，如当事人吃饭时放在餐桌上的手机、挂在椅子背上衣服中的钱包等。

3. 本罪的主体为一般主体，即已满16周岁、具有刑事责任能力的自然人。

4. 主观方面是故意，并且具有非法占有公私财物的目的。

（三）盗窃罪的认定

1. 盗窃罪与非罪的界限

刑法第264条规定，盗窃公私财物数额较大的，构成犯罪。对此规定，2013年3月8日最高人民法院《关于审理盗窃案件具体应用法律若干问题的解释》第1条至第3条作了明确规定，盗窃公私财物价值1000元至3000元以上的，为“数额较大”，各省、自治区、直辖市高级人民法院可以根据本地区的经济发展状况，并考虑社会治安状况，在上述数额幅度内，分别确定本地区执行的数额，报最高人民法院、最高人民检察院批准。在跨地区运行的公共交通工具上盗窃，盗窃地点无法查证的，盗窃数额是否达到“数额较大”、“数额巨大”、“数额特别巨大”，应当根据受理案件所在地省、自治区、直辖市高级人民法院、人民检察院确定的有关数额标准认定。

尽管在司法实务中，区分盗窃罪与非罪的界限，通常应依据盗窃公私财物是否达到“数额较大”作为基本判断标准，但是，数额标准并不是唯一标准，还要与其他情节相结合综合判断。前述司法解释第7条规定，盗窃公私财物数额较大，行为人认罪、悔罪，退赃、退赔，且具有下列情形之一，情节轻微的，可以不起诉或者免予刑事处罚；必要时，由有关部门予以行政处罚：（1）具有法定从宽处罚情节的；（2）没有参与分赃或者获赃较少且不是主犯的；（3）被害人谅解的；（4）其他情节轻微、危害不大的。

偷拿自己家里或者近亲属的财物，由于发生的原因是多方面的，情况比较复杂，案发后被害人出于各种考虑，往往不希望司法机关追究行为人的刑事责任。根据上述最高人民法院司法解释，对这类偷窃案件，一般可不按犯罪处理，只对确有追究刑事责任必要的，才作犯罪处理，但在处罚上也应与社会上盗窃作案有所区别。这里所谓的“近亲属”，按照刑事诉讼法的规定，是指夫、妻、父、子、女、同胞兄弟姐妹。

2. 盗窃财物的数额计算方法

窃取公私财物数额的大小，是一般情况下定罪量刑的主要标准。因此，如何认定被盗窃财物的数额，直接关系到能否正确定罪与合理量刑。但是，从司法实践看，被盗财物种类繁多、情况复杂，即使是同种物品，新的与旧的，正品与次品，价值也不相同。为了统一对各种财物价值的计算标准与方法，《关于办理盗窃刑事案件适用法律若干问题的解释》第4条、第5条作了详细的规定。

3. 盗窃罪既遂与未遂的界限

关于盗窃罪既遂与未遂划分的标准，中外刑法理论均存在不同观点。主要有：(1)“接触说”，认为应以行为人是否接触到被盗财物为标准，接触到财物就是既遂。(2)“转移说”，认为应以行为人是否将被盗财物转移到安全地带为标准，已转移到安全地带的为既遂。(3)“控制说”，认为应以行为人是否已经取得对被盗财物的实际控制为标准，已实际控制的为既遂。(4)“移动说”，认为应以行为人是否移动被盗财物为标准，已移动的为既遂。(5)“失控说”，认为应以被害人是否失去对财物的控制为标准，失去控制的为既遂。(6)“失控加控制说”，认为应以是否被害人失去对财物的控制，并且该财物已置于行为人的实际控制之下为标准，失去控制的为既遂。我们认为，盗窃罪是结果犯，应以给公私财产所有权造成直接损害结果为构成要件齐备的标志。所有权的损害结果表现在所有人或持有人控制之下的财物因被盗窃而脱离了其实际控制，一般而言，也意味着被盗财物已被行为人控制，二者是一致的。因此，从对客体的损害着眼，以财物的所有人或持有人失去对被盗财物的控制作为既遂的标准，符合盗窃罪既遂的本质特征。至于行为人是否最终达到了非法占有并任意处置该财物的目的，不影响既遂的成立。

4. 盗窃罪与有关犯罪的界限

根据刑法规定，盗窃某种特定财物，侵犯其他客体，可能构成其他罪或者牵连触犯盗窃罪。司法实践中应注意区分它们与盗窃罪的界限，并且正确认定一罪或数罪的问题。(1)盗窃广播电视设备、公用电信设施价值数额不大，但是构成危害公共安全犯罪的，以破坏广播电视设施、公用电信设施罪定罪处罚。盗窃广播电视设施、公用电信设施同时构成盗窃罪和破坏广播电视设施、公用电信设施罪的，按其中处罚较重的罪处罚。（2）盗窃使用中的电力设备，同时构成盗窃罪和破坏电力设备罪，按其中处罚较重的罪处罚。（3）为盗窃其他财物，盗窃机动车作为工具使用的，被盗机动车辆的价值计入盗窃数额为实施其他犯罪盗窃机动车辆的，以盗窃罪和所实施的其他犯罪实行数罪并罚。为实施其他犯罪，盗开机动车辆当犯罪工具使用后，将偷开的机动车辆送回原地或者停放在原处附近，车辆未丢失的，按照其所实施的犯罪从重处罚，不定盗窃罪。（4）为练习开车、游乐等目的，多次偷开机动车辆，并将机动车辆丢失的，以盗窃罪定罪处罚；在偷开机动车辆过程中发生交通肇事构成犯罪，又构成其他罪的，应当以交通肇事罪和其他罪实行数罪并罚。（5）实施盗窃犯罪，造成公私财物损毁的，以盗窃罪从重处罚；因毁坏公私财物又构成其他罪的，择一种罪从重处罚。盗窃公私财物未构成盗窃罪，但因采用破坏性手段造成公私财物损毁数额较大的，以故意毁坏财物罪定罪处罚。盗窃后，为掩盖盗窃罪行或者报复等，故意破坏公私财物构成犯罪的，应当以盗窃罪和构成的其他罪实行数罪并罚。（6）盗窃技术成果等商业秘密的，以侵犯商业秘密罪定罪处罚。

5. 未成年人盗窃问题

最高人民法院《关于审理未成年人刑事案件具体应用法律若干问题的解释》（2006 年 1 月 23 日施行）规定：已满 16 周岁不满 18 周岁的人实施盗窃行为未超过三次，盗窃数额虽已达到“数额较大”标准，但案发后能如实供述全部盗窃事实并积极退赃，且具有下列情形之一的，可以认定为“情节显着轻微危害不大”，不认为是犯罪：（1）系又聋又哑的人或者盲人；（2）在共同盗窃中起次要或者辅助作用，或者被胁迫；（3）具有其他轻微情节的。已满 16 周岁不满 18 周岁的人盗窃未遂或者中止的，可不认为是犯罪。已满 16 周岁不满 18 周岁的人盗窃自己家庭或者近亲属财物，或者盗窃其他亲属财物但其他亲属要求不予追究的，可不按犯罪处理。

（四）盗窃罪的刑事责任

根据刑法第 264 条规定，犯本罪的，处 3 年以下有期徒刑、拘役或者管制，并处或者单处罚金；数额巨大或者有其他严重情节的，处 3 年以上 10 年以下有期徒刑，并处罚金；数额特别巨大或者有其他特别严重情节的，处 10 年以上有期徒刑或者无期徒刑，并处罚金或者没收财产。

三、诈骗罪

（一）诈骗罪的概念

诈骗罪，是指以非法占有为目的，用虚构事实或者隐瞒真相的方法，骗取公私财物，数额较大的行为。

（二）诈骗罪的特征

1. 本罪的客体是公私财物的所有权。犯罪对象可以是各种财物，包括动产和不动产。刑法另有规定的，应依据相应的规定定罪处罚。

2. 本罪在客观方面表现为用虚拟事实或者隐瞒真相的方法，骗取公私财物，数额较大的行为。诈骗行为方式多种多样，但概括起来是两种类型：虚拟事实或者隐瞒真相。所谓虚构事实是指捏造不存在的事实，骗取被害人的信任。虚构事实可以是全部虚构也可以是部分虚构；所谓隐瞒真相是指行为人掩盖客观事实，使受害单位或受害人受蒙骗，在不了解事实真相的情况下，交出财物。通过虚构事实或隐瞒真相的方法，使被害人“自愿”地交出财物，是诈骗罪区别于其他侵犯财产罪的重要标志。诈骗罪的欺骗方法一般是行为人先向被害人实施，然后使受害人产生错觉而交出财物，但有时行为人利用被害人的错觉而乘机欺骗取财，也构成诈骗罪。从实践中来看，诈骗分子所使用的欺骗手段很多，较为常见的主要是编造谎言、假冒身份、伪造、涂改单据，等等。诈骗罪的受害人应当是能够正确表达自己意思的人，如果从没有行为能力的精神病人、婴幼儿手中骗取财物的，在西方某些国家的刑法中叫作“准诈欺罪”，在我国有人主张以盗窃罪论处。

诈骗公私财物，必须达到数额较大，才可构成诈骗罪，数额较大是构成诈骗的一个必要条件。根据 2011 年 4 月 8 日最高人民法院、最高人民检察院《关于审理诈骗案件具体应用法律的若干问题的解释》规定，个人诈骗公私财物 3000 元至 1 万元的为数额较大。各省、自治区、直辖市高级人民法院可根据本地区经济发展状况，并考虑社会治安状况，在前款规定的数额幅度内，分别确定本地区执行的具体数额标准，并报最高人民法院、最高人民检察院备案。

3. 本罪的主体为一般主体。即年满 16 周岁，具备刑事责任能力的自然人。

4. 本罪的主观方面是直接故意，且以非法占有为目的。

（三）诈骗罪的认定

1. 诈骗罪与民间借贷纠纷的界限

司法实践中，经常出现借贷纠纷。所谓借贷纠纷。是指因借他人财物不能按时归还，在借用人与出借人之间产生的纠纷。区分诈骗罪和借贷纠纷的关键，主要看行为人主观上有无诈骗的故意，是否具有非法占有财物的目的。认定行为人的主观心理，要以借用人与出借人在借贷前的相互关系、借贷关系发生的原因、借用人不能按期归还的原因、借用人对于不能按期归还的态度等方面入手，进行全面分析。

2. 诈骗罪与其他特殊诈骗罪的界限

刑法分则第三章“破坏社会主义市场经济秩序罪”一类罪中，规定了几种特殊类型的诈骗罪，具体是：集资诈骗罪（第192条）、贷款诈骗罪（第193条）、票据诈骗罪（第194条第1款）、金融凭证诈骗罪（第194条第2款）、信用证诈骗罪（第195条）、信用卡诈骗罪（第196条）、有价证券诈骗罪（第197条）、保险诈骗罪（第198条）、骗取出口退税罪（第204条第1款）、合同诈骗罪（第224条）。这十个新类型的诈骗罪，和刑法第266条的诈骗罪，是特殊和一般的关系。刑法第266条规定，本法另有规定的，依照规定。这表明，凡行为符合特殊诈骗罪特征的，即按上述犯罪定罪处罚。诈骗罪与其他新型诈骗罪的区别是：

（1）客体不同。前者的客体是简单客体，即公私财产所有权；而后者的客体是复杂客体，既侵犯了财产所有权，还侵犯了金融管理秩序或国家对税收、合同的管理制度。

（2）客观表现方面不同。前者的客观表现法律上未限制，即虚构事实或隐瞒真相中的多种均可；而后者的客观表现为某一特定领域内的特定欺骗方法。

（3）主体不同。前者的主体只能是自然人，而后者的主体除信用卡诈骗罪和贷款诈骗罪的主体只能是自然人外，其他几种犯罪主体既可以是自然人，也可以是单位。

（四）诈骗罪的刑事责任

根据刑法第266条的规定，犯本罪的，处3年以下有期徒刑、拘役或者管制，并处或者单处罚金；数额较大或者有其他严重情节的，处3年以上10年以下有期徒刑，并处罚金；数额特别巨大或者有其他特别严重情节的，处10年以上有期徒刑或者无期徒刑，并处罚金或没收财产。

四、抢夺罪

（一）抢夺罪的概念

抢夺罪，是指以非法占有为目的，公然夺取公私财物，数额较大的或多次抢夺的行为。

（二）抢夺罪的特征

1. 本罪的客体是公私财物所有权。犯罪对象只能是动产，并且是有形物。刑法另有规定的，应依规定处理。

2. 本罪在客观方面表现为公然夺取公私财物数额较大的行为或多次抢

夺的。

这种非法占有公私财物的行为具有两个特征：（1）夺取财物的行为是公然进行的。所谓公然进行是指在财物的所有人或保管人在场的情况下，当着财物所有人或保管人的面或者采用可以使其立即发觉的方法夺走财物。这是抢夺罪与盗窃罪在客观上的主要区别。（2）行为人公然夺取财物时并不使用暴力或暴力威胁等侵犯被害人人身的手段行为。这是抢夺罪与抢劫罪在客观上的显着区别。抢劫罪的暴力是行为人故意地用来作为强行占有财物的手段的。这种暴力的施加对象是他人的人身；而抢夺的行为人并不是故意以暴力侵犯他人人身的方法作为取财手段，行为人的“力”施加于财物的，以使财物脱离被害人的控制而控制在自己手中。即使行为人夺取财物的行为，使被害人跌倒摔伤或死亡，也不成立抢劫罪。行为人是否乘人不备而夺取他人财物，不影响本罪的成立。

此外，成立本罪必须是抢夺的财物数额较大。根据2013年11月最高人民法院、最高人民检察院《关于办理抢夺刑事案件适用法律若干问题的解释》第1条的规定，抢夺公私财物价值人民币1000元至3000元以上的，为“数额较大”；各省、自治区、直辖市高级人民法院可以根据本地区的经济发展状况，并考虑社会治安状况，在上述数额幅度内，分别确定本地区执行的数额，报最高人民法院、最高人民检察院批准。第2条规定，抢夺公私财物，具有下列情形之一的，“数额较大”的标准按照前条规定标准的50%确定：（1）曾因抢劫、抢夺或者聚众哄抢受过刑事处罚的；（2）一年内曾因抢夺或者哄抢受过行政处罚的；（3）一年内抢夺三次以上的；（4）驾驶机动车、非机动车抢夺的；（5）组织、控制未成年人抢夺的；（6）抢夺老年人、未成年人、孕妇、携带婴幼儿的人、残疾人、丧失劳动能力人的财物的；（7）在医院抢夺病人或者其亲友财物的；（8）抢夺救灾、抢险、防汛、优抚、扶贫、移民、救济款物的；（9）自然灾害、事故灾害、社会安全事件等突发事件期间，在事件发生地抢夺的；（10）导致他人轻伤或者精神失常等严重后果的。

3. 本罪主体为一般主体。

4. 本罪主观方面为故意，且行为人以非法占有目的。

（三）抢夺罪的认定

1. 罪与非罪的界限

抢夺公私财物，必须要求数额较大，才构成犯罪。因此，如果行为人抢夺公私财物价值未达到“数额较大”的标准，不构成犯罪。根据最高人民法院、最高人民检察院《关于办理抢夺刑事案件适用法律若干问题的解释》第5条的规定，抢夺公私财物数额较大，但未造成他人轻伤以上伤害，行为人系初犯，认罪、悔罪，退赃、退赔，且具有下列情形之一的，可以认定为犯罪情节轻微，不起诉或者免予刑事处罚；必要时，由有关部门依法予以行政处罚：(1) 具有法定从宽处罚情节的；(2) 没有参与分赃或者获赃较少，且不是主犯的；(3) 被害人谅解的；(4) 其他情节轻微、危害不大的。

是否具有非法占有为目的。抢夺罪是目的犯，要求行为人必须具有非法占有为目的，如果行为人没有非法占有的目的，则行为人的行为不可能构成抢劫罪。如债权人夺取债务人的财物以抵偿或实现债权的行为，属于民事纠纷，不应以抢夺罪论处。

2. 本罪与抢劫罪的界限

二者都是行为人公然实施夺取财物的行为，主观上都是出于非法占有为目的，为直接故意，主体也是一般主体。但是二者的区别也是明显的。(1) 侵犯的客体不同。抢夺罪侵犯的客体是简单客体，即公私财物的所有权，而抢劫罪的客体是复杂客体，即公私财物的所有权和他人的人身权利。(2) 客观方面表现不同。抢夺罪是不采用暴力、胁迫等强制方法而公然夺取，而抢劫罪则是行为人采取暴力、胁迫或者其他手段迫使被害人交出财物或者直接将财物抢走。也即抢夺罪的实行行为是单一行为，抢劫罪的实行行为是复合行为。值得注意的是，当行为人在抢夺财物的过程中因用力过猛造成被害人重伤或者死亡的行为该如何认定？应当从以下几个方面加以把握：其一，要看强力行为的作用对象和使用目的。抢夺罪的抢夺财物行为虽然也使用一定强力，但这种强力直接作用于被抢夺的财物，目的是直接夺得财物，而抢劫罪中使用的暴力直接指向被害人人身，具有排除被害人反抗的性质和目的。其二，要看伤害是否是犯罪分子故意为之。在构成抢夺的场合，造成伤害的结果往往是行为人在抢夺财物过程中，由于用力过猛等原因过失造成的，行为人并不以此作为夺取财物的手段行为。而在构成抢劫罪的场合，行为人则是故意实施暴力，并以此作为非法占有他人财物的手段行为。其三，如果行为人行为前本来并没有计划使用暴力手段夺取财物，但在夺取财物的过程中，遭到被害人的反抗，转而使用暴力、威胁方法强行夺取财物，此是应当直接按照抢劫罪定罪处罚。针对实践中发生较多的“飞车”夺取财物的情况，根据《关于办理抢夺刑事案件适用法律若干问题的解释》第 6 条的规定，驾驶机动车、非机动车夺取他人财物，具有下列情形之一的，应当以抢劫罪定罪处罚：(1) 夺取他人财物时因被害人不放手而强行夺取的；(2) 驾驶车辆逼挤、撞击或者强行逼倒他人夺取财物的；(3) 明知会致人伤亡仍然强行夺取并放任造成财物持有人轻伤以上后果的。

刑法第 267 条第 2 款规定，“携带凶器抢夺的，依照本法第 263 条的规定定罪处罚”，即定抢劫罪。关于“携带凶器抢夺”，最高人民法院在《关于审理抢劫案件具体应用法律若干问题的解释》中对此进行了解释。“携带凶器抢夺”，是指行为人随身携带枪支、爆炸物、管制刀具等国家禁止个人携带的器械进行抢夺或者为了实施犯罪而携带其他器械进行抢夺的行为。行为人随身携带国家禁止个人携带的器械以外的其他器械抢夺，但有证据证明该器械确实不是为了实施犯罪准备的，不以抢劫罪定罪；行为人将随身携带凶器有意加以显示、能为被害人察觉到的，直接适用刑法第 263 条的规定定罪处罚；行为人携带凶器抢夺后，在逃跑过程中为窝藏赃物、抗拒抓捕或者毁灭罪证而当场使用暴力或者以暴力相威胁的，适用刑法第 267 条第 2 款的规定定罪处罚。

（四）抢夺罪的刑事责任

根据刑法第 267 条第 1 款的规定，犯本罪的，数额较大的，或者多次抢夺的，处 3 年以下有期徒刑、拘役或者管制，并处或者单处罚金；数额巨大或者有其他严重情节的，处 3 年以上 10 年以下有期徒刑，并处罚金；数额特别巨大或者有其他特别严重情节的，处 10 年以上有期徒刑或者无期徒刑，并处罚金或者没收财产。

五、聚众哄抢罪

聚众哄抢罪，是指以非法占有为目的，聚集多人公然夺取公私财物，数额较大或者情节严重的行为。

本罪具有如下构成特征：犯罪客体是复杂客体，即公私财物的所有权和社会的正常管理秩序。犯罪对象是动产，主要是处于运输、保管和储存的公私财物。犯罪客观方面表现为聚集多人，公然夺取公私财物，数额较大或者情节严重的行为。“聚众”，是指聚集多人，少则数人，多则十几人、几十人，甚至成百上千人。“哄抢”，是指在为首分子的鼓励、指挥下，一哄而上公然夺取公私财物，但是，不采用暴力、胁迫或者其他人身强制的方法，否则就构成抢劫罪。聚众哄抢公私财物，数额较大或者情节严重的，才构成犯罪；数额不大，情节不严重的，按一般违法行为处理。犯罪主体为一般主体，处罚对象是聚众哄抢的首要分子和积极参加者。犯罪主观方面为直接故意，且以非法占有为目的。

根据刑法第 268 条的规定，犯聚众哄抢罪的，对首要分子和积极参加的，处 3 年以下有期徒刑、拘役或者管制，并处罚金，数额巨大或者由其他特别严重情节的，处 3 年以上 10 年以下有期徒刑，并处罚金。

六、敲诈勒索罪

（一）敲诈勒索罪的概念

敲诈勒索罪，是指以非法占有为目的，对财物所有人、占有人使用威胁或要挟的方法，索取数额较大的公私财物，或者多次敲诈勒索的行为。

（二）敲诈勒索罪的特征

1. 本罪的客体为复杂客体，不仅侵犯了公私财产所有权，还侵害到他人的人身权利。犯罪对象具体表现为多种多样，有动产，有不动产；有有形财产，也有无形财产。

2. 本罪的客观方面表现为行为人以对被害人实施威胁或者要挟的方法，迫使其交付数额较大的财物的行为。这一特征有以下几个要点：（1）对被害人采取了威胁或者要挟的方法。威胁或要挟方法，是指对公私财物的所有者、保管者给予精神上的强制，造成其心理上一定程度的恐惧，以至于不敢反抗。敲诈勒索的行为人所实施的威胁和要挟，其内容可能涉及被害人诸方面利益，包括合法与非法利益。通常表现为：以对被害人及其亲友的人身实施暴力相威胁；以毁坏被害人人格、名誉相威胁；毁坏财物相威胁；以揭发被害人的隐私或弱点相威胁、要挟；以其他方法进行威胁，如利用栽赃陷害相威胁、相要挟等。（2）迫使被害人交付数额较大的公私财物。行为人实施敲诈勒索行为的主观目的，是意图非法占有数额较大的公私财物。因而其客观行为除表现为采取了威胁或要挟方法外，必然要迫使被害人交付数额较大的公私财物。（3）实际非法占有数额较大的财物或者虽未达到“数额较大”但属于“多次敲诈勒索”的。这里的“数额较大”，按照2013年4月最高人民法院、最高人民检察院《关于办理敲诈勒索刑事案件适用法律若干问题的解释》第1条规定，是指敲诈勒索公私财物价值2000元至5000元以上的，为“数额较大”，各省、自治区、直辖市高级人民法院可根据本地区经济发展状况，并考虑社会治安状况，在前款规定的数额幅度内，分别确定本地区执行的具体数额标准，并报最高人民法院、最高人民检察院备案。第2条规定，敲诈勒索公私财物，具有下列情形之一的，“数额较大”的标准可以按照本解释第1条规定标准的50%确定：（1）曾因敲诈勒索受过刑事处罚的；（2）一年内曾因敲诈勒索受过行政处罚的；（3）对未成年人、残疾人、老年人或者丧失劳动能力人敲诈勒索的；（4）以将要实施放火、爆炸等危害公共安全犯罪或者故意杀人、绑架等严重侵犯公民人身权利犯罪相威胁敲诈勒索的；（5）以黑恶势力名义敲诈勒索的；（6）利用或者冒充国家机关工作人员、军人、新闻工作者等特殊身份敲诈勒索的；（7）造成其他严重后果的。第3条规定，二年内敲诈勒索三次以上的，应当认定为刑法第 274 条规定的“多次敲诈勒索”。

3. 本罪的主体为一般主体，即年满 16 周岁、具有刑事责任能力的自然人。

4. 本罪的主观方面是直接故意，且以非法占用为目的。

（三）敲诈勒索罪的认定

1. 罪与非罪的界限

根据刑法第 274 条的规定，构成本罪需数额较大或多次敲诈勒索，因此，敲诈勒索的数额没有达到较大或不属于多次敲诈勒索，不构成犯罪。当然，也并非只要敲诈勒索财物的数额达到较大程度就一律作为犯罪处理。对此，最高人民法院、最高人民检察院《关于办理敲诈勒索刑事案件适用法律若干问题的解释》第 5 条规定，敲诈勒索数额较大，行为人认罪、悔罪，退赃、退赔，并具有下列情形之一的，可以认定为犯罪情节轻微，不起诉或者免予刑事处罚，由有关部门依法予以行政处罚：（1）具有法定从宽处罚情节的；（2）没有参与分赃或者获赃较少且不是主犯的；（3）被害人谅解的；（4）其他情节轻微、危害不大的。第 6 条规定，敲诈勒索近亲属的财物，获得谅解的，一般不认为是犯罪；认定为犯罪的，应当酌情从宽处理。被害人对敲诈勒索的发生存在过错的，根据被害人过错程度和案件其他情况，可以对行为人酌情从宽处理；情节显著轻微危害不大的，不认为是犯罪。

2. 敲诈勒索罪与抢劫罪的区别

两罪均属侵犯财产罪，从犯罪客体来看，不仅都侵犯了他人财物的所有权，有时还同时侵犯到公民的人身权利。从主观方面来看，两者具有相同的犯罪目的，即都具有非法占有公私财物的目的。客观方面，也存在相似之处，例如，都可能当场使用威胁方式，恐吓被害人，迫使其立即交付财物。但是二者也存在许多重要区别：（1）威胁的实施方式不同。抢劫罪的威胁，是当场直接向被害人发出的，具有直接的公开性；而敲诈勒索罪的威胁可以是面对被害人公开实行，也可以是利用书信、通讯设备或者通过第三人的转告通知被害人的间接实施。（2）威胁的内容不同。抢劫罪的威胁，都是直接侵犯人的生命健康的暴力威胁，如以杀害相威胁；敲诈勒索罪威胁的内容较广泛，可以是针对人身实施暴力、伤害相威胁，也可以是以毁人名誉毁坏财产、设置困境等相威胁，例如，采用揭发隐私、举报犯罪行为等相威胁。（3）威胁内容可能实施的时间不同。抢劫罪的暴力威胁的发生时间，一般是威胁在当场予以实施；而敲诈勒索罪则是威胁在将来某个时间将所威胁的具体内容付诸实施。（4）威胁索取利益性质不同。抢劫罪索取利益之性质，只能是动产；而敲诈勒索罪索取利益之性质，可以是动产也可以是不动产。（5）非法取得利益的时间不同。

抢劫罪非法取得利益的时间只能是当场取得；敲诈勒索罪非法取得利益的时间，有时是当场，更多的是在若干时日以后（一般是罪犯指定或同意的时间）。(6) 威胁的效果有所不同。敲诈勒索罪中的威胁手段，是为了使被害人产生恐惧感和压迫感，但是并没有达到使被害人不能反抗的地步，被害人在决定是否交付财物上尚有考虑、选择的余地；而抢劫罪中的威胁，是为了使被害人当场受到精神强制，使其完全丧失反抗的意志，除将财产当场交出外，没有其他考虑、选择的余地。

3. 敲诈勒索罪与绑架罪的界限

敲诈勒索罪与以勒索财物为目的的绑架罪均以非法占有为目的，均有非法占有他人财物的行为，均既侵犯了公私财产所有权，又侵犯了公民的人身权利，因此两罪存在着相似之处。但敲诈勒索罪与绑架罪仍存在较大的区别，主要表现在：(1) 犯罪客体不同。两者的犯罪客体均是复杂客体，但是敲诈勒索罪侵犯的主要客体是公私财产的所有权，人身权利等属于次要客体，因而该罪在刑法分则体系上被归属于侵犯财产罪之中；而绑架罪侵犯的主要客体则是公民的人身权利，虽然其也在某种程度上侵犯公私财产所有权，但其属于次要客体，因而在刑法分则体系上被归属于侵犯公民人身权利罪之中。(2) 犯罪的客观特征不同。敲诈勒索罪与绑架罪在客观特征方面存在三点区别：第一，敲诈勒索罪是以将要实施的侵害相威胁，勒索数额较大的公私财物，而没有实施绑架行为；绑架罪则主要是通过绑架人质，以交换人质为条件，逼迫人质的亲友交出财物。第二，敲诈勒索罪的威胁既可以是暴力侵害，也可以是非暴力侵害，而且是以后才付诸实施；绑架罪则是以杀害、伤害人质相威胁，而且因发出勒索指令时人质已在其绑架掌握之中，这种威胁内容随时都可能付诸实施，具有加害的现实性和紧迫性。第三，敲诈勒索罪是直接从被害人手中取得财物，而绑架罪则是从被绑架人质的亲友或所在单位处取得财物。

4. 敲诈勒索罪与诈骗罪的界限

敲诈勒索罪与诈骗罪的主要区别有以下几个方面：(1) 犯罪客体不同。诈骗罪的客体是公私财物的所有权，而敲诈勒索罪的客体除了公私财产的所有权外，还包括他人的人身权利或其他权益。(2) 犯罪方法不同。诈骗罪是用欺骗的方法亦即以虚构事实或者隐瞒事实真相的方法，从而给被害人造成一种应该交付财物给犯罪分子的错误认识或动机，并“自愿”地交付了财物。敲诈勒索罪则是以威胁或要挟的方法，造成被害人心理上、精神上的恐惧而被迫交付数额较大的财物。前者是采用欺骗的方法，后者是使用威胁或要挟的方法；前者的被害人好像是“自愿”地交付财物，后者的被害人是被迫地交付财物。因此，在区别诈骗罪与敲诈勒索罪时，主要不是看有没有欺骗，而是看行为人取得财物是以诈骗的手段，还是以威吓的手段。

5. 敲诈勒索罪既遂的标准

敲诈勒索罪的完成形态属于结果犯，即行为人使用了恐吓、威胁等手段，使被害人产生恐惧感，从而被迫交出财物的，即为既遂；如果被害人并未因行为人的威胁、要挟而交出财物的，为敲诈勒索的未遂。

（四）敲诈勒索罪的刑事责任

根据刑法第 274 条规定，犯本罪的，处 3 年以下有期徒刑、拘役或者管制；数额巨大或者有其他严重情节的，处 3 年以上 10 年以下有期徒刑；数额特别巨大或者有其他特别严重情节的，处 10 年以上有期徒刑。并处罚金。

七、侵占罪

（一）侵占罪的概念

侵占罪，是指以非法占有为目的，将代为保管的他人财物或者他人遗忘物、埋藏物，非法据为己有，数额较大，拒不退还的行为。

（二）侵占罪的特征

1. 本罪的客体是公私财产所有权。犯罪对象可以是动产和不动产；可以是有体物，也可以是电力、煤气、天然气等无体物。

2. 本罪客观方面表现为行为人非法占有他人财物、数额较大，拒不退还或拒不交出的行为。这一特征包括三个要点：

（1）侵占行为的突出特点是“变合法持有为非法所有”，即行为人已合法持有他人的财物。这是构成侵占罪的前提条件。“合法持有”，则是指以合法的方式，取得对他人财物的暂时的占有权，但无处分权。根据刑法第 270 条的规定，作为侵占行为的“合法持有他人财物”，包括以下两种情况：

一是以合法的方式代为保管他人的财物。“代为保管”，是指接受他人委托或者根据事实上的管理而成立的对他人财物的持有、管理。行为人与财物所有人、管理人之间是否具有代为保管财物的关系是构成这种形式侵占罪的前提条件。在以合法的方式代为保管他人财物的情况下，行为人合法取得占有权，而无所有权，其有交还财物给委托人或者委托人指定的其他人的义务。如果拒不交还或交付，非法据为己有，就是侵占他人财物。在无因管理情况下，行为人为避免他人的利益受损失而自动为他人保管财物，也是以合法方式持有他人财物，如果非法据为己有，拒不返还，也是侵占行为。如代为饲养他人的宠物，当其主人要求返还时，产生了占为己有的意图，将宠物卖掉所得归己，则构成侵占罪。

二是合法占有他人的遗忘物或者埋藏物。所谓“遗忘物”，是指由财物所有人、持有人不慎而暂时失去占有、控制的财物。所谓“埋藏物”，是指埋藏于地下的时间较久、原所有人不明而根据法律规定属于国家所有的财物。司法实践中，侵占埋藏物的行为，以合法持有该埋藏物为前提，一般主要表现为行为人在进行地面挖掘时，偶然发现地下埋藏物，不知物主是谁，而将其占为己有。如果行为人明知某处埋藏有某人的财物，或者明知某古墓埋藏有古代珍贵文物，以非法占有为目的进行挖掘，将所有财物据为己有，则应分别以盗窃罪或盗掘古墓葬罪论处。

（2）侵占行为是将合法持有的财物非法据为己有，拒不退还或者拒不交出。拒不退还或者拒不交出是指行为人非法占有他人财物，被人发现后，经所有人、管理人要求其退还或者交出时，仍不予退还或交出，自行侵吞、占有、使用或处分他人财物，侵犯了权利人的利益。如果经权利人要求，行为人退还或交出所占有的财物，则不构成犯罪。

（3）数额较大。上述三种侵占财物的形式，都必须是数额较大的。司法实践中，一般以 1 万元以上为“数额较大”。

3. 本罪的主体为一般主体，即年满 16 周岁、具有刑事责任能力的人。

4. 本罪的主观方面是故意，并具有非法占有他人财物的目的。

（三）侵占罪的认定

1. 侵占罪与不当得利的区别

不当得利，是指无法律依据而占有他人财产的情形。它与侵占罪都表现为非法占有他人财物，但二者有本质的区别：（1）二者产生占有他人财物故意形成的时间不同。侵占罪行为人非法占有的故意产生于实施侵占行为之前；不当得利的受益人非法占有的故意，在取得不当利益之前根本没有产生。（2）二者行为有主动与被动之分。侵占罪的行为人对于非法占有他人财物这一事实的发生是积极主动促成的；不当得利这一事实的出现，是由于受害人的疏忽、过错造成的，受益人获得不当得利是被动的。（3）行为性质和法律后果不同。侵占财物数额较大是一种犯罪行为，行为人既要被追究刑事责任，也要依法承担民事赔偿责任；而不当得利的行为是一种轻微的民事违法行为，不当得利的受益人只需承担返还不该获得利益的民事责任。

2. 侵占罪与盗窃、诈骗、抢夺罪的区别

侵占罪和这三个侵犯财产罪，在犯罪的客体、主观方面、主体均相同。其主要区别：（1）犯罪故意形成的时间不同。侵占罪非法占有的故意产生于持有他人财物之后；其他三罪非法占有的故意则产生于持有他人财物之前。（2）客观方面不同。侵占罪行为人在实施侵占行为时被侵害之物已在其实际控制之下，以种种借口或采取各种手段拒不归还或拒不交还物主；其他三罪行为人在实施非法占有公私财物的行为时，并未控制财物，只是通过窃取、骗取、抢夺等的方法才将他人财物非法转归已有。（3）犯罪对象不同。侵占罪的对象是行为人事先代为保管的他人财物或者他人的遗忘物或埋藏物；其他三罪的对象，则可以是任何公私财物。

3. 侵占罪既遂的标准

侵占罪作为一种财产犯罪，是一种结果犯。这种结果，以他人的财产所有权受到侵害为标志。从犯罪行为的角度看，表现为行为人占有他人财物后，经财物所有人或者有关机关要求其退还或交出而拒绝退还或交出。这时，法定的结果财物损失已经出现，构成既遂。

（四）侵占罪的刑事责任

依照刑法第 270 条的规定，犯本罪的，处 2 年以下有期徒刑、拘役或者罚金；数额巨大或者有其他严重情节的，处 2 年以上 5 年以下有期徒刑，并处罚金。

犯本罪的，告诉的才处理。

八、职务侵占罪

（一）职务侵占罪的概念

职务侵占罪，是指公司、企业或者其他单位的人员，利用职务上的便利，将本单位的财物非法占为已有，数额较大的行为。

（二）职务侵占罪的特征

1. 本罪的客体，公司、企业或者其他单位的财物所有权。犯罪对象，是单位所有的各种财物，包括有体物与无体物、已在单位控制之中的财物与应归单位收入的财物。

2. 本罪的客观方面，首先，表现为利用职务上的便利，将本单位的财物非法占为已有，数额较大的行为。“利用职务上的便利”，是构成本罪的必要条件，是指利用自己主管、管理、经营、经手单位财物的便利条件。主管财物，主要是指领导人员在职务上具有对单位的财物的购置、调配、流向等决定的权力。经手财物，主要是指因执行职务而领取、使用、支配单位的财物等权力；管理财物，主要是指对单位购入的物资的管理。如果行为人仅利用在其单位工作熟悉作案环境，便于进出单位这一条件，进而实施了某种非法行为而将单位的财物非法占为已有的，则不属于利用职务上的便利。

其次，行为人还必须实施了非法侵占的行为。即行为人采用侵吞、窃取、诈骗等方法，将单位财物非法据为已有。

最后，非法占有的单位财物还必须数额较大。根据 2010 年 5 月 7 日最高人民检察院、公安部《关于公安机关管辖的刑事案件追诉标准的规定（二）》第 84 条规定："公司、企业或者其他单位的人员，利用职务上的便利，将本单位财物非法占为己有，数额在五千元至一万元以上的，应予追诉。"

3. 主体是特殊主体，即限于公司、企业或者其他单位的人员，但不包括国有公司、企业或者其他国有单位中从事公务的人员和国有公司、企业或者其他国有单位委派到非国有公司、企业以及其他单位从事公务的人员。

按照最高人民法院《关于在国有资本控股、参股的股份有限公司中从事管理工作的人员利用职务便利非法占有本公司财物的定罪问题的批复》的规定，在国有资本控股、参股的股份有限公司中从事管理工作的人员，除受国家机关、国有公司、企业、事业单位委派从事公务的以外，利用职务上的便利，将本单位财物非法占为己有，数额较大的，以职务侵占罪定罪处罚。因此，在国有资本控股、参股的股份有限公司中从事管理工作的非国家工作人员也是本罪的主体。

4. 主观上是故意，目的是为了非法古有本单位的财物。

（三）职务侵占罪的认定

1. 职务侵占罪与盗窃罪、诈骗罪的界限

职务侵占罪与盗窃罪、诈骗罪，都具有非法占有的目的，都侵犯公私财产权利。它们的主要区别在于：其一，本罪侵犯的对象只能是公司、企业或其他单位的财物，而盗窃罪、诈骗罪侵犯的可以是任何公私财物。其二，本罪只能是利用职务上的便利实施，行为方式包括窃取、骗取、侵吞等多种；而盗窃罪、诈骗罪的实施与职务无关，行为方式分别只能是窃取或骗取。其三，本罪的主体是特殊主体，而盗窃罪、诈骗罪是一般主体。

2. 职务侵占罪与侵占罪的界限

职务侵占罪与侵占罪同属以非法占有为目的，侵犯公私财产权利的犯罪。二者的区别在于：其一，本罪侵犯的对象是公司、企业或其他单位的财物，而侵占罪侵犯的是代为保管的他人财物以及他人的遗忘物、埋藏物。其二，本罪只能是利用职务上的便利实施，行为方式包括窃取、骗取、侵吞等多种；而侵占罪的实施与职务无关，行为方式只是将自己合法持有财物，据为己有，拒不交出。其三，本罪的主体是特殊主体，而侵占罪是一般主体。

3. 村民小组组长利用职务便利侵吞公共财物如何定性的问题

1999 年 6 月 18 日最高人民法院作出了《关于村民小组组长利用职务便利非法占有公共财物行为如何定性问题的批复》，对村民小组组长利用职务上的便利，将村民小组集体财产非法占为己有，数额较大的行为，应当依照刑法第 271 条第 1 款的规定，以职务侵占罪定罪处罚。

（四）职务侵占罪的刑事责任

根据刑法第 271 条的规定，犯职务侵占罪的，处 5 年以下有期徒刑或者拘役；数额巨大的，处 5 年以上有期徒刑，可以并处没收财产。

第三节　挪用型犯罪

一、挪用资金罪

（一）挪用资金罪的概念

挪用资金罪，是指公司、企业或者其他单位的人员，利用职务上的便利，挪用本单位资金归个人使用或者借贷给他人，数额较大，超过 3 个月未还的，或者虽未超过 3 个月，但数额较大、进行营利活动的，或者进行非法活动的行为。

（二）挪用资金罪的特征

1. 本罪的客体是公司、企业或其他单位的财产权利。具体侵犯的是单位对财产的占有权、使用权和收益权。犯罪对象限于本单位的资金。

2. 本罪在客观方面表现为行为人利用职务上的便利，挪用单位资金归个人使用或者借钱给他人使用。按照 2000 年 7 月 20 日最高人民法院《关于如何理解刑法第二百七十二条“挪用本单位资金归个人使用或者借贷给他人”问题的批复》，“挪用本单位资金是归个人使用或借贷给他人”是指公司、企业或者其他单位的非国家工作人员，利用职务上的便利，挪用本单位资金归本人或者其他自然人使用，或者挪用人以个人名义将所挪用的资金借给其他自然人和单位，这里的单位包括国有和非国有单位。具体而言，包括以下三个要件：一是行为人实施了挪用本单位资金的行为。即未经合法批准手续而擅自将本单位资金挪作他用。二是挪用本单位资金的行为是利用职务上的便利实施的。三是挪用的本单位资金是归个人使用或借贷给他人。他人，即包括自然人，也包括单位。挪用资金的具体表现形式有三种：

（1）挪用资金归个人使用或者借贷给他人，数额较大，超过 3 个月未还的，这种情况构成犯罪必须同时具备三个条件：一是数额较大，根据 2010 年最高人民检察院、公安部《关于公安机关管辖的刑事案件追诉标准的规定（二）》第 85 条规定，此处数额较大，是指 1 万元至 3 万元以上。未达此数额标准的，一般应作为违反财经纪律处理。二是尚未归还。三是时间超过 3 个月。

（2）挪用资金数额较大，进行营利活动。这种情况没有挪用时间的限制。

只有数额较大和进行营利活动。营利活动指进行合法经营或其他合法谋利的活动，不包括挪用资金进行非法活动。

(3) 挪用资金进行非法活动。非法活动指国家法律禁止的一切活动，包括一般违法和犯罪，如走私、贩毒等。这种情况构成犯罪，既不要求挪用时间的长短，也不要求挪用资金的数额，只要是进行非法活动即可。

最高人民检察院、公安部《关于经济犯罪案件追诉标准的规定》(2001 年 4 月 30 日施行) 规定："公司、企业或者其他单位的工作人员，利用职务上的便利，挪用本单位资金归个人使用或者借贷给他人，涉嫌下列情形之一的，应予追诉：(1) 挪用本单位资金数额在 1 万元至 3 万元以上，超过 3 个月未还的；(2) 挪用本单位资金数额在 1 万元至 3 万元以上，进行营利活动的；(3) 挪用本单位资金数额在 5000 元至 2 万元以上，进行非法活动的。"

3. 本罪的主体是特殊主体，即占有公司、企业或其他单位的人员才能构成，上述人员不属于国家工作人员。根据刑法第 271 条第 2 款的规定，这些单位的国家工作人员挪用本单位资金的，应以挪用公款罪定罪处罚。

4. 本罪主观方面是直接故意，目的是非法使用本单位资金。

(三) 挪用资金罪的认定

1. 本罪的既遂标准

"挪用"一词是由"挪"与"用"两种行为结合而成的。"挪"就是利用职务上的便利，将本单位的资金转移到本人或他人的控制之下；"用"就是将该资金用于本人或他人的某种需要。"挪"是前提，"用"是目的。但就挪用资金罪而言，并不是以行为人实现了"用"的目的，才构成既遂。因为，对于挪用资金罪侵犯的客体，是单位对资金的占有权和使用权，只要行为人已将资金转移到本人或他人控制之下，单位失去了对该资金的控制，即标志着其占有权、使用权已经实际地受到了损害，行为人使用与否，对此毫无影响。因此，本罪应以行为人或他人对资金的实际控制为既遂的标准。行为人已经着手实施，因意志以外的原因而未能实际控制资金的，构成本罪的未遂。

2. 挪用资金罪与职务侵占罪的界限

两罪的主体相同，客观方面都表现有利用职务之便。它们的区别有：

(1) 侵犯的客体不尽相同，前者只侵犯单位资金的占有权、使用权和收益权，不侵犯处分权，犯罪对象是资金。后者侵犯了财产所有权的所有权能，犯罪对象除资金外，还有其他财物。

(2) 行为手段不同，前者表现为不采用转移所有权的手段，只是将本单位资金挪归个人使用或借贷给他人使用，而后者则表现为以窃取、骗取等手段，非法占有本单位财物。

（3）犯罪故意内容不同，前者的目的是暂时使用本单位资金，不转移占有，后者则以非法占有为目的。

3. 挪用资金罪与挪用公款罪的界限

两罪在客观方面表现的行为方式和主观方面的故意内容相同，主要不同是犯罪主体。根据刑法第272条第2款的规定，如果是国有公司、企业或者其他国有单位中从事公务的人员和国有公司、企业或者其他单位委派到非国有公司、企业以及其他单位从事公务的人员利用职务上的便利挪用本单位资金的，按挪用公款罪定罪处刑。

（四）挪用资金罪的刑事责任

根据刑法第272条规定，犯挪用资金罪的，处3年以下有期徒刑或者拘役；挪用本单位资金数额巨大或者数额较大不退还的，处3年以上10年以下有期徒刑。

二、挪用特定款物罪

挪用特定款物罪，是指违反国家财经管理制度，挪用用于救灾、抢险、防汛、优抚、扶贫、移民、救济款物，情节严重，致使国家和人民利益遭受重大损害的行为。

本罪具有如下构成特征：犯罪客体是复杂客体，即公共财物所有权和特定款物的财经管理制度。犯罪对象，只能是专门用于救灾、抢险、防汛、优抚、扶贫、移民、救济款物，包括生产资料和生活资料。犯罪客观方面表现为利用职务上的便利，违反专款专用的财经管理制度，将上述特定款物用于其他方面并且情节严重，造成严重后果。犯罪主体只能是主管、经管、经手上述特定款物的工作人员，包括国家工作人员、集体经济组织工作人员，以及其他经手、管理上述款物的人员。犯罪主观方面是直接故意，即明知是专用的特定款物，而故意挪作他用。过失不能构成本罪。

根据刑法第273条的规定，犯挪用特定款物罪的，对直接责任人员，处3年以下有期徒刑或者拘役；情节特别严重的，处3年以上7年以下有期徒刑。

第四节 毁损型犯罪

一、故意毁坏财物罪

故意毁坏财物罪，是指故意非法地毁灭或者损坏公私财物，数额较大或者情节严重的行为。

本罪具有如下构成特征：犯罪客体是公私财物的所有权。犯罪对象可以是任何有形的公私财物，包括动产和不动产。但是，破坏特定公私财物，刑法另有规定的，应依规定处理。犯罪客观方面表现为毁灭或者损坏公私财物，数额较大或者情节严重的行为。损毁财物的方法有多种，包括砸毁、撕毁、压毁等。但是，用放火、爆炸等危险方法破坏，危害公共安全的，应以放火罪、爆炸罪等论处。损毁财物数额较大或情节严重的，构成犯罪；数额不大，情节不严重的，按一般违法行为处理。犯罪主体为一般主体。犯罪主观方面为故意，包括直接故意和间接故意。

根据刑法第 275 条的规定，犯故意毁坏财物罪的，处 3 年以下有期徒刑、拘役或者罚金；数额巨大或者有其他特别严重情节的，处 3 年以上 7 年以下有期徒刑。

二、破坏生产经营罪

破坏生产经营罪，是指以泄愤报复或者其他个人目的，破坏机器设备、残害耕畜或者以其他方法破坏生产经营的行为。

本罪具有如下构成特征：犯罪客体是复杂客体，即公私财物的所有权和国家、集体或者个人生产经营的正常秩序。犯罪对象是与生产经营有直接联系的财物，一般是正在使用中的各种设备、用具及牲畜。犯罪客观方面表现破坏机器设备、残害耕畜或者以其他方法破坏生产经营的行为。犯罪主体是一般主体，主观方面是直接故意。并具备报复泄愤或者其他个人目的。

根据刑法第 276 条的规定，犯本罪的，处 3 年以下有期徒刑、拘役或者罚金；情节严重的，处 3 年以上 7 年以下有期徒刑。

三、拒不支付劳动报酬罪

拒不支付劳动报酬罪，是指以转移财产、逃匿等方法逃避支付劳动者的劳动报酬或者有能力支付而不支付劳动者的劳动报酬，数额较大，经政府有关部门责令支付仍不支付的行为。

本罪犯罪客体是复杂客体，即国家劳动秩序和劳动者获得劳动报酬的权利。本罪在客观方面表现为以转移财产、逃匿等方法逃避支付劳动者的劳动报酬或者有能力支付而不支付劳动者的劳动报酬，数额较大，经政府有关部门责令支付仍不支付的行为。本罪的行为手段表现为两种形式：（1）以转移财产、逃匿等方法逃避支付劳动者的劳动报酬。这是以作为方式拒不支付劳动报酬。行为人有财产可供其转移，说明其有履行义务的能力。逃匿，是拒不支付劳动报酬的极端形式。（2）有能力支付而不支付劳动者的劳动报酬。有能力支付，是指根据行为人现实的企业实力、债权总额、财产状况等综合判断，可以支付劳动者应得的报酬。在行为人有义务支付报酬，有能力履行义务的情况下，拒不支付的，是以不作为的方式构成本罪。拒不支付劳动报酬，数额较大，“经政府有关部门责令支付仍不支付的”，才构成本罪。这是关于客观处罚条件的规定。行为人逃避支付或不支付劳动报酬，但经政府有关部门责令支付后即履行相关义务的，不能成立本罪。本罪的主体是特殊主体，即负有向劳动者支付劳动报酬义务的自然人和单位。本罪在主观上是故意，行为人对应当支付劳动报酬、自己有能力支付等事实有明知，并且希望或者放任不支付劳动报酬结果的发生。

根据刑法第 276 条之一第 1 款、第 2 款的规定，犯本罪的，处 3 年以下有期徒刑或者拘役，并处或者单处罚金；造成严重后果的，处 3 年以上 7 年以下有期徒刑，并处罚金。单位犯本罪的，对单位判处罚金，并对其直接负责的主管人员和其他直接责任人员，依照自然人犯罪的规定处罚。根据刑法第 276 条之一第 3 款的规定，有前两款行为，尚未造成严重后果，在提起公诉前支付劳动者的劳动报酬，并依法承担相应赔偿责任的，可以减轻或者免除处罚。

第二编　侵害社会法益的犯罪

第二十二章　危害公共安全罪

第一节　危害公共安全罪概述

一、危害公共安全罪的概念

危害公共安全罪，是指故意或过失地实施危害公众的生命健康、财产和其他重大公共利益安全的行为。

危害公共安全罪，严重破坏社会稳定，危害和威胁着公民的生命、健康和财产的安全，通常被认为是除危害国家安全罪以外的社会危害性最大的一类犯罪，所以被立法者置于刑法分则的第二章。

二、危害公共安全罪的特征

1. 侵害的客体是社会的公共安全，即不特定人的生命、健康和重大公私财产的安全。本章犯罪区别于其他种类犯罪的最显著的特征在于犯罪行为侵害客体的不特定性。所谓“不特定”，是指犯罪行为的出发点不是针对某一个、某几个特定的人或者某项特定具体财产的，其行为危害后果的严重性和广泛性，是犯罪分子事先往往无法预料和控制的。当然，对于危害公共安全罪的“不特定”这一特点的理解也不能绝对化、片面性。犯罪分子也可能在主观上是针对特定目标，但是，危害结果的严重性和范围之广，超出了行为人的想象，危害了公共安全，造成不特定多人伤亡或公私财产的重大损失，这就应当定危害公共安全的犯罪。例如，某犯罪分子为了谋杀公共汽车司机，而将炸药安装在汽车内，结果导致乘客数十人伤亡。此案应定爆炸罪，而不应定故意杀人罪。

如果行为侵犯的是特定人的生命健康、财产安全，或者危害的仅仅是不特定或多数人的极小的财产安全，那就不能构成危害公共安全的犯罪，而是可能构成侵犯公民人身权利或者侵犯财产权利的犯罪。如故意杀死一家数口人或在庄稼地投放农药毒死数只鸡的行为，就不构成危害公共安全罪。

但需要指出，“不特定”并不是说危害公共安全犯罪的行为人没有特定侵犯对象或目标。实施危害公共安全的犯罪人，有的在主观上也有要侵犯的特定对象，同时也会对损害的可能范围有估计和认识，客观上有指向的目标，只不过其行为所造成或可能造成的实际后果则是犯罪分子难以控制的。因此，不能将“不特定”理解为没有特定侵害对象或目标。

2. 本罪在客观方面实施了危害公共安全的行为。本罪行为人的行为，大多数是以作为的方式实施，对此不存在疑义。但也可以是不作为犯罪，如教育设施重大责任事故罪，责任人员明知校舍或者教育教学设施有危险，而不采取措施或不及时报告，致使发生了重大伤亡事故，也构成犯罪。其次，危害公共安全的行为，并不一定造成严重后果，危险犯虽未造成实际的损害结果，但已经给不特定多人的生命、健康和重大公私财产安全构成了严重威胁，也构成犯罪既遂。若造成严重后果，构成实害犯。过失犯罪，必须造成法定的严重后果，才构成犯罪。

3. 犯罪主体，多数为一般主体，少数犯罪是特殊主体。例如，爆炸罪、投放危险物质罪，由一般主体构成；而非法出租、出借枪支罪和丢失枪支不报罪只能由依法配备、配置枪支的人员构成。有的犯罪只能由自然人构成，如组织、领导、参加恐怖组织罪；有的犯罪只能由单位构成，如违规制造、销售枪支罪等。

4. 犯罪的主观方面，有的犯罪只能是出自故意，如劫持船只、汽车罪、破坏电力设备罪等；有的犯罪只能由过失构成，如失火罪、重大责任事故罪等。如果直接故意的内容是指向特定的个人或特定的财物，但他采用了危害公共安全的方法，客观上也危及了不特定多数人的生命、健康或重大公私财产安全的，也应定为危害公共安全罪。

三、危害公共安全罪的种类

截至 2015 年 8 月，刑法分则第 114 条至第 139 条规定了危害公共安全罪的具体种类，共有 26 个条文，47 个罪名 ，可以划归为以下五类：

1. 以危险方法危害公共安全的犯罪，从第 114 条至第 115 条，共 11 个罪名。包括放火罪、失火罪、决水罪、过失决水罪、爆炸罪、过失爆炸罪、投放危险物质罪、过失投放危险物质罪、以危险方法危害公共安全罪和过失以危险方法危害公共安全罪、危险驾驶罪。

2. 损毁重要设备危害公共安全的犯罪，从第116条至第119条、第124条，共10个罪名。包括破坏交通工具罪，破坏交通设施罪，破坏电力设备罪，破坏易燃易爆设备罪，破坏广播电视设施、公用电信设施罪，过失毁坏交通工具罪，过失毁坏交通设施罪，过失损坏电力设备罪，过失损坏易燃易爆设备罪，过失损坏广播电视设施、公用电信设施罪。

3. 恐怖活动关联犯罪，从第120条至第123条，共10个罪名。包括劫持航空器罪，劫持船只、汽车罪，暴力危及飞行安全罪，组织、领导、参加恐怖组织罪，帮助恐怖活动罪，准备、实施恐怖活动罪，宣扬恐怖主义、极端主义、煽动实施恐怖活动罪，利用极端主义破坏法律实施罪，强制穿戴宣扬恐怖主义、极端主义服饰、标志罪，非法持有恐怖主义、极端主义的物品罪。

4. 涉及危险物品的犯罪，从第125条至第130条，共9个罪名。包括非法制造、买卖、运输、储存危险物质罪，非法制造、买卖、运输、邮寄、储存枪支、弹药、爆炸物罪，违规制造、销售枪支罪，抢劫枪支、弹药、爆炸物、危险物质罪，盗窃、抢夺枪支、弹药、爆炸物、危险物质罪，非法持有、私藏枪支、弹药罪，非法出租、出借枪支罪，丢失枪支不报罪，非法携带枪支、弹药、管制刀具、危险物品危及公共安全罪。

5. 责任事故型犯罪，第121条至第123条、第134条至第139条之一，共12个罪名。包括铁路运营安全事故罪，重大飞行事故罪，交通肇事罪，重大责任事故罪，重大劳动安全事故罪，危险物品肇事罪，工程重大安全事故罪，教育设施重大安全事故罪，消防责任事故罪，强令违章冒险作业罪，举办大型群众性活动重大安全事故罪，不报、谎报安全事故罪。

第二节　以危险方法危害公共安全的犯罪

一、放火罪

（一）放火罪的概念

放火罪，是指故意焚烧公私财物，危害公共安全的行为。

（二）放火罪的特征

1. 本罪侵害的客体是公共安全，即不特定多人的生命、健康与重大公私财产的安全。

2. 犯罪的客观方面表现为行为人实施放火焚烧公私财物的行为。放火行为可以作为方式实施，也可以不作为的方式实行，如加油站工作人员明知在油库旁边吸烟，有引起油库起火的危险，却放任吸烟导致火灾发生，就应定放火罪。放火焚烧的对象通常是国家的、集体的或者他人的财物。刑法没有明文规定放火焚烧本人财物是否构成放火罪，但以是否危及公共安全为标准，烧毁个人或家庭所有的房屋或财物，不可能危及公共安全的，一般不能构成犯罪；若行为人明知可能危及公共安全而放任点火，应以放火罪论处。

3. 本罪主体为一般主体。由于本罪的社会危害性很大，所以，刑法总则第 17 条第 2 款明确规定，已满 14 周岁不满 16 周岁的人犯放火罪，应当负刑事责任。

4. 本罪在主观方面是故意，即行为人明知自己的放火行为会危及公共安全，而希望或者放任这种结果发生。不论出于何种动机，都不影响本罪的成立。

（三）放火罪的认定

1. 放火罪的既遂与未遂的界限。本罪的客体是公共安全，只要侵犯了公共安全，即使没有造成严重结果，也构成本罪既遂。通说认为，放火罪为具体危险犯，只要实施了放火行为并点燃了他人财物，撤去媒介物对象物也能独立燃烧的，进而延烧至多人财产、人身的，构成放火罪的既遂。如果泼了汽油，正要点火；或者点燃了媒介物，正要点燃对象物，被人制止；或者点燃对象物后，尚未独立燃烧而被雨淋、风吹而熄灭等情况；或者放火焚烧自己的财物，尚未延烧至他人财物，被人制止，构成犯罪的，以未遂论。放火焚烧自己的财物，不会延烧至他人财物或危及他人人身的，不构成本罪。

2. 放火罪与失火罪的界限。二者区别的关键点在于行为人的主观心态不同。如果行为人明知自己的行为会引发火灾，而希望或放任火灾发生，则定放火罪；相反，行为人应当预见却没有预见到火灾会发生，或者已经预见到而轻信能够避免以致引起火灾，应定失火罪。若失火行为引发的危险能够及时扑灭，但故意不扑灭而任其蔓延的，失火行为就转化成放火行为，后果严重者定放火罪。

3. 放火罪与故意杀人罪、故意伤害罪的区别。如果行为人将放火作为杀害或伤害特定人的手段，主观上没有危害公共安全的故意，客观上也不可能危及公共安全的，应以故意杀人罪或故意伤害罪论处。如果行为人将放火作为杀害特定人的手段，主观上有危害公共安全的间接故意，客观上也危及公共安全的，构成放火罪；其中，以故意杀人罪论处处罚更重的情形，比如以放火手段谋杀他人但没有造成严重结果的，应以故意杀人罪（未遂）定罪处罚。

（四）放火罪的刑事责任

根据刑法第 114 条、第 115 条、《刑法修正案（三）》第 1 条、第 2 条规定，对放火罪的处罚分两种情况：（1）犯本罪，尚未造成严重后果的，处 3

年以上10年以下有期徒刑。(2) 犯本罪致人重伤、死亡或者使公私财产遭受重大损失的，处10年以上有期徒刑、无期徒刑或者死刑。

二、决水罪

决水罪是指故意破坏水利设施，制造水患，危害公共安全的行为。

本罪的客体是社会公共安全。本罪的客观方面表现为破坏堤坝、水闸、拦洪排洪设施等水利设施，足以发生洪水灾害，危害公共安全的行为。所谓“决水”，是指一切足以使水流横溢、泛滥成灾的行为。“决水”既可以表现为积极的行为，如破坏水闸、堤坝，也可以表现为不作为，如不开放泄洪闸、不关闭防水堤闸门等。同时，决水行为还必须足以危及多数人的生命、健康或重大公私财产的安全。否则，不构成本罪。本罪的主体为自然人一般主体。已满14周岁不满16周岁的人，采用决水的方式故意杀人、故意伤害致人重伤或死亡的，以故意杀人罪、故意伤害罪论处。本罪在主观方面出自故意。

根据刑法第114条和第115条、《刑法修正案（三）》第1条、第2条规定，犯决水罪，尚未造成严重后果的，处3年以上10年以下有期徒刑；致人重伤、死亡或使公私财产遭受重大损失的，处10年以上有期徒刑、无期徒刑或者死刑。

三、爆炸罪

（一）爆炸罪的概念

爆炸罪，是指故意用爆炸的方法，危害公共安全的行为。

（二）爆炸罪的特征

1. 犯罪客体是社会的公共安全。

2. 客观方面表现为实施爆炸，危害不特定多数人的生命、健康和重大公私财产安全的行为。爆炸所使用的爆炸物品和采用的爆炸方法是多种多样的，发生的时间、空间也可能各有不同。但无论怎样，只要故意进行爆炸，足以危害公共安全，即构成该罪。

3. 犯罪主体是一般主体。根据刑法第17条的规定，已满14周岁不满16周岁的人，实施爆炸行为，构成犯罪的，应当负刑事责任。

4. 主观方面是故意，含直接故意和间接故意。不论行为人出于什么动机，均不影响本罪的成立。

（三）爆炸罪的认定

1. 既遂与未遂的界限。只要实施了爆炸行为，主观上又是故意，不论对象是否特定，足以危及公共安全，即构成犯罪。如果实施的爆炸的行为是指向特定的人或特定的公私财物，并且有意识地把破坏的范围限制在不危害公共安全的范围内，客观上又未发生危害公共安全的结果，则不应定爆炸罪。

2. 爆炸罪与用爆炸的方法故意杀人、破坏特定对象、故意伤害等犯罪的区别。假如行为人用爆炸的方法杀人、伤害或破坏特定对象等，没有危及公共安全，则分别定故意杀人、故意伤害等罪名；若足以危及公共安全，则构成法条竞合犯，应以爆炸罪和故意杀人、故意伤害罪较重者定罪处罚。

（四）爆炸罪的刑事责任

根据刑法第114条、第115条、《刑法修正案（三）》第1条、第2条规定，犯爆炸罪尚未造成严重后果的，处3年以上10年以下有期徒刑；致人重伤、死亡或者使公私财产遭受重大损失的。处10年以上有期徒刑、无期徒刑或者死刑。

四、投放危险物质罪

（一）投放危险物质罪的概念

投放危险物质罪，是指投放毒害性、放射性、传染病病原体等物质，危害公共安全的行为。

（二）投放危险物质罪的特征

1. 主体为一般主体。根据刑法第17条的规定，已满14周岁不满16周岁的人犯投放危险物质罪应当承担刑事责任。

2. 主观方面出于故意。即行为人明知自己的行为会引起不特定的多人中毒、致病，或使公私财产遭受重大损害，并且希望或放任这种结果发生。

3. 客体是公共安全。

4. 客观方面表现为犯罪人实施了危害公共安全的投放危险物质行为。所谓投放危险物质，是指在一定地点、场所投放有毒物质如砒霜、氰化钾、剧毒农药等，投放具有放射性物质如核材料等，投放传染病病原体等到物质的行为。不论投放了什么危险物质，只要危及不特定多人的人身和财产安全，就可以构成本罪。

使用大头针、注射器扎刺、喷射他人，未携带危险物质，制造恐怖气氛的，情节恶劣的，以投放虚假危险物质罪论处。

（三）投放危险物质罪的认定

1. 投放危险物质罪与以投毒方法实施的故意杀人罪及故意毁坏财物罪的界限。在一般情况下，上述界限是分明的，但当行为人以投毒的方法实施杀人行为或故意毁坏财物的行为时，区别的关键是看行为人的投毒行为是否危及公共安全。如果行为人采用投毒的方法杀害特定的个人或毒害特定单位或个人的少量牲畜、家禽，不危及公共安全的，属于故意杀人罪或故意毁坏财物罪；如果投毒行为足以危及公共安全，则构成法条竞合犯，应以爆炸罪和故意杀人、故意伤害罪较重者定罪处罚。

2. 投放危险物质罪与污染环境罪的界限。污染环境罪，是指违反国家规定，排放、倾倒或者处置有放射性的废物、含传染病病原体的废物、有毒物质或者其他有害物质，严重污染环境的行为。因此，两者在实施主体、行为表现和主观故意上都有很大差别。故意向公共水源中倾倒具有高度毒害性废物，且对危害公共安全的后果持故意心态，实践中有以投放危险物质罪定罪处罚的典型案例。

（四）投放危险物质罪的刑事责任

根据刑法第 114 条、第 115 条、《刑法修正案（三）》第 1 条、第 2 条，犯投放危险物质罪，尚未造成严重后果的，处 3 年以上 10 年以下有期徒刑；犯投放危险物质罪致人重伤、死亡或者使公私财产遭受重大损失的，处 10 年以上有期、无期徒刑或者死刑。

五、以危险方法危害公共安全罪

以危险方法危害公共安全罪，是指故意使用放火、决水、爆炸、投放危险物质以外的具有类似危险程度的方法，危害公共安全的行为。

本罪客观方面表现为以其他类型的危险方法危害公共安全的行为。“其他危险方法”是一种概括性规定，刑法不可能也无必要一一列举出来。要求：其一，“以其他危险方法”仅限于与放火、决水、爆炸、投放危险物质相当的方法，而不是泛指任何具有危害公共安全性质的方法。其二，要具有危害公共安全的现实危险性，而非仅仅有危险可能性。如在公共场所故意驾车撞人或者开枪射击的。其三，必须是危害了公共安全，有处罚必要性，但又不构成放火、决水、爆炸、投放危险物质等犯罪的行为。

司法实践中，下列行为可能以本罪论处：故意传播突发传染病病原体，危害公共安全的；故意驾驶机动车辆冲撞人群的；盗窃交通要道或公共场所的窨井盖的；在公共场所或多人出入场所私拉电网而不采取安全措施的；肇事后，继续采用危险方式驾车逃逸的，等等。

根据刑法第 114 条和第 115 条、《刑法修正案（三）》第 1 条、第 2 条的规定，以其他危险方法危害公共安全，尚未造成严重后果的，处 3 年以上 10 年以下有期徒刑；致人重伤、死亡或者使公私财产遭受重大损失的，处 10 年以上有期徒刑、无期徒刑或者死刑。

六、失火罪

失火罪，是指行为人由于过失引起火灾，造成严重后果，危害公共安全的行为。

本罪主体为一般主体。本罪在主观方面只能为过失行为，即行为人应当预见自己的用火、用电行为等可能引发火灾造成危害公共安全的后果，由于疏忽大意而没有预见，或者虽已预见，但轻信能够避免，以致引起火灾，造成严重后果。客体是公共安全。本罪在客观方面表现为在日常生活中用火、用电不慎引起火灾，危害公共安全，造成严重后果的行为。

失火罪与一般失火行为不同，区分的关键是看，是否造成致人死亡、重伤，或者使公私财产遭受重大损失的严重后果。如果造成上述严重后果则构成失火罪，仅有失火行为，没有造成严重后果的，不构成失火罪，而属于一般失火行为。根据有关规定，有下列情形之一的应予立案：（1）导致死亡 1 人以上，或者重伤 3 人以上的；（2）造成公共财产或者他人财产直接经济损失 50 万元以上的；（3）造成 10 户以上家庭的房屋以及其他基本生活资料烧毁的；（4）造成森林火灾，过火有林地面积两公顷以上，或者过火疏林地、灌木林地、未成林地、苗圃地面积四公顷以上的；（5）其他造成严重后果的情形。

根据刑法第 115 条第 2 款规定，犯失火罪的，处 3 年以上 7 年以下有期徒刑；情节较轻的，处 3 年以下有期徒刑或者拘役。

七、过失决水罪、过失爆炸罪、过失投放危险物质罪

过失决水罪，是指过失破坏水利设施，引起水灾，致人重伤、死亡或者使公私财产遭受重大损失，危害公共安全的行为。

过失爆炸罪，是指过失引起爆炸物爆炸，致人重伤、死亡或者使公私财产遭受重大损失，危害公共安全的行为。

过失投放危险物质罪，是指过失放置毒害性、放射性、传染病病原体等物质，致人重伤、死亡或者使公私财产遭受重大损失的行为。

以上三种罪的共同特征是：犯罪主体为一般主体。主观上只能出自过失，即由于疏忽大意或过于自信，造成了危害公共安全的严重后果。在客观方面则表现为引起了决水、爆炸、中毒、致病等危害公共安全的后果，而且已经致人重伤、死亡或者使公私财产遭受重大损失。行为虽然引起了决水、爆炸、中毒、致病，但未造成严重后果 的，不构成上述犯罪。

根据刑法第 115 条规定，犯过失决水罪、过失爆炸罪、过失投放危险物质罪的，处 3 年以上 7 年以下有期徒刑，情节较轻的，处 3 年以下有期徒刑或者

拘役。

八、过失以危险方法危害公共安全罪

过失以危险方法危害公共安全罪，是指行为人过失地以与决水、爆炸等危害性相当的其他危险方法，导致重伤、死亡或公私财产重大损失的行为。

本罪的主体为一般主体。本罪在主观方面只能基于过失。在客观方面则表现为过失地以与决水、爆炸等危害性相当的行为，且已经造成危害公共安全的严重后果。在公共场所、自留地、果园等开放性的场所私设电网架设电网，当事人虽然采取防范措施，仍然发生危害公共安全的结果，如果有充分证据证明行为人出于过失，也可以过失以危险方法危害公共安全罪论。行为人对事先设置的防卫设施采取有效合理控制措施，合理相信不会祸及无辜危及无辜，但因意外原因致使不法侵害者以外的人伤亡的，以意外事故论。事先设置防卫设施的行为，在不危及公共安全前提下，即使有轻微的危险性，如果没有预期的不法侵害发生的，不是正当防卫，属于一般合法行为，例如，在墙上安装碎玻璃片、三角铁钉、带刺的金属网等。如果防卫设施不具有危害公共安全的性质，但致使不法侵害者伤亡，侵害的程度也不超过必要限度的，构成正当防卫。

根据刑法第 115 条的规定，犯本罪的，处 3 年以上 7 年以下有期徒刑；情节较轻的，处 3 年以下有期徒刑或者拘役。

九、危险驾驶罪

（一）危险驾驶罪的概念

危险驾驶罪，是指在道路上驾驶机动车追逐竞驶，情节恶劣，或者在道路上醉酒驾驶机动车的；从事校车业务或者旅客运输，严重超过额定乘员载客，或者严重超过规定时速行驶的；以及违反危险化学品安全管理规定运输危险化学品，危及公共安全等行为。

（二）危险驾驶罪的特征

1. 本罪的客体是公路交通运输安全及人身、车辆及其他公共设施的安全。

2. 本罪在客观方面表现为在道路上驾驶机动车追逐竞驶，情节恶劣，或者在道路上醉酒驾驶机动车的；从事校车业务或者旅客运输，严重超过额定乘员载客，或者严重超过规定时速行驶的；以及违反危险化学品安全管理规定运输危险化学品，危及公共安全等行为。

追逐竞驶，俗称“飙车”。是指行为人在道路上高速、超速行驶，随意追逐、超越其他车辆，频繁、突然并线，近距离驶入其他车辆之前的危险驾驶行为。“飙车”是以行驶速度和驾驶技术标识“胆识”和技术的另类体现自己能力的危险行为，是自我价值的变相体现，是以（自身和他人）生命安全为代价的危险行为。此种类型的危险驾驶罪，不属于具体危险犯，而属于情节犯。注意：第一，本罪行为不要求发生在公共交通领域内，只需要发生在道路上。在校园内、大型厂矿内等道路上，以及在人行道上追逐竞驶的，因为对不特定或者多数人的生命、身体产生危险，依然可能成立本罪。第二，追逐竞驶以具有一定危险性的高速、超速驾驶为前提，在某些环境中并不要求超速驾驶，但低速驾驶的行为一般不具有公共危险从而不成立本罪。第三，追逐竞驶要求以产生交通危险的方式驾驶，行为的基本方式是随意追逐、超载其他车辆，频繁并线、突然并线，或者近距离驶入其他车辆之前。第四，追逐竞驶既可能是二人以上其于意思联络而实施，也可能是单个人实施。第五，成立本罪要求情节恶劣。情节恶劣的基本判断标准，是追逐竞驶行为的公共危险性。对此，应以道路上车辆与行人的多少、驾驶的路段与时间、驾驶的速度与方式、驾驶的次数等进行综合判断。在没有其他车辆与行人的荒野道路上追逐竞驶的行为，不应认定为情节恶劣。追逐竞驶的罪过形式为故意，不要求行为人以赌博竞技或者追求刺激为目的。

醉酒驾驶，俗称“醉驾”。是指在醉酒状态下在道路上驾驶机动车的行为。《车辆驾驶人员血液、呼气酒精含量阈值与检验》规定，车辆驾驶人员血液中的酒精含量大于或者等于80mg/100ml的属于醉酒驾驶。对醉酒驾驶这种行为持故意心态，对危害公共安全的结果持过失心态。即使行为人没有主动饮酒（饮料中被他人掺入酒精），但驾驶机动车之前或者之时意识到自己已经饮酒的，也应认定具有醉酒驾驶的故意。当然，如果没有主动饮酒，也没有意识到自己已经饮酒的，排除故意的成立。司法实践中，行为人被查获后，在呼气酒精测试或者提取血样前又饮酒，经检验其血液酒精含量达到醉酒驾驶机动车标准，除确有证据证实行为人没有醉酒驾车的，以危险驾驶罪论处，并可以酌情从重处罚。本罪是抽象的危险犯，不需要司法人员具体判断醉酒行为是否具有公共危险。

从事校车业务或者旅客运输，严重超过额定乘员载客，或者严重超过规定时速行驶的。以前，校车的管理，交警按照相关法律法规，“校车超员的，交管部门扣留车辆至违法状态消除，处以200元至2000元罚款”；对于超速交通违法行为，“机动车行驶超过规定时速50%的，由公安机关交通管理部门处200元以上2000元以下罚款，记12分，可以并处吊销机动车驾驶证”。《刑法修正案（九）》将校车、客运严重超员入刑，在校车管理等方面有了更加严格的规定，这对依法惩治严重危害交通的驾驶行为，预防重特大道路交通事故，保障道路交通安全，保护公民生命安全方面提供了重要的法律依据。

违反危险化学品安全管理规定运输危险化学品，危及公共安全的行为。“危险化学品”，是指具有毒害、腐蚀、爆炸、燃烧、助燃等性质，对人体、设施、环境具有危害的剧毒化学品和其他化学品。“违反规定运输”是指根据《危险化学品安全管理条例》的规定，没有取得危险货物运输许可证；没有配备专职安全管理人员；没有配备必要的防护用品和应急救援器材；没有按照运输车辆的核定载质量装载危险化学品；未经公安机关批准，运输危险化学品的车辆进入危险化学品运输车辆限制通行的区域等。

3. 主体是一般主体。校车、危险化学品运输车辆的所有人、管理人可以成为本罪的主体。

4. 主观方面是故意，多数学者认为是对危及公共安全持放任的心理态度。具体是何种动机目的，不影响行为性质。

（三）危险驾驶罪的认定

1. 罪与非罪的界限。追逐竞驶包括未超过限定时速的追逐竞驶，也可以是一种超速的追逐竞驶行为。前者可以根据客观上的危险驾驶行为是否造成交流拥堵、混乱，造成一般交通事故等情节考察是否恶劣，而后者的超速追逐竞驶行为，则主要是以“超速”行驶具有的客观危险作为判断的标准，但“超速驾驶”是相对于最高限速而言的，即应该有一定的限度。至于“醉驾”，现已有明确的标准，不及“醉驾”标准，作为行政违法行为处理。对于《刑法修正案（九）》中超员、超速多少算是“严重”，算达到入刑标准，将有待最高人民法院和最高人民检察院进行司法解释。

2. 危险驾驶罪与交通肇事罪的关系。危险驾驶同时构成其他犯罪的，依照处罚较重的规定定罪处罚。醉酒驾车、以追逐竞驶的方式驾车造成重大事故的行为，或者交通肇事后醉酒驾车逃跑的行为，不认定为危险驾驶罪，只能认定为交通肇事后逃逸。

危险驾驶行为造成了重人伤亡结果，且行为人对伤亡结果具有故意时，以危险方法危害公共安全罪的方面加重犯定罪处罚。

（四）危险驾驶罪的刑事责任

根据刑法第 133 条之一，犯本罪的，处拘役，并处罚金。

第三节 侵害特定对象的犯罪

一、破坏交通工具罪

（一）破坏交通工具罪的概念

破坏交通工具罪，是指破坏火车、汽车、电车、船只、航空器，足以使上述交通工具发生倾覆、毁坏危险或者造成严重后果的行为。

(二) 破坏交通工具罪的特征

1. 客体是交通运输的安全。侵害的对象，只限于法定的火车、汽车、电车、船只、航空器。本罪的对象，要求是正在使用中的交通工具，包括已经实际交付使用但实际尚未投入使用，或者立即可能投入使用的，但实际使用时不能及时发现隐患从而危及公共安全的交通工具。假如破坏没有投入使用或者虽然投入使用，但破坏行为明显能够被及时发现、从而不会危及公共安全的交通工具的，只能以故意毁坏财物罪、破坏生产经营或盗窃论处。例如，把果农的汽车轮胎偷走的行为。

2. 客观方面表现为破坏交通工具，足以使交通工具发生倾覆或者毁坏危险的行为。实施破坏行为的方法，可以是作为，也可以是不作为。只要对交通工具的破坏达到足以使它们发生倾覆或毁坏的危险，就构成本罪的既遂。

3. 主体是自然人一般主体。

4. 主观上出自故意，即明知自己的行为会使火车、汽车、电车、船只、航空器发生倾覆、毁坏危险，并且希望或者放任这种危险发生。

(三) 破坏交通工具罪的认定

1. 成立本罪要求破坏的交通工具，必须是正在使用中的交通工具，假如破坏的是正在制造或修理中的，或者虽然制造出成品，但尚未交付使用的交通工具，只能以故意毁坏财物罪论处。如果是负责修理交通工具的人员，在修理中故意进行破坏，或制造隐患，将受到破坏或尚未修复的交通工具交付使用，则可构成破坏交通工具罪。

2. 破坏交通工具罪与盗窃罪、故意毁坏财物罪的区别。首先，前后罪侵犯的客体不同，前者侵害的是交通运输安全，而后者侵犯的客体是公私财产的所有权。其次，前者要求破坏的对象必须是正在的使用中的交通工具，而后者则无此要求。再次，破坏的部件不一样。破坏的必须是影响运输安全的部件。因此，当行为人以非法占有为目的，将交通工具上的零部件拆下运走，不足以危害交通安全的，应以盗窃罪论处。假如只是对交通工具进行一般性的破坏，如毁坏门窗、卧具等辅助设施，应以故意毁坏财物罪论处。最后，本罪必须是，一般情况下实际使用时被害人不能及时发现重大安全隐患。判断法益侵害危险的标准，以一般人在行为时是否认为存在危险为标准。

(四) 破坏交通工具罪的刑事责任

根据刑法第116条、第119条规定，犯破坏交通工具罪，足以使交通工具发生倾覆、毁坏危险，尚未造成严重后果的，处3年以上10年以下有期徒刑。破坏交通工具，造成严重后果，即导致交通工具倾覆、毁坏，或者致人重伤、死亡，或者使公私财产遭受重大损失的，处10年以上有期徒刑、无期徒刑或者死刑。

二、破坏交通设施罪

（一）破坏交通设施罪的概念

破坏交通设施罪，是指故意破坏轨道、桥梁、隧道、公路、机场、航道、灯塔、标志或者进行其他破坏活动，足以使火车、汽车、电车、船只、航空器发生倾覆、毁坏危险，或者造成严重后果的行为。

（二）破坏交通设施罪的特征

1. 客体是交通运输安全。本罪侵害对象是轨道、桥梁、隧道、公路、机场、航道、灯塔、标志等交通设施以及与交通运输安全直接有关的其他设施，如铁路调度专用电话线等，而且必须是正在使用中的设施。以破坏电力设备的方法破坏交通设施的，实践中通常根据行为的目的，以破坏交通设施罪论处。

2. 客观方面表现为实施了破坏交通设施的行为，包括作为和不作为。破坏包括有形破坏与无形破坏，前者如拆毁铁轨，后者如在铁轨上放置障碍物足以影响铁轨使用功能、可能引起火车倾覆的障碍物。

3. 主体是自然人一般主体。

4. 主观方面为故意，即明知破坏交通设施会造成交通工具倾覆、毁坏，仍然希望或放任这种结果发生。

（三）破坏交通设施罪的认定

认定破坏交通设施罪时应特别注意破坏交通设施罪与破坏交通工具罪的界限。破坏交通设施往往引起交通工具的倾覆、毁坏，而破坏交通工具也常引起交通设施的破坏。这样，就产生了是定破坏交通设施罪，还是定破坏交通工具罪的问题。区别的关键是要看行为人的行为指向，假如行为指向交通设施，直接破坏交通设施，应定破坏交通设施罪。其产生的交通工具的倾覆、毁坏，可视为破坏交通设施造成的严重后果，可依法从重处罚。假如行为指向交通工具，直接破坏交通工具，则应定破坏交通工具罪，所产生的交通设施的毁坏，也应视为破坏交通工具造成的严重后果，可从重处罚。

（四）破坏交通设施罪的刑事责任

根据刑法第117条、第119条规定，犯破坏交通设施罪，尚未造成严重后果的，处3年以上10年以下有期徒刑；造成严重后果的，处10年以上有期徒刑、无期徒刑或者死刑。

三、破坏电力设备罪、破坏易燃易爆设备罪

破坏电力设备罪，是指故意破坏电力设备，足以造成严重后果，危害公共安全的行为。

破坏易燃易爆设备罪，是指故意破坏燃气或者其他易燃易爆设备，足以造成严重后果，危害公共安全的行为。

两罪的客体是公共安全。两罪在客观方面表现为破坏易燃易爆设备的行为，包括作为和不作为。根据刑法规定，只要破坏电力设备、易燃易爆设备的行为足以引起多数人伤亡或大量公私财产遭受损失，就构成犯罪既遂，而不以实际上已经造成严重的后果为犯罪构成的必要条件。两罪侵犯的客体是公共安全，犯罪对象是正在使用中的电力设备、燃气设备等易燃易爆设备。最高人民法院《关于对采用破坏性手段盗窃正在使用的油田输油管道中油品的行为如何适用法律问题的批复》（2002 年 4 月 18 日施行）规定：正在使用的油田输油管道，属于刑法规定的“易燃易爆设备”。行为人采用破坏性手段盗窃正在使用的油田输油管道中的油品，构成破坏易燃易爆设备罪、盗窃罪等犯罪的，依照处罚较重的规定定罪处罚。根据司法解释，尚未安装完毕的农用低压照明电线路，不属于正在使用中的电力设备。行为人即使盗走其中架设好的部分的电线，也不致对公共安全造成危害，其行为应以盗窃定性。已经通电使用，只是由于枯水季节或电力不足等原因，而暂停供电的线路，仍应认为是正在使用的线路。行为人偷割这类线路中的电线，如果构成犯罪，应按破坏电力设备罪追究其刑事责任。对偷割已经安装完毕，但还未供电的电力线路的行为，应分别不同情况处理。如果偷割的是未正式交付电力部门使用的线路，应按盗窃案件处理。如果行为人明知线路已交付电力部门使用而偷割电线的，应定为破坏电力设备罪。对拆盗某些排灌站、加工厂等生产单位正在使用中的电机设备等，没有危及社会公共安全，但应当追究刑事责任的，可以根据案件的不同情况，按盗窃罪、破坏生产经营罪或者故意毁坏财物罪处理。两罪的主体为一般主体。两罪的主观方面出自故意，包括直接故意和间接故意。

根据刑法第 118 条、第 119 条的规定，犯破坏电力设备罪、破坏易燃易爆设备罪，尚未造成严重后果的，处 3 年以上 10 年以下有期徒刑；已经造成严重后果的，处 10 年以上有期徒刑、无期徒刑或者死刑。严重后果的，处 10 年以上有期徒刑、无期徒刑或者死刑。

破坏电力设备罪造成严重后果是指：造成 1 人以上死亡、3 人以上重伤或者 10 人以上轻伤的；造成 1 万以上用户电力供应中断 6 小时以上，致使生产、生活受到严重影响的；造成直接经济损失 100 万元以上的；造成其他危害公共

安全严重后果的。破坏易燃易爆设备造成严重后果是指：造成 1 人以上死亡、3 人以上重伤或者 10 人以上轻伤的；造成井喷或者重大环境污染事故的；造成直接经济损失数额在 50 万元以上的；造成其他严重后果的。

四、过失损坏交通工具罪、过失损坏交通设施罪、过失损坏电力设备罪、过失损坏易燃易爆设备罪

过失损坏交通工具罪，是指过失损坏火车、汽车、电车、船只、航空器，已经造成严重后果的行为。

过失损坏交通设施罪，是指过失损坏轨道、桥梁、隧道、公路、机场、航道、灯塔、标志等交通设施，已经造成严重后果的行为。

过失损坏电力设备罪，是指过失损坏电力设备，危害公共安全，已经造成严重后果的行为。

过失损坏易燃易爆设备罪，是指过失损坏电力、燃气或者其他易燃易爆设备，已经造成严重后果的行为。

以上四种罪的共同特征是：犯罪的主体为一般主体。在主观方面只能出于过失，即因为疏忽大意或过于自信，造成了危害公共安全的严重后果。在客观方面则表现为损坏交通工具、交通设施、电力设备或易燃易爆设备，造成严重后果的行为。“造成严重后果”，是指已经实际造成多人伤亡或者重大公私财产 的损失。虽有损坏交通工具、交通设施、电力设备或易燃易爆设备的行为，但未造成严重后果的，不构成上述犯罪。

根据刑法第 119 条的规定，犯过失损坏交通工具罪、过失损坏交通设施罪、过失损坏电力设备罪、过失损坏易燃易爆设备罪，处 3 年以上 7 年以下有期徒刑；情节较轻的，处 3 年以下有期徒刑或者拘役。

五、破坏广播电视设施、公用电信设施罪

破坏广播电视设施、公用电信设施罪，是指破坏广播电视设施、公用电信设施，危害公共安全的行为。

本罪主体是一般主体。本罪在主观方面是故意，包括直接故意和间接故意。犯罪动机多种多样，如泄愤报复、贪图钱财等。不论出于何种动机，都不影响本罪的成立。本罪的客体是公共安全。侵犯的对象是正在使用中的电视设施、公用电信设施的行为。破坏的方法是多种多样的，如拆卸或毁损重要机件，砸毁机器设备，割断电线，拔走电线杆等，只要足以影响通讯设施的正常运转，功能的正常发挥，危害公共安全的，就构成本罪的既遂。本罪的犯罪时间是一个法定要件，即只有破坏正在使用中的电视设施、公用电信设施，才能

构成犯罪。否则，如果破坏的是尚未投入使用的，或者已经报废的通讯设施，则不构成本罪。

根据刑法第124条，犯本罪的，处3年以上7年以下有期徒刑；造成严重后果的，处7年以上有期徒刑。所谓严重后果，主要是指广播电视设施、公用电信设施的功能被破坏，造成广播电视停播、通讯联络中断，公私财产遭受重大损失，等等。

六、过失损坏广播电视设施、公用电信设施罪

过失损坏广播电视、通讯设施罪，是指过失损坏广播电视设施、公用电信设施，危害公共安全的行为。

本罪的客体是公共安全。侵犯的对象是正在使用中的广播电视设施、公用电信设施的行为。

本罪的客观方面表现为，破坏广播电视设施、公用电信设施，危害公共安全的行为。本罪在立法上属于危险犯，而司法解释依据文义解释原理和刑法谦抑的精神，把本罪解释为实害犯。司法解释认为，危害公共安全是指，造成火警、匪警、医疗急救、交通事故报警、救灾、抢险、防汛等通信中断或者严重障碍，并因此贻误救助、救治、救灾、抢险等，致使人员死亡1人、重伤3人以上或者造成财产损失30万元以上的；造成2000以上不满1万用户通信中断1小时以上，或者1万以上用户通信中断不满1小时的；在一个本地网范围内，网间通信全阻、关口局至某一局向全部中断或网间某一业务全部中断不满2小时或者直接影响范围不满5万（用户×小时）的；造成网间通信严重障碍，1日内累计2小时以上不满12小时的；其他危害公共安全的情形。

根据刑法第124条，犯本罪的，处3年以上7年以下有期徒刑；造成严重后果的，处7年以上有期徒刑。

第四节　具有恐怖性质的犯罪

一、组织、领导、参加恐怖组织罪

（一）组织、领导、参加恐怖组织罪的概念

组织、领导、参加恐怖活动组织罪，是指组织、领导、参加恐怖活动组织，危害公共安全的行为。

（二）组织、领导、参加恐怖组织罪的特征

1. 犯罪客体是社会公共安全。犯罪分子通过组织、领导或者积极参加恐

怖活动组织，或进行杀人、爆炸、绑架，或劫持航空器、船只、汽车等活动，制造恐怖气氛，危害社会公共安全，以达到其罪恶的政治、经济等目的，其侵犯的对象为不特定多人的生命、健康或重大公私财产。这是一种社会危害性十分严重的犯罪。恐怖活动是当今国际社会一大公害，尤其是美国“9·11”事件发生后，举世震惊，各国政府高度重视，花费巨大的人力、物力和财力对付这种犯罪行为。

2. 客观方面表现为组织、领导、积极参加恐怖活动组织的行为。所谓“恐怖活动组织”，是指为实施杀人、放火、爆炸、绑架、劫持航空器、汽车、船只等犯罪活动，使不特定多人产生恐惧、害怕心理和惊慌情绪，造成社会不安定而纠合起来的犯罪组织。恐怖组织危害对象不特定，往往伤及无辜，这与民族解放组织很难区分，一般是由相关行政机关而非司法机关认定的，我国由公安部认定。所谓“组织”，是指通过策划、引诱、胁迫等方法纠集或勾结多人成立恐怖活动组织的行为。所谓“领导”，是指在恐怖组织中起策划、指挥作用的行为。所谓参加，是指加入恐怖组织，成为该组织的成员。参加行为是一个持续行为。“积极参加”，是指参加的愿望强烈，又是恐怖组织的骨干、中坚力量。

3. 主体是自然人一般主体。

4. 主观方面必须出自故意，即明知组织、领导、参加恐怖活动组织，是危害社会、公共安全的犯罪行为，仍然组织、领导或者积极参加的。多种多样的犯罪动机不影响本罪的成立。

（三）组织、领导、参加恐怖组织罪的认定

1. 罪与非罪的界限。本罪为故意犯罪，参加恐怖活动组织是出自故意，即使是被胁迫参加恐怖活动组织，也必须明知是恐怖活动组织而参加的。如果是因受蒙骗，完全不知是恐怖组织而参加的，一旦知道后及时退出的，不构成本罪。

2. 恐怖活动组织与一般犯罪集团的区别。“恐怖活动组织”，实质上是指三人以上为共同实施杀人、爆炸、绑架等恐怖性犯罪而组成的犯罪组织。由于恐怖性犯罪活动具有极大的社会危害性，所以刑法规定，只要组织领导和积极参加恐怖活动即构成犯罪，而不论是否实施了恐怖犯罪活动。而一般犯罪集团，是指三人以上为共同实施非恐怖性犯罪而组成的较为固定的犯罪组织。其组织、领导和参加非恐怖性犯罪组织不构成独立的犯罪，而只能定某一具体犯罪罪名。

3. 一罪与数罪的问题。本罪不以恐怖组织成立后又实施杀人、放火等恐怖活动为构成要件，只要实施了组织、领导、积极参加恐怖组织的行为，就构成本罪的既遂，即本罪的完成形态。如果构成本罪后，又实施了杀人、放火、爆炸、劫持等犯罪的，依照数罪并罚的规定处罚。

（四）组织、领导、参加恐怖组织罪的刑事责任

根据刑法第120条第1款和《刑法修正案（九）》第5条的规定，组织、领导恐怖活动组织的，处10年以上有期徒刑或者无期徒刑，并处没收财产；积极参加的，处3年以上10年以下有期徒刑，并处罚金；其他参加的，处3年以下有期徒刑、拘役、管制或者剥夺政治权利，可以并处罚金。

二、资助恐怖活动罪

（一）资助恐怖活动罪的概念

帮助恐怖活动罪，是指实施资助恐怖活动组织或者资助实施恐怖活动的个人的行为。

（二）资助恐怖活动罪的特征

1. 客体是社会公共安全。

2. 客观方面，实施了对恐怖活动组织或者实施恐怖活动的个人以资助行为。所谓“资助”，是指给予金钱、物质等财物或者工具上的帮助与支持。

3. 犯罪主体是一般主体，也可以是单位。

4. 犯罪主观方面是故意，即明知是恐怖活动组织或者实施恐怖活动的个人，而给予帮助、支持。不知道或者受蒙骗者不能构成本罪。

（三）资助恐怖活动罪的认定

本罪是行为犯，只要实施了资助恐怖活动组织，或者资助实施恐怖活动的个人的行为，不论财物或工具数量多少均构成犯罪。

对于事先通谋的恐怖活动，可以本罪和故意杀人等暴力犯罪的想象竞合犯论处。

（四）资助恐怖活动罪的刑事责任

根据刑法第120条和《刑法修正案（九）》第6条，犯本罪的，处5年以下有期徒刑、拘役、管制或者剥夺政治权利，并处罚金；情节严重的，处5年以上有期徒刑，并处罚金或者没收财产。

三、准备实施恐怖活动罪

准备实施恐怖活动罪，是指为实施恐怖活动：（1）准备凶器、危险物品或者其他工具的；（2）组织恐怖活动培训或者积极参加恐怖活动培训的；（3）为实施恐怖活动与境外恐怖活动组织或者人员联络的；（4）为实施恐怖活动进行策划或者其他准备的行为。

本罪客体是社会公共安全，客观方面是上述行为之一的即可构成犯罪，主观是故意，主体是一般主体。

根据刑法第120条之二规定，有下列情形之一的，处5年以下有期徒刑、拘役、管制或者剥夺政治权利，并处罚金；情节严重的，处5年以上有期徒刑，并处罚金或者没收财产。有前款行为，同时构成其他犯罪的，依照处罚较重的规定定罪处罚。

四、宣扬恐怖主义、极端主义、煽动实施恐怖活动罪

宣扬恐怖主义、极端主义、煽动实施恐怖活动罪，是指以制作、散发宣扬恐怖主义、极端主义的图书、音频视频资料或者其他物品，或者通过讲授、发布信息等方式宣扬恐怖主义、极端主义的，或者煽动实施恐怖活动的行为。

本罪的客体是社会公共安全。本罪的客观方面是实施了以制作、散发宣扬恐怖主义、极端主义的图书、音频视频资料或者其他物品，或者通过讲授、发布信息等方式宣扬恐怖主义、极端主义的，或者煽动实施恐怖活动的行为。本罪的主观方面是故意。本罪的主体是一般主体。

根据刑法第120条之三规定，犯本罪的，处5年以下有期徒刑、拘役、管制或者剥夺政治权利，并处罚金；情节严重的，处5年以上有期徒刑，并处罚金或者没收财产。

五、利用极端主义破坏法律实施罪

利用极端主义破坏法律实施罪，是指利用极端主义煽动、胁迫群众破坏国家法律确立的婚姻、司法、教育、社会管理等制度实施的行为。

本罪的客体是社会公共安全。本罪的客观方面实施了利用极端主义煽动、胁迫群众破坏国家法律确立的婚姻、司法、教育、社会管理等制度实施的行为。本罪的主观是故意。本罪的主体是一般主体。

根据刑法第120条之四的规定，犯本罪的，处3年以下有期徒刑、拘役或者管制，并处罚金；情节严重的，处3年以上7年以下有期徒刑，并处罚金；情节特别严重的，处7年以上有期徒刑，并处罚金或者没收财产。

六、强制穿戴宣扬恐怖主义、极端主义的物品罪

强制穿戴宣扬恐怖主义、极端主义的物品罪，是指以暴力、胁迫等方式强制他人在公共场所穿着、佩戴宣扬恐怖主义、极端主义服饰、标志的行为。

根据刑法第120条之五的规定，犯本罪的，处3年以下有期徒刑、拘役或者管制，并处罚金。

七、非法持有宣扬恐怖主义、极端主义的物品罪

非法持有宣扬恐怖主义、极端主义的物品罪，是指明知是宣扬恐怖主义、极端主义的图书、音频视频资料或者其他物品而非法持有的行为。

根据刑法第120条之六的规定，犯本罪的，情节严重的，处3年以下有期徒刑、拘役或者管制，并处或者单处罚金。

八、劫持航空器罪

（一）劫持航空器罪的概念

劫持航空器罪，是指以暴力、胁迫或者其他方法劫持航空器的行为。

（二）劫持航空器罪的特征

1. 客体是航空运输安全，即不特定多名旅客和机组人员生命、健康安全，航空器及其运载的物品的安全以及地面人员的生命、财产安全等。劫持航空器是一种严重危害公共安全的犯罪。侵犯对象是航空器，实践中多是飞机。根据《国际民用航空公约》的规定，航空器有民用航空器和国家航空器两种。凡用于军事、海关或警察部门的航空器是国家航空器，除此以外都是民用航空器。根据《东京公约》、《海牙公约》、《蒙特利尔公约》等国际公约的规定，只有劫持民用航空器的行为，才属于普遍管辖行为。但我国刑法中劫持航空器罪的对象，不限于民用航空器。

2. 客观方面表现为以暴力、胁迫或者其他方法劫持航空器的行为。所谓"暴力"，是指行为人采取的杀伤、殴打、禁闭等强制手段。所谓"胁迫"，是指犯罪分子以毁坏飞机、杀害人质等手段要挟和进行精神恐吓；所谓"其他方法"，是指暴力、威胁方法以外的任何其他方法，如使用麻醉药物使人员不能抗拒等。所谓"劫持"，则是指按自己的意志，强行控制航空器的行为。

3. 主体为一般主体。

4. 主观方面是故意，犯罪的目的、动机如何，均不影响本罪的成立。为"政治避难"，而劫持航空器的，应定劫持航空器罪。

（三）劫持航空器罪的认定

1. 本罪既遂与未遂的界限。不论行为人劫持的航空器是否按其意志改变航向、着陆，也不论劫持的航空器是否飞离国境，只要实际控制了航空器，就构成本罪既遂。

2. 本罪与破坏交通工具罪的区别。主要区别有两点：一是主观方面故意的内容不同。本罪以按照行为人的意志，强行控制航空器为目的；而破坏交通工具罪的犯罪目的是要将交通工具倾覆、毁坏。二是客观方面的行为方式不

同。本罪是使用暴力、胁迫或其他方法将飞机劫持；而破坏交通工具罪则是用一定的方法将航空器毁坏，行为人不一定使用暴力。

（四）劫持航空器罪的刑事责任

根据刑法第121条规定，犯劫持航空器罪的，处10年以上有期徒刑、或者无期徒刑；致人重伤、死亡或者使航空器遭受严重破坏的，处死刑。

九、劫持船只、汽车罪

劫持船只、汽车罪，是指以暴力、胁迫或者其他方法劫持船只、汽车的行为。

本罪的客体是交通运输安全，侵害的对象只限于船只和汽车，劫持其他交通工具，不构成本罪。在有被害人同车的情况下，劫持行为才会对他人的安全造成危险。单纯抢劫他人空车的行为，由于不危害公共安全，不构成劫持汽车罪，以抢劫罪论处。如果不顾公众安危，抢劫空车后高速驾车疯狂逃亡的，可以定以危险方法危害公共安全罪。本罪的客观方面表现为以暴力、胁迫或其他方法劫持船只、汽车的行为。“劫持”，指强制他人服从其意志，驾驶船只、汽车，或者挟持被害人，强行自己驾驶船只、汽车的行为。本罪是抽象危险犯，行为人只要实施了劫持船只、汽车的行为，就构成犯罪，不要求造成严重后果。劫持船只、汽车罪，尤其是劫持船只罪，其通常直接危及的对象仅限于交通工具内的人。这里的船只、汽车主要是指正在从事旅客运输的各种公共汽车、大、中型出租车、船只。这种情形下，劫持行为才会可能对不特定多数人的人身财产安全构成现实或潜在的威胁，从而危害公共安全。对于以劫持小型车辆高速行驶的方式非法拘禁他人的，可以以非法拘禁罪定。因为这种方式具有较高的法益侵害危险性，可以不受24小时的限制。本罪的主观方面为故意，并且只能是直接故意。一般出于政治目的或逃避法律制裁等非法动机，出于合法目的实施该行为的，不宜以本罪论。例如，为了执行公务或紧急避险而控制汽车的行为等。

根据刑法第122条规定，犯劫持船只、汽车罪的，处5年以上10年以下有期徒刑；造成严重后果的，处10年以上有期徒刑或者无期徒刑。

十、暴力危及飞行安全罪

暴力危及飞行安全罪，是指飞行中航空器上的人员使用暴力，危及飞行安全的行为。

本罪的主体为一般主体，即任何在飞行中的航空器上的人员均可构成本罪主体。本罪的主观方面表现为故意，直接故意和间接故意。本罪的客体是航空器飞行安全。本罪的客观方面表现为对飞行中的航空器上的人员使用暴力，危及飞行安全的行为。这里的"人员"，是指航空器上所有人员，包括机组人员和其他人员。本罪属于刑法理论上的危险犯，只要危及飞行安全，即使没有造成严重结果，也构成本罪。本罪侵害的对象是航空器上的人而不是航空器本身。本罪的犯罪地点是一个法定要件，即只有发生在飞行中的航空器上，才能构成本罪。

根据刑法第123条规定，犯危害飞行安全罪的，处5年以下有期徒刑或拘役；造成严重结果的，处5年以上有期徒刑。

第五节　涉及枪支、弹药、爆炸物的犯罪

一、非法制造、买卖、运输、储存危险物质罪

非法制造、买卖、运输、储存危险物质罪，是指违反法律规定，制造、买卖、运输、储存危险物质的行为。

本罪的客体是公共安全和国家对枪支、弹药、爆炸物的管理制度。本罪的犯罪对象，必须是具有杀伤力的枪支、弹药、爆炸物，包括麻醉枪、手榴弹、导火索、烟火爆竹等，不包括没有杀伤力的玩具枪。利用气瓶、弹簧、电机等形成压缩气体为动力、发射金属弹丸或者其他物质并具有杀伤力的"仿真枪"，具备制式气枪的本质特征，应认定为枪支。本罪的客观方面表现为非法制造、买卖、运输、邮寄、储存枪支、弹药、爆炸物的行为。所谓非法制造、买卖、运输、邮寄、储存，分别是指未经国家有关部门批准，或者违反有关部门的规定，制造、买卖、运输、邮寄、储存的行为。"非法储存"，是指明知是他人非法制造、买卖、运输、邮寄的枪支、弹药、爆炸物而为其存放的行为，或者非法存放的行为。本罪为行为选择性罪名。针对不同对象采用不同行为的，应数罪并罚。本罪的主体是一般主体。根据刑法第125条的规定，单位也可以成为本罪的主体。本罪的主观方面必须出自故意，即明知是危险物质而故意非法制造、买卖、运输、储存。如果受人蒙骗、利用，而不知是危险物质实施了上述行为，不能构成本罪。

根据《刑法修正案（三）》第5条、刑法第125条第2款，犯非法制造、买卖、运输、储存危险物质罪，处3年以上10年以下有期徒刑；情节严重的，处10年以上有期徒刑、无期徒刑或者死刑。单位犯本罪的，对单位判处罚金，并对其直接负责的主管人员和其他责任人员，依照上述规定处罚。

二、非法制造、买卖、运输、邮寄、储存枪支、弹药、爆炸物罪

（一）非法制造、买卖、运输、邮寄、储存枪支、弹药、爆炸物罪的概念

非法制造、买卖、运输、邮寄、储存枪支、弹药、爆炸物罪，是指违反法律规定，私自制造、买卖、运输、邮寄、储存枪支、弹药、爆炸物的行为。

（二）非法制造、买卖、运输、邮寄、储存枪支、弹药、爆炸物罪的特征

1. 客体是公共安全和国家对枪支、弹药、爆炸物的管理制度。本罪的犯罪对象，必须是枪支、弹药、爆炸物。所谓“枪支”，根据枪支管理法第 46 条的规定，是指以火药或者以压缩气体等为动力，利用管状器具发射金属弹丸或者其他物质，足以致人伤亡或者丧失知觉的各种枪支。枪支可分为公务用枪和民用枪支两种。所谓“弹药”，是指上述枪支所用的足以致人伤亡或者丧失知觉的金属弹丸或者其他物质。所谓“爆炸物”，通常是指能引起爆炸的各种用于爆破、杀伤的物质，如炸弹、手榴弹、炸药包、地雷、导火索及其他固体、液体、气体爆炸物品。非法制造、买卖、运输、邮寄、储存烟花爆竹等娱乐性物品，不以本罪论处。

2. 客观方面表现为非法制造、买卖、运输、邮寄、储存枪支、弹药、爆炸物的行为。根据最高人民法院《关于审理非法制造、买卖、运输枪支、弹药、爆炸物等刑事案件具体应用法律若干问题的解释》（2001 年 5 月 16 日起施行），所谓“非法制造、买卖、运输、邮寄、储存”，分别是指未经国家有关部门批准，或者违反有关部门的规定，私自制造、私自购销、非法转送、非法邮送、私自保留和存放的行为。“非法储存”，是指明知是他人非法制造、买卖、运输、邮寄的枪支、弹药而为其存放的行为，或者非法存放爆炸物的行为。

本罪为行为选择性罪名，无论实施上述几个行为，如果针对同一批次，均为法定一罪。

3. 主体是自然人，单位也可作为一般主体。

4. 主观方面必须出自故意，过失不构成本罪。

（三）非法制造、买卖、运输、邮寄、储存枪支、弹药、爆炸物罪的认定

1. 本罪的认定。对于 2001 年 9 月 17 日前，行为人因生产、生活所需非法制造、买卖、运输枪支、弹药、爆炸物没有造成严重社会危害，经教育确有悔改表现的，可以依照刑法第 13 条的规定，不作为犯罪处理。对于 2001 年 9 月 17 日后，行为人确因生产、生活所需而非法制造、买卖、运输枪支、弹药、

爆炸物，没有造成严重社会危害，经教育确有悔改表现的，可依法免除或者从轻处罚。2009 年 11 月 16 日以后，因筑路、建房、打井、整修宅基地和土地等正常生产、生活需要，以及因从事合法的生产经营活动而非法制造、买卖、运输、邮寄、储存爆炸物，数量达到司法解释规定的立案标准，没有造成严重社会危害，并确有悔改表现的，可依法从轻处罚；情节轻微的，可以免除处罚。数量达到司法解释规定的“情节严重”的标准，也可以不认定为刑法第 125 条第 1 款规定的“情节严重”。在公共场所、居民区等人员集中区域非法制造、买卖、运输、邮寄、储存爆炸物，或者因非法制造、买卖、运输、邮寄、储存爆炸物 3 年内受到两次以上行政处罚又实施上述行为，数量达到本解释规定标准的，不适用上述从宽规定。

2. 既遂的标准。按照司法实践和上海等地的地方性司法文件：其一，对于买卖犯罪。只要行为人将违禁品现实地带入了交易环节的（即贩卖者已将违禁品带到购买者面前着手交易的），不论是否完成交易行为，均应以买卖违禁品罪的既遂。其二，对于运输、邮寄等犯罪，一旦交付他人运输、邮寄或自行起运的，即构成既遂。

（四）非法制造、买卖、运输、邮寄、储存枪支、弹药、爆炸物罪的刑事责任

根据刑法第 125 条第 1 款的规定，犯本罪，处 3 年以上 10 年以下有期徒刑；情节严重的，处 10 年以上有期徒刑、无期徒刑或者死刑。单位犯本罪的，对单位判处罚金，同时对直接负责的主管人员和其他直接责任人员，依照前述的规定处罚。

三、违规制造、销售枪支罪

（一）违规制造、销售枪支罪的概念

违规制造、销售枪支罪，是指依法被指定、确定的枪支制造企业、销售企业，违反枪支管理规定，非法制造、销售枪支的行为。

（二）违规制造、销售枪支罪的特征

1. 客体是公共安全。

2. 在客观方面表现为违反枪支管理规定，非法制造、销售枪支的行为。根据枪支管理法规定，非法制造、销售枪支的行为主要有三种：（1）超过限额或者不按规定的品种制造、销售枪支；（2）制造无号、重号、假号的枪支；（3）非法销售枪支或者在境内销售为出口制造的枪支。有上述三种行为之一的，即构成本罪。

3. 本罪的主体只能是单位、特殊主体，即依法被指定、确定的枪支制造

企业、销售企业。其他企业和个人不能成为本罪主体。

4. 主观方面是故意，并且具有非法销售的目的。如果不是以销售为目的的，不构成本罪。

（三）本罪与非法制造枪支、弹药、爆炸物罪的界限

1. 主体不同。本罪的主体是单位，后罪的主体可以是单位，也可以是个人。

2. 本罪在主观方面必须是以销售为目的；后罪不论出于何种目的，都不影响其成立。

3. 本罪的行为对象只能是枪支；后罪可以是枪支，也可以是弹药、爆炸物。

（四）违规制造、销售枪支罪的刑事责任

根据刑法第126条规定，犯本罪的，对单位判处罚金，并对其直接负责的主管人员和其他直接责任人员，处以5年以下有期徒刑；情节严重的，处5年以上10年以下有期徒刑；情节特别严重的，处10年以上有期徒刑或者无期徒刑。所谓“情节严重”主要是指：（1）超过限额或者不按照规定的品种制造、销售枪支的数量较多或者多次超过限额，多次不按照规定的品种制造、销售枪支；（2）制造无号、重号、假号的枪支较多或者多次制造无号、重号、假号的枪支；（3）非法销售枪支较多，非法获利较多；（4）在境内销售为出口制造的枪支较多或多次在境内销售为出口制造的枪支等。所谓“情节特别严重”，通常是指非法制造、销售枪支的数量很大，次数很多，非法获利的数额特别巨大；枪支大量流入社会，流入境外，甚至落入犯罪分子手中，后果特别严重等。

四、盗窃、抢夺枪支、弹药、爆炸物、危险物质罪，抢劫枪支、弹药、爆炸物、危险物质罪

盗窃、抢夺枪支、弹药、爆炸物、危险物质罪，是指以非法占有为目的，秘密窃取或公然夺取枪支、弹药、爆炸物、危险物质的行为。本罪是选择性罪名。

抢劫枪支、弹药、爆炸物、危险物质罪，是指以非法占有为目的，当场使用暴力、胁迫或其他方法，进行劫取枪支、弹药、爆炸物或者毒害性、放射性传染病病原体等物质，危害公共安全的行为。

两罪是《刑法修正案（三）》第6条通过对刑法第127条的盗窃、抢夺枪支、弹药、爆炸物罪和抢劫枪支、弹药、爆炸物罪的修正而产生的新罪名。

（一）构成特征

1. 两罪的客体是社会的公共安全。犯罪对象是枪支、弹药、爆炸物和危

险物质。这里的危险物质是指具有毒害性、放射性、传染病病原体等物质。

2. 两罪的客观方面。盗窃、抢夺枪支、弹药、爆炸物、危险物质罪，表现为秘密窃取或公然夺取枪支、弹药、爆炸物和危险物质，危害公共安全的行为。所谓“盗窃”是指采用自认为不被枪支、弹药、爆炸物和危险物质的所有权人、持有人或管理人知晓的方法而实施的行为。所谓“抢夺”，是指趁人不备或当面公然夺取枪支、弹药、爆炸物和危险物质。

抢劫枪支、弹药、爆炸物、危险物质罪，表现为当场使用暴力、胁迫或其他方法，强行劫取枪支、弹药、爆炸物和危险物质的行为。所谓“暴力”，是指殴打、伤害、捆绑等对人身的袭击或强制；所谓“胁迫”，是指对人实施精神上的强制，使之不敢反抗。所谓“其他方法”，是指暴力、胁迫以外的使人不能反抗、不知反抗的行为。

3. 两罪的主体是一般主体。

4. 两罪的主观方面表现为直接故意，并具有非法占有的目的。即明知是枪支、弹药、爆炸物、危险物质，而进行窃取、抢夺或抢劫。如果不知是上述物品而进行窃取、抢夺、抢劫，不构成该罪。

（二）刑事责任

根据刑法第127条和《刑法修正案（三）》第6条的规定，犯盗窃、抢夺枪支、弹药、爆炸物、危险物质罪的，处3年以上10年以下有期徒刑；情节严重的，处10年以上有期徒刑、无期徒刑或者死刑；盗窃、抢夺国家机关、军警人员、民兵的枪支、弹药、爆炸物、危险物质的，处10年以上有期徒刑、无期徒刑或者死刑；犯抢劫枪支、弹药、爆炸物、危险物质罪的，处10年以上有期徒刑、无期徒刑或死刑。

五、非法持有、私藏枪支、弹药罪

非法持有、私藏枪支、弹药罪，是指违反枪支管理规定，非法持有、私藏枪支、弹药的行为。

本罪主体为一般主体。本罪的主观方面只能是直接故意。侵犯的客体是公共安全和国家对枪支、弹药的管理制度。本罪在客观方面表现为违反枪支管理规定，非法持有、私藏枪支、弹药的行为。本罪对象是枪支、弹药，包括各种公务用枪、民用枪支及其弹药。“非法持有”，是指不符合配备、配置枪支、弹药条件的人员，违反枪支管理法律、法规的规定，擅自持有枪支、弹药的行为。“私藏”，是指依法配备、配置枪支、弹药的人员，在配备、配置枪支、弹药的条件消除后，违反枪支管理法律、法规的规定，私自藏匿所配备、配置的枪支、弹药且拒不交出的行为。

本罪与非法运输枪支、弹药罪的区别：其一，如果能够查明，是为了走私、非法制造、贩卖、邮寄枪支、弹药、爆炸物者自身而运输的，或者是为了其他走私、非法制造、贩卖、邮寄枪支、弹药、爆炸物者而运输的，可以按照非法运输枪支、弹药、爆炸物罪论处。其二，有证据证实行为人以长途贩运为目的而实施了非法运输行为的，以非法运输枪支、弹药、爆炸物罪论。比如，行为人已将毒品带上从事长途运输的交通工具，或带入火车站、候机楼、码头的。其三，其他情况下，以非法持有枪支、弹药罪论处。

根据刑法第 128 条的规定，犯本罪的，处 3 年以下有期徒刑、拘役或者管制；情节严重的，处 3 年以上 7 年以下有期徒刑。

六、非法出租、出借枪支罪

非法出租、出借枪支罪，是指依法配备公务用枪的人员或单位，违反枪支管理规定，非法出租、出借枪支，或依法配置民用枪支的人员或单位，违反枪支管理规定，非法出租、出借枪支，造成严重后果的行为。

本罪的主体是特殊主体，即依法配备、配置枪支的个人或单位。包括公安机关、国家安全机关、监狱、劳动教养机关及其人民警察；人民检察院及其司法警察和担负侦查任务的检察人员；人民法院及其司法警察；海关缉私人员；国家重要的军工、金融等单位的守卫、押运人员；依法配置民用枪支的人员和单位，等等。依法配置民用枪支的人员和单位，包括猎区、牧区的猎户或牧民、体育运动单位、营业性的射击场或狩猎场、野生动物保护、饲养、科研单位等。后者造成严重后果才构成犯罪。本罪在客观方面表现为依法配备公务用枪的人员或单位，违反枪支管理规定，非法出租、出借枪支，或者依法配置民用枪支的人员或单位，违反枪支管理规定，非法出租、出借枪支，造成严重后果的行为。“出租”是指以谋利为目的，将自己配备、配置的枪支有偿借给无持枪资格的他人使用；“出借”将自己配备、配置的枪支无偿借给无持枪资格的他人使用或质押给他人。依法配备公务用枪的人员或单位，非法将枪支出租、出借给未取得公务用枪配备资格的人员或单位，或者将公务用枪用作借债质押物的，应予立案追诉。依法配备公务用枪的人员或单位，非法将枪支出租、出借给具有公务用枪配备资格的人员或单位，以及依法配置民用枪支的人员或单位，非法出租、出借民用枪支，造成下列情形之一的，应予立案追诉：（1）造成人员轻伤以上伤亡事故的；（2）造成枪支丢失、被盗、被抢的；（3）枪支被他人利用进行违法犯罪活动的；（4）其他造成严重后果的情形。

根据刑法第 128 条的规定，犯本罪的，处 3 年以下有期徒刑、拘役或者管制；情节严重的，处 3 年以上 7 年以下有期徒刑；单位犯罪的，对单位判处罚金，并对其直接负责的主管人员和其他直接责任人员，依前述规定处罚。

七、非法携带枪支、弹药、管制刀具、危险品危及公共安全罪

非法携带枪支、弹药、管制刀具、危险品危及公共安全罪，是指违反有关规定，私自携带枪支、弹药、管制刀具或者爆炸性、易燃性、放射性、毒害性、腐蚀性物品，进入公共场所或者公共交通工具，危及公共安全，情节严重的行为。

本罪主体为自然人一般主体，主观方面是故意，即明知是枪支、弹药、管制刀具或者危险物品而故意携带进入公共场所或者公共交通工具。过失不构成该罪。如果行为人不知是上述物品而携带进入公共场所或者公共交通工具的，不以本罪论处。本罪的客体是公共安全和国家对枪支、弹药、危险品的管理制度。在客观方面表现为非法携带枪支、弹药、管制刀具或危险品，进入公共场所或者公共交通工具的行为。所谓公共场所、根据《治安管理处罚条例》和其他有关规定，是指公共活动的中心场所，商业服务场所、体育场馆、风景游览场所、交通车站、码头、机场、港口等。本罪为危险犯，只要行为足以危及公共安全，达到情节严重程度，就可以构成犯罪既遂。根据最高人民法院《关于审理非法制造、买卖、运输枪支、弹药、爆炸物等刑事案件具体应用法律若干问题的解释》（2001 年 5 月 16 日起施行），非法携带枪支、弹药、爆炸物进入公共场所或者公共交通工具，危及公共安全，具有下列情形之一的，属于刑法第 130 条规定的“情节严重”：（1）携带枪支或者手榴弹的；（2）携带爆炸装置的；（3）携带炸药、发射药、黑火药 500 克以上或者烟火药 1000 克以上、雷管 20 枚以上或者导火索、导爆索 20 米以上的；（4）携带的弹药、爆炸物在公共场所或者公共交通工具上发生爆炸或者燃烧，尚未造成严重后果的；（5）具有其他严重情节的。行为人非法携带爆炸物进入公共场所或者公共交通工具，虽未达到上述数量标准，但拒不交出的，依照刑法第 130 条的规定定罪处罚；携带的数量达到最低数量标准，能够主动、全部交出的，可不以犯罪论处。

根据刑法第 130 条规定，犯本罪的，处 3 年以下有期徒刑、拘役或者管制。

八、丢失枪支不报罪

丢失枪支不报罪，是指依法配备公务用枪的人员，丢失枪支不及时报告，造成严重后果的行为。

本罪的主体是特殊主体，即依法配备公务用枪的人员，依法配置民用枪支

的人员不构成本罪主体。本罪的主观方面表现为过失。本罪的客观方面表现为依法配备公务枪支的人员，丢失枪支不及时报告，并且造成严重后果的行为。如果枪支丢失后及时向有关部门报告，即使没有避免严重后果的发生，也不构成本罪。所谓“严重后果”，主要是指枪支流失社会，被用作犯罪工具，致人伤亡等。如果枪支丢失后，虽未及时报告，但也没造成严重后果的，不构成本罪。

根据刑法第 129 条规定，犯丢失枪支不报罪的，处 3 年以下有期徒刑或者拘役。这里的“枪支”，指公务用枪；“丢失枪支”，包括被盗、被抢或遗失等情况。“未及时报告”，指行为人丢失枪支后不及时向本单位或者有关部门报告。

第六节　责任事故型犯罪

一、重大飞行事故罪

重大飞行事故罪，指航空人员违反规章制度，致使发生重大飞行事故，造成严重后果的行为。

本罪的主体为特殊主体，即航空人员。“航空人员”，根据航空法的规定，指从事民用航空活动的空勤人员和地面人员。本罪的主观方面表现为过失。本罪的客观方面表现为违反规章制度，致使发生重大飞行事故，造成严重后果的行为，“违反规章制度”，一般指违反航空管理，安全飞行有关的规章制度。“发生重大飞行事故”，是指航空飞行过程中发生的航空器严重损坏或造成人员伤亡等。“造成严重后果”，一般指飞机等航空器或其他航空设施受到严重损坏，航空器上人员遭受重伤，公私财产受到严重损失等情况。

根据刑法第 131 条规定，犯本罪的，处 3 年以下有期徒刑或者拘役；造成飞机坠毁或者人员死亡的，处 3 年以上 7 年以下有期徒刑。

二、铁路运营安全事故罪

铁路运营安全事故罪，是指铁路职工违反规章制度，致使发生铁路运营安全事故，造成严重后果的行为。

本罪的主体为特殊主体，即铁路职工，专指直接从事铁路运营业务、同保障铁路运营安全有直接联系的人员、如火车司机、道口看守员等，其他人员不构成本罪。本罪的主观方面为过失。本罪的客观方面表现为违反规章制度，致使发生铁路运营安全事故，造成严重后果的行为。客体为铁路运营安全和社会公共安全。“违反规章制度”，是指违反保证铁路运输安全有关的各种规章制度。“铁路运营事故”，指在铁路运输过程中发生的火车倾覆、出轨、撞车、爆炸等到造成人员伤亡的、机车毁坏及公私财产遭受重大损失的严重事件。造成严重后果，一般指造成人员伤亡或公私财产遭受重大损失等结果。

根据刑法第132条的规定，犯本罪的，处3年以下有期徒刑或者拘役；造成特别严重后果的，处3年以上7年以下有期徒刑。

三、交通肇事罪

（一）交通肇事罪的概念

交通肇事罪，是指违反交通运输管理法规，因而发生重大事故，致人重伤、死亡或者使公私财产遭受重大损失的行为。

（二）交通肇事罪的特征

1. 客体是交通运输安全和社会公共安全。

2. 客观方面表现为违反交通运输管理法规，因而发生重大事故，致人重伤、死亡或者使公私财产遭受重大损失的行为。客观方面要求本罪必须具备四个要件：（1）前提条件，必须有违反交通运输管理法规的行为。（2）结果要件，必须发生重大事故，致人重伤、死亡或者使公私财产遭受重大损失的严重后果。（3）因果条件，严重后果必须是由违反交通运输管理法规行为引起的，二者之间存在因果关系。发生交通事故时，行为人未携带驾驶证在高速公路上驾驶车辆但其他没有违章行为的，不构成交通肇事罪。（4）空间要件，危害结果，必须发生在公共交通管理范围内的公路、城镇道路和水路上。“道路”，是指公路、城市道路和虽在单位管辖范围但允许社会机动车通行的地方，包括广场、公共停车场等用于公众通行的场所。

3. 主体是自然人，为一般主体。在实践中，主要是从事公路、水上交通运输的人员。行人和非机动车主违反交通法规，造成机动车辆肇事的，也能构成本罪。例如，由于自行车主乱闯红灯，机动车辆为防止车祸而紧急刹车，导致车辆追尾事故的情形。

4. 主观上是过失，即行为人应当预见自己的违反交通运输管理法规的行为，可能发生重大事故，致人重伤、死亡或者使公私财产遭受重大损失，由于疏忽大意而没有预见，或者虽然已经预见到，但轻信能够避免的心理态度。

此处的过失包括直接过失和监督过失。直接过失是指对自己行为引起的危害结果所持的过失心态。监督过失是指负有监督管理职责人员（对业务行为或日常行为）没有履行必要的安全监督管理义务，致使发生重大损失的一种主观罪过形式。广义的监督过失包括狭义的监督过失与管理过失，例如，车主对所雇用司机的违章行为可能存在监督过失。

（三）交通肇事罪的认定

交通肇事案件为多发案、常见案，一般讲，案件比较复杂，主观、客观方面的界限不易区分清楚。因而，在定罪时，一定要坚持深入调查、实事求是，准确地把握罪与非罪的界限。

1. 交通肇事罪与非罪的界限。主要注意以下几点：

（1）行为人是否违反了交通运输管理法规。这是区分交通肇事罪与意外事件的界限。关键是看行为人主观上有无过失。如果行为人违反交通运输管理法规，主观上出于过失，并发生重大事故，造成严重后果，则可以构成交通肇事罪；如果行为人没有违反交通运输管理法规，完全是正常行驶，只是由于不能预见的原因发生交通事故，不存在罪过，因而不能定为犯罪。

（2）是否造成发生重大事故，致人重伤、死亡或者使公私财产遭受重大损失的严重后果。所谓“发生重大事故”，根据最高人民法院《关于审理交通肇事刑事案件具体应用法律若干问题的解释》（2000 年 11 月 15 日），交通肇事具有下列情形之一的，应视为重大事故，依法追究刑事责任：①死亡 1 人或者重伤 3 人以上，负事故全部或者主要责任的；②死亡 3 人以上，负事故同等责任的；③造成公共财产或者他人财产直接损失，负事故全部或者主要责任，无能力赔偿数额在 30 万元以上的。交通肇事致 1 人以上重伤，负事故全部或者主要责任，并具有下列情形之一的，以交通肇事罪定罪处罚：①酒后、吸食毒品后驾驶机动车辆的；②无驾驶资格驾驶机动车辆的；③明知是安全装置不全或者安全机件失灵的机动车辆而驾驶的；④明知是无牌证或者已报废的机动车辆而驾驶的；⑤严重超载驾驶的；⑥为逃避法律追究逃离事故现场的。这是区分交通肇事罪与一般交通肇事行为的界限。如果造成前述严重后果，可能构成交通肇事罪；否则，后果轻微的，则属于一般交通事故。

（3）违反交通运输管理法规行为与严重后果之间是否有因果关系。如果严重后果与违反交通运输管理法规的行为之间有直接的因果关系，应定交通肇事罪；如果行为人虽违反了交通运输管理法规，又发生了重大事故，但重大事故不是行为人违反交通运输管理法规行为引起的，而是行为人意志以外的意外事件或不可抗力所致，不应以交通肇事罪论处。

2. 交通肇事罪与过失致人死亡罪、过失致人重伤罪及以驾车撞人的危险方法危害公共安全等犯罪的界限，交通肇事罪往往造成人身伤亡的结果，与杀人、伤害及以驾车撞人的危险方法危害公共安全等犯罪的结果相同，但是，界限分明。（1）交通肇事罪与过失致人死亡罪、过失致人重伤罪相比较，主要区别在于发生的场所及侵害的客体不同。“道路”，是指公路、城市道路和虽在单位管辖范围但允许社会机动车通行的地方，包括广场、公共停车场等用于公众通行的场所。本罪致人重伤与死亡发生在交通运输过程中，同时，要求发生在公路、街道等交通干线或公共场所里，侵害的客体是交通运输安全；而过失致人死亡罪、过失重伤罪则发生在日常生活中或主要交通干线、公共场所之外，侵害的客体是特定个人的生命权或健康权。在公共交通管理的范围外，驾驶机动车辆或者使用其他交通工具致人伤亡或者致使公共财产或者他人财产遭受重大损失，构成犯罪的，分别依照刑法第 134 条、第 135 条、第 233 条等规定定罪处罚。(2) 交通肇事罪与故意杀人罪、故意伤害罪及以驾车撞人的危险方法危害公共安全罪相比较，主要区别在于主观方面及侵害客体的不同。本罪只能由过失构成，而故意杀人罪、故意伤害罪以及以驾车撞人的危险方法危害公共安全的犯罪，主观上均是故意。如果把交通工具当作伤害、杀人手段，不足以危害公共安全的，应以故意杀人罪或故意伤害罪论处。如果行为人驾驶交通工具在公共场所或道路上横冲直撞，造成或可能造成众多人重伤、死亡或使公私财产遭受重大损失的，应定以危险方法危害公共安全罪。

(四) 交通肇事罪的刑事责任

根据刑法第 133 条规定，犯交通肇事罪，处 3 年以下有期徒刑或者拘役；交通肇事后的逃逸或者有其他特别恶劣的情节的，处 3 年以上 7 年以下有期徒刑；因逃逸致人死亡的，处 7 年以上有期徒刑。

所谓“交通肇事后逃逸”，是指行为人犯了交通肇事罪，在发生交通事故后，为逃避法律追究而逃跑的行为。肇事者具有最高人民法院《关于审理交通肇事刑事案件具体应用法律若干问题的解释》第 2 条第 2 款第 1—5 项情形之一，又有逃逸行为的，逃逸行为应作为法定加重情节，对肇事者在刑法第 133 条第二个量刑档次，即 3 年以上 7 年以下有期徒刑的幅度内量刑。但根据《解释》第 2 条第 2 款第 6 项规定因交通肇事后逃逸而构成犯罪的，由于逃逸已成为构成犯罪的要件，不能重复评价为加重情节，故对肇事者只能在刑法第 133 条第一个量刑档次，即 3 年以下有期徒刑或者拘役的幅度内量刑。

具有下列情节之一的为“情节特别恶劣”：(1) 死亡 2 人以上或者重伤 5 人以上，负事故全部或者主要责任的；(2) 死亡 6 人以上，负事故同等责任的；(3) 造成公共财产或者他人财产直接损失，负事故全部或者主要责任，无能力赔偿数额在 60 万元以上的。

所谓“因逃逸致人死亡”，是指行为人在交通肇事后为逃避法律追究而逃跑，致使被害人因得不到救助而死亡的情形。交通肇事后，单位主管人员、机动车辆所有人、承包人或者乘车人指使肇事人逃逸，致使被害人因得不到救助而死亡的，以交通肇事罪论处。单位主管人员、机动车辆所有人或者机动车辆承包人指使、强令他人违章驾驶造成重大交通事故，构成犯罪的，以交通肇事罪定罪处罚。

行为人在交通肇事后为逃避法律追究，将被害人带离事故现场后隐藏或者遗弃，致使被害人无法得到救助而死亡或者严重残疾的，应当分别依照刑法第232条、第234条第2款的规定，以故意杀人罪或者故意伤害罪定罪处罚。

四、重大责任事故罪

（一）重大责任事故罪的概念

重大责任事故罪，是指在生产、作业中违反有关安全管理的规定，因而过失造成重大伤亡事故或者造成其他严重后果的行为。

（二）重大责任事故罪的特征

1. 客体是生产、作业活动的安全。本罪不必然危害企事业单位的生产作业安全，个体工商户、无证采矿者等一切人的违反安全管理规定危害生产作业安全行为都可能构成本罪。生产、作业必须是具有危险性的业务活动。业务行为一般具有专业性、长期性和营利性。不具有专业性的日常过失行为，如烧火做饭行为；不具有经营性的行为，如自行营造房屋行为；不具有危险性的经营行为，如商业销售行为，不可能构成本罪。生产经营单位偶尔实施的非营利性活动，也属于业务行为，如个体建筑队为自己或朋友无偿建造房屋的行为。

2. 客观方面表现为在生产、作业中违反有关安全管理的规定，因而过失造成重大伤亡事故或者造成其他严重后果的行为。本罪的客观方面包含四个要件：（1）必须有违反有关安全管理的规定的行为。这是造成事故的直接原因，也是构成重大责任事故罪的前提条件之一。（2）必须发生重大伤亡事故或者造成其他严重后果。参照2007年最高人民法院、最高人民检察院《关于办理危害矿山生产安全刑事案件具体应用法律若干问题的解释》，“重大伤亡事故或者其他严重后果”是指：造成死亡1人以上，或者重伤3人以上的；造成直接经济损失100万元以上的；造成其他严重后果的情形。（3）违反安全管理规定的行为与严重后果之间存在因果关系。即严重后果是由于违反规章制度的行为引起的。否则，就不构成本罪。（4）重大事故必须是发生在生产、作业活动过程中。如果事故的发生与生产、作业没有关系，不构成本罪。

3. 本罪主体为一切从事生产、作业活动的人员。刑法原第134条规定：“工厂、矿山、林场、建筑企业或者其他企业、事业单位的职工，由于不服管理、违反规章制度……”有些全国人大代表、国家安全生产监督管理总局及一些地方提出，刑法上述规定，犯罪主体范围较窄，对大量存在的个体开矿、无证开矿或者开矿的包工头难以适用刑法追究刑事责任，有必要扩大该罪的犯罪主体。因此，《刑法修正案（六）》第1条将本罪主体扩大为一般主体，即企事业、机关等单位的工作人员及其他非单位人员。具体包括两部分：一部分是指从事生产、科研的工人、科技人员，如工程师、技术员、化验员、施工员、设计师和广大从事一线生产作业的人员；另一部分是指直接指挥生产的领导人员，如厂长、车间主任、矿长、队长等从事生产性管理工作的人员。在生产和作业中从事非生产性的一般党政工作人员、服务人员，由于他们既不直接从事生产，也不直接指挥生产，如果这些人员官僚主义或玩忽职守造成重大损失的，不构成本罪，而构成玩忽职守罪或国有公司、企业、事业单位人员失职罪。在劳改企业中直接从事生产的在押罪犯，无照施工经营者在施工过程中强令工人违章作业，无证开采的小煤矿从业人员，造成重大伤亡事故的，也可成为本罪的主体。

4. 主观方面是过失，即应当预见到自己的违反有关安全管理的规定行为，可能发生重大伤亡事故或者造成其他严重后果，因为疏忽大意，没有预见，或者虽已预见，但轻信能够避免。

（三）重大责任事故罪的认定

1. 本罪与自然事故、技术事故及技术革新和科学试验失败的界限。通常讲，自然事故，往往是指由于不能预见，不能抗拒的自然力引起的事故；技术事故是指由于技术条件或设备条件的局限性，使得有关人员无法避免的事故。而技术革新的科学试验本身就包含着失败的可能，是允许失败、准许冒险的。区分本罪与这三种情况的关键是看行为人主观上是否存在过失及是否有违反规章制度的行为发生。如果事故的发生是由违反规章制度引起的，行为人主观上具有过失，则成立本罪；否则，要视为自然事故、技术事故或科研失败，不构成犯罪。

2. 本罪与一般责任事故的界限。二者的相同点是行为人在生产、作业过程中都有违反规章制度的行为，而且都造成了一定的损害后果。二者的根本区别在于违反有关安全管理规定的行为是否造成重大伤亡事故或者其他严重后果。造成重大伤亡或其他严重后果的，构成本罪；否则，属于一般责任事故，不构成犯罪，而给予批评教育或行政处分。

3. 重大责任事故与失火罪、过失爆炸罪的界限。三个罪名的共同点是行为人主观方面均出自过失，客观方面都造成重大伤亡或重大财产损失。但本罪为特殊主体，而且行为人是在生产、作业活动中，违反规章制度而发生重大伤亡事故或其他严重后果；而后者一般是在日常生产中由于忽视安全，行为不慎而发生火灾、爆炸事故，与生产、作业活动无关。

（四）重大责任事故罪的刑事责任

根据刑法第134条第1款和《刑法修正案（六）》第1条第1款的规定，构成本罪的，处3年以下有期徒刑或者拘役；情节特别恶劣的，处3年以上7年以下有期徒刑。“情节特别恶劣”，一般是指：造成死亡3人以上，或者重伤10人以上的；造成直接经济损失300万元以上的；符合立案标准，同时又具有经常违反规章制度、屡教不改，或事故发生后，不积极挽救，致使危害后果蔓延、扩大的，或者在事故发生后，推诿责任，报复或陷害于人等情节的。

五、强令违章冒险作业罪

（一）强令违章冒险作业罪的概念

强令违章冒险作业罪，是指强令他人违章冒险作业，因而过失造成重大伤亡事故或者造成其他严重后果的行为。

（二）强令违章冒险作业罪的特征

1. 客体是生产、作业活动的安全。本罪不必然发生在企事业单位的生产作业活动中，个体工商户、无证采矿者等一切人的违反安全管理规定危害生产作业安全行为都可能构成本罪。本罪属业务犯罪，对于非营利性的事故或生活过失行为，不可能构成本罪。

2. 客观方面表现为在生产、作业中，违反有关安全管理的规定，强令他人违章冒险作业，因而过失造成重大伤亡事故或者造成其他严重后果的行为。本罪的客观方面包含四个要件：（1）必须有违反有关安全管理的规定强令他人违章冒险作业的行为。本条所说“强令他人违章冒险作业”，主要是指生产、施工、作业等工作的管理人员，明知自己的决定违反安全生产、作业的规章制度，可能会发生事故，却心怀侥幸，自认为不会出事，而强行命令他人违章作业的行为。“强令”，不能机械地理解为必须有说话态度强硬或者大声命令等外在表现，强令者也不一定必须在生产、作业现场，而应理解为“强令”者发出的信息内容所产生的影响，达到了使工人不得不违心继续生产、作业的心理强制程度。比如工人如果拒绝服从，会面临扣工资、辞退等后果，使工人产生畏惧而不得不继续工作。（2）必须发生重大伤亡事故或者造成其他严重后果。这也是构成本罪的一个前提条件。虽有违章行为，但未造成重大伤亡事故或者造成其他严重后果，不构成本罪。根据最高人民检察院1986年制定的立案标准，具有下列情形之一的，则视为发生重大伤亡事故，或者造成其他严重后果，应予立案：致人死亡1人以上，或者致人重伤3人以上的；造成直接经济损失5万元以上的；经济损失虽不足规定数额，但情节严重，使生产、工作受到重大损害的。（3）违反安全管理的规定强令他人违章冒险作业的行为与严重后果之间存在因果关系。即严重后果是由于违反规章制度的行为引起的。否则，就不构成本罪。（4）重大事故必须是发生在生产、作业活动过程中。如果事故的发生与生产、作业没有关系，不构成本罪。

3. 主体为特殊主体，是指生产作业中直接指挥生产的领导人员，包括企事业、机关等单位人员、个体施工队和无生产作业资格而从事生产作业的人员，如厂长、车间主任、矿长、队长等从事生产性管理工作的人员。在生产和作业中从事非生产性的一般党政工作人员、服务人员，由于他们既不直接从事生产，也不直接指挥生产，如果这些人员官僚主义或玩忽职守造成重大损失的，不构成本罪，而构成玩忽职守罪或国有公司、企业、事业单位人员失职罪。修正案对原条文作了修改，将本罪的犯罪主体从原来的企业、事业单位职工扩大到从事生产、作业的一切人员，把目前难以处理的对安全事故负有责任的个体、包工头和无证从事生产、作业的人员都包括在内了。

4. 主观方面是过失，即应当预见到自己的强令冒险作业行为，可能发生重大伤亡事故或者造成其他严重后果，因为疏忽大意，没有预见，或者虽已预见，但轻信能够避免。

（三）强令违章冒险作业罪的刑事责任

根据刑法第 134 条第 2 款和《刑法修正案（六）》第 1 条第 2 款的规定，构成本罪的，处 5 年以下有期徒刑或者拘役；情节特别恶劣的，处 5 年以上有期徒刑。“情节特别恶劣”，一般是指：造成重大人身伤亡或巨大经济损失的；经常违反规章制度、屡教不改，造成重大责任事故的；事故发生后，不积极挽救，致使危害后果蔓延、扩大的；在事故发生后，推诿责任，报复或陷害于人的，等等。

六、重大劳动安全事故罪

（一）重大劳动安全事故罪的概念

重大劳动安全事故罪，是指企事业等单位或个体施工队的安全生产设施或者安全生产条件不符合国家规定，直接负责的主管人员和其他直接责任人员有过失，因而造成重大伤亡事故或者造成其他严重后果的行为。

刑法原第 135 条规定：“工厂、矿山、林场、建筑企业或者其他企业、事业单位的劳动安全设施不符合国家规定，经有关部门或者单位职工提出后，对事故隐患仍不采取措施，因而发生重大伤亡事故或者造成其他严重后果的，对直接责任人员……”实践中，有时因为查不到“经有关部门或者单位提出后，仍不采取整改措施”的证据，使一些发生重大安全事故单位的直接责任人员不能受到应有的惩处。故《刑法修正案（六）》第 2 条对原条文作了以下修改：(1) 将犯罪主体从原来的企业、事业单位扩大到所有从事生产、经营的自然人、法人及非法人实体。(2) 将“不符合国家规定”的对象范围从“安全生产设施”扩大到“安全生产条件”。(3) 删去了“经有关部门或者单位职工提出后，对事故隐患仍不采取措施”的犯罪构成要件，为追究不重视安全生产设施和安全生产条件的投入和建设，以致发生重大伤亡事故的单位的直接负责的主管人员和其他直接责任人员的刑事责任，提供了法律依据。(4) 考虑到安全生产设施、安全生产条件不符合国家规定一般都是单位行为（个体经营户仍是个人负责），将原条文中“直接责任人员”修改规定为“直接负责的主管人员和其他直接责任人员”，使应对重大伤亡事故负责的责任人员的范围更加明确。

(二) 重大劳动安全事故罪的特征

1. 客体是企事业等单位或个体施工队的劳动安全。

2. 客观方面表现为，尽管企事业等单位或个体施工队的劳动安全设施不符合国家规定，对事故隐患不采取措施，因而造成重大伤亡事故或者造成其他严重后果的行为。具体说，本罪在客观方面需要具备四个要件：(1) 企事业等单位或个体施工队的劳动安全设施或劳动安全条件不符合国家的有关规定。“有关规定”是指国家颁布的劳动法、《矿山安全条例》、《工厂安全生产规程》，等等。“安全生产设施”是指用于保护劳动者人身安全的各种设施、设备，如防护网、紧急逃生通道等。“安全生产条件”主要是指保障劳动者安全生产、作业必不可少的安全防护用品和措施，如用于防毒、防爆、防火、通风等用品和措施等。“不符合国家规定”包括的情形较广泛，如有的生产经营单位新建或改扩建工程的安全设施未依法经有关部门审查批准，擅自投入生产或使用；有的不为工人提供法定必要的劳动、防护用品；有的不具备安全生产条件或存在重大事故隐患，被行政执法机关责令停产、停业或者取缔、关闭后，仍强行生产经营等。(2) 明知或应知事故隐患存在，对事故隐患不采取措施。假如确实不应或不可能知道隐患存在，有关部门或单位职工又未提出，即使发生重大伤亡后果或造成其他严重后果，也不负刑事责任。注意：《刑法修正案(六)》第 2 条对刑法第 135 条进行了修正，本罪的构成不再以有关部门或单位职工提出安全警告为前置条件。(3) 必须发生了重大伤亡事故或者造成了其他严重后果，否则，不构成本罪。(4) 上述严重后果是由于不采取措施消除事故隐患的行为引起的，二者之间有直接因果关系。以上四个要素相统一，构成本罪的客观方面。

3. 犯罪主体是特殊主体，即企事业等单位或个体施工队负责劳动安全的直接责任人员。

4. 主观方面是过失，包括疏忽大意与过于自信。

（三）重大劳动安全事故罪的认定

1. 重大劳动安全事故罪与劳动安全事故的区别

二者的主要区别在于是否造成了重大伤亡事故或其他严重后果。虽然劳动安全设施不符合国家规定，对事故隐患也没有采取措施，但未造成上述严重后果的，不构成本罪。造成轻微后果的，属于一般劳动安全事故，可给予行政处分，但不构成犯罪。

2. 重大劳动安全事故罪与重大责任事故罪的区别

二者都是涉及违反安全生产规定的犯罪，在适用范围上的区别在于：后者主要强调自然人在生产、作业过程中违章操作或者强令他人违章作业而引起安全生产事故的行为，如在不准使用明火的工作场合使用明火等，处罚的是违章操作或者强令他人违章作业的自然人。前者更强调劳动场所的硬件设施或者对劳动者提供的安全生产防护用品和防护措施不符合国家规定，要追究的是所在单位的责任。考虑到发生安全事故的单位应立即整改使安全生产设施、安全生产条件达到国家规定，以及对安全事故伤亡人员进行治疗、赔偿，需要大量资金，该条在处罚上只追究“直接负责的主管人员和其他直接责任人员”的刑事责任，对单位没有规定判处罚金。“直接负责的主管人员”包括生产经营单位的负责人、生产经营的指挥人员、实际控制人、投资人。“其他直接责任人员”包括对安全生产设施、安全生产条件负有提供、维护、管理职责的人。

二者发生竞合时，应当按照下列原则处理：

首先，在完全是由于安全生产设施或者安全生产条件不符合国家规定的情况下进行生产、作业，因而发生重大伤亡事故或者造成其他严重后果的情况下，应当以重大劳动安全事故罪定罪量刑。因为这是立法规定的典型重大劳动安全事故犯罪，即使这种行为本身也是一种违反有关安全管理规定的行为，从罪名评价的最相符合性考虑，一般不以重大责任事故罪认定。

其次，在安全生产设施或者安全生产条件不符合国家规定的情况下，在生产、作业中又违反具体的安全管理规定，因而发生重大伤亡事故或者造成其他严重后果的，应区分不同情况选择较为妥当的罪名定罪量刑。（1）择重评价原则。当二罪中某一罪的情节明显重于另一罪时，应按情节较重的罪名定罪量刑。当出现法律规定的“强令他人违章冒险作业”的情况时，由于法律有特别规定且法定刑较重，应以强令他人违章冒险作业罪定罪量刑。（2）全面评价原则。当二罪的情节基本相当的情况下，对于实际控制人、投资人，他们对安全生产设施或者安全生产条件是否符合国家规定负有直接责任，在无法查清对生产、作业是否负有组织、指挥或者管理职责时，以重大劳动安全事故罪定罪量刑。如果对生产、作业同时负有组织、指挥或者管理职责时，为了司法实践的统一，一般仍以重大劳动安全事故罪定罪为宜，而将“在生产、作业中违反有关安全管理的规定”的行为作为从重处罚的情节；对于负责人、管理人员，他们既对生产、作业负有组织、指挥或者管理职责，又对安全生产设施或者安全生产条件是否符合国家规定负有直接责任。出于同样的考虑，对他们一般也以重大劳动安全事故罪定罪为宜，而将“在生产、作业中违反有关安全管理的规定”的行为作为从重处罚的情节。对于“对安全生产设施或者安全生产条件负有管理、维护职责的电工、瓦斯检查工等人员”，亦参照上述原则处理。

（四）重大劳动安全事故罪的刑事责任

根据刑法第135条和《刑法修正案（六）》第2条第1款规定，犯重大劳动安全事故罪，造成重大伤亡事故或者造成其他严重后果的，对直接责任人员，处3年以下有期徒刑或者拘役；情节特别恶劣的，处3年以上7年以下有期徒刑或者拘役；“重大伤亡事故”，是指造成3人以上重伤或1人以上死亡的事故。“其他严重后果”，主要是指造成重大经济损失，产生极坏的影响，引起单位职工强烈不满等。

七、大型群众性活动重大安全事故罪

（一）大型群众性活动重大安全事故罪的概念

大型群众性活动重大安全事故罪，是指举办大型群众性活动违反安全管理规定，由于组织单位直接负责的主管人员和其他直接责任人员的过失，因而发生重大伤亡事故或者造成其他严重后果的行为。针对因一些大型活动的组织者只顾举办活动从中谋取利益，把广大群众的安全置之脑后，致使在大型群众性活动中现场秩序严重混乱、失控，造成人员挤压、踩踏等恶性伤亡事故，《刑法修正案（六）》第3条规定了本罪。

（二）大型群众性活动重大安全事故罪的特征

本罪的客体是大型群众性活动的安全。所谓“大型群众性活动”，是指由个人、单位（社团）主办，在特定的时间、空间内举办的，由不特定多数人参加的公共活动。不包括政府组织的庆典等大型活动。主要包括体育比赛、文艺演出、展览展销、庆典、民间传统活动等。这类活动具有场所公开、人员多、规模大、财物集中、媒体关注等特点。由于社会不安定因素较多，极易发生恐怖袭击事件、群体性治安事件以及群死群伤事故和盗窃、抢夺、打架斗殴等案件，任何疏忽都可能造成不可挽回的损失和较大的社会影响。主要存在的不安全因素有：由于超负荷用电引起的火灾；不法分子蓄意破坏，制造爆炸性事件；活动场地设施不坚固而塌毁坠落，造成人员伤亡事故；消防设施不符合法定要求，等等。

本罪的客观方面表现为举办大型群众性活动违反安全管理规定，由于组织单位直接负责的主管人员和其他直接责任人员的过失，因而发生重大伤亡事故或者造成其他严重后果的行为。本条所说“安全管理规定”，是指国家有关部门为保证大型群众性活动安全、顺利举行制定的管理规定。具体表现为：(1) 未经许可，擅自举办大型群众性活动的。(2) 超过核准人数的，如某大型群众性活动核准为两万人，而实际参加的有2.5万人。(3) 场地及其附属设施不符合安全标准，存在安全隐患，如场地建筑不坚固，有发生倒塌坠毁的可能性；各种电线、线路老化，容易引发火灾。(4) 消防设施不符合法定要求。如灭火器超过使用期限；没有按照规定安装火灾自动报警系统；消防信道和紧急信道被占用，一旦发生事故，消防车不能开进，人员无法逃离现场。(5) 没有制定安全保卫工作方案。根据公安部《群众性文化体育活动治安管理办法》规定，申请举办群众性文化体育活动的公民、法人和其他组织，应当对活动的具体内容、安全保卫措施承担全部责任，并制定安全保卫工作方案。“重大伤亡事故”，是指造成3人以上重伤或1人以上死亡等事故。“其他严重后果”，主要是指造成重大经济损失，产生极坏的影响，引起单位职工强烈不满等。本罪要求组织者的不当行为与重大伤亡事故或其他严重后果之间有因果关系。举办小型的群众性活动不构成本罪。

本罪的主体为举办大型群众性活动的单位或非单位的直接负责的主管人员和其他直接责任人员。这里的组织者可以是机关、人民团体、企事业等单位，也可以是自然人，可以是合法的、经批准的组织者，也可以是不合法的、未经批准的组织者。“直接负责的主管人员”，是指大型群众活动策划者、组织者、举办者；“其他直接责任人员”是指对大型活动的安全举行、紧急预案负有具体落实、执行职责的人员。非法集会、游行、示威，同时构成本罪的，择一重罪论处，不并罚。

本罪的主观方面是过失。行为人在主观上表现为过失，即使有的大型活动主办者为了降低成本，获取最大经济利益，而故意违反安全管理规定，减少在安全保卫方面的投入，明知存在安全隐患仍不加整改，但对于事故的发生现实可能性未有认识，并反对结果的发生。

（三）大型群众性活动重大安全事故罪的刑事责任

根据刑法第135条之一和《刑法修正案（六）》第3条规定，犯本罪的，对直接负责的主管人员和其他直接责任人员，处3年以下有期徒刑或者拘役；情节特别恶劣的，处3年以上7年以下有期徒刑。

八、危险物品肇事罪

危险物品肇事罪，是指违反爆炸性、易燃性、放射性、毒害性、腐蚀性物品的管理规定，在生产、储存、运输、使用中发生重大事故，造成了严重后果的行为。

本罪主体主要是从事生产、保管、运输、储存、使用危险物品的职工。其他公民也可构成本罪。本罪的主观方面是过失，即行为人应当预见违反危险物品管理规定行为可能发生重大事故，造成严重后果，因疏忽大意而没有预见，或者虽已预见，但轻信能够避免，以致发生严重后果。本罪的客体是公共安全。本罪的客观方面表现为违反危险物品的管理规定，在生产、储存、运输、保管、使用过程中发生重大事故，造成严重后果的行为。

根据刑法第136条规定，犯本罪的，处3年以下有期徒刑或者拘役；后果特别严重的，处3年以上7年以下有期徒刑。

九、工程重大安全事故罪

工程重大安全事故罪是指建筑单位、设计单位、施工单位、工程监理单位违反国家规定，降低工程质量标准，造成重大安全事故，危害公共安全的行为。

本罪的客体是建筑工程质量标准的规定和公众的生命、健康和重大公私财产的安全。本罪的客观方面，表现为违反国家规定，降低工程质量标准，造成重大安全事故的行为。违反国家规定，是指违反国家关于建筑工程质量监督管理的法律、法规。降低工程质量标准，是降低国家有关法律、法规所确定的工程质量标准。造成重大安全事故，是指建筑工程在建筑中或交付使用后，由于达不到质量标准，导致铁路塌陷、桥梁断裂等，致使人员伤亡或其他重大损失。本罪是典型的结果犯，如果只造成一般安全事故，或者尚未造成任何事故，但是有造成重大安全事故的客观危险的，都不能构成犯罪。本罪的主体是特殊主体，即只能是建筑单位、设计单位、施工单位、工程监理单位负责工程质量的直接责任人员。本罪的主观方面表现为过失。

根据刑法第137条的规定，犯工程重大安全事故罪的，处5年以下有期徒刑或者拘役，并处罚金；后果特别严重的，处5年以上10年以下有期徒刑，并处罚金。

十、教育设施重大安全事故罪

教育设施重大安全事故罪，是指学校及其他教育机构的直接责任人员，明知校舍或者教育教学设施有危险，而不采取措施或者不及时报告，致使发生重大伤亡事故的行为。

本罪的客体是教学活动安全，包括校舍和教育教学设施安全和师生的人身安全。本罪的客观方面表现为对校舍或教育教学设施存在的危险不采取措施或者不及时报告，致使发生重大伤亡事故的行为。发生重大伤亡事故，是构成本罪的必要条件。只是造成重大财产损失而没有伤亡的，不构成本罪。重大伤亡事故是由于不采取措施或者不及时报告引起的，二者之间有直接因果关系。本罪的主体是特殊主体，即学校中及其他教育机构的直接责任人员。本罪的主观方面是对发生的严重后果出于过失，但对校舍和教育教学设施存在的危险、隐患却是明知的。

根据刑法第 138 条规定，犯本罪的，对直接责任人员，处 3 年以下有期徒刑或者拘役；后果特别严重的，处 3 年以上 7 年以下有期徒刑。

十一、消防责任事故罪

消防责任事故罪，是指违反消防管理法规，经消防监督机构通知采取改正措施而拒绝执行，造成严重后果的行为。

本罪主体为一般主体，主要指负有防火安全职责的单位负责人员。本罪主观上对严重后果的发生是出自过失，而对自己的行为不符合安全防火有关规定是明知的。本罪客体是公共安全，在客观方面，表现为违反消防管理法规，经消防监督机构通知采取改正措施而拒绝执行，造成严重后果的行为。“消防管理法规”，主要包括《消防条例》及其实施细则、《城市燃气安全管理规定》等。“严重后果”，是指发生重大火灾，造成人员伤亡或公私财产遭受严重损失。根据有关规定，有下列情形之一的应予立案：（1）死亡 1 人以上；（2）重伤 3 人以上；（3）轻伤 10 人以上；（4）受灾 20 户以上；（5）直接经济损失 30 万元以上；（6）其他严重情节的。

根据刑法第 139 条规定，犯本罪的，对直接责任人员处 3 年以下有期徒刑或者拘役；后果特别严重的，处 3 年以上 7 年以下有期徒刑。

十二、不报、谎报安全事故罪

不报、谎报安全事故罪，是指在安全事故发生后，负有报告职责的人员不报或者谎报事故情况，贻误事故抢救，情节严重的行为。

本罪的客体是国家的安全管理制度。本罪的客观方面表现为，安全事故发生后，负有报告职责的人员不报或者谎报事故情况，贻误事故抢救，情节严重的行为。“安全事故”不仅限于生产经营单位发生的安全生产事故、大型群众性活动中发生的重大伤亡事故，还包括刑法分则第二章规定的所有与安全事故有关的犯罪，但第133条（交通肇事罪）、第138条（消防责任事故罪）除外，因为这两条已将不报告作为构成犯罪的条件之一。“情节严重”是指：(1) 导致事故后果扩大，增加死亡1人以上，或者增加重伤3人以上，或者增加直接经济损失100万元以上的；(2) 实施下列行为之一，致使不能及时有效开展事故抢救的：①决定不报、谎报事故情况或者指使、串通有关人员不报、谎报事故情况的；②在事故抢救期间擅离职守或者逃匿的；③伪造、破坏事故现场，或者转移、藏匿、毁灭遇难人员尸体，或者转移、藏匿受伤人员的；④毁灭、伪造、隐匿与事故有关的图纸、记录、计算机数据等资料以及其他证据的；(3) 其他严重的情节。本罪的犯罪主体。负有报告职责的人员，是指矿山生产经营单位的负责人、实际控制人、负责生产经营管理的投资人以及其他负有报告职责的人员。在矿山生产安全事故发生后，帮助负有报告职责的人员不报或者谎报事故情况，贻误事故抢救的，对组织者或者积极参加者，以共犯论处。国家工作人员违反规定投资入股矿山生产经营，构成本解释涉及的有关犯罪的，作为从重情节依法处罚。本罪的主观方面为故意。行为人必须是明知发生了安全事故，故意谎报或不按规定报告相关部门、个人。对事故后果的扩大有的出于间接故意，有的出于过失。

根据刑法第139条之一和《刑法修正案（六）》第4条规定，犯本罪的，情节严重的，处3年以下有期徒刑或者拘役；情节特别严重的，处3年以上7年以下有期徒刑。情节特别严重：(1) 导致事故后果扩大，增加死亡3人以上，或者增加重伤10人以上，或者增加直接经济损失300万元以上的；(2) 采用暴力、胁迫、命令等方式阻止他人报告事故情况导致事故后果扩大的；(3) 其他特别严重的情节。

第二十三章　破坏社会主义市场经济秩序罪

第一节　破坏社会主义市场经济秩序罪概述

一、破坏社会主义市场经济秩序罪的概念

破坏社会主义市场经济秩序罪，是刑法分则第三章的类罪名，指违反国家经济管理法规，破坏社会主义市场经济秩序，严重危害国民经济发展的行为。

二、破坏社会主义市场经济秩序罪的特征

（一）犯罪客体

这类犯罪的客体，是我国社会主义市场经济秩序。社会主义市场经济秩序，是国家通过法律对由市场资源配置的经济运行过程进行调节和实行管理所形成的正常、有序的状态。为了促进社会主义市场经济的发展，保证市场经济的正常运行，全国人大及其常委会和国务院制定了一系列的经济法律、行政法规。破坏社会主义市场经济秩序罪的行为，直接违反国家经济管理法规，为了谋取个人或者单位的局部非法利益，扰乱市场经济秩序，破坏社会生产、社会交换、社会分配和社会消费诸种经济关系，致使国家和人民利益遭受重大的经济损失。刑事立法规定这类犯罪，目的在于用刑罚手段惩治对社会主义市场经济秩序的破坏，以保护社会主义市场经济的正常发展。

（二）犯罪客观方面

这类犯罪的客观方面，表现为违反国家经济管理法规，破坏社会主义市场经济秩序的行为。具体包括以下三个方面：

1. 违反国家经济管理法规。破坏社会主义市场经济秩序罪，总是以违反一定的经济管理法规为前提。因为对这类犯罪行为，往往有相应的经济管理法规加以规范，从而这类犯罪都具有违反经济管理法规的违法性。而诸如杀人罪、盗窃罪等一类犯罪，则没有相应的法律、法规专门来加以规范，而由刑法直接加以规定，这是破坏社会主义市场经济秩序罪的特点之一。

2. 在市场经济运行或经济管理活动中进行非法经济活动。具体包括以下

三个方面的内容：(1) 破坏社会主义市场经济秩序罪都是在市场经济运行或经济管理活动中发生的，所以这类犯罪行为首先表现为一种经济活动。例如，生产、销售伪劣商品罪，首先表现为商品的生产、销售；合同诈骗罪，首先表现为经济合同的签订；虚报注册资本罪，关键表现为申请公司登记。如果行为不是一种经济活动，例如，盗窃金融机构的现金，利用迷信骗取公司经理的钱财，可能构成盗窃罪和诈骗罪，而不可能构成破坏社会主义市场经济秩序罪。(2) 这是一种非法的经济活动，即违反国家经济管理法规的经济活动。自然，非法的经济活动不一定构成犯罪，但构成这类犯罪的行为，必然是非法的经济活动。(3) 其行为的具体方式是多种多样的。其中绝大多数犯罪只能以作为的方式实施，只有少数个别的表现为不作为的方式，如逃税罪、逃避商检罪等。

3. 情节严重。据此用以划分这类犯罪的罪与非罪的界限。这是划分破坏社会主义市场经济秩序的违法行为与犯罪的标准。一种行为虽然是违反国家经济管理法规的违法行为，如果没有严重破坏社会主义市场经济秩序，就不构成犯罪；只有这种非法经济活动，严重破坏社会主义市场经济秩序，才可能构成犯罪。

（三）犯罪主体

这类犯罪的主体，情况比较复杂，可以分为自然人与单位两大类。其中大多数犯罪的主体既可以是个人，也可以是单位。而且在这部分犯罪中，不少还要求具体特定身份的个人和从事特定生产经营的单位才能构成；少数犯罪的主体只能是个人，而不可能是单位；个别犯罪的主体只能是单位，个人不能构成，如逃汇罪。

（四）犯罪主观方面

这类犯罪的主观方面，对于绝大多数具体犯罪来说是出于故意，即认识自己的行为违反国家经济管理法规，破坏社会主义市场经济秩序而仍然实施，希望或放任一定的危害社会的结果发生。一部分犯罪还具有牟利的目的、非法占有的目的或其他目的，如高利转贷罪，法律规定“以转贷牟利为目的”，集资诈骗罪等，法律规定“以非法占有为目的”等。个别犯罪则只能由过失构成，签订、履行合同失职被骗罪等。

三、破坏社会主义市场经济秩序罪的种类

刑法分则第三章破坏社会主义市场经济秩序罪，分为 8 节，有 92 个条文，规定了 94 个具体罪名。此后，1998 年 12 月 29 日关于惩治骗购外汇的单行刑法增加 1 个罪名。而 1999 年 12 月 25 日至 2015 年 11 月 1 日施行的 9 个刑法修

正案又增加了14个罪名，合并了1个罪名。因此，本章目前共108个罪名。

1. 生产、销售伪劣商品罪，包括9种具体犯罪。

2. 走私罪，包括10种具体犯罪。

3. 妨害对公司、企业的管理秩序罪，包括17种具体犯罪。

4. 破坏金融管理秩序罪，包括30种具体犯罪。

5. 金融诈骗罪。包括8种具体犯罪，即集资诈骗罪，贷款诈骗罪，票据诈骗罪，金融凭证诈骗罪，信用证诈骗罪，信用卡诈骗罪，有价证券诈骗罪，保险诈骗罪。

6. 危害税收征管罪。包括14种具体犯罪。

7. 侵犯知识产权罪。包括7种具体犯罪。

8. 扰乱市场秩序罪，包括13种具体犯罪。

第二节　生产、销售伪劣商品罪

一、生产、销售伪劣商品罪概述

（一）生产、销售伪劣商品罪的概念

生产、销售伪劣商品罪，是指生产者、销售者违反产品质量和工商行政管理法律法规，故意生产、销售伪劣商品，足以严重危害人体健康，或者情节严重、后果严重的行为。

（二）生产、销售伪劣商品罪的特征

1. 本罪的犯罪客体是国家产品质量管理制度和工商行政管理制度。

2. 本罪在客观方面表现为违反产品质量管理法规和工商行政管理法规，生产、销售伪劣商品，足以严重危害人体健康，或者情节严重、后果严重的行为。

3. 本罪的主体是一般主体，包括自然人和单位。

4. 本罪在主观方面是故意，即行为人故意违反有关产品质量和工商行政管理法律法规，生产伪劣商品，或者明知是伪劣商品而予以销售。行为人一般具有牟取非法利益的目的。过失生产、销售伪劣商品并造成危害后果的，不构成该罪。

（三）生产、销售伪劣商品罪的种类

本罪共包括9种具体犯罪，即生产、销售伪劣产品罪，生产、销售假药罪，生产、销售劣药罪，生产、销售不符合卫生标准的食品罪，生产、销售有毒、有害食品罪，生产、销售不符合标准的医用器材罪，生产、销售不符合安全标准的产品罪，生产、销售伪劣农药、兽药、化肥、种子罪，生产、销售不符合卫生标准的化妆品罪。

二、生产、销售伪劣产品罪

（一）生产、销售伪劣产品罪的概念

生产、销售伪劣产品罪，是指生产者、销售者在产品中掺杂、掺假，以假充真，以次充好或者以不合格产品冒充合格产品，销售金额5万元以上的行为。本罪属选择性罪名，在司法实践中应根据行为的情况分别定为生产伪劣产品罪、销售伪劣产品罪或者生产、销售伪劣产品罪。本章以下各罪名，均属这种情况。

（二）生产、销售伪劣产品罪的特征

1. 本罪的客体，是复杂客体，即国家对产品质量的监督管理制度、市场管理制度和广大用户、消费者的合法权益。这里所谓“产品”，是指经过加工、制作、用于销售的物品（不包括建设工程）。伪劣产品，指以假充真的产品和在产品中掺杂、掺假、以次充好或以不合格产品冒充合格的产品。生产、销售特定种类伪劣产品，如药品、食品、医疗器械等，销售数额达到5万元以上的，也可成为本罪的犯罪对象。

2. 本罪的客观方面，表现为生产、销售伪劣产品，销售金额5万元以上的行为。依照最高人民法院、最高人民检察院《关于办理生产、销售伪劣商品刑事案件具体应用法律若干问题的解释》（2001年4月10日起施行），生产、销售伪劣产品的行为，主要有四种表现形式：（1）“在产品中掺杂、掺假”，是指在产品中掺入杂质或者异物，致使产品质量不符合国家法律、法规或者产品明示质量标准规定的质量要求，降低、失去应有使用性能的行为。（2）“以假充真”，是指以不具有某种使用性能的产品冒充具有该种使用性能的产品的行为。（3）“以次充好”，是指以低等级、低档次产品冒充高等级、高档次产品，或者以残次、废旧零配件组合、拼装后冒充正品或者新产品的行为。（4）以不合格产品冒充合格产品，指以不符合产品质量标准的产品冒充符合产品质量标准的产品。产品质量法第14条第2款规定：“产品质量应符合下列要求：（一）不存在危及人身、财产安全的不合理的危险，有保障人体健康、人身、财产安全的国家标准、行业标准的，应当符合该标准；（二）具备产品应当具备的使用性能，但是，对产品存在使用性能的瑕疵作出说明的除外；（三）符合在产品或者其包装上注明采用的产品标准，符合以产品说明、实物样品等方式表明的质量状况。”不符合上述要求的产品，即属不合格产品。对本条规定的上述行为难以确定的，应当委托法律、行政法规规定的产品

质量检验机构进行鉴定。

国家技术监督局1997年规定，将13类违规产品规定为伪劣产品。这13类产品是：（1）失效、变质的商品；（2）危及安全及人民健康的商品；（3）冒充优质或者使用伪造许可证的商品；（4）掺杂使假、以假充真或者以旧充新的商品；（5）国家有关法律、法规确定禁止生产、销售的商品；（6）无检查合格证或者无有关单位销售证明的商品；（7）未用中文标注商品名称、生产者和产地的商品；（8）限时使用而未标明失效时间的商品；（9）实施生产（制造）许可管理而未标明许可证编号有效日期的商品；（10）按有关规定应用中文标注规格、等级、主要技术成分、含量而未标明的商品；（11）属于处理品（含次品、等外品）而未在商品的显著部位标明处理品字样的商品；（12）剧毒、易燃危险品等而未标明的商品；（13）未注明商品有关使用说明的商品。

构成本罪客观方面的要件还需销售伪劣产品的金额在5万元以上。如果销售金额没有达到5万元的，则不构成本罪。“销售金额”，是指生产者、销售者出售伪劣产品后所得和应得的全部违法收入。伪劣产品尚未销售，货值金额达到刑法第140条规定的销售金额3倍以上的，以生产、销售伪劣产品罪（未遂）定罪处罚。货值金额以违法生产、销售的伪劣产品的标价计算；没有标价的，按照同类合格产品的市场中间价格计算。货值金额难以确定的，按照国家规定，委托指定的估价机构确定。多次实施生产、销售伪劣产品行为，未经处理的，伪劣产品的销售金额或者货值金额累计计算。它不同于“违法所得数额”。

3. 本罪的主体是一般主体，包括自然人和单位。

4. 本罪的主观方面，只能是出于故意，即行为人明知生产、销售的是伪劣产品而仍然予以生产或者销售。并且行为人通常具有非法牟利的目的，但非法牟利的目的不是构成本罪的要件，行为人是否具有非法牟利的目的，不影响本罪的成立。“明知”，是指知道或应当知道；但有证据证明确属被蒙骗的除外。有下列情形之一的，可以认定为“明知”：以明显低于市场价格进货的；以明显低于市场价格销售的；销售伪劣产品被发现后转移、销毁物证或者提供虚假证明、虚假情况；曾应制假售假受过行政、刑事处罚的，等等。

（三）生产、销售伪劣产品罪的认定

1. 生产、销售伪劣产品罪与非罪的界限。认定生产、销售伪劣产品罪，当然应以行为符合本罪的犯罪构成为标准。构成本罪要求：伪劣产品销售金额5万元以上的；伪劣产品尚未销售，货值金额15万元以上的；伪劣产品销售金额不满5万元，但将已销售金额乘以3倍后，与尚未销售的伪劣产品货值金额合计15万元以上的。

2. 与诈骗罪的区别。二者有以下区别：（1）犯罪客体不同。诈骗罪的犯罪客体是公私财产所有权。因此，生产、销售伪劣产品罪要求销售数额较大；诈骗罪以诈骗财物数额较大为条件。（2）客观方面不同。生产、销售伪劣产品的，所生产、销售的产品在一般观念中与交易约定产品属于同一种类，只不过是伪劣产品。生产、销售与交易约定产品明显不属于同一种类的物品的，可以构成诈骗罪和销售伪劣产品罪的法条竞合。例如，用石灰冒充纯碱的。

3. 一罪与数罪。犯罪行为同时构成生产、销售伪劣产品罪、销售假冒注册商标的商品罪、非法经营罪等罪的，依照处罚较重的规定 定罪处罚。生产、销售伪劣产品，又以暴力、威胁方法抗拒查处，构成其他犯罪的，依照数罪并罚的规定处罚。

4. 生产、销售伪劣产品罪与本节规定的生产、销售特定种类的伪劣产品犯罪的界限。生产、销售特别种类的伪劣产品的犯罪，如果销售金额达到5万元，也触犯刑法第140条规定的生产、销售伪劣产品罪。这在刑法理论上属于交叉的法规竞合（或称法条竞合），应依重法优于轻法的原则处理。如果生产、销售刑法第141条至第148条所列产品，不构成各该条规定的犯罪，但是销售金额在5万元以上的，依照第140条关于生产、销售伪劣产品罪的规定定罪处罚。

（四）生产、销售伪劣产品罪的刑事责任

根据刑法第140条和第150条的规定，犯本罪的，处2年以下有期徒刑或者拘役，并处或者单处销售金额50%以上2倍以下罚金；销售金额20万以上不满50万元的，处2年以上7年以下有期徒刑，并处销售金额50%以上2倍以下罚金，销售金额50万元以上不满200万元的，处7年以上有期徒刑，并处销售金额50%以上2倍以下罚金；销售金额200万元以上的，处15年有期徒刑或者无期徒刑，并处销售金额50%以上2倍以下罚金或者没收财产。单位犯本罪的，对单位判处罚金，并对其直接负责的主管人员和其他直接责任人员，依照上述规定处罚。销售金额和未销售货值金额分别达到不同的法定刑幅度或者均达到同一法定刑幅度的，在处罚较重的法定刑幅度内酌情从重处罚。

三、生产、销售假药罪

（一）生产、销售假药罪的概念

生产、销售假药罪，是指违反国家药品管理法规，生产、销售假药的行为。

（二）生产、销售假药罪的特征

1. 本罪的犯罪客体是复杂客体，即国家对药品的管理制度和不特定多数人的身体健康、生命安全。

本罪的对象限于假药。所谓假药，是指依照药品管理法的规定属于假药和按假药处理的药品、非药品。假药指：（1）药品所含成分的名称与国家药品标准或者省、自治区、直辖市药品标准规定不符合的。（2）以非药品冒充药品或者以他种药品冒充此种药品的。按假药处理的药品指：（1）国务院卫生行政部门规定禁止使用的；（2）未取得批准文号的；（3）变质不能药用的；（4）被污染不能药用的。

2. 本罪的客观方面，表现为违反国家药品管理法规，生产、销售假药的行为。2011 年《刑法修正案（八）》将本罪由危险犯修改为行为犯。构成本罪，不需要药品足以严重危害人体健康。例如，个别医院违反国家药品管理法的规定，长期公开销售明知是无批号、无包装、未经检验的药品，即使不足以危害公共安全，也可构成犯罪。医疗机构知道或者应当知道是假药而使用或者销售，以销售假药罪追究刑事责任。

3. 本罪的主体是一般主体。自然人和单位都可以成为本罪的主体。

4. 本罪的主观方面，只能是故意，即行为人明知自己生产、销售的是假药，而仍然生产、销售。行为人实施本罪的目的是为了非法营利，但刑法并未规定营利的目的为构成本罪的要件。但不要求行为人对人身伤亡结果持故意，明知是假药而生产、销售，即使误认为不足以造成人身伤亡结果的，也构成本罪。

（三）生产、销售假药罪的认定

生产、销售假药罪与以危险方法危害公共安全罪。如前所述，生产、销售假药罪是复杂客体，其中之一是不特定多数人的身体健康、生命安全，就此而言，它属于“以危险方法危害公共安全罪”的范畴，但刑法对本罪单独作了规定，那么两者应如何区别呢？这就是行为人对生产、销售假药，如果出于故意，对严重危害人体健康持放任或过失的心理态度，是生产、销售假药罪；如果对严重危害人体健康出于直接故意，则构成以危险方法危害公共安全罪；如果生产、销售假药和对严重危害人体健康均出于过失，并且对人体健康实际造成了严重危害，则构成过失以危险方法危害公共安全罪。

（四）生产、销售假药罪的刑事责任

生产、销售假药的，处 3 年以下有期徒刑或者拘役，并处罚金；对人体健康造成严重危害或者有其他严重情节的，处 3 年以上 10 年以下有期徒刑，并处罚金；致人死亡或者有其他特别严重情节的，处 10 年以上有期徒刑、无期徒刑或者死刑，并处罚金或者没收财产。单位犯本罪的，对单位判处罚金，并对其直接负责的主管人员和其他直接责任人员，依照上述规定处罚。生产、销售的假药被使用后，造成轻伤以上伤害，或者轻度残疾、中度残疾，或者器官组织损伤导致一般功能障碍或者严重功能障碍，或者有其他严重危害人体健康情形的，应当认定为“对人体健康造成严重危害”。生产、销售的假药被使用后，造成重度残疾、3 人以上重伤、3 人以上中度残疾或者器官组织损伤导致严重功能障碍、10 人以上轻伤、5 人以上轻度残疾或者器官组织损伤导致一般功能障碍，或者有其他特别严重危害人体健康情形的，应当认定为“对人体健康造成特别严重危害”。

实施生产、销售假药犯罪，同时构成侵犯知识产权、非法经营等其他犯罪的，依照处罚较重的规定定罪处罚。

实施生产、销售假药的犯罪，又以暴力、威胁方法抗拒查处，构成其他犯罪的，依照数罪并罚的规定处罚。

国家机关工作人员参与生产、销售假药犯罪的，从重处罚。

四、生产、销售劣药罪

（一）生产、销售劣药罪的概念

生产、销售劣药罪，是指违反国家药品管理法律规定，生产、销售劣药，对人体健康造成严重危害的行为。

（二）生产、销售劣药罪的特征

1. 本罪的犯罪客体是复杂客体，既危害了不特定多数人的生命和健康安全，又侵犯了国家药品管理制度。本罪的犯罪对象是劣药。“劣药”，是依照药品管理法规定属于劣药的药品。药品成分的含量不符合国家药品标准的，为劣药。有下列情形之一的药品，按劣药论处：（1）未标明有效期或者更改有效期的；（2）不标明或者更改生产批号的；（3）超过有效期的；（4）直接接触药品的包装材料和容器未经核准注册的；（5）擅自添加着色剂、防腐剂、香料、矫味剂及辅料的；（6）其他不符合药品标准规定的。

2. 本罪的客观方面表现为违反国家药品管理法律规定，生产、销售劣药，对人体健康造成严重危害的行为。生产、销售的劣药被使用后，造成轻伤以上伤害，或者轻度残疾、中度残疾，或者器官组织损伤导致一般功能障碍或者严重功能障碍，或者有其他严重危害人体健康情形的，应当认定为“对人体健康造成严重危害”。医疗机构知道或者应当知道是假药而使用或者销售，构成本罪的，以销售假药罪追究刑事责任。

3. 本罪的主体是一般主体，包括自然人和单位。

4. 本罪的主观方面是故意，即行为人明知生产、销售的是劣药，仍进行生产或者销售。但行为人并没有追求对人体健康造成严重危害的故意，其对生产、销售劣药会对人体健康造成严重危害的后果，在主观方面属于过失。如果行为人的主观目的是为了追求对人体健康造成严重危害的后果，就构成其他故意危害公共安全的犯罪。如果行为人由于工作责任心不强，违反操作规程，生产出劣药；或者由于粗心大意，误将不准出售的劣药销售出去，对人体健康造成严重危害的，不构成本罪。

（三）生产、销售劣药罪的认定

1. 生产、销售劣药罪与非罪界限。生产、销售劣药，对人体健康造成严重危害的才构成犯罪。因此，生产、销售劣药是否对人体健康造成严重危害，是区别罪与非罪的界限。对生产、销售劣药没有对人体健康造成严重危害，且销售金额达不到5万元的，不以犯罪定罪处罚。

2. 生产、销售劣药罪与生产、销售假药罪界限。二者的区别主要是：(1) 犯罪对象不同。生产、销售劣药罪的犯罪对象是劣药；而生产、销售假药罪的犯罪对象是假药。因此，在实践中要具体认定行为的性质，首先必须通过科学鉴定，确定究竟是假药还是劣药。(2) 客观方面不同。生产、销售劣药罪是结果犯，只有对人体健康造成严重危害的，才构成犯罪；生产、销售假药罪是行为犯，只要生产、销售了假药，并且不属于情节显著轻微的，就应当以犯罪定罪处罚。

（四）生产、销售劣药罪的刑事责任

刑法第142条第1款、第150条规定，生产、销售劣药，对人体健康造成严重危害的，处3年以上10年以下有期徒刑，并处销售金额50%以上2倍以下罚金；后果特别严重的，处10年以上有期徒刑或者无期徒刑，并处销售金额50%以上2倍以下罚金或者没收财产。单位犯本罪的，对单位判处罚金，并对其直接负责的主管人员和其他直接责任人员，依照上述规定处罚。

五、生产、销售不符合安全标准的食品罪

（一）生产、销售不符合安全标准的食品罪的概念

生产、销售不符合安全标准的食品罪，是指生产、销售不符合食品安全标准的食品，足以造成严重食物中毒事故或者其他严重食源性疾病的行为。

（二）生产、销售不符合安全标准的食品罪的特征

1. 本罪的客体，是复杂客体，即国家对食品安全的管理制度和不特定多数人的身体健康、生命安全。食品安全：是指食品中不应包含有可能损害或威胁人体健康的有毒、有害物质或不安全因素，不可导致消费者急性、慢性中毒

或感染疾病，不能产生危及消费者及其后代健康的隐患。食品安全的范围：包括食品数量安全、食品质量安全、食品卫生安全。符合食品卫生标准但不符合食品安全标准的食品，同样会给人体健康造成重大损害甚至危及生命安全，尤其是对婴幼儿群体。

2. 本罪的客观方面表现为违反食品安全管理法律规定，生产、销售不符合安全标准的食品，足以造成严重食物中毒事故或者其他严重食源性疾患的行为。"食品"，是指各种供人食用或者饮用的成品和原料，以及按照传统既是食品又是药品的物品，但是不包括以治疗为目的的物品。"食品成品"，是指经过加工能够直接食用的食物和饮料；"食品原料"，是指未经加工的食品材料。"不符合安全标准的食品"，依照食品卫生法的规定，是指具有下列情形之一的不符合安全标准的食品：(1) 腐败变质、油脂酸败、霉变、生虫、污秽不洁、混有异物或者其他感官性状异常，可能对人体健康有害的；(2) 含有毒、有害物质或者被有毒、有害物质污染，可能对人体健康有害的；(3) 含有致病性寄生虫、微生物的，或者微生物毒素含量超过国家限定标准的；(4) 未经兽医卫生检验或者检验不合格的肉类及其制品；(5) 病死、毒死或者死因不明的禽、畜、兽、水生动物等及其制品；(6) 容器包装污秽不洁、严重破损或者运输工具不洁造成污染的；(7) 掺假、掺杂、伪造，影响营养、卫生的；(8) 用非食品原料加工的，加入非食品用化学物质的或者将非食品当食品的；(9) 超过保质期限的；(10) 为防病等特殊需要，国务院卫生行政部门或者省、自治区、直辖市人民政府专门规定禁止出售的；(11) 含有未经国务院卫生行政部门批准使用的添加剂或者农药残留超过国家规定容许量的；(12) 其他不符合食品安全标准和卫生要求的。

本罪是危险犯。经省级以上卫生行政部门确定的机构鉴定，食品中含有可能导致严重食物中毒事故或者其他严重食源性疾患的超标准的有害细菌或者其他污染物的，应认定为"足以造成严重食物中毒事故或者其他严重食源性疾患"。"严重食物中毒事故"，是指造成相当数量的人员中毒，或者造成人员死亡的严重后果。"食源性疾患"，是指因食用不卫生食物造成的疾病。本罪是危险犯，只要生产、销售的不符合卫生标准的食品，足以造成严重食物中毒事故或者其他严重食源性疾患的，就构成犯罪。"足以造成"，不是实际已经造成严重食物中毒事故或者其他严重食源性疾患，而是存在造成这种严重危害的极大的可能性。

3. 本罪的主体是一般主体，包括自然人和单位。

4. 本罪的主观方面是故意。

（三）生产、销售不符合安全标准的食品罪的认定

本罪与其他犯罪的界限。本罪的对象是食品，对于那些以有毒、有害的非食品原料冒充符合安全标准的食品的行为，例如，以工业酒精勾兑后冒充可食用酒精的，其生产出来的“食品”已经不具有任何食用功能，宜以危害公共安全犯罪、诈骗罪等定罪处罚。另外，区分本罪与危害公共安全犯罪，还要考虑对致人死亡和严重残疾的客观危险性和紧迫性，以及主观上对食品灾祸是否存在故意。

（四）生产、销售不符合安全标准的食品罪的刑事责任

根据刑法第143条、第150条的规定，犯本罪的，处3年以下有期徒刑或者拘役，并处罚金；对人体健康造成严重危害或者有其他严重情节的，处3年以上7年以下有期徒刑，并处罚金；后果特别严重的，处7年以上有期徒刑或者无期徒刑，并处罚金或者没收财产。单位犯本罪的，对单位判处罚金，并对其直接负责的主管人员和其他直接责任人员，依照上述规定处罚。

六、生产、销售有毒、有害食品罪

（一）生产、销售有毒、有害食品罪的概念

生产、销售有毒、有害食品罪，是指违反食品卫生管理法律规定，在生产、销售的食品中掺入有毒、有害的非食品原料的，或者销售明知掺有有毒、有害的非食品原料的食品的行为。

（二）生产、销售有毒、有害食品罪的特征

1. 本罪的犯罪客体是双重客体，主要危害不特定多数人的生命和健康安全，同时又破坏了国家食品卫生管理制度。

2. 本罪的客观方面表现为违反食品卫生管理法律规定，在生产、销售的食品中掺入有毒、有害的非食品原料，或者销售明知掺有有毒、有害的非食品原料的食品的行为。“非食品原料”，包括食品添加剂，以及既是食品又是药品的物品。“食品添加剂”，是指为改善食品品质和色、香、味，以及为防腐和加工工艺的需要而加入食品中的化学合成或者天然物质。按照国家食品卫生管理法律规定，在食品中加入非食品原料，必须严格执行国家标准，不得将有毒、有害的非食品原料加入食品，不得销售掺入有毒、有害的非食品原料的食品。本罪是行为犯，行为人只要在生产、销售的食品中掺入有毒有害的非食品原料、或者销售明知掺有有毒、有害的非食品原料的食品的，不论是否已经发生造成危害人体健康的严重后果，均构成本罪。

3. 本罪的主体是一般主体，包括自然人和单位。

4. 本罪的主观方面是故意，即行为人故意在生产、销售的食品中掺入有

毒、有害的非食品原料，或者故意销售明知掺有有毒、有害的非食品原料的食品。过失行为不构成本罪。

（三）生产、销售有毒、有害食品罪的认定

1. 生产、销售有毒、有害食品罪与生产、销售不符合卫生标准的食品罪界限。二者都属于食品方面的犯罪，犯罪主体相同，主观方面都是故意。二者的不同点是：（1）主观方面不同。生产、销售有毒、有害食品罪主观方面是明知掺入食品中的是有毒、有害的非食品原料，却继续生产或者销售；而生产、销售不符合卫生标准的食品罪在主观方面则是明知生产、销售的食品不符合卫生标准，却继续生产或者销售。（2）客观方面不同。生产、销售有毒、有害食品罪是在生产、销售的食品中掺入有毒、有害的非食品原料；而生产、销售不符合卫生标准的食品罪则是生产、销售的食品不符合卫生标准。如果食品自身产生了有毒、有害物质，视为不符合安全标准的食品，如果是被他人掺入有毒、有害的非食品原料的食品，视为有毒、有害食品。另外，生产、销售有毒、有害食品罪的行为人只要实施了生产、销售掺入有毒、有害的非食品原料的食品的行为，就可构成犯罪；而生产、销售不符合卫生标准的食品罪则必须具备足以造成严重食物中毒事故或者其他严重食源性疾患的，才能构成犯罪。

2. 生产、销售有毒、有害食品罪与投放危险物质罪界限。投放危险物质罪，是指故意投放毒物危害公共安全的行为。二者的区别是：（1）主观方面不同。生产、销售有毒、有害食品罪虽然明知掺入食品中的是有毒、有害的非食品原料，但并没有使不特定多数人中毒伤亡的目的，其目的是为了改善食品的色、香、味，牟取经济利益；而投放危险物质罪的目的则是追求使不特定多数人中毒伤亡。（2）客观方面不同。生产、销售有毒、有害食品罪的行为人是为了使食品获得外观、感观真实性，而将有毒、有害的非食品原料作为一种添加剂，掺入生产、销售的食品中；而投放危险物质罪在客观方面表现为故意投放毒物危害公共安全的行为，投放的对象不仅仅局限于食品。如果生产、销售的物品具有致人死亡和严重残疾的高度危险性，并且行为人主观上对食品灾祸存在故意，应论以投放危险物质罪。例如，对于利用“地沟油”生产“食用油”的，构成生产有毒、有害食品罪。明知是利用“地沟油”生产的“食用油”而予以销售的，构成销售有毒、有害食品罪。

（四）生产、销售有毒、有害食品罪的刑事责任

根据刑法第 144 条、第 150 条的规定，构成本罪的，处 5 年以下有期徒刑，并处罚金；对人体健康造成严重危害或者有其他严重情节的，处 5 年以上 10 年以下有期徒刑，并处罚金；致人死亡或者有其他特别严重情节的，处 10

年以上有期徒刑、无期徒刑或者死刑，并处罚金或者没收财产。单位犯本罪的，对单位判处罚金，并对其直接负责的主管人员和其他直接责任人员，依照上述规定处罚。

七、生产、销售不符合标准的医用器材罪

（一）生产、销售不符合标准的医用器材罪的概念

生产、销售不符合标准的医用器材罪，是指违反国家产品质量管理法规，生产不符合保障人体健康、国家标准、行业标准的医疗器械、医用卫生材料或者销售明知是不符合保障人体健康、国家标准、行业标准的医疗器械、医用卫生材料，足以严重危害人体健康的行为。

（二）生产、销售不符合标准的医用器材罪的特征

1. 本罪的犯罪客体是复杂客体，主要是危害不特定多数人的生命和健康安全，同时又侵犯国家产品质量管理制度。本罪的犯罪对象是不符合标准的医用器材。医用器材包括医疗器械、医用卫生材料。“医疗器械”，是指供诊断、治疗、预防疾病、代替人体器官、调节人体生理功能的各种工具、仪器及其他物品。“医用卫生材料”，是指医疗中使用的用于诊断、治疗、预防疾病、调节人体生理功能的各种辅助性、消耗性物品。

2. 本罪的客观方面是违反国家产品质量管理法律规定，生产或者销售不符合特定国家标准、行业标准的医疗器械、医用卫生材料，足以严重危害人体健康的行为。“违反国家产品质量管理法律规定”，是指违反国家产品质量法、标准化法和有关质量管理法律规定的规定。“不符合特定国家标准、行业标准的医疗器械、医用卫生材料”，是指不符合保障人体健康的国家标准、行业标准的医疗器械、医用卫生材料。“国家标准”，是指由国家标准化行政主管部门制定的、在全国范围内统一实行的技术要求。国家标准分为强制性标准和推荐性标准。医疗器械、医用卫生材料与保障人体健康紧密相关，必须适用强制性标准。“行业标准”，是指在没有国家标准的情况下，由国务院有关行政主管部门制定的、在全国某一行业范围内统一实行的技术要求。没有国家标准、行业标准的医疗器械，注册产品标准可视为“保障人体健康的行业标准”。

医疗机构或者个人，知道或者应当知道是不符合保障人体健康的国家标准、行业标准的医疗器械、医用卫生材料而购买、使用，对人体健康造成严重危害的，以销售不符合标准的医用器材罪定罪处罚。

本罪是危险犯，构成本罪必须具备足以危害人体健康这一条件。“足以危害人体健康”，不是指已经发生危害人体健康的后果，而是存在危害人体健康后果的可能性，它包括两种情况：一是使用不符合标准的医用器材直接危害人

体健康，造成人身伤亡；二是使用不符合标准的医用器材延误病人治疗，间接危害人体健康。本罪是危险犯，只要医用器材不符合标准且足以危害人体健康的，不论是否发生危害人体健康的后果，都应以本罪定罪处罚。

3. 本罪的主体是一般主体，包括自然人和单位。

4. 本罪的主观方面是故意。行为人主观故意的表现为：行为人明知其生产或者销售的是不符合保障人体健康的国家标准、行业标准的医疗器械、医用卫生材料，仍进行生产或者销售。但行为人并没有追求对人体健康造成严重危害的故意，其对人体健康造成严重危害后果的发生在主观方面属于过失。如果行为人在主观方面具有对人体健康造成严重危害的故意，就构成其他故意危害公共安全的犯罪，如果行为人过失生产或者销售上述不合格产品，对人体健康造成重危害的，不构成本罪。

（三）生产、销售不符合标准的医用器材罪的刑事责任

根据刑法第 145 条、第 150 条的规定，犯本罪的，足以危害人体健康的，处 3 年以下有期徒刑或者拘役，并处销售金额 50% 以上 2 倍以下罚金；对人体健康造成严重危害的，处 3 年以上 10 年以下有期徒刑，并处销售金额 50% 以上 2 倍以下罚金；后果特别严重的，处 10 年以上有期徒刑或者无期徒刑，并处销售金额 50% 以上 2 倍以下罚金或者没收财产。单位犯本罪的，对单位判处罚金，并对其直接负责的主管人员和其他直接责任人员，按照上述规定处罚。

八、生产、销售不符合安全标准的产品罪

（一）生产、销售不符合安全标准的产品罪的概念

生产、销售不符合安全标准的产品罪，是指违反国家产品质量管理法律规定，生产不符合保障人身、财产安全的国家标准、行业标准的电器、压力容器、易燃易爆产品或者其他不符合保障人身、财产安全的国家标准、行业标准的产品，或者销售明知是以上不符合保障人身、财产安全的国家准、行业标准的产品，造成严重后果的行为。

（二）生产、销售不符合安全标准的产品罪的特征

1. 本罪的客体是复杂客体，主要危害不特定多数人的人身、财产安全，同时又侵犯了国家产品质量管理制度。本罪的犯罪对象只限于与消费者人身、财产安全密切相关的电器、压力容器、易燃易爆产品和其他不符合特定国家标准、行业标准的产品。这些产品危险性大、破坏力较强，往往危害人体健康和财产安全。“电器”，是指各种电讯、电力器材和家用电器，如电路开关、电动机、照明灯具等。“压力容器”，是指储存高压物品的容器，如氧气瓶、高

压锅等。“易燃易爆物品”，是指易于燃烧爆炸的物品。“其他产品”，是指其他容易发生危险的物品，如易产生污染、易发生放射性危险的物品。

2. 本罪的客观方面表现为违反国家产品质量管理法律规定，生产不符合保障人身、财产安全的国家标准、行业标准的电器、压力容器、易燃易爆产品或者其他不符合保障人身、财产安全的国家标准、行业标准的产品，或者销售明知是以上不符合保障人身、财产安全的国家标准、行业标准的产品，造成严重后果的行为。本罪在客观方面表现为两种形式：（1）生产不符合保障人身、财产安全的国家标准、行业标准的产品。“保障人身、财产安全的国家标准”，是指由国家标准化行政主管部门制定的，在全国范围内统一实行的，围绕保障人身、财产安全就产品的质量所规定的具体指标；“保障人身、财产安全的行业标准”，是指由国务院有关行政主管部门制定的，在全国某一行业范围内统一实行的，围绕保障人身、财产安全就产品的质量所规定的具体指标。（2）销售明知是以上不符合保障人身、财产安全的国家标准、行业标准的产品，造成严重后果的行为。

本罪是结果犯，即行为人生产、销售不符合安全标准的产品，只有造成严重后果的，才构成本罪。“造成严重后果”，是指发生触电、失火、爆炸等事故，造成人员伤亡或者财产损失的危害后果。“造成严重后果”，必须与上述不合格产品之间存在必然的因果关系，即必须是不合格产品造成的危害后果。如果严重后果不是因为产品的质量，而是由于用户违反操作规程造成的，不构成本罪。如果没有造成严重后果，不构成本罪。

3. 本罪的主体是一般主体，包括自然人和单位。

4. 本罪的主观方面是故意。行为人主观故意的表现为：行为人明知其生产的是不符合保障人身、财产安全的国家标准、行业标准的产品，或者明知销售的是上述不合格产品，仍进行生产或者销售。但行为人并没有追求危害人身、财产安全的故意，其对危害后果的发生在主观方面属于过失。如果行为人在主观方面具有危害人身、财产安全的故意，就构成其他故意危害公共安全的犯罪。如果过失生产或者销售上述不符合特定国家标准、行业标准的产品，造成严重后果的，不构成本罪。

（三）生产、销售不符合安全标准的产品罪的刑事责任

根据刑法第146条、第150条的规定，生产不符合保障人身、财产安全的国家标准、行业标准的电器、压力容器、易燃易爆产品，或者其他不符合保障人身、财产安全的国家标准、行业标准的产品，或者销售明知是以上不符合保障人身、财产安全的国家标准、行业标准的产品，造成严重后果的，处5年以下有期徒刑，并处销售金额50%以上2倍以下罚金；后果特别严重的，处5

年以上有期徒刑，并处销售金额50%以上2倍以下罚金。单位犯本罪的，对单位判处罚金，并对其直接负责的主管人员和其他直接责任人员，依照上述规定处罚。

九、生产、销售伪劣农药、兽药、化肥、种子罪

（一）生产、销售伪劣农药、兽药、化肥、种子罪的概念

生产、销售伪劣农药、兽药、化肥、种子罪，是指生产假农药、假兽药、假化肥，销售明知是假的或者是失去使用效能的农药、兽药、化肥、种子，或者生产者、销售者以不合格的农药、兽药、化肥、种子冒充合格的农药、兽药、化肥、种子，使生产遭受较大损失的行为。

（二）生产、销售伪劣农药、兽药、化肥、种子罪的特征

1. 本罪的犯罪客体是农业生产的正常进行和国家对农药、兽药、化肥、种子的生产、销售管理制度。本罪的犯罪对象仅限于农药、兽药、化肥、种子四种特定的农用生产资料。“农药”，是指用于防治病虫害的农用化学药品；“兽药”，是指用于预防、治疗、诊断畜禽等动物疾病及调节其生理功能的兽用药品；“化肥”，是指经过化学反应或者机械加工制成的肥料；“种子”，是指用于农作物和林木的种植材料或者繁殖材料，包括籽粒、果实和根、茎、苗、芽、叶等。

2. 本罪的客观方面表现为违反国家有关法规，生产假农药、假兽药、假化肥，销售明知是假的或者是失去使用效能的农药、兽药、化肥、种子，或者生产者、销售者以不合格的农药、兽药、化肥、种子冒充合格的农药、兽药、化肥、种子，使生产遭受较大损失的行为。“违反国家有关法规”，是指违反国家产品质量法、《关于化肥、农药、农膜实行专营的决定》、《兽药管理条例》、种子法等法律法规。生产、销售伪劣农用生产资料的行为包括两种形式：一是以假充真，即生产、销售假农药、假兽药、假化肥；二是以次充好，即生产、销售失去使用效能的或者不合格的农药、兽药、化肥和种子。“假农药、假兽药、假化肥”，是指与国家标准、行业标准不相符合的农药、兽药、化肥，或者以其他物品冒充农药、兽药、化肥。“失去效能的农药、兽药、化肥”，是指因过期、变质、腐烂等原因丧失了使用价值的农药、兽药、化肥。“不合格的农药、兽药、化肥”，是指不具备应有的使用性能和质量标准的农药、兽药、化肥。“假种子”，根据种子法的规定，是指：以非种子冒充种子或者以此种品种种子冒充他种品种种子的；种子种类、品种、产地与标签标注的内容不符的。“劣种子”，根据种子法的规定，是指：质量低于国家规定的种用标准的；质量低于标签标注指标的；因变质不能作种子使用的；杂草种子

的比率超过规定的；带有国家规定检疫对象的有害生物的。

本罪是结果犯，即本罪的成立必须有对农业生产造成较大损失的后果，如因假化肥造成农作物大面积减产，因杀虫剂无效而造成病虫害大面积泛滥，因劣质兽药而造成牲畜大量伤亡等。行为人的行为没有使生产遭受较大损失的，不构成本罪。

3. 本罪的犯罪主体是一般主体，包括自然人和单位。国家机关工作人员参与生产、销售伪劣农药、兽药、化肥、种子犯罪的，从重处罚。

4. 本罪的主观方面是故意，过失行为不构成本罪。行为人主观故意的表现为：行为人明知其生产或者销售的是伪劣农药、兽药、化肥、种子，仍进行生产或者销售。但行为人并没有追求使生产遭受较大损失的故意，其对发生使生产遭受较大损失的后果在主观方面属于过失。如果行为人在主观方面具有使生产遭受较大损失的故意，就构成破坏生产经营罪等其他犯罪。

（三）生产、销售伪劣农药、兽药、化肥、种子罪的刑事责任

根据刑法第 147 条、第 150 条的规定，犯本罪的，处 3 年以下有期徒刑或者拘役，并处或者单处销售金额 50% 以上 10 倍以下罚金；使生产遭受重大损失的，处 3 年以上 7 年以下有期徒刑，并处销售金额 50% 以上 2 倍以下罚金；使生产遭受特别重大损失的，处 7 年以上有期徒刑或者无期徒刑，并处销售金额 50% 以上 2 倍以下罚金或者没收财产。单位犯本罪的，对单位判处罚金，并对其直接负责的主管人员和其他直接责任人员，依照上述规定处罚。

十、生产、销售不符合卫生标准的化妆品罪

生产、销售不符合卫生标准的化妆品罪，是指行为人违反国家对化妆品的管理规定，生产不符合卫生标准的化妆品，或者销售明知是不符合卫生标准的化妆品，造成严重后果的行为。

本罪的犯罪客体是国家对化妆品的管理规定和不特定多数人的人体健康安全。本罪的犯罪对象是不符合卫生标准的化妆品。“化妆品”，是指以涂擦、喷洒或者其他类似的方法，散布于人体表面何部位（皮肤、毛发、指甲、口唇等），以达到清洁、消除不良气味、护肤、美容和修饰目的的日用化学工业产品。本罪的客观方面表现为违反国家关于化妆品管理的有关规定，生产不符合卫生标准的化妆品，或者销售明知是不符合卫生标准的化妆品，造成严重后果的行为。包括两个方面的内容：（1）构成本罪必须是生产不符合卫生标准的化妆品的行为。“不符合卫生标准的化妆品”，是指不符合我国标准化法、产品质量法等有关规定的化妆品包括下列情况：化妆品所含成分与国家卫生标准或者省、自治区、直辖市卫生标准规定不符合的；国务院卫生行政部门规定

禁止使用的；未取得批准文号生产的；超过有效期变质不能使用的；其他不符合化妆品卫生标准规定的。（2）构成本罪必须是造成严重后果的行为。本罪是结果犯，只有造成严重后果的行为才构成犯罪。“严重后果”一般是指：由于使用不符合卫生标准的化妆品出现并发性疾病，或损害其容貌，或造成终身残疾，或导致被害自杀、精神失常等其他严重后果的情形。行为人的行为没有造成严重后果的，不构成本罪。行为人只要实施了生产或者销售不符合卫生标准的化妆品一种行为，就可构成犯罪。如果行为人既生产又销售不符合卫生标准的化妆品构成犯罪的，以生产、销售不符合卫生标准的化妆品罪处罚，不实行数罪并罚。本罪是一般主体，包括自然人和单位。本罪的主观方面是故意，过失不构成本罪。行为人主观故意的表现为：行为人明知其生产或者销售的是不符合卫生标准的化妆品，仍进行生产或者销售。

根据刑法第148条、第150条的规定生产符合卫生标准的化妆品，或者销售明知是不符合卫生标准的化妆品，造成严重后果的，处3年以下有期徒刑或者拘役，并处或者单处销售金额50%以上2倍以下罚金。单位犯本罪的，对单位判处罚金，并对其直接负责的主管人员和其他直接责任人员，依照上述规定处罚。

第三节 走 私 罪

一、走私罪概述

（一）走私罪的概念

走私罪，是指违反海关法及有关法律、行政法规，逃避海关监管，偷逃应纳税款、逃避国家有关进出境的禁止性或者限制性管理，非法运输、携带、邮寄国家禁止或限制进出口的货物、物品进出国（边）境，破坏国家对外贸易管制，情节严重的行为。

（二）走私罪的特征

1. 本罪的犯罪客体是我国的海关监督管理和对外贸易管制。中华人民共和国海关是国家的进出国境监督管理机关。海关依照海关法和其他有关法律、行政法规，监管进出境的运输工具、货物、行李物品、邮递物品和其他物品，征收关税和其他税、费，查缉走私，并编制海关统计和办理其他海关业务。

我国的对外贸易管制主要包括四个方面的内容：（1）对进出口货物、物品根据其与国计民生关系的大小，实行准许、限制或者禁止进出口的制度；（2）对进出口的非贸易性物品，根据其种类和特点，实行限进、限出、限量、限值的制度；（3）对金银、外汇实行集中管理、统一经营的制度；（4）对进出口货物及其他物品实行征收关税的制度。

本罪的犯罪对象包括：国家禁止或者限制进出境的货物、物品，依法应当缴纳关税的货物、物品，特定减、免税的货物、物品和保税货物。（1）国家禁止进出境的货物、物品。根据《中华人民共和国禁止进出境物品表》的规定，我国禁止进出境物品有：武器、弹药、爆炸物，毒品、烈性毒药，人民币和有价证券，淫秽物品，有危险性病菌、虫害的动植物及其产品，国家规定禁止进出口的其他物品。（2）国家限制进出境的货物、物品。根据《中华人民共和国限制进出境物品表》的规定，我国限制进境物品包括：烟、酒，濒危的和珍贵的动物、植物及其制品，国家规定限制进口的其他物品。限制出境的物品包括：金、银等贵重金属及其制品，外币及其有价证券，贵重中药及成药，一般文物，国家规定限制出口的其他物品。（3）依法应当缴纳关税的货物、物品。即海关法规定的应减、免关税之外的一切进出口货物、物品。（4）特定减、免关税的货物、物品。特定减、免关税的货物、物品。具体包括：无商业价值的广告品和货样，外国政府、国际组织无偿赠送的物资，我国缔结或参加的国际条约规定减、免税的货物、物品，规定数额以内的物品，我国缔结或参加的国际条约规定减、免税的货物、物品，特定地区、特定企业、有特定用途的进出口货物以及用于公益事业的捐赠物资，国务院或国务院授权机关规定减、免关税的边境小额贸易货物、物品，法律规定减、免关税的其他货物、物品。未经海关许可并且未缴纳应纳税款、交验有关许可证件，擅自将特定减免税货物在境内销售的，属于走私行为。（5）保税货物。保税货物是指根据法律、行政法规规定，经海关批准未办理纳税手续进境，在境内储存、加工、装配后复运出境的货物。2000 年 9 月 29 日最高人民检察院《关于擅自销售进料加工保税货物的行为法律适用问题的解释》规定，经海关批准进口的进料加工的货物属于保税货物。未经海关许可并且补缴应缴税额，擅自将批准进口的进料加工的原材料、零件、制成品、设备等保税货物，在境内销售牟利，偷逃应缴税额在 5 万元以上的，依照刑法第 154 条、第 153 条的规定，以走私普通货物、物品罪追究刑事责任。

2. 本罪在客观方面表现为违反海关法及有关法律、行政法规，逃避海关监管，偷逃应纳税款、逃避国家有关进出境的禁止性或者限制性管理，非法运输、携带、邮寄国家禁止或限制进出口的货物、物品进出国（边）境，破坏国家对外贸易管制，情节严重的行为。

（1）关于走私罪的法律、法规。2000 年 7 月修正的海关法第 82 条规定，违反本法及有关法律、行政法规，逃避海关监管，偷逃应纳税款、逃避国家有关进出境的禁止性或者限制性管理，有下列情形之一的，是走私行为：一是运输、携带、邮寄国家禁止或限制进出口的货物、物品或者依法应当缴纳税款的货物、物品进出境的；二是未经海关许可并且未缴纳应纳税款、交验有关许可证件，擅自将保税货物、特定减免税货物以及其他海关监管货物、物品、进境的境外运输工具，在境内销售的；三是有逃避海关监管，构成走私的其他行为的。

有上述行为之一，尚不构成犯罪的，由海关没收走私货物、物品及违法所得，可以并处罚款；专门或者多次用于掩护走私的货物、物品，专门或者多次用于走私的运输工具，予以没收，藏匿走私货物、物品的特制设备，责令拆毁或者没收。海关法第 83 条规定，有下列行为之的，按走私行为论处，依照本法第 82 条的规定处罚：①直接向走私人非法收购走私进口的货物、物品的；②在内海、领海、界河、界湖运输、收购、贩卖国家禁止或者限制进出境的货物、物品，或者运输、收购、贩卖依法应当缴纳税款的货物，没有合法证明的。第 84 条规定，伪造、变造、买卖海关单证，与走私人通谋为走私人提供贷款、资金、账号、发票、证明、海关单证，与走私人通谋为走私人提供运输、保管、邮寄或者其他方便，构成犯罪的，依法追究刑事责任；尚不构成犯罪的，由海关没收违法所得，并处罚款。

（2）走私行为的具体形式及分类。走私行为具体可以归纳为三种形式：直接走私、间接走私和后续走私。其一，直接走私包括绕关、瞒关和闯关。绕关是指，未经批准，从未设立海关的地点运输、携带国家禁止或限制进出口的货物、物品或者依法应当缴纳税款的货物、物品进出境的。瞒关是指，经过设立海关的地点，以藏匿、伪装、瞒报、伪报或者其他手法逃避海关监管，运输、携带、邮寄国家禁止或限制进出口的货物、物品或者依法应当缴纳税款的货物、物品进出境的。其二，间接走私，包括直接收购和域内走私。直接向走私人非法收购走私进口的货物、物品的；在内海、领海、界河、界湖运输、收购、贩卖国家禁止或者限制进出境的货物、物品，或者运输、收购、贩卖依法应当缴纳税款的货物，没有合法证明的。其三，后续（变相）走私是指，未经海关许可并且未缴纳应纳税款、交验有关许可证件，擅自将保税货物、特定减免税货物以及其他海关监管货物、物品、进境的境外运输工具，在境内销售的。

3. 本罪的主体是一般主体，包括自然人和单位。与走私人通谋为走私人提供贷款、资金、账号、发票、证明、海关单证，与走私人通谋为走私人提供运输、保管、邮寄或者其他方便的，以走私罪的共犯论处。

4. 本罪在主观方面是故意。“明知”是指行为人知道或者应当知道所从事的行为是走私行为。具有下列情形之一的，可以认定为“明知”，但有证据证明确属被蒙骗的除外：（1）逃避海关监管，运输、携带、邮寄国家禁止进出境的货物、物品的；（2）用特制的设备或者运输工具走私货物、物品的；（3）未经海关同意，在非设关的码头、海（河）岸、陆路边境等地点，运输（驳载）、收购或者贩卖非法进出境货物、物品的；（4）提供虚假的合同、发票、证明等商业单证委托他人办理通关手续的；（5）以明显低于货物正常进（出）口的应缴税额委托他人代理进（出）口业务的；（6）曾因同一种走私行为受过刑事处罚或者行政处罚的；（7）其他有证据证明的情形。

走私特定货物的犯罪，行为人除了具有走私的故意以外，主观上还必须明知走私的对象是毒品、假币、淫秽物品、枪支弹药等特定物品。行为人走私故意包括确定故意和概括故意。走私犯罪嫌疑人主观上具有走私犯罪故意，但对其走私的具体对象不明确的，不影响走私犯罪构成，应当根据实际的走私对象定罪处罚。但是，确有证据证明行为人因受蒙骗而对（属于重罪的）走私对象发生认识错误的，可以从轻处罚。办理走私特定物品案件时，既要防止客观归罪，也应当认真审查分析行为人的辩解。足以认定行为人有走私故意，但确实不能认定其明知走私是特定物品的，一般可按走私普通货物罪处理。

对运输人，一般追究运输工具的负责人或者主要责任人的刑事责任，但对于事先通谋的、集资走私的，或者使用特殊的走私运输工具从事走私犯罪活动的，可以追究其他参与人员的刑事责任。

（三）走私罪的种类

走私罪包括10个罪名：走私武器、弹药罪，走私核材料罪，走私假币罪，走私文物罪，走私贵重金属罪，走私珍贵动物、珍贵动物制品罪，走私国家禁止进出口的货物、物品罪，走私淫秽物品罪，走私普通货物、物品罪，走私废物罪。

二、走私武器、弹药罪

走私武器、弹药罪，是指违反海关法规，逃避海关监管，运输、携带、邮寄武器、弹药进出国（边）境的行为。

本罪的客体，是国家对外贸易管制中关于武器、弹药禁止进出口的监管制度。本罪的对象是武器弹药。本罪的客观方面，表现为违反海关法规，逃避海关监管，运输、携带、邮寄武器、弹药进出国（边）境的行为。走私管制刀具、仿真枪支构成犯罪的，以走私普通货物、物品罪定罪处罚。刑法第151条第1款规定的“武器、弹药”的种类，参照《中华人民共和国海关进口税则》及《中华人民共和国禁止进出境物品表》的有关规定确定。按照司法解释，走私军用子弹10发以上不满50发的；走私非军用枪支2支以上不满5支或者非军用子弹100发以上不满500发的；走私武器、弹药虽未达到上述数量标准，但具有走私的武器、弹药被用于实施其他犯罪等恶劣情节的，构成本罪。本罪的主体是一般主体。自然人和单位均可构成本罪。本罪的主观方面，是故意，过失不构成本罪。

根据刑法第151条第1款、第4款规定，犯本罪的，处7年以上有期徒刑，并处罚金或者没收财产；情节特别严重的，处无期徒刑，并处没收财产；情节较轻的，处3年以上7年以下有期徒刑，并处罚金。

三、走私核材料罪

走私核材料罪，是指违反海关法规，逃避海关监管，运输、携带、邮寄核材料进出国（边）境的行为。

本罪的犯罪客体是国家对外贸易和进出口物品的管理制度。本罪的犯罪对象是核材料。“核材料”，是指可以直接制造核能、核武器成品的东西，包括铀-235，铀-233，钚-239，氚，锂-6，含上述元素的材料和制品，以及其他核材料。核材料不包括铀矿石及其初级产品。本罪的客观方面表现为违反海关法律法规，逃避海关监管，非法运输、携带、邮寄核材料进出国（边）境的行为。走私核材料具有严重的社会危害性，对走私核材料的，不论其数量大小，是否牟利，都构成走私核材料罪。本罪的主体是一般主体，包括自然人和单位。本罪的主观方面是故意。

根据刑法第151条第1款、第4款规定，犯本罪的，处7年以上有期徒刑，并处罚金或者没收财产；情节特别严重的，处无期徒刑，并处没收财产；情节较轻的，处3年以上7年以下有期徒刑，并处罚金。

四、走私假币罪

走私假币罪，是指违反海关法律法规，逃避海关监管，非法运输、携带、邮寄假币进出国（边）境的行为。

本罪的犯罪客体是国家对外贸易和进出口物品的管理制度。本罪的犯罪对象是假币。“假币”，即伪造的货币，是指按照真货币的图案、形状、颜色所制造出来的假货币。这里的货币，是指可以在国内市场流通或者兑换的人民币、境外货币。本罪的客观方面表现为违反海关法律法规，逃避海关监管，非法运输、携带、邮寄假币进出国（边）境的行为。“货币”，是指可在国内市场流通或者兑换的人民币、境外货币。本罪是行为犯，对走私假币的，不论其数量大小，是否牟利，原则上都构成走私假币罪。但对数额很小，情节显著轻微危害不大的，可按治安管理处罚法的有关规定处理。依照司法解释，走私伪造的货币，总面额2000元以上不足2万元或者币量200张（枚）以上不足2000张（枚）的，构成本罪。本罪的主体是一般主体，包括自然人和单位。本罪的主观方面是故意。走私假币一般是以牟利为目的，但牟利不是本罪主观方面必须具备的条件，只要行为人故意走私上述物品的，就构成本罪。

根据刑法第151条第1款、第4款规定，犯本罪的，处7年以上有期徒刑，并处罚金或者没收财产；情节特别严重的，处无期徒刑，并处没收财产；情节较轻的，处3年以上7年以下有期徒刑，并处罚金。

五、走私文物罪

走私文物罪，是指违反海关法规，逃避海关监管，运输、携带、邮寄禁止出口的文物出国（边）境的行为。

本罪的犯罪客体是国家对外贸易和进出口物品的管理制度。本罪的犯罪对象是文物。“文物”，是指在社会上或者埋藏在地下的历史文化遗物。根据2002年10月28日修订通过的文物保护法第2条规定，文物包括：（1）具有历史、艺术、科学价值的古文化遗址、古墓葬、古建筑、石窟寺和石刻、壁画；（2）与重大历史事件、革命运动和著名人物有关的，具有重要的纪念意义、教育意义和史料价值的建筑物、遗址、纪念物；（3）历史上各时代珍贵的艺术品、工艺美术品；（4）重要的革命文献资料以及具有历史、艺术、科学价值的手稿、古旧图书资料等；（5）反映历史上各时代、各民族社会制度、社会生产、社会生活的代表性实物；（6）具有科学价值的古脊椎动物化石和古人类化石等。本罪的客观方面表现为违反海关法律法规，逃避海关监管，非法运送、携带、邮寄国家禁止出口的文物出国（边）境的行为。本罪是行为犯，即行为人走私国家禁上出口的文物出口，即构成犯罪。但行为人走私的属于一般文物，不属于国家禁止出口的文物的，不构成本罪。对走私一般文物，情节严重的，可以走私普通货物、物品罪定罪处罚。对走私国家禁止出口的文物进入我国国（边）境的行为，也应定罪处罚。按照司法解释，走私文物，具有下列情节之一的，构成本罪：走私国家禁止出口的2级文物2件以下或者3级文物3件以上8件以下的；走私国家禁止出口的文物达到本条第1款规定的数量标准，并具有造成该文物严重毁损或者无法追回等恶劣情节的。本罪的主体是一般主体，包括自然人和单位。本罪的主观方面是故意。只要行为人走私文物出口在主观方面出于故意不论其目的和动机如何，都不影响本罪的成立。如果行为人如实向海关申报其运输、携带的物品的，由于其不具有本罪的犯罪故意，对其不能以本罪定罪处罚。

根据刑法第151条第2款、第4款规定犯本罪的，处5年以上10年以下有期徒刑，并处罚金；情节特别严重的，处10年以上有期徒刑或无期徒刑，并处没收财产；情节较轻的，处5年以下有期徒刑，并处罚金。单位犯本罪的，对单位判处罚金，并对其直接负责的主管人员和其他直接责任人员，依照上述规定处罚。

六、走私贵重金属罪

走私贵重金属罪，是指违反海关法律法规，逃避海关监管，非法运输、携带、邮寄国家禁止出口的黄金、白银和其他贵重金属出国（边）境的行为。

本罪的犯罪客体是国家对外贸易和进出口物品的管理制度。本罪的犯罪对象是黄金、白银或者其他贵重金属。“贵重金属”，是指黄金、白银以外的国家禁止出口的铱、铂、铑、钯等贵重金属。本罪的客观方面表现为违反海关法律法规，逃避海关监管，非法运输、携带、邮寄国家禁止出口的黄金、白银和其他贵重金属出国（边）境的行为。走私贵重金属进口的，同样侵犯了国家的对外贸易管制，但对其不能以走私贵重金属罪定罪处罚。本罪的主体是一般主体，包括自然人和单位。本罪的主观方面是故意。只要行为人走私贵重金属出口在主观方面出于故意，不论其目的和动机如何，都不影响本罪的成立。

根据刑法第151条第2款、第4款规定，处5年以上10年以下有期徒刑，并处罚金；情节特别严重的，处10年以上有期徒刑或无期徒刑，并处没收财产；情节较轻的，处5年以下有期徒刑，并处罚金。单位犯本罪的，对单位判处罚金，并对其直接负责的主管人员和其他直接责任人员，依照上述规定处罚。

七、走私珍贵动物、珍贵动物制品罪

走私珍贵动物、珍贵动物制品罪，是指违反海关法律法规，逃避海关监管，非法运输、携带、邮寄国家禁止进出口的珍贵动物及其制品进出国（边）境的行为。

本罪的犯罪客体是国家对外贸易和进出口物品的管理制度。本罪的犯罪对象是珍贵动物和珍贵动物制品。“珍贵动物”，是指列入《国家重点保护野生动物名录》中的国家一、二级保护野生动物和列入《濒危野生动植物种国际贸易公约》附录一、附录二中的野生动物以及驯养繁殖的上述物种，包括国家重点保护的珍贵稀有的陆生、水生野生动物。“珍贵动物制品”，是指珍贵动物的制品，即上述珍贵野生动物的皮、毛、骨的制成品。本罪的客观方面表现为违反海关法律法规，逃避海关监管，非法运输、携带、邮寄国家禁止进出

口的珍贵动物及其制品进出国（边）境的行为。本罪是行为犯，对走私假币的，不论其数量大小，是否牟利，原则上都构成走私假币罪。但对数额很小，情节显著轻微危害不大的，可按治安管理处罚条例的有关规定处理。本罪的主体是一般主体，包括自然人和单位。本罪的主观方面是故意。只要行为人走私珍贵的动物及其制品在主观方面出于故意，不论其目的和动机如何，都不影响本罪的成立。

根据刑法第 151 条第 2 款、第 4 款规定，犯本罪的，处 5 年以上 10 年以下有期徒刑，并处罚金；情节特别严重的，处 10 年以上有期徒刑或无期徒刑，并处没收财产；情节较轻的，处 5 年以下有期徒刑，并处罚金。单位犯本罪的，对单位判处罚金，并对其直接负责的主管人员和其他直接责任人员，依照上述规定处罚。

走私珍贵动物制品，并同时具有以下情形，由于违法性认识可能性缺乏或较轻，情节较轻的，一般不以犯罪论处：（1）珍贵动物制品购买地允许交易；（2）入境人员为留作纪念或作为礼品珍贵动物制品进境，不具有牟利目的的。同时具有上述两种情形，达到 5 年以上有期徒刑的量刑标准的，一般处 5 年以下有期徒刑，并处罚金；达到无期徒刑或者死刑的量刑标准的，一般处 5 年以上有期徒刑，并处罚金。

八、走私国家禁止进出口的货物、物品罪

走私珍稀植物、珍稀植物制品罪，是指违反海关法律法规，逃避海关监管，非法运输、携带、邮寄武器、弹药、核材料、文物、假币、贵重金属、珍贵动物、珍贵动物制品六类之外的国家禁止进出口的其他货物、物品的进出国（边）境的行为。

本罪的犯罪客体是国家对外贸易和进出口物品的管理制度。本罪的犯罪对象是武器、弹药、核材料、文物、假币、贵重金属、珍贵动物、珍贵动物制品六类之外的国家禁止进出口的其他货物、物品的进出国（边）境的货物、物品。包括珍稀植物、珍稀植物制品、动植物疫情流行的国家和地区的有关动植物及其产品和其他应检物等。“珍稀植物”，是指国家重点保护的在科研上有重要价值或者在国际上有一定影响的珍贵、稀有植物。“珍稀植物制品”，是指由上述珍稀植物的根、茎、花等植物本身组织制成的成品、工艺品、标本等。本罪的客观方面表现为违反海关法律法规，逃避海关监管，非法运输、携带、邮寄国家禁止进出口的珍稀植物及其制品进出国（边）境的行为。本罪是行为犯，对走私假币的，不论其数量大小，是否牟利，原则上都构成走私假币罪。但对数额很小，情节显著轻微危害不大的，可按治安管理处罚法的有关

规定处理。本罪的主体是一般主体，包括自然人和单位。本罪的主观方面是故意。只要行为人走私珍稀植物及其制品进出口在主观方面出于故意，不论其目的和动机如何，都不影响本罪的成立。

根据第刑法第 151 条第 3 款、第 4 款的规定，犯本罪的，处 5 年以下有期徒刑，并处或单处罚金，情节严重的，处 5 年以上有期徒刑，并处罚金。单位犯本罪的，对单位判处罚金，并对其直接负责的主管人员和其他直接责任人员，依照上述规定处罚。

九、走私淫秽物品罪

走私淫秽物品罪，是指以牟利或者传播为目的，违反海关法律法规，逃避海关监管、检查，非法运输、携带、邮寄淫秽的影片、录像带、录音带、图片、书刊或者其他淫秽物品进出国（边）境的行为。

本罪的犯罪客体是国家的对外贸易管制和良好的社会主义性道德风尚。本罪的犯罪对象是淫秽物品。根据刑法第 376 条的规定，“淫秽物品”，是指具体描绘性行为或者露骨宣扬色情的淫秽性的书刊、影片、录像带、录音带、图片及其他淫秽物品。我国目前对淫秽物品的种类和目录并没有做出具体规定。但对淫秽物品可以归纳出五个特点：一是淫秽物品是与人的性有关的物品，与性无关的物品不属于淫秽物品；二是淫秽性，即具体描写性行为和露骨宣扬色情，挑动人们的性欲，足以导致普通人腐化堕落，而又没有艺术价值或者科学价值的；三是违法性，即国家法律禁止此类物品存在和流行；四是违反伦理道德，即违反社会道德和风俗习惯；五是借助一定的工具传播，如淫秽音像制品、淫秽印刷制品、淫秽微机软件、淫秽歌曲、淫秽实物等，使之能够听到、能够看到或者能够感觉等。淫秽物品包括以下几类：（1）淫秽电影片、电视片或其他音像制品。例如淫秽电影片、录像带、幻灯片、录音带、唱片、激光视盘、激光唱盘等。（2）淫秽读物、图片。例如原版的境外淫秽书刊画报，境内出版的淫秽书刊画报，境内不法分子翻印的境内外淫秽书刊画报，淫秽手抄本，淫秽图片、照片等。（3）以微机为演示或者传播媒体的淫秽游戏软件。（4）其他淫秽物品。有关人体生理、医学知识的科学著作不是淫秽物品。包含有色情内容的有艺术价值的文学、艺术作品不视为淫秽物品。淫秽物品的范围和种类变化较大，使认定淫秽物品具有较强的业务性和政策性。因此，认定淫秽物品，首先应当由司法机关委托省、自治区、直辖市有关部门组织具有专门知识和一定政治素质的人进行鉴定，其鉴定结论由司法机关审查认定。本罪在客观方面表现为违反海关法律法规，逃避海关监管、检查，非法运输、携带、邮寄淫秽的影片、录像带、录音带、图片、书刊或者其他淫秽物品进出国

（边）境的行为。本罪的主体是一般主体，包括自然人和单位。本罪的主观方面是故意，并且具有牟利或者传播的目的。行为人牟利或者传播的目的是否实现，不影响本罪的成立。不是为了牟利和传播，非法携带、邮寄少量淫秽物品进出境的，不构成本罪，依照海关法的有关规定处罚。

根据刑法第 152 条的规定，犯本罪的，处 3 年以上 10 年以下有期徒刑，并处罚金；情节严重的，处 10 年以上有期徒刑或者无期徒刑，并处罚金或者没收财产；情节较轻的，处 3 年以下有期徒刑、拘役或者管制，并处罚金。单位犯本罪的，对单位判处罚金，并对其直接负责的主管人员和其他直接责任人员，依照上述规定处罚。

十、走私废物罪

走私废物罪，是指逃避海关监管，将境外的固体废物，液态废物和气态废物运输进境，情节严重的行为。

本罪客体是国家对外贸易管理制度和环境保护制度，本罪对象是境外的废物，包括固体废物、液态废物和气态废物。本罪客观方面表现为违反海关法规、逃避海关监管将境外固体废物，液态废物和气态废物运输进境，情节严重的行为。情节严重是指：（1）走私国家禁止进口的非危险性固体废物、液态废物分别或者合计达到 1 吨以上不满 5 吨的；（2）走私国家禁止进口的非危险性固体废物、液态废物分别或者合计达到 5 吨以上不满 25 吨的；（3）未经许可，走私国家限制进口的可用作原料的固体废物、液态废物分别或者合计达到 20 吨以上不满 100 吨的；（4）走私国家禁止进口的废物并造成重大环境污染事故。走私国家禁止进口的废物或者国家限制进口的可用作原料的废物的数量，超过上述数量标准，或者达到了规定的数量标准并造成重大环境污染事故，或者虽未达到规定的数量标准但造成重大环境污染事故且后果特别严重的，属于“情节特别严重”。在走私的普通货物、物品或者废物中藏匿刑法第 151 条、第 152 条、第 347 条、第 350 条规定的特定货物、物品，构成犯罪的，以实际走私的货物、物品定罪处罚；构成数罪的，实行数罪并罚。经许可进口国家限制进口的可用作原料的废物时，偷逃应缴税额，构成犯罪的，应当依照刑法第 153 条规定，以走私普通货物罪定罪处罚；既未经许可，又偷逃应缴税额，同时构成走私废物罪和走私普通货物罪的，应当按照刑法处罚较重的规定定罪处罚。虽经许可，但超过许可数量进口国家限制进口的可用作原料的废物，超过部分以未经许可论。本罪的主体是一般主体，既包括自然人，也包括单位；既包括中国公民，也包括外国人、无国籍人或者外国法人单位。本罪的主观方面是故意。

根据刑法第152条第2款、第3款规定，犯本罪的，处5年以下有期徒刑，并处或者单处罚金；情节特别严重的，处5年以上有期徒刑，并处罚金。单位犯本罪的，实行双罚制，即对单位判处罚金，并对其直接负责的主管人员和其他直接责任人员，按照上述规定处罚。

十一、走私普通货物、物品罪

（一）走私普通货物、物品罪的概念

走私普通货物、物品罪，是指违反海关法规，逃避海关监管，运输、携带、邮寄普通货物、物品进出国（边）境，偷逃应缴税额较大或者一年内曾因走私被给予二次行政处罚后又走私的行为。

（二）走私普通货物、物品罪的特征

1. 本罪的客体，是国家对外贸易管制中关于普通货物、物品进出口的监管制度和征收关税制度。我国海关法规定，进出口货物，“应当接受海关监管”，进出境物品，“应当以自用、合理数量为限，并接受海关监管”；“准许进出口的货物、进出境的物品，除本法另有规定外，由海关依照进出口税则征收关税”。所以本罪直接侵犯了国家对普通货物、物品的监管和征收关税制度。本罪的对象是普通货物、物品。“普通货物、物品”，指除武器、弹药、核材料、伪造的货币、文物、黄金、白银和其他贵重金属、珍贵动物及其制品、珍稀植物及其制品、淫秽物品、毒品以外的货物、物品。

2. 本罪的客观方面，表现为违反海关法规，逃避海关监管，运输、携带、邮寄普通货物、物品进出国（边）境，偷逃应缴税额较大或者一年内曾因走私被给予二次行政处罚后又走私的行为。对多次走私未经处理的，按照累计走私货物、物品的偷逃应缴税额处罚。“对多次走私未经处理的”，是指对多次走私未经行政处罚处理的。“偷逃应缴税额较大”，指走个人、单位走私货物、物品偷逃应缴税额分别在5万元、25万元以上。

3. 本罪的主体，是一般主体。自然人和单位都可以成为本罪的主体。单位和个人（不包括单位直接负责的主管人员和其他直接责任人员）共同走私的，单位和个人均应对共同走私所偷逃应缴税额负责。对单位和个人共同走私偷逃应缴税额为5万元以上不满25万元的，应当根据其在案件中所起的作用，区分不同情况做出处理。单位起主要作用的，对单位和个人均不追究刑事责任，由海关予以行政处理；个人起主要作用的，对个人依照刑法有关规定追究刑事责任，对单位由海关予以行政处理。无法认定单位或个人起主要作用的，对个人和单位分别按个人犯罪和单位犯罪的标准处理。单位和个人共同走私偷逃应缴税额超过25万元且能区分主、从犯的，应当按照刑法关于主、从犯的

有关规定，对从犯从轻、减轻处罚或者免除处罚。

4. 本罪的主观方面，是故意，过失不构成本罪。在实践中，行为人一般具有牟取非法利润或其他非法利益的目的，但刑法并未规定以牟利为目的是本罪的构成要件，因而在认定本罪时，不要求行为人必须以牟利为目的。

（三）走私普通货物、物品罪的刑事责任

根据刑法第 153 条的规定，犯本罪的，处 3 年以下有期徒刑或者拘役，并处偷逃应缴税额 1 倍以上 5 倍以下罚金。走私货物、物品偷逃应缴税额巨大或者有其他严重情节的，处 3 年以上 10 年以下有期徒刑，并处偷逃应缴税额 1 倍以上 5 倍以下罚金。走私货物、物品偷逃应缴税额特别巨大或者有其他特别严重情节的，处 10 年以上有期徒刑或者无期徒刑，并处偷逃应缴税额 1 倍以上 5 倍以下罚金或者没收财产。单位犯前款罪的，对单位判处罚金，并对其直接负责的主管人员和其他直接责任人员，处 3 年以下有期徒刑或者拘役；情节严重的，处 3 年以上 10 年以下有期徒刑；情节特别严重的，处 10 年以上有期徒刑。

十二、关于走私罪的若干问题

（一）间接走私

间接走私，也叫准走私，即刑法第 155 条第 1 项或第 2 项列举的两种行为：（1）直接向走私人非法收购国家禁止进口物品的，或者直接向走私人非法收购走私进口的其他货物、物品，数额较大的；（2）在内海、领海运输、收购、贩卖国家禁止进出口物品的，或者运输、收购、贩卖国家限制进出口货物、物品，数额较大，没有合法证明的。间接走私不是独立的罪名，需要根据走私的对象和有关条件，确定构成何罪。对第 1 项行为，以走私罪论处必须符合以下条件：一是明知是走私行为人而在境内向其非法收购国家禁止进口物品或者走私进口其他货物、物品的，不是直接向走私分子收购走私货物、物品的，不能以走私罪论处；二是直接向走私分子收购走私货物、物品的，必须数额较大。对第 2 项行为，以走私罪论处必须符合以下条件：一是在内海、领海运输、收购、贩卖国家禁止进出口物品的或者运输、收购、贩卖国家限制进出口货物、物品。“内海”，包括内河的入海口水域。国家限制进出口货物、物品，指国家对进口或者出口实行配额或者许可证管理的货物、物品。不是在内海、领海而是在内地运输、收购、贩卖上述货物、物品的，不能以走私罪论处。二是在内海、领海运输、收购、贩卖国家禁止进出口物品的，或者运输、收购、贩卖国家限制进出口货物、物品，数额较大，没有合法证明的。“合法证明”，指有关主管部门颁发的进出口货物、物品许可证、准运证等用以证明货物、物品来源、用途合法的证明文件。

（二）武装走私

所谓武装走私。是指为了使走私活动得以顺利完成，携带武器装备或者雇请武装人员，采取警戒、钳制、压制等手段，为走私活动提供安全保障的行为。此处的武器装备应当是行为人所走私物品以外的，如果行为人走私武器、弹药但未将其用于掩护走私的，不属于武装掩护走私。另外，不论行为人是否实际使用武器装备，都不影响武装掩护走私的成立。武装掩护走私的，依照本法第 151 条第 1 款、第 4 款的规定从重处罚。

（三）抗拒缉私

根据刑法第 157 条第 2 款规定，以暴力、威胁方法抗拒缉私的，以走私罪和本法第 277 条规定的妨碍国家机关工作人员依法执行职务罪，依照数罪并罚的规定处罚。

（四）走私罪的共犯

刑法第 156 条规定，与走私罪犯通谋，为其提供贷款、资金、账号、发票、证明，或者为其提供运输、保管、邮寄或者其他方便的，以走私罪的共犯论处。“与走私罪犯通谋”，指行为人事前与走私罪犯就走私活动与分工等进行谋议。提供“其他方便”，指刑法所列举的帮助形式以外的其他帮助，如为走私罪犯传递重要信息等。“以走私罪的共犯论处”，即以行为人在走私共同犯罪中的地位和作用，按照走私罪犯实施的走私犯罪具体性质和相应的法定刑定罪和处罚。

第四节　妨害对公司、企业的管理秩序罪

一、妨害对公司、企业的管理秩序罪概述

（一）妨害对公司、企业的管理秩序罪的概念

妨害对公司、企业的管理秩序罪，是指在公司设立、经营、清算过程中违反公司法的规定，妨害对公司、企业的管理秩序，情节严重的行为。

（二）妨害对公司、企业的管理秩序罪的特征

1. 本罪侵犯的共同客体是国家对公司、企业的管理制度。

2. 本罪在客观方面表现为，在公司设立、经营、清算过程中，违反公司法规定，妨害国家对公司、企业的管理秩序，情节严重的行为。本罪在客观方面包括以下类型：妨害国家对公司、企业的管理秩序和侵害股东和社会公众合法权益的行为。包括虚报注册资本，虚假出资、抽逃出资，欺诈发行股票、债

券，妨害清算，隐匿、故意销毁会计凭证、会计账簿、财务会计报告，为亲友非法牟利等。其中，隐匿、故意销毁会计凭证、会计账簿、财务会计报告的行为，也可能发生在公司、企业管理活动之外，非国家工作人员受贿罪也不一定发生在公司、企业管理活动中。

3. 本罪的主体是一般主体，包括自然人和单位。

4. 本罪在主观方面是故意，其目的在于牟取不正当利益。

（三）妨害对公司、企业的管理秩序罪的种类

妨害对公司、企业的管理秩序罪，包括17种具体犯罪，即虚报注册资本罪，虚假出资、抽逃出资罪，欺诈发行股票、债券罪，违规披露、不披露重要信息罪，妨害清算罪，隐匿、故意销毁会计凭证、会计账簿、财务会计报告罪，虚假破产罪，非国家工作人员受贿罪，对非国家工作人员行贿罪，对外国公职人员、国际公共组织官员行贿，非法经营同类营业罪，为亲友非法牟利罪，签订、履行合同失职被骗罪，国有公司、企业、事业单位人员失职罪，国有公司、企业、事业单位人员滥用职权罪，徇私舞弊低价折股、出售国有资产罪，背信损害上市公司利益罪。

二、虚报注册资本罪

虚报注册资本罪，是指申请公司登记时使用虚假证明文件或者采取其他欺诈手段虚报注册资本，欺骗公司登记主管部门，取得公司登记，虚报注册资本数量巨大，后果严重或者其他有严重情节的行为。

本罪侵犯的客体是国家公司登记管理制度，本罪的犯罪对象是注册资本。本罪在客观方面表现为使用虚假证明文件或者采取其他欺诈手段虚报注册资本，欺骗公司登记主管部门，取得公司登记，且虚报注册资本数额巨大、后果严重或者有其他严重情节的行为。（1）本罪的行为方式是使用虚假证明文件或者采取其他欺诈手段虚报注册资本。（2）行为人通过欺骗公司登记主管部门，取得了公司登记。本罪的主体要件是特殊主体，即申请公司登记的人或单位。本罪的主观方面只能由故意构成。犯罪的目的就是为了欺骗公司登记机关，非法取得公司登记。过失不构成本罪。

根据刑法第158条的规定，犯本罪的，处3年以下有期徒刑或者拘役，并处或者单处虚报注册资本金额1%以上5%以下罚金，并对其直接负责的主管人员和其他直接责任人员，处3年以下有期徒刑或者拘役。

三、虚假出资、抽逃出资罪

虚假出资、抽逃出资罪，是指公司发起人、股东违反公司法的规定未交付

货币、实物或者未转移财产权、虚假出资，或者在公司成立后又抽逃其出资，数额巨大、后果严重或者有其他严重情节的行为。

本罪是选择性罪名，司法实践中应根据具体案情，选择适用或并合适用。构成本罪的公司发起人和股东，可以是单位也可以是个人。虚假出资而公司未取得注册登记的，一般不单独作犯罪处理。因为，公司成立以前，不存在侵害公司和债权人权益的问题，也不会给其他股东带来连带债务。公司成立的，虚假出资和抽逃出资行为会侵犯公司、其他股东和债权人的权益，构成虚假出资、抽逃出资罪。如果抽逃出资行为不是公司行为，而是个别股东行为，同时构成职务侵占罪、挪用资金罪等，按照想象竞合犯从一重处理。

根据刑法第159条的规定，犯本罪的，处5年以下有期徒刑或者拘役，并处或者单处虚假出资金额或者抽逃出资金额2%以上10%以下罚金；单位犯本罪的，对单位判处罚金，并对其直接负责的主管人员和其他直接责任人员，处5年以下有期徒刑或者拘役。

四、欺诈发行股票、债券罪

欺诈发行股票、债券罪，是指在招股说明书、认股书、公司、企业债券募集办法中隐瞒重要事实或者编造重大虚假内容，发行股票或者公司、企业债券，数额巨大、后果严重或者有其他严重情节的行为。

本罪的主体必须是法律允许发行股票、债券的单位或个人。个人犯本罪只能发生在公司设立阶段；公司登记成立后，犯罪主体只能是公司和企业。

根据刑法第160条的规定，犯本罪的，处5年以下有期徒刑或者拘役，并处或者单处非法募集资金金额1%以上5%以下罚金；单位犯本罪的，对单位判处罚金，并对其直接负责的主管人员和其他直接责任人员，处5年以下有期徒刑或者拘役。

五、违规披露、不披露重要信息罪

违规披露、不披露重要信息罪，是指依法负有信息披露义务的公司、企业向股东和社会公众提供虚假的或者隐瞒重要事实的财务会计报告，或者对依法应当披露的其他重要信息不按照规定披露，严重损害股东或者其他人利益，或者有其他严重情节的行为。

本罪的客观方面，不按照规定披露的信息不仅限于提供虚假的或者隐瞒重要事实的财务会计报告，还包括依法应当披露的其他重要信息，例如证券法、公司法、银行业监督管理法、证券投资基金法、行政法规对于应当披露的信息事项的规定，国务院证券管理机构依照证券法、公司法的授权具体规定的信息披露事项。“不按照规定披露”不仅包括违背法律、法规和国务院证券管理机构的规定搞虚假披露，还包括对所披露的信息有故意虚假记载、误导性陈述或者重大遗漏等情形。本罪主体是所有依法负有信息披露义务的公司、企业，包括依据公司法、证券法、银行业监督管理法、证券投资基金法等法律、行政法规、规章规定的具有信息披露义务的股票发行人、上市公司、企业债券上市交易的公司、企业，银行、基金管理人、基金托管人和其他信息披露义务人。本条规定的虽然是单位犯罪，但只处罚单位直接负责的主管人员和其他直接责任人员，对单位没有规定判处罚金。这主要是考虑到公司的违法犯罪行为已经严重损害了广大股东和公众投资者的利益，如果对单位再处罚金，就更不利于保护其利益。因此，本条采用了代罚制。

根据刑法第161条的规定，犯本罪的，对其直接负责的主管人员和其他直接责任人员，处3年以下有期徒刑或者拘役，并处或者单处2万元以上20万元以下罚金。

六、妨害清算罪

妨害清算罪，是指公司、企业进行清算时，隐匿财产，对资产负债表或者财产清单作虚伪记载或者在未清偿债务前分配公司、企业财产，严重损害债权人或者其他人利益的行为。

本罪可以由任何公司、企业构成。但是刑事责任只能由犯罪单位的直接负责的主管人员和其他直接责任人员承担。不处罚犯罪单位，即对单位犯罪实行单罚制。

根据刑法第162条的规定，对直接负责的主管人员和其他责任人员，处5年以下有期徒刑或者拘役，并处或者单处2万元以上20万元以下罚金。

七、虚假破产罪

虚假破产罪，是指公司、企业通过隐匿财产、承担虚构的债务或者以其他方法转移、处分财产，实施虚假破产，严重损害债权人或者其他人利益的行为。

本罪的客观方面，行为人实施了“隐匿财产、承担虚构的债务，或者以其他方法非法转移、分配财产，实施虚假破产”的行为。“隐匿财产”是指将公司的财产隐藏，或者对公司、企业的财产清单和资产负债表作虚假记载，或者采用少报、低报的手段，故意隐瞒、缩小公司、企业财产的实际数额。“承担虚构的债务”是指夸大公司、企业的负债状况，目的是造成公司资不抵债的假象。“以其他方法非法转移、分配财产”，是指在未清偿债务之前，将公司、企业财产无偿转让、以明显不合理的低价转让财产或者以明显高于市场的价格受让财产、对原来没有财产担保的债务提供财产担保、放弃债权、对公司财产进行分配等情形。

本罪的犯罪主体是具有实施虚假破产以达破产逃债目的的公司、企业。本罪可以由任何公司、企业构成。但是刑事责任只能由犯罪单位的直接负责的主管人员和其他直接责任人员承担。不处罚犯罪单位，即对单位犯罪实行单罚制。

根据刑法第 162 条之二的规定。犯本罪的，对直接负责的主管人员和其他直接责任人员，处 5 年以下有期徒刑或者拘役，并处或者单处 2 万元以上 20 万元以下罚金。

八、隐匿、故意销毁会计凭证、会计账簿、财务会计报告罪

隐匿、故意销毁会计凭证、会计账簿、财务会计报告罪，是指隐匿或者故意销毁依法应当保存的会计凭证、会计账簿、财务会计报告，情节严重的行为。

本罪是 1999 年 12 月全国人大常委会《中华人民共和国刑法修正案》所增加的新罪名。本罪不限于发生在公司、企业管理过程中。本罪的犯罪对象为依法应当保存的会计凭证、会计账簿和财务会计报告。所谓会计凭证，是指会计核算中用以记录经济业务，明确经济责任并作为记账依据的书面证明，包括原始凭证与记账凭证。会计账簿是全面、连续、系统地记录并反映会计要素变动和经营过程及其结果的重要工具，是编制会计报表的依据，包括序时账簿、分类账簿和备查账簿。财务会计报告是提供企业财务状况、经营状况及其他相关信息，并予分析说明的书面报告，包括正规格式的会计报表和无正规格式的财务情况说明书等。会计凭证、会计账簿、财务会计报告都是记录反映企业财务状况的重要资料。情节严重是指：（1）隐匿、故意销毁的会计凭证、会计账簿、财务会计报告涉及金额在 50 万元以上的；（2）依法应当向司法机关、行政机关、有关主管部门等提供而隐匿、故意销毁或者拒不交出会计凭证、会计账簿、财务会计报告的；（3）其他情节严重的情形。本罪的犯罪主体不限于公司、企业，所有依照会计法的规定办理会计事务的国家机关、社会团体、公司、企业、事业单位等组织和个人，都可以成为本罪的主体。

根据刑法第 162 条之一的规定，犯本罪的，处 5 年以下有期徒刑或者拘役，并处或者单处 2 万元以上 20 万元以下罚金。单位犯本罪的，对单位判处罚金，并对其直接负责的主管人员和其他直接责任人员，依照自然人犯罪的规定处罚。

九、非国家工作人员受贿罪

（一）非国家工作人员受贿罪的概念

非国家工作人员受贿罪，是指公司、企业或者其他单位的工作人员利用职务上的便利，索取他人财物或者非法收受他人财物，为他人谋取利益，数额较大的行为。修正案虽然将本罪主体扩大到公司、企业以外的其他单位的工作人员，但是，根据刑法第12条规定的"从旧兼从轻"原则，对修正案颁布实施以前发生在公司、企业以外的其他单位，如出版社、印刷厂、报社、科研院所、医疗、社会团体等非国有公司、企业的工作人员没有追溯力。另外，对在国有单位中从事公务，即负有组织、领导、管理、监督职责的工作人员，如果利用职权收受贿赂，仍可构成受贿罪，应当按照国家工作人员受贿犯罪的规定追究刑事责任。

（二）非国家工作人员受贿罪的特征

1. 本罪的客体，是复杂客体，即社会主义市场经济秩序和公司、企业、其他单位工作人员职务的廉洁性。本罪的对象是财物。商业贿赂中的财物，既包括金钱和实物，也包括可以用金钱计算数额的财产性利益，如提供房屋装修、含有金额的会员卡、代币卡（券）、旅游费用等。具体数额以实际支付的资费为准。

2. 本罪的客观方面，表现为公司、企业、其他单位的工作人员利用职务上的便利，索取或者非法收受他人财物，为他人谋取利益，数额较大的行为。具体分析如下：

（1）"利用职务上的便利"是本罪特定的犯罪方法，指行为人利用自己在单位所任职务赋予的职权或者同职务有关的便利条件实施危害行为，主要是指行为人利用组织、监督、管理（主管、负责）某项工作的便利条件。行为人在自己职务的范围内，享有了解单位内幕信息，处理单位事务的权利。这种权利一般包括人事权、物权、财权以及了解资金、生产和经营、盈亏及股金、红利情况等权利。如果行为人不是采取利用职权或职务上的便利条件，不构成本罪。一般认为，本罪不同于受贿罪，本罪不区分"职务"与"劳务"或"技术服务"。

（2）索取他人财物或者非法收受他人财物，并为他人谋取利益的。不管是索取他人财物，还是收受他人财物，都必须为他人谋取利益。包括承诺为他人谋取利益、实施谋取利益和谋得利益三种情形。该利益是合法还是非法、是物质利益还是非物质利益以及是否谋取到，均不影响本罪的成立。只索取或收受他人财物而没有为他人谋取利益的，不能构成犯罪。

(3) 这里“数额较大”标准为5000元。收受银行卡的，不论受贿人是否实际取出或者消费，卡内的存款数额一般应全额认定为受贿数额。使用银行卡透支的，如果由给予银行卡的一方承担还款责任，透支数额也应当认定为受贿数额。

3. 本罪的主体是特殊主体，即公司、企业、其他单位的工作人员。

本罪的主体，是特殊主体，即公司、企业、其他单位的工作人员。“其他单位”，既包括事业单位、社会团体、村民委员会、居民委员会、村民小组等常设性的组织，也包括为组织体育赛事、文艺演出或者其他正当活动而成立的组委会、筹委会、工程承包队等非常设性的组织以及正在设立中的单位。包括国有公司、企业以及其他国有单位中的非国家工作人员。从事非管理学事务，包括劳务或者专业技术事务的人员，也可构成本罪。

医疗机构中的医务人员，利用开处方的职务便利，以各种名义非法收受药品、医疗器械、医用卫生材料等医药产品销售方财物，为医药产品销售方谋取利益，数额较大的；学校及其他教育机构中的教师，利用教学活动的职务便利，以各种名义非法收受教材、教具、校服或者其他物品销售方财物，为教材、教具、校服或者其他物品销售方谋取利益，数额较大的；依法组建的评标委员会、竞争性谈判采购中谈判小组、询价采购中询价小组中除国家机关或者其他国有单位的代表以外的组成人员，在招标、政府采购等事项的评标或者采购活动中，索取他人财物或者非法收受他人财物，为他人谋取利益，数额较大的，以非国家工作人员受贿罪定罪处罚。

本罪的主体不包括国家机关工作人员。至于国有公司，企业、其他单位中从事公务的人员，以及国有公司、企业委派到非国有公司、企业从事公务的人员实施受贿犯罪行为的，要依刑法第385条和第386条规定的受贿罪定罪处罚。

4. 本罪的主观方面，只能是故意，目的是利用职务之便索取或者非法收受贿赂。

(三) 非国家工作人员受贿罪的认定

1. 公司、企业、其他单位人员受贿罪与收取合理报酬等情形区别开来。主要应当结合以下因素全面分析、综合判断：(1) 发生财物往来的背景，如双方是否存在亲友关系及历史上交往的情形和程度；(2) 往来财物的价值；(3) 财物往来的缘由、时机和方式，提供财物方对于接受方有无职务上的请托；(4) 接受方是否利用职务上的便利为提供方谋取利益。

2. 非国家工作人员受贿罪与受贿罪界限。二者主观方面都是故意，客观方面都是利用职务上的便利。二者的区别是：(1) 犯罪主体不同。二者虽然都是特殊主体，但公司、企业人员受贿、其他单位罪的主体是非国家工作人员；而受贿罪的主体是国家工作人员。（2）犯罪客体不同。公司、企业人员受贿罪的犯罪客体是社会经济秩序和公司、企业、其他单位工作人员职务的廉洁性；而受贿罪的犯罪客体是国家机关的正常活动及廉洁性。（3）职务的性质不同。本罪中的职务不区分公务与劳务、技术性事务。

3. 国家工作人员与国家工作人员通谋，共同收受他人财物，构成共同犯罪的，根据双方利用职务便利的具体情形分别定罪追究刑事责任：（1）利用国家工作人员的职务便利为他人谋取利益的，以受贿罪追究刑事责任。（2）利用非国家工作人员的职务便利为他人谋取利益的，以非国家工作人员受贿罪追究刑事责任。（3）分别利用各自的职务便利为他人谋取利益的，按照主犯的犯罪性质追究刑事责任，不能分清主从犯的，可以受贿罪追究刑事责任。

（四）非国家工作人员受贿罪的刑事责任

根据刑法第163条的规定，犯本罪的，处5年以下有期徒刑或者拘役；受贿数额巨大的，处5年以上有期徒刑，可以并处没收财产。所谓数额巨大，是指10万元以上。

十、对非国家工作人员行贿罪

（一）对非国家工作人员行贿罪的概念

对非国家工作人员行贿罪，是指为谋取不正当利益，给予公司、企业或者其他单位的工作人员以财物，数额较大的行为。

（二）对非国家工作人员行贿罪的特征

1. 本罪的犯罪客体，是复杂客体，既侵犯了公司、企业、其他单位的正常管理制度，又损害了公司、企业、其他单位工作人员职务活动的廉洁性。本罪的犯罪对象是财物。

2. 本罪有客观方面，表现为行为人给予公司、企业、其他单位工作人员以财物，数额较大的行为。首先，所谓“给予”公司、企业、其他单位工作人员财物的行为，既包括行为人主动给予，也包括经公司、企业、其他单位的工作人员的明示或暗示而被动给予财物。但是，行为人如果是被勒索而给予公司、企业、其他单位工作人员以财物的，问题就显得复杂。我们认为，对于这种情形，应当根据刑法第389条第3款规定精神处理，即因被勒索给予公司、企业、其他单位的工作人员以财物，没有获得不正当利益的，不构成本罪；若因被勒索给予公司、企业、其他单位工作人员以财物，如果已获得了不正当利益的，属于被动给予公司、企业、其他单位工作人员以财物的行为，应按本罪处罚，但在量刑时可以适当从轻处罚。其次，所给予公司、企业、其他单位工作人员的“财物”，必须“数额较大”，这是构成本罪不可缺少的标准。对此，最高人民检察院、公安部《关于经济犯罪案件追诉标准的规定》（2001年4月30日施行）规定：“为谋取不正当利益，给予公司、企业的工作人员以财物，个人行贿数额在1万元以上的，单位行贿数额在20万元以上的，应予追诉。”

3. 本罪的犯罪主体，个人和单位均可构成。其中，个人是指已满16周岁且具有刑事责任能力的自然人。

4. 本罪的主观方面。本罪在主观上只能出于故意，而且必须具有谋取不正当利益的特定目的。考虑到我国的具体情况，刑法明确规定要以“为谋取不正当利益”为前提。最高人民法院、最高人民检察院《关于在办理受贿犯罪大要案的同时要严肃查处严重行贿犯罪分子的通知》对“谋取不正当利益”做了具体解释：“‘谋取不正当利益’是指谋取违反法律、法规、国家政策和国务院各部门规章规定的利益，以及要求国家工作人员或者有关单位提供违反法律、法规、国家政策和国务院各部门规章规定的帮助或者方便条件。”

（三）对非国家工作人员行贿罪的认定

1. 罪与非罪的界限。本罪是数额犯，只有行贿数额较大的才能构成犯罪，如果行贿数额达不到司法解释规定的起点不能以犯罪论处，但可以给予行政处分。此外，行为人给予公司、企业、其他单位工作人员以财物，是否为了谋取不正当利益，也是区分罪与非罪的界限，如果是为了谋取正当利益，则不构成本罪。在司法实践中，还要把行贿行为同正常的礼尚往来区别开来。

2. 本罪对非国家工作人员行贿罪与行贿罪、对单位行贿罪、单位行贿罪的界限。本罪与后三种犯罪在许多方面有相同之处，但也存在一定的区别。本罪的行贿对象是公司、企业、其他单位的工作人员；行贿罪与单位行贿罪的行贿对象则是国家工作人员；对单位行贿罪的行贿对象是国家机关、国有公司、企业、事业单位、人民团体，而非自然人。此外，本罪的主体与单位行贿罪的犯罪主体也不尽相同，本罪的主体包括单位和个人，后者的主体只能是单位。

（四）对非国家工作人员行贿罪的刑事责任

根据刑法第164条的规定，犯本罪的，数额较大的，处3年以下有期徒刑或者拘役，并处罚金；数额巨大的，处3年以上10年以下有期徒刑，并处罚金。

十一、对外国公职人员、国际公共组织官员行贿罪

对外国公职人员、国际公共组织官员行贿罪，是指为谋取不正当商业利

益，给予外国公职人员或者国际公共组织官员以财物，数额较大的行为。

数额较大和数额巨大的标准分别是5000元和10万元。本罪的犯罪客体是公司、企业的正常管理秩序和公平竞争是市场秩序。“外国公职人员”不仅包括外国各级政府机构的政府官和常务官，也包括外国的议员、法官以及其他依法或受托履行公共职能、提供公共服务公共机构的任何人员。外国公共机构，包括：外国具有国家机关类似职能的政党，如越南、朝鲜的共产党（执政党）和有的国家的独裁党；外国类似于我国社会团体性质的公共管理机构；外国类似于我国非营利机构即主要是指事业单位。“外国”不仅限于指“国家”，其包括从国家到地方的各级政府及其各下属部门。有时也包括任何有组织的外国地区或实体，比如，自治领土或独立关税地区。值得注意的是，本罪中的“外国”不含港澳台地区。“国际公共组织官员”主要包括两类：一是受国际组织聘用的国际公务员。这里强调的是其职务特征。二是虽没有受国际组织聘用，但受国际组织授权代表该组织行事的人员。国际公共组织是具有国际性公共事务管理行为特征的组织，是依据其缔结的条约或其他正式法律文件建立的有一定规章制度的常设性机构。国际公共组织包括由国家、政府或其他公共国际组织而形成的任何组织，而无论其组织形式和权限如何，包括地区经济一体化组织，如欧盟。国际组织以其与政府之间的关系为标准，可分为政府间国际组织和非政府间国际组织，两者均为全球化时代国际社会的参与者。为谋取不正当商业利益，给予外国公职人员或者国际公共组织官员以财物，个人行贿数额在1万元以上的，单位行贿数额在20万元以上的，应予立案追诉。

根据刑法第164条第2款、第3款的规定，犯本罪的，处3年以下有期徒刑或者拘役；数额巨大的，处3年以上10年以下有期徒刑，并处罚金。单位犯本罪的，对单位判处罚金，并对其直接负责的主管人员和其他责任人员，依照上述规定处罚。行贿人在被追诉前主动交待行贿行为的，可以减轻处罚或者免除处罚。

十二、非法经营同类营业罪

非法经营同类营业罪，是指国有公司、企业的董事、经理利用职务便利，自己经营或者为他人经营与其所任职公司、企业同类的营业，获取非法利益，数额巨大的行为。

数额巨大，指数额在10万元以上。

根据刑法第165条的规定，犯本罪的，处3年以下有期徒刑或者拘役，并处或者单处罚金；数额特别巨大的，处2年以上7年以下有期徒刑，并处罚金。

十三、为亲友非法牟利罪

为亲友非法牟利罪，是指国有公司、企业、事业单位的工作人员，利用职务便利，损公肥私，将本单位的盈利业务交由自己的亲友经营的，或者以明显高于市场的价格向自己的亲友经营管理的单位采购商品或者以明显低于市场的价格向自己的亲友经营管理的单位销售商品的，或者向自己的亲友经营管理的单位采购不合格商品，致使国家利益遭受重大损失的行为。

根据刑法第166条的规定，犯本罪的，处3年以下有期徒刑或者拘役，并处或者单处罚金；致使国家利益遭受特别重大损失的，处3年以上7年以下有期徒刑，并处罚金。

十四、签订、履行合同失职被骗罪

签订、履行合同失职被骗罪，是指国有公司、企业、事业单位直接负责的主管人员，在签订、履行合同过程中，因严重不负责任被诈骗，致使国家利益遭受重大损失的行为。

"诈骗"，是指对方当事人的行为已经涉嫌诈骗犯罪，不以对方当事人已经被人民法院判决构成诈骗犯罪作为立案追诉的前提。重大损失是指：(1) 造成国家直接经济损失数额在50万元以上的；(2) 造成有关单位破产，停业、停产6个月以上，或者被吊销许可证和营业执照、责令关闭、撤销、解散的；(3) 其他致使国家利益遭受重大损失的情形。金融机构、从事对外贸易经营活动的公司、企业的工作人员严重不负责任，造成100万美元以上外汇被骗购或者逃汇1000万美元以上的，应予立案追诉。

根据刑法第167条的规定，犯本罪的，处3年以下有期徒刑或者拘役；致使国家利益遭受特别重大损失的，处3年以上7年以下有期徒刑。

十五、国有公司、企业、事业单位人员失职罪

国有公司、企业、事业单位人员失职罪是《刑法修正案》对刑法第168条修改之后新产生的一个罪名，是指国有公司、企业的工作人员由于严重不负责任，造成国有公司、企业破产或者严重损失，或者国有事业单位工作人员严重不负责任，致使国家利益遭受重大损失的行为。

构成本罪必须是玩忽职守造成国有公司、企业破产或者严重损失，致使国家利益遭受重大损失的行为。重大损失是指：(1) 造成国家直接经济损失数额在50万元以上的；(2) 造成有关单位破产，停业、停产1年以上，或者被吊销许可证和营业执照、责令关闭、撤销、解散的；(3) 其他致使国家利益遭

受重大损失的情形。本罪主体是国有公司、企业、事业单位的工作人员，这里的工作人员不限于领导人员，而是包括在国有公司、企业、事业单位工作的所有工作人员，包括普通工人。本罪主观方面是过失。

根据刑法第 168 条的规定，犯本罪的，处 3 年以下有期徒刑或者拘役；致使国家利益遭受特别重大损失的，处 3 年以上 7 年以下有期徒刑。上述人员，徇私舞弊犯本罪的，应从重处罚。

十六、国有公司、企业、事业单位人员滥用职权罪

滥用职权造成破产、严重损失罪，是刑法修正案对刑法第 168 条修改而来的另一罪名，是指国有公司、企业的工作人员滥用职权，造成国有公司、企业破产或者严重损失，或者国有事业单位的工作人员滥用职权，致使国家利益遭受重大损失的行为。

构成本罪必须是滥用职权造成国有公司、企业破产或者严重损失，致使国家利益遭受重大损失的行为。所谓滥用职权，是指超越职权，违法决定、处理其无权决定、处理的事项，或者在行使职权时蛮横无理，随心所欲地做出处理决定。重大损失是指：（1）造成国家直接经济损失数额在 30 万元以上的；（2）造成有关单位破产，停业、停产 6 个月以上，或者被吊销许可证和营业执照、责令关闭、撤销、解散的；（3）其他致使国家利益遭受重大损失的情形。本罪的罪过是间接故意。本罪与玩忽职守造成破产、严重损失罪同刑法第 392 条规定滥用职权罪、玩忽职守罪分别在主观方面、客观危害结果方面基本相同，不同之处是犯罪主体的不同。前者为国有公司、企业、事业单位的工作人员，后者则为国家机关工作人员。

根据刑法第 168 条的规定，犯本罪的，处 3 年以下有期徒刑或者拘役；致使国家利益遭受特别重大损失的，处 3 年以上 7 年以下有期徒刑。上述人员徇私舞弊犯本罪的，从重处罚。

十七、徇私舞弊低价折股、出售国有资产罪

徇私舞弊低价折股、出售国有资产罪，是指国有公司、企业或者其上级主管部门直接负责的主管人员，徇私舞弊，将国有资产低价折股或者低价出售，致使国家利益遭受重大损失的行为。

构成本罪要求必须“致使国家利益遭受重大损失”是指：（1）造成国家直接经济损失数额在 30 万元以上的；（2）造成有关单位破产，停业、停产 6 个月以上，或者被吊销许可证和营业执照、责令关闭、撤销、解散的；（3）其他致使国家利益遭受重大损失的情形。

根据刑法第169条的规定，犯本罪的，处3年以下有期徒刑或者拘役；致使国家利益遭受特别重大损失的，处3年以上7年以下有期徒刑。

十八、背信损害上市公司利益罪

背信损害上市公司利益罪，是指上市公司的董事、监事、高级管理人员违背对公司的忠实义务，利用职务便利，非法操纵上市公司，或者上市公司的控股股东或者实际控制人，指使上市公司董事、监事、高级管理人员非法操纵上市公司，致使上市公司利益遭受重大损失的行为。

本罪的客体是复杂客体，包括上市公司的经济利益和正常活动、公司职员对公司的忠实义务以及国家对上市公司的管理制度。行为人违背了对公司的忠实义务，是构成本罪的本质特征。公司法明确规定：董事、监事、高级管理人员、公司的控股股东、实际控制人应当遵守法律、行政法规和公司章程，对公司负有忠实义务和勤勉义务，不得利用其关联关系损害公司利益。本罪的客观方面是，行为人利用职务便利，实施了操纵上市公司进行不正当关联交易，侵害上市公司利益的行为。上市公司的董事、监事、高级管理人员违背对公司的忠实义务，利用职务便利，操纵上市公司从事下列行为之一，或者上市公司的控股股东或者实际控制人，指使上市公司董事、监事、高级管理人员操纵上市公司从事下列行为之一，致使上市公司利益遭受重大损失的行为：（1）无偿向其他单位或者个人提供资金、商品、服务或者其他资产的；（2）以明显不公平的条件，提供或者接受资金、商品、服务或者其他资产的；（3）向明显不具有清偿能力的单位或者个人提供资金、商品、服务或者其他资产的；（4）为明显不具有清偿能力的单位或者个人提供担保，或者无正当理由为其他单位或者个人提供担保的；（5）无正当理由放弃债权、承担债务的；（6）采用其他方式损害上市公司利益的。重大损失是指：（1）无偿向其他单位或者个人提供资金、商品、服务或者其他资产，致使上市公司直接经济损失数额在150万元以上的；（2）以明显不公平的条件，提供或者接受资金、商品、服务或者其他资产，致使上市公司直接经济损失数额在150万元以上的；（3）向明显不具有清偿能力的单位或者个人提供资金、商品、服务或者其他资产，致使上市公司直接经济损失数额在150万元以上的；（4）为明显不具有清偿能力的单位或者个人提供担保，或者无正当理由为其他单位或者个人提供担保，致使上市公司直接经济损失数额在150万元以上的；（5）无正当理由放弃债权、承担债务，致使上市公司直接经济损失数额在150万元以上的；（6）致使公司发行的股票、公司债券或者国务院依法认定的其他证券被终止上市交易或者多次被暂停上市交易的；（7）其他致使上市公司利益遭受重大损失的情形。该罪的犯罪主体是特殊主体，包括上市公司的董事、监事、高级管理人员、上市公司的控股股东、实际控制人。“高级管理人员”是指公司的经理、副经理、财务负责人、上市公司的董事会秘书以及公司章程规定的其他人。本罪的主观方面是故意，要求明知自己的行为会危害上市公司的利益。显然，上市公司的董事、监事、高级管理人员基于对市场判断的错误，虽然给上市公司利益造成损害，不能以本条追究刑事责任。

根据刑法第169条之一的规定，犯本罪的，处3年以下有期徒刑或者拘役，并处或者单处罚金；致使上市公司利益遭受特别重大损失的，处3年以上7年以下有期徒刑，并处罚金。犯本罪的上市公司的控股股东或者实际控制人是单位的，对单位判处罚金，并对其直接负责的主管人员和其他直接责任人员，按照上述规定处罚。

第五节　破坏金融管理秩序罪

一、破坏金融管理秩序罪概述

（一）破坏金融管理秩序罪的概念

破坏金融管理秩序罪，是指违反金融管理法规，以伪造、变造、非法集资或者其他方法侵犯银行管理、货币管理、票据管理、信贷管理、证券管理、外汇管理、保险管理以及其他金融管理制度，破坏金融管理秩序的行为。

（二）破坏金融管理秩序罪的特征

1. 本罪的犯罪客体主要是国家的金融管理秩序。金融管理秩序包括货币管理制度、银行管理制度、票据管理制度、信贷管理制度、保险管理制度等。

2. 本罪在客观方面表现为违反金融管理法规，以伪造、变造、非法集资或者其他方法侵犯银行管理、货币管理、票据管理、信贷管理、证券管理、外汇管理、保险管理以及其他金融管理制度，破坏金融管理秩序的行为。

本罪在客观方面的具体表现为：（1）伪造、变造行为。包括：伪造货币罪，变造货币罪，伪造、变造、转让金融机构经营许可证、批准文件罪，伪造、变造金融票证罪，伪造、变造国家有价证券罪，伪造、变造股票、公司、企业债券罪。（2）欺诈图利行为。包括：出售、购买、运输假币罪，金融工作人员购买假币、以假币换取货币罪，持有、使用假币罪，擅自设立金融机构罪，高利转贷罪，非法吸收公众存款罪，擅自发行股票、公司、企业债券罪，吸收客户资金不入账罪，内幕交易、泄露内幕信息罪，利用未公开信息交易罪，编造并传播证券交易虚假信息罪，诱骗投资者买卖证券罪，操纵证券、期货交易市场罪，逃汇罪，洗钱罪等。（3）渎职行为。包括：违法发放贷款罪，背信运用受托财产罪，违法运用资金罪，非法出具金融票证罪，对违法票据予以承兑、付款、保证罪。

3. 本罪的主体是一般主体，包括自然人和单位。

4. 本罪的主观方面是故意。

（三）破坏金融管理秩序罪的种类

破坏金融管理秩序罪，包括30种具体犯罪，即伪造货币罪，出售、购买、运输假币罪，金融工作人员购买假币、以假币换取货币罪，持有、使用假币罪，变造货币罪，擅自设立金融机构罪，伪造、变造、转让金融机构经营许可证、批准文件罪，高利转贷罪，骗取贷款、票据承兑、金融票证，非法吸收公众存款罪，伪造、变造金融票证罪，妨害信用卡管理罪，窃取、收买或者非法提供他人信用卡信息资料罪，伪造、变造国家有价证券罪，伪造、变造股票、公司、企业债券罪，擅自发行股票、公司、企业债券罪，内幕交易、泄露内幕信息罪，利用未公开信息交易罪，编造并传播证券、期货交易虚假信息罪，诱骗投资者买卖证券、期货合约罪，操纵证券、期货市场罪，背信运用受托财产罪，违法运用资金罪，违法发放贷款罪，吸收客户资金不入账罪，违规出具金融票证罪，对违法票据承兑、付款、保证罪，骗购外汇罪，逃汇罪，洗钱罪。

二、伪造货币罪

（一）伪造货币罪的概念

伪造货币罪，是指仿照真货币的图案、形状、色彩等特征非法制造假币，冒充真币的行为。

（二）伪造货币罪的特征

1. 本罪的犯罪客体是国家的货币管理制度和货币的公信力。本罪的犯罪对象是假币。货币是指人民币和外币。“人民币”，是中华人民共和国的法定货币，以及以中国人民银行发行的普通纪念币和贵金属纪念币；“外币”，是指国外、境外正在流通使用的货币，包括在世界范围内能够或者不能够自由流通的货币，如美元、英镑、日元、法国法郎以及我国香港特区港币、我国台湾地区新台币等。以使用为目的，伪造停止流通的货币，或者使用伪造的停止流通的货币的，依照刑法第266条的规定，以诈骗罪定罪处罚。

2. 本罪的客观方面表现为仿照真货币的图案、形状、色彩等特征非法制造假币，冒充真币的行为。对制造、销售用于伪造货币的版样的行为以伪造货币罪定罪处罚。同时采用伪造和变造手段，制造真伪拼凑货币的行为，以伪造货币罪定罪处罚。伪造货币的，只要实施了伪造行为，不论是否完成全部印制工序，即构成伪造货币罪；对于尚未制造出成品，无法计算伪造、销售假币面额的，或者制造、销售用于伪造货币的版样的，不认定犯罪数额，依据犯罪情节决定刑罚。伪造货币，总面额在 2000 元以上或者币量在 200 张（枚）以上；制造货币版样或者为他人伪造货币提供版样；以及其他伪造货币应予追究刑事责任的，构成本罪。

3. 本罪的主体是一般主体，包括中国人、外国人或无国籍人。

4. 本罪的主观方面是故意。行为人伪造货币的犯罪目的可能有所不同，大多是为了牟取暴利，也有的是出于政治目的，但其主观方面都是出于故意。

（三）伪造货币罪的认定

1. 伪造货币罪的一罪与数罪。行为人伪造货币的目的通常是为了在社会上出售或使用，因此伪造货币并持有、使用、运输、出售自己伪造的货币，属于吸收犯，只定伪造货币罪一罪从重处罚，不能实行数罪并罚。如果行为人既伪造了货币，又持有、使用、运输、出售他人伪造的货币，应按伪造货币罪和有关犯罪实行数罪并罚。

2. 伪造货币罪与变造货币罪的界限。二者的犯罪客体和犯罪对象相同，主观方面都是故意。二者在客观方面不同：变造货币罪的客观方面表现为以真货币为基本材料，进行挖补、剪接、涂改、揭层等加工处理，使原货币改变数量、面值的行为；伪造货币罪的客观方面表现为按照人民币或者外币的图案、色彩、形状等，采用印刷、复印、描绘、拓印等方法，将非货币的物质制造为假货币，冒充真货币的行为。

（四）伪造货币罪的刑事责任

根据刑法第 170 条的规定，犯本罪的，处 3 年以上 10 年以下有期徒刑，并处罚金；有下列情形之一的，处 10 年以上有期徒刑或者无期徒刑，并处罚金或者没收财产：（1）伪造货币集团的首要分子；（2）伪造货币数额特别巨大的；（3）有其他特别严重情节的。

三、出售、购买、运输假币罪

出售、购买、运输假币罪，是指出售、购买伪造的货币或明知是伪造的货币而予以运输，数额较大的行为。

本罪是选择性罪名，司法实践中应根据具体案情，选择适用或并合适用。只有行为人在主观上明知是伪造的货币，才能构成犯罪。行为人购买假币后使用，构成犯罪的，依照刑法第 171 条的规定，以购买假币罪定罪，从重处罚。行为人出售、运输假币构成犯罪，同时有使用假币行为的，依照刑法第 171

条、第172条的规定，实行数罪并罚。根据《全国法院审理金融犯罪案件工作座谈会纪要》（2001年1月21日），假币犯罪案件中犯罪分子实施数个相关行为的，在确定罪名时应把握以下原则：（1）对同一宗假币实施了法律规定为选择性罪名的行为，应根据行为人所实施的数个行为，按相关罪名刑法规定的排列顺序并列确定罪名，数额不累计计算，不实行数罪并罚。（2）对不同宗假币实施法律规定为选择性罪名的行为，并列确定罪名，数额按全部假币面额累计计算，不实行数罪并罚。（3）对同一宗假币实施了刑法没有规定为选择性罪名的数个犯罪行为，择一重罪从重处罚。如伪造货币或者购买假币后使用的，以伪造货币罪或购买假币罪定罪，从重处罚。（4）对不同宗假币实施了刑法没有规定为选择性罪名的数个犯罪行为，分别定罪，数罪并罚。总面额在4000元以上或者币量在400张（枚）以上的，属于数额较大。在出售假币时被抓获的，除现场查获的假币应认定为出售假币的犯罪数额外，现场之外在行为人住所或者其他藏匿地查获的假币，亦应认定为出售假币的犯罪数额。但有证据证实后者是行为人有实施其他假币犯罪的除外。

根据刑法第171条第1款和第3款规定，犯本罪的，处3年以下有期徒刑或者拘役，并处2万元以上20万元以下罚金；数额巨大的，处3年以上10年以下有期徒刑，并处5万元以上50万元以下罚金；数额特别巨大的，处10年以上有期徒刑或者无期徒刑，并处5万元以上50万元以下罚金或者没收财产。伪造货币并出售或者运输伪造的货币的，依照刑法第170条规定的伪造货币罪定罪并从重处罚。

四、金融工作人员购买假币、以假币换取货币罪

金融工作人员购买假币、以假币换取货币罪，是指银行或者其他金融机构的工作人员购买伪造的货币，或者利用职务上的便利，以伪造的货币换取货币的行为。

以假币换取货币，总面额在2000元以上或者币量在200张（枚）以上的，构成本罪。本罪是选择性罪名，司法实践中应根据具体案情，选择适用或并合适用。

根据刑法第171条第2款规定，犯本罪的，处3年以上10年以下有期徒刑，并处2万元以上20万元以下罚金；数额巨大或者有其他严重情节的，处10年以上有期徒刑或者无期徒刑，并处2万元以上20万元以下罚金或者没收财产；情节较轻的，处3年以下有期徒刑或者拘役，并处或者单处1万元以上10万元以下罚金。

五、持有、使用假币罪

持有、使用假币罪，是指明知是伪造的货币而持有、使用，数额较大的行为。

总面额在4000元以上的，属于“数额较大”。本罪是选择性罪名，司法实践中应根据具体案情，选择适用或并合适用。所谓“持有”，是指行为人实际支配、控制数量较大的假货币的一种持续状态，如随身携带、放置家中、藏于某一处所或者委托不明真相的人代为保管等。所谓“使用”，是指将伪造的货币投入流通领域，作为一种支付手段而购买商品或者接受服务等。“持有、使用，数额较大”是构成本罪的必须条件。明知是伪造货币而持有，数额较大，根据现有证据不能认定行为人是为了进行其他假币犯罪的，以持有假币罪定罪处罚；如果有证据证明其持有的假币已构成其他假币犯罪的，应当以其他假币犯罪定罪处罚。明知是伪造的货币而持有、使用，总面额在4000元以上或者币量在400张（枚）以上的，视为数额较大。行为人购买假币后使用，构成犯罪的，以购买假币罪定罪，从重处罚。行为人出售、运输假币构成犯罪，同时有使用假币行为的，如果不是同一批假币，实行数罪并罚。本罪是选择性罪名，司法实践中应根据具体案情，选择适用或并合适用。

根据刑法第172条的规定，犯本罪的，处3年以下有期徒刑或者拘役，并处或者单处1万元以上10万元以下罚金；数额巨大的，处3年以上10年以下有期徒刑，并处2万元以上20万元以下罚金；数额特别巨大的，处10年以上有期徒刑，并处5万元以上50万元以下罚金或者没收财产。

六、变造货币罪

变造货币罪，是指以进入市场流通为目的，对真货币采用剪贴、挖补、揭层、涂改、移位、重印等方法加工处理，改变真币形态、价值，数额较大的行为。

总面额在2000元以上或者币量在200张（枚）以上的，属于“数额较大”。

根据刑法第173条的规定，犯本罪的，处3年以下有期徒刑或者拘役，并处或者单处1万元以上10万元以下罚金；数额巨大的，处3年以上10年以下有期徒刑，并处2万元以上20万元以下罚金。

七、擅自设立金融机构罪

擅自设立金融机构罪，根据现行刑法典及刑法修正案的规定，是指未经国家有关主管机关批准，擅自设立商业银行、证券交易所、证券公司、期货交易所、期货经纪公司、保险公司或者其他金融机构的行为。

本罪是行为犯，不需要情节严重。

根据刑法第 174 条第 1 款、第 3 款及《刑法修正案》第 3 条第 1 款、第 3 款的规定，犯本罪的，处 3 年以下有期徒刑或者拘役，并处或者单处 2 万元以上 20 万以下罚金；情节严重的，处 3 年以上 10 年以下有期徒刑，并处 5 万以上 50 万元以下罚金。单位犯本罪的，对单位判处罚金，并对其直接负责的主管人员和其他直接责任人员，依照上述规定处罚。

八、伪造、变造、转让金融机构经营许可证、批准文件罪

伪造、变造、转让金融机构经营许可证、批准文件罪，是指伪造、变造、转让商业银行、证券交易所、期货交易所、证券公司、期货经纪公司、保险公司或者其他金融机构经营许可证或者批准文件的行为。

本罪是行为犯，不需要情节严重。

根据刑法第 174 条第 2 款、第 3 款及刑法修正案第 3 条第 2 款、第 3 款的规定，犯本罪的，处 3 年以下有期徒刑或者拘役，并处或者单处 2 万元以上 20 万元以下罚金；情节严重的，处 3 年以上 10 年以下有期徒刑，并处 5 万元以上 50 万元以下罚金。单位犯本罪的，对单位判处罚金，并对其直接负责的主管人员和其他直接责任人员，依照上述规定处罚。

九、高利转贷罪

高利转贷罪，是指以转贷牟利为目的，套取金融机构信贷资金高利转贷他人，违法所得数额较大的行为。

所谓套取信贷资金，是指编造某种正当的理由，从金融机构骗取贷款；所谓高利转贷，是指把从金融机构套取的信贷资金以高于金融机构贷款利率的利率转贷给他人，包括转贷给个人或单位。本罪的行为对象是信贷资金，指金融机构用于发放贷款的资金，既包括担保贷款也包括信用贷款。行为人在客观方面实施了套取金融机构信贷资金和将该资金高利转贷他人两种行为，而且违法所得必须数额较大。数额较大是指，个人高利转贷，违法所得数额在 10 万元以上的；虽未达到上述数额标准，但因高利转贷，受过行政处罚二次以上，又高利转贷的。

根据刑法第 175 条规定，犯本罪的，处 3 年以下有期徒刑或者拘役，并处违法所 1 倍以上 5 倍以下罚金；数额巨大的，处 3 年以上 7 年以下有期徒刑，并处违法所得 1 倍以上 5 倍以下罚金。单位犯本罪的，对单位判处罚金，并对

其直接负责的主管人员和其他直接责任人员，处 3 年以下有期徒刑或者拘役。

十、骗取贷款、票据承兑、金融票证罪

骗取贷款、票据承兑、金融票证罪，是指以欺骗手段取得银行或者其他金融机构贷款、票据承兑、信用证、保函等，给银行或者其他金融机构造成重大损失或者有其他严重情节的行为。

本罪与刑法第 193 条贷款诈骗罪从行为特征上看，虽然都采用了欺骗手段，但与贷款诈骗罪的主要区别就在于，本罪的行为人主观上没有非法占有的目的，这在日常生活中并非少见。如有些单位知道自己不符合贷款条件或者经济效益很差，但为了从金融机构获得贷款，隐瞒真相，编造虚假经济效益，获得贷款用以扩大生产规模、搞技术改造，或者为单位员工盖家属楼、发奖金、改善福利等，就不能认定具有非法占有的目的。司法实践中，认定是否具有非法占有的目的，应当坚持主客观相一致的原则，既要避免单纯根据损失结果客观归罪，也不能仅凭被告人自己的供述，而应当根据案件具体情况具体分析。最高人民法院 2001 年 1 月 21 日发布的《全国法院审理金融犯罪案件工作座谈会纪要》中指出："在处理具体案件时要注意以下两点：一是不能仅凭较大数额的非法集资款不能返还的结果，推定行为人具有非法占有的目的；二是行为人将大部分资金用于投资或生产经营活动，而将少量资金用于个人消费或挥霍的，不应仅以此便认定具有非法占有的目的。"这就要求，对于行为人采取欺骗手段从银行和其他金融机构取得贷款，但行为人将贷款主要用于生产经营活动，确因生产经营不善导致贷款不能归还的，不能认定具有非法占有的目的。这一规定不仅对认定贷款诈骗罪，对认定其他金融诈骗犯罪也有重要指导意义。

"给银行或者其他金融机构造成重大损失或者有其他严重情节"是指：(1) 以欺骗手段取得贷款、票据承兑、信用证、保函等，数额在 100 万元以上的；(2) 以欺骗手段取得贷款、票据承兑、信用证、保函等，给银行或者其他金融机构造成直接经济损失数额在 20 万元以上的；(3) 虽未达到上述数额标准，但多次以欺骗手段取得贷款、票据承兑、信用证、保函等的；(4) 其他给银行或者其他金融机构造成重大损失或者有其他严重情节的情形。

根据刑法第 175 条和《刑法修正案（六）》第 10 条规定，犯本罪的，处 3 年以下有期徒刑或者拘役，并处或者单处罚金；给银行或者其他金融机构造成特别重大损失或者有其他特别严重情节的，处 3 年以上 7 年以下有期徒刑，并处罚金。单位犯本罪的，对单位判处罚金，并对其直接负责的主管人员和其他直接责任人员，依照上述的规定处罚。

十一、非法吸收公众存款罪

（一）非法吸收公众存款罪的概念

非法吸收公众存款罪，是指违反国家金融管理法规，非法吸收公众存款或者非法变相吸收公众存款，扰乱金融秩序的行为。

（二）非法吸收公众存款罪的特征

1. 本罪的客体是国家金融管理秩序。

2. 本罪的客观方面是违反国家金融管理法规，非法吸收公众存款或者变相吸收公众存款，扰乱金融秩序，情节严重的行为。本罪客观上有四个特征：（1）未经有关部门依法批准或者借用合法经营的形式吸收资金；（2）通过媒体、推介会、传单、手机短信等途径向社会公开宣传；（3）承诺在一定期限内以货币、实物、股权等方式还本付息或者给付回报；（4）向社会公众即社会不特定对象吸收资金。未向社会公开宣传，在亲友或者单位内部针对特定对象吸收资金的，不属于非法吸收或者变相吸收公众存款。

情节严重是指：（1）个人非法吸收或者变相吸收公众存款，数额在 20 万元以上的，单位非法吸收或者变相吸收公众存款，数额在 100 万元以上的。非法吸收或者变相吸收公众存款的数额，以行为人所吸收的资金全额计算。案发前后已归还的数额，可以作为量刑情节酌情考虑。非法吸收或者变相吸收公众存款，主要用于正常的生产经营活动，能够及时清退所吸收资金，可以免予刑事处罚；情节显著轻微的，不作为犯罪处理。（2）个人非法吸收或者变相吸收公众存款对象 30 人以上的，单位非法吸收或者变相吸收公众存款对象 150 人以上的。（3）个人非法吸收或者变相吸收公众存款，给存款人造成直接经济损失数额在 10 万元以上的，单位非法吸收或者变相吸收公众存款，给存款人造成直接经济损失数额在 50 万元以上的。（4）造成恶劣社会影响或者其他严重后果的。

3. 本罪的犯罪主体是个人或单位，但不包括存贷款业务的金融机构。

4. 本罪的主观方面是故意。

（三）非法吸收公众存款罪与相关犯罪的区别

擅自发行股票、公司、企业债券罪。与未经国家有关主管部门批准，向社会不特定对象发行、以转让股权等方式变相发行股票或者公司、企业债券，或者向特定对象发行、变相发行股票或者公司、企业债券累计超过 200 人，构成犯罪的，以擅自发行股票、公司、企业债券罪定罪处罚。

违反国家规定，未经依法核准擅自发行基金份额募集基金，情节严重的，以非法经营罪定罪处罚。

（四）非法吸收公众存款罪的刑事责任

根据刑法第 176 条规定，犯本罪的，处 3 年以下有期徒刑或者拘役，并处或者单处 2 万元以上 20 万元以下罚金，数额巨大或者有其他严重情节的，处 3 年以上 10 年以下有期徒刑，并处 5 万元以上 50 万元以下罚金。单位犯本罪的，对单位判处罚金，并对其直接负责的主管人员和其他直接责任人员，依照上述规定处罚。

十二、伪造、变造金融票证罪

伪造、变造金融票证罪，是指采取各种方法制造假金融票证或篡改、变动真金融票证的行为。

本罪的具体表现为以下几种：（1）伪造、变造汇票、本票、支票。所谓汇票，是指出票人签发的，委托付款人在见票时或者在指定日期无条件支付确定的金额给收款人或者持票人的票据。所谓本票，是指由出票人签发的，承诺自己在见票时无条件支付确定的金额给收款人或者持票人的票据。所谓支票，是指由出票人签发的，委托办理支票存款业务的银行或者其他金融机构在见票时无条件支付确定的金额给收款人或者持票人的票据。（2）伪造、变造委托收款凭证、汇款凭证、银行存单等其他银行结算凭证。所谓银行结算凭证，是指办理银行结算的凭据和证明。所谓委托收款凭证，是指收款人在委托银行向付款人收取款项时，所填写和提供的凭据和证明。所谓汇款凭证，是指汇款人委托银行将款项汇给外地收款人时，所填写的凭据和证明。所谓银行存单，是指储户向银行交存款项、办理开户时，银行向储户签发的载有户名、账号、存款金额、存期、存入日、到期日、利率等内容，存款到期后银行绝对付款的信用、结算凭证。（3）伪造、变造信用证或者随附的单据、文件。所谓信用证，是指银行根据开证申请人的请求，开给受益人的一种在具备约定的条件后，即可得到开证银行或支付银行支取约定金额的一种保证付款的凭证。（4）伪造信用卡。信用卡，是指由银行签发、供用户日常消费使用的一种支付现金的信用凭证。复制他人信用卡、伪造信用卡 1 张以上的；伪造空白信用卡 10 张以上的；伪造、变造其他金融票证，面额在 1 万元以上的，或数量在 10 张以上的，应予追诉。

根据刑法第 177 条的规定，犯本罪的，处 5 年以下有期徒刑或者拘役，并处或者单处 2 万元以上 20 万元以下罚金；情节严重的，处 5 年以上 10 年以下有期徒刑，并处 5 万元以上 50 万元以下罚金；情节特别严重的，处 10 年以上有期徒刑或者无期徒刑，并处没收财产。对单位判处罚金，并对其直接负责的主管人员和其他直接责任人员，依照上述规定处罚。

十三、妨害信用卡管理罪

（一）妨害信用卡管理罪的概念

妨害信用卡管理罪是指，明知是伪造的信用卡而持有、运输的，或者明知是伪造的空白信用卡而持有、运输，数量较大；非法持有他人信用卡，数量较大；使用虚假的身份证明骗领信用卡；出售、购买、为他人提供伪造的信用卡或者以虚假的身份证明骗领的信用卡，妨害信用卡管理的行为。

（二）妨害信用卡管理罪的特征

1. 本罪客体是国家对信用卡的管理秩序。

2. 本罪的客观方面表现为：

（1）持有、运输伪造的信用卡的，或者持有、运输伪造的空白信用卡，数量较大的。持有、运输伪造的信用卡10张以上的应当认定为“数量较大”。

（2）非法持有数量较大的他人信用卡。非法持有他人信用卡5张以上的，应当认定为“数量较大”。

（3）使用虚假的身份证明骗领信用卡。违背他人意愿，使用其居民身份证、军官证、士兵证、港澳居民往来内地通行证、台湾居民来往大陆通行证、护照等身份证明申领信用卡的，或者使用伪造、变造的身份证明申领信用卡的，应当认定为“使用虚假的身份证明骗领信用卡”。若行为人在申领信用卡时，使用了自己真实的身份证明，而只是虚构其清偿或者担保能力的，则不应成立妨害信用卡管理罪。

（4）出售、购买、为他人提供伪造的信用卡或者以虚假的身份证明骗领的信用卡。出售的本质在于有偿转让物的所有权；购买的本质则在于以有偿的方式取得物的所有权。出售与购买既可以表现为典型的以钱易物（卡），也可以表现为非典型的以物（卡）偿债，行为人以伪造的信用卡或者以虚假的身份证明骗领的信用卡抵偿债务，债权人明知其所接受的信用卡的性质仍予以接受的，对于债务人而言属出售行为；对于债权人而言属购买行为。行为人“购买”的目的，既可以是使用，也可以是转卖。“提供”，是指将伪造的信用卡或者以虚假的身份证明骗领的信用卡无偿转让他人。其行为对象既包括伪造的信用卡也包括真实的信用卡，而真实的信用卡是通过出具虚假的身份证明骗取的。提供行为的对向行为为接受行为，尽管立法未将其直接规定为本罪的一种客观行为方式，但是，对于接受他人提供的伪造信用卡或者以虚假的身份证明骗领的信用卡，达到数量较大标准的，应属非法持有信用卡的行为。

3. 本罪的主体为自然人，单位不能构成本罪主体。

4. 本罪的主观方面表现为故意，包括直接和间接故意。

(三) 妨害信用卡管理罪的认定

1. 伪造金融票证罪与妨害信用卡管理罪

从两罪的立法模式上考查，两者均采用了行为本位主义的立法模式，但在后罪的个别行为类型中又通过对行为数量设置犯罪标准的方法，对行为的社会危害程度提出要求。从构成要件行为的类型考查，前者的行为限于伪造，属于单一构成要件行为；后者的构成要件行为则具有多样性，涉及持有（在具体对象上涉及三种不同类型）、运输（涉及两种具体对象）、骗领、出售、购买、提供六种形式，其中，除非法持有他人信用卡和骗领行为具有相对独立性，一般不与伪造行为发生直接联系外，其余四种行为方式均与伪造行为存在内在联系，表现为持有、运输、出售、提供伪造的信用卡的行为属伪造行为的后续行为；持有、运输伪造的空白信用卡可能是伪造行为的先前行为；因刑法为两罪配置了不同的法定刑，且前罪高于后罪，因而，在单独犯罪的情形下，行为人基于伪造的故意自行实施上述行为的属于刑法理论上的不可罚的事后行为，或者属于牵连犯的情形，应以伪造金融票证罪论处。在共同犯罪的情形下，若行为人基于与他人共同实施伪造信用卡犯罪的故意而实施上述行为的，应以伪造金融票证罪论处。否则，行为人非以共同犯罪的故意或者无法证明行为人系基于共同犯罪故意而实施上述行为的，应以妨害信用卡管理罪论处。

2. 妨害信用卡管理罪与其他犯罪的认定

与信用卡诈骗罪。从构成要件行为类型上的考查，妨害信用卡管理罪涉及六种具体行为方式，其中，非法持有他人信用卡、购买或者为他人提供伪造的信用卡或者以虚假的身份证明骗领的信用卡，是行为人实施信用卡诈骗犯罪的前提行为，行为人基于本人实施信用卡诈骗的故意，或者基于信用卡诈骗的共同故意，实施上述行为的，属于信用卡诈骗罪的预备行为。在单独犯罪的情形下，若行为人实际实施了信用卡诈骗，且符合成立信用卡诈骗罪所要求的数额标准的，应以信用卡诈骗罪论处，不实行数罪并罚；若行为人尚未实际实施信用卡诈骗犯罪，或者虽实施信用卡诈骗犯罪，但诈骗数额尚未达到成立信用卡诈骗罪所要求的数额标准的，应以妨害信用卡管理罪追究刑事责任。在共同犯罪的情形下，行为人之间须具有共同的犯罪故意，若符合信用卡诈骗罪所要求的数额标准的，应成立信用卡诈骗罪。欠缺共同犯罪故意，或者缺乏证据证明共同故意的存在，应分别定罪。

与伪造、变造、买卖公文、证件、印章犯罪。为信用卡申请人制作、提供虚假的财产状况、收入、职务等资信证明材料，涉及伪造、变造、买卖国家机关公文、证件、印章，或者涉及伪造公司、企业、事业单位、人民团体印章，应当追究刑事责任的，依照刑法第280条的规定，分别以伪造、变造、买卖国家机关公文、证件、印章罪和伪造公司、企业、事业单位、人民团体印章罪定罪处罚。

与提供虚假证明文件罪。承担资产评估、验资、验证、会计、审计、法律服务等职责的中介组织或其人员，为信用卡申请人提供虚假的财产状况、收入、职务等资信证明材料，应当追究刑事责任的，依照刑法第229条的规定，分别以提供虚假证明文件罪和出具证明文件重大失实罪定罪处罚。

（四）妨害信用卡管理罪的刑事责任

根据刑法第177条、《刑法修正案（五）》第1条的规定，犯本罪的，处3年以下有期徒刑或者拘役，并处或者单处1万元以上10万元以下罚金；数量巨大或者有其他严重情节的，处3年以上10年以下有期徒刑，并处2万元以上20元以下罚金。

十四、窃取、收买、非法提供信用卡信息罪

（一）窃取、收买、非法提供信用卡信息罪的概念

窃取、收买、非法提供信用卡信息罪是指，窃取、收买、非法提供他人信用卡信息资料，足以伪造可进行交易的信用卡，或者足以使他人以信用卡持卡人名义进行交易的行为。

（二）窃取、收买、非法提供信用卡信息罪的特征

1. 本罪的客体。本罪的客体是信用卡交易安全。他人信用卡信息资料为犯罪对象。信用卡信息资料是关于发卡行代码、持卡人账户、密码等内容的加密电子数据，由发卡行在发卡时使用专用设备写入信用卡磁条中，成为POS机、ATM等终端机识别合法用户的依据，是行为人实施信用卡伪造犯罪的重要资料，因而，窃取、收买他人信用卡信息的行为属于伪造型信用卡犯罪的上游行为。

2. 本罪的客观方面。客观行为方式包括窃取、收买或者非法提供三种方式。“窃取”是指行为人以自以为秘密的方法取得他人信用卡信息资料，其方法具有多样性，可以是窥视，也可以是破解；“收买”是指行为人以有偿的方式获得他人出卖的信用卡信息；“非法提供”是指将通过非法或者合法手段获取的他人的信用卡信息资料转让他人，无论行为人以无偿还是有偿的方式将他人信用卡信息转让的均应认定为转让行为。窃取、收买、非法提供他人信用卡信息资料，足以伪造可进行交易的信用卡，或者足以使他人以信用卡持卡人名义进行交易，涉及信用卡1张以上不满5张的，以窃取、收买、非法提供信用卡信息罪定罪处罚

3. 本罪的主体。犯罪主体为一般主体。银行或者其他金融机构的工作人

员利用职务上的便利，实施窃取、非法提供信用卡信息资料行为的，应当从重处罚。

4. 本罪的主观方面。本罪只能出于直接故意。

（三）窃取、收买、非法提供信用卡信息罪与其他犯罪的认定

与伪造金融票证罪。从行为之间的联系考查，行为人实施伪造金融票证罪的前提是获取他人的信用卡信息资料，因而，后罪通常是作为前罪的预备行为而存在的，两罪之间存在牵连关系。在单独犯罪的情形下，行为人基于伪造信用卡的故意而实施对信用卡信息资料的窃取、收买行为，属于刑法理论上的牵连犯，对此，应以从一重罪处断，以伪造金融票证罪论处；在共同犯罪的情形下，行为人基于与他人共同实施伪造信用卡犯罪的故意实施窃取、收买、非法提供信用卡信息资料的行为，属于伪造金融票证罪的共同犯罪，应以伪造金融票证罪论处。在欠缺与他人实施伪造信用卡犯罪的共同故意，或者在缺乏证据证明行为人存在与他人伪造信用卡的共同故意的情况下，应以窃取、收买、非法提供信用卡信息罪定罪处罚。

（四）窃取、收买、非法提供信用卡信息罪的刑事责任

根据《刑法修正案（五）》第1条的规定，犯本罪的，处3年以下有期徒刑或者拘役，并处或者单处1万元以上10万元以下罚金；数量巨大或者有其他严重情节的，处3年以上10年以下有期徒刑，并处2万元以上20元以下罚金。

十五、伪造、变造国家有价证券罪

伪造、变造国家有价证券罪，是指伪造、变造国库券或者国家发行的其他有价证券，数额较大的行为。

国家有价证券包括国库券和国家发行的其他债券。国库券是国家为解决财政资金、建设资金的不足，由国家发行并由国家财政负责偿还其本息的一种有价证券；国家发行的其他债券，是指特种国债、特种国债券、保值公债券、财政债券、国家投资债券、国家建设债券、国家重点建设债券等。数额较大是指，总面额在2000元以上的。

根据刑法第178条第1款和第3款的规定，犯本罪的，处3年以下有期徒刑或者拘役，并处或者单处2万元以上20万元以下罚金；数额巨大的，处3年以上10年以下有期徒刑，并处5万元以上50万元以下罚金，数额特别巨大的，处10年以上有期徒刑或者无期徒刑，并处5万元以上50万元以下罚金或没收财产。单位犯本罪的，对单位判处罚金，并对其直接负责的主管人员和其他直接责任人员，依照上述规定处罚。

十六、伪造、变造股票、公司、企业债券罪

伪造、变造股票、公司、企业债券罪，是指伪造、变造股票或者公司、企业债券，数额较大的行为。

股票、债券都是有价证券。所谓股票，是股份有限公司发给股东的表明其投资人股份额并据以行使股权的凭证；所谓公司、企业债券，是公司、企业为筹集资金而依法发行并承诺在规定日期，按规定利率还本付息而发给债权人的债权债务关系证明书。伪造、变造股票或者公司、企业债券，数额较大是构成本罪必须的条件。总面额在 5000 元以上的，视为数额较大。

根据刑法第 178 条第 2 款和第 3 款的规定，犯本罪的，处 3 年以下有期徒刑或者拘役，并处或者单处 1 万元以上 10 万元以下罚金；数额巨大的，处 3 年以上 10 年以下有期徒刑，并处 2 万元以上 20 万元以下罚金。单位犯本罪的，对单位判处罚金，并对其直接负责的主管人员和其他直接责任人员，依照上述规定处罚。

十七、擅自发行股票、公司、企业债券罪

擅自发行股票、公司、企业债券罪，是指未经国家有关主管部门批准，擅自发行股票或公司、企业债券，数额巨大、后果严重或者有其他严重情节的行为。

擅自发行股票、公司、企业债券行为，包括未经批准，不具有发行资格而擅自发行股票、公司、企业债券的行为和具有合法发行资格但违反证券法等法律法规发行股票、公司、企业债券的行为。构成本罪还必须是擅自发行的数额巨大、后果严重或者有其他严重情节，是指与未经国家有关主管部门批准，向社会不特定对象发行、以转让股权等方式变相发行股票或者公司、企业债券，或者向特定对象发行、变相发行股票或者公司、企业债券累计超过 200 人；发行数额在 50 万元以上的；虽未达到上述数额标准，但擅自发行致使 30 人以上的投资者购买了股票或者公司、企业债券的；不能及时清偿或者清退的；其他后果严重或者有其他严重情节的情形。

根据刑法第 179 条规定，犯本罪的，处 5 年以下有期徒刑或者拘役，并处或者单处非法募集资金金额 1% 以上 5% 以下罚金。单位犯本罪的，对单位判处罚金，并对其直接负责的主管人员，处 5 年以下有期徒刑或者拘役。

十八、内幕交易、泄露内幕信息罪

（一）内幕交易、泄露内幕信息罪的概念

内幕交易、泄露内幕信息罪，是指证券、期货交易内幕信息的知情人员或者非法获取证券、期货交易内幕信息的人员，在涉及证券的发行，证券、期货交易或者其他对证券、期货交易价格有重大影响的信息尚未公开前，买入或者卖出该证券，或者从事与该内幕信息有关的期货交易，或者泄露该信息，情节严重的行为。

（二）内幕交易、泄露内幕信息罪的特征

1. 本罪的犯罪客体是证券、期货市场秩序和证券、期货投资者的合法权益。“证券”，是指各类经济权益凭证的统称，是表明证券持有人有权按照票面规定的条件获取权益的纸制凭证。证券的范围很广，从狭义上讲，证券只限于资本证券即股票、债券和投资基金证券。从广义上讲，证券包括商品证券和价值证券两大类。商品证券包括车票、保险单、借据、货运单、提货单等。价值证券包括货币证券，如钞票、支票、汇票、本票和资本证券等。这里所说的证券，是指狭义的证券，即资本证券，包括股票、债券和投资基金证券。“股票”，是指股份有限公司发行的、表示其股东按其持有的股份享受权益和承担义务的可转让的书面凭证。“债券”，是指政府、金融机构和企业等，为筹措资金而依照法定程序向社会发行的、约定在一定期限还本付息的有价证券。我国的债券目前主要是公债券又称政府债券，如国库券，金融债券，公司债券等。“投资基金证券”，是指由基金发起人向社会公开发行的，表示持有人按其所持份额享有资产所有权、收益分配权和剩余资产分配权的凭证。

资本证券是一种虚拟资本，它本身没有价值，不能在生产中创造新价值。但它类似资本，可以为持有者带来一定的收益，它有价格，可以在证券市场上流通转让，成为不确定投资者选择的对象。“证券市场”，是指股票、债券和投资基金证券等有价证券发行与买卖的场所。现代的证券市场已不仅仅指有一定场所的市场，也包括没有固定场所的无形证券市场，如通过电话、电传等现代化通讯工具所进行的证券交易市场。我国的证券市场包括证券发行市场（初级市场）和证券流通市场（二级市场）。“期货”，是指约定期限交付的货物。“期货市场”，是指期货买卖的场所。本罪的犯罪对象是涉及证券、期货的发行、交易或者其他对证券、期货的价格有重大影响的信息，即证券、期货交易的内幕信息。“内幕信息”，是指为内幕人员所知悉的，尚未公开的和可能影响证券、期货市场价格的重大信息。“公开”，是指按照证券、期货管理规定将应当予以披露的文件置于发行人及其证券、期货承销机构的营业地和证

监会，供投资人查阅的行为。尚未公开的内幕信息不包括运用公开的信息和资料，对证券、期货市场做出的预测和分析。按照规定，“股票的内幕信息”，包括：（1）可能对上市公司股票交易价格产生较大影响，而投资人尚未得知的重大事件；（2）公司分配股利或者增资的计划；（3）公司股权结构的重大变化；（4）公司债务担保的重大变更；（5）公司营业用主要资产的抵押、出售或者报废一次超过资产的30%；（6）公司股东会、董事会或者监事会的决定被依法撤销；（7）公司的董事、监事或者高级管理人员的行为可能依法负有重大损害赔偿责任；（8）涉及发行人的重大诉讼事项；（9）上市公司收购的有关方案；（10）国务院证券管理部门认定的对证券价格有显著影响的其他重要信息。

2. 本罪的客观方面表现为证券、期货交易内幕信息的知情人员或者非法获取证券、期货交易内幕信息的人员，在涉及证券的发行，证券、期货交易或者其他对证券、期货交易价格有重大影响的信息尚未公开前，买入或者卖出该证券，或者从事与该内幕信息有关的期货交易，或者泄露该信息，情节严重的行为。

本罪的具体行为表现为：（1）内幕人员利用内幕信息买卖证券、期货；（2）内幕人员根据内幕信息建议他人买卖证券、期货；（3）内幕人员向他人泄露内幕信息，使他人利用该信息买入或者卖出证券、期货。此行为必须具备向他人泄露内幕信息，同时他人又利用该信息卖出或者买入证券、期货。如果行为人虽然向他人泄露内幕信息，但他人没有买卖证券、期货，也没有泄露该内幕信息的，不构成本罪；（4）非内幕人员通过不正当手段或者其他途径获得内幕信息，并根据该信息买卖证券、期货或者建议他人买卖证券、期货；（5）其他内幕交易行为。情节严重是指：证券交易成交额在50万元以上的；期货交易占用保证金数额在30万元以上的；获利或者避免损失数额在15万元以上的；三次以上的；具有其他严重情节的。二次以上实施内幕交易或者泄露内幕信息行为，未经行政处理或者刑事处理的，应当对相关交易数额依法累计计算。

具有下列情形之一的，不属于“从事与内幕信息有关的证券、期货交易”：持有或者通过协议、其他安排与他人共同持有上市公司5%以上股份的自然人、法人或者其他组织收购该上市公司股份的；按照事先订立的书面合同、指令、计划从事相关证券、期货交易的；依据已被他人披露的信息而交易的；交易具有其他正当理由或者正当信息来源的。

3. 本罪的主体包括自然人和单位。本罪的自然人是指证券、期货交易内幕信息的知情人员或者非法获取证券、期货交易内幕信息的人员。“证券、期货交易内幕信息的知情人员”，是指证券法第74条规定的人员和《期货交易管理条例》第85条第12项规定的人员。前者包括：发行人的董事、监事、高级管理人员；持有公司5%以上股份的股东及其董事、监事、高级管理人员，公司的实际控制人及其董事、监事、高级管理人员；发行人控股的公司及其董事、监事、高级管理人员；由于所任公司职务可以获取公司有关内幕信息的人员；证券监督管理机构工作人员以及由于法定职责对证券的发行、交易进行管理的其他人员；保荐人、承销的证券公司、证券交易所、证券登记结算机构、证券服务机构的有关人员；国务院证券监督管理机构规定的其他人。后者是指，是指由于其管理地位、监督地位或者职业地位，或者作为雇员、专业顾问履行职务，能够接触或者获得内幕信息的人员，包括：期货交易所的管理人员以及其他由于任职可获取内幕信息的从业人员，国务院期货监督管理机构和其他有关部门的工作人员以及国务院期货监督管理机构规定的其他人员。

“非法获取证券、期货交易内幕信息的人员”，是指利用窃取、骗取、套取、窃听、利诱、刺探或者私下交易等手段获取内幕信息的；内幕信息知情人员的近亲属或者其他与内幕信息知情人员关系密切的人员，在内幕信息敏感期内，从事或者明示、暗示他人从事，或者泄露内幕信息导致他人从事与该内幕信息有关的证券、期货交易，相关交易行为明显异常，且无正当理由或者正当信息来源的；在内幕信息敏感期内，与内幕信息知情人员联络、接触，从事或者明示、暗示他人从事，或者泄露内幕信息导致他人从事与该内幕信息有关的证券、期货交易，相关交易行为明显异常，且无正当理由或者正当信息来源的。“内幕信息敏感期”是指内幕信息自形成至公开的期间。证券法第67条第2款所列“重大事件”的发生时间，第75条规定的“计划”、“方案”以及《期货交易管理条例》第85条第11项规定的“政策”、“决定”等的形成时间，应当认定为内幕信息的形成之时。影响内幕信息形成的动议、筹划、决策或者执行人员，其动议、筹划、决策或者执行初始时间，应当认定为内幕信息的形成之时。内幕信息的公开，是指内幕信息在国务院证券、期货监督管理机构指定的报刊、网站等媒体披露。

“相关交易行为明显异常”，要综合以下情形，从时间吻合程度、交易背离程度和利益关联程度等方面予以认定：开户、销户、激活资金账户或者指定交易（托管）、撤销指定交易（转托管）的时间与该内幕信息形成、变化、公开时间基本一致的；资金变化与该内幕信息形成、变化、公开时间基本一致的；买入或者卖出与内幕信息有关的证券、期货合约时间与内幕信息的形成、变化和公开时间基本一致的；买入或者卖出与内幕信息有关的证券、期货合约时间与获悉内幕信息的时间基本一致的；买入或者卖出证券、期货合约行为明显与平时交易习惯不同的；买入或者卖出证券、期货合约行为，或者集中持有证券、期货合约行为与该证券、期货公开信息反映的基本面明显背离的账户交易资金进出与该内幕信息知情人员或者非法获取人员有关联或者利害关系的；其他交易行为明显异常情形。

4. 本罪的主观方面是故意，即明知是内幕信息而故意利用其买卖证券、期货或者将其泄露给他人。过失行为不构成本罪。

（三）内幕交易、泄露内幕信息罪的刑事责任

根据刑法第180条第1款、第2款的规定，犯本罪的，处5年以下有期徒刑或者拘役，并处或者单处违法所得1倍以上5倍以下罚金；情节特别严重的，处5年以上10年以下有期徒刑，并处违法所得1倍以上5倍以下罚金。单位犯本罪的，对单位判处罚金，并对其直接负责的主管人员和其他直接责任人员，处5年以下有期徒刑或者拘役。

十九、利用未公开信息交易罪

利用未公开信息交易罪，是指证券交易所、期货交易所、证券公司、期货经纪公司、基金管理公司、商业银行、保险公司等金融机构的从业人员以及有关监管部门或者行业协会的工作人员，利用因职务便利获取的内幕信息以外的其他未公开的信息，违反规定，从事与该信息相关的证券、期货交易活动，或者明示、暗示他人从事相关交易活动，情节严重的行为。

情节严重是指：证券交易成交额在50万元以上的；期货交易占用保证金数额在30万元以上的；获利或者避免损失数额在15万元以上的；三次以上的；具有其他严重情节的。二次以上实施内幕交易或者泄露内幕信息行为，未经行政处理或者刑事处理的，应当对相关交易数额依法累计计算。

根据刑法第180条第4款与《刑法修正案》第4条规定，犯本罪的，处5年以下有期徒刑或者拘役，并处或者单处违法所得1倍以上5倍以下罚金；情节特别严重的，处5年以上10年以下有期徒刑，并处违法所得1倍以上5倍以下罚金。单位犯本罪的，对单位判处罚金，并对其直接负责的主管人员和其他直接责任人员，处5年以下有期徒刑或者拘役。

二十、编造并传播证券、期货交易虚假信息罪

编造并传播证券、期货交易虚假信息罪，是指编造并传播影响证券、期货交易的虚假信息，扰乱证券、期货交易市场，造成严重后果的行为。

本罪是结果犯，只有编造并传播虚假证券、期货信息的行为，扰乱了证券、期货交易市场并且造成严重后果时，才能以犯罪论处。造成严重后果，是

指获利或者避免损失数额累计在5万元以上的；造成投资者直接经济损失数额在5万元以上的；致使交易价格和交易量异常波动的；虽未达到上述数额标准，但多次编造并且传播影响证券、期货交易的虚假信息的；其他造成严重后果的情形。

根据刑法第181条第1款的规定，犯本罪的，处5年以下有期徒刑或者拘役，并处或者单处1万元以上10万元以下罚金。单位犯本罪的，对单位判处罚金，并对其直接负责的主管人员和其他直接责任人员，处5年以下有期徒刑或者拘役。

二十一、诱骗投资者买卖证券、期货合约罪

诱骗投资者买卖证券、期货合约罪，是指证券交易所、交易所、证券公司、期货经纪公司的从业人员，证券业协会、期货业协会或者证券、期货管理监督部门的工作人员，故意提供虚假信息或者伪造、变造、销毁交易记录，诱骗投资者买卖证券、期货合约，造成严重后果的行为。

所谓"故意提供"，是指行为人出于诱骗投资者买卖证券、期货合约，主动提供或者应投资者的要求而提供。既可以是口头的方式，也可以是书面的方式，还可以是借助于新闻媒介提供；既可以是提供给某个人，也可以提供给众多人。所谓伪造、变造、销毁交易记录，是指伪造、变造、销毁客户填写的委托单，保存在电脑中的交易数据以及与证券发行、证券、起火交易有关的记录等。造成严重后果，是指获利或者避免损失数额累计在5万元以上的；造成投资者直接经济损失数额在5万元以上的；致使交易价格和交易量异常波动的；其他造成严重后果的情形。

根据刑法第181条第2款、第3款与《刑法修正案》第5条第2款、第3款的规定，犯本罪的，处5年以下有期徒刑或者拘役，并处或者单处1万元以上10万元以下罚金，情节特别恶劣的，处5年以上10年以下有期徒刑，并处2万元以上20万元以下罚金。单位犯本罪的，对单位判处罚金，并对其直接负责的主管人员和其他直接责任人员，处5年以下有期徒刑或者拘役。

二十二、操纵证券、期货市场罪

操纵证券、期货市场罪，是指操纵证券、期货市场，情节严重的行为。

本罪客观方面具体表现为下列情形：（1）单独或者合谋，集中资金优势、持股或者持仓优势或者利用信息优势联合或者连续买卖，操纵证券、期货交易价格或者证券、期货交易量的。所谓联合买卖，是指两个以上的行为人出于共同获取不正当利益或转嫁风险的目的，集中各自的优势，共同买卖某种证券、

期货合约；所谓连续买卖，是指同一行为人连续多次买卖某种证券、期货合约。联合买卖和连续买卖都会造成某种证券、期货合约价格暴涨或暴跌的假象，从而达到操纵证券、期货交易价格的效果。（2）与他人串通，以事先约定的时间、价格和方式相互进行证券、期货交易，影响证券、期货交易价格或者证券、期货交易量的。这种通谋买卖行为的实施，必然抬高和压低某种证券、期货合约的价格，从而造成虚假声势，误导其他投资者跟进跟出，行为人则往往伺机将该种证券、期货合约抛出或买入，从中牟取暴利，使其他投资者遭受损失。（3）在自己实际控制的账户之间进行证券交易，或者以自己为交易对象，自买自卖期货合约，影响证券、期货交易价格或者证券、期货交易量的。这主要表现为行为人开立多个证券、期货交易户头，自己卖出某种证券、期货合约自己买入，给其他投资者造成该种证券、期货交易活跃的假象，诱使投资者对交易价格做出错误判断，从而达到操纵证券、期货市场的目的。（4）以其他方法操纵证券、期货市场的。指上述情形之外的操纵证券、期货市场的行为。如与他人合谋进行不转移证券所有权的虚假买卖，利用职务之便人为地抬高或压低某种证券交易价格等。以上操纵证券、期货交易价格的行为，只有情节严重的才构成犯罪。情节严重是指：（1）单独或者合谋，持有或者实际控制证券的流通股份数达到该证券的实际流通股份总量30%以上，且在该证券连续20个交易日内联合或者连续买卖股份数累计达到该证券同期总成交量30%以上的；（2）单独或者合谋，持有或者实际控制期货合约的数量超过期货交易所业务规则限定的持仓量50%以上，且在该期货合约连续20个交易日内联合或者连续买卖期货合约数累计达到该期货合约同期总成交量30%以上的；（3）与他人串通，以事先约定的时间、价格和方式相互进行证券或者期货合约交易，且在该证券或者期货合约连续20个交易日内成交量累计达到该证券或者期货合约同期总成交量20%以上的；（4）在自己实际控制的账户之间进行证券交易，或者以自己为交易对象，自买自卖期货合约，且在该证券或者期货合约连续20交易日内成交量累计达到该证券或者期货合约同期总成交量20%以上的；（5）单独或者合谋，当日连续申报买入或者卖出同一证券、期货合约并在成交前撤回申报，撤回申报量占当日该种证券总申报量或者该种期货合约总申报量50%以上的；（6）上市公司及其董事、监事、高级管理人员、实际控制人、控股股东或者其他关联人单独或者合谋，利用信息优势，操纵该公司证券交易价格或者证券交易量的；（7）证券公司、证券投资咨询机构、专业中介机构或者从业人员，违背有关从业禁止的规定，买卖或者持有相关证券，通过对证券或者其发行人、上市公司公开作出评价、预测或者投资建议，在该证券的交易中谋取利益，情节严重的；（8）其他情节严重的情形。

根据刑法第182条、《刑法修正案（六）》第11条的规定，犯本罪的，处5年以下有期徒刑或者拘役，并处或者单处罚金；情节特别严重的，处5年以上10年以下有期徒刑，并处罚金；单位犯本罪的，对单位判处罚金，并对其直接负责的主管人员和其他直接责任人员，按上述规定处罚。

二十三、背信运用受托财产罪

背信运用受托财产罪，是指商业银行、证券交易所、期货交易所、证券公司、期货经纪公司、保险公司或者其他金融机构，违背受托义务，擅自运用客户资金或者其他委托、信托的财产，情节严重的行为。

本罪的客观方面，表现为违背受托义务，擅自运用客户资金或者其他委托、信托的财产，情节严重的行为。所谓委托人"委托、信托的财产"，主要是指在当前的委托理财业务中，存放在各类金融机构中的以下几类客户资金和资产：（1）证券投资业务中的客户交易资金。在我国的证券交易制度中，客户交易结算资金指客户在证券公司存放的用于买卖证券的资金。（2）委托理财业务中的客户资产。委托理财业务是金融机构接受客户的委托，对客户存放在金融机构的资产进行管理的客户资产管理业务。这些资产包括资金、证券等。（3）信托业务中的信托财产，分为资金信托和一般财产信托。（4）证券投资基金。证券投资基金是指通过公开发售基金份额募集的客户资金。从法律性质上看，基金的本质是标准份额的集合资金信托，客户购买的基金的性质是客户委托基金公司管理的财产。必须是"情节严重的"，才构成犯罪，这也是区分罪与非罪的重要界限。这主要是指由于违背受托义务，擅自运用客户资金或者其他委托、信托的财产，给委托人造成重大财产损失等情形。情节严重是指，商业银行、证券交易所、期货交易所、证券公司、期货公司、保险公司或者其他金融机构，违背受托义务，擅自运用客户资金或者其他委托、信托的财产，涉嫌下列情形之一的，应予追诉：擅自运用客户资金或者其他委托、信托的财产数额累计在30万元以上的；虽未达到上述数额标准，但多次擅自运用客户资金或者其他委托、信托的财产，或者擅自运用多个客户资金或者其他委托、信托的财产的；有其他严重情节的。

本罪犯罪主体为特殊主体，为"商业银行、证券交易所、期货交易所、证券公司、期货经纪公司、保险公司或者其他金融机构"，个人不能构成本罪的主体，所谓"其他金融机构"，主要包括信托投资公司、投资咨询公司、投资管理公司等金融机构。

本条规定的犯罪与刑法第185条规定的挪用资金罪的区别：（1）犯罪主

体不同：刑法第185条规定的是自然人犯罪，而本罪则是单位犯罪，因为自然人不能从事委托理财业务，也不能从事公众资金的管理。（2）犯罪主观方面不同：挪用资金罪是为了行为人私人利益；而本罪为了金融机构集体利益。（3）处罚对象不同：刑法第185条处罚的是自然人，而本条处罚的是单位。

根据刑法第185条之一、《刑法修正案（六）》第12条的规定，犯本罪的，对单位判处罚金，并对其直接负责的主管人员和其他直接责任人员，处3年以下有期徒刑或者拘役，并处3万元以上30万元以下罚金；情节特别严重的，处3年以上10年以下有期徒刑，并处5万元以上50万元以下罚金。

二十四、违法运用资金罪

违法运用资金罪，是指社会保障基金管理机构、住房公积金管理机构等公众资金管理机构，以及保险公司、保险资产管理公司、证券投资基金管理公司，违反国家规定运用资金的行为。

本罪有以下特点：（1）犯罪主体为特殊主体，即社会保障基金管理机构、住房公积金管理机构等公众资金管理机构，以及保险公司、保险资产管理公司、证券投资基金管理公司等金融机构。（2）行为人有违规运用公众资金的行为。负责经营、管理保险资金、社会保障基金、住房公积金等公众资金的单位，违反国家规定运用资金的，其危害波及面极为广泛，将会严重影响公众资金的安全，影响广大民众的生活保障和社会稳定。以下情况，应当追诉：违反国家规定运用资金数额在30元以上的；虽未达到上述数额标准，但多次违反国家规定运用资金的；其他情节严重的情形。

根据刑法第185条之一、《刑法修正案（六）》第12条的规定，犯本罪的，对单位判处罚金，并对其直接负责的主管人员和其他直接责任人员，处3年以下有期徒刑或者拘役，并处3万元以上30万元以下罚金；情节特别严重的，处3年以上10年以下有期徒刑，并处5万元以上50万元以下罚金。

二十五、违法发放贷款罪

违法发放贷款罪，是指银行或者其他金融机构的工作人员违反国家规定发放贷款，数额巨大或者造成重大损失的行为。

本罪的客观方面表现为：银行或者其他金融机构的工作人员违反国家规定发放贷款，数额巨大或者造成重大损失的行为。“数额巨大”是指，违反国家规定发放贷款，数额在100万元以上的；“造成重大损失”是指违反国家规定发放贷款，造成直接经济损失数额在20万元以上的。关于“违法”发放贷款。根据我国商业银行法的规定，借款人应当是经工商行政管理机关或主管机关核准登记的企事业法人、其他经济组织、个体工商户或具有中华人民共和国国籍的具有完全民事行为能力的自然人。借款人申请贷款，除必须具备产品有市场，生产经营有效益，不挤占挪用信贷资金，恪守信用等基本条件外，还应当符合以下要求：（1）有按期还本付息的能力，原应付贷款利息和到期贷款已清偿；没有清偿的，已经做了贷款人认可的偿还计划；（2）除自然人和不需要经过工商部门登记核准的事业法人外，应当经过工商部门办理年检手续；（3）已开立基本账户或一般存款账户；（4）除国务院规定外，有限责任公司和股份有限公司对外股本权益性投资累计额未超过其净资产总额的50%；（5）借款人的资产负债率符合贷款人的要求；（6）申请中、长期贷款的，新选项目的企业法人所有者权益和项目所需总投资的比例不低于国家规定的投资项目的资本金比例。如果借款人不符合以上法律、法规的规定，行为人向其发放贷款就是违法发放。此外，违法贷款包含违法发放信用贷款和违法发放担保贷款。根据我国商业银行法的规定，商业银行贷款，借款人应当提供担保，商业银行应当对保证人的偿还能力、抵押物、质押物的权属和价值以及实现抵押权、质押权的可行性进行严格审查；经审查、评估，确认借款人资信良好，确能偿还贷款的，可以不提供担保。如果行为人不认真履行职责，轻率发放贷款，因而造成重大损失的，也属于违法发放贷款，同样构成本罪。银行或者其他金融机构的工作人员违反国家规定，向关系人发放贷款的，从重处罚。所谓关系人，根据商业银行法第40条第2款的规定，是指如下人员：（1）商业银行的董事、监事、管理人员、信贷业务人员及其近亲属；（2）前项所列人员投资或者担任高级管理职务的公司、企业和其他经济组织。上述关系人的近亲属，按照我国民法的规定，是指其夫妻、父母、子女、祖父母、外祖父母和兄弟姐妹。本罪既可以由个人构成也可以由单位构成，但个人是特殊主体即银行或其他金融机构的工作人员；单位只能是特定单位即银行或其他金融机构。本罪的主体为特殊主体，即银行或者其他金融机构的工作人员。

根据刑法第186条和《刑法修正案（六）》第13条的规定，犯本罪的，处5年以下有期徒刑或者拘役，并处1万元以上10万元以下罚金；造成重大损失的，处5年以上有期徒刑，并处2万元以上20万元以下罚金；单位犯本罪的，对单位判处罚金，并对其直接负责的主管人员和其他直接责任人员，依照上述规定处罚。

二十六、吸收客户资金不入账罪

（一）吸收客户资金不入账罪的概念

吸收客户资金不入账罪，是指银行或者其他金融机构的工作人员吸收客户资金不入账，数额巨大或者造成重大损失的行为。

（二）吸收客户资金不入账罪的特征

1. 本罪的客体，是复杂客体，指国家对信贷资金的管理制度、金融机构的信誉和利益。本罪的行为对象是以金融机构办理业务的名义所吸收的客户资金，包括个人储蓄和单位存款。如果是假借或虚构金融机构的名义吸收公众存款，不构成本罪，但可能构成其他犯罪。

2. 本罪的客观方面，表现为行为人采用吸收客户资金不入账的方式，数额巨大或造成重大损失的行为。因此，本罪在客观方面必须具备如下两个要件：

（1）吸收客户资金不入账。这是实施本罪的特定犯罪方法。所谓吸收客户资金不入账，是指违反会计法和国家有关规定，未真实记录并未全面反映其业务活动和财务状况的下列情形之一：办理存款、贷款等业务不按照会计制度记账、登记，或不在会计报表中反映；将存款与贷款等不同的业务在同一账户内轧差处理，经营收入未列入会计账册；其他方式的账外经营行为。如果不是采取吸收客户资金不入账的方法，不能构成本罪。行为人是否将账外客户资金用于非法拆借和非法发放贷款，不影响本罪构成。

（2）必须“数额巨大”或“造成重大损失”，是指数额在100万元以上的；吸收客户资金不入账，造成直接经济损失数额在20万元以上的。

3. 本罪的主体，个人和单位均可构成。实施本罪的个人是特殊主体，指银行或者其他金融机构的工作人员。实施本罪的单位是特定单位，是指商业银行、城乡信用社和信托投资公司等金融单位。其他个人和单位不能构成本罪。

4. 本罪的主观方面，表现为直接故意，而且必须有牟利的目的。但是，行为人对危害结果的发生，只能出于间接故意和过失。

（三）吸收客户资金不入账罪的认定

银行或者其他金融机构的工作人员犯本罪，并索取用款人的财物，或者非法收受其他财物，或者收取回扣、手续费等，数额较大的，以本罪和受贿罪并罚。

吸收客户资金不入账，是指不记入金融机构的法定存款账目，以逃避国家金融监管，至于是否记入法定账目以外设立的账目，不影响该罪成立。

注意将本罪与挪用公款罪和挪用资金罪区别开来。对于利用职务上的便利，挪用已经记入金融机构法定存款账户的客户资金归个人使用的，或者吸收客户资金不入账，却给客户开具银行存单，客户也认为将款已存入银行，该款却被行为人以个人名义借贷给他人的，均应认定为挪用公款罪或者挪用资金罪。

（四）吸收客户资金不入账罪的刑事责任

根据刑法第187条规定，犯本罪的，处5年以下有期徒刑或者拘役，并处2万元以上20万元以下罚金；数额特别巨大或者造成特别重大损失的，处5年以上有期徒刑，并处5万元以上50万元以下罚金。单位犯本罪的，对单位判处罚金，并对其直接负责的主管人员和其他直接责任人员，依照上述规定处罚。

二十七、违规出具金融票证罪

非法出具金融票证罪，是指银行或其他金融机构或者其工作人员违反规定，为他人出具信用证或者其他保函、票据、存单、资信证明，情节严重的行为。

所谓金融票证，包括下列金融工具：（1）信用证，如前所述，是指银行根据开证申请人的请求，开给受益人的一种在具备约定的条件后，即可得到开证银行或支付银行支取约定金额的一种保证付款的凭证。（2）保函，是指除信用证以外的银行以自己的信用为用户提供担保的资信函件，是重要的银行资信文件。在我国，中国人民银行不得为任何单位或个人提供担保，商业银行可以依法提供担保服务，但其工作人员不得违反规定徇私向亲属或者朋友提供担保。（3）票据，是指以支付一定金额为目的的可以转让、流通的有价证券，指票据法中规定的汇票、本票、支票。（4）存单，是指银行或其他金融机构向存款方签发的各种存款凭证，上面载有户名、账号、金额、存款利率、日期等事项。（5）资信证明，是指各种证明个人或单位经济实力、信用情况的文件。只要行为人非法出具上列一种金融票证并造成较大损失的，都可构成本罪。构成本罪必须具备造成较大损失这一条件。“情节严重”是指，违反规定为他人出具信用证或者其他保函、票据、存单、资信证明，数额在100万元以上的；违反规定为他人出具信用证或者其他保函、票据、存单、资信证明，造成直接经济损失数额在20万元以上的；多次违规出具信用证或者其他保函、票据、存单、资信证明的；接受贿赂违规出具信用证或者其他保函、票据、存单、资信证明的；其他情节严重的情形。本罪的主体，个人和单位均可构成。实施本罪的个人是特殊主体，指银行或者其他金融机构的工作人员；实施本罪的单位只能是银行或者其他金融机构。

根据刑法第188条和《刑法修正案（六）》第15条的规定，犯本罪的，处5年以下有期徒刑或者拘役；情节特别严重的，处5年以上有期徒刑。单位犯本罪的，对单位判处罚金，并对其直接负责的主管人员和其他直接责任人员，依照上述规定处罚。

二十八、对违法票据承兑、付款、保证罪

对违法票据承兑、付款、保证罪，是指银行或其他金融机构或者其工作人员在票据业务中，对违反票据法规定的票据予以承兑、付款或者保证，造成重大损失的行为。

这里所说的“票据业务”，是指根据票据法的规定所从事的汇票、本票和支票的流转活动。“违反票据法规定的票据”，是指不符合票据法的规定，不能予以承兑、付款或者保证的票据。所谓“票据”，就是依票据法的规定，由出票人签名于票上，约定自己或委托他人无条件支付一定金额为目的的有价证券。我国票据法规定的票据，包括本票、汇票、支票。重大损失主要表现在，承兑、付款或保证付款数额巨大，且已实际付出，损失已经形成，无可挽回。重大损失，是指造成直接经济损失数额在20万元以上的。本罪的主体是选择主体，即个人和单位均可构成。实施本罪的个人是特殊主体，指银行或者其他金融机构的工作人员。实施本罪的单位只能是银行或者其他金融机构。行为人在主观方面对违法票据予以承兑、付款或者保证的行为，往往出于故意，也可能出于过失；但对违法票据承兑、付款或者保证所造成的重大损失，一般出于过失，也不排除间接故意。本罪是选择性罪名，司法实践中应根据具体案情，选择适用或并合适用。

根据刑法第189条的规定，犯本罪的，处5年以下有期徒刑或者拘役，造成特别重大损失的，处5年以上有期徒刑。单位犯本罪的，对单位判处罚金，并对其直接负责的主管人员和其他直接责任人员，依照上述规定处罚。

二十九、骗购外汇罪

骗购外汇罪，是指使用伪造、变造的购买外汇所需的凭证、单据，或者重复使用购买外汇所需的凭证、单据，以及用其他方式骗购外汇，数额较大的行为。

本罪的犯罪对象是外汇。所谓外汇，是指：（1）外国货币，包括钞票、铸币等；（2）外币有价证券，包括政府公债、国库券、公司债券、股票、息票等；（3）外汇支付凭证，包括票据、银行存款凭证、邮政储蓄凭证等；（4）其他外汇资金。外汇储备是国家经济实力的象征之一，也是国家对外贸易发展的后劲所在。因此，外汇一般由国家专有机关经营与管理，骗购外汇的行为，就是对国家外汇管理制度的破坏。本罪在客观上表现为如下行为：（1）使用伪造、变造的海关签发的报关单、进口证明、外汇管理部门核准件等凭证和单据的骗购外汇的行为；（2）重复使用海关签发的报关单、进口证

明、外汇管理部门核准件等凭证和单据骗购外汇的行为；（3）以其他方式骗购外汇的行为，如明知是用于骗购外汇而提供人民币资金或者其他服务的；（4）构成本罪必须是数额较大的行为，即数额在50万美元以上的行为。本罪的主体可以是个人，也可以是单位。明知用于骗购外汇而提供人民币资金的，以共犯论处。

骗购外汇罪是全国人大常委会1998年12月29日通过的《关于惩治骗购外汇、逃汇和非法买卖外汇犯罪的决定》规定的新罪，根据该决定第1条规定，犯本罪的，处5年以下有期徒刑或者拘役，并处骗购外汇数额5%以上30%以下罚金；数额巨大或者有其他严重情节的，处5年以上10年以下有期徒刑，并处骗购外汇数额5%以上30%以下罚金，数额特别巨大或者有其他特别严重情节的，处10年以上有期徒刑或者无期徒刑，并处骗购外汇数额5%以上30%以下罚金或者没收财产。单位犯本罪的，依照上述规定判处罚金，并对其直接负责的主管人员和其他直接责任人员，处5年以下有期徒刑或者拘役；数额巨大或者有其他严重情节的，处5年以上10年以下有期徒刑；数额特别巨大或者有其他特别严重情节的，处10年以上有期徒刑或者无期徒刑。伪造、变造海关签发的报关单、进口证明、外汇管理部门核准件等凭证和单据，并用于骗购外汇的，构成本罪，从重处罚。

三十、逃汇罪

（一）逃汇罪的概念

逃汇罪，是指公司、企业或者其他单位，违反国家规定，擅自将外汇存放境外，或者将境内的外汇非法转移到境外，数额较大的行为。

在我国，境内机构、个人、驻外机构、来华人员的外汇收支或者经营活动，适用本条例的规定。国家实行国际收支统计申报制度。凡有国际收支活动的单位和个人，必须进行国际收支统计申报。在中华人民共和国境内，禁止使用外币并不得以外币计价结算。

（二）逃汇罪的特征

1. 本罪的犯罪客体是国家对外汇的管理制度。本罪的犯罪对象是外汇。“外汇”，是指下列以外币表示的可以用作国际清偿的支付手段和资产：（1）外国货币，包括纸币、铸币；（2）外币支付凭证，包括票据、银行存款凭证、邮政储蓄凭证等；（3）外币有价证券，包括政府债券、公司、企业债券、股票等；（4）特别提款权、欧元；（5）其他外汇资产。

2. 本罪的客观方面表现为公司、企业或者其他单位，违反国家规定，擅自将外汇存放境外，或者将境内的外汇非法转移到境外，数额较大的行为。

“逃汇”的具体行为包括以下情形：（1）违反国家规定，擅自将外汇存放在境外的行为。（2）将境内的外汇非法转移到境外，不按照国家规定将外汇卖给外汇指定银行，将外汇汇出或者携带出境，或者未经外汇管理机关批准，擅自将外币存款凭证、外币有价证券携带或者邮寄出境，以及其他逃汇行为。“外汇指定银行”，是指经外汇管理机关批准经营结汇和售汇业务的银行。《外汇管理条例》规定，境内机构的经常项目外汇收入，应当按照国务院关于结汇、售汇及付汇管理的规定卖给外汇指定银行，或者经批准在外汇指定银行开立外汇账户。境内机构的资本项目外汇收入，应当按照国家有关规定在外汇指定银行开立外汇账户；卖给外汇指定银行的，须经外汇管理机关批准。构成本罪必须“数额较大”，是指单笔在 200 万美元以上或者累计数额在 500 万美元以上的。

3. 本罪是单位犯罪，其主体包括公司、企业或者其他单位。非国有公司、企业或者其他单位，与国有公司、企业或者其他国有单位勾结逃汇的，以逃汇罪的共犯处罚。

4. 本罪的主观方面是故意，即明知是违反外汇管理法规，而故意实施逃汇行为。

（三）逃汇罪的刑事责任

根据刑法第 190 条的规定，犯本罪的，对单位判处逃汇数额 5% 以上 30% 以下罚金，并对其直接负责的主管人员和其他直接责任人员处 5 年以下有期徒刑或者拘役；数额巨大或者有其他严重情节的，对单位判处逃汇数额 5% 以上 30% 以下罚金，并对其直接负责的主管人员和其他直接责任人员处 5 年以上有期徒刑。

三十一、洗钱罪

（一）洗钱罪的概念

洗钱罪，是指行为人明知是毒品犯罪、黑社会性质的组织犯罪、恐怖活动犯罪、走私犯罪、贪污贿赂犯罪、破坏金融管理秩序犯罪、金融诈骗犯罪、贪污贿赂犯罪、破坏金融管理秩序犯罪、金融诈骗犯罪的违法所得及其产生的收益，而帮助犯罪分子掩饰、隐瞒其来源和性质的行为。

（二）洗钱罪的特征

1. 本罪的犯罪客体是司法机关打击毒品、黑社会、恐怖活动、走私等犯罪、贪污贿赂犯罪、破坏金融管理秩序犯罪、金融诈骗犯罪的正常活动。

2. 本罪在客观方面表现为明知是毒品犯罪、黑社会性质的组织犯罪、恐怖活动犯罪、走私犯罪、贪污贿赂犯罪、破坏金融管理秩序犯罪、金融诈骗犯

罪、贪污贿赂犯罪、破坏金融管理秩序犯罪、金融诈骗犯罪的违法所得及其产生的收益，而帮助犯罪分子掩饰、隐瞒其来源和性质的行为。本罪的客观方面有两种表现形式：（1）帮助犯罪分子掩饰其违法所得及其产生的收益的来源和性质的行为，即“洗钱”。表现为行为人明知是毒品犯罪、黑社会性质的组织犯罪、恐怖活动犯罪、走私犯罪、贪污贿赂犯罪、破坏金融管理秩序犯罪、金融诈骗犯罪的违法所得及其产生的收益，而将其存入金融机构，通过金融机构的中转，使之表面上变成合法的收入；或者将毒品犯罪所得的收入进行投资、办企业、购买房地产、股票以及各类收藏品等。（2）帮助犯罪分子隐瞒其违法所得及其产生的收益的来源和性质的行为。即明知是毒品犯罪、黑社会性质的组织犯罪、恐怖活动犯罪、走私犯罪、贪污贿赂犯罪、破坏金融管理秩序犯罪、金融诈骗犯罪的违法所得及其产生的收益，而故意提供虚假事实，隐瞒上述犯罪的违法所得及其产生的收益的非法性质和来源的行为。本罪是选择性罪名。行为人只要实施了掩饰或者隐瞒毒品犯罪、黑社会性质的组织犯罪、恐怖活动犯罪、走私犯罪、贪污贿赂犯罪、破坏金融管理秩序犯罪、金融诈骗犯罪的违法所得及其产生的收益来源和来源中的一种行为，就构成本罪。

本罪客观方面的具体表现形式为下述五种：（1）提供资金账户的；（2）协助将财产转换为现金、金融票据、有价证券的；（3）通过转账或者其他结算方式协助资金转移的；（4）协助将资金汇往境外的；（5）以其他方法掩饰、隐瞒犯罪所得及其收益的来源和性质的。

3. 本罪的主体是一般主体，包括自然人和单位。

4. 本罪的主观方面是故意，要求行为人必须明知是毒品犯罪、黑社会性质的组织犯罪、恐怖活动犯罪、走私犯罪、贪污贿赂犯罪、破坏金融管理秩序犯罪、金融诈骗犯罪七种特定犯罪的所得及其产生的收益。“明知”，应当结合被告人的认知能力，接触他人犯罪所得及其收益的情况，犯罪所得及其收益的种类、数额，犯罪所得及其收益的转换、转移方式以及被告人的供述等主、客观因素进行认定。

具有下列情形之一的，可以认定被告人明知系犯罪所得及其收益，但有证据证明确实不知道的除外：（1）知道他人从事犯罪活动，协助转换或者转移财物的；（2）没有正当理由，通过非法途径协助转换或者转移财物的；（3）没有正当理由，以明显低于市场的价格收购财物的；（4）没有正当理由，协助转换或者转移财物，收取明显高于市场的“手续费”的；（5）没有正当理由，协助他人将巨额现金散存于多个银行账户或者在不同银行账户之间频繁划转的；（6）协助近亲属或者其他关系密切的人转换或者转移与其职业或者财产状况明显不符的财物的；（7）其他可以认定行为人明知的情形。

行为人将七种特定犯罪所得及其收益误认为是其他犯罪所得及其收益的，不影响刑法第 191 条规定的“明知”的认定。

（三）洗钱罪的认定

1. 洗钱罪与走私毒品罪的界限

洗钱罪与走私、贩卖、运输毒品罪在客观方面都具有为毒品犯罪分子提供资金账户或者掩饰、隐瞒犯罪的违法所得及其收益的性质和来源的行为。二者的区别主要是事先与走私毒品罪的犯罪分子有无通谋。如果事先与走私毒品罪的犯罪分子通谋，为其提供账号的，或者掩饰、隐瞒犯罪的违法所得及其收益的性质和来源的，对行为人应当以走私、贩卖、运输毒品罪定罪处罚；如果事先与走私毒品罪的犯罪分子没有通谋，事后明知其是违法所得，而采取提供账号等方法掩饰、隐瞒犯罪的违法所得及其收益的性质和来源的，对行为人应当以洗钱罪定罪处罚。

2. 洗钱罪与掩饰、隐瞒犯罪所得、犯罪所得收益罪、窝藏、转移、隐瞒毒品、毒赃罪的关系

洗钱罪和后者是特别法与普通法的关系，掩饰、隐瞒犯罪所得、犯罪所得收益罪的行为对象不限于七类特定犯罪的犯罪所得和收益，发生竞合时应以特别法优于普通法的原则处理，也即以较重的犯罪—洗钱罪定罪量刑。

洗钱罪与窝藏、转移、隐瞒毒品、毒赃罪是普通法与特别法的关系，发生竞合时应以较重的洗钱罪定罪量刑。

3. 洗钱罪与上游犯罪的界限

“上游犯罪”，是指产生本罪的犯罪所得及其收益的各种犯罪行为。

洗钱罪中的洗钱行为只能发生在毒品犯罪、黑社会性质的组织犯罪、恐怖活动犯罪、走私犯罪、贪污贿赂犯罪、破坏金融管理秩序犯罪、金融诈骗犯罪等上游犯罪既遂之后。如果洗钱行为产生于上游犯罪行为既遂之前，则应按上游犯罪犯罪的共同犯罪定罪处罚。洗钱罪行为人与上游犯罪行为人之间缺乏共同的犯罪故意。如果行为人与上游犯罪事前有通谋，则构成上游犯罪的共同犯罪，其洗钱行为属于行为人犯罪后自己处理犯罪所得及其产生的收益的行为，对其应以上游犯罪定罪处罚，不以洗钱罪定罪处罚。

本罪应当以上游犯罪事实成立为认定前提，上游犯罪尚未依法裁判，但查证属实的，不影响本罪犯罪的审判。上游犯罪事实可以确认，因行为人死亡等原因依法不予追究刑事责任的，不影响本罪的认定。上游犯罪事实可以确认，依法以其他罪名定罪处罚的，不影响本罪的认定。

（四）洗钱罪的刑事责任

根据刑法第 191 条的规定，犯本罪的，除没收实施毒品犯罪、黑社会性质

的组织犯罪、恐怖活动犯罪、走私犯罪、贪污贿赂犯罪、破坏金融管理秩序犯罪、金融诈骗犯罪的违法所得及其产生的收益外，处 5 年以下有期徒刑或者拘役，并处或者单处洗钱数额 5% 以上 20% 以下罚金；情节严重的，处 5 年以上 10 年以下有期徒刑，并处洗钱数额 5% 以上 20% 以下罚金。单位犯本罪的，对单位判处罚金，并对直接负责的主管人员和其他直接责任人员，处 5 年以下有期徒刑或者拘役。情节严重的，处 5 年以上 10 年以下有期徒刑。

第六节　金融诈骗罪

一、金融诈骗罪概述

（一）金融诈骗罪的概念

金融诈骗罪，是指以非法占有为目的，采取欺诈手段进行金融诈骗的行为。

（二）金融诈骗罪的特征

1. 本罪的犯罪客体是金融管理秩序和公私财产所有权。

2. 本罪的客观方面表现为采取欺诈手段实施金融诈骗的行为。

本罪在客观方面的特点是本节的犯罪都是采取欺诈手段进行诈骗，即行为人利用虚构事实或者隐瞒真相的方法，使人发生认识上的错误，从而自愿交出财物。需要注意的是，本章各罪名条款与诈骗罪条款是法规竞合中的特别法与普通法关系，区别在于犯罪对象或犯罪手段不同。诈骗贷款、保险金，使用集资方式，使用票据、金融凭证、信用证、信用卡、有价证券进行诈骗的，不能按一般诈骗罪处理。

“使用”是一些金融诈骗罪的共同特征。金融诈骗罪的客体是双重客体，但其主要客体是金融秩序，次要客体是他人的财产权。下面以票据诈骗罪为例，分析“使用”的含义。刑法之所以将票据诈骗罪没有归入诈骗罪，而将其归入金融诈骗罪，体现了立法者的重点保护对象不是公私财产权，而是金融秩序。因此，票据诈骗的“使用”必须着眼于对金融秩序的破坏这个角度，才能获得准确的认识。从这个意义上讲，“使用”二字只能是狭义的使用，即票据交易行为。从我国的立法情况看，使用伪造或变造的票据作质押骗取他人财物的，构成合同诈骗罪；使用伪造或变造的票据作质押骗取金融机构贷款的，构成贷款诈骗罪。我国立法清晰的表明，票据质押不是票据诈骗罪中的“使用”。

在具体认定金融诈骗犯罪的数额时，应当以行为人实际骗取的数额计算。

对于行为人为实施金融诈骗活动而支付的中介费、手续费、回扣等，或者用于行贿、赠与等费用，均应计入金融诈骗的犯罪数额。但应当将案发前已归还的数额扣除。

3. 本罪的主体是一般主体，即达到刑事年龄、具有刑事责任能力的自然人。集资诈骗罪、票据诈骗罪、金融凭证诈骗罪、信用证诈骗罪的犯罪主体可以是单位。

4. 本罪在主观方面是故意，必须有非法占有故意。根据司法实践，对于行为人通过诈骗的方法非法获取资金，造成数额较大资金不能归还，并具有下列情形之一的，可以认定为具有非法占有的目的：（1）明知没有归还能力而大量骗取资金的；（2）非法获取资金后逃跑的；（3）肆意挥霍骗取资金的；（4）使用骗取的资金进行违法犯罪活动的；（5）抽逃、转移资金、隐匿财产，以逃避返还资金的；（6）隐匿、销毁账目，或者搞假破产、假倒闭，以逃避返还资金的；（7）其他非法占有资金、拒不返还的行为。但是，在处理具体案件的时候，对于有证据证明行为人不具有非法占有目的的，不能单纯以财产不能归还就按金融诈骗罪处罚。

（三）金融诈骗罪的种类

金融诈骗罪包括8个罪名：集资诈骗罪、贷款诈骗罪、票据诈骗罪、金融凭证诈骗罪、信用证诈骗罪、信用卡诈骗罪、有价证券诈骗罪、保险诈骗罪。

二、集资诈骗罪

（一）集资诈骗罪的概念

集资诈骗罪，是指以非法占有为目的，使用诈骗方法，向社会公众非法集资，数额较大的行为。集资诈骗最早于80年代初出现在温州，人称地下钱庄、“老鼠会”等。名称有“标会”、“聚会”等十余种，会费从几千元到几十万元不等，利率一般高出银行利率2—4倍。温州的地下诈骗钱庄在1987年前后相继垮台，失去了市场。但这种诈骗形式却在全国其他地区发展蔓延，集资诈骗的花样也不断变化翻新，其本质都是以高利息为诱饵，一旦没有人入会而使资金断绝，这种诈骗活动立即暴露垮台。当诈骗犯罪分子被逮捕或者畏罪潜逃时，往往是最后集资的人遭受重大损失，甚至倾家荡产。

（二）集资诈骗罪的特征

1. 本罪的犯罪客体是国家金融秩序和公私财产的所有权。

2. 本罪的客观方面表现为使用诈骗方法，向社会公众非法集资，数额较大的行为。“使用诈骗方法”，是指行为人以非法将他人财物骗为己有为目的，采取虚构事实或者隐瞒事实的方法，如采取共同投资、数倍于同期存款利率的收益等的手段，将公私财物骗为己有的行为。“非法集资”，是指公司、企业、个人或者其他组织未经批准，违反法律、行政法规规定，向社会公众或者单位募集资金的行为。例如，有的以共同投资的名义，采取高于银行数倍的利息作诱饵，用以后集资者的本金支付先集资者的利息，以吸引其他贪图高息的人不断加入，维持资金的不断涌入以支付利息，一旦骗局被识破，这种虚假的兴盛立即像泡沫一样溶化。未向社会公开宣传，在亲友或者单位内部等针对特定对象诈骗资金的，不构成本罪。构成本罪必须是数额较大的行为。

构成本罪“数额较大”的标准：个人为10万元，单位为50万元。集资诈骗的数额以行为人实际骗取的数额计算，案发前已归还的数额应予扣除。行为人为实施集资诈骗活动而支付的广告费、中介费、手续费、回扣，或者用于行贿、赠与等费用，不予扣除。行为人为实施集资诈骗活动而支付的利息，除本金未归还可予折抵本金以外，应当计入诈骗数额。

3. 本罪的主体是一般主体，包括自然人和单位。

4. 本罪的主观方面是故意，且行为人在主观方面具有非法将公私财物据为己有的目的。有下列情形之一的，可以认定为“以非法占有为目的”：(1) 集资后不用于生产经营活动或者用于生产经营活动与筹集资金规模明显不成比例，致使集资款不能返还的；(2) 肆意挥霍集资款，致使集资款不能返还的；(3) 携带集资款逃匿的；(4) 将集资款用于违法犯罪活动的；(5) 抽逃、转移资金、隐匿财产，逃避返还资金的；(6) 隐匿、销毁账目，或者搞假破产、假倒闭，逃避返还资金的；(7) 拒不交代资金去向，逃避返还资金的；(8) 其他可以认定非法占有目的的情形。

集资诈骗罪中的非法占有目的，应当区分情形进行具体认定。行为人部分非法集资行为具有非法占有目的的，对该部分非法集资行为所涉集资款以集资诈骗罪定罪处罚；非法集资共同犯罪中部分行为人具有非法占有目的，其他行为人没有非法占有集资款的共同故意和行为的，对具有非法占有目的的行为人以集资诈骗罪定罪处罚。

(三) 集资诈骗罪的认定

1. 集资诈骗罪与诈骗罪的界限

诈骗罪，是指行为人采取虚构事实或者隐瞒真相的方法，骗取公私财物数额较大的行为。集资诈骗罪与诈骗罪在主观方面都具有非法占有他人财物的故意，在客观方面都采取虚构事实隐瞒真相的手段，将他人财物非法据为己有的行为，都侵犯了公私财物的所有权。二者有以下区别：(1) 犯罪客体不同。集资诈骗罪的犯罪客体是复杂客体，即不但侵犯了公私财产的所有权，而且还侵犯了国家的金融秩序；而诈骗罪的犯罪客体是单一客体，即公私财产的所有权。(2) 客观方面不同。集资诈骗罪采取的诈骗方法是非法向社会公众集资的行为；而诈骗罪采取的诈骗方法不包括非法向社会公众集资的行为。(3) 犯罪主体不同。集资诈骗罪的主体包括单位；诈骗罪的主体不包括单位。

2. 集资诈骗罪与非法吸收或者变相吸收公众存款罪的界限

二者都具有非法集资的行为，二者的区别是：(1) 主观方面不同。集资诈骗罪在主观方面是为了非法占有公众的资金；而非法吸收公众存款罪在主观方面没有非法占有公众存款的目的，其目的是通过公众存款进行营利活动。区别的关键在于行为人是否具有非法占有的目的。对于以非法占有为目的而非法集资，或者在非法集资过程中产生了非法占有他人资金的故意，均构成集资诈骗罪。但是，在处理具体案件时要注意以下两点：一是不能仅凭较大数额的非法集资款不能返还的结果，推定行为人具有非法占有的目的；二是行为人将大部分资金用于投资或生产经营活动，而将少量资金用于个人消费或挥霍的，不应仅以此便认定具有非法占有的目的。(2) 客观方面不同。集资诈骗罪在客观方面表现为采取诈骗方法，以吸收存款或投资为名，骗取他人资金的行为；而非法吸收公众存款罪则不一定采取诈骗手段，而且只能采用吸收存款，承诺还本付息的方式。(3) 侵犯客体不同。集资诈骗罪侵犯的是双重客体，即侵犯了国家金融管理秩序和公私财产的所有权；而非法吸收公众存款罪在一般情况下侵犯的是国家金融管理秩序。在有些情况下，由于行为人经营管理不善等原因造成亏损，也可能侵犯公私财产的所有权。但这与使用诈骗方法非法集资罪直接侵犯公私财产所有权不同。

（四）集资诈骗罪的刑事责任

根据刑法第 192 条、第 199 条和第 200 条的规定，犯本罪的，处 5 年以下有期徒刑或者拘役，并处 2 万元以上 20 万元以下罚金；数额巨大或者有其他严重情节的，处 5 年以上 10 年以下有期徒刑，并处 5 万元以上 50 万元以下罚金数额特别巨大或者有其他特别严重情节的，处 10 年以上有期徒刑或者无期徒刑，并处 5 万元以上 50 万元以下罚金或者没收财产；数额特别巨大并且给国家和人民利益造成特别重大损失的，处无期徒刑或者死刑，并处没收财产。单位犯本罪的，对单位判处罚金，并对直接负责的主管人员和其他直接责任人员，处 5 年以下有期徒刑或者拘役；数额巨大或者有其他严重情节的，处 5 年以上 10 年以下有期徒刑；数额特别巨大或者有其他特别严重情节的，处 10 年以上有期徒刑或者无期徒刑。

三、贷款诈骗罪

（一）贷款诈骗罪的概念

贷款诈骗罪，是指行为人以非法占有为目的，采取虚构事实或者隐瞒真相等诈骗的方法，诈骗银行或者其他金融机构的贷款，数额较大的行为。

（二）贷款诈骗罪的特征

1. 本罪的犯罪客体是国家金融管理秩序和银行或者其他金融机构的财产所有权。本罪的犯罪对象是银行或者其他金融机构的贷款。

2. 本罪的客观方面表现为采取虚构事实或者隐瞒真相等诈骗的方法，诈骗银行或者其他金融机构的贷款，数额较大的行为。诈骗银行或者其他金融机构的贷款，在客观方面有以下表现：

（1）编造引进资金、项目等虚假理由。引进资金、项目，包括引进外资、项目和引进内资、项目。当前发生的编造引进资金、项目的诈骗银行贷款案件，主要是编造引进外资、项目的诈骗案件。近年来，我国通过引进外资，加速了现代化建设。在引进外资的同时，国内外一些骗子利用国内不熟悉国际金融业务，各项建设所需资金存在缺口，急于吸引外资的心理，以引资为名，进行诈骗活动。其手段一般是：编造可以从某外国财团引进巨额资金，或者某爱国华人要向国内提供巨额低息或者无息贷款支持国家建设，以及国外要向国内优惠引进项目的假话，骗取银行或者其他金融机构的信任，而后以引进资金要给手续费、中介费等名义，要求受骗单位向某人、某单位贷款，或者支付给某人手续费，以骗取银行或者其他金融机构的贷款。

（2）使用虚假的经济合同。经济合同是合同双方当事人权力和义务的凭证。银行或者其他金融机构为保证促进经济建设，对已经签订经济合同、效益较好的项目提供贷款。而犯罪分子则利用这一机会，采取伪造经济合同的手段，如伪造虚假的出口合同或者效益好的经济合同，来诈骗银行或者其他金融机构的贷款。

（3）使用虚假的证明文件。“证明文件”，包括虚假的机关单位证明、银行的存款证明、公司或者金融机构的担保函等。

（4）用虚假的产权证明作担保或者超出抵押物价值重复担保的。“用虚假的产权证明作担保”，是指能够证明行为人使用伪造或者变造的对动产或者不动产具有所有权的文件进行担保，骗取银行或者其他金融机构的贷款；“超出抵押物价值重复担保”，是指行为人不转移其财物的占有，将该财物作为债权的担保后，又多次担保，使抵押物所担保的债权超出其抵押物的价值，从而骗取银行或者其他金融机构的贷款。

(5) 以其他方法诈骗贷款。“其他方法”，是指除上述方法以外的其他方法。随着形势在不断发展，国内外犯罪分子还会采取种种诈骗手段骗取银行或者其他金融机构的贷款，将犯罪分子所有的诈骗方法都列举出来是不现实的。因此，规定“以其他方法诈骗贷款”，可以对任何诈骗银行或者其他金融机构的贷款的犯罪都给予及时有力地打击。

构成本罪“数额较大”的标准为2万元。

3. 本罪的主体是一般主体，即达到刑事责任年龄、具有刑事责任能力的自然人。本罪的犯罪主体不包括单位。对于单位以非法占有为目的，利用签订、履行借款合同诈骗银行或者其他金融机构贷款的，符合合同诈骗罪的可以以合同诈骗罪论处。

4. 本罪的主观方面是故意，且行为人主观方面具有非法占有银行或者其他金融机构的贷款的目的。

(三) 贷款诈骗罪的认定

1. 严格区分贷款诈骗与贷款纠纷的界限。对于合法取得贷款后，没有按规定的用途使用贷款，到期没有归还贷款的，不能以贷款诈骗罪定罪处罚；对于确有证据证明行为人不具有非法占有的目的，因不具备贷款的条件而采取了欺骗手段获取贷款，案发时有能力履行还贷义务，或者案发时不能归还贷款是因为意志以外的原因，如因经营不善、被骗、市场风险等，不应以贷款诈骗罪定罪处罚。

2. 贷款诈骗罪与诈骗罪的界限。贷款诈骗罪与诈骗罪在主观方面都具有非法占有他人财物的故意，在客观方面都采取虚构事实隐瞒真相的手段，将他人财物非法据为已有的行为，都侵犯了公私财物的所有权。二者有以下区别：(1) 犯罪客体不同。贷款诈骗罪的犯罪客体是复杂客体，即不但侵犯了公私财产的所有权，还侵犯了国家的金融秩序，其犯罪对象是银行或者其他金融机构的贷款；而诈骗罪的犯罪客体是单一客体，即公私财产的所有权，犯罪对象是公私财物。(2) 客观方面不同。贷款诈骗罪是采取向银行或者其他金融机构的贷款的方式进行诈骗犯罪；而诈骗罪采取的诈骗方法不包括采取向银行或者其他金融机构贷款的方式进行诈骗犯罪。

(四) 贷款诈骗罪的刑事责任

根据刑法第193条规定，犯本罪的，处5年以下有期徒刑或者拘役，并处2万元以上20万元以下罚金，数额巨大或者有其他严重情节的，处5年以上10年以下有期徒刑，并处5万元以上50万元以下罚金；数额特别巨大或者有其他特别严重情节的，处10年以上有期徒刑或者无期徒刑，并处5万元以上50万元以下罚金或者没收财产。

四、票据诈骗罪

票据诈骗罪，是指以非法占有为目的，利用金融票据进行诈骗活动，数额较大的行为。

本罪具体表现为下列情形之一：（1）明知是伪造、变造的汇票、本票、支票而使用的。（2）明知是作废的汇票、本票、支票而使用的。（3）冒用他人的汇票、本票、支票，骗取财物的。（4）签发空头支票或者与其预留印鉴不符的支票，骗取财物的。所谓空头支票，是指出票人在银行没有存款或存款不足时签发的到期无法兑现的支票。（5）汇票、支票的出票人签发无资金保证的汇票、支票或在出票时作虚假记载、骗取财物的。所谓出票人，是指制作票据，按照法定条件在票据上签章，并按照所记载的事项承担票据责任的人。个人进行金融票据诈骗，数额在1万元以上的；单位进行金融票据诈骗，数额在10万元以上的，为数额较大。

根据刑法第194条、第199条和第200条规定，犯本罪的，处5年以下有期徒刑，并处2万元以上20万元以下罚金；数额巨大或者有其他严重情节的，处5年以上10年以下有期徒刑，并处5万元以上50万元以下罚金；数额特别巨大或者有其他特别严重情节的，处10年以上有期徒刑或者无期徒刑，并处5万元以上50万元以下罚金或者没收财产。单位犯本罪的，对单位判处罚金，并对其直接负责的主管人员和其他直接责任人员，处5年以下有期徒刑或者拘役；数额巨大或者有其他严重情节的，处5年以上10年以下有期徒刑；数额特别巨大或者有其他特别严重情节的，处10年以上有期徒刑或者无期徒刑。

五、金融凭证诈骗罪

金融凭证诈骗罪，是指以非法占有为目的，使用伪造、变造的委托收款凭证、汇款凭证、银行存单等其他银行结算凭证，骗取财物，数额较大的行为。

所谓委托收款凭证，是指行为人在委托银行向付款人收取货款等款项时，所填写和提供的凭据和证明。所谓汇款凭证，指汇款人委托银行将款项汇给外地的收款人时所填写的凭据和证明。所谓银行存单，是指储户向银行交付存款后由银行开具的载有户名、账号、存款金额、存期、存款时间和到期时间、利率等内容的凭据和证明。所谓银行其他结算凭证，指除票据及上述凭证以外的各种银行结算凭证，如信用卡等。构成本罪“数额较大”的标准为：个人5000元，单位10万元。本罪的主体，个人和单位均可构成。

根据刑法第194条、第199条和第200条规定，犯本罪的，处5年以下有期徒刑，并处2万元以上20万元以下罚金；数额巨大或者有其他严重情节的，处 5 年以上 10 年以下有期徒刑，并处 5 万元以上 50 万元以下罚金；数额特别巨大或者有其他特别严重情节的，处 10 年以上有期徒刑或者无期徒刑，并处 5 万元以上 50 万元以下罚金或者没收财产。单位犯本罪的，对单位判处罚金，并对其直接负责的主管人员和其他直接责任人员，处 5 年以下有期徒刑或者拘役；数额巨大或者有其他严重情节的，处 5 年以上 10 年以下有期徒刑；数额特别巨大或者有其他特别严重情节的，处 10 年以上有期徒刑或者无期徒刑。

六、信用证诈骗罪

信用证诈骗罪，是指以非法占有为目的，利用信用证进行诈骗活动的行为。

所谓信用证，是指开证银行根据进口商的开证申请，开给受益人（通常是出口商）在一定条件下支付约定金额的保证付款的书面凭证。它是当前国际结算的一种方式。根据最高人民检察院、公安部《关于经济犯罪案件追诉标准的规定》（2001 年 4 月 30 日施行）第 45 条规定，本罪具体表现为下列情形之一：（1）使用伪造变造的信用证或者随附的单据、文件的。所谓随附的单据、文件是指使用信用证时必须随附的单据、商业发票、合同、提单、保险单等文件的。（2）使用作废的信用证。如使用作废过期、失效的信用证。（3）骗取信用证。指以虚构事实、隐瞒真相的方法，欺骗开证银行，使其开具信用证。（4）以其他方法进行信用证诈骗活动的。如与开证行、受益人合谋，在支付银行款项后宣布开证行破产，使支付行受到财产损失；利用软条款设置信用证陷阱，即在开立信用证时故意附加设置一些隐瞒性条款，使开证行单方取得主动权，以便能够单方随时解除信用证，以达到限制信用证的使用效力，从而达到诈骗目的等。本罪的主体，个人和单位均可构成。

根据刑法第 195 条、第 196 条的规定，犯本罪的，处 5 年以下有期徒刑或者拘役，并处 2 万元以上 20 万元以下罚金；数额巨大或者有其他严重情节的，处 5 年以上 10 年以下有期徒刑，并处 5 万元以上 50 万元以下罚金；数额特别巨大或者有其他特别严重情节的，处 10 年以上有期徒刑或者无期徒刑，并处 5 万元以上 50 万元以下罚金或者没收财产。单位犯本罪的，对单位判处罚金，并对其直接负责的主管人员和其他直接责任人员，处 5 年以下有期徒刑或者拘役；数额巨大或者有其他严重情节的，处 5 年以上 10 年以下有期徒刑；数额特别巨大或者有其他特别严重情节的，处 10 年以上有期徒刑或者无期徒刑。

七、信用卡诈骗罪

（一）信用卡诈骗罪的概念

信用卡诈骗罪，是指使用伪造的、作废的信用卡，或者使用以虚假的身份证明骗领的信用卡，或者冒用他人信用卡，或者利用信用卡进行恶意透支，诈骗财物，数额较大的行为。

（二）信用卡诈骗罪的特征

1. 本罪的犯罪客体是国家的金融秩序和公私财产所有权。本罪的犯罪对象是信用卡。我国的信用卡按照发卡的对象不同可以分为个人卡和公司卡两种。个人卡只能由个人本人使用。按照有关规定，达到一定年龄，有固定职业和稳定收入的国内居民，均可申请领取个人卡；公司卡是由公司指定的人员使用。公司卡主要适用于我国境内的机关、团体、企业事业单位、外资企业等具有法人资格的单位。我国的信用卡按照进行结算的货币的种类，分为人民币卡和外币卡。人民币卡只限于我国境内使用，外币卡可在我国境内任何设有国际信用卡组织特约网点的国家使用，也可以在我国境内直接办理外币结算的特约网点使用。

2. 本罪的客观方面表现为使用伪造、作废的信用卡，或者冒用他人信用卡，或者利用信用卡进行恶意透支，诈骗财物，数额较大的行为。本罪的客观方面有以下表现形式：

（1）使用伪造的信用卡，或者使用以虚假的身份证明骗领的信用卡，诈骗财物。使用伪造的或者以虚假的身份证明骗领的信用卡，是指按照信用卡正常用途，使用信用卡购买商品、在银行或者自动取款机上支取现金，或者使用信用卡结算各种消费活动支出等。仅仅向他人展示信用卡内的余额以骗取他人信任，以此诈骗的，不构成信用卡诈骗罪。

（2）使用作废的信用卡诈骗财物。“使用作废的信用卡”，是指使用因法定原因失去使用效用的信用卡。作废的信用卡一般有以下情况：信用卡超过有效使用期的；持卡人在信用卡有效使用期限内中止信用卡使用的。信用卡在有效使用期限内，持卡人可以中途停止信用卡的使用，将信用卡退回发卡机构。办理退卡手续以后，该信用卡就属于作废的信用卡；因挂失信用卡而使信用卡作废的。信用卡使用范围广，遗失或被盗的情况经常发生。为防止信用卡被他人冒用，规定有信用卡挂失制度。信用卡经挂失后，就失去使用效力，任何特约商户都不再接受该信用卡进行购买和消费活动。

（3）冒用他人信用卡诈骗财物。“冒用他人信用卡”，是指非信用卡持卡人以持卡人的名义使用持卡人的信用卡骗取财物的行为。包括以下情形：拾得他人信用卡并使用的；骗取他人信用卡并使用的；窃取、收买、骗取或者以其他非法方式获取他人信用卡信息资料，并通过互联网、通讯终端等使用的；其他冒用他人信用卡的情形。拾得他人信用卡并在自动柜员机（ATM）上使用的行为，以信用卡诈骗罪追究刑事责任。

（4）利用信用卡进行恶意透支诈骗财物。恶意透支，是指持卡人以非法占有为目的，超过规定限额或者规定期限透支，并且经发卡银行两次催收后超过3个月仍不归还的行为。有以下情形之一的，应当认定为“以非法占有为目的”，包括：明知没有还款能力而大量透支，无法归还的；肆意挥霍透支的资金，无法归还的；透支后逃匿、改变联系方式，逃避银行催收的；抽逃、转移资金，隐匿财产，逃避还款的；使用透支的资金进行违法犯罪活动的；其他非法占有资金，拒不归还的行为。发卡银行的“催收”应有电话录音、持卡人或其家属签字等证据证明。“两次催收”一般应分别采用电话、信函、上门等两种以上催收形式。

恶意透支应当追究刑事责任，但在公安机关立案后人民法院判决宣告前已偿还全部透支款息的，可以从轻处罚，情节轻微的，可以免除处罚。恶意透支数额较大，在公安机关立案前已偿还全部透支款息，情节显著轻微的，可以依法不追究刑事责任。

构成本罪必须具备诈骗财物数额较大这一条件。使用伪造的信用卡、以虚假的身份证明骗领的信用卡、作废的信用卡或者冒用他人信用卡，进行信用卡诈骗活动，数额在5000元以上不满5万元的，应当认定为刑法第196条规定的“数额较大”。恶意透支，数额在1万元以上不满10万元的，应当认定为“数额较大”恶意透支的数额，是指在上述条件下持卡人拒不归还的数额或者尚未归还的数额。不包括复利、滞纳金、手续费等发卡银行收取的费用。

3. 本罪的主体是一般主体，即达到刑事责任年龄、具有刑事责任能力的自然人，不包括单位。

4. 本罪的行为人在主观方面是故意，其目的是故意使用伪造、作废的信用卡，或者冒用他人信用卡，或者进行恶意透支，诈骗财物。

（三）信用卡诈骗罪的认定

1. 信用卡恶意透支与善意透支的界限。善意透支与恶意透支在客观方面都造成了透支。二者的区别主要在主观方面：恶意透支是信用卡诈骗罪的一种手段，在主观方面是利用信用卡诈骗财物据为己有，根本没有打算偿还透支的款项和利息；而善意透支在主观方面是暂时透支购买商品或者消费，在规定的时间内及时归还透支款和利息。若持卡人在透支大额款项后，仅向发卡行偿还远低于最低还款额的欠款，具有非法占有目的的，可以认定为“恶意透支”；

行为人确实不具有非法占有目的的，不能认定为“恶意透支”。

2. 信用卡诈骗罪与诈骗罪界限。二者在主观方面相同，客观方面都实施了虚构事实和隐瞒真相的手段，其诈骗行为都侵犯了公私财物的所有权。二者的不同点是：（1）犯罪客体有所不同。信用卡诈骗罪的犯罪客体是双重客体，即不但侵犯公私财物的所有权，而且侵犯了国家金融秩序的正常活动；而诈骗罪的犯罪客体是公私财物的所有权。（2）客观方面不同。信用卡诈骗罪是利用信用卡作为犯罪工具；而诈骗罪则不包括利用信用卡作为犯罪工具的行为。

3. 信用卡诈骗罪与伪造金融票证罪界限。伪造金融票证罪包括伪造信用卡行为，该行为与信用卡诈骗罪既有联系又有区别。伪造信用卡是进行信用卡诈骗犯罪的前提，而信用卡诈骗则是伪造信用卡的结果。二者的区别主要在客观方面：伪造信用卡在客观方面是伪造，没有实施使用信用卡诈骗的行为；而信用卡诈骗罪在客观方面是使用伪造的信用卡去诈骗财物。如果行为人既实施了伪造信用卡的行为，又实施了使用信用卡诈骗行为的，对其应当以信用卡诈骗罪定罪处罚，不实行数罪并罚。

4. 行为人盗窃、抢劫他人信用卡而后冒用实施诈骗行为的，应当以盗窃罪、抢劫罪定罪处罚。一般认为：利用他人遗忘在银行自动柜员机（ATM）内并已输入密码的信用卡取款的行为，符合秘密窃取他人财物的本质特征，数额较大的，应以盗窃罪追究刑事责任。

5. 违反国家规定，使用销售点终端机具（POS机）等方法，以虚构交易、虚开价格、现金退货等方式向信用卡持卡人直接支付现金，情节严重的，应当依据刑法第225条的规定，以非法经营罪定罪处罚。

（四）信用卡诈骗罪的刑事责任

根据刑法第196条的规定，犯本罪的，处5年以下有期徒刑或拘役，并处2万元以上20万元以下罚金；数额巨大或者有其他严重情节的，处5年以上10年以下有期徒刑，并处5万元以上50万元以下罚金，数额特别巨大或者有其他特别严重情节的，处10年以上有期徒刑或无期徒刑，并处5万元以上50万元以下罚金或者没收财产。根据1996年12月16日最高人民法院《关于审理诈骗案件具体应用法律的若干问题的解释》第9条的规定，使用伪造的信用卡、使用作废的信用卡和冒用他人信用卡诈骗数额在5000元以上的，属于数额较大；诈骗数额在5万元以上的，属于数额巨大；诈骗数额在20万元以上的，属于数额特别巨大。恶意透支在5000元以上的，属于数额较大；恶意透支在5万元以上的，属于数额巨大，恶意透支在20万元以上的，属于数额特别巨大。

八、有价证券诈骗罪

有价证券诈骗罪，是指以非法占有为目的，使用伪造、变造的国库券或者国家发行的其他有价证券进行诈骗活动，数额较大的行为。

本罪“数额较大”的标准是 1 万元。本罪的主体是自然人。

根据刑法第 197 条的规定，犯本罪的，处 5 年以下有期徒刑或者拘役，并处 2 万元以上 20 万元以下罚金；数额巨大或者有其他严重情节的，处 5 年以上 10 年以下有期徒刑，并处 5 万元以上 50 万元以下罚金；数额特别巨大或者有其他特别严重情节的，处 10 年以上有期徒刑或者无期徒刑，并处 5 万元以上 50 万元以下罚金或者没收财产。

九、保险诈骗罪

（一）保险诈骗罪的概念

保险诈骗罪，是指进行保险诈骗活动，数额较大的行为。

（二）保险诈骗罪的特征

1. 本罪的犯罪客体是国家的保险制度和保险公司的财产所有权。本罪的犯罪对象是保险公司的保险金，不包括保险公司保险金以外的财产。

2. 本罪的客观方面表现为违反法律、行政法规规定，采取虚构事实或者隐瞒真相的方法骗取保险金，数额较大的行为。保险诈骗有以下手段：

（1）投保人故意虚构保险标的，骗取保险金的。“投保人”，是指与保险人订立保险合同，并按照保险合同负有支付保险费义务的人。“保险人”是指与投保人订立保险合同，并承担赔偿或者给付保险责任的保险公司。“保险合同”是投保人与保险人约定保险权利义务关系的协议。“保险标的”，是指作为保险对象的财产及其有关利益或者人的寿命和身体健康。投保人故意虚构保险标的，骗取保险金的行为，是指投保人违背诚实信用原则，在与保险人订立保险合同时，为骗取保险金，故意虚构一个根本不存在的保险标的，与保险人签订保险合同，骗取保险金的行为。

（2）投保人、被保险人或者受益人对发生保险事故编造虚假的原因或者夸大损失的程度，骗取保险金的。“被保险人”，是指其财产或者人身受保险合同保障，享有保险金请求权的人，投保人可以为被保险人。“受益人”，是指人身保险合同中由被保险人或者投保人指定的享有保险金请求权的人，投保人、被保险人可以为受益人。“保险事故”，是指保险合同约定的保险责任范围内的事故。“对发生保险事故编造虚假的原因”，是指行为人明知发生的事故不属于保险公司赔偿的范围，故意编造能使保险人承担赔偿责任的虚假原因。保险法规定，保险公司并不是对所有的事故都给予赔偿，而是对保险合同中约定的保险责任范围内的事故承担保险赔偿责任，对保险合同规定的保险人责任免除的事故，保险人不承担赔偿责任。例如，在机动车辆保险中，投保人、被保险人在保险责任规定的范围内开车造成事故的，保险人承担赔偿责任。而如果是投保人违反规定让其他无证人员开车造成事故的，保险人不承担赔偿责任。因此，发生事故后，引起事故发生的原因，就成为确定保险合同双方当事人责任，以及是否予以理赔的重要依据。“对发生保险事故夸大损失的程度”，是指发生的事故属于保险公司赔偿的范围，但行为人故意夸大事故造成保险标的损失程度，从而更多地骗取保险金的行为。例如，涂改发票、提高投保标的价值、虚构被毁坏财物的数量等。

（3）投保人、被保险人或者受益人编造未曾发生的保险事故，骗取保险金的。上述行为是指行为人在未发生事故的情况时，虚构事实，谎称发生保险事故，从而骗取保险金的行为。例如，按照汽车失窃保险规定，汽车失窃后投保人报案，3 个月内公安机关未破案的，被保险人可以取得赔偿。一些不法分子就与他人勾结，将汽车转让或者私下出售，而后谎称汽车被盗，以骗取保险金。

（4）投保人、被保险人故意造成财产损失的保险事故，骗取保险金的。上述行为是指投保人、被保险人为获得保险赔款，故意人为地造成保险标的损失事故，如故意放火烧毁房屋，或者撞坏汽车，这种情况多发生在保险财产实际价值小于或远小于保险金额时，投保人或者被保险人为获得高于财产价值的赔款，而人为制造保险事故，将保险财产毁损，使保险人无法判定事故前财产的实际价值，只有根据保险单的约定予以赔偿。

（5）投保人、受益人故意造成被保险人死亡、伤残或者疾病，骗取保险金的。上述行为发生在人身保险上，保险人赔偿的前提条件，是以被保险人的死亡、伤残或者疾病为赔偿的前提条件的。在这种情况下，一些投保人、受益人为了获取保险金，故意人为地造成被保险人死亡、伤残或者疾病的后果，如对被保险人采取杀害、伤害、虐待、遗弃、造成疾病，或者人为造成人身事故，致使被保险人死亡、伤残或者疾病的后果，并以此向保险人索取赔偿。

构成本罪“数额较大”的标准是：个人 1 万元，单位 5 万元。

3. 本罪的主体是一般主体，包括自然人和单位。还有一种认识认为：由于保险诈骗的前提是存在保险合同关系，行为人与保险人之间必须存在保险合同这一经济关系。因此，本罪的主体在不同的情况下有所区别。例如，行为人故意虚构保险标的，骗取保险金的，其主体是投保人；行为人对发生保险事故编造虚假的原因或者夸大损失的程度，骗取保险金的，其主体是投保人、被保险人或者受益人；行为人编造未曾发生的保险事故，骗取保险金的，其主体是投保人、被保险人或者受益人；行为人故意造成财产损失的保险事故，骗取保险金的，其主体是投保人、被保险人；行为人故意造成被保险人死亡、伤残或者疾病，骗取保险金的，其主体是投保人、受益人。

4. 本罪的主观方面是故意。即行为人具有非法骗取保险金的故意。

（三）保险诈骗罪的认定

1. 保险事故的鉴定人、证明人、财产评估人故意提供虚假的证明文件，为他人诈骗提供条件的，以保险诈骗罪共犯论处，而非以贪污罪或职务侵占罪的共犯论处。保险公司工作人员利用职务上主管、负责保险理赔的便利，故意编造未曾发生保险事故进行虚假理赔，骗取保险金归自己所有的，依照职务侵占罪的规定定罪处罚；如果是国有保险公司工作人员和国有保险公司委派到非国有保险公司从事公务的人员利用职务上主管、负责保险理赔的便利，故意编造未曾发生的保险事故进行虚假理赔，骗取保险金归自己所有的，依照贪污犯的规定定罪处罚。

2. 如果投保人、被保险人故意造成财产损失的行为或者投保人、受益人故意造成被保险人死亡、伤残或者疾病的行为，同时又构成其他犯罪的，如故意毁坏财物罪、故意杀人罪、故意伤害罪等，这属于牵连犯，应当依法将本罪与构成的其他犯罪数罪并罚，而不是按照一般牵连关系则一重罪从重处罚。

（四）保险诈骗罪的刑事责任

根据刑法第198条的规定，犯本罪的，处5年以下有期徒刑或者拘役，并处1万元以上10万元以下罚金，数额巨大或者有其他严重情节的，处5年以上10年以下有期徒刑，并处2万元以上20万元以下罚金；数额特别巨大或者有其他特别严重情节的，处10年以上有期徒刑，并处2万元以上20万元以下罚金或者没收财产。单位犯本罪，对单位判处罚金，并对其直接负责的主管人员和其他直接责任人员，处5年以下有期徒刑或者拘役：数额巨大或者有其他严重情节的，处5年以上10年以下有期徒刑，数额特别巨大或者有其他特别严重情节的，处10年以上有期徒刑。

第七节　危害税收征管罪

一、危害税收征管罪概述

（一）危害税收征管罪的概念

危害税收征管罪，是指违反国家税收法规，妨害国家税收管理活动，侵害国家税收管理制度，情节严重的行为。

（二）危害税收征管罪的特征

1. 本罪的犯罪客体国家税收征收管理制度。

2. 本罪在客观方面表现为违反国家税收法规，妨害国家税收管理活动，侵害国家税收管理制度，数额较大或者情节严重的行为。

3. 本罪的主体是一般主体，包括自然人和单位。抗税罪的犯罪主体是自然人，其他危害税收征管犯罪的主体既可以是自然人，也可以是单位。

4. 本罪在主观方面是故意。

（三）危害税收征管罪的种类

包括14种具体犯罪，即逃税罪，抗税罪，逃避追缴欠税罪，骗取出口退税罪，虚开增值税专用发票、用于骗取出口退税、抵扣税款发票罪，虚开发票罪，伪造、出售伪造的增值税专用发票罪，非法出售增值税专用发票罪，非法购买增值税专用发票、购买伪造的增值税专用发票罪，非法制造、出售非法制造的用于骗取出口退税、抵扣税款发票罪，非法制造、出售非法制造的发票罪，非法出售用于骗取出口退税、抵扣税款发票罪，非法出售发票罪，持有伪造的发票罪。

二、逃税罪

（一）逃税罪的概念

逃税罪，是指纳税人、扣缴义务人采取欺骗、隐瞒等手段，不缴或者少缴应纳税款，不缴或者少缴已扣、已收税款，情节严重的行为。

（二）逃税罪的特征

1. 本罪的犯罪客体是国家的税收管理制度。税收管理制度是国家各种税收和税款征收办法的总称，包括征收对象、税率、纳税日期、征收管理体制等内容。本罪的犯罪对象是依法应当由税务部门征收的各种税款。逃避由海关征收的关税的，不构成逃税罪，而应以走私罪定罪处罚。

2. 本罪的客观方面表现为采取欺骗、隐瞒等手段，不缴或者少缴应纳税款，不缴或者少缴已扣已收税款，情节严重的行为。本罪的客观方面具体表现为以下行为：（1）纳税人采取欺骗、隐瞒手段进行虚假纳税申报或者不申报，逃避缴纳税款，数额在5万元以上并且占各税种应纳税总额10%以上，经税务机关依法下达追缴通知后，不补缴应纳税款、不缴纳滞纳金或者不接受行政处罚的；（2）纳税人5年内因逃避缴纳税款受过刑事处罚或者被税务机关给予两次以上行政处罚，又逃避缴纳税款，数额在5万元以上并且占各税种应纳税总额10%以上的；（3）扣缴义务人采取欺骗、隐瞒手段，不缴或者少缴已扣、已收税款，数额在5万元以上的。纳税人在公安机关立案后再补缴应纳税款、缴纳滞纳金或者接受行政处罚的，不影响刑事责任的追究。

偷税数额，是指在确定的纳税期间，不缴或者少缴各税种税款的总额。偷税数额占应纳税额的百分比，是指一个纳税年度中的各税种偷税总额与该纳税年度应纳税总额的比例。不按纳税年度确定纳税期的其他纳税人，偷税数额占应纳税额的百分比，按照行为人最后一次偷税行为发生之日前一年中各税种偷税总额与该年纳税总额的比例确定。纳税义务存续期间不足一个纳税年度的，偷税数额占应纳税额的百分比，按照各税种偷税总额与实际发生纳税义务期间应当缴纳税款总额的比例确定。偷税行为跨越若干个纳税年度，只要其中一个纳税年度的偷税数额及百分比达到刑法第201条第1款的规定的标准，即构成逃税罪。各纳税年度的偷税数额应当累计计算，偷税百分比应当按照最高的百分比确定。

3. 本罪的主体是特殊主体，即必须是纳税义务人或者扣缴义务人，包括自然人和单位。“纳税人”，是指法律、行政法规规定负有纳税义务的单位和个人。“扣缴义务人”，是指法律、行政法规规定负有代扣缴、代收代缴义务的单位和个人。

4. 本罪的主观方面是故意，即具有不缴或少缴应纳税款，不缴或者少缴已扣、已收税款的故意。“故意”，是指行为人明知自己实施违反税收法规、不缴或少缴应纳税款的行为，并且希望或追求这种结果发生。如果不具有这种主观方面的故意，而是由于过失，则不构成逃税罪。认定行为人有无偷税的故意，主要从行为人的主观方面、业务水平和实施行为时的具体情况等方面综合分析判断。如果行为人是因不懂税法或者一时疏忽而没有申报纳税，或者是因管理制度混乱、账目不清、人员职责不清而漏缴税款的，不构成逃税罪。

（二）逃税罪的认定

1. 逃税罪与漏税的界限。“漏税”，是指纳税单位和个人属于无意识而发生的漏缴或少缴税款的行为。逃税罪与漏税都没有缴纳税款，但二者有着本质的区别：一是主观方面不同。逃税罪在主观方面是故意，是行为人有意识地不缴或少缴应纳税款或者已扣、已收税款的行为；而漏税在主观方面是过失，是行为人无意识地漏缴或者少缴应纳税款的行为。二是客观方面不同。逃税罪在客观方面表现为采取欺骗、隐瞒等手段，不缴或少缴应纳税款或者已扣、已收税款；而漏税则是由于不熟悉税法规定、财务制度或因工作粗心大意，错用税率漏报应纳税项目，少计应纳税数额、销售金额或者经营利润等原因造成的，在客观方面没有采取欺骗、隐瞒的手段。对于漏税不论其数额大小，均不能以逃税罪定罪处罚。

2. 逃税罪与走私罪界限。逃税罪与走私罪都属于破坏社会主义经济秩序的犯罪，都具有偷逃国税的特点。其不同点在于：一是犯罪客体不同。逃税罪的犯罪客体是国家的税收管理制度；走私罪的犯罪客体是国家的对外贸易管理制度。二是客观方面不同。逃税罪在客观方面表现为违反税收法规，不缴或少缴应纳税款和已扣已收税款的行为；走私罪表现为违反海关法律法规，逃避海关监管、检查的走私行为。三是犯罪主体不同。逃税罪的主体是特殊主体，即负有纳税义务或者代扣代缴、代收代缴税款义务的单位或者个人；走私罪的主体则可以是任何单位或者个人。

（四）逃税罪的刑事责任

逃避缴纳税款数额较大并且占应纳税额10%以上的，处3年以下有期徒刑或者拘役，并处罚金；数额巨大并且占应纳税额30%以上的，处3年以上7年以下有期徒刑，并处罚金。逃税后，经税务机关依法下达追缴通知后，补缴应纳税款，缴纳滞纳金，已受行政处罚的，不予追究刑事责任；但是，5年内因逃避缴纳税款受过刑事处罚或者被税务机关给予两次以上行政处罚的除外。单位犯本罪的，对单位判处罚金，并对其直接负责的主管人员和其他直接责任人员，依照上述规定处罚。

三、抗税罪

（一）抗税罪的概念

抗税罪，是指纳税人、扣缴义务人，违反税收征收法规，以暴力、威胁方法拒不缴纳税款的行为。

（二）抗税罪的特征

1. 本罪的客体，是复杂客体，即不仅破坏了国家税收征管制度，而且同时侵犯了依法执行征税公务的国家工作人员的人身权利。本罪行为侵害的是复杂对象，指除海关、关税以外的国内税收及其征管人员。本罪行为对象的这种限定，有利于划清抗税罪与走私罪和妨害公务罪的界限。

2. 本罪的客观方面，表现为违反税收征收管理法律、法规，以暴力、威胁方法拒不缴纳税款的行为。（1）违反税收征收管理法律、法规。所谓违反税收征管法律、法规，是指拒绝依照税收管理法的规定履行纳税义务。如拒绝办理税务登记、纳税申报、提供纳税资料，以各种借口拖延缴纳或抵制缴纳应纳税款，拒缴滞纳金等。如果行为人没有违反税收征管法律、法规，即使发生了同税收工作人员对抗的行为，也不能构成本罪。（2）采取暴力、威胁方法，实施拒不缴纳应纳税款的行为。本罪的“暴力”，并不限于只能针对人身而实施，为阻碍执行征税而砸毁其使用的交通工具、聚众冲击打砸税务机关的，也应视为使用暴力。所谓“威胁”，是指对征税工作人员实行的精神强制。如以杀害、伤害其本人或亲属，毁坏财产，损害其名誉等进行威胁，而且必须有付诸实施的可能性，假如行为人一时激动讲了错话、气话，并无将威胁的内容付诸实施的意图，不能认为是犯罪。以下情形可立案查处：造成税务工作人员轻微伤以上的；以给税务工作人员及其亲友的生命、健康、财产等造成损害为威胁，抗拒缴纳税款的；聚众抗拒缴纳税款的；以其他暴力、威胁方法拒不缴纳税款的。(3) 抗税行为在税收工作人员执行职务期间实施。所谓执行职务期间，是指从开始执行征税时起直至结束的时间范围。因此，对税收工作人员采取暴力、威胁方法，如果与其依法执行职务行为无关，或者不是在征税期间发生，则不构成本罪，但可能构成其他犯罪。

3. 本罪的主体，是特殊主体，指纳税人和扣缴义务人。单位不能成为本罪主体，如果单位领导决定并指使他人或者亲自参与使用暴力、威胁方法，为单位抗拒缴纳税款的，实施单罚制，只处罚其直接负责的主管人员和其他直接责任人员，不处罚单位。

4. 本罪的主观方面，必须出于故意，并且具有抗拒缴纳税款的目的。

(三) 抗税罪的认定

1. 抗税罪与非罪的界限

(1) 抗税罪与一般抗税行为的界限。抗税罪与一般抗税行为的界限，在于行为人的抗税行为是否轻微。如果只是一般的推搡行为，或者只有一般的威胁言词，没有造成较严重后果的，属于情节轻微的一般抗税行为。根据税收征收管理法第 67 条的规定，抗税情节轻微，未构成犯罪的，由税务机关追缴其拒缴的税款，并处以拒缴税款 1 倍以上 5 倍以下的罚款。

(2) 抗税罪与欠税的界限。抗税罪与欠税在主观方面都是明知没有缴纳税款，在客观方面都具有公开性，即都承认未缴税款，也不采取欺骗手段隐瞒未缴税款。但二者有本质的区别：一是主观方面不同。抗税罪具有逃避缴纳税款的目的；而欠税则没有逃避缴纳税款的目的，只是因故暂时没有缴纳。二是客观方面不同。抗税罪表现为采取暴力、威胁方法拒不缴纳税款；而欠税则一般表现为消极地不缴纳税款。

(3) 抗税罪与使用暴力、威胁方法拒缴错征税款的界限。错征税款是指因税务人员工作疏忽、不熟悉税法等原因，搞错征税对象、应纳税项目或应纳税数额等错误征税的行为。如应少征却多征、已征收又重复征收等。对该种情况，如果因行为人使用暴力造成税务人员伤害的，应当按伤害罪追究其刑事责任。

2. 抗税罪与妨害公务罪界限

二者的区别是：（1）犯罪主体不同。抗税罪是特殊主体，即只有纳税人或者扣缴义务人才可以构成抗税罪主体；而妨害公务罪的主体是一般主体。（2）主观方面不同。抗税罪的目的是拒不缴纳税款；而妨害公务罪的目的是使国家机关工作人员不能依法执行职务。（3）犯罪客体不同。抗税罪的犯罪客体是国家的税收管理制度；而妨害公务罪的犯罪客体是国家机关的公务活动。

3. 对同一税款既偷税又抗税的处理

对此应具体分析。如果该税款数额不大，达不到逃税罪犯罪标准的，应以抗税罪定罪处罚；如果该税款数额较大，达到逃税罪犯罪标准，行为人实施抗税行为又构成犯罪的，应分别定逃税罪和抗税罪，实行数罪并罚。

（四）抗税罪的刑事责任

根据刑法第202条和第212条规定，犯本罪的，处3年以下有期徒刑或者拘役，并处拒缴税款1倍以上5倍以下的罚金，情节严重的，处3年以上7年以下有期徒刑，并处拒缴税款1倍以上5倍以下的罚金。在对判处罚金的犯罪分子执行罚金前，应当先由税务机关追缴所逃避的税款。

四、逃避追缴欠税罪

逃避追缴欠税罪，是指纳税义务人欠缴应纳税款，数额较大，采取转移或者隐匿财产的手段，致使税务机关无法追缴欠缴的税款的行为。

构成本罪“数额较大”的标准是1万元。本罪的主体，个人或单位均可构成。

逃避追缴欠税罪与逃税罪的界限：（1）客观方面不同。逃避追缴欠税罪的客观方面表现为行为人公开拖欠税款，即采取转移或者隐匿财产的手段致使税务机关无法追缴欠缴的税款；而逃税罪则表现为行为人造成已履行或者部分履行纳税义务的假象，即采取伪造、变造、销毁凭证等手段，使税务机关没有或者失去追缴应纳税款的依据。（2）主观方面不同。逃避追缴欠税罪的主观故意是逃避缴纳欠缴的税款；逃税罪的主观故意是不缴或少缴应纳税款。（3）犯罪主体不同。逃避追缴欠税罪的主体是纳税义务人；逃税罪的主体包括纳税人和扣缴义务人。

逃避追缴欠税罪与抗税罪界限：（1）犯罪主体不同。逃避追缴欠税罪的主体可以由单位和个人构成；而抗税罪主体只能由个人构成。（2）客观方面不同。逃避追缴欠税罪的客观方面表现为采取转移或者隐匿财产的手段，致使税务机关无法追缴欠缴的税款；而抗税罪则表现为采取暴力、威胁方法拒不缴纳税款的行为。（3）主观方面不同。逃避追缴欠税罪的主观故意是逃避缴纳欠缴的税款；而抗税罪的主观故意是抗拒纳税。（4）犯罪数额不同。构成逃避追缴欠税罪必须具有数额较大的情节，即数额在1万元以上；而抗税罪不要求具备数额较大的情节，只要行为人以暴力、威胁方法拒不缴纳税款的，就可构成抗税罪。

根据刑法第203条、第211条和第212条规定，犯本罪的，处3年以下有期徒刑或者拘役，并处或者单处欠缴税款1倍以上5倍以下的罚金；数额在10万元以上的，处3年以上7年以下有期徒刑，并处欠缴税款1倍以上5倍以下的罚金。单位犯本罪的，对单位判处罚金、并对其直接负责的主管人员和其他直接责任人员，依照上述规定处罚。

五、骗取出口退税罪

（一）骗取出口退税罪的概念

骗取出口退税罪，是指以假报出口或者其他欺骗手段，骗取国家出口退税款，数额较大的行为。

（二）骗取出口退税罪的特征

1. 本罪的客体是复杂客体，指国家出口退税的管理制度和国家财产所有权。所谓出口退税，指税务机关根据国家法律、法规和政策的规定，对于在国内已征收税款的产品，在其出口时，将已征收税款予以全部或者部分返还的制度。

2. 本罪的客观方面，表现为使用假报出口或者其他欺骗手段，骗取国家出口退税款，数额较大的行为。（1）使用了假报出口或者其他欺骗手段。所谓假报出口，指行为人本来就没有产品出口，采用虚构事实、隐瞒真相的方法，谎报产品已经出口，欺骗税务部门，使其信以为真，从而达到骗取退税款的目的。这种方法一般由一系列环节构成，如制造产品假发票、假完税证明、假出口合同、假报关单、假结汇单，进行外汇核销、虚假申报等。所谓其他欺骗手段，指假报出口以外的其他旨在骗取出口退税的一切方法。如在申请退税时，涂改、变造有关单据数字，增大出口产品数额，贿赂、勾结税务、海关工作人员，为其骗取出口退税提供便利等。（2）实施了骗取国家出口退税的行为。如果行为人采取上述假报出口等欺骗方法，不是为了骗取国家退税款而是另有所意图的，不能构成本罪，但可能构成其他犯罪。（3）骗取国家退税款数额较大。构成本罪“数额较大”的标准为5万元。

3. 本罪的主体，个人或单位均可构成。犯本罪的个人是一般主体，即已满16周岁且具有刑事责任能力的人，犯本罪的单位，通常是生产或经营出口产品的单位。

4. 本罪的主观方面，只能出于直接故意，并具有骗取国家出口退税款的目的。

（三）骗取出口退税罪与逃税罪的界限

1. 犯罪客体不同。骗取出口退税罪的犯罪客体是国家特殊的税收管理制度，即国家关于出口退税管理制度；而逃税罪的犯罪客体是一般的税收管理制度。

2. 客观方面不同。骗取出口退税罪是以假报出口的欺骗手段，骗取国家出口退税款的行为；逃税罪则是采取伪造、变造、销毁账册等手段，不缴或者少缴应纳税款。对行为人已经缴纳了税款，又采取假报出口或者其他欺骗手段骗取所缴纳税款的，如果其骗取数额没有超过其已经缴纳的税款数额，则其行为仍属于不缴或者少缴应纳税款的行为，属于偷税行为。如果其骗取的税款数额超过其已经缴纳的税款数额，则超过部分应以骗取出口退税行为认定。

3. 犯罪主体不同。骗取出口退税罪的主体是一般主体；而逃税罪的主体是纳税人和扣缴义务人。

（四）骗取出口退税罪的刑事责任

根据刑法第204条的规定，犯本罪的，处5年以下有期徒刑或者拘役，并处骗取税款1倍以上5倍以下的罚金；数额巨大或者有其他严重情节的，处5年以上10年以下有期徒刑，并处骗取税款1倍以上5倍以下的罚金；数额特别巨大或者有其他特别严重情节的，处10年以上有期徒刑或者无期徒刑，并处骗取税款1倍以上5倍以下的罚金或者没收财产。单位犯本罪的，对单位判处罚金，并对其直接负责的主管人员和其他直接责任人员，依照上述规定处罚。

六、虚开增值税专用发票、用于骗取出口退税、抵扣税款发票罪

（一）虚开增值税专用发票、用于骗取出口退税、抵扣税款发票罪的概念

虚开增值税专用发票、用于骗取出口退税、抵扣税款发票罪，是指为了牟取非法经济利益，故意违反国家发票管理规定，虚开增值税专用发票或者用于骗取出口退税、抵扣税款的其他发票的行为。

（二）虚开增值税专用发票、用于骗取出口退税、抵扣税款发票罪的特征

1. 本罪的犯罪客体是国家的税收管理制度。本罪的犯罪对象是增值税专用发票和能够作为出口退税、抵扣税款凭证的其他发票。

2. 本罪的客观方面表现为他人虚开、为自己虚开、让他人为自己虚开、介绍他人虚开增值税专用发票，或者用于骗取出口退税、抵扣税款的其他发票

的行为。“虚开发票”，是指虚构经营业务活动开具发票的行为。不法分子虚开增值税专用发票和其他特定发票，是利用增值税专用发票和其他特定发票的抵扣功能偷税和骗取税款。虚开发票包括三种情况：一是在没有发生经营业务的情况下，虚构经营业务并开具发票；二是在发生少量经营业务的情况厂，开具超过经营业务金额的发票；三是在发票的不同联次上填写不同的内容和数额。

(1)“为他人虚开”，是指行为人明知其他单位或个人没有进行经营活动，或者只进行了一定的经营活动，却用自己持有的增值税专用发票或者其他发票，采取无中生有或者以少开多的手段，为他人开具增值税专用发票或者其他发票的行为。(2)“为自己虚开”，是指行为人没有进行经营活动，或者只进行了一定的经营活动，却用自己持有的增值税专用发票或者其他发票，采取无中生有或者以少开多的手段，为自己开具增值税专用发票或者其他发票的行为。为自己虚开增值税专用发票或者其他发票，一般是供自己实施抵扣税款偷税或者骗取出口退税犯罪。(3)“让他人为自己虚开”，是指行为人指使、要求、收买或者诱骗他人为自己虚假开具增值税专用发票或者其他发票的行为。有让他人为自己虚开的，就有为他人虚开的行为。让他人为自己虚开与为他人虚开的行为是相互依存成立的。(4)“介绍他人虚开”，是指行为人为使他人虚开增值税专用发票或者其他发票，而进行牵线搭桥或者组织策划的行为。虚开的税款数额在1万元以上或者致使国家税款被骗数额在5000元以上的，应予追诉。

行为人虚开的增值税专用发票或者其他发票，可以是自己依照合法渠道领购的，也可以是非法购买的真发票或购买伪造的假发票又虚开的，不论这些发票来自何种渠道，只要行为人虚开的，对其都应当以虚开增值税专用发票、用于骗取出口退税、抵扣税款发票罪定罪处罚。对行为人非法获取增值税专用发票构成其他犯罪的，还应当依法实行数罪并罚。

3. 本罪的主体是一般主体，包括自然人和单位。

4. 本罪的主观方面是故意。行为人的犯罪动机可能有所不同，但大多是为了牟取暴利，其主观动机如何不影响本罪的成立。过失行为不构成本罪。

(三) 虚开增值税专用发票、用于骗取出口退税、抵扣税款发票罪的刑事责任

根据刑法第205条的规定，犯本罪的，处3年以下有期徒刑或者拘役，并处2万元以上20万元以下罚金；虚开的税款数额较大或者有其他严重情节的，处3年以上10年以下有期徒刑，并处5万元以上50万元以下罚金；虚开的税款数额巨大或者有其他特别严重情节的，处10年以上有期徒刑或者无期徒刑，

并处5万元以上50万元以下罚金或者没收财产。单位犯本条规定之罪的，对单位判处罚金，并对其直接负责的主管人员和其他直接责任人员，处3年以下有期徒刑或者拘役；虚开的税款数额较大或者有其他严重情节的，处3年以上10年以下有期徒刑；虚开的税款数额巨大或者有其他特别严重情节的，处10年以上有期徒刑或者无期徒刑。

七、虚开发票罪

虚开发票罪，是指为他人、为自己开具与实际经营业务情况不符的发票，让他人为自己开具与实际经营业务情况不符的发票，介绍他人开具与实际经营业务情况不符的发票，情节严重的行为。

“情节严重”是指：（1）虚开发票100份以上或者虚开金额累计在40万元以上的；（2）虽未达到上述数额标准，但5年内因虚开发票行为受过行政处罚两次以上，又虚开发票的；（3）其他情节严重的情形。行为人以偷逃税款为目的，其虚开发票的手段行为又触犯了虚开发票罪的，应属于刑法理论中的牵连关系，应择一重从重处罚。行为人明知他人为了实施贪污犯罪而需要发票，仍然为之虚开的，可以构成贪污罪的共犯。

根据刑法第205条之一的规定，犯本罪的，处2年以下有期徒刑、拘役或者管制，并处罚金；情节特别严重的，处2年以上7年以下有期徒刑，并处罚金。单位犯本罪的，对单位判处罚金，并对其直接负责的主管人员和其他直接责任人员，依照上述的规定处罚。

八、伪造、出售伪造的增值税专用发票罪

伪造、出售伪造的增值税专用发票罪，是指仿照增值税专用发票的式样，非法印制假增值税专用发票或者出售非法印制的假增值税专用发票的行为。

伪造或者出售伪造的增值税专用发票25份以上或者票面额累计在10万元以上的，应予追诉。

根据刑法第206条的规定，犯本罪的，处3年以下有期徒刑、拘役或者管制，并处2万元以上20万元以下罚金；数量较大或者有其他严重情节的，处3年以上10年以下有期徒刑，并处5万元以上50万元以下罚金；数量巨大或者有其他特别严重情节的，处10年以上有期徒刑或者无期徒刑，并处5万元以上50万元以下罚金或者没收财产。单位犯本罪的，对单位判处罚金，并对其直接负责的主管人员和其他直接责任人员，处3年以下有期徒刑、拘役或者管制，数量较大或者有其他严重情节的，处3年以上10年以下有期徒刑；数量巨大或者有其他特别严重情节的，处10年以上有期徒刑或者无期徒刑。

九、非法出售增值税专用发票罪

非法出售增值税专用发票罪，是指违反国家发票管理法规，非法出售增值税专用发票的行为。

本罪的主体，个人或单位均可构成。非法出售增值税专用发票25份以上或者票面额累计在10万元以上的，应予追诉。

根据刑法第207条和第211条的规定，犯本罪的，处3年以下有期徒刑、拘役或者管制，并处2万元以上20万元以下的罚金，数量较大韵，处3年以上10年以下有期徒刑，并处5万元以上50万元以下罚金；数量巨大的，处10年以上有期徒刑或者无期徒刑，并处5万元以上50万元以下罚金或者没收财产。单位犯本罪的，对单位判处罚金，并对其直接负责的主管人员和其他直接责任人员，依照上述规定处罚。

十、非法购买增值税专用发票、购买伪造的增值税专用发票罪

非法购买增值税专用发票罪、购买伪造的增值税专用发票罪，是指故意违反国家发票管理法规，非法购买增值税专用发票或者购买伪造的增值税专用发票的行为。

非法购买增值税专用发票或者购买伪造的增值税专用发票25份以上或者票面额累计在10万元以上的，应予追诉。

根据刑法第208条和第211条的规定，犯本罪的，处5年以下有期徒刑或者拘役，并处或者单处2万元以上20万元以下罚金。单位犯本罪的，对单位判处罚金，并对其直接负责的主管人员和其他直接责任人员，依照上述规定处罚。非法购买增值税专用发票或者购买伪造的增值税专用发票又虚开或者出售的，应分别依照刑法第205条规定的虚开增值税专用发票罪、第206条规定的出售伪造的增值税专用发票罪以及第207条规定的非法出售增值税专用发票罪定罪处罚。

十一、非法制造、出售非法制造的用于骗取出口退税、抵扣税款发票罪

非法制造、出售非法制造的用于骗取出口退税、抵扣税款发票罪，是指故意违反国家发票管理法规，伪造、擅自制造或者出售伪造、擅自制造的可以用于骗取出口退税、抵扣税款的非增值税专用发票的行为。

伪造、擅自制造或者出售伪造、擅自制造的可以用于骗取出口退税、抵扣税款的非增值税专用发票50份以上或者票面额累计在20万元以上的，应予立

案追诉。

根据刑法第 209 条第 1 款和第 211 条的规定，犯本罪的，处 3 年以下有期徒刑、拘役或者管制，并处 2 万元以上 20 万元以下罚金；数量巨大的，处 3 年以上 7 年以下有期徒刑，并处 5 万元以上 50 万元以下罚金；数量特别巨大的，处 7 年以上有期徒刑，并处 5 万元以上 50 万元以下罚金或者没收财产。单位犯本罪的，对单位判处罚金，并对其直接负责的主管人员和其他直接责任人员，依照上述规定处罚。

十二、非法制造、出售非法制造的发票罪

非法制造、出售非法制造的发票罪，指故意违反国家发票管理法规，伪造、擅自制造或者出售伪造、擅自制造的非用于骗取出口退税、抵扣税款的其他发票行为。

伪造、擅自制造或者出售伪造、擅自制造的不具有骗取出口退税、抵扣税款功能的普通发票 100 份以上或者票面额累计在 40 万元以上的，应予立案追诉。

根据刑法第 209 条第 2 款和第 211 条的规定，犯本罪的。处 2 年以下有期徒刑、拘役或者管制，并处 1 万元以上 5 万元以下罚金，情节严重的处 2 年以上 7 年以下有期徒刑，并处 5 万元以上 50 万元以下罚金。单位犯本罪的，对单位判处罚金，并对其直接负责的主管人员和其他直接责任人员，依照上述规定处罚。

十三、非法出售用于骗取出口退税、抵扣税款发票罪

非法出售用于骗取出口退税、抵扣税款发票罪，指故意违反国家发票管理法规，非法出售可以用于骗取出口退税、抵扣税款的非增值税专用发票的行为。

非法出售可以用于骗取出口退税、抵扣税款的非增值税专用发票 50 份以上或者票面额累计在 20 万元以上的，应予立案追诉。

根据刑法第 209 条第 3 款和第 211 条的规定，犯本罪的，处 3 年以下有期徒刑、拘役或者管制，并处 2 万元以上 20 万元以下罚金，数量巨大的，处 3 年以上 7 年以下有期徒刑，并处 5 万元以上 50 万元以下罚金；数量特别巨大的，处 7 年以上有期徒刑，并处 5 万元以上 50 万元以下罚金或者没收财产。单位犯本罪的，对单位判处罚金，并对其直接负责的主管人员和其他直接责任人员，依照上述规定处罚。

十四、非法出售发票罪

非法出售发票罪，是指故意违反国家发票管理法规，非法出售除增值税专用发票、可以用于骗取出口退税、抵扣税款的非增值税专用发票以外的普通发票的行为。

非法出售普通发票100份以上或者票面额累计在40万元以上的，应予立案追诉。

根据刑法第209条第4款的规定。犯本罪的，处2年以下有期徒刑、拘役或者管制，并处1万元以上5万元以下罚金；情节严重的，处2年以上7年以下有期徒刑，并处5万元以上50万元以下罚金。单位犯本罪的，对单位判处罚金，并对其直接负责的主管人员和其他直接责任人员，依照上述规定处罚。

十五、持有伪造的发票罪

持有伪造的发票罪，是指明知是伪造的发票而持有，数量较大的行为。

数量较大是指，持有伪造的增值税专用发票50份以上或者票面额累计在20万元以上的；持有伪造的可以用于骗取出口退税、抵扣税款的其他发票100以上或者票面额累计在40万元以上的；持有伪造其他发票200以上或者票面额累计在80万元以上的。如果查明行为人为了实施贪污、走私等犯罪而持有大量伪造发票的，可以贪污、走私等犯罪论处。不能查明行为人持有伪造的发票是为了实施其他犯罪的，以持有伪造的发票罪论处。

根据刑法第210条之一的规定，犯本罪的，处2年以下有期徒刑、拘役或者管制，并处罚金；数量巨大的，处2年以上7年以下有期徒刑，并处罚金。单位犯本罪的，对单位判处罚金，并对其直接负责的主管人员和其他直接责任人员，依照上述规定处罚。

第八节　侵犯知识产权罪

一、侵犯知识产权罪概述

（一）侵犯知识产权罪的概念

侵犯知识产权罪，是指违反知识产权法的规定，侵犯他人依法享有的知识产权，情节严重的行为。

（二）侵犯知识产权罪的特征

1. 本罪的犯罪客体是知识产权权利人的合法权益和国家知识产权管理制

度。本罪的犯罪对象是知识产权。"知识产权"，是指智力成果的创造人依法所享有的权利和生产经营活动中标记所有人依法所享有的权利的总称，包括著作权和工业产权。知识产权具有四个特点：一是客体的无形性，即知识产权是一种无形财产权；二是知识产权具有法定垄断性；三是知识产权具有地域性，按照一国法律获得承认和保护的知识产权，只能在该国发生法律效力；四是知识产权的时间性，即知识产权只能在法律规定的有效期限内受到保护，超过法律规定的有效期限，其权利自行消灭。

2. 本罪在客观方面表现为违反知识产权法律法规，侵犯他人知识产权，情节严重的行为。（1）构成侵犯知识产权罪必须违反知识产权法律法规。知识产权法律法规是调整在创造、利用智力成果过程中所产生的各种社会关系的法律规范的总称。知识产权的国际保护起源于20世纪，起初通过国家间订立双边协议或者提供互惠保护实现。后来发展成地区性的或者国际性的多边条约。为了保护知识产权，我国加强同国际社会的合作，积极参与国际知识产权保护工作，先后加入了《保护工业产权巴黎公约》、《保护文学和艺术伯尔尼公约》、《世界版权公约》和《录音制品公约》等国际公约，并先后颁布了《中华人民共和国专利法》、《中华人民共和国商标法》、《中华人民共和国反不正当竞争法》、《中华人民共和国著作权法》等法律及其法规。行为人违反知识产权法律法规，就是违反上述有关知识产权的法律法规。（2）构成侵犯知识产权罪必须是未经权利人许可。知识产权具有法定垄断性特点，除了知识产权权利人许可或法律另有规定外，其他任何人均不得享有或使用该权利。对知识产权，权利人可以自己行使其专有权，也可以转让、许可他人使用等方式处分其智力成果并从中获取收益。任何人未经权利人未同意或未在法律规定情况下非法使用该知识产权的，就构成侵权，情节严重还可以构成犯罪。（3）构成侵犯知识产权罪必须是在该知识产权法定的保护期限内。知识产权具有时间性。即知识产权只能在法律规定的有效期限内受到保护，超过法律规定的有效期限，其权利自行消灭。行为人只有在该知识产权的有效期限内侵犯该知识产权才构成侵权。超过法律规定的有效期限的，行为人的行为不构成侵权。（4）构成侵犯知识产权罪必须是情节严重的行为。侵犯知识产权犯罪是情节犯，不具备情节严重的情况就不构成犯罪。侵犯知识产权罪每一个具体罪名都规定有"情节严重"的才构成犯罪。"情节"，包括"违法所得数额"、"造成损失"等情况。

3. 本罪的主体是一般主体，包括自然人和单位。

4. 本罪在主观方面是故意，即行为人对侵犯他人知识产权是明知的，并希望侵权结果的发生。

(三) 侵犯知识产权罪的种类

侵犯知识产权罪包括7个罪名：假冒注册商标罪，销售假冒注册商标的商品罪，非法制造、销售非法制造的注册商标标识罪，假冒专利罪，侵犯著作权罪，销售侵犯复制品罪，侵犯商业秘密罪。

二、假冒注册商标罪

(一) 假冒注册商标罪的概念

假冒注册商标罪，是指违反国家商标管理法规，未经注册商标所有人许可，在同一种商品上使用与其注册商标相同的商标，情节严重的行为。

(二) 假冒注册商标罪的特征

1. 本罪的客体，是复杂客体，指国家商标管理制度和他人商标专用权。商标专用权，指经商标局核准注册的商标，商标注册人即商标所有者享有的排他的、独立的使用该项商标的权利。本罪的犯罪对象是他人已经注册的商标，指单位和个人已到国家商标管理部门登记注册的商标标识。

2. 本罪的客观方面，必须具备违反国家商标管理法规，实施了假冒他人注册商标，且情节严重的行为。首先，行为人必须违反国家商标管理法规。这是构成本罪的前提条件。根据商标法的规定，商标注册人可以通过签订商标使用许可合同的方式，许可他人使用其注册商标，严禁未经注册商标所有人许可而使用其商标的行为。所谓"未经许可"，是指行为人使用他人注册商标，未取得注册商标所有人的同意。如果得到商标注册人同意后使用的，不能成立本罪。其次，实施了假冒他人注册商标的行为。名称相同的商品以及名称不同但指同一事物的商品，可以认定为"同一种商品"。"名称"是指国家工商行政管理总局商标局在商标注册工作中对商品使用的名称，通常即《商标注册用商品和服务国际分类》中规定的商品名称。"名称不同但指同一事物的商品"是指在功能、用途、主要原料、消费对象、销售渠道等方面相同或者基本相同，相关公众一般认为是同一种事物的商品。认定"同一种商品"，应当在权利人注册商标核定使用的商品和行为人实际生产销售的商品之间进行比较。具有下列情形之一，可以认定为"与其注册商标相同的商标"：(1) 改变注册商标的字体、字母大小写或者文字横竖排列，与注册商标之间仅有细微差别的；(2) 改变注册商标的文字、字母、数字等之间的间距，不影响体现注册商标显著特征的；(3) 改变注册商标颜色的；(4) 其他与注册商标在视觉上基本无差别、足以对公众产生误导的商标。最后，构成本罪还要求"情节严重"，是指非法经营数额在5万元以上或者违法所得数额在3万元以上的；假冒两种以上注册商标，非法经营数额在3万元以上或者违法所得数额在2万元以上的；其他情节严重的情形。在计算制造、储存、运输和未销售的假冒注册商标侵权产品价值时，对于已经制作完成但尚未附着（含加贴）或者尚未全部附着（含加贴）假冒注册商标标识的产品，如果有确实、充分证据证明该产品将假冒他人注册商标，其价值计入非法经营数额。

3. 本罪的主体，一般主体和任何单位都可成为。

4. 本罪的主观方面，只能是故意构成，表现为行为人明知是他人已经注册的商标，在未征得所有权人许可的情况下，故意在同一种商品上使用同一注册商标。假冒商标者通常出于营利或者谋取非法利益的目的，但不以此目的为犯罪成立要件。

（三）假冒注册商标罪的认定

1. 本罪与一般商标侵权行为的区别。区别的主要标志是看情节是否严重。假冒商标的行为只有情节严重时，才可作为犯罪处理。如果行为人虽然有假冒行为，但是情节显著轻微危害不大的，不应认定为犯罪。如果构成民事侵权和符合行政处罚条件的，应当追究民事责任并给予行政处罚。

2. 关于本罪与其他犯罪的牵连和竞合问题。如果在实施其他犯罪时使用了假冒注册商标的方法，行为同时触犯本罪与其他犯罪的，根据行为的个数，以牵连犯或者想象竞合犯，从一重罪论处。例如，在生产、销售伪劣商品时，往往会连带实施假冒他人注册商标行为。这时，如果生产、销售伪劣商品的行为不构成犯罪，而假冒商标行为情节严重的，可单独以本罪论处；如果生产、销售伪劣商品行为也已构成犯罪的，应当从一重罪处断，按生产、销售伪劣商品罪定罪处罚。

（四）假冒注册商标罪的刑事责任

根据刑法第213条和第220条的规定，犯本罪的，处3年以下有期徒刑或者拘役，并处或者单处罚金，情节特别严重的，处3年以上7年以下有期徒刑，并处罚金。单位犯本罪的，对单位判处罚金，并对直接负责的主管人员和其他直接责任人员，依照上述规定处罚。

三、销售假冒注册商标的商品罪

销售假冒注册商标的商品罪，是指违反国家商标管理法规，销售明知是假冒注册商标的商品，销售金额数额较大的行为。

“数额较大”的标准：销售金额在5万元以上的；尚未销售，货值金额在15万元以上的；销售金额不满5万元，但已销售金额与尚未销售的货值金额合计在15万元以上的。销售明知是假冒注册商标的商品，具有下列情形之一的，以销售假冒注册商标的商品罪（未遂）定罪处罚：（1）假冒注册商标的商品尚未销售，货值金额在15万元以上的；（2）假冒注册商标的商品部分销售，已销售金额不满5万元，但与尚未销售的假冒注册商标的商品的货值金额合计在15万元以上的。

根据刑法第214条和第220条规定，犯本罪的，处3年以下有期徒刑或者拘役，并处或者单处罚金，销售金额数额巨大的，处3年以上7年以下有期徒刑，并处罚金。单位犯本罪，对单位判处罚金，并对直接负责的主管人员和其他直接责任人员，依照自然人犯本罪的规定处罚。至于何为销售金额数额较大，有待司法解释做出规定。

四、非法制造、销售非法制造的注册商标标识罪

非法制造、销售非法制造的注册商标标识罪，是指伪造、擅自制造他人注册商标标识，或者销售伪造、擅自制造的注册商标标识，情节严重的行为。

情节严重是指，伪造、擅自制造或者销售伪造、擅自制造的注册商标标识数量在2万件以上，或者非法经营数额在5万元以上，或者违法所得数额在3万元以上的；伪造、擅自制造或者销售伪造、擅自制造两种以上注册商标标识数量在1万件以上，或者非法经营数额在3万元以上，或者违法所得数额在2万元以上的；其他情节严重的情形。假冒注册商标的商品尚未销售，货值金额分别达到15万元以上不满25万元、25万元以上的，分别依照刑法第214条规定的各法定刑幅度定罪处罚。销售他人伪造、擅自制造的注册商标标识，具有下列情形之一的，以销售非法制造的注册商标标识罪（未遂）定罪处罚：（1）尚未销售他人伪造、擅自制造的注册商标标识数量在6万件以上的；（2）尚未销售他人伪造、擅自制造的两种以上注册商标标识数量在3万件以上的；（3）部分销售他人伪造、擅自制造的注册商标标识，已销售标识数量不满2万件，但与尚未销售标识数量合计在6万件以上的；（4）部分销售他人伪造、擅自制造的两种以上注册商标标识，已销售标识数量不满1万件，但与尚未销售标识数量合计在3万件以上的。

根据刑法第215条和第220条的规定，犯本罪的，处3年以下有期徒刑、拘役或者管制，并处或者单处罚金；情节特别严重的，处3年以上7年以下有期徒刑，并处罚金。单位犯本罪，对单位判处罚金，并对直接负责的主管人员和其他直接责任人员，依照上述规定处罚。

五、假冒专利罪

（一）假冒专利罪的概念

假冒专利罪，是指违反国家专利法规定，在法律规定的专利有效期限内，

假冒他人专利，情节严重的行为。“专利”，是国家授予发明创造者的一种权利。专利人通过向专利管理机关提出申请，经审查批准后取得专利权，受到法律保护，任何人不得侵犯。国家通过对发明创造人专利权的管理和保护，鼓励公民的发明创造活动，促进科学技术进步和经济发展。专利技术是重要的知识产权。专利技术作为具有新颖性、实用性、创造性并得到法律保护的技术，有着一般技术成果无可比拟的潜在经济效益。拥有专利的数量和质量，尤其是高新技术方面，已成为衡量一个国家竞争实力的重要标准。

（二）假冒专利罪的特征

1. 本罪的犯罪客体是国家的专利管理制度。本罪的犯罪对象是发明创造人的专利权。专利权是指专利权人在法定期限内对其发明创造成果享有的专有权利。专利权具有知识产权所具有的特征，即法定的垄断性、时间性、地域性。我国法律规定的专利权的客体是发明、实用新型、外观设计。“发明”，是指对产品、方法或者其改进所提出的新的技术方案。发明一般分为产品发明、方法发明两类。“实用新型”，是指对产品的形状、构造或者其结合提出的适于实用的新方案。“外观设计”，是指对产品的形状、图案、色彩或者其结合所提出的富有美感并适于工业上应用的新设计。

2. 本罪的客观方面表现为违反专利法规定，假冒他人专利，情节严重的行为。

（1）构成本罪必须是假冒他人专利的行为。“假冒他人专利”，是指假冒他人的发明专利、实用新型专利或外观设计专利。假冒专利的表现形式主要有以下三种：一是未经专利权人许可，实施其专利发明创造；二是假冒他人的专利发明创造；三是以欺骗手段在专利局申请登记而冒充他人专利权等。

（2）构成本罪必须是在法律规定的专利有效期限内。“在法律规定的专利有效期限内”，是指为防止专利权人无限期地垄断专利技术，阻碍技术进步，法律规定专利权人只能在法定的期限内享有专利权利。专利法规定，发明专利权的期限为 20 年，实用新型和外观设计专利的期限为 10 年，均自申请日起计算。在专利权期限届满以后，不再存在假冒该项专利的问题。

（3）构成假冒专利罪必须是情节严重的行为。“情节严重”是指非法经营数额在 20 万元以上或者违法所得数额在 10 万元以上的；给专利权人造成直接经济损失在 50 万元以上的；假冒两项以上他人专利，非法经营数额在 10 万元以上或者违法所得数额在 5 万元以上的；其他情节严重的情形。

3. 本罪的主体是一般主体，包括自然人和单位。

4. 本罪的主观方面是故意，其动机一般是为了获取经济利益，也有为损害他人专利权益等。

（三）假冒专利罪的刑事责任

根据刑法第216条和第220条的规定，犯本罪的，处3年以下有期徒刑或者拘役，并处或者单处罚金。单位犯本罪，对单位判处罚金，并对直接负责的主管人员和其他直接责任人员，依照上述规定处罚。

六、侵犯著作权罪

（一）侵犯著作权罪的概念

侵犯著作权罪，是指以营利为目的，未经著作权人或与著作权有关的权益人许可，复制发行其作品，出版他人享有专有出版权的图书，未经录音录像制作者许可复制发行其制作的音像制品，或者制售假冒他人署名的美术作品，违法所得数额较大或者有其他严重情节的行为。

（二）侵犯著作权罪的特征

1. 本罪的客体，是他人的著作权和与著作权相关的权益。所谓著作权，指公民依法对文学、艺术和科学作品所享有的各种权利的总称。其中包括著作人身权和著作财产权。人身权指作者对其作品依法享有的发表权、署名权、修改权和保护作品完整权；著作财产权主要指使用作品的权利和获得报酬的权利以及许可他人使用作品，并由此获得报酬的权利。所谓与著作有关的权益，指传播作品的人对他赋予作品的传播形式所享有的权利，也即著作邻接权。包括出版者、表演者、电台、电视台和录音录像者的权利。本罪的犯罪对象是他人依法享有著作权的作品。

2. 本罪的客观方面，必须具备如下三个要件：

其一，实施了下列侵犯著作权的行为之一：（1）未经著作权人许可，复制发行其文字作品、音乐、电影、电视、录像作品、计算机软件及其他作品。"未经著作权人许可"，是指没有得到著作权人授权或者伪造、涂改著作权人授权许可文件或者超出授权许可范围的情形；一般应当依据著作权人或者其授权的代理人、著作权集体管理组织、国家著作权行政管理部门指定的著作权认证机构出具的涉案作品版权认证文书，或者证明出版者、复制发行者伪造、涂改授权许可文件或者超出授权许可范围的证据，结合其他证据综合予以认定。"发行"，包括总发行、批发、零售、通过信息网络传播以及出租、展销等活动。通过信息网络向公众传播他人文字作品、音乐、电影、电视、录像作品、计算机软件及其他作品的行为，应当视为刑法第217条规定的"复制发行"。（2）出版他人享有专有出版权的图书。所谓图书专有出版权，指图书出版者根据与著作权人签订的图书出版专有合同，对著作权人交付出版的作品在合同指定的时间和地区内通过原版、修订版方式以图书形式出版的独占权利。

(3) 未经录音录像制作者的许可，复制发行其制作的录音录像。根据我国著作权法的规定，录音录像的制作者对其作品，享有许可他人复制发行并获得报酬的权利，该权利的保护期为50年。这就确认了录音录像作者对其作品在保护期限内的专有出版权。(4) 制作、出售假冒他人署名的美术作品。具体包括下列三种形式：一是以临摹的方法，临摹他人的美术作品，然后署上他人的姓名，假冒他人的作品出售，牟取非法利益。二是以自己的美术作品，署上他人的姓名，假冒他人作品出售牟利。通常是署上名画家、名雕塑家等美术界知名作者的姓名，以提高作品的价值。三是在他人的美术作品上，署上名家的姓名，然后假冒名家的作品出售牟利。所谓美术作品，既指绘画，也包括书法、雕塑、建筑、工艺美术等艺术作品。在涉案作品种类众多且权利人分散的案件中，上述证据确实难以一一取得，但有证据证明涉案复制品系非法出版、复制发行的，且出版者、复制发行者不能提供获得著作权人许可的相关证明材料的，可以认定为“未经著作权人许可”。但是，有证据证明权利人放弃权利、涉案作品的著作权不受我国著作权法保护，或者著作权保护期限已经届满的除外。非法出版、复制、发行他人作品，侵犯著作权构成犯罪的，按照侵犯著作权罪定罪处罚，不认定为非法经营罪等其他犯罪。

其二，侵犯著作权的行为必须发生在著作权的有效保护期限内。这是本罪的特定犯罪时间。如果行为发生在著作权保护期以后，不构成本罪。

其三，构成本罪要求违法所得数额较大或者有其他严重情节。违法所得数额在3万元以上的，属于“违法所得数额较大”；具有下列情形之一的，属于“有其他严重情节”：(1) 非法经营数额在5万元以上的；(2) 未经著作权人许可，复制发行其文字作品、音乐、电影、电视、录像作品、计算机软件及其他作品，复制品数量合计在1000张（份）以上的；(3) 其他严重情节的情形。“经营数额”，是指以非法出版物的定价数额乘以行为人经营的非法出版物数量所得的数额。“违法所得数额”，是指获利数额。非法出版物没有定价或者以境外货币定价的，其单价数额应当按照行为人实际出售的价格认定。

3. 本罪的主体是一般主体，包括自然人和单位。

4. 本罪的主观方面是故意，并且以营利为目的。除销售外，具有下列情形之一的，可以认定为“以营利为目的”：(1) 以在他人作品中刊登收费广告、捆绑第三方作品等方式直接或者间接收取费用的；(2) 通过信息网络传播他人作品，或者利用他人上传的侵权作品，在网站或者网页上提供刊登收费广告服务，直接或者间接收取费用的；(3) 以会员制方式通过信息网络传播他人作品，收取会员注册费或者其他费用的；(4) 其他利用他人作品牟利的情形。

（三）侵犯著作权罪的认定

实施侵犯著作权行为，又销售该侵权复制品，违法所得数额巨大的，只定侵犯著作权罪，不实行数罪并罚。实施侵犯著作权的犯罪行为，又明知是他人的侵权复制品而予以销售，构成犯罪的，应当实行数罪并罚。

（四）侵犯著作权罪的刑事责任

根据刑法第 217 条和第 220 条的规定，犯本罪的，处 3 年以下有期徒刑或者拘役，并处或者单处罚金，违法所得数额巨大或者有其他特别严重情节的，处 3 年以上 7 年以下有期徒刑，并处罚金。单位犯本罪，对单位判处罚金，并对其直接负责的主管人员和其他直接责任人员，依照上述规定处罚。

七、销售侵权复制品罪

销售侵权复制品罪，是指以营利为目的，销售明知是侵犯他人著作权的复制品，违法所得数额巨大的行为。

所谓“违法所得数额巨大”，是指违法所得数额 10 万元以上的；违法所得数额虽未达到上述数额标准，但尚未销售的侵权复制品货值金额达到 30 万元以上的。实施侵犯著作权行为，又销售该侵权复制品，违法所得数额巨大的，只定侵犯著作权罪，不实行数罪并罚。实施侵犯著作权的犯罪行为，又明知是他人的侵权复制品而予以销售，构成犯罪的，应当实行数罪并罚。

根据刑法第 218 条和第 220 条规定，犯本罪的，处 3 年以下有期徒刑或者拘役，并处或者单处罚金。单位犯本罪，对单位判处罚金，并对直接负责的主管人员和其他直接责任人员，依照上述规定处罚。

八、侵犯商业秘密罪

（一）侵犯商业秘密罪的概念

侵犯商业秘密罪，是指违反国家商业秘密保护法规，侵犯他人商业秘密，给商业秘密权利人造成重大损失的行为。

（二）侵犯商业秘密罪的特征

1. 本罪的客体，是商业秘密的专用权。商业秘密一经使用即可取得财产利益，因而商业秘密权是一种财产权。权利人对之具有占有、使用、收益和处分的权利。本罪侵犯的对象是商业秘密。根据刑法第 219 条的规定，商业秘密，是指不为公众所知悉，能为权利人带来经济利益，具有实用性并经权利人采取保密措施的技术信息和经营信息。它具有以下特征：（1）信息性。即这些秘密本身是一种信息，它能对某方面的经济活动产生积极影响。（2）经济性。指这种秘密的内容是技术信息和经营信息，这些信息有利于使用者的经营活动，能给其带来经济上的利益。“技术信息”，通常指技术配方、技术诀窍、工艺流程、非专利技术成果等。“经营信息”一般指采取什么方式进行经营等有关经营的重大决策以及与自己有业务往来的客户名单、进货渠道、销售网络等情况。（3）实用性。指这种信息是直接与生产、经营相关、应用性比较强的信息，而不是脱离实际的抽象观念。（4）保密性。指这些信息不为公众所知悉，只限于少数人知道，并且权利人已对这些信息采取了保密防范措施，防止他人轻易获取。如果某些信息已为大家所知悉，不具有秘密性质，或者权利人没有采取保密措施而使他人通过正常渠道了解到该信息，这就不属于商业秘密范围。

2. 本罪的客观方面，首先，实施了侵犯他人商业秘密的行为。这种危害行为表现为下列三种形式：（1）以盗窃、利诱、胁迫或者其他不正当手段获取权利人的商业秘密。商业秘密权利人，指商业秘密的所有人和经商业秘密所有人许可的商业秘密使用人。盗窃，即秘密窃取。利诱，即给予知情人一定的物质或其他好处进行引诱，使其透露所知商业秘密。胁迫，即以人身、名誉、财产损害相威胁，使其迫于压力，而被迫交出商业秘密。其他不正当手段，包括以高薪挖走、以重金收买知悉商业秘密的人，等等。（2）披露、使用或者允许他人使用以前项手段获取的权利人的商业秘密。这种情况是行为人已经通过盗窃、利诱、胁迫或者其他不正当手段获取了权利人的商业秘密，又实施了披露、使用或者允许他人使用这些商业秘密的行为。披露，指向他人透露。使用，指自己直接使用和允许商业秘密权利人以外的第三者使用。（3）违反约定或者违反权利人有关保守商业秘密的要求，披露、使用或者允许他人使用其所掌握的商业秘密。只要实施了上列一种行为，即可构成本罪。

其次，本罪是结果犯，侵犯商业秘密的行为必须给权利人造成重大损失。所谓重大损失，是指给商业秘密权利人造成损失数额在50万元以上的；因侵犯商业秘密违法所得数额在50万元以上的；致使商业秘密权利人破产的；其他给商业秘密权利人造成重大损失的情形。

3. 本罪的主体，个人或单位均可构成。犯罪的自然人是一般主体，但通常是合同约定负有保密义务的当事人和本公司、企业知悉或掌握商业秘密的人。

4. 本罪的主观方面，表现为故意。即明知是权利人已采取保密措施加以保护的商业秘密，而故意实施侵犯商业秘密的行为。明知或者应知刑法前述所列的三项侵犯商业秘密行为，获取、使用或者披露他人的商业秘密的，以侵犯商业秘密罪论。无论行为人出于何种动机、目的，均不影响本罪的认定。

（三）侵犯商业秘密罪的认定

1. 本罪与非罪的界限。构成本罪必须是侵犯商业秘密“造成重大损失”的行为，如果没有造成重大损失，不能构成犯罪。判断是否造成重大损失，应考虑如下因素：（1）商业秘密研制开发的成本；（2）商业秘密的利用时期；（3）商业秘密的使用、转让情况；（4）商业秘密的成熟程度；（5）市场容量和供求状况；（6）受害人营业额的实际减少量；（7）行为人对商业秘密的窃取程度、披露范围、使用状况，等等。

2. 本罪与泄露国家秘密罪、非法获取国家秘密罪的竞合问题。本罪披露的是商业秘密，侵犯的是商业秘密所有人或使用人的商业秘密权，它属于财产权的范畴，而后者所泄露的是国家秘密，侵犯的是国家秘密制度，事关国家的安全与利益，实施本罪是一般主体，大多是因一定的工作关系而知悉经济秘密的人，后者的主体则是国家机关工作人员。如果公司、企业的某项商业秘密事关国家的经济利益，从而被列为国家秘密的，行为人侵犯这种商业秘密的，应按从一重罪处断的原则，依照泄露国家秘密罪或非法获取国家秘密罪定罪处罚。

（四）侵犯商业秘密罪的刑事责任

根据刑法第219条和第220条的规定，犯本罪的，处3年以下有期徒刑或者拘役，并处或者单处罚金，造成特别严重后果的，处3年以上7年以下有期徒刑，并处罚金。单位犯本罪，对单位判处罚金，并对其直接负责的主管人员和其他直接责任人员，依照上述规定处罚。

第九节　扰乱市场秩序罪

一、扰乱市场秩序罪概述

（一）扰乱市场秩序罪的概念

扰乱市场秩序罪，是指违反国家对市场的监督、管理法律法规，扰乱市场竞争、经营、交易秩序及其他秩序，情节严重的行为。

（二）扰乱市场秩序罪的特征

1. 本罪的犯罪客体是正当的市场竞争、经营、交易秩序及其他市场秩序。

2. 本罪在客观方面表现为违反国家对市场的监督、管理法律法规，扰乱市场竞争、经营、交易秩序及其他秩序，情节严重的行为。违反国家对市场的监督、管理法律法规，主要是指违反国家的反不正当竞争法、公司法、广告法、土地管理法、招标投标法、公司法、注册会计师法等法律规定及其他法规。扰乱市场秩序，主要是指以下扰乱市场秩序的行为：（1）扰乱市场竞争，包括损害商业信誉、商品声誉罪，虚假广告罪，串通投标罪。（2）扰乱经营秩序，包括：合同诈骗罪，非法经营罪，强迫交易罪，伪造、倒卖伪造的有价票证罪，倒卖车票、船票罪，非法转让、倒卖土地使用权罪，逃避商检罪。（3）扰乱交易秩序，包括提供虚假证明文件罪、出具证明文件重大失实罪。本节罪在客观方面表现是作为形式。

构成本罪必须是情节严重或者给他人造成重大损失的行为。“情节严重”主要是指扰乱市场行为获利较大；或者虽未获取较大数额的利益，但其行为严重扰乱了市场秩序或者消费者的合法权益的；或者因扰乱市场行为给国家的政治、经济造成不利影响，在国际上产生不良影响等情况。

3. 本罪的主体是一般主体，包括个人和单位。其中少部分犯罪主体是特殊主体，如虚假广告罪、串通投标罪、提供虚假证明文件罪及出具证明文件重大失实罪。

4. 本罪在主观方面，只有出具证明文件重大失实罪的行为人主观方面是过失，其他的犯罪在主观方面都是故意。

（三）扰乱市场秩序罪的种类

扰乱市场秩序罪包括13种具体犯罪：损害商业信誉、商品声誉罪，虚假广告罪，串通投标罪，合同诈骗罪，组织、领导传销活动罪，非法经营罪，强迫交易罪，伪造、倒卖伪造的有价票证罪，倒卖车票、船票罪，非法转让、倒卖土地使用权罪，提供虚假证明文件罪，出具证明文件重大失实罪，逃避商检罪。

二、损害商业信誉、商品声誉罪

（一）损害商业信誉、商品声誉罪的概念

损害商业信誉、商品声誉罪，是指捏造并散布虚伪事实，损害他人的商业信誉、商品声誉，给他人造成重大损失或者有其他严重情节的行为。

（二）损害商业信誉、商品声誉罪的特征

1. 本罪的犯罪客体是市场竞争秩序。本罪的犯罪对象是他人的商业信誉、商品声誉。“商业信誉”，是指企业或者个人在经济活动中经营商品或者进行服务的信用和名誉，主要包括经营状况、履行合同的信誉、服务质量、企业或者个人的经营名声等。“商品声誉”，是指在企业或者个人生产或者在市场上经营的商品的信用和名誉，主要是商品的质量、价格等。

2. 本罪的客观方面表现为捏造并散布虚伪事实，损害他人的商业信誉、商品声誉，给他人造成重大损失或者有其他严重情节的行为。

（1）构成本罪必须是捏造并散布虚伪事实的行为。“捏造虚伪事实”，是指凭空假造事实。“散布”，就是在社会上公开扩散。“捏造并散布虚伪事实”，是指假造并散布虚假的事实。散布虚伪事实的方式可以是本人捏造并散布，也可以是指使他人捏造并散布；可以是言语散布，也可以是使用文字；可以是公开散布，也可以是秘密散布；可以通过宣传媒体，也可以通过邮寄或者转交；可以向有业务关系的经营者面授，也可以在广告或者产品订货会上发布等。如果散布的不是虚伪事实，而是客观存在的事实，不构成本罪。因此，对不讲信誉、服务质量差、商品质次价高的企业或者个人进行批评、举报的，即使其批评、举报有偏激之词，也不构成本罪。

（2）构成本罪必须是损害他人的商业信誉、商品声誉的行为。“损害他人的商业信誉”，是指捏造事实，损害他人经济活动的信用和名誉，主要是贬低竞争对手的经营状况、履行合同的信誉、服务质量、企业的名声等。“损害他人的商品声誉”，是指损害他人在市场上买卖的物品的信用和名誉，主要贬低他人的商品质量或者商品价格等。

本罪所损害的必须是特定的被害人，但不一定要指名道姓，只要从散布的内容上知道被害人是谁，就可以构成本罪。如果行为人散布的事实没有特定的对象，不可能损害他人的商业信誉或商品声誉，不构成本罪。

（3）构成本罪必须给他人造成重大损失或者其他严重情节，这是指给他人造成直接经济损失数额在50万元以上的；虽未达到上述数额标准，但具有下列情形之一的：利用互联网或者其他媒体公开损害他人商业信誉、商品声誉的；造成公司、企业等单位停业、停产6个月以上，或者破产的；其他给他人造成重大损失或者有其他严重情节的情形。

3. 本罪的主体是一般主体，包括自然人和单位。

4. 本罪的主观方面是故意，目的是损害他人的商业信誉、商品声誉。过失不构成本罪。

（三）损害商业信誉、商品声誉罪的认定

损害商业信誉、商品声誉罪与不正当竞争行为的界限：认定损害商业信誉、商品声誉罪，应当区别与不正当竞争行为的界限。诋毁他人商业信誉和商品声誉的行为是违法行为，但不一定是犯罪行为。对竞争对手的商业信誉、商品声誉的诋毁是一种典型的不正当竞争行为，是侵害经营者名誉权和荣誉权行为的一种商业化表现。但只有“造成重大损失或者有其他严重情节”的才可以构成犯罪。对实施了诋毁他人商业信誉和商品声誉的行为但尚未造成“重大损失”或者没有“其他严重情节”的，是反不正当竞争法中诋毁商业信誉和商品声誉的违法行为，不能以本罪定罪处罚。

（四）损害商业信誉、商品声誉罪的刑事责任

根据刑法第221条和第231条的规定，犯本罪的，处2年以下有期徒刑或者拘役，并处或者单处罚金。单位犯本罪，对单位判处罚金，并对其直接负责的主管人员和其他直接责任人员，依照上述规定处罚。

三、虚假广告罪

（一）虚假广告罪的概念

虚假广告罪，是指广告主、广告经营者、广告发布者违反法律规定，利用广告对商品或者服务作虚假宣传，情节严重的行为。

（二）虚假广告罪的特征

1. 本罪的犯罪客体是国家的广告管理制度和消费者的合法权益。“广告”，是指商品经营者或者服务提供者承担费用，通过一定媒介和形式直接或者间接地介绍自己所推销的商品或者所提供的服务的商业广告。本罪的犯罪对象是虚假广告。

2. 本罪的客观方面表现为广告主、广告经营者、广告发布者违反法律规定，利用广告对商品或者服务作虚假宣传，欺骗和误导消费者，使购买商品或接受服务的消费者的合法权益受到损害，情节严重的行为。构成本罪必须是发布虚假广告的行为。

（1）广告主违反法律规定，利用广告对商品或者服务作虚假宣传，欺骗和误导消费者的行为。“虚假广告”，是指对商品的性能、产地、用途、质量、价格、生产者、有效期限、允诺等与事实不相符合的宣传。国家工商局在《关于如何认定处理虚假广告问题的批复》中明确指出，关于虚假广告，一般应从以下两个方面认定：一是广告所宣传的产品和服务本身是否客观真实；二是广告所宣传的产品和服务的主要内容，包括产品和服务所能达到的标准、效用，所使用的注册商标，获奖情况，以及产品生产和服务进行欺诈性宣传，或广告所宣传的产品的服务的主要内容与事实不符的，均应认定为虚假广告。广告主违反法律规定，利用广告对商品或者服务作虚假宣传的具体表现为：一是利用广告编造或者夸大商品的性能、产地、用途、质量、价格、生产者、有效期限、允诺；二是虚构或者夸大服务的内容、形式、质量、价格、允诺；三是在推销商品、提供服务时，虚构或者夸大附带赠送礼品的品种和数量；四是虚构或者夸大广告使用数据、统计资料、调查结果、文摘、引用语等。

（2）广告经营者违反法律规定，明知广告主委托设计、制作、代理服务的广告是虚假广告，仍接受委托，为其设计、制作、代理服务，或者故意为他

人设计、制作虚假广告，欺骗和误导消费者的行为。广告法规定，广告经营者依据法律、行政法规查验有关证明文件，核实广告内容。对内容不实或者证明文件不全的广告，广告经营者不得提供设计、制作、代理服务。

（3）广告发布者违反法律规定，明知为广告主或者广告主委托的广告经营者发布的广告是虚假广告，仍为其发布，欺骗和误导消费者的行为。广告法规定，广告发布者依据法律、行政法规查验有关证明文件，核实广告内容。对内容不实或者证明文件不全的广告，广告发布者不得发布。

构成本罪必须是情节严重的行为，即违法所得数额在10万元以上的；给单个消费者造成直接经济损失数额在5万元以上的，或者给多个消费者造成直接经济损失数额累计在20万元以上的；假借预防、控制突发事件的名义，利用广告作虚假宣传，致使多人上当受骗，违法所得数额在3万元以上的；虽未达到上述数额标准，但两年内因利用广告作虚假宣传，受过行政处罚2次以上，又利用广告作虚假宣传的；造成人身伤残的；其他情节严重的情形。

3. 本罪的主体是广告主、广告经营者和广告发布者。“广告主”，是指为推销商品或者提供服务，自己或者委托他人设计、制作、发布广告的法人、其他经济组织或者个人。“广告经营者”，是指受委托提供广告设计、制作、代理服务的法人、其他经济组织或者个人。“广告发布者”，是指为广告主或者广告主委托的广告经营者发布广告的法人、其他经济组织或者个人。

4. 本罪的主观方面是故意，也可以是过失。

（三）虚假广告罪的刑事责任

根据刑法第222条和第231条的规定，犯本罪的，处2年以下有期徒刑或者拘役，并处或者单处罚金。单位犯本罪的，对单位判处罚金，并对其直接负责的主管人员和其他直接责任人员，依照上述规定处罚。

四、串通投标罪

串通投标罪，指投标人相互串通投标报价，损害招标人或者其他投标人的利益，情节严重的行为，或者投标人与招标人串通投标，损害国家、集体、公民的合法利益的行为。

招标与投标，是市场经济条件下，在发包工程、采购原材料、器材、机械设备等比较重要的民事、经济活动中，经常采用的有组织的市场交易活动。招标人是需要采购货物或发包项目的一方，投标人则由多个卖主或承包人组成。前者在招标通告或招标单中提出意思表示，后者根据招标通告提出的招标条件，在规定的期限内以密函的方式提出报价和其他条件进行投标，由招标人选择其中条件最优者中标，与之订立合同。所谓“串通投标报价”，是指两个以上投标人在投标过程中，相互串通，暗中商定抬高或压低投标报价的行为。所谓“串通投标”，是指投标人与招标人私下串通，事先根据招标底价确定投标报价、中标价格的行为。根据我国法律规定，投标竞标必须在公平竞争的原则下进行，不允许投标人之间、投标人与招标人之间事先串通投标，否则就会损害其他相关人或者国家、集体的利益。符合下列条件之一的，应予追诉：(1) 损害招标人、投标人或者国家、集体、公民的合法利益，造成直接经济损失数额在 50 万元以上的；(2) 违法所得数额在 10 万元以上的；(3) 中标项目金额在 200 万元以上的；(4) 采取威胁、欺骗或者贿赂等非法手段的；(5) 虽未达到上述数额标准，但两年内因串通投标，受过行政处罚两次以上，又串通投标的；(6) 其他情节严重的情形。

根据刑法第 223 条和第 231 条的规定，犯本罪的，处 3 年以下有期徒刑或者拘役，并处或者单处罚金。单位犯本罪，对单位判处罚金，并对其直接负责的主管人员和其他直接责任人员，依照上述规定处罚。

五、合同诈骗罪

(一) 合同诈骗罪的概念

合同诈骗罪，是指行为人以非法占有为目的，在签订、履行合同过程中，采取虚构事实或者隐瞒真相的方法，骗取对方当事人财物，数额较大的行为。

(二) 合同诈骗罪的特征

1. 本罪的犯罪客体是公私财物的所有权。本罪的犯罪对象是公私财物。

2. 本罪的客观方面表现为行为人在签订、履行合同过程中，采取虚构事实或者隐瞒真相的方法，骗取对方当事人财物，数额较大的行为。行为人的手段具体表现为以下方面：

(1) 以虚构的单位或者冒用他人名义签订合同。“以虚构的单位签订合同”，是虚构一个根本不存在的单位，或者利用一个已关闭的企业名义同对方当事人签订合同。“冒用他人名义签订合同”，是指未经他人同意或者授权而冒充他人名义同对方签订合同。

(2) 以伪造、变造、作废的票据或者其他虚假的产权证明作担保。“票据”，是指我国票据法规定的汇票、本票、支票。“伪造票据”，是指依照真票据制造的假票据；“变造票据”，是指在真票据的基础上进行涂改、挖补等手段改变原票据内容的票据；“作废的票据”，是指已经失去票据效力的票据；“其他虚假的产权证明”，是指其他不真实的证明文件，如虚假的证明行为人对房屋等不动产或者对汽车等动产权属的有关文件。在经济交往活动中，合同当事人往往以票据或者其他产权证明进行抵押、质押等担保，来保证合同的履行。行为人以伪造、变造、作废的票据或者其他虚假的产权证明作担保，用来骗取对方当事人的信任，以此诈骗他人财物。

（3）没有实际履行能力，以先履行小额合同或者部分履行合同的方法，诱骗对方当事人继续签订和履行合同。是指行为人客观上不具备按照合同规定的标的承担义务的可能，先履行小额合同或者部分履行合同，诱骗当事人继续签订和履行合同，以此诈骗财物。

（4）收受对方当事人给付的货物、货款、预付款或者担保财产后逃匿。通常表现为行为人以代购紧俏商品或者推销滞销产品为名，用一无资金、二无固定从业人员、三无经营场所、四无货源的“皮包公司”的招牌、印章、账号，骗取他人抵押财产、定金财物潜逃。

（5）以其他方法骗取对方当事人财物。合同诈骗的手段多种多样，不能一一列举，今后还可能出现其他的诈骗手段，而以此来加以概括。

“数额较大”的标准为2万元。对犯罪分子采取“拆东墙补西墙”的办法，连续诈骗的，在计算诈骗数额时，可以把已经归还的部分扣除，按最后实际诈骗数额计算。但是，在量刑时，对于上述情况应当作为从重情节予以考虑。

3. 本罪的主体是一般主体，包括自然人和单位。

4. 本罪的主观方面是故意，行为人的目的是非法占有对方当事人的财物。

（三）合同诈骗罪的认定

1. 合同诈骗罪与合同纠纷的界限

合同纠纷是由于订立合同当事人之间在履行合同过程中，由于各种原因所引起的矛盾和纠纷。合同诈骗罪与合同纠纷有许多相似之处，容易混淆，必须予以严格区别：（1）行为人明知自己无履行合同的实际能力或担保能力，以骗取财物为目的，采取欺诈手段与其他单位、经济组织或者个人签订合同，骗取财物数额较大的，应以合同诈骗罪追究刑事责任。个人或者单位有履行合同的能力或担保能力，签订合同后，虽经努力，但由于某些意外原因不能完全履行合同的，应按合同纠纷处理。（2）行为人对财物的处置情况。行为人有履行合同能力，但以骗取财物为目的签订合同，一旦把钱款、货物骗到手，就编造事实或借口，故意不履行合同，或者大肆挥霍，或者携款潜逃的，对其应以合同诈骗罪定罪处罚。当行为人没有履行合同的原因难以说明或者部分履行合同的行为是否真实难以断定时，可根据其对他人财物的处置情况认定其主观上是否有“非法占有”的目的：①如果行为人将取得的财物全部或部分用以挥霍，或者从事非法活动、偿还他人债务、携款逃匿等，应认定行为人有“非法占有”之故意。②如果行为人将取得的财物全部或大部分用于合同的履行，即使客观上未能完全履行合同之全部义务，不宜以合同诈骗罪论处。③如果行为人将取得的财物用于自己合法的经营活动，要综合认定。（3）国有企业、事业单位或者集体经济组织，不具备履行合同的能力，而其主管人员和直接责任人员以骗取财物为目的，采取欺诈手段同其他单位或者个人签订合同，骗取财物数额巨大，给对方造成严重经济损失的，应按合同诈骗罪追究其主管人员和直接责任人员的刑事责任。（4）国有单位或者集体经济组织，有部分履行合同的能力，但其主管人员或者直接责任人员用夸大履约能力的方法，取得对方信任与其签订合同。合同生效后，虽为履行合同作了积极的努力，但未能完全履行合同的，应按合同纠纷处理。

2. 合同诈骗罪与诈骗罪的界限

二者的区别在于：其一，是否利用合同。在具体的案件中，应考虑利用合同诈骗是否扰乱了市场经济秩序，如果行为人利用合同形式进行诈骗不致扰乱市场经济秩序，则不应构成合同诈骗罪。合同诈骗罪中合同的范围除包括买卖合同、加工承揽合同、仓储合同、建设工程合同等债权合同外，也应包括抵押合同、质押合同、国有土地使用权出让合同等物权合同，以及合伙合同、联营合同、承包合同等；而行政法上的行政合同、劳动法上的劳动合同以及有关身份关系的合同不属于合同诈骗罪中的合同的范围。利用行政合同、人身合同实施诈骗犯罪的，可以考虑认定为传统诈骗犯罪或其他罪名。从形式来看，合同诈骗罪中的合同一般指书面合同（包括合同书、信件和数据电文如电报、电传、传真、电子数据交换和电子邮件等可以有形地表现所载内容的形式），也包括口头合同。但口头合同一般限于生产、销售领域，且必须具备合同法规定的要件。对于在日常生活中，利用口头合同进行诈骗的，一般可不以合同诈骗定罪，构成其他犯罪的，可以其他犯罪认定。其二，非法占有目的产生的时间不同。对于传统的诈骗罪来说，被害人“自愿”交付财物后，诈骗犯罪即完成，行为人的非法占有目的一般产生于其非法控制公私财物之前。但有的情况下，行为人先占有了被害人的财物，然后使用欺骗方法，使被害人自愿放弃财物，从而非法占有他人财产，也可以构成诈骗罪。在合同诈骗中，非法占有目的既可以产生在合同签订前，也可以产生在合同履行过程中。是否具有非法占有的目的，是合同诈骗罪与和合同经济纠纷的本质区别。认定行为人是否“以非法占有为目的”，应当结合行为人签订合同时的履约能力和担保真伪，履行合同中有无实际履约行动、对标的物的处置情况、未履行合同的原因以及事后行为人的态度等方面综合判定。其三，犯罪客体不同。

（四）合同诈骗罪的刑事责任

根据刑法第224条和第231条规定，犯本罪的，处3年以下有期徒刑或者拘役，并处或者单处罚金，数额巨大或者有其他严重情节的，处 3 年以上 10 年以下有期徒刑，并处罚金，数额特别巨大或者有其他特别严重情节的，处 10 年以上有期徒刑或者无期徒刑，并处罚金或者没收财产。单位犯本罪的，对单位判处罚金，并对其直接负责的主管人员和其他直接责任人员，依照上述规定处罚。

六、组织、领导传销活动罪

组织、领导传销活动罪，是指组织、领导以推销商品、提供服务等经营活动为名，要求参加者以缴纳费用或者购买商品、服务等方式获得加入资格，并按照一定顺序组成层级，直接或者间接以发展人员的数量作为计酬或者返利依据，引诱、胁迫参加者继续发展他人参加，骗取财物，扰乱经济社会秩序的行为。

传销活动的主要特征包括：（1）交纳或变相交纳入门费，即交钱加入后才可获得计提报酬和发展下线的“资格”；（2）直接或间接发展下线，即拉人加入，并按照一定顺序组成层级；（3）上线从直接或间接发展的下线的销售业绩中计提报酬，或以直接或间接发展的人员数量计提报酬或者返利。涉嫌组织、领导的传销活动人员在 30 人以上且层级在三级以上的，对组织者、领导者，应予立案追诉。传销活动的组织者、领导者，是指在传销活动中起组织、领导作用的发起人、决策人、操纵人，以及在传销活动中担负策划、指挥、布置、协调等重要职责，或者在传销活动实施中起到关键作用的人员。

根据刑法第 224 条之一的规定，犯本罪的，处 5 年以下有期徒刑或者拘役，并处罚金；情节严重的，处 5 年以上有期徒刑，并处罚金。

七、非法经营罪

（一）非法经营罪的概念

非法经营罪，是指违反国家规定，从事非法经营活动，是指违反国家专营、限制经营的规定，从事非法经营活动，扰乱市场秩序，情节严重的行为。

（二）非法经营罪的特征

1. 本罪的客体，是国家对市场专营、限制经营的管理秩序。

2. 本罪的客观方面，表现为违反国家规定，非法从事经营活动，扰乱市场秩序的行为。首先，违反国家规定，主要是指违反国家关于专营、专卖物品或者其他限制买卖的物品的一系列法律、法规。这是构成本罪的前提条件。其次，从事非法经营活动，扰乱市场秩序。具体包括以下五类行为：（1）未经许可经营法律、行政法规规定的专营、专卖物品或者其他限制买卖的物品。未经许可，指未经国家有关主管部门的批准。专营、专卖物品，指国家法律、行政法规明确规定必须由专门的机构专营、专卖的物品，如食盐、烟草等。其他限制买卖的物品，指国家根据经济发展和维护国家、社会和人民群众利益的需要，规定在一定时期实行限制性经营的物品，如化肥、农药等。这些物品的范围并不是一成不变的。随着社会经济发展会不断调整。（2）买卖进出口许可证、进出口原产地证明以及其他法律、行政法规规定的经营许可证或者批准文件。所谓进出口许可证，指国家外贸主管部门对企业颁发的可以从事进出口业务的证明文件。所谓进出口原产地证明，指在国际贸易活动中，进出口产品时必须附带的由原产地有关主管机关出具的确认文件。所谓其他法律、行政法规规定的经营许可证或者批准文件，指法律、行政法规规定从事某些生产经营活动者必须具备的经营许可证或者批准文件，如森林采伐、矿产开采、野生动物狩猎等许可证。（3）在国家规定的交易场所以外非法买卖外汇。非法买卖外汇行为具有严重的社会危害性，过去是作为投机倒把处理的，但现行刑法取消了投机倒把罪，从而失去了处理这种犯罪的法律依据。于是一些单位和个人由于种种原因，在国家外汇交易中心及其分中心以及外汇管理部门指定的能够从事结汇、售汇业务的商业银行以外，以牟利为目的，利用外汇黑市差价，进行大量的外汇买卖，牟取暴利。外汇黑市的存在严重扰乱了金融秩序，对人们的心理预期产生重要影响，从而给人民币稳定产生巨大压力。为了惩治非法买卖外汇的犯罪行为，1998 年 12 月 29 日第九届全国人民代表大会常务委员会第六次会议通过的《关于惩治骗购外汇、逃汇和非法买卖外汇犯罪的决定》第 4 条规定，在国家规定的交易场所以外买卖外汇，扰乱市场秩序，情节严重的，依照刑法第 225 条规定定罪处罚。从而以立法形式明确将其规定为本罪。（4）未经国家有关主管部门批准，非法经营证券、期货或者保险业务。针对实践中，有的单位或个人没有国家主管部门的批准，暗地里从事证券、期货的经纪业务及保险业务，严重扰乱期货、证券、保险市场的正常秩序，损害广大投资者、股东及投保人的利益的现象，刑法修正案明确规定对这种行为应以非法经营罪追究刑事责任。需要指出的是，上述犯罪行为是针对未取得从事证券、期货、保险业务主体资格的单位或个人而言，而非对违法进行证券，期货买卖行为的单位或个人而言。如果是证券、期货从业人员违反规定进行证券、期货买卖，或是国有公司、企业违反规定擅自从事证券、期货买卖，则应视情节轻重，或者给予行政处罚，或是依照刑法第 180 条、第 168 条的规定追究刑事责任，而不能以非法经营行为看待。（5）其他严重扰乱市场管理秩序的非法经营行为。这是泛指前四种以外的其他破坏市场管理秩序的非法经营行为。例如，违反国家规定，未经依法核准擅自发行基金份额募集基金，情节严重的。

此外，成立本罪还必须是情节严重的行为。所谓“情节严重”，是指：(1) 违反国家有关盐业管理规定，非法生产、储运、销售食盐，扰乱市场秩序，具有下列情形之一的：非法经营食盐数量在20吨以上的；曾因非法经营食盐行为受过二次以上行政处罚又非法经营食盐，数量在10吨以上的。(2) 违反国家烟草专卖管理法律法规，未经烟草专卖行政主管部门许可，无烟草专卖生产企业许可证、烟草专卖批发企业许可证、特种烟草专卖经营企业许可证、烟草专卖零售许可证等许可证明，非法经营烟草专卖品，具有下列情形之一的：非法经营数额在5万元以上，或者违法所得数额在2万元以上的；非法经营卷烟20万支以上的；曾因非法经营烟草专卖品3年内受过两次以上行政处罚，又非法经营烟草专卖品且数额在3万元以上的。(3) 未经国家有关主管部门批准，非法经营证券、期货、保险业务，或者非法从事资金支付结算业务，具有下列情形之一的：非法经营证券、期货、保险业务，数额在30万元以上的；非法从事资金支付结算业务，数额在200万元以上的；违反国家规定，使用销售点终端机具（POS机）等方法，以虚构交易、虚开价格、现金退货等方式向信用卡持卡人直接支付现金，数额在100万元以上的，或者造成金融机构资金20万元以上逾期未还的，或者造成金融机构经济损失10万元以上的；违法所得数额在5万元以上的。(4) 非法经营外汇，具有下列情形之一的：在外汇指定银行和中国外汇交易中心及其分中心以外买卖外汇，数额在20万美元以上的，或者违法所得数额在5万元以上的；公司、企业或者其他单位违反有关外贸代理业务的规定，采用非法手段，或者明知是伪造、变造的凭证、商业单据，为他人向外汇指定银行骗购外汇，数额在500万美元以上或者违法所得数额在50万元以上的；居间介绍骗购外汇，数额在100万美元以上或者违法所得数额在10万元以上的。(5) 出版、印刷、复制、发行严重危害社会秩序和扰乱市场秩序的非法出版物，具有下列情形之一的：个人非法经营数额在5万元以上的，单位非法经营数额在15万元以上的；个人违法所得数额在2万元以上的，单位违法所得数额在5万元以上的；个人非法经营报纸5000份或者期刊5000本或者图书2000册或者音像制品、电子出版物500张（盒）以上的，单位非法经营报纸15000份或者期刊15000本或者图书5000册或者音像制品、电子出版物1500张（盒）以上的；虽未达到上述数额标准，但具有下列情形之一的：两年内因出版、印刷、复制、发行非法出版物受过行政处罚两次以上的，又出版、印刷、复制、发行非法出版物的；因出版、印刷、复制、发行非法出版物造成恶劣社会影响或者其他严重后果的。(6) 非法从事出版物的出版、印刷、复制、发行业务，严重扰乱市场秩序，具有下列情形之一的：个人非法经营数额在 15 万元以上的，单位非法经营数额在 50 万元以上的；个人违法所得数额在 5 万元以上的，单位违法所得数额在 15 万元以上的；个人非法经营报纸 15000 份或者期刊 15000 本或者图书 5000 册或者音像制品、电子出版物 1500 张（盒）以上的，单位非法经营报纸 5 万份或者期刊 5 万本或者图书 15000 册或者音像制品、电子出版物 5000 张（盒）以上的；虽未达到上述数额标准，两年内因非法从事出版物的出版、印刷、复制、发行业务受过行政处罚两次以上的，又非法从事出版物的出版、印刷、复制、发行业务的。（7）采取租用国际专线、私设转接设备或者其他方法，擅自经营国际电信业务或者涉港澳台电信业务进行营利活动，扰乱电信市场管理秩序，具有下列情形之一的：经营去话业务数额在 100 万元以上的；经营来话业务造成电信资费损失数额在 100 万元以上的；虽未达到上述数额标准，但具有下列情形之一的：两年内因非法经营国际电信业务或者涉港澳台电信业务行为受过行政处罚两次以上，又非法经营国际电信业务或者涉港澳台电信业务的；因非法经营国际电信业务或者涉港澳台电信业务行为造成其他严重后果的。（8）从事其他非法经营活动，具有下列情形之一的个人非法经营数额在 5 万元以上，或者违法所得数额在 1 万元以上的；单位非法经营数额在 50 万元以上，或者违法所得数额在 10 万元以上的；虽未达到上述数额标准，但两年内因同种非法经营行为受过两次以上行政处罚，又进行同种非法经营行为的；其他情节严重的情形。

3. 个人或单位均可构成本罪的主体。

4. 本罪的主观方面，表现为故意，过失不构成本罪。

（三）非法经营罪的认定

主要是划清本罪与非罪的界限。由于我国仍然处于改革的深化阶段，政治体制和经济体制正在发生重大的变化，本罪的实质内容和形式亦在不断地改变，因此，认定非法经营罪与非罪的界限就必须用发展的观点来具体分析论定。首先，要以国家的现行经济政策及有关的经济法规为标准去衡量。其次，要严格区分情节是否严重。只有达到情节严重程度的行为，才能认定为本罪。如果偶尔进行非法经营，经营额不大，违法所得较少，情节显着轻微，危害不大的，只是一般的行政违法行为，可以给予一定的行政处罚，不能认定为犯罪。

非法出版、复制、发行他人作品，侵犯著作权构成犯罪的，按照侵犯著作权罪定罪处罚，不认定为非法经营罪等其他犯罪。

（四）非法经营罪的刑事责任

根据刑法第 225 条、第 231 条的规定，犯本罪的，处 5 年以下有期徒刑或者拘役，并处或者单处违法所得1倍以上5倍以下的罚金，情节特别严重的，处5年以上有期徒刑，并处违法所得1倍以上5倍以下的罚金或者没收财产。单位犯本罪，对单位判处罚金，并对其直接负责的主管人员和其他直接责任人员，依照上述规定处罚。

八、强迫交易罪

强迫交易罪，是指以暴力、威胁手段强买强卖商品，强迫他人提供或者接受服务，强迫他人参与或者退出投标、拍卖，强迫他人转让或者收购公司、企业的股份、债券或者其他资产，强迫他人参与或者退出特定的经营活动，情节严重的行为。

情节严重是指：造成被害人轻微伤或者其他严重后果的；造成直接经济损失2000元以上的；强迫交易3次以上或者强迫3人以上交易的；强迫交易数额1万元以上，或者违法所得数额2000元以上的；强迫他人购买伪劣商品数额5000元以上，或者违法所得数额1000元以上的；其他情节严重的情形。从事正常商品买卖、交易或者劳动服务的人，以暴力、胁迫手段迫使他人交出与合理价钱、费用相差不大钱物，情节严重的，以强迫交易罪定罪处罚；以非法占有为目的，以买卖、交易、服务为幌子采用暴力、胁迫手段迫使他人交出与合理价钱、费用相差悬殊的钱物的，以抢劫罪定罪处刑。在具体认定时，既要考虑超出合理价钱、费用的绝对数额，还要考虑超出合理价钱、费用的比例，加以综合判断。

根据刑法第226条、第231条的规定，犯本罪的，处3年以下有期徒刑或者拘役，并处或者单处罚金；情节特别严重的，处3年以上7年以下有期徒刑，并处罚金。单位犯本罪的，对单位判处罚金，并对其直接负责的主管人员和其他直接责任人员，依照上述规定处罚。

九、伪造、倒卖伪造的有价票证罪

伪造、倒卖伪造的有价票证罪，是指伪造或者倒卖伪造的车票、船票、邮票或者其他有价票证，数额较大的行为。

构成本罪必须是数额较大的行为。“数额较大”是指车票、船票票面数额累计2000元以上，或者数量累计50张以上的；邮票票面数额累计5000元以上，或者数量累计1000枚以上的；其他有价票证价额累计5000元以上，或者数量累计100张以上的；非法获利累计1000元以上的其他数额较大的情形。

根据刑法第227条第1款和第231条规定，犯本罪的，处2年以下有期徒刑、拘役或者管制，并处或者单处票证价额1倍以上5倍以下的罚金；数额巨大的，处 2 年以上 7 年以下有期徒刑，并处票证价额 1 倍以上 5 倍以下的罚金。单位犯本罪的，对单位判处罚金，并对其直接负责的主管人员和其他直接责任人员，依照上述规定处罚。

十、倒卖车票、船票罪

倒卖车票、船票罪，是指以牟取非法利益为目的，倒卖车票、船票，情节严重的行为。

本罪是选择性罪名，在司法实践中应根据具体案情，选择适用或合并适用。高价、变相加价倒卖车票或者倒卖坐席、卧铺签字号及订购车票凭证，票面数额在 5000 元以上，或者非法获利数额在 2000 元以上的，属于本罪中“倒卖车票情节严重”。

根据刑法第 227 条第 2 款和第 231 条的规定，犯本罪的，处 3 年以下有期徒刑、拘役或者管制，并处或者单处票证价额 1 倍以上 5 倍以下的罚金。单位犯本罪的，对单位判处罚金，并对其直接负责的主管人员和其他直接责任人员，依照上述规定处罚。

十一、非法转让、倒卖土地使用权罪

非法转让、倒卖土地使用权罪，是指以牟利为目的，违反土地管理法规，非法转让、倒卖土地使用权，情节严重的行为。

情节严重是指，非法转让、倒卖基本农田 5 亩以上的；非法转让、倒卖基本农田以外的耕地 10 亩以上的；非法转让、倒卖其他土地 20 亩以上的；违法所得数额在 50 万元以上的；虽未达到上述数额标准，但因非法转让、倒卖土地使用权受过行政处罚，又非法转让、倒卖土地的；其他情节严重的情形。

根据刑法第 228 条和第 231 条的规定，非法转让、倒卖土地使用权，情节严重的，处 3 年以下有期徒刑或者拘役，并处或者单处非法转让、倒卖土地使用权价额 5% 以上 20% 以下的罚金；情节特别严重的，处 3 年以上 7 年以下有期徒刑，并处非法转让、倒卖土地使用权价额 5% 以上 20% 以下的罚金。单位犯本罪的，对单位判处罚金，并对其直接负责的主管人员和其他直接责任人员，依照上述规定处罚。

十二、提供虚假证明文件罪

提供虚假证明文件罪，是指承担资产评估、验资、验证、会计、审计、法律服务等职责的中介组织的人员，故意提供虚假的证明文件，情节严重的行为。

情节严重是指，给国家、公众或者其他投资者造成直接经济损失数额在50万元以上的；违法所得数额在10万元以上的；虚假证明文件虚构数额在100万元且占实际数额30%以上的；虽未达到上述数额标准，但具有下列情形之一的：在提供虚假证明文件过程中索取或者非法接受他人财物的；两年内因提供虚假证明文件，受过行政处罚两次以上，又提供虚假证明文件的。其他情节严重的情形。

根据刑法第229条第1款、第2款和第231条的规定，犯本罪的，处5年以下有期徒刑或者拘役，并处罚金；索取他人财物或者非法收受他人财物而犯本罪的，处5年以上10年以下有期徒刑，并处罚金。单位犯本罪的，对单位判处罚金，并对其直接负责的主管人员和其他直接责任人员，依照上述规定处罚。

十三、出具证明文件重大失实罪

出具证明文件重大失实罪，是指承担资产评估、验资、验证、会计、审计、法律服务等职责的中介组织的人员，严重不负责任，出具的证明文件有重大失实，造成严重后果的行为。

造成严重后果是指，给国家、公众或者其他投资者造成直接经济损失数额在100万元以上的；其他造成严重后果的情形。

根据刑法第229条第3款和第231条的规定，犯本罪的，处3年以下有期徒刑或者拘役，并处或者单处罚金。单位犯本罪的，对单位判处罚金，并对其直接负责的主管人员和其他直接责任人员，依照上述规定处罚。

十四、逃避商检罪

逃避商检罪，是指违反进出口商品检验法的规定，逃避商品检验，将必须经商检机构检验的进口商品未报经检验而擅自销售、使用，或者将必须经商检机构检验的出口商品未报经检验合格而擅自出口，情节严重的行为。

情节严重是指，给国家、单位或者个人造成直接经济损失数额在50万元以上的；逃避商检的进出口货物货值金额在300万元以上的；导致病疫流行、灾害事故的；多次逃避商检的；引起国际经济贸易纠纷，严重影响国家对外贸易关系，或者严重损害国家声誉的；其他情节严重的情形。

根据刑法第230条和第231条的规定，犯本罪的，处3年以下有期徒刑或者拘役，并处或者单处罚金。单位犯本罪的，对单位判处罚金，并对其直接负责的主管人员和其他直接责任人员，依照上述规定处罚。

第二十四章　妨害社会管理秩序罪

第一节　妨害社会管理秩序罪概述

一、妨害社会管理秩序罪的概念

妨害社会管理秩序罪，是指故意或过失地妨害国家机关或者其他有关机构对社会的管理活动，破坏社会秩序，依法应当受到刑罚处罚的行为。良好的社会秩序是人民安居乐业、国家健康发展的必要条件。因此我国历来注重用刑法同妨害社会管理秩序的犯罪行为作斗争。

二、妨害社会管理秩序罪的特征

1. 犯罪的客体，是国家对社会的管理活动和社会管理秩序。从本质上讲，一切犯罪都侵害了国家的社会管理秩序。但是，由于立法者对侵害或破坏国家安全、社会公共安全、市场经济、人身权利、家庭婚姻、公私财产、国防与军事利益以及国家机关正常活动等社会秩序的行为专门在刑法分则中作了规定，故本章研究的犯罪所侵犯的同类客体，是国家对社会的日常管理活动和秩序，亦即刑法分则其他各章规定之罪所侵犯的同类客体以外的国家对社会的日常管理活动与秩序。

2. 犯罪的客观方面，表现为行为人必须具有违反各种社会管理秩序的行为，妨害国家机关或其他有关机构的管理活动，破坏社会秩序，情节严重的行为。

（1）违反社会管理法规。妨害社会管理秩序的行为，首先违反的就是国家的各项社会管理法规。当然，本类罪中的有一些罪，刑法分则条文并没有将违反管理法规定为构成要件，如传授犯罪方法罪、强迫他人卖淫罪，但事实上，这些罪也是以违反社会管理法规为前提的，只是其违反法的规范性甚为明显，刑法条文便没有必要再将违反法的规范性加以明示。此外，在本类罪违反的社会管理法规中，一部分是由道德规范上升为法律规范的，另一部分法律规范则纯是出于国家社会管理秩序的需要，并不以道德规范为基础。因此，妨害社会管理秩序罪这一类罪既有传统型的自然犯，如聚众淫乱罪；又有现代型的法定犯，如非法集会、游行、示威罪。

（2）妨害国家机关或其他机构的管理活动。妨害社会管理秩序罪的核心在于对国家机关或其他机构的日常社会生活管理活动进行妨害。其特点有二：第一，由于国家机关或其他机构的管理活动多种多样，因此妨害社会管理秩序的活动的犯罪行为的具体内容和表现形式也是多种多样，其罪名大多为列刑法分则各章之首。第二，妨害社会管理秩序的活动大多由作为形式构成，但也存在一些不作为犯罪，如拒绝提供间谍犯罪的证据罪及拒不执行判决、裁定罪等。

（3）情节严重。这是妨害社会管理秩序罪的关键要件。一种行为虽然是违反妨害社会管理法规的违法行为，但如果情节并不严重，那就不构成犯罪，应当按照治安管理处罚法，以违反治安管理的一般违法行为处理；只有这种行为严重破坏了社会管理秩序，才可能构成犯罪。至于如何理解情节严重，则应根据行为的手段、后果，结合各个具体犯罪加以确定。

3. 犯罪的主体，多数是一般主体，少数是特殊主体。例如，伪证罪的主体只能是刑事诉讼中的证人、鉴定人、记录人、翻译人；医疗事故罪的主体只能是医务人员，等等。多数犯罪的主体限于自然人，少数犯罪既可以由自然人实施，也可以由单位实施（如非法向外国人出售、赠送珍贵文物罪等）；还有个别犯罪的主体只能是单位（如非法出售、私赠文物藏品罪）。

4. 犯罪的主观方面，绝大多数表现为故意，少数犯罪表现为过失，其中还有个别犯罪要求具有特定的犯罪目的，如赌博罪、倒卖文物罪等。

三、妨害社会管理秩序罪的种类

根据刑法分则的规定，分为9类，138个罪名。依次是：

（一）扰乱公共秩序罪

本类罪共50个罪名，分别是：妨害公务罪，煽动暴力抗拒法律实施罪，招摇撞骗罪，伪造、变造、买卖国家机关公文、证件、印章罪，盗窃、抢夺、毁灭国家机关公文、证件、印章罪，伪造公司、企业、事业单位、人民团体印章罪，伪造、变造、买卖居民身份证件、护照、社会保障卡、驾驶证罪，使用虚假身份证件、盗用身份证件罪，非法生产、买卖警用装备罪，非法获取国家秘密罪，非法持有国家绝密、机密文件、资料、物品罪，非法生产、销售专用间谍器材、窃听、窃照专用器材罪，非法使用窃听、窃照专用器材罪，组织考试作弊罪，非法出售、提供试题、答案罪，代替考试罪，非法侵入计算机信息系统罪，非法获取计算机信息系统数据、非法控制计算机信息系统罪，提供侵入、非法控制计算机信息系统程序、工具罪，破坏计算机信息系统罪，拒不履行网络安全管理义务罪，非法利用信息网络罪，帮助信息网络犯罪活动罪，扰乱无线电通讯管理秩序罪，聚众扰乱社会秩序罪，聚众冲击国家机关罪，扰乱国家机关工作秩序罪，组织、资助非法聚集罪，聚众扰乱公共场所秩序、交通秩序罪，投放虚假危险物质罪，编造、故意传播虚假信息罪，编造、故意传播虚假恐怖信息罪，聚众斗殴罪，寻衅滋事罪，组织、领导、参加黑社会性质组织罪，入境发展黑社会组织罪，包庇、纵容黑社会性质组织罪，传授犯罪方法罪，非法集会、游行、示威罪，非法携带武器、管制刀具、爆炸物参加集会、游行、示威罪，破坏集会、游行、示威罪，侮辱国旗、国徽罪，组织、利用会道门、邪教组织、利用迷信破坏法律实施罪，组织、利用会道门、邪教组织、利用迷信致人重伤、死亡罪，聚众淫乱罪，引诱未成年人聚众淫乱罪，盗窃、侮辱、故意毁坏尸体、尸骨、骨灰罪，赌博罪，开设赌场罪，故意延误投递邮件罪。

（二）妨害司法罪

本类犯罪有 20 个罪名，分别是：伪证罪，辩护人、诉讼代理人毁灭证据、伪造证据、妨害作证罪，妨害作证罪，帮助毁灭、伪造证据罪，虚假诉讼罪，打击报复证人罪，泄露不应公开的案件信息罪，披露、报道不应公开的案件信息罪，扰乱法庭秩序罪，窝藏、包庇罪，拒绝提供间谍犯罪、恐怖主义犯罪、极端主义证据罪，掩饰、隐瞒犯罪所得、犯罪所得收益罪，拒不执行判决、裁定罪，非法处置查封、扣押、冻结的财产罪，破坏监管秩序罪，脱逃罪，劫夺被押解人员罪，组织越狱罪，暴动越狱罪，聚众持械劫狱罪。

（三）妨害国（边）境管理罪

本类犯罪有 8 个罪名，分别是：组织他人偷越国（边）境罪，骗取出境证件罪，提供伪造、变造的出入境证件罪，出售出入境证件罪，运送他人偷越国（边）境罪，偷越国（边）境罪，破坏界碑、界桩罪，破坏永久性测量标志罪。

（四）妨害文物管理罪

本类犯罪有 10 个罪名，分别是：故意损毁文物罪，故意损毁名胜古迹罪，过失损毁珍贵文物罪，非法向外国人出售、赠送珍贵文物罪，倒卖文物罪，非法出售、私赠文物藏品罪，盗掘古文化遗址、古墓葬罪，盗掘古人类化石、古脊椎动物化石罪，抢夺、窃取国有档案罪，擅自出卖、转让国有档案罪。

（五）危害公共卫生罪

本类犯罪有 11 个罪名，分别是：妨害传染病防治罪，传染病菌种、毒种扩散罪，妨害国境卫生检疫罪，非法组织卖血罪，强迫卖血罪，非法采集、供应血液、制作、供应血液制品罪，采集、供应血液、制作、供应血液制品事故罪，医疗事故罪，非法行医罪，非法进行节育手术罪，逃避动植物检疫罪。

（六）破坏环境资源保护罪

本类犯罪有15个罪名，分别是：污染环境罪，非法处置进口的固体废物罪，擅自进口固体废物罪，非法捕捞水产品罪，非法猎捕、杀害珍贵、濒危生动物罪，非法收购、运输、出售珍贵、濒危野生动物、珍贵、濒危野生动物制品罪，非法狩猎罪，非法占用农用地罪，非法采矿罪，破坏性采矿罪，非法采伐、毁坏国家重点保护植物罪，非法收购、运输、加工、出售国家重点保护植物、国家重点保护植物制品罪，盗伐林木罪，滥伐林木罪、非法收购、运输盗伐、滥伐林木罪。

（七）走私、贩卖、运输、制造毒品罪

本类犯罪有11个罪名，分别是：走私、贩卖、运输、制造毒品罪，非法持有毒品罪，包庇毒品犯罪分子罪，窝藏、转移、隐瞒毒品、毒赃罪，非法生产、买卖、运输制毒物品、走私制毒物品罪，非法种植毒品原植物罪，非法买卖、运输、携带、持有毒品原植物种子、幼苗罪，引诱、教唆欺骗他人吸毒罪，强迫他人吸毒罪，容留他人吸毒罪，非法提供麻醉药品、精神药品罪。

（八）组织、强迫、引诱、容留、介绍卖淫罪

本类犯罪有6个罪名，分别是：组织卖淫罪，强迫卖淫罪，协助组织卖淫罪，引诱、容留、介绍卖淫罪，引诱幼女卖淫罪，传播性病罪。

（九）制作、贩卖、传播淫秽物品罪

本类犯罪有5个罪名，分别是：制作、复制、出版、贩卖、传播淫秽物品牟利罪，为他人提供书号出版淫秽书刊罪，传播淫秽物品罪，组织播放淫秽音像制品罪，组织淫秽表演罪。

第二节 扰乱公共秩序罪

一、妨害公务罪

（一）妨害公务罪的概念

妨害公务罪，是指以暴力、威胁的方法，阻碍国家机关工作人员、人大代表、红十字会工作人员依法执行职务或履行职责的行为，以及故意阻碍国家安全机关、公安机关依法执行国家安全工作任务，虽未使用暴力、威胁方法，但造成严重后果的行为或者暴力袭击正在依法执行职务的人民警察的行为。

（二）妨害公务罪的特征

1. 本罪侵犯的客体是国家机关、人民代表大会、红十字会、国家安全机关以及公安机关和人民警察的公务活动。这里的“公务”，是指国家机关工作人员与人大代表依法执行职务的活动，红十字会工作人员依法履行职责的活动，以及国家安全机关和公安机关工作人员依法执行国家安全工作任务的活动。本罪侵犯的对象是正在法执行职务、履行职责的上述五类人员。应当指出，上述五类工作人员超越职权范围的活动，或者滥用职权、以权谋私、侵犯国家和群众利益的活动，受到他人阻止的，不能视为“公务”。因而阻碍前述四类工作人员从事非公务活动，不成立本罪。

2. 本罪客观方面，表现为行为人以暴力、威胁的方法阻碍国家机关工作人员、人大代表依法执行职务，或者在自然灾害或者突发事件中以暴力、威胁的方法阻碍红十字会工作人员依法履行职责，或者虽未使用暴力、威胁的方法，但故意阻碍国家安全机关与公安机关工作人员依法履行维护国家安全的职务，且造成了严重后果或者暴力袭击正在依法执行职务的人民警察的行为。所谓暴力，是指对正在依法执行职务的国家机关工作人员、人大代表和正在依法履行职责的红十字会工作人员、人民警察实施殴打、捆绑或者其他人身强制行为，致使其不能正常履行职务或者职责。所谓威胁，是指行为人对前述工作人员进行精神强制，如以杀害、伤害相威胁，或者以毁坏财产、破坏名誉等相恐吓，迫使国家机关工作人员、人大代表、红十字会工作人员、人民警察放弃职守或者使其无法履行职责。

此外，本罪的客观方面还有以下几点值得注意：其一，以暴力、威胁方法阻碍红十字会工作人员依法履行职责的，必须是发生在自然灾害或突发事件中。否则，不构成本罪。其二，故意阻碍国家安全机关、公安机关依法执行国家安全工作任务，不以行为人使用暴力或威胁方法为必要，只要行为人之行为造成了严重的后果，或者暴力袭击正在依法执行职务的人民警察的行为。便构成本罪。其三，根据最高人民检察院《关于以暴力威胁方法阻碍事业编制人员依法执行行政执法职务是否可以对侵害人以妨害公务罪论处的批复》（2000年3月21日）的规定，对于以暴力、威胁方法阻碍国有事业单位人员依照法律、行政法规的规定执行行政执法职务的，或者以暴力、威胁方法阻碍国家机关中受委托从事行政执法活动的事业编制人员执行行政执法职务的，可以对侵害人以本罪追究刑事责任。

实践中，治安联防队员在执行任务中受到不法侵害对侵害人能否按“妨碍公务”处理问题，需要根据行为的本质属性具体判断。一般来讲，由于治安联防组织属于群众性自防自治组织，其执行的是群众性自治组织的集体公务而非国家公务，所以妨害集体公务的行为不构成妨害公务罪。但是，如果治安联防组织是受国家机关委托协助国家机关工作人员从事公务的，不法侵害治安联防队员就具有了妨害国家公务的性质，就属于妨害公务行为。因此，治安联防队员受国家机关指派从事具体的国家公务或者陪同国家工作人员执行国家公务时，不法侵害治安联防队员达到犯罪程度的，应该以妨害公务罪论。

3. 本罪的主观方面是故意，即行为人明知前述五种人员是正在依法执行职务或履行职责而有意对其实施暴力、威胁，使之不能或不敢正常执行职务或者履行职责，或者明知对方正在依法执行国家安全工作任务，而有意进行阻碍。所谓“明知”，包含两层意思：(1) 行为人必须明知自己阻碍的是国家机关工作人员、人大代表、红十字会工作人员以及国家安全机关和公安机关的工作人员或者人民警察的；(2) 行为人必须明知前述人员是在依法履行职务或职责。否则，不能以本罪论处。

（三）妨害公务罪的认定

1. 罪与非罪的界限

其一，要分清妨害公务罪与人民群众同国家机关工作人员的违法乱纪行为作斗争的界限。人民群众同国家机关工作人员的滥用职权或明显的程序违法行为作斗争，不能作为犯罪处理。

其二，要分清妨害公务罪与人民群众不服管理行为的界限。如果某些群众因为政治觉悟低或者认识水平有限而对正在执行公务或履行职责的前述人员实施了谩骂、顶撞等不服管理的行为，一般不应作为犯罪处理。

2. 本罪与其他犯罪的界限

由于本罪通常表现为行为人以暴力或威胁的方法来实施犯罪，因此，本罪就有可能与侮辱罪、故意伤害罪、故意毁坏财物罪相近似。但本罪与前述三个犯罪的显著不同在于：本罪行为人的暴力、威胁行为必须发生于前述人员依法执行职务或履行职责期间，而前述三个犯罪则无时间性限制。如果行为人以暴力妨害公务的行为造成了国家工作人员或人大代表或红十字会工作人员的人身伤害，是定本罪，还是定故意伤害罪，抑或按数罪并罚原则处理呢？我们认为，此种情况属于牵连犯，故对此应按处理牵连犯的原则处理，即从一重罪处断。

（四）妨害公务罪的刑事责任

根据刑法第277条的规定，犯本罪的，处3年以下有期徒刑；拘役、管制或者罚金。

二、煽动暴力抗拒法律实施罪

煽动暴力抗拒法律实施罪，是指煽动群众使用暴力抗拒国家法律、行政法规实施，扰乱社会秩序的行为。

本罪的客体是国家实施法律、行政法规的正常秩序。本罪的客观方面，表现为行为人实施了煽动群众使用暴力抗拒国家法律、行政法规实施的行为。本罪在一般群众本无暴力抗拒法律、法规实施的意思，或者虽有抗拒法律、法规实施的意思但尚未着手实行的情况下，行为人实施煽动行为，使群众产生或者坚定暴力抗拒法律、法规实施的意思。煽动行为必须具有公然性，即在不特定人或众多人共见共闻或可见可闻的情形下从事煽动；煽动方法没有限制，一般是以文字、图画、演说等方式实施；煽动的内容必须是暴力抗拒国家法律、行政法规的实施，但煽动分裂国家、破坏国家统一的，煽动颠覆国家政权、推翻社会主义制度的，煽动军人逃离部队的，成立刑法规定的其他犯罪。煽动他人静坐示威或以其他和平方式抗拒国家法律实施的，不构成本罪。这里的暴力是指广义的暴力，包括对人和对物的暴力，这种暴力一般是众多群众共同实施，具有很大的危险性但不要去造成重大的人员伤亡和财产损失。重大的人员伤亡和财产损失只是加重处罚的条件，而非犯罪成立的要件。煽动暴力抗拒法律实施罪，要求行为人公然煽动群众使用暴力抗拒法律实施，对于煽动使用暴力的方式，既可以是明确要求群众使用暴力，也可以是明知特殊条件下群众将会使用暴力而予以放任。本罪的主体是一般主体。对于暴力抗拒法律实施的积极参与者，除煽动者以外，符合妨害公务犯罪构成要件的，可以妨害公务罪论处。本罪的主观方面为故意，对于煽动行为会引起暴力抗法的结果持直接或间接故意。如果煽动者对群众抗拒法律实施时，究竟是以暴力方式还是以和平方式进行持无所谓的放任态度，而结果群众使用暴力抗拒法律实施的可以认定构成，煽动暴力抗拒法律实施罪。如果煽动者明确要求群众以和平方式抗拒法律实施的，不构成本罪。

根据刑法第 278 条的规定，对犯本罪的，处 3 年以下有期徒刑，拘役、管制或者剥夺政治权利；造成严重后果的，处 3 年以上 7 年以下有期徒刑。

三、招摇撞骗罪

（一）招摇撞骗罪的概念

招摇撞骗罪，是指为了谋取非法利益，假冒国家机关工作人员或者人民警察进行招摇撞骗的行为。

（二）招摇撞骗罪的特征

1. 本罪的客体是国家机关的威信和正常活动。

2. 本罪的客观方面，表现为行为人实施了冒充国家机关工作人员和人民警察进行招摇撞骗的行为。所谓“冒充”，是指不具备国家机关工作人员和人民警察身份的人，假冒为具有国家机关工作人员和人民警察身份的人去行事。其基本特征是：没有某种职级、职衔的人，假冒具有某种职级、职衔的国家机关工作人员和人民警察。从司法实践情况来看，本罪的具体表现又包括下列情况：(1) 非国家机关工作人员冒充国家机关工作人员；(2) 国家机关的下级工作人员冒充上级工作人员。所谓招摇撞骗，指行为人利用人们对国家机关工作人员和人民警察的信任，以假冒国家机关工作人员和人民警察的身份去行骗。单纯假冒身份，或者假冒身份从事正当行为的不构成本罪。例如，为制服歹徒而冒充警察的，不构成本罪。再如，利用女青年爱慕虚荣冒充国家机关工作人员，谈恋爱的，不构成本罪；冒充国家机关工作人员玩弄多人感情，或者以虚假职权威胁他人与自己建立恋爱，以本罪论。

3. 本罪主体为一般主体，即已满16周岁并具有刑事责任能力的自然人。

4. 本罪的主观方面为故意。一般而言，本罪的行为人具有骗取某种非法利益或者利用国家机关工作人员的虚假身份从事不正当活动的目的。

（三）招摇撞骗罪的认定

1. 本罪与非罪的界限

要把本罪同其他招摇撞骗行为区别开来，如果行为人冒充的不是在国家机关从事公务的人员，如冒充公司董事、经理，大专院校或科研机构的专家，以及高干子女等进行招摇撞骗，不构成本罪。

2. 本罪与诈骗罪的界限

二者的区别在于：(1) 侵犯的客体不同。招摇撞骗罪侵犯的客体是国家机关的正常活动；诈骗罪侵犯的客体则是公私财产所有权。(2) 犯罪手段不同。一方面，招摇撞骗罪的行为方式只能是冒充国家机关工作人员行骗；而诈骗罪的行为手段则是多种多样的，不限于冒充有特别身份的人员行骗。另一方面，招摇撞骗罪中，行为人利用虚假职权谋取非法利益时，被害人可能出于完全自愿，但也可能只是形式上自愿而实际上畏于权势不得已为之。例如，行为人冒充正在执行公务的人民警察“抓赌”、“抓嫖”，没收赌资或者罚款的行为，构成犯罪的，以招摇撞骗罪从重处罚。而诈骗罪中行为人只能完全出于自愿。(3) 成立犯罪的标准不同。招摇撞骗罪不要求行为人诈骗所得财物数额多少，只要行为人实施了冒充国家机关工作人员或人民警察招摇撞骗的行为，原则上便构成犯罪。

招摇撞骗骗取财物同时构成诈骗罪和本罪的，属于交叉型的法条竞合，依据重法优于轻法的原则，骗取数额较大的，以本罪论；骗取财物数额巨大、特别巨大或有其他严重情节的，以诈骗罪定罪处罚。

（四）招摇撞骗罪的刑事责任

根据刑法第 279 条的规定，犯本罪的，处 3 年以下有期徒刑、拘役、管制或者剥夺政治权利；情节严重的，处 3 年以上 10 年以下有期徒刑。

四、伪造、变造、买卖国家机关公文、证件、印章罪

伪造、变造、买卖国家机关公文、证件、印章罪，是指伪造、变造、买卖国家机关的公文、证件、印章的行为。

本罪的客体是国家机关的正常活动。犯罪对象是国家机关的公文、证件、印章。本罪的客观方面，表现为行为人实施了伪造、变造、买卖国家机关的公文、证件、印章的行为。本罪是选择性罪名，只要行为人实施了伪造、变造、买卖三种行为之一，便构成犯罪。对于买卖伪造的国家机关证件的行为，以及伪造、变造、买卖各级人民政府设立的行使行政管理权的临时性机构的公文、证件、印章行为，构成犯罪的，可以本罪论，本罪主体为一般主体。本罪的主观方面为故意。至于行为人出于何种目的与动机，在所不问。

根据刑法第 280 条第 1 款的规定，犯本罪的，处 3 年以下有期徒刑、拘役、管制或者剥夺政治权利；情节严重的，处 3 年以上 10 年以下有期徒刑，并处罚金。

五、盗窃、抢夺、毁灭国家机关公文、证件、印章罪

盗窃、抢夺、毁灭国家机关公文、证件、印章罪，是指盗窃、抢夺、毁灭国家机关公文、证件、印章的行为。

本罪的客体是国家机关的威信和正常管理活动。本罪的犯罪对象仍是国家机关的公文、证件、印章。本罪的客观方面，表现为行为人实施了盗窃、抢夺、毁灭国家机关公文、证件、印章的行为。盗窃、抢夺、毁灭国家机关证件罪是故意犯罪，要求行为人盗窃时对犯罪对象有认识。但是对于行为对象的认识可以是确定的认识、明确的认识，也可以是不确定的认识、概括的认识。行为前认识到公文包内可能装有货币、贵重物品、各种证件、公文等物品，但具体是哪种或哪几种物品没有明确认识，取得任一种物品都不超过行为人的主观故意，可以成立本罪。

根据刑法第 280 条第 1 款的规定，对盗窃、抢夺、毁灭国家机关公文；证件、印章罪的处罚，与前罪相同。犯本罪的，处 3 年以下有期徒刑、拘役、管

制或者剥夺政治权利；情节严重的，处3年以上10年以下有期徒刑。并处罚金。

六、伪造公司、企业、事业单位、人民团体印章罪

伪造公司、企业、事业单位、人民团体印章罪，是指伪造公司、企业、事业单位、人民团体的印章的行为。

本罪的客体是公司、企业、事业单位、人民团体的正常活动。本罪的客观方面，表现为行为人实施了伪造公司、企业、事业单位、人民团体的印章的行为。明知是伪造高等院校印章制作的学历、学位证明而贩卖的，以伪造事业单位印章罪的共犯论处。但是要注意并不是一律以本罪定罪：确实有证明不存在共谋，在伪造者伪造学历、学位印章后，由贩卖者或购买者进一步填充、打印后最终完成证书、证明的伪造工作的，不能认定贩卖者构成伪造事业单位印章罪的共犯，情节严重的，以掩饰、隐瞒犯罪所得罪论处。对伪造高等院校印章制作学生证的行为，以本罪论；对明知是伪造高等院校印章制作的学生证而贩卖的，可以本罪或掩饰、隐瞒犯罪所得罪论；对使用伪造的学生证购买半价火车票，数额较大的，以诈骗罪论。以非法占有为目的，通过伪造证据骗取法院民事裁判占有他人财物的行为所侵害的主要是人民法院正常的审判活动可以由人民法院依照民事诉讼法的有关规定作出处理，不宜以诈骗罪追究行为人的刑事责任。如果行为人伪造证据时，实施了伪造公司、企业、事业单位、人民团体印章的行为，构成犯罪的，本罪论。

根据刑法第280条第2款的规定，犯本罪的，处3年以下有期徒刑、拘役、管制或者剥夺政治权利。并处罚金。

七、伪造、变造、买卖居民身份证、护照、社会保障卡、驾驶证罪

伪造、变造、买卖居民身份证、护照、社会保障卡、驾驶证罪，是指违反国家有关居民身份证管理的法规，伪造、变造居民身份证、护照、社会保障卡、驾驶证等依法可以用于证明身份的证件的行为。

本罪的客体是国家对居民身份证、护照、社会保障卡、驾驶证的管理制度。本罪的客观方面，表现为行为人实施了伪造、变造居民身份证、护照、社会保障卡、驾驶证的行为。对于行为人出资让他人伪造了居民身份证、护照、社会保障卡、驾驶证的行为，一般不宜以犯罪论。

根据刑法第280条第3款的规定，犯本罪的，处3年以下有期徒刑、拘役、管制或者剥夺政治权利，并处罚金；情节严重的，处3年以上7年以下有

期徒刑，并处罚金。所谓情节严重，一般是指：多次或者大量伪造、变造居民身份证的，为牟取非法利益而伪造、变造居民身份证的，等等。

八、使用虚假身份证件、盗用身份证件罪

使用虚假身份证件、盗用身份证件罪是指在依照国家规定应当提供身份证明的活动中，使用伪造、变造的或者盗用他人的居民身份证、护照、社会保障卡、驾驶证等依法可以用于证明身份的证件，情节严重的行为。

本罪的客体是国家对居民身份证、护照、社会保障卡、驾驶证的管理制度。本罪的客观方面，表现为行为人使用伪造、变造的或者盗用他人的居民身份证、护照、社会保障卡、驾驶证等依法可以用于证明身份的证件的行为。

根据刑法第 280 条之一：处拘役或者管制，并处或者单处罚金。有前款行为，同时构成其他犯罪的，依照处罚较重的规定定罪处罚。

九、非法生产、买卖警用装备罪

非法生产、买卖警用装备罪，是指非法生产、买卖人民警察制式服装、车辆号牌等专用标志、警械，情节严重的行为。

本罪的客体是国家对警用装备的管理制度。犯罪对象是人民警察制式服装、车辆号牌等专用标志、警械。本罪的客观方面，表现为行为人实施了非法生产、买卖人民警察制式服装、车辆号牌等专用标志、警械的行为。本罪的主体为一般主体，但单位也可成为本罪主体。本罪的主观方面为故意。

根据刑法第 281 条规定，犯本罪的，处 3 年以下有期徒刑、拘役或者管制，并处或者单处罚金。单位犯本罪的，对单位判处罚金；并对其直接负责的主管人员和其他直接责任人员，依照自然人犯本罪的规定处罚。

十、非法获取国家秘密罪

（一）非法获取国家秘密罪的概念

非法获取国家秘密罪，是指以窃取、刺探、收买方法，非法获取国家秘密的行为。

（二）非法获取国家秘密罪的特征

1. 本罪的客体是国家的保密制度。本罪的犯罪对象是国家秘密。所谓国家秘密，是指依国家保密法有关规定，关系国家安全和利益，在一定时间内限于一定范围的人员知悉的事项。我国保密法将国家秘密分为绝密、机密和秘密三个等级。无论行为人非法获取前述三种国家秘密中的哪种秘密，都足以构成本罪。

2. 本罪客观方面，表现为行为人实施了非法获取国家秘密的行为，即行

为人实施了窃取、刺探或者收买国家秘密的行为。所谓窃取，是指暗中盗窃国家秘密；所谓刺探，是指向他人探听国家秘密；所谓收买，是指以货币、实物甚至美色等手段换取国家秘密。本罪属于选择性罪名，只要行为人实施了前三种行为中的一种，即构成犯罪。

3. 本罪的主体为一般主体，即只要已满16周岁且具有刑事责任能力的自然人均可成为本罪主体。

4. 本罪的主观方面为故意。至于行为人出于何种目的与动机，不影响本罪的成立。

(三) 非法获取国家秘密罪的认定

1. 本罪与非罪的界限

本罪与非罪的区别主要从以下两方面看：其一，行为人获取国家秘密的行为方式。只有采用窃取、刺探、收买方法才能构成本罪。其二，行为人非法获取的对象必须是国家秘密，否则不构成本罪。

2. 本罪与非法持有国家绝密、机密文件、资料、物品罪的区别

二者的相同之处在于：犯罪客体都是侵害的国家保密制度，犯罪主体都是一般主体，犯罪的主观方面都是故意。二者的明显区别在于：其一，犯罪对象有所不同；本罪侵犯的对象是一切属于国家秘密的信息；而非法持有国家绝密、机密文件、资料、物品罪所侵害的只是属于国家绝密或机密的文件、资料、物品。其二，行为人的行为表现形式不同。本罪的行为形式是“窃取、刺探、收买”国家秘密，而后者则是非法持有属于国家绝密、机密的文件资料或者其他物品，且拒不说明来源与用途。

3. 本罪与为境外窃取、刺探、收买、非法提供国家秘密、情报罪的区别

二者的相同之处在于：二者的行为人都实施了“窃取、刺探、收买”国家秘密的行为；二者的主体都是一般主体等。二者的关键区别在于：其一，二者侵犯的客体不同。本罪侵犯的客体是国家保密制度，而为境外窃取、刺探、收买、非法提供国家秘密、情报罪侵犯客体则是国家安全。其二，二者的犯罪对象有所不同。本罪的犯罪对象限于“国家秘密”；为境外窃取、刺探、收买；非法提供国家秘密、情报罪的犯罪对象还包括不属于国家秘密的“情报”。其三，二者的主观内容不同。本罪不要求行为人具有特定犯罪目的，而为境外窃取、刺探、收买、非法提供国家秘密、情报罪的成立，一般要求行为人主观上具有危害国家安全的目的。

(四) 非法获取国家秘密罪的刑事责任

根据刑法第282条第1款的规定，犯本罪的，处3年以下有期徒刑、拘役、管制或者剥夺政治权利；情节严重的，处3年以上7年以有期徒刑。

十一、非法持有国家绝密、机密文件、资料、物品罪

非法持有国家绝密、机密文件、资料、物品罪，是指非法持有国家绝密、机密的文件、资料或者其他物品，拒不说明来源与用途的行为。

本罪的客体是国家的保密制度，犯罪对象是国家绝密、机密文件、资料或者其他物品。本罪的客观方面，表现为行为人实施了非法持有属于国家绝密、机密的文件、资料或者其他物品，且拒不说明来源与用途的行为。行为人非法持有属于国家绝密、机密文件、物品、资料的必须是具有拒不说明来源和用途的情形，才可构成本罪，即仅仅有非法持有尚不能定本罪，如果能够查明其来源或者用途，则应以其他相关犯罪论处如间谍罪、为境外窃取、刺探、收买、非法提供国家秘密罪、非法获取国家秘密罪等，而不再定本罪。行为人持有国家绝密、机密文件、资料或其他物品，然后伺机向境外机构、组织、人员提供的，应以为境外机构、组织、人员非法提供国家秘密罪定罪处罚，不应数罪并罚。因为在任何情况下，为境外机构、组织、人员非法提供国家秘密之前都有一个事实上的持有过程，该持有行为可以被后续的非法提供行为所吸收。本罪的主体是一般主体。本罪的主观方面为故意。

根据刑法第 282 条第 2 款的规定，犯本罪的处 3 年以下有期徒刑、拘役或者管制。

十二、非法生产、销售专用间谍器材或者窃听、窃照专用器材罪

非法生产、销售专用间谍器材或者窃听、窃照专用器材罪，是指非法生产、销售专用间谍器材或者窃听、窃照专用器材的行为。

本罪的客体是国家对间谍专用器材的管理制度。本罪的客观方面，表现为行为人实施了非法生产、销售窃听、窃照等专用间谍器材的行为。间谍专用器材，是指进行间谍活动特殊需要的下列器材：暗藏式窃听、窃照器材；突发式收发报机、一次性密码本、密写工具；用于获取情报的电子监听、截收器材；其他专用间谍器材。专用间谍器材的确认，由国家安全部负责。

根据刑法第 283 条的规定，犯本罪的处 3 年以下有期徒刑、拘役或者管制。单位犯前款罪的，对单位判处罚金，并对其直接负责的主管人员和其他直接责任人员，依照前款的规定处罚。

十三、非法使用窃听、窃照专用器材罪

非法使用窃听、窃照专用器材罪，是指非法使用窃听、窃照专用器材，造

成严重后果的行为。

本罪的客体是国家对窃听、窃照专用器材的管理制度。本罪的客观方面，表现为行为人实施了非法使用窃听、窃照专用器材且造成了严重后果的行为。并非一切违法使用窃听、窃照器材的行为都构成犯罪，只有那些使用窃听、窃照设备造成了严重后果的行为，才构成犯罪。所谓造成严重后果的是指：危害国家安全或者造成被窃听、窃照的单位商业秘密泄露的；严重侵犯他人隐私权、人格权的等。本罪的主观方面为故意。如果无意中使用窃听、窃照器材而碰巧听到或拍录到他人的商业密谈或私生活画面，则不能以犯罪论处。

根据刑法第 284 条的规定，犯本罪的，处 2 年以下有期徒刑、拘役或者管制。

十四、组织考试作弊罪

组织考试作弊罪，是指在法律规定的国家考试中，组织作弊的行为。

根据刑法第 284 条之一第 1 款、第 2 款的规定，犯本罪的，处 3 年以下有期徒刑或者拘役，并处或者单处罚金；情节严重的，处 3 年以上 7 年以下有期徒刑，并处罚金。为他人实施前款犯罪提供作弊器材或者其他帮助的，依照前款的规定处罚。

十五、非法出售、提供试题、答案罪

非法出售、提供试题、答案罪，是指为实施考试作弊行为，向他人非法出售或者提供刑法第 284 条之一第 1 款规定的考试的试题、答案的行为。

根据刑法第 284 条之一第 3 款的规定，犯本罪的，处 3 年以下有期徒刑或者拘役，并处或者单处罚金；情节严重的，处 3 年以上 7 年以下有期徒刑，并处罚金。为他人实施前款犯罪提供作弊器材或者其他帮助的，依照前款的规定处罚。

十六、代替考试罪

代替考试罪，是指代替他人或者让他人代替自己参加第 284 条之一第 1 款规定的考试的行为。

根据刑法第 284 条第 4 款的规定，犯本罪的，处拘役或者管制，并处或者单处罚金。

十七、非法侵入计算机信息系统罪

（一）非法侵入计算机信息系统罪的概念

非法侵入计算机信息系统罪，指违反国家规定，侵入国家事务、国防建设、尖端科学技术领域的计算机信息系统的行为。

（二）非法侵入计算机信息系统罪的特征

1. 本罪的客体是国家事务、国防建设、尖端科学技术领域的计算机信息系统安全。

一般企事业单位的计算机信息系统不属于本罪的犯罪对象，不能以这些系统需要先进的科学技术就认定属于尖端科学技术领域的计算机信息系统。关于金融领域计算机信息系统的归属，则要视具体情况而定，中国人民银行建立的计算机信息系统应视为属于国家事务领域的计算机信息系统，而各商业银行建立的计算机信息系统则属于经济建设领域的计算机信息系统。我国军队计算机信息系统应属于国防建设领域的计算机信息系统。因此，对于非法侵入的不是国家事务、国防建设、尖端科学技术三个领域的计算机信息系统的，不构成本罪，但有可能构成其他犯罪。对是否属于“国家事务、国防建设、尖端科学技术领域的计算机信息系统”难以确定的，应当委托省级以上负责计算机信息系统安全保护管理工作的部门检验。“计算机信息系统”和“计算机系统”，是指具备自动处理数据功能的系统，包括计算机、网络设备、通信设备、自动化控制设备等。

2. 本罪的客观方面，表现为行为人实施了非法侵入国家事务、国防建设、尖端科学技术领域的计算机信息系统的行为。

这里的违反国家规定，包括违反计算机安全保护法规和保守国家秘密的一般性法规。非法侵入行为可以分为两类：一是非法用户侵入信息系统，也即无权访问特定信息系统的人非法侵入该信息系统；二是合法用户的越权访问，也即有权访问特定信息系统的用户，未经批准、授权或者未办理手续而擅自访问该信息系统或者调取系统内部资源。本罪属于行为犯，只要行为人擅自进入国家事务、国防建设、尖端科学技术领域的计算机信息系统，便足以成立本罪。

3. 本罪的主体是一般主体。

4. 本罪的主观方面为故意。即行为人明知是国家事务、国防建设、尖端科学技术领域的计算机信息系统而擅自侵入。

（三）非法侵入计算机信息系统罪的认定

本罪一罪与数罪的界限。违反国家规定，侵入国防建设、尖端科学技术领域计算机信息系统，尚未对军事通信造成破坏的，以本罪论；对军事通信造成破坏，同时构成刑法第 285 条、第 286 条、第 369 条第 1 款规定的犯罪的，依照处罚较重的规定定罪处罚。为获取国家秘密提供给国外间谍组织或国外机构而侵入有关计算机系统，则构成本罪与为境外窃取、刺探、收买、非法提供国家秘密、情报罪的牵连犯，应从一重处罚；当后续行为的犯意产生在非法侵入计算机信息系统之后时，前后行为之间没有牵连关系，对非法侵入行为和后续行为应分别定罪，实行数罪并罚。行为人非法侵入计算机系统后，过失地破坏水利自动管理系统，造成洪水泛滥，则要依本罪与过失决水罪合并处罚。

（四）非法侵入计算机信息系统罪的刑事责任

根据刑法第 285 条的规定，犯本罪的，处 3 年以下有期徒刑或者拘役。单位犯本罪的，对单位判处罚金，并对其直接负责的主管人员和其他直接责任人员，依照该款的规定处罚。

十八、非法获取计算机信息系统数据、控制计算机信息系统罪

非法获取计算机信息系统数据、控制计算机信息系统罪，是指违反国家规定，侵入国家事务、国防建设、尖端科学技术领域的计算机信息系统以外的计算机信息系统或者采用其他技术手段，获取该计算机信息系统中存储、处理或者传输的数据，或者对该计算机信息系统实施非法控制，情节严重的行为。

本罪的客体是计算机信息系统安全。犯罪对象是国家事务、国防建设、尖端科学技术领域的计算机信息系统以外的计算机信息系统或者其中存储、处理或者传输的数据。

本罪的客观方面表现为：其一，以侵入上述计算机信息系统或者采取其他技术手段，非法获取该系统中存储、处理或者传输的数据。所谓“利用其他技术手段”，主要是指假冒或者设立虚假网站，或者利用网关欺骗技术，行为人并不需要进入他人的计算机信息系统就可获取其他计算机处理、传输的数据信息。所谓“假冒”网站一般是指冒充国家机关、金融系统已经建立的网站；所谓“设立”虚假网站，一般是指以国家机关、金融系统的名义建立并不存在的网站。所谓“网关欺骗”技术，就是通过 ARP 欺骗技术建立假网关，让被它欺骗的个人电脑向假网关发送数据，而不是通过正常的路由器上网，使所有发送的数据都要先经过假网关中转一次，从而窃取被它欺骗的计算机系统数据。其二，对该计算机信息系统实施非法控制。这里的“非法控制”一般是指行为人利用网站漏洞将木马植入到网站上，在用户访问网站时利用客户端漏洞将木马移植到用户计算机上，或在互联网上传播捆绑有木马的程序或文件，当用户连接到互联网时，这个程序就会通知黑客，报告用户的 IP 地址以及预先设定的端口。黑客在收到这些信息后，再利用这个潜伏的程序，就可以任意

地修改用户的计算机的参数设定、复制文件、窥视硬盘中的内容等，从而控制电脑。非法控制电脑着通常把这些受控制的电脑集中在一起，形成僵尸网络，从而为他们的犯罪服务，僵尸网络不仅仅可以使服务器崩溃或大量传播木马、病毒，而且能够提供有效的、分布式的架构，对企业信息发动大规模的攻击以及垃圾邮件攻击。这种攻击手段，一旦奏效，危害性极大。木马程序与计算机病毒相比，计算机病毒只是破坏用户的信息，而木马控制计算机，窃取用户的信息。本罪的成立还要求情节严重，所谓“情节严重”通常包括以下情形：(1）获取支付结算、证券交易、期货交易等网络金融服务的身份认证信息10组以上的；(2）获取第1项以外的身份认证信息500组以上的；(3）非法控制计算机信息系统20台以上的违法所得5000元以上或者造成经济损失1万元以上的；(4）其他情节严重的情形。

根据刑法第285条第2款的规定，犯本罪的，处3年以下有期徒刑或者拘役，并处或者单处罚金；情节特别严重的，处3年以上7年以下有期徒刑，并处罚金。单位犯本罪的，对单位判处罚金，并对其直接负责的主管人员和其他直接责任人员，依照该款的规定处罚。

十九、提供侵入、非法控制计算机信息系统程序、工具罪

提供用于侵入、非法控制计算机信息系统程序、工具罪是指提供专门用于侵入、非法控制计算机信息系统的程序、工具，或者明知他人实施侵入、非法控制计算机信息系统的违法犯罪行为而为其提供程序、工具，情节严重的行为。

本罪客观方面表现为两种情况：一是提供专门用于侵入、非法控制计算机信息系统的程序、工具。所谓“提供”，是向他人供给的意思，既包括出于营利目的的有偿供给，如网上销售，也包括不以营利为目的的免费供给，如将程序贴在网上供网民免费下载；既包括向特定对象提供，也包括向不特定的社会公众提供。这里的专门程序或者工具可以是行为人自己创制的，也可以是通过网络等其他途径获得的。“专门用于侵入、非法控制计算机信息系统的程序、工具”，是指：具有避开或者突破计算机信息系统安全保护措施，未经授权或者超越授权获取计算机信息系统数据的功能的；具有避开或者突破计算机信息系统安全保护措施，未经授权或者超越授权对计算机信息系统实施控制的功能的；其他专门设计用于侵入、非法控制计算机信息系统、非法获取计算机信息系统数据的程序、工具。二是明知他人实施侵入、非法控制计算机信息系统的违法犯罪行为而为其提供程序、工具。提供实施侵入、非法控制计算机信息系统程序、工具的行为人与用这些程序和工具进行犯罪的行为人可以构成共犯，

也可以不构成共犯。刑法将供行为与使用行为相对独立，单独入罪，更有利于对此类危害社会行为的打击。

另外，非法控制他人计算机信息系统的行为对于被害的计算机信息系统，既可能是一种破坏性控制，也可能是一种非破坏性控制；既可能造成实际破坏，也可能只是具有破坏的危险。控制计算机信息系统造成破坏计算机信息系统结果的行为应以破坏计算机信息系统行为论处。

需要注意的是，由于虚拟财产可能与他人的现实财产权益相联系，从而具有财产稀缺性、可控制性和市场价值等基本属性，从而成为财产犯罪的对象，因此，利用网络盗窃他人虚拟财产如果给他人造成实际财产损失的，可能同时构成盗窃罪。通过非法控制他人计算机信息系统盗窃他人财产的行为构成破坏计算机信息系统罪和盗窃的牵连犯，应当从一重罪论处。

根据刑法第 285 条第 3 款的规定犯本罪的，处 3 年以下有期徒刑或者拘役，并处或者单处罚金；情节特别严重的，处 3 年以上 7 年以下有期徒刑，并处罚金。单位犯本罪的，对单位判处罚金，并对其直接负责的主管人员和其他直接责任人员，依照该款的规定处罚。

二十、破坏计算机信息系统罪

（一）破坏计算机信息系统罪的概念

破坏计算机信息系统罪，是指违反国家规定，对计算机信息系统功能进行删除、修改、增加、干扰，造成计算机信息系统不能正常运行，以及对计算机信息系统中存储、处理或者传输的数据和应用程序进行删除、修改、增加的操作，或者故意制作、传播计算机病毒等破坏性程序，影响计算机系统正常运行，后果严重的行为。

（二）破坏计算机信息系统罪的特征

1. 本罪的客体是国家对计算机信息系统的安全运行管理制度和计算机信息系统的所有人和合法用户的合法权益。本罪的犯罪对象是计算机信息系统，包括数据、应用程序和系统功能，包括未联网的微型计算机信息系统。

2. 本罪的客观方面，表现为行为人实施了破坏计算机信息系统的行为。其具体表现形式有以下几种：其一，行为人对计算机信息系统功能进行删除、修改、增加、干扰，从而造成计算机信息系统不能正常运行，后果严重；其二；行为人对计算机信息系统中存储、处理或者传输的数据和应用程序进行删除、修改、增加的操作，后果严重；其三，故意制作、传播计算机病毒等破坏性程序，影响计算机系统正常运行，后果严重。具有下列情形之一的，应当认定为“后果严重”：造成 10 台以上计算机信息系统的主要软件或者硬件不能正常运行的；对20台以上计算机信息系统中存储、处理或者传输的数据进行删除、修改、增加操作的；违法所得5000元以上或者造成经济损失1万元以上的；造成为100台以上计算机信息系统提供域名解析、身份认证、计费等基础服务或者为1万以上用户提供服务的计算机信息系统不能正常运行累计1小时以上的；造成其他严重后果的。

3. 本罪的主体为一般主体。

4. 本罪的主观方面为故意。

（三）破坏计算机信息系统罪的认定

1. 本罪与非罪的界限。区分本罪与非罪的主要标准为是否造成严重后果。实施刑法所规定的有关行为，造成严重后果的，构成犯罪；尚未造成严重后果或后果不严重的，不能构成犯罪。

2. 本罪与利用计算机实施其他犯罪的界限。利用计算机实施金融诈骗、盗窃、贪污、挪用公款、窃取国家秘密或者其他犯罪的，依照刑法有关规定定罪处罚。因利用计算机犯罪又导致计算机系统不能正常运行，后果严重的，应当按照牵连犯处罚。

3. 本罪与非法侵入计算机信息系统罪的区别。二者的区别主要在于：（1）侵犯的对象不完全相同。本罪侵犯的是一切计算机信息系统，其中也包括国家事务、国防建设、尖端科学技术领域的计算机信息系统；而非法侵入计算机信息系统罪侵犯的则限于非法侵入国家事务、国防建设、尖端科学技术领域的计算机信息系统。（2）客观表现不同。本罪客观方面的突出特点，就是行为人实施了各种行为均对计算机信息系统具有破坏性一无论是行为人对计算机信息系统的删除、修改、增加等，还是制作、传播计算机病毒，都是为了破坏计算机信息系统；而非法侵入计算机信息系统罪的行为人只是“非法侵入”，一般并无破坏行为。（3）主观故意内容不同。本罪行为人故意内容是“破坏”计算机信息系统；而非法侵入计算机信息系统罪的行为人故意内容则是“侵入”特定的计算机信息系统。（4）犯罪成立的标准不同。本罪属于结果犯，以“后果严重”为必要构成要件；而非法侵入计算机信息系统罪则属于行为犯，不以发生特定后果为必要。

（四）破坏计算机信息系统罪的刑事责任

根据刑法第286条的规定，犯本罪的，处5年以下有期徒刑或者拘役。后果特别严重的，处5年以上有期徒刑。单位犯本罪的，对单位判处罚金，并对其直接负责的主管人员和其他直接责任人员，依照第1款的规定处罚。

二十一、拒不履行网络安全管理义务罪

拒不履行网络安全管理义务罪，是指网络服务提供者不履行法律、行政法规规定的信息网络安全管理义务，经监管部门责令采取改正措施而拒不改正的行为。

根据刑法第286条之一的规定：有下列情形之一的，处3年以下有期徒刑、拘役或者管制，并处或者单处罚金：（1）致使违法信息大量传播的；（2）致使用户信息泄露，造成严重后果的；（3）致使刑事案件证据灭失，情节严重的；（4）有其他严重情节的。单位犯前款罪的，对单位判处罚金，并对其直接负责的主管人员和其他直接责任人员，依照前款的规定处罚。有前两款行为，同时构成其他犯罪的，依照处罚较重的规定定罪处罚。

二十二、非法利用信息网络罪

非法利用信息网络罪，是指利用信息网络实施下列行为之一：（1）设立用于实施诈骗、传授犯罪方法、制作或者销售违禁物品、管制物品等违法犯罪活动的网站、通讯群组的；（2）发布有关制作或者销售毒品、枪支、淫秽物品等违禁物品、管制物品或者其他违法犯罪信息的；（3）为实施诈骗等违法犯罪活动发布信息的。

根据刑法第287条之一的规定，情节严重的，处3年以下有期徒刑或者拘役，并处或者单处罚金。单位犯前款罪的，对单位判处罚金，并对其直接负责的主管人员和其他直接责任人员，依照第1款的规定处罚。有前两款行为，同时构成其他犯罪的，依照处罚较重的规定定罪处罚。

二十三、帮助信息网络犯罪活动罪

帮助信息网络犯罪活动罪，是指明知他人利用信息网络实施犯罪，为其犯罪提供互联网接入、服务器托管、网络存储、通讯传输等技术支持，或者提供广告推广、支付结算等帮助，情节严重的行为。

根据刑法第287条之二的规定，犯本罪的，处3年以下有期徒刑或者拘役，并处或者单处罚金。单位犯前款罪的，对单位判处罚金，并对其直接负责的主管人员和其他直接责任人员，依照第1款的规定处罚。有前两款行为，同时构成其他犯罪的，依照处罚较重的规定定罪处罚。

二十四、扰乱无线电通讯管理秩序罪

扰乱无线电通讯管理秩序罪，是指违反国家规定，擅自设置、使用无线电

台（站），或者擅自使用无线电频率，干扰无线电通讯秩序，情节严重行为。

本罪的客体是国家无线电使用管理秩序。本罪的客观方面表现有三：其一，行为人违反国家有关规定，即违反了国家关于无线电台（站）或频率设置或使用的规定。其二，行为人实施了擅自设置、使用无线电台（站）者擅自占用频率，经责令停止使用后拒不停用，干扰无线电通讯正常进行的行为。其三，行为人之行为造成了严重后果。违反国家规定，擅自设置、使用无线电台（站），或者擅自占用频率，非法经营国际电信业务或者涉港澳台电信业务进行营利活动，同时构成非法经营罪和扰乱无线电通讯管理秩序罪的，依照处罚较重的规定定罪处罚。本罪的主体为一般主体；单位可以成为本罪的主体。本罪的主观方面为故意。

根据刑法第288条的规定，处3年以下有期徒刑、拘役或者管制，并处或者单处罚金；情节特别严重的，处3年以上7年以下有期徒刑，并处罚金。

二十五、聚众扰乱社会秩序罪

（一）聚众扰乱社会秩序罪的概念

聚众扰乱社会秩序罪，是指组织、策划、指挥或者积极参加聚众扰乱社会秩序，情节严重，致使工作、生产、营业或教学、科研、医疗无法进行，造成严重损失的行为。

（二）聚众扰乱社会秩序罪的特征

1. 本罪的客体是公共秩序。我们认为，本罪所涉及的公共秩序，是指党政机关、企业（包括个体和私营企业）、事业单位、人民团体有条不紊的正常活动。

2. 本罪的客观方面表现为两大特点：其一，行为人实施了聚众扰乱社会秩序且属情节严重的行为。所谓聚众，是指首要分子纠集众人，在同一时间、同一地点相聚集。所谓扰乱社会秩序，是指由于行为人之行为致使工作、生产、营业或教学、科研、医疗无法进行。其二，行为人扰乱社会秩序的行为必须是造成了严重损失。所谓严重损失，一般是指，因行为人的聚众扰乱社会秩序的行为导致生产、营业等部门较长时间不能正常生产或营业，从而造成了经营损失；导致党政部门不能正常办公，从而造成不良社会影响；导致教学、研究部门不能正常进行教学、研究工作，从而严重阻滞了教学、研究工作；等等。

3. 本罪的主体是一般主体，且仅限于“聚众”的首要分子和积极参加者。对于绝大多数的一般参与人员，不宜以犯罪论处。

4. 本罪的主观方面为故意。既可以是直接故意，也可以是间接故意，过失不能构成本罪。行为人动机的如何，不影响本罪的成立。

（三）聚众扰乱社会秩序罪的认定

1. 罪与非罪的界限。关于本罪与非罪问题，主要应注意：要把聚众扰乱社会秩序罪与人民群众合法的游行、抗议、请愿活动区别开来。根据我国宪法规定公民享有游行、示威表达自己意见的权利。如果人民群众由于对有关国家机关或部门及其工作人员的工作不满（如对官僚主义、贪污腐败等问题），聚集起来到有关党政部门或其他行政管理部门示威、请愿，则不能作为扰乱社会秩序的犯罪来处理。

2. 本罪与破坏生产经营罪的关系。二者的相同之处在于：二者都干扰或破坏了正常的生产经营，造成了一定的经济损失。二者的显著区别在于：其一，侵犯的客体不同。本罪侵害的是国家的社会管理秩序；而破坏生产经营罪侵犯的客体是公私财产权。其二，客观方面表现不同。本罪表现为，聚众扰乱生产经营秩序的行为，而破坏生产经营罪表现为破坏机器设备、残害耕畜或者以其他方法破坏生产经营的行为。其三，故意内容不同。虽然二者都是故意犯罪，但本罪的成立与目的、动机没有关系；而破坏生产经营罪的成立，要求行为人必须是出于泄愤报复或者其他个人目的。其四，犯罪成立的标准不同。本罪属结果犯，即必须是行为人之行为导致了生产经营无法进行、造成严重损失、情节严重的结果，才构成犯罪；而破坏生产经营罪则属于行为犯，只要行为人实施了破坏生产经营的行为，原则上便构成犯罪。

（四）聚众扰乱社会秩序罪的刑事责任

根据刑法第 290 条第 1 款的规定，对犯本罪的首要分子，处 3 年以上 7 年以下有期徒刑；对其他积极参加实施本罪行为的，处 3 年以下有期徒刑、拘役、管制或者剥夺政治权利。

二十六、聚众冲击国家机关罪

聚众冲击国家机关罪，是指聚众冲击国家机关，致使国家机关工作无法进行，造成严重损失的行为。

本罪的客体是国家机关的正常工作秩序。国家机关，是指中央和地方各级权力机关、行政机关、审判机关和检察机关。本罪的客观方面，表现为行为人实施了聚众冲击国家机关，致使国家机关工作无法进且造成严重损失的行为。“聚众冲击”是指首要分子聚集众人，冲撞或包围国家机关，强行进入国家机关或堵塞国家机关通道以及占据国家机关办公场所等行为。没有冲击行为，而只是单纯在国家机关门前或院内静坐示威的，或者国家机关与其他企业、事业单位、人民团体处于同一办公场所，聚众冲击者的目的是扰乱非国家机关的工作、生产秩序的，完全没有冲击国家机关的意思的，原则上都不构成本罪，而应以聚众扰乱社会秩序罪处理。本罪的主体是一般主体。值得注意的是：并非一切参与冲击国家机关的人都构成本罪，只有首要分子和积极参加者才是本罪的主体。本罪的主观方面为故意。

根据刑法第290条第2款的规定，对犯本罪的首要分子，处5年以上10年以下有期徒刑；对其他积极参加者，处5年以下有期徒刑、拘役、管制或者剥夺政治权利。

二十七、扰乱国家机关工作秩序罪

扰乱国家机关工作秩序罪，是指多次扰乱国家机关工作秩序，经行政处罚后仍不改正，造成严重后果的行为。

本罪的客体是国家机关的正常工作秩序，客观方面表现为多次扰乱国家机关工作秩序，经行政处罚后仍不改正，造成严重后果的行为。

根据刑法第290条第3款的规定，处3年以下有期徒刑、拘役或者管制。

二十八、组织、资助非法聚集罪

组织、资助非法聚集罪，是指多次组织、资助他人非法聚集，扰乱社会秩序，情节严重的行为。

根据刑法第290条第4款的规定，处3年以下有期徒刑、拘役或者管制。

二十九、聚众扰乱公共场所秩序、交通秩序罪

聚众扰乱公共场所秩序、交通秩序罪，是指聚众扰乱车站、码头、民用航空站、商场、公园、影剧院、展览会、运动场或者其他公共场所秩序，聚众堵塞交通或者破坏交通秩序，抗拒、阻碍国家治安管理工作人员依法执行职务，情节严重的行为。

本罪的客体是公共场所秩序或者交通秩序。本罪的客观方面，表现为行为人实施了聚众扰乱公共场所秩序的行为。所谓聚众，其含义与前罪中的“聚众”相同。所谓扰乱，其表现形式多种多样，既包括堵塞车站、码头、民用航空站、商场、公园、影剧院、展览会、运动场或其他公共场所，致使这些场所的营运无法进行，也包括破坏交通秩序，抗拒、阻碍国家治安管理工作人员依法执行职务；等等。应当注意的是，并非一切聚众扰乱公共场所秩序的行为都构成本罪，只有那些聚众扰乱公共场所秩序，且系情节严重的行为，才构成本罪。具有下列情形之一的，可视为“情节严重”：（1）实施了暴力抗拒，阻碍国家治安管理工作人员依法执行职务的；（2）在重要的公共场所聚众闹事，

造成恶劣影响的；（3）在交通要道实施聚众扰乱活动，造成重大交通堵塞的；（4）聚集人数非常之多；（5）扰乱范围大，持续时间长的；（6）造成的公私财产毁损数额巨大的；（7）造成人员伤亡的，等等。本罪的主体是一般主体。而且只有聚众扰乱公共场所秩序的“首要分子”才是本罪主体。所谓首要分子，是指组织、策划、指挥聚众扰乱公共场所秩序的人。本罪的主观方面为故意。

根据刑法第 291 条的规定，对犯本罪的首要分子处 5 年以下有期徒刑、拘役或者管制。

三十、投放虚假危险物质罪

投放虚假危险物质罪，是指投放虚假的爆炸性、毒害性、放射性、传染病原体等物质，严重扰乱社会秩序的行为。

本罪的客体是正常的社会秩序。本罪的客观方面表现为，投放虚假的爆炸性、毒害性、放射性、传染病原体等物质，严重扰乱社会秩序的行为。本罪的主体是一般主体。本罪的主观方面是故意。投放虚假的危险物质罪与投放危险物质罪的区别：其一，所侵犯的客体是不同的，前者属于妨害社会管理秩序罪中的扰乱公共秩序罪，其破坏的是公共秩序，只要行为引发了一般公众的心理恐慌，制造了恐怖气氛，严重扰乱了正常的生产、生活、教学、科研秩序即可，而事实上该行为不会对任何人的生命、财产安全构成现实的危害；而后者的客体是公共安全，行为必须具有足以同时对不特定的多数人的人身和财产造成损害结果的现实的、具体的危险。其二，投放危险物质罪的投放则要求行为的方法必须具有现实的危险性；而投放虚假的危险物质不要求一定要投放于公共空间，投放于不特定多数人所能接触的环境，只要这种投放行为可以让其他人感受到危险，产生恐惧心理即为已足。

根据刑法第 291 条之一第 1 款的规定，犯本罪的，处 5 年以下有期徒刑、拘役或者管制；造成严重后果的，处 5 年以上有期徒刑。

三十一、编造、故意传播虚假信息罪

是指编造虚假的险情、疫情、灾情、警情，在信息网络或者其他媒体上传播，或者明知是上述虚假信息，故意在信息网络或者其他媒体上传播，严重扰乱社会秩序的行为。

本罪的客体是正常的社会秩序。本罪的客观方面表现为编造虚假的险情、疫情、灾情、警情，在信息网络或者其他媒体上传播，或者明知是上述虚假信息，故意在信息网络或者其他媒体上传播，严重扰乱社会秩序的行为。本罪的

主体是一般主体，主观是故意，过失不构成犯罪。

根据刑法第 290 条之一第 2 款的规定，犯本罪的，处 3 年以下有期徒刑、拘役或者管制；造成严重后果的，处 3 年以上 7 年以下有期徒刑。

三十二、编造、故意传播虚假恐怖信息罪

编造、故意传播虚假恐怖信息罪，是指编造爆炸威胁、生化威胁、放射威胁等恐怖信息，或者明知是编造的恐怖信息而加以传播，严重扰乱社会秩序的行为。

本罪的客体是正常的社会秩序。本罪的客观方面表现为编造爆炸威胁、生化威胁、放射威胁等恐怖信息，或者明知是编造的恐怖信息而加以传播，严重扰乱社会秩序的行为。本罪的主体是一般主体。本罪的主观方面是故意，过失不构成犯罪。

根据刑法第 291 条和《刑法修正案（三）》第 8 条的规定，犯本罪的，处 5 年以下有期徒刑、拘役或者管制；造成严重后果的，处 5 年以上有期徒刑。

三十三、聚众斗殴罪

（一）聚众斗殴罪的概念

聚众斗殴犯罪，是指基于报复他人、争霸一方、寻求刺激或者其他公然藐视国家法纪和社会公德的不法动机，纠集多人成帮结伙地互相进行打斗，破坏社会公共秩序的行为。本罪在 1979 年刑法中属于第 160 条规定的流氓罪的一种表现形式。1997 年修订刑法时，将其独立规定为本罪。

（二）聚众斗殴罪的特征

1. 本罪的客体是社会公共秩序。所谓公共秩序，是指社会公共生活安定与宁静的状态。它一方面由人们代代相传的风俗习惯和伦理道德所维持，另一方面由社会中的法律、法规以及其他各种规范所保护。聚众斗殴的双方常常成帮结伙打群架，而且参与斗殴的双方都可能使用刀、枪、棍、棒等凶器，这不仅容易引起参与斗殴的一方或双方的人身伤亡，而且也可能殃及无辜群众，从而引起社会公共秩序的极大混乱；因此，国家以刑法对此类行为予以严格禁止，是非常必要的。

2. 本罪的客观方面，表现为行为人实施了聚众斗殴的行为。所谓聚众，与前罪中的含义相同。所谓斗殴，是指双方相互进行攻击或殴斗。虽然聚众斗殴的行为人双方常常使用刀、枪、棍、棒等凶器，但斗殴的双方是否使用了凶器，并不是本罪的构成要件。也就是说，聚众进行徒手斗殴，也可以构成本罪。

3. 本罪只有首要分子和积极参加者可以构成。首要分子，是指聚众斗殴的组织者、策划者、指挥者。积极参加者，是指除首要分子以外，其他在斗殴中发挥重要作用或者直接致死、致伤他人者。在幕后起组织、策划、指挥作用或者在聚众及准备斗殴中行为积极并起重要作用的，不论其是否直接参加斗殴，均应分别认定为首要分子或积极参加者。对于其他积极者的认定标准，应采用“参与程度决定论”的观点，即积极参加者是对参与聚众斗殴活动的人参与程度的评价，这种评价既要考虑实施犯罪的危害行为在聚众斗殴中作用的大与小，也要考虑行为人参与聚众斗殴主观恶性的轻与重。积极参加者一般是指：（1）因与殴斗发生有直接关系而参加斗殴的人；（2）主动出谋划策的；（3）主动提供斗殴器械的或在现场积极增势助威的；（4）在聚众阶段，积极帮助首要分子联系纠集斗殴人员，或同对方约定斗殴时间和地点的；（5）在斗殴阶段造成严重后果（不包括故意杀人或故意伤害致人死亡或重伤）；（6）主动要求参加聚众斗殴活动的；（7）为聚众斗殴创造、提供必要条件的，如主动提供交通工具交通工具等。一般参加者，是指尾随、被胁迫参与斗殴的，根本没到斗殴现场者，或者只是被动防御的人员，在聚众斗殴过程中作用不大，情节显著轻微的，一般不以本罪论处。

“聚众”是指为实施斗殴而聚集3人或3人以上的行为。“聚众”方式既包括有预谋的纠集行为，也包括临时纠集行为；既包括在首要分子策划下，明示的纠集行为，也包括首要分子对他人的纠集行为不阻止的默认行为。“3人或3人以上”既包括首要分子、积极参加者，也包括其他一般参加者。

一方人数众多也可构成本罪。主要情形有：（1）双方均有互殴的故意，斗殴时一方达3人以上，另一方虽不到3人，但明知对方有聚众斗殴的目的而参与互殴，或者是由于意志外原因没有凑齐3人以上的，对双方均可以认定为聚众斗殴。本罪属于聚众型对向犯，虽然其中一方不足3人，自身不符合“聚众”要件，但是可以构成聚众斗殴犯的对偶行为。（2）一方有互殴的故意，并纠集3人以上，实施了针对对方多人或其中不特定一人的殴斗行为，而对方没有互殴故意的，对有互殴故意的一方可以认定为聚众斗殴。另一方可以构成防卫行为。（3）一方有互殴的故意，纠集3人以上对另一方进行殴斗，另一方开始没有互殴的故意，但在事态发展过程中产生斗殴故意并纠集多人以上进行互殴的，对双方均可以认定为聚众斗殴。但要注意区分聚众斗殴与正当防卫的界限。

4. 本罪的主观方面为故意。一般是要求行为人出于不法动机而相互进行攻击、厮打等加害对方身体。聚众斗殴通常表现为出于私仇、争霸或其他动机而成帮结伙地斗殴，往往造成严重后果。

（三）聚众斗殴罪的认定

1. 罪与非罪的界限

对于群众中因民事纠纷引发的互相斗殴甚至结伙械斗，后果不严重的以及其他情节显著轻微的斗殴行为，不应以犯罪处理。要把聚众斗殴罪与因家庭婚姻、邻里矛盾等民事纠纷而引起的一般打群架的行为严格区别开来。后者不具有逞凶斗狠等流氓动机和恶劣影响，一般不以犯罪处理，造成伤亡后果的，对责任人按其他犯罪处理。

2. 本罪与聚众扰乱社会秩序罪的区别

二者的相同点在于：都是聚众的行为；都扰乱公共秩序；二者的犯罪主体都是聚众犯罪的首要分子和其他积极参加者。但二者的明显区别在于：其一，客观方面表现不同。本罪的客观方面表现为行为人实施了“聚众斗殴”的行为；而聚众扰乱社会秩序罪的客观方面表现为行为人实施了“聚众扰乱社会秩序”的行为。其二，犯罪对象不同。本罪的对象是相互斗殴的对方或普通群众，而聚众扰乱社会秩序罪的对象则是不特定的党政机关、企业、事业单位、人民团体等。其三，犯罪形态不同。本罪属行为犯，原则上只要行为人实施子聚众斗殴的行为，便成立犯罪，而聚众扰乱社会秩序罪属情节犯，即必须是行为人之行为属“情节严重的”才构成犯罪。

3. 本罪的既遂标准

本罪的完成需要“聚众”和“斗殴”两个行为，仅仅实施了其中一个行为，不能构成本罪。仅有“聚众”的行为，其社会危害性还没有显露出来，只有在“聚众”完成后，实施了“斗殴”行为，才能达到既遂的状态。但是，不法分子在聚众过程中，很有可能严重阻碍交通，破坏交通秩序，如果达到情节严重的程度，则可按聚众扰乱交通秩序罪来定罪处罚。

4. 聚众斗殴与共同故意伤害（杀人）

（1）聚众斗殴不同于共同故意伤害（杀人），后者有明确的犯罪对象，共同犯罪人的行为都指向共同的犯罪对象，因此，原则上都应对全部后果负责。如果聚众斗殴前一方明确以重伤或致人死亡为目的的，对于该方全部参与者可以故意伤害罪或故意杀人罪论。

（2）关于聚众斗殴中其他积极参加者致人重伤、死亡，首要分子在组织、指挥犯罪过程中重伤、杀人故意不明显，对首要分子的定罪问题。聚众斗殴中其他积极参加者致人重伤、死亡，首要分子在组织、指挥犯罪过程中虽然重伤、杀人故意不明显，但考虑到首要分子既然组织殴斗，通常对斗殴过程中可能致人重伤或者死亡有概括性故意，因此也要对其他积极参加者致人重伤、死亡的后果承担责任，以故意伤害、故意杀人罪论处，不实行数罪并罚。

对于首要分子在组织、指挥犯罪过程中明确要求其他积极参加者不能造成他人死亡的，故而确实没有杀人故意的，对首要分子可不以故意杀人罪处罚。对于首要分子在组织、指挥赤手空拳的斗殴过程中明确要求其他积极参加者不能造成他人轻伤害以上损害，并采取积极措施避免伤亡的，应认为其确实没有伤害或杀人故意的，对首要分子可不以其他积极参加者致人重伤、死亡的后果进行转化定罪，而以聚众斗殴罪从重处罚。

如果聚众斗殴的行为已经结束，行为人又故意重伤他人或者致他人死亡，应当直接认定故意伤害罪或者故意杀人罪；先行的聚众斗殴构成犯罪，应当追究刑事责任的，予以数罪并罚。

（3）关于聚众斗殴中部分参加者致人重伤、死亡，对其他积极参加者的定罪问题 。聚众斗殴中部分参加者致人重伤、死亡，其他参加者对被害人有共同加害行为的，应当认定为共同犯罪中相互配合、支持的行为，对其他积极参加者也一并适用刑法第 234 条或第 232 条转化定罪。其中，聚众斗殴中明确的直接责任人，应以故意伤害罪或者故意杀人罪定罪处罚；斗殴中，各行为人共同加害同一对象，致该人重伤或者死亡，但难以查清致人重伤或者死亡的直接责任人的，根据共同犯罪理论，所有参与共同加害的行为人均应按照故意伤害罪或者故意杀人罪追究刑事责任；其他未参与攻击被害人的积极参加者，由于其行为与重伤、死亡的结果之间无关联的，不能转化定罪。

（四）聚众斗殴罪的刑事责任

根据刑法第 292 条第 1 款的规定，犯本罪的，处 3 年以下有期徒刑、拘役或者管制；有下列情形之一的，处 3 年以上 10 年以下有期徒刑：（1）多次聚众斗殴的；（2）聚众斗殴人数多，规模大，社会影响恶劣的；（3）在公共场所或者交通要道聚众斗殴，造成社会秩序严重混乱的；（4）持械聚众斗殴的。根据刑法第 292 条第 2 款的规定，聚众斗殴，致人重伤、死亡的，依照刑法第 234 条、第 232 条定罪处罚，即对行为人的行为根据具体情况分别以故意伤害罪、故意杀人罪论处。

三十四、寻衅滋事罪

（一）寻衅滋事罪的概念

寻衅滋事罪，是指肆意挑衅，无事生非，起哄闹事，进行骚扰破坏，情节恶劣的行为。

（二）寻衅滋事罪的特征

1. 本罪的客体为复杂客体，即本罪既侵犯了公共秩序，同时也侵犯了他人的人身权利、公私财产权利等。所谓公共秩序，是指人们在社会公共生活中应当遵守的共同准则，是社会主流文化所确定的人与人之间日常交往中所必须遵循的行为规范，不应简单地理解为公共场所的秩序。因此并不要求行为一定发生在公共场所。寻衅滋事罪不要求一定发生在公共场所，也不要求当事人间行为前没有任何矛盾。社会公共秩序并不一定只存在于公共场所，只要有人生活、交往的场所就会有公共秩序的存在，当然也包括公民的私人住宅。关键要看社会观念中，行为人的行为是否是极端藐视社会公德，严重偏离主流社会行为期待，损害了社会或个人的利益，如仗势欺人、逞凶斗狠、肆意寻衅、无事生非。

2. 本罪的客观方面，表现为行为人实施了寻衅滋事、破坏社会秩序的行为。其表现形式归纳为四种：（1）随意殴打他人造成他人身体伤害、持械随意殴打他人或者具有其他恶劣情节的；（2）追逐、拦截、辱骂他人，严重影响他人正常工作、生产、生活，或者造成他人精神失常、自杀或者具有其他恶劣情节的；（3）强拿硬要或者任意损毁、占用公私财物价值2000元以上，强拿硬要或者任意损毁、占用公私财物三次以上或者具有其他严重情节的；（4）在公共场所起哄闹事，造成公共场所秩序严重混乱的。

3. 本罪的主体为一般主体 。

4. 本罪的主观方面为故意。本罪的犯罪目的与动机较为复杂，有的是以惹是生非来获得精神刺激，有的是用寻衅滋事开心取乐，有的是为了证明自己的“能力”和“胆量”，等等。

（三）寻衅滋事罪的认定

1. 本罪与非罪的界限

本罪与非罪的区别，关键是看行为人之行为是否具有“情节恶劣”、“情节严重”或者是否“造成公共场所秩序严重混乱”。行为人虽然实施了寻衅滋事的行为，但如果尚未达到情节恶劣、情节严重的程度或者尚未造成公共场所秩序严重混乱，则不能以犯罪论处，而应当按照治安管理处罚法的有关规定，给予行政处罚。

拆迁单位人员通过自身或雇佣非本单位人员对以暴力手段介入房屋拆迁的案件中，采用殴打他人、强行推倒房屋等方式侵害他人实体权利，并已造成轻伤以上等后果的，可以故意伤害罪或故意杀人罪追究刑事责任；造成轻伤以下后果的，可以寻衅滋事罪追究刑事责任；尚不够刑事处罚的，可呈报劳动教养或行政处罚。

2. 本罪与故意毁坏财物罪的区别

由于寻衅滋事罪的表现形式之一是“任意损毁”公私财物，这使本罪与故意毁坏公私财物罪具有相似之处。但二者的显著不同在于：其一，二者侵犯的客体不同。本罪侵犯的客体是复杂客体，即既侵犯了公共秩序，同时也可能侵犯了公民人身权与公私财产权；而故意毁坏财物罪侵犯的是单一客体，即侵犯的只是公私财产所有权。其二，犯罪的主观方面不同。本罪的行为人常常是出于卖弄淫威、逗乐开心、寻求刺激等变态心理而任意损毁公私财物；而故意毁坏财物罪的行为人则具有明确的毁坏特定公私财物的目的。其三，犯罪成立要件不同。本罪中任意损毁公私财物的情形，"情节严重的"才构成犯罪；其中，"情节严重的"并不以毁坏的财物价值大小作为是否情节严重的判断标准，而是以行为人之行为造成的社会影响的恶劣程度，来作为判断是否情节严重的标准。因此，行为人之行为虽然毁坏了价值较小的公私财物，但如果造成了严重不良社会影响，也足以成立本罪。但故意毁坏财物的行为是否构成犯罪，很重要的一个因素就是看行为人故意毁坏的公私财物是否属于"数额较大"。但是应当指出，如果行为人以任意损毁公私财物的方式实施寻衅滋事的犯罪，其毁坏的公私财物价值十分巨大，这就属于想象竞合。对此，应按处理想像竞合犯的原则，从一重罪处断。

3. 本罪与聚众哄抢罪的区别

由于寻衅滋事罪的表现形式之一是"强要硬拿或者占用公私财物"，这就使本罪与聚众哄抢罪有共同之处。但二者的显著区别在于：其一，侵害客体不同。本罪侵犯的客体是复杂客体，不仅侵犯了公共秩序，同时也侵犯了公私财产权与公民人身权；而聚众哄抢罪侵犯的只是公私财产所有权。其二，犯罪客观方面不完全相同。本罪中的"强拿硬要或者任意占用公私财物"只是本罪的表现之一，此外本罪还有其他表现形式；而聚众哄抢罪只有"聚众哄抢"公私财物一种形式。其三，对犯罪主体要求不同。本罪主体为一般主体，凡参与寻衅滋事者，均可成为本罪主体；而聚众哄抢罪的主体则限于实施聚众哄抢行为的首要分子和其他积极参加者。其四，行为人的故意内容不同。本罪行为人常常是出于卖弄淫威、逗乐开心等目的与动机而实施犯罪，而聚众哄抢罪的行为人通常是出于非法占有公私财物的目的而实施犯罪。

（四）寻衅滋事罪的刑事责任

根据刑法第293条的规定，犯本罪的，处5年以下有期徒刑、拘役或者管制；纠集他人多次寻衅滋事，严重破坏社会秩序的，处5年以上10年以下有期徒刑，可以并处罚金。

三十五、组织、领导、参加黑社会性质组织罪

（一）组织、领导、参加黑社会性质组织罪的概念

组织、领导、参加黑社会性质组织罪，是指组织、领导或者参加以暴力、

威胁或者其他手段，有组织地进行违法犯罪活动，称霸一方，为非作恶，欺压、残害群众，严重破坏经济、社会生活秩序的黑社会性质组织的行为。

（二）组织、领导、参加黑社会性质组织罪的特征

1. 本罪的客体是复杂客体，既侵犯了经济秩序、社会生活秩序，同时又侵犯了公民的人身权利。

所谓黑社会性质组织，根据我国刑法第294条之规定，指以暴力、威胁或其他手段，有组织地进行违法犯罪活动，称霸一方；为非作恶，欺压残害群众，严重破坏经济和社会生活秩序的犯罪组织；黑社会性质组织犯罪，是有组织犯罪的一种形式。但它较普通的有组织犯罪具有更严密的组织性。理论上一般认为，犯罪集团是有组织犯罪的初级形态，黑社会组织是有组织犯罪的高级形态，而黑社会性质组织是处于一般犯罪集团与黑社会组织之间的一种过渡形态。黑社会性质组织的特征在于：（1）严密的组织性；（2）实施犯罪的计划性；（3）作案手段的残忍性；（4）犯罪的经常性；（5）具有一定的反打击能力等。由此可以看出，黑社会性质组织对社会治安存在严重威胁。正因为如此，所以当今世界各国和地区都十分注重对它的打击与防范。

2. 本罪的客观方面，表现为行为人实施了组织、领导、参加黑社会性质组织的行为。

本罪是一个选择性罪名，只要行为人实施了“组织、领导、参加”黑社会性质组织的行为之一，便成立本罪，但在确定罪名时，可以根据行为人具体实施自行为来加以确定。例如，如果行为人是组建黑社会性质组织，那么对其可定“组织黑社会性质组织罪”；如果行为人是参加黑社会性质组织，则其可定“参加黑社会性质组织罪”。

3. 本罪的主观方面是故意，即行为人怀着明确的意图组织或领导黑社会性质组织，或者明知是黑社会性质组织而参加。因此，如果行为人在不知是犯罪组织的情况下或者在被欺骗的情况下而加入其中的，不构成犯罪。但行为人如果后来发现自己加入了黑社会性质组织而不退出，并参与犯罪活动的，仍可构成犯罪。

（三）组织、领导、参加黑社会性质组织罪的认定

1. 本罪与组织、领导、参加普通刑事犯罪集团的界限

处理本罪时，要把黑社会性质组织与一般犯罪集团区别开来。根据刑法第294条第1款的规定，所谓黑社会性质组织，是指以暴力、威胁或者其他手段有组织地进行违法犯罪活动，称霸一方，为非作恶，欺压、残害群众，严重破坏经济社会生活秩序的犯罪组织。根据刑法第26条第2款之规定，一般犯罪集团指3人以上为实施犯罪而组成的较为固定的犯罪组织。黑社会性质组织与

一般犯罪集团的关键区别在于：前者具有上文所述五个特征；而后者一般虽然也有一定的组织形式，但它只是一种有组织的共同犯罪形式，结构通常较松散也没有统一行动纲领等。

区别黑社会性质组织与一般犯罪集团的意义在于：组织、领导参加黑社会性质的组织构成刑法第 294 第 1 款规定的犯罪之一，即构成组织领导、参加黑社会性质组织罪；而组织、领导一般犯罪集团则成立共同犯罪，其具体罪名要根据行为人所具体实施的行为内容来确定，作为组织、领导者的行为人，应作为共同犯罪的主犯来处罚。

2. 本罪的罪数问题

关于罪数问题，我国刑法学界普遍认为，犯罪构成是区别一罪与数罪的标准。据此我们认为，应当以黑社会性质的组织的个数为标准区分该罪的罪数，组织或者领导或者参加一个黑社会性质组织的为一罪；组织或者领导或者参加两个以上黑社会性质组织的为数罪。但是，如果行为人既组织又领导、参加一个黑社会性质组织的。只能成立本罪一罪，不能认定为数罪。

（四）组织、领导、参加黑社会性质组织罪的刑事责任

根据刑法第 294 条第 1 款的规定，组织、领导黑社会性质的组织的，处 7 年以上有期徒刑，并处没收财产；积极参加的，处 3 年以上 7 年以下有期徒刑，可以并处罚金或者没收财产；其他参加的，处 3 年以下有期徒刑、拘役、管制或者剥夺政治权利，可以并处罚金。犯本罪又有其他犯罪行为的，依照数罪并罚的规定处罚。

三十六、入境发展黑社会组织罪

入境发展黑社会组织罪，是指我国境外的黑社会组织人员到我国境内发展组织成员的行为。

本罪的客体是社会管理秩序。本罪的客观方面，表现为行为人实施了到我国境内发展黑社会组织成员的行为。“我国境内”，主要是指我国大陆境内。本罪的主体为特殊主体，即行为人须是境外黑社会组织人员。本罪的主观方面为故意。

根据刑法第 294 条第 2 款的规定，犯本罪的，处 3 年以上 10 年以下有期徒刑。犯本罪又有其他犯罪行为的，依照数罪并罚的规定处罚。

三十七、包庇、纵容黑社会性质组织罪

包庇、纵容黑社会性质组织罪，是指国家机关工作人员包庇黑社会性质的组织，或者纵容黑社会性质的组织进行违法犯罪活动的行为。

本罪的客体是复杂客体，亦即本罪既侵犯了司法机关打击黑社会性质组织的正常活动，又侵害了社会治安管理秩序。本罪的客观方面表现为行为人实施了包庇黑社会性质的组织，或者纵容黑社会性质的组织进行违法犯罪活动的行为。本罪的主体是特殊主体，即国家机关工作人员。本罪的主观方面为故意。国家机关工作人员向黑社会性质组织的犯罪分子通风报信、提供便利、帮助犯罪分子逃避处罚的，同时构成包庇、纵容性质组织罪和帮助犯罪分子逃避处罚罪，但两罪之间有法条竞合的关系，应按特别法优于普通法的原则，以包庇、纵容黑社会性质组织罪论处。

本罪与司法工作人员实施的徇私枉法罪、私放在押人员罪、徇私舞弊减刑、假释、暂予监外执行罪，徇私舞弊不移送刑事案件罪、帮助犯罪分子逃避处罚罪等罪的关系如下：如果行为人不利用自己直接办理、主管案件等所拥有的便利条件，其行为构成本罪，而不构成这五罪。如果司法工作人员利用职权包庇、纵容黑社会组织违法犯罪，由于包庇、纵容黑社会性质组织罪的法条与这五罪的法条属于法条竞合关系，前者针对特殊的对象，后者的犯罪主体较特殊，两者属于交叉竞合。对于交叉竞合，在立法精神不明确的情况下，应遵循重法优于轻法的原则，从一重罪处断。国家机关工作人员在庇护黑社会性质的犯罪组织的同时，逐渐发展成为该组织的成员，成为该犯罪组织在国家机关内部的卧底人员的，构成参加黑社会性质组织罪，应与包庇、纵容黑社会性质组织罪并罚。

根据刑法第 294 条第 3 款的规定，犯本罪的，处 5 年以下有期徒刑；情节严重的，处 5 年以上有期徒刑。

三十八、传授犯罪方法罪

（一）传授犯罪方法罪的概念

传授犯罪方法罪，是指向他人传授犯罪方法的行为。

（二）传授犯罪方法罪的特征

1. 本罪的客体是复杂客体，亦即本罪既侵犯了社会治安管理秩序，又侵犯了公私财产安全与公民人身安全。

2. 本罪的客观方面表现为行为人实施了传授犯罪方法的行为。

行为人传授犯罪方法的形式多种多样，既可以口头用言辞传授，也可以书面用文字传授，还可以用动作或者其他方法传授。所谓犯罪方法，是指实施犯罪的一切经验、技巧、手段等。

3. 本罪的主体为一般主体。

4. 本罪的主观方面为故意。

（三）传授犯罪方法罪的认定

1. 罪与非罪的界限。正确区分罪与非罪应坚持主客观相统一的原则，根据犯罪的概念和传授犯罪方法罪的构成特征认真区分，对于并无传授犯罪的方法的故意，只在某些场合或文学作品中描述犯罪方法或其他犯罪内容的，不能以犯罪论处。

2. 要分清传授犯罪方法罪与教唆罪的区别。二者在客观上有相似之处，即都是通过语言、文字、身体动作将一定的内容传授给他人，行为人都不亲自运用传授或教唆的内容实施特定的危害行为。但是二者有根本的区别：(1）侵犯的客体不同。前者侵犯的犯罪客体是确定的，即社会管理秩序；教唆罪侵犯的客体是不确定的，取决于被教唆犯罪的性质。(2）客观方面不同。传授犯罪方法罪的实质在于把犯罪的方法、手段、技能、经验传授给他人，是传艺犯，可以在他人产生犯意之后实施；教唆犯的实质在于引起他人产生犯罪意图，是造意犯，必须在他人产生故意之前实施。(3）犯罪主体要求不同。前者的主体是达到刑事责任年龄，具有刑事责任能力的人而对于教唆犯而言，已满14周岁不满16周岁的人教唆他人实施刑法第17条第2款规定的罪的可以成为教唆罪的主体。(4）主观方式不同。前者只能由直接故意构成；后者可以由直接故意构成也可以由间接故意构成。(5）犯罪既遂的标准不同。传授犯罪方法罪属于行为犯，即行为人只要实施了传授犯罪方法的行为就构成犯罪既遂，被传授者是否接受犯罪方法并实施了犯罪，均不影响犯罪的成立；而教唆犯罪则具有既遂和未遂之分，随被教唆者的犯罪行为而定。只有当被教唆者实施教唆犯罪教唆的犯罪时，才能构成教唆犯罪的既遂，否则是教唆犯罪未遂。(6）定罪处罚不同。前者是独立的罪名，应按照法律规定的三个量刑幅度，依照情节轻重以一罪处罚，不受所传授犯罪方法之罪法定刑的限制；而后者不是独立的犯罪，是共同犯罪，应按教唆犯教唆的罪名定性，并按其在共同犯罪中所起的作用量刑。(7）构成的罪数不同。对前者来说，无论行为人向他人传授一种犯罪方法还是多种犯罪方法，都只能构成传授方法罪一个罪，不存在数罪并罚问题；对后者而言，对同一个被教唆人，教唆实施一种犯罪构成一个教唆罪，教唆实施数种不同的犯罪，则构成数个不同的教唆犯罪，存在数罪并罚问题。

3. 一罪与数罪问题。传授犯罪方法的行为人因传授犯罪方法的手段行为或结果行为又触犯其他罪名的，应按牵连犯从一重罪处罚。传授犯罪方法的行为人若传授犯罪方法之后又一起进行共同犯罪的，应实行数并罚。

（四）传授犯罪方法罪的刑事责任

根据刑法第295条规定，犯本罪的，处5五年以下有期徒刑、拘役或者管制；情节严重的，处 5 年以上 10 年以下有期徒刑；情节特别严重的，处 10 年以上有期徒刑或者无期徒刑。

三十九、非法集会、游行、示威罪

非法集会、游行、示威罪，是指举行集会、游行、示威，未依照法律规定申请或者申请未获许可，或者未按照主管机关许可的起止时间、地点、路线进行，又拒不服从解散命令，严重破坏社会秩序的行为。

本罪的客体是国家对集会、游行、示威的管理制度。本罪的客观方面表现为行为人实施了举行集会、游行、示威活动，未依照法律规定申请或者申请未获许可，或者未按照主管机关许可的起止时间、地点、路线进行，并且拒不服从解散命令，严重破坏社会秩序的行为。本罪的主体为特殊主体，即集会、游行、示威的负责人和直接责任人员。本罪的主观方面为故意。

根据刑法第 296 条的规定，犯本罪的，处 5 年以下有期徒刑、拘役、管制或者剥夺政治权利。

四十、非法携带武器、管制刀具、爆炸物参加集会、游行、示威罪

非法携带武器、管制刀具、爆炸物参加集会、游行、示威罪，是指违反法律规定，携带武器、管制刀具、爆炸物参加集会、游行、示威的行为。

本罪的客体是复杂客体。行为人之行为既违反了国家关于集会、游行、示威的管理制度，又破坏了社会治安管理秩序。本罪的客观方面，表现为行为人实施了违反法律规定，携带武器、管制刀具、爆炸物参加集会、游行、示威的行为。具体言之，本罪客观方面有三个特征：（1）行为人违反了法律规定；（2）行为人携带了武器、管制刀具、爆炸物；（3）行为发生在行为人参加集会、游行、示威之时。本罪主体为一般主体。本罪主观方面为故意。

根据刑法第 297 条的规定，犯本罪的，处 3 年以下有期徒刑、拘役、管制或者剥夺政治权利。

四十一、破坏集会、游行、示威罪

破坏集会、游行、示威罪，是指扰乱、冲击或者以其他方法破坏依法举行的集会、游行、示威，造成公共秩序混乱的行为。

本罪的客体是复杂客体，亦即本罪既侵犯了公民集会、游行、示威的政治自由权利，又侵犯了社会公共秩序。本罪的客观方面，表现为行为人实施了扰乱、冲击或者以其他方法破坏依法举行的集会、游行、示威的行为。值得注意

的是，本罪属结果犯，构成本罪，必须是行为人之行为造成了公共秩序混乱的危害结果。本罪的主体为一般主体。本罪的主观方面是故意。

根据刑法第298条的规定，犯本罪的，处5年以下有期徒刑、拘役、管制或者剥夺政治权利。

四十二、侮辱国旗、国徽罪

侮辱国旗、国徽罪，是指在公众场合故意以焚烧、毁坏、涂划、玷污、践踏等方式侮辱中华人民共和国国旗、国徽的行为。

本罪的客体是国家尊严。本罪的客观方面表现为行为人实施了侮辱国旗、国徽的行为，即行为人明知是国旗、国徽而在公众场合加以焚烧、毁损、涂划、玷污、践踏等。本罪行为对象仅限于中华人民共和国国旗与国徽，不包括外国国旗与国徽。行为必须发生在公众场合，公众场合包括悬挂国旗国徽的公共场所、机构所在地以及其他不特定人或者多数人共见共闻、能见能闻的场合。行为的方式是焚烧、毁损、涂划、玷污、践踏等，焚烧是指使国旗、国徽燃烧的行为；毁损是指从物理上毁损国旗、国徽的行为；涂划是指将色彩、颜料等附着在国旗、国徽上或者在国旗、国徽上刻印不应有的文字、图形、符号；玷污是指使用污物损害国旗、国徽的外观；践踏是指采取脚踩、车碾等方式侮辱国旗、国徽。采取其他类似方法侮辱国旗、国徽的行为，也成立本罪。如果仅仅污染类似国旗、国徽图案的，不构成本罪。侮辱国旗、国徽，但情节显著轻微的，不以犯罪论。

根据刑法第299条的规定，犯本罪的，处3年以下有期徒刑、拘役、管制或者剥夺政治权利。

四十三、组织、利用会道门、邪教组织、利用迷信破坏法律实施罪

组织、利用会道门、邪教组织、利用迷信破坏法律实施罪，是指组织、利用会道门、邪教组织或者利用迷信破坏国家法律、行政法规实施的行为。

本罪的客体是国家实施法律、行政法规的正常秩序。本罪的客观方面，表现为行为人实施了组织、利用会道门、邪教组织或利用迷信破坏国家法律、行政法规实施的行为。会道门，是指一贯道、九宫道、先天道、后天道等封建迷信组织。“邪教组织”，是指冒用宗教、气功或者其他名义建立，神化首要分子，利用制造、散布迷信邪说等手段蛊惑、蒙骗他人，发展、控制成员，危害社会的非法组织。组织和利用邪教组织破坏法律实施是指：聚众围攻、冲击国家机关、企业事业单位，扰乱国家机关、企业事业单位的工作、生产、经营、

教学和科研秩序的；非法举行集会、游行、示威，煽动、欺骗、组织其成员或者其他人聚众围攻、冲击、强占、哄闹公共场所及宗教活动场所，扰乱社会秩序的；抗拒有关部门取缔或者已经被有关部门取缔，又恢复或者另行建立邪教组织，或者继续进行邪教活动的；煽动、欺骗、组织其成员或者其他人不履行法定义务，情节严重的；出版、印刷、复制、发行宣扬邪教内容出版物，以及印制邪教组织标识的；其他破坏国家法律、行政法规实施行为的。本罪是行为犯，且是选择性罪名，只要行为人实施了前述“组织、利用会道门、邪教组织、利用迷信破坏法律实施”四种行为之一，便足以成立本罪。而在司法实践中具体确定罪名时，应根据实际案情来确定。本罪的主体是一般主体。本罪的主观方面为故意。其犯罪目的一般是煽动或者蒙蔽他人抗拒法律、行政法规实施。

根据刑法第 300 条第 1 款的规定，犯本罪的，处 3 年以上 7 年以有期徒刑，并处罚金；情节特别严重的，处 7 年以上有期徒刑或者无期徒刑，并处罚金或者没收财产；情节较轻的，处 3 年以下有期徒刑、拘役、管制或者剥夺政治权利，并处或者单处罚金。

四十四、组织、利用会道门、邪教组织、利用迷信致人重伤、死亡罪

组织、利用会道门、邪教组织、利用迷信致人重伤、死亡罪，是指组织、利用会道门、邪教组织或者利用迷信蒙骗他人，致人重伤、死亡的行为。

本罪的客体是复杂客体，即本罪既侵犯了社会治安秩序又侵犯了他人的生命权。本罪的客观方面，表现为行为人实施了组织、利用会道门、邪教组织或者利用迷信蒙骗他人，以致引起他人死亡的行为。本罪属结果犯，且是选择性罪名。只要行为人实施了前述“组织、利用会道门、邪教组织、利用迷信致人死亡”四种行为之一，便足以成立本罪。在司法实践中具体确定罪名时，应根据实际案情来确定。如行为人只实施了利用迷信致人死亡的行为，那么对行为人就定“利用迷信致人重伤、死亡罪”。本罪主体为一般主体。本罪的主观方面为间接故意。认定组织、利用会道门、邪教组织、利用迷信致人死亡罪时，要注意本罪是指通过制造、散布迷信邪说，使教徒或他人自行产生自杀念头，或者通过诱骗、口头威吓等非身体强制方法阻止他人进行正当医疗，从而导致死亡的行为；不能针对被害人实施自杀、自残的具体要求。如果针对特定的人，具体明确地指使、胁迫其自杀、自残的，或者采用捆绑、禁闭等方式阻止被害人医疗，导致死亡、伤残的，属于故意杀人罪或故意伤害罪的间接正犯，根据司法解释的观点，组织和利用邪教组织制造、散布迷信邪说，指使、

胁迫其成员或者其他人实施自杀、自伤行为的，组织、策划、煽动、教唆、帮助邪教组织人员自杀、自残的，分别以故意杀人罪、故意伤害罪定罪处罚。邪教组织人员以自焚、自爆或者其他危险方法危害公共安全的，分别依照刑法第114条、第115条第1款以危险方法危害公共安全罪等规定定罪处罚；组织和利用会道门、邪教组织或者利用迷信邪说，引诱、胁迫、欺骗或者以其手段奸淫妇女、幼女的，以强奸罪定罪处罚，如果以是各种欺骗手段，收取他人财物的，以诈骗罪定罪处罚。组织和利用邪教组织，组织、策划、实施、煽动分裂国家、破坏国家统一或者颠覆国家政权、推翻社会主义制度的，分别依刑法分则第一章相应的危害国家安全罪定罪处罚。

根据刑法第300条第2款、第3款的规定，犯本罪的，依照本条第1款规定处罚。犯第1款罪又有奸淫妇女、诈骗财物等犯罪行为的，依照数罪并罚的规定处罚。

四十五、聚众淫乱罪

聚众淫乱罪，是指组织、策划、指挥3人以上共同进行猥亵、性交的行为或者多次参加3人以上共同猥亵、性交的行为。

本罪的客体是性伦理秩序和公众的性羞耻心。本罪的客观方面表现为多人在一起从事淫乱活动。淫乱，是指男女多人在一起进行性行为或变态性行为。本罪在主体上只包括首要分子和多次参加者，包括男性和女性。并非参加淫乱的任何行为都成立本罪，只有在聚众淫乱中起组织、策划、指挥作用的首要分子，或者虽不是首要分子但多次参加聚众淫乱的人，才成立本罪。本罪的主观方面是故意。只有自愿参加聚众淫乱的人才能构成本罪，但不要求参与淫乱的人都出于自愿进行性行为。

根据刑法第301条的规定，犯本罪的，处5年以下有期徒刑、拘役或者管制。

四十六、引诱未成年人聚众淫乱罪

引诱未成年人聚众淫乱罪，是指引诱未成年人参加聚众淫乱活动的行为。

本罪侵犯的客体与前罪相同，即社会风尚。本罪的客观方面表现为行为人实施了引诱未成年人参加聚众淫乱的行为。这里的“引诱”，既可以是用口头语言对未成年人相勾引，也可以用书面字、画等相诱劝，还可以是用表演、示范、收听、观看淫秽音像制品等手段挑逗未成年人，从而将未成年人拉入聚众淫乱活动。本罪的主体为一般主体。本罪的主观方面是故意。

根据刑法第 301 条第 2 款的规定，犯本罪的，依照本条第 1 款从重处罚。

四十七、盗窃、侮辱、故意毁坏尸体、尸骨、骨灰罪

盗窃、侮辱、故意毁坏尸体、尸骨、骨灰罪，是指秘密窃取尸体或者公然侮辱尸体故意毁坏尸体、尸骨、骨灰行为。

本罪的直接客体是国家对社会风尚的管理秩序。客观上是实施了盗窃、侮辱、故意毁坏尸体、尸骨、骨灰的行为。“盗窃”，是指行为人以秘密方式，将尸体从原位移走，置于其控制之下，可能的目的包括基于出卖、结阴婚、试验等目的。侮辱尸体，一般表现为对尸体辱骂、贬损，用秽物玷污尸体，猥亵、抛弃尸体或挖开棺木使尸体敞露以及鞭尸。“毁坏”。是指毁损、破坏尸体、尸骨、骨灰的行为等等。根据刑法第 234 条之一第 3 款的规定，违背本人生前意愿摘取尸体器官，或者本人生前未表示同意，违反国家规定，违反其近亲属意愿摘取其尸体器官的，以本罪论处。

根据刑法第 302 条的规定，犯本罪的，处 3 年以下有期徒刑、拘役或者管制。

四十八、赌博罪

（一）赌博罪的概念

赌博罪，是指以营利为目的，聚众赌博或者以赌博为业的行为。

（二）赌博罪的特征

1. 本罪侵犯的客体是社会风尚和社会管理秩序。

2. 本罪的客观方面，表现为行为人实施了赌博行为。

所谓赌博，这里是指以下行为之一：（1）为了营利而聚众赌博，即组织、吸引他人参加赌博，行为人从中抽头渔利。至于行为人是否亲自参与赌博，在所不问。（2）以赌博为业，即以赌博所得为主要生活来源或挥霍来源。实施以上两种行为之一，即可构成本罪，情节显著轻微、危害不大的，不是犯罪。符合以下情形的，构成本罪：（1）组织 3 人以上赌博，抽头渔利数额累计达到 5000 元以上的；（2）组织 3 人以上赌博，赌资数额累计达到 5 万元以上的；（3）组织 3 人以上赌博，参赌人数累计达到 20 人以上的；（4）组织中华人民共和国公民 10 人以上赴境外赌博，从中收取回扣、介绍费的。（5）以营利为目的，以赌博为业的；（6）其他聚众赌博应予追究刑事责任的情形。

3. 本罪的主体为一般主体。

4. 本罪的主观方面为故意，并且行为人具有营利的目的。“以营利为目的”是构成赌博罪的主观要件，是指行为人实施聚众赌博、以赌博为业的行

为，是为了获取数额较大的金钱或者其他财物，而不是为了消遣、娱乐。不以营利为目的，进行带有少量财物输赢的娱乐活动，以及提供棋牌室等娱乐场所只收取正常的场所和服务费用的经营行为等，不以赌博论处。

参赌者识破骗局要求退还所输钱财，设赌者又使用暴力或者以暴力相威胁，拒绝退还的，应以赌博罪从重处罚；致参赌者伤害或者死亡的，应以赌博罪和故意伤害罪或者故意杀人罪，依法实行数罪并罚。抢劫赌资、犯罪所得的赃款赃物的，以抢劫罪定罪，但行为人仅以其所输赌资或所赢赌债为抢劫对象，一般不以抢劫罪定罪处罚。构成其他犯罪的，依照刑法的相关规定处罚。

（三）赌博罪的认定

1. 本罪与非罪的界限。一是把赌头、赌棍、赌场业主与一般参与赌博的群众区别开来。对前者应依法追究其刑事责任；对后者主要是批评教育。二是对于亲属或者朋友间带有赌博性质的行为，不应当作为犯罪处理。三是对于以营利为目的，设置骗局，非法发行彩票，从中渔利的，应当视为聚众赌博，按照赌博罪的规定追究刑事责任。

2. 本罪与他罪的界限。

根据最高人民法院《关于对设置圈套诱骗他人参赌又向索还钱财的受骗者施以暴力或暴力威胁的行为应如何定罪问题的批复》（1995 年 11 月 6 日）及最高人民法院《关于抢劫、抢夺刑事案件适用法律若干问题的意见》（2005 年 6 月 8 日实行）：行为人设置圈套诱骗他人参赌获取钱财，属赌博行为，构成犯罪的，应当以赌博罪定罪处罚。参赌者识破骗局要求退还所输钱财，设赌者又使用暴力或者以暴力相威胁，拒绝退还的，应以赌博罪从重处罚；致参赌者伤害或者死亡的，应以赌博罪和故意伤害罪或者故意杀人罪，依法实行数罪并罚。抢劫赌资、犯罪所得的赃款赃物的，以抢劫罪定罪，但行为人仅以其所输赌资或所赢赌债为抢劫对象，一般不以抢劫罪定罪处罚。构成其他犯罪的，依照刑法的相关规定处罚。

对实施贪污、挪用公款、职务侵占、挪用单位资金、挪用特定款物、受贿等犯罪，并将犯罪所得的款物用于赌博的，分别依照刑法有关规定从重处罚；同时构成赌博罪的，应依照刑法规定实行数罪并罚。

通过赌博或者为国家工作人员赌博提供资金的形式实施行贿、受贿行为，构成犯罪的，依照刑法关于贿赂犯罪的规定定罪处罚。

（四）赌博罪的刑事责任

根据刑法第 303 条第 1 款的规定，犯本罪的，处 3 年以下有期徒刑、拘役或者管制；并处罚金。

四十九、开设赌场罪

开设赌场罪，是指提供赌博的场所及用具，供他人在其中进行赌博，本人从中营利的行为。

所谓开设赌场，是指提供赌博的场所及用具，供他人在其中进行赌博的行为。传统的“开设赌场”，是指营业性地为赌博提供场所，设定赌博方式，提供赌具、筹码，接受赌客投注的行为。近年来，网络赌博发展迅速。中文赌博网站主要设在境外，在境内设立分级代理。从网站内容及运营方式看，赌博网站与传统赌场很相似，赌博网站的每一级代理，均全权代表赌博网站与赌客发生业务关系。与传统赌场不同的是，网络赌博的赌场设在计算机网络上，投注、资金交割只需轻点鼠标瞬间即可完成，使赌博更加快捷、方便。因此，在计算机网络上建立赌博网站，或者为赌博网站担任代理，接受投注的，属于本条规定的“开设赌场”。开设赌场包括两种方式：其一是开设赌场者不直接参加赌博，以收取场地、用具使用费或抽头获利；其二是开设赌场直接参加赌博，如设置游戏机、吃角子老虎等赌博机器或者雇用人员与顾客赌博。只有“开设赌场”的人，即赌场老板或合伙开办经营赌场者才应构成犯罪，普通雇员不属于开设赌场的人。明知他人实施赌博犯罪活动，而为其提供资金、计算机网络、通讯、费用结算等直接帮助的，以赌博罪、开设赌场罪的共犯论处。仅仅从事接送、餐饮服务、望风等辅助活动，从中领取工资报酬且情节轻微的，可不以赌博罪、开设赌场罪共犯论处。明知他人开设赌场而提供出租房屋且情节严重的，可以构成帮助犯。未经国家批准擅自发行、销售彩票，构成犯罪的，以非法经营罪定罪处罚。

根据刑法第303条第2款和《刑法修正案（六）》第18条的规定，犯本罪的，处3年以下有期徒刑、拘役或者管制，并处罚金；情节严重的，处3年以上10年以下有期徒刑，并处罚金。

五十、故意延误投递邮件罪

故意延误邮件投递罪，是指邮政工作人员严重不负责任，故意延误投递邮件，致使公共财产，国家和人民利益遭受重大损失的行为。

本罪的客体是国家邮政通讯管理秩序。本罪的客观方面，表现为行为人实施了严重不负责任，故意延误邮件投递，且造成公共财产、国家和人民利益的重大损失的行为。重大损失是指，造成直接经济损失2万元以上的；延误高校录取通知书或者其他重要邮件投递，致使他人失去高校录取资格或者造成其他无法挽回的重大损失的；严重损害国家声誉或者造成其他恶劣社会影响的；其他致使公共财产、国家和人民利益遭受重大损失的情形。本罪的主体为特殊主体，即邮政工作人员。本罪的主观方面为故意。

根据刑法第 304 条的规定，犯本罪的，处 2 年以下有期徒刑或者拘役。

第三节　妨害司法罪

一、伪证罪

（一）伪证罪的概念

伪证罪，是指在刑事诉讼中，证人、鉴定人、记录人、翻译人对与案件有重要关系的情节，故意作虚假证明、鉴定、记录、翻译，意图陷害他人或者隐匿罪证的行为。

（二）伪证罪的特征

1. 本罪的客体是正常刑事司法秩序。公民的人身权利不是本罪客体。

2. 本罪的客观方面，表现为在刑事诉讼中，行为人对案件有重要关系的情节积极地实施了虚假证明、鉴定、记录、翻译行为。

（1）所谓伪证行为，是指行为人故意作虚假证明、鉴定、记录、翻译。“虚假”应当是不符合客观事实的陈述。提供自以为虚假的年龄证明。如果违反证人的记忆但符合客观事实，就可能构成伪证的未遂。确有充分证据证明所作陈述虽然符合客观事实但违反行为人记忆的，如果情节严重，如在重大案件中做伪证、严重妨害刑事诉讼正常进行的，也应追究刑事责任。当然，虽然符合证人的记忆但与客观事实不相符合的陈述也是伪证，但是行为人没有伪证罪所要求的故意，当然也不可能成立伪证罪。（2）行为人之行为必须是发生在刑事诉讼中。即必须发生在公安司法机关对刑事案件受理、初查、立案到终审判决送达之前（包括死刑复核判决送送达之前）。在公安司法机关受理案件前或判决确定后，意图使他人受到刑事追究或免于刑事追究而故意做虚假陈述的，构成诬告陷害罪或包庇罪。（3）伪证行为可能是明示行为，也可能是默示行为，但只能是积极的行为。拒不作证的不作为行为，不构成本罪。例如，司法机关故意提出不利于被告人的问题时，行为人不做任何表示的，不构成本罪；而聋哑人以点头或摇头进行作证的，也可能构成伪证。（4）必须对案件有重要关系的情节做虚假陈述。具有重要关系的情节包括涉及有罪与无罪、减轻或免除处罚、能否适用缓刑等重要情节。对司法机关正确裁决不能产生重大抽象危险情节，不属于对案件有重要关系的情节。陷害他人，是指“设计害人”，只要是对犯罪嫌疑人或被告人做不利的虚假陈述即可，包括陷害无罪的人和罪轻的人。比如陷害绑架者杀死人质的。隐匿罪证，是指对犯罪嫌疑人或被告人做有利的虚假陈述，包括隐匿有罪证据和罪重证据。

3. 本罪的主体。本罪的主体是一般主体，因为任何人都可以做伪证，证人身份是在实施犯罪行为时才获得的。只有受公安司法机关许可、聘请、委托或指派做证明、鉴定、记录、翻译的人，其伪证行为才能对案件处理产生影响，才能成为本罪的主体。

被害人在刑事诉讼中接受司法机关调查时作伪证的行为可以伪证罪追究刑事责任。原因如下：(1) 仅以诬告陷害罪不足以完全惩治被害人的伪证行为。(2) 证人有广义、狭义之分，西方国家一般将被害人纳入证人范畴。

4. 本罪的主观方面为故意，且行为人具有陷害他人或者隐匿罪证的目的。

（三）伪证罪的认定

1. 罪与非罪的界限。关于本罪的罪与非罪，主要应划清“伪证”与“误证”界限。其关键在于查明行为人是否故意作伪证和有无陷害他人或者隐匿罪证的目的。如果行为人故意作伪证，且具有陷害他人或者隐匿罪证的目的，便成立本罪；否则，如果是行为人记忆错误而证词失实，或者鉴定人、记录人、翻译人因业务水平低下，或因粗心大意而导致鉴定、记录、翻译出现差错，又没有陷害他人或者隐匿罪证的目的，便不能认定为犯罪。

2. 本罪与诬告陷害罪的区别。由于诬告陷害罪的行为人为了达到陷害他人的目的，常常虚构事实、伪造证据，因此就有可能在表现形式上与本罪相同；但二者的显著区别在于：其一，二者侵犯的客体不同，本罪妨害了国家的正常刑事司法秩序；而诬告陷害罪侵犯的客体是公民的人身权利。其二，犯罪行为人的身份不一样。本罪的主体包括一般主体和特殊主体；而诬告陷害罪的主体为一般主体，通常与被害人有利害关系者。其三，犯罪发生的时间不同。本罪只能发生在刑事诉讼过程中：而诬告陷害罪则发生刑事诉讼活动开始之前。其四，行为所针对的对象不同。本罪行为针对的对象是进入诉讼程序的犯罪嫌疑人；而诬告陷害罪所针对的对象则是未必进入刑事诉讼程序的人。其五，犯罪意图有所不同。本罪行为人的犯罪意图既可能是陷害无罪之人，也可能是包庇有罪之人；而诬告陷害罪的行为人之犯罪意图只能是陷害他人。

（四）伪证罪的刑事责任

根据刑法第305条的规定，犯本罪的，处3年以下有期徒刑或者拘役；情节严重的，处3年以上7年以下有期徒刑。

二、辩护人、诉讼代理人毁灭证据、伪造证据、妨害作证罪

辩护人、诉讼代理人毁灭证据、伪造证据、妨害作证罪，是指在刑事诉讼中，辩护人、诉讼代理人毁灭、伪造证据，帮助当事人毁灭、伪造证据，威胁、引诱证人违背事实改变证言或者作伪证的行为。

本罪的客体是国家司法机关的正常刑事诉讼活动。本罪的客观方面，表现为行为人实施了毁灭、伪造证据，帮助当事人毁灭、伪造证据，威胁、引诱证人违背事实改变证言或者作伪证的行为。本罪有“毁灭或伪造证据，帮助当事人毁灭或伪造证据，威胁或引诱证人违背事实改变证言或者作伪证”八种具体犯罪表现形式，但只要行为人实施了其中之一，便足以成立本罪。值得注意的是，根据刑法第306条第2款的规定，辩护人、诉讼代理人提供、出示、引用的证人证言或者其他证据失实，不是有意的，不属于伪造证据。本罪的主体为特殊主体，即只有辩护人、诉讼代理人才能成为本罪主体。本罪的主观方面为故意。

根据刑法第306条的规定，犯本罪的，处3年以下有期徒刑或者拘役；情节严重的，处3年以上7年以下有期徒刑。

三、妨害作证罪

妨害作证罪，是指以暴力、威胁、贿买等方法阻止证人作证或者指使他人作伪证的行为。

本罪的客体是国家司法机关的正常诉讼活动。本罪的客观方面，表现为行为人实施了以暴力；威胁、贿买等方法阻止证人作证或者指使他人作伪证的行为。本罪有多种具体表现形式，只要行为人实施了以暴力、威胁、贿买等方法阻止证人作证或者指使他人作伪证的行为之一，便足以成立本罪。关于本罪的成立时间，刑法没有作限制规定，但一般发生在诉讼过程中，既可以在刑事诉讼中也可在民事、行政、经济等诉讼活动中。本罪的主体为一般主体。本罪主观上是故意。

根据刑法第307条第1款的规定，犯本罪的，处3年以下有期徒刑或者拘役，情节严重的，处3年以上7年以下有期徒刑。

四、帮助毁灭、伪造证据罪

帮助毁灭、伪造证据罪，是指帮助当事人毁灭、伪造证据，情节严重的行为。

本罪的客体是国家司法机关的正常活动。本罪的客观方面，表现为行为人

实施了帮助当事人毁灭、伪造证据的行为。帮助当事人毁灭、伪造证据的行为，必须是情节严重的才构成本罪。本罪的主体是一般主体。本罪的主观方面为故意。

根据刑法第 307 条第 2 款的规定，犯本罪的，处 3 年以下有期徒刑或者拘役。又根据本条第 3 款的规定，司法工作人员犯本罪的，从重处罚。因为司法机关工作人员犯本罪，其社会危害性更大，严重损害了国家司法机关的威信和声誉。

五、虚假诉讼罪

虚假诉讼罪，是指以捏造的事实提起民事诉讼，妨害司法秩序或者严重侵害他人合法权益的行为。

根据刑法第 307 条之一的规定，犯本罪的，处 3 年以下有期徒刑、拘役或者管制，并处或者单处罚金；情节严重的，处 3 年以上 7 年以下有期徒刑，并处罚金。单位犯本罪的，对单位判处罚金，并对其直接负责的主管人员和其他直接责任人员，依照前款的规定处罚。有第 1 款行为，非法占有他人财产或者逃避合法债务，又构成其他犯罪的，依照处罚较重的规定定罪从重处罚。司法工作人员利用职权，与他人共同实施前 3 款行为的，从重处罚；同时构成其他犯罪的，依照处罚较重的规定定罪从重处罚。

六、打击报复证人罪

打击报复证人罪，是指故意对证人进行打击报复的行为。

本罪的客体是证人依法作证的权利。本罪的客观方面，表现为行为人实施了对证人进行打击报复的行为。“打击报复”有多种形式，如降职降薪、解聘解雇；扣发工资奖金；恐吓伤害、伤害亲属、骚扰安宁等。本罪的主体为一般主体。但一般是证人证词对其不利的人或其亲友。本罪的主观方面为故意。

根据刑法第 308 条的规定，犯本罪的，处 2 年以下有期徒刑或者拘役；情节严重的，处 3 年以上 7 年以下有期徒刑。

七、泄露不应公开的案件信息罪

泄露不应公开的案件信息罪，是指司法工作人员、辩护人、诉讼代理人或者其他诉讼参与人，泄露依法不公开审理的案件中不应当公开的信息，造成信息公开传播或者其他严重后果的行为。

根据刑法第 308 条之一的规定：处 3 年以下有期徒刑、拘役或者管制，并处或者单处罚金。有前款行为，泄露国家秘密的，依照本法第 398 条的规定定罪处罚。

八、披露、报道不应公开的案件信息罪

披露、报道不应公开的案件信息罪，是指公开披露、报道刑法第308条之一第1款规定的案件信息，情节严重的行为。

根据刑法第308条之一第3款的规定，处3年以下有期徒刑、拘役或者管制，并处或者单处罚金。单位犯本罪的，对单位判处罚金，并对其直接负责的主管人员和其他直接责任人员，依照第1款的规定处罚。

九、扰乱法庭秩序罪

（一）扰乱法庭秩序罪的概念

扰乱法庭秩序罪，是指聚众哄闹、冲击法庭或者殴打司法工作人员或者诉讼参与人，严重扰乱法庭秩序的行为。

（二）扰乱法庭秩序罪的特征

1. 本罪的客体是人民法院审理案件的正常秩序。

2. 本罪的客观方面，表现为行为人实施了如下行为之一：（1）聚众哄闹法庭；（2）聚众冲击法庭；（3）殴打司法工作人员或者诉讼参与人。值得注意的是，本罪属于结果犯，行为人实施的前述行为，还必须是严重扰乱了法庭秩序。否则，不能以犯罪论处。所谓严重扰乱了法庭秩序，是指行为人之行为致使审判机关无法正常进行审判工作。

3. 本罪的主体为一般主体。

4. 本罪的主观方面为故意。

（三）扰乱法庭秩序罪的认定

1. 本罪与非罪的界限。在司法实践中，认定本罪与非罪时要特别注意以下两种情况：其一，本罪的构成在主观上要求行为人必须具有干扰法庭秩序的故意。其二，由于司法工作人员违反法律规定，剥夺或限制诉讼参与人的权利或对其进行侮辱、限制人身自由等违法行为而引起的冲突和顶撞，即使严重扰乱了法庭秩序，一般情况下也不应作为犯罪来处理。

2. 本罪与妨害公务罪的界限。妨害公务罪，是指以暴力、威胁方法阻碍国家机关工作人员依法执行职务的行为。两罪主要区别在于：一是侵犯的客体不同。本罪侵犯的客体仅为法院审理案件的正常活动和秩序；而妨害公务罪侵犯的客体是国家机关工作人员的公务活动。二是客观方面的表现不同。本罪在客观方面表现为聚众哄闹，冲击法庭或殴打司法工作人员的行为，既包括暴力、威胁方式也包括非暴力方式；而妨害公务罪在客观方面主要表现为暴力、威胁方式。在司法时间中，如果行为人在其他场所对正在执行公务的司法工作

人员殴打的，则应认定为妨害公务罪而不能定扰乱法庭秩序罪。

3. 本罪与数罪的界限。当聚众哄闹、冲击法庭或殴打司法工作人员的行为同时触犯本罪与其他严重犯罪时，不能实行数罪并罚，而应按想象竞合犯的原则，从一重处罚。例如，行为人聚众冲击法庭，毁坏公私财物，数额较大的；或者殴打司法工作人员造成重伤或死亡的，就属于故意毁坏财物罪与扰乱法庭秩序罪的想象竞合犯，处理时应从一重处罚。

（四）扰乱法庭秩序罪的刑事责任

根据刑法第309条的规定，有下列扰乱法庭秩序情形之一的，处3年以下有期徒刑、拘役、管制或者罚金：（1）聚众哄闹、冲击法庭的；（2）殴打司法工作人员或者诉讼参与人的；（3）侮辱、诽谤、威胁司法工作人员或者诉讼参与人，不听法庭制止，严重扰乱法庭秩序的；（4）有毁坏法庭设施，抢夺、损毁诉讼文书、证据等扰乱法庭秩序行为，情节严重的。

十、窝藏、包庇罪

（一）窝藏、包庇罪的概念

窝藏、包庇罪，是指明知是犯罪的人，而为其提供隐藏处所、财物，帮助其逃匿或者作假证明包庇的行为。

（二）窝藏、包庇罪的特征

1. 本罪的客体是司法机关对罪犯进行刑事追诉和刑罚执行的正常活动。

本罪窝藏、包庇的对象是“犯罪的人”，即已经实施了犯罪行为的人。因此，窝藏、包庇一般的违法分子和已被判决免予刑罚处罚的人，不能构成窝藏、包庇罪。

根据刑法第362条规定，在旅馆业、饮食服务业、文化娱乐业、出租汽车等单位的人员，在公安机关查处卖淫、嫖娼活动时，为违法分子通风报信、情节严重的，以本罪定罪处罚。这条规定，扩大了包庇罪的对象，把一般违法的卖淫者、嫖娼者纳入了包庇的对象。

2. 本罪的客观方面，表现为行为人实施了窝藏或包庇犯罪分子的行为。

窝藏是指帮助逃避司法机关的追捕。包括以下两类行为：（1）为犯罪分子提供隐藏处所、财物，帮助其逃匿；如把正被追捕中的犯罪分子藏于家中，等风声过后，为其出资，让其远走高飞。（2）帮助犯罪人逃匿。一般具体表现为：为犯罪人提供逃跑路线；为犯罪人提供价身份证、假介绍信等帮助其掩盖真实身份。窝藏是一种提供物质帮助的行为。所谓包庇，是指向公安、司法机关提供虚假证明掩盖犯罪事实的行为。多数学者认为，罪刑法定原则确立以后，包庇仅限于“作假证明”开脱罪行的行为，毁灭、伪造罪证的行为属于帮助当事人伪造、毁灭证据罪。

3. 本罪的主体为一般主体。任何年满16周岁并且具有刑事责任能力的自然人，都可以成为本罪的主体，但犯罪人本人不能构成本罪主体。

4. 本罪的主观方面为故意。因此，行为人不知道对方是犯罪分子而为其提供藏身之所或物资帮助，或者不了解事实而讲了客观上有利于犯罪人的证词的，不能以犯罪论处。

（三）窝藏、包庇罪的认定

1. 本罪与非罪的界限。此方面主要应注意本罪与知情不报行为的界限；所谓“知情不报”，是指知晓犯罪事实或犯罪人的情况而不主动或自觉向司法机关举报的行为。虽然“知情不报”的行为在客观上有利于犯罪分子逃匿，但与窝藏、包庇罪显然有巨大区别。二者的关键区别在于：窝藏、包庇罪的行为人是以积极的窝藏、包庇行为帮助犯罪分子逃避刑事制裁，而知情不报的行为人只是消极的不提供有关犯罪事实和犯罪分子的信息。由于我国刑法没有关于知晓一般犯罪事实或犯罪人情况的人必须举报的强制性规定，因此，对于知情不报的行为一般不能以犯罪论处。但可对行为人给以批评教育或某种纪律处分。值得注意的是，如果明知他人有间谍犯罪行为，在国家安全机关向其调查有关情况、收集有关证据时，拒绝提供，情节严重的，可构成刑法第311条规定的拒绝提供间谍犯罪证据罪。

2. 窝藏、包庇罪中的包庇行为与伪证罪的区别。包庇罪的表现形式之一，就是行为人“作假证明”。这就与伪证罪中的“伪证”有了共同之处。但二者的显著区别在于：（1）主体不同。伪证罪的主体是特殊主体，即限于证人、鉴定人、记录人、翻译人；而包庇罪的主体为一般主体，可以是任何达到责任年龄、具有责任能力的自然人。（2）实施犯罪的时间不同。伪证罪只能发生在刑事诉讼的过程中；而包庇罪可以发生在刑事诉讼开始之前、之中和之后。（3）行为人故意内容不同。伪证罪行为人之犯罪故意内容既可以是隐匿罪证从而使犯罪分子逃避法律制裁的意图，也可以是为了陷害人使无罪者受到刑事追究的意图；而包庇罪的故意内容只是意图使犯罪分子逃避法律制裁。

3. 本罪的既未遂问题。本罪是行为犯，以法定的犯罪行为的完成为犯罪既遂的标志。就本罪而言，行为人只要实施了窝藏、包庇的行为，就构成既遂。至于行为人窝藏的时间长短，窝藏、包庇的目的是否达到，犯罪人是否逃脱刑事追究，对本罪的既遂成立均无影响。

4. 本罪与共犯中的帮助犯的区别。二者的相同之处在于他们都是一种帮助行为。其不同之处在于：本罪行为人事前与被其帮助的犯罪人没有共谋，而帮助犯一般事前与其他共同犯罪人有通谋。故此，刑法第310条第2款规定，如果行为人实施窝藏、包庇行为之前与犯罪分子有通谋的，不应以本罪论处，而应按照共同犯罪论处。

（四）窝藏、包庇罪的刑事责任

根据刑法第 310 条第 1 款的规定，犯本罪的，处 3 年以下有期徒刑、拘役或者管制；情节严重的，处 3 年以上 10 年以下有期徒刑。

十一、拒绝提供间谍犯罪、恐怖主义犯罪、极端主义犯罪证据罪

拒绝提供间谍犯罪、恐怖主义犯罪、极端主义犯罪证据罪，是指明知他人有间谍或恐怖主义、极端主义犯罪行为，在司法机关向其调查有关情况、收集有关证据时，拒绝提供，情节严重的行为。

本罪的客体是司法机关打击与防范间谍或恐怖主义、极端主义犯罪的正常活动。本罪的客观方面，表现为行为人实施了拒绝提供间谍或恐怖主义、极端主义犯罪证据的行为。其行为特点有三：其一，向行为人调查的调查者须是司法机关；其二，时间是特定的，即行为须发生在司法机关向其调查有关情况、收集有关证据之时；其三，行为方式是“拒不提供”。本罪的主体为一般主体。但必须是知晓有关间谍犯罪情况的人。本罪的主观方面是故意。

根据刑法第 311 条的规定，犯本罪的，处 3 年以下有期徒刑、拘役或者管制。

十二、掩饰、隐瞒犯罪所得、犯罪所得收益罪

（一）掩饰、隐瞒犯罪所得、犯罪所得收益罪的概念

掩饰、隐瞒犯罪所得、犯罪所得收益罪，是指行为人明知是犯罪所得及其产生的收益而予以窝藏、转移、收购、代为销售或者以其他方法掩饰、隐瞒的行为。

（二）掩饰、隐瞒犯罪所得、犯罪所得收益罪的特征

1. 本罪的客体是司法机关的正常活动。追缴或查处犯罪所得及其产生的收益，是国家刑事司法的一项重要内容。赃物既是揭露和证实犯罪的重要证据，又是挽回被害人损失的实物。因此，能否顺利追缴或查处犯罪所得及其产生的收益，关系案件侦破、定罪量刑、挽回损失等一系列重大问题。而窝藏、转移、收购、代为销售或者以其他方法掩饰、隐瞒赃物行为无端给司法机关的正常活动增加了困难，甚至直接或间接帮助了犯罪，因此，国家必须以刑法严格禁止。

2. 本罪的客观方面，表现为行为人实施了窝藏、转移、收购、代为销售

或者以其他方法掩饰、隐瞒犯罪所得及其产生的收益的行为。

窝藏，是指行为人为犯罪分子藏匿犯罪所得及其产生的收益；转移，是指行为人把犯罪所得及其产生的收益由 A 地运往 B 地，由 B 地运往 C 地等；收购，是指行为人购买犯罪分子犯罪所得的犯罪所得；代为销售，是指行为人代为犯罪分子将犯罪所得的赃物卖出。其他掩饰、隐瞒犯罪所得及其产生的收益的方法，包括提供资金账户的协助将财产转换为现金、金融票据、有价证券的；通过转账或者其他结算方式协助资金转移的；协助将资金汇往境外的等掩饰、隐瞒犯罪所得及其收益的来源和性质的行为。

3. 本罪的主体为一般主体。

4. 本罪的主观方面为故意，即必须是行为人明知是犯罪所得及其产生的收益，否则，不构成本罪。明知，包括确知和知道可能是犯罪所得及其产生的收益。有下列情形之一的，可视为应当知道是赃车，但有证据证明确属被蒙骗的除外：(1) 在非法的机动车交易场所和销售单位购买的；(2) 机动车证件手续不全或者明显违反规定的；(3) 机动车发动机号或者车架号有更改痕迹，没有合法证明的；(4) 以明显低于市场价格购买机动车的。

(三) 掩饰、隐瞒犯罪所得、犯罪所得收益罪的认定

1. 本罪与非罪的界限。区别本罪与一般违法行为的关键在于行为人掩饰、隐瞒犯罪所得及其收益的数额和情节如何，如果数额较小，情节较轻，则符合刑法总则第 13 条“但书”规定的“情节显著轻微危害不大的，不认定为犯罪”的情形，而不作为犯罪处理，可按照治安管理处罚法的有关规定处罚。国家指定的车辆交易市场、机动车经营企业（含典当、拍卖行）以及从事机动车修理、零部件销售企业的主管人员或者其他直接责任人员，明知是盗窃、抢的机动车而予以窝藏、转移、拆解、改装、拼装、收购或者代为销售的，以本罪处罚。单位组织实施上述行为的，由工商行政管理机关予以处罚。

2. 本罪与上游犯罪的区别。“上游犯罪”，是指产生本罪的犯罪所得及其收益的各种犯罪行为。本罪中的洗钱行为只能发生在上游犯罪既遂之后。如果洗钱行为产生于上游犯罪行为既遂之前，则应按上游犯罪的共同犯罪定罪处罚。本罪行为人与上游犯罪行为人之间缺乏共同的犯罪故意。如果行为人与上游犯罪事前有通谋，则构成上游犯罪的共同犯罪，其洗钱行为属于行为人犯罪后自己处理犯罪所得及其产生的收益的行为，对其应以上游犯罪定罪处罚，不以本罪定罪处罚。

本罪应当以上游犯罪事实成立为认定前提，上游犯罪尚未依法裁判，但查证属实的，不影响本罪犯罪的审判。上游犯罪事实可以确认，因行为人死亡等原因依法不予追究刑事责任的，不影响本罪的认定。上游犯罪事实可以确认，

依法以其他罪名定罪处罚的，不影响本罪的认定。

3. 本罪中的窝藏行为与窝藏、包庇罪的窝藏行为的区别。二者的相同点在于都表现为一个“藏”字。但二者所藏的对象各不相同：本罪中的“窝藏”所藏的是“赃物”，而窝藏、包庇罪中的“窝藏”，所藏的是犯罪人。

4. 本法条与洗钱罪、窝藏、转移、隐瞒毒品、毒赃罪法条的关系。本法条针对一切犯罪的所得及其收益，洗钱罪、窝藏、转移、隐瞒毒品、毒赃罪仅针对毒品犯罪、黑社会性质的组织犯罪、恐怖活动犯罪、走私犯罪、贪污贿赂犯罪、破坏金融管理秩序犯罪、金融诈骗犯罪的所得及其产生的收益，二者是法条竞合关系，按特别法优普通法的原则，同时符合两罪的，以洗钱罪论。

（四）掩饰、隐瞒犯罪所得、犯罪所得收益罪的刑事责任

根据刑法第 312 条和《刑法修正案（六）》第 19 条的规定，犯本罪的，处 3 年以下有期徒刑、拘役或者管制，并处或者单处罚金；情节严重的，处 3 年以上 7 年以下有期徒刑，并处罚金。

十三、拒不执行判决、裁定罪

（一）拒不执行判决、裁定罪的概念

拒不执行判决、裁定罪，是指对人民法院的判决、裁定有能力执行而拒不执行，情节严重的行为。

（二）拒不执行判决、裁定罪的特征

1. 本罪所侵犯的客体是人民法院裁判的权威。人民法院的判决、裁定是人民法院行使审判权的重要表现形式。因此，任何对法院的判决、裁定有能力执行而拒不执行的行为，都是对法院的判决、裁定的法律权威的蔑视，也是对法律的蔑视。

2. 本罪的客观方面表现行为人实施了拒不执行判决、裁定的行为。其行为特点有：（1）行为人拒不执行的是人民法院发生法律效力的判决、裁定；（2）行为人有能力执行而拒不执行；（3）行为人之行为属于情节严重。以上三个条件必须同时具备才能构成本罪。值得注意的是，所谓“情节严重”，包括下列六种情况：（1）在人民法院发出执行通知以后，隐藏、转移、变卖、毁损已被依法查封、扣押或者已被清点并责令其保管的财产，转移已被冻结的财产，致使判决、裁定无法执行的；（2）隐藏、转移、变卖、毁损在执行中向人民法院提供担保的财产，致使判决、裁定无法执行的；（3）以暴力、威胁方法妨害或者抗拒执行，致使执行工作无法进行的；（4）聚众哄闹、冲击执行现场，围困、扣押、殴打执行人员，致使执行工作无法进行的；（5）毁损、抢夺执行案件材料、执行公务车辆和其他执行器械、执行人员服装以及执

行公务证件，造成严重后果的；（6）其他妨害或者抗拒执行造成严重后果的。

3. 本罪的主体是负有执行人民法院判决、裁定义务的自然人。负有执行人民法院判决、裁定义务的单位直接负责的主管人员和其他直接责任人员，为了本单位的利益拒不执行判决、裁定，造成特别严重后果的，对该主管人员和其他直接责任人员以拒不执行判决、裁定罪定罪处罚。被执行人、担保人、协助执行义务人贿赂国家机关工作人员，与国家机关工作人员通谋，利用国家机关工作人员的职权妨害执行，致使判决、裁定无法执行的，国家机关工作人员构成本罪的共犯，同时又构成滥用职权罪和受贿罪的，依照处罚较重的规定定罪处罚。

4. 本罪的主观方面为故意。只能是直接故意，间接故意或过失都不能构成本罪。

（三）拒不执行判决、裁定罪的认定

1. 如果行为人以暴力、威胁等方法妨害或者抗拒执行判决、裁定，并造成司法机关执行人员轻伤害的，仍应以本罪论处。如果行为人以暴力、威胁方法妨害或者抗拒执行判决、裁定、并造成司法机关执行人员重伤害、死亡的，应从一重罪处断，即以故意伤害罪、故意杀人罪定罪。

2. 当行为人以毁坏、抢夺等方法拒不执行判决、裁定，并造成执行公务的车辆、器械、执行人员服装毁损时，如果行为人之行为造成了价值较小的财产毁损，对行为人仍应定本罪；如果行为人之行为造成了重大财产损毁，则行为人之行为属想象的数罪，对其亦应按处想象竞合犯的原则从一重罪处断。

（四）拒不执行判决、裁定罪的刑事责任

根据刑法第 313 条的规定，犯本罪的，情节严重的，处 3 年以下有期徒刑、拘役或者罚金；情节特别严重的，处 3 年以上 7 年以下有期徒刑，并处罚金。单位犯前款罪的，对单位判处罚金，并对其直接负责的主管人员和其他直接责任人员，依照前款的规定处罚。

十四、非法处置查封、扣押、冻结的财产罪

非法处置查封、扣押、冻结的财产罪，是指隐藏、转移、变卖、故意毁损已被司法机关查封、扣押、冻结的财产，情节严重的行为。

本罪的客体是国家审判机关的正常活动。本罪的客观方面，表现为行为人实施了隐藏、转移、变卖、故意毁损被司法机关查封、扣押、冻结的财产的行为。本罪有三个客观表现特征：（1）行为的非法性，即行为人必须是违法地处置了司法机关依法查封、扣押、冻结的财产。（2）其行为方式有“隐藏、转移、变卖、故意毁损”四种，行为人至少实施了其中之一。（3）行为人之

行为必须是情节严重的。只有同时符合以上三个条件，才能构成本罪。本罪的主体为一般主体。本罪的主观方面为故意。过失不能本罪。

根据刑法第 314 条的规定，犯本罪的，处 3 年以下有期徒刑、拘役或者罚金。

十五、破坏监管秩序罪

破坏监管秩序罪，是指依法被关押的罪犯，故意破坏监管秩序，情节严重的行为。

本罪的客体是国家监所管理秩序。所谓监所，应作扩张解释，它既指一般监狱，也包括看守所。本罪的客观方面，表现为行为人实施了破坏监管秩序的行为。其具体表现为以下形式：（1）殴打监管人员；（2）组织其他被监管人破坏监管秩序；（3）聚众闹事，扰乱正常监管秩序；（4）殴打、体罚或者指使他人殴打、体罚其他被监管人。行为人只要实施了前述四种行为之一，便足以成立本罪。本罪的主体为特殊主体，即只有依法被关押的人才能成为本罪主体。依法被关押的罪犯，故意破坏监管秩序，不以本罪论处，构成其他犯罪的以其他犯罪定罪处刑；不构成犯罪的，破坏监管秩序行为可以作为原罪的从重处罚情节。本罪的主观方面为故意，过失不构成本罪。

根据刑法第 315 条的规定，破坏监管秩序，情节严重的，处 3 年以下有期徒刑。

十六、脱逃罪

（一）脱逃罪的概念

脱逃罪，是指依法被关押的罪犯、被告人、犯罪嫌疑人从被关押的处所逃逸的行为。

（二）脱逃罪的特征

1. 本罪的客体是国家司法机关对罪犯、被告人、犯罪嫌疑人的正常监管秩序。

2. 本罪的客观方面表现为行为人实施了脱逃行为。

所谓脱逃，是指行为人从司法机关的监所逃逸。监所，这里与前罪中所说监所含义同一。因此，行为人既可以是从看守所、监狱逃跑，也可以是从其他临时被关押的场所或者从被押解的交通工具上逃逸。逃逸的方法多种多样，可以是砸开门窗逃逸，也可以是乘看守人员睡着后偷偷逃逸，等等。看守人员私放罪犯，而罪犯借机脱逃的，该脱逃人犯成立本罪，但由于期待可能性较小，可以从宽处罚。

3. 本罪的主体为特殊主体，即被关押的罪犯、被告人、犯罪嫌疑人。所谓“依法被关押的”，应当是指依据事实和法律、按照正当程序应当被关押（的人犯）。因此，如果那些被非法关押者或者根本无罪却被错误地作为犯罪嫌疑人而加以关押者从被关押处所逃逸的，就不能按犯罪论处。

4. 本罪的主观方面为故意。行为人实施脱逃行为的目的在于逃避国家司法机关的羁押、管理，从而非法获得人身自由。

（三）脱逃罪的认定

1. 一罪与数罪的界限。多数学者认为，如果行为人在逃逸过程中轻伤他人的，仍应对行为人定脱逃罪；如果行为人在实施脱逃行为时重伤他人或者杀害他人的，则属牵连犯，对行为人应按一重罪处断。

2. 既遂与未遂问题。认定本罪的既遂与未遂，应以行为人是否逃出了监管人员的控制范围为准，已逃出的，是既遂，未逃出的是未遂，如果行为人只逃出了监管设施但并没有逃脱监管人员控制的仍应按未遂处理。

3. 本罪与破坏监管秩序罪的界限。两罪的行为都是侵犯了我国监管机关的正常监管秩序，但是两罪的区别也很明显：两罪的主体不同。脱逃罪的主体是依法被关押的罪犯、被告人、犯罪嫌疑人，而破坏监管秩序罪的主体是依法被关押的罪犯，只能是依法被判处死刑、无期徒刑、有期徒刑、拘役并收监执行的犯罪分子。

（四）脱逃罪的刑事责任

根据刑法第 316 条第 1 款的规定，犯本罪的，处 5 年以下有期徒刑或者拘役。

十七、劫夺被押解人员罪

劫夺被押解人员罪，是指劫夺押解途中的罪犯、被告人、犯罪嫌疑人的行为。

本罪的客体是国家对人犯的监管秩序。本罪的客观方面表现为行为人实施了劫夺罪犯、被告人、犯罪嫌疑人的行为。其具体表现有以下特点：（1）行为人之劫夺行为发生在监管人员押解罪犯、被告人、犯罪嫌疑人的途中；（2）劫夺的是被押解的罪犯、被告人、犯罪嫌疑人，如果劫夺的是被非法带走的人员，则不构成犯罪。成立本罪，必须以上两点同时具备。本罪的主体为一般主体。本罪的主观方面为故意。

根据刑法第 316 条第 2 款的规定，犯本罪的，处 3 年以上 7 年以下有期徒刑；情节严重的，处 7 年以上有期徒刑。

十八、组织越狱罪

组织越狱罪，是指依法被关押的犯罪分子，犯罪嫌疑人、被告人和罪犯相互勾结，有组织、有计划地集体逃跑的行为。

本罪的客体是国家监所管理秩序。本罪的客观方面，表现为行为人实施了组织越狱的行为。其具体表现有两种形式：一是组织越狱；二是积极参加有组织的越狱。行为人只要实施此两种行为之一，即可成立本罪。这里，越狱中的“狱”，泛指一切关押犯罪分子、犯罪嫌疑人、被告人的场所，包括监狱、看守所以及其他临时关押前述三类人员的场所和押解交通工具。本罪的主体为特殊主体，即依法被关押的犯罪分子、犯罪嫌疑人、被告人。本罪的主观方面为故意。其直接目的一般是通过组织越狱脱离监狱的监管，以非法获得自由。

根据刑法第 317 条第 1 款的规定，犯本罪的，对首要分子和积极参加者处，5 年以上有期徒刑；对其他参加的，处 5 年以下有期徒刑或者拘役。

十九、暴动越狱罪

暴动越狱罪，是指在押的犯罪分子、犯罪嫌疑人、被告人相互勾结，使用暴力手段集体越狱逃跑的行为。

本罪的客体是国家监狱正常的监押、管理罪犯的秩序。本罪的客观方面，表现为行为人实施了暴动越狱的行为。所谓暴动，是指前述三类在押人犯组织起来，对监管人员和监管场所施以暴力，如杀死杀伤监管人员、砸烂监所门窗、撞倒监所墙壁，从而逃逸。本罪的主体是特殊主体，即在押犯罪分子、犯罪嫌疑人、被告人。本罪的主观方面为故意。本罪的故意必须具备有明知暴动的其他人与他一起实施暴动越狱，并且知道其他人的目的并意识到他与其他人之间是相互协作的关系的内容。如果不具备这个内容，不能以本罪处罚。

根据刑法第 317 条第 2 款的规定，犯本罪的，对首要分子和积极参加的，处 10 年以上有期徒刑或者无期徒刑；情节特别严重的，处死刑；其他参加的，处 3 年以上 10 年以下有期徒刑。

二十、聚众持械劫狱罪

聚众持械劫狱罪，是指聚集多人持械劫夺狱中在押人犯的行为。

本罪的客体是国家监所管理秩序。本罪的客观方面表现为行为人实施了聚集多人持械劫夺狱中在押人犯的行为。所谓“持械”，是指行为人手拿刀、枪、棍棒等凶器实施劫狱行为。本罪的主体为一般主体。本罪的主观方面为故意。

本罪与劫夺被押解人员罪的界限。首先，犯罪客观方面不完全相同，本罪要求必须适用持械的方式，而劫夺被押解人员罪则没有此种限制，还有本罪只能发生在永久性或者临时性的监管场所，而劫夺被押解人员罪则只能发生在押解途中；其次，犯罪主体不完全相同，尽管两者都是一般主体，但是本罪只能聚众共同实施，而劫夺被押解人员罪则既可以单独实施又可以两人或者聚众共同实施。

根据刑法第317条第2款的规定，犯本罪的，对首要分子和积极参加者，处10年以上有期徒刑或者无期徒刑；情节特别严重的，处死刑；其他参加的，处3年以上10年以下有期徒刑。

第四节　妨害国（边）境管理罪

一、组织他人偷越国（边）境罪

（一）组织他人偷越国（边）境罪的概念

组织他人偷越国（边）境罪，是指组织他人偷越国（边）境的行为。

（二）组织他人偷越国（边）境罪的特征

1. 本罪的客体是国家对国（边）境的管理制度。所谓国（边）境管理制度，既指我国与邻国的国境出入管理制度，又指我国大陆与台、港、澳地区的边境出入境管理制度。

2. 本罪的客观方面，表现为行为人实施了非法组织他人出入国（边）境的行为。

所谓非法，即指行为人违反国家国（边）境管理规定，私自组织他人偷越国（边）境。所谓偷越国（边）境，既可以是组织境内人员偷渡至境外，也可以是组织境外人员偷渡至境内。本罪是行为犯，一旦实施了组织行为，不管偷越国境行为是否得逞，均成立本罪的既遂。

3. 本罪的主体为一般主体。只要达到刑事责任年龄、具有刑事责任能力的自然人均可以成为本罪的主体。组织者可以是中国人，也可以是外国人或者无国籍人。

纠集偷越国（边）境行为中，组织、指挥和策划人员之外的其他人员，如打手、司机、望风人员等提供帮助行为的，可以成立帮助犯。

4. 本罪的主观方面为故意，行为人一般具有营利的目的。

（三）组织他人偷越国（边）境罪的认定

1. 在犯本罪的过程中，造成被组织人重伤、死亡的（如从海上偷渡造成被组织偷渡者落水淹死），不以数罪论处，而是本罪的结果加重犯，故对行为人仍应定本罪，适用刑法第 318 条第 1 款关于加重处罚的规定。

2. 在犯本罪的过程中，非法拘禁他人，或者过失造成被组织人重伤、死亡的（如从海上偷渡造成被组织偷渡者落水淹死），不以数罪论处，而是本罪的情节加重犯。在犯本罪的过程中，对被组织人有杀害、伤害、强奸、拐卖等犯罪行为，或者对检查人员有杀害、伤害等犯罪行为的，应以数罪论，依照数罪并罚的规定处罚。为组织同一批人员偷越国（边）境而实施的运输行为、骗取出境证件行为，为本罪吸收，不另外定罪。如果自身组织偷越国（边）境，又为其他批次人员偷越国（边）境提供帮助的，构成数罪。

（四）组织他人偷越国（边）境罪的刑事责任

根据刑法第 318 条的规定，犯本罪的，处 2 年以上 7 年以下有期徒刑，并处罚金；有下列情形之一的，处 7 年以上有期徒刑或者无期徒刑，并处罚金或者没收财产：（1）组织他人偷越国（边）境集团的首要分子；（2）多次组织他人偷越国（边）境或者组织他人偷越国（边）境人数众多的；（3）造成被组织人重伤、死亡的；（4）剥夺或者限制被组织人人身自由的；（5）以暴力、威胁方法抗拒检查的；（6）违法所得数额巨大的；（7）有其他特别严重情节的。

二、骗取出境证件罪

骗取出境证件罪，是指以劳务输出、经贸往来或者其他名义，弄虚作假，骗取护照、签证等出境证件，为组织他人偷越国（边）境使用的行为。

本罪的客体是国家对出境证件的管理制度。本罪的客观方面，表现为行为人实施了骗取出境证件的行为。其具体表现特征是：（1）假借劳务输出、经贸往来或者其他名义，弄虚假；（2）骗取护照、签证等出境证件，为组织他人偷越国（边）境使用。骗取入境证件的，不构成本罪。如果为组织他人偷越国（边）境使用的，可以构成组织他人偷越国（边）境罪。本罪的主体为一般主体，单位也可以成为本罪的主体。本罪的主观方面为故意，且行为人具有在组织他人偷越国（边）境过程中使用骗取的出境证件之意图。

根据刑法第 319 条的规定，犯本罪的处 3 年以下有期徒刑，并处罚金；情节严重的 3 年以上 10 年以下有期徒刑。情节严重，是指多次或者为多人骗取出境证件的；骗取出境证件造成严重后果或恶劣社会影响的；等等。单位犯本罪的，对单位判处罚金，并对其直接负责的主管人员和其他直接责任人员，依照个人犯本罪的规定处罚。

三、提供伪造、变造的出入境证件罪

提供伪造、变造的出入境证件罪，是指为他人提供伪造、变造的护照、签证等出入境证件的行为。

本罪的客体是国家出入境证件的管理制度。本罪的客观方面，表现为行为人实施了为他人提供伪造、变造的出入境证件的行为。本罪的基本表现是“提供”伪造、变造的出入境证件，但是在行为人提供伪造、变造的出入境证件之前，常常有“伪造”、“变造”的行为。这就有可能牵连触犯伪造、变造、买卖国家机关公文、证件、印章罪。对此，应按处理牵连犯的原则来处理。本罪的主体为一般主体。本罪的主观方面为故意。

根据刑法第320条的规定，犯本罪的，处5年以下有期徒刑，并处罚金；情节严重的，处5年以上有期徒刑，并处罚金。

四、出售出入境证件罪

出售出入境证件罪，是指以营利为目的向他人出售护照、签证等出境证件的行为。

本罪的客体是国家出入境管理制度。本罪的客观方面，表现为行为人实施了出售护照、签证等出入境证件的行为。这里，“出售”，既可以是出售本人出入境的护照、签证等，也可以是倒卖他人出入境的护照、签证等。对于出售伪造、变造的出入境证件的行为，则应以提供伪造、变造的出入境证件罪论处。本罪的主体为一般主体。本罪的主观方面为故意。

根据刑法第320条的规定，犯本罪的，处5年以下有期徒刑，并处罚金；情节严重的，处5年以上有期徒刑，并处罚金。

五、运送他人偷越国（边）境罪

运送他人偷越国（边）境罪，是指违反国家边境管理规定，运送他人偷越国（边）境的行为。

本罪的客体是国家的边境管理制度。本罪的客观方面，表现为行为人实施了非法运送他人偷越国（边）境的行为。本罪的主体为一般主体。本罪的主观方面为故意，行为人一般具有营利的目的。

根据刑法第321条的规定，对运送他人偷越国（边）境罪分以下情况处罚：（1）一般犯本罪的，处5年以下有期徒刑、拘役或者管制，并处罚金。（2）犯本罪而有下列情形之一的，处5年以上10年以下有期徒刑，并处罚金：其一，多次实施运送行为或者运送人数众多的；其二，所使用的船只、车辆等交通工具不具备必要的安全条件足以造成严重后果的；其三，违法所得数额巨大的；其四，有其他特别严重情节的。（3）在运送他人偷越国（边）境中造成被运送人重伤、死亡，或者以暴力、威胁方法抗拒检查的，处7年以上有期徒刑，并处罚金。此乃本罪的结果加重犯，不按数罪处理。（4）犯罪而对被运送人有杀害、伤害、强奸、拐卖等犯罪行为，或者对检查人员有杀害、伤害等犯罪行为的，依照数罪并罚的规定处罚。

六、偷越国（边）境罪

偷越国（边）境罪，是指违反国（边）境管理法规，偷越国（边）境，情节严重的行为。

本罪的客体是国家对出入国（边）境的管理制度。本罪的客观方面，表现为行为人实施了违反国（边）境管理法规，偷越国（边）境行为。所谓偷越国（边）境，是指行为人没有依法获得国（边）境出入境管理部门的批准，擅自出入国（边）境。其具体表现可能多种多样，如不在指定地点出入国（边）境，乘边防人员不备偷越国（边）境，藏身于船只、车辆之中偷渡出境，冒用他人的出入境证蒙混出境，等等。值得注意的是，只有情节严重的偷越国（边）境行为才构成犯罪，对一般情节轻微的偷越国（边）境行为，不能以犯罪论处。所谓情节严重主要是指：多次偷越国（边）境的；偷越国（边）境行为引起涉外纠纷的；偷越国（边）境并抗拒边防人员检查的；为逃避法律责任而偷越国（边）境的；等等。本罪的主体为一般主体。本罪的主观方面为故意。

根据刑法第322条和《刑法修正案（九）》的规定，犯本罪的，处1年以下有期徒刑、拘役或者管制，并处罚金。为参加恐怖活动组织、接受恐怖活动培训或者实施恐怖活动，偷越国（边）境的，处1年以上3年以下有期徒刑，并处罚金。

七、破坏界碑、界桩罪

破坏界碑、界桩罪，是指明知是国家边境的界碑、界桩而故意进行破坏的行为。

本罪的客体是国家对国（边）境界碑、界桩的管理制度。本罪的客观方面，表现为行为人实施了破坏界碑、界桩的行为。本罪的主体为一般主体，且既可以是中国人也可以是外国人或无国籍人。本罪的主观方面为故意。

根据刑法第323条的规定，犯本罪的，处3年以下有期徒刑或者拘役。

八、破坏永久性测量标志罪

破坏永久性测量标志罪，是指明知是永久性测量标志而故意进行破坏的行为。

本罪的客体是国家对永久性测量标志的管理制度。如果破坏的是临时性测量标志或非测量标志，则不能构成本罪。本罪的客观方面，表现为行为人实施了破坏永久性测量标志的行为。所谓永久性测量标志，是指国家测量机关建造或埋设的各种永久性的测量标志，如各种等级的三角点、水准点、重力点、地形点、天文点、破解点、导线点、炮控点、海控点等。本罪的主体为一般主体。本罪的主观方面为故意。

根据刑法第 323 条的规定，犯本罪的，处 3 年以下有期徒刑或者拘役。

第五节　妨害文物管理罪

一、故意损毁文物罪

故意损毁文物罪，是指故意损毁国家保护的珍贵文物或者被确定为全国重点文物保护单位、省级文物保护单位的文物的行为。

本罪的客体为国家的文物管理制度。本罪的客观力面，表现为行为人实施了故意损毁珍贵文物的行为。所谓损毁，包括损坏和毁灭。其具体表现形式多种多样，如摔、砸、撞，以及烧毁，等等。本罪的主体为一般主体。本罪的主观方面为故意。

根据刑法第 324 条第 1 款的规定，犯本罪的，处 3 年以下有期徒刑或者拘役，并处或者单处罚金；情节严重的，处 3 年以上 10 年以下有期徒刑，并处罚金。

二、故意损毁名胜古迹罪

故意损毁名胜古迹罪，是指故意损毁国家保护的名胜古迹，情节严重的行为。

本罪的客体是国家名胜古迹的管理制度。本罪的客观方面表现为行为人实施了故意损毁名胜古迹的行为。所谓“损毁”，是指行为人明知是名胜古迹而加以毁坏，其表现形式多种多样，如炸毁、污损、刻画、砸烂、拆卸、挖掘、焚烧等。所谓“名胜古迹”，应当根据文物保护法第 2 条来加以认定，即是指“具有重大历史、艺术、科学价值，并被核定为国家或者地方重点文物保护单位的风景区或与名人事迹、历史事件有关而值得后人登临凭吊的胜地和建筑物”。值得注意的是，并不是一切损毁名胜古迹的行为都构成犯罪，法律只是把那些故意损毁名胜古迹且情节严重的行为作为犯罪来处理。所谓情节严重的，法律上对此并无明确规定，也未见有相应的立法与司法解释。我们认为，“情节严重的”一般是指：多次损毁名胜古迹；造成名胜古迹损坏，且无法修复的；损毁特别贵重的名胜古迹的；等等。本罪的主体为一般主体。本罪的主观方面为故意。

根据刑法第 324 条第 2 款的规定，犯本罪的，处 5 年以下有期徒刑或者拘役，并处或者单处罚金。

三、过失损毁文物罪

过失损毁文物罪，是指过失损毁国家保护的珍贵文物或被确定为全国重点文物保护单位、省级文物保护单位的文物，造成严重后果的行为。

本罪的客体是国家的文物管理制度，其犯罪对象是国家保护的珍贵文物或者被确定为全国重点文物保护单位、省级文物保护单位的文物。本罪的客观方面，表现为行为人因过失而实施了损毁珍贵文物的行为。损毁，其含义与前罪中“损毁”相同。过失损毁珍贵文物的行为，必须是造成了严重后果的，才以本罪论处。否则，不以犯罪论处。本罪的主体为一般主体。本罪的主观方面为过失。

根据刑法第 324 条第 3 款的规定，犯本罪的，处 3 年以下有期徒刑或者拘役。

四、非法向外国人出售、赠送珍贵文物罪

非法向外国人出售、赠送珍贵文物罪，是指违反文物保护法规，将收藏的国家禁止出口的珍贵文物私自出售或者私自赠送给外国人的行为。

本罪的客体是国家的文物管理制度。其犯罪对象是收藏的国家禁止出口的珍贵文物。所谓“收藏”，既指国有单位、集体单位收藏，也指个人收藏。本罪的客观方面，表现为行为人实施了非法向外国人出售、赠送珍贵文物的两种行为之一。所谓非法，是指行为人违反国家关于禁止私自向外国人出售、赠送珍贵文物的规定，而将收藏的国家禁止出口的珍贵文物私自出售或赠送给外国人。值得注意的是，行为人将国家禁止出口的珍贵文物赠送的对象必须是外国人，包括无国籍人。否则，不构成本罪。本罪属选择性罪名，司法实践中应根据具体案情确定具体罪名。本罪的主体为一般主体，且单位也可成为本罪主体。本罪的主观方面为故意。

根据刑法第325条的规定，犯本罪的，处5年以下有期徒刑或者拘役，可以并处罚金；单位犯本罪的，对单位判处罚金，并对其直接负责的主管人员和其他直接责任人员，依照自然人犯罪的规定处罚。

五、倒卖文物罪

（一）倒卖文物罪的概念

倒卖文物罪，是指以牟利为目的，倒卖国家禁止经营的文物，情节严重的行为。

（二）倒卖文物罪的特征

1. 本罪的客体是国家的文物管理制度。根据文物保护法和《文物保护法实施细则》的有关规定，禁止一切非法买卖文物的行为：国有博物馆、图书馆和其他单位的文物藏品禁止出卖；只有国家文物行政管理部门指定的单位可以收购私人收藏的文物，其他任何单位不得经营文物收购业务；私人收藏的文物，可以卖给国家文物局或国家文物行政管理部门指定的全民所有制文物收藏单位和文物收购单位，严禁倒卖牟利；等等。倒卖文物的行为公然违反了国家的这些有关文物保护的禁止性规定，因此，理当依法惩处。

2. 本罪的客观方面，表现为行为人实施了倒卖文物的行为。其具体表现有以下几点：（1）行为人之行为违反了国家文物经营管理法规。根据国家有关文物管理的法律、法规规定，经营文物的单位，应当经国家文物局或者省、自治区、直辖市人民政府文物行政管理部门批准，并经工商行政管理部门办理登记手续；经营文物对外销售业务，应经国家文物局批准；未经许可不得经营一、二、三级珍贵文物，以及其他受国家保护并由有关主管部门核定公布禁止自由买卖的文物。这些规定说明，国家并非禁止所有的文物买卖行为，只是禁止文物的非法买卖。本罪的反社会性，首先就表现在行为人没有遵守国家关于经营文物的法律、法规上。（2）行为人实施了倒卖文物的行为。倒卖，即为了营利而买进或卖出。（3）行为人倒卖的是国家禁止经营的文物，如全民所有的博物馆、图书馆和其他单位的文物等。

3. 本罪的主体为一般主体，单位也可成为本罪的主体。

4. 本罪的主观方面为故意，且行为人具有牟利的目的。因此，买进文物如果是为了个人欣赏与收藏，则不构成本罪。

值得注意的是，成立本罪还必须是“情节严重”的倒卖文物行为。“情节严重的”，一般是指：倒卖三级以上文物的；多次倒卖或大量倒卖文物的；以倒卖文物为业的；因倒卖文物受到行政处罚而继续倒卖的；等等。

(三) 倒卖文物罪的认定

司法实践中，要注意本罪与非法向外国人出售珍贵文物罪的区别。二者的相同之处在于：二者在客观方面均表现为有“卖”或“出售”文物的举动；二者侵犯的客体都是国家的文物管理制度；二者都可以由单位构成。但二者显著不同在于：(1) 售卖对象不同。本罪中行为人售卖文物的对象可以是中国人，也可以是外国人；而非法向外国人出售珍贵文物罪中行为人售卖文物的对象只能是外国人。(2) 犯罪对象不同。本罪的犯罪对象是国家禁止经营的一切文物，包括珍贵文物和一般文物；非法向外国人出售珍贵文物罪的犯罪对象限于单位或个人收藏的且是国家禁止出口的珍贵文物。(3) 行为人的故意内容不同。本罪的成立，要求行为人必须具有牟利的目的，而非法向外国人出售珍贵文物罪之成立，并不以特定目的为必要。(4) 犯罪主体不同。本罪的主体为一般主体，任何未经许可经营文物的单位或个人都可成为本罪主体；而非法向外国人出售珍贵文物罪的主体是特殊主体，即限于收藏文物的单位或个人。应当注意的是，如果行为人倒卖的是自己收藏的国家禁止出口的文物，且售卖的对象又是外国人，这就产生了法条竞合的问题。对此，应按处理法条竞合的原则办理，即从一重罪处断。

(四) 倒卖文物罪的刑事责任

根据刑法第 326 条的规定，犯本罪的，处 5 年以下有期徒刑或者拘役，并处罚金；情节特别严重的，处 5 年以上 10 年以下有期徒刑，并处罚金。单位犯本罪的，对单位判处罚金，并对其直接负责的主管人员和其他直接责任人员，依照自然人犯罪的规定处罚。

六、非法出售、私赠文物藏品罪

非法出售、私赠文物藏品罪，是指国有博物馆、图书馆等单位，违反文物保护法规，将国家保护的文物藏品出售或私自赠送给非国有单位或者个人的行为。

本罪的客体是国家文物保护管理制度和国有文物藏品的所有权。其犯罪对象具有特定性，即须是国有馆藏文物，至于行为人非法出售、私赠的文物是否属于珍贵文物，并不影响本罪的成立。本罪的客观方面，表现为行为人实施了将国有文物藏品出售或私自赠送给非国有单位或个人的行为。本罪的主体为单位，且具有特定性，即只能是国有博物馆、图书馆等单位，非国有单位和个人不能成为本罪的主体。本罪的主观方面为故意。至于行为人出于何种目的与动机，均不影响本罪的成立。

根据刑法第 327 条的规定，单位犯本罪的，对单位判处罚金，并且对直接负责的主管人员和其他直接责任人员，处3年以下有期徒刑或者拘役。

七、盗掘古文化遗址、古墓葬罪

盗掘古文化遗址、古墓葬罪，是指盗掘具有历史、艺术、科学价值的古文化遗址、古墓葬的行为。

本罪的客体是国家对古文化遗址、古墓葬的管理制度和国家对古文化遗址、古墓葬的所有权。所谓古文化遗址、古墓葬，是指清代和清代以前的具有历史、艺术、科学价值的古文化遗址、古墓葬以及辛亥革命以后与著名历史事件有关的名人墓葬、遗址和纪念地。其中，古文化遗址还包括石窟、地下城、古建筑、古人类居住地遗址、历代皇帝陵墓和革命烈士墓地等。本罪的客观方面，表现为行为人实施了盗掘古文化遗址、古墓葬的行为。盗掘，是指未经国家有关主管部门批准而擅自挖掘。至于是秘密挖掘，还是公开挖掘，是白天挖掘，还是夜间挖掘，在所不问。本罪属行为犯，只要行为人实施了挖掘古文化遗址、古墓葬的行为，不论是否挖到文物，便足以成立本罪。本罪的主体为一般主体。本罪的主观方面为故意。行为人之目的与动机均不影响本罪的成立。

根据刑法第328条第1款的规定，犯本罪的，处3年以上10年以下有期徒刑，并处罚金；情节较轻的，处3年以下有期徒刑、拘役或者管制，并处罚金。有下列情形之一的，处10年以上有期徒刑、无期徒刑或者死刑，并处罚金或者没收财产：（1）盗掘确定为全国重点文物保护单位和省级文物保护单位的古文化遗址、古墓葬的；（2）盗掘古文化遗址、古墓葬集团的首要分子；（3）多次盗掘古文化遗址、古墓葬的；（4）盗掘古文化遗址、古墓葬，并盗窃珍贵文物或者造成珍贵文物严重破坏的。

八、盗掘古人类化石、古脊椎动物化石罪

盗掘古人类化石、古脊椎动物化石罪，指盗掘国家保护的具有科学价值的古人类化石、古脊椎动物化石的行为。

本罪的客体是国家文物保护管理制度和古人类化石、古脊椎动物化石的国家所有权。古人类化石，是指保存在各地质时期岩层中或埋藏于地下的万年前直立人、早晚期智人的遗骸和遗迹。古脊椎动物化石，是指保存在各地质时期岩层中或埋藏于地下的万年前古爬行动物、哺乳动物和鱼类的遗骸和遗迹。本罪客观方面，表现为行为人实施了盗掘古人类化石或古脊椎动物化石的行为。本罪主体为一般主体。本罪主观方面为故意。

根据刑法第328条第2款的规定，犯本罪的，根据具体情况，按盗掘古文化遗址、古墓葬罪处罚。

九、抢夺、窃取国有档案罪

抢夺、窃取国有档案罪，是指抢夺、窃取国有档案的行为。

本罪的客体是国家的档案管理制度和档案的国家所有权。犯罪对象是国有档案。根据我国档案法的规定，档案，是指过去和现在的国家机构、社会组织以及个人从事政治、军事、经济、科学、技术、文化、宗教等活动直接形成的对国家和社会有保存价值的各种文字、图表、图像等不同形式的历史记录。档案的复印件也属于档案的范畴。本罪的客观方面，表现为行为人实施了抢夺、窃取国家所有的档案的行为。本罪的主体为一般主体。本罪的主观方面为故意。

根据刑法第 329 条第 1 款、第 3 款的规定，犯本罪的，处 5 年以下有期徒刑或者拘役。犯本罪同时又构成刑法规定的其他犯罪的，依照处罚较重的规定定罪处罚。

十、擅自出卖、转让国有档案罪

擅自出卖、转让国有档案罪，是指违反档案法的规定，擅自出卖、转让国有档案，情节严重的行为。

本罪的客体是国家档案管理制度和档案的国家所有权。本罪的客观方面，表现为行为人实施了擅自出卖、转让国有档案的行为。所谓擅自，是指未经国家档案行政管理部门批准，自作主张，出售或转让国有档案或其复制件。本罪属选择罪名，行为人实施擅自出卖和擅自转让这两种行为之一，就能构成本罪。本罪的主体为一般主体。本罪的主观方面为故意。值得注意的是，成立本罪必须是“情节严重的”行为。所谓情节严重的，一般是指：出卖、转让重要国有档案的；多次出售、转让国有档案的；以出卖、转让国有档案牟利的；出卖、转让国有档案给国家造成重大损失或不良政治影响的；等等。

根据刑法第 329 条第 2 款的规定，犯本罪的，处 3 年以下有期徒刑或者拘役。犯本罪同时又构成刑法规定的其他犯罪的，依照处罚较重的规定定罪处罚。

第六节　危害公共卫生罪

一、妨害传染病防治罪

妨害传染病防治罪，是指违反传染病防治法的规定，引起甲类传染病传播或者有传播严重危险的行为。

本罪的客体是国家关于传染病防治的管理制度。本罪的客观方面表现为：行为人违反国家传染病防治法的规定，其行为具有引起甲类传染病传播或者有传播严重危险。具体言之，即行为人实施了下列行为之一：(1) 供水单位供应的饮用水不符合国家规定的卫生标准的；(2) 拒绝按照卫生防疫机构提出的卫生要求，对传染病病原体污染的污水、污物、粪便进行消毒处理的；(3) 准许或者纵容传染病病人、病原携带者和疑似传染病病人从事国务院卫生行政部门规定禁止从事的易使该传染病扩散的工作的；(4) 拒绝执行卫生防疫机构依照传染病防治法提出的预防、控制措施的。本罪属于危险犯，有下列情形之一的，应予立案追诉：导致甲类和按甲类管理的传染病传播的；导致乙类、丙类传染病流行、爆发的；造成人员重伤或者死亡的；严重影响正常的生产、生活秩序的；其他造成严重后果的情形。“甲类传染病”，是指鼠疫、霍乱；“按甲类管理的传染病”，是指乙类传染病中传染性非典型肺炎、炭疽中的肺炭疽、人感染高致病性禽流感以及国务院卫生行政部门根据需要报经国务院批准公布实施的其他需要按甲类管理的乙类传染病和突发原因不明的传染病。

根据刑法第330条的规定，犯本罪的，处3年以下有期徒刑或者拘役；后果特别严重的，处3年以上7年以下有期徒刑。单位犯本罪的，对单位判处罚金，并对其直接负责的主管人员和其他直接责任人员，依照自然人犯罪的规定处罚。

二、传染病菌种、毒种扩散罪

传染病菌种、毒种扩散罪，是指从事实验、保藏、携带、运输传染病菌种、毒种的人员，违反国务院卫生行政部门的有关规定，造成传染病菌种、毒种扩散，后果严重的行为。

本罪的客体是国家关于传染病菌种、毒种实验、保藏、携带、运输的管理制度。本罪客观方面，表现为行为人实施了造成传染病菌种或者毒种扩散，后果严重的行为。其特点有三：一是在实验、保藏、携带、运输传染病菌种、毒种过程中，违反了国务院卫生行政部门的有关规定；二是造成了传染病菌种、毒种的扩散；三是产生了严重后果，这包括：导致甲类和按甲类管理的传染病传播的；导致乙类、丙类传染病流行、爆发的；造成人员重伤或者死亡的；严重影响正常的生产、生活秩序的；其他造成严重后果的情形。

根据刑法第331条的规定，犯本罪的，处3年以下有期徒刑或者拘役；后果特别严重的，处3年以上7年以下有期徒刑。

三、妨害国境卫生检疫罪

妨害国境卫生检疫罪，是指违反国境卫生检疫规定，引起检疫传染病传播或者有引起检疫传染病传播严重危险的行为。

本罪的客体是国家的国境卫生检疫制度。本罪客观方面，表现为行为人实施了妨害国境卫生检疫的行为。其具体特征有二：一是不遵守国境卫生检疫规定，如逃避或者抗拒国境卫生检验等；二是引起了检疫传染病传播或者有引起检疫传染病传播严重危险的行为。本罪属危险犯，只要行为人之行为具有引起检疫传染病传播严重危险，便足以成立本罪。本罪主体为一般主体，单位也可成为本罪的主体。本罪主观方面为过失。

根据刑法第 332 条的规定，犯本罪的，处 3 年以下有期徒刑或者拘役，并处或者单处罚金，单位犯本罪的，对单位判处罚金，并对其直接负责的主管人员和其他直接责任人员，依照自然人犯本罪的规定处罚。

四、非法组织卖血罪

非法组织卖血罪，是指违反国家有关规定，组织他人出卖血液的行为。

本罪的客体是国家血液采集、供应的管理制度和公民的身体健康与生命安全。本罪在客观方面表现为行为人实施了非法组织卖血的行为。“非法”，系指违反我国献血法等法律法规，擅自组织他人出卖血液。“组织”，是指采取引诱、雇佣、招募、纠集、串联、欺骗等手段，组织、指挥、领导并安排他人或者控制他人进行出卖血液的行为。对于公民自愿出卖自己血液的行为，不能以犯罪论。

根据刑法第 333 条第 1 款的规定，犯本罪的。处 5 年以下有期徒刑，并处罚金。又根据该条第 2 款的规定，实施本罪行为，对他人造成伤害的，不以数罪论，而应依照刑法第 234 条规定的故意伤害罪定罪处罚。

五、强迫卖血罪

强迫卖血罪，是指以暴力、威胁方法强迫他人出卖血液的行为。

本罪的客体与前罪相同。本罪客观方面，表现为行为人实施了以暴力、威胁方法强迫他人出卖血液的行为。本罪主体为一般主体。本罪主观方面为故意。

根据刑法第 333 条第 1 款的规定，犯本罪的，处 5 年以上 10 年以下有期徒刑，并处罚金。实施本罪行为而对他人造成伤害的，依据刑法第 234 条规定的故意伤害罪定罪处罚。

六、非法采集、供应血液、制作、供应血液制品罪

非法采集、供应血液、制作、供应血液制品罪，是指非法采集、供应血液或者制作、供应血液制品，不符合国家规定的标准，足以危害人体健康的行为。

本罪的客体是国家对血液的采集、供应和血液制品的制作、供应的管理制度和受血者的生命安全和身体健康。本罪客观方面表现为行为人实施了非法采集、供应血液、制作、供应血液制品的行为。对未经国家主管部门批准或者超过批准的业务范围，采集、供应血液或者制作、供应血液制品的，应认定为“非法采集、供应血液或者制作、供应血液制品”。本罪属于危险犯，对非法采集、供应血液或者制作、供应血液制品，具有下列情形之一的，应认定为“足以危害人体健康”：（1）采集、供应的血液含有艾滋病病毒、乙型肝炎病毒、丙型肝炎病毒、梅毒螺旋体等病原微生物的；（2）制作、供应的血液制品含有艾滋病病毒、乙型肝炎病毒、丙型肝炎病毒、梅毒螺旋体等病原微生物，或者将含有上述病原微生物的血液用于制作血液制品的；（3）使用不符合国家规定的药品、诊断试剂、卫生器材，或者重复使用一次性采血器材采集血液，造成传染病传播危险的；（4）违反规定对献血者、供血浆者超量、频繁采集血液、血浆，足以危害人体健康的；（5）其他不符合国家有关采集、供应血液或者制作、供应血液制品的规定标准，足以危害人体健康的。

根据刑法第334条的规定，犯本罪的，处5年以下有期徒刑或者拘役，并处罚金；对人体健康造成严重危害的，处5年以上10年以下有期徒刑，并处罚金；造成特别严重后果的，处10年以上有期徒刑或者无期徒刑，并处罚金或者没收财产。

七、采集、供应血液、制作、供应血液制品事故罪

采集、供应血液、制作、供应血液制品事故罪，是指经国家主管部门批准采集、供应血液或者制作、供应血液制品的部门，不依照规定进行检测或者违背其他操作规定，造成危害他人身体健康后果的行为。

对经国家主管部门批准采集、供应血液或者制作、供应血液制品的部门，具有下列情形之一的，应认定为“不依照规定进行检测或者违背其他操作规定”：（1）血站未用两个企业生产的试剂对艾滋病病毒抗体、乙型肝炎病毒表面抗原、丙型肝炎病毒抗体、梅毒抗体进行两次检测的；（2）单采血浆站不依照规定对艾滋病病毒抗体、乙型肝炎病毒表面抗原、丙型肝炎病毒抗体、梅毒抗体进行检测的；（3）血液制品生产企业在投料生产前未用主管部门批准

和检定合格的试剂进行复检的；（4）血站、单采血浆站和血液制品生产企业使用的诊断试剂没有生产单位名称、生产批准文号或者经检定不合格的；（5）采供血机构在采集检验标本、采集血液和成分血分离时，使用没有生产单位名称、生产批准文号或者超过有效期的一次性注射器等采血器材的；（6）不依照国家规定的标准和要求包装、储存、运输血液、原料血浆的；（7）对国家规定检测项目结果呈阳性的血液未及时按照规定予以清除的；（8）不具备相应资格的医务人员进行采血、检验操作的；（9）对献血者、供血浆者超量、频繁采集血液、血浆的；（10）采供血机构采集血液、血浆前，未对献血者或供血浆者进行身份识别，采集冒名顶替者、健康检查不合格者血液、血浆的；（11）血站擅自采集原料血浆，单采血浆站擅自采集临床用血或者向医疗机构供应原料血浆的；（12）重复使用一次性采血器材的；（13）其他不依照规定进行检测或者违背操作规定的。具有下列情形之一的，应认定为"造成危害他人身体健康后果"：（1）造成献血者、供血浆者、受血者感染艾滋病病毒、乙型肝炎病毒、丙型肝炎病毒、梅毒螺旋体或者其他经血液传播的病原微生物的；（2）造成献血者、供血浆者、受血者重度贫血、造血功能障碍或者其他器官组织损伤导致功能障碍等身体严重危害的；（3）造成其他危害他人身体健康后果的。

根据刑法第334条第2款的规定，犯本罪的，对单位判处罚金，并对其直接负责的主管人员和其他直接责任人员，处5年以下有期徒刑或者拘役。

八、医疗事故罪

（一）医疗事故罪的概念

医疗事故罪，是指医务人员在医务工作中由于严重不负责任，造成就诊人死亡或者严重损害就诊人身体健康的行为。

（二）医疗事故罪的特征

1. 本罪的客体是国家医务工作管理秩序和就诊人的生命和健康权利。

2. 本罪的客观方面，表现为行为人造成了医疗事故。主要应注意两点：一是行为人在医务工作中严重不负责任。"严重不负责任"是指：擅离职守的；无正当理由拒绝对危急就诊人实行必要的医疗救治的；未经批准擅自开展试验性治疗的；严重违反查对、复核制度的；使用未经批准使用的药品、消毒药剂、医疗器械的；严重违反国家法律法规及有明确规定的诊疗技术规范、常规的；其他严重不负责任的情形。二是造成就诊人死亡或者严重损害就诊人身体健康。所谓严重损害就诊人身体健康，是指造成就诊人严重残疾、重伤、感染艾滋病、病毒性肝炎等难以治愈的疾病或者其他严重损害就诊人身体健康的后果。

3. 犯罪主体为特殊主体，即医务人员。这里，医务人员，应作广义解释，凡经过卫生行政机关批准、承认的从事医务职业的各级各类医务人员，包括医生、护士、防疫人员、药剂人员、麻醉人员、医疗管理人员、医疗后勤人员等都属于医务人员的范畴。依法从事临床实践活动的医学生和试用期医学毕业生也属于医务人员。但非法行医致人伤亡的，不能以本罪论处，而应按非法行医罪论处。

4. 本罪的主观方面为过失。如果行为人在医疗过程中故意致使就诊人死亡或健康受严重损害，则应以故意杀人罪或者故意伤害罪定罪处罚。

（三）医疗事故罪的认定

1. 本罪与医疗风险事故的界限。由于一些高难度的医疗手术（如开刀等）常常伴有巨大风险，如果把那些医疗风险事故也作为犯罪来处理，那恐怕无人愿意从事医疗事务了。因此，正常的医疗风险事故不能作为犯罪处理。所谓医疗风险事故是指由于现代医疗水平的有限性，在诊疗过程中发生了事与愿违的不良后果。例如，在给心脏病人做开刀手术时病人突然休克死亡便是适例。本罪与医疗风险事故的区别就在于：本罪中造成就诊人死亡或者严重损害就诊人身体健康是医务人员严重不负责任的过失行为所致；而医疗风险事故造成的就诊人伤亡，则属于无可避免的正常现象。

2. 本罪与重大责任事故罪的界限。重大责任事故罪是刑法第 134 条规定的犯罪。它与本罪的相同之处在于二者都属于责任事故，都是过失行为，都有伤亡发生。但二者的显著不同在于：（1）侵犯客体不同。本罪侵犯的客体是国家医务工作管理秩序和就诊人的生命和健康权利，而重大责任事故罪侵犯的是公共安全。（2）客观表现不同。本罪的客观表现是行为人在医务工作中严重不负责任，造成了就诊人的伤亡结果；而重大责任事故罪的表现形式为工厂、矿山、林场、建筑企业或者其他企业、事业单位的职工由于不服管理、违反规章制度，或者强令工人违章冒险作业，因而发生重大伤亡事故或者造成其他严重后果的行为。（3）主体不同。本罪主体限于医务人员；而重大责任事故罪的主体则是工厂、矿山、林场、建筑企业或者其他企业、事业单位的职工或领导。

3. 正确区分责任人员的责任程度。（1）要区分具体实施人员的直接责任与指导人员的直接责任。如果是具体实施人员受命于指导人员实施的行为，或在实施中实施人员提出过纠正意见，未被指导人员采纳而造成不良结果的，由指导人员负直接责任。如果实施人员没有向指导人员如实反映病人情况或拒绝执行指导人员的正确意见造成不良后果，实施人员负直接责任。如果是具体实施人员提出了违反有关法规（含规章制度）的主张、做法，由于指导人员轻信，同意实施或者具体实施人员明知受命于指导人员所实施的行为违反有关规章制度，但不向指导者反映，仍然继续实施而造成不良后果的，则具体实施人员和指导人员都要负直接责任。（2）要分清职责范围与直接责任的关系。如果事故责任不属责任人法定职责或特定义务范围，责任人对其不良后果不负直接责任。如果分工不清、职责不明，又无具体制度规定，则以其实际工作范围和公认的职责作为认定责任的依据。如无特殊需要责任人无故擅自超越职责范围，造成事故的，也应追究责任。（3）如果在非职责范围和职责岗位，包括业余或离退休人员，无偿为人民群众进行诊疗护理活动，或于紧急情况下抢救危重病员而发生失误造成不良后果的，除非确有重大过失的，一般不应追究责任。

（四）医疗事故罪的刑事责任

根据刑法第335条的规定，犯本罪的，处3年以下有期徒刑或者拘役。

九、非法行医罪

（一）非法行医罪的概念

非法行医罪，是指未取得医生执业资格的人非法行医，情节严重的行为。

（二）非法行医罪的特征

1. 本罪的客体是国家医务管理制度和就诊人的生命安全和健康权利。

2. 本罪的客观方面，表现为行为人非法行医情节严重的行为。行医是治疗伤病、预防疾病、增进健康、矫正畸形、助产等可能对人体造成危险的活动。不可能对人体造成危险的医疗、预防与保健活动，不能认定为非法行医。例如，将关节炎患者的疾患部位涂红，使其通过皮肤吸收入血管从而增进血液循环的所谓“红疗法”，也不是行医行为；可能对人体造成危险的美容、矫正畸形业务也属于医疗活动。非法行医罪属于职业犯，行医是以实施医疗行为为业的活动，偶尔救助病人的活动不属于非法行医。

“情节严重”是指：造成就诊人轻度残疾、器官组织损伤导致一般功能障碍，或者中度以上残疾、器官组织损伤导致严重功能障碍，或者死亡的；造成甲类传染病传播、流行或者有传播、流行危险的；使用假药、劣药或不符合国家规定标准的卫生材料、医疗器械，足以严重危害人体健康的；非法行医被卫生行政部门行政处罚两次以后，再次非法行医的；其他情节严重的情形。

3. 本罪的主体为一般主体，但限于没有取得医生执业资格的人。本罪的主体为一般主体。取得执业医师资格或者执业助理医师资格，以及未取得执业医师资格但取得医师资格的人员，一般不构成本罪。未取得医生执业资格的人非法行医包括：是指未取得或者以非法手段取得医师资格从事医疗活动的；个人未取得《医疗机构执业许可证》开办医疗机构的（不包括取得执业医师资格者单纯的行医行为）；被依法吊销医师执业证书期间从事医疗活动的；未取得乡村医生执业证书，从事乡村医疗活动的；家庭接生员实施家庭接生以外的医疗行为的。

4. 本罪的主观方面为故意，并具有牟利的目的。应当指出，这里说本罪主观方面为故意，仅仅是就行医而言。但对非法行医所造成的危害结果，行为人是出于过失。事实上，行为人并不希望或放任危害结果发生。如果行为人以行医为名，而实施伤害或杀人的行为，则应以伤害罪或故意杀人罪论处。

（三）非法行医罪的认定

1. 本罪与医疗事故罪。二者的相同点在于：侵害的都是国家的医务管理制度和公民的生命与健康权利；都造成了就诊人的生命与健康的损害；行为人都是在行医的过程中造成了危害结果，等等。但二者的显著区别在于：(1) 主体不同。本罪主体为未取得医生执业资格的人；而医疗事故罪的主体是国家认可的医务人员。(2) 主观方面不同。本罪的主观方面为故意，医疗事故罪的主观方面则是过失。

2. 本罪与以行医的方式实施的诈骗行为。由于非法行医者往往是为了敛取钱财，故非法行医罪与以行医为名而行诈骗钱财之实的诈骗犯罪就十分相似。但细析之，二者的区别是明显的：其一，本罪行为人一般有相对固定的行医场所，而以行医为名实施的诈骗犯罪，其行为人常常无固定场所，多以走街串巷的游医形式出现。其二，本罪行为人虽然没有取得国家认可的行医资格，但他们通常具有一定的医疗知识，而以行医为名实施的诈骗犯罪，其行为人可能缺乏基本的医疗常识。其三，本罪行为人为了行医，往往备置相应医疗必需器材、设备等，而以行医为名实施的诈骗犯罪，其行为人通常不会投资购买医疗设施。

3. 罪数问题。实施非法行医犯罪，同时构成生产、销售假药罪，生产、销售劣药罪，诈骗罪等其他犯罪的，依照刑法处罚较重的规定定罪处罚。

（四）非法行医罪的刑事责任

根据刑法第 336 条第 1 款的规定，犯本罪的，处 3 年以下有期徒刑、拘役或者管制，并处或者单处罚金；严重损害就诊人身体健康的，处 3 年以上 10 年以下有期徒刑，并处罚金；造成就诊人死亡的，处 10 年以上有期徒刑，并处罚金。

十、非法进行节育手术罪

非法进行节育手术罪，是指未取得医生执业资格的人擅自为他人进行节育复通手术、假节育手术、终止妊娠手术或者摘取宫内节育器，情节严重的行为。

本罪的客体是国家计划生育制度和就诊人的身体健康和生命安全。本罪的客观方面，表现为行为人实施了非法为他人进行节育手术的行为。所谓“节育手术”，是指复通手术、假节育手术、终止妊娠手术或者摘取宫内节育器等行为。行为人只要实施其中之一，即可成立本罪。但行为人之行为须属“情节严重的”。所谓情节严重的，一般是指：造成就诊人轻伤、重伤、死亡或者感染艾滋病、病毒性肝炎等难以治愈的疾病的；非法进行节育复通手术、假节育手术、终止妊娠手术或者摘取宫内节育器 5 人次以上的；致使他人超计划生育的；非法进行选择性别的终止妊娠手术的；非法获利累计 5000 元以上的；其他情节严重的情形。

根据刑法第 336 条第 2 款的规定，犯本罪的，处 3 年以下有期徒刑、拘役或者管制，并处或者单处罚金；严重损害就诊人身体健康的，处 3 年以上 10 年以下有期徒刑，并处罚金；造成就诊人死亡的，处 10 年以上有期徒刑，并处罚金。

十一、逃避动植物检疫罪

逃避动植物检疫罪，是指违反进出境动植物检疫法的规定，逃避动植物检疫，引起重大动植物疫情的，或者有引起重大动植物疫情危险，情节严重的行为。

本罪的客体是国家进出境动植物检疫制度。本罪的客观方面，表现为行为人实施了逃避动植物检疫，且引起重大动植物疫情的行为。有两点值得注意：一是行为人违反了进出境动植物检疫法的规定；二是行为人之行为引起了重大动植物疫情。情节严重的是指，造成国家规定的《进境动物一、二类传染病、寄生虫病名录》中所列的动物疫病传入或者对农、牧、渔业生产以及人体健康、公共安全造成严重危害的其他动物疫病在国内爆发流行的；造成国家规定的《进境植物检疫性有害生物名录》中所列的有害生物传入或者对农、林业生产、生态环境以及人体健康有严重危害的其他有害生物在国内传播扩散的。

根据刑法第 337 条的规定，犯本罪的，处 3 年以下有期徒刑或者拘役，并处或者单处罚金；单位犯本罪的，对单位判处罚金，并对直接负责的主管人员和其他直接责任人员按上述规定处罚。

第七节　破坏环境资源保护罪

一、污染环境罪

污染环境罪，是指违反国家规定，排放、倾倒或者处置有放射性的废物、含传染病病原体的废物、有毒物质或者其他有害物质，严重污染环境的行为。

本罪的客体是国家环境保护制度和公私财产与公民健康、生命安全。所谓环境保护制度，是指由我国环境保护法、水污染防治法、大气污染防治法等一系列法律、法规所形成的环境保护制度。本罪在客观方面，表现为行为人之行为引起了重大环境污染事故。要求：一是违反国家规定，即违反国家有关环境保护的强制性义务规范；二是有排放、倾倒或者处置有害物质的行为。无论是否向土地、水体、大气排放、倾倒或者处置，都可以构成犯罪；三是排放、倾倒或者处置的对象是有放射性的废物、含传染病病原体的废物、有毒物质或者其他有害物质，不限于《国家危险废物名录》中的危险物质；四是造成重大环境污染，一般的轻微污染不构成犯罪。这是必备的结果要件。同时要注意，重大环境污染与行为人的排放、倾倒或者处置有害物质的行为之间必须存在因果关系。根据《国家环境保护局报告环境污染与破坏事故的暂行办法》第5条第3项，凡符合下列情况之一的，为重大环境污染与破坏事故：（1）由于污染和破坏行为造成直接经济损失，在5万元以上10万元以下（不含10万元）；（2）人员发生明显中毒症状、辐射伤害或者可能导致伤残后果；（3）人群发生中毒症状；（4）因环境污染使社会安定受到影响；（5）对环境造成较大危害。本罪主体法律上没有限制性规定，自然人或单位均可成为本罪主体。从司法实践来看，实施本罪行为的主要是从事生产经营活动的单位或个体经营者。本罪的主观方面为过失。

根据刑法第338条和第346条的规定，犯本罪的，处3年以下有期徒刑或者拘役，并处或者单处罚金；后果特别严重的，处3年以上7年以下有期徒刑，并处罚金。单位犯本罪的，对单位判处罚金，并对其直接负责的主管人员和其他直接责任人员，依照自然人犯本罪的规定处罚。

二、非法处置进口的固体废物罪

非法处置进口的固体废物罪，是指违反国家规定，将境外固体废物进境倾倒、堆放、处置的行为。

本罪的客体是国家环境保护制度。本罪的客观方面，表现为行为人实施了非法处置进口的固体废物的行为。值得注意的是：根据国家有关规定，我国一般禁止进口固体废物。因此，行为人将境外的固体废物进境倾倒、堆放、处置的任何一种行为都是应当被禁止的。本罪的主体可以是自然人，也可以是单位。本罪的主观方面为故意。

根据刑法第 339 条第 1 款和第 346 条的规定，犯本罪的，处 5 年以下有期徒刑或者拘役，并处罚金；造成重大环境污染事故，致使公私财产遭受重大损失或者严重危害人体健康的，处 5 年以上 10 年以下徒刑，并处罚金；后果特别严重的，处 10 年以上有期徒刑，并处罚金。单位犯本罪的，对单位判处罚金，并对其直接负责的主管人员和其他直接责任人员，依照自然人犯本罪的规定处罚。

三、擅自进口固体废物罪

擅自进口固体废物罪，是指未经国务院有关主管部门许可，擅自进口固体废物用作原料，造成重大环境污染事故，致使公私财产遭受重大损失，或者严重危害人体健康的行为。

本罪的客体是国家对废物进口管理制度与环境保护制度。本罪的客观方面，表现为行为人实施了擅自进口固体废物的行为。公私财产重大损失或者严重危害了人体健康是指：（1）致使公私财产损失 30 万元以上的；（2）致使基本农田、防护林地、特种用途林地 5 亩以上，其他农用地 10 亩以上，其他土地 20 亩以上基本功能丧失或者遭受永久性破坏的；（3）致使森林或者其他林木死亡 50 立方米以上，或者幼树死亡 2500 百株以上的；（4）致使 1 人以上死亡、3 人以上重伤、10 人以上轻伤，或者 1 人以上重伤并且 5 人以上轻伤的；（5）致使传染病发生、流行或者人员中毒达到《国家突发公共卫生事件应急预案》中突发公共卫生事件分级Ⅲ级以上情形，严重危害人体健康的；（6）其他致使公私财产遭受重大损失或者严重危害人体健康的情形。

根据刑法第 339 条第 2 款和第 346 条的规定，犯本罪的，处 5 年以下有期徒刑或者拘役，并处罚金；后果特别严重的，处 5 年以上 10 年以下有期徒刑，并处罚金。单位犯本罪的，对单位判处罚金，对其直接负责的主管人员和其他直接责任人员，依照自然人犯本罪的规定处罚。

四、非法捕捞水产品罪

非法捕捞水产品罪，是指违反保护水产资源法规，在禁渔区、禁渔期或者使用禁用的工具、方法捕捞水产品，情节严重的行为。

本罪的客体是国家保护水产资源制度。本罪的客观方面，表现为行为人实施了非法捕捞水产品的行为。其具体表现是：违反国家有关规定，在禁渔区、禁渔期或者使用禁用的工具、方法捕捞水产品。“情节严重的”是指，在内陆水域非法捕捞水产品500公斤以上或者价值5000元以上的，或者在海洋水域非法捕捞水产品2000公斤以上或者价值2万元以上的；非法捕捞有重要经济价值的水生动物苗种、怀卵亲体或者在水产种质资源保护区内捕捞水产品，在内陆水域50公斤以上或者价值500元以上，或者在海洋水域200公斤以上或者价值2000元以上的；在禁渔区内使用禁用的工具或者禁用的方法捕捞的；在禁渔期内使用禁用的工具或者禁用的方法捕捞的；在公海使用禁用渔具从事捕捞作业，造成严重影响的；其他情节严重的情形。

根据刑法第340条、第346条的规定，犯本罪的，处3年以下有期徒刑、拘役、管制或者罚金。单位犯本罪的，对单位判处罚金，并对其直接负责的主管人员和其他直接责任人员，依照自然人犯本罪的规定处罚。

五、非法猎捕、杀害珍贵、濒危野生动物罪

非法猎捕、杀害珍贵、濒危野生动物罪，是指猎捕、杀害国家重点保护的珍贵、濒危野生动物的行为。

本罪的客体是国家珍贵、濒危野生动物保护制度。犯罪对象限于国家重点保护的珍贵、濒危野生动物。“珍贵、濒危野生动物”，包括列入《国家重点保护野生动物名录》的国家一、二级保护野生动物、列入《濒危野生动植物种国际贸易公约》附录一、附录二的野生动物以及驯养繁殖的上述物种。本罪的客观方面，表现为行为人实施了非法猎捕、杀害珍贵、濒危野生动物的行为。本罪属行为犯，只要行为人实施了猎捕或杀害珍贵、濒危野生动物的行为之一，便足以成立本罪。本罪的主体可以是自然人，也可以是单位。本罪的主观方面为故意。

根据刑法第341条、第346条的规定，犯本罪的，处5年以下有期徒刑或拘役，并处罚金；情节严重的，处5年以上10年以下有期徒刑，并处罚金；情节特别严重的，处10年以上有期徒刑，并处罚金或者没收财产。单位犯本罪的，对单位判处罚金，并对其直接负责的主管人员和其他直接责任人员，依照自然人犯本罪的规定处罚。

六、非法收购、运输、出售珍贵、濒危野生动物、珍贵、濒危野生动物制品罪

非法收购、运输、出售珍贵、濒危野生动物、珍贵、濒危野生动物制品罪，是指非法收购、运输、出售国家重点保护的珍贵、濒危野生动物及其制品

的行为。

本罪的客体与犯罪对象与前罪相同。本罪的客观方面，表现为行为人实施了非法收购、运输、出售国家重点保护的珍贵、濒危野生动物从其制品的行为。“收购”，包括以营利、自用等为目的的购买行为；“运输”，包括采用携带、邮寄、利用他人、使用交通工具等方法进行运送的行为；“出售”，包括出卖和以营利为目的的加工利用行为。

根据刑法第 341 条第 1 款、第 346 条的规定，犯本罪的，处 5 年以下有期徒刑或者拘役，并处罚金；情节严重的，处 5 年以上 10 年以下有期徒刑，并处罚金；情节特别严重的，处 10 年以上有期徒刑，并处罚金或者没收财产。单位犯本罪的，对单位判处罚金，并对其直接负责的主管人员和其他直接责任人员，依照自然人犯本罪的规定处罚。

七、非法狩猎罪

非法狩猎罪，是指违反狩猎法规，在禁猎区、禁猎期或者使用禁用的工具、方法进行狩猎，破坏野生动物资源，情节严重的行为。

本罪的客体是国家野生动物保护制度。本罪的犯罪对象是珍贵、濒危野生动物以外的其他野生动物。本罪的客观方面，表现为行为人实施了非法狩猎的行为。所谓非法狩猎，其具体表现是：违反狩猎法规，在禁猎区、禁猎期狩猎，或者使用禁用的工具、方法狩猎。违反狩猎法规，主要是指违反我国野生动物保护法等相关野生动物保护的法律、法规；禁猎区，是指国家根据野生动物保护需要，划定的禁止狩猎的区域，禁猎期，是指国家为了充分保护和合理利用野生动物资源，根据野生动物的繁殖和皮毛、肉食、药材的成熟季节，分别规定的禁止狩猎的期间；禁用的工具，一般是指具有极大杀伤力的狩猎器械，如地弓、地枪、大铁夹、军用武器等；禁用方法，是指一切足以破坏野生动物资源的方法，如以化学药品毒杀、布电网围杀、爆炸等方法。非法狩猎的行为必须是“情节严重的”，才构成本罪。所谓情节严重的，一般是指：非法狩猎野生动物 20 只以上的；在禁猎区内使用禁用的工具或者禁用的方法狩猎的；在禁猎期内使用禁用的工具或者禁用的方法狩猎的；其他情节严重的情形。本罪的主体可以是自然人，也可以是单位。本罪的主观方面为故意。

根据刑法第 341 条第 2 款、第 346 条的规定的，犯本罪的，处 3 年以下有期徒刑、拘役、管制或者罚金。单位犯本罪的，对单位判处罚金，并对其直接负责的主管人员和其他直接责任人员，依照自然人犯本罪的规定处罚。

八、非法占用农用地罪

非法占用耕地罪，是指违反土地管理法规，非法占用耕地、林地等农用地，改变被占用土地用途，数量较大，造成耕地、林地等农用地大量毁坏的行为。

本罪的客体是国家土地管理制度。本罪的客观方面，表现为行为人违反土地管理法规，非法占用耕地、林地等农用地。改变被占用土地用途，数量较大，造成耕地、林地等农用地大量毁坏的行为。占用耕地、林地等农用地，是指行为人未经国家土地管理部门批准擅自占用耕地、林地等农用地。改变被占用土地用途，是指行为人将土地管理部门批准专用的土地擅自改变土地用途。造成耕地大量毁坏，是指：（1）非法占用基本农田5亩以上或者基本农田以外的耕地10亩以上的；（2）非法占用防护林地或者特种用途林地数量单种或者合计五亩以上的；（3）非法占用其他林地10亩以上的；（4）非法占用本款第2项、第3项规定的林地，其中一项数量达到相应规定的数量标准的50%以上，且两项数量合计达到该项规定的数量标准的；（5）非法占用其他农用地数量较大的情形。违反土地管理法规，非法占用耕地建窑、建坟、建房、挖沙、采石、采矿、取土、堆放固体废弃物或者进行其他非农业建设，造成耕地种植条件严重毁坏或者严重污染，被毁坏耕地数量达到以上规定的，属于“造成耕地大量毁坏”。违反土地管理法规，非法占用林地，改变被占用林地用途，在非法占用的林地上实施建窑、建坟、建房、挖沙、采石、采矿、取土、种植、堆放或者排泄废弃物等行为或者进行其他非林业生产、建设，造成林地的原有植被或者林业种植条件严重毁坏或者严重污染，被毁坏林地数量达到以上规定的，属于“造成林地大量毁坏”。

根据刑法第342条、第346条和《刑法修正案（二）》的规定，犯本罪的，处5年以下有期徒刑或者拘役，并处或者单处罚金。单位犯本罪的，对单位判处罚金，并对其直接负责的主管人员和其他直接责任人员，依照自然人犯本罪的规定处罚。

九、非法采矿罪

非法采矿罪，是指违反矿产资源法的规定，未取得采矿许可证擅自采矿的，或者擅自进入国家规划矿区、对国民经济具有重要价值的矿区和他人矿区范围采矿的，或者擅自开采国家规定实行保护性开采的特定矿种，经责令停止开采后拒不停止开采，造成矿产资源破坏，情节严重的行为。

具有下列情形之一的，属于本条规定的“未取得采矿许可证擅自采矿”：

(1) 无采矿许可证开采矿产资源的;(2) 采矿许可证被注销、吊销后继续开采矿产资源的;(3) 超越采矿许可证规定的矿区范围开采矿产资源的;(4) 未按采矿许可证规定的矿种开采矿产资源的(共生、伴生矿种除外);(5) 其他未取得采矿许可证开采矿产资源的情形。在采矿许可证被依法暂扣期间擅自开采的,视为本条规定的"未取得采矿许可证擅自采矿"。造成矿产资源破坏的价值数额在5万至10万元以上的,属于情节严重。造成矿产资源破坏的价值数额,由省级以上地质矿产主管部门出具鉴定结论,经查证属实后予以认定。

根据刑法第343条第1款的规定,犯本罪的,处3年以下有期徒刑、拘役或者管制,并处或者单处罚金;造成矿产资源严重破坏的,处3年以上7年以下有期徒刑,并处罚金。单位犯本罪的,对单位判处罚金,并对其直接负责的主管人员和其他直接责任人员,依照自然人犯本罪的规定处罚。

十、破坏性采矿罪

破坏性采矿罪,是指违反矿产资源法的规定,采取破坏性的方法开采矿产资源,造成矿产资源严重破坏的行为。

本罪的客体是国家矿产资源保护制度。本罪客观方面,表现为行为人实施了破坏性采矿的行为。其具体行为方式有以下三点:(1) 违反了矿产资源法的规定。(2) 采取破坏性的开采方法开采矿产资源。"采取破坏性的开采方法开采矿产资源",是指行为人违反地质矿产主管部门审查批准的矿产资源开发利用方案开采矿产资源,并造成矿产资源严重破坏的行为。(3) 造成了矿产资源严重破坏,是指价值在30万元至50万元以上的。破坏性的开采方法以及造成矿产资源严重破坏的价值数额,由省级以上地质矿产主管部门出具鉴定结论,经查证属实后予以认定。

根据刑法第343条第2款和第346条的规定,犯本罪的,处5年以下有期徒刑或者拘役,并处罚金。单位犯本罪的,对单位判处罚金,并对其直接负责的主管人员和其他直接责任人员,依照自然人犯本罪的规定处罚。

十一、非法采伐、毁坏国家重点保护植物罪

非法采伐、毁坏珍贵树木罪,是指违反国家规定,非法采伐、毁坏珍贵树木或者国家重点保护的其他植物的行为。

本罪的客体是国家森林保护制度。其犯罪对象必须是珍贵树木或者国家重点保护的其他植物。"珍贵树木或者国家重点保护的其他植物",包括由省级以上林业主管部门或者其他部门确定的具有重大历史纪念意义、科学研究价值

或者年代久远的古树名木，国家禁止、限制出口的珍贵树木以及列入《国家重点保护野生植物名录》的树木或者其他植物。本罪的客观方面表现为行为人违反国家规定，非法采伐、毁坏珍贵树木或者国家重点保护的其他植物的行为。本罪属选择性罪名，“采伐”、“毁坏”为选择性行为，只要行为人实施了其中之一，便可成立本罪。本罪的主体可以是自然人，也可以是单位。本罪的主观方面为故意。

根据刑法第344条和第346条的规定，犯本罪的，处3年以下有期徒刑、拘役或者管制，并处罚金；情节严重的，处3年以上7年以下有期徒刑，并处罚金。单位犯本罪的，对单位判处罚金，并对其直接负责的主管人员和其他直接责任人员，依照自然人犯本罪的规定处罚。

十二、非法收购、运输、加工、出售国家重点保护植物、国家重点保护植物制品罪

非法收购、运输、加工、出售国家重点保护植物、国家重点保护植物制品罪，是指违反国家规定，非法收购、运输、加工、出售珍贵树木或者国家重点保护的其他植物及其制品的行为。

国家重点保护植物，应按照国务院环境保护委员会公布的《珍稀濒危保护植物名录》来确定。本罪的客观方面表现为行为人违反国家规定，非法收购、运输、加工、出售珍贵树木或者国家重点保护的其他植物及其制品的行为。本罪属选择性罪名，“收购”、“运输”、“加工”、“出售”为选择性行为，只要行为人实施了其中之一，便可成立本罪。本罪的主体可以是自然人，也可以是单位。本罪的主观方面为故意。

根据《刑法修正案（四）》第6条和刑法第344条、第346条的规定，犯本罪的，处3年以下有期徒刑、拘役或者管制，并处罚金；情节严重的，处3年以上7年以下有期徒刑，并处罚金。单位犯本罪的，对单位判处罚金，并对其直接负责的主管人员和其他直接责任人员，依照自然人犯本罪的规定处罚。

十三、盗伐林木罪

盗伐林木罪，是指盗伐森林或者其他林木，数量较大的行为。

本罪的客体是国家林业管理制度和国家、集体或公民的林木所有权。本罪的客观方面，表现为行为人实施了盗伐森林或其他林木，且数量较大的行为。以非法占有为目的，具有下列情形之一的，属于“盗伐森林或者其他林木”：（1）擅自砍伐国家、集体、他人所有或者他人承包经营管理的森林或者其他林木的；（2）擅自砍伐本单位或者本人承包经营管理的森林或者其他林木的；

(3) 在林木采伐许可证规定的地点以外采伐国家、集体、他人所有或者他人承包经营管理的森林或者其他林木的。这里的擅自砍伐、采伐，通常表现为秘密进行，但并不以此为限，公开进行的，也可成立本罪。本罪的主体可以是自然人，也可以是单位。本罪的主观方面为故意，并且行为人具有非法占有的目的。

根据刑法第 345 条第 1 款、第 4 款和第 364 条的规定，犯本罪的，处 3 年以下有期徒刑、拘役或者管制，并处或者单处罚金；数量巨大的，处 3 年以上 7 年以下有期徒刑，并处罚金；数量特别巨大的，处 7 年以上有期徒刑，并处罚金。单位犯本罪的，对单位判处罚金，并对其直接负责的主管人员和其他直接责任人员，依照自然人犯罪的规定处罚。盗伐国家级自然保护区内的森林或者其他林木的，从重处罚。

十四、滥伐林木罪

滥伐林木罪，是指滥伐森林或者其他林木，数量较大的行为。

本罪的客体是国家森林保护制度。本罪客观方面，表现为行为人实施了滥伐林木的行为。违反森林法的规定，具有下列情形之一的，属于“滥伐森林或者其他林木”：(1) 未经林业行政主管部门及法律规定的其他主管部门批准并核发林木采伐许可证，或者虽持有林木采伐许可证，但违反林木采伐许可证规定的时间、数量、树种或者方式，任意采伐本单位所有或者本人所有的森林或者其他林木的；(2) 超过林木采伐许可证规定的数量采伐他人所有的森林或者其他林木的。违反森林法的规定，在林木采伐许可证规定的地点以外，采伐本单位或者本人所有的森林或者其他林木的，除农村居民采伐自留地和房前屋后个人所有的零星林木以外，属于“未经林业行政主管部门及法律规定的其他主管部门批准并核发林木采伐许可证”规定的情形。滥伐 10—20 立方米以上的；滥伐幼树 500—1000 株以上的，视为“数量较大”。滥伐林木的数量，应在伐区调查设计允许的误差额以上计算。林木权属争议一方在林木权属确权之前，擅自砍伐森林或者其他林木的，属于本条规定的“滥伐森林或者其他林木”。

根据刑法第 345 条第 2 款、第 4 款和第 364 条的规定，犯本罪的，处 3 年以下有期徒刑、拘役或者管制，并处或者单处罚金；数量巨大的，处 3 年以上 7 年以下有期徒刑，并处罚金。单位犯本罪的，对单位判处罚金，并对其直接负责的主管人员和其他责任人员，依照自然人犯本罪的规定处罚。滥伐国家级自然保护区内的森林或其他林木的，从重处罚。

十五、非法收购、运输盗伐、滥伐的林木罪

非法收购、运输盗伐、滥伐的林木罪，是指非法收购、运输明知是盗伐、滥伐的林木，情节严重的行为。

本罪的客体是国家森林保护制度。本罪的客观方面，表现为行为人实施了非法收购、运输盗伐、滥伐的林木情节严重的行为。“收购”行为可以发生在林区或非林区。情节严重是指，非法收购、运输盗伐、滥伐的林木 20 立方米以上或者幼树 1000 株以上的；其他情节严重的情形。本罪的主观方面为故意，且不需要具有牟利的目的。“非法收购”的“明知”，是指知道或者应当知道。具有下列情形之一的，可以视为应当知道，但是有证据证明确属被蒙骗的除外：(1) 在非法的木材交易场所或者销售单位收购木材的；(2) 收购以明显低于市场价格出售的木材的；(3) 收购违反规定出售的木材的。

根据刑法第 345 条第 3 款、第 346 条和《刑法修正案（四）》第 7 条的规定，犯本罪的，处 3 年以下有期徒刑、拘役或者管制，并处或行单处罚金；情节特别严重的，处 3 年以，上 7 年以下有期徒刑，并处罚金。单位犯本罪的，对单位判处罚金，并对其直接负责的主管人员和其他直接责任人员，依照自然人犯本罪的规定处罚。

第八节　走私、贩卖、运输、制造毒品罪

一、走私、贩卖、运输、制造毒品罪

（一）走私、贩卖、运输、制造毒品罪的概念

走私、贩卖、运输、制造毒品罪，是指违反国家毒品管理法规，走私、贩卖、运输，制造毒品的行为。

（二）走私、贩卖、运输、制造毒品罪的特征

1. 本罪的客体是国家毒品管理制度，而本罪中走私毒品的行为还侵犯了国家进出口管理制度。本罪的犯罪对象是毒品。所谓毒品，是指鸦片、海洛因、甲基苯丙胺、吗啡、大麻、可卡因等国家进行严格管制的能够使人形成瘾癖的麻醉药品和精神药物。

2. 本罪客观方面，表现为行为人实施了走私、贩卖、运输、制造毒品这四种行为之一。“走私”是指明知是毒品而非法将其运输、携带、寄递进出国（边）境的行为，包括直接向走私人非法收购走私进口的毒品，或者在内海、领海、界河、界湖运输、收购、贩卖毒品。“贩卖”是指明知是毒品而非法销

售或者以贩卖为目的而非法收买的行为。有证据证明行为人以牟利为目的，为他人代购仅用于吸食、注射的毒品，对代购者以贩卖毒品罪论处。不以牟利为目的，为他人代购仅用于吸食、注射的毒品，毒品数量较大的，对托购者和代购者以非法持有毒品罪论处。“运输”是指明知是毒品而采用携带、寄递、托运、利用他人或者使用交通工具等方法非法运送毒品的行为。“制造”是指非法利用毒品原植物直接提炼或者用化学方法加工、配制毒品，或者以改变毒品成分和效用为目的，用混合等物理方法加工、配制毒品的行为。为了便于隐蔽运输、销售、使用、欺骗购买者，或者为了增重，对毒品掺杂使假，添加或者去除其他非毒品物质，不属于制造毒品的行为。

为了制造毒品而采用生产、加工、提炼等方法非法制造易制毒化学品的，以制造毒品罪（预备）立案论处。购进制造毒品的设备和原材料，开始着手制造毒品，尚未制造出毒品或者半成品的，以制造毒品罪（未遂）立案论处。明知他人制造毒品而为其生产、加工、提炼、提供醋酸酐、乙醚、三氯甲烷等制毒物品的，以制造毒品罪的共犯论处。

3. 本罪的主体既可以是自然人，也可以是单位。根据刑法第 17 条第 1 款之规定，已满 14 周岁不满 16 周岁具有刑事责任能力之人实施贩卖毒品行为的，应以本罪论处。此外，本罪主体既可以是我国内地公民，也可以是台、港、澳地区公民或者外国人和无国籍人。

4. 本罪在主观方面为故意。“明知”，是指行为人知道或者应当知道所实施的是走私、贩卖、运输毒品行为。具有下列情形之一，结合行为人的供述和其他证据综合审查判断，可以认定其“应当知道”，但有证据证明确属被蒙骗的除外：（1）执法人员在口岸、机场、车站、港口、邮局和其他检查站点检查时，要求行为人申报携带、运输、寄递的物品和其他疑似毒品物，并告知其法律责任，而行为人未如实申报，在其携带、运输、寄递的物品中查获毒品的；（2）以伪报、藏匿、伪装等蒙蔽手段逃避海关、边防等检查，在其携带、运输、寄递的物品中查获毒品的；（3）执法人员检查时，有逃跑、丢弃携带物品或者逃避、抗拒检查等行为，在其携带、藏匿或者丢弃的物品中查获毒品的；（4）体内或者贴身隐秘处藏匿毒品的；（5）为获取不同寻常的高额或者不等值的报酬为他人携带、运输、寄递、收取物品，从中查获毒品的；（6）采用高度隐蔽的方式携带、运输物品，从中查获毒品的；（7）采用高度隐蔽的方式交接物品，明显违背合法物品惯常交接方式，从中查获毒品的；（8）行程路线故意绕开检查站点，在其携带、运输的物品中查获毒品的；（9）以虚假身份、地址或者其他虚假方式办理托运、寄递手续，在托运、寄递的物品中查获毒品的；（10）有其他证据足以证明行为人应当知道的。

制造毒品主观故意中的“明知”，是指行为人知道或者应当知道所实施的是制造毒品行为。有下列情形之一，结合行为人的供述和其他证据综合审查判断，可以认定其“应当知道”，但有证据证明确属被蒙骗的除外：（1）购置了专门用于制造毒品的设备、工具、制毒物品或者配制方案的；（2）为获取不同寻常的高额或者不等值的报酬为他人制造物品，经检验是毒品的；（3）在偏远、隐蔽场所制造，或者采取对制造设备进行伪装等方式制造物品，经检验是毒品的；（4）制造人员在执法人员检查时，有逃跑、抗拒检查等行为，在现场查获制造出的物品，经检验是毒品的；（5）有其他证据足以证明行为人应当知道的。

（三）走私、贩卖、运输、制造毒品罪的认定

1. 走私、贩卖、运输、制造毒品罪是选择性罪名，对同一宗毒品实施了两种以上犯罪行为，并有相应确凿证据的，应当按照所实施的犯罪行为的性质并列适用罪名，毒品数量不重复计算。对同一宗毒品可能实施了两种以上犯罪行为，但相应证据只能认定其中一种或者几种行为，认定其他行为的证据不够确实充分的，只按照依法能够认定的行为的性质适用罪名。对不同宗毒品分别实施了不同种犯罪行为的，应对不同行为并列适用罪名，累计计算毒品数量。

2. 本罪中贩卖假毒品的行为与诈骗罪。一般而言，本罪与诈骗罪的区别是明显的。但如果行为人制造假毒品出售，或者明知不是毒品而假冒毒品卖给他人的，是定本罪还是定诈骗罪？我们认为，从行为人的主客观情况来分析，此种情况下行为人只是利用假毒品骗取他人钱财，故更符合诈骗行为的特征。即如果行为人售卖假毒品骗得了数额较大的钱财，应对其以诈骗罪论处。

3. 关于把假毒品误认为真毒品贩卖的定性。对此应以刑法上的错误理论来解决。此种情况下行为人主观上具有犯本罪的故意，客观上实施了贩卖行为，仅仅因为发生了错误认识而卖出了假毒品，因此，对其仍应以贩卖毒品罪（未遂）论处。

4. 关于本罪的共犯。除了按一般共同犯罪的理论解决本罪的共犯问题以外，还应注意两种特殊情况：（1）根据刑法第 349 条第 3 款之规定，犯包庇毒品犯罪分子罪与窝藏、转移、隐瞒毒品、毒赃罪而事先通谋的，以走私、贩卖、运输、制造毒品罪的共犯论处；（2）根据刑法第 350 条第 2 款之规定，明知他人制造毒品而为其提供制毒物品的，对行为人应以制造毒品罪的共犯论处。

（四）走私、贩卖、运输、制造毒品罪的刑事责任

根据刑法第 347 条的规定，走私、贩卖、运输、制造毒品，无论数量多少，都应当追究刑事责任，予以刑事处分。有下列情形之一的，处 15 年有期

徒刑、无期徒刑或者死刑，并处没收财产：（1）走私、贩卖、运输、制造鸦片1000克以上、海洛因或者甲基苯丙胺50克以上或者其他毒品数量大的；（2）走私、贩卖、运输、制造毒品集团的首要分子；（3）武装掩护走私、贩卖、运输、制造毒品的；（4）以暴力抗拒检查、拘留、逮捕，情节严重的；（5）参与有组织的国际贩毒活动的。走私、贩卖、运输、制造鸦片不满200克、海洛因或者甲基苯丙胺不满10克或者其他少量毒品的，处3年以下有期徒刑、拘役或者管制，并处罚金；情节严重的，处3年以上7年以下有期徒刑，并处罚金。单位犯本的，对单位判处罚金，并对其直接负责的主管人员和其他直接责任人员，依照自然人的规定处罚。利用、教唆未成年人走私、贩卖、运输、制造毒品，或者向未成年人出售毒品的，从重处罚。对多次走私、贩卖、运输、制造毒品，未经处理的，毒品数量累计计算。因犯本罪被判过刑又犯本罪的，从重处罚。

二、非法持有毒品罪

（一）非法持有毒品罪的概念

非法持有毒品罪，是指行为人违反国家毒品管理制度，非法持有毒品的行为。

（二）非法持有毒品罪的特征

1. 本罪的客体是国家毒品管理制度。犯罪对象是国家禁止个人非法持有的毒品。关于毒品的含义，与前罪中的毒品相同。

2. 本罪的客观方面，表现为违反国家法律和国家主管部门的规定，占有、携带、藏有或者以其他方式持有毒品。非法持有毒品数额较大是指：（1）鸦片200克以上、海洛因、可卡因或者甲基苯丙胺10克以上；（2）二亚甲基双氧安非他明（MD－MA）等苯丙胺类毒品（甲基苯丙胺除外）、吗啡20克以上；（3）度冷丁（杜冷丁）50克以上（针剂100mg/支规格的500支以上，50mg/支规格的1000支以上；片剂25mg/片规格的2000片以上，50mg/片规格的1000片以上）；（4）盐酸二氢埃托啡2毫克以上（针剂或者片剂20ug/支、片规格的100支、片以上）；（5）氯胺酮、美沙酮200克以上；（6）三唑仑、安眠酮10千克以上；（7）咖啡因50千克以上；（8）氯氮卓、艾司唑仑、地西泮、溴西泮100千克以上；（9）大麻油1千克以上，大麻脂2千克以上，大麻叶及大麻烟30千克以上；（10）罂粟壳50千克以上；（11）上述毒品以外的其他毒品数量较大的。非法持有两种以上毒品，每种毒品均没有达到本条第1款规定的数量标准，但按前款规定的立案追诉数量比例折算成海洛因后累计相加达到10克以上的，应予立案追诉。

3. 本罪的主体为一般主体。

4. 本罪主观方面为故意。因此，行为人如果在不知情的情况下而持有了毒品，如长时间为朋友保管装有毒品的密码箱而行为人并不知道其中藏有毒品，对此就不能以犯罪论处。

（三）非法持有毒品罪的认定

1. 本罪与走私、贩卖、运输、制造毒品罪的区别。实施走私、贩卖、运输、制造毒品的犯罪行为，一般都会持有毒品一段时间。这就使其与本罪具有了相似之处。但二者的显著区别在于：（1）客观表现不同。本罪的行为特点是各种形式的“持有”；而走私、贩卖、运输、制造毒品罪的行为方式限：“走私、贩卖、运输、制造”四种。虽然走私、贩卖、运输、制造毒品的过程中行为人也可能有“持有”毒品的行为，但该种附带的持有行为被主行为——“走私、贩卖、运输、制造”毒品的行为所吸收，不能独立成罪。（2）成立犯罪的标准不同。本罪属于数额犯，须行为人持有法定数量的毒品才构成犯罪；而走私、贩卖、运输、制造毒品罪属于行为犯，只要行为人实施了走私、贩卖、运输、制造毒品的行为之一，不论数量多少，便足以成立犯罪。

2. 持有假毒品的行为认定。如果行为人误将假毒品当作真毒品而持有，是否能以本罪认定？对此种行为是否作为犯罪处理，涉及刑法错误理论中关于对象不能犯的场合是否作为犯罪处理的问题。中外刑法理论界对此均有不同看法。我国多数学者认为，此种情况下，行为人主观上具有犯罪的故意，客观上实施了持有毒品的行为，属于事实上的认识错误，不应影响本罪的成立，但应以实行终了的未遂处罚。

（四）非法持有毒品罪的刑事责任

根据刑法第348条的规定，非法持有鸦片1千克以上、海洛因或者甲基苯丙胺50克以上或者其他毒品数量大的，处7年以上有期徒刑或无期徒刑，并处罚金；非法持有鸦片200克以上不满1千克、海洛因或甲基苯丙胺10克以上不满50克或者其他毒品数量较大的，处3年以下有期徒刑、拘役或者管制．并处罚金；情节严重的，处3年以上7年以下有期徒刑，并处罚金。又据刑法第356条规定，因非法持有毒品罪被判过刑，又犯本罪的，从重处罚。

三、包庇毒品犯罪分子罪

包庇毒品犯罪分子罪，是指明知是走私、贩卖、运输、制造毒品的犯罪分子而包庇的行为。

本罪的客体是国家司法机关同毒品犯罪作斗争的正常活动。本罪行为人包庇的对象，限于走私、贩卖、运输、制造毒品的犯罪分子。本罪的客观方面，表现为行为人实施了包庇走私、贩卖、运输、制造毒品的犯罪分子的行为。包庇是指：作虚假证明，帮助掩盖罪行的；帮助隐藏、转移或者毁灭证据的；帮助取得虚假身份或者身份证件的；以其他方式包庇犯罪分子的。事先通谋包庇的，以走私、贩卖、运输、制造毒品罪的共犯立案追诉论处。

根据刑法第349条和第356条的规定，犯本罪的，处3年以下有期徒刑、拘役或者管制；情节严重的，处3年以上10年以下有期徒刑。

四、窝藏、转移、隐瞒毒品、毒赃罪

窝藏、转移、隐瞒毒品、毒赃罪，是指明知是毒品或毒赃，而加以窝藏、转移、隐瞒的行为。

本罪的客体是国家司法机关同毒品犯罪作斗争的正常活动。本罪的客观方面，表现为行为人实施了窝藏、转移、隐瞒毒品、毒赃的行为。所谓毒赃，是指犯罪分子通过走私、贩卖、运输、制造毒品所获得的钱或物。本罪的主体为一般主体。本罪主观方面为故意，即行为人明知是走私、贩卖、运输、制造毒品的犯罪分子的毒品、毒赃而故意予以窝藏、转移、隐瞒。否则，不成立本罪。

根据刑法第349条的规定，犯本罪的，处3年以下有期徒刑、拘役或者管制；情节严重的，处3年以上10年以下有期徒刑。犯本罪事先通谋的，以走私、贩卖、运输、制造毒品罪的共犯论处。又据刑法第356条的规定，因走私、贩卖、运输、制造、非法持有毒品罪被判过刑，又犯本罪的，从重处罚。

五、非法生产、买卖、运输制毒物品、走私制毒物品罪

（一）非法生产、买卖、运输制毒物品、走私制毒物品罪的概念

非法生产、买卖、运输制毒物品、走私制毒物品罪，是指违反国家规定，非法生产、买卖、运输醋酸酐、乙醚、三氯甲烷或者其他用于制造毒品的原料、配剂，或者携带上述物品进出境，情节较重的行为。

（二）非法生产、买卖、运输制毒物品、走私制毒物品罪的特征

1. 本罪的客体是国家对制毒物品的管理制度。犯罪对象限于醋酸酐、乙醚、三氯甲烷或者其他用于制造毒品的原料或配剂。这里，“其他用于制造毒品的原料或者配剂”，可参考联合国《禁止非法贩运麻醉药品和精神药物公约》附件表一、表二所列物质。

2. 本罪的客观方面，表现为行为人实施了非法生产、买卖、运输制毒物品、走私制毒物品的行为，违反国家规定乃是本罪的法律特征。立案标准为：

1－苯基－2－丙酮5千克以上；麻黄碱、伪麻黄碱及其盐类和单方制剂5千克以上，麻黄浸膏、麻黄浸膏粉100千克以上；3，4－亚甲基二氧苯基－2－丙酮、去甲麻黄素（去甲麻黄碱）、甲基麻黄素（甲基麻黄碱）、羟亚胺及其盐类10千克以上；胡椒醛、黄樟素、黄樟油、异黄樟素、麦角酸、麦角胺、麦角新碱、苯乙酸20千克以上；N－乙酰邻氨基苯酸、邻氨基苯甲酸、哌啶150千克以上；醋酸酐、三氯甲烷200千克以上；乙醚、甲苯、丙酮、甲基乙基酮、高锰酸钾、硫酸、盐酸400千克以上；其他用于制造毒品的原料或者配剂相当数量的。非法运输、携带两种以上制毒物品进出国（边）境，每种制毒物品均没有达到本条第1款规定的数量标准，但按前款规定的立案追诉数量比例折算成一种制毒物品后累计相加达到上述数量标准的，应予立案追诉。

为了走私制毒物品而采用生产、加工、提炼等方法非法制造易制毒化学品的，以走私制毒物品罪（预备）立案追诉。

3. 本罪的主体为一般主体。自然人与单位均可成为本罪主体。

4. 本罪的主观方面为故意。有下列情形之一，且查获了易制毒化学品，结合行为人的供述和其他证据综合审查判断，可以认定其“明知”是制毒物品而走私或者非法买卖，但有证据证明确属被蒙骗的除外：（1）改变产品形状、包装或者使用虚假标签、商标等产品标志的；（2）以藏匿、夹带、伪装或者其他隐蔽方式运输、携带易制毒化学品逃避检查的；（3）抗拒检查或者在检查时丢弃货物逃跑的；（4）以伪报、藏匿、伪装等蒙蔽手段逃避海关、边防等检查的；（5）选择不设海关或者边防检查站的路段绕行出入境的；（6）以虚假身份、地址或者其他虚假方式办理托运、寄递手续的；（7）以其他方法隐瞒真相，逃避对易制毒化学品依法监管的。

（三）非法生产、买卖、运输制毒物品、走私制毒物品罪的认定

关于本罪的认定，主要应注意本罪与走私毒品罪的区别。二者的关键区别在于：犯罪对象不同。本罪的犯罪对象限于“制毒物品”，即醋酸酐、三氯甲烷、乙醚或者其他用于制毒物品的原科或配剂；而走私毒品罪的犯罪对象是毒品本身，如海洛因、甲基苯丙胺、吗啡、大麻、可卡因等。

（四）非法生产、买卖、运输制毒物品、走私制毒物品罪的刑事责任

根据刑法第350条的规定，犯本罪的，处3年以下有期徒刑、拘役或者管制，并处罚金；情节严重的，处3年以上7年以下有期徒刑，并处罚金；情节特别严重的，处7年以上有期徒刑，并处罚金或者没收财产。明知他人制造毒品而为其生产、买卖、运输前款规定的物品的，以制造毒品罪的共犯论处。走私制毒物品罪，是指违反国家规定，非法运输、携带醋酸酐、乙醚、三氯甲烷或者其他用于制造毒品的原料或者配剂进出境的行为。

六、非法种植毒品原植物罪

非法种植毒品原植物罪，是指违反国家毒品原植物种植管制法规，私自种植罂粟、大麻等毒品原植物，情节严重的行为。

本罪的客体是国家毒品原植物种植管制制度。本罪的客观方面，表现为行为人实施了非法种植毒品原植物的行为，并符合法定情形。“种植”，是指播种、育苗、移栽、插苗、施肥、灌溉、割取津液或者收取种子等行为。非法种植罂粟、大麻等毒品原植物，有下列情形之一的，构成犯罪：（1）非法种植罂粟 500 株以上的；（2）非法种植大麻 5000 株以上的；（3）非法种植其他毒品原植物数量较大的；（4）非法种植罂粟 200 平方米以上、大麻 2000 平方米以上或者其他毒品原植物面积较大，尚未出苗的；（5）经公安机关处理后又种植的；（6）抗拒铲除的。非法种植毒品原植物的株数一般应以实际查获的数量为准。因种植面积较大，难以逐株清点数目的，可以抽样测算每平方米平均株数后按实际种植面积测算出种植总株数。本罪的主体为一般主体。本罪的主观方面为故意。

根据刑法第 351 条第 1 款的规定，犯本罪的，处 5 年以下有期徒刑、拘役或者管制，并处罚金，根据该条第 2 款之规定，非法种植罂粟 3000 株以上或者其他毒品原植物数量大的，处 5 年以上有期徒刑，并处罚金或者没收财产。非法种植罂粟或者其他毒品原植物，在收获前自动铲除的，可以免除处罚。

七、非法买卖、运输、携带、持有毒品原植物种子、幼苗罪

非法买卖、运输、携带、持有毒品原植物种子、幼苗罪，是指非法买卖、运输、携带、持有数量较大的未经灭活的罂粟等毒品原植物种子或者幼苗的行为。

本罪的客体是国家毒品管制制度。其犯罪对象是未经灭活的罂粟等毒品原植物种子、幼苗。“未经灭活”，是指没有经过烘烤、放射线照射等方法，进行消灭植物繁殖和生长机能的处理。本罪客观方面，表现为行为人实施了非法买卖、运输、携带、持有未经灭活的罂粟等毒品原植物种子、幼苗的行为之一。非法买卖、运输、携带、持有的毒品原植物种子、幼苗有下列情形之一的，属“数量较大的”：（1）罂粟种子 50 克以上、罂粟幼苗 5000 株以上；（2）大麻种子 50 千克以上、大麻幼苗 5 万株以上；（3）其他毒品原植物种子、幼苗数量较大的。

根据刑法第 352 条的规定，犯本罪的，处 3 年以下有期徒刑、拘役或者管制，并处或者单处罚金。

八、引诱、教唆、欺骗他人吸毒罪

引诱、教唆、欺骗他人吸毒罪，是指以引诱、教唆、欺骗的手段，使他人吸食、注射毒品的行为。

本罪的客体是国家毒品管制制度和他人身心健康。本罪的客观方面，表现为行为人实施了引诱、教唆、欺骗他人吸食、注射毒品的行为。本罪属选择性罪名，行为人只要实施了这三种行为之一，便可成立本罪。本罪的主体为一般主体。本罪的主观方面为故意。

根据刑法第353条第1款的规定，犯本罪的，处3年以下有期徒刑、拘役或者管制，并处罚金；情节严重的，处3年以上7年以下有期徒刑，并处罚金。

九、强迫他人吸毒罪

强迫他人吸毒罪，是指违背他人意志，强迫他人吸食、注射毒品的行为。

本罪的客体是国家毒品管制制度和他人的身体健康。本罪的客观方面，表现为行为人实施了强迫他人吸毒的行为。所谓强迫，是指违背他人意志，使用暴力、胁迫等手段，迫使他人吸食、注射毒品。本罪的主体为一般主体。本罪的主观方面为故意。

根据刑法第353条第2款、第3款的规定，犯本罪的，处3年以上10年以下有期徒刑，并处罚金。强迫未成年人吸食、注射毒品的，从重处罚。

十、容留他人吸毒罪

容留他人吸毒罪，是指为他人吸食、注射毒品提供场所的行为。

本罪的客体是国家毒品管制制度和他人的身心健康。本罪的客观方面，表现为行为人实施了为他人吸食、注射毒品提供场所的行为。“场所”，这里应作广义解释，它泛指一切可供吸毒的空间，如住宅、旅店、办公室、娱乐场所等。有下列情形之一的，成立本罪：（1）容留他人吸食、注射毒品两次以上的；（2）一次容留3人以上吸食、注射毒品的；（3）因容留他人吸食、注射毒品被行政处罚，又容留他人吸食、注射毒品的；（4）容留未成年人吸食、注射毒品的；（5）以牟利为目的容留他人吸食、注射毒品的；（6）容留他人吸食、注射毒品造成严重后果或者其他情节严重的。

根据刑法第354条的规定，犯本罪的，处3年以下有期徒刑、拘役或者管制，并处罚金。

十一、非法提供麻醉药品、精神药品罪

非法提供麻醉药品、精神药品罪，是指依法从事生产、运输、管理、使用国家管制的麻醉药品、精神药品的人员，违反国家规定，向吸食、注射毒品的人提供国家规定管制的能够使人形成瘾癖的麻醉药品、精神药品的行为。

本罪的客体是国家毒品管制制度。本罪的客观方面，表现为行为人实施了非法向他人提供麻醉药品、精神药品的行为。"非法提供"，是指违反国家有关毒品管理规定，向吸食、注射毒品的人提供麻醉药品、精神药品。"提供"，可以是以非营利为目的的有偿的卖给，也可以是无偿的送给。如果行为人向走私、贩卖毒品的犯罪分子或者以牟利为目的向吸食、注射毒品的人提供国家规定管制的能够使人形成瘾癖的麻醉药品、精神药品的，则成立走私、贩卖毒品罪。有下列情形之一的，成立本罪：（1）非法提供鸦片 20 克以上，吗啡 2 克以上，度冷丁（杜冷丁）5 克以上（针剂 100mg/支规格的 50 支以上，50mg/支规格的 100 支以上；片剂 25mg/片规格的 200 片以上，50mg/片规格的 100 片以上），盐酸二氢埃托啡 0.2 毫克以上（针剂或者片剂 20ug/支、片规格的 10 支、片以上），氯胺酮、美沙酮 20 克以上，三唑仑、安眠酮 1000 克以上，咖啡因 5000 克以上、氯氮卓、艾司唑仑、地西泮、溴西泮 10 千克以上，以及其他麻醉药品和精神药品数量较大的；（2）虽未达到上述数量标准，但非法提供麻醉药品、精神药品两次以上，数量累计达到前项规定的数量标准 80% 以上的；（3）因非法提供麻醉药品、精神药品被行政处罚，又非法提供麻醉药品、精神药品的；（4）向吸食、注射毒品的未成年人提供麻醉药品、精神药品的；（5）造成严重后果或者其他情节严重的。依法从事生产、运输、管理、使用国家管制的麻醉药品、精神药品的人员或者单位，违反国家规定，向走私、贩卖毒品的犯罪分子提供国家规定管制的能够使人形成瘾癖的麻醉药品、精神药品的，或者以牟利为目的，向吸食、注射毒品的人提供国家规定管制的能够使人形成瘾癖的麻醉药品、精神药品的，以走私、贩卖毒品罪立案追诉。

根据刑法第 355 条的规定，犯本罪的，处 3 年以下有期徒刑或者拘役，并处罚金；情节严重的，处 3 年以上 7 年以下有期徒刑，并处罚金。单位犯本罪的，对单位判处罚金，并对其直接负责的主管人员和其他直接责任人员，依照个人犯罪的规定处罚。

第九节　组织、强迫、引诱、容留、介绍卖淫罪

一、组织卖淫罪

组织卖淫罪，是指以招募、雇佣、引诱、容留等方式，组织他人卖淫的行为。

本罪的客体是社会主义的道德风尚。本罪的客观方面，表现为行为人实施了组织他人卖淫的行为。这里，“组织他人卖淫”，是指以招募、雇佣、引诱、容留等方式，有计划、有组织地使他人从事出卖色相的活动。组织他人卖淫罪的行为人既可以是一个人，也可以是多人。值得注意的是，依照法律规定，对于本罪来说，只处罚组织者，对一般参与卖淫者则不以犯罪论处，而通常按违反治安管理处罚法的行为来处理。本罪中卖淫者都是自愿出卖自己的色相。如果组织者以强制的手段迫使不明真相者卖淫，则应以强迫他人卖淫的行为来认定。本罪的主体为一般主体，既可以是男性，也可以是女性。单位不能成为本罪主体。如果旅馆业、饮食服务业、文化娱乐业、出租汽车业等单位利用本单位的条件，组织他人卖淫的，亦应按自然人犯罪处理，即对直接负有责任的主管人员或其他直接责任人员按本罪论处。本罪的主观方面为故意。

根据刑法第358条第1款的规定，组织、强迫他人卖淫的，处5年以上10年以下有期徒刑，并处罚金；情节严重的，处10年以上有期徒刑或者无期徒刑，并处罚金或者没收财产。组织、强迫未成年人卖淫的，依照前款的规定从重处罚。犯前两款罪，并有杀害、伤害、强奸、绑架等犯罪行为的，依照数罪并罚的规定处罚。

二、强迫卖淫罪

（一）强迫卖淫罪的概念

强迫卖淫罪，是指以暴力、胁迫或者其他强制手段，迫使他人卖淫的行为。

（二）强迫卖淫罪的特征

1. 本罪的客体是社会主义道德风尚和公民的人身权利，其犯罪对象是不特定的公民，包括成年妇女和男性。

2. 本罪的客观方面，表现为行为人实施了强迫他人卖淫的行为。所谓强迫，是指以暴力、胁迫或者其他强制手段，迫使他人违背自己的意愿出卖色相。所谓暴力，是指对他人使用殴打、捆绑、拘禁等直接危及人身安全与自由

的方法压服被害人就范。胁迫，是指用威胁、恐吓、要挟等精神强制方法逼使被害人屈服，所谓其他强制手段，是指除暴力、胁迫以外的对被害人具有强制意义的方法，如将被害人灌醉之后，令其卖淫等。

3. 本罪的主体是一般主体。

4. 本罪的主观方面是故意。目的与动机不是本罪的构成要件。

（三）强迫卖淫罪的认定

1. 本罪与组织卖淫罪的区别。二者虽然都有“卖淫”的内容，但它们的区别是明显的：（1）二者侵害的客体不完全相同。本罪侵害的客体是复杂客体，即既侵犯了社会主义道德风尚，同时又侵犯了公民的人身权利；而组织卖淫罪侵犯的是单一客体，即社会主义道德风尚。（2）客观方面不同。本罪的客观方面表现为强迫没有卖淫意愿者去卖淫；组织卖淫罪的客观表现则是把自愿卖淫者组织起来进行卖淫。假如行为人以暴力、胁迫等方法组织他人卖淫，此属于想象竞合犯，应按照处理想象竞合犯的原则来处理，即从一重罪处断。鉴于本罪与组织卖淫罪的法定刑完全相同，故对行为人之行为仍可以强迫卖淫罪定罪处罚。

2. 本罪与强奸罪的区别。由于本罪在客观上亦表现为以暴力、胁迫等方法强迫被害人与他人发生性行为，故与强奸罪就有了若干相似之处。但二者的区别是明显的：（1）二者侵害的客体不同。本罪侵害的客体是社会主义的道德风尚与公民人身权利；而强奸罪侵害的客体是妇女的性自由权利。（2）二者侵害的对象不同。本罪侵害的对象既可以是女性，又可以是男性；而强奸罪侵害的对象只能是女性。（3）行为人的故意内容不同。本罪行为人的故意内容是为了获取钱财而强迫他人卖淫；强奸罪的行为人则是为了同他人发生性关系而实施暴力行为。

（四）强迫卖淫罪的刑事责任

根据刑法第358条第1款的规定，组织、强迫他人卖淫的，处5年以上10年以下有期徒刑，并处罚金；情节严重的，处10年以上有期徒刑或者无期徒刑，并处罚金或者没收财产。组织、强迫未成年人卖淫的，依照前款的规定从重处罚。犯前两款罪，并有杀害、伤害、强奸、绑架等犯罪行为的，依照数罪并罚的规定处罚。

三、协助组织卖淫罪

协助组织卖淫罪，是为在组织卖淫的犯罪活动中，充当保镖、打手、管账人等，起帮助作用的行为。

本罪的客体是社会主义的道德风尚。本罪的客观方面，表现为行为人实施了帮助他人组织卖淫的行为。所谓“帮助”，是指行为人为组织卖淫的犯罪分子提供某种方便。本质上讲，它是组织卖淫罪的一种帮助行为。但由于立法者把此种“帮助”行为作为一种独立的犯罪加以规定，故它就不再是一般共同犯罪中的帮助行为，而成为一个独立的罪名。本罪的主体为一般主体。本罪的主观方面为故意。

根据刑法第 358 条第 4 款的规定，为组织卖淫的人招募、运送人员或者有其他协助组织他人卖淫行为的，处 5 年以下有期徒刑，并处罚金；情节严重的，处 5 年以上 10 年以下有期徒刑，并处罚金。

四、引诱、容留、介绍卖淫罪

引诱、容留、介绍卖淫罪，是指以金钱、物质或其他利益诱使他人卖淫，或为他人卖淫提供场所，或为卖淫进行介绍的行为。

本罪的客体是社会主义的道德风尚。本罪的客观方面，表现为行为人实施了引诱、容留、介绍他人卖淫的行为。引诱，是指行为人以金钱、物质或者其他利益为诱饵，勾引、拉拢、唆使他人出卖色相；容留，是指为卖淫者卖淫提供场所；介绍，是指在卖淫者与嫖客之间牵线搭桥，促使卖淫嫖娼行为得以顺利进行。有下列情形之一的，成立本罪：（1）引诱、容留、介绍二人次以上卖淫的；（2）引诱、容留、介绍已满 14 周岁未满 18 周岁的未成年人卖淫的；（3）被引诱、容留、介绍卖淫的人患有艾滋病或者患有梅毒、淋病等严重性病；（4）其他引诱、容留、介绍卖淫应予追究刑事责任的情形。

根据刑法第 359 条第 1 款的规定，犯本罪的，处 5 年以下有期徒刑、拘役或者管制，并处罚金；情节严重的，处 5 年以上有期徒刑，并处罚金。

五、引诱幼女卖淫罪

引诱幼女卖淫罪，是指引诱不满 14 周岁的幼女卖淫的行为。

本罪的客体是社会主义道德风尚和幼女身心健康。其犯罪对象限于不满 14 周岁的幼女。本罪的客观方面，表现为行为人实施了引诱幼女卖淫的行为。本罪的主体为一般主体。本社会主义道德风尚和幼女身心健康。其犯罪对象限于不满 14 周岁的幼女。本罪的客观方面，表现为行为人实施了引诱幼女卖淫的行为。本罪的主体为一般主体。本罪的主观方面为故意，即行为人明知或者应当知道被引诱者是不满 14 周岁的幼女而引诱其卖淫。

根据刑法第 359 条第 2 款的规定，犯本罪的，处 5 年以上有期徒刑，并处罚金。

六、传播性病罪

传播性病罪，是指明知自己患有梅毒、淋病等严重性病而卖淫或者嫖娼的行为。

本罪的客体是社会主义的道德风尚和公民的人身健康权利。本罪的客观方面，表现为行为人在明知自己患有梅毒、淋病等严重性病的情况下而卖淫或者嫖娼。本罪为选择性罪名，行为人实施“卖淫”或“嫖娼”之一即可成立本罪。所谓卖淫、嫖娼，是指行为人双方以金钱或者其他物质利益为交易条件的性行为。如果行为人双方不是以金钱或者其他物质利益为交易条件而发生性行为，即使行为人明知自己患有梅毒、淋病等严重疾病而有性接触，也不构成本罪。本罪的主体为特殊主体，即行为人限于有梅毒、淋病等严重性病的人。本罪的主观方面为故意，明知有性病。具有下列情形之一的，可以认定为本条规定的“明知”：（1）有证据证明曾到医疗机构就医，被诊断为患有严重性病的；（2）根据本人的知识和经验，能够知道自己患有严重性病的；（3）通过其他方法能够证明是“明知”的。

根据刑法第360条的规定，犯本罪的，处5年以下有期徒刑、拘役或者管制，并处罚金。

第十节　制作、贩卖、传播淫秽物品罪

一、制作、复制、出版、贩卖、传播淫秽物品牟利罪

（一）制作、复制、出版、贩卖、传播淫秽物品牟利罪的概念

制作、复制、出版、贩卖、传播淫秽物品牟利罪，是指以牟利为目的，制作、复制、出版、贩卖、传播淫秽物品的行为。

（二）制作、复制、出版、贩卖、传播淫秽物品牟利罪的特征

1. 本罪的客体是社会主义道德风尚和国家文化市场管理制度。

2. 本罪的客观方面，表现为行为人实施了制作、复制、出版、贩卖、传播淫秽物品的行为。本罪属选择性罪名。在定罪时应以行为人实施之具体行为来确定具体罪名。例如，行为人若实施的是制作淫秽物品的行为，则对其定“制作淫秽物品罪”。所谓淫秽物品，应以刑法第367条规定之定义来认定，即“是指具体描绘性行为或者露骨宣扬色情的诲淫性的书刊、影片、录像带、录音带、图片及其他淫秽物品”。值得注意的是，有关人体生理、医学知识的科学著作不是淫秽物品；包含有色情内容的有艺术价值的文学、艺术作品不视

为淫秽物品。

有下列情形之一的，成立本罪：（1）制作、复制、出版淫秽影碟、软件、录像带50—100张（盒）以上，淫秽音碟、录音带100—200张（盒）以上，淫秽扑克、书刊、画册100—200副（册）以上，淫秽照片、画片500—1000张以上的；贩卖淫秽影碟、软件、录像带100—200张（盒）以上，淫秽音碟、录音带200—400张（盒）以上，淫秽扑克、书刊、画册200—400副（册）以上，淫秽照片、画片1000—2000张以上的；向他人传播淫秽物品达200—500人次以上，或者组织播放淫秽影、像达10—20场次以上的；制作、复制、出版、贩卖、传播淫秽物品，获利5000元至1万元以上的。（2）以牟利为目的，利用互联网、移动通讯终端制作、复制、出版、贩卖、传播淫秽电子信息，有下列情形之一的：①制作、复制、出版、贩卖、传播淫秽电影、表演、动画等视频文件20个以上的；②制作、复制、出版、贩卖、传播淫秽音频文件100个以上的；③制作、复制、出版、贩卖、传播淫秽电子刊物、图片、文章、短信息等200件以上的；④制作、复制、出版、贩卖、传播的淫秽电子信息，实际被点击数达到1万次以上的；⑤以会员制方式出版、贩卖、传播淫秽电子信息，注册会员达200人以上的；⑥利用淫秽电子信息收取广告费、会员注册费或者其他费用，违法所得1万元以上的；数量或者数额分别达到其中两项以上标准的50%以上的；⑦造成严重后果的。（3）利用聊天室、论坛、即时通信软件、电子邮件等方式，实施上述行为的。（4）以牟利为目的，通过声讯台传播淫秽语音信息，有下列情形之一的：①向100人次以上传播的；②违法所得1万元以上的；③造成严重后果的。（5）明知他人用于出版淫秽书刊而提供书号、刊号的。

3. 本罪的主体为一般主体，既可以是自然人，也可以是单位。

4. 本罪主观方面为故意，并具有牟利的目的。如果行为人制作、复制、出版、贩卖、传播淫秽物品不是以牟利为目的，则不构成本罪。如果其行为符合其他淫秽物品犯罪成立要件的，应以相应犯罪论处。

（三）制作、复制、出版、贩卖、传播淫秽物品罪的刑事责任

根据刑法第363条第1款和第366条的规定，犯本罪的，处3年以下有期徒刑、拘役或者管制，并处罚金；情节严重的，处3年以上10年以下有期徒刑，并处罚金；情节特别严重的，处10年以上有期徒刑或者无期徒刑，并处罚金或者没收财产。单位犯本罪的，对单位判处罚金，并对其直接负责的主管人员和其他直接责任人员，按自然人犯本罪的规定追究刑事责任。

二、为他人提供书号出版淫秽书刊罪

为他人提供书号出版淫秽书刊罪，是指违反国家书刊出版管理法规，为他人出版淫秽书刊提供书号，出版淫秽书刊的行为。

本罪的客体是国家书刊出版管理制度和社会主义道德风尚。本罪的客观方面，表现为行为人实施了为他人出版淫秽，书刊提供书号，出版淫秽书刊的行为。书号，是书刊得以合法公开出版的凭证。为他人出版淫秽书刊提供书号，本质上就是帮助他人出版淫秽书刊。这里“为他人出版淫秽书刊提供书号”和“出版淫秽书刊”是一个问题的两个方面，为他人出版淫秽书刊提供书号，就是出版淫秽书刊。本罪的主体为特殊主体，一般是新闻出版部门的管理人员或是单位。本罪主观方面为过失。如果行为人故意为他人出版淫秽书刊提供书号，则应按刑法第 363 条第 1 款规定的出版淫秽物品罪论处。

根据刑法第 363 条第 2 款和第 366 条的规定，犯本罪的，处 3 年以下有期徒刑、拘役或者管制，并处或者单处罚金。单位犯本罪的，对单位判处罚金，并对其直接负责的主管人员和其他直接责任人员，依照自然人犯本罪的规定处罚。

三、传播淫秽物品罪

传播淫秽物品罪，是指传播淫秽书刊、影片、音像、图片或者其他淫秽物品，情节严重的行为。

本罪的客体是社会主义道德风尚。本罪在客观方面，表现为行为人实施了传播淫秽书刊、影片、音像、图片或其他淫秽物品的行为。所谓传播，即将淫秽书刊、影片、音像、图片或者其他淫秽物品在社会上广为散播。其具体方式多种多样，如将淫秽书刊、图片等散发给群众，向不特定多数人播放淫秽影片、音像等。如果行为人只是私下借阅、传看淫秽物品，不能作为犯罪处理。本罪的主体为一般主体，既可以是自然人，也可以是单位。本罪在主观方面为故意，但不具有牟利的目的。如果行为人以牟利的目的实施本罪行为，则构成传播淫秽物品牟利罪。值得注意的是，成立本罪还必须是“情节严重的”传播淫秽物品行为。所谓情节严重，是指向他人传播淫秽的书刊、影片、音像、图片等出版物达 300—600 人次以上或者造成恶劣社会影响的。

根据刑法第 364 条第 1 款和第 4 款和第 366 条的规定，自然人犯本罪的，处 2 年以下有期徒刑、拘役或者管制；向不满 18 周岁的未成年人传播淫秽物品的，从重处罚。单位犯本罪的，对单位判处罚金，并对其直接负责的主管人员和其他直接责任人员，依照自然人犯本罪的规定处罚。

四、组织播放淫秽音像制品罪

组织播放淫秽音像制品罪，是指非营利性将他人组织起来播放淫秽的电影、录像等音像制品的行为。

本罪的客体是社会主义道德风尚。本罪的客观方面，表现为行为人实施组织播放淫秽音像制品的行为。这里“组织播放”是指通过筹划安排，聚集多人收听、收看淫秽音像制品。组织播放15—30场次以上的，或造成恶劣社会影响的，构成本罪。

根据刑法第364条第2款、第3款、第4款的规定，犯本罪的，处3年以下有期徒刑、拘役或者管制，并处罚金；情节严重的，处3年以上10年以下有期徒刑，并处罚金；制作、复制淫秽的电影、录像等音像制品组织播放的，依照前述规定从重处罚；向不满18周岁的未成年人传播淫秽物品的，从重处罚；对单位判处罚金，并对直接负责的主管人员和其他直接责任人，依照自然人犯本罪的规定处罚。

五、组织淫秽表演罪

组织淫秽表演罪，是指组织他人进行淫秽表演的行为。

本罪的客体是社会主义道德风尚。本罪的客观方面，表现为行为人实施了组织他人进行淫秽表演的行为。所谓“组织”，是指为了进行淫秽表演而招集、聚合多人；“表演”，是指以体态动作表达色情意识，如跳裸体舞、性行为表演等。但歌舞等艺术表演中的没有宣扬淫荡、下流意识的真情表演，即使有裸露或性行为动作，也不能以犯罪论。有以下情形的之一，构成本罪：（1）组织表演者进行裸体表演的；（2）组织表演者利用性器官进行淫秽性表演的；（3）组织表演者半裸体或者变相裸体表演并通过语言、动作具体描绘性行为的；（4）其他组织进行淫秽表演应予追究刑事责任的情形。

根据刑法第365条、第366条的规定，犯本罪的，处3年以下有期徒刑、拘役或者管制，并处罚金；情节严重的，处3年以上10年以下有期徒刑，并处罚金。单位犯本罪的，对单位判处罚金，并对其直接负责的主管人员和其他直接责任人员，依照自然人犯本罪的规定处罚。

第三编　侵害国家法益的犯罪

第二十五章　贪污贿赂罪

第一节　贪污贿赂罪概述

一、贪污贿赂罪的概念

贪污贿赂罪，是指国家工作人员利用职务之便，贪污、挪用公共财物，索取、收受贿赂，不履行法定义务，侵犯职务行为的廉洁性、不可收买性的行为。

二、贪污贿赂罪的特征

1. 侵犯客体主要是国家工作人员公务活动的职务行为的廉洁性、不可收买性。此类犯罪的显著特点是利用职务上的便利实施，大多属于结果犯，需达到一定数额标准才能构成犯罪。

2. 客观方面表现为利用职务之便贪污、挪用公款、受贿、利用影响力受贿、行贿、介绍贿赂，或有巨额财产来源不明、隐瞒境外存款不报、私分国有财产等行为。

3. 犯罪主体多为特殊主体，即为国家工作人员和国家机关、国有公司、企业、事业单位、人民团体；只有少数犯罪如行贿罪、向单位行贿罪、介绍贿赂罪等，是一般主体。

4. 主观方面都是故意犯罪，过失不构成本类犯罪。

三、贪污贿赂罪的种类

刑法第八章贪污贿赂罪共 16 个条文，14 个罪名。上述犯罪，根据行为主体的不同可分为两大类：一是国家工作人员实施的犯罪，具体罪名有贪污罪、挪用公款罪、受贿罪、巨额财产来源不明罪、隐瞒境外存款罪、私分国有资产罪和私分罚没财物罪；二是一般主体实施的犯罪，具体罪名有利用影响力受贿罪、行贿罪、向单位行贿罪、单位行贿罪、介绍贿赂罪、单位受贿罪，对有影响力的人行贿罪。

第二节　贪污犯罪

一、贪污罪

（一）贪污罪的概念

贪污罪，是指国家工作人员利用职务上的便利，侵吞、窃取、骗取或者以其他手段非法占有公共财物的行为。

（二）贪污罪的特征

1. 本罪的客体是复杂客体，既侵犯公共财产所有权，又侵犯到公职人员的职务廉洁性。贪污罪的对象，属于公共财产，刑法第 91 条的规定，下列财产属于公共财产范围：（1）国有财产；（2）劳动群众集体所有的财产；（3）用于扶贫和其他公益事业的社会捐助或者专项基金的财产。在国家机关、国有公司、企业、集体企业和人民团体管理、使用或者运输中的私人财产，以公共财产论。

2. 本罪的客观方面表现为利用职务上的便利，侵吞、窃取、骗取或者以其他手段非法占有公共财物的行为。

首先，必须利用职务上的便利，主要是指利用职务上的主管、管理、经手公共财物的权力及方便条件。主管，主要是指负责调拨、处置及其他支配公共财物的职务活动；管理，主要是指负责保管、处理及其他使公共财物不被流失的职务活动；经营，主要是指将公共财物作为生产、流通手段等使公共财物增值的职务活动；经手，主要是指领取、支出等经办公共财物的职务活动。利用因工作关系熟悉作案环境、凭工作人员的身份便于进出单位、较易接近作案目标或对象等与职权无关的便利条件非法占有公共财物的，不构成贪污罪。

其次，必须侵吞、窃取、骗取或者以其他手段非法占有公共财物。所谓“侵吞”，是指国家工作人员利用职务上的便利，将由自己合法管理、支配、使用或者经手的公共财物非法据为己有。如，私自扣留装入腰包，或隐匿不交，或应入账而不入账等。刑法第 394 条规定，国家工作人员在国内公务活动或者对外交往中接受礼物，依照国家规定应当交公而不交公，数额较大的，以贪污罪定罪处罚。所谓“盗窃”，是指国家工作人员利用职务上的便利，秘密窃取由本人合法管理的公共财物占为己有，即通常所说的“监守自盗”。如保管员将自己合法保管的公共财物秘密拿回家予以占有。所谓“骗取”，是指国家工作人员利用职务上的便利，采用虚构事实、隐瞒真相的方法，非法占有公共财物，如虚报开支，涂改单据，伪造单据等。根据刑法第183条规定，国有保险公司的工作人员和国有保险公司委派到非国有保险公司从事公务的人员利用职务上的便利，故意编造未曾发生的保险事故进行虚假理赔，骗取保险金归自己所有的，以贪污罪论处。

其他手段，指前述手段以外的方式。如内外勾结，迂回贪污；公款私存、私贷坐吃利息等。

3. 本罪的主体是特殊主体，即一般指国家工作人员。根据刑法第93条、第382条及有关司法解释，国家工作人员具体包括四种人员：

（1）国家机关中从事公务的人员。根据2003年11月13日最高人民法院《全国法院审判经济犯罪案件工作座谈会纪要》（以下简称《纪要》），是指在各级国家权力机关、行政机关、审判机关、检察机关、军队中从事公务的人员。中国共产党的各级机关、中国人民政治协商会议的各级机关中从事公务的人员，也属于国家机关工作人员。这些人员是标准的、正统的国家工作人员。根据全国人民代表大会常务委员会《关于〈中华人民共和国刑法〉第九章渎职罪主体适用问题的解释》，在依照法律、法规规定行使国家行政管理职权的组织中从事公务的人员，或者虽未列入国家机关人员编制但在国家机关中从事公务的人员，视为国家工作人员。在乡（镇）以上中国共产党机关、人民政协机关中从事公务的人员，司法实践中也应当视为国家机关工作人员。

（2）在国有公司、企业、事业单位、人民团体中从事公务的人员。其中国有事业单位，是指国家投资兴办管理的科研、教育、文化、卫生、体育、新闻、广播、出版等单位；人民团体，是指各民主党派、各级共青团、工会、妇联等群众性组织。

（3）受国家机关、国有公司、企业、事业单位、人民团体委托管理、经营国有财产的人员，国家机关、国有公司、企业、事业单位委派到非国有公司、企业、事业单位、社会团体从事公务的人员，其原来是否具有国家工作人员身份在所不论。

（4）其他依照法律从事公务的人员。根据《纪要》、刑法第93条第2款规定的“其他依照法律从事公务的人员”应当具有两个特征：一是在特定的条件下行使国家管理职能；二是依照法律规定从事公务。具体包括：依法履行职责的各级人民代表大会代表；依法履行审判职责的人民陪审员；协助乡镇人民政府、街道办事处从事行政管理工作的村民委员会、居民委员会等农村和城市基层组织人员；其他由法律授权从事公务的人员。根据2000年4月29日全国人大常委会《关于〈中华人民共和国刑法〉第九十三条第二款的解释》，农村村民委员会、城镇居民委员会等基层群众性自治组织成员，协助人民政府从事下列行政管理工作，属于此类人员：①救灾、抢险、防汛、优抚、扶贫、移民、救济款物的管理；②社会捐助公益事业款物的管理；③国有土地的经营和管理；④土地征用补偿费用的管理；⑤代征、代缴税款；⑥有关计划生育、户籍、征兵工作；⑦协助人民政府从事的其他行政管理工作。上述人员可构成贪污罪主体。

（5）受国家机关、国有公司、企业、事业单位、人民团体委托管理、经营国有财产的人员。根据《纪要》，刑法382条第2款规定的“受委托管理、经营国有财产”，是指因承包、租赁、临时聘用等管理、经营国有财产。

上述五类人员，具有一个共同特征——从事公务。“公务”即公共事务，是指依照法律所进行的管理国家、社会或集体事务的职能活动。主要表现为与职权相联系的公共事务以及监督、管理国有财产的职务活动。如国家工作人员依法履行职责，国有公司的董事、经理、会计、出纳等管理、监督国有财产等活动，属于从事公务。那些不具备职权内容的劳务活动，技术服务工作，如售货员、售票员等所从事的工作，一般不认为是公务。

不具有上述特殊身份的一般公民与上述人员勾结，伙同贪污的，以贪污罪的共犯论处。

4. 本罪的主观方面是故意，其内容为，明知自己的行为侵犯了职务行为的廉洁性、会发生侵害公共财产的结果，并且希望或者放任这种结果的发生，并且具有非法将公共财物据为己有的目的。过失不构成本罪。

（三）贪污罪的认定

1. 贪污罪与非罪的界限。

（1）贪污罪与违反财经纪律行为的界限。对于数量不大的私拿、多占公共财物的行为；滥发奖金、财物的行为，都不能按贪污罪处理。对有关责任人员应给予纪律处分或行政处罚。

（2）本罪与错款、错账行为的界限。因业务不精或者工作疏忽而导致的错款、错账行为，行为人主观上具有贪污故意，也不具备非法占有公共财物的目的，故不应认为贪污罪。

2. 贪污罪与盗窃罪、诈骗罪的界限。这三个犯罪主观上都是故意，并且都有以非法占有为目的；客观上行为方式都可以使用盗窃、诈骗的手段。它们的主要区别是：（1）主体不同。贪污罪是特殊主体，即国家工作人员和受委托管理、经营国有财产的人员；盗窃罪、诈骗罪是一般主体。（2）客体不同。

贪污罪的客体是公共财产权和职务行为的廉洁性；盗窃罪、诈骗罪的客体是公私财产权。(3) 行为方式与行为对象不尽相同。贪污罪中窃取、骗取公共财物的行为是利用职务上的便利实施的；盗窃、诈骗罪不存在利用职务之便问题。贪污罪的对象是公共财物，而盗窃、诈骗罪的行为对象是公私财物。

3. 贪污罪与侵占罪、职务侵占罪的区别。三种犯罪在主观上都有是以非法占有为目的，行为也有相似之处。其主要区别是：(1) 主体不同。贪污罪的主体是特殊主体，即国家工作人员；侵占罪的主体是一般主体，职务侵占罪的主体也是特殊主体，仅指公司、企业或其他单位的人员。(2) 客体不同。贪污罪的客体是职务行为的廉洁性和公共财产；职务侵占罪的客体是职务行为廉洁性和本单位财产，侵占罪的客体则是公私财产权。(3) 客观行为有所不同。贪污罪和职务侵占罪在客观上都有利用职务之便行为。而侵占罪没有，只是利用控制他人财物的方便条件，不是基于职务产生的，是受他人委托以及获取他人遗忘物、埋藏物而取得的。

(四) 贪污罪的刑事责任

根据刑法第 383 条规定，对犯贪污罪的，根据情节轻重，分别依照下列规定处罚：(1) 贪污数额较大或者有其他较重情节的，处 3 年以下有期徒刑或者拘役，并处罚金。(2) 贪污数额巨大或者有其他严重情节的，处 3 年以上 10 年以下有期徒刑，并处罚金或者没收财产。(3) 贪污数额特别巨大或者有其他特别严重情节的，处 10 年以上有期徒刑或者无期徒刑，并处罚金或者没收财产；数额特别巨大，并使国家和人民利益遭受特别重大损失的，处无期徒刑或者死刑，并处没收财产。

对多次贪污未经处理的，按照累计贪污数额处罚。

犯本罪，在提起公诉前如实供述自己罪行、真诚悔罪、积极退赃，避免、减少损害结果的发生，有第 1 项规定情形的，可以从轻、减轻或者免除处罚；有第 2 项、第 3 项规定情形的，可以从轻处罚。

犯本罪，有第 3 项规定情形被判处死刑缓期执行的，人民法院根据犯罪情节等情况可以同时决定在其死刑缓期执行 2 年期满依法减为无期徒刑后，终身监禁，不得减刑、假释。

二、挪用公款罪

(一) 挪用公款罪的概念

挪用公款罪，是指国家工作人员利用职务之便，挪用公款归个人使用，进行非法活动的，或者挪用公款数额较大进行营利活动的，或者挪用公款数额较大，超过 3 个月未还的行为。

（二）挪用公款罪的特征

1. 本罪的客体是复杂客体，即国家工作人员职务行为的廉洁性及公款占有权、使用权、收益权。本罪的对象是公款，即公共财产中呈货币或者有价证券形态的部分。根据1997年10月13日最高人民检察院《关于挪用国库券如何定性问题的批复》，国家工作人员利用职务上的便利，挪用公有或本单位的国库券的行为，以挪用公款论；符合刑法第272条第2款规定的情形构成犯罪的，以挪用公款论。

根据2003年1月28日最高人民检察院《关于挪用失业保险基金和下岗职工基本生活保障资金的行为适用法律问题的批复》，国家工作人员利用职务上的便利挪用失业保险基金和下岗职工基本生活保障资金归个人所有，构成犯罪的，以挪用公款论；根据刑法第384条第2款的规定，挪用用于救灾、抢险、防汛、优抚、扶贫、移民、救济的现款或者物资归个人使用的，则应按本罪从重处罚。依此规定，挪用公款罪的犯罪对象在特定条件下可以是特定物。2000年3月15日最高人民检察院《关于国家工作人员挪用非特定公物能否定罪的请示批复》规定，刑法第384条规定的挪用公款罪中未包括挪用非特定公物归个人使用的行为，对该行为不以挪用公款罪论处。如构成其他犯罪的，依照刑法的相关规定定罪处罚。

2. 本罪的客观方面表现为必须利用职务上的便利实施挪用行为，即利用职务权力与地位所形成的主管、管理、经营、经手公款或特定款物的便利条件实施挪用行为。挪用，是指未经合法批准，或者违反财经纪律，擅自使公款脱离单位的行为。行为人使公款脱离单位后，即使尚未使用该公款的，也属于挪用。

挪用公款行为可分为三类：（1）挪用公款归个人使用，进行非法活动的。根据全国人大常委会2002年4月28日《关于〈中华人民共和国刑法〉第三百八十四条第一款的解释》，有下列情形之一的，属于挪用公款“归个人使用”：①将公款供本人、亲友或者其他自然人使用的；②以个人名义将公款供其他单位使用的；③个人决定以单位名义将公款供其他单位使用，谋取个人利益的。“非法活动”，既包括犯罪活动，也包括其他违法活动。如用于走私、赌博、搞非法经营等活动，构成挪用公款罪，不受“数额较大”和挪用时间限制。

（2）挪用公款数额较大，进行营利活动的。个人营利活动，是指进行经商、办企业、买卖股票等经营活动。数额较大，根据司法解释，挪用公款1万元至3万元，视为数额较大的起点。不受时间和是否归还的限制。

（3）挪用公款数额较大，超过3个月未还。即挪用公款进行营利活动、非法活动以外的活动，数额较大，挪用时间超过了3个月。“数额较大”，仍以挪用公款1万元至3万元为起点。虽超过3个月，但在案发前已全部退还本金的，可以从轻或者免除处罚。

3. 本罪的主体是特殊主体，即只能由国家工作人员构成。

4. 本罪的主观方面是故意，其目的是使用公款。

（三）挪用公款罪的认定

1. 罪与非罪的界限。（1）对挪用公款进行违法犯罪活动的，一般以挪用5000元至1万元为定罪的数额起点。不受挪用时间长短的限制。（2）对挪用公款进行营利活动的，一般以挪用数额较大即挪用1万元至3万元为定罪起点，不受挪用时间长短限制。（3）如果挪用公款数额较大，超过3个月但在案发前全部归还本金的，可以从轻处罚或者免除处罚。给国家、集体造成的利息损失应予追缴。挪用公款数额巨大，超过3个月，案发前全部归还的，可以酌情从轻处罚。（4）挪用国家救灾、抢险、防汛、防洪、优抚、扶贫、移民、救济款物归个人使用的，以5000元至1万元为定罪起点数额。

2. 挪用公款罪与挪用特定款物罪的区别。主要区别在于目的或用途不同。挪用公款罪以挪用公款归个人使用为目的，即挪作私用；挪用特定款物罪的目的则是为了其他公用，即挪作他用。

3. 挪用公款罪与挪用资金罪的区别。（1）主体不同。挪用公款罪的主体是国家工作人员；挪用资金罪的主体是公司、企业或者其他单位的工作人员。（2）客体和对象不同。挪用公款罪的客体是公款使用权，对象是公款。挪用资金罪的客体是公司、企业或者其他单位资金的使用权，行为对象是本单位的资金。二者的客体都侵犯了职务行为的廉洁性，但挪用公款罪侵犯的是国家工作人员职务行为廉洁性，而挪用资金罪侵犯的是普通人员即非国家工作人员职务行为廉洁性。

4. 挪用公款罪与贪污罪的区别。虽然挪用公款罪与贪污罪在侵犯的复杂客体，即公职人员职务的廉洁性，公共财产所有权上有共同之处，主观故意也相同，客观上都利用了职务之便，但二者的区别明显：（1）主体范围不同。本罪的主体只能是国家工作人员，贪污罪主体除了国家工作人员外，还可以是受国有单位委托管理、经营国有财产的人员。（2）主观目的不同。本罪以使用公款为目的，而贪污罪则以非法占有为目的，前者是暂时地挪用公款归个人使用，后者则是意图永远地变公有财产为私人所有。（3）行为对象不同。挪用公款罪的对象仅限于公款；贪污罪的对象是公共财物，既可以是公款，也可以公物。（4）行为方式不同。本罪行为方式是擅自挪用公款，后罪行为手段是侵吞、窃取、骗取等非法手段。

（四）挪用公款罪的刑事责任

根据刑法384条规定，犯挪用公款罪的，处5年以下有期徒刑或者拘役；情节严重的，处5年以上有期徒刑。挪用公款数额巨大且不退还的，处10年以上有期徒刑或者无期徒刑。挪用用于救灾、抢险、防汛、优抚、扶贫、移民、救济款物归个人使用的，从重处罚。

三、巨额财产来源不明罪

巨额财产来源不明罪，是指国家工作人员的财产或者支出明显超过合法收入，差额巨大，而本人又不能说明其来源的行为。

本罪的犯罪客体是国家工作人员的职务廉洁性。本罪的客观方面表现为财产或者支出明显超过合法收入，差额巨大，本人又不能说明其来源的。本罪的主体是特殊主体，即只能由国家工作人员构成。本罪的主观方面是直接故意。行为人明知自己的财产或支出明显超过合法收入，差额巨大，司法机关责令其说明来源时，因主观上不愿而拒绝说明，从而不能说明其来源的。本罪是纯正不作为犯。

根据刑法第395条第1款规定，犯本罪的，处5年以下有期徒刑或者拘役；差额特别巨大的，处5年以上10年以下有期徒刑。财产的差额部分予以追缴。

四、隐瞒境外存款罪

隐瞒境外存款罪，是指国家工作人员在境外存款，数额较大、隐瞒不报的行为。

隐瞒不报，是指国家工作人员在境外的存款，应当按照国家规定申报而隐瞒不报的行为。隐瞒境外存款不报必须数额较大的才构成犯罪。

根据刑法第395条第2款的规定，犯本罪的，处2年以下有期徒刑或者拘役；情节较轻的，由其所在单位或者上级主管机关酌情给予行政处分。

五、私分国有资产罪

私分国有资产罪，是指国家机关、国有公司、企业、事业单位、人民团体，违反国家规定，以单位名义将国有资产集体私分给个人，数额较大的行为。

本罪的主体是特殊主体，属于单位犯罪，所谓单位即国家机关、国有公司、企业、事业单位、人民团体。本罪的主观方面是故意，即上述单位的直接负责的主管人员和其他直接责任人员明知是国有资产，而故意进行集体私分。本罪的客观方面表现为违反国家规定，以单位名义将国有资产集体私分给个人，数额较大的行为。“以单位名义”，是指私分国有资产是单位领导共同研究决定的，体现了单位的意识和意志。“集体私分给个人”，是指将国有资产擅自分给单位中的每一个成员或者绝大多数成员。集体私分的主管人员和其他直接责任人员是否分得财物，对于其行为构成犯罪没有影响。如果不是将国有资产分给单位的所有成员或绝大多数成员，而是分给单位的少数几个领导，那就不再成立本罪，而构成贪污罪。集体私分国有资产往往是以“发奖金”、“发补助”、“发岗位津贴”等形式进行。本罪的客体是复杂客体，既侵犯国家工作人员的职务廉洁性，也侵犯了国有资产所有权。本罪对象是国有资产。

根据刑法第396条的规定，国家机关、国有公司、企业、事业单位、人民团体犯本罪的，对其直接负责的主管人员和其他直接责任人员处3年以下有期徒刑或者拘役，并处或者单处罚金；数额巨大的，处3年以上7年以下有期徒刑，并处罚金。

六、私分罚没财物罪

私分罚没财物罪，是指司法机关、行政执法机关违反国家规定，将应上缴国家的罚没财物，以单位名义集体私分给个人的行为。

本罪的主体是特殊主体，仅限于司法机关、行政执法机关等单位，属于单位犯罪。本罪的主观方面是故意，即明知私分罚没财物违反国家规定，而故意私分。本罪的客观方面表现为违反国家规定，将应当上缴国家的罚没财物，以单位名义私分给个人的行为。本罪的客体是复杂客体，即本罪侵犯国家工作人员的职务廉洁性，也侵犯国家机关对罚没财物的所有权。本罪对象是罚没财物。罚没财物，是指人民法院通过对犯罪分子执行罚金刑所获得的现金；公安司法机关追缴的赃款、赃物、犯罪工具、违禁品等；行政执法机关没收的违法人员用于违法活动的财物和违法所得，以及通过适用行政罚款而获得的现金等。

根据刑法第396条规定，私分罚没财物，数额较大的，对直接负责的主管人员和其他直接责任人员处3年以下有期限徒刑或者拘役，可以并处或者单处罚金；数额巨大的，处3年以上7年以下有期徒刑，并处罚金。

第三节　贿赂犯罪

一、受贿罪

（一）受贿罪的概念

受贿罪，是指国家工作人员利用职务上的便利，索取他人财物，或者非法收受他人的财物，为他人谋取利益的行为。

（二）受贿罪的特征

1. 本罪的客体是国家工作人员职务廉洁性和他人的财产权利。刑法理论通说认为，贿赂即是我国刑法所规定的财物，也就是说是指具有价值的有体物、无体物和财产性利益，非财产性利益不属于贿赂。

2. 本罪的客观方面表现为利用职务上的便利，索取他人财物或者非法收受他人财物，为他人谋取利益的行为。受贿有两种基本形式：

一是利用职务之便，索取他人财物，简称索取贿赂。索取贿赂，即行为人主动向他人索要、勒索并收受财物。基本特征是索要行为的主动性和交付财物的被动性。索取他人财物的，不论是否“为他人谋取利益”，均可构成受贿罪。“利用职务之便”，是指利用本人职务范围内的权力，即自己职务上主管、负责或者承办某项公共事务的职权，也包括利用职务上有隶属、制约关系的其他国家工作人员的职权。

二是利用职务之便，非法收受他人财物，为他人谋取利益的行为。简称收受贿赂。收受贿赂，即在行贿人主动行贿的情况下，非法地收受他人财物的情况。基本特征是给付财物行为的主动性、自愿性和收受财物行为的被动性。根据1999年9月16日最高人民检察院《关于人民检察院直接受理立案侦查案件立案标准的规定（试行）》的规定，非法收受他人财物，必须同时具备为“他人谋取利益”的条件，才能构成受贿罪。但是为他人谋利的利益是否正当，是否实现，不影响受贿罪的成立。一般而言，为他人谋取利益包括四种情况：其一，已经许诺为他人谋取利益，但尚未实际进行；其二，已经着手为他人谋取利益，但尚未谋取到任何利益；其三，已经着手为他人谋取利益，但仅仅是局部利益，行为人意图达到的利益尚未完全实现；其四，为他人谋取利益，已经完全实现。根据2007年7月8日最高人民法院、最高人民检察院《关于办理受贿刑事案件适用法律若干问题的意见》第10条的规定，国家工作人员利用职务上的便利为请托人谋取利益之前或之后，并与请托人事先约定，在其离退休后收受请托人的财物，构成犯罪的，以受贿罪论处。

受贿罪的另两种表现形式是：

（1）收受回扣、手续费。刑法第385条第2款规定，国家工作人员在经济往来中，违反国家规定，收受各种名义的回扣、手续费归个人所有的，以受贿罪论处。所谓“回扣”，是指在商品交易中，卖方在收取的价款中扣出一部分返还给买方或者买方经办人的现金。所谓“手续费”是指多种费用的统称，如好处费、辛苦费、介绍费、酬劳费、活动费、信息费等。所谓“账外暗中”收受各种名义的回扣、手续费，是指未在依法设立的财务账目上按照财务会计制度如实记载。

（2）斡旋贿赂。刑法第388条规定指国家工作人员利用本人职权或者地位形成的便利条件，通过其他国家工作人员职务上的行为，为请托人谋取不正当利益，索取请托人财物或者收受请托人财物的，以受贿罪论处。斡旋受贿具有以下特征：其一，行为人利用的是其他国家工作人员的职务行为。其二，行为人利用了本人职权或者地位所形成的便利条件。“利用本人职权或者地位形成的便利条件”，是指行为人利用因其职权或地位对其他国家工作人员形成的政治上或经济上的制约条件。“本人职权”，是指在行为人职务范围内，并能对其他国家工作人员形成制约或者施加影响的权力，其中不包括直接利用本人掌握的职权。所谓“地位,”是指行为人所在的能对其他国家工作人员形成制约或者施加影响的领导岗位，或者在领导身边工作或负有特定职责并从事公务活动的工作岗位。其三，必须是为请托人谋取不正当利益。所谓谋取不正当利益，是指谋取违反法律、法规、国家政策和国务院各部门规章规定的利益，以及要求国家工作人员或者有关单位提供违反法律、法规、国家政策和国务院各部门规章规定的帮助或方便条件。

本罪属于结果犯，行为人必须事实上索取或者非法收受了他人财物，并且数额较大或者情节较重的，才能构成本罪。

3. 本罪的主体是特殊主体，即国家工作人员。

4. 本罪的主观方面具有受贿的故意。

（三）受贿罪的认定

1. 罪与非罪的界限

（1）受贿与接受礼物馈赠的界限。受贿是谋取私利的犯罪行为，礼物馈赠是正常的礼尚往来行为，没有利用职务之便的情况，而且都是以公开的、正常的方式进行。区别关键在于：第一，给予方与接受方是否存在亲友关系；第二，给予方是否要求接受方为其谋取利益，接受方是否许诺、着手或者已经为其谋取利益；第三，接受方是否利用了职务上的便利；第四，给予与接受的方式是否具有隐蔽性；第五，接受的财物的数额与价值。

（2）受贿罪与一般受贿行为的界限。区别二者应从数额和情节两方面把握：原刑法规定受贿行为构成犯罪的数额、情节标准与贪污罪相同，即个人受贿数额在5000元以上的，应当以犯罪论处。个人受贿数额在5000元以下，情节较重的，也应构成受贿罪；受贿数额不满5000元，情节较轻的，不以受贿罪论处，可由其所在单位或上级主管部门酌情予以行政处分。《刑法修正案（九）》取消了数额标准，因此，有待于相关的司法解释。

（3）划清受贿与获取合理报酬的界限。国家工作人员在法律、政策和行政纪律允许的范围内，或者利用业余时间、休假时间，为他人临时做某项工作或提供服务，而收取合理劳动报酬的，不属受贿行为。

2. 受贿罪的既遂与未遂界限。一般认为受贿人实际收到或索取到贿赂才是既遂，反之则是未遂。已收到贿赂，但尚未实际为他人谋利，只要受贿人事先承诺谋利的，也以既遂论。若受贿人先为他人谋利，而事后接受财物，也以受贿罪既遂论处。

3. 划清受贿罪与非国家工作人员受贿罪的界限。二者的主要区别是：(1) 主体不同。受贿罪的主体是国家工作人员；非国家工作人员受贿罪的主体是非国家工作人员。(2) 客体不同。受贿罪的客体是国家工作人员职务行为的不可收买性；非国家工作人员受贿罪的客体是非国有公司、企业工作人员职务行为的廉洁性。

(四) 受贿罪的刑事责任

根据刑法第386条的规定，对犯受贿罪的，根据受贿所得数额及情节，依照刑法第383条（贪污罪）的规定处罚。索贿的从重处罚。因此，受贿罪的具体处罚标准是：对犯受贿罪的，根据情节轻重，分别依照下列规定处罚：(1) 受贿数额较大或者有其他较重情节的，处3年以下有期徒刑或者拘役，并处罚金。(2) 受贿数额巨大或者有其他严重情节的，处3年以上10年以下有期徒刑，并处罚金或者没收财产。(3) 受贿数额特别巨大或者有其他特别严重情节的，处10年以上有期徒刑或者无期徒刑，并处罚金或者没收财产；数额特别巨大，并使国家和人民利益遭受特别重大损失的，处无期徒刑或者死刑，并处没收财产。

对多次受贿未经处理的，按照累计受贿数额处罚。

犯本罪，在提起公诉前如实供述自己罪行、真诚悔罪、积极退赃，避免、减少损害结果的发生，有第1项规定情形的，可以从轻、减轻或者免除处罚；有第2项、第3项规定情形的，可以从轻处罚。

犯本罪，有第3项规定情形被判处死刑缓期执行的，人民法院根据犯罪情节等情况可以同时决定在其死刑缓期执行2年期满依法减为无期徒刑后，终身监禁，不得减刑、假释。

二、单位受贿罪

单位受贿罪，是指国家机关、国有公司、企业、事业单位、人民团体，索取、非法收受他人财物，为他人谋取利益，情节严重的行为。

上述单位在经济往来中，在账外暗中收受各种名义的回扣、手续费的，以单位受贿罪论。本罪为单位犯罪，采用双罚制。

根据刑法第387条规定，犯本罪的，对单位判处罚金，并对直接负责的主管人员和其他直接责任人员，处5年以下有期徒刑或者拘役。单位受贿一般以受贿10万元以上作为定罪数额标准。单位受贿5万元以上不满10万元，使国家或社会利益遭受重大损失的，也应追究刑事责任。

三、利用影响力受贿罪

利用影响力受贿罪，是指国家工作人员的近亲属或者其他与该国家工作人员关系密切的人，通过该国家工作人员职务上的行为，或者利用该国家工作人员职权或者地位形成的便利条件，通过其他国家工作人员职务上的行为，为请托人谋取不正当利益，索取请托人财物或者收受请托人财物，数额较大或者有其他较重情节的，以及离职的国家工作人员或者其近亲属以及其他与其关系密切的人，利用该离职的国家工作人员原职权或者地位形成的便利条件实施上述行为的，构成利用影响力受贿罪。

本罪的犯罪主体可分为三类：第一类的犯罪主体是国家工作人员的近亲属或者其他与国家工作人员关系密切的人。具体行为内容包括直接通过该国家工作人员职务上的行为，为请托人谋取不正当利益，索取、收受贿赂，以及通过国家工作人员对其他国家工作人员的斡旋行为，为请托人谋取不正当利益，索取、收受贿赂。第二类的犯罪主体是离职的国家工作人员。具体行为内容包括直接利用其原职权或者地位形成的便利条件为请托人谋取不正当利益，索取、收受贿赂，以及利用原职权或者地位形成的便利条件通过对其他国家工作人员的斡旋行为，为请托人谋取不正当利益，索取、收受贿赂。第三类的犯罪主体是离职的国家工作人员的近亲属或者其他与离职的国家工作人员关系密切的人。具体行为内容包括直接通过该离职的国家工作人员原职权或者地位，为请托人谋取不正当利益，索取、收受贿赂，以及通过该离职的国家工作人员对其他国家工作人员的斡旋行为，为请托人谋取不正当利益，索取、收受贿赂。上述“近亲属”的范围容易确定，关键是如何确定有密切关系的人。一般来说，有密切关系的人，是指与国家工作人员或者离职的国家工作人员具有共同利益关系的人，其中的共同利益不仅包括物质利益，而且包括其他方面的利益。例如，情人关系、恋人关系、前妻前夫关系、密切的上下级关系（如国家工作人员的秘书、司机等）、密切的姻亲或血亲关系等。但是，没有必要对“有密切关系的人”作特别限定。因为客观上能够通过国家工作人员职务上的行为，或者利用国家工作人员职权或者地位形成的便利条件，通过其他国家工作人员职务上的行为，为请托人谋取不正当利益的人，基本上都是与国家工作人员有密切关系的人。与离职的国家工作人员有密切关系的人，也是如此。

根据刑法第388条之一的规定，犯本罪的，数额较大或者有其他较重情节的，处3年以下有期徒刑或者拘役，并处罚金；数额巨大或者有其他严重情节的，处3年以上7年以下有期徒刑，并处罚金；数额特别巨大或者有其他特别严重情节的，处7年以上有期徒刑，并处罚金或者没收财产。

四、行贿罪

（一）行贿罪的概念

行贿罪，是指为谋取不正当利益，给予国家工作人员以财物的行为。

（二）行贿罪的特征

1. 本罪的客体是国家机关、国有公司、企业、事业单位、人民团体的正常活动，国家工作人员职务行为不可收买性。

2. 本罪的客观方面表现为给予国家工作人员以财物的行为。公民在经济往来中，违反国家规定，给予国家工作人员以财物，数额较大的，或者违反国家规定，给予国家工作人员以各种名义的回扣、手续费的，以行贿论。

3. 本罪的主体为一般主体。

4. 本罪的主观方面是故意，即故意向国家工作人员给予财物，以谋取不正当利益。

（三）行贿罪的认定

1. 行贿与馈赠的界限。二者的区别表现在：目的、动机不同。行贿行为人往往出于谋取不正当利益，馈赠则是为了加深亲朋好友间情谊的需要，不是以财物收买权力。内容和方式不同。行贿往往是秘密进行，给付财物是附条件的，馈赠是公开的，无条件的。

2. 行贿罪与一般行贿违法行为的界限。一般情况下，公民为谋取不正当利益给予国家工作人员以财物，数量较小，又不具有其他严重情节的，属于一般行贿违法行为，数额较大或者具有其他严重情节的，构成行贿罪。公民在经济往来中，违反国家规定，给予国家工作人员以财物，数额没有达到较大的标准，属于一般行贿违法行为；数额较大的，构成行贿罪。

3. 行贿罪既遂与未遂的界限。区分二者的标准是行为人是否实际上给予对方以财物。实际上已给对方以财物的，构成犯罪既遂；反之，则属于犯罪未遂。

（四）行贿罪的刑事责任

根据刑法第390条的规定，对犯行贿罪的，处5年以下有期徒刑或者拘役，并处罚金；因行贿谋取不正当利益，情节严重的，或者使国家利益遭受重大损失的，处5年以上10年以下有期徒刑，并处罚金；情节特别严重的，处

10年以上有期徒刑或者无期徒刑，并处罚金或者没收财产。行贿人在被追诉前主动交待行贿行为的，可以从轻或者减轻处罚。其中，犯罪较轻的，对侦破重大案件起关键作用的，或者有重大立功表现的，可以减轻或者免除处罚。

五、对有影响力的人行贿罪

对有影响力人员行贿罪是指为谋取不正当利益，向国家工作人员的近亲属或者其他与该国家工作人员关系密切的人，或者向离职的国家工作人员或者其近亲属以及其他与其关系密切的人行贿的行为。

本罪的客体方面，是有影响力人员职务行为的不可收买性。行贿人的行贿行为是一种“权钱交易”（权利交易、权色交易），侵犯职务人员的廉洁性与职务行为本身的公正性。即与具有影响力的非国家工作人员之间，只要存在权钱交易，就应视为一种行贿犯罪。犯罪客观方面表现在行为方式应包括允诺行为、协助行为以及实行行为。结合刑法第388条之一的规定，根据贿赂犯罪的对向性，本罪应该是一个情节犯或结果犯而非行为犯。犯罪主体方面，是一般主体，即具有责任能力的自然人。但是，行贿的对象不能是在职的国家工作人员，一般是与（离退休的）国家工作人员关系密切的亲属、朋友、情人等。同时，刑法第393条还规定单位行贿罪，因此，单位对有影响力的人员实施行贿也应成立犯罪。犯罪主观方面是故意，具有谋取不正当利益的目的。

根据刑法第390条之一规定，犯本罪的，处3年以下有期徒刑或者拘役，并处罚金；情节严重的，或者使国家利益遭受重大损失的，处3年以上7年以下有期徒刑，并处罚金；情节特别严重的，或者使国家利益遭受特别重大损失的，处7年以上10年以下有期徒刑，并处罚金。单位犯前款罪的，对单位判处罚金，并对其直接负责的主管人员和其他直接责任人员，处3年以下有期徒刑或者拘役，并处罚金。

六、对单位行贿罪

对单位行贿罪，是指为谋取不正当利益，给予国家机关、国有公司、企业、事业单位，人民团体以财物的，或者在经济往来中，违反国家规定，给予各种名义的回扣、手续费的行为。

本罪的主体是一般主体，包括自然人和单位。本罪行为的对象仅限于国家机关、国有公司、企业、事业单位、人民团体。这里的“违反国家规定”，是指违反法律、行政法规关于禁止账外暗中给予回扣及手续费的规定。

根据刑法第391条第1款规定，犯对单位行罪的，处3年以下有期徒刑或者拘役。单位犯本罪的，对单位判处罚金，并对直接负责的主管人员和其他直接责任人员依照前述规定处罚。

七、介绍贿赂罪

介绍贿赂罪，是指在行贿人与受贿人（国家工作人员）之间进行沟通、撮合，使行贿与受贿得以实现，情节严重的行为。

这里的主体是一般主体，行贿人，可以是个人，也可以是单位。而受贿人仅限于国家工作人员。

根据刑法第 392 条第 1 款的规定，犯本罪的，情节严重的，处 3 年以下有期徒刑或者拘役，并处罚金。

八、单位行贿罪

单位行贿罪，是指公司、企业、事业单位、机关、团体为谋取不正当利益而行贿，或者违反国家规定，给予国家工作人员以回扣、手续费，情节严重的行为。

本罪是单位犯罪。

根据刑法第 393 条规定，对单位判处罚金，并对其直接负责的主管人员和其他直接责任人员，处 5 年以下有期徒刑或者拘役，并处罚金。因行贿取得的违法所得归人所有的，依照刑法第 389 条、第 390 条的规定定罪处罚。

第二十六章　渎 职 罪

第一节　渎职罪概述

一、渎职罪的概念

渎职罪，是指国家机关工作人员在履行职责或者行使职权过程中，滥用职权、玩忽职守、徇私舞弊，妨害国家机关的正常管理活动，致使公共财产、国家和人民的利益遭受重大损失的行为。

二、渎职罪的特征

1. 渎职罪侵犯的客体是国家机关的正常活动。

2. 渎职罪的客观方面表现为利用职务上的便利或者徇私舞弊、滥用职权、玩忽职守，致使国家和人民的利益遭受重大损失的行为。在表现形式上，既可以是作为，也可以是不作为。无论是作为还是不作为，都必须与职务活动或公务活动相联系。根据刑法规定，本类罪中的多数犯罪都必须具有严重情节或者造成严重后果，才构成犯罪。否则，不能以犯罪论处。前者如故意泄漏国家秘密罪，后者如玩忽职守罪。

3. 渎职罪的主体是特殊主体，即只能是国家机关工作人员，但是有少数犯罪的主体也可以是非国家机关工作人员，如泄漏国家秘密罪。此外，根据2002年12月28日全国人大常委会通过的《关于〈中华人民共和国刑法〉第九章渎职罪主体适用问题的解释》的规定，在依照法律、法规规定行使国家行政管理职权的组织中从事公务的人员，或者在受国家机关委托代表国家机关行使职权的组织中从事公务的人员，或者虽未列入国家机关人员编制但在国家机关中从事公务的人员，在代表国家机关行使职权时，有渎职行为，构成犯罪的，依照刑法关于渎职罪的规定追究刑事责任。

4. 渎职罪的主观方面大多数为故意，少数出于过失。

三、渎职罪的种类

刑法分则第九章共有23个条文，计37个罪名。依据犯罪主体的不同，大体可分为如下三大类：（1）一般国家机关工作人员的渎职罪，共5个。（2）司法机关工作人员的渎职罪，共8个。（3）其他特定国家机关工作人员的渎职罪，共24个。

第二节　滥用职权犯罪

一、滥用职权罪

（一）滥用职权罪的概念

滥用职权罪，是指国家机关工作人员滥用职权，致使公共财产、国家和人民利益遭受重大损失的行为。

（二）滥用职权罪的特征

1. 本罪侵害的客体是国家机关的正常管理活动。

2. 本罪在客观方面表现为滥用职权，致使公共财产、国家和人民利益遭受重大损失。具体包括两个要件：首先，必须有滥用职权的行为。所谓滥用职权，是指违反职责要求，不正确行使职权或超越职权。所谓不正确行使职权，是指行为人利用手中的权力随心所欲，违法地处理公务。所谓超越职权，是指行为人本无此项权力，却超越其职权范围，擅自行使此项权力，违法地做出处理决定。其次，本罪是结果犯，滥用职权的行为必须致使公共财产、国家和人民利益遭受了重大损失，才能构成滥用职权罪。滥用职权没有造成直接损失或者损失不重大的，不能以犯罪论处。

3. 本罪的主体是特殊主体，只能是国家机关工作人员。

4. 本罪在主观方面必须出于故意，即行为人明知滥用职权行为会发生侵害国家机关的正常管理活动，而希望或者放任这种结果发生。

（三）滥用职权罪的认定

1. 本罪与非罪的界限。区分滥用职权罪与非罪的界限，关键在于把握行为人的滥用职权行为是否给公共财产、国家和人民利益造成了重大损失。如果滥用职权行为仅仅造成了一般损失，不能以犯罪论，只能按照一般违法行为对行为人进行相应的行政、党纪处罚。

2. 本罪与滥用职权的其他罪名的关系。除了本罪，其他一些特殊的渎职犯罪也常常表现出滥用职权的行为，有的还只能是滥用职权的行为。滥用职权行为符合特殊的滥用职权罪的构成要件的，应按特殊的滥用职权罪名认定。滥用职权行为不符合特殊的滥用职权罪的构成要件的，应认定本罪。换言之，本罪为滥用职权犯罪的一般规定，其他滥用职权的犯罪是特别规定，其间存在法条竞合关系，故应按特别法条优于普通法条的原则来处理本罪与滥用职权的其他罪名之间的关系。

（四）滥用职权罪的刑事责任

根据刑法第397条的规定，犯本罪的，处3年以下有期徒刑或者拘役；情节特别严重的，处3年以上7年以下有期徒刑。犯本罪，有徇私舞弊情节的，处5年以下有期徒刑或者拘役；徇私舞弊情节特别严重的，处5年以上10年以下有期徒刑。刑法分则另有规定的，依照有关规定处罚。

二、故意泄露国家秘密罪

（一）故意泄露国家秘密罪的概念

故意泄露国家秘密罪，是指国家机关工作人员或非国家机关工作人员违反保守国家秘密法的规定，故意泄露国家秘密，情节严重的行为。

（二）故意泄露国家秘密罪的特征

1. 本罪侵犯的客体是国家保密制度。犯罪对象是国家秘密。根据我国保守国家秘密法的规定，国家秘密具体包括：（1）国家事务的重大决策中的秘密事项；（2）国防建设和武装力量活动中的秘密事项；（3）外交和外交活动中的秘密事项以及对外承担保密义务的事项；（4）国民经济和社会发展中的秘密事项；（5）科学技术中的秘密事项；（6）维护国家安全活动和追查刑事犯罪中的秘密事项；（7）其他经国家保密工作部门确定应当保守的国家秘密事项。

2. 本罪在客观方面表现为违反保守国家秘密法的规定，故意泄露国家秘密，情节严重的行为。故意泄露国家秘密，是指故意违反保守国家秘密法的规定，使国家秘密被不应知悉者知悉，或者使国家秘密超出限定的接触范围，而不能证明未被不应知悉者知悉。故意泄露的方式一般是作为，如书面或口头向他人透露国家秘密的内容，向他人提供阅览、复制、摘抄国家秘密载体原件的机会，向他人直接提供秘密的原件或复制件，在书刊、音像制品中向公众披露国家秘密的内容等。但个别情况下，故意泄露的方式也可以是不作为，如在收发、保管、传递或外出携带国家秘密时，不按保密法的规定采取保密措施，故意让不应知悉者知悉。根据刑法第398条的规定，故意泄露国家秘密，情节严重的，才构成本罪。所谓情节严重，是指泄露属于绝密、机密的国家秘密，或者泄露国家秘密造成严重后果。

3. 本罪的主体主要是国家机关工作人员，但非国家机关工作人员故意泄露国家秘密的，也可以以本罪论处，即任何达到刑事责任年龄，具有刑事责任能力的人都可以成为本罪的主体并单独构成故意泄露国家秘密罪。

4. 本罪在主观方面是故意，即明知自己的行为可能造成国家秘密被不应知悉者知悉，或者使国家秘密超出限定的接触范围而可能被不应知悉者知悉，而希望或者有意识地放任这种结果发生。故意泄露国家秘密的动机是多种多样的，有的是为了出卖获利；有的是碍于亲属、朋友向自己打探的情面；也有的是被胁迫、利诱等。

（三）故意泄露国家秘密罪的刑事责任

根据刑法第 398 条的规定，国家机关工作人员违反保守国家秘密法的规定，故意泄露国家秘密，情节严重的，处 3 年以下有期徒刑或者拘役；情节特别严重的，处 3 年以上 7 年以下有期徒刑。

非国家机关工作人员犯前款罪的，依照前款的规定酌情处罚。

三、执行判决、裁定滥用职权罪

滥用执行判决、裁定职权罪，是指在执行判决、裁定活动中，滥用职权，违法采取诉讼保全措施、强制执行措施，致使当事人或者其他人的利益遭受重大损失的行为。

本罪的客体是司法活动的公正性和司法机关的威信。本罪的客观方面表现为在执行判决、裁定活动中，行为人滥用职权，违法采取诉讼保全措施、强制执行措施，致使当事人或者其他人的利益遭受重大损失的行为。本罪的主体是负有执行法院判决、裁定职责的执行工作人员，主要是法院的执行工作人员。本罪的主观方面是故意。

根据刑法第 399 条第 3 款的规定，犯本罪的，处 5 年以下有期徒刑或者拘役；致使当事人或其他人利益遭受特别重大损失的，处 5 年以上 10 年以下有期徒刑。

四、私放在押人员罪

（一）私放在押人员罪的概念

私放在押人员罪，是指司法工作人员私放在押的犯罪嫌疑人、被告人或者罪犯的行为。

（二）私放在押人员罪的特征

1. 本罪的客体是刑事司法监管制度。对象是依法被羁押的犯罪嫌疑人、被告人或者罪犯。因扰乱庭审等司法活动而被司法拘留的人员，因违反治安管理而被行政拘留的人员，因违法而被强制集中劳动教养的人员，均不属于本罪对象，不体现刑事司法监管制度，私放这些人员不构成本罪。

2. 本罪的客观方面表现为利用自己担负的刑事司法监管职责私放罪嫌疑

人、被告人或者罪犯的行为。其形式既可以是开监放走被羁押人的作为，也可以是任被羁押人逃走的不作为。行为人必须利用自己担负的刑事司法监管职责，否则，不构成本罪。私放，是指不符合法定释放程序，未经批准擅自释放。非法释放可以是直接放走，也可以是为被羁押人脱逃提供条件。被羁押人是否因私放行为而实际脱逃，不影响本罪的构成。

3. 本罪的主体是担负刑事司法监管职责的司法工作人员，包括拘留所、监狱的刑事司法监管人员和审判机关、检察机关、侦查机关在刑事诉讼过程中负责看押工作的人员。

4. 本罪的主观方面只能是故意，包括直接故意和间接故意。

（三）私放在押人员罪的认定

1. 注意区分私放在押人员罪与司法工作人员帮助被依法关押的罪犯、被告人、犯罪嫌疑人脱逃的行为。私放在押人员罪的成立，要求行为人利用了职务便利或职权，如果行为人没有利用职务便利或职权，而是利用自己熟悉监所地理环境等条件，帮助前述在押人员脱逃的，应以脱逃罪的共犯论处，而不应定私放在押人员罪。

2. 注意区分私放在押人员罪与徇私枉法罪。二者都是司法工作人员的渎职行为，而且都发生在司法活动过程中。从广义上来讲，私放在押人员也是一种徇私枉法的行为。特别是徇私枉法罪中的行为人对明知是有罪的而故意包庇不使他受追诉，从而将在押的犯罪嫌疑人、被告人放走，或者对有罪的人作无罪宣告而致在押的犯罪嫌疑人、被告人被释放，十分近似于私放在押人员罪。但二者的显著不同在于：前者行为人通常是利用职务便利或职权直接将在押人员放走，后者则往往假借法律的名义，或者伪造、篡改证据、伪造文书、证明、故意曲解法律等来为犯罪嫌疑人、被告人开脱罪责。

（四）私放在押人员罪的刑事责任

根据刑法第 400 条第 1 款的规定，犯本罪的，处 5 年以下有期徒刑或者拘役；情节严重的，处 5 年以上 10 年以下有期徒刑；情节特别严重的，处 10 年以上有期徒刑。

五、滥用管理公司、证券职权罪

滥用管理公司、证券职权罪，是指国家有关主管部门的工作人员，徇私舞弊，滥用职权，对不符合法律规定条件的公司设立、登记申请或者股票、债券发行、上市申请，予以批准或者登记，致使公共财产、国家和人民利益遭受重大损失的行为。

本罪在客观方面表现为徇私舞弊，滥用职权，对不符合法定条件的公司设立、登记申请或者股票、债券发行、上市申请，予以批准或者登记的行为，以及该行为导致的公共财产、国家和人民利益遭受重大损失的结果。本罪的主体是主管公司设立、登记以及股票、债券发行、上市的国家机关的工作人员，以及强令登记机关实施上述行为的上级部门直接负责的主管人员。本罪在主观方面出于故意。

根据刑法第 403 条第 1 款的规定，犯本罪的，处 5 年以下有期徒刑或者拘役。依据该条第 2 款，上级部门强令登记机关及其工作人员实施前款行为的，对直接负责的主管人员，依照前款规定处罚。

六、违法发放林木采伐许可证罪

违法发放林木采伐许可证罪，是指林业主管部门的工作人员违反森林法的规定，超过批准的年采伐限额发放林木采伐许可证或者违反规定滥发林木采伐许可证，情节严重，使森林遭受严重破坏的行为。

本罪的客体是林木采伐管理制度。本罪的客观方面表现为，行为人违反森林法的规定，超过批准的年采伐限额发放林木采伐许可证或者违反规定滥发林木采伐许可证，且情节严重，致使森林遭受了严重破坏。本罪的主体为特殊主体，即只能是林业主管部门的工作人员。本罪的主观方面为故意。

根据刑法第 407 条的规定，犯本罪的，处 3 年以下有期徒刑或者拘役。

七、办理偷越国（边）境人员出入境证件罪

办理偷越国（边）境人员出入境证件罪，是指负责办理护照、签证以及其他出入境证件的国家机关工作人员，对明知是企图偷越国（边）境的人员，予以办理出入境证件的行为。

本罪的客体为国家对出入国（边）境的管理制度。本罪的客观方面表现为，行为人对明知是企图偷越国（边）境的人员而予以办理出入境证件。本罪的主体为特殊主体，即只有负责办理护照、签证以及其他出入境证件的国家机关工作人员，才能成为本罪的主体。从我国司法实践来看，所谓“负责办理护照、签证以及其他出入境证件的国家机关工作人员”，通常是公安、外交等部门的有关工作人员。本罪的主观方面为故意。

根据刑法第 415 条的规定，犯本罪的，处 3 年以下有期徒刑或者拘役；情节严重的，处 3 年以上 7 年以下有期徒刑。

八、放行偷越国（边）境人员罪

放行偷越国（边）境人员罪，是指边防、海关等国家机关工作人员，对

明知是偷越国（边）境的人员，予以放行的行为。

本罪的犯罪客体国家对出入国（边）境的管理制度。本罪的客观方面表现为，行为人对明知是偷越国（边）境的人员而予以放行，即准许其出入国（边）境。本罪的主体为边防、海关等国家机关工作人员。本罪的主观方面为故意。

根据刑法第 415 条的规定，犯本罪的，处 3 年以下有期徒刑或者拘役；情节严重的，处 3 年以上 7 年以下有期徒刑。

九、不解救被拐卖、绑架妇女、儿童罪

不解救被拐卖、绑架妇女、儿童罪，是指对被拐卖、绑架的妇女、儿童负有解救职责的国家机关工作人员接到被拐卖、绑架妇女、儿童及其家属的解救要求或者他人的举报，而对被拐卖、绑架的妇女、儿童不进行解救，造成严重后果的行为。

本罪侵害的客体是国家机关解救被拐卖、绑架的妇女、儿童的正常活动。本罪在客观上表现为负有解救职责的国家机关工作人员接到被拐卖、绑架妇女、儿童及其家属的解救要求或者他人的举报，而对被拐卖、绑架的妇女、儿童不进行解救，造成严重后果的行为。本罪的主体是对被拐卖、绑架妇女、儿童有解救职责的国家机关工作人员。本罪在主观上只能由故意构成。

根据刑法第 416 条第 1 款的规定，犯本罪的，处 5 年以下有期徒刑或者拘役。

十、阻碍解救被拐卖、绑架妇女、儿童罪

阻碍解救被拐卖、绑架妇女、儿童罪，是指负有解救被拐卖、绑架妇女、儿童职责的国家机关工作人员利用职务阻碍解救被拐卖、绑架的妇女、儿童的行为。

本罪侵害的客体是国家机关解救被拐卖、绑架的妇女、儿童的正常活动。本罪的客观方面表现为，行为人利用职务阻碍解救被拐卖、绑架的妇女、儿童。所谓“利用职务阻碍”，是指行为人不但自己不解救，而且利用自己的职权为其他人解救被拐卖、绑架的妇女、儿童设置障碍，如组织群众围攻解救人员、利用自己掌握的信息为拐卖、绑架妇女、儿童者通风报信，使其逃逸或转移被拐卖、绑架的妇女、儿童的藏匿地点，等等。本罪的主体是对被拐卖、绑架妇女、儿童有解救职责的国家机关工作人员。本罪在主观上由故意构成。

根据刑法第 416 条第 2 款的规定，犯本罪的，处 2 年以上 7 年以下有期徒刑；情节较轻的，处 2 年以下有期徒刑或者拘役。

十一、帮助犯罪分子逃避处罚罪

帮助犯罪分子逃避处罚罪，是指有查禁犯罪活动职责的国家机关工作人员，向犯罪分子通风报信、提供便利，帮助犯罪分子逃避处罚的行为。

本罪的客体是司法机关的正常活动。本罪的客观方面表现为，行为人向犯罪分子通风报信、提供便利，帮助犯罪分子逃避处罚。这里，“通风报信、提供便利”是行为人帮助犯罪分子逃避处罚的两种形式。所谓“通风报信”，是指行为人以任何形式向犯罪分子传递其将受到刑事追究的信息，具体来说，可以是以电讯方式告知，也可以口头或书信形式告知，等等。所谓“提供便利”，是指行为人为犯罪分子提供交通工具、藏匿处所、出逃经费，等等。本罪的主体是有查禁犯罪活动职责的国家机关工作人员。本罪的主观方面为故意，过失不构成本罪。

根据刑法第 417 条的规定，犯本罪的，处 3 年以下有期徒刑或者拘役；情节严重的，处 3 年以上 10 年以下有期徒刑。

第三节 玩忽职守犯罪

一、玩忽职守罪

（一）玩忽职守罪的概念

玩忽职守罪，是指国家机关工作人员玩忽职守，致使公共财产、国家和人民利益遭受重大损失的行为。

（二）玩忽职守罪的特征

1. 本罪的客体是国家机关的正常管理活动。

2. 本罪的客观方面表现为行为人严重不负责任、不履行或者不正确履行职责，致使公共财产、国家和人民利益遭受了重大损失的行为。包括两个要素：第一，行为人具有玩忽职守的行为，即严重不负责任、不履行或者不正确履行职责。不履行职责，是指行为人有能力且有条件履行自己应尽的职责，而违背职责，完全没有履行，具体包括擅离职守和在岗不履行职责两种情况。不认真履行职责，是指行为人虽然形式上具有履行职责的行为，但并未完全按职责要求履行，如在职务活动中出现差错、决策失误、采取措施不及时或不得力，等等。本罪多是不作为犯罪。但有时也可以是作为的形式。第二，玩忽职守的行为给公共财产、国家和人民利益造成了重大损失的。重大损失的标准，2013 年 1 月最高人民法院、最高人民检察院《关于办理渎职刑事案件适用法律若干问题的解释

(一)》第1条规定为具有下列情形之一：（1）造成死亡1人以上，或者重伤3人以上，或者轻伤9人以上，或者重伤2人、轻伤3人以上，或者重伤1人、轻伤6人以上的；（2）造成经济损失30万元以上的；（3）造成恶劣社会影响的；（4）其他致使公共财产、国家和人民利益遭受重大损失的情形。

3. 本罪主体为特殊主体，即只有那些具有国家机关工作人员身份的人才能成为本罪主体。

4. 本罪主观方面只能是过失。

（三）玩忽职守罪的认定

1. 注意区分罪与非罪

其一，要分清工作失误与玩忽职守罪。工作失误，是指行为人因为业务水平和工作能力不足，从而决策不当，导致了公共财产、国家和人民利益的损失，就主观心态而言，行为人并无玩忽职守的心理意识，而常常是力求把事情做好，只是在善意的心境下因力不从心而出现工作失误。此种情况下行为人的工作失误虽然造成了一定损失，但不宜以犯罪论处。其二，要分清一般的玩忽职守行为与玩忽职守罪。二者的区别在于是否给公共财产、国家和人民利益造成了“重大损失”。如果行为人玩忽职守已造成“重大损失”，则对行为人应按玩忽职守罪定罪量刑；如果行为人虽然有玩忽职守的行为，但所引起的损失尚未达到“重大损失”的标准，对行为人就不能定罪处刑。

2. 区分此罪与彼罪界限

与玩忽职守罪近似的犯罪主要有两种情况：一是滥用职权罪；二是危害公共安全罪中的有关责任事故罪。（1）要分清玩忽职守罪与滥用职权罪的界限。玩忽职守罪与滥用职权罪都是刑法第397条所规定的犯罪，其主体、客体完全相同，结果要件都要求有“重大损失”，二者的主要区别在于：行为人的主观心态不同，前者为过失，后者为故意。（2）要分清玩忽职守罪与危害公共安全罪中的有关责任事故罪的界限。刑法分则第二章所规定的一些因过失而引起的责任事故罪，如第134条规定的重大责任事故罪、第135条规定的重大劳动安全事故罪、第137条规定的工程重大安全事故罪等，由于这些犯罪的主体也可能是国家机关工作人员，且行为人主观上都是过失，客观上有失职行为，故很容易与玩忽职守罪混淆。但仔细分析，二者的区别是不难看出的：其一，前者的主体只能是国家机关工作人员，而后者主体可以是国家机关工作人员，也可以是一般国家工作人员或其他责任人员；其二，前者一般发生在国家机关对社会事务的管理活动中，而后者一般发生在各种生产、作业等过程中；其三，前者侵犯的客体是国家机关的正常活动，而后者侵犯的客体则是公共安全。

（四）玩忽职守罪的刑事责任

根据刑法第397条的规定，犯本罪的，处3年以下有期徒刑或者拘役；情节特别严重的，处3年以上7年以下有期徒刑。刑法分则另有规定的，依照有关规定处罚。

二、过失泄露国家秘密罪

过失泄露国家秘密罪，是指国家机关工作人员或者非国家机关工作人员过失泄露国家秘密，情节严重的行为。

过失泄露国家秘密的行为必须是“情节严重”，才能以本罪论处。所谓情节严重，是指：（1）泄露绝密级国家秘密的；（2）泄露机密级国家秘密3项以上的；（3）泄露秘密级国家秘密3项以上，造成严重危害后果的；（4）泄露国家秘密或者遗失秘密文件不如实提供有关情况的；（5）其他情节严重的情形。

根据刑法第398条的规定，犯本罪的，处3年以下有期徒刑或者拘役；情节特别严重的，处3年以上7年以下有期徒刑；非国家机关工作人员犯过失泄露国家秘密罪的，依照前述规定酌情处罚。

三、执行判决、裁定失职罪

执行判决、裁定失职罪，是指在执行判决、裁定的活动中，严重不负责任不依法采取诉讼保全措施、不履行法定执行职责，致使当事人或者他人的利益遭受重大损失的行为。

本罪的客体是司法活动的公正性和司法机关的威信。本罪的客观方面，表现为行为人在执行判决、裁定的活动中，严重不负责任，不依法采取诉讼保全措施、不履行法定职责任，致使当事人或其他人的利益遭受重大损失的行为。本罪的主体是特殊主体，是负有执行法院判决、裁定职责的执行工作人员，主要是法院的执行工作人员。本罪的主观方面表现为过失。

根据刑法第399条第3款的规定，犯本罪的，处5年以下有期徒刑或者拘役；致使当事人或其他人利益遭受特别重大损失的，处5年以上10年以下有期徒刑。

四、失职致使在押人员脱逃罪

失职致使在押人员脱逃罪，是指司法工作人员由于严重不负责任，致使在押的犯罪嫌疑人、被告人或者罪犯脱逃，造成严重后果的行为。

本罪侵犯的客体是司法机关的正常活动。本罪在客观方面表现为严重不负责任，致使在押的犯罪嫌疑人、被告人或者罪犯脱逃，造成严重后果的行为，行为的表现形式一般为不作为。本罪的主体是司法工作人员，即有侦察、检察、审判、监管职责的人员。本罪在主观上只能由过失构成，故意不能构成本罪。

根据刑法第400条第2款的规定，犯本罪的，处3年以下有期徒刑或者拘役；造成特别严重后果的，处3年以上10年以下有期徒刑。

五、国家机关工作人员签订、履行合同失职罪

（一）国家机关工作人员签订、履行合同失职罪的概念

国家机关工作人员签订、履行合同失职罪，是指国家机关工作人员在签订，履行合同的过程中，因严重不负责任而被诈骗，致使国家利益遭受重大损失的行为。

（二）国家机关工作人员签订、履行合同失职罪的特征

1. 本罪的客体，是国家机关的正常管理活动和国家财产的安全。国家机关工作人员严重不负责任，玩忽职守，在签订、履行合同中被诈骗，不仅违背了自己的职责，妨害了国家机关的正常管理活动，而且给国家财产造成重大损失。

2. 本罪的客观方面，表现为行为人在签订、履行合同中严重不负责任而上当受骗，致使国家利益遭受了重大的损失。这里，有两个要件是必需的：一是行为人在签订、履行合同中有严重不负责任的行为；二是行为人严重不负责任的行为导致国家利益遭受了重大的损失。因此，虽然行为人在签订、履行合同中有严重不负责任的行为，但并没有使国家利益遭受重大损失的，或者行为人签订、履行的合同虽然使国家利益遭受了重大的损失，但并没有“严重不负责任”的，对行为人也不能定罪处罚。根据有关司法解释，“重大损失”是指：造成直接经济损失30万元以上的；其他致使国家利益遭受重大损失的情形。

3. 本罪的主体，是特殊主体，即只能是国家机关工作人员。

4. 本罪的主观方面，是过失。

（三）国家机关工作人员签订、履行合同失职罪的认定

认定本罪，应注意区分国家机关工作人员签订、履行合同失职罪与玩忽职守罪的界限。该两种犯罪在主体、主观方面、客观表现等方面是一致的。事实上，国家机关工作人员签订、履行合同失职罪也是一种玩忽职守的行为。由于刑法第397条第1款明确规定“本法另有规定的，依照规定”，因此，对于国家机关工作人员签订、履行合同失职的行为，应当按刑法第406条之规定论

处，而不能按刑法第 397 条定玩忽职守罪。

（四）国家机关工作人员签订、履行合同失职罪的刑事责任

根据刑法第 406 条的规定，犯本罪的，处 3 年以下有期徒刑或者拘役；使国家利益遭受特别重大损失的，处 3 年以上 7 年以下有期徒刑。

六、环境监管失职罪

环境监管失职罪，是指负有环境保护监督管理职责的国家机关工作人员严重不负责任，导致发生重大环境污染事故，致使公私财产遭受重大损失或者人身伤亡的严重后果的行为。

本罪的客体是国家的环境保护制度。本罪的客观方面表现为，行为人在环境保护监督管理工作中严重不负责任，疏于职守，从而引发了重大环境污染事故，致使公私财产遭受厂重大损失或者造成了人身伤亡的严重后果。本罪的主体为特殊主体，有负有环境保护监督管理职责的国家机关工作人员才能成为本罪的主体。本罪的主观方面为过失。值得注意的是，本罪实际上也是一种玩忽职守的犯罪，但根据刑法第 397 条第 1 款“本法另有规定的，依照规定”的精神，故对负有环境保护监督管理职责的国家机关工作人员在环境保护监督管理工作中严重不负责任，疏于职守，从而引发了极大环境污染事故，致使公私财产遭受了重大损失或者造成了人身伤亡的行为应按本罪处罚。

根据刑法第 408 条的规定，犯本罪的，处 3 年以下有期徒刑或者拘役。

七、传染病防治失职罪

传染病防治失职罪，是指从事传染病防治的政府卫生行政部门的工作人员严重不负责任，导致传染病传播或者流行，情节严重的行为。

本罪的客体为政府卫生行政部门传染病防治的职能。本罪的客观方面表现为行为人对传染病防治工作严重不负责任，导致了传染病传播或者流行，且情节严重。本罪的主体为特殊主体，即只有从事传染病防治的政府卫生行政部门的工作人员才能成为本罪的主体。本罪的主观方面为过失。

根据刑法第 409 条的规定，犯本罪的，处 3 年以下有期徒刑或者拘役。

八、商检失职罪

商检失职罪，是指国家商检部门、商检机构的工作人员严重不负责任，对应当检验的物品不检验，或者延误检验出证、错误出证，致使国家利益遭受重大损失的行为。

本罪的客体为国家进出口商品检验制度。本罪的客观方面表现为上述主体

严重不负责任，对应当检验的物品不检验，或者延误检验出证、错误出证，致使国家利益遭受重大损失的行为。本罪的主体是国家商检部门、商检机构的工作人员。本罪的主观方面为过失。

根据刑法第 412 条第 2 款规定，犯本罪的，处 3 年以下有期徒刑或者拘役。

九、动植物检疫失职罪

动植物检疫失职罪，是指动植物检疫机关的检疫人员严重不负责任，对应当检疫物不检疫，或者延误检疫出证、错误出证，致使国家利益遭受重大损失的行为。

本罪的客体是国家的动植物检疫制度。本罪的客观方面表现为，行为人在动植物检疫工作中严重不负责任，对应当检疫物不检疫，或者延误检疫出证、错误出证，致使国家利益遭受重大损失。本罪的主体是特殊主体，即国家动植物检疫机关的工作人员。本罪的主观方面为过失。

根据刑法第 413 条第 2 款的规定，犯本罪的，处 3 年以下有期徒刑或者拘役。

十、失职造成珍贵文物损毁、流失罪

失职造成珍贵文物损毁、流失罪，是指国家机关工作人员严重不负责任，造成珍贵文物损毁或者流失，后果严重的行为。

本罪的犯罪客体是国家的文物管理制度。本罪的客观方面表现为，行为人工作中严重不负责任，造成珍贵文物损毁或者流失，且后果严重。本罪的主体是国家机关工作人员，通常是各级文化行政管理部门主管文物的工作人员。本罪的主观方面为过失，如果行为人故意损毁文物的，则应按刑法第 324 条第 1 款、第 2 款规定的故意损毁文物罪、故意损毁名胜古迹罪定罪处罚。

根据刑法第 419 条的规定，犯本罪的，处 3 年以下有期徒刑或者拘役。

十一、食品监管渎职罪

食品监管渎职罪，是指负有食品安全监督管理职责的国家机关工作人员，滥用职权或者玩忽职守，导致发生重大食品安全事故或者造成其他严重后果的行为。

本罪包括两个类型：一是故意的滥用职权的行为；二是过失的玩忽职守的行为。

根据刑法第 408 条之一的规定，犯本罪的，处 5 年以下有期徒刑或者拘役；造成特别严重后果的，处 5 年以上 10 年以下有期徒刑。徇私舞弊犯本罪的，从重处罚。

第四节　徇私舞弊犯罪

一、徇私枉法罪

（一）徇私枉法罪的概念

徇私枉法罪，是指司法工作人员为徇私枉法，徇情枉法，对明知是无罪的人而使他受追诉、对明知是有罪的人而故意包庇不使他受追诉，或者在刑事审判活动中故意违背事实和法律作枉法裁判的行为。

（二）徇私枉法罪的特征

1. 本罪的客体为国家司法机关的正常活动以及国家司法机关的威信，此外，还包括因使无罪的人受追诉而侵犯公民的人身权利。

2. 本罪的客观方面表现为上述主体徇私枉法、徇情枉法，对明知是无罪的人而使他受追诉、对明知是有罪的人而故意包庇不使他受追诉，或者在刑事审判活动中故意违背事实和法律作枉法裁判的行为。其行为的出发点为：徇私枉法，即为谋取个人利益而枉法，主要是为贪图钱财；徇情枉法，即出于照顾私人关系或感情、袒护亲友或者泄愤报复而枉法。具体言之，徇私枉法表现为如下行为：（1）使无罪之人受刑事追诉。所谓无罪之人，既包括没有实施任何违法行为之人，也包括实施了违法行为但尚不构成犯罪之人。使无罪之人受刑事追诉，是指行为人明知是无罪之人而故意将其纳入刑事诉讼程序，即对无罪之人立案侦查、用刑事强制措施限制其人身自由、提起公诉、进行审判，等等。因此，本罪既可以发生在刑事侦查阶段、审查起诉阶段，也可以发生在审判阶段。（2）包庇明知有罪之人而使其不受追诉。所谓包庇，既指行为人采取不正当的手段伪造、隐匿、毁灭有罪之人的犯罪证据、篡改有罪之人的有罪供述、威逼证人改变证词、为即将受到刑事追究的有罪之人通风报信使其逃逸等行为，也包括行为人出于一己之私而对有罪之人的犯罪行为不进行刑事追诉，还包括对犯罪嫌疑人违法变更或取消强制措施而使犯罪嫌疑人逃避刑事制裁等。（3）违背事实和法律作枉法裁判。这是专门针对刑事审判人员而言的。违背事实和法律，是指行为人违背“以事实为根据，以法律为准绳”的办案原则，不以行为人的行为事实为根据来依法认定行为人的行为性质。枉法裁判，则是指行为人故意做出违法的判决或裁定，即对有罪者作无罪判决，对无罪者作有罪判决，或者重罪轻判，轻罪重判以及将此罪判为彼罪等。

2006 年 7 月 26 日最高人民检察院《关于渎职侵权犯罪案件立案标准的规定》对徇私枉法罪的立案标准作了规定，涉嫌下列情形之一的，应予立案：（1）对明知是没有犯罪事实或者其他依法不应当追究刑事责任的人，采取伪造、隐匿、毁灭证据或者其他隐瞒事实、违反法律的手段，以追究刑事责任为目的立案、侦查、起诉、审判的；（2）对明知是有犯罪事实需要追究刑事责任的人，采取伪造、隐匿、毁灭证据或者其他隐瞒事实、违反法律的手段，故意包庇使其不受立案、侦查、起诉、审判的；（3）采取伪造、隐匿、毁灭证据或者其他隐瞒事实、违反法律的手段，故意使罪重的人受较轻的追诉，或者使罪轻的人受较重的追诉的；（4）在立案后，采取伪造、隐匿、毁灭证据或者其他隐瞒事实、违反法律的手段，应当采取强制措施而不采取强制措施，或者虽然采取强制措施，但中断侦查或者超过法定期限不采取任何措施，实际放任不管，以及违法撤销、变更强制措施，致使犯罪嫌疑人、被告人实际脱离司法机关侦控的；（5）在刑事审判活动中故意违背事实和法律，作出枉法判决、裁定，即有罪判无罪、无罪判有罪，或者重罪轻判、轻罪重判的；（6）其他徇私枉法应予追究刑事责任的情形。

3. 本罪为特殊主体犯罪，只能由司法工作人员构成。根据刑法第 94 条的规定，司法工作人员是指有侦查、检察、审判、监管职责的工作人员，另据司法解释，司法机关的专业技术人员，也可以成为本罪主体。

4. 本罪的主观方面为故意，并对徇私枉法、徇情枉法的对象是无罪的人和有罪的人具有明知。

（三）徇私枉法罪的认定

1. 本罪与诬告陷害罪的界限。两罪的区别在于：（1）犯罪主体不同。本罪的主体为司法工作人员，而后罪为一般主体犯罪。（2）本罪中所谓使无罪的人受刑事追诉，是行为人直接追诉无罪人的行为，而后罪必须要利用司法机关追诉无罪人。（3）本罪一般要利用承办刑事案件的便利条件而徇私枉法，而后罪是捏造犯罪事实向有关机关告发。（4）本罪主要侵犯司法机关的正常活动与公众对司法活动客观公正性的信赖，而后罪主要侵犯的是公民的人身权利。

2. 本罪与包庇罪的界限。两罪的主要区别在于：（1）本罪主体为司法工作人员，而后罪主体并无限制。（2）本罪是利用司法职务之便包庇有罪人使其不受追诉，而后罪是通过司法机关作假证明包庇犯罪人。（3）本罪所包庇的应是未决犯，而后罪可以包庇未决犯，也可以包庇已决犯。（4）本罪发生在侦查、起诉、审判过程中，而后罪并无时间的限制。

3. 本罪与民事、行政枉法裁判罪的界限。两罪均有故意违背事实和法律作枉法裁判的行为，但本罪发生于刑事审判领域，而后罪发生于民事、行政审判活动中。另外，本罪之构成不以情节严重为要件，情节严重是本罪加重处罚的事由，而后罪必须情节严重才构成犯罪。

（四）徇私枉法罪的刑事责任

根据刑法第 399 条第 1 款的规定，犯本罪的，处 5 年以下有期徒刑或者拘役；情节严重的，处 5 年以上 10 年以下有期徒刑；情节特别严重的，处 10 年以上有期徒州。司法工作人员犯本罪并收受贿赂，同时乂构成受贿罪的，依照处罚较重的犯罪定罪处罚。

二、民事、行政枉法裁判罪

（一）民事、行政枉法裁判罪的概念

民事、行政枉法裁判罪，是指审判机关工作人员在民事、行政审判活动中，故意违背事实和法律作枉法裁判，情节严重的行为。

（二）民事、行政枉法裁判罪的特征

1. 本罪的客体是人民法院的正常活动与民事、行政审判公正。

2. 本罪的客观方面，表现为行为人在民事、行政审判活动中，故意违背事实和法律作枉法裁判，情节严重的行为。具体包括三个方面：（1）本罪只能发生在民事、行政审判活动中，这是范围的限定。如果在刑事审判活动中故意违背事实和法律作枉法裁判，则构成徇私枉法罪。所谓“民事、行政审判”，是指适用民事诉讼程序或者行政诉讼程序的审判。（2）行为人必须具有故意违背事实和法律作枉法裁判的行为。（3）枉法裁判的行为必须达到“情节严重”的程度。

3. 本罪的主体为司法机关的民事、行政审判人员及其主管人员。

4. 本罪的主观方面是直接故意。即行为明知是违背事实和法律而做枉法裁判，对犯罪目的和犯罪动机没有作特殊要求。

（三）民事、行政枉法裁判罪认定

1. 本罪与徇私枉法罪的界限。二者的主要区别在于：（1）虽然二者犯罪的客体都可归结为司法机关的正常活动与司法公正，但细析之，二者侵犯的客体又各不相同。前者侵犯的是民事、行政审判的正常活动与民事、行政审判的公正，后者侵犯的是刑事诉讼的正常活动与刑事司法的公正。（2）客观表现也有不同。前者只能发生在人民法院的审判活动中，而后者则既有发生在人民法院的审判活动中，也可能发生在立案、侦查、审查起诉阶段。（3）行为所指对象不同。前者针对民事、行政诉讼的当事人，后者则针对一般公民与刑事案件的犯罪嫌疑人或被告人。

2. 一罪与数罪的问题。根据刑法第399条第4款的规定，司法工作人员有本罪行为，同时又构成受贿罪的，依照处罚较重的规定处罚。

（四）民事、行政枉法裁判罪的刑事责任

根据刑法第399条第2款的规定，犯民事、行政枉法裁判罪的，处5年以下有期徒刑或者拘役；情节特别严重的，处5年以上10年以下有期徒刑。

三、枉法仲裁罪

枉法仲裁罪，是指依法承担仲裁职责的人员，在仲裁活动中故意违背事实和法律作枉法裁决，情节严重的行为。

本罪的客体是司法仲裁制度和当事人的合法权益。本罪的客观方面是在仲裁活动中违背事实和法律作枉法裁决，情节严重的行为。本罪的主体是依法承担仲裁职责的人员。依法承担仲裁职责的人员，是指依据法律、行政法规和部门规章的规定承担仲裁职责的人员。有权力就案件的程序或实体问题做出决定的人员都能构成本罪主体。本罪的主观方面应为故意，过失不能构成枉法仲裁罪。

根据刑法第399条第1款的规定，犯本罪的，情节严重的，处3年以下有期徒刑或者拘役；情节特别严重的，处3年以上7年以下有期徒刑。

四、徇私舞弊减刑、假释、暂予监外执行罪

徇私舞弊减刑、假释、暂予监外执行罪，是指司法工作人员徇私舞弊，对不符合减刑、假释、暂予监外执行条件的罪犯，予以减刑、假释或者暂予监外执行的行为。

本罪的客体是国家的行刑法律制度。行刑法律制度，是指国家刑事法律所规定的对已决犯如何执行刑罚的制度。本罪的客观方面表现为行为人徇私舞弊而对不符合减刑、假释、暂予监外执行条件的罪犯，予以减刑、假释或者暂予监外执行。根据我国刑法规定，减刑、假释或者暂予监外执行都必须符合法定条件。根据有关司法解释，下列行为均以本罪论处：（1）刑罚执行机关的工作人员对不符合减刑、假释、暂予监外执行条件的罪犯，捏造事实，伪造材料，违法报请减刑、假释、暂予监外执行的；（2）人民法院和监狱管理机关以及公安机关的工作人员为徇私情、私利，对不符合减刑、假释、暂予监外执行条件的罪犯的减刑、假释、暂予监外执行申请，违法裁定、决定减刑、假释、暂予监外执行的；（3）不具有报请，裁定或决定减刑、假释、暂予监外执行权的司法工作人员利用职务上的便利，徇私情、私利，伪造有关材料，导致不符合减刑、假释、暂予监外执行条件的罪犯被减刑、假释、暂予监外执行

的；（4）其他违法减刑、假释、暂予监外执行的行为。本罪的主体是特殊主体，即行为人必须是司法工作人员。从司法实践来看，本罪的行为人多为法院与监所负责刑罚执行工作的人员。不负责刑罚执行工作的司法工作人员和其他人员利用人际关系与法院或监所负责刑罚执行工作的人员共谋对不符合减刑、假释、暂予监外执行条件的罪犯予以减刑、假释或者暂予监外执行的，可成为本罪的共犯，但不能单独成为本罪的主体。本罪的主观方面为故意，且为直接故意。徇私舞弊减刑、假释、暂予监外执行罪的刑事责任。

根据刑法第401条的规定，犯本罪的，处3年以下有期徒刑或者拘役；情节严重的，处3年以上7年以下有期徒刑。

五、徇私舞弊不移交刑事案件罪

（一）徇私舞弊不移交刑事案件罪的概念

徇私舞弊不移交刑事案件罪，是指行政执法人员徇私舞弊，对依法应当移交司法机关追究刑事责任的不移交，情节严重的行为。

（二）徇私舞弊不移交刑事案件罪的特征

1. 本罪的客体为行政机关和司法机关的正常活动。

2. 本罪的客观方面表现为上述主体徇私舞弊，对依法应当移交司法机关追究刑事责任的案件不移交，情节严重的行为。首先，构成本罪必须具有徇私舞弊行为，且该徇私舞弊行为与不移交应当追究刑事责任的案件之间具有联系；其次，对应当移交司法机关追究刑事责任的案件不移交。例如，应当追究刑事责任但以行政处罚了事等。最后，必须情节严重，如多次不移交应当追究刑事责任的案件；对重大犯罪案件不移交司法机关的；因不移交产生严重后果或恶劣影响的等。

3. 本罪的主体是行政执法人员，即指依法具有执行行政法规职权的行政机关的工作人员，受其委派或委托执行行政法规工作的人员，也应视为行政执法人员。

4. 本罪的主观方面为故意，即明知案件应移交司法机关追究刑事责任而故意不移交。

（三）徇私舞弊不移交刑事案件罪的认定

1. 本罪与徇私枉法罪的界限。（1）犯罪主体不同。本罪主体为行政执法人员，而后罪主体为司法工作人员。实践中，公安机关的工作人员如负有侦查职责，则是司法工作人员，如仅是负责行政法规实施的人员，则是行政执法人员。例如，公安人员在执行治安管理处罚法过程中，明知行为构成犯罪，应移交公安机关的侦查部门进行侦查，但徇私舞弊不移交，仅给予治安处罚的，就应按照本罪处理；反之，侦查人员见犯罪嫌疑人是自己亲友，而故意包庇不使其受追诉，擅自不作为刑事案件处理的，构成徇私枉法罪。（2）行为方式不同。本罪只限于将应当移交司法机关追究刑事责任的案件不移交；而后罪的行为方式并无此限制。（3）本罪成立以情节严重为要件，但徇私枉法罪并无此限制。

2. 本罪与包庇罪的界限。两罪的主要区别在于：（1）犯罪主体不同。本罪主体为行政执法人员，而后罪为一般主体。（2）犯罪客体不同。本罪为渎职罪，所侵害的是司法机关和行政机关的正常活动，而后罪所侵害的是刑事诉讼活动的正常进行。（3）客观方面不同。本罪表现为徇私舞弊，对应当移交司法机关追究刑事责任的不移交，情节严重的行为，而后罪表现为明知是犯罪的人而为其提供隐藏的住所、财物，帮助其逃匿或者作假证明包庇的行为。

（四）徇私舞弊不移交刑事案件罪的刑事责任

根据刑法第402条的规定，犯本罪的，处3年以下有期徒刑或者拘役；造成严重后果的，处3年以上7年以下有期徒刑。

六、徇私舞弊不征、少征税款罪

徇私舞弊不征、少征税款罪是指税务机关的工作人员徇私舞弊，不征或者少征税款，致使国家税收遭受重大损失的行为。

本罪在客观方面表现为徇私舞弊，不征或者少征税款的行为，以及国家税收遭受重大损失的结果。多次不征或少征税收，应累计其数额。重大损失，一般可掌握在不征或少征5万元以上。本罪的主体是税务机关工作人员。本罪的主观方面是故意。

根据刑法第404条的规定，犯本罪的，处5年以下有期徒刑或者拘役；造成特别重大损失的，处5年以上有期徒刑。

七、徇私舞弊发售发票、抵扣税款、出口退税罪

徇私舞弊发售发票、抵扣税款、出口退税罪是指税务机关工作人员违反法律、行政法规的规定，在办理发售发票、抵扣税款、出口退税工作中，徇私舞弊，致使国家利益遭受重大损失的行为。

本罪在客观方面表现为在办理发售发票、抵扣税款、出口退税工作中，违反法律、行政法规的规定，实施弄虚作假，徇私舞弊的行为，以及该行为导致的国家利益遭受重大损失的结果。重大损失，通常是指国家税收损失在5万元以上的。本罪的主体是税务机关工作人员。本罪的主观方面只能是故意。

根据刑法第405条第1款的规定，犯本罪的，处5年以下有期徒刑或者拘

役；致使国家利益遭受特别重大损失的，处5年以上有期徒刑。

八、违法提供出口退税凭证罪

违法提供出口退税凭证罪是指税务机关工作人员以外的其他国家机关工作人员违反国家规定，在提供出口货物报关单、出口收汇核销单等出口退税凭证的工作中，徇私舞弊，致使国家利益遭受重大损失的行为。

本罪在客观方面表现为在提供出口货物报关单、出口收汇核销单等出口退税凭证的工作中，违反规定，徇私舞弊的行为，以及该行为导致的国家利益遭受重大损失的结果。重大损失，通常掌握在5万元以上。本罪的主体是税务机关工作人员以外的其他国家机关的工作人员，如海关工作人员等。本罪的主观方面是故意。

根据刑法第405条的规定，犯本罪的，处5年以下有期徒刑或者拘役；致使国家利益遭受特别重大损失的，处5年以上有期徒刑。

九、非法批准征用、占用土地罪

非法批准征用、占用土地罪，是指国家机关工作人员徇私舞弊，违反土地管理法规，滥用职权，非法批准征用、占用土地，情节严重的行为。

本罪的客体为国家的土地管理制度。本罪的客观方面表现为，行为人徇私舞弊，违反土地管理法规，滥用职权，非法批准征用、占用土地，且情节严重。本罪的主体为特殊主体，即只有土地审批权限的国家机关工作人员才能成为本罪的主体。本罪的主观方面为故意。本罪实际上也是一种滥用职权的犯罪，但由于刑法第397条第1款规定了“本法另有规定的，依照规定”，故对国家机关工作人员徇私舞弊，违反土地管理法规，滥用职权，非法批准征用、占用土地的行为，不定滥用职权罪，而应按本罪论处。

根据刑法第410条的规定，对犯非法批准征用、占用土地罪的行为人分两种情况来处罚，犯本罪的，对行为人处3年以下有期徒刑或者拘役；致使国家或者集体利益遭受特别重大损失的，处3年以上7年以下有期徒刑。

十、非法低价出让国有土地使用权罪

非法低价出让国有土地使用权罪，是指国家机关工作人员徇私舞弊，违反土地管理法规，滥用职权，非法低价出让国有土地使用权，情节严重的行为。

本罪在客体、主体、主观方面与非法批准征用、占用土地罪相同，只是客观方面表现有所不同。本罪的客观方面表现为，行为人违反土地管理法规，滥用职权，非法低价出让国有土地使用权，且情节严重。

根据刑法第410条的规定，国家机关工作人员徇私舞弊，违反土地管理法规，滥用职权，非法低价出让国有土地使用权，情节严重的，处3年以下有期徒刑或者拘役；致使国家或者集体利益遭受特别重大损失的，处3年以上7年以下有期徒刑。

十一、放纵走私罪

放纵走私罪，是指海关工作人员徇私舞弊，放纵走私，情节严重的行为。

本罪侵害的客体是海关的正常监管活动。本罪在客观上表现为徇私舞弊，放纵走私，情节严重的行为。本罪的主体是海关工作人员。本罪在主观上只能由故意构成。

根据刑法第411条的规定，犯本罪的，处5年以下有期徒刑或者拘役；情节特别严重的，处5年以上有期徒刑。

十二、动植物检疫徇私舞弊罪

动植物检疫徇私舞弊罪，是指动植物检验机关的检疫人员徇私舞弊，伪造检疫结果的行为。

本罪的客体为国家对动植物检疫的正常管理活动。本罪的客观方面为上述主体徇私舞弊，伪造检疫结果的行为。如明知进出境的动植物及其产品、制品检疫不合格，仍然出具检疫合格的单证或者在海关报关单上加盖印章；或者明知检疫对象合格，仍出具、签发检疫不合格的证明等。本罪的主体为动植物检疫机关的检疫人员。本罪的主观方面为直接故意，即明知检疫结果不实仍予以伪造。

根据刑法第413条第1款的规定，犯本罪的，处5年以下有期徒刑或者拘役；造成严重后果的，处5年以上10年以下有期徒刑。

十三、商检徇私舞弊罪

商检徇私舞弊罪，是指国家商检部门、商检机构的工作人员徇私舞弊，伪造检验结果的行为。

本罪侵害的客体是国家对商品检验的正常管理活动。本罪在客观上表现为徇私舞弊、伪造检验结果的行为。本罪的主体是国家商检部门、商检机构的工作人员。本罪在主观上只能由故意构成。

根据刑法第412条第1款规定，犯本罪的，处5年以下有期徒刑或者拘役；造成严重后果的，处5年以上10年以下有期徒刑。

十四、放纵制售伪劣商品犯罪行为罪

放纵制售伪劣商品犯罪行为罪，是指对生产、销售伪劣商品犯罪行为负有追究责任的国家机关工作人员，徇私舞弊，不履行法律规定的追究职责，情节严重的行为。

本罪在客观方面表现为徇私舞弊，不履行法律规定的追究生产、销售伪劣商品犯罪行为的职责，情节严重的行为。行为方式是不作为。情节严重，主要是指对重大的生产、销售伪劣商品的犯罪行为不予追究；不追究生产、销售伪劣商品的犯罪行为而导致严重后果；多次不履行追究生产、销售伪劣商品的犯罪行为的职责等。本罪的主体是特殊主体，即对生产、销售伪劣商品犯罪行为负有追究责任的国家机关工作人员。本罪的主观方面是故意。

根据刑法第 414 条的规定，犯本罪的，处 5 年以下有期徒刑或者拘役。

十五、招收公务员、学生徇私舞弊罪

招收公务员、学生徇私舞弊罪，是指国家机关工作人员在招收公务员、学生工作中徇私舞弊，情节严重的行为。

本罪的客体为国家招收公务员、学生的正常管理活动。本罪的客观方面表现为在招收公务员、学生工作中徇私舞弊，情节严重的行为，例如，伪造资格证明、篡改履历档案、伪造成绩和有关条件、伪造体检结果、非法调配征招录取指标、名额等情节严重，是指多次征招不合格人员、将严重不合格人员征招的、徇私舞弊手段恶劣、造成严重社会影响的、具有受贿等违法犯罪行为等。本罪的主体为国家机关工作人员。通常涉及的是招收公务员、学生的机关、单位，教育管理部门的工作人员，以及人事管理、档案管理、考试管理，及其他具有招收、录取的职责的国家机关工作人员。本罪的主观方面为故意。

根据刑法第 418 条的规定，犯本罪的，处 3 年以下有期徒刑或者拘役。

第二十七章　危害国家安全罪

第一节　危害国家安全罪概述

一、危害国家安全罪的概念

危害国家安全罪，是指故意危害中华人民共和国国家安全的行为。

二、危害国家安全罪的特征

1. 本罪的客体是中华人民共和国的国家安全。所谓“国家安全”，是指国家作为一个整体的稳定性、连续性，不受外界侵犯。它是国家赖以生存、运行和发展之政治基础和物质基础。包括国家主权、国家的领土完整、国家政权、国家基本制度，以及国家其他基本利益安全。

2. 本罪的客观方面表现为危害中华人民共和国国家安全的行为。所谓危害中华人民共和国国家安全的行为，是指危害我国主权、领土完整与安全以及人民民主专政的政权和社会主义制度的行为。具体表现为刑法第 102 条至第 112 条所规定的背叛国家，分裂国家，煽动分裂国家，武装叛乱、暴乱，颠覆国家政权，煽动颠覆国家政权，资助危害国家安全的犯罪活动，投敌叛变，叛逃，间谍，为境外窃取、刺探、收买、非法提供国家秘密或者情报，资敌等行为。

3. 本罪的主体，多数是一般主体，即达到刑事责任年龄、具有刑事责任能力的自然人包括中国人、外国人或是无国籍人；少数是特殊主体，如背叛国家罪的主体仅限于中国公民，而叛逃罪的主体则只能国家机关工作人员。

4. 本罪的主观方面是故意，且绝大多数是直接故意，即明知自己的行为会发生危害中华人民共和国国家安全的后果，并且希望这种结果发生。少数犯罪既可以是直接故意，也可以是间接故意。例如，为境外窃取、刺探、收买、非法提供国家秘密，情报，行为人可能出自获利的动机，对危害国家安全的结果持放任的态度。

三、危害国家安全罪的种类

根据刑法分则第一章的规定，危害国家安全罪12个条文规定了12种具体犯罪：背叛国家罪，分裂国家罪，煽动分裂国家罪，武装叛乱、暴乱罪，颠覆国家政权罪，煽动颠覆国家政权罪，资助危害国家安全犯罪活动罪，投敌叛变罪，叛逃罪，间谍罪，为境外窃取、刺探、收买、非法提供国家秘密、情报罪，资敌罪。

第二节　危害国家政权、国家统一犯罪

一、背叛国家罪

背叛国家罪是指勾结外国或者境外机构、组织、个人，危害国家主权、领土完整和安全的行为。

本罪的客体是中华人民共和国的主权、领土完整和国家安全。本罪的犯罪对象是国家的主权、领土完整和国家安全。“国家主权”，是指国家独立自主地处理自己内外事务、管理自己国家的权力，是国家最重要的属性，是国家固有的在国内的最高权力和国际上的独立权力，这种权力不受外来干涉，不从属于外来意志。“国家领土”，是指国家主权支配和管辖之下的地球特定部分，是国家行使主权的主要范围和空间。国家领土由领陆、领水、领陆和领水的底土及领空组成。“领土完整”，是指国家领土不能被分裂和被侵占。“国家安全”，是指国家作为一个整体的稳定性、连续性，不受外界侵犯。国家的主权、领土完整和安全是国家存在和国家稳定发展的基本条件，是国家独立的标志，是我国进行社会主义现代化建设、建设小康社会的根本保证。本罪的客观方面表现为勾结外国或者与境外机构、组织、个人相勾结，危害国家主权、领土完整和安全的行为。所谓“勾结”，是指与外国政府、外国政党、外国政治集团或者境外机构、组织、个人进行联络、谋划。危害国家主权、领土完整和安全，是指出卖国家主权、签订卖国条约；策划对我国发动侵略战争；制造国际争端向我国提出领土要求；干涉我国内政、组织傀儡政权等。上述两个方面必须同时具备，才可能构成背叛国家罪。本罪的主体是中国公民。由于实施本罪需要有一定的身份，所以实践中行为人一般是混入我国党、政、军机关内部，并窃据党和国家较高职位，握有实权的阴谋家，野心家，或者社会上具一定社会地位和影响的中国公民。外国人不能单独成为本罪的主体（实行犯），但可以成为本罪的共犯。本罪的主观方面是故意，并且具有危害中华人民共和

国国家主权、领土完整和安全的目的。

根据刑法第102条、第113条第1款的规定，犯本罪的，处无期徒刑或者10年以上有期徒刑；对国家和人民危害特别严重、情节特别恶劣的，可以判处死刑。依照刑法第56条、第113条第2款的规定，犯本罪的，应当附加剥夺政治权利，可以并处没收财产。

二、分裂国家罪

（一）分裂国家罪的概念

分裂国家罪，是指组织、策划、实施分裂国家、破坏国家统一的行为。

（二）分裂国家罪的特征

1. 本罪的客体是中华人民共和国的国家安全，即国家的统一。

2. 本罪的客观方面，表现为组织、策划、实施分裂国家、破坏国家统一的行为。

所谓“组织”，是指纠集他人、网罗成员，组建分裂国家组织的行为。所谓“策划”，是指商讨制定分裂国家计划的行为。所谓“实施”，是指将分裂国家的计划付诸实行的行为。所谓“分裂国家、破坏国家统一”，是指割据一方，另立伪政府，对抗中央人民政府领导或者破坏民族团结，制造民族分裂，妄图脱离我国多民族统一的国家。行为人只要实施上述组织、策划、实施三种行为之一，即可构成本罪的既遂，客观上是否发生了国家分裂的危害结果，不影响本罪既遂的构成。

在认定犯罪时，如果行为人实施了分裂国家统一的“组织、策划、实施”行为中的一种，就构成分裂国家罪；如果行为人实施了分裂国家统一的“组织、策划、实施”行为中的两种或者三种行为的，应当按分裂国家罪一罪定罪处罚，不实行数罪并罚。

3. 本罪的主体是一般主体，凡已满16周岁具有刑事责任能力的人均能成为本罪的主体，包括我国公民、具有外国国籍的人和无国籍人。一般来讲，可能实施本罪的多是在某个地区具有一定影响的地方分裂主义分子和民族分裂分子。

4. 本罪的主观方面，是直接故意。并且具有分裂国家、破坏国家统一的目的。

（三）分裂国家罪的认定

1. 罪与非罪的界限

司法实践中，有些人由于狭隘的民族主义和地方情绪作祟，或者由于对党和国家的某些民族政策产生误解，而一气之下发表了一些诸如要地方单干的话，但实际上并没有分裂国家的意图；或者思想上虽有分裂倾向但没有任何具体的组织、策划、实施行为，对于这些情况都不应以分裂国家罪定罪处罚，而应对行为人予以批评教育，对具有领导职位的人可以给予党纪、政纪处分。

2. 本罪与背叛国家罪的界限

二者的区别表现在：（1）主体不同。本罪的主体为一般主体，凡达到了刑事责任年龄具有刑事责任能力的人，不管是中国公民还是外国人或无国籍人，都可以实施本罪；背叛国家罪的主体为特殊主体，即只有达到了刑事责任年龄具有刑事责任能力的中国公民才能实施该罪。（2）客观方面的行为不同。本罪的客观方面表现为分裂国家、破坏国家统一的行为，这种行为不具有出卖国家主权和领土完整的性质；背叛国家罪的客观方面表现为勾结外国，危害国家主权、领土完整和安全，这种行为具有出卖国家主权、领土完整和安全的性质。（3）主观故意的内容不同。本罪的故意内容是分裂国家、破坏国家的统一；背叛国家的故意内容是出卖国家主权、领土完整和安全。

（四）分裂国家罪的刑事责任

根据刑法第103条第1款、第106条、第113条第1款的规定，犯本罪的，对首要分子或者罪行重大者，处无期徒刑或者10年以上有期徒刑；对国家和人民危害特别严重、情节特别恶劣的，可以判处死刑。对积极参加者，处3年以上10年以下有期徒刑；对其他参加者，处3年以下有期徒刑、拘役、管制或剥夺政治权利。与境外机构、组织、个人相勾结实施本罪的，从重处罚。

根据刑法第56条、第113条第2款的规定，犯本罪的，应当附加剥夺政治权利，可以并处没收财产。

三、煽动分裂国家罪

（一）煽动分裂国家罪的概念

煽动分裂国家罪，是指煽动分裂国家、破坏国家统一的行为。

（二）煽动分裂国家罪的特征

1. 本罪的客体是中华人民共和国的国家安全，即国家的统一。

2. 本罪的客观方面，表现为煽动他人进行分裂国家、破坏国家统一的行为。所谓“煽动”，是指以各种方式引起他人实施分裂国家、破坏国家统一行为的意图。这实际上是分裂国家罪的教唆行为，但由于刑法将这种行为规定为独立的犯罪，因而不再以分裂国家罪的教唆犯处理。煽动的方式可以是书面的，也可以口头的；煽动可以是公然进行，也可以是暗中进行。煽动的对象限制为不特定的人或者多数人。如果煽动的特定的对象分裂国家的，构成分裂国家罪的教唆犯。本罪是行为犯，即只要行为人以分裂国家为目的进行煽动活动，不论被煽动者是否被其煽动，也不论是否产生了分裂国家的后果，都构成本罪。

1998 年 2 月 7 日最高人民法院《关于审理非法出版物刑事案件具体应用法律若干问题的解释》第 1 条规定，明知出版物中载有煽动分裂国家、破坏国家统一或者煽动颠覆国家政权、推翻社会主义制度的内容，而予以出版、印刷、复制、发行、传播的，依照刑法第 103 条第 2 款或者 105 条第 2 款的规定，以煽动分裂国家罪或者煽动颠覆国家政权罪定罪处罚。

2001 年施行的最高人民法院、最高人民检察院《关于办理组织和利用邪教组织犯罪案件具体应用法律若干问题的解释（二）》第 2 条规定，制作、传播邪教宣传品，煽动分裂国家、破坏国家统一，或者煽动颠覆国家政权、推翻社会主义制度的，依照刑法第 103 条第 2 款或者 105 条第 2 款的规定，以煽动分裂国家罪或者煽动颠覆国家政权罪定罪处罚。第 4 条规定，制作、传播邪教宣传品具有煽动分裂国家、破坏国家统一，煽动颠覆国家政权、推翻社会主义制度，侮辱、诽谤他人，严重危害社会秩序和国家利益，或者破坏国家法律、行政法规实施等内容，其行为同时触犯刑法第 103 条第 2 款、第 105 条第 2 款、第 246 条、第 300 条第 1 款等规定的，依照处罚较重的规定定罪处罚。第 12 条规定，人民法院审理邪教案件，对于有悔罪表现，不致再危害社会被告人，可以依法从轻；依法可以判处管制、拘役或者符合适用缓行条件的，可以判处管制、拘役或者适用缓行；对于犯罪情节轻微不需要判处刑罚的，可以免予刑事处罚。第 13 条规定，本规定下列用语的含义是：(1)“宣传品”，是指传单、标语、喷图、图片、书籍、报刊、录音带、录像带、光盘及其母盘或者其他宣传作用的物品。(2)“制作”，是指编写、印制、复制、绘画、出版、录制、摄制、洗印等行为。(3)“传播”，是指散发、张贴、邮寄、上载、播放以及发送电子信息等行为。

3. 本罪的主体是一般主体，凡是已满 16 周岁，具有刑事责任能力的人均能成为本罪的主体。

4. 犯罪的主观方面是故意，可以是直接故意，也可以是间接故意。故意的具体表现为行为人明知自己的行为会使他人实施分裂国家、破坏国家统一的行为，并进而发生国家分裂、国家统一被破坏的结果，并且希望或者放任上述结果的发生。在直接故意的情况下，只要行为人实施了煽动行为就构成犯罪，被煽动人是否接受煽动而实施分裂国家、破坏国家统一的行为，不影响犯罪的构成。在间接故意的情况下，必须是被煽动人接受煽动，实施了分裂国家、破坏国家统一的行为，才能构成犯罪。

（三）煽动分裂国家罪的认定

1. 煽动分裂国家罪与分裂国家罪的界限。二者的犯罪客体都是中华人民共和国的国家安全，主观方面都是以分裂国家为目的，犯罪主体都是一般主体。二者的区别主要是客观方面不同。煽动分裂国家罪的客观方面表现为煽动，即以鼓动、劝诱或者其他方式促生产他人实施分裂国家的行为，其煽动的对象为不特定的多数人；而分裂国家罪在客观方面则表现为纠集特定的人员，以组织、策划、实施方式进行分裂国家的行为。

2. 煽动分裂国家罪与煽动颠覆国家政权罪的界限。二者在客观方面都实施了煽动行为。二者的区别是：（1）犯罪客体不同。煽动分裂国家罪的犯罪客体是国家的统一；煽动颠覆国家政权罪的犯罪客体是人民民主专政政权和社会主义制度。（2）客观方面不同。煽动分裂国家罪是煽动分裂国家；而煽动颠覆国家政权罪是煽动颠覆国家现政权，不分裂国家。（3）主观方面不同。煽动分裂国家罪行为人的主观目的是分裂国家，破坏国家的统一；而煽动颠覆国家政权罪行为人的目的是推翻国家政权，另立新政府。

（四）煽动分裂国家罪的刑事责任

根据刑法第103条第2款、第106条的规定，犯本罪的，处5年以下有期徒刑、拘役、管制或者剥夺政治权利；首要分子或者罪行重大的，处5年以上有期徒刑；与境外机构、组织、个人相勾结犯本罪的，从重处罚。根据刑法第56条、第113条第2款的规定，犯本罪的，应当附加剥夺政治权利，可以并处没收财产。

四、武装叛乱、暴乱罪

（一）武装叛乱、暴乱罪的概念

武装叛乱、暴乱罪，是指组织、策划、实施武装叛乱或者武装暴乱的行为。

（二）武装叛乱、暴乱罪的特征

1. 本罪的客体是我国人民民主专政的政权和社会主义制度。

2. 本罪的客观方面，表现为组织、策划、实施武装叛乱或者武装暴乱的行为。“武装”，是指用武器来装备。“武装叛乱”，是指使用武器装备进行反叛国家和政府的活动。“武装暴乱”，是指使用武器装备制造暴力事件从而引起动乱。武装叛乱与武装暴乱的区别表现在：叛乱以反叛国家和政府为内容，以投靠境外敌对势力为目的，而暴乱则不具有投靠境外敌对势力的目的。组织武装叛乱或者武装暴乱，是指召集、网罗人员以进行武装叛乱或者武装暴乱的行为。策划武装叛乱或者武装暴乱，是指制定武装叛乱或者武装暴乱的计划、方案的行为。实施武装叛乱或者武装暴乱，是指实行武装叛乱、暴乱的行为。

此外，刑法第104条规定，策动、胁迫、勾引、收买国家机关工作人员、人民警察、民兵进行武装叛乱或者武装暴乱的，也构成本罪。这就是说本罪除了一般情况下表现为组织、策划、实施三种行为方式外，在针对特定对象时还可以是使用策动、胁迫、勾引、收买等方式。“策动”，是指策使、鼓动他人进行武装叛乱或武装暴乱。“胁迫”，是指以暴力或者其他内容相威胁，逼迫他人进行武装叛乱或者武装暴乱。“勾引”，是指用名誉、地位、美色等引诱他人进行武装叛乱或者武装暴乱。“收买”，是指用金钱、物资等物质利益作为代价换取他人进行武装叛乱或者武装暴乱。

3. 本罪的主体是一般主体，即达到行事责任年龄、具有刑事责任能力的自然人。

4. 本罪的主观方面是故意，即明知自己的行为是武装叛乱、武装暴乱的行为而故意实施。如果行为人不知自己参加的是武装叛乱、武装暴乱，则不能构成本罪，构成其他犯罪的，按其他犯罪处理。

（三）武装叛乱、暴乱罪的认定

1. 罪与非罪的界限。在司法实践中，有的群众因为对党和国家的某些政策不理解，或者因为某些要求没有得到政府的满足或者答复，或者因为有关部门对某件事处理的方式不妥当，而聚众起哄、闹事，有的甚至使用暴力冲击国家机关、毁坏公共财物。对于这种行为不应该按武装叛乱、暴乱罪定罪处罚。因为行为人主观上没有实施叛乱、暴乱行为的犯罪故意，也没有危害国家安全的目的。对行为人应予以说服教育，并且采取适当的措施解决群众的问题，满足群众的要求，以消解矛盾。

2. 犯罪既遂与未遂的界限。根据刑法的规定，本罪是行为犯，只要行为人实施了组织、策划、实施武装叛乱、暴乱的行为，就构成犯罪既遂，是否造成危害后果不影响本罪既遂的构成。

3. 一罪与数罪的界限。在武装叛乱、暴乱的过程中，往往伴有杀人、伤害、放火、抢劫等行为，尽管这些行为又触犯了其他罪名，但由于武装叛乱、暴乱本身包括这些内容，如果没有这样一些内容就不成其为武装叛乱、暴乱，因此，对于在武装叛乱、暴乱过程中实施了杀人、伤害、放火、抢劫等行为的，不能按本罪和有关犯罪实行数罪并罚，只能按本罪一罪处理。

（四）武装叛乱、暴乱罪的刑事责任

根据刑法第104条的规定，犯武装叛乱、暴乱罪的，对首要分子或者罪行重大的，处无期徒刑或者10年以上有期徒刑；对积极参加者，处3年以上10年以下有期徒刑；对其他参加者，处3年以下有期徒刑、拘役、管制或者剥夺政治权利。根据刑法第106条的规定，与境外机构、组织、个人相勾结，实施武装叛乱、暴乱罪的，从重处罚。根据刑法第113条的规定，犯武装叛乱、暴乱罪，对国家和人民危害特别严重、情节特别恶劣的，可以判处死刑，可以并处没收财产。根据刑法第56条的规定，犯本罪，除单处剥夺政治权利的外，应当附加剥夺政治权利。

五、颠覆国家政权罪

（一）颠覆国家政权罪的概念

颠覆国家政权罪，是指组织、策划、实施颠覆国家政权，推翻社会主义制度的行为。

（二）颠覆国家政权罪的特征

1. 本罪的客体是我国人民民主专政的政权和社会主义制度。

2. 本罪的客观方面，表现为组织、策划、实施颠覆国家政权、推翻社会主义制度的行为。“组织”，是指网罗成员、纠集他人以颠覆国家政权、推翻社会主义制度。“策划”，是指策谋、计划如何颠覆国家政权、推翻社会主义制度。“实施”，是指实行颠覆国家政权、推翻社会主义制度的行为。国家政权，既可以指我国各级权力机关、司法机关、军事机关等在内的整个政权，也可以是指中央人民政府和地方人民政府。颠覆国家政权，既可以是颠覆我国人民民主专政政权的整体，也可以是颠覆中央或地方的某一个政权机关。社会主义制度，包括政治、经济、军事、文化、教育等各方面的制度。推翻社会主义制度，既可以是推翻我国社会主义制度的整体，也可以是推翻我国社会主义制度的某一方面。颠覆、推翻的手段，可以是暴力，也可以是非暴力。

只要行为人实施了组织、策划、实施颠覆国家政权、推翻社会主义制度的行为，就可构成本罪的既遂。

3. 本罪的主体是一般主体，凡是已满16周岁具有刑事责任能力的人均可以成为本罪的主体。

4. 本罪的主观方面是故意，且只能是直接故意，犯罪目的是颠覆国家政权和推翻社会主义制度。

（三）颠覆国家政权罪的认定

颠覆国家政权罪与分裂国家罪界限。二者的区别主要是：（1）犯罪客体不同。颠覆国家政权罪的犯罪客体主要是国家政权和社会主义制度；而分裂国家罪的犯罪客体主要是国家的统一。（2）客观方面有所不同。颠覆国家政权罪在客观方面表现为颠覆中华人民共和国的国家政权、推翻社会主义制度；而分裂国家罪在客观方面表现为分裂国家，成立伪政府，实施地方割据，或者破坏国家各民族的团结与统一，制造民族分裂，在一定地区建立反中央的统治。

（四）颠覆国家政权罪的刑事责任

根据刑法第105条第1款的规定，犯颠覆国家政权罪的，对首要分子或者罪行重大的，处无期徒刑或者10年以上有期徒刑；对积极参加的，处3年以上10年以下有期徒刑；对其他参加者，处3年以下有期徒刑、拘役、管制或者剥夺政治权利。根据刑法第106条的规定，与境外机构、组织、个人相勾结，实施颠覆国家政权罪的，从重处罚。根据刑法第113条第2款的规定，犯颠覆国家政权罪的，可以并处没收财产。根据刑法第56条的规定，犯本罪，除单处剥夺政治权利的外，应当附加剥夺政治权利。

六、煽动颠覆国家政权罪

煽动颠覆国家政权罪，是指以造谣、诽谤或者其他方式煽动颠覆国家政权、推翻社会主义制度的行为。

本罪的客体，是我国国家政权和社会主义制度。本罪的客观方面，表现为以造谣、诽谤或者其他方式煽动颠覆国家政权、推翻社会主义制度的行为。所谓造谣，是指无中生有，制造、散布敌视我国国家政权和社会主义制度的言论，从而混淆公众视听的行为。所谓诽谤，是指捏造并散布虚假事实，诋毁我国国家政权和社会主义制度的行为。其他方式，是指造谣、诽谤以外的能够引起人们仇视我国国家政权和社会主义制度的方式，如夸大、渲染我国社会中存在的问题，许诺将来的政权和制度比现在的好，以引起人们对现实政权和社会主义制度的不满等，即可认为是其他方式。本罪的主体是一般主体，凡已满16周岁具有刑事责任能力的人，均能成为本罪的主体。本罪的主观方面是故意，既可以是直接故意，也可以是间接故意，即行为人明知自己的行为会使他人产生颠覆国家政权、推翻社会主义制度的犯罪意图，并且希望或者放任这种结果的发生。在直接故意的情况下，只要行为人实施了煽动颠覆国家政权、推翻社会主义制度的行为，不管他人是否被煽动起来实施了颠覆国家政权的行为，都构成犯罪的既遂。在间接故意的情况下，必须是他人被煽动起来实施了颠覆国家政权、推翻社会主义制度的行为，行为人才构成犯罪。

根据刑法第105条第2款的规定，犯煽动颠覆国家政权罪的，处5年以下有期徒刑、拘役、管制或者剥夺政治权利；首要分子或者罪行重大的，处5年以上有期徒刑。根据刑法第106条的规定，与境外机构、组织、个人相勾结，实施煽动颠覆国家政权罪的，从重处罚。根据刑法第113条第2款的规定，犯煽动颠覆国家政权罪的，可以并处没收财产。根据刑法第56条的规定，犯本罪，除单处剥夺政治权利的外，应当附加剥夺政治权利。

七、资助危害国家安全犯罪活动罪

资助危害国家安全犯罪活动罪，是指境外机构、组织或者个人资助实施刑法第 102 条、第 103 条、第 104 条、第 105 条规定之罪的行为。

本罪的客体是中华人民共和国的国家安全。本罪的客观方面，表现为资助境内组织或者个人实施背叛国家罪、分裂国家罪、煽动分裂国家罪、武装叛乱、暴乱罪、颠覆国家政权罪、煽动颠覆国家政权罪的行为。所谓资助，是指通过提供场所、经费、物资等进行支持和帮助。资助，可以是事先提供，也可以是事中提供，还可以是事后提供。本罪的客观方面仅限于资助，如果行为人超出资助的范围，直接参与组织、策划、实施分裂国家、煽动分裂国家、武装叛乱、暴乱、颠覆国家政权、煽动颠覆国家政权行为的，应按上述有关犯罪定罪处罚，而不能按本罪处理。本罪的主体是特殊主体，即只能是境外机构、组织或者个人，当资助行为是境外机构、组织实施时，实际上负刑事责任的是机构、组织的直接责任人员，而机构、组织本身并不受刑罚处罚。境内组织或者个人资助实施上述行为的，构成相关犯罪的共同犯罪，而不构成本罪。本罪的主观方面是故意，即明知他人实施的是上述犯罪而故意予以资助。

根据刑法第 107 条的规定，犯本罪的，对直接责任人员，处 5 年以下有期徒刑、拘役、管制或者剥夺政治权利；情节严重的，处 5 年以上有期徒刑。根据刑法第 113 条第 2 款的规定，犯本罪的，可以并处没收财产。根据刑法第 56 条的规定，犯本罪，除单处剥夺政治权利的外，应当附加剥夺政治权利。

第三节　叛变、叛逃犯罪

一、投敌叛变罪

投敌叛变罪，是指中国公民投奔敌人营垒，或者被捕、被俘后投降敌人，危害国家安全的行为。

本罪的客体是人民民主专政的政权和社会主义制度。本罪的客观方面，表现为投敌叛变的行为。行为的具体表现形式主要有两种：一是投奔敌人营垒，即主动投靠与我国处于敌对关系的势力和组织；二是在被敌人抓捕、俘虏后投降变节，进行危害国家安全的活动。对投敌叛变后，参加了间谍组织，又被派遣回我国境内进行危害国家安全活动的，应以投敌叛变罪和其他罪实行数罪并罚。本罪的主体只能是中国公民，外国人和无国籍人可以成为本罪的共犯。投敌叛变可以是行为人只身投敌叛变，也可以是行为人率众投敌叛变。本罪的主观方面是故意，且具有危害国家安全的目的。

根据刑法第108条的规定，犯本罪的，处3年以上10年以下有期徒刑；情节严重或者带领武装部队人员、人民警察、民兵投敌叛变的，处10年以上有期徒刑或者无期徒刑。根据刑法第103条的规定，犯本罪的，可以并处没收财产。根据第113条的规定，犯投敌叛变罪，对国家和人民危害特别严重、情节特别恶劣的，可以判处死刑。可以并处没收财产。根据刑法第56条的规定，犯本罪的，应当附加剥夺政治权利。

二、叛逃罪

（一）叛逃罪的概念

叛逃罪，是指国家机关工作人员在履行公务期间，擅离岗位，叛逃境外或者在境外叛逃，危害中华人民共和国国家安全的行为。

（二）叛逃罪的特征

1. 本罪的客体是中华人民共和国国家安全。

2. 本罪的客观方面，表现为行为人在履行公务期间，擅离岗位，叛逃境外或者在境外叛逃，危害中华人民共和国国家安全的行为。具体包括三个方面的内容：其一，行为发生在履行公务期间。所谓履行公务期间，是指在职国家机关工作人员执行职务或者执行某项工作任务期间。其二，行为的具体表现形式有两种：一是擅离岗位，叛逃境外；二是擅离岗位，在境外叛逃。擅离岗位，叛逃境外，是指行为人在境内履行公务期间，擅自离开工作岗位，叛变逃往境外；擅离岗位，在境外叛逃，是指行为人在境外履行公职或者执行某项具体任务时，擅自离开工作岗位叛变逃走。例如，在中国驻外机构工作人员，擅离岗位，投奔外国势力；中国访问外国代表团成员，擅离代表团，投奔外国等。上述两方面的内容必须同时具备，才能构成叛逃罪。

3. 本罪的主体是特殊主体，即主要是国家机关工作人员。国家机关工作人员，是指国家各级权力机关、各级行政机关、各级审判机关、各级检察机关、各级军事机关中从事公务的人员。中国共产党和中国人民政治协商会议的各级机关中从事公务的人员，也属于国家机关工作人员的范围。此外，掌握国家秘密的其他国家工作人员也能成为本罪的主体。

4. 本罪的主观方面是故意，且只能是直接故意。叛逃的动机可能多种多样，有的是向往国外的物质生活；有的是出于对祖国的仇视，等等。犯罪动机如何，不影响本罪的构成。

（三）叛逃罪的认定

1. 罪与非罪的界限。国家工作人员在履行公务期间，擅离岗位，逃往境外，或者在境外擅离岗位的行为，并非一律构成叛逃罪，此种行为是否构成犯罪，关键看行为人是否实施了危害中华人民共和国国家安全的行为。如果行为人在履行公务期间，擅离岗位，逃往境外，投靠自己的亲友，或者在境外擅离岗位不归，但并没有实施任何危害中华人民共和国国家安全的活动，对此就不能按叛逃罪处理，而只能给予行为人一定的党纪政纪处分，但是，如果行为人在履行公务期间，擅离岗位，逃往境外，或者在境外擅离岗位不归，同时又实施了泄露国家秘密，提供国家情报危害中华人民共和国国家安全的行为的，则应按本罪定罪处罚。

2. 本罪与背叛国家罪的界限。本罪与背叛国家罪都具有出卖、叛离祖国的性质，两者的主体都只能是中华人民共和国的公民，因此，两者有相同之处。两者的不同之处在于：(1) 主体的范围不同。虽然两者的主体都只能是中国公民，但本罪的主体仅限于中国国家机关工作人员和掌握国家秘密的国家工作人员，而背叛国家罪的主体可以是任何中国公民。(2) 客观方面表现不同。本罪的客观方面表现为叛逃境外或者在境外叛逃，危害我国国家安全的行为，而背叛国家罪的客观方面表现为勾结外国或者境外机构、组织、个人，危害国家主权、领土完整和安全的行为。

3. 本罪与投敌叛变罪的区别。本罪与投敌叛变罪都具有反叛祖国的性质，二者的主体都只能是中国公民。二者的不同表现在：(1) 主体的具体范围不同。本罪的主体是特定的中国公民，即只能是中国国家机关工作人员和掌握国家秘密的国家工作人员，而投敌叛变罪的主体则可以是任何已满 16 周岁具有刑事责任能力的中国公民。(2) 客观方面的行为不同。本罪的客观方面表现为履行公务期间，叛逃境外或者在境外叛逃两种形式，投敌叛变的客观方面表现为投奔敌人营垒或者在被敌人抓捕、俘虏后投降变节两种形式。如果国家机关工作人员不是在履行公务期间叛逃境外，危害国家安全的，应按投敌叛变罪定罪判刑，而不能按本罪处理。

4. 一罪与数罪的界限。由于本罪的构成不仅要求行为人在履行公务期间擅离岗位，叛逃境外或者在境外叛逃，而且要求行为人的行为危害中华人民共和国国家安全，因此，如果行为人叛逃境外或者在境外叛逃后，随即向境外的敌对组织、敌对势力泄露国家秘密、提供国家情报的，则不能按本罪和为境外的机构、组织人员非法提供国家秘密或者情报罪实行数罪并罚，因为后一行为属于叛逃行为的有机组成部分。但是，如果行为人在叛逃行为实施完毕后，受境外的敌对组织、机构的指使、派遣而又实施了危害我国国家安全的犯罪的，则应按照本罪与其他危害国家安全的犯罪实行数罪并罚。

（四）叛逃罪的刑事责任

根据刑法第109条的规定，犯叛逃罪的，处5年以下有期徒刑、拘役、管制或者剥夺政治权利；情节严重的，处5年以上10年以下有期徒刑；掌握国家秘密的国家工作人员犯叛逃罪的，从重处罚。根据刑法第56条、第113条第2款的规定，犯本罪，除单处剥夺政治权利的外，应当附加剥夺政治权利，可以并处没收财产。

第四节　间谍、资敌犯罪

一、间谍罪

（一）间谍罪的概念

间谍罪，是指参加间谍组织，接受外国间谍组织及其代理人的任务，或者为敌人指示轰击目标，危害国家安全的行为。

（二）间谍罪的特征

1. 本罪的客体是中华人民共和国国家安全。

2. 本罪的客观方面，表现为参加间谍组织、接受外国间谍组织及其代理人的任务，或者为敌人指示轰击目标的行为。具体包括三种行为方式：（1）参加间谍组织。所谓参加间谍组织，是指行为人主动要求加入间谍组织并被间谍组织所接纳，或者间谍组织主动邀请行为人加入其组织，行为人同意加入的行为。参加间谍组织，可以是行为人履行了正式的加入手续，也可以是通过间谍组织的代理人单线发展而没有履行正式的加入手续。（2）接受外国间谍组织或者其代理人的任务。这是指行为人虽然没有加入间谍组织，但是接受了外国间谍组织或者其代理人所交给的任务的行为。这里所说的外国间谍组织是否包括我国台湾地区的间谍组织值得研究。对于外国间谍组织的代理人，我们认为应作广义的理解：既包括间谍组织授权布置任务的人，也包括没有得到授权而临时向行为人布置任务的间谍组织成员。如果将间谍组织的代理人仅仅解释为得到间谍组织授权的人，那就会使接受外国间谍组织成员临时交给的任务这种行为得不到处理，从而放纵犯罪。这里所说的任务，是指刺探、收集我国秘密、情报，破坏我国设施，煽动我国公民抗拒国家法律的实施，离间我国公民与政府的关系等危害我国国家安全的活动。（3）为敌人指示轰击目标。这是指为敌人指明或者标示轰炸打击对象的行为。其方式可以是发射信号，也可以是设置标志物。上述三种行为只要行为人实施了其中一种，就可构成间谍罪。

3. 本罪的主体是一般主体，凡是已满16周岁，具有刑事责任能力的人都能成为本罪的主体。

4. 本罪的主观方面是故意，故意的具体内容因行为的具体表现形式不同而不同：参加间谍组织的，必须明知是间谍组织而参加；接受外国间谍组织或其代理人任务的，必须明知是外国间谍组织或者外国间谍组织的代理人派遣的任务而接受；指示轰击目标的，必须明知对方是敌人而向其指示轰击对象。但无论行为人实施何种具体行为，其犯罪的故意都表现为明知自己的行为会发生危害国家安全的结果，并且希望这种结果的发生。

（三）间谍罪的认定

1. 罪与非罪的界限。在区分本罪与非罪界限时，关键是看行为人有否犯罪的故意。如果行为人不知是间谍组织而认为是一般组织从而予以加入，事后发现是间谍组织又主动退出的；或者不知是外国间谍组织或者其代理人派遣的任务而接受，当发现自己所接受的是间谍组织或者其代理人所派遣的任务时拒绝执行的，那就不能构成本罪。

2. 正确认定犯罪的形态。本罪是行为犯，只要行为人实施了法定的三种行为之一，就构成犯罪既遂。至于行为人参与间谍组织后是否实施了进一步的间谍活动；接受外国间谍组织或者其代理人派遣的任务后是否完成了任务；为敌人指示轰击目标的行为是否导致目标被炸毁，都不影响犯罪既遂的成立。

3. 一罪与数罪的界限。参加间谍组织后又实施刺探、窃取、收买、非法提供国家秘密或情报，或者进行其他破坏活动的，或者在接受外国间谍组织或其代理人派遣的任务后进一步实施完成任务的行为又触犯其他罪名的，或者为敌人指示轰击目标已经造成重大人身伤亡或财产损失的，都只能按一罪处理，而不能实行数罪并罚。对于前两种情形，应按牵连犯处理，因为参加间谍组织的目的就是为了实施其他犯罪活动，参加间谍组织的行为与接受间谍组织或其代理人派遣的任务后必然要实施完成任务的行为，两者之间也有一种牵连关系。对于上述两种情形的牵连犯，我们认为无论目的行为构成何种犯罪，都可以按间谍罪一罪从重处罚。因为间谍罪的法定最高刑是死刑，按此罪从重处罚既符合犯罪行为的整体情况，也可以做到罪刑相适应。上述第三种情形本身就是一个行为，重大人身伤亡或者财产损失是为敌人指示轰击目标的结果，因此，只能按间谍罪定罪，将严重的危害结果作为从重处罚的情节。

（四）间谍罪的刑事责任

根据刑法第110条、第113条第1款的规定，犯本罪的，处10年以上有期徒刑或者无期徒刑；情节较轻的，处3年以上10年以下有期徒刑；对国家和人民危害特别严重、情节特别恶劣的，可以判处死刑。根据刑法第56条、

第113条第2款的规定，犯本罪的，应当附加剥夺政治权利，可以并处没收财产。

为了有效地同间谍犯罪作斗争，国家安全法对间谍罪的处罚规定了二项重要的刑事政策。

1. 国家安全法第24条规定，犯间谍罪自首或有立功表现的。可以从轻、减轻或者免除处罚，有重大立功表现的，给予奖励。根据这一规定，犯间谍罪自首的，无论其犯罪情节轻重，都可以从轻、减轻或者免除处罚，有重大立功表现者，还给予奖励。对于没有自首的间谍犯罪分子，若有立功表现的，也可以从轻、减轻或者免除处罚，有重大立功表现的，还给予奖励。因为，间谍犯罪是以隐蔽的方式进行危害我国国家安全的犯罪，间谍分子往往经过专门训练，行动诡秘，技术性和隐蔽性强，侦破难度相当大，需要经过一定时间甚至较长时期的艰苦细致、周密的工作。因此，鼓励间谍犯罪分子认罪悔过，坦白自首，可以及时发现犯罪，有利于减轻或者消除间谍行为的危害，化消极因素为积极因素。我们严厉打击间谍犯罪的目的是为了消除间谍行为对我国国家安全的危害，而对间谍自首者从轻、减轻或免除处罚，归根结底是为了防范制止间谍危害，有利于分化瓦解犯罪分子，从而达到维护国家安全的目的。

2. 国家安全法第25条规定，在境外受威胁或者诱骗参加敌对组织，从事危害中华人民共和国国家安全的活动，及时向中华人民共和国驻外机构如实说明情况的，或者入境后直接或者通过所在组织及时向国家安全机关或者公安机关如实说明情况的，不予追究。这里所指的敌对组织，无疑包括间谍组织。根据该条的规定，行为人参加间谍组织从事危害中华人民共和国国家安全的活动属于不予追究的情况必须符合以下几个条件：（1）行为人的行为必须发生在境外。若行为人的行为发生在境内，则不适用该条的规定。（2）行为人的行为必须非出于自愿，即由于受胁迫或受诱骗。所谓受胁迫，是指行为因受威胁强迫而参加间谍组织，从事危害中华人民共和国国家安全的活动，其特征是，行为人本不愿参加间谍组织，只是因为迫于他人的暴力强制或者精神威胁下被迫作出犯罪的选择，参加了间谍组织。所谓受诱骗是指行为人因受引诱欺骗而参加间谍组织，从事危害中华人民共和国国家安全的活动。其特征是：行为人本无参加间谍组织，从事危害中华人民共和国安全的意图，只是因为头脑简单，对实际情况不够了解，轻信了谎言，上当受骗而参加了间谍组织。在认定“受诱骗”时，要将其同由于资产阶级思想的腐蚀，受他人的金钱、物质或色情的诱惑，而自觉参加间谍组织的人区别开来。后者虽受他人的金钱、物质或色情的引诱，但都是出于一定的动机和目的而自愿参加的，因而不属受诱骗。（3）行为人在境外或入境后必须及时向有关单位如实说明情况。这里的关键是及时和如实说明情况。所谓及时是指其参加间谍组织，从事危害国家安全的活动，尚未被司法机关发觉，或者虽已被发觉，但尚未受到讯问或采取强制措施以前。所谓如实说明情况，是指行为人到有关机关后，如实说明参加间谍组织，从事危害中华人民共和国安全活动的全部行为，至少是如实说明主要行为。与他人共同实施的，还要如实说明所知的同案人的情况，而且这种说明必须是出于真诚悔悟。

上述三个条件必须同时具备，缺一不可。若符合上述三个条件的，无论是违法还是犯罪，是罪轻还是罪重，一律不再追究行为人的法律责任。

二、为境外窃取、刺探、收买、非法提供国家秘密、情报罪

（一）为境外窃取、刺探、收买、非法提供国家秘密、情报罪的概念

为境外窃取、刺探、收买、非法提供国家秘密、情报罪，是指为境外的机构、组织、人员窃取、刺探、收买、非法提供国家秘密或者情报的行为。

（二）为境外窃取、刺探、收买、非法提供国家秘密、情报罪的特征

1. 本罪的客体是中华人民共和国国家安全。

2. 本罪的客观方面，表现为为境外的机构、组织或者人员窃取、刺探、收买、非法提供国家秘密或者情报的行为。具体包括以下几个方面：其一，为境外的机构、组织或者人员窃取、刺探、收买、非法提供国家秘密或者情报。法律没有对境外的机构、组织、人员的性质进行限制，因此，只要是为境外的机构、组织、人员窃取、刺探、收买、非法提供国家秘密或者情报，不管该机构、组织、人员是否与我国为敌，不影响犯罪的成立。境外的机构、组织、人员，既包括设置在境外的机构、组织和居住在境外的人员，也包括境外机构、组织设置在境内的分支机构和居住在境内的人员。其二，行为的方式有窃取、刺探、收买、非法提供四种。所谓窃取，是指通过盗取文件、秘密复制文件或者利用计算机、窃听、窃照等器械秘密取得国家秘密或者情报的行为。所谓刺探，是指探听国家秘密或者情报的行为。所谓收买，是指利用金钱、物质或者其他利益换取国家秘密或者情报的行为。所谓非法提供，是指违反国家法律规定，将国家秘密直接或者间接提供给境外机构、组织、人员的行为。其三，行为的对象是国家的秘密或者情报。根据最高人民法院《关于审理为境外窃取、刺探、收买、非法提供国家秘密、情报案件具体应用法律若干问题的解释》(2001 年 1 月 17 日)，“国家秘密”是指保守国家秘密法第 2 条、第 8 条以及《保守国家秘密法实施办法》第 4 条确定的事项，“情报”是指关系国家安全和利益、尚未公开或者依照有关规定不应公开的事项。国家秘密，关系国家安全和利益，依法确定的在一定时间内只限于一定范围内的人员知悉的事项，具

体包括：（1）国家事务重大决策中的秘密事项；（2）国防建设和武装力量活动的秘密事项；（3）外交和外事活动中的秘密事项；（4）国民经济和社会发展中的秘密事项；（5）科学技术中的秘密事项；（6）维护国家安全活动和追查刑事犯罪中的秘密事项。国家秘密分为绝密、秘密与机密三个秘级。三个秘级的国家秘密均能成为本罪的对象。

3. 本罪的主体是一般主体，凡是已满16周岁具有刑事责任能力的人均能成为本罪的主体。

4. 本罪的主观方面是故意，即明知是国家的秘密或者情报，而故意为境外的机构、组织、人员窃取、刺探、收买或者非法提供。

（三）为境外窃取、刺探、收买、非法提供国家秘密、情报罪的刑事责任

根据刑法第111条、第113条第2款和相关司法解释的规定，为境外窃取、刺探、收买、非法提供国家秘密或者情报，具有下列情形之一的，属于"情节特别严重"，处10年以上有期徒刑、无期徒刑，可以并处没收财产：（1）为境外窃取、刺探、收买、非法提供绝密级国家秘密的；（2）为境外窃取、刺探、收买、非法提供三项以上机密级国家秘密的；（3）为境外窃取、刺探、收买、非法提供国家秘密或者情报，对国家安全和利益造成其他特别严重损害的。实施前三项行为，对国家和人民危害特别严重、情节特别恶劣的，可以判处死刑，并处没收财产。具有下列情形之一的，处5年以上10年以下有期徒刑，可以并处没收财产：（1）为境外窃取、刺探、收买、非法提供机密级国家秘密的；（2）为境外窃取、刺探、收买、非法提供三项以上秘密级国家秘密的；（3）为境外窃取、刺探、收买、非法提供国家秘密或者情报，对国家安全和利益造成其他严重损害的。为境外窃取、刺探、收买、非法提供秘密级国家秘密或者情报，属于"情节较轻"，处5年以下有期徒刑、拘役、管制或者剥夺政治权利，可以并处没收财产。根据刑法第56条、第113条第2款的规定，犯本罪的，除单处剥夺政治权利的外，应当附加剥夺政治权利；可以并处没收财产。

三、资敌罪

资敌罪，是指战时供给敌人武器装备、军用物资资敌的行为。

本罪的客体是中华人民共和国国家安全。本罪的客观方面表现为战时供给敌人武器装备、军用物资资敌的行为。具体包括三个方面的内容：（1）资助行为发生在战时，非战时的资敌行为不能构成本罪，构成其他罪的，按其他罪处理。根据刑法第451条的规定，所谓战时，是指国家宣布进入战争状态、部队受领作战任务或者遭敌突然袭击时。部队执行戒严任务或者处置突发性事件

时，以战时论。(2) 资助的对象为敌人。所谓敌人，是指敌对的营垒或者敌对的武装力量。(3) 资助的方式仅限于供给敌人武器装备、军用物资。武器装备，是指枪支、弹药、坦克、大炮等武器以及运兵装甲车、指挥通讯设备等直接为战斗服务的设备。军用物资，是指武器装备以外的供部队使用的物品，如军服、军被、军用帐篷、军用药品等。本罪的主体是一般主体，凡已满 16 周岁具有刑事责任能力的人均能成为本罪的主体。本罪的主观方面是故意，即明知处于战时和明知对方是敌人而故意供给对方武器装备、军用物资予以资助。

根据刑法第 112 条、第 113 条第 1 款的规定，犯本罪的，处 10 年以上有期徒刑或者无期徒刑；情节较轻的，处 3 年以上 10 年以下有期徒刑；对国家和人民危害特别严重、情节特别恶劣的，可以判处死刑。根据刑法第 56 条、第 113 条第 2 款的规定，犯本罪的，应当附加剥夺政治权利，可以并处没收财产。

第二十八章　危害国防利益罪

第一节　危害国防利益罪概述

一、危害国防利益罪的概念

危害国防利益罪，是指违反国防法律、法规，拒绝或者逃避履行国防义务，危害作战和军事行动，危害国防物质基础和国防建设活动，妨害国防管理秩序，损害部队声誉，依法应受刑罚处罚的行为。

二、危害国防利益罪的特征

危害国防利益罪是对危害国家的国防利益这类犯罪的总称，是 1997 年刑法修订新增的类罪名。之所以要增加这一章罪名，目的是保障第八届全国人民代表大会第五次会议通过的《中华人民共和国国防法》的贯彻实施。

（一）危害国防利益罪的客体

危害国防利益罪侵害的客体是国防利益。国防是国家生存和发展的安全保障。“国防利益”是指国家为捍卫国家主权、领土完整和安全，防备和抵御侵略与颠覆，维护部队声誉而进行的军事及与军事有关的建设和斗争等活动的利益。国防利益是关系到国家生存、发展和安全保障的重要利益。具体包括国防物质基础、作战与军事行动、国防自身安全、武装力量建设、国防管理秩序等方面利益。

（二）危害国防利益罪的客观方面

本罪在客观方面表现为违反国家法律法规，危害军事行动、国防基础设施和国防建设，妨害武装部队管理秩序或其他国防利益，依法应当受到刑法处罚的行为。本罪在客观方面必须具备三个条件：

1. 行为人必须违反国防法律、法规。“国防法律、法规”，是指《中华人民共和国国防法》、《中华人民共和国兵役法》、《中华人民共和国军事设施保护法》、《中华人民共和国预备役军官法》、《中华人民共和国人民防空法》、《征兵工作条例》、《民兵工作条例》、《军工产品质量管理条例》等法律、法规。

2. 行为人实施了危害国防利益的行为。“危害国防利益的行为”，包括危害作战或军事行动，破坏国防军事设施和国防建设，妨害部队的正常管理秩序，损害部队声誉等行为，还包括其他危害国防利益的行为。（1）“危害作战或军事行动”，是指以暴力、威胁方法阻碍军人依法执行职务，战时故意向武装部队提供虚假情报，战时造谣惑众扰乱军心，战时拒绝或故意延误军事订货，战时拒绝军事征用等严重的行为。（2）“破坏国防军事设施和国防建设”，是指破坏武器装备、军事设施、军事通信等行为。（3）“妨害部队的正常管理秩序，损害部队声誉”，是指冒充军人招摇撞骗、接受不合格兵员，聚众冲击军事禁区，山东军人逃离部队等行为。（4）“其他危害国防利益的行为”，是指以上危害国防利益的行为之外的其他方式的危害国防利益的行为。

3. 构成本罪必须是应当受到刑法处罚的。如果行为人虽然实施了危害国防利益的行为，但情节显著轻微，不能认定为危害国防利益罪。

（三）危害国防利益罪的主体

本罪的主体多为一般主体，即达到刑事责任年龄、具有刑事责任能力的自然人。但在少数犯罪中犯罪主体是特殊主体，如接送不合格兵员罪、故意提供不合格武器装备、军事设施罪。除了自然人可以成为危害国防利益罪的主体外，单位也可以成为某些犯罪的主体，如故意提供不合格武器装备、军事设施罪，非法生产、买卖军用标志罪，战时拒绝、故意延误军事订货罪等。在危害国防利益罪中，构成本罪的自然人，一般是非军人，在个别罪中，军人也可以成为犯罪主体，如阻碍军事行动罪，破坏武器装备、军事设施、军事通信罪。

（四）危害国防利益罪的主观方面

本罪在主观方面除了提供不合格武器装备，军事设施罪在主观方面是过失外，其他的都是故意，即行为人明知自己的行为危害国防利益，而故意实施这种行为。

三、危害国防利益罪的种类

危害国防利益罪共包括以下 23 个具体罪名：阻碍军人执行职务罪，阻碍军事行动罪，破坏武器装备、军事设施、军事通信罪，过失损坏武器装备、军事设施、军事通信罪，故意提供不合格武器装备、军事设施罪，过失提供不合格武器装备、军事设施罪，聚众冲击军事禁区罪，聚众扰乱军事管理区秩序罪，冒充军人招摇撞骗罪，煽动军人逃离部队罪，雇用逃离部队军人罪，接送不合格兵员罪，伪造、变造、买卖武装部队公文、证件、印章罪，盗窃、抢夺武装部队公文、证件、印章罪，非法生产、买卖武装部队制式服装罪，伪造、盗窃、买卖、非法提供、非法使用武装部队专用标志罪，战时拒绝、逃避征召、军事训练罪，战时拒绝、逃避服役罪，战时故意提供虚假敌情罪，战时造谣扰乱军心罪，战时窝藏逃离部队军人罪，战时拒绝、故意延误军事订货罪，战时拒绝军事征用罪。

第二节 妨害军事行动犯罪

一、阻碍军事行动罪

（一）阻碍军事行动罪的概念

阻碍军事行动罪，是指故意阻碍武装部队的军事行动，造成严重后果的行为。

（二）阻碍军事行动罪的特征

1. 本罪的客体是武装部队的军事行动。根据我国兵役法第 4 条的规定，我国武装部队包括中国人民解放军现役部队、预备役部队、武装警察部队和民兵组织。所谓军事行动，是指为达到一定政治目的而有组织地使用武装力量的活动。军事行动，在平时关系到国防现代化的建设成败，在战时关系到国家防务能否得到保证，阻碍军事行动后果严重，必将关系到国家防务能否得到保证，阻碍军事行动后果严重，必将严重影响到国防建设和国家的防务。

2. 本罪在客观方面表现为行为人实施了阻碍军事行动，造成严重后果的行为。所谓军事行动，既指战时的军事行动，也指平时的军事行动，如国家在和平时期的特定情况下，命令军队平定叛乱、暴乱或者戒严等。所谓严重后果，一般是指造成重大政治影响或者重大经济损失，或者造成武装部队人员伤亡、装备较大损失，战时造成战役和战斗失利，军事任务完成受影响等情况。必须指出的是，如果行为人虽然实施了阻碍武装部队军事行动的行为，但没有造成严重后果，只能按阻碍军人执行职务罪定罪处罚。

3. 本罪主体为一般主体。凡年满 16 周岁、具备刑事责任能力的自然人，均可成为本罪的主体。

4. 本罪主观方面是故意，即明知是武装部队的军事行动而予以阻碍。过失不构成本罪。

（三）阻碍军事行动罪的认定

1. 阻碍军事行动罪与非罪的界限。本罪是故意犯罪，故过失阻碍军事行动的，不构成犯罪。此外，本罪是结果犯，即必须是阻碍军事行动造成严重后果的才构成本罪。因此，虽然故意阻碍了军事行动，但未造成严重后果的，不能成立本罪。

2. 阻碍军事行动罪与有关犯罪的界限。(1) 阻碍军事行动罪与刑法第104条武装叛乱、暴乱罪的界限。以武装叛乱或者武装暴乱的方式阻碍军事行动的，属想象竞合犯，应按从一重罪处断的原则，以武装叛乱、暴乱罪定罪处罚。(2) 阻碍军事行动罪与危害公共安全罪、妨害社会管理秩序罪章中某些犯罪的界限。以放火、爆炸、决水、投毒等危险方法或者以破坏交通、通信工具和设施，破坏电力、易燃、易爆设备，扰乱公共场所秩序，冲击军事机关或以侵入军用计算机信息系统的手段阻碍军事行动的，属于想象竞合犯，应从一重罪处断。(3) 阻碍军事行动罪与阻碍执行军事职务罪的界限。两罪在犯罪主观方面相似，区别主要在于：一是侵犯的直接客体不同。本罪侵犯的直接客体是军队战斗小组以上组织的军事行动，阻碍执行军事职务罪侵犯的直接客体是军人依法执行职务的活动。二是客观方面的表现形式不同。本罪阻碍的是军队3人以上战斗组织的军事行动，阻碍执行军事职务罪阻碍的是军人依法执行职务的行为。

(四) 阻碍军事行动罪的刑事责任

根据刑法第368条第2款的规定，犯本罪的，处5年以下有期徒刑或者拘役。

二、战时拒绝、逃避征召、军事训练罪

战时拒绝、逃避征召、军事训练罪，是指预备役人员在战时拒绝、逃避征召或者军事训练，情节严重的行为。

本罪具有如下构成特征：本罪的客体是国家兵役管理活动。本罪的客观方面表现为预备役人员在战时拒绝、逃避征召、军事训练，情节严重的行为。所谓拒绝，是指行为人拒不接受国家征召或军事训练。所谓逃避，是指行为人躲避征召或军事训练。所谓情节严重，是指拒绝、逃避行为影响作战或重要军事任务的完成，煽动多人共同拒绝、逃避，以暴力抗拒征召或军事训练，等等。应注意的是本罪构成中的时间因素，即本罪只能发生在“战时”。所谓战时，是指国家宣布进入战争状态、部队受领作战任务或者遭敌突然袭击时。部队执行戒严任务或者处置突发性暴力事件时，以战时论。本罪的主体为特殊主体，即只能是预备役人员，预备役人员是指编入民兵组织或者经过登记服预备役的人员，包括预备役军官和预备役士兵。本罪的主观方面为故意，且具有逃避履行军事义务的目的。犯罪动机多为贪生怕死、怕苦怕累。动机如何，不影响定罪。

根据刑法第376条第1款的规定，犯本罪的，处3年以下有期徒刑或者拘役。

三、战时拒绝、逃避服役罪

战时拒绝、逃避服役罪，是指公民战时拒绝、逃避服役，情节严重的行为。

本罪具有如下构成特征：本罪的客体是国家的兵役制度和战时的军事利益。本罪的客观方面表现为战时拒绝、逃避服务，情节严重的行为。“拒绝服役”是指拒不接受服兵役，包括拒不服役或抗拒服役。“逃避服役”是指以某种行为或虚假理由躲避服兵役，包括以自伤身体、装病、装残等方式逃避服兵役，雇人或请他人冒名顶替自己服役，等等。“情节严重”是指拒绝、逃避服役影响作战或其他重要任务完成的，煽动他人拒绝、逃避服役的，以暴力手段拒绝服役的，等等。应注意的是本罪构成中的时间因素，即本罪只能发生在“战时”。非战时实施上述行为，不成立本罪。本罪的主体为依法应服兵役的公民。本罪的主观方面为故意。

根据刑法第 376 条第 2 款的规定，犯本罪的，处 2 年以下有期徒刑或者拘役。

四、战时故意提供虚假敌情罪

战时故意提供虚假敌情罪，是指战时故意向武装部队提供虚假敌情，造成严重后果的行为。

本罪具有如下构成特征：本罪的客体是我军的作战利益。本罪的客观方面表现为行为人实施了在战时故意向武装部队提供虚假敌情，造成严重后果的行为。所谓虚假敌情，即与事实不符的有关人的信息，可以是凭空捏造的，也可以是经过夸大或缩小的，具体包括虚假的敌方军情与军事有关的政治、经济、科技、气象、地理等方面的情况。所谓严重后果，是指因提供虚假敌情而扰乱了部队的作战部署，干扰了部队的军事行动，破坏了指挥人员的作战计划和安排等。应当注意的是本罪成立的时间前提为战时，非战时不构成本罪。本罪的主体为现役军人外的普通公民。如果现役军人战时提供虚假敌情的，应按谎报军情罪处理。本罪的主观方面为故意，即明知是虚假敌情而向武装部队提供。过失不构成本罪。

根据刑法第 377 条的规定，犯本罪的，处 3 年以上 10 年以下有期徒刑，造成特别严重后果的，处 10 年以上有期徒刑或者无期徒刑。

五、战时造谣扰乱军心罪

战时造谣扰乱军心罪，是指战时造谣惑众、扰乱军心的行为。

本罪具有如下构成特征：本罪的客体是部队的作战利益。本罪的客观方面表现为行为人实施了战时造谣惑众、扰乱军心的行为。所谓造谣惑众，是指制造谣言并加以散布，蛊惑官兵，煽动厌战、怯战、恐怖情绪，或夸大、吹捧敌方势力，极力贬低我军武器的杀伤力和我军的战斗力，等等。所谓扰乱军心，是指行为人的造谣惑众致使我军军心动摇或混乱。值得注意的是，“扰乱军心”是本罪成立的重要客观条件。这里的扰乱军心，既指事实上已扰乱了军心，又指可能扰乱军心，即具有扰乱军心的现实危险性。造谣惑众与扰乱军心必须同时具备。对于在平时因对上级的命令、指示随意发表一些错误言论，不能当成“造谣惑众”的行为加以追究。对行为人仅一般地传播不真实的战况消息，或将他人的流言蜚语加以传播、渲染，尚未造成动摇军心后果的，不应视为犯罪。此外，还应注意本罪成立的时间前提，即战时。本罪的主体为军人以外的年满16周岁、具有刑事责任能力的一般公民。如果军人战时造谣扰乱军心的，应以战时造谣惑众罪论处。本罪的主观方面为故意。战时过失扰乱军心的，不构成本罪。

根据刑法第378条的规定，犯本罪的，处3年以下有期徒刑、拘役或者管制；情节严重的，处3年以上10年以下有期徒刑。

六、战时拒绝、故意延误军事订货罪

战时拒绝、故意延误军事订货罪，是指战时拒绝或故意延误军事订货，情节严重的行为。

本罪的客体是部队的作战利益。本罪的客观方面表现为行为人实施了在战时拒绝或者故意延误军事订货，情节严重的行为。“战时”是本罪成立的时间前提。军事订货是指军事单位依据国家法律、法规、行政命令规定，采用协议或合同方式向军工部门或者其他经济部门订购的、直接用于实施和保障作战行动的武器装备、军事设施，以及供应部队作战、训练、施工、科研、后勤保障等方面的军需物资。所谓拒绝军事订货，是指行为人有能力接受生产军事订货任务，以各种理由和借口，拒不接受生产军事订货任务。所谓故意延误军事订货，是指行为人故意违反合同规定，延期交付或违约交货，影响部队战时使用。“情节严重”一般是指：（1）有能力履行但拒绝履行军需品生产任务；（2）手段恶劣，性质严重的；（3）因拒绝签订军事订货合同而严重影响部队完成作战任务的；（4）因拒绝接受军事订货任务，导致部队人员伤亡、武器装备损失惨重的，因延误交货日期而导致战斗、战役失利的；等等。本罪的主体为特殊主体，仅限于单位。具体承担刑事责任的是负有订货义务的生产、销售单位及其直接负责的主管人员和其他直接责任人员。本罪的主观方面为故意，过失不构成本罪。

根据刑法第380条的规定，犯本罪的，对单位判处罚金，并对其直接负责的主管人员和其他直接责任人员，处5年以下有期徒刑或者拘役；造成严重后果的，处5年以上有期徒刑。所谓“造成严重后果”，是指战时因拒绝军事订货或延误交货，严重贻误战机，直接造成战斗、战役严重失利，我方人员、装备、物资严重受损等。

七、战时拒绝军事征用罪

战时拒绝军事征用罪，是指战时拒绝军事征用，情节严重的行为。

本罪具有如下构成特征：本罪的客体是军事征用的管理制度。军事征用是指国家和武装部队在特殊情况下，对机关、团体、企业、事业单位及公民个人的物资、设施和设备等强行调用或征购，以用于军事行动之目的。本罪的客观方面表现为行为人实施了在战时拒绝军事征用的行为。“战时”是本罪成立的前提条件。非战时拒绝军事征用，尽管情节严重，亦不构成本罪。拒绝军事征用，是指在战时，行为人有条件、有能力提供调用或征购的物资、车辆和设备、设施等而拒不提供。“情节严重”是指煽动他人拒绝军事征用的，以暴力、威胁方法，拒绝提供战时急需的物资、设备、设施、运输工具等，因拒绝军事征用严重影响作战等军事任务完成的；造成其他严重后果的，等等。本罪的主体为一般主体。即凡年满16周岁，具备刑事责任能力的自然人，均可成为本罪主体。本罪的主观方面为故意。即明知是战时出于军队或作战需要的目的，征用公民房屋、运输工具、通信设施等，而予以拒绝。动机如何不影响定罪。

根据刑法第381条的规定，犯本罪的，处3年以下有期徒刑或者拘役。

第三节　侵害军事设施、场所、装备犯罪

一、破坏武器装备、军事设施、军事通信罪

（一）破坏武器装备、军事设施、军事通信罪的概念

破坏武器装备、军事设施、军事通信罪，是指故意破坏武器装备、军事设施、军事通信，危害国防利益的行为。

（二）破坏武器装备、军事设施、军事通信罪的特征

1. 本罪侵犯的直接客体，是军队战斗力的物质保障。犯罪对象是武器装备、军事设施、军事通信。

2. 本罪在客观方面表现为实施了破坏武器装备、军事设施、军事通信的行为。武器装备，是指直接用于武装部队实施和保障作战行动的武器、武器系统和军事设施。军事设施是指国家直接用于军事目的的建筑、场地和设备，如军需仓库、射击场、教练飞机、军事禁区的围墙等。军事通信是指军队运用各种通信手段，为实施指挥和武器控制而进行的信息传送。破坏武器装备、军事设施、军事通信是指故意使前述武器装备、军事设施毁损，以及使军事信息传送不能正常进行。破坏的手段可分为公开的或秘密的、作为的或不作为的，具体包括两种方式：（1）危险手段，如放火、爆炸、决水、投毒等；（2）技术手段，如摧毁、砸压、撞击、挖掘等。

3. 本罪的主体是一般主体。凡年满16周岁、具备刑事责任能力的自然人，均能成为本罪主体。

4. 本罪主观方面是故意，即明知是武器装备、军事设施、军事通信而破坏。过失不构成本罪。

（三）破坏武器装备、军事设施、军事通信罪的认定

1. 破坏武器装备、军事设施、军事通信罪与破坏交通设施罪、破坏易燃易爆设备罪、破坏广播电视设施、公用电信设施罪的界限。本罪同后三罪在主观、客观方面以及犯罪主体上相同。区别主要在于：其一，同类客体不同。本罪侵犯的客体是国防利益，后三罪侵犯的同类客体是公共安全；其二，犯罪对象不同。本罪的犯罪对象仅限于武器装备、军事设施和军事通信。后三罪则应是非武器装备、军事设施和军事通信。

2. 破坏武器装备、军事设施、军事通信罪与盗窃罪的界限。在司法实践中，应注意区别以盗窃固定在军事设施上的设备、器材为表现形式的破坏军事设施罪与以盗窃军事设施内的军用物资为表现形式的盗窃罪的界限。两罪在犯罪主体、主观方面和犯罪手段上相同。主要区别在于：所盗设备、器材是否固定在军事设施上，作为军事设施的一个不可缺少的组成部分。盗窃固定在军事设施上作为军事设施组成部分的设备、器材的，应以破坏武器装备、军事设施、军事通信罪论处，盗窃军事设施内存放的器材、物资的，应定为盗窃罪。

（四）破坏武器设备、军事设施、军事通信罪的刑事责任

根据刑法第369条和《刑法修正案（五）》第3条的规定，犯本罪的，处3年以下有期徒刑、拘役或者管制；破坏重要武器装备、军事设施、军事通信的，处3年以上10年以下有期徒刑；情节特别严重的，处10年以上有期徒刑、无期徒刑或者死刑，战时从重处罚。

二、过失损坏武器设备、军事设施、军事通信罪

过失损坏武器设备、军事设施、军事通信罪，是指过失损坏武器装备、军事设施、军事通信，危害国防利益的行为。

本罪侵犯的直接客体，是军队战斗力的物质保障。犯罪对象是武器装备、军事设施、军事通信。本罪在客观方面表现为实施了破坏武器装备、军事设施、军事通信的行为。武器装备，是指直接用于武装部队实施和保障作战行动的武器、武器系统和军事设施。军事设施是指国家直接用于军事目的的建筑、场地和设备，如军需仓库、射击场、教练飞机、军事禁区的围墙等。军事通信是指军队运用各种通信手段，为实施指挥和武器控制而进行的信息传送。破坏武器装备、军事设施、军事通信是指故意使前述武器装备、军事设施毁损，以及使军事信息传送不能正常进行。破坏的手段可分为公开的或秘密的、作为的或不作为的。本罪的主体是一般主体。本罪的主观方面是过失。

根据刑法第 369 条和《刑法修正案（五）》第 3 条的规定，犯本罪的，造成严重后果的，处 3 年以下有期徒刑或者拘役；造成特别严重后果的，处 3 年以上 7 年以下有期徒刑。

三、故意提供不合格武器装备、军事设施罪

故意提供不合格武器装备、军事设施罪，是指明知是不合格的武器装备、军事设施而故意提供给武装部队的行为。

本罪的客体是国家武器装备、军事设施的管理制度以及武装部队的战斗力。犯罪对象是武器装备、军事设施。本罪的客观方面表现为将不合格的武器装备、军事设施提供给武装部队的行为。所谓不合格，是指行为人提供的武器装备、军事设施不符合国家和军事主管部门关于武器装备、军事设施质量和性能等标准的规定。所谓提供，包括为武装部队从事生产制造、修筑、装配、修理等过程。本罪的主体为特殊主体，即只有武器装备、军事设施的生产者和销售者才能构成本罪。根据刑法第 370 条第 3 款的规定，单位也可成为本罪主体。本罪的主观方面为故意，即明知是不合格的武器装备、军事设施，仍然作为合格产品提供给武装部队。

根据刑法第 370 条第 1 款的规定，犯本罪的，处 5 年以下有期徒刑或者拘役；情节严重的，处 5 年以上 10 年以下有期徒刑，情节特别严重的，处 10 年以上有期徒刑、无期徒刑或者死刑。此外，刑法第 370 条第 3 款还对单位犯本罪的情况规定了处罚，即单位犯本罪的，对单位判处罚金，并对其直接负责的主管人员和其他直接责任人员，依照上述规定处罚。

四、过失提供不合格武器装备、军事设施罪

过失提供不合格武器装备、军事设施罪，是指由于过失而向武装部队提供了不合格的武器装备、军事设施，并且造成严重后果的行为。

本罪的客体是国家武器装备、军事设施的管理制度以及武装部队的战斗力。本罪的客观方面表现为向武装部队提供了不合格的武器装备、军事设施，并且造成了严重后果。所谓造成严重后果，是指造成人员重伤、死亡的，造成装备、设施严重毁损，经济损失严重的，严重影响部队完成任务的，等等。本罪的主体为特殊主体，即只有武器装备、军事设施的生产者和销售者才能构成本罪，包括自然人和单位。本罪的主观方面为过失，即行为人对于提供给武装部队的不合格的武器装备及军事设施，主观上并不明知是不合格的。

根据刑法第370条第2款的规定，犯本罪的，造成严重后果的，处3年以下有期徒刑或者拘役；造成特别严重后果的，处3年以上7年以下有期徒刑。

五、聚众冲击军事禁区罪

（一）聚众冲击军事禁区罪的概念

聚众冲击军事禁区罪，是指聚众冲击军事禁区，严重扰乱军事禁区秩序的行为。

（二）聚众冲击军事禁区罪的特征

1. 本罪侵犯的直接客体，是军事禁区的正常管理秩序。

2. 本罪客观方面表现为聚众冲击军事禁区，严重扰乱军事禁区秩序的行为。“聚众”是指使多人聚集在一起。“冲击”是指驾驶交通工具或徒步强行闯入军事禁区。“军事禁区”，根据我国军事设施保护法第15条的规定，是指最重要或具有重大危险因素的军事设施保护性区域，包括陆域、水域和空域。严重扰乱军事禁区秩序，是指冲击行为使得军事禁区指挥失调，军事人员、车辆、船舰无法通过，飞机不能起降，作战、训练、戒严、抢险救灾、教学科研等活动无法正常进行等。

3. 本罪的主体为一般主体。一般是聚众进行的，处罚对象限于首要分子和其他积极参加者。首要分子是指在聚众冲击军事禁区中起组织、策划、指挥作用的犯罪分子。其他积极参加者是指虽然不是首要分子，但主动参与冲击军事禁区，并在冲击行动中起重要作用的人员。

4. 本罪的主观方面是故意，即明知是军事禁区而聚众冲击。动机如何不影响定罪。

（三）聚众冲击军事禁区罪的认定

1. 聚众冲击军事禁区罪与非罪的界限。情节是否严重，是区分本罪与非罪的关键。行为人虽然聚众冲击军事禁区，但尚未严重扰乱军事禁区秩序，或者虽然有聚众冲击军事禁区，严重扰乱军事禁区秩序的行为。但不知是军事禁区的，或者虽然聚众冲击军事禁区，严重扰乱军事禁区秩序。尚不属积极参加的，均不构成本罪。

2. 聚众冲击军事禁区罪与有关犯罪的界限。持械冲击军事禁区同武装叛乱罪中的持械冲击军事禁区相似。对以武装叛乱形式冲击军事禁区，严重扰乱军事禁区秩序的，属想象竞合犯，按照从一重罪处断的原则，应以武装叛乱罪定罪处罚。

（四）聚众冲击军事禁区罪的刑事责任

根据刑法第 371 条第 1 款的规定，犯本罪的，对首要分子处 5 年以上 10 年以下有期徒刑；其他积极参加的，处 5 年以下有期徒刑、拘役、管制或者剥夺政治权利。

六、聚众扰乱军事管理区秩序罪

（一）聚众扰乱军事管理区秩序罪的概念

聚众扰乱军事管理区秩序罪，是指聚众扰乱军事管理区秩序，情节严重，致使军事管理区工作无法正常进行，造成严重损失的行为。

（二）聚众扰乱军事管理区秩序罪的特征

1. 本罪侵犯的直接客体，是军事管理区的管理秩序。

2. 本罪在客观方面表现为，聚众扰乱军事管理区秩序，情节严重，致使军事管理区工作无法正常进行，遭受严重损失的行为。所谓军事管理区，根据我国军事设施保护法第 15 条的规定，是指重要的军事设施保护区。

3. 本罪主体为一般主体。处罚对象限于首要分子和其他积极参加者。

4. 本罪主观方面是故意，包括直接故意和间接故意。

（三）聚众扰乱军事管理区秩序罪的认定

1. 聚众扰乱军事管理区秩序罪与非罪的界限。行为人主观上是否出自故意，情节是否严重，是区分罪与非罪的关键。虽然聚众扰乱军事管理区秩序，但尚未达到情节严重，致使军事单位无法正常工作，但不知是军事管理区的；或者虽然聚众严重扰乱军事管理区秩序，致使军事管理区工作无法进行，但不属积极参加的，均不构成本罪。

2. 聚众扰乱军事管理区秩序罪与有关犯罪的界限。应当注意区分本罪与聚众冲击国家机关罪的界限。两罪在客观方面、犯罪主体、主观方面均存在相同或相似之处。其区别在于：其一，犯罪客体不同。本罪侵犯的直接客体是军事管理区正常秩序，聚众冲击国家机关罪侵犯的客体是国家机关的正常工作秩序。其二，犯罪对象不同。本罪侵害的对象是军事管理区，聚众冲击国家机关罪侵害的对象是国家机关。

（四）聚众扰乱军事管理区秩序罪的刑事责任

根据刑法第371条第2款的规定，犯本罪的，对首要分子，处3年以上7年以下有期徒刑；对其他积极参加的，处3年以下有期徒刑、拘役、管制或者剥夺政治权利。

七、伪造、变造、买卖武装部队公文、证件、印章罪和盗窃、抢夺武装部队公文、证件、印章罪

伪造、变造、买卖武装部队公文、证件、印章罪，是指伪造、变造、买卖武装部队公文、证件、印章的行为。

盗窃、抢夺武装部队公文、证件、印章罪，是指盗窃、抢夺武装部队公文、证件、印章的行为。

两罪的客体是武装部队公文、证件、印章的管理秩序及其信誉，犯罪对象是武装部队的公文、证件、印章。两罪的客观方面分别表现为行为人实施了伪造、变造、买卖或者盗窃、抢夺武装部队公文、证件、印章的行为。伪造是指无权制作的自然人、单位非法制作，变造是指利用涂改、擦消、更换照片等方式改变其真实内容的方法制作，买卖是指购买和出卖，盗窃是指秘密窃取，抢夺是指趁持有人不备公然夺取。两罪的主体均为一般主体。只要年满16周岁、具备刑事责任能力的自然人，无论军人还是非军人，均可成为两罪的主体。两罪的主观方面均为故意。其中，买卖武装部队公文、证件、印章罪必须以非法获利为目的，盗窃、抢夺武装部队公文、证件、印章罪，须具有非法占有的目的。

根据刑法第375条第1款的规定，犯本罪的，处3年以下有期徒刑、拘役、管制或者剥夺政治权利；情节严重的，处3年以上10年以下有期徒刑。

八、非法生产、买卖武装部队制式服装罪

非法生产、买卖武装部队制式服装罪，是指非法生产、买卖武装部队制式服装，情节严重的行为。

本罪的客体是武装部队制式服装的管理秩序。本罪的对象是武装部队制式服装，即指由武装部队依法按统一制式订购、监制，仅供武装部队官兵穿着的统一制式的各类服装。本罪的客观方面表现为行为人实施了非法生产、买卖武

装部队制式服装，情节严重的行为。所谓“非法生产、买卖”，是指按国家和军队有关法规和行政规定，无权生产、买卖的单位和个人违法、违规从事武装部队制式服装的生产、买卖。有关情节严重的情形，2011 年 8 月最高人民法院、最高人民检察院《关于办理妨害武装部队制式服装、车辆号牌管理秩序等刑事案件具体应用法律若干问题的解释》第 2 条作了明确的规定。本罪的主体是一般主体，包括自然人和单位。本罪的主观方面是故意。

根据刑法第 375 条第 2 款的规定，犯本罪的，处 3 年以下有期徒刑、拘役或者管制，可以并处或者单处罚金。根据刑法第 375 条第 4 款的规定，单位犯本罪的，对单位判处罚金，并对直接负责的主管人员和其他直接责任人员，依照上述规定处罚。

九、伪造、盗窃、买卖、非法提供、非法使用武装部队专用标志罪

伪造、盗窃、买卖、非法提供、非法使用武装部队专用标志罪，是指伪造、盗窃、买卖、非法提供、非法使用武装部队车辆号牌等专用标志，情节严重的行为。

本罪的客体是武装部队专用标志的管理秩序，对象是武装部队的车辆号牌等专用标志。具体而言，包括武装部队统一悬挂的军车号牌，以及其他表明武装部队性质和人员身份的军徽、军旗、肩章、星徽、帽徽、军种符号或者其他专用标志。本罪的客观方面表现为伪造、盗窃、买卖、非法提供、非法使用武装部队专用标志，情节严重的行为。“伪造”，是指无制作权而非法制作武装部队车辆号牌等专用标志的行为。“盗窃”，是指以非法占有为目的，秘密窃取武装部队车辆号牌等专用标志的行为。“买卖”是指以金钱为交换条件，购买或者销售武装部队车辆号牌等专用标志的行为。“非法提供”，是指违反法律、法规、未经主管部门准许，擅自把武装部队车辆号牌等专用标志供给他人使用的行为。“非法使用”是指不具备配备武装部队专用标志的资格，而违法使用武装部队专用标志的行为。有关情节严重的情形，2011 年 8 月最高人民法院、最高人民检察院《关于办理妨害武装部队制式服装、车辆号牌管理秩序等刑事案件具体应用法律若干问题的解释》第 3 条作了明确的规定。本罪的主体是一般主体，包括自然人和单位。本罪的主观方面是故意。

根据刑法第 375 条第 3 款的规定，犯本罪的，处 3 年以下有期徒刑、拘役或者管制，可以并处或者单处罚金。根据刑法第 375 条第 4 款的规定，单位犯本罪的，对单位判处罚金，并对直接负责的主管人员和其他直接责任人员，依照上述规定处罚。

第四节　针对军人的犯罪

一、阻碍军人执行职务罪

（一）阻碍军人执行职务罪的概念

阻碍军人执行职务罪，是指以暴力、威胁方法对依法执行军事职务的军人进行妨碍、阻挠的行为。

（二）阻碍军人执行职务罪的特征

1. 本罪的客体是军人依法执行职务的活动。依法执行职务，是指军人依照上级合法军事命令而执行职务。

2. 本罪的客观方面表现为以暴力、威胁方法妨碍、阻挠军人依法执行职务的行为。所谓暴力，是指行为人对依法执行职务的军人的身体实施打击或强制，如对行为人棍棒殴打、皮带捆绑，等等。所谓威胁，是指行为人用伤害身体、毁坏财物、破坏名誉、揭穿隐私等手段相胁迫，实行精神强制，使军人产生恐惧心理，不能或无法履行职责，执行任务。至于威胁是直接还是间接，不影响本罪的成立。所谓阻碍军人依法执行职务，是指对军人依法执行职务造成障碍，使其不能顺利地执行职务。

3. 本罪主体为一般主体。凡年满 16 周岁、具备刑事责任能力的自然人均可成为本罪主体。

4. 主观方面是故意，即明知是正在依法执行军事职务的军人而对其使用暴力、威胁，迫使其停止、放弃、变更执行职务或者无法正常执行职务。行为人阻碍军人执行职务的动机、目的如何，不影响定罪。过失不构成本罪。

（三）阻碍军人执行职务罪的认定

1. 阻碍军人执行职务罪与非罪的界限。在司法实践中，虽然阻碍了军人依法执行职务，但未采用暴力、威胁方法的，或者对军人执行职务中的违法行为予以抵制的，均不能认定为犯罪。

2. 阻碍军人执行职务罪与有关犯罪的界限。（1）阻碍军人执行职务罪与妨害公务罪的界限。两罪在犯罪客观方面、犯罪主体、犯罪主观方面均存在相同或相似之处。其区别关键在于侵犯的客体与对象不同：其一，本罪侵犯的同类客体是国防利益，直接客体是军人依法执行职务的活动；妨害公务罪的同类客体是社会管理秩序，直接客体是国家工作人员依法执行职务的活动。其二，本罪的犯罪对象是正在依法执行职务的军人，妨害公务罪的犯罪对象则是正在执行职务的国家工作人员。（2）阻碍军人执行职务罪与阻碍执行军事职务罪的界限。两罪在直接客体、客观方面、主观方面均存在相同或相似之处。区别主要在于：其一，同类客体不同。本罪的同类客体是国防利益，阻碍执行军事职务罪的同类客体是军事利益。其二，犯罪对象不同。本罪侵害的是正在依法执行职务的现役军人，包括指挥人员和普通士兵；阻碍执行军事职务罪侵害的正在执行职务的军事指挥人员或者正在值班、值勤的军人。其三，犯罪主体不同。本罪的主体是一般主体，阻碍执行军事职务罪的主体是特殊主体，即军人。

（四）阻碍军人执行职务罪的刑事责任

根据刑法第 368 条第 1 款的规定，犯本罪的，处 3 年以下有期徒刑、拘役、管制或者罚金。

二、冒充军人招摇撞骗罪

冒充军人招摇撞骗罪，是指以谋取非法利益为目的，冒充军人招摇撞骗的行为。

本罪的客体是军队的良好威信及其正常活动。本罪的客观方面表现为实施了冒充军人招摇撞骗罪的行为。所谓招摇撞骗，是指假冒军人名义，进行炫耀，实施欺骗活动。具体表现形式多种多样，如穿戴军人服饰行骗，使用伪造的军人证件行骗，等等。本罪的主体为一般主体，即任何年满 16 周岁，具备刑事责任能力的自然人，都可以成为本罪的主体。本罪的主观方面为故意，且具有谋取非法利益的目的。所谓非法利益，既包括金钱、财物等物质利益，也包括荣誉待遇、异性的性爱等非物质利益。若行为人谋取的不是非法利益，如行为人为了顺利住宿或购买车船票而冒充军人的等，不构成本罪。

根据刑法第 372 条的规定，犯本罪的，处 3 年以下有期徒刑、拘役、管制或者剥夺政治权利；情节严重的，处 3 年以上 10 年以下有期徒刑。

三、煽动军人逃离部队罪

煽动军人逃离部队罪，是指以口头、书面等形式唆使、鼓动现役军人逃离部队，情节严重的行为。

本罪的客体是我国兵役制度和部队的正常管理秩序。本罪的客观方面表现为行为人实施了以口头、书面等形式煽动军人逃离部队，情节严重的行为。所谓煽动，是指以鼓励、唆使、怂恿等方式促使军人离开部队。具体形式可以是用言词来煽动，也可以用书信等来煽动。所谓情节严重，是指战时煽动军人逃离部队的，用威胁、欺骗等各种卑劣手段，煽动军人逃离部队的，煽动军人逃离部队人数多、时间长，影响极坏的，煽动在重要的岗位或者指挥、值班、值勤人员逃离部队，影响部队正常工作和战备任务完成，后果严重的，等等。应该注意的是，本罪是行为犯，故本罪的成立不要求实际发生被煽动军人逃离部队的结果，只要行为人实施了煽动行为，且情节严重，即构成本罪。本罪的主体为一般主体。凡年满16周岁、具备刑事责任能力的自然人，均可成为本罪主体。本罪的主观方面为故意。即明知被煽动人是现役军人，明知军人逃离部队是违反军纪军法的行为，仍然煽动其逃离部队。犯罪动机可能多种多样，动机如何不影响定罪。

根据刑法第373条的规定，犯本罪的，处3年以下有期徒刑、拘役或者管制。

四、雇用逃离部队军人罪

雇用逃离部队军人罪，是指明知是逃离部队的军人而雇用，情节严重的行为。

本罪的客体是我国的兵役制度和部队的正常管理秩序。本罪的客观方面表现为行为人实施了雇用逃离部队的军人，情节严重的行为。所谓雇用，是指以付出一定劳务报酬给被雇用人，从而获得役使受雇用人的权利。此处的雇用，是指通过付给逃离部队的军人一定形式的劳务报酬，从而令其为自己劳动。所谓情节严重，一般是指雇用多名逃离部队军人的，多次雇用的，雇用军队机要、保密和首脑机关的人员，造成严重后果的，对逃兵委以重用的，抗拒部队将其带走的，等等。本罪的主体为一般主体。凡年满16周岁、具备刑事责任能力的自然人，均可成为本罪主体。本罪的主观方面为故意，即明知军人逃离部队是违反军纪军法的行为，仍然雇用的。至于犯罪动机可能多种多样，动机如何，不影响定罪。

根据刑法第373条的规定，犯本罪的，处3年以下有期徒刑、拘役或者管制。

五、接送不合格兵员罪

（一）接送不合格兵员罪的概念

接送不合格兵员罪，是指在征兵工作中徇私舞弊，接送不合格兵员入伍，情节严重的行为。

（二）接送不合格兵员罪的特征

1. 本罪侵犯的直接客体，是国家征兵工作的正常活动。

2. 本罪的客观方面表现为行为人实施了在征兵工作中徇私舞弊，接送不合格兵员入伍，情节严重的行为。具体表现形式包括：（1）接送不到入伍年龄的兵员；（2）接送学历不符合征兵要求的兵员；（3）接送健康状况不符合入伍条件的兵员；（4）接送政治审查不合格的兵员；（5）接送其他不合格兵员。所谓情节严重的，一般是指由于接送不合格兵员严重影响部队建设或造成其他严重后果的，多次实施接送不合格兵员以及接送多个不合格兵员的，接送不合格兵员在部队造成恶劣影响的，等等。

3. 本罪的主体为特殊主体。即本罪主体只能是那些在征兵工作中负有征兵职责的征兵工作人员，包括地方武装部门负责征兵工作的人员和征兵部队的工作人员。

4. 本罪主观方面是故意。即行为人明知自己的徇私舞弊行为是违反有关法律规定的，明知自己的行为可能产生危害征兵工作的后果，仍然希望或放任这种结果的发生。

（三）接送不合格兵员罪的认定

1. 接送不合格兵员罪与非罪的界限。本罪客观方面的“徇私舞弊”与“接送不合格兵员”必须同时具备，且情节严重才能成立本罪。因而，下列行为不构成接送不合格兵员罪：（1）在征兵工作中徇私舞弊，但没有接送不合格兵员；（2）接送了不合格兵员，但在征兵工作中没有徇私舞弊；（3）兵员到部队后对部队建设造成了严重后果，但不属于不合格兵员；（4）徇私舞弊接送不合格兵员，但尚未达到情节严重程度。

2. 接送不合格兵员罪与有关犯罪的界限。本罪在客观方面的徇私舞弊行为和主观方面的故意与渎职罪一章中其他徇私舞弊性质的犯罪，如徇私枉法罪，徇私舞弊发售发票、抵扣税款、出口退税罪，徇私舞弊不征、少征税款罪，放纵走私罪，商检徇私舞弊罪，动植物检疫徇私舞弊罪，招收公务员、学生徇私舞弊罪等存在诸多相同与相似之处。主要区别在于：其一，犯罪客体不同。本罪的同类客体是国防利益，直接客体是国家征兵工作的正常活动，其他徇私舞弊性质犯罪的同类客体是国家的管理活动，直接客体分别是司法工作、税务征收工作、海关管理工作、商检管理工作、动植物检疫工作、招收公务员和学生工作的正常秩序。其二，犯罪对象不同。本罪的犯罪对象是兵员，其他徇私舞弊性质犯罪的犯罪对象分别是罪犯、发票、税款，等等。其三，犯罪主体不同。本罪的主体是在征兵工作中负有征兵职责的征兵工作人员，而其他徇私舞弊性质犯罪的主体是国家工作人员。

（四）接送不合格兵员罪的刑事责任

根据刑法第 374 条的规定，犯本罪的，处 3 年以下有期徒刑或者拘役；造成特别严重后果的，处 3 年以上 7 年以下有期徒刑。

六、战时窝藏逃离部队军人罪

战时窝藏逃离部队军人罪，是指战时明知是逃离部队的军人而为其提供隐蔽处所、财物，情节严重的行为。

本罪的客体是部队的正常管理秩序。本罪的客观方面表现为行为人实施了在战时为逃离部队的军人提供隐蔽处所、财物，情节严重的行为。“情节严重”是指因窝藏逃离部队军人，影响部队作战或其他重要军事任务完成的；窝藏部队指挥人员或者其他负有重要职责的人员，如机要人员、保密人员，战时国家发布动员令后窝藏的；窝藏多名逃离部队军人的；窝藏时间长，次数多，经批评教育后继续窝藏、屡教不改的；引起其他严重后果的，等等。行为人虽在战时为逃离部队军人提供隐蔽处所、财物，但不属情节严重的，不构成本罪。“战时”是本罪成立的时间前提。本罪的主体为一般主体，即凡年满 16 周岁、具有刑事责任能力的自然人，均可成为本罪主体。其中，多为逃离部队军人的亲属、朋友、同学、同乡。本罪的主观方面为故意，即行为明知是逃离部队的军人而故意为其提供隐蔽处所、财物。过失不构成本罪。

根据刑法第 379 条的规定，犯本罪的，处 3 年以下有期徒刑或者拘役。

第二十九章　军人违反职责罪

第一节　军人违反职责罪概述

一、军人违反职责罪的概念

军人违反职责罪，是指军人违反职责，危害国家军事利益，依照法律应当受刑罚处罚的行为。这是刑法第420条对军人违反职责罪规定的概念。它从总体上明确了军人违反职责罪的性质和构成要件，从而为划分军人违反职责罪与违反军纪行为以及与刑法分则规定的其他犯罪的界限提供了法律依据。

二、军人违反职责罪的特征

（一）军人违反职责罪的客体

本罪的犯罪客体是国家的军事利益。“国家的军事利益”，是指国家在国防建设、作战行动、后勤保障、军事科研、军事秘密、军队建设、战争力的巩固和提高等方面的利益。

（二）军人违反职责罪的客观方面

本罪在客观方面表现为行为人违反军人职责或军事义务，危害国家军事利益，依法应受刑罚处罚的行为。所谓“军人职责”，是指法律、法规、条例所规定的军人应当遵守的职责规范或义务规范。军人职责可以分为军人的一般职责和具体职责。军人的一般职责是指每个军人都应担负的职责。军人的具体职责，是指不同兵种、警种的军事人员在执行各种不同的军事职务中应担负的职责。“军人义务”，除了法律、法规、条例规定的军人的直接义务外，主要指宪法所规定的依法服兵役和参加民兵组织的义务。军人违反职责罪表现方式多数为作为，少数为不作为。军人违反职责罪的犯罪的时间包括战时和和平时期。犯罪的时间和地点，对于军人违反职责罪的定罪量刑，具有极其重要的意义。一方面，“战时”、“在战场上”、“在军事行动地区”等时间或地点，是许多军职罪的构成要件，如战时自伤罪、战时临阵脱逃罪、战时违抗命令罪等，不具备这些特定的时间或地点条件就不构成这些犯罪；另一方面，对于时间、地点不是特征要件的军职罪来说，特定的时间、地点往往也是影响量刑的重要情节，如刑法第 426 条对阻碍执行军事职务罪，规定了“战时从重处罚”。

（三）军人违反职责罪的主体

本罪的主体为特殊主体，统称军职人员。具体可以分为两类：

1. 现役军人，即中国人民解放军和中国人民武装警察部队的正在服役的军官、警官、文职干部、士兵以及具有军籍的学员。“现役军人”的资格应当从公民依法参军之日即被兵役机关正式批准入伍之日起算，至其为部队批准退役、退休、离休或因受处分被除名、开除军籍之日终止。军人在服役期间犯有这类罪行而在其退役、退休、离休之后才发现，只要没有超过追诉时效，仍应按这类犯罪处理。反之，若在服兵役之前实施了其他犯罪，在服兵役后被发觉，如果未过追诉时效的，不构成军人违反职责罪，而应由地方各级人民法院定罪处罚。

2. 执行军事任务的预备役人员和其他人员。预备役人员是指编入民兵组织或者经过登记服预备役的人员；其他人员是指军内在编职工等。执行军事任务是指执行作战、支前、战场救护等任务。

（四）军人违反职责罪的主观方面

这类犯罪的主观方面多数是故意，少数是过失。本章还对某些故意犯罪的动机作了具体描述和限定。如战时自伤罪是出于逃避军事义务的动机，投降罪是出于贪生怕死的动机等。

三、军人违反职责罪的种类

军人违反职责罪包括 31 个罪名：战时违抗命令罪，隐瞒、谎报军情罪，拒传、假传军令罪，投降罪，战时临阵脱逃罪，违令作战消极罪，拒不救援友邻部队罪，战时造谣惑众罪，战时自伤罪，擅离、玩忽军事职守罪，阻碍执行军事职务罪，指使部属违反职责罪，军人叛逃罪，逃离部队罪，私放俘虏罪，非法获取军事秘密罪，为境外窃取、刺探、收买、非法提供军事秘密罪，故意泄露军事秘密罪，过失泄露军事秘密罪，武器装备肇事罪，擅自改变武器装备编配用途罪，盗窃、抢夺武器装备、军用物资罪，非法出卖、转让武器装备罪，遗弃武器装备罪，遗失武器装备罪，擅自出卖、转让军队房地产罪，虐待部属罪，遗弃伤病军人罪，战时拒不救治伤病军人罪，战时残害居民、掠夺居民财物罪，虐待俘虏罪。

第二节　危害作战利益罪

一、战时违抗命令罪

（一）战时违抗命令罪的概念

战时违抗命令罪，是指军人在战时对上级的命令、指示故意违抗、拒不执行，对作战造成危害的行为。本罪只能发生在“战时”。所谓战时，根据刑法第451条的规定，是指国家宣布进入战争状态、部队受领作战任务或者遭敌突然袭击时；部队执行戒严任务或者处置突发性暴力事件时，以战时论。

（二）战时违抗命令罪的特征

1. 本罪的客体为作战指挥秩序。所谓“作战指挥秩序”，是指在战时部队在上级指挥下有条不紊地各司其职，各就各位，相互配合，顺利完成战斗任务的状况。而这种“状况”正是通过下级服从上级的严明军纪来体现的。《中国人民解放军内务条令》第47条规定，“首长有权对部属下达命令”；第48条规定，“部属对命令必须坚决执行，并将执行情况及时报告首长”。军队是一个高度集中统一的战斗集体，每一个军人都应当一切行动听指挥，步调一致，才能取得胜利。在战时军人违抗命令，就会破坏军队的统一行动，贻误战机，对作战造成危害。

2. 本罪的客观方面表现为军人在战时对上级的作战命令、指示等故意违抗，拒不执行，对作战造成危害的行为。“作战命令”，是指上级关于作战的命令、指示，包括兵力的集结、火力的配置、行动的方案等。战时违抗命令的形式，一般表现为拒不执行命令，拖延或者迟缓地执行命令，故意实施与命令相反的行动等。对不是故意违抗作战命令，而是由于客观条件限制，行为人无法执行命令的，或者违抗的不是上级的作战命令的，不构成本罪。构成本罪必须是战时违抗命令对作战造成危害的行为，包括由于战时违抗命令造成作战部署被干扰破坏，战机被贻误，我军的意图被敌人察觉，给敌人以可乘之机，甚至造成战斗、战役失利等。没有对作战造成危害的，不构成本罪。此外，构成本罪的时间是战时。“战时”，是指国家宣布进入战争状态、部队受领作战任务或者遭敌突然袭击时。军人执行戒严任务或者处置突发性暴力事件时，以战时论。对在平时违抗命令的，不构成本罪。

3. 本罪的主体是应接受命令或指示的部属人员。本罪的主体不应理解为仅指参加战斗的人员，也包括为战斗服务的救护人员、勤务人员等。

4. 本罪的主观方面是故意，即明知是上级的命令而予以违抗，拒不执行。

犯罪动机可能是对上级领导不满、泄愤报复或畏惧战斗等，但动机如何不影响本罪的构成。

（三）战时违抗命令罪的刑事责任

根据刑法第421条的规定，犯本罪的，处3年以上10年以下有期徒刑；致使战斗、战役遭受重大损失的，处10年以上有期徒刑、无期徒刑或者死刑。

二、隐瞒、谎报军情罪

隐瞒、谎报军情罪，是指行为人故意隐瞒、谎报军情，对作战造成危害的行为。

本罪的客体为作战秩序。本罪的客观方面表现为隐瞒、谎报军情，并给作战造成了危害。本罪的主体是负有报告军情义务的军内侦察员、通讯员、机要员，以及其他军内负有报告军情责任的军职人员。本罪在主观方面必须是出于故意，即明知真实军情而故意将其隐瞒不报或谎报。至于本罪的行为人动机如何，并不影响犯罪的成立。

根据刑法第422条的规定，犯本罪的，处3年以上10年以下有期徒刑；致使战斗、战役遭受重大损失的，处10年以上有期徒刑、无期徒刑或者死刑。

三、拒传、假传军令罪

拒传、假传军令罪，是指拒不传递军令，或者伪造、篡改上级军事机关命令，并加以传递，对作战造成危害的行为。

本罪的客观方面表现为拒传、假传军令，并对作战造成危害。本罪的主体为负有传达军令义务的现役军职人员。本罪的主观方面为故意，即明知军令而拒不传达，或者故意作虚假传达。

根据刑法第422条的规定，犯本罪的，处3年以上10年以下有期徒刑，致使战斗、战役遭受重大损失的，处10年以上有期徒刑、无期徒刑或者死刑。

四、投降罪

投降罪，是指在战场上贪生怕死，自动放下武器投降敌人的行为。

本罪的客体为军人的战斗义务。作为一名军人，他有义务用自己的血肉之躯捍卫祖国和人民的利益，而投降罪的行为人却在战场上苟且偷生，这严重违背了军人的神圣使命，因而理当受到刑罚处罚。本罪的客观方面表现为行为人在战场上贪生怕死，自动放下武器投降敌人的行为。所谓“贪生怕死”，是指为了活命而放弃战斗，所谓自动放下武器，是指有能力作战而不作战，并非专指扔下手中的武器，凡能用武器作战而不作战，不论是否抛弃手中的武器，均属于“自动放下武器”；所谓“投降敌人”，是指军人停止作战，向敌人屈服、让步。本罪的主体是具有使用武器打击敌人资格的参战军职人员。那些在战场上因负伤而丧失战斗能力并成为敌人俘虏的军人不能成为本罪主体。本罪的主观方面是故意，行为人一般具有畏惧战斗、贪生怕死的动机。

根据刑法第423条的规定，犯本罪的，处3年以上10年以下有期徒刑：情节严重的，处10年以上有期徒刑或者无期徒刑；投降敌人后，为敌人效劳的，处10年以上有期徒刑、无期徒刑或者死刑。所谓情节严重，是指率部投降敌人，指挥人员或其他负有重要作战责任的人员在战斗紧要关头投降敌人，胁迫他人投降敌人等，所谓效劳，是指为敌人提供我方情况、出卖战友、为敌人进行宣传、充当敌人向导等。

五、战时临阵脱逃罪

（一）战时临阵脱逃罪的概念

战时临阵脱逃罪，是指军人在战场上或在战斗状态下贪生怕死、畏惧战斗而脱离战斗岗位，逃避战斗的行为。

（二）战时临阵脱逃罪的特征

1. 本罪的犯罪客体是国家的军事利益。军人担负着在战时抵御侵略，保卫国家和人民的光荣使命。在战时应当坚守岗位，英勇杀敌。军人在战时临阵脱逃，不但造成部队非战斗减员，削弱了部队的战斗力，而且影响部队士气。

2. 本罪的客观方面表现为军人在战斗中或者在接受作战命令后擅自逃离战斗岗位的行为。战时临阵脱逃包括两种情况：一种是在战场上或者战斗中；另一种是部队虽然未进入战斗，但即将进入战斗，如已经待命或者正在准备进入战斗。“擅自逃离战斗岗位”，是指行为人在没有得到指挥人员的命令或者许可的情况下，擅自离开作战岗位的行为。无论行为人是完全离开部队或者只是暂时逃避到没有危险的地方，无论行为人是为了永远逃避兵役或者是暂时逃避战斗，都不影响本罪的成立。此外，构成本罪必须是战时。“战时”，是指国家宣布进入战争状态、部队受领作战任务或者遭敌突然袭击时。军人执行戒严任务或者处置突发性暴力事件时，以战时论。

3. 本罪的主体是参战的军职人员。参战的军职人员，不限于参加战役、战斗或接受参加作战指示或命令的直接战斗人员，非直接战斗人员，如参战的后勤、医疗人员、通讯人员等，只要是在临阵状态下逃跑的，也可以构成本罪。

4. 本罪的主观方面是故意。动机是贪生怕死、畏惧战斗。如果是由于过失而在临阵状态下脱离部队，或因受伤、敌人阻截而脱离部队的，不是临阵脱逃，也不构成犯罪。

（三）战时临阵脱逃罪的认定

1. 区分战时临阵脱逃罪与非罪的界限。并非所有的临阵脱逃的行为都构成犯罪。实践中对于情节显著轻微、危害不大的临阵脱逃的行为，如行为人尚未逃离阵地、战场即被阻拦、追回而不具有其他严重情节的，初次参加作战的新兵于接受作战任务后尚未进入实际作战之时逃跑，不具有其他严重情节的，等等，可以不以犯罪论处。

2. 战时临阵脱逃罪与逃离部队罪界限。二者在客观方面都具有违反军人职责，擅自逃离战斗岗位的行为。二者的区别是：（1）主观方面不同。战时临阵脱逃罪在主观方面主要是畏惧战斗，贪生怕死；而逃离部队罪的主观方面是为逃避兵役义务或其他目的。（2）客观方面不同。战时临阵脱逃罪只能发生在战时或者临战状态下，没有情节严重这一限制；而逃离部队罪主要发生在和平时期，且必须是达到情节严重的程度才构成犯罪。

3. 战时临阵脱逃罪与擅离职守罪界限。（1）主观方面不同。战时临阵脱逃罪在主观方面是畏惧战斗，贪生怕死，因而故意逃避战斗；而擅离职守罪的擅离职守主观动机多种多样，但不是由于贪生怕死而故意逃避战斗。（2）犯罪主体不同。战时临阵脱逃罪的主体是所有参战的军人；而擅离职守罪的主体是军队的指挥、值班、值勤人员。（3）客观方面不同。战时临阵脱逃罪只能发生在战时，且没有情节严重这一限制；而擅离职守罪可以发生在任何时间，并且必须造成严重后果才构成犯罪。

（四）战时临阵脱逃罪的刑事责任

根据刑法第424条的规定，犯本罪的，处3年以下有期徒刑；情节严重的，处3年以上10年以下有期徒刑；致使战斗、战役遭受重大损失的，处10年以上有期徒刑、无期徒刑或者死刑。所谓情节严重，是指率众临阵逃脱，指挥人员和其他负有重要职责的人员在紧要关头或危急时刻临阵脱逃，胁迫他人以及策动他人临阵脱逃，等等。所谓致使战斗、战役遭受重大损失，是指因行为人临阵脱逃，使部队战斗失利，人员伤亡惨重，或者给整个战斗、战役带来重大消极影响等情况。

六、违令作战消极罪

违令作战消极罪，是指军事指挥人员违抗命令，临阵畏缩，作战消极，造成严重后果的行为。

本罪的客体是部队的作战秩序。本罪的客观方面表现为违抗命令，临阵畏缩，作战消极，并且因此造成了严重后果。所谓严重后果，是指因行为人作战消极而致使我军损失重大、贻误战机等情况。本罪的主体是部队中的指挥人员，即具有一定指挥权力的军职人员，普通士兵不能成为本罪的主体。本罪的主观方面是故意，一般还具有贪生怕死的动机。

根据刑法第 428 条的规定，犯本罪的，处 5 年以下有期徒刑；致使战斗、战役遭受重大损失或者有其他特别严重情节的，处 5 年以上有期徒刑。

七、拒不救援友邻部队罪

拒不救援友邻部队罪，是指在战场上明知友邻部队处境危急请求救援，能救援而不救援，致使友邻部队遭受重大损失的行为。

本罪的客体是部队的作战利益和作战秩序。本罪的客观方面表现为在战场上拒绝处境危急的友邻部队的救援请求，能救援而拒不救援，从而使友邻部队遭受了重大损失。本罪的主体只能是参战部队的指挥人员，即负有战场指挥责任的军职干部（军官），普通士兵不能成为本罪的主体。本罪的主观方面是故意，即明知友邻部队处境危急请求救援而故意不救援。

根据刑法第 429 条的规定，犯本罪的，处 5 年以下有期徒刑。

八、战时造谣惑众罪

战时造谣惑众罪，是指在战时造谣惑众、动摇军心的行为。

本罪的客体是部队的作战利益。本罪的客观方面表现为在战时造谣惑众、动摇军心的行为。所谓造谣惑众，是指捏造事实，散布不利于我方军事行动、有可能导致军心动摇的信息，如散布敌人如何强大、不可战胜，我军如何不堪一击等。至于我军军心是否实际上已被谣言所动摇，对成立本罪并无实质意义。本罪的主体是参加作战的军职人员。本罪的主观方面是故意。

根据刑法第 433 条的规定，犯本罪的，处 3 年以下有期徒刑；情节严重的，处 3 年以上 10 年以下有期徒刑；情节特别严重的，处 10 年以上有期徒刑或者无期徒刑。

九、战时自伤罪

战时自伤罪，是指在战时自伤身体，逃避军事义务的行为。

本罪的客体是部队的作战利益和军人的军事义务。本罪的客观方面表现为在战时自伤身体，逃避军事义务的行为。所谓自伤身体，是指行为人借助于刀、枪等器械的力量使自己身体受伤，也可以利用自身的体力来使自己受伤，以何种手段自伤，并不重要。此外，自伤必须是在战时。所谓逃避军事义务，是指自伤身体之后借故不履行依法应尽的军事职责。本罪的主体是参加作战的军官与战士。不参加作战的军官与战士，一般不会构成这种犯罪。但不参加作战的军职人员或非军职人员教唆或帮助参加作战的军官和战士用自伤身体的手段逃避军事义务的，可以成为本罪的共犯。本罪的主观方面是故意，并且具有逃避军事义务的目的，其动机可能多种多样，但并不影响本罪的成立。

根据刑法第 434 条的规定，犯本罪的，处 3 年以下有期徒刑；情节严重的，处 3 年以上 7 年以下有期徒刑。

第三节　违反部队管理规定罪

一、擅离、玩忽军事职守罪

擅离、玩忽军事职守罪，是指指挥人员和值班、值勤人员擅离职守或者玩忽职守，因而造成严重后果的行为。

本罪的客体是军职人员的岗位责任制度。本罪的客观方面表现为军队指挥人员和值班、值勤人员在特定的工作岗位上对工作严重不负责任，不履行或者不认真履行职责，因而造成严重后果的行为。所谓“擅离职守”，是指擅自离开工作的岗位。所谓“玩忽职守”，是指未履行或未认真履行自己应尽的职责。所谓“严重后果”是指由于行为人擅离职守而贻误战机，造成战斗失利或者重大财产损失和人员伤亡；发生重大责任事故造成武器装备毁损、人员伤亡或者其他公私财物损失等。严重后果的发生必须与擅离职守、玩忽职守行为存在刑法上的因果关系，即这种严重后果是因为行为人擅离职守、玩忽职守行为造成的。如果二者不具有刑法上的因果关系，则行为人不构成本罪。本罪的主体是军队中的指挥人员和值班、值勤人员。“指挥人员”，是指部队中对作战、训练、施工、抢险救灾等活动及日常行政管理工作实施组织领导的人员，一般是指部队各级首长及部队的部门主管人员。“值班人员”，是指在规定时间内担任某项工作的人员，例如作战值班人员、通讯值班人员、节假日值班人员等。“值勤人员”，是指执行某项勤务的人员，例如在边防、海防担任守卫、巡逻任务的人员，在部队的机关及重要地点担任警戒勤务的人员，在城市协助地方维护社会治安勤务的人员等。本罪的主观方面是过失。

根据刑法第 425 条的规定，犯本罪的，处 3 年以下有期徒刑或者拘役；造成特别严重后果的，处 3 年以上 7 年以下有期徒刑。战时犯本罪的，处 5 年以上有期徒刑。

二、阻碍执行军事职务罪

阻碍执行军事职务罪，是指以暴力、威胁方法阻碍指挥人员或者值班、值勤人员执行职务的行为。

本罪的客体是军队勤务的正常执行活动。侵犯的对象是正在执行职务的指挥人员或值班、值勤人员。本罪的客观方面表现为以暴力、威胁方法阻碍指挥人员或值班、值勤人员执行职务的行为。本罪的主体为现役军人。本罪的主观方面只能是故意。行为人有何目的与动机不影响本罪的成立。

根据刑法第426条的规定，犯本罪的，处5年以下有期徒刑或者拘役；情节严重的，处5年以上10年以下有期徒刑；情节特别严重的，处10年以上有期徒刑或者无期徒刑。战时从重处罚。

三、指使部属违反职责罪

（一）指使部属违反职责罪的概念

指使部属违反职责罪，是指部队中的指挥人员滥用职权，指使部属进行违反职责的活动，并造成严重后果的行为。

（二）指使部属违反职责罪的特征

1. 本罪的客体是军队的正常活动秩序。

2. 本罪的客观方面表现为军队的指挥人员滥用职权，指使部属进行违反职责的活动，造成严重后果的行为。“滥用职权”，是指超出了自己的职责范围，胡乱地、过度地、不正当地使用职权。“指使部属进行违反职责的活动”，是指指使部属从事行使与中央军委、各总部、各军兵种所制定的条例、条令、规章制度中所规定的军队或者军人所禁止从事的各种活动。例如，不经有关部门批准，指使部属进行营利性活动，假公济私等。构成本罪必须是造成严重后果的行为。“造成严重后果”，是指行为人的行为致使发生重大责任事故、人员伤亡或者造成国家、集体、个人财产重大损失的；在军事上贻误战机，致使国家利益遭受重大损失的；在部队或者当地社会造成恶劣影响的，等等。滥用职权指使部属进行违反职责活动，没有造成严重后果的，不构成本罪，应当由有关主管部门给予适当的军纪处分。

3. 本罪的主体是军队中担任一定职务的指挥人员。“指挥人员”，是指军队在作战、训练、施工、抢险等活动中具有实际组织职责的人员，一般由军队的干部构成。

4. 本罪的主观方面是故意，即行为人自己的行为超出职责范围，仍然滥用职权指使部属进行违反职责的活动。过失行为不构成本罪。

（三）指使部属违反职责罪的认定

1. 指使部属违反职责罪与教唆罪的界限。指使部属违反职责罪中的指使也包含有唆使的意思。要把本罪与教唆罪区别开来。二者的主要区别是“部属进行违反职责活动”的性质。如果被指使的部属实施的仅仅是违反职责的活动，而不是进行违反职责的犯罪，对行为人应当以指使部属违反职责罪定罪处罚。如果被指使的部属实施违反职责的活动构成其他犯罪，则应对指挥人员以被指使人所构成犯罪的教唆犯定罪处罚。

2. 指使部属违反职责罪与玩忽军事职守罪的界限。指使部属违反职责罪是不应为而为，玩忽军事职守罪是应为而不为。二者的主要区别在于：(1) 主观方面不同。指使部属违反职责罪在主观方面是故意，即明知超出了职责范围而故意实施，对犯罪结果的发生持希望或者放任的心理态度；而玩忽军事职守罪在主观方面是过失。尽管行为人玩忽职守、不履行或者不认真履行自己职责的行为有可能是出于故意，但对于其行为造成的严重后果在主观方面只能是过失。(2) 客观方面不同。指使部属违反职责罪造成严重后果是由于指挥人员的滥用职权和指使部属所造成的；而玩忽军事职守罪的严重后果是由于指挥人员值班、值勤人员在履行职责时疏忽大意、严重不负责任所直接造成的。

(四) 指使部属违反职责罪的刑事责任

根据刑法第427条的规定，犯本罪的，处5年以下有期徒刑或者拘役；情节特别严重的，处5年以上10年以下有期徒刑。

四、军人叛逃罪

军人叛逃罪，是指军职人员在履行公务期间，擅离岗位，叛逃境外或者在境外叛逃，危害国家军事利益的行为。

本罪的客体为国家的军事利益以及军人永不叛国的义务。本罪的客观方面表现为行为人在履行公务期间，擅离岗位，叛逃境外的有关国家或地区，或者在境外叛逃。所谓“叛逃”，是指逃往国外、境外不归，或者利用公务出境之机滞留国外、境外不归，以及逃往外国驻华使领馆等行为。本罪的主体为正在履行公务的军职人员，因此，如果军职人员不是在履行公务期间逃越国（边）境的，不成立本罪。本罪的主观方面是故意。其动机可能多种多样，如逃避惩罚、贪图享乐等，不论出于何种动机，均不影响本罪的成立。

根据刑法第430条的规定，犯本罪的，处5年以下有期徒刑或者拘役；情节严重的，处5年以上有期徒刑；驾驶航空器、舰船叛逃的，或者有其他特别严重情节的，处10年以上有期徒刑、无期徒刑或者死刑。

五、逃离部队罪

逃离部队罪，是指违反兵役法规，逃离部队，情节严重的行为。

本罪的客体是国家兵役制度。本罪的客观方面表现为违反兵役法规，逃离部队的行为；凡未经批准，为逃避军事义务而擅自离开部队不归的，都是逃离部队的行为。但并非所有的逃离部队的行为都构成犯罪。对情节轻微、情节一般的逃离部队行为，应采取说服教育、欢迎归队的政策，必要时予以军纪处分，但不能作为犯罪处理。本罪的主体为现役军人。非现役军人教唆或帮助现役军人逃离部队的，可成为逃离部队罪的共犯。本罪的主观方面是故意，目的是逃避继续服兵役。动机多是贪生怕死，怕苦怕累，不愿受部队纪律约束等。如因迷失方向、受伤掉队，或被敌人围困而脱离部队的，则不构成本罪。

根据刑法第 435 条的规定，犯本罪的，处 3 年以下有期徒刑或者拘役；战时犯本罪的，处 3 年以上 7 年以下有期徒刑。

六、私放俘虏罪

私放俘虏罪，是指违反军事纪律，私自释放俘虏的行为。

本罪的客体是对俘虏的管理秩序。本罪的客观方面表现为违反军事纪律，私自释放俘虏的行为。所谓“俘虏”，即在战争或者武装冲突中被我方俘获的敌方武装人员及其他为武装部队服务的人员。所谓“私放”，是指未经批准，擅自将俘虏放走。本罪的主体是对俘虏有管理、看护等权限的军官和值勤人员。本罪的主观方面是故意，即明知是俘虏而私自予以释放。犯罪动机是多种多样的，如碍于私情、贪财、贪图女色等。

根据刑法第 447 条的规定，犯本罪的，处 5 年以下有期徒刑；私放重要俘虏、私放俘虏多人或者有其他严重情节的，处 5 年以上有期徒刑。

第四节　侵犯军事秘密罪

一、非法获取军事秘密罪

非法获取军事秘密罪，是指以窃取、刺探、收买方法，非法获取军事秘密的行为。

本罪的客体是国家保守军事秘密的管理制度。本罪的客观方面表现为窃取、刺探、收买军事秘密的行为。所谓军事秘密，是指在一定时空范围内，只限于一定范围的人员知悉的关系国防安全的信息。不应知道而以非法手段去获取军事秘密，势必严重危害国家军事利益，因而此种行为理应受到刑罚处罚。本罪的主体限于军职人员。本罪在主观方面，行为人必须是故意非法获取军事秘密，过失不构成本罪。

根据刑法第 431 条第 1 款的规定，犯本罪的，处 5 年以下有期徒刑，情节严重的，处5年以上10年以下有期徒刑；情节特别严重的，处10年以上有期徒刑。所谓情节严重，是指多次非法获取军事秘密、非法获取较多军事秘密等情况；所谓情节特别严重，是指获取军事秘密的手段特别恶劣的，从作战、机要、保密等重要部门非法获得军事秘密的，以及非法获得重大或众多军事秘密的等情况。

二、为境外窃取、刺探、收买、非法提供军事秘密罪

为境外窃取、刺探、收买、非法提供军事秘密罪，是指为境外的机构、组织、人员窃取、刺探、收买、非法提供军事秘密的行为。

本罪的客体是国家保守军事秘密的管理制度。本罪的客观方面表现为为境外的机构、组织、人员窃取、刺探、收买、非法提供军事秘密的行为。所谓窃取，是指秘密偷取。所谓刺探，是指打听与收集。所谓收买，是指行为人用金钱等物质利益换取。所谓非法提供，是指行为人违反国家保守军事秘密的法规，将偷取、收集、收买或自己所掌握的国家军事秘。密送给或告知境外的机构、组织、人员，窃取、刺探、收买、非法提供是本罪的四种表现形式，行为人实施其中之一。即可成立本罪。本罪的主体为军职人员。本罪的主观方面为故意。

根据刑法第431条第2款的规定，犯本罪的，处10年以上有期徒刑、无期徒刑或者死刑。

三、故意泄露军事秘密罪

（一）故意泄露军事秘密罪的概念

故意泄露军事秘密罪，是指违反保守国家秘密法规，故意泄露国家军事秘密，情节严重的行为。

（二）故意泄露军事秘密罪的特征

1. 本罪的客体是国家军事秘密的管理制度。本罪的犯罪对象是军事秘密。

2. 本罪的客观方面表现为违反保守国家秘密法规，泄露军事秘密，情节严重的行为。所谓违反保守国家秘密法规，是指不遵守国家有关保守军事秘密的法规，如《中国人民解放军保守国家军事机密条例》、《国防尖端技术保密规定》等。所谓“泄露军事秘密”，是指将军事秘密透露出去，至于以何种方式泄露，并不影响本罪的成立。此外，故意泄露军事秘密的行为，必须是情节严重的才构成犯罪。所谓“情节严重”，是指机要人员或其他负有特殊保密义务的人员泄密的，泄密的动机恶劣的；出卖军事秘密的；多次泄密或泄露多种军事秘密的；因泄密造成严重后果的，等等。

3. 犯罪的主体是军职人员。

4. 本罪的主观方面是故意。行为人故意泄露军事秘密，表现为行为人明知是军事秘密，而故意违反保守国家军事秘密法规，将国家军事秘密泄露或者传递给不该知悉军事秘密的人。行为人故意泄露军事秘密的动机多种多样，有的是为了炫耀自己见多识广，有的是贪图钱财，有的是为讨好他人等。

（三）故意泄露军事秘密罪的认定

1. 区分故意泄露军事秘密罪与故意泄露国家秘密罪的界限。它们虽同属于侵犯国家秘密的犯罪，但有特殊与一般的区别：（1）主体不同。前者的主体是军职人员，后者的主体主要是国家机关工作人员。（2）客观方面不同。前者是泄露军事秘密的行为，后者是泄露国家秘密的行为。

2. 区分故意泄露军事秘密罪与间谍罪的界限。它们的主要区别是：（1）侵犯的客体不同。间谍罪侵犯的是我国的政权和根本制度；而故意泄露军事秘密罪侵犯的则是国家保守军事秘密的管理制度。（2）犯罪的行为不同。间谍罪表现为参加间谍组织或者接受间谍组织及其代理人的任务的行为。如果是为间谍组织窃取、刺探、提供情报，其窃取、刺探、提供的情报也不仅限于国家的军事秘密，还包括国家军事秘密以外的有关政治、经济、文化等各方面的国家秘密和情报。而故意泄露军事秘密罪则是违反保守国家秘密法规、故意泄露军事秘密的行为。（3）犯罪主体不同。故意泄露军事秘密罪的主体只能是军职人员，而间谍罪的主体一般是外国人，也可以是中国公民。（4）主观方面不同。间谍罪具有危害国家安全的目的，故意泄露军事秘密罪不具有危害国家安全的目的。

（四）故意泄露军事秘密罪的刑事责任

根据刑法第432条的规定，犯本罪的，处5年以下有期徒刑或者拘役；情节特别严重的，处5年以上10年以下有期徒刑。战时犯本罪的，处5年以上10年以下有期徒刑；情节特别严重的，处10年以上有期徒刑或者无期徒刑。前述所谓情节特别严重。是指泄露了核心秘密，或者因泄密而造成了特别严重后果等情况。

四、过失泄露军事秘密罪

过失泄露军事秘密罪，是指违反保守国家秘密法规，过失泄露国家军事秘密，情节严重的行为。

本罪的客体是国家军事秘密的管理制度。本罪的犯罪对象是军事秘密。本罪的客观方面表现为违反保守国家秘密法规，泄露军事秘密，情节严重的行为。构成本罪必须是情节严重的行为。所谓“情节严重”，主要是指已经造成严重后果。本罪的主体是军职人员。本罪的主观方面是过失。

根据刑法第432条的规定，犯本罪的，处5年以下有期徒刑或者拘役；情节特别严重的，处5年以上10年以下有期徒刑。战时犯本罪的，处5年以上10年以下有期徒刑；情节特别严重的，处10年以上有期徒刑或者无期徒刑。

第五节 侵害部队装备、物资罪

一、武器装备肇事罪

（一）武器装备肇事罪的概念

武器装备肇事罪，是指违反武器装备使用规定，情节严重，因而发生责任事故，致人重伤、死亡或者造成其他严重后果的行为。

（二）武器装备肇事罪的特征

1. 本罪的客体是部队武器装备的管理和使用制度。所谓“武器装备”，是指用于杀伤敌人的武器和军事技术装备，如枪、炮、弹药、战车、飞机、船舰、化学武器、核武器和通讯、侦察、工程、防化等军事技术设备。对于这些武器装备，军队有关部门都分别制定有使用规定和操作规程。本罪的行为违反了这些使用规定和操作规程。

2. 本罪的客观方面表现为违反武器装备使用规定，情节严重，因而发生责任事故，致人重伤、死亡或者造成其他严重后果的行为。这主要包括以下三个方面：（1）行为人实施了违反武器装备使用规定的行为；（2）行为的情节严重，主要是指行为人故意违反武器装备的使用规定或者在使用过程中严重不负责任，以及擅自使用武器装备等情况；（3）行为发生了重大事故，致人重伤、死亡或者造成了其他严重后果。“其他严重后果”，是指造成爆炸火灾、大面积污染或其他重大损失等。

3. 本罪的主体是军职人员。

4. 本罪的主观方面是过失，但行为人对违反武器装备使用规定也可能是明知故犯。这里所说的“过失”，是指行为人对自己的行为可能引起的责任事故的发生，应该预见但由于过于自信或疏忽大意而没有预见。

（三）武器装备肇事罪的认定

1. 区分武器装备肇事罪与一般违反武器装备使用规定行为的界限。两者区分的关键在于：行为人违反武器装备使用规定行为的情节是否严重，是否造成人员重伤、死亡或其他严重后果。只有行为人违反武器装备使用规定情节严重，并造成人员重伤、死亡或其他严重后果的，才构成犯罪；反之，如果行为人虽有违反武器装备使用规定的行为，但行为情节不严重，并且也未造成人员重伤、死亡或其他严重后果的，只能按一般违反武器装备使用规定的违纪行为处理。

2. 区分武器装备肇事罪与意外事件的界限。构成武器装备肇事罪，行为人主观上存在过失，而意外事件中行为人则不存在过失。如果行为人在使用武器装备的过程中，并未违反有关使用规定，而是由于其不能预见的原因，如机械故障，从而客观上造成了严重损害结果，这种情况因行为人不存在过失，应当认定为意外事件。

3. 区分武器装备肇事罪与过失致人重伤罪、过失致人死亡罪的界限。武器装备肇事罪中的致人重伤、死亡与过失致人重伤罪、过失致人死亡罪在主观罪过形式和客观危害后果上完全一样。但前者致人重伤、死亡是由军职人员在违反武器装备使用规定的情况下造成的，后者则与此不同。

4. 区分武器装备肇事罪与交通肇事罪的界限。尽管军用车辆属于武器装备的范围，但一般情况下，军用车辆交通肇事的，应按交通肇事处理，而不应按武器装备肇事罪处理。但军用炮车、坦克、装甲运兵车、导弹牵引车等机动车辆在训练、作战、执行任务中发生重大责任事故时，则应以武器装备肇事罪论处。

5. 区分武器装备肇事罪与重大责任事故罪、危险物品肇事罪的界限。二者虽都是行为人违反某种规定，造成人员重伤、死亡或其他严重后果的犯罪，但有严格的区别：（1）武器装备肇事罪的主体是军职人员；而重大责任事故罪的主体则是厂矿企业等单位的生产作业人员、生产指挥人员，危险物品肇事罪的主体则是生产、储存、运输、使用爆炸性、易燃性、放射性、毒害性、腐蚀性物品的人员。（2）武器装备肇事罪的客观方面表现为军职人员违反武器装备使用规定，因而发生严重后果的行为；重大责任事故罪的客观方面表现为生产人员不服管理、违反规章制度，或者生产指挥人员强令工人违章冒险作业，因而造成严重后果的行为，危险物品肇事罪的客观方面表现为在生产、储存、运输、使用中违反爆炸性、易燃性、放射性、毒害性、腐蚀性物品的管理规定发生重大事故，造成严重后果的行为。而且前者要求必须是违反规定的情节严重，后者则无此限制。（3）武器装备肇事罪的客体是部队武器装备的管理使用制度；而重大责任事故罪的客体是厂矿企业等单位的生产安全管理活动，危险物品肇事罪的客体则主要是危险品的安全管理制度，而且该罪所指的危险品不属于“武器装备”的范围。

（四）武器装备肇事罪的刑事责任

根据刑法第436条的规定，犯本罪的，处3年以下有期徒刑或者拘役；后果特别严重的，处 3 年以上 7 年以下有期徒刑。

二、擅自改变武器装备编配用途罪

擅自改变武器装备编配用途罪，是指违反武器装备管理规定，擅自改变武器装备编配用途，造成严重后果的行为。

本罪的客体是武器装备的管理制度。本罪的客观方面表现为违反国家武器装备管理规定，自作主张，随意改变武器装备的用途，并造成了严重的后果。本罪的主体是军人，一般是指军人中武器装备的保管者、使用者、看护者。军中文职人员一般不构成本罪。本罪的主观方面为过失。这里所说的过失，是针对行为人对其行为所造成的严重后果所持的心理态度而言的，其擅自改变武器装备编配用途则是故意的。

根据刑法第 437 条的规定，犯本罪的，处 3 年以下有期徒刑或者拘役；造成特别严重后果的，处 3 年以上 7 年以下有期徒刑。

三、盗窃、抢夺武器装备、军用物资罪

盗窃、抢夺武器装备、军用物资罪，是指以非法占有为目的，秘密窃取或者公然夺部队的武器装备、军用物资的行为。

本罪的客体是国家对武器装备和军用物资的所有权以及军队战斗力的物质保障。本罪的客观方面表现为行为人秘密窃取或者公然夺取武器装备或军用物资的行为。所谓武器装备，已在前面“武器装备肇事罪”述及。所谓军用物资，是指除武器装备以外的供军事上使用的物资，如被装、粮秣、车船、油料、医药、器材和军事设施工程材料等。本罪的主体是军职人员。非军职人员不能单独构成本罪，但可以成为本罪的共犯。本罪的主观方面是故意，并具有非法占有的目的。如果盗窃、抢夺枪支、弹药、爆炸物，则按盗窃、抢夺枪支、弹药、爆炸物罪论处。

根据刑法第 438 条的规定，犯本罪的，处 5 年以下有期徒刑或者拘役；情节严重的，处 5 年以上 10 年以下有期徒刑；情节特别严重的，处 10 年以上有期徒刑、无期徒刑或者死刑。

四、非法出卖、转让武器装备罪

非法出卖、转让武器装备罪，是指违反武器装备管理规定，非法出卖、转让军队武器装备的行为。

本罪的客体是国家对武器装备的所有权以及军队战斗力的物质保障。本罪的客观方面表现为非法出卖、转让军队武器装备的行为。应当注意，非法出卖

或者转让的武器装备应是行为人合法管理或者职掌的。如果是将抢劫、盗窃、诈骗、抢夺所得的武器装备出卖的，应当以所构成的具体犯罪从重论处，而不应定为非法出卖武器装备罪。本罪的主体是对于武器装备有合法管理或者职掌权力的军职人员。本罪的主观方面是故意，行为人一般具有牟利的目的。

根据刑法第439条的规定，犯本罪的，处3年以上10年以下有期徒刑；出卖、转让大量武器装备或者有其他特别严重情节的，处10年以上有期徒刑、无期徒刑或者死刑。

五、遗弃武器装备罪

遗弃武器装备罪，是指违抗命令，遗弃武器装备的行为。

本罪的客体是部队的武器装备的管理秩序。本罪的客观方面表现为违抗命令，遗弃武器装备的行为。这里的违抗命令，是指不遵守武器装备使用、保管、处置的有关规则和命令。所谓“遗弃”，就是指抛弃，是一种故意的行为。本罪中的遗弃行为，一般认为主要是发生于军事行动期间，如在战场上或戒严期间。平时在训练中抛弃武器装备的行为，情节严重的，也应当以本罪论处。本罪的主体是武器装备的使用者、保管者、指挥者。对武器装备不具备使用权、保管权、指挥权的人，不成为本罪的主体。本罪的主观方面是故意，过失不能构成本罪。犯罪动机可以是多种多样的，如为逃跑方便而遗弃、为撤退顺利而遗弃等。动机如何，不影响本罪的构成。

根据刑法第440条的规定，犯本罪的，处5年以下有期徒刑或者拘役；遗弃重要或者大量武器装备的，或者有其他严重情节的，处5年以上有期徒刑。

六、遗失武器装备罪

遗失武器装备罪，是指遗失武器装备，不及时报告或者有其他严重情节的行为。

本罪的客体是部队的武器装备的管理秩序。本罪的客观方面表现为遗失武器装备，不及时报告或者有其他严重情节的行为。这里的武器装备，是指部队直接用于实施和保障作战行动的武器、武器系统和军事技术器材的统称。所遗失的武器装备，一般属于轻武器，或者个人保管、使用、维修保养的某些重武器及军用装备。所谓不报告，是指遗失后隐瞒事实，拒不报告，意图逃避责任的行为。所谓有其他严重情节，一般认为包括以下几种情形：（1）遗失武器装备后编造假情况欺骗组织或者意图嫁祸于人的；（2）因遗失武器装备严重影响部队完成任务的；（3）遗失的武器装备被敌人或者犯罪分子利用的；（4）造成其他严重后果的，等等。本罪的主体是军职人员，而且一般是武器装备的合法使用者、持有者及保管者。本罪的主观方面是过失。

根据刑法第441条的规定，犯本罪的，处3年以下有期徒刑或者拘役。

七、擅自出卖、转让军队房地产罪

擅自出卖、转让军队房地产罪，是指违反规定，擅自出卖、转让军队房地产，情节严重的行为。

本罪的客体是军队房地产的管理秩序。本罪的客观方面表现为违反规定，擅自出卖、转让军队房地产的行为。本罪的主体是军职人员，而且一般是部队中具有一定军衔或者职务的领导人员，因为只有这类人才可能具有转让、出卖军队房地产的决策权。普通士兵一般不可能成为本罪的主体。本罪的主观方面是故意，即明知其出卖、转让军队房地产行为是违反规定的、非法的，但仍然决意加以出卖、转让。擅自出卖、转让军队房地产的行为，必须是“情节严重”的才构成犯罪。所谓情节严重，是指出卖、转让了大量军队房地产，由于出卖、转让军队房地产而给我国军事利益造成重大损失等情况。因此，虽然出卖、转让军队房地产，但如情节并不严重，不成立犯罪，而应按军纪处之。

根据刑法第442条的规定，犯本罪的，对直接责任人员处3年以下有期徒刑或者拘役；情节特别严重的，处3年以上10年以下有期徒刑。

第六节　侵害部属、居民、俘虏利益罪

一、虐待部属罪

虐待部属罪，是指滥用职权，虐待部属，情节恶劣，致人重伤或者造成其他严重后果的行为。

本罪的客体是部属的人身权利，包括部属的身体健康权、生命权、人格、名誉等方面的权利。本罪的客观方面表现为滥用职权，虐待部属，且情节恶劣的行为。所谓滥用职权，是指不公正地使用手中权力对部属恣意妄为。所谓虐待部属，是指对部属刁难、摧残、折磨，包括给部属施加精神上的不正当压力和使其感受肉体上的痛苦，如打骂、冻饿、伤害人格，等等。所谓部属，是指下级军职人员或士兵。所谓情节恶劣，在这里即是指因虐待而致人重伤、死亡或者造成其他严重后果。这里的“其他严重后果”，一般是指虐待、迫害行为导致部属集体军心涣散而影响部队完成或执行重大任务以及其他军事利益方面的严重损失。本罪的主体是处于领导岗位的军职人员，包括班长以及各级军官。因为只有处于一定的领导岗位，才有可能发生对部属滥用职权，进行虐待

的问题。一般而言，虐待者和被虐待者之间应具有直接领导与被领导的上下级隶属关系。本罪的主观方面是故意。至于动机则多种多样，大多是出自特权思想，以权势压人，维护自己的领导尊严，有的是由于部属不服从管理教育，随意顶撞领导，或不听劝阻，因而怀恨部下，寻机报复等。但动机如何，不影响本罪的成立。

根据刑法第443条的规定，犯本罪的，处5年以下有期徒刑或者拘役；致人死亡的，处5年以上有期徒刑。

二、遗弃伤病军人罪

遗弃伤病军人罪，是指在战场上故意遗弃伤病军人，情节恶劣的行为。

本罪的客体主要是军队的作战利益，同时也包括战场上伤病军人的被救护权利。犯罪对象是战场上的伤病军人。本罪的客观方面表现为在战场上遗弃伤病军人的行为。所谓“在战场上遗弃伤病军人”，是指行为人在战场上对伤病军人有救护职责而故意不予救护的行为。本罪的主体是对伤病军人负有救护任务的直接责任人员，即对伤病员有救护责任的救护人员和指挥人员。其他军职人员在战场上对伤病军人有能力救助而不予救助的，虽然应该受到道德上的谴责，但不构成犯罪，可予以批评教育，必要时可予以军纪处理。本罪的主观方面只能是故意。至于出自直接故意，还是间接故意，并不影响本罪的成立。如果对伤病军人负有救护责任的救护人员和指挥人员因为过失而将伤病军人留在战场上的，不构成本罪。构成本罪还必须以“情节恶劣”为条件。所谓“情节恶劣”，主要是指行为人由于贪生怕死，苟且保命，对有条件救护的伤病员故意不予抢救，或者对已抢救下来的伤病员无故遗弃的；因遗弃行为而造成伤病军人死亡、残废、被俘、被杀等严重后果的；遗弃伤病军人造成恶劣影响，严重瓦解军心斗志的，等等。如果战斗情况极其紧急，确实无条件把伤病军人抢救下来或带走的，不应视为犯罪。

根据刑法第444条的规定，犯本罪的，对直接责任人员，处5年以下有期徒刑。

三、战时拒不救治伤病军人罪

战时拒不救治伤病军人罪，是指战时在救护治疗职位上的军职人员，有条件救治而拒不救治危重伤病军人的行为。

本罪的客体是部队的作战秩序和军人的生命健康权。本罪的客观方面表现为战时在救护治疗职位上，有条件救治而拒不救治危重伤病军人的行为。所谓“拒不救治”，是指有条件救治而拒绝救治。如果行为人根据当时的医疗卫生条件以及个人的医疗技术水平认为没有条件实施救护或治疗行为，强行实施可能更严重损害危重伤病军人的身体或导致其他更为严重的后果，因而不愿意实施救护治疗行为的，不能以犯罪论处。本罪的主体是军职人员中具有救护、治疗职责的人员，如军医、护理人员等。普通参战士兵和军官不能构成本罪。本罪的主观方面只能是故意，即明知他人属于危重伤病军人，并且有条件救治而拒绝救治。行为人的犯罪动机是多种多样的，如发泄私愤、怕苦怕累、害怕传染病等。犯罪动机如何，不影响本罪的构成。

根据刑法第445条的规定，犯本罪的，处5年以下有期徒刑或者拘役；造成伤病军人重残、死亡或者有其他严重情节的，处5年以上10年以下有期徒刑。

四、战时残害居民、掠夺居民财物罪

战时残害居民、掠夺居民财物罪，是指战时在军事行动地区，残害无辜居民或者掠夺无辜居民财物的行为。

本罪的客体是我军的作战利益和军事行动地区无辜居民的人身、财产权利。本罪的客观方面表现为在军事行动地区对无辜居民实施残害、掠夺行为。所谓军事行动地区，既包括我军作战地区，也包括我军宣布的戒严地区。所谓“无辜居民”，是指对我国无任何敌对行动的军事行动地区居民群众。所谓“残害”，是指对军事行动地区无辜居民实施伤害、强奸、烧杀等暴行。所谓掠夺，是指以暴力、胁迫手段抢劫军事行动地区无辜居民的财物。本罪的主体是在军事行动地区实施军事行动的军职人员。本罪的主观方面是故意，即明知残害、掠夺无辜居民的行为会危害我国军事利益，侵犯无辜居民的人身、财产权利，而故意实施残害、掠夺无辜居民的行为。过失不能构成本罪。

根据刑法第446条的规定，犯本罪的，处5年以下有期徒刑；情节严重的，处5年以上10年以下有期徒刑；情节特别严重的，处10年以上有期徒刑、无期徒刑或者死刑。

五、虐待俘虏罪

虐待俘虏罪，是指对战争或战斗中被我方俘获的敌方人员不给予人道待遇，对其进行虐待，情节恶劣的行为。

本罪的客体是部队的作战利益和被俘人员的人身权利。本罪的客观方面表现为对俘虏实施精神折磨、肉体摧残和生活上不人道待遇的虐待行为。虐待俘虏，必须是情节恶劣的，才构成犯罪。本罪的主体一般是管理战俘的人员。其他军职人员虐待俘虏达到犯罪程度的，也按本罪论处。本罪的主观方面是故

意。犯罪动机多是出于义愤、敌意或狭隘的报复心理。但动机如何，不影响本罪的成立。所谓“情节恶劣”，是指采用特别残酷的手段进行虐待的；虐待伤病俘虏造成严重后果的；多次或一贯虐待俘虏的；虐待俘虏造成恶劣国际影响的，等等。

根据刑法第 448 条的规定，犯本罪的，处 3 年以下有期徒刑。